COUVERTURE SUPERIEURE ET INFERIEURE EN COULEUR

RECTO ET VERSO

VALABLE POUR TOUT OU PARTIE DU DOCUMENT REPRODUIT

COLLECTION DE DOCUMENTS
POUR SERVIR
À L'HISTOIRE DES HÔPITAUX DE PARIS,

COMMENCÉE

SOUS LES AUSPICES DE M. MICHEL MÖRING,

CONTINUÉE

PAR M. CHARLES QUENTIN,

ET

PAR M. E. PEYRON,

DIRECTEUR DE L'ADMINISTRATION GÉNÉRALE DE L'ASSISTANCE PUBLIQUE,

PUBLIÉE

PAR M. BRIÈLE,

ARCHIVISTE DE L'ADMINISTRATION.

TOME QUATRIÈME.

FIN DES COMPTES ET DONS ET LEGS FAITS AVANT 1789 AUX HÔPITAUX ET HOSPICES.

PREMIER FASCICULE.

PARIS.
IMPRIMERIE NATIONALE.

M DCCC LXXXV.

La *Préface* et la *Table des matières* paraîtront avec le deuxième fascicule.

DOCUMENTS

POUR SERVIR

A L'HISTOIRE DE L'HÔTEL-DIEU

DE PARIS

ET DES HÔPITAUX QUI EN DÉPENDAIENT.

DEUXIÈME PARTIE.

COLLECTION DES COMPTES DE L'HÔTEL-DIEU DE PARIS, DE L'ANNÉE 1364 À L'ANNÉE 1599.

(SUITE ET FIN.)

132ᵉ REGISTRE (349 FEUILLETS, PARCHEMIN).

ANNÉE 1582.

Recepte generalle de l'Hostel Dieu de Paris, pour l'année finye le dernier jour de decembre m v° quatre vingtz deux.

Compte troysiesme de maistre Jacques de Besze. Domaine non muable en la ville de Paris, à cause des cens et fondz de terre deubz chacun an oudit Hostel Dieu, au jour et feste sainct Remy en la ville de Paris; item à cause des cens, surcens et fondz de terre en plusieurs lieulx hors la ville de Paris; somme toute des ceus, surcens, fondz de terre tant en la ville que aux champs, cvii escuz l solz iiii den.

Aultre recepte à cause des rentes que ledict Hostel Dieu a droict de prandre tant sur la recepte d'oultre Sayne et Yonne, au lieu du Trésor du Roy nostre sire, que sur le dommaine dudict Seigneur à Paris, iiii° iiii°° iii escuz.

Aultre recepte à cause des rentes que ledict Hostel Dieu a droict de prandre en ceste ville de Paris, v cens iiii°° x escuz xxxiiii s. iii den.

Rue Neufve Notre Dame. Des relligieulx, abbé et couvent Sainct Victor lez Paris, pour une maison assise en ladicte rue, estant en la censive dudict Hostel Dieu, où pend pour enseigne l'ymage Sainct Victor, sur laquelle maison ledict Hostel Dieu a droict de prandre la somme d'ung escu sol. quarente solz t. de rente, en ce non comprins ung den. parisis de cens et fondz de terre que doibt chacun an ladicte maison oudict Hostel Dieu.

De Pierre de Pleurs, marchant drappier, demourant en ladicte rue, ou lieu de maistre Thomas de Brageloune, lieutenant criminel ou Chastellet de Paris, pour une maison assise en ladicte rue, où soulloyt pendre pour enseigne l'escu de France, sur laquelle ledict Hostel Dieu a droict de prandre pour chacun an xxxvi s. t. de rente.

Dudict de Pleurs, ou lieu dudict de Brageloune, pour une aultre maison assise en ladicte rue, que ledict de Pleurs a faict joindre avec la maison cy devant decleree, sur laquelle ledict Hostel Dieu a droict de prandre chacun an iii escuz soleil xx solz t.

Rue Confrairye Champrozy. Des eutiens chappellains de l'eglise de Paris, pour une maison assise en ladicte rue, sur laquelle ledict Hostel Dieu a droict de prandre par chacun an ausdictz quatre termes vii solz vi deniers.

Rue des Marmouzetz. De maistre Germain Ganeron, prebtre, ou lieu de maistre Pierre Sandrin, pour une maison assize en ladicte rue, faisant le coing de la rue de la Coulombe, sur laquelle ledict Hostel Dieu a droict de prandre par chascun an la somme de deux escuz soleil cinq solz t. de rente.

De damoiselle Magdelayne Bastonneau, vefve de feu noble homme Gabriel Myron, en son vivant conseiller en Parlement, ou lieu de maistre Jehan Aleaulme, bailly de Provains, à cause de damoiselle Marguerite de Chaumede sa femme, auparavant maistre Jehan de Chaumede, advocat en Parlement, pour une maison assize en ladicte rue, sur laquelle ledict Hostel Dieu a droict de prandre par chacun an deux escuz soleil trante solz t. de rente.

De Charles Thouroulde et maistre Jehan Soreau, ou lieu de la vefve Michel Gaultier, luy vivant vendeur de vins, pour deux maisons entretenans, assizes en ladicte rue, en l'une desquelles pend pour enseigne la Croix Blanche, et à l'autre la Corne de Cerf, sur lesquelles ledict Hostel Dieu a droict de prandre par chacun an ung escu soleil cinquante deux solz six deniers t. de rente.

Rue Sainct Landry. De la vefve et heritiers feu maistre Silvin Guerard, ou lieu de feu noble homme maistre Jehan Le Sirier, conseiller du Roy en sa court de Parlement à Paris, auparavant Loys Juvenal des Ursins, luy vivant aussi conseiller en ladicte court et chanoine en l'eglise de Paris, pour deux maisons entretenans, assis en ladicte rue et en la du petit ymage Saincte Catherine, dict des Haultz Moulins, sur lesquelles maisons ledict Hostel Dieu a droict de prandre par chascun an ung escu soleil deux solz six den. tournois.

Rue devant Sainct Denis de la Chartre. De Loyse Vallin, vefve de feu Jehan Cheron, Estienne et Nicollas Pot frères, ou lieu de Jehan Prevost, vefve de feu maistre René Vallin, et Thierry Langlois, vefve de feu Pierre Bouvier, seigneur de Mainville, bourgeois de Paris, pour deux maisons entretenans, assizes en ladicte rue, en l'une desquelles pend pour enseigne le Mouton Blanc, et à l'autre la Roze, sur lesquelles maisons ledict Hostel Dieu a droict de prandre par chacun an cinquante solz t. de rente.

De Henry Goullet, maistre chappellier à Paris et Jehan Lombert dudict estat, ou lieu de damoiselle Jehanne Marteau, vefve de feu noble homme maistre Anthoine Pestreniot, en son vivant conseiller du Roy et maistre ordinaire en sa Chambre des comptes, à Paris, ou lieu de maistre Nicollas Jullien, à cause de sa femme, mère de ladicte Marteau, pour deux maisons joignans l'une l'autre, assizes en ladicte rue, en l'une desquelles pend pour enseigne la Couppe, et à l'autre l'Homme Saulvaige, sur lesquelles maisons ledict Hostel Dieu a droict de prandre par chascun an la somme de quatre escuz soleil dix solz t. de rente.

Rue Marché Pallu. De Michel Febvrier, Jehan et Nicollas Audry, frères, ou lieu de Nicollas Audry, maistre patissier, pour une maison assize en ladicte rue, appellée la maison de Paradis, en laquelle est pour enseigne l'ymage Sainct Marcel et Saincte Geneviefve, sur laquelle maison ledict Hostel Dieu a droict de prandre la somme de iii escuz xx solz t. de rente.

Rue de la Bucherye. De Guillaume Gasse l'aisné, maistre boucher à Paris, ou lieu de maistre Anthoine Gaudefroy, et Bon de Courcelles, aussy ou lieu de Anthoine et Estienne Gilbert, auparavant Jehan Lescuyer, tainturier de draps, pour une maison assize en ladicte rue, en laquelle pend pour enseigne l'Homme Saulvaige, sur laquelle maison ledict Hostel Dieu a droict de prandre un escu soleil xxvii solz ii den. x.

De la vefve et heritiers feu Jehan Gasse, maistre boucher à Paris, ou lieu de feu maistre Gervais de la Ruelle, lieutenant de la connestablerye de France, ou lieu de Guillaume de la Ruelle, son père, pour une maison assize en ladicte rue, estant en la censive de l'Hostel Dieu, où pend pour enseigne le Coupperet, sur laquelle maison ledict Hostel Dieu a droict de prandre, oultre la censive, ii escuz sol. iv solz tournois de rente.

De damoyselle Magdelayne Regnard, vefve de feu maistre Esme Forival, en son vivant conseiller ou Grand Conseil, ou lieu de feu Magdelayne Jullien, vefve de feu maistre Alexandre Regnard, luy vivant advocat en Parlement, pour une maison assize en ladicte rue, en laquelle pend pour enseigne l'ymage Sainct Jehan, sur laquelle ledict Hostel Dieu a droict de prandre 1 solz t. de rente.

Rue Place Maulbert. Des relligieulx, prieur et couvent Nostre Dame des Carmes, pour leur maison et couvent, qui s'estand depuis la rue Sainct Hilaire, jusques à la moytié de la nef de leur esglise, estant du costé de la rue des Noyers, sur laquelle maison sont edifiees plusieurs chappelles, mesmes la *chappelle Nostre Dame de Recouvrance*, sur lesquelz lieux, mesme sur le revenu temporel de leur dict couvent ledict Hostel Dieu a droict de prandre par chacun an la somme de x escuz soleil xxxvii s. vi den. t. de rente.

De Jehan Dupuis marchant hostellier à Paris, la somme de iii escuz soleil xx s. t. de rente, constituees racheptables au denier douze, à prandre sur une maison assize place Maulbert, ou pend pour enseigne l'ymage Sainct Jehan, ladicte rente donnee audict Hostel Dieu par deffunct sire Nicollas Paulmier, marchant bourgeois de Paris.

Rue des Lavendières. De maistre Jehan de Luynes advocat en Parlement, à cause de damoyselle Marguerite

Fuzet (ou Fuzce), sa femme, ou lieu de damoyselle... Hennequin, dict Le Duc, vefve de feu maistre Robert Fuzee, en son vivant aussy advocat au Parlement, pour deux maisons et jardin derriere, assises en ladicte rue, sur lesquelles ledict Hostel Dieu a droict de prandre ii escuz sol. xxx solz t.

Rue des Anglois. De maistre François de Lisle et Raoul Bontemps, ledict Bontemps tuteur des enffans de feu Aymé Deshommes, ou lieu de la vefve et heritiers de feu maistre Martin Mesnart, en son vivant greffier de l'officialité de l'évesché de Paris, pour deux maisons et une place vuyde, où soulloyt avoir maison et place separee en deux corps d'hostel, sur lesquelles ledict Hostel Dieu a droict de prandre la somme d'ung escu sol. cinquante deux solz tournois.

Rue Gallende. De maistre Claude Tallon, à cause de Marye Legay, sa femme, vefve de feu maistre Olivier de Beaufort, en son vivant advocat en Parlement, ou lieu de maistre Claude Ferault, procureur général de la Royne, auparavant les heritiers feu maistre Loys Paulmier, en son vivant chanoine en l'église de Paris, pour une maison assise en ladicte rue sur laquelle ledict Hostel Dieu a droict de prandre un escu xv s. t.

Mont Saincte Genevielve. De Jehan Delestre, maistre cordouniier à Paris, pour une maison par luy prinse à rente dudict Hostel Dieu, assise oudit lieu devant le puys, où est pour enseigne le Berceau, sur laquelle ledict Hostel Dieu a droict de prandre xvi escuz soleil xl s. t.

Rue Sainct Severin. De Francoyse Du Pont, vefve de feu Toussainctz Brunival, ou lieu de Thibault Cresse, maistre orfebvre à Paris, en son nom, comme tuteur de ses enffans, ou lieu de Henry Bardou, maistre pelletier, et les hoirs Noël Bellemare, auparavant Jehan Oudin dict Anneton (ailleurs Houdin dict Hennotin), pour troys maisons assises en ladicte rue, a present en deux, où est pour enseigne la Pucelle d'argent, sur lesquelles ledict Hostel Dieu a droict de prandre par chacun an iii escuz sol. xxvi s. x den. t.

Rue Sainct Jacques. Des heritiers de feu Nicolas Freschin, ou lieu de Robert Procart, maistre orfebvre à Paris, ou lieu de Jehan Bazemont, maistre teinturier de cuyrs, et auparavant Nicollas Procart, pour une maison assise en ladicte rue, où pend pour enseigne l'image Nostre Dame et la Crosse, sur laquelle ledict Hostel Dieu a droict de prandre i escu soleil vii s. vi den. t.

De Marye Bourcier, vefve de feu Jehan Huault, en son vivant marchant drappier, bourgeois de Paris, ou lieu de feu maistre Anthoine Bourcier, pour une maison assize en ladicte rue, estant en la censive dudict Hostel Dieu, où pend pour enseigne la Cloche Perse, sur laquelle ledict Hostel Dieu a droict de prandre, oultre la censive, vi escuz soleil vl s. t. de rente.

De....., ou lieu de Toussainctz Boudain, auparavant maistre Nicollas Rubentel, referendaire en la chancellerye de France, et maistre Denis Rubentel, advocat en Parlement, ou lieu de maistre Denis Rubentel, leur père, pour deux maisons joignans l'une l'autre, assises en ladicte rue, ausquelles pend pour enseigne le Grand Cerf et à l'autre les Deux Anges, sur lesquelles ledict Hostel Dieu a droict de prandre par chacun an i escu quarente solz t. de rente.

De Marie Fontaine, vefve de feu Claude Fresmil, ou lieu de Arnoul de Lisle, libraire, auparavant maistre Gilles Le Coigneulx, pour une maison assize en ladicte rue, en laquelle pend pour enseigne l'ymage Sainct Martin, sur laquelle ledict Hostel Dieu a droict de prandre xv s. t. de rente.

De Jehan et René Tonnellier, drappiers, ou lieu de Thibault Pasquier, pour deux maisons assizes en ladicte rue, en l'une desquelles pend pour enseigne la Cloche Noire, et à l'autre l'Orbalestre, sur lesquelles ledict Hostel Dieu a droict de prandre iiii escuz soleil xlii s. t.

Desdictz René et Jehan Tonnellier, ou lieu de maistre Denis le Teillier, procureur ou Chastellet, auparavant la vefve et heritiers feu maistre Philippes Ferrant, pour une maison assize en ladicte rue, où pend pour enseigne l'Ours, sur laquelle ledict Hostel Dieu a droict de prandre x escuz sol. de rente.

Rue de la Parcheminerye. De maistre René Capperon, ou lieu de maistre Jehan de Lalesse, advocat en Parlement, ou lieu de Magdelaine Ladvocat, auparavant maistre Jehan Moussel, procureur en ladicte court, pour une maison assise en ladicte rue, en laquelle pend pour enseigne l'ymage Sainct Nicollas, sur laquelle maison ledict Hostel Dieu a droict de prandre ii escuz soleil v solz tournois.

Rue de la Harpe. Des maistres et proviseurs du colleige de Clugny, pour leur maison assise en ladicte rue, pres la porte Sainct Michel, sur laquelle maison ledict Hostel Dieu a droict de prandre viii escuz soleil lv s. vi. den. t.

Des maistres et proviseurs du colleige de Justice, pour leur colleige et jardin assis en ladicte rue, en la censive dudict Hostel Dieu, sur lequel colleige et jardin ledict Hostel Dieu a droict de prandre la somme de v escuz soleil xlvii s. vi den. t. de rente, oultre la censive.

De maistre Jacques Chouart, advocat en Parlement, ou lieu de l'hostel et appartenances de Clermont, assize en ladicte rue, sur laquelle maison ledict Hostel Dieu a droict de prandre xxv s. t. de rente.

De Hyon Mullot, maistre pastissier à Paris et Pierre Couvresel, pelletier, ou lieu de Jehan Guespin l'aisné, auparavant Jehan le Batal, mareschal, pour une maison à present séparée en deux demeures, assize en ladicte rue, faisant le coing de la rue de la Parcheminerye, en laquelle pend pour enseigne l'ymage Nostre Dame, sur laquelle maison ledict Hostel Dieu a droict de prandre la somme d'ung escu soleil vingt solz t. de rente.

De maistre Nicollas Legrant, docteur en medecine, et Guillaume Cadier, nottaire ou Chastellet de Paris, à cause de leurs femmes, ou lieu de la vefve maistre Jacques Turpin, pour une maison assize en ladicte rue, où pend pour enseigne le Mouton Blanc, de present separee en deux demeures, l'une appartenant audict Legrant et l'aultre oudict Cadier, sur lesquelles maisons ledict Hostel Dieu a droict de prandre ii escuz sol. xxx solz t. de rente.

De Maurice de Launay, drappier, ou lieu de François Picart, maistre malletier à Paris, à cause de sa femme, auparavant Pierre Bertault, pour une maison assize en ladicte rue, où pend pour enseigne les Troys Roys, sur laquelle maison ledict Hostel Dieu a droict de prandre i escu sol. xl s. t. de rente.

Rue Sacalye. De Philebert Gury et maistre..... Doultre, ou lieu de Robert Nyceron, marchant demourant à Paris, ou lieu de maistre Jehan Bailly, examinateur ou Chastellet, auparavant maistre Remond Dorléans, nottaire, pour deux maisons assizes en ladicte rue, en l'une desquelles soulloyt cantienement pendre pour enseigne la Nasse, et à l'autre le Cocq, sur lesquelles maisons ledict Hostel Dieu a droict de prandre ii solz t. de rente.

De maistre Nicollas Chappellain, procureur ou Chastellet, ou lieu de maistre Francoys Tixier, advocat en Parlement, auparavant maistre Guy Apello, conseiller ou Chastellet, pour une maison assize en ladicte rue, où pend pour enseigne la Pomme Rouge, sur laquelle maison ledict Hostel Dieu a droict de prandre ii s. de rente.

Rue Sainct André des Artz. De Guillaume Duval, appoticaire, à cause de Marye Barbier, sa femme, ou lieu de feu Anthoine Barbier, son père, ledict Barbier ou lieu de maistre Jehan Baudesson, procureur ou Chastellet, pour une maison assize en ladicte rue, devant et à l'opposite de l'esglise Sainct André des Artz, sur laquelle maison ledict Hostel Dieu a droict de prandre i solz t. de rente.

Rue de la Huchette. De Anthoine Pean, maistre tapissier à Paris, et Gilles Breton, appoticaire, ou lieu de Symon Janot, maistre peaussier, ou lieu de la vefve Guillaume Blanchet, auparavant les enffans de Jehan Triperet et Jehanne Janot, sa femme, en leurs vivans libraires, pour deux maisons joignans l'une l'autre, qui furent aux hoirs feu maistre Jehan Dugué, en l'une desquelles pend pour enseigne le Petit Cerf, et à l'autre les Troys Bourses, sur lesquelles ledict Hostel Dieu a droict de prandre xx s. t. de rente.

De Denis de Saint Quentin, ou lieu de Lyenarde Lourdet, vefve de feu maistre Estienne Donguier, luy vivant docteur en médecine, ou lieu des heritiers feu Guillaume Bourdel (alias Lourdel), luy vivant procureur ou Chastellet de Paris, pour une maison assize en ladicte rue, en laquelle soulloyt pendre pour enseigne le Pot d'estain, à présent la Queue de Regnard, sur laquelle maison ledict Hostel Dieu a droict de prandre xlvii s. vi den. t. de rente.

Rue Sainct Jehan de Latran. De Jehan de Heugueville, libraire demourant à Paris, ou lieu de maistre Francoys Dupont, auparavant maistre Francoys Alizeau, ou lieu de Gilles Regnault, maistre boullenger à Paris, et Thieremont Vincent, libraire, tant en son nom que comme tuteur des enfans de feu Jehan Alizeau, pour une maison assize en ladicte rue, où est pour enseigne la Roze Rouge, xxxv s. t. de rente.

Rue petite Saulnerye. De Guillaume Marestz, Robert Poupin, Denise Jaunier, Marguerite Heaulmel, à cause de Marguerite Jaunier sa femme, et Guillaume Poullier, ou lieu de la vefve feu Guillaume Barbedor, et autres, pour deux maisons assizes en ladicte rue, appellées les maisons du Bœuf Couronné, à présent la Pomme d'Orenge, en la censive dudict Hostel Dieu, sur lesquelles ledict Hostel Dieu a droict de prandre ii escuz soleil vi s. t. de rente, oultre la censive.

De Jehan Garraby, maistre chercutier à Paris, ou lieu de Ynocent Lumyere, et Jehan Garraby, pour une maison assize en ladicte rue, où soulloyt pendre pour enseigne l'ymage Sainct Eustache, sur laquelle maison ledict Hostel Dieu a droict de prandre ii escuz sol. lv s. t.

Rue Sainct Germain de l'Auxerroys. De Jehan Blanchon, à cause de Germaine Gratia, sa femme, et Germain Gratia, ou lieu de Jehan Gratia, dict de Sainct Leu, leur père, ledict de Sainct Leu, ou lieu de Guillaume Mucet, auparavant Pierre de la Poterne, pour une maison assize en ladicte rue, faisant le coing de la rue Thibault-au-Dez, sur laquelle maison ledict Hostel Dieu a droict de prandre vii s. vi den. t. de rente.

De Jehan Petitpain, ou lieu de Loys Estienne, à cause de Racline Rainbault, sa femme, ou lieu de maistre Jean d'Arras, en son vivant advocat en la court de Parlement, auparavant Loyse Moisant, sa mère, pour une maison assize en ladicte rue, sur laquelle ledict Hostel Dieu a droict de prandre i escu soleil.

Rue Pied de Bœuf. De Jehan Regnauldin, marchant demourant à Paris, pour une maison assize en ladicte rue, qu'il a prinse à rente de messieurs les gouverneurs dudict Hostel Dieu, moyennant la somme de xxviii escuz sol. xx s. t. de rente.

Rue de l'Escorcherye. De Nicollas Ysambert, à cause de Marye Loysi, sa mère, et les maistres de la grand boucherye de Paris, pour une maison assize en ladicte rue, sur laquelle ledict Hostel Dieu a droict de prandre 1 solz t. de rente.

Rue de la Vieille Tennerye. De Hubert et Jehan Le Mere, marchans, demourans à Sainct Denis en France, Gilles Roujolles, maistre boucher à Paris, tant en son nom, à cause de Catherine Marchant sa femme, que de feu Nicollas Vauguyon, et comme tuteur des enffans dudict deffunct, et Lyenard Le Comte, aussy maistre boucher à Paris, en son nom, à cause de Jehanne Vauguyon, sa femme, auparavant Jehan Pot, aussy maistre boucher à Paris, pour une maison assize en ladicte rue, en laquelle pend pour enseigne l'ymage Sainct Nicollas, sur laquelle ledict Hostel Dieu a droict de prandre i escu soleil xxvii s. vi den. t. de rente.

Rue de la Tennerye. De Estienne Letexier et sa femme, à cause d'elle, vefve de feu Robert Duval, maistre tainturier en draps à Paris, ou lieu de Claude Pichonnat, auparavant Loyse Charpentier, vefve de feu Marc Heron, pour une maison assize en ladicte rue qui soulloyt estre en deux demeures, en laquelle pend pour enseigne la Roze Rouge, sur laquelle ledict Hostel Dieu a droict de prandre xii s. vi den. t. de rente.

De la vefve et heritiers feu Nicollas Dangoisse, en son vivant maistre boullenger à Paris, ou lieu de Nicollas Malingre, marchant de draps de soye à Paris, auparavant maistre Christofle Baudouin et consors, pour une maison assize en ladicte rue, en laquelle pend pour enseigne le Pot d'estaing, qui fut entiennement à Gilles Bonnier, maistre appoticaire à Paris, sur laquelle maison ledict Hostel Dieu a droict de prandre xxv s. t.

De maistre Jacques Cavaye, advocat en Parlement, et Jacques Guymier, ou lieu Jehan Guimier, son père et Marguerite Hervy, vefve de Jacques David, pour une maison assize en ladicte rue, en laquelle pend pour enseigne les Coullons, sur laquelle maison ledict Hostel Dieu a droict de prandre x s. t. de rente.

Rue de la Mortellerye. De Michelle Courtin, vefve de feu Pierre de la Porte, sendrier, demourant en ladicte rue, ou lieu de Jehan Corbye, Sebastien Duboys, auparavant la vefve de Pierre de Nesle, pour une maison assize en ladicte rue, séparée en deux demeures, en laquelle pend pour enseigne la Nef d'argent, sur laquelle ledict Hostel Dieu a droict de prandre iiii escuz soleil x s. t. de rente.

De maistre Charles Jamet, ou lieu de Anthoine Charpentier, Nicollas Le Roy, et auparavant la vefve et héritiers Nicollas Lejeune, Toussainctz Charpentier, maistre savetier à Paris, ou lieu de la vefve et héritiers feu Jehan Guesdon, auparavant la vefve et heritiers feu Jehan Le Jay, pour une maison assize en ladicte rue, ayant deux corps d'hostel, l'un devant, l'autre derrière, sur laquelle maison ledict Hostel Dieu a droict de prandre ii escuz soleil xvii s. vi den t.

De Magdelayne Clement, vefve de feu maistre Adrien Tournebuz, en son vivant lecteur du Roy en l'Université de Paris, en son nom et Jehan Langoisseux, maistre chauldronnier, tout en son nom, à cause de Catherine Du Temple sa femme, et encores comme tuteur de Jehanne du Temple, fille de Michel du Temple, ou lieu de la vefve Estienne Clement, et Estienne Lefort, pour une maison assize en ladicte rue, séparée en deux demeures, en l'une desquelles est pour enseigne l'escu de Bourbon, et à l'autre la Cloche, sur lesquelles ledict Hostel Dieu a droict de prandre i escu soleil ii s. vi den. t. de rente.

Des relligieulx, prieur et couvent Sainct Martin des Champs lez Paris, et les heritiers feu Pierre le Mercier, pour une maison assize en ladicte rue, en laquelle pend pour enseigne l'ymage Saincte Catherine, sur laquelle ledict Hostel Dieu a droict de prandre ii escuz soleil xvii s. vi den. t. de rente.

Rue de Jouy. De noble homme, Hugues Fourmaget, greffier des requestes du Palais, ou lieu de la vefve et heritiers feu maistre Pierre Guerard, en son vivant advocat en Parlement, ou lieu de Marye Pajot, vefve de feu maistre Gabriel Legrand, auparavant le recepveur de Nantes, pour une maison assize en ladicte rue, en laquelle pend pour enseigne l'ymage Sainct Philippes, sur laquelle maison ledict Hostel Dieu a droict de prandre xxxiii s. iiii den. t. de rente.

De messire Jehan Olivier, chevallier, seigneur de Leuville, ou lieu de messire Francoys de Paillart, chevallier, seigneur de Choceuse et de Bouvillier, auparavant noble homme Henry de Gruges, seigneur de Gribouval, pour une maison assize en ladicte rue, tenant en une maison, où pend pour enseigne la Corne de Cerf, sur laquelle ledict Hostel Dieu a droict de prandre xxx s. viii den. t. de rente.

De Pierre Gouffe, vendeur de vins, et Nicolas Bardin, maistre masson, ou lieu de maistre Nicollas Dideron, maistre Nicollas Robineau, auparavant les enffans de feu Pierre Bourgoudis, luy vivant drappier, pour deux maisons joignans l'une l'autre, assizes en ladicte rue, qui soulloyt pendre pour enseigne le Prescheux, sur lesquelles deux maisons ledict Hostel Dieu a droict de prandre ii escuz soleil xxx s. t. de rente.

Rue Frogier l'asnier. De messire Jehan Olivier chevallier, seigneur de Leuville, ou lieu de messire Francoys de Paillart, chevallier, seigneur de Choceuse, auparavant Henry de Gruges, seigneur de Gribouval, heritier de feu noble maistre Jehan Hennequin, en son vivant conseiller du Roy en sa court de Parlement, pour une maison assize en ladicte rue, sur laquelle ledict Hostel Dieu a droict de prandre ung escu soleil xl s. t. de rente.

Rue Garnier sur l'eaue. De damoyselle Jehanne Maillart, vefve de feu maistre Eustache du Ruel, en son vivant seigneur de la Grange, auparavant maistre Hugues Maillart, lieutenant criminel, pour une maison assize en ladicte rue, sur laquelle ledict Hostel Dieu a droict de prandre xxxii s. vi den. t. de rente.

Rue Michel Doret. De noble homme maistre Dreulx Budé, conseiller à la court, ou lieu de mademoyselle Diarre, auparavant maistre Dreulx Budé, secrettaire du Roy, seigneur de Villiers, pour une maison assize en ladicte rue, sur laquelle ledict Hostel Dieu a droict de prandre lvi s. iii den. t. de rente.

Rue des Barres. Des marguilliers de l'œuvre et fabricque monsieur Sainct Gervais, ou lieu de maistre Jehan Granger, pour une maison assize en ladicte rue, ou pend pour enseigne l'ymage Sainct Michel, sur laquelle maison ledict Hostel Dieu a droict de prandre i escu soleil xv s. t. de rente.

De maistre Jehan Drouet, auditeur en la Chambre des comptes à Paris, ou lieu de la vefve feu Jacques Guille, auparavant Jehan Bourget, orfebvre, pour deux maisons assizes en ladicte rue, joignant l'une l'autre, ausquelles pend pour enseigne l'Estoille et à l'autre la Chaise, sur lesquelles ledict Hostel Dieu a droict de prandre i escu sol. l. solz t.

Rue d'Espaigne. De Marceau Jacquet, maistre masson à Paris, ou lieu de la vefve Ezechias Houguet, ou lieu de Martin Haren, sergent à verge, pour une maison assize en ladicte rue, qui fut maistre Bernard Vallenson, sur laquelle maison ledict Hostel Dieu a droict de prandre xx s. t.

De maistre Jacques Marcel, seigneur de Vert le Grant, pour cinq quartiers de marestz assiz en ladicte rue, peuplé de treilles et arbres fruictiers, qui souffoyent estre en deux pieces, assizes en ladicte rue, sur lesquels ledict Hostel Dieu prand i escu xxii s. vii den. t.

Rue Sainct Paol. Des marguillers de l'œuvre et fabricque de l'esglise monsieur Sainct Paol, sur le revenu temporel de ladicte esglise, ledict Hostel Dieu a droict de prandre iii escuz soleil xx s. t. de rente, donnez audict Hostel Dieu par feu messire Pierre Bureau, en son vivant chevallier, tresorier de France, et feue Andree Chauvet, jadis sa femme, pour l'entretenement d'une lampe par eulx fondée oudict Hostel Dieu.

Rue Neufve Sainct Paol. De noble homme maistre Guillaume Destande, conseiller en la court de Parlement, à cause de damoyselle Bonne de Victry, sa femme, vefve de feu noble homme maistre Jehan Morin, en son vivant seigneur de Martilly, commissaire ordinaire des guerres, executeresse du testament dudict deffunct, et d'elle, la somme de iii escuz sol. xx s. t. de rente à prandre sur tous les biens dudict deffunct, par luy donnez par son testament et ordonnance de dernière volonté.

Rue Sainct Anthoine. Des heritiers de feu Pierre Dereins, appoticaire, ou lieu de Jehan Pillault, pour une maison assize en ladicte rue, où pend pour enseigne le Cocq, en la censive dudict Hostel Dieu, sur laquelle ledict Hostel Dieu prand i escu soleil ii s. vi den. t. de rente.

De Nicollas Poisson et sa femme, à cause d'elle, vefve de feu Richard de Reins, tutrice des enffans mineurs d'ans dudict deffunct et d'elle, lesdictz Poisson et sadicte femme ou lieu de Pierre de Reins et Jehan Hinselin, drappier, auparavant Pierre Barbette, pour une maison assize en ladicte rue, où pend pour enseigne le Griffon, en la censive dudict Hostel Dieu, sur laquelle ledict Hostel Dieu a droict de prandre xx s. t. de rente.

Dudict Poisson, pour la maison cy-dessus declerée, sur laquelle ledict Hostel Dieu a droict de prandre ii escuz soleil xlii s. vi den. t. de rente.

De Nicollas Gaillart, marchand drappier, ou lieu de René Lestelle, et auparavant la vefve et heritiers Raollin Pan, en son vivant marchand pelletier, pour une maison assize en ladicte rue, en la censive dudict Hostel Dieu, en laquelle pend pour enseigne l'ymage Nostre Dame, sur laquelle ledict Hostel Dieu a droict de prandre i escu soleil xxxii s. vi den. t. de rente.

Dudict Nicollas Gaillart, ou lieu dudict Lestelle, pour une maison assize en ladicte rue, en la censive dudict Hostel Dieu, en laquelle pend pour enseigne l'Autruche, sur laquelle ledict Hostel Dieu a droict de prandre i escu soleil ii s. vi den. t. de rente.

De Jehan Marescot le Jeune, ou lieu de Jacques Hacques, maistre cordonnier à Paris, auparavant René Lestelle, pour une maison assize en ladicte rue, en laquelle pend pour enseigne la bannière de France, en la censive dudict Hostel Dieu, sur laquelle ledict Hostel Dieu a droict de prandre iii escuz xxvi s. vi den. t. de rente.

De maistre Philippes Brunel et Jehanne Poussin, vefve de feu maistre Gabriel Charbonnières et consors, ou lieu des relligieulx, abbé et couvent de l'abbaye d'Orcan lez Noyon, pour l'hostel et appartenances de l'Ours, assiz en ladicte rue, qui se consiste en plusieurs maisons manables estant en la censive dudict Hostel Dieu, sur lequel hostel de l'Ours ledict Hostel Dieu a droict de prandre iiii escuz sol. xxvii s. t.

De Jehan Gaboury, maistre tapissier à Paris, ou lieu de Jehan de Launay, auparavant Guillaume Pinart, chandellier, pour une maison assize en ladicte rue, devant l'hospital Sainct Gervais, où pend pour enseigne l'ymage Sainct Nicollas, sur laquelle ledict Hostel Dieu a droict de prandre vi s. iii den. t. de rente.

Rue de la Vieille Tixerranderye. De Nicollas Bollin, maistre cordonnier à Paris, et Guy Senechal, maistre esperonnier, à cause de leurs femmes, ou lieu de Anthoine Nantes, pour une maison assize en ladicte rue, où pend pour enseigne..... sur laquelle ledict Hostel Dieu a droict de prandre iv s. t. de rente.

Vieil cymestière Sainct Jehan. Des marguilliers de l'œuvre et fabricque de l'esglise Sainct Gervais, pour une maison assize oudict cymestiere, sur laquelle ledict Hostel Dieu a droict de prandre xxii s. vi den. t. de rente.

Des marguilliers de l'œuvre et fabricque de l'esglise monsieur Sainct Jehan en Greve, pour une maison separee en deux, dont l'autre moytiee appartient a la vefve et heritiers feu maistre Estienne de Sainct Jullien, assize oudict cymestière, ou soulloyt pendre pour enseigne l'Armurier, sur laquelle moytiee de maison ledict Hostel Dieu a droict de prandre xxv s. t. de rente.

De la vefve et heritiers feu maistre Estienne de Sainct-Jullien, pour l'aultre moytiee de ladicte maison, sur laquelle moytiee ledict Hostel Dieu a droict de prandre xxv s. t. de rente.

De ladicte vefve et heritiers dudict feu maistre Estienne de Sainct Jullien, ou lieu de la vefve et heritiers feu Brouteseaulge, pour une maison assize oudict cymestiere, qui fut à maistre Jehan Malingre, sur laquelle ledict Hostel Dieu a droict de prandre i escu soleil xl s. t. de rente.

De maistre Claude Cingot, ou lieu de maistre Jacque Mesnard, auparavant la vefve maistre Pierre Thomas, pour une maison assize oudict cymestiere, sur laquelle ledict Hostel Dieu a droict de prandre i escu soleil xl s. t. de rente.

De maistre Denis Landelle, procureur en Parlement, et sa femme, à cause d'elle, ou lieu de Charles Veron, maistre mareschal à Paris, son père, auparavant Estienne Gueffier, maistre boullenger, pour une maison bastie de neuf, assize oudict cymestiere, faisant le coing de la rue de la Verrerye, sur laquelle ledict Hostel Dieu a droict de prandre l s. t. de rente.

Rue de la Verrerye, dict Charton. De Guillaume Bove, bourgeois de Paris, ou lieu des enffans myneurs d'ans de feu Guillaume Lelong, pour une maison assize en ladicte rue, qui fut à Adam Audry, sur laquelle ledict Hostel Dieu a droict de prandre la somme de l s. tournois de rente.

De maistre Nicollas Harvet, huissier ou Grand Conseil, ou lieu de la vefve et heritiers feu maistre Guillaume Caral, procureur au Chastellet, auparavant Gilles Harvet, bourgeois de Paris, pour une maison assize en ladicte rue, en laquelle soulloyt pendre pour enseigne l'ymage Sainct Christofle, sur laquelle ledict Hostel Dieu a droict de prandre i escu viii s. ix den. t. de rente.

Rue du Temple, dict Saincte Avoye. De maistre Jehan Davoust, tuteur des enffans mineurs d'ans de feu maistre Robert Foucart, nottaire, et de Marye Bergeon, au lieu de Loys Marchant, bourgeois de Paris, auparavant Jehan Beausault, maistre masson, et de Guillaume Dutartre, vendeur de vins, pour une maison assize en ladicte rue, sur laquelle ledict Hostel Dieu a droict de prandre l solz t. de rente.

De noble homme maistre Claude Marcel, conseiller au Roy et intendant de ses finances, ou lieu de noble homme Henry Clause, seigneur de Fleury, ou lieu de feu madame de Marchaulmont, ou lieu de maistre Robert Beauvais, controlleur de la ville de Paris, auparavant les heritiers feu Catherine Tottée, et les hoirs ou ayans cause de feu Nicolaas Villeron, pour une maison assize en ladicte rue avec une place et jardin, où ladicte dame de Marchaulmont a faict bastir de neuf, sur laquelle maison ledict Hostel Dieu a droict de prandre xv s. t. de rente.

Cloistre Sainct Mederic. De hault et puissant seigneur Loys de Silly, chevallier, seigneur de la Roche-Guyon, conseiller, chamberlain ordinaire de la chambre du Roy, noble et puissante dame Anne de Laval, espouse dudict seigneur, et noble homme et saige maistre René Baillet, président en la court de Parlement, seigneur de Scaulx et de Tresme, la somme de xlv escuz soleil pour une annee eschuee le troysiesme jour d'aoust, à cause de pareille somme faisant partye de cl. escuz d'or soleil de rente que lesdicts sieurs et dame ont constituee audict Hostel Dieu dès le premier jour d'aoust mil cinq cens quarante neuf, sur les terres et seigneuryes de La Roche-Guyon, assize au bailliage de Senlis, terre et seigneurie de Rochefort, au bailliage de Montfort l'Amaury, sur la terre, seigneurye et chastellenye d'Oleance? assize au bailliage de Chartres, sur la baronnye et seigneurie d'Aquigny, assize au pays de Normandie, appartenant à ladicte dame de Laval, son espouse, sur la terre et seigneurye de Scaulx, à la prevosté et vicomté de Paris, et la terre et seigneurye de Tresme, pres Lizy sur Orge, et sur la moytié d'une maison assize à Paris, au cloistre Sainct Mederic, oudict seigneur Baillet appartenant, desdicts cl. escuz soleil en a esté racheppté lxxv escuz soleil en juillet MV^e LXXI, et encores en a esté racheppté le troysiesme jour d'aoust MV^e LXXVI, XXX escuz, cy pour une annee escheue xlv escuz soleil.

Rue Sainct Martin. De maistre Jehan de Villemart, procureur ou Chastellet, pour une maison assize en ladicte rue, devant la rue aux Ours, contenant deux corps d'hostel, sur laquelle maison ledit Hostel Dieu a droict de prandre iii escuz sol. x s. t. de rente.

Rue des Juifs. De François Le Franc, porteur de charbon juré a Paris, ou lieu de François Blanchart, juré de foing, auparavant maistre Guillaume Brissart, commis à recepvoir les requestes des amendes pour le Roy nostre Sire, et auparavant Francoys Gaboury, bourgeois de Paris, pour une maison assize en ladicte rue, en laquelle pend pour enseigne le Cheval Blanc, sur laquelle maison ledict Hostel Dieu a droict de prandre vi escuz soleil xl s. t. de rente, constituee tant sur ladicte maison que sur tous les biens dudict Gaboury, à cause de l'acquisition qui en a esté faicte par messieurs les gouverneurs dudict Hostel Dieu, ou nom de Philippes Cramoisy, bourgeois de Paris, et de Marguerite..... sa femme, heritière de feue Catherine Bourg, leur mère, jadis vefve de feu Pierre Cramoizy, leurs père et mère.

Rue Sainct Jacques. De maistre Pierre Nautier, commissaire au régime et gouvernement d'une maison appartenant à Francoys Trudaine, qui fut à Jacques et Henry Lebègue, ou lieu de Gaultier Couldray, peaussier, et despuis à monsieur Lebossu, secrettaire du Roy, et sa femme, à cause d'elle, assize à Paris, rue Sainct Jacques de la Boucherye, où pend pour enseigne l'image Sainct Nicollas, sur laquelle ledict Hostel Dieu a droict de prandre xxv s. t. de rente.

Rue Sainct Bon, dict La Lenterne. De maistre Nicollas Vallenson, conseiller ou Chastellet de Paris, ou lieu de maistre Jehan Prevost, recepveur pour le Roy ou bailliage de Senlis, pour une maison assize dans ladicte rue, devant l'esglise Sainct Bon, sur laquelle ledict Hostel Dieu a droict de prandre x s. xi den. t. de rente.

Rue de la Pierre au Laict. De Denis Tottée et Pierre Semelle, ou lieu de Francoys de la Carpenterye, maistre orfebvre à Paris, ou lieu de la vefve Estienne Tottée, auparavant la vefve Guillaume Tottée, pour une maison assise en ladicte rue, où pend pour enseigne le Mouton Blanc, sur laquelle ledict Hostel Dieu a droict de prandre lvi s. t. de rente.

De Jehan Poignant et Marguerite Barjot, ou lieu de Marguerite Masson, vefve de feu Guillaume Regis, ou lieu de maistre Jehan Diguet, procureur ou Chastellet de Paris, pour deux maisons assizes en ladicte rue, contenant deux corps d'hostel, en l'une desquelles est pour enseigne le Dieu d'Amours et à l'autre les Troys Roys, sur lesquelles ledict Hostel Dieu a droict de prandre v escuz sol. l solz t. de rente.

Rue de la Heaulmerye. De Alexandre Buvault, marchant mercier, demourant à Paris, ou lieu de Esme Mestail, marchant drappier, pour une maison assize en ladicte rue, faisant le coing d'icelle, sur laquelle ledict Hostel Dieu a droict de prandre i escu soleil de rente.

Rue Sainct Denis. De Pierre Bourcier, marchant demourant a Paris, ou lieu de la vefve Jacques Bourcier, auparavant la vefve Jehan Le Conte, pour une maison assize en ladicte rue, où pend pour enseigne la Grimasse, sur laquelle ledict Hostel Dieu a droict de prandre ung escu soleil xxxiii s. i den. tournois.

De Nicollas Guy, marchant mercier à Paris, ou lieu de Jehan et Anthoine Garnier, auparavant les hoirs Loys Auger, pour une maison assize en ladicte rue, où pend pour enseigne l'escu de Bretaigne, sur laquelle ledict Hostel Dieu a droict de prandre xl s. t. de rente.

De la vefve et heritiers Claude Augoin, en son vivant marchant pelletier, bourgeois de Paris, pour une maison assize en ladicte rue, en laquelle pend pour enseigne les Deux Freres, sur laquelle ledict Hostel Dieu a droict de prandre ii escuz sol. xxx s. t. de rente.

Rue de la Tabletterye. De maistre Jacques Landry, nottaire ou Chastellet de Paris, et Catherine Huart, sa femme, Pierre Roussel, joueur d'instrument, ou lieu de Michelle Contesse, vefve de feu maistre Jehan Huart, procureur ou Chastellet, et Anthoinette Boutillier, vefve de feu Denis Picart, aussy procureur oudict Chastellet, pour une maison assize en ladicte rue, où pend pour enseigne le Chappeau Rouge, sur laquelle ledict Hostel Dieu a droict de prandre ii escuz sol. v s. t. de rente.

Rue aux Deschargeurs. De Jehan Coifié, ou lieu de Michelle Le Vasseur, vefve de feu Nicollas Symon, en son vivant marchant drappier, pour une maison assize en ladicte rue, devant et à l'opposite de la Salle des Carneaulx, sur laquelle ledict Hostel Dieu a droict de prandre ii escuz sol. xx s. t. de rente.

Cloistre Saincte Oportune. Des heritiers de Guillemette Vatisson, pour une maison assize oudict cloistre, qui luy a esté baillée à rente de bail d'héritage par messieurs les gouverneurs, moyennant la somme de xvi escuz sol. xl s. t. de rente.

Rue de la Cordonnerye. De Jehan et Pierre Lebret frères, ou lieu de la vefve maistre Claude Bonnot, pour une maison assize en ladicte rue, en laquelle pend pour enseigne la Cremillière, sur laquelle ledict Hostel Dieu a droict de prandre i escu soleil xv s. t. de rente.

De Michelle Piqueau, marchant drappier, ou lieu de maistre Estienne Cornet, à cause de sa femme, fille et heritière de feu Jullien Drouet, en son vivant marchant pelletier, auparavant Guillaume Charlet, drappier, pour une maison assize en ladicte rue, où soulloyt pendre pour enseigne la Corne de Dain, sur laquelle ledict Hostel Dieu a droict de prandre ii escuz lv s. t. de rente.

Rue de la Charronnerye. De Nicollas Bourgeois le Jeune, marchant pelletier, ou lieu de Jehan Villain, et Ragonde Gaudefroy, vefve de feu Robert Augoin, en son vivant marchant et bourgeois de Paris, pour troys maisons de present rediffiée et appliquée en une, faisant le coing de la rue aux Deschargeurs, où pend pour enseigne l'ymage Sainct Christofle, sur laquelle maison ledict Hostel Dieu a droict de prandre quatre escuz soleil xii s. ii den. t. de rente.

De Jehan Gervais, marchant ferronnier, demourant à Paris, ou lieu de Nicollas Bourgeois, auparavant Jehan Daniel, pour une maison assize en ladicte rue, où pend pour enseigne les Deux Scynes, sur laquelle ledict Hostel Dieu a droict de prandre iii escuz sol. xx s. t. de rente.

Rue Ferronnerye. De Guillaume Bocquet, marchant drappier, bourgeois de Paris, ou lieu de Nicollas Prevost, à cause de sa femme, auparavant femme de Pierre Bocquet, aussy drappier, pour une maison assize en ladicte rue, devant et à l'opposite de petit portail du cymestière des Sainctz Innocens, faisant le coing de la rue aux Deschargeurs, sur laquelle ledict Hostel Dieu a droict de prandre iiii escuz iii s. ix den. t. de rente.

De Philippes Bonnot, vefve de feu Claude Choilly, en son vivant marchant drappier, bourgeois de Paris, ou lieu des héritiers feu Jehan Choilly et Marye Bonne, auparavant les hoirs feu Anthoine Dusaulsay, pour une maison assize en ladicte rue, sur laquelle ledict Hostel Dieu a droict de prandre i escu xv s. t. de rente.

De la vefve et héritiers feu Nicollas Dumontel, en son vivant potier d'estaing, et maistre Foucault, advocat en la Court, ou lieu de maistre Claude de Malleville, procureur du Roy es eaues et foretsz, ou lieu de la vefve feu maistre Jehan Le Mercier, pour une maison assize en ladicte rue, en laquelle pend pour enseigne l'escu de Bretaigne, sur laquelle ledict Hostel Dieu a droict de prandre i escu soleil xl s. t. de rente.

Rue Sainct Honnoré. De Jacques Duchesne, marchant de poisson de mer sallé à Paris, Marguerite Duchesne, vefve de feu maistre Philippes Lyevin, en son vivant maistre chirurgien à Paris, ou lieu de maistre Guillaume Dutot, tuteur des enffans de feu Pierre Duchesne, espicier, auparavant Pierre Dumont, drappier, pour une maison assize en ladicte rue, en laquelle pend pour enseigne l'ymage Sainct Jacques, sur laquelle ledict Hostel Dieu a droict de prandre xxv s. t. de rente.

De Nicollas Bodin, bourgeois de Paris, ou lieu de Margueritte de la Motte, vefve de feu Jacques Boursault, boulanger, auparavant Hémon de la Motte, pour une maison assize en ladicte rue, où pend pour enseigne l'ymage Nostre Dame, sur laquelle ledict Hostel Dieu a droict de prandre xxv s. t. de rente.

Rue Tirechappe. De la vefve et héritiers feu Jacques Lasnier, sergent de l'hostel de la ville, ou lieu de Philippes Lasnier, tondeur de draps, pour une maison assize en ladicte rue, en laquelle pend pour enseigne le Plat d'estaing, sur laquelle ledict Hostel Dieu a droict de prandre v s. t. de rente.

Rue de la Tonnellerye. De Magdelayne Mariaval, vefve de feu Robert Yon, ou lieu des maistres et gouverneurs Sainct Jacques de l'hospital, Nicolas Ruelle, à cause de sa femme, et Claude Patoillart, pour une maison assize en ladicte rue, en laquelle pend pour enseigne l'Homme Saulvaige, sur laquelle ledict Hostel Dieu a droict de prandre xxx s. t. de rente.

Rue des Prouvaires. Des héritiers de feu maistre Pierre Pellerin et Catherine Lecocq, sa femme, ou lieu de maistre Guillaume Lecocq, docteur en médecine, pour une maison assize en ladicte rue, faisant le coing de la rue des Deux Escuz, sur laquelle ledict Hostel Dieu a droict de prandre ii escuz lv s. t. de rente.

De maistre Denis Chantemerle, nottaire ou Chastellet de Paris, ou lieu de Guillaume Boissellet, en son vivant aussy nottaire oudict Chastellet, et Robert Augoin, pour une maison assize en ladicte rue, en laquelle pend pour enseigne la Cornemeuze, sur laquelle ledict Hostel Dieu a droict de prandre iii s. i den. t. de rente.

Rue de la Porte au Cocquillard. De maistre Toussainctz Repichon, secretaire du Roy, ou lieu de maistre Eustache Bachellier, advocat en la court de Parlement, pour une maison assize en ladicte rue, qui fut à maistre Charles Calligault et despuis à feu Denis Le Breton, sur laquelle ledict Hostel Dieu a droict de prandre xxx s. t. de rente.

Rue de Montmartre. De Pierre Poucher, marchant mercier, ou lieu de Jacques de Leffe, auparavant Jacques Dumoutier, pour une maison assize en ladicte rue, en laquelle pend pour enseigne le Fer du Moullin, sur laquelle ledict Hostel Dieu a droict de prandre xl s. t. de rente.

Soubz les pilliers des Halles. De Sebastien de la Brestesche, marchant de poisson de mer sallé, ou lieu de Jehan Rouvel et consors, aussy ou lieu de Pierre Guillon, auparavant Pierre Vinot, pour une maison assize en cedict lieu, en laquelle pend pour enseigne la Roze Blanche, sur laquelle ledict Hostel Dieu a droict de prandre ii escuz soleil lv s. t. de rente.

Halle aux Poirées. De Pamphille de la Court, marchant, ou lieu de la vefve et héritiers feu maistre Denis Berthelemy, et damoyselle Marye Parent, sa femme, fille de feu Guillaume Parent, pour une maison assize en ladicte rue, où pend pour enseigne l'Espée, sur laquelle maison ledict Hostel Dieu a droict de prandre xv s. vii den. t. de rente.

De Jacharye Tavenet, et sa femme, a cause d'elle, vefve de feu Nicollas Roillart l'aisné, ou lieu de Jacques Roillart, tapissier, auparavant Pierre, Magdelayne et Claude Boisseau, bonnetier, pour une maison assize en ladicte rue, en laquelle pend pour enseigne la Faulx, sur laquelle maison ledict Hostel Dieu a droict de prandre l s. t. de rente.

Rue au Feurre. Des marguilliers de l'œuvre et fabricque de l'esglise des Saincts Ynocens à Paris, ou lieu de la vefve et heritiers feu Symon Daucher, en son vivant batteur d'or, pour une maison assize en ladicte rue, où pend pour enseigne l'ymage Sainct Jehan, sur laquelle ledict Hostel Dieu a droict de prandre ii escuz sol. xxx s. t. de rente.

De Jehan Boullanger, marchant de draps de soye, ou

lieu de Philippes Langlois, bourcier, auparavant la vefve et heritiers Robert Le Court, pour une maison assise en ladicte rue, contenant la moytié d'un pignon, où pend pour enseigne l'escu de France, sur laquelle ledict Hostel Dieu a droict de prandre ii escuz sol. xxx s. t. de rente.

De Pierre Hasle, marchant de draps de soye, ou lieu de maistre Nicollas Jacquart, procureur de la Marée, auparavant les héritiers Henry Auberon, marchant et bourgeois de Paris, pour une maison assise en ladicte rue, où pend pour enseigne l'ymage Sainct Jacques, sur laquelle ledict Hostel Dieu a droict de prandre ii escuz sol. xv s. x den. t. de rente.

Halle aux frippiers. De maistre Estienne Gruault, commissaire ou Chastellet de Paris, ou lieu de Margueritte Collas, vefve de feu Nicollas Dayon, auparavant la vefve maistre Jacques Gaultier, luy vivant maistre frippier à Paris, pour ung estail à frippier assis en ladicte rue, où soulloyt pendre pour enseigne l'ymage Saincte Catherine, sur laquelle ledict Hostel Dieu a droict de prandre xxv s. t. de rente.

Rue de la Cossonnerye. De la vefve Nicollas Pelletier, ou lieu de Pierre Pelletier, marchant espicier, demourant à Paris, auparavant maistre Jacques Marcial, secretaire du Roy, à cause de sa femme, fille de feu Philippes Foucault, en son vivant marchant et bourgeois de Paris, pour une maison assise en ladicte rue, où pend pour enseigne le Plat d'estaing, sur laquelle ledict Hostel Dieu a droict de prandre x s. t. de rente.

Rue Petite Truenderye. De la vefve et héritiers feu Nicollas Dumontel, potier d'estaing, et Aignen Martineau, maistre patissier, ou lieu de l'œuvre et fabricque de l'esglise monsieur Sainct Jehan en Grève, pour une maison assise en ladicte rue, de présent séparée en deux, l'une faisant le coing de la Grand Truenderye et l'autre de la Petite Truenderye, sur laquelle ledict Hostel Dieu a droict de prandre xxxii s. vi den. t. de rente.

Rue de l'hostel de Bourgogne. De maistre François de Hacqueville, conseiller du Roy et maistre ordinaire en sa Chambre des comptes, seigneur de Grisolles, et maistre Jehan Mucet, procureur en Parlement, et maistre Philippe Mucet, procureur en icelle court, la somme de xiii escuz soleil xx s. t. de rente sur la huictyesme partye de la maison de l'hostel de Bourgongne, assise en ladicte ville de Paris, en la censive du Roy, à cause de son dommaine sur la terre et seigneurye de Grisolles, qui se consiste en haulte, moyenne et basse justice, cens, surcens, rentes, soixante arpens de boys de haulte fustaye, cinquante arpens de bois tailliz, deux cens arpens de terres labourables, huict arpens de pré assiz près Chasteau-Thierry, aboutissant d'un bout aux dames de Charmes, d'autre au seigneur de la Croix, sur le grant chemin de Reins, ladicte terre tenue en franc aleut, sur la moytié de la cense nommée la cense de Hacqueville, sciutée à Tourcy près Grisolles, tenue en censive des chanoines de Tours, et sur trente arpens de boys tailliz et haulte fustaye assiz à Houes en Brye, près Beauvoys, tous les dictz heritaiges cy dessus declairez oudict seigneur de Hacqueville appartenant de son propre, sur une maison assise entre la porte Sainct Victor et Sainct Marcel, contenant troys corps d'hostel, tenant d'une part à la maison où est pour enseigne le Chappeau Rouge, abboutissant d'un bout sur le fossé, sur une autre maison assise au val de Meudon, tenant à maistre Philippes Joubert, procureur oudict Chastellet, oudict Mucet appartenant, les dictz xiii escuz xx s. t. de rente oudict Hostel Dieu appartenant, comme ayant le droict, par don et transport de maistre Pierre Guivernay, prebtre habitué en l'esglise Sainct Eustache à Paris, qui avoyt aussy le droict de maistre Dominicque Riousse, prebtre bénéficier en l'esglise de Paris, pour en jouir par ledict Hostel Dieu du jour Sainct Jehan Baptiste mil cinq cens soixante huict, à la charge que ledict Hostel Dieu, sera tenu bailler et payer audict Guyvernay, sa vye durant seullement, la somme de xxxviii l. t., et le reste, montant xl s. t., demourera au prouffict dudict Hostel Dieu, et sy sera ledict Hostel Dieu tenu faire dire ung service solempnel pour l'âme dudict donnateur, le tout suyvant ladicte donnation dactée du xxxiiie jour d'aoust M^v^c LXVIII.

Rue Neufve Sainct Martin, dict du Vert boys. De Estienne Boujou et Jehan Quinquaire, ou lieu de la vefve et heritiers maistre Estienne de Nully, pour une maison assise en ladicte rue, contenant court, jardin et puys derrière, avec une enclave et allée, pour aller dudict jardin par le jardin qui fut à Jehan Lasson, jusques à la grant rué de devant l'hostel du Temple, sur laquelle maison ledict Hostel Dieu a droict de prandre xlii s. vi den. t. de rente.

Rue de Mauconseil. De Guillaume Langlois, marchant drappier, ou lieu de Pierre Bossu, maistre frippier, et Catherine Payon, sa femme, auparavant Philippes Poirier, aussy maistre frippier, et Catherine Jain, sa femme, la somme de iii escuz sol. s. t. de rente sur la moytiée d'une maison, court et appartenances, assise en ladicte rue, où soulloyt pendre pour enseigne l'Estoille, et sur la sixiesme partye d'une aultre maison assise rue Garneta, où est pour enseigne l'ymage Saincte Catherine, et sur treize livres x s. t. de rente, rachaptable de ix^{xt} l. t. appartenant audict Poirier en son propre, les dicts xiii l. x s. t. faisant partye de deux cens livres aussy de rente, en plusieurs partyes, donnée et leguée oudict Hostel Dieu par feu Nicollas Le Moyne, maistre bonnetier, à la charge de faire dire par chacun an, ou jour de l'an, à perpétuité, une basse messe oudict Hostel Dieu par les relligieux d'icelluy.

Rue Troussevache. De Jehan Godart, marchant pappetier, ou lieu de la vefve Jehan Liegard, luy vivant maistre ballensier, auparavant maistre Nicollas Foucault, pour une maison assize en ladicte rue, sur laquelle ledict Hostel Dieu a droict de prandre xvii s. vi den. t. de rente.

Dudit Godard, ou lieu de ladicte vefve Liegard, ou lieu dudict maistre Nicollas Foucault, pour la maison declaree en l'article prochain preceddant, sur laquelle ledict Hostel Dieu a droict de prandre lviii s. iiii den. t. de rente.

Rue des Menestriers. De Denis Le Paultre, ou lieu de la vefve et heritiers feu Jacques Mauvoisin, en son vivant tailleur d'habitz, auparavant maistre Nicollas Melin et Nicollas Fleury, pour une maison assize en ladicte rue, où est pour enseigne les Deux Lyons, sur laquelle ledict Hostel Dieu a droict de prandre la somme de liii s. iiii den. t. de rente.

Rue de Beaubourg. De Jehan Piqurel, maistre menuisier, ou lieu de maistre Nicollas Guynet, procureur ou Chastellet, tuteur des enffans de feu maistre Jacques Dumoulin, en son vivant aussy procureur oudict Chastellet, auparavant Jehan Niceron, appoticaire, pour une maison assize en ladicte rue, sur laquelle ledict Hostel Dieu a droict de prandre xxx s. t. de rente.

Rue Michel le Conte. De maistre Jacques Gasteau, auditeur en la Chambre des comptes, ou lieu de maistre Claude de la Caille, ou lieu de Nicollas Fourmentin et Pierre Favyn, ou lieu et comme tuteur des enffans myneurs d'ans de feu Nicollas Fourmentin, et Jehan Legrain, leurs père et mère, pour deux maisons assizes en ladicte rue, en l'une desquelles soulloyt pendre pour enseigne l'Ours et le Lyon, sur lesquelles maisons ledict Hostel Dieu a droict de prandre a s. tournois de rente.

Oultre l'entienne porte Sainct Honnoré. De David Fournier, à cause de sa femme, ou lieu de Jehan Gasteau, ledict Gasteau ou lieu de maistre Jehan Tousson, conseiller en la court de Parlement, auparavant maistre Jehan Dupré, conseiller ou Chastellet, pour une maison, court et jeu de paulme, le tout entretenant, assize en ladicte rue, sur laquelle ledict Hostel Dieu a droict de prandre xx s. t. de rente.

De maistre Loys Courtavrel, advocat en Parlement, ou lieu de maistre Francoys Rogays, aussy advocat en ladicte court, pour une maison assize en ladicte rue, où est pour enseigne le Lyon d'or, qui fut à maistre Bertrand Favier, huissier en ladicte court, et à Loys Favier, drappier, sur laquelle maison ledict Hostel Dieu a droict de prandre xxx s. t. de rente.

De Guillaume Cheriot, maistre bourrelier, pour une maison assize en ladicte rue, où est pour enseigne la Corne de Cerf, sur laquelle maison ledict Hostel Dieu a droict de prandre la somme de lxvi escuz xl s. t. de rente.

Rue de Beauvoys. De Thomas Boyadan, sergent à verge ou Chastellet de Paris, héritier de feu Anne Porcher, sa mère, en son vivant femme de Pierre Boyadan, pour une maison assize en ladicte rue, sur laquelle ledict Hostel Dieu a droict de prandre l s. t. de rente.

Rue de Garnelles. De Dominicque Saulvajon, maistre tixerrant, ou lieu de Nicollas le Mère, dudict estat, et Jehanne Macé, sa femme, pour une maison assize en ladicte rue, où pend pour enseigne les Deux Boulles, sur laquelle maison ledict Hostel Dieu a droict de prandre i escu soleil xx s. t. de rente.

Rue de la Plastrière. De noble homme Jehan du Tremblay, commis à la Généralité des vivres, en ce Royaulme, ou lieu de maistre Jehan Le Cocq, advocat en Parlement, auparavant Pierre Vacher, drappier, pour une maison assize en ladicte rue, où soulloyt pendre pour enseigne la Grimace, sur laquelle ledict Hostel Dieu a droict de prandre l s. t. de rente.

De Michel Vignon, maistre charron, et Jehan Angouliant, ou lieu de Jehan Guymier, et auparavant la vefve Nicollas Guymier, marchant drappier, pour une maison assize en ladicte rue, contenant troys corps d'hostel, qui soulloyent estre en masure, court et jardin, en l'une desquelles soulloyt pendre pour enseigne les Troys Corbillons, sur lesquelles ledict Hostel Dieu a droict de prandre i escu sol. lv s. t. de rente.

Rue de Montmartre oultre l'entienne porte. De Symon Riou, maistre boissellier a Paris, ou lieu de maistre Hylaire Dain, général des Monnoyes, auparavant maistre Guillaume Despoigny, nottaire ou Chastellet de Paris, et sa femme, pour une maison assize en ladicte rue, contenant troys corps d'hostel, sur laquelle maison ledict Hostel Dieu a droict de prandre la somme de lvi s. iii den. t. de rente.

Oultre l'entienne porte Sainct Denis. De Jehan Royer, maistre tireur d'or à Paris, ou lieu de Jehan Regnauldin, ou lieu de Hierosme Bureau, auparavant maistre Anthoine Bureau, seigneur de la Houssaye, pour une maison où pend pour enseigne la Fleur de Lys, sur laquelle ledict Hostel Dieu a droict de prandre xii s. vi den. t. de rente.

De Guillaume Coureol, maistre tonnelier, ou lieu de Jacques Montmeliart, taillendier, auparavant Michel Bidault, peaussier, tuteur des enffans de feu Mathieu de la Mothe, pour une maison assize oudict lieu près le Ponceau, sur laquelle ledict Hostel Dieu a droict de prandre xliii s. ix den. t. de rente.

De Jacques Rubentel, tireur d'or, ou lieu de Acquelin Foucault, tuteur des enffans de René Robert, maistre plombier à Paris, auparavant Jacques Montmeliart, pour une maison assize en ladicte rue, où pend pour enseigne le Plat d'estaing, et à présent le Pot d'estaing, sur laquelle maison ledict Hostel Dieu a droict de prandre xxv s. t. de rente.

De Guillaume Masuel, joueur d'instrument, à cause de Perrette Mesureur, sa femme, ou lieu de Medard Mesureur, aussy ou lieu de noble homme Guillaume Ribier, seigeur de Villebrosse, auparavant les héritiers feu maistre Jehan Le Gendre, en son vivant conseiller en la court de Parlement, pour une maison assize en ladicte rue, en laquelle pend pour enseigne le Barillet d'argent, sur laquelle maison ledict Hostel Dieu a droict de prandre xv s. t. de rente.

Rue de Frepault. De Jacques Robert, ou lieu de Guillaume Doin, en son vivant maistre orfebre à Paris, pour une maison assize en ladicte rue, sur laquelle ledict Hostel Dieu a droict de prandre iiii escuz sol. xx s. t. de rente.

Rue de Paradis. De dame Marye Robertet, femme et espouse de messire André Guillart, seigneur de l'Isle, conseiller du Roy en son privé conseil, héritière par bénéfice d'inventaire de feu Messire Florimond Robertet, en son vivant Chevallier, conseiller et secrettaire d'Estat du Roy, la somme de xix escuz x s. t. de rente, constituée par ladicte dame le xiii° jour de janvier MD LXX par devant Roger et Francquelin, nottaires ou Chastellet de Paris, sur tous et ungs chacuns les biens dudict seigneur de Fresne, pour demourer quicte envers ledict Hostel Dieu de la somme de vi° iiii^{xx} x l. t. que ledict deffunct seigneur de Fresne debvoyt par obligation par luy passée a feu messire Loys Guillard, lors evesque de Senlis, en date du xxvii° jour de mars MD LXI, ladicte obligation donnée oudict Hostel Dieu par les executeurs du testament dudict deffunct Guillard, lequel avoit donné tous ses biens aux paouvres.

Rue Sainct Honnoré. De Claude Philippes, trésorier général de la maison de madame de Bourbon, maistre Jehan Sendras, secrettaire du Roy et interprète dudict seigneur en langue germanique, et maistre Nicollas Sendras, advocat en Parlement, la somme de x escuz sol. pour une année, à cause de pareille somme que l'Hostel Dieu a droict de prandre, comme ayant droict par don et letz testamentaire, de venerable et discrette personne feu maistre Jullien Perrier, en son vivant prebtre, chanoine en l'esglise monsieur Sainct Germain de l'Auxerroys, sur une maison contenant deux corps d'hostel assiz en ceste ville de Paris rue Sainct Honnoré.

De Jehan Havart, maistre rotisseur, et Marye Cocquelet, sa femme, la somme de viii escuz sol. xx s. t. pour une année, à cause de pareille somme de rente que ledict Hostel Dieu a droict de prandre sur deux maisons assizes en ladicte rue, faisant le coing de la rue des Poullyes; item une autre maison contenant deux corps d'hostel, assize ès faulxbourgs de Paris, hors la porte de Montmartre, en la rue du Croissant, où pend pour enseigne la Corne de Dain ou de Cerf; item sur une autre maison assize au Marché aux pourceaulx, faulxbourgs Sainct Honnoré, ladicte rente apppartenant oudict Hostel Dieu, comme ayant droict par don et letz testamentaire de feu venerable et discrette personne maistre Jullien Perrier, en son vivant prebtre chanoine en l'esglise collégiale monsieur Sainct Germain de l'Auxerrois, à luy vendue et constituée le treiziesme jour de febvrier mil cinq cens soixante cinq.

Rue Sainct Anthoine. De damoyselle Françoise Allegrain, vefve de feu noble homme maistre Pierre Regnault, seigneur de Montmort et d'Arcueil, et Catherine Borre, vefve de maistre Grivel, en son vivant trésorier et payeur de la compaignie de monsieur de Tavannes, tous demourans en ceste ville de Paris, la somme de xvi escuz soleil xi s. t., à cause de pareille somme de rente que ledict Hostel Dieu a droict de prandre sur les héritaiges declairez ès lectres de constitution, comme ayant le droict par transport et délivrance de messire Jehan Lefranc, chevallier de l'ordre du Roy, seigneur de Barbizy, et dame Claude Laguette, sa femme.

De noble homme maistre Anthoine de Souflephour, conseiller du Roy en sa court de Parlement à Paris, la somme de xxxiii escuz soleil xx s. t., à cause de pareille somme de rente constituee par ledict seigneur oudict Hostel Dieu, par contract passé entre messieurs les gouverneurs dudict Hostel Dieu et ledict seigneur de Souflephour, le quinziesme jour de may mil cinq cens soixante dix neuf, sur les biens et heritaiges declairez oudict contract, à cause de pareille somme de rente que ledict Hostel Dieu auroit droict de prandre sur l'hostel de la ville de Paris, constituée le trantiesme de juillet MV° LV sur les greniers à scel, et comme ayant droict par transport de maistre Pierre de Souflephour, viconte de Vaulx et de la Benardière, qui avoyt le droict, par transport de maistre Jacques Le Jay et de Catherine Du Thier, sa femme, et par ledict de Souflephour baillee par eschange avec une autre rente sur ledict hostel de ville, sur la tierce partye de la terre et seigneurye de Noyseus? appartenant oudict Hostel Dieu, par don faict à icelluy par noble homme maistre Jehan de Riveron, en son vivant auditeur en la Chambre des comptes.

De honnorable homme Jehan de Compans, marchant demourant à Paris rue de la Vieille Drapperye, la somme de xxi escuz soleil vi s. viii den. t. pour une année escheue à cause de pareille somme de rente faisant partye de v° livres t. de rente, constituée par ledit de Compans à noble homme François de Vigny, recepveur de la ville de Paris, pour en jouir par ledict Hostel Dieu par eschange faicte par messieurs les gouverneurs dudict Hostel Dieu et ledict sieur de Vigny, par eschange allencontre de la terre et fief d'Igny qui appartenoyt oudict Hostel Dieu.

De maistre Hector Gedouyn, recepveur des fortifications de la ville de Paris, la somme de xii escuz sol. xxx s. t. pour une année escheue à cause de pareille somme de rente faisant partye de lxxv escuz de rente audict sieur de Vigny constituee par ledict Gedouyn, par contract passé le xx janvier mv lxxvii, ladicte rente baillee oudict Hostel Dieu, comme appert par contract passé entre messieurs les gouverneurs d'icelluy et ledict sieur de Vigny, le... md lxxix, par eschange allencontre de la terre et fief d'Igny qui appartenoit oudict Hostel Dieu.

De maistre Nicollas Guynot, procureur ou Chastellet de Paris, la somme de xxxiii escuz sol. xx s. t. pour une année oudict Guynot constituee par maistre Pierre Vyart, luy vivant nottaire ou Chastellet, et Charlotte Sarrazin, sa femme, à prendre sur tous et ungs chacuns leurs biens, ladicte rente transportee oudict Hostel Dieu par noble homme maistre François de Vigny, allencontre de la terre et fief d'Igny qui appartenoyt oudict Hostel Dieu.

Aultre recepte faicte par cedict present recepveur à cause des rentes constituées sur l'hostel de la ville de Paris, ii mil v^e lxxv escuz xliii s.

Aultre recepte à cause des rentes et pentions viagères que ledict Hostel Dieu a droict de prendre par chacun an en ceste ville de Paris, lvii escuz xxx s. t.

Aultre recepte à cause d'aulcuns louaiges de maisons tant en ceste ville de Paris que ès faulxbourgs d'icelle, ii^m vii^c iiii^{xx} xviii escuz x s. t.

Aultre recepte à cause du fief d'Halbic, assis ès halles de Paris, lxxiii escuz vi s. t.

Aultre recepte à cause des rentes annuelles et perpétuelles que ledict Hostel Dieu a droict de prandre sur plusieurs terres, boys, prez, vignes, maisons et autres heritaiges assis hors la ville de Paris, v cens xxi escuz.

Recepte à cause des rentes viagères que ledict Hostel Dieu a droict de prandre sur plusieurs maisons et heritaiges assis hors la ville de Paris et aultres lieux cy après déclairez, xxi escuz xxii s.

Recepte d'aulcuns louaiges de fermes et baulx faictz à prix d'argent de plusieurs maisons, terres, prez, boys et autres heritaiges hors Paris et lieux cy apres declairez, ixe vi escuz x s. ix den. t.

Recepte a cause du droict de pescherye pour le fief de la Mothe assiz au viel Corbeil, xxii escuz xv s. t.

Recepte a cause des lotz et ventes venuz en ladicte année pour plusieurs acquisitions d'heritaiges scituez et assiz en plusieurs lieulx estant en la censive dudict Hostel Dieu, xxxix escuz xxiii s x den. t.

Aultre recepte faicte d'aulcunes rentes racheptees durant ladicte année, ii^c lxii escuz xxxv s. iii den. t.

Aultre recepte d'aulcuns deniers de la vente de grain et son, vii^c iiii^{xx} xii escuz xviii s. vi den.

Aultre recepte à cause du vin, vinaigre et verjus vendu durant ladicte année, viii^{xx} xi escuz x s. t.

Aultre recepte à cause de la vente de suif et gresse faicte par le despencier dudict Hostel Dieu, venuz et yssuz des moutons et bœufz despencez audict Hostel Dieu, ii^c lvi escuz xxxiii s. t.

Aultre recepte à cause de la vente de peaulx de mouton, cuyrs de bœuf et peaulx de veau, iiii^c iiii^{xx} escuz.

Aultre recepte à cause des deniers provenus de la vente d'aulcuns boys taillis, xlviii escuz xx s. t.

Aultre recepte à cause des deniers trouvés au tronc de l'Hostel Dieu de Paris, après la publication des pardons en l'evesché et dyocese de Paris, ensemble des baisemains des chappelles où sont les rellicques, durant ladicte annee, ii^m ciiii^{xx} xvi escuz xv s. t.

Aultre recepte des deniers provenans des pardons de l'Hostel Dieu de Paris, publiez et questez par les archeveschez et eveschez, vii^c lxii escuz xi s. t.

Aultre recepte faicte à cause des deniers provenant des legtz, aulmosnes et convoys durant ladicte année, xiiii^c xxi escuz xxi s. t.; — de damoyselle Magdelayne..... vefve de feu maistre Michel Larcher, luy vivant conseiller du Roy en sa court de Parlement, la somme de xxxiii escuz xx. s. t. par ledict deffunct donnez et leguez aux paouvres mallades; — de maistre Jehan Du Brac, la somme de x escuz sol. donnez audict Hostel Dieu par venerable personne maistre Claude Poultier, chantre en l'esglise collégiale de Dorat; — de Jehan Guilbert, getteur d'eau beniste de l'esglise monsieur Sainct Gervais, la somme d'unze escuz soleil xx s. tournois; — de honnorable femme Andrée Bachellier, vefve de feu maistre Jehan Legoux, procureur ou Chastellet, la somme de v escuz soleil; — de l'aumosne du Roy, par les mains de madamoyselle de Boullencourt, la somme de xx escuz d'or soleil; — de honnorable femme Huguette Bonnelet, vefve de feu honnorable homme Pierre Champion, executeresse du testament de deffunct frère Jhierosme, capuchin de l'ordre Sainct François, lequel jadiz s'appelloyt Augustin Champion, la somme de x escuz soleil; — de Nicolle Levavasseur, vefve de feu Nicollas Dumontet, maistre potier d'estaing, la somme de iii escuz sol. xx s. t.; — du testament de deffunct Magdelayne Lejars, viii escuz sol. xx s. t.; — de l'aumosne de messieurs les secretaires du Roy, iii escuz sol.; — de dame Anne Baillet, vefve de messire Emard Nicolay, xxxiii escuz sol. xx s. t.; — de venerable personne maistre Richard Collo, chanoine de Sainct Aignen en l'esglise de Paris, la somme de cinquante escuz soleil par luy donnez aux paouvres dudict Hostel Dieu; — de noble homme Claude Aubry, nottaire et secretaire du Roy, xii escuz soleil xxx s. t.; —

de noble homme maistre Jehan Dugué, seigneur de Champs-sur-Marne, executeur du testament de deffuncte honnorable femme Jacqueline Leleu, sa mère, la somme de iiii escuz soleil; — de noble homme maistre Jehan Mestrail, secrettaire du Roy, executeur du testament de deffunct monsieur Mestrail, son père, la somme de xiii escuz soleil xx s. t.; — de maistre Jherosme Noel, esleu pour le Roy à Esparnay, ou nom et comme procureur de damoyselle Grossive, sa tente, la somme de quatre cens escuz soleil, pour les causes portees par le contrat de transaction du lundy xxiiie apvril m^vc iiii^{xx} ii; — de monsieur Favier, maistre d'hostel de monsieur le duc de Joyeuse, executeur du testament de deffunct Anthoine Brun, serviteur domestique en ladicte maison, la somme de x escuz sol.; — de Nicollas Fleury, maistre haultberjonnier à Paris, comme ayant le droict de Jacques Tapata, heritier en partye de feu maistre Guillaume Tapata, la somme de xxi escuz sol.; — de honorable homme Guillaume Robin, executeur du testament de deffuncte honnorable femme Catherine Huot, sa femme, la somme de cent escuz soleil par ladicte deffuncte leguee audict Hostel Dieu; — de l'aumosne de la Royne de Navarre, la somme de xxix escuz soleil par ladicte dame donnez oudict Hostel Dieu; — de honnorable femme Catherine Pean, vefve de feu maistre Francoys Ymbert, et de maistre Pierre Ymbert, son filz, executeur du testament dudict deffunct, la somme de xxvi escuz sol. xl s. t.; — de l'aumosne de madame la duchesse de Joyeuse, par les mains de frère Noel Duboys, la somme de vi escuz soleil; — de noble homme Albert de Rossellet, par les mains de messire Pierre de Gondi, evesque de Paris, executeur du testament de deffuncte noble dame Esmerande de Gondi, dame de Lapardieu, la somme de cent escuz soleil, par ladicte deffuncte leguez aux paouvres mallades; — de noble homme maistre Jacques de Beaulieu, executeur du testament de deffunct maistre Pierre de Beaulieu, son frère, la somme de xxxiii escuz soleil; — de maistre Nicollas Lambert, docteur en médecine, executeur du testament de deffuncte honnorable femme Marguerite Morisot, en son vivant femme de maistre Nicollas Lambert, chirurgien ordinaire du Roy, la somme de i escu soleil; — de maistre Jehan Pelletier, docteur et doyen de la Faculté de théologie en l'Université de Paris, la somme de xiii escuz soleil xx s. t.

Aultre recepte faicte à cause des deniers provenuz des questes et aulsmonnes des paroisses de ceste ville et faulxbourgs de Paris, lxvii escuz xiii s. t.

Recepte commune, iii^c lxxiii escuz xlvii s. t.; — de dame Jehanne Norry, dame de l'office de la poullerye dudict Hostel Dieu, la somme de xxxix escuz sol. xxxi s. t. provenant de sondict office; — de la somme de vi escuz soleil xl s. t. provenant d'aulcuns bourgeois de ceste ville de Paris, qui ont pressoré leur vin au pressoir de la ferme d'auprès les Chartreux; — de la somme de xxii escuz xl s. t. provenant des corps inhumez au cymestière des Sainctz Inocens en la terre dudict Hostel Dieu.

Aultre recepte à cause des deniers provenuz d'aulcunes taxes de despens, dommaiges et interestz venuz de plusieurs personnes, lesquelz tant en demandant que en deffendant ont esté condempnez tant en Chastellet, court de Parlement que requestes du Pallais, ii^c ix escuz iiii s. l.

Aultre recepte à cause d'aulcunes rentes et heritaiges venduz durant ladicte année, vi cens xl escuz.

Aultre recepte à cause des deniers provenuz de la vente de la chair, vollatille et gibier venduz en la boucherye dudict Hostel Dieu durant le caresme, an du cedict compte, xi^c xlviii escuz.

Somme totale de la recepte de ce compte, xvii mil vi cens xxxvi escuz.

133e REGISTRE (183 FEUILLETS, PARCHEMIN).

ANNÉE 1582.

Despence de ce present compte :

Cens, rentes et dixmes, indemnitez et admortissemens que ledict Hostel Dieu doibt par chacun an pour plusieurs maisons, places et lieulx, terres, prez, boys et aultres heritaiges scituez et assis tant en ceste ville que hors icelle, lxxii escuz xvii s.

Aultre despence à cause d'aultres rentes deues par ledict Hostel Dieu sur tout le revenu et temporel d'icelluy, ix escuz xix s. t.

Aultres rentes constituees sur tout le revenu et temporel dudict Hostel Dieu, viii^c lxv escuz.

Aultre despence faicte pour messes chantez et cellebrez durant ladicte année, vii escuz xl s. t.

Aultre despence faicte pour labours de vignes, viii cens xxii escuz.

Aultre despence faicte à cause des fraiz de vendanges, achapt d'eschallatz et ozier, vii^c xxix escuz.

Aultre despence faicte pour achapt de vins et vinaigre, vi^c xlvii escuz.

Aultre despence faicte pour achapt de moutons, bœufz, pourceaulx, lart, veaulx, vollatille et autre gibier, acheptez

[1582.] DE L'HÔTEL-DIEU DE PARIS. 15

pour la provision des paouvres mallades, v mil c escuz viii den. t.

Despence des jours mesgres et achaptz de scel, ii mil vii cens xliii escuz.

Aultre despence faicte pour achapt de boys, charbon et sendres, vi cens lx escuz xxv s. t.

Aultre despence pour achapt de draps de layne, coustilz, plumes, couvertures, ouvraige de cordonnier, achapt de thoille, fil et pelleterye, ciiii^{xx} ix escuz.

Aultre despence pour achapt de vessaille d'estaing, chauldronnier, payement faict au charron, mareschal, cordier, bourrellier et vannier, lx escuz x s. t.

Aultre despence pour drogues d'appoticairerye, lxvi escuz.

Aultre despence pour achapt de bledz et farines, néant pour ceste presente année, parce qu'il n'en a point esté achepté.

Despence pour les frais et mises communes, iiiie l escuz xli s. t.; — à Loys Vaillant, Jacques Du Coste et Symon de Baillon, maistres menuysiers à Paris, la somme de vi escuz soleil xl s. t. pour la garde de la quantité de huict vingtz seize couches de boys et trante deux scelles percees qui avoyent esté faictes pour *servir ou lieu de Grenelles.*

Aultre despence pour plusieurs grosses et menues reparations faictes tant en ceste ville de Paris que autres lieux hors icelle, xiie iiii^{xx} ii escuz.

Aultre despence pour deniers baillez pour employer au faict de procès, iiiie lxxi escuz; — à Nicollas Dupont, sergent à cheval ou Chastellet de Paris, la somme de ii escuz soleil, pour avoir par luy adjourné aux requestes du Pallais ung nommé Chabert, cappitaine du chasteau de Marlou, aux requestes du Pallais, affin de payer oudict Hostel Dieu la somme de cent escuz soleil donnée oudict Hostel Dieu par deffunct maistre Estienne de Vyc, par son testament.

Aultre despence pour payement de gens d'esglise et serviteurs domesticques dudict Hostel Dieu, ii cens i escuz.

Gaiges d'officiers, v cens escuz; — à frère Noel Du Boys, prebtre, relligieulx, maistre ayant la correction regulliere dudict Hostel Dieu soubz messieurs du chappitre de Paris, ensemble la correction du temporel soubz messieurs les gouverneurs dudict Hostel Dieu, la somme de xl escuz soleil pour une année de ses gaiges; — à maistre Jacques Marant, docteur régent en la Faculté de medecine et medecin ordinaire dudict Hostel Dieu, la somme de cent escuz soleil pour une année de ses gaiges; — à maistre Claude Le Cousturier, maistre barbier et chirurgien à Paris et chirurgien ordinaire dudict Hostel Dieu, la somme de lx escuz sol. pour une année de ses gaiges.

Somme totalle de la despence de ce présent compte, xvi mil ii cens iiii^{xx} xiv escus.

134e REGISTRE (334 FEUILLETS, PARCHEMIN).

ANNÉE 1583.

Compte quatrielme de maistre Jacques de Besze.

Recepte à cause des cens et fons de terre deubz oudict Hostel Dieu, tant en la ville que aux champs, cxv escuz.

Aultre recepte à cause des rentes que ledict Hostel Dieu a droict de prandre tant sur la recepte generalle d'oultre Seayne et Yonne, ou lieu du trésor du Roy nostre Sire, que sur le dommaine dudict seigneur à Paris, iiiie iiii^{xx} iii escuz.

Aultre recepte à cause des rentes que ledict Hostel Dieu a droict de prandre en ceste ville de Paris, vi cens xi escuz.

Aultre recepte à cause des rentes constituees sur l'hostel de la ville de Paris, ii mil vi cens iiii^{xx} v escuz.

Aultre recepte à cause des rentes et pencions viageres que ledict Hostel Dieu a droict de prandre en ceste ville de Paris, lvii escuz.

Aultre recepte à cause d'aucuns louaiges de maisons tant en ceste ville de Paris que ès faulxbourgs d'icelle, ii mil ix cens li escuz.

Aultre recepte à cause du fief d'Halbic, iiii^{xx} escuz.

Aultre recepte des rentes annuelles et perpétuelles que ledict Hostel Dieu a droict de prandre sur plusieurs terres, boys, prez, vignes, maisons, etc., v cens xiiii escuz.

Recepte à cause des rentes viageres que ledict Hostel Dieu a droict de prandre à plusieurs termes sur plusieurs maisons et heritaiges hors la ville de Paris, xx escuz.

Aultre recepte d'aulcuns louaiges de fermes et baulx faictz à prix d'argent de plusieurs maisons, terres, prez, etc., viii cens iiii^{xx} escuz.

Recepte à cause du droict de pescherye, xxii escuz vlv s. t.

Recepte à cause des lotz et ventes venuz en ladicte année pour plusieurs acquisitions d'heritaiges en plusieurs lieulx estant en la censive dudict Hostel Dieu, lxi escuz.

Aultre recepte d'aulcunes rentes racheptées durant ladicte année, viii cens lxi escuz.

Aultre recepte d'aulcuns deniers provenant de la vente de grain et son, viii cens xxvii escuz.

Aultre recepte à cause du vin, vinaigre et verjus vendu, vii^{xx} xii escuz.

Aultre recepte à cause de la vente de suif et gresse, ii cens lxxiiii escuz.

Aultre recepte à cause de la vente de peaux de mouton, cuirs de bœuf et peaulx de veau, vi cens lxi escuz.

Aultre recepte à cause des deniers provenuz de la vente d'aulcuns boys tailliz, xxxvi escuz.

Aultre recepte à cause des deniers trouvez au tronc de l'Hostel Dieu de Paris, ii mil ciiii^{xx} xvii escuz.

Aultre recepte des deniers provenant des pardons de l'Hostel Dieu, vii cens xliiii escuz.

Aultre recepte faicte à cause des deniers provenans des legs, aulmosnnes et convoys durant ladicte année, ii mil iii escuz; — de monseigneur de Villeroy, grant trésorier de l'ordre du Sainct Esprit, la somme de cinquante escuz soleil aulmosnez par le Roy aux paouvres mallades dudict Hostel Dieu, des deniers provenans de sa bource du Sainct Esperit; — d'un *bien veillant*, lequel ne s'est voullu nommer, par les mains de monsieur Hotman, la somme de xix escuz soleil; — de deffunct maistre Jacques Hervé, curé de Sainct Alban, diocèse de Sainct Brieu, en Bretaigne, la somme de v escuz xlviii s. t.; — de maistre Pierre Prevost, chappellain de l'esglise de Sorbonne, la somme de xx escuz soleil; — de maistre Martin Boulnoys, vicaire de l'esglise Sainct Jacques de la Boucherye, la somme de v escuz soleil; — de noble homme maistre René Oger, advocat au siège présidial d'Angers, la somme de vi escuz soleil xl s. t., par les mains de maistre Christofle Oger, son filz; — de noble homme Anthoine Benard, controlleur demourant à Amyens, filz et héritier de feu honnorable homme Jehan Benard, en son vivant bourgeois de ladicte ville, la somme de xxxiii escuz soleil; — de l'aumosne de madame de Sainct Victor, la somme de xxxiii escuz; — de honnorable femme Magdelayne Chauvelin, vefve de feu honnorable homme Robert Buhot, et maistre Pierre Buhot, exécuteur du testament dudict deffunct, la somme de cent escuz soleil, par ledict deffunct leguez audict Hostel Dieu; — du commissaire Jacquet, la somme de xxx s. t. pour une amende en laquelle a esté condempné ung compaignon boucher; — des héritiers de feue honnorable femme Jehanne de Passavant, en son vivant femme de Bertrand Lefebvre, marchant demourant à Paris, par les mains de noble homme maistre Robert Danetz, l'un des dictz heritiers, la somme de vi escuz soleil; — de monsieur le Président Nicolaï, la somme de x escuz sol., à quoy a esté condempné par sentence du prevost de Paris ung sien serviteur, pour quelque insolence par luy commise en la maison dudict sieur; — de noble homme Charles de Rosières, varlet de chambre ordinaire du Roy, trésorier de la congregation des penitens de l'Anonciation Nostre Dame, la somme de cent escuz soleil; — de monsieur de Bourguimont, diocèse de Beauvais, par les mains de frère Noël Duboys, la somme de xvi escuz sol. xl s. t.; — de madame la duchesse de Retz, la somme de v escuz sol. xlviii s. t.; — de madame de Joyeuse, la somme de xv escuz soleil; — de maistre René Bruneau, greffier de la prévosté de l'Hostel, la somme de cinquante escuz soleil, à quoy par sentence de monsieur le grand prevost ont esté condempnez nobles hommes Charles de Soycourt, Loys Du Plessis, Pierre de la Pierre et Henry Corville, en l'amende envers ledict Hostel Dieu; — des executeurs de testament de deffunct noble et discrette personne maistre Loys Fournier, en son vivant prieur de Mauregard, la somme de lxvi escuz xl s. t.; — de noble homme maistre Michel de Lozon, conseiller au siège presidial de Tours, et de maistre Francoys Croiset, nottaire ou Chastellet de Paris, executeurs du testament de deffunct noble et discrette personne maistre Jacques Beleau, en son vivant abbé de Cheminon, la somme de lxvi escuz sol. xl s. t., par ledict deffunct leguez aux pauvres dudict Hostel Dieu; — de honnorable homme Nicollas Lestart, marchant orfebvre, bourgeois de Paris, executeur du testament de deffunct Symon Asnel, aussy marchant, demourant à Anvers, la somme de xvi escuz soleil; — de deffuncte noble dame madame Renée de Bourbon, en son vivant abbesse de Chelles, par les mains de la bourcière de ladicte abbaye, la somme de v escuz soleil; — de honnorable femme Helayne de la Ruelle, vefve de feu maistre Nicollas Aulbert, en son vivant commissaire ou Chastellet de Paris, executeresse du testament dudict deffunct, la somme de cent neuf escuz soleil xlii s. t. avec xv liv. t. de rente d'une part et lxix s. ii den. t. d'autre, par ledict deffunct donnez oudict Hostel Dieu; — de maistre Estienne Du Boys, executeur du testament de deffunct maistre Richart Collo, la somme de troys cens quarante quatre escuz soleil; — de hault et puissant seigneur messire Jacques Hurault, chevallier, seigneur de Vibraye, executeur du testament de deffuncte dame Marguerite de Pouche son espouse, la somme de cinquante escuz soleil par ladicte deffuncte léguée aux pauvres mallades dudict Hostel Dieu; — de madame la présidente Seguier, la somme de cent escuz soleil aulmosnez pour les pauvres mallades dudict Hostel Dieu; — de frère Charles de Louvencourt, relligieux de l'abbaye de Sainct Acheul lez Amyens, la somme de v escuz sol. xlviii s. t., pour tous les meubles qui estoyent en une chambre au colleige de Boncourt, donnez oudict Hostel Dieu par maistre Pasquier Seraulx, lors demourant oudict colleige; — de noble homme maistre René Choppin, seigneur d'Arnouville, advocat en Parlement, executeur du testament de deffunct maistre Françoys Choppin, son père, la somme de xx escuz soleil; — de l'aulmosne de la Royne et de madame de Randan, la somme de xi escuz soleil, par les mains de madame Deschamps; — de noble homme maistre Jehan Dreulx, conseiller du Roy et général en sa court des aydes, executeur du testament de deffunct noble et discrette personne maistre Pierre Dreulx, luy vivant abbé de Ham, chanoine en l'esglise de Paris, la somme de xxxiii escuz sol. xx s. t. par ledict deffunct leguez audict Hostel Dieu; — de noble homme Pierre de Gilbert, escuyer, executeur du testament de deffunct noble homme Jacques Gilbert, seignor de Villare, la somme de xxvi escuz xl s. t.; — de damoyselle Marye Chartrin, executeresse du testament de deffunct noble homme Francoys Cousin, son mary, par les mains de Robert de la Roche, bourgeois de Paris, la somme de xx escuz soleil; — du grand prieur de Sainct Denis en France la somme de viii escuz xx s. t.

Aultre recepte à cause des deniers provenuz des questes et aulmosnes par les parroisses de ceste ville et faulxbourgs de Paris, lxiii escuz xxv s. t.

Recepte commune mil xx escuz; — des heritiers de feu maistre Claude Coynart, en son vivant recepveur général de l'Hostel Dieu de Paris, la somme de cent escuz soleil, sur et tant moings de ce qu'ilz doibvent, à cause du reliqua du compte par eulx rendu oudict Hostel Dieu; — de sœur Jehanne Norry, dame de la poullerye, la somme de xl escuz provenant de sondict office; — d'aulcuns bourgeois de ceste ville de Paris qui ont pressuré leur vin à la ferme du Pressoir d'auprès les Chartreux, la somme de vii escuz soleil; — du recepveur des consignations du Chastellet de Paris, la somme de ii cens iiii×× viii escuz soleil, sur et tant moings de la somme de iii cens escuz soleil, oudict Hostel Dieu deubz et adjugez par arrest de la court de Parlement du xxvi° apvril m v° lxxviii pour les loyers escheuz à cause de la maison et seigneurye de Launay appartenant oudict Hostel Dieu; — des corps inhumez au cymestiere des Sainctz Ynocens à Paris, en la terre dudict Hostel Dieu, pour une annee, la somme de xxxvi escuz soleil.

Aultre recepte à cause d'aulcunes taxes de despens, dommaiges et interestz de plusieurs personnes, lesquelz ont esté condempnez tant en Chastellet, court de Parlement que Requestes du Pallais, iii cens xliiii escuz.

Autre recepte à cause d'aulcunes ventes et heritaiges venduz, iiii mil c escuz soleil; — de noble homme maistre Jherosme de Monthelon, conseiller du Roy en sa court de Parlement à Paris, et honnorable homme Jehan de Cruzy, marchant bourgeois de ladicte ville, la somme de iii mil v cens escuz soleil, provenant de la vente du fief, maison, coulombier, jardins et terres labourables, prez, vignes, boys tailliz, cens et rentes assiz au villaige de Clamart, et ce, suyvant certain arrest de la court de Parlement du xiii° jour de juillet m v° iiii×× ii, pour servir au rachapt et sort principal de la rente au denier six de la somme de ii mil vii cens lvii escuz xl s. t. restant à payer de la somme de xii mil livres, consignez et depposez oudict Hostel Dieu, entre les mains de maistre Ambroyse Baudichon, naguere recepveur général d'icelluy Hostel Dieu, suyvant certain arrest de ladicte court du premier jour de febvrier m v° lxxv par dame Marye Morin, vefve de feu monsieur le chancellier de l'Hospital, aussy pour estre employez aux reparations d'aulcunes maisons appartenans oudict Hostel Dieu; — de noble homme maistre Francoys de Vigny, seigneur de Virginy, recepveur de la ville de Paris, la somme de vi cens escuz soleil, sur et tant moings de la vente à luy faicte par messieurs les gouverneurs dudict Hostel Dieu des boys et fief d'Igny, qui appartenoyt à icelluy Hostel Dieu.

Aultre recepte à cause des deniers provenuz de la vente de la chair, vollatille et gibier venduz en la boucherye dudict Hostel Dieu, durant le caresme, mil cinq escuz soleil.

Aultre recepte faicte par cedict present recepveur, à cause de la fondation des soixante filles à marier, vi×× iii escuz soleil.

Somme totalle de la recepte de ce compte, xxiii mil iii° iiii×× xi escuz.

135° REGISTRE (196 FEUILLETS, PARCHEMIN).

ANNÉE 1583.

Despence de ce present compte :

Cens rentes, dixmes, indempnitez et admortissemens que ledict Hostel Dieu doibt pour plusieurs maisons, places et lieulx, terres, prez, boys, vignes et aultres heritaiges tant en ceste ville de Paris que hors icelle, lvii escuz xxi s. t.

Aultre despence à cause d'aulcunes rentes deues par ledict Hostel Dieu sur tout le revenu et temporel, ix escuz xix s. t.

Aultres rentes constituees sur tout le revenu et temporel en l'année mil cinq cens soixante quatorze et aultres annees, v° xi escuz sol.

Aultre despense pour messes et obitz chantez et cellebrez durant ladicte annee, vii escuz xxvi s. t.

Aultre despence pour labours de vignes, vii cens iiii^{xx} v escuz.

Aultre despence à cause des fraiz de vendenge, achapt d'eschallatz et ozier, vii^c xlvii escuz.

Aultre despence pour achapt de vin et vinaigre, ii mil cxlii escuz.

Aultre despence pour achapt de moutons, bœufz, pourceaulx, veaulx, vollatille et autre gibier, vi mil vii cens iiii^{xx} xvi escuz.

Despence des jours mesgres et achaptz de scel, iii mil iiii cens iiii^{xx} xvi escuz.

Aultre despence faicte pour achapt de boys, charbon et sendre, vi cens iiii^{xx} i escuz.

Aultre despence pour achapt d'huille, façon de chandelle, iiii^{xx} iii escuz.

Aultre despence pour achapt de draps de layne, coustilz, plumes, couvertures, ouvraige de cordonnier, achapt de thoille, fil et pelleterye, ii cens lxxix escuz.

Aultre despence pour achapt de vessaille d'estaing, chauldronnier, payement faict ou charron, mareschal, cordier, bourrelier et vannier, lxix escuz.

Aultre despence faicte par cedict present recepveur à cause des soixante filles à marier, cxi escuz xxvii s. t.

Aultre despence pour achapt de bledz et farines, néant, pour ceste presente année, par ce qu'il n'en a point esté achepté.

Despence pour les fraiz et mises communes, viii^c xxvi escuz soleil ; — aultre despence pour acquisitions d'heritaiges et rentes racheptées, ii mil vii^c lxii escuz.

Aultre despence pour plusieurs grosses et menues reparations faictes en ceste ville de Paris que aultres lieulx hors icelle, xiiii^c li escuz.

Aultre despence pour deniers baillez pour employer et convertir au faict de proces, v^c iiii^{xx} xv escuz ; — à Nicollas Dupont, sergent à cheval ou Chastellet de Paris, la somme de ii escuz sol. xxxs. t. pour son sallaire, journee et vaccations d'avoir esté faire commandement à Symon Chabert, cappitaine du chasteau de Mello, pour madame de Montmorency, de payer oudict Hostel Dieu la somme de cent escuz soleil donnez oudict Hostel Dieu par deffunct Estienne de Vyc, suyvant certaine sentence donnée par messieurs les gens tenans les Requestes du Pallays ; — à maistre Jehan Lhostellier, procureur en Parlement, la somme de ung escu soleil xxx s. t. tant pour les espices d'un arrest de la Court donné allencontre de Nicollas Loyseau, naguères commissaire au revenu de la malladerye de Fontenay sur le boys de Vincennes ; — icy est faict despence par ce present recepveur de la somme de deux escuz soleil xv s. t. pour le sallaire des sergens qui ont mis et constitué prisonniers ou Chastellet André Marteau, Roch Guybert, Loys Defons, Anthoine Boudin et Anthoine Bourdon, tous laboureurs de vignes pour l'Hostel Dieu à Champrozé, suyvant certain arrest de prinse de corps contre eulx décerné par la court de Paris ou son lieutenant criminel, *à faulte d'avoir par eulx faict les façons des vignes appartenant oudict Hostel Dieu assizes oudict lieu et les vignes demourées presque en friche ;* — à maistre Denis Dreulx, procureur ou Chastellet, la somme de iiii escuz sol. xxx s. t. pour les espices du proces jugé oudict Chastellet au prouffict dudict Hostel Dieu, allencontre de Jehan Guilaumeau et consors, et les relligieuses, abbesse et couvent de Longchamp, jointes et prenantes la cause pour eulx, pour raison des excés faictz aux serviteurs du fermier dudict Hostel Dieu a Seuresne.

Aultre despence pour payement de gens d'esglise et serviteurs domesticques dudict Hostel Dieu, ii^c xiii escuz.

Gaiges d'officiers, v^c xxxv escuz ; — à maistre Jacques Marent, docteur régent en la Faculté de médecine et medecin ordinaire dudict Hostel Dieu, la somme de cent escuz soleil pour une annee de ses gaiges ; — à maistre Claude Le Cousturier, maistre barbier chirurgien à Paris, la somme de ix escuz pour une année de ses gaiges ; — audict Le Cousturier la somme de vi escuz sol. xl s. t. pour plusieurs services qu'il a faictz et fera cy après oudict Hostel Dieu, *que pour la grande nécessité qui y est à présent et grande quantité de mallades qui sont en icelluy, ensemble à cause que ledict Cousturier a deux de ses serviteurs mallades de la contagion oudict Hostel Dieu ;* — audict Le Cousturier la somme de vi escuz soleil pour estre par luy distribuez à ses quatre serviteurs pour le moys de septembre prochain, *pour penser et médicamenter les pauvres mallades plus soigneusement ;* — audict Le Cousturier la somme de ix escuz sol. pour estre par luy distribuez à six serviteurs pour le present moys d'octobre, à cause de la grande quantité de mallades qui sont oudict Hostel Dieu, tant de la contagion que autres ; — audict Le Cousturier la somme de ix escuz soleil pour estre par luy distribué à six de ses serviteurs pour le present moys de novembre ; — audict Le Cousturier la somme de six escuz soleil pour estre par luy distribuez à ses six serviteurs pour le présent moys de décembre ; — à ce present recepveur la somme de ix^{xx} iii escuz xx s. t. pour une année de ses gaiges ; — au clerc de ce present recepveur viii escuz sol. xx s. t.

Somme totalle de la despence de ce compte, xxiii mil viii^c viii escuz.

136ᵉ REGISTRE (321 FEUILLETS, PARCHEMIN).

ANNÉE 1584.

Compte cinquiesme de maistre Jacques de Besze :
Recepte à cause des cens et fonds de terre deubz oudict Hostel Dieu, tant en la ville que aux champs, cent escuz soleil.

Aultre recepte à cause des rentes que ledict Hostel Dieu a droict de prandre pour chascun an tant sur la recepte d'oultre Sayne et Yonne que sur le dommaine du Roy nostre sire, iiii° iiii^{xx} iii escuz.

Aultre recepte à cause des rentes que ledict Hostel Dieu a droict de prandre en ceste ville de Paris, iiii° iiii^{xx} ix escuz.

Aultre recepte faicte à cause des rentes constituees sur l'hotel de la Ville de Paris, mil iiii^{xx} ii escuz.

Aultre recepte à cause d'aucunes rentes constituées sur l'hostel de la ville de Paris à cause du don faict par feu messire François de Raisse, ii mil vi cens iiii^{xx} ix escuz.

Aultre recepte à cause des rentes et pentions viageres que ledict Hostel Dieu a droict de prandre en ceste ville de Paris, lvii escuz.

Aultre recepte à cause d'aulcuns louaiges de maisons, tant en ceste ville de Paris que es faulxbourgs d'icelle appartenant oudict Hostel Dieu, iii mil ii cens liii escuz.

Aultre recepte à cause des rentes annuelles et perpetuelles que ledict Hostel Dieu a droict de prandre sur plusieurs terres, prez, boys, prez, vignes, maisons et aultres heritaiges, hors la ville de Paris, v cens x escuz.

Aultre recepte à cause des rentes viageres que ledict Hostel Dieu a droict de prandre sur plusieurs maisons et héritaiges hors la ville de Paris, xx escuz xxvii s. t.

Aultre recepte à cause d'aulcunes louaiges de fermes et baulx faictz à prix d'argent de plusieurs maisons, terres, prez, boys et aultres heritaiges hors Paris, viii° iiii^{xx} xiiii escuz.

Aultre recepte à cause du droict de pescherye pour le fief de la Motte au vieil Corbeil, xxii escuz.

Aultre recepte à cause des lotz et ventes pour plusieurs acquisitions d'heritaiges assiz en plusieurs lieulx en la censive dudict Hostel Dieu, x escuz xlii s. t.

Aultre recepte d'aulcunes rentes racheptees durant ladicte année, ix° xxx escuz.

Aultre recepte de la vente de grain et son, iii° lxx escuz.

Aultre recepte à cause du vin vendu durant ladicte année, xlv escuz.

Aultre recepte à cause de la vente de suif et gresse faicte par le despencier dudict Hostel Dieu, iiii° lviii escuz.

Aultre recepte à cause de la vente de peaux de mouton, cuyrs de bœuf et peaux de veau despencez oudict Hostel Dieu, vii cens xxvi escuz.

Aultre recepte à cause des deniers provenuz de la vente d'aulcuns boys tailliz appartenans oudict Hostel Dieu, ii cens liiii escuz.

Aultre recepte à cause des deniers trouvez au tronc de l'Hostel Dieu après la publication des pardons en l'evesché et dyocèse de Paris, ii mil cxxix escuz.

Aultre recepte des deniers provenans des pardons de l'Hostel Dieu publiez par les archeveschez et eveschez, xi cens liiii escuz.

Aultre recepte faicte à cause d'aulcunes relligieuses qui ont gardé des mallades par les maisons de ceste ville de Paris, iiii^{xx} x escuz.

Aultre recepte faicte à cause des deniers provenans des legs, aulzmonnes et convoys durant ladicte année, iiii^x ii escuz; — de la Royne regnante, la somme de dix escuz provenant de son aulsmonne; — de Symon Chabert, cappitaine du chasteau de Marlou, la somme de xxxiii escuz sol., par les mains de maistre Jehan Gerard, recepveur et payeur de messieurs de la court de Parlement de Rouen, faisant partye de la somme de vii^{xx} xviii escuz soleil, asscavoir la somme de vi^{xx} x escuz donnez et leguez oudict Hostel Dieu par feu Estienne de Vyc par son testament, et xxviii escuz sol. pour ses despens obtenuz contre ledict Chabert; — de noble homme maistre Loys du Mousseau, conseiller du Roy et général en sa court des aydes, donataire et executeur du testament de deffuncte honnorable femme Claude du Mousseau, vefve de feu maistre Nicollas de Louvin, en son vivant huissier en la court de Parlement, la somme de xl escuz sol., par ladicte deffuncte leguez oudict Hostel Dieu, lesquelz ont esté employez en achapt de ii cens xxxi aulne de thoille pour faire des draps pour les pauvres mallades dudict Hostel Dieu, suyvant l'ordonnance de ladicte deffuncte; — de honnorable femme Anne de Crevecœur, demourant à Crespy en Valloys, executeresse du testament de deffunct honnorable homme Pierre Lebel, son mary, la somme de vi escuz sol. xl s. t., par ledict deffunct leguez oudict Hostel Dieu; — de l'aumosne du Roy, par les mains de monsieur de Sainct Prix, la somme de l escuz soleil; — de maistre Arthus du Gast, curé de Sainct Jehan le Rond, la somme de xx escuz sol., par ledict deffunct Dugast donnez oudict Hostel Dieu; — de sœur Jehanne Carré, relligieuse de l'Hostel Dieu, la somme de xx escuz sol. qu'elle donne aux pauvres dudict Hostel Dieu, provenant des biens a elle faictz par aulcuns gens de bien; — de monsieur le president Nicolaï et de madame la presidente de Boullencourt, executeurs du testament de deffuncte madame de Sainct Victor, leur mère, la somme de vi escuz xviii s. vi den. pour les arrerages de cent livres tournois de rente donnez oudict Hostel Dieu; — de l'aumosne de la Royne, par les mains de madame de Rendam, la somme de x escuz soleil; — de honnorable femme Genevielve Dupuys, vefve de feu honnorable homme Jacques de Bourges, executeresse du testament dudict deffunct, la somme de dix escuz, par ledict deffunct leguez oudict Hostel Dieu; — de messire Georges de la Trimoulle, chevallier de l'ordre du Roy, baron de Rohan, executeur du testament de deffuncte damoyselle Jehanne de Bretaigne, dame de Lonzac, demourant à Marcilly en Anjou, la somme de iii cens xxxiii escuz soleil; — de messire Pierre de Masparrault, chevallier, conseiller du Roy en son privé conseil et maistre des requestes ordinaire de son hostel, messire Gabriel de Masparrault, gentilhomme ordinaire de la chambre de Monsieur, frère du Roy, et maistre Martin de Masparrault, conseiller du Roy et maistre ordinaire en sa Chambre des comptes, executeurs du testament de deffuncte damoyselle Jacqueline Rebours, leur mère, la somme de xxxiii escuz s. xx s. t., par ladicte deffuncte leguez aux pauvres malladdes; — de monsieur le commendeur de Birague, executeur du testament de deffunct monsieur le cardinal de Birague, en son vivant chancellier de France, et de damoyselle Francoyse de Birague, heritiere par bénéfice d'inventaire dudict deffunct son père, la somme de l escuz soleil, par les mains de monsieur Blanquet, secrettaire du Roy, par ledict deffunct leguez oudict Hostel Dieu; — de honnorable homme Claude Daubray, executeur du testament de deffuncte honnorable femme Marye de Cret, sa femme, par les mains de frère Noel Du Boys, la somme de vi escuz soleil; — de damoyselle Anthoinette Rebours, vefve de feu maistre Francoys Sevyn, luy vivant conseiller en Parlement, executeresse du testament de deffunct noble homme maistre Henry Grassin, luy vivant seigneur d'Ablon, la somme de cent escuz leguez oudict Hostel Dieu; — de honnorable homme Nicollas Paumart, bourgeois de la ville de Beauvoys, la somme de x escuz sur et tant moings de xv livres donnez oudict Hostel Dieu par deffunct venerable et discrette personne maistre Jacques Le Clerc, en son vivant chanoine en la grant esglise Sainct Pierre de Beauvais; — de noble homme maistre Nicollas Violle, conseiller du Roy en sa court de Parlement à Paris, executeur du testament de deffunct maistre Francoys Daulphin, en son vivant procureur en Parlement, la somme de cent escuz soleil sur et tant moings de la somme de ii cens escuz sol. par ledict deffunct leguez oudict Hostel

Dieu; — de l'aumosne de la Royne, par les mains de madame la presidente de Boullencourt, la somme de x escuz soleil; — de monsieur le President Seguyer, la somme de vi escuz soleil; — de madame la duchesse de Nevers, xviii testons, par ladicte dame donnez oudict Hostel Dieu..... cy iiii escuz sol. xxi s. t.

Aultre recepte à cause des deniers provenuz des questes et aulsmonnes par les parroisses de ceste ville et faulxbourgs d'icelle, iiii^{xx} ii escuz.

Recepte commune, ii mil ii^c xli escuz; — de sœur Jehanne Norry, dame de la poullerye dudict Hostel Dieu, la somme de clix escuz, provenant de l'argent qu'elle a receu audict office; — de noble homme maistre Jherosme de Varade, médecin ordinaire du Roy, pleige et caution de maistre Ambroyse Baudichon, nagueres recepveur general dudict Hostel Dieu, la somme de xv cens escuz à laquelle somme a esté composé par messieurs les gouverneurs dudict Hostel Dieu avec ledict de Varade, pour la somme de xvi cens iiii^{xx} v escuz que ledict Baudichon debvoit pour le reliequa de son dernier compte de l'année lxxix; — à Sebastien Mesnon, maistre tonnellier à Paris, la somme de lxvii escuz sol. provenant de la vente à luy faicte de vii^{xx} xviii pieces de fustaille à gueulle bée, à luy vendue par messieurs les gouverneurs; — des corps inhumez au cymestiere des Sainctz Ynocens a Paris en la terre dudict Hostel Dieu, xxxix escuz.

Aultre recepte à cause des deniers provenuz d'aulcunes taxes de despens, dommaiges et interestz venuz de plusieurs personnes, tant en demandant que en deffendant, qui ont esté condempnez tant en Chastellet, court de Parlement que requestes du Pallays, iii cens liii escuz; — de Charles Fessart, musnier demourant aux Carrières de Charenton, la somme de viii escuz xx s. t., à quoy ilz ont composé avec messieurs les gouverneurs pour les despens faictz contre eulx pour raison du foing qu'ilz avoyent abbastu des ysles deppendentes du moullin de Charenton; — des gouverneurs et attournez de la ville de Compiengne, la somme de iiii escuz sol. pour les despens du voyage de l'huissier Drouart, d'avoir esté faire commendement ausdictz gouverneurs de payer la somme de xii escuz à quoy ilz avoyent esté condempnez en l'amende envers maistre Loys Lyesse, lequel Lyesse l'auroyt à l'instant donnée oudict Hostel Dieu.

Aultre recepte à cause d'aulcunes rentes et heritaiges venduz durant ladicte année, xii^c lxxv escuz.

Aultre recepte à cause des deniers provenuz de la vente de la chair, voltatille et gibier venduz en la boucherye dudict Hostel Dieu durant le caresme mil cinq cens quatre vingtz quatre, xii^c xix escuz.

Somme totalle de la recepte de ce compte, xxi mil viii cens iiii^{xx} escuz.

137ᵉ REGISTRE (399 FEUILLETS, PARCHEMIN).

ANNÉE 1584.

Despence de ce present compte :
Cens, rentes, dixmes, indempnitez et admortissemens que ledict Hostel Dieu doibt par chacun an pour plusieurs maisons, places et lieulx, terres, prez, boys, vignes et aultres heritaiges tant en ceste ville de Paris que hors icelle, lxxiiii escuz xx s. t.

Aultre despence à cause d'aultres rentes deues sur tout le revenu temporel d'icelluy, ix escuz.

Aultres rentes constituees sur tout le revenu et temporel, v cens lxi escuz.

Aultre despence faicte pour messes et obitz chantez et cellebrez durant ladicte annee, xviii escuz.

Aultre despence faicte pour labours de vignes, ix cens xxxii escuz.

Aultre despence faicte à cause des fraiz de vendenges achapt d'eschallatz et ozier, viii cens xii escuz.

Aultre despence faicte pour achaptz de vins, v cens xxxiii escuz.

Aultre despence faicte pour achapt de moutons, bœufz, porcqz, veaulx, vollatille et aultre gibier pour la provision dudict Hostel Dieu, viii mil vii cens lv escuz.

Aultre despence des jours mesgres, iii mil vi cens xl escuz.

Aultre despence pour achapt de boys, charbon et scendres, vi cens xix escuz.

Aultre despence faicte pour achapt d'huille et fasson de chandelle, lxi escuz.

Aultre despence pour achapt de draps de layne, coustilz, plumes, couvertures, ouvraige de cordonnier, achapt de thoilles, fil et pelleterye, iiiᶜ iiiiˣˣ xviii escuz.

Aultre despence faicte pour achapt de vaisselle d'estaing, chauldronnier, charron, mareschal, cordier, bourrellier et vannier, viiˣˣ vi escuz.

Aultre despence pour drogues d'appoticairerye et luminaire fourny durant ladicte annee, xiiiiᶜ lxix escuz.

Aultre despence faicte pour achapt de bledz et farines en ceste presente annee, viᶜ lx escuz.

Despence pour fraiz et mises communes, vᶜ iiiiˣˣ xix escuz; — pour l'achapt de deux chevaulx acheptez au marché de la foire Sainct Germain, pour le service dudict Hostel Dieu, lvii escuz; — à maistre Pierre Petit, prebtre, curé de La Marche, la somme de vii escuz xxiii s. vi den. t., par mandement desdictz gouverneurs, pour son remboursement de pareille somme par luy desboursee pour les fraiz par luy faictz pour la foy et hommaige qu'il a convenu faire pour ledict Hostel Dieu au sieur de Pipemont, à cause du fief de Rieulx en Beauvoisin; — à Pierre Petit, prebtre, curé de La Marche, la somme de xxiii escuz xx s. vi den. t. pour son remboursement de pareille somme par luy desbourcee pour des fosses qu'il a faict faire à l'entour des terres Des Noues et Vert le Grand, appartenans oudict Hostel Dieu.

Aultre despence pour plusieurs grosses et menues reparations faictes tant en ceste ville de Paris que aultres lieulx hors icelle, xiiiiᶜ lix escuz.

Aultre despence faicte pour deniers baillez pour employer et convertir au faict de procès, vᶜ iiiiˣˣ xv escuz; — à Mathieu Vinot, huissier en la Chambre des comptes, la somme de iii escuz pour son sallaire d'avoir esté à Bourges adjourné en la court de Parlement maistre Mathieu de la Morlaye, chanoyne en l'esglise de Bourges, et Gilbert Bouchicault, pour rendre compte de ce qu'ilz avoyent receu des deniers des pardons dudict Hostel Dieu oudict evesché; — à Nicolle Dupont, sergent à cheval ou Chastellet de Paris, la somme de xii escuz sol., par mandement des dictz seigneurs gouverneurs, pour ses sallaires et vacations d'avoir faict dresser et payer ledict Hostel Dieu de la somme de viiiˣˣ escuz qui estoyt deue par Symon Chabert, cappitaine du chasteau de Merlou en Beauvoisis, pour monsieur le mareschal de Montmorency, de laquelle somme ledict Hostel Dieu ne pouvoyt estre payé, actendu que l'on ne povoit executer ledict Chabert en ses biens meubles dedans ledict chasteau de Merlou par ce qu'il n'y en avoyt aulcuns à luy appartenantz; — à Jehan Le Pifre, dict le Loup, la somme de xxv escuz sol. pour les despens obtenuz par ledict Lepifre allencontre dudict Hostel Dieu, par sentence de messieurs du Trésor, et confirmée par arrest de la court de Parlement, pour raison de la malladerye assize es faulxbourgs Sainct Jacques.

Aultre despence faicte pour rentes et pentions viageres, xx escuz.

Aultre despence faicte pour payement de gens d'esglise, officiers et serviteurs domesticques dudict Hostel Dieu, vii cens xlviii escuz; — à maistre Jacques Marent, docteur régent en la Faculté de médecine, la somme de cent escuz soleil pour une annee de ses gaiges; — à maistre Claude Le Cousturier, maistre chirurgien barbier à Paris, et chirurgien ordinaire dudict Hostel Dieu, la somme de lx escuz sol. pour une année de ses gaiges; — audict Le

Cousturier la somme de iii escuz pour ses serviteurs, et ce pour le moys de febvrier, sans le tirer à conséquence, à cause de la quantité de *malladdes de la contagion* qui sont oudict Hostel Dieu; — audict Le Cousturier la somme de iii escuz pour le sallaire de ses serviteurs pour le moys de mars[1].

Somme totalle de la despence de ce compte, xxiiii mil v cens xxix escus.

138ᵉ REGISTRE (340 FEUILLETS, PARCHEMIN).
ANNÉE 1585.

Compte sixiesme de maistre Jacques de Besze :

Recepte à cause des cens et fonds de terre deubz audict Hostel Dieu, cent escuz sol.

Aultre recepte faicte à cause des rentes que ledict Hostel Dieu a droict de prandre tant sur la recepte generalle d'oultre Scayne et Yonne que sur le dommaine dudict seigneur à Paris, iiii^c iiii^{xx} iii escuz.

Aultre recepte des rentes en ceste ville de Paris, iiii^c iiii^{xx} xvi escuz.

Aultre recepte à cause des rentes constituees sur l'hostel de la ville de Paris, soubz le nom des prevost des marchans et eschevins, xi^c lxiii escuz.

Aultre recepte à cause d'aultres rentes constituees sur l'hostel de la Ville, à cause du don faict par messire Anthoine de Raisse, ii^m vii^c lxx escuz.

Aultre recepte à cause des rentes et pentions viagères sur ceste ville de Paris, lvii escuz.

Aultre recepte à cause d'aulcuns louaiges de maisons tant en ceste ville de Paris que es faulxbourgs d'icelle, iii mil iiii^c xliiii escuz.

Aultre recepte à cause des rentes annuelles que ledict Hostel Dieu a droict de prandre sur plusieurs terres, prez, boys et aultres heritaiges hors la ville de Paris, v cens iii escuz.

Aultre recepte à cause des rentes viageres sur plusieurs maisons et heritaiges hors la ville de Paris, xx escuz.

Aultre recepte d'aulcuns louaiges de fermes et baulx faictz à prix d'argent, viii^c iiii^{xx} vii escuz.

Aultre recepte à cause des lotz et ventes pour plusieurs acquisitions d'heritaiges en plusieurs lieulx estant en la censive de l'Hostel Dieu, vii escuz.

Aultre recepte faicte à cause d'aulcunes rentes racheptees, iiii^{xx} xix escuz.

Aultre recepte d'aulcuns deniers provenant de la vente de grain et son vendu, ii^c lvii escuz.

Aultre recepte à cause de la vente de suif et gresse, iii^c iiii^{xx} viii escuz.

Aultre recepte à cause de la vente de peaux de mouton, cuirs de bœuf et peaux de veau, vi cens ix escuz.

Aultre recepte à cause des deniers provenuz de la vente d'aulcuns boys tailliz assiz en plusieurs lieulx, viii cens ix escuz.

Aultre recepte à cause des deniers trouvez es troncq de l'Hostel Dieu de Paris apres la publication des pardons en l'evesché et diocèse de Paris, ii mil v cens iiii^{xx} vii escuz.

Aultre recepte des deniers provenans des pardons de l'Hostel Dieu publiez par les archeveschez et eveschez cy apres nommez, vii^c xxix escuz.

Aultre recepte à cause d'aucunes relligieuses qui ont esté gardé des mallades en ceste ville de Paris durant ladicte annee, lii escuz.

Aultre recepte faicte à cause des deniers provenans des legs, aulsmonnes et convoys durant ladicte annee, iii mil ix cens iiii^{xx} xix escuz; — d'un qui ne s'est voullu nommer, par les mains de madame Merlin, la somme de xxxiii escuz; — de madame la presidente Seguyer, la somme de cent escuz soleil; — de monsieur le president Seguyer, par les mains du cappitaine Morin, vi escuz s.; — de messire Nicollas de Neufville, seigneur de Villeroy, trésorier des ordres du Roi, la somme de lxxv escuz, laquelle sa Majesté a ausmonné audict Hostel Dieu des deniers de la distribution de la ceresmonye dudict ordre; — de noble homme Nicollas Lebeauclere, seigneur du Vivier, conseiller aux affaires de Monsieur, filz et frère du Roy, controlleur general et intendant de ses finances, la somme de ii^c xiii escuz *provenant de la vente de huict cens perles* par luy vendues, à raison de xvi s. t. piece, donnees et leguees audict Hostel Dieu par deffuncte damoyselle Marguerite Varlet, par son testament, femme dudict sieur Beauclerc; — dudict seigneur Beauclerc, la somme de v escuz sol. provenant de la vente de vi^{xx} iii perles; — de maistre Loys Ludet, maistre des enffans de la Saincte Chappelle du Pallais à Paris, executeur du testament de deffunct maistre Alexis Levesque, en son vivant chappellain des haultes messes du Roy et chanoine de Saint Spire de Corbeil, la somme de xxxiii escuz xx s. t. par ledict deffunct leguez oudict Hostel Dieu; — de honnorable homme Nicollas Paumart, bourgeois de la ville de Beauvoys, par les mains de Nicollas Brocart, la somme de x escuz soleil, donnez audict Hostel Dieu par une bonne dame de ladicte ville; — de honnorable femme Magdelayne Leprebtre, vefve de feu honnorable homme Jehan Gobelin le jeune, executeresse du testament

---

[1] Même mention pour le mois de septembre, gratification de six écus, et pour le mois d'octobre dix écus.

dudict deffunct, la somme de viii˟˟ vi escuz par ledict deffunct leguez audict Hostel Dieu; — de Nicolas Paumart, bourgeois de la ville de Beauvoys, la somme de xv escuz soleil sur et tant moings de la vente de la librairie donnée audict Hostel Dieu par deffunct maistre Jacques le Clerc, en son vivant chanoine en l'esglise de Beauvoys; — de maistre Françoys Galloys, chanoine de la Saincte Chappelle du Pallais à Paris, executeur du testament de deffunct maistre Joachin Griffon, en son vivant abbé de Fontenay en Normendye, la somme de xvi escuz soleil; — de Orasse de Sainct Mesmin, escuyer, seigneur de la Cloye, par les mains de Martin Divray, greffier de la consiergerie du Pallais à Paris, la somme de cent escuz provenant d'une amende à quoy a esté condempné ledict de Sainct Mesmin par arrest de la court de Parlement envers ledict Hostel Dieu; — de madame la presidente Riant, par les mains de Bernabé Desprez, la somme de xxvii escuz donnez audict Hostel Dieu par le testament de ladicte dame; — de *messieurs les Pénitens*, par les mains de monsieur de Rosieres, leur tresorier, la somme de xxx escuz par lesdicts sieurs aulsmonnez audict Hostel Dieu; — de maistre Michel le Mercier, executeur du testament *de feue Marye Collin, sa servante*, la somme de iiii˟˟ viii escuz soleil par ladicte deffuncte leguez audict Hostel Dieu; — de noble homme maistre Nicollas Violle, conseiller en Parlement, executeur du testament de feu maistre François Daulphain, en son vivant procureur au Parlement, la somme de cent escuz soleil pour le reste et parpaye de la somme de deux cens escuz par ledict deffunct donnez et leguez audict Hostel Dieu; — de monsieur le greffier du grand Conseil, par les mains de maistre Jehan Ariste, commis audict greffe, la somme de vii˟˟ x escuz pour une amende en laquelle par arrest dudict grand Conseil Jehan Bugeault, marchant et eschevin de Sainct Jehan d'Angely, a esté condempné envers ledict Hostel Dieu; — de noble homme Estienne Boullenger, controlleur general des fortiffications et réparations de Picardye, et de Claude Niceron, sa femme, la somme de xliii escuz pour le legs faict audict Hostel Dieu par Dom Jehan de Noyon, relligieulx au monnastaire de Bourgfontene; — de messieurs du chappitre de Paris, la somme de ii cens escuz soleil, par les mains de maistre Jehan Doulcet, nottaire dudict chappitre, pour le rachapt de xvi escuz xl s. t. de rente leguez oudict Hostel Dieu par deffunct maistre Pierre Pardessus, conseiller à la Court et chanoine en ladicte esglise; — des executeurs du testament de deffuncte madame la présidente de Boullencourt, par les mains de monsieur le curé de Sainct Jehan en Gresve, la somme de lxvi escuz soleil; — de l'aumosne de la Royne regnante, x escuz sol., par les mains de monsieur de Bellangreville, son aulsmonnier; — *du maistre du pressoir de la rue Sainct Martin*, la somme de xx s. t. leguez audict Hostel Dieu par un homme de Chenvrieux pres Compieigne; — de Jehan de la Salle, escuyer, seigneur de Carrieres sur le boys, la somme de troys cens escuz à quoy ledict de la Salle a esté condempné par arrest de la cour de Parlement; — de Nicollas Paumart, la somme de xxxiii escuz xx s. t. provenant de la vente des livres donnez audict Hostel Dieu par deffunct Jacques Le Clerc, chanoine de l'eglise de Beauvoys; — de messire Jehan de Chourses, chevallier, la somme de xxv escuz sol. sur et tant moings de la somme de l escuz à quoy par arrest du grand Conseil du 10ᵉ apvril mil cinq cens quatre vingts cinq il a esté condempné; — de maistre Bertrand Pellocquin, commendeur de la commenderye de Sainct Remy en Aquitaine, la somme de xl escuz sol. que Messieurs des Comptes ont ordonné estre aulsmonnez aux pauvres dudict Hostel Dieu en proceddant par eulx a la verificacion des lettres de legitimation obtenues du Roy nostre sire par Francoys, Jacques, Loyse et Catherine Pellocquins, enffans dudict maistre Bertrand Pelloquin et de Michelle Roussel; — de messire Jehan de Beauvais, seigneur de Laverdin, par les mains de maistre Jehan Cheneau, greffier de la prevosté de l'hostel, la somme de xx escuz sol. en quoy ledict *sieur de Laverdin et ses complices* ont esté condempnez envers les pauvres malladdes dudict Hostel Dieu par sentence du prevost de l'hostel; — de maistre Angelbert Le Boue, executeur du testament de honnorable femme Catherine Charmolue, en son vivant vefve de feu maistre Vallentin Jherosme, docteur en médecine, la somme de x escuz sol.; — de monsieur le greffier du grand Conseil, la somme de vi escuz sol. en laquelle par arrest dudict grand Conseil *Jehan Cabot* a esté condempné; — de monseigneur le mareschal de Biron, la somme de cent escuz que ledict seigneur a donnez audict Hostel Dieu; — des heritiers de feu noble homme Guillaume de Longueville, conseiller du Roy, tresorier de France en Daulphiné, par les mains de Pierre de Longueville, son frère aisné, la somme de iii cens xxxiii escuz xx s. t. par ledict deffunct leguez audict Hostel Dieu; — de madame la presidente de Morsant, executeresse de deffunct monsieur le President de Morsant, son mary, la somme de iii cens escuz sol. par ledict seigneur leguez audict Hostel Dieu; — de l'ausmonne de la Royne, par les mains de monsieur de Bellengreville, la somme de x escuz; — de noble homme maistre Benard de Moron, docteur en medecine, la somme de xvi escuz soleil par ordonnance de Messieurs des Comptes.

Aultre recepte à cause des deniers provenuz des questes et aulsmonnes par les paroisses de ceste ville et faulxbourgs d'icelle, iiii mil viii cens lviii escuz.

Recepte commune, vi˟˟ xii escuz; — des heritiers de feu monsieur de Pardessus, en son vivant chanoine de l'esglise Nostre-Dame de Paris, la somme de ung escu sol. pour la composition faicte des deux draps où est décedé ledict deffunct, et quant au lict, traversin et couverture, ont esté portez audict Hostel Dieu.

Aultre recepte à cause des deniers provenuz d'aulcunes taxes de despens, dommaiges et interestz venuz de plusieurs personnes, tant en demandant que en deffendant, qui ont esté condempnez tant en la court de Parlement, requestes du Pallais que Chastellet, iii cens xii escuz.

Autre recepte à cause d'aulcunes rentes et heritaiges venduz, iiii mil viii cens xlv escuz; — de honnorable homme Francoys Bonard, vendeur de marée, la somme de xii cens escuz sol. à cause de cent escuz soleil de rente à luy cejourd'hui constituee par messieurs les gouverneurs dudict Hostel Dieu, sur tout le revenu et temporel d'icelluy, pour la grand necessité qui y est à present, et qu'il est deu grandz sommes de deniers aux vendeurs de bes-tail, poisson de mer et aultres qui ont secouru et aydé ledict Hostel Dieu pour la nourriture et alliment des pauvres mallades, n'ayant aulcuns deniers de fondz à la recepte dudict Hostel Dieu pour y subvenir, et actendu les grandes charges que ledict Hostel Dieu a supportées cy devant, et supporte encores à present, tant à cause de la molladye contagieuse que autrement, ainsy qu'il est declairé par les lectres de ladicte constitution passées par devant Croiset et Lemoyne, nottaires ou Chastellet de Paris, le seiziesme jour de febvrier mv iiii^{xx} v.

Autre recepte faicte à cause des deniers provenuz de la vente de la chair, vollatille et gibier venduz en la boucherye dudict Hostel Dieu, xi lxix escuz.

Somme totalle de la recepte de ce present compte, xxxi mil cxliii escuz.

139e REGISTRE (214 FEUILLETS, PARCHEMIN).

ANNÉE 1585.

Despence de ce present compte :

Cens, rentes, dixmes, indempnitez et admortissemens que ledict Hostel Dieu doibt par chacun an pour plusieurs places, maisons et lieulx, terres, prez, boys et autres heritaiges scituez et assiz tant en ceste ville que hors icelle, lxv escuz xliiii s. t.

Aultre despence à cause d'aultres rentes dues sur tout le revenu et temporel d'icelluy, vii^c iiii^{xx} vii escuz.

Aultre despence pour messes et obitz, xx escuz.

Aultre despence pour les labours des vignes, ix cens xxx escuz.

Aultre despence faicte à cause des fraiz de vendenges, v cens lviii escuz.

Aultre despence faicte pour achapt de vins, xii cens iiii^{xx} ii escuz.

Aultre despence pour achapt de moutons, bœufz, porcz, veaulx et gibier, viii mil ii cens xlvii escuz.

Aultre despence faicte à cause des jours mesgres, iii mil iii cens iiii^{xx} xi escuz.

Aultre despence pour achapt de boys, charbon et sendres, vii cens xv escuz.

Aultre despence pour achapt d'huille à lampe, fasson de chandelle, xlviii escuz.

Aultre despence pour achapt de draps de layne, coustilz, plumes, couvertures, ouvraiges de cordonnier, achapt de toilles, fil et pelleterye, vii cens lvi escuz.

Aultre despence pour achapt de vessaille d'estaing, chauldronnier, charron, mareschal, cordier, bourrelier et vannier, cvii escuz.

Aultre despence pour luminaire fourny durant ceste presente annee, iiii^c lxxix escuz.

Aultre despence pour achapt de bledz et farines en ceste presente annee, vii cens escuz.

Aultre despence pour fraiz et mises communes, iiii^c iiii^{xx} xiiii escuz; — à maistre Pierre Rouget, huissier en la court de Parlement, la somme de iii escuz xx s. t., par mandement du xxiie mars mil cinq cens quatre vingtz cinq, pour asscité, luy quatriesme, *à l'exécution faicte à mort de la fille blanche, dudict Hostel Dieu, qui auroyt homicidé sœur Jehanne Le Noir, relligieuse professe dudict Hostel Dieu, laquelle execution auroyt esté faicte au gibet de Montfaulcon* [1].

Aultre despence pour acquisitions d'heritaiges et rentes racheptees, xviii cens escuz.

Aultre despence pour plusieurs grosses et menues reparations faictes tant en ceste ville de Paris que aultres lieux hors icelle, xviii cens xviii escuz.

---

[1] Le 24e septembre 1584, le 25e desditz mois M^{rs} ayant esté convoqués dans le vestiaire, M^r Le Prevot, chanoine de Paris, l'un des visitteurs de l'Hotel Dieu deputtés par M^{rs} les doyen et chapitre, a rapporté l'homicide fait cette nuit par Antoinette, petite fille blanche dudict Hostel Dieu, en la personne de la sœur Jeanne le Noir, relligieuse professe dudit Hotel Dieu, et les coups de couteau donnés à la sœur Marie du Chemin, aussi fille blanche. Sur quoy apres avoir pris les opinions, il a esté ordonné qu'on changeroit les habits de la ditte Antoinette, qu'elle seroit emmenée aux prisons du chapitre et qu'il seroit le plutot que faire se pourroit informé contre elle par le bailly ou chambrier laïque, ou bien par Me Jean commis son lieutenant, comme juges spéciaux et temporels dudit Hotel Dieu; et accause du

Aultre despence pour deniers baillez pour employer et convertir au faict de proces, v cens xii escuz.

Aultre despence pour pentions et rentes viagères, xx escuz.

Aultre despence pour payement de gens d'esglise et serviteurs domesticques dudit Hostel Dieu, iie xxxv escuz; — à frere Noel Duboys, maistre dudict Hostel Dieu, la somme de ii cens xxv escuz, pour son remboursement de pareille somme par luy desboursee pour avoir par luy payé par chacun quartier de l'an tous les gens d'esglise et serviteurs domesticques dudict Hostel Dieu.

Gaiges d'officiers, v cens lxxii escuz; — à maistre Hardouin de Sainct Jacques, docteur regent en la Faculté de médecine, et médecin ordinaire dudict Hostel Dieu, la somme de vi^xx xiii escuz sol. xx s. t. a luy ordonnez pour faire penser et medicamenter les pauvres mallades dudict Hostel Dieu; — à maistre Claude Le Cousturier, maistre barbier, chirurgien ordinaire dudict Hostel Dieu, la somme de lx escuz sol. poùr une annee de ses gaiges; — audict Le Cousturier, la somme de xliiii escuz pour ses *cinq* serviteurs actendu le grand nombre de mallades de la contagion.

Somme totalle de la despence de ce compte, xxvi mil xlvii escuz.

140° REGISTRE (333 FEUILLETS, PARCHEMIN).
ANNÉE 1586.

Compte septiesme de maistre Jacques de Besze, commis par messieurs les gouverneurs du revenu et temporel de l'Hostel Dieu de Paris à faire la recepte generalle dudict Hostel Dieu :

Recepte des cens et fondz de terre deubz chacun an tant en la ville que aux champs, cent escuz.

Aultre recepte à cause des rentes tant sur la recepte generalle d'oultre Scayne et Yonne que sur le dommaine du Roy nostre sire, iiii cens iiii^xx iii escuz.

Aultre recepte à cause des rentes en ceste ville de Paris, v cens xiiii escuz.

Aultre recepte des rentes constituees sur l'hostel de la ville de Paris, ixe xxviii escuz.

Aultres rentes constituees sur l'hostel de ceste ville qui se payent par maistre Francoys de Vigny, recepveur de ladicte ville, xie iiii^xx vii escuz.

Aultre recepte à cause d'aulcuns louaiges de maisons assizes tant en ceste ville de Paris que es faulxbourgs d'icelle, ii mil v cens iiii^xx vii escuz.

Aultre recepte à cause des rentes annuelles et perpetuelles que ledict Hostel Dieu a droict de prandre par chacun an sur plusieurs terres et aultres heritaiges hors la ville de Paris, v^e xxix escuz.

Aultre recepte à cause des rentes viageres sur plusieurs maisons et heritaiges hors de la ville de Paris, xx escuz xxvii s. t.

Aultre recepte à cause d'aulcuns louaiges de fermes et baulx faictz à prix d'argent hors Paris, ix cens ix escuz.

Aultre recepte à cause des lotz et ventes pour plusieurs acquisitions d'heritaiges en plusieurs lieulx estant en la censive dudict Hostel Dieu, xv escuz.

Aultre recepte à cause d'aulcunes rentes racheptees, cxxxv escuz.

Aultre recepte d'aulcuns deniers provenantz de la vente de grain et son vendu par maistre Jehan Lecat, pannetier dudict Hostel Dieu, vii cens iiii^xx iii escuz.

Aultre recepte à cause du vin et verjustz vendu durant ladicte annee, ii cens iiii^xx x escuz.

Aultre recepte à cause de la vente des peaux de mouton, peaux de veau et cuirs de bœuf despencez audict Hostel Dieu, vii cens xiii escuz.

Aultre recepte à cause des deniers provenus de la vente d'aulcuns boys taillis, ii cens lix escuz; — des relligieulx, abbé et couvent Sainct Germain des Prez, la somme de xx escuz sol. pour vente à eulx faicte d'un gros chesne prins dans la forest de Sequigny.

Aultre recepte à cause des deniers trouvez es troncqz de l'Hostel Dieu apres la publication des pardons en l'evesché et diocèse de Paris, ii mil ii cens xxxvii escuz.

Aultre recepte des deniers provenans des pardons de l'Hostel Dieu publiez et questez par les archeveschez et eveschez, vii cens xiiii escuz.

Aultre recepte à cause d'aulcunes relligieuses qui ont esté gardé des mallades en ceste ville, xxix escuz.

Autre recepte à cause des legs, ausmonnes et convoys

---

denger qui y menace actuellement le geollier ou garde des prisons dudit chapitre, luy donnera tous les jours les choses necessaires pour vivre.

Item voyés les 26 septembre et le....; item au 3 octobre 1584 M. Le Prévôt a esté commis pour parler à Mrs du Bureau de l'Hotel Dieu sur la déclaration faitte par laditte Antoinette, petite fille blanche dudit Hostel Dieu, depuis peu attachée à la potence, de 20 pièces d'or, de 2 coupes d'argent par elle donnés en garde à une certaine personne dudit Hotel Dieu, affin de les trouver, pour payer les frais du procez criminel contre elle fait; item voyés le 10° octobre pour que l'arrest de la Cour rendu contre laditte petite soit inséré dans les archives de l'Eglise.

Extraits des délibérations capit. du chap. de Paris. Arch. nationales L. 532^17.

durant ladicte année, iii mil ix cens lxix escuz; — de l'ausmonne de la Royne regnante, la somme de x escuz, par les mains de monsieur de Belangreville, son aulsmonnier; — de maistre Claude Chantereau, advocat en Parlement, executeur du testament de deffunct noble homme Ysaac de Chantereau, secrettaire du Roy et controlleur de ses finances, la somme de cent escuz soleil; — de l'ausmonne du Roy, par les mains de monsieur de Sainct Prix, la somme de lv escuz; — de maistre Gilles Richard, prebtre habitué en l'esglise Sainct Germain le vieil, executeur du testament de deffunct maistre Guillaume Morin, maistre d'escolle en ladicte paroisse, la somme de vi escuz sol.; — de l'ausmonne de monseigneur l'evesque de Paris, la somme de mil escuz soleil par luy donnez audict Hostel Dieu; — *de messieurs tenant le grand party*, la somme de troys cens escuz soleil par eulx donnez audict Hostel Dieu, receu le iiiime aprvril oudict an; — de l'ausmonne de la Royne regnante, la somme de x escuz soleil; — *d'un bon personnaige, lequel ne s'est voullu nommer*, par les mains de monsieur de Belangreville, la somme de cinquante escuz; — de noble homme Nicollas Poirier, controlleur ordinaire de la maison de monsieur de May, par les mains de Medard Poirier, son frère, la somme de cent escuz soleil; — de l'ausmonne de la Royne regnante, par les mains de monsieur de Belangreville, x escuz sol.; — d'une executoire de la court de Parlement, datee du cinquiesme juillet mil cinq cens quatre vingt six, par laquelle appert Michel le Juge avoir esté condempné en l'amende envers l'Hostel Dieu de Paris montant à la somme de xx escuz soleil; — des executeurs du testament de deffunct venerable et discrette personne maistre Quentin Champion, en son vivant chanoine de Sainct Pierre de Callais, la somme de quarante escuz soleil leguez audict Hostel Dieu; — de noble et discrette personne maistre Loys Seguyer, conseiller du Roy en sa court de Parlement et doyen de l'esglise de Paris, la somme de xx escuz sol. par luy donnez audict Hostel Dieu pour ayder à faire la poursuitte allencontre de monsieur de Lussan, pour raison du legs faict pour feu monsieur Seguyer, luy vivant conservateur des privilèges apostolicques; — de monsieur Barreau, demourant à Angers, par les mains de Jehan Laurens, messaiger, la somme de iii escuz xxx s. t. donnez audict Hostel Dieu par ledict seigneur Barreau; — de l'ausmonne de la Royne regnante, par les mains de monsieur de Belangreville, x escuz sol.; — de Estienne Juda, bourgeois de Paris, par les mains de frere Noël Duboys, la somme de v escuz soleil; — de damoyselle Catherine Courthois, executeresse du testament de deffunct noble homme Francoys le Normant, seigneur de Maine, au pays du Maine, la somme de xvi escuz sol. xl s. t. — de nobles personnes maistres Denis Berthelemy, conseiller du Roy et maistre ordinaire en la Chambre des comptes à Paris, Pierre du Houssay, conseiller à la Court, et damoyselle Catherine Berthelemy, la somme de l escuz sol.; — de l'ausmonne de la Royne regnante, x escuz sol.; — de nobles hommes Bernard du Masses, gouverneur pour le Roy ès villes et chasteau de Carmagnolles en Piedmont, et Jehan de Moncasin, maistre de camp du régiment des hommes de pied francoys, estant de present au service du Roy en Daulphiné, par les mains de maistre Jullien du Sos, advocat en Parlement, et de Estienne du Marc, maistre tailleur d'habitz à Paris, la somme de mil escuz soleil, à laquelle somme messieurs les gouverneurs dudict Hostel Dieu ont composé avec les dessus dictz, ou lieu de la somme de ii mil escuz soleil adjugez par arrest de la court de Parlement aux pauvres mallades de la contagion, à prandre sur les biens de deffunct le seigneur de Belleville, executé à mort par arrest de ladicte Court[1] dacté du premier jour de decembre mil cinq cens quatre vingt quatre, lesquelz avoyent la confiscation de tous ses biens, receu ladicte somme le sixiesme jour d'octobre mv^e iiii^{xx} vi et sixiesme janvier mv^e iiii^{xx} vii[2]; — de la somme

---

[1] Monsieur Coyecque, élève de deuxième année à l'École des Chartes, qui réunit en ce moment les matériaux d'une thèse sur l'histoire de l'Hôtel Dieu au moyen âge, a bien voulu se charger de copier l'arrêt du Parlement relatif à la condamnation du sieur de Belleville.
En voici le texte :
« Veu par la Court en grand chambre de Tournelle assemblée le procès criminel fait par ordonnance du Roy à la requeste de son procureur général, demandeur, à l'encontre de Pierre Desguez, sieur de Belleville, prisonnier au chasteau de la Bastille, les interrogatoires faictz audict Desguez et confessions par luy réitérées, conclusion du procureur général du Roy, oy et interrogé par ladicte Court ledict Desguez sur les cas à luy imposez et contenu audict procès, et tout consideré.
« Il sera dit que ladicte Court a déclaré et déclare ledict Desguez criminieux de lèze-majesté, et pour réparacion des cas contenus audict procès, a condamné et condamne ledict Desguez à estre mené en ung tumberean en la place de Grève, ayant la corde au col, et, là, pendu et estranglé à une potence qui sera pour ledict effect dressée, son corps mort, ensemble les livres par luy composez et ledict procès ars et consommez en cendres. A déclaré et déclare tous et chascuns ses biens scituez en pays de confiscation acquis et confisquez au Roy, et ce qui est tenu et mouvant dudict seigneur, revenir au domayne de la couronne de France, sur lesquels biens subjectz à confiscation sera prise, soubz le bon plaisir du Roy, la somme de iiii mil escuz pour la réfection du Palais, et deux mil escuz pour les pauvres mallades de la contagion.
« Pronencé audict Desguez et executé le premier jour de décembre an v^e quatre vingts quatre. »
(Archives nationales X^{2a} 143, fol. 50 r° v°.)

[2] En marge du registre se trouve l'annotation suivante : Veriffié sur le registre du Bureau, par lequel appert, par ordonnance dudict Bureau, en dacte du iiie jour d'octobre mdiii^{xx} vi, avoir esté advisé par la compagnie touchant les dictz deux mil escus adjugez aux malades de la contagion, sur les biens dudict feu Belleville, que suyvant l'advis de Monsieur le procureur général du Roy, on prendra la somme de mil escuz, assavoir ii mil livres comptant et mil livres dedans le temps qui seroit advisé.

de x escuz sol. pour une amende en laquelle, par sentence de Monsieur le Bailly et chambrier lay de l'esglise de Paris, *Jehan de Sainct Belin* a esté condempné envers ledict Hostel Dieu; — de l'ausmonne de monseigneur l'evesque de Paris, la somme de ii cens escuz; — de noble et discrete personne maistre Jehan Herny, curé de Sainct Jehan en Gresve, la somme de x escuz sol. donnez audict Hostel Dieu par feu maistre Poncet, curé de Sainct Pierre des Arsis; — des executeurs du testament de deffunct monsieur le general Moslé, par les mains de damoyselle Anne Tanneguy, vefve dudict deffunct, la somme de cent escuz sol.; — de l'ausmonne de la Royne, par les mains de madame Dassy, la somme de x escuz sol.; — de monsieur de Verdun, la somme de xx escuz leguez audict Hostel Dieu par deffuncte damoyselle Magdelayne de Verdun, sa tante.

Aultre recepte faicte à cause des deniers provenuz des questes et ausmonnes par les parroisses, lxvii escuz.

Recepte commune, ixe xlviii escuz; — de Gilles de l'Isle, maistre maçon à Paris, la somme de ii cens l escuz, à laquelle somme messieurs les gouverneurs ont composé avec luy pour les despens, dommaiges et interestz adjugez contre Nicollas de l'Isle, son père, Jacques Huyan et Michel Tartarin, pour les degatz par eulx faictz ès boys et ferme de Montveugle appartenant audict Hostel Dieu.

Aultre recepte faicte à cause des deniers provenuz d'aulcunes taxes de despens dommaiges et interestz venuz de plusieurs personnes, tant en demandant que en deffendant, ii cens lxii escuz.

Aultre recepte à cause d'aulcunes rentes constituees et heritaiges venduz, vi mil ii cens l escuz soleil; — de la Royne regnante, la somme de xii cens escuz sol. à cause de cent escuz sol. de rente à la dicte dame, ce jour d'huy constituee par messieurs les gouverneurs pour la grand necessité qui est à present audict Hostel Dieu, laquelle rente ladicte dame veult et ordonne estre baillee à son ausmonnier pour estre distribuee à ceulx qui feront les exortations et predications ès prisons de ceste ville de Paris, ainsy qu'il est plus à plain declairé par contact de constitution passé par devant Croiset et Le Moyne, notaires du Chastellet de Paris.

Aultre recepte à cause des deniers provenuz de la vente de la chair, vollatille et gibier venduz durant le caresme, xii cens iiii^{xx} xi escuz.

Somme totalle de la recepte de ce present compte, xxviii mil v cens escuz.

141e REGISTRE (233 FEUILLETS, PARCHEMIN).

ANNÉE 1586.

Despence de ce present compte :

Cens, rentes, dixmes, admortissemens que ledict Hostel Dieu doibt pour plusieurs places maisons et lieulx tant en ceste ville de Paris que hors icelle, lxxviii escuz.

Aultre despence à cause d'aultres rentes deues sur tout le revenu temporel, ix cens xxix escuz.

Aultre despence pour messes et obiitz chantez et scelebrez durant ladicte année, xxii escuz.

Aultre despence faicte pour labours de vignes, ix cens lxxiiii escuz.

Aultre despence à cause des fraiz de vendenges, achapt d'eschallatz et ozier, iii cens iiii^{xx} xvii escuz.

Aultre despence faicte pour achapt de vins, iii mil vi cens iiii^{xx} xiiii escuz.

Aultre despence faicte pour achapt de moutons, bœufz, porcs, veaulx, vollatilles et aultre gibier, ix mil vii cens iiii^{xx} xvii escuz.

Aultre despence pour les jours mesgres et achapt de scel, iiii mil ciiii^{xx} xviii escuz.

Aultre despence pour achapt de boys, charbon et sendres, viii cens xxxi escuz.

Aultre despence pour achapt d'huille à lampe et fasson de chandelle de suif, vii^{xx} escuz.

Aultre despence pour achapt de draps de layne, coustilz, plumes, couvertures, ouvraiges de cordonnier, achapt de thoilles, fil et pelleterye, viii^{xx} xiii escuz.

Aultre despence pour achapt de vessaille d'estaing, chauldronnier, charron, mareschal, cordier, bourrelier et vannier, ix^{xx} xi escuz.

Aultre despence pour drogues d'appoticairerye et luminaire fourny durant ladicte annee, vi cens xlv escuz.

Aultre despence pour achapt de blez et farines, viie lxv escuz.

Aultre despence pour fraiz et mises communes, ix cens vii escuz; — à frere Benoist du Buisson, docteur en theologie, la somme de deux escuz pour estre par luy venu exprès de la ville de Moret en ceste ville de Paris, pour raison de la donnation faicte audict Hostel Dieu par madmoyselle de Montglat; — à maistre Francoys Croiset, notaire ou Chastellet, la somme de l solz t. pour son remboursement de pareille somme, pour faire insinuer le contract de donnation au bailliage de Provains faict oudict Hostel Dieu de la terre de Charmont par madame de

Montglat; — à Claude Du Boys, maistre painctre et imager à Paris, la somme de xx escuz, pour avoir par luy refaict et repainct plusieurs images, et avoir painct à huille sur thoille les armoiries du pappe, du Roy et de la Royne sur chacun costé *des deux bannières que l'on met aux portes dudict Hostel Dieu aux jours de pardons;* — à Jehan de la Noue, carrier demourant es faulxbourgs Sainct Jacques *à l'hospital de la malladerye appartenant audict Hostel Dieu*, la somme de quatre escuz xxv s. t. pour son remboursement de pareille somme par luy desboursee à Jehan Lepiffe, naguères commissaire commis au revenu de ladicte malladerye, suyvant certaine sentence donnee par les conseillers du Trésor sur les loyers de ladicte malladerye; — icy est faict despence par ledict present recepveur de la somme de xlii escuz xxx s. t. pour les fraiz et mises faictz pour procedder au faict de la prinse de possession et foy et hommaige d'une ferme, terres et fief assis à Maigny, donnez audict Hostel Dieu par deffuncte noble dame Anne de la Vernade, vefve de feu hault et puissant seigneur messire Jacques de Harlay, douairière de Montglat.

Aultre despence faicte pour plusieurs grosses et menues reparations tant en ceste ville de Paris que aultres lieulx hors icelle, xiii cens lx escuz.

Aultre despence pour deniers baillez pour employer et convertir au faict de procès, vii cens xlvi escuz; — à maistre Estienne Oudet, commissaire ou Chastellet de Paris, la somme de iiii escuz soleil pour ses sallaires et vaccations d'avoir esté exprès de ceste ville de Paris jusques au villaige de Suresne informer allencontre des relligieuses de Longchamp, pour raison du desgatz par eulx faict faire aux isles appartenant audict Hostel Dieu assizes à Suresne; — icy est faict despence de la somme de xliii escuz pour les fraicz et mises faictz pour proceder au faict de l'enqueste en la ville de Moret, par maistre Chevallier, huissier et requestes du Pallais, pour ledict Hostel Dieu, contre Claude Le Moyne, pour raison de la donnation faicte audict Hostel Dieu, de la moictyé d'une ferme et terres assizes près ledict Moret.

Aultre despence pour payement de gens d'esglise et serviteurs domesticques dudict Hostel Dieu, ii c lvii escuz.

Aultre despence pour gaiges d'officiers, v cens xlviii escuz; — à maistre Hardouin de Sainct Jacques, médecin ordinaire dudict Hostel Dieu, la somme de vi^{xx} xiii escuz xx s. t. pour une année de ses gaiges; — à maistre Claude Le Cousturier, chirurgien ordinaire dudict Hostel Dieu, la somme de lx escuz pour une année de ses gaiges; — pour estre distribué à ses six serviteurs, xv escuz, *et ce sans tirer à consequence.*

Somme totalle de la despence de ce compte, xxvii mil vii cens escuz.

Extraict des registres du Parlement :

Veue par la Court la requeste à elle presentee par les commis au gouvernement du temporel de l'Hostel Dieu de Paris, contenant que par plusieurs arrestz, deffunctz maistres Nicollas Le Sueur et Pierre de Pardessus, et à présent maistre Jacques Brisart, conseiller en icelle, auroyent esté commis pour, avec maistre Léonard de Karkifmein, auditeur en la Chambre des comptes, et deffunct maistre Jehan Maugrain, procureur en ladicte Chambre, et de present maistre Anthoine Maugrain, aussi procureur en icelle, pour ouyr, examiner, clorre et affiner les comptes et la recepte generalle dudict Hostel Dieu despuis l'an mil cinq cens soixante huict jusques en l'an M V^c IIII^{xx} VI et des comptes qui seroyent cy apres renduz; or estoyt que lesdictz comptes en la plus grande part auroyent esté ouys et examinez par ledict deffunct Maugrain et l'autre partye par ledict maistre Anthoine Maugrain, et iceulx comptes arrestez tant en recepte que mise et signez dudict deffunct Maugrain et dudict maistre Anthoine Maugrain, ensemble des comptables, sans avoir iceulx comptes esté cloz et affinez par lesdictz Lesueur et Pardessus, et par les dictz de Querquifmem et Maugrain en presence de deux chanoines de l'esglise de Paris, requeroyent partant que apres une sommaire verification faicte par lesdictz Brisart et Querquifmem et aussy par ledict Maugrain du contenu es dicts comptes renduz despuis l'an MV^c LXVIII jusques en l'année MV^c IIII^{xx} VI, icelle comprise, la closture d'iceulx comptes sera par eulx signee et ladicte signature aussy valiable comme si du vivant des dictz deffunctz Lesueur et Pardessus elle avoyt esté faicte, à la charge toutesfoys que à l'advenir les comptes dudict Hostel Dieu fussent renduz au plus tard six moys apres chacune annee expiree, et tost apres la closture signée et expediée par les commissaires à ce commis, en la presence de deux des chanoines de ladicte esglise, appellez suyvant les arrestz d'icelle court, veuz les dictz arrestz, tout considéré, la court a ordonné et ordonne que après une sommaire verification faicte par lesdictz Brisart et Querquifmem et Maugrain du contenu esdictz comptes, renduz despuis ladicte annee MV^c LXVIII jusques en l'annee MV^cIIII^{xx} VI y comprinse, la closture desdits comptes sera par eulx signee, laquelle signature sera aussy valiable comme sy du vivant desdictz Lesueur et Pardessus elles avoyent esté faictes, à la charge que à l'advenir les comptes dudict Hostel Dieu se renderont six moys au plus tard apres l'année expiree, et tost apres la closture d'iceulx signée et expédié par les commissaires à ce commis, et en la presencede deux chanoines de l'église de Paris ad ce appellez. Faict en Parlement ce premier jour de mars mil cinq cens quatre vingt neuf, signé Du Tillet.

142ᵉ REGISTRE (362 FEUILLETS, PARCHEMIN).

ANNÉE 1587.

Recepte generalle de l'Hostel Dieu.

Compte huictiesme de maistre Jacques de Besze :

Recepte à cause des cens et fondz de terre tant en la ville de Paris que aux champs, iiii^{xx} xviii escuz.

Aultre recepte à cause des rentes tant sur la recepte generalle d'oultre Scayne et Yonne, ou lieu du Trésor du Roy nostre sire, que sur le dommaine dudict seigneur à Paris, iiii^c iiii^{xx} iii escuz.

Aultre recepte à cause des rentes que ledict Hostel Dieu a droict de prandre en ceste ville de Paris, iiii^c iiii^{xx} xv escuz.

Aultre recepte à cause des rentes constituees sur l'hostel de ceste ville de Paris, ix cens xxviii escuz.

Aultre recepte à cause des rentes deues sur l'hostel de ladicte ville payables par maistre Francoys de Vigny, recepveur d'icelle, xii cens iiii^{xx} xviii escuz.

Aultre recepte à cause des rentes et pantions viageres que ledict Hostel Dieu a droict de prandre par chacun an en ceste ville de Paris, lvii escuz.

Aultre recepte à cause d'aulcuns louaiges de maisons assizes tant en ceste ville de Paris que ès faulx bourgs d'icelle, iii mil vi cens xxxix escuz.

Aultre recepte à cause des rentes annuelles et perpétuelles que ledict Hostel Dieu a droict de prandre sur plusieurs terres, prez, boys, maisons et aultres héritages assis hors la ville de Paris, v cens iiii^{xx} vii escuz.

Aultre recepte à cause des rentes viageres sur plusieurs maisons et heritages hors la ville de Paris, xx escuz xxvii s. t.

Aultre recepte à cause d'aulcuns louaiges de fermes et baulx faictz à prix d'argent de plusieurs maisons et aultres heritaiges hors Paris, ix cens xvi escuz.

Aultre recepte à cause des lotz et ventes venus en ladicte annee pour plusieurs acquisitions d'heritaiges assiz en plusieurs lieulx estant en la censive de l'Hostel Dieu, xxxiii escuz.

Aultre recepte à cause d'aulcunes rentes rachepteez, ii cens lii escuz.

Aultre recepte d'aulcuns deniers provenantz de la vente de grain et son, mil xxiii escuz.

Aultre recepte à cause du vin et verjust vendu durant ladicte annee, vi^{xx} vi escuz.

Aultre recepte à cause de la vente de suif et gresse, iiii cens xii escuz.

Aultre recepte à cause de la vente des peaulx de mouton, peaulx de veau et cuirs de bœuf despencez audict Hostel Dieu, vi cens lix escuz.

Aultre recepte à cause des deniers provenuz de la vente d'aulcuns boys tailliz assis en plusieurs lieulx appartenantz audict Hostel Dieu, ii cens xii escuz.

Aultre recepte à cause des deniers trouvez es troncqz de l'Hostel Dieu de Paris apres la publication des pardons en l'evesché et dyocese de Paris, ensemble des baisemains des chappelles où sont posées les reliques durant ladicte année, ii mil ix cens vi escuz.

Aultre recepte à cause des deniers provenantz des pardons publiez et questez par les archeveschez et eveschez, v cens lxii escuz.

Aultre recepte à cause des legs, ausmonnes et convoys, iiii mil iiii^{xx} ix escuz; — de noble homme maistre Jacques Sanguin, seigneur de Livry, lieutenant des eaue et forest de France, executeur du testament de deffuncte damoyselle Anne Jacquemin, sa femme, la somme de xxx escuz soleil leguez audict Hostel Dieu par ladicte deffuncte, pour estre *employez à la recreance* des pauvres malladdes dudict Hostel Dieu; — de monsieur de Chenet, varlet de chambre du Roy, executeur du testament de deffunct noble homme Francoys Dain, seigneur d'Armentières, la somme de cent escuz soleil; — de maistre Olivier Gautier, procureur en Parlement, la somme de xx escuz sol. consignez en ses mains des deniers trouvez en la possession et sur le corps mort de defunct Jehan Naymet, du pays de Bourdelloys, qui s'estoyt pendu et estranglé en sa chambre six dedans le boullevert de la porte Sainct Jacques, laquelle somme par sentence de Monsieur le Bailly du Pallays ou son lieutenant, en dacte du mardy deuxiesme decembre m v^c iiii^{xx} vi, a esté ordonné estre baillee audict Hostel Dieu; — de honnorable homme Jacques Menant, executeur du testament de deffunct honnorable homme Jehan Menant, son pere, luy vivant l'un des gouverneurs dudict Hostel Dieu, la somme de ii cens xxii escuz sol. sur et tant moings de la somme de iiii cens escuz par ledict deffunct leguez oudict Hostel Dieu; — de messieurs tenans le grand party des greniers à scel, la somme de iii cens escuz sol.; — de noble homme Claude Aubry, nottaire et secretaire du Roy, la somme de lxxvi escuz xxiii s. par ledict seigneur aulsmonnez audict Hostel Dieu; — de monsieur le conte de Chauvillain, la somme de cent escuz en quoy par arrest du conseil privé, dacté du xie mars m v^c iiii^{xx} vii, il a esté condempné en l'amende envers ledict Hostel Dieu ; — de René et Anthoine Coippel, frères, heritiers de feu Nicollas Coippel, leur père, la somme de xvi escuz xl s. faisant moyctié de la somme de xxxiii escuz que ledict deffunct avoyt laissé verbalement audict Hostel Dieu ; — des heritiers de feu noble homme maistre Jacques Sanguin, en son vivant seigneur de Livry et lieutenant des eaues et forest, la somme de cent escuz sol.; — d'un arrest du grand Conseil en dacte du xxv° may mv° iiii^{xx} vii par lequel appert messire Anthoine de Vasse avoir esté condempné, asscavoir envers l'Hostel Dieu à la somme de cent escuz sol.....; — de noble homme maistre Jacques Chauvelin, tresorier de la marine, executeur du testament de deffunct noble homme Jacques Boyer, varlet de chambre du Roy, la somme de x escuz soleil, par ledict deffunct leguez audict Hostel Dieu ; — de la librairye donnee audict Hostel Dieu par deffunct maistre Jacques Scalquin, prebtre demourant au colleige de Montagu, decedé à l'Hostel Dieu, la somme de lxxvi escuz xx s. t. provenant de la vente d'icelle librairye vendue à l'enquan, et laquelle il a donnee audict Hostel Dieu par son testament; — d'une lettre d'eschange par les mains de Nicollas Maillart, marchant demourant à Paris, la somme de lxiiii escuz xxvii s. t. sur et tant moings du legs faict par ledict Scalquin audict Hostel Dieu de tous ses biens à luy appartenans estans au pays de Flandres ; — de noble dame Jehanne Hurault, femme de messire René de Rochefort, pour et au nom de dame Anthoinette de Chasteauneuf, en son vivant dame de Lusse, la somme de xx escuz sol. par ladicte dame leguez audict Hostel Dieu; — de damoyselle Catherine Vivien, vefve de feu noble homme Claude Aubery, en son vivant nottaire et secretaire du Roy, executeresse du testament dudict deffunct, la somme de ii cens escuz; — de honnorable femme Marthe Brice, executeresse du testament de deffunct Claude de la Bistrate, son mary, la somme de cent escuz sol.; — de madame la presidente Nicolai, xxxiii escuz xx s. t.; — de l'ausmonne de la Royne regnante, la somme de x escus soleil ; — des heritiers de deffuncte damoyselle Anne Jacquemin, en son vivant femme de noble homme maistre Jacques Sanguin, par les mains de honnorable homme Guillaume Parfaict, comme executeur du testament de ladicte deffuncte, la somme de iiii cens xxv escuz, asscavoir iiii cens escuz pour et ou lieu de cent livres tournois de rente que ladicte damoyselle avoyt donnee oudict Hostel Dieu par son testament et xxv escuz pour les arrérages; — de monsieur *Jamet*, la somme de ii cens escuz qu'il a ausmonnez aux pauvres mallades; — des executeurs du testament de maistre Jacques Thuault, la somme de cent escuz sur et tant moings de la somme de v cens livres par ledict deffunct leguez audict Hostel Dieu ; — de l'ausmonne de la Royne, la somme de xx escuz, par les mains de monsieur Marcel ; — de madame la présidente Seguyer, la somme de cent escuz soleil qu'elle a donnez audict Hostel Dieu ; — de l'ausmonne de la Royne regnante, la somme de x escuz ; — de noble homme Raoul Feron, conseiller du Roy et secretaire de ses finances, aussy conseiller, tresorier et receveur général des finances de la Royne, mère de sa Magesté, la somme de iiii cens escuz soleil pour la constitution faicte par messieurs les gouverneurs dudict Hostel Dieu sur le revenu d'icelluy, specciallement sur la maison de la Mulle, scize rue Sainct Jacques devant l'esglise des Mathurins, audict seigneur Feron, comme executeur du testament de feue damoyselle Germaine Marcel, jadiz sa femme, de xxx escuz xx s. t. de rente, dont ladicte deffuncte Marcel auroyt faict don audict Hostel Dieu pour estre employée *en viendes et doulceurs* pour les pauvres.

Aultre recepte à cause des aulsmonnes faictes pour subvenir en achapt de bledz, vins et aultres provisions necessaires pour ledict Hostel Dieu tant en dons que pretz d'argent, et ce à cause de la charté desdictz bledz et vins, xvi cens xlii escuz; — de noble homme maistre Mathieu Marcel, intendant des finances de feu Monsieur frère du Roy, la somme de x escuz sol. qu'il a donnez audict Hostel Dieu;—de monseigneur l'evesque de Paris, la somme de ii cens escuz; — de monsieur Seguier, maistre des eaues et forestz de Rouen, la somme de xx escuz sol. ; — de monsieur Bruslart, secretaire du Roy, la somme de xxxiii escuz xx s. t.; — de madame Arnoul, demourant es faulxbourgs Sainct Germain, xvi escuz sol.; — de l'ausmonne de la Royne regnante, la somme de x escuz sol.; — d'une bonne personne qui ne s'est voullu nommer, par les mains de maistre Nicollas Dieu, grant vicaire en l'esglise de Paris, viii escuz; — de monseigneur l'evesque de Paris, la somme de mil escuz soleil; — de madame Passart, vefve de monsieur Merlin, la somme de xxxiii escuz xx s. t.; — de madame de Tresme, la somme de xxxiii escuz xx s. t.; — de l'ausmonne de la Royne regnante, la somme de xx escuz sol.

Aultre recepte à cause des deniers provenuz des questes faictes en la paroisse de Sainct Jacques de la Boucherye et Sainct Christofle, iiii^{xx} iiii escuz; — des questes faictes par les maisons de la paroisse Sainct Christofle, vii escuz xxix s. t.

Recepte commune, iii cens lxix escuz; — de monsieur de Cuigy, la somme de vi escuz sol. pour la composition à luy faicte par messieurs les gouverneurs dudict Hostel Dieu à cause des cens, lotz, ventes et aultres droictz qui pouvoyent appartenir audict Hostel Dieu au jour de la vendicion à luy faicte de la terre et seigneurye de Clamard; — des corps inhumez au cymestiere des Sainctz Ynocens en la terre dudict Hostel Dieu, qui se extand et comporte despuis la premiere porte du costé de la place aux Chats en troys arches complectes en largeur, la premiere du costé de la Ferronerye à main dextre et quatre pilliers, au premier desquelz pilliers est faict un troncq fermant à deux clefs en une serrure, et icelles troys arches, comme dict est, contiennent quatre pilliers, au quatriesme desquelz y a une épitaphe de lyes, auquel est gravé une Nostre Dame de pityé et aultres personnaiges et y est escript « cy devant gist honnorable homme maistre Jehan Garsonet, en son vivant procureur en Parlement, lequel trespassa le xxᵉ febrier MD XVI », auquel pillier, au dessus dudict epitaphe, est ung petit troncq en carré contenant de quatre à cinq poulces de long et deux et demy de large ou environ, que l'on dict et tient communément estre la separation et division et terre limitee dudict Hostel Dieu, et despuis les quatre pilliers et troncq doibt estre comme ung allignement tirant droict aux pilliers des galleryes du costé de la rue au Feuvre, traversant ledict cymestière, passant près et juxte la fosse Saincte Catherine, addressant à ung pillier auquel au costé d'icelluy est attaché une epitaphe de lyes, commencant les margulliers des Sainctz Ynocens sont tenus faire arrester les prebtres qui font la procession par chacun vendredy de l'an, et pour lequel droict de terre ledict comptable recoyt pour chascune fosse à coffre lii solz vi deniers tournois et neantmoings n'en faict recepte que de xl s. t., d'aultant qu'il en appertient au fossoyeur pour chacune v s., et pour le regard des aultres sans bière en est receu v s. t. de chacune, dont en appertient au fossoyeur i s. t., et pour celles des petits enffans en est receu ii s. vi den., dont le fossoyeur en prend vi den., et desquelles fosses à coffre n'en est cy faict aulcune recepte, d'aultant que pour le regard des fosses que l'on faict pour les corps mortz sortant de l'Hostel Dieu, enterrez en ladicte terre, n'en est aulcune chose payee, ains cedict comptable en paye au fossoyeur vi den. t. pour la fasson de chacune, et encores est tenu de payer et bailler au maistre amballeur dudict Hostel Dieu la somme de xii l. t. par chacun an et oultre fournir à ses despens de picq et pelles pour faire les fosses dudict cymestiere en ladicte terre, quant besoing est, et faire serrer les ossemens à ses despens, le tout sellon et ainsy qui luy a esté accordé par messieurs les gouverneurs dès l'annee MD LXII, et partant est cy faict recepte de la somme de xxviii escuz sol. pour xliii fosses à coffre.

Aultre recepte faicte à cause des deniers provenuz d'aulcunes taxes de despens, dommaiges et interestz venuz de plusieurs personnes tant en demandant qu'en deffandant, iii cens xx escuz.

Aultre recepte à cause d'aulcunes rentes et heritaiges venduz durant ladicte annee, iiii mil vi cens xxix escuz; — de damoyselle Marye Vivien, femme sepparee de biens de maistre François de Hacqueville, seigneur de Grisolles, la somme de ii mil escuz pour la constitution à elle faicte de la somme de clxvi escuz xl s. t. de rente, a prandre sur tout le revenu et temporel dudict Hostel Dieu, pour employer en achapt de bledz, vins et aultres necessitez qu'il convient avoir pour ledict Hostel Dieu, pour la grand multitude de pauvres mallades qui affluent audict Hostel Dieu, estant jusques au nombre de quatorze à quinze cens; — de Marin Boutiller, maistre maçon à Paris, la somme de iiii cens escuz pour la vente à luy faicte d'une place où soulloyt y avoir maison, size à Paris rue de la Bucherye, où soulloit pendre pour enseigne l'image Nostre Dame, qui appartenoyt audict Hostel Dieu.

Aultre recepte à cause de la vente de la chair, voilatille et gibier venduz en la boucherye dudict Hostel Dieu, xiiii cens liii escuz.

Aultre recepte provenant *des deniers saisis par le commendement du Roy sur le revenu temporel des bénéfices appartenantz à Monsieur le cardinal de Pellevé* et donnez par le Roy audict Hostel Dieu et au Grand Bureau des pauvres de ceste ville, ix cens xxiii escuz.

Somme totalle de la recepte de ce present compte, xxxi mil iii cens iiiiˣˣ i escuz.

143ᵉ REGISTRE (249 FEUILLETS, PARCHEMIN).

ANNÉE 1587.

Despence de ce present compte :

Cens, rentes, dixmes, indempnitez et admortissemens pour plusieurs places, maisons et aultres heritaiges tant en ceste ville de Paris que hors icelle, lxx escuz xl s. t.

Aultre despence à cause d'aultres rentes deues par ledict Hostel Dieu sur tout le revenu et temporel d'icelluy, ix escuz xix s. t.

Aultres rentes constituees sur tout le revenu et temporel en l'annee xvᶜ lxxiiii et aultres annees, xiiiiᶜ cinquante et ung escuz.

Aultre despence pour messe et obitz, xiiii escuz xliii s. t.

Aultre despence pour labours de vignes, ix cens xli escuz.

Aultre despence à cause des fraiz de vendanges, achapt d'eschallatz, iii cens lvii escuz.

Aultre despence pour achapt de vins, iiii mil xxix escuz.

Aultre despence pour achapt de moutons, bœufz, porcz, veaulx, vollatille et gibier acheptez pour les pauvres mallades, x mil xxvii escuz.

Aultre despence pour les jours mesgres et achapt de scel, iiii mil vi cens lixe scuz.

Aultre despense faicte pour achapt de boys à brusler, charbon et sendres, viii cens lviii escuz.

Aultre despence pour achapt d'huille à lampe et fasson de chandelle de suif, iiii^{xx} viii escuz.

Aultre despence pour achapt de draps de layne, coustilz, plumes, couvertures, ouvraige de cordonnier, achapt de thoilles, fil et pelleterye, ii cens iiii^{xx} xvi escuz.

Aultre despence pour achapt de vessaille d'estaing, chauldronnier, charron, mareschal, cordier, etc., vii^{xx} vi escuz.

Aultre despence pour drogues d'appoticairerie et luminaire, iiii^{xx} ii escuz.

Aultre despence pour achapt de bledz et farines durant ceste presente annee, ii mil v cens iiii^{xx} iii escuz.

Aultre despence pour fraiz et mises communes et extraordinaires, v cens iiii^{xx} iii escuz; — à Francoys Daumalle, maistre libraire à Paris la somme de ii escuz sol. par certification et ordonnance desdictz seigneurs, pour avoir par luy faict l'inventaire des livres demourez apres le trespas de maistre Jacques Scalquin, prebtre demourant au colleige de Montagu; — à maistre Jehan Lhostellier, greffier et consierge au bureau dudict Hostel Dieu, la somme de xxii escuz xi s. t. pour plusieurs fraiz et mises qu'il a faictz pour le Bureau tant pour obtenir les lectres de don du Roy des biens leguez audict Hostel Dieu par deffunct maistre Jacques Scalquin, luy vivant prebtre, natif du pays de Henault, et pour icelles lectres de don faire verifier tant en la Chambre des comptes et Chambre des generaulx de France, et aussy obtenir des sentences au Trésor pour estre subrogé ou lieu du Roy ou droict d'aubeine pretendu par les dicts sjeurs des biens dudict deffunct; — à Jehan Dartin, maistre scellier, la somme de xv escuz sol. pour avoir par luy garny le grand Bureau de bois estant à la chambre où s'assemblent messieurs et avoir fourny de drapt vert, doublure, cloud doré, passement et aultres etoffes, ensemble avoir racoustré les cossinetz sur quoy l'on s'assiet et fourny de plume.

Aultre despence à cause d'acquisitions d'heritaiges et rentes racheptees en ceste présente année. Néant.

Aultre despence à cause de plusieurs grosses et menues reparations tant en ceste ville de Paris que en aultres lieulx hors icelle, vii cens lxv escuz.

Aultre despence pour deniers baillez pour employer et convertir au faict de procès, iiii^c iiii^{xx} vii escuz.

Aultre despence à cause des fraiz faictz pour le recouvrement des deniers provenuz du revenu temporel de feu monsieur le cardinal de Pelvé, viii^{xx} xviii escuz.

Aultre despence pour rentes et pentions viageres, xx escuz.

Aultre despence pour payement de gens d'esglise et serviteurs domesticques dudict Hostel Dieu, ii cens xlviii escuz; — à Vincent Gargault, fossoyeur du cymestiere de la Trinité, la somme de x escuz sol. pour une annee de ses gaiges pour inhumer les corps mortz deceddez audict Hostel Dieu et qui ont estez portez audict cymestière; — audict Gargault, la somme de ii escuz soleil en consideration de ce qu'il *a faict faire plusieurs fosses jusques à l'eaue pour y mectre à chacune jusques au nombre de sept à huict cens corps, et ce à celle fin de faire durer la grande fosse le plus qu'il luy sera possible pour le soullagement dudict Hostel Dieu.*

Gaiges d'officiers, v cens xxxii escuz; — à maistre Hardouin de Saint Jacques, médecin ordinaire dudict Hostel Dieu, la somme de vi^{xx} xiii escuz pour une année de ses gaiges; — à maistre Claude Le Cousturier, barbier et chirurgien à Paris, et chirurgien ordinaire dudict Hostel Dieu, la somme de xxx escuz sol. pour demy année de ses gaiges.

Somme totalle de la despense de ce compte, xxxiii mil lxxv escuz soleil.

144e REGISTRE (356 FEUILLETS, PARCHEMIN).

ANNÉE 1588.

Compte neufiesme de maistre Jacques de Besze :

Et premièrement à cause des cens et fondz de terre tant en la ville que aux champs, iiii^{xx} xvi escuz.

Aultre recepte à cause des rentes que ledict Hostel Dieu a droict de prandre tant sur la recepte generalle d'oultre Scayne et Yonne que sur le dommaine du Roy à Paris, iiii cens iiii^{xx} iii escuz.

Aultre recepte à cause des rentes en ceste ville de Paris, iiii cens iiii^{xx} xi escuz.

Aultre recepte à cause des rentes constituees sur l'hostel de ceste ville de Paris, ix cens xxviii escuz.

Aultres rentes constituees sur l'hostel de ceste ville qui se payent par maistre Francoys de Vigny, recepveur de ladicte ville, xii^c iiii^{xx} xiiii escuz.

Aultre recepte à cause des rentes et pentions viageres que ledict Hostel Dieu a droict de prandre en ceste ville de Paris, lxxiiii escuz.

Aultre recepte à cause d'aulcuns louaiges de maisons en ceste ville de Paris, iii mil viii cens xvii escuz.

Aultre recepte à cause des rentes annuelles et perpetuelles sur plusieurs terres, vignes, maisons et aultres heritaiges hors la ville de Paris, v cens escuz xviii s. t.

Aultre recepte à cause des rentes viagères sur plusieurs héritaiges hors la ville de Paris, xx escuz xxvii s. t.

Aultre recepte à cause d'aulcuns louaiges et baulx faictz à prix d'argent de plusieurs maisons, terres, prez et aultres heritaiges hors Paris, ix cens iiii escuz.

Aultre recepte à cause du droict de pescherie pour le fief de la Motte, xxi escuz xxx s. t.

Aultre recepte à cause des lotz et ventes, iii escuz xxxvi s. t.

Aultre recepte à cause d'aulcunes rentes racheptees, iii cens lxv escuz.

Aultre recepte d'aulcuns deniers provenans de la vente de grain et son, ii cens xxxiii escuz.

Aultre recepte à cause de vin et verjustz vendu, vii×x xiiii escuz.

Aultre recepte à cause de la vente de suif et gresse, ii cens lxxi escuz.

Aultre recepte à cause de le vente de peaulx de mouton, peaulx de veau et cuirs de bœuf despencez audict Hostel Dieu, iii cens lvi escuz.

Aultre recepte à cause des deniers provenans de la vente d'aulcuns boys tailliz, viii cens xxi escuz.

Aultre recepte à cause des deniers trouvez es troncqz dudict Hostel Dieu de Paris après la publication des pardons en l'evesché et diocese de Paris, iii mil escuz xxiii solz t.

Aultre recepte des deniers provenans des pardons de l'Hostel Dieu de Paris publiez et questez par les archeveschez et eveschez, iiii cens iiii×x xvi escuz.

Aultre recepte à cause d'aulcunes relligieuses qui ont esté gardé des mallades en ceste ville de Paris, xl escuz.

Aultre recepte à cause des legs, aulsmonnes et convoys, ii mil viii cens xi escuz; — de l'exécuteur du testament de deffuncte damoyselle Anne Brinon, en son vivant vefve de feu noble homme Anthoine de Bonacoursi, la somme de xl escuz sol.; — de monsieur de Méry, executeur du testament de deffuncte madame la présidente de Thou, sa mère, la somme de xvi escuz xl s. t. leguée audict Hostel Dieu; — de maistre Nicollas Drouart, commis au greffe civil du Chastellet, la somme de xv escuz pour une amende qui avoyt esté consignee entre ses mains, en quoy par arrest de la court de Parlement maistre Pierre Le Rasle, commis de maistre Jherosme Garrault, a esté condempné envers l'Hostel Dieu; — de Jacques Buscalle, laboureur demourant à Boullongne près Sainct Cloud, executeur du testament de deffunct Pierre Barbelotte, en son vivant clerc du secretaire de monsieur le mareschal de Retz, la somme de l escuz; — de monsieur le cappitaine Bonnouvrier, par les mains de madame Gouin, la somme de xv escuz qu'il a donnez audict Hostel Dieu; — de l'ausmonne de la Royne regnante, par les mains de Francoys de Chambor, son varlet de chambre, la somme de x escuz; — de monsieur de Rochefort, logé aux Troys Roys, rue de la Callandre, ung double henry vallent deux escuz x s. t.; — de monseigneur le reverendissime cardinal de Gondi, evesque de Paris, la somme de l escuz sol., par les mains de maistre André Courtin, son receveur; — de honnorable homme Michel Millon, maistre orfebvre à Paris, la somme de ii escuz xlv s. t.; — des heritiers de feu noble homme maistre Nicollas Dollu, en son vivant conseiller du Roy et secretaire de ses finances, la somme de ii cens escuz leguez par ledict deffunct; — de l'aulmonne de la Royne regnante, la somme de x escuz sol., par les mains de monsieur Cuvillier, maistre des requestes de ladicte dame; — de monseigneur le reverendissime cardinal de Gondy, evesque de Paris, la somme de cent escuz soleil; — d'un nommé Lamy, demourant rue Quiquempoix, la somme de cent escuz sol. aulsmonnez par une bonne personne qui ne s'est voullu nommer; — de noble homme maistre Jacques Violle, sieur d'Esgremont, conseiller du Roy et maistre des requestes de son hostel, la somme de iiii cens escuz sol., à l'intention de faire prier Dieu pour l'âme de feu monsieur de Voulze, son beau père; — de honnorable homme Jacques Menant, executeur du testament de deffunct honnorable homme Jehan Menant, son père, luy vivant l'un des gouverneurs dudict Hostel Dieu, la somme de viii×x xviii escuz sol. faisant le reste et parpaye de la somme de iiii cens escuz leguez aux pauvres mallades dudict Hostel Dieu par ledict deffunct; — de honnorable homme Charles Houdan, marchant bonnetier demourant à Paris, executeur du testament de deffuncte Oudette Gasteau, jadis sa femme, la somme de cent escuz soleil; — de monseigneur le reverendisse cardinal de Gondi, evesque de Paris, la somme de l escuz soleil; — de maistre André Thinot, greffier des juges depputez par l'official de Paris, la somme de cent escuz sol., en quoy, par sentence desdicts juges, maistre Marcel Durant, doyen de Laval, a esté condempné envers ledict Hostel Dieu; — de monseigneur le reverendissime cardinal de Gondi, evesque de Paris, la somme de de l escuz; — de l'ausmonne de la Royne regnante, par les mains de monsieur Cuvillier, la somme de x escuz sol.; — de l'ausmonne du Roy, par les mains de monsieur Marcel, la somme de v cens escuz sol., laquelle somme a esté employee en draps à lict pour coucher les pauvres malladdes, suyvant sa vollonté.

Aultre recepte à cause d'aulcunes rentes et héritaiges venduz durant ladicte année, xix cens liii escuz.

Aultre recepte faicte à cause des deniers provenuz des questes et aulsmonnes faictes par les parroisses durant ladicte année, iii^c lvi escuz.

Recepte commune... —des corps inhumez au cymes-des Sainctz Ynocens, la somme de xv escuz xx s. t.

Aultre recepte à cause des deniers provenuz d'aulcunes taxes de despens, dommaiges et interestz, ii cens iiii^{xx} i escuz; — de messire Francoys de Luxembourg, duc d'Espinay, la somme de quatre cens trente troys escuz xx s. t. pour la vente à luy faicte par messieurs les gouverneurs d'une pièce de terre en hache contenant ung arpent et demy sept perches, comprins l'allée qui sert d'entree, assiz hors la porte Sainct Michel, appellé le cloz aux bourgeois, ainsy qu'il est contenu et déclairé au contract de ladicte vente passé par devant Roze et Croiset, nottaires ou Chastellet de Paris.

Aultre recepte à cause des deniers provenuz de la vente de la chair durant le caresme, mil lxxiii escuz.

Somme totalle de la recepte de ce present compte, xxv mil v cens iiii^{xx} ix escuz.

145e REGISTRE (274 FEUILLETS, PARCHEMIN).

ANNÉE 1588.

Despence de ce present compte:

Cens, rentes, indempnitez, dixmes et admortissemens pour plusieurs places, maisons, vignes et aultres heritaiges scituez tant en ceste ville de Paris que hors icelle, lv escuz xl s. t.

Aultre despence à cause d'aultres rentes deues par ledict Hostel Dieu sur tout le revenu et temporel d'icelluy, ix escuz xix s. t.

Aultres rentes constituees sur tout le revenu et temporel dudict Hostel Dieu en l'année xv cens lxxiiii et aultres années suyvantes, xiiii^c iiii^{xx} xi escuz.

Aultre despence pour messes et obitz scellebrez durant ladicte annee, xxxii escuz.

Aultre despence faicte pour labours de vignes, viii cens xiiii escuz.

Aultre despence pour fraiz de vendanges, achapt d'eschallatz et ozier, iii^c iiii^{xx} xvii escuz.

Aultre despence pour achapt de vins, ii mil cxvii escuz.

Aultre despence pour achapt de moutons, bœufz, porcqz, veaulx et gibier acheptez pour les pauvres malladdes dudict Hostel Dieu, v mil ix cens lii escuz.

Aultre despence pour les jours mesgres et achapt de seel, iii mil cxxxviii escuz.

Aultre despence faicte pour achapt de boys à brusler, charbon et sendres, viii cens lxiii escuz.

Aultre despence pour achapt d'huille à lampe et fasson de chandelle de suif, iiii^{xx} x escuz.

Aultre despence pour achapt de draps de layne, coustilz, plumes, couvertures, etc., vi cens xxvi escuz.

Aultre despence pour achapt de vessaille d'estaing, chauldronnier, charron, mareschal, cordier, bourrelier et vannier, viii^{xx} xii escuz.

Aultre despence pour drogues d'appoticquairerye et luminaire, iiii cens xiiii escuz soleil.

Aultre despence pour achapt de bledz et farines. Neant.

Aultre despence pour fraiz et mises communes, vii^c iiii^{xx} iii escuz; — item est faict despence de la somme de iii escuz payée par certifications et ordonnances desdicts sieurs gouverneurs pour vingt quatre sauvegardes de monsieur d'Espernon, pour bailler aux fermiers dudict Hostel Dieu, pour l'exemption des gens de guerre qui ruynent lesdictz fermiers; — icy est faict despence de la somme de ii escuz xxx s. t. pour le sallaire de deux archers du prevost de l'hostel qui ont gardé la ferme des Noues des gens d'armes; — à maistre Claude Leleu, huissier en la court de Parlement à Paris, la somme de vi escuz sol. pour son sallaire d'avoir esté signiffyé l'arrest de la court de Parlement[1] concernant la queste faicte par les parroisses pour ledict Hostel Dieu de Paris, tant aux curez et vicaires desdictes paroisses de ceste ville et faulxbourgs que aux marguilliers d'icelles, estant un nombre de iiii^{xx} significations ou environ; — à Denis Fortier, archer des gardes du corps du Roy, la somme de x escuz sol. pour avoir par luy gardé des gens d'armes la ferme de Vert-le-Grant et des Noues l'espace de deux moys, et se y estre nourry.

Aultre despence pour plusieurs grosses et menues reparations tant en ceste ville de Paris que hors icelle, xi cens xxxv escuz.

Aultre despence faicte pour deniers baillez pour employer et convertir au faict de procès v cens xiiii escuz; — à maistre Jehan Lhostellier, procureur en Parlement, la somme de iii escuz pour faire les fraiz qu'il conviendra faire en l'instance pendente au conseil privé du Roy entre Jehan Fagot, admistrateur de l'hospital de Louvres en Parisis, demandeur en main levée d'une part, et ledict Hostel Dieu deffendeur, pour raison du revenu dudict hospital; — icy est faict des-

[1] Cet arrêt est du 28 mars 1588.

pence de la somme de ung escu x s. t. pour les fraiz qu'il a convenu faire pour lever l'arrest en forme donné en la Chambre des comptes allencontre de maistre Jehan Bourderel, receveur des tailles et aydes en l'eslection de Paris, pour raison du payement des arresraiges de cinq escuz de rente qui estoient deubz audict Hostel Dieu sur le huictiesme de la ferme du vin vendu au villaige de Sainct Ouen.

Aultre despence faicte pour payement de gens d'esglise et serviteurs domesticques dudict Hostel Dieu, ii cens lvii escuz.

Aultre despence pour gaiges d'officiers, iiii cens iiii^{xx} xv escuz soleil; — à maistre Hardouin de Sainct Jacques, medecin ordinaire dudict Hostel Dieu, la somme de vi^{xx} xiii escuz xx s. t. pour une année de ses gaiges.

Aultre despence pour augmentation de gaiges et recompenses que requiert maistre Jacques de Besze present comptable luy estre faictz; audict Jacques de Besze, la somme de neuf cens escuz sol. qu'il requiert luy estre taxez par lesdictz seigneurs gouverneurs et allouez pour neuf annees par luy exercees à raison de cent escuz soleil par an, tant d'augmentation, oultre et par dessus les gaiges ordinaires que recompense, d'aultant que dès le premier janvier mil cinq cens quatre vingtz il auroyt esté par lesdictz seigneurs gouverneurs commis et institué en ladicte recepte generalle et icelle exercee depuis ladicte annee mil v cens iiii^{xx} jusques en l'année de ce present compte mil v cens iiii^{xx} viii, desquelles il auroyt rendu compte aux gaiges seullement et à raison de ix^{xx} iii escuz xx s. t. par an, encores que feu maistre Ambroyse Baudichon, auparavant en charge, ès derniers comptes par luy renduz, se fut plainct du trop peu de gaiges qu'il avoyt, qui estoient à ladicte raison de ix^{xx} iii escuz xx s. t., ayant neantmoings et deffunct maistre Claude Coynart, son predecesseur, oultre les dictz gaiges ordinaires demy muyd d'avoyne et cinq cens de foing, ce que ledict comptable n'a eu ni esté gratifyé et recompensé de telz droictz, et aussy que aulcune augmentation de gaiges n'auroyt esté faicte despuis l'année mil v cens lxiii jusques en ceste presente annee, despuis lequel temps ladicte recepte seroyt augmentee de moictyée et plus, par consequent les charges et affaires plus grandes, les vivres et toutes aultres choses encheryes, mesmes supporté par cedict present receveur plusieurs pertes et dommaiges, et entre aultres une qui luy a esté fort prejudiciable et dommaigable, scavoir une partye de ix^c lx escuz restant de xvi cens escuz sol. par luy fournye, baillee et delivree comptant ès mains de deffunct sire Pierre Hotman, luy vivant l'un des dictz maistres gouverneurs, et ce de son ordonnance et commandement, pour icelle convertir et employer par luy mesmes comme il disoyt au payement de plusieurs partyes et debtes deues par ledict Hostel Dieu, ainsy qu'il auroyt auparavant et par plusieurs foys faict et fourny de partyes, mandementz et aultres acquitz qui ont esté employez en aulcuns des dictz comptes, fors et excepté pour ladicte somme de ix cens lx escuz sol. qui n'a esté employee en despence, et pour laquelle somme ledict comptable n'auroyt eu ne peu tirer, ne avoir de luy aulcunes partyes, mandemens ny aultres acquitz servans à sa descharge, à l'occasion que ledict sieur Hotman disoyt ladicte somme estre ung fondz pour servir audict Hostel Dieu en une extreme necessité, et aultres recullemens et subterfuges par luy faictz, et les affaires, malladye et mort subitement à luy advenue, combien qu'il en ayt esté faict toutes les dilligences possibles pour le recouvrement d'icelle somme, à ces causes cedict receveur auroyt tousjours et durant les closturees de chacun de ses comptes presenté requeste aux fins d'avoir augmentation de gaiges et icelles remises et tenues en surceances à y faire droict de compte en compte et jusques à cestuy, au moyen de quoy et actendu que s'est le dernier de ce present compte, est cy faict despence de ladicte somme de ix cens escuz soleil pour recompense des dictes neuf annees, et icelle prinse et retenue par ses mains des deniers de ladicte recepte et sans laquelle il seroyt du tout perdu et ruyné, et partant requiert ladicte presente partye luy estre cy passee et allouee purement et simplement sans aulcune difficulté.

Somme totalle de la despence de ce compte, xxiiii mil vi cens xlvii escuz.

Extraict des registres du Bureau de l'Hostel Dieu de Paris. Cejourd'huy, sur la requeste presentee à messieurs les commissaires depputez par la court de Parlement pour l'audition et closture des comptes de l'Hostel Dieu de Paris par Jacques de Besze, naguères commis à la recepte generalle dudict Hostel Dieu, tendant ad ce que, pour les consideracions y contenues, il luy fust faict augmentation de gaiges de cent escuz pour chacune des neuf annees qu'il auroyt exercé ladicte charge, laquelle requeste auroyt par les dictz sieurs commissaires esté renvoyée à l'assemblée generalle qui seroyt faicte pour les affaires d'icelluy Hostel Dieu, pour y estre faict droict, en laquelle assemblée faicte cejourd'huy se seroyent trouvez tant messieurs les gouverneurs dudict Hostel Dieu que lesdictz sieurs commissaires, comme aussy monsieur le Procureur general du Roy, pour ce prié et requis de s'y trouver, lesquelz après avoir meurement déliberé sur tout le contenu en ladicte requeste, et veu le décrect mentionné en icelle du xvie febvrier mv^c iiii^{xx} v, ensemble ce qui a jà esté ordonné sur ung article de despence employé au compte dudict De Besze, rendu pour l'année fynye en décembre mv^c iiii^{xx} viii, folio v^c xvii, tendant à la mesme augmentation, ont ordonné et ordonnent que, pour éviter à la consequence de l'advenir, il ne sera faicte aulcune augmentation de gaiges audict De Besze, mais que, en considération de ce qui est amplement déduit, tant par sadicte requeste que par ledict article de despence employé en son dict compte mv^c iiii^{xx} viii, et aussy pour luy ayder à supporter une partye de la perte qu'il prétend avoir faicte sur deffunct monsieur Hotman de la somme de ix cens lx escuz mentionnee audict article de la despence, il aura par forme de récompense et bien faict la somme de iii cens escuz, laquelle sera desduicte et rabatue sur la somme de vi cens iiii^{xx} vii escuz ii s. ix den. qu'il doibt de clair et nect, par la fin et closture de son dict compte MV^c IIII^{xx} VIII, à la charge de payer dedans deux moys prochainement venanct le surplus d'icelle somme, sur peyne d'estre dechu de ladicte recompence de iii cens escuz. Faict au Bureau de l'Hostel Dieu le vendredy XXVIIIe jour de décembre MV^c IIII^{xx} X. Signé Lhostellier, commis du greffier.

146e REGISTRE (397 FEUILLETS, PARCHEMIN).
ANNÉE 1589.

Transcript d'ung acte faict et passé par devant maistre Francois Croiset et Ollivier le Moyne, notaires ou Chastellet de Paris, le XIIIe jour de janvier MV^c IIII^{xx} IX.

Par devant Francoys Croiset et Ollivier le Moyne, notaires du Roy nostre sire, de par luy ordonnez et establiz en son Chastellet de Paris, fut present en sa personne maistre Pierre de Besze, bourgeois de Paris, demourant rue Neufve Nostre Dame, parroisse Sainct Christofle, en la cité de Paris, lequel liberallement et de sa bonne [volonté] recongneut, confessa et confesse avoir accepté, prend et accepte à sa charge la recepte generalle de l'Hostel Dieu de Paris, promect faire et bien exercer loyaulment au prouffict dudict Hostel Dieu, suyvant la procuration à luy passée cejourd'huy par messires Achilles de Harlay, chevallier, premier president en la Court de Parlement, Augustin de Thou, aussi chevallier, aussy président en la Court, nobles hommes Claude Le Prestre, Jehan Le Jay, Germain Boucher, Robert Desprez, maistre Jacques Coignet, advocat en la Court de Parlement, Claude Daubray, conseiller, notaire et secrétaire du Roy, Pierre Boursier et Jehan Le Prestre, tous bourgeois de Paris, ou nom et comme commis par ladicte Court au régime et gouvernement du revenu et temporel dudict Hostel Dieu, presens, stipullans et acceptans pour les pauvres affluans audict Hostel et maison Dieu, aux charges contenues en ladicte procuration, reservé par lesdictz sieurs gouverneurs les droictz seigneuriaulx, lotz et ventes dont, et des deniers qui en proviendront, sera faict registre par ledict de Besze, ensemble des ensaisinemens, et aussy à la charge que ledict de Besze sera tenu et promect rendre compte et reliqua de sadicte recepte, et faire dresser et présenter ses comptes en forme deue par chacun demy an après l'an revolu ausdict^z sieurs gouverneurs et leurs successeurs, et leur monstrer son estat de ladicte recepte par chacun moys, si bon leur semble, lesquels comptes se feront aux despens dudict Hostel Dieu aux gaiges de V cens l livres tournois par chacun an, qu'il retiendra par ses mains sur ladicte recepte, pour toutes choses quelzconques tant pour luy que ses clercs, fors et excepté XXV livres tournois qui seront ordonnez pour le clerc dudict de Besze pour les comptes. A commancer ladicte recepte du jour et feste de No^{el} dernier passé que l'on comptoit MV^c IIII^{xx} VIII sera aussy tenu ledict de Besze apporter au Bureau dudict Hostel Dieu ung estat au vray, en brief, de la recepte et despence dudict Hostel Dieu, de trois mois et trois mois par chacun an, au comancement de chacun quartier, pour estre veu par les dictz sieurs gouverneurs et oultre ledict de Besze s'est chargé et a promis et promect de rendre ausditz sieurs gouverneurs tous et chacuns les comptes qui restent à rendre de l'entremise et recepte que maistre Jacques de Besze, son père, a eue du revenu dudict Hostel Dieu, assavoir le premier d'iceulx dans le premier jour de caresme prenant prochain, et l'autre dans le jour et feste Sainct Jehan Baptiste en suivant aussy prochain, et payer le relicqua sy aucun y a incontinant les dictz comptes renduz en deniers comptans, et pour cet effect les ditz sieurs gouverneurs le subrogent en leur lieu pour avoir recours audict reliqua contre son dict père, pour lequel il faict sa propre debte dudict relicqua sans garder l'ordre de discution, à quoy il renonce, le tout à la caution de honnorable homme Pierre Succat, bourgeois de Paris, beau-père dudict Pierre de Besze, demeurant à Paris rue de la Callendre, parroisse Sainct Germain le viel, present et comparant, lequel vollontairement a recongneu et confessé, recongnoist et confesse soy estre constitué et constitue caution et respondant pour ledict maistre Pierre de Besze, son gendre, pour l'exercice de ladicte recepte dudict Hostel Dieu, du relicqua des comptes qu'il rendra par chacun an à cause d'icelle recepte, et aussy du relicqua desdictz comptes desdictes années MV^c IIII^{xx} VII et MV^c IIII^{xx} VIII, au nom dudict maistre Jacques de Besze, dont du tout ledict Succat faict son propre faict et debte pour les ditz maistres Jacques et Pierre de Besze père et filz, comme principal obligé sans garder l'ordre de discution, à quoy ledict Succat a renoncé et renonce, par ce que aultrement sans l'obligation dudict Succat lesditz sieurs gouverneurs n'eussent accepté ce que dessus, et parce qu'il c'est trouvé par cy devant plusieurs desdictz cens et aussy desditz lotz et ventes recellez, pour ceux qui ne sont baillez à ferme, a ledict de Besze requis les ditz sieurs gouverneurs luy bailler les ditz lotz et ventes et qu'il fera dilligences à recouvrer les ditz cens. ce que les ditz sieurs gouverneurs luy ont accordé et accordent, à comancer dudict jour et feste de Noel dernier passé, à ladicte charge et oultre qu'il rapportera par chacun an sur la recepte qu'il fera des diz cens lotz et ventes ung papier contenant les noms et surnoms de ceulx qui auront payé les diz cens lotz et ventes, et l'extrait des vendicions des heritaiges par le moien desquelz les diz lotz et ventes auroient esté deubz et acquitz, lequel pappier sera signé et paraphé dudict receveur et mis en la liasse des acquitz de son dict compte, de l'ordonnance des diz sieurs gouverneurs, promectant et obligeans chacun en droict soy lesditz sieurs gouverneurs le revenu et temporel dudict Hostel Dieu, et les diz Succat et de Besze chacun d'eux seul et pour le tout, sans division ne discution, renonçans mesmes iceulx Succat et de Besze audict benefice de division, fin de jussion, etc. Faict et passé double au Bureau dudict Hostel Dieu l'an mvᵉ IIIIˣˣ IX le vandredy XIIIᵉ jour de janvier avant mydy, et ont les dictes partyes signé la minutte avec les ditz nottaires.

Par devant Francoys Croiset et Olivier Lemoyne, notaires du Roy ou Chastellet de Paris, furent presens messires Achilles de Harlay, chevallier, premier président en la Court de Parlement, Augustin de Thou..., Claude Le Prestre, Jehan Lejay, Germain Boucher, Robert Desprez, maistre Jacques Coignet, Claude Daubray, Pierre Boursier et Jehan Le Prestre, tous bourgeois de Paris commis au régime et gouvernement de l'Hostel Dieu de Paris, lesquelz, a plain confians des sens, loyaulté, expérience et bonne dilligence de maistre Pierre de Besze, bourgeois de Paris, ont icelluy de Besze, faict, nommé, constitué, ordonné et establi procureur et receveur général d'icelluy Hostel Dieu, auquel de Besze les ditz sieurs gouverneurs ont donné et donnent plain pouvoir, auctorité et mandement spécial de recevoir, recouvrer, poursuivre, pourchasser et faire venyr ens toutes et chacunes les sommes de deniers generallement quelzconques qui de present sont et seront cy après deues audict Hostel Dieu, tant pour une fois payer que à cause des arrérages des cens, rentes, revenuz, louaiges, fermes et aultrement pour quelzconques personnes et pour quelques causes que ce soict, tant en ceste ville de Paris que partout ailleurs, contraindre par justice tous redebvables et en faire solution et payement du receu, soy tenir pour comptant et bailler quictances telles et si amples que au cas appartiendra, à la charge touteffoys d'en rendre bon compte et reliequa et de présenter et rendre ses comptes par chacun an, demy an après l'année eschue, ainsy qu'il est accoustumé d'en faire audict Hostel Dieu, et de coucher en chacun de ses comptes ung article faisant mention de la closture du compte que rend le pannetier des grains dudict Hostel Dieu et aussy de soy trouver au Bureau dudict Hostel Dieu aux jours ordinaires d'icelluy Bureau, et d'exercer ladicte recepte bien, deuement et loyaulment, au myeulx que faire se pourra, a commencer ladicte recepte au jour et feste de Nœl dernier passé et generallement promectant lediz et obligeans le revenu et temporel d'icelluy Hostel Dieu. Faict et passé double au Bureau dudict Hostel Dieu l'an mil v cens IIIIˣˣ IX le vandredy XIIIᵉ jour de janvier après midy.

Compte premier de maistre Pierre de Besze :

Et premièrement à cause des cens et fondz de terre deubz en la ville de Paris et aux champs, iiiiˣˣ xvi escuz xxxiiii s. t.

Aultre recepte à cause des rentes tant sur la recepte générale d'oultre Seyne et Yonne que sur le domaine du Roy nostre sire à Paris, iiiiᶜ iiiiˣˣ iii escuz.

Aultre recepte à cause des rentes que ledict Hostel Dieu a droict de prendre par chacun an en ceste ville de Paris, iiiiᶜ xxxiii escuz.

Aultre recepte à cause des rentes constituees sur l'hostel de la ville de Paris, ix cens xxviii escuz.

Aultres rentes sur l'hostel de ladicte ville de Paris qui se payent par maistre Francoys de Vigny, receveur de la dicte ville, xii cens iiiiˣˣ xiiii escuz.

Aultre recepte à cause des rentes et pensions viagères en ceste ville de Paris, liiii escuz.

Aultre recepte à cause d'aulcuns louaiges de maisons tant en ceste ville de Paris que ès faulxbourgs, iii mil iii cens xxxv escuz ; — de Francoys Despaulx, maistre tonnellier à Paris, la somme de xx escuz ì solz t. pour ung terme du loyer de la maison où il est demeurant assize en la rue Nostre Dame ; — d'une estable assize en la rue du Sablon, que tenoit auparavant Pierre de Pleurs, néant cy par ce que le maistre dudict Hostel Dieu en a les clefz il y a six ans.

Aultre recepte à cause des rentes annuelles et perpetuelles sur plusieurs terres, prez, boys et autres heritaiges hors la ville de Paris, v cens escuz xviii s. t.

Aultre recepte à cause des rentes viagères sur plusieurs maisons et heritaiges hors la ville de Paris, xiii escuz xlvii s. t.

Aultre recepte à cause d'aulcuns louaiges de fermes et baulx faictz à pris d'argent de plusieurs maisons et aultres heritaiges hors Paris, xiiᶜ iiiiˣˣ iiii escuz.

Aultre recepte d'aulcunes rentes racheptees durant ladicte année, vi cens xliiii escuz.

Aultre recepte d'aulcuns deniers provenans de la vente de grain et son, iiiiˣ xxiii escuz.

Aultre recepte à cause de la vente de suif et gresse, viˣˣ vii escuz.

Aultre recepte à cause de la vente de peaulx de mouton, peaulx de veau et cuirs de bœuf, iiiiˣ xxxi escuz.

Aultre recepte à cause des deniers provenuz de la vente d'aucuns boys taillix, xliiii escuz.

Aultre recepte à cause des deniers trouvez es troncqz de l'Hostel Dieu après la publication des pardons en l'evesché de Paris, xiiii cens iiiiˣˣ iii escuz.

Aultre recepte à cause des deniers provenans des pardons de l'Hostel Dieu publiez et questez par les archeveschez et les eveschez, iiiiˣˣ vii escuz ; — Senlys, de maistre Loys Courtin, procureur et recepveur pour l'Hostel Dieu de Paris des pardons et indulgeances en l'evesché dudict lieu, néant, attendu qu'il n'en a aulcune chose receu à l'occasion des troubles et guerres qui sont espandues de toutes parts[1].

Aultre recepte faicte à cause des legs, aulmosnes et convoys durant ladicte année de ce compte, xiiᵉ liiii escuz ; — de maistre Pierre Trohel, vicaire de Sainct André des Artz à Paris, la somme de xxvi escuz sol. aulmosnez audict Hostel Dieu ; — de maistre Fœlix de la Mothe Vayer,

[1] Même observation pour Limoges, Reims et Châlons, Clermont, Sens et Auxerre, Bourges, Meaux, Troyes, Amyens, etc.

conseiller du Roy et substitud de son procureur général, la somme de lxvi escuz xl s. t. pour et en l'acquict des héritiers de feu monsieur Le Vayer, luy vivant curé de Sainct Hilaire du Mans; — de maistre Claude Le Jay, receveur des tailles de Chasteaudun, la somme de ii cens escuz qu'il a donnez par son testament; — de l'aulmosne de la Royne, par les mains de monsieur Cuvillier, la somme de x escuz; — de maistre Michel Gobil, Jehan Pichart et Jacques Begoin, precepteurs au colleige de Navarre, heritiers de deffunct maistre Jehan Pichart, proviseur dudict colleige, la somme de i escu xl s. t. par ledict deffunct légué audict Hostel Dieu; — de honnorable femme Marguerite Niceron, vefve de feu Valleran Perrochel, en son vivant marchant pelletier, bourgeois de Paris, la somme de xx escuz soleil leguez audict Hostel Dieu; — des executeurs du testament de maistre Jehan de Pollaer, luy vivant receveur général de la Saincte Chappelle du Pallais à Paris, la somme de lxvi escuz xl s. t.; — de noble homme Claude Hennequin, conseiller du Roy, seigneur de Barmainville et de Compans, executeur du testament de damoiselle Magdelayne Seguyer, sa femme, la somme de lxvi escuz xl s. t. par ladicte damoiselle donnée audict Hostel Dieu; — de honnorable femme Gillette Danetz, executeresse du testament de deffunct Martin Morot, en son vivant maistre tapissier à Paris, la somme de l escuz faisant partye de la somme de iiii cens escuz soleil que ledict deffunct par son dict testament avoit ordonné estre distribuez à plusieurs lieulx pitoyables declarez par son dict testament à la discrétion de sa dicte femme; — des deniers trouvez après le decedz et trépas de deffuncte sœur Jehanne Vachette, en son vivant dame des acouchées, la somme de xviii escuz liiii solz ix den. tournois apportez par la prieure dudict Hostel Dieu; — de noble homme maistre Michel de Marilhac, conseiller en la Court de Parlement, la somme de cent escuz soleil; — des executeurs du testament de feu monsieur Croquet, en son vivant notaire et secrétaire du Roy, la somme de xxx escuz sol. leguez audict Hostel Dieu; — du testament de deffuncte dame Loyse Gelée, en son vivant vefve de feu maistre Gilles de Hodicq, luy vivant greffier en la prévosté de Meaulx...

Aultre recepte à cause de la queste faicte par les parroisses, ès maisons de ceste ville et faulx bourgs de Paris, pour l'extreme nécessité qui est pour le jourd'huy audict Hostel Dieu, vi cens lx escuz; de madame l'abbesse et couvent de Sainct Anthoine des Champs, la somme de iii escuz xxxvii s. t.; — de Charles Pean, demeurant vieille rue du Temple, soubz la dixaine de Jacquelin, quartier de Charpentier, la somme de viii escuzx xxiii s. t. provenant de la queste faicte en ladicte dixaine; — de honnorable homme Geoffroy Chaillau, la somme de vii escuz xlvii s. t. provenant de la queste faicte au quartier de maistre Bourlon, dizaine de Thuot, parroisse Sainct Eustache; — de la queste faicte en la parroisse Sainct Jacques de la Boucherie, iiii^{xx} escuz xlvi s. t.

Aultre recepte à cause des deniers provenuz des questes et aulmosnes par les parroisses durant ladicte année, ii cens xlix escuz.

Recepte commune, vii cens xxxvii escuz; — de maistre Jehan du Tillet, naguères greffier de la Court de Parlement, entre les mains duquel auroict esté mis le prix de l'adjudication par décret de la terre de Fresne, saisye et adjugée sur dame Marye Robertet, la somme de iii cens xl escuz pour les arrerrages de xvii années ix mois viii jours escheuz le viiie jour d'octobre MV^e IIII^{xx} VIII, à cause de xxi escuz x s. t. de rente constituée par ladicte dame oudit nom, le xiiie jour de juillet MV cens LXX, sur tous et ungs chacuns les biens de feu monsieur de Fresne, dont elle estoict heritiere par bénéfice d'inventaire, pour demeurer quicte envers ledict Hostel Dieu de la somme de vi cens iiii^{xx} l. tournois que ledict sieur de Fresne debvoit par obligation par luy passée à feu messire Loys Guillard, luy vivant evesque de Senlis, ladicte obligation baillée audict Hostel Dieu par les exécuteurs du testament d'icelluy deffunct, laquelle somme a esté receue dudict sieur du Tillet, en vertu de l'arrest de la Court de Parlement en datte du xie jour de mars MV^e IIII^{xx} IX; — de Anthoine Rocheret, bourgeois de Paris, la somme de xvi escuz sol. pour la composition faicte avec luy par messieurs les gouverneurs dudict Hostel Dieu des arreraiges escheuz du passé jusques au jour de Noel MV^e IIII^{xx} VII, à cause d'une redebvence deue audict Hostel Dieu qui est de xvi pintes de vin, une hottée de raisins en la saison des vendanges, et de xxiiii petiz pains blancs par chacun an pour distribuer aux pauvres mallades dudict Hostel Dieu, auquel jour de Noel MV^e IIII^{xx} VII ledict Rocheret auroict vendu la maison de l'Ymaige Sainct Michel à Germain de Monstreul, aussy marchant bourgeois de Paris, à la charge de ladicte redebvance; — des corps inhumez au cymestière des Saincts Ynocens en la terre dudict Hostel Dieu, la somme de xxviii escuz xl s. t.

Aultre recepte à cause des deniers provenuz d'aulcunes taxes de despens, dommaiges et interestz venuz de plusieurs personnes, tant en demandant que en deffendant, ii cens xl escuz.

Aultre recepte à cause d'aulcunes rentes et heritaiges venduz durant ladicte annee, iiii cens escuz soleil.

Somme totale de la recepte de ce present compte, xxii mil vii cens xxi escuz.

147ᵉ REGISTRE (324 FEUILLETS, PARCHEMIN).

ANNÉE 1589.

Despence de ce present compte :

Cens, rentes, dixmes, indempnitez et admortissemens tant en ceste ville de Paris que hors icelle, xxxiiii escuz xliii s. t.

Aultre despence faicte à cause d'aultres rentes deues par ledict Hostel Dieu, iii escuz lii s. t.

Aultres rentes constituees sur tout le revenu temporel dudict Hostel Dieu, xii cens xxxvii escuz.

Aultre despence pour messes et obitz, xliiii escuz.

Aultre despence pour labours de vignes, viii cens xiiii escuz.

Aultre despence faicte à cause des fraiz des vendenges, viiiˣˣ escuz.

Aultre despence pour achapt de vin, iii mil xlvi escuz.

Aultre despence pour achaptz de moutons, beufz, porcz, veaulx et gibier acheptez pour les pauvres mallades, iii mil vii cens iiiiˣˣ ix escuz.

Aultre despence faicte par cedict receveur pour les jours meigres et achapt de sel, ii mil ix cens lix escuz.

Aultre despence pour achapt de boys à brusler, charbon et sendre, iiii cens l escuz.

Aultre despence pour achapt d'huilles à lampe et chandelle, iiiiˣˣ escuz.

Aultre despence pour achapt de draps de layne, draptz de lict, coustilz, plumes, couvertures, ouvrages de cordonnier, etc., viˣˣ xvi escuz.

Aultre despence pour achapt de vesselle d'estaing, chaulderonnier, charron, mareschal, cordier, bourrelier, vannier, xxxi escuz.

Aultre despence pour fraiz et mises communes, iiiᶜ xvii escuz ; — icy est faict despence de la somme de ung escu xv s. t. pour vingt six sauvegardes de messeigneurs les ducz de Mayenne et d'Aumalle, pour la conservation des fermes dudict Hostel Dieu pour les gens de guerre ; — *à la trompette et l'un des archers de Monsieur le grand prevost de la connestablie de France, la somme de ii escuz xl s. t. pour avoir par eulx porté les lectres de messieurs les prevost des marchans et eschevins de la ville de Paris à monsieur le viconte de Thavannes, grand mareschal de l'armée des catholicques, concernant l'exemption du logement des gens de guerre ès fermes dudict Hostel Dieu assizes à la France.*

Aultre despence pour plusieurs grosses et menues reparations tant en ceste ville de Paris que hors icelle, ix cens xvi escuz.

Aultre despence pour deniers baillez pour employer et convertir au faict de procès, ii cens iiiiˣˣ xvi escuz ; — item est faict despence de la somme de deux escuz sol. payee pour faire mectre à exécution unes lectres royaulx obtenues par ledict Hostel Dieu à *l'encontre de messire Françoys de Choiseul, chevallier, sieur de Metz, et sa femme, demourans près Chaulmont en Bassigny, pour raison de cinq cens livres tournoys de rente donnez audict Hostel Dieu par deffunct messire Estienne de Moucy, vivant abbé de Sainct Loup;* — à maistre Nicolas Marais, la somme de iiii escuz soleil pour les espices de deux deffaulx jugez au Chastellet, l'un à l'encontre de monsieur de Montmorency pour raison d'un septier de chastaignes de rentes.....

Aultre despence pour payement de gens d'eglise et serviteurs domesticques dudict Hostel Dieu, ii cens lix escuz.

Aultre despence pour gaiges des officiers dudict Hostel Dieu, iiiiᶜ lxi escuz ; — à maistre Hardouyn de Sainct Jacques, médecin ordinaire dudict Hostel Dieu, la somme de viˣˣ xiii escuz xx s. t. pour une année de ses gaiges.

Deniers renduz et non receuz à cause des rentes et pentions viagères à Paris; rue de Paradis, pour la somme de six escuz xl s. t. dont recepte est cy devant faicte sous le nom de Robert de Harlay, baron de Montglat, à cause de damoiselle Françoise de Longuejoue, sa femme, reprins pour une année de pareille somme, n'en a esté aucune chose receu, par ce qu'il y a procès aux requestes du Pallais contre ledict sieur de Montglat, sa femme, et Nicolas Jolly, receveur dudict sieur oudict Montglat, près Provains, et y a sentence en dacte du xxviiᵉ febvrier xv cens iiiiˣˣ ix donnée par deffault, et laquelle sentence n'a peu estre mise à execution, actendu les troubles et guerres qui sont espendues de toutes partz, ainsi qu'il est tout notoire, et aussy que plusieurs huissiers et sergens n'ont voullu prendre ne accepter plusieurs sentences, taxes de despens, ne aultres exploictz pour mectre à exécution contre plusieurs personnes, debiteurs envers ledict Hostel Dieu en plusieurs lieulx et endroictz hors ceste ville, d'aultant que les chemyns ne sont libres à cause desdictes guerres et calamitez qui regnent de toutes partz, et que quant les chemyns seront libres, qui sont prestz de les accepter, ce qui n'est encores pour le présent.

Somme totalle de la despence de ce compte, xiiiᵐ vi cens iiiiˣˣ xix escuz.

148ᵉ REGISTRE (497 FEUILLETS, PARCHEMIN).

ANNÉE 1591[1].

Compte premier de maistre Francoys Hyeraulme, recepveur général de l'Hostel Dieu de Paris :

Et premièrement,

Recepte à cause des cens et fondz de terre deubz chacun an audict Hostel Dieu, iiiiˣˣ xvii escuz.

Aultre recepte à cause des rentes que ledict Hostel Dieu a droict de prendre tant sur la recepte générale d'oultre Sayne et Yonne que sur le domayne du Roy à Paris, iiiiᶜ iiiiˣˣ iii escuz.

Aultre recepte à cause des rentes que ledict Hostel Dieu a droict de prendre en ceste ville de Paris, iiiiᶜ viii escuz.

Aultre recepte à cause des rentes constituees sur la ville de Paris soubz le nom de messieurs les prevost des marchans et eschevins, ixᶜ xxviii ezcus.

Aultres rentes constituees sur l'hostel de ladicte ville, qui se payent par maistre Francoys de Vigny, xiiᶜ iiiiˣˣ xiii escuz.

Aultre recepte à cause d'aultres rentes constituees sur l'hostel de ceste ville à cause du don de feu messire Francoys de Reisse, ii mil ix cens i escuz.

Aultre recepte à cause des rentes et pentions viageres que ledict Hostel Dieu a droict de prendre en ceste ville de Paris, xiiii escuz.

Aultre recepte à cause d'aucuns louages de maisons assizes en ceste ville, xiiiᶜ iiiiˣˣ vii escuz.

Aultre recepte à cause des rentes annuelles et perpétuelles que ledict Hostel Dieu a droict de prendre sur plusieurs terres, boys, vignes et aultres heritages hors la ville de Paris, iiiiᶜ iiiiˣˣ xix escuz.

Autre recepte à cause des rentes viageres sur plusieurs maisons et heritaiges hors la ville de Paris, xvii s. t.

Aultre recepte à cause d'aucuns louages de fermes et baux faictz à pris d'argent de plusieurs maisons, prez, boys et aultres heritaiges assis hors Paris, xiᶜ iiiiˣˣ xi escuz.

Aultre recepte à cause du grain et son vendu, vᶜ iiiiˣˣ xviii escuz.

Aultre recepte à cause de la vente de peaulx de mouton, peaulx de veau et cuirs de bœuf despencez audict Hostel Dieu, ii escuz xxx s. t. ; — de la vente des peaulx de mouton depuis le jour de Pasques mvᶜ iiiiˣˣ xi jusques au jour de Pasques en suyvant, ainsi que l'on soulloyt faire marché chacun an, néant, attendu que durant ledict temps n'en a esté despencé ne tué audict Hostel Dieu ;

— de Nicolas Josset, marchand tanneur, la somme de ii escuz xxx s. t. pour vente de v cuirs de vaches tuées audict Hostel Dieu depuis le jour de Pasques mvᶜ iiiiˣˣ xi jusques au jour de quaresme prenant mvᶜ iiiiˣˣ xii.

Aultre recepte à cause des deniers trouvez ès troncs de Nostre Dame et l'Hostel Dieu de Paris après la publication des pardons en l'evesché de Paris, mil ii escuz.

Aultre recepte à cause des deniers provenans des pardons de l'Hostel Dieu publiez par les archeveschez et eveschez, viii escuz sol.

Aultre recepte d'aulcunes relligieuses qui ont gardé des mallades par la ville, lx escuz sol.

Aultre recepte à cause des deniers provenans des legs, aulmosnes et convois, viiiᶜ xxxiiii escuz ; — de noble homme maistre Nicollas Le Prevost, conseiller du Roy et maistre ordinaire en sa Chambre des Comptes à Paris, executeur du testament de feue madamoiselle de Poully, la somme de xxxiii escuz ; — de maistre Jacques Oudineau, greffier de la prevosté de l'hostel, la somme de xx escuz sol. en laquelle, par jugement du grand prevost, le cappitaine Lefebvre a esté condampné envers ledict Hostel Dieu ; — de maistre Adrian de Malfilastre, docteur en théologie, Guillaume Ysabel et Robert Hue, executeurs du testament de defunct maistre Thomas Dufais, en son vivant principal du collège maistre Gervays, la somme de iii escuz xx s. t. ; — de monsieur Brisonnet, conseiller en Parlement, executeur du testament de defuncte damoiselle Jehanne de Thou, dame du Chesnoy, la somme de x escuz sol. qu'elle a legué audict Hostel Dieu ; — de monsieur Rochon, medecin, la somme de i escu leguée audict Hostel Dieu par defuncte dame Jehanne de Bresme, sa femme ; — de monsieur Cuvillier, lieutenant au fort Lévesque, la somme de deux escuz pour une amende en laquelle une certaine femme a esté condampnée envers ledict Hostel Dieu ; — de maistre Anthoine Chuby, executeur du testament de feu maistre Jacques Helias, lecteur du Roy en lectres grecques en l'Université de Paris, la somme de x escuz soleil leguez audict Hostel Dieu par ledict Helias par son testament de dernière voulenté, passé par devant Charles et Fardeau, notaires, le xiiᵉ jour d'octobre mvᶜ iiiiˣˣ x ; — de Jehan de Fleselles et Guillaume Bethisy, la somme de iiii escuz sol. provenant du proffict du pain que ledict de Flexelles faisoit l'an passé pour les pauvres ; — de Aldera Megen, mesureur de grain

---
[1] Les deux registres de comptes de l'année 1590 se trouvaient déjà en déficit lors de la rédaction de l'Inventaire en 1867.

de ceste ville, la somme de xx s. t. en laquelle monsieur Lepeuple, intendant de la pollice de ceste ville de Paris a cejourd'hui condempné plusieurs personnes pour avoir contrevenu aux ordonnances de la pollice generalle de ceste dicte ville sur l'achapt et vente des grains; — de honnorable femme Françoyse Gervays, vefve de feu honnorable homme Jehan Le Prestre, de son vivant l'un des gouverneurs dudict Hostel Dieu, la somme de cent escuz sol. leguez par ledict deffunct audict Hostel Dieu par son testament.

Aultre recepte faicte à cause des questes faictes par les maisons des parroisses de ceste ville, suivant l'arrest de la court de Parlement en datte du xxe jour de décembre mv^c iiii^{xx} x, pour l'urgente nécessité d'icelluy Hostel Dieu, ii escuz xlv cens.

Aultre recepte faicte à cause des questes et aulmosnes faictes par aulcunes parroisses de ceste ville de Paris, ciiii escuz.

Aultre recepte à cause de la recepte commune, lxx escuz.

Aultre recepte à cause des deniers provenuz d'aulcunes taxes de despens, cinquante et ung escuz; — de Lisnart Cappel, entremetteur des affaires du Roy d'Espagne, la somme de iiii escuz sol. à laquelle messieurs les gouverneurs ont le trentiesme jour d'octobre oudict an de ce compte composé aveeq ledict Cappel pour les despens contre luy faietz aux requestes du Pallais, pour avoir payement de quelque avoyne dont il avoyt faict la promesse.

Aultre recepte à cause des deniers provenus de la vente de la chair durant le caresme, xxx escuz soleil.

Aultre recepte à cause du don et octroy faict par messieurs du Conseil d'Estat de demy escu sur chacun minot de sel vendu au grenier et magazin à sel de Paris pour subvenir à la nécessité extresme dudict Hostel Dieu, xii^c xlvii escuz.

Aultre recepte faicte par ce present recepveur de deniers par luy receuz de la vente faicte par les sieurs gouverneurs de joyaulx d'esglize, relliquaires et vaisselle d'argent estant dedans le revestiaire dudict Hostel Dieu, viii cens xl escuz [1].

Somme totalle de la recepte de ce present compte, xxix mil ii cens liiii escuz.

149e REGISTRE (493 FEUILLETS, PARCHEMIN).
ANNÉE 1591.

Despence de ce present compte :

Cens, rentes, dixmes et amortissemens tant en ceste ville de Paris que hors icelle, xiiii escuz xv s. t.

Aultre despence faicte à cause d'aultres rentes deues sur tout le revenu et temporel. *Néant, pour ce qu'il n'en a esté aulcune chose payée par cedict recepveur pour la nécessité dudict Hostel Dieu.*

Aultre despence faicte à cause d'aultres rentes sur tout le revenu et temporel, v^c xxix escuz; — au couvent des cordelliers, auquel est deub la somme de xx escuz soleil. *Néant pour la grande et extresme nécessité dudict Hostel Dieu.*

Aultre despence pour labours des vignes, ix^{xx} xix escuz.

Aultre despence à cause des fraictz des vendanges, achaptz d'eschallatz et ozier, ii cens liii escuz.

Aultre despence pour achapt de vin, ii cens iiii^{xx} vii escuz.

Aultre despence pour achapt de beufz, moutons, veaux, etc., cxix escuz.

Aultre despence pour les jours gras, jours maigres et achapt de sel, xviii cens xxxvii escuz.

Aultre despence pour achapt de boys à brusler, charbon et cendres, ii cens xv escuz.

Aultre despence pour achapt d'huille à lampe, xxxvii escus.

Aultre despence pour achapt de draps de layne, draps de lict, coustilz, xxxiiii écus.

Aultre despence pour achapt de vaisselle d'estain, chaudronnier, charron, mareschal, etc., vi^{xx} escuz.

Aultre despence pour drocgues d'appoticairerye et luminaire fourny durant l'année de ce compte, xxix escuz xlii s.

Aultre despence faicte par cedict present recepveur pour les deux mil livres tournois de rente donnez audict Hostel Dieu par feu messire Françoys Reisse, sieur de la Hargerye, néant, par ce qu'il n'en a esté aulcune chose receuz, au moyen de quoy n'a esté faict aulcune despence.

Aultre despence faicte pour achapt de bledz, farines, xviii cens lii escuz.

Aultre despence pour fraiz et mises communes, iiii cens liiii escuz; — Icy est faict despence de la somme de xvi escuz xlv s. pour les fraictz et despence faictz par celuy qui a esté par plusieurs et diverses foys, tant en la ville de Melun que en la ville de Corbeil, pour recouvrer et faire venir des bledz pour la provision dudict Hostel Dieu; — icy est aussy faict despence de la somme de lx escuz payée à maistre Pierre Petit, pour son remboursement de semblable somme qu'il avoit cy devant desbourcee pour les fraiz faictz par celuy qui a esté vers le Roy de Navarre pour obtenir de luy sauvegarde et passe-

---
[1] Voir tome Ier de nos documents, page 25, colonne II.

portz pour amener bledz, vins et aultres provisions pour les pauvres dudict Hostel Dieu; — icy est faict despence de la somme de i escu xxxix s. t. pour achapt de iiii livres de pouldre a cainon et cinq livres de fil à couldre; — icy est faict despence de la somme de vi escuz xl s. t. pour les fraiz et peines d'ouvriers qu'il a convenu faire pour la desmolition de la maison des petitz marestz, ensemble pour avoir faict abattre les arbres, et le tout amené audict Hostel Dieu pour la provision dudict Hostel Dieu; — icy est faict despence de la somme de xv escuz xlv s. t. pour l'achapt d'une couppe d'argent vermeil dorée couverte donnée au cappitaine Gaillard, cappitaine du chasteau de Choisy sur Sayne, pour la faveur qu'il a faicte audict Hostel Dieu d'avoir laissé passer le boys, vin et aultres provisions pour ledict Hostel Dieu et qu'il a promis faire cy après.

Aultre despence à cause de cinquante livres tournois de rentes donnez et leguez par deffunct maistre Pierre Febvrier, luy vivant procureur en la court de Parlement, — à la communaulté des paurres de ceste ville de Paris, la somme de v escuz xxxiii s., néant, par ce qu'il n'en a esté aulcune chose payee à cause de la nécessité dudict Hostel Dieu joint que les diz l. liv. tourn. n'ont esté receuz.

Aultre despence pour plusieurs grosses et menues reparations tant en ceste ville de Paris que hors icelle, iiii cens vi escuz.

Aultre despence pour deniers baillez pour employer au faict des proces, vi^{xx} v escuz.

Aultre despence pour payement de gens d'esglize et serviteurs domesticques, ii^c xviii escuz.

Gaiges d'officiers, iiii cens lxxvi escuz; — à maistre Hardouin de Sainct Jacques, medecin ordinaire dudict Hostel Dieu, la somme de cent escuz soleil pour trois quartiers de ses gaiges.

Somme des deniers renduz et non receuz, xxii mil ii cens iiii^{xx} vii escuz.

Somme totalle de la despense de ce compte, viii mil ii cens lxxii escuz.

150e REGISTRE (423 FEUILLETS, PARCHEMIN).

ANNÉE 1592.

Compte deuxiesme de maistre Francoys Hieraulme, recepveur général de l'Hostel Dieu de Paris.

Et premièrement à cause des cens et fondz de terre deubz audict Hostel Dieu, tant en la ville que aux champs, iiii^{xx} xviii escuz.

Aultre recepte à cause des rentes que ledict Hostel Dieu a droict de prendre tant sur la recepte generalle que sur le domaine du Roy à Paris, iiii^c iiii^{xx} iii escuz.

Aultre recepte à cause des rentes en ceste ville de Paris, iiii cens vii escuz.

Aultre recepte à cause des rentes constituees sur l'hostel de la ville de Paris, ix cens xxviii escuz.

Aultres rentes constituees sur l'hostel de ladicte ville, qui se payent par maistre Francoys de Vigny, xii cens iiii^{xx} xiii escuz.

Aultre recepte faicte par cedict recepveur à cause d'aultres rentes, tant sur l'hostel de ceste ville que sur les greniers à sel de ce Royaulme, à cause du don de feu messire Françoys de Reisse, ii mil ix c. i escuz.

Aultre recepte à cause des rentes et pentions viageres en ceste ville de Paris, xiiii escuz.

Aultre recepte à cause de aulcuns louages de maisons assizes en ceste ville de Paris, viii cens lvii escuz.

Aultre recepte à cause des rentes annuelles et perpetuelles sur plusieurs terres, prez, boys et aultres heritaiges assiz hors la ville de Paris, iiii cens iiii^{xx} iii escuz.

Aultre recepte à cause des rentes viagères sur plusieurs heritages hors la ville de Paris, xxvii s. t.

Aultre recepte à cause d'aucuns louages de fermes et baulx de plusieurs maisons et aultres heritages hors la ville de Paris, xii^c iiii^{xx} xvii escuz; — de la ferme, terres et appartenances d'icelle scize à Bagneux baillée à loyer à Jehan Revesche, n'en a esté receu aulcune chose, d'aultant que dès le jour Sainct Martin d'hiver m v^c iiii^{xx} xi le bail de ladicte ferme seroict expiré, depuis lequel temps elle n'auroit esté baillée à loyer, à l'occasion des troubles, et y seroit demeuré ledict Revesche pour la garde d'icelle; — de Jehan Houe, musnier à Paris, la somme de xx escuz sol. pour une année, à cause du bail à luy faict du moulin estant au dedans de la ferme du Pressouer, scize près les Chartreux, et d'ung arpent de terre labourable estant dedans l'enclos de ladicte ferme, à la charge d'entretenir ledict moulin de toille, tournans et travaillans.

Aultre recepte à cause du droict de peschcrye pour le fief de la Mothe, néant, d'aultant que l'on n'en a peu recepvoir aulcune chose, à cause des troubles, ny mesmes retirer l'extraict du greffe de la justice de la Mothe pour verifficr ce qui en a esté receu par le lieutenant de ladicte justice, duquel l'on n'a peu avoir nouvelles.

Aultre recepte à cause de la vente de peaux de mouton, de veaux, cuirs de bœuf, néant, cy *d'aultant que pendant ladicte année il n'a esté tué aulcuns bœufz, veaux ne moutons audict Hostel Dieu.*

Aultre recepte à cause des deniers trouvez es troncs de Nostre Dame et l'Hostel Dieu de Paris après la publication des pardons en l'evesché et diocèse de Paris, viᶜ xxxi escuz.

Aultre recepte à cause des deniers provenans des pardons publiez par les archeveschez et eveschez, viiˣˣ xix escuz; — du diocèse de Senlis, néant, d'aultant que le sʳ Courtin dict n'en rien avoir receu, à cause des troubles qui sont en ce royaulme et que ladicte ville de Senlis tient le party contraire; — des eveschés de Limoges, Rouen, Lisieux, Évreux, Clermont, Sens, Auxerre, Bourges, Meaux, Langres, Troyes, néant.

Aultre recepte à cause des deniers provenans des legz, aulmosnes et convoys faictz pendant et durant l'année de ce compte, iii cens iiiiˣˣ xiiii escuz; — de monsieur Du Fresnoy, colonel au quartier Sainct Honnoré, la somme de v escuz sol. aulmosnez aux pauvres malladdes, lesquelz cinq escuz proviennent de partye de la confiscation de la vaisselle d'argent trouvée avecq les hardes de madame l'abbesse de Longchamp, jugée par messieurs les prevost des marchans et eschevins de la ville de Paris; — de noble homme maistre François Maillet, tresorier général des finances de la feue Royne Elizabet, douairiere de France, par les mains de Jacques du Vache, bourgeois de Paris, la somme de xii escuz sol. donnée par messieurs du Conseil de ladicte dame pour l'aliment et entretenement des pauvres malladdes dudict Hostel Dieu, afin qu'il soit prié pour le repos de l'âme de ladicte defuncte; — du sieur de Vindeville, la somme de deux escuz provenant de la vente de trois draps de toille de chanvre qui auroient esté donnez aux pauvres dudict Hostel Dieu en ladicte ville de Beauvais, *lesquelz pour la difficulté des chemins auroient esté venduz.*

Aultre recepte faicte à cause des questes et aulmosnes faictes par aulcunes parroisses de ceste ville, lxxvii escuz.

Aultre recepte à cause de la recepte commune, viˣˣ v escuz.

Aultre recepte à cause des deniers provenuz de la vente de la chair, volatille et gibier vendu en la boucherye dudict Hostel Dieu durant le quaresme, xxxv escuz.

Aultre recepte à cause du don et octroy faict par messieurs du Conseil d'État de demy escu sur chacun minot de sel vendu au grenier et magazin à sel de ceste ville de Paris, xiii cens liiii escuz.

Aultre recepte faicte par cedict recepveur à cause du demy escu ordonné par messieurs de la Court de Parlement estre levé sur chacun muid de vin arrivé à la flotte du mois d'apvril de ladicte année de ce compte xvᶜ iiiiˣˣ xii, suivant leur arrest du troiziesme jour de juing en suyvant audict an cy rendu, en vertu duquel, et de l'ordonnance des dictz sieurs gouverneurs du xiᵉ jour dudict moys de juing, aussy cy rendu, avecq ledict estat dellivré audict present recepveur par maistre Martin Couart, commis par la ville à la recepte des xlv s. t. sur chacun muid de vin entrand en ladicte ville, sera cy faict recepte des marchans qui ont faict venir ledict vin, desnommez audict estat ainsy qu'il suit..... la somme de mil cinquante escuz.

Aultre recepte faicte des deniers provenans des questes faictes par les maisons d'aucunes parroisses de ceste ville pour employer à la nourriture des pauvres dudict Hostel Dieu, lxxix escus.

Somme totalle de la recepte de ce present compte, xvii mil iiii cens v escus.

151ᵉ REGISTRE (267 FEUILLETS, PARCHEMIN).
ANNÉE 1592.

Despence de ce présent compte :

Cens, rentes, dixmes, indempnitez et admortissemens tant en ceste ville de Paris que hors icelle, xvi escuz liiii s. t.

Aultre despence à cause d'aultres rentes deues par ledict Hostel Dieu sur tout le revenu temporel, iii escuz.

Aultre despence faicte à cause d'aultres rentes constituées sur tout le revenu et temporel dudict Hostel Dieu en l'année vᶜ lxxiii et aultres suivantes, iiiiᶜ liiii escuz.

Aultre despence pour labours de vignes appartenans audict Hostel Dieu durant l'année du présent compte, ii cens x escuz.

Aultre despence faicte à cause des vendanges, xxx escuz.

Aultre despence pour achapt de vin, ii cens lxxiii escuz.

Aultre despence pour achapt de bœufz, moutons, veaux, porcz, volatille et gibier, viii cens lxxiii escuz.

Aultre despence pour les jours maigres et achapt de sel, iiiᶜ lxi escuz.

Aultre despence pour achapt de boys à brusler, charbon et cendre, viiˣˣ viii escuz.

Aultre despence faicte pour huille à lampe et façon de chandelle, lxviii escuz.

Aultre despence pour achapt de draps de layne, draps de lict, coustilz, plumes, couvertures, toilles, fil, pelleterie, etc., xvi escuz.

Aultre despence faicte pour achapt de vaisselle d'estain, chaudronnier, charron, etc., xli escuz.

Aultre despence pour drogues d'appoticquairerye et luminaire, lxxiiii escuz.

Aultre despence faicte pour achapt de bledz et farines durant l'année, vii° lxxiiii escuz.

Aultre despence pour fraiz et mises communes, iii cens lxxiii escuz; — à Jehan Lepas, compagnon menuisier, la somme de ung escu xx s. t. pour avoir racoustré des barrières servans quand il y a des pardons audict Hostel Dieu; — aux serviteurs amballeurs dudict Hostel Dieu, la somme de six escuz xx s. t. pour les voyages faictz dudict Hostel Dieu au cimetière de la Saincte Trinité par les ditz amballeurs, pour porter en sépulture les corps de ceulx qui seroient deceddez audict Hostel Dieu depuis le mois de juillet iiii^{xx} xi jusques à la fin de mars de l'année de cedict compte; — faict cy despence cedict recepveur de la somme de xv escuz sol. pour l'achapt d'une esguière d'argent dorée, par les garnisons envoyée au cappitayne Gaillart, demeurant à la tour de Choisy, près Champrozé, pour, par sa faveur, tirer tant le boys déclaré en l'article prochain precedent que le vin provenant des vignes dudict Hostel Dieu assizes audict Champrozé, comme pareillement les boys tailliz qui y sont; — à Pierre Navarre, la somme de ung escu xx s. t. pour avoir racoustré de pappier les chassis du Bureau dudict Hostel Dieu la presente année; — à Daniel Cauchois, sergent à cheval au Chastellet, la somme de xxxii escuz pour la despence dudict Cauchois et fraictz faitz par luy tant ès villes Sainct Denis que Chartres où il auroit demeuré, ensemble à aller et retourner par l'espace de deux mois vingt jours, à la solicitation de la verifficcation de la main levée du bien et revenu dudict Hostel Dieu.

Aultre despence pour plusieurs grosses et menues repparations tant en ceste ville de Paris que hors icelle, iii cens ix escuz.

Aultre despence pour deniers baillez pour employer au faict des procès, lxii escuz.

Aultre despence pour rentes et pentions viagères, xx escuz.

Aultre despence pour payement de gens d'eglize et serviteurs domestiecques, iiii^{xx} viii escuz.

Gages d'officiers, ii cens iiii^{xx} x escuz; — à maistre Hardouin de Sainct Jacques, médecin ordinaire dudict Hostel Dieu, la somme de vi^{xx} xiii escuz, *néant cy, d'aultant que dès l'année précédente luy auroit esté déclaré par lesdictz sieurs gouverneurs qu'il ne pouvoit plus estre payé de ses gaiges, pour l'extresme nécessité qui estoit audict Hostel Dieu, joint qu'il n'y avoit grand nombre de mallades audict Hostel Dieu.*

Somme totalle de la despense de ce present compte, iiii mil viii cens ii escuz.

152e REGISTRE (168 FEUILLETS, PARCHEMIN).

ANNÉE 1593.

Compte troiziesme de maistre Francoys Hyeraulme :

Et premièrement, à cause des cens et fondz de terre deubz chacun an audict Hostel Dieu tant en la ville que aux champs, iiii^{xx} xviii escuz.

Aultre recepte à cause des rentes tant sur la recepte generalle d'oultre Seayne et Yonne, au lieu du Tresor du Roy nostre sire, que sur son dommaine à Paris, iiii° iiii^{xx} iiii escuz.

Aultre recepte à cause des rentes que ledict Hostel Dieu a droict de prendre par chacun an en ceste ville de Paris, iiii cens vii escuz xxxiiii s.

Aultre recepte faicte à cause des rentes constituees sur l'hostel de la ville de Paris, ix cens xxviii escuz.

Aultres rentes constituees sur l'hostel de ladicte ville de Paris qui se payent par maistre Françoys de Vigny, recepveur d'icelle, xii cens iii^{xx} xiiii escuz.

Aultre recepte à cause d'aultres rentes constituees par messire Francoys de Reisse, sieur de la Hargerye, ii mil ix cens i escuz.

Aultre recepte à cause des rentes et pentions viageres que ledict Hostel Dieu a droict de prendre en ceste ville de Paris, vi escuz xl s. t.

Aultre recepte à cause d'aucuns louages de maisons en ceste ville de Paris, vii cens xxxi escuz.

Aultre recepte à cause des rentes annuelles et perpetuelles sur plusieurs terres, maisons et aultres heritages hors la ville de Paris, iiii cens iiii^{xx} viii escuz.

Aultre recepte à cause des rentes viageres hors Paris, xxvii s.

Aultre recepte à cause d'aucuns louages de fermes et baulx de plusieurs maisons, prez, boys et aultres heritages hors Paris, mil lxxv escuz.

Aultre recepte à cause des lotz et ventes, iiii escuz xi s. t.

Aultre recepte à cause de la vente de grain et son, v° ix escuz.

Aultre recepte faicte des deniers provenans de la vente d'aulcuns boys taillis et gros arbres estans sur leur retour, vi° xviii escuz.

Aultre recepte à cause des deniers trouvez es troncs

de Nostre Dame et dudict Hostel Dieu, après la publication des pardons en l'evesché de Paris, vi cens li escuz.

Aultre recepte à cause des deniers provenans des pardons publiez par les archeveschez et eveschez, vi° iiii^{xx} vii escuz.

Aultre recepte d'aucunes relligieuses qui ont gardé des mallades par la ville durant l'année de ce compte.

Aultre recepte des deniers provenans de legs, aulmosnes et convois, iii mil v° iiii^{xx} xv escuz; — de Marguerite Cheminee, veufve de feu Pierre Hemant, luy vivant maistre orfebvre à Paris, la somme de vi escuz sol.; — de monseigneur l'illustrissime et reverendissime cardinal de Plaisance, légat en France, la somme de xv escuz qu'il a ausmonnez; — de noble homme maistre Denis Gaudefroy, advocat en la Court de Parlement et procureur du Roy en sa Court des Monnoyes, ou non et comme l'ung des exécuteurs du testament de defunct messire Benoist Milon, en son vivant chevallier, sieur de Vindeville, conseiller du Roy et president en sa chambre des Comptes à Paris, et l'un des gouverneurs dudict Hostel Dieu, la somme de ii mil viii cens escuz sol. leguez audict Hostel Dieu par ledict defunct, scavoir deux cens escuz sol. en une promesse de cedict recepveur de pareille somme qu'il auroit prestee et que celuy recepveur auroit receue dès le xii° jour de febvrier audict an, pour l'urgente nécessité qui estoit lors audict Hostel Dieu, et ii mil vi cens escuz en deux promesses escriptes faictes par monseigneur et dame les duc et duchesse de Mayenne, soubz leurs seings, audict feu sire P. de Vindeville, pour les causes mentionnees esdictes deux promesses dattées du xii° jour de décembre mil v° iiii^{xx} ii, signées Charles de Lorraine et Henriette de Savoye et recongneues par lesdictz sieur et dame; — des executeurs du testament de feu monsieur Duval, docteur en médecine à Paris, la somme de x escuz soleil; — de Charles Bonnefons, maistre d'hostel de la ville de Paris, la somme de xlvii escuz aulmosnez audict Hostel Dieu par aulcuns de messieurs depputez des estatz de ceste ville; — de Claude Georges, veufve de feu maistre Bertrand, vivant maistre masson de la feue Royne mere du Roy, demeurant à Dreux, la somme de x escuz sol.; — de la vente d'ung muid de vin aulmosné audict Hostel Dieu par aulcuns de messieurs des Estats de ceste ville de Paris.....; — du testament de feu maistre Estienne de Bray, sieur de Plaisance, intendant général des finances. la somme de cinquante escuz; — de monsieur du Vair, conseiller du Roy en sa court de Parlement, et l'ung des depputez des Estatz Generaulx assemblez à Paris, la somme de xliiii escuz aulmosnez audict Hostel Dieu; — de madame de Senerpont, la somme de iii escuz sol.; — de dame Radegonde Fresneau, veufve de feu hault et puissant seigneur messire Jehan de Thevalle, chevallier des deux ordres du Roy, sieur dudict lieu, par quitance de cedict recepveur, la somme de xxxii escuz xx s. t. par ladicte dame donnez audict Hostel Dieu; — de monsieur du Vair, la somme de xlvii escuz.

Aultre recepte des questes et aulmosnes faictes par aulcunes paroisses de ceste ville, lxxv escuz.

Aultre recepte de la recepte commune, ii cens ix escuz.

Aultre recepte des deniers provenans d'aulcunes taxes de despens dommages et intherestz allencontre de plusieurs personnes, xxii escuz.

Aultre recepte des deniers provenans de la vente de la chair, volatille et gibier vendu en la boucherie dudict Hostel Dieu, xxiiii escuz.

Aultre recepte du don et octroy faict par messieurs du Conseil d'Estat de demy escu sur chacun mynot de sel vendu au grenier à sel de ceste ville de Paris pour subvenir à l'extresme necessité dudict Hostel Dieu, ii mil ix° iiii^{xx} ix escuz.

Aultre recepte faicte à cause des questes faictes par les maisons d'aulcunes parroisses de ceste ville de Paris pour employer à la nourriture des pauvres mallades dudict Hostel Dieu, xlviii escuz.

Somme totalle de la recepte de ce present compte, xxix mil ii° iiii^{xx} xvi escuz.

153° REGISTRE (326 FEUILLETS, PARCHEMIN).
ANNÉE 1593.

Despence de ce present compte :

Cens, rentes, dixmes, indempnitez et admortissemens tant en la ville que aux champs, xxxix escuz xl s. tournois.

Aultre despence faicte à cause d'aultres rentes deues par ledict Hostel Dieu sur tout le revenu et temporel d'icelluy, xi escuz.

Aultre despence faicte à cause des rentes constituees sur tout le revenu et temporel en l'année mv° iiii^{xx} et autres suivantes, iiii° xxxiiii escuz.

Aultre despence pour labours de vignes, viii^{xx} v escuz.

Aultre despence à cause des fraictz de vendanges, viii^{xx} iiii escuz.

Aultre despence pour achapt de vin, ii cens xl escuz.

Aultre despence pour achapt de beufz et moutons, veaulx, porcz, volatilles et gibier, xiii cens xlii escuz.

Aultre despence pour les jours maigres et achapt de sel, iiii cens x escuz.

Aultre despence pour achapt de boys à brusler, charbon et cendre, ii cens xxix escuz.

Aultre despence pour achapt d'huille à lampe et fason de chandelle, cv escuz.

* Aultre despence pour achapt de draps de layne, draps de lict, coustilz, plumes, couvertures, ouvraiges de cordonnier, xxxiiii escuz.

Aultre despence pour achapt de vaisselle d'estain, chauderonnier, charron, mareschal, cordier et vannier, lxii escuz.

Aultre despence pour drocgues d'appoticairerye et luminaire, vii^{xx} iii escuz.

Aultre despence pour achapt de bledz et farines, ensemble pour le *payement des impostz au parti contraire des bledz et grains que l'on avoit faict venir des fermes dudict Hostel Dieu en ceste ville de Paris*, xi cens xlvi escuz; — à maistre Pierre Petit, la somme de iiii^{xx} iii escuz pour le payement des acquitz et impotz mis et imposez es villes et passages du party contraire de viii muids unze septiers tant de bled que d'orge que l'on auroit faict venir des fermes dudict Hostel Dieu; — audict Petit, la somme de ciiii^{xx} xvi escuz pour le payement des acquitz et impostz au parti contraire de neuf muidz unze septiers trois minotz de grain, tant froment mesteil que orge.

Aultre despence faicte par cedict recepveur pour fraictz et mises communes, iiii^{c}l xvii escuz; — faict cy despence de la somme de ung escu pour l'achapt de deux jambes de boys avecq la fourrure d'icelle qui ont esté baillees à deux soldats qui ont eu chacun une jambe couppée audict Hostel Dieu, et ce, afin de les faire sortir hors d'icelluy; — aux serviteurs amballeurs, la somme de iiii escuz l s. t. pour avoir porté dudict Hostel Dieu au cimetière de la Saincte Trinité, en vii^{xx} vii voyages, la quantité de ii^c xxxv corps decedéz audict Hostel Dieu depuis le premier jour de novembre m v^c iiii^{xx} xii jusques au 1er jour de may an de cedict compte; — ausdictz amballeurs, la somme de iii escuz xii s. t. pour avoir porté dudict Hostel Dieu au cimetière de la Saincte Trinité par les ditz amballeurs, en iiii^{xx} xvi voyages, la quantité de vi^{xx} ii corps des deceddez audict Hostel Dieu depuis ledict dernier de may, m v^c iiii^{xx} xiii jusques au dernier jour de décembre en suivant; — de la somme de ung escu pour les boucquetz achaptez pour le jour et feste Sainct Jehan Baptiste, l'ung des patrons dudict Hostel Dieu.

Aultre despence pour acquisitions d'heritaiges et rentes rachaptees en l'année de cedict compte, vi cens escuz.

Aultre despence pour plusieurs grosses et menues repparations faictes tant en ceste ville de Paris que hors icelle, iii^c iiii^{xx} xi escuz.

Aultre despence pour deniers baillez pour employer et convertir au faict des procès, vii^{xx} xiiii escuz; — à maistre Nicollas Cordelle, huissier en Parlement, la somme de xii escuz pour plusieurs exploictz de commendement et execution faictz à la requeste des dictz sieurs gouverneurs en vertu de certain arrest de la court de Parlement du iiie jour de juing m v^c iiii^{xx} xii, allencontre de plusieurs personnes et marchans de vins qui auroient faict arriver du vin en ceste ville de Paris à la flotte d'avpril audict an, pour les contraindre suivant ledict arrest au payement de demy escu sur chacun muid de vin arrivé à ladicte flotte, ainsy qu'il est déclaré bien au long en l'estat qu'en auroit baillé ledict Cordelle.

Aultre despence pour payement de gens d'eglise et serviteurs domesticques, lxviii escuz.

Aultre despence pour les gaiges d'officiers, iii^c xviii escuz; — à maistre Hardouyn de Sainct Jacques, medecin dudict Hostel Dieu, auquel avoit accoustumé estre baillé chacun an la somme de vi^{xx} xiii escuz xx s. pour exercer ladicte charge, néant cy d'aultant que dès l'année m v^c iiii^{xx} xi luy auroit esté déclaré par les ditz sieurs gouverneurs qui ne pouvoit plus estre payé de ses gages, pour l'extresme nécessité qui estoit audict Hostel Dieu.

Somme totalle de la despence de ce present compte, ix mil lxxiiii escuz.

154e REGISTRE (506 FEUILLETS, PARCHEMIN).

ANNÉE 1594.

Compte quatriesme de maistre Francoys Hyeraulme: Et premièrement, à cause des cens et fondz de terre tant en la ville que aux champs, iiii^{xx} iii escuz.

Aultre recepte à cause des rentes que ledict Hostel Dieu a droict de prendre tant sur la recepte generalle d'oultre Sayne et Yonne que sur le domaine du Roy à Paris, iiii^c iiii^{xx} iii escuz.

Aultre recepte à cause des rentes que ledict Hostel Dieu a droict de prendre en ceste ville de Paris, iiii^c x escuz xiiii s. t.

Aultre recepte à cause des rentes constituees sur l'hostel de la ville de Paris, ix^c xxviii escuz.

Aultre recepte des arrérages des rentes constituees sur l'hostel de la ville de Paris, lesquelz se payent par maistre Francoys de Vigny.....

Aultre recepte à cause des rentes et pentions viagères

que ledict Hostel Dieu a droict de prendre en ceste ville de Paris, iiii escuz x s. t.

Aultre recepte des loyers des maisons appartenant audict Hostel Dieu scituees en ceste ville de Paris, xv cens x escuz.

Aultre recepte à cause des rentes annuelles et perpetuelles sur plusieurs maisons, terres, prez, boys et aultres heritaiges hors la ville de Paris, iiiie iiii^{xx} vii escuz.

Aultre recepte à cause d'aulcuns louages de fermes et baulx faictz à pris d'argent de plusieurs maisons, prez et aultres heritages hors la ville de Paris, ixe iiii^{xx} vii escuz.

Aultre recepte à cause des lotz et ventes pour plusieurs acquisitions d'heritages en plusieurs lieux, xxx s. t.

Aultre recepte à cause des deniers trouvez es troncs de Nostre Dame et dudict Hostel Dieu après la publication des pardons en l'evesché de Paris, vi cens lvi escuz.

Aultre recepte faicte à cause des deniers provenans des pardons octroyez en faveur de l'Hostel Dieu, publiez et questez par les archeveschez et eveschez, ix^{xx} xvii escuz.

Aultre recepte des deniers provenans des legs, aulmosnes et convoix durant l'année de cedict compte, iiii mil ciiii^{xx} v escuz; — de monsieur Ribault, trésorier de monsieur de Mayenne, la somme de ii cens escuz soleil; — de madame de Sourdis, par les mains du curé de Jouy, la somme de x escuz soleil; — de Marye de Caen, veufve de feu Phillebert Santeul, luy vivant marchant et bourgeois de Paris, la somme de ung escu xl. t.; — de noble homme maistre Nicolas Bernard, sieur de Montdebize, contrerolleur general de l'audiance, la somme de ii cens escuz aulmosnee aux pauvres malades dudict Hostel Dieu par arrest du conseil privé du Roy du iiie jour du présent moys de juing; — du testament de feue dame Charlotte de Livre, en son vivant veufve de defunct noble homme Nicolas Lhuillier, sieur de Sainct Mesmyn et président en la Chambre des Comptes, la somme de xxxiii escuz xx s. t.; — de la vente de partye des habitz et armes appartenant à feu monsieur Bellanger, marchant et bourgeois de Paris, par luy leguez avec la somme de x escuz tant audict Hostel Dieu que à la communaulté des pauvres de ceste ville, en a esté receu la somme de xix escuz; — de dame Loise Boudet, veufve de feu Pierre Seguyer, president en la court de Parlement, la somme de c escuz sol. qu'elle a aulmosné audict Hostel Dieu pour estre associée aux prières qui se font journellement en icelluy; — de noble homme maistre Jacques Parfaict, conseiller du Roy et président en sa court des Monnoyes à Paris, la somme de iii mil escuz pour laquelle messieurs les gouverneurs dudict Hostel Dieu ont vendu audict Parfaict ledict estat et office de conseiller et président en sa cour des Monnoyes, donné et légué aux pauvres malades dudict Hostel Dieu par defunt noble homme maistre Claude Parent, dernier paisible possesseur d'icelluy par son testament; — de damoiselle Loise de Bauloue, veufve de feu noble homme maistre Jehan de la Robertiere, en son vivant docteur en droictz et advocat en Parlement, ou nom et comme executeresse du testament de defuncte damoiselle Marguerite de Bauloue sa sœur, en son vivant femme delaissée de Jehan Guillart, escuyer...; — de messieurs les Seguiers, executeurs du testament de feu madame la presidente Seguyer leur mère, par quictance de cedict comptable, la somme de cent escuz soleil leguez audict Hostel Dieu par ladicte dame; — du sieur marquis de Royan, par les mains du maistre dudict Hostel Dieu, x escuz sol.; — de madame de Sourdis, la somme de x escuz; — de noble homme Guy l'Arbaleste, sieur de Corbeil et de la Borde, executeur du testament de deffuncte damoyselle Magdelayne Chevallier, vivant veufve de feu Guy Arbalaiste, en son vivant sieur dudict Corbeil et de la Borde, la somme de cinquante escuz sol. leguez audict Hostel Dieu par ladicte deffuncte.

Aultre recepte faicte des questes et aulmosnes faictes par aulcunes parroisses de ceste ville, ciiii escuz.

Aultre recepte de la recepte commune faicte par cedict recepveur, xii escuz.

Aultre recepte des deniers provenuz d'aucunes taxes de despens, dommages et interestz adjugez audict Hostel Dieu à l'encontre de plusieurs personnes, xii escuz.

Aultre recepte à cause des deniers provenus de la vente de la chair, volatille et gibier vendu en la boucherie, xx escuz.

Aultre recepte à cause du don et octroy de demy escu sur chacun minot de sel vendu au grenier et magasin à sel de ceste ville de Paris pour subvenir à la necessité extresme dudict Hostel Dieu, et ce depuis le premier jour de janvier an de cedict compte *jusques au* xxiie *mars en suivant, que la ville de Paris a esté réduite à l'obéissance du Roy*, et de dix solz tournois sur chacun mynot de sel ordonné par le Roy estre levés pour ung an à commencer du premier jour de juing audict an de ce compte, pour estre les dictz x solz employés à la nourriture des pauvres mallades dudict Hostel Dieu et réparation des maisons et fermes ruynées dudict Hostel Dieu, ainsy que de ce appert par les lectres-patentes du Roy contenans l'octroy des dictz x solz donnés à Paris le viie jour d'avril m v^c iiii^{xx} xiii xviiie, xxvi escuz.

Somme totalle de la recepte de ce present compte, xxxv^m ii cens l escuz.

155ᵉ REGISTRE (425 FEUILLETS, PARCHEMIN).

ANNÉE 1594.

Despence de ce present compte :

Cens, rentes, dixmes, indempnitez et admortissemens que l'Hostel Dieu de Paris doibt pour plusieurs places, maisons et aultres heritages, tant en ceste ville de Paris que hors icelle, xxxvii escuz. ii s. t.

Aultre despence à cause d'aultres rentes deues sur tout le revenu temporel, i escu.

Aultre despence à cause des rentes constituees sur tout le revenu et temporel de l'Hostel Dieu en l'année ᴍᴠᶜ ɪɪɪɪˣˣ xɪɪɪɪ, xii cens ɪɪɪɪˣˣ xvi escuz.

Aultre despence pour labours de vignes, iiiᶜ xxxviii escuz.

Aultre despence à cause des fraictz de vendanges, xliiii escuz.

Aultre despence faicte pour achapt de vin, viii cens xxxvi escuz.

Aultre despence faicte pour achapt de bœufz et moutons, veaulx, porcqz, volatille et gibier, xiiii cens lxxviii escuz.

Aultre despence pour les jours maigres et achapt de sel, viii cens xxxvi escuz.

Aultre despence faicte pour achapt de boys à brusler, charbon et cendres, ii cens lxv escuz.

Aultre despence pour achapt d'huisle à lampe et façon de chandelle, cvi escuz.

Aultre despence pour achapt de draps de laine, draps de lict, coustilz, plumes, couvertures, toilles, fil et ouvrage de cordonnier, x escuz.

Aultre despence pour achapt de vaisselle d'estain, ouvrage de chaudronnier, charron, mareschal, cordier et vannier, lxi escuz.

Aultre despence faicte pour achapt de drogues d'appoticairerye et luminaire, ii cens lxxii escuz; — à Nicolas de Bourges, marchant espicier à Paris, la somme de iiii escuz xxxix solz vi den. pour l'achapt d'ung pain de sucre de Madère et six livres de bougie jaulne.

Aultre despence pour achapt de bledz et farines durant l'année de ce présent compte, ii cens xlii escuz.

Aultre despence pour fraictz et mises communes, vᶜ xxxvi escuz; — faict cy despence cedict recepveur de la somme de iiii escuz lix s. t. pour l'achapt d'ung pain de sucre qui a esté donné à monsieur Drouart, greffier de Chastellet, pour et au lieu du suif qui luy estoit distribué par chacun an pour expédier gratis audict Hostel Dieu les sentences et aultres actes donnez au Chastellet au nom dudict Hostel Dieu, et lequel suif ne luy a esté distribué quatre ans sont; — à Claude Porcher, maistre imprimeur à Paris, la somme de ii escuz xl s. t. pour la fason de quatre centz armoiries de Nostre Sainct Père le pape, à présent mises aux articles des pardons et indulgences dudict Hostel Dieu; — à Jehan de Bresse, despencier dudict Hostel Dieu, la somme de vi escuz xxx s. t. pour son remboursement de semblable somme par luy desbourcee pour obtenir lectres-patentes du Roy, portant exemption et privilège de ne payer aucun impost pour quelques bettes à pied fourché que l'on achepterapour la provision d'icelluy Hostel Dieu; — à maistre Lefrère, greffier du sieur Rappin, lieutenant de robbe courte au Chastellet de Paris, la somme de xxviii escuz 1 solz tournois, par mandement desdictz sieurs gouverneurs du xɪɪɪᶜ jour de décembre, an de cedict compte ᴍᴠᶜ ɪɪɪɪˣˣ xɪɪɪɪ, pour les fraiz de la poursuitte et prise des cappitaines La Jeunesse et La Follie executez à mort et dix sept soldats pris prisonniers et amenez en ceste ville pour avoir pillé et mis le feu en la ferme dudict Hostel Dieu assize à Compans, ainsi qu'il est déclaré par ledict mandement, avec lequel est attaché l'estat des dictz fraiz; — aux serviteurs emballeurs dudict Hostel Dieu, la somme de iii escuz xx s. t. pour avoir porté dudict Hostel Dieu au cimetière de la Saincte Trinité, en cent voiages, la quantité de viiˣˣ xiii corpz deceddez audict Hostel Dieu depuis le premier jour de janvier an de cedict compte jusques au dernier jour de juing en suivant; — ausdictz emballeurs, la somme de ii escuz xl s. tᵗ pour avoir porté en sépulture dudict Hostel Dieu audict cymetière, en iiiiˣˣ voiages, la quantité de viˣˣ xvi corps deceddez audict Hostel Dieu depuis le 1ᵉʳ jour de juillet jusques au dernier septembre an de cedict compte; — ausdicts amballeurs, la somme de ii escuz pour avoir porté, en lx voiages, la quantitté de ixˣˣ corps deceddez depuis le 1ᵉʳ jour d'octobre jusques au dernier jour de décembre; — à maistre Harduyn de Sainct Jacques, naguères médecin dudict Hostel Dieu, la somme de x escuz sol.

Aultre despence pour plusieurs grosses et menues reparations tant en ceste ville de Paris que hors icelle pendant l'année de ce compte, xviᶜ viii escuz.

Aultre despence pour deniers baillez pour emploier et convertir au faict des procès, iiiᶜ xiiii escuz.

Aultre despence pour rentes et pentions viagères. — Néant.

Aultre despence pour paiement des gens d'éclise et serviteurs domesticques, lxxviii escuz.

Aultre despence pour les gages d'officiers, iiii² iiii²² vi escuz; — à maistre Jacques Lescrivain, médecin dudict Hostel Dieu, la somme de v escuz pour ung mois de ses gages escheu au jour Sainct Remy; — audict Lescrivain, la somme de xvi escuz pour ung quartier de ses dictz gages.

Somme totalle de la despence de ce compte, x mil lii escuz.

156ᵉ REGISTRE (608 FEUILLETS, PAPIER).

ANNÉE 1595.

Compte cinquiesme de maistre Francois Hyeraulme:

Et premièrement, à cause des cens et fons de terre deubz chacun an en la ville de Paris et aux champs, ciii escuz.

Aultre recepte à cause des rentes que ledict Hostel Dieu a droict de prendre tant sur la recepte generalle d'oultre Sayne et Yonne que sur le dommaine du Roy à Paris, iiii² iiii²² iiii escuz.

Aultre recepte à cause des rentes que ledict Hostel Dieu a droict de prendre sur plusieurs maisons et places assizes en ceste ville de Paris, iiii² vii escuz.

Aultre recepte à cause des rentes constituees sur l'hostel de la ville de Paris, ix cens xxviii escuz.

Aultre recepte des arrérages des rentes constituees sur l'hostel de ladicte ville, lesquelz se paient par maistre Francoys de Viguy, receveur d'icelle, xiiii² iiii²² escuz.

Aultre recepte à cause des rentes et pensions viagères que ledict Hostel Dieu a droict de prendre en ceste ville, iiii escuz.

Aultre recepte des loiers des maisons appartenant audict Hostel Dieu scituees et assizes en ceste ville de Paris, ii mil xlvii escuz.

Aultre recepte à cause des rentes annuelles et perpétuelles que ledict Hostel Dieu a droict de prendre sur plusieurs terres, prez, boys et aultres héritages hors la ville de Paris.

Aultre recepte faicte à cause des rentes viagères que ledict Hostel Dieu a droict de prendre à plusieurs termes sur plusieurs maisons et héritages assiz hors la ville de Paris, xxvii s. vi den.

Aultre recepte à cause d'aucuns louages de fermes et baulx à pris d'argent de plusieurs maisons, prez, boys et autres héritaiges hors la ville de Paris, viii² xxviii escuz.

Aultre recepte à cause des lotz et ventes, ii escuz xxxiiii s.

Aultre recepte à cause d'aucunes rentes racheptees durant l'année de cedict compte, ii escuz xxx s. t.

Aultre recepte à cause de la vante du grain et son, vi²² vi escuz.

Aultre recepte des deniers provenans de la vente d'aucuns bois tailliz assis en plusieurs lieux et places, lxxvii escuz.

Aultre recepte à cause des deniers trouvez ès troncz de Nostre Dame et dudict Hostel Dieu après la publication des pardons en l'evesché de Paris, xi cens xlix escuz.

Aultre recepte à cause des deniers provenans des pardons publiez par les archeveschez et eveschez, iv²² vi escuz.

Aultre recepte faicte du sallaire d'aucunes relligieuses qui ont gardé des mallades pour la ville, xxxviii escuz.

Aultre recepte faicte des deniers provenans des legs, aumosnes et convois faictz pendant et durant l'année de cedict compte, vi cens xl escuz; — de maistre Denis Tabart, chantre ordinaire de la chappelle et musicqué du Roy, la somme de vi escuz sol.; — de Germain du Brillon, escuier, gouverneur du chasteau de Rochefort en Auvergne, la somme de iii escuz xx s. t.; — de maistre Urbain Roissey, greffier des receptes de l'hostel, la somme de xxv escuz sol. faisant moictié de cinquante escuz en quoy maistre Jherosme Le Roy, secrétaire du Roy, a esté condempné envers les pauvres de ceste ville de Paris par arrest de messieurs les maistres des requestes du xx² jour de mars dernier; — de monsieur le marquis de Royer, par mains de frère Nicolas Guy, la somme de vi escuz pistolletz aumosnez par ledict sieur marquis audict Hostel Dieu.

Aultre recepte faicte des questes et aumosnes faictes par aucunes parroisses de ceste ville de Paris, ix²² xvii escuz.

Aultre recepte faicte par cedict receveur à cause de la recepte commune, iii mil viii cens xviii escuz; — de maistre Anthoine de Coste, secrétaire de la chambre du Roy et commis par sa Majesté à faire la recepte generalle des deniers provenans de la nouvelle imposition des marchandises, vivres et denrees entrans en ceste ville de Paris, la somme de xx escuz soleil faisant partie de iiii²² x escuz accordez par le Roy en faveur dudict Hostel Dieu, pour trois chevaulx qui luy auroient esté pris par la garnison de Meulan.

Aultre recepte des deniers provenuz d'aucunes taxes de despens dommages et interestz adjugez audict Hostel Dieu allencontre de plusieurs personnes, vii²² iiii escuz; — de messire Henry de Montmorency, pair et connestable de France, la somme de unze escuz.

Aultre recepte à cause des deniers provenuz de la vente de la chair, volatille et gibier vendu en la boucherie dudict Hostel Dieu durant le quaresme de l'année de ce compte, lxx escuz.

Aultre recepte à cause du don et octroy de x s. t. sur chacun minot de sel vendu au grenier à sel de ceste ville de Paris, ii mil ii cens lx escuz.

Aultre recepte à cause des deniers provenans du droict d'entrée de deux bœufz et dix moutons par chacune sepmaine, octroié par le Roy en faveur des pauvres malades dudict Hostel Dieu pour la provision, ainsy qu'il apert par lectres patentes du Roy donnees à Paris le xxii° jour d'octobre mv° iiii^xx xiiii-xiiii-ix^xx iiii escuz.

Aultre recepte des deniers provenans des questes faictes par les maisons d'aucunes parroisses de ceste ville de Paris pour la nourriture des pauvres malades, vi^xx xvi escuz.

Somme totalle de la recepte de ce présent compte, xxxviii^m vi° xxx escuz.

157° REGISTRE (483 FEUILLETS, PARCHEMIN).

ANNÉE 1595.

Despence de ce present compte :

Cens, rentes, dixmes, indempnitez et admortissemens pour plusieurs places, maisons et lieux tant en ceste ville de Paris que hors icelle, ii cens escuz.

Aultre despence à cause d'aultres rentes deues par ledict Hostel Dieu sur tout le revenu temporel d'icelluy, i escu.

Aultre despence à cause des rentes constituees sur tout le revenu temporel en l'année mv° lxxiiii et aultres suivantes, xv° escuz.

Aultre despence pour labours des vignes, v° lxviii escuz.

Aultre despence à cause des fraiz de vendanges, ix^xx iiii escuz.

Aultre despence faicte pour achapt de vin, iiii° xv escuz.

Aultre despence pour achapt de bœufz et moutons, veaulx, porcz, volaille et gibier, ii mil vi cens xxxvii escuz.

Aultre despence pour les jours maigres, xiiii° iiii^xx xvi es.

Aultre despence pour achapt de boys à brusler, charbon et cendres, iiii° xxix escuz.

Aultre despence pour achapt d'huille et façon de chandelle, cxiii escuz.

Aultre despence pour achapt de draps de laine, draps de lict, coustilz, plumes, couvertures, toilles, fil, pelleterie et ouvrages de cordonnier, vii^xx xi escuz.

Aultre despence pour achapt de vaisselle d'estain, ouvrage de chaudronnier, charron, mareschal, cordier, bourrelier et vannier, iiii^xx viii escuz.

Aultre despence pour achapt de drogues d'appoticairerie et luminairerie fourny durant l'année de cedict compte, vii cens xxxvi escuz.

Aultre despence faicte pour achapt de bledz et farines durant l'année du present compte, xiii° xxvii escuz.

Aultre despence pour fraiz et mises communes, iiii° xliii escuz; — aux serviteurs emballeurs, la somme d'ung escu xxiiii s. t. pour avoir porté dudict Hostel Dieu au cymetière de la Saincte Trinité, en xlii voiages, la quantité de ii cens xxii corpz deceddez audict Hostel Dieu depuis le premier jour de janvier jusques au dernier jour de mars ; — ausdicts emballeurs, la somme de viii escuz xxviii solz pour avoir porté audict cymetière la quantité de mil viii cens corps decedezz audict Hostel Dieu depuis le premier jour d'avril jusqu'au dernier jour de décembre.

Aultre despence pour acquisitions d'heritages et rentes racheptées, ii cens escuz.

Aultre despence faicte pour plusieurs grosses et menues reparations, tant en ceste ville de Paris que hors icelle, xi cens lxx escuz.

Aultre despence pour deniers baillez pour emploier et convertir au faict des procès, ii cens xi escuz.

Aultre despence pour paiement de gens d'eglise et serviteurs domesticques, iiii^xx xix escuz.

Aultre despence pour les gaiges d'officiers, v cens x escuz; — à maistre Jacques Lescrivain, médecin dudict Hostel Dieu, la somme de iii escuz xx s. t. ; — à Marie Bouchereau, vefve dudict deffunct Lescrivain, la somme de xvi escuz sol. xl s. t. ; — à maistre Vincent Hamelin, chirurgien dudict Hostel Dieu, la somme de xvi escuz sol. xl s. t. pour ung quartier de ses gaiges.

Somme totalle de la despence de ce present compte, xiii mil ciiii^xx i escuz.

158° REGISTRE (158 FEUILLETS, PARCHEMIN).

ANNÉE 1596.

Compte sixiesme de maistre Francoys Hyeraulme, recepveur général de l'Hostel Dieu de Paris :

Recepte, et premièrement à cause des cens et fondz de terre deubz audict Hostel Dieu tant en la ville de Paris que hors icelle, cviii escuz xxx s. t.

Aultre recepte à cause des rentes que ledict Hostel

Dieu a droict de prandre tant sur la recepte génerallc d'oultre Scayne et Yonne et sur le dommaine du Roy nostre sire, iiii^c iiii^{xx} iii escuz.

Aultre recepte à cause des rentes en ceste ville de Paris, iiii^c iiii^{xx} x escuz.

Aultre recepte à cause des rentes constituees sur l'hostel de la ville de Paris, ix cens xxviii escuz.

Aultre recepte des rentes constituees sur l'hostel de la ville de Paris et assignées sur les aydes de ce royaulme, vii cens xi escuz.

Aultre recepte des rentes constituées par les prevost des marchans et eschevins de la ville de Paris et assignées sur le temporel du clergé de France, v cens lix escuz.

Aultre recepte faicte par cedict recepveur des rentes constituees sur l'hostel de la ville de Paris et assignées sur les receptes génerallcs de ce royaulme, iii cens xxxviii escuz.

Aultre recepte à cause d'aultres rentes constituees que ledict Hostel Dieu a droict de prandre par chacun an tant sur l'hostel de ceste ville de Paris que sur les greniers à sel de ce royaulme, à cause du don faict à icelluy Hostel Dieu par feu messire Françoys de Reisse, sieur de la Hargerye, iii mil ii cens xvii escuz.

Aultre recepte à cause des rentes et pentions viagères que ledict Hostel Dieu a droict de prandre par chascun an en ceste ville de Paris, iiii cens escuz x s. t.

Aultre recepte des loyers des maisons appartenans audict Hostel Dieu assizes en ceste ville de Paris, ii mil lxix escuz.

Aultre recepte à cause des rentes annuelles et perpétuelles sur plusieurs terres, prez, boys et aultres héritaiges assiz hors la ville de Paris, vi cens xxxi escuz.

Aultre recepte à cause des rentes viagères sur plusieurs maisons et héritages hors la ville de Paris, xxvii s. vi deniers.

Aultre recepte à cause d'aucungs louages de fermes et baulx faictz à prix d'argent, ix^c xxxv escuz.

Aultre recepte à cause des lotz et ventes venuz en l'année de ce compte de plusieurs acquisitions d'héritages scituez et assiz en plusieurs lieulx estans en la censive dudict Hostel Dieu. Néant.

Aultre recepte faicte à cause de la vente de grain et son, ii cens lxiii escuz.

Aultre recepte à cause des deniers trouvez ès troncs des esglises Notre Dame et dudict Hostel Dieu, après la publication des pardons en l'evesché de Paris, xi cens xxxii escuz.

Aultre recepte à cause des deniers provenantz des pardons publiez ès archevescheẑ et eveschez, iii cens xxii escuz.

Aultre recepte du sallaire des relligieuses qui ont gardé des mallades par la ville, lxv escuz.

Aultre recepte des deniers provenans des legs, aulmosnes et consors faictz pendant et durant l'année de ce compte, iiii mil ix cens iiii^{xx} vi escuz; — de madame de Sourdis, la somme de xvi escuz xl s. t.; — du sieur de Flexelles, marchant et bourgeois de Paris, exécuteur du testament de deffunct Jehan Hubert, la somme de iiii escuz sol.; — des heritiers de feu madame de Sainct Bonnet, la somme de ii cens escuz, leguée audict Hostel Dieu; — de Loys de Saveuzes, escuyer, sieur de Boucquinville, la somme de troys cens escuz sol., qu'il a esté condampné d'aulmosner audict Hostel Dieu par arrest de la Court de cedict jour xxiiie febvrier; — de Barbe Missebrin, femme de Pierre de Brye, controlleur et clerc d'office de la maison du Roy, la somme de l escuz, aulmosnée aux pauvres, suyvant l'arrest de la Court du xviie jour de febvrier; — de Charles, Jehan et Guillaume Gaubertz, escuyers, par quictance de cedict recepveur, la somme de xv escuz, ordonnée par messeigneurs de la Cour des aydes estre aulmosnée audict Hostel Dieu, en procédant par les dictz sieurs à la vérification des lettres de noblesse obtenue par ceulx du dessus dictz; — de madame de Sourdis, la somme de viii escuz xx s. t.; — de noble homme maistre Jehan Lescuyer, conseiller du Roi et maistre ordinaire en sa Chambre des Comptes, executeur du testament de feue madame Lescuyer sa mère, la somme de cent escuz sol.; — d'ung homme de Perigueux, par les mains de monsieur le president d'Ormesson, la somme de xxv escuz sol. que messieurs des Comptes ont ordonné qu'il aulmosneroit audict Hostel Dieu, en procedant à la verification des lettres de naturalité par luy obtenues; — de Jehan d'Esmery, natif de la ville de Langres, la somme de xiiii escuz sol. faisant partye de l'aumosne ordonnée estre par luy faicte, suyvant l'arrest de la Chambre des Comptes, portant verification des lettres d'annoblissement obtenues par ledict d'Hemery; — de maistre Robert Le Courroier, lieutenant à Peronne, la somme de x escuz sol., aulmosnez audict Hostel Dieu par arrest de la Chambre des Comptes, portant verification des lettres d'annoblissement obtenues par ledict Le Courroier; — de maistre Pierre Foullon, lieutenant du guet de ceste ville de Paris, executeur du testament de deffuncte Francoyse Ramyer sa femme, la somme de xxxiii escuz xx s. t.; — de maistre Francoys Le Masson, conseiller du Roy es eaues et forestz de France, au siège de la Table de Marbre du Palais à Paris, la somme de cx escuz, à laquelle les dictz sieurs gouverneurs ont accordé avec ledict Le Masson, pour le legs faict audict Hostel Dieu par deffuncte Magdelayne Mossy de cent escuz soleil pour avoir du linge à reblanchir les pauvres mallades; — de madamoyselle Scarron, par deux diverses foys, la somme de v escuz sol. et ii pistoletz; — de maistre Ollivier d'Agous, conseiller du Roy et maistre ordinaire en sa Chambre des Comptes, la somme de xxx escuz sol. qu'il a pleu à messieurs de ladicte Chambre faire distribuer des aulmosnes ordonnées en icelle pour les pauvres mallades; — d'ung quidem, par les mains de maistre Nicolas Lhostellier, la somme de huict escuz pistoletz provenant d'une gajure, qui a esté aulmosnée audict Hostel Dieu; — de monsieur l'evesque de Maillezetz, la somme de x escuz aulmosnez audict Hostel Dieu; — de monsieur le Tresorier de l'Espargne, maistre Francoys Hotman, par les mains de monsieur Louvet, commis à recepvoir les deniers du commerce de ceste ville de Paris, la somme de iii cens xl escuz sol., de laquelle le Roy a faict don aux pauvres dudict Hostel Dieu sur les deniers du commerce de l'année dernière; — dudict sieur Tresorier de l'Espargne, par les mains dudict sieur Louvet, la somme de vi cens escuz sol., de laquelle ledict sieur Roy a faict don aux pauvres mallades dudict Hostel Dieu sur les deniers du commerce de Paris de la presente année; — des executeurs du testament de feu maistre Jehan Grejon, vivant régent au college de Lixieux, la somme de ii cens escuz leguez audict Hostel Dieu; — de Jehan de Laussier, escuyer, seigneur dudict lieu, la somme de v cens escuz, en laquelle par arrest de la Court du xxx° septembre mv°iiii°xvi ledict de Laussier a esté condamné envers ledict Hostel Dieu; — de madamoiselle de Perreuze, femme de feu monsieur de Perreuze, vivant conseiller du Roy et maistre des requestes ordinaires de son hostel, la somme de xxxiii escuz xx s. aulmosnee par ladicte dame; — de maistre Estienne Oudet, commissaire et examinateur au Chastellet de Paris, la somme de v cens escuz provenant de la taxe de six moys faicte sur les ecclesiastiques, icelle somme ordonnée estre aulmosnée audict Hostel Dieu par ledict commissaire, et arrest donné en la chambre Sainct Loys, à la Pollice generalle, le ii° aoust iiii°xvi; — du sieur de la Haye, maistre orphevre à Paris, la somme de vii cens escuz sol. sur et tant moings des deniers par luy receuz pendant les troubles, *pour employer à la fabrication d'une navire d'argent vouée à Nostre Dame de Lorette, icelle somme ordonnée par la Court estre mise ès mains de cedict recepveur pour employer à la nourriture des paouvres mallades dudict Hostel Dieu;* — du sieur Abely, l'ung des quarteniers de ceste ville de Paris, la somme de xliiii escuz xxxi s. vi deniers provenant des *deniers de la taxe faicte en son quartier de l'ordonnance de la Court pour la subvention des mallades de la contagion;* — du sieur du Tertre, l'ung des quarteniers, la somme de lxxvi escuz xxx s. t. provenant des denyers de ladicte taxe; — du sieur Choilly, l'ung des dicts quarteniers, la somme de lxxiii escuz; — du sieur Parfaict, aussy quartenier, la somme de xxvii escuz lvii s. t.; — du sieur Guerry, aussy quartenier, par les mains des sieurs de Myramiont et Patin, dixeniers, la somme de xxxi escuz xlii s. t.

Aultre recepte faicte à cause des questes faictes par aulcunes paroisses de ceste ville de Paris, viii°° xviii escuz.

Aultre recepte faicte à cause de la recepte commune, ii mil iiii°° xix escuz; — de Claude Picquolin, fossoyeur du cimetiere des Sainctz Innocens, la somme de xxiiii escuz sol. à laquelle monte le droict de xxxii fosses à coffres faictes par ledict Picquolin en la terre appartenant audict Hostel Dieu audict cymetière.

Aultre recepte faicte des deniers provenuz d'aulcunes taxes de despens, dommages et interestz adjugez audict Hostel Dieu à l'encontre de plusieurs personnes, lesquelles tant en demandant que en défendant, tant en la Court de Parlement, Requestes du Palais, que Chastelet de Paris, vi°° i escuz; — de messire Loys de Montmorency, sieur de Boudeville, gouverneur de Senlis, executeur du testament et ordonnance de derniere vollonté de feue dame Gabrielle de la Rochechouard, dame de Lansac, la somme de x escuz xxxiii s. t., des despens esquelz ledict sieur de Boudeville a esté condamné par arrest de ladicte Court du xvi° septembre mv°iiii°xv.

Aultre recepte à cause d'aulcunes rentes et héritages vendus durant l'année de cedict compte, vii° x escuz.

Aultre recepte à cause des deniers provenuz de la vente de la chair, volatile et gibier vendu en la boucherie de l'Hostel Dieu, cent escuz.

Aultre recepte à cause du dom et octroy de dix solz sur chacun minot de scel vendu au grenier et magasin à sel de ceste ville de Paris, ii mil iii cens iiii°° xix escuz.

Aultre recepte des deniers provenans du droict d'entree de deux bœufz et dix moutons par chacune sepmaine, octroyé par le Roy en faveur des pauvres mallades dudict Hostel Dieu, ix°° ii escuz.

Aultre recepte provenant des aulmosnes faictes par les parroissiens d'aulcunes paroisses de ceste ville, ii cens vii escuz.

Somme totalle de la recepte de ce présent compte, xliiii mil vii cens lxvii escuz.

159ᵉ REGISTRE (399 FEUILLETS, PARCHEMIN).
ANNÉE 1596.

Despence de ce present compte:
Cens, rentes, dixmes, indempnitez et admortissemens pour plusieurs places, maisons et lieulx, terres, prez, boys et aultres héritages scituez et assis tant en ceste ville de Paris que hors icelle, iiii׳˟ iii escuz.

Aultre despence faicte à cause d'aultres rentes deues sur tout le revenu temporel d'icelluy Hostel Dieu, i écu.

Aultre despence à cause des rentes constituees sur tout le revenu temporel en l'année ᴍᴅᶜ ʟxxɪɪɪɪ et aultres suivantes, xviii cens ix escuz.

Aultre despence faicte pour labours de vignes appartenans audict Hostel Dieu, vi cens ix escuz.

Aultre despence à cause des fraiz de vendanges, achapt d'eschallatz et ozier, ii cens ix escuz.

Aultre despence faicte pour achapt de vin, v cens xxiii escuz.

Aultre despence faicte pour achapt de bœufz et moutons, veaux, porcz, volatille et gibier, iiii mil ii cens iiiixx escuz.

Aultre despence pour les jours maigres et achapt de scel, ii mil ii cens xl viii escuz.

Aultre despence pour achapt de boys à brusler, charbon et cendre, v cens ii escuz.

Aultre despence pour achapt d'huile à lampe et façon de chandelle, ii cens iiii escuz.

Aultre despence pour achapt de draps de layne, draps de lict, coustilz, plumes, couverture, toiles, fil, pelleterye et ouvrage de cordonnier, viiixx xv escuz.

Aultre despence faicte pour achapt de vaisselle d'estain, ouvrages de chaudronnier, charron, mareschal, cordier, bourrelier et vannier, iiiixx escuz.

Aultre despence pour achapt de drogues d'apoticairerye et luminaire fourny durant l'année de cedict compte, iii cens lxii escuz.

Aultre despence faicte pour achapt de bledz et farines, durant l'annee de ce présent compte, xix cens xxiii escuz.

Aultre despence pour fraiz et mises communes, vi cens ix escuz; — à maistre Pierre Petit, pannetier dudict Hostel Dieu, la somme de cxiii escuz soleil xlv s. pour l'achapt d'ung carosse et d'ung cheval pour servir à aller aux champs pour les affaires dudict Hostel Dieu; — aux serviteurs amballeurs, la somme de xii escuz sol. viii s. t. pour avoir porté au cimetière de la Saincte Trinité la quantité de vii mil 100 corps de ceulx qui seroient deceddez audict Hostel Dieu durant ladicte année.

Aultre despence pour acquisition d'héritages et rentes racheptees en l'année de cedict compte, ix cens escuz.

Aultre despence pour plusieurs grosses et menues reparations tant en ceste ville de Paris que hors icelle, iii mil lxix escuz.

Aultre despence faicte pour deniers baillez pour convertir et employer au faict des procès, iii cens iiiixx xix escuz; — à Daniel Cauchois, huissier sergent à cheval, la somme de xv escuz l solz tournois pour les fraiz, despence de bouche et sallaire des archers du prevost de l'Isle de France qui ont faict la capture du baron d'Esco, et pour ce faire, s'estre transporté au chasteau des Porcherons, et rompu le pont levis dudict chasteau, et depuis icelluy pris en ceste ville de Paris et constitué prisonnier ès prisons de la Conciergerye du Palais.

Aultre despence pour paiement des gens d'esglise et serviteurs domesticques, vixx xv escuz.

Aultre despense pour les gages d'officiers, iiiic iiiixx xiii escuz; — à maistre Pierre Paulmier, bachelier en médecine et médecin dudict Hostel Dieu, la somme de xix escuz xxvi s. viii deniers pour deux moys x jours escheuz, à cause de cent escuz soleil de gages; — à maistre Vincent Hamelin, chirurgien dudict Hostel Dieu, la somme de lxvi escuz soleil pour une année de ses gages.

Somme totale de la despence, xviii mil iii cens xxi escuz.

160ᵉ REGISTRE (575 FEUILLETS, PARCHEMIN).
ANNÉE 1597.

Recepte generalle de l'Hostel Dieu de Paris.
Compte septiesme de maistre Francoys Hyeraulme:
Et premièrement, à cause des cens et fondz de terre deubz chascun an audict Hostel Dieu tant en la ville que aux champs, cviii escuz xxix s. t.

Aultre recepte à cause des rentes tant sur la recepte

generalle d'Oultre Sayne et Yonne que sur son domayne à Paris, iiii cens iiii^{xx} iii escuz.

Aultre recepte à cause des rentes que ledict Hostel Dieu a droict de prendre en ceste ville, iiii^c xxxiiii escuz.

Aultre recepte à cause des rentes constituees sur l'Hostel de la ville de Paris, ensemble du rachapt des rentes que ledict Hostel Dieu avoyt droict de prendre par chascun an sur plusieurs maisons assizes en ceste ville, et aultres rentes assignees sur les greniers et magazin à sel de ce royaulme, ix cens xxviii escuz.

Aultre recepte des rentes constituees sur l'hostel de la ville de Paris et assignées sur les aydes de ce royaulme, vii cens xi escuz.

Aultre recepte des rentes constituees par les prevost des marchans et eschevins de la ville de Paris et assignées sur le temporel du clergé de France, v cens lix escuz.

Aultre recepte des rentes constituees sur l'hostel de la ville de Paris et assignees sur les receptes generalles de ce royaulme, viii^{xx} iii escuz.

Aultre recepte à cause d'aucunes rentes deues audict Hostel Dieu sur le domaine de ladicte ville de Paris, payables par maistre Léon Frenicle, receveur d'icelle, cinquante solz t.

Aultre recepte faicte à cause des rentes et pentions viageres en ceste ville de Paris, iiii escuz.

Aultre recepte des loyers des maisons appartenant audict Hostel Dieu assizes en ceste ville de Paris, ii mil ii cens xix escuz.

Aultre recepte à cause des rentes annuelles et perpetuelles que ledict Hostel Dieu a droict de prendre sur plusieurs heritages assiz hors la ville de Paris, v cens xxxvii escuz.

Aultre recepte à cause des rentes viaigeres sur plusieurs maisons et heritages assiz hors la ville de Paris, xxxii s. vi den.

Aultre recepte à cause d'aulcuns louages de fermes et baulx faictz à pris d'argent de plusieurs maisons, prez, boys et autres heritages assiz hors la ville de Paris, ix cens xli escuz soleil.

Aultre recepte à cause des lotz et ventes venuz en l'année de ce compte de plusieurs acquisitions d'heritages scituez et assis en plusieurs lieulx estans en la censive dudict Hostel Dieu, iii escuz xxii s. t.

Aultre recepte d'aucunes rentes racheptees pendant l'année de ce compte, ix^{xx} iiii escuz.

Aultre recepte des deniers provenans tant d'appretiation de grain que de vente de grain et son, vi^c lxviii escuz.

Aultre recepte des deniers provenuz de la vente d'aucuns boys thaillis assiz en plusieurs et divers lieulx, venduz durant l'année de cedict compte, iiii cens xxxiii escuz.

Aultre recepte à cause des deniers trouvez ès troncs des églises Nostre Dame de Paris et dudict Hostel Dieu après la publication des pardons et indulgences publiez en l'evesché de Paris, ensemble des deniers trouvez ès stations lesquelles ont esté posez des relicquaires, xvi cens xii escuz.

Aultre recepte à cause des deniers provenans des pardons publiez ès archeveschez et eveschez cy après nommez, ii cens iiii^{xx} iii escuz.

Aultre recepte faicte des deniers provenans des legs et aulmosnes durant l'année de ce compte, iii mil cxxxvii escuz; — de Nicolas et Simon Bocquet, enffans de feu Simon Bocquet, bourgeois de Paris, la somme de cinquante escuz, en laquelle les dictz Bocquetz ont esté condamnés envers icelluy Hostel Dieu par arrest de la Cour du... jour de décembre M^V IIII XX.....; — de monsieur le President Le Maistre, la somme de ii cens escuz sol. donnée et aulmosnée aux pauvres mallades dudict Hostel Dieu; — de monsieur le Président de Charmeaux, par les mains de madame Sauvat, la somme de xx escuz sol.; — de madamoiselle d'Autry, vefve de feu monsieur le lieutenant civil, la somme de xxx escuz sol. aulmosné par ladicte damoiselle; — de Nicolas Billot, prisonnier ès prisons de la conciercerye du Palais, la somme de lx escuz sol. en laquelle ledict Billot a esté condamné envers ledict Hostel Dieu; — de M. Pierre de la Mare, receveur général des amandes extraordinaires de la Cour des aydes, la somme de cinquante escuz sol. en laquelle maistre Pierre Symon, cy devant commis au magazin de Sainct Denis, a esté condamné envers les pauvres dudict Hostel Dieu; — de monsieur Vivien, conseiller du Roy et maistre ordinaire en sa Chambre des Comptes, la somme de x escuz sol. aulmosné par messieurs de ladicte Chambre en procédant à la verification de quelques lettres patentes d'annoblissement; — de maistre Loys Prunet, prebtre, curé de Sainct Pierre aux Bœufz, la somme de x escuz sol. en laquelle ledict Prunet a esté condamné par sentence de monsieur l'official; — de Jacques de Boucquetet, escuyer, gentilhomme ordinaire de la chambre du Roy, la somme de cent escuz pistolletz, ordonnée audict Hostel Dieu sur la somme de ii cens escuz en laquelle ledict Boucquetet a esté condamné par jugement de monsieur le grand prevost; — de monseigneur l'illustrissime et reverendissime cardinal de Gondy, evesque de Paris, la somme de ii cens escuz aulmosnez aux pauvres mallades; — de monsieur Pineau, commis au paiement des menues nécessités et affaires de la Chambre des Comptes, la somme de xxxv escuz sol. donnee et leguee aux pauvres dudict Hostel Dieu, par Marie Lefort, vefve de feu Nicolas Legue, vivant maistre lunetier et miroirtier, à Paris, par son testament, icelle somme à elle deue par ladicte Chambre pour marchandises de lunettes fournies pour le service d'icelle Chambre par ledict deffunct, laquelle somme de xxxv escuz auroit esté ordonnée estre mise ès mains de cedict receveur par forme de consignation, par arrest de ladicte Chambre du xxvii° may mv° iiii°° xvi; — de monsieur de Brienne, advocat en Parlement, la somme d'ung escu sol. aulmosnée audict Hostel Dieu par M. de Pilles, president à Clamecy; — de monsieur le tresorier de l'Espargne, maistre Balthazard Gobelin, la somme de mil escuz sol. en une sienne rescription addressante à maistre Jacques Germain, receveur général des finances en la generallité de Paris, en datte du vii° jour de juillet audict an de ce compte mv° iiii°° xvii, de laquelle somme de mil escuz soleil le Roy a faict don aux pauvres dudict Hostel Dieu sur les deniers provenans du subside et imposition nouvelle de ceste ville de Parys; — de monsieur et madame de Sauxy, par les mains dudict sieur maistre, la somme de xiiii escuz; — à maistre Jehan Thibert, notaire au Chastelet de Paris, en son nom, à cause de Catherine Thorin sa femme, que pour et au nom de Catherine Tronson sa sœur uterine, lesdictes filles heritières de dom Toussainctz Thorin, relligieulx de la Chartreuse de Lyon, la somme de lxvi escuz soleil; — de monsieur de Machault, conseiller du Roy et maistre ordinaire en sa Chambre des Comptes, la somme de xxx escuz, aulmosnez audict Hostel Dieu par messieurs de ladicte Chambre; — de frère Nicolas Guy, maistre dudict Hostel Dieu, la somme de ii cens vi escuz xx s. t. en plusieurs espèces trouvée en la chambre de feu sœur Jehanne Oudart, vivante relligieuse et prieure dudict Hostel Dieu, apres son deceds, et apportee au bureau par ledict sieur maistre; — de Maurice de Bretaigne, homme d'armes de la compagnye d'ordonnance de monsieur le Prince de Condé et cappitaine d'une compagnye de gens de pied, la somme de xx escuz soleil, à laquelle messieurs les gouverneurs ont remis audict de Bretaigne la somme de xxx escuz à laquelle il avoit esté modéré la somme de l escuz qu'il auroit esté condamné aulmosner par arrest de la Chambre des Comptes intervenu sur la vérification des lettres d'annoblissement obtenues par ledict de Bretaigne; — de dame Françoise de Loithière, vefve de feu noble homme David Thibaut, vivant sieur du Boys, commissaire des guerres et mareschal général des logis des armées du Roy, executeresse de son testament, la somme de xx escuz sol.; — de monsieur de Monthelon, advocat en Parlement, la somme de iiii° escuz sol. aulmosnez audict Hostel Dieu; — de Anthoine Bretot dict Borel, cappitaine ordinaire du charroy de l'artillerye du Roy, natif de la ville de Moncarlier en Piedmont, la somme de vi escuz aulmosnez par Messieurs des Comptes en procédant à la vérification des lettres de naturallité obtenues par ledict Bretot.

Aultre recepte des questes et aulmosnes faictes par aucunes paroisses de ceste ville de Paris, ii cens lix escuz.

Aultre recepte faicte par cedict Receveur à cause de la recepte commune, ii mil viii cens xxxvi escuz; — de Claude Picquolin, fossoieur du cymetière des Sainctz Innocens, la somme de xiiii escuz xv s. à laquelle monte le droict de xix fosses à coffres faictes par ledict Picquolin en la terre appartenant audict Hostel Dieu audict cymetière pendant l'année de cedict compte.

Aultre recepte faicte par cedict recepveur à cause d'aucunes rentes et heritaiges venduz durant l'année de ce compte, cx escuz; — de Francoys Godeffroy, seigneur de la Tour, la somme de lxvi escuz xl s. t. pour la vente à luy faicte par messieurs les gouverneurs d'une *place et masure ou soulloyt avoir ung hospital*, avec jardin derrière, de la longueur de ladicte place, et d'ung demy arpent de terre attenant derrière le jardin, le tout assiz aux faulxbourgs S. Jacques, audict Hostel Dieu appartenant, tenant d'une part par bas à l'image Saincte Marthe, d'aultre part aux hoirs feu Claude Boissy, par devant aboutissant sur la grand rue desdicts faulxbourgs allant au bourg la Royne.

Aultre recepte à cause des deniers provenuz de la vente de la chair, vollatille et gibier vendu en la boucherie dudict Hostel Dieu pendant le karesme de l'année de cedict compte, cent escuz.

Aultre recepte à cause du don et octroy de x s. t. sur chacun minot de sel vendu au grenier à sel de ceste ville de Paris, ii mil vi cens iiii°° iiii escuz.

Aultre recepte provenant des aulmosnes faictes par les parroissiens d'aucunes des parroisses de ceste ville, xvii escuz xxiii s.

Aultre recepte des deniers provenans du droict d'entrée de deux bœufz et dix moutons par chacune sepmaine, vi°° ii escuz.

Aultre recepte à cause du don et octroy faict par le Roy de x s. t. sur chacun minot de sel vendu es greniers et chambres a sel de la generalité de Paris, viii° xxix escuz.

Somme totalle de la recepte, xliiii mil ix cens xviii escuz.

161ᵉ REGISTRE (381 FEUILLETS, PARCHEMIN).
ANNÉE 1597.

Despence de ce présent compte :

Cens, rentes, dixmes, indamnitez et admortissemens que ledict Hostel Dieu doibt pour plusieurs places, maisons, prez, boys et aultres heritages assiz tant en ceste ville de Paris que hors icelle, viiiˣˣ i escuz.

Aultre despence à cause d'aultres rentes deues sur tout le revenu temporel d'icelluy, xliii escuz.

Aultre despence faicte à cause des rentes constituees sur tout le revenu et temporel en l'année mv cens LXXIIII et aultres suivantes, ii mil lxxiiii escuz.

Aultre despence pour labours de vignes appartenans audict Hostel Dieu, vii cens v escuz.

Aultre despense à cause des fraiz de vendanges, ii cens xxii escuz.

Aultre despence faicte pour achapt de vin, vi cens lxxiiii escuz.

Aultre despence pour achapt de bœufz et moutons, veaulx, porcz, vollatille et gibbyer, acheptez pour les pauvres malladdes, et pour achapt de chair en détail pour les jours gras, iiii mil iiii c. xxvi escuz.

Aultre despence pour les jours maigres et achapt de sel, ii mil iii cens iiiiˣˣ xix escuz.

Aultre despence faicte pour achapt de boys à brusler, charbon et cendre, vi cens xix escuz.

Aultre despence faicte pour achapt d'huille à lampe et façon de chandelle, iii cens xxviii escuz.

Aultre despence faicte pour achapt de draps de laine, draps de lict, coustilz, plumes, couvertures, toilles, fil, pelleterye et ouvrages de cordonnier, viˣˣ xi escuz.

Aultre despence pour achapt de vaisselle d'estain, ouvraiges de chauldronnier, charron, mareschal, cordier, bourrelier et vannyer, iiiiˣˣ xv escuz.

Aultre despence pour achapt de drogues d'appotiquairerye et lumynaire, ii cens xlv escuz.

Aultre despence pour achapt de bledz et farines, viii cens viii escuz.

Aultre despence pour fraiz et mises communes, v cens lxxiiii escuz; — faict cy despence cedict recepveur de la somme de xxiiii escuz, laquelle somme les dictz sieurs gouverneurs, par leur ordonnance du dernier jour d'avril audict an de ce compte, auroient consenty estre couchee par ledict recepveur en la despence du présent compte, *comme ayant esté prise par les garnisons de Dourlans entre les mains de Daniel Cauchois, sergent à cheval au Chastellet de Paris, allant au pays de Normandye pour les affaires dudict Hostel Dieu;* — à Mathieu Jacquet, dict de Grenoble, maistre sculpteur et paintre, la somme de v escuz xx s. t. pour ung épitaphe faicte par ledict de Grenoble, et par luy mise et apposée dans le cœur dudict Hostel Dieu, pour executer la vollonté de maistre Loys Robin, prebtre habitué en l'église Sainct André des Artz; — aux serviteurs emballeurs dudict Hostel Dieu, la somme de neuf escuz xlviii s. t. pour avoir porté au cymetière de la Saincte Trinité la quantité de mil neuf centz trente trois corps qui seroient decedez audict Hostel Dieu.

Aultre despence pour plusieurs grosses et menues reparations faictes tant en ceste ville de Paris que hors icelle, xii cens lxx escuz.

Aultre despence faicte par cedict recepveur pour deniers baillez pour convertir et employer au faict des procès, v cens xix escuz; — à maistre Jehan Lhostellier, la somme de iiii escuz soleil pour lever deux arrestz en forme, ensemble pour la cherche d'iceulx, donnez l'un à l'encontre du sieur de Villiers Lespotz, à Troyes, exécuté à mort en l'année mvᶜ iiiiˣˣ iii, par lequel il est condamné en cinquante escus d'amende envers ledict Hostel Dieu...; — à Nicolas Hubault, sergent au Chastelet de Paris, la somme de ix escuz sol. pour les fraiz qu'il auroit convenu faire en l'information par luy faicte au villaige de Champrozé, à la requeste dudict Hostel Dieu, à l'encontre de Denise Cocquart, vefve de feu Jehan Le Vascher, n'aguerres fermière de la ferme de Champrozé appartenant audict Hostel Dieu; — audict Hubault, la somme de iiii escuz sol. xli solz t. pour les fraiz qu'il auroit convenu faire pour la capture de Denise Cocquart, n'aguerres fermière de la ferme de Champrozé, à la requeste de messieurs les gouverneurs, et esté quérir icelle à Dravel et amener prisonnyère ès prisons du Chastelet de ceste ville de Paris, et pour cest effect s'estre ledict Hubault transporté audict lieu de Dravel assisté de deux hommes, pour mener et conduire ladicte Cocquart ès prisons dudict Chastelet.

Aultre despence pour paiement de gens d'église et serviteurs domestiques dudict Hostel Dieu, ixˣˣ iii escuz. — Aultre despence pour gages d'officiers, vᶜ liiii escuz; à — maistre Anthoine Borins ou Borius, médecin dudict Hostel Dieu, la somme de xx escuz sol. pour ung quartier de ses gages; — à maistre Vincent Hamelin, chirurgien dudict Hostel Dieu, la somme de lxvi escuz xl s. pour une année de ses gages.

Somme totalle de la despence de ce present compte, xvii mil vi cens xvi escuz.

162ᵉ REGISTRE (482 FEUILLETS, PAPIER).

ANNÉE 1598.

Compte huictiesme de maistre Francoys Hyeraulme :
Et premièrement, à cause des cens et fondz de terre deubz par chacun an audict Hostel Dieu, tant en la ville que aux champs, iiii^{xx} xvi escuz.

Aultre recepte à cause des rentes que ledict Hostel Dieu a droict de prendre tant sur la recepte generalle d'oultre Saine et Yonne que sur le domaine du Roy nostre sire, iiii^c iiii^{xx} iii escuz.

Aultre recepte à cause des rentes que ledict Hostel Dieu a droict de prendre sur plusieurs maisons et places assizes en ceste ville de Paris, iiii^c xvi escuz.

Aultre recepte à cause des rentes constituees sur l'hostel de la ville de Paris, soubz le nom de messieurs les prevost des marchans et eschevins, ix cens xxviii escuz.

Aultre recepte des rentes constituees sur l'hostel de la ville de Paris, assignées sur les aydes de ce royaume, vii cens xi escuz.

Aultre recepte des rentes constituees par les prevost des marchans et eschevins et assignées sur le temporel du clergé de France, viii^{xx} iii escuz.

Aultre recepte à cause d'aultres rentes constituees sur l'hostel de ceste ville et sur les greniers à sel de ce royaulme, à cause du don faict par messire Françoys de Raisse, vi cens lxxvii escuz.

Aultre recepte à cause d'aulcunes rentes deues audict Hostel Dieu sur le domaine de ladicte ville de Paris, l s. t.

Aultre recepte des loyers de maisons appartenant audict Hostel Dieu assizes en ceste ville de Paris, ii mil vi cens lv escuz.

Aultre recepte à cause des rentes annuelles et perpetuelles sur plusieurs maisons, terres, prez, boys et autres héritages assiz hors la ville de Paris, v cens xiii escuz.

Aultre recepte à cause des rentes viagères sur plusieurs maisons et heritages assiz hors la ville de Paris, xxiii s. vi den.

Aultre recepte d'aucuns louages de fermes et baulx faictz à pris d'argent de plusieurs maisons, terres, prez, boys et autres héritages hors la ville de Paris, xiii cens xxvii escuz.

Aultre recepte à cause des lotz et ventes venuz en l'année de ce compte de plusieurs acquisitions d'héritages assiz en plusieurs lieux en la censive dudict Hostel Dieu, xxiii escuz xlvii s. t.

Aultre recepte provenant du rachapt d'aucunes rentes, vi^{xx} viii escuz.

Aultre recepte des deniers provenans tant d'appréciation de grains que de vente de grain et son, v^c xxxv escuz.

Aultre recepte des deniers trouvez ès troncz des eglises Nostre Dame de Paris et dudict Hostel Dieu, apres la publication des pardons et indulgences en l'evesché de Paris, mil xxxi escuz.

Aultre recepte des deniers provenuz des pardons et indulgences publiez ès archeveschez et eveschez, iiii cens escuz xxx s. t.

Aultre recepte des deniers provenuz des legs, aulmosnes et convois faictz pendant l'année de cedict compte, vii mil liii escuz; — de monsieur le duc d'Esperon, la somme de xl escuz sol. aumosnez par ledict sieur duc; — de damoiselle Margueritte Dupire, vefve de feu maistre Robert Choquet, vivant advocat à Peronne et maieur de ladicte ville, et executeresse du testament dudict deffunct, la somme de x escuz sol.; — de Nicolas Gobelin, marchant et bourgeois de Paris, ou nom et comme executeur du testament de deffuncte Marie Boucher, jadis sa femme, la somme de ii escuz sol.; — de Adrian Le Fèvre, sergent à verge au Chastellet de Paris, la somme de v escuz sol. xxv s. t. que ledict Le Fèvre a dict rester de la somme de xii escuz xxx s. provenant de la vente d'une cavale saisie sur un certain qui la conduisait, pour les juremens par luy proferez et sur luy confisquee et ordonné estre baillée audict Hostel Dieu; — de monsieur de Montmagnye, conseiller du Roy et maistre des requestes ordinaire de son hostel, executeur du testament de deffuncte madame de Montmagnye sa mère, la somme de xvi escuz xl s. t.; — de messieurs Tanneguy et Desprez, gouverneurs dudict Hostel Dieu, la somme de iii cens escuz sol. mise en leurs mains par damoiselle Elizabeth Leconte, vefve de feu maistre Jehan Lormier, vivant conseiller du Roy et general en sa court des aydes, et executeresse du testament et ordonnance de dernière volonté dudict deffunct, suivant l'arrest de la court du xiie jour de janvier audict an de ce compte, par lequel auroict esté ordonné que délivrance seroit faicte par ladicte damoiselle audict Hostel Dieu de ladicte somme de iii cens escuz donnez et leguez par ledict deffunct Lormier à tous les pauvres malades de la contagion, laquelle dicte somme seroit baillee et mise ès mains des ditz sieurs Tanneguy et Desprez pour en faire la distribution aux pauvres malades de la contagion et l'employer à leur nourriture et pensement, suivant l'intention dudict deffunct; — de damoiselle Marie de Tudert, vefve de feu monsieur de Séguier, vivant lieutenant civil de la prévosté et viconté de Paris, la somme de vi^{xx} xiii escuz xx s. t. en quarante couvertures de Castelongne blanche qu'elle a acheptees à iii escuz xv s. chacune; — de madame de Sourdis, par les mains de frère Nicolas Guy, maistre dudict Hostel Dieu, la somme de xvi escuz sol. xl s. t.; — de monsieur le président Le Maistre, la somme de cent escuz sol. aumosnez audict Hostel Dieu; — de maistre Mathurin Huon, prebtre et procureur du college des Bernardins, la somme de iii escuz sol. en laquelle ledict Huon a esté condemné envers ledict Hostel Dieu par sentence de monsieur l'official de l'église de Paris du...... mois de décembre dernier; — de madame de Meillan, la somme de cent escuz soleil qu'elle a aumosnez audict Hostel Dieu; — de Anthoine de Montagner, escuier, sieur de Marouattes et de Laage en Perigeux, par les mains de Anthoine Coppel, ayant charge des affaires dudict sieur de Marouattes, la somme de lxxvii escuz xlvi s. viii den. faisant le tiers de la somme de ii cens xxxii escuz xx s. t. à laquelle ledict sieur de Marouattes a esté condemné envers les pauvres malades dudict Hostel Dieu, les prisonniers de la conciergerye du Pallais et les Cordeliers, chacun par tiers, et ce par arrest de la Court de Parlement du xxiiie jour d'avril dernier; — du sieur de la Haye, maistre orphevre à Paris, la somme de ix^{xx} ii escuz soleil xxx s. t. restant de viii cens iiii^{xx} ii escuz xxx s. receuz par ledict de la Haye pour la fabrecquaction d'un navire d'argent voué à Nostre Dame de Lorette, laquelle somme auroit esté ordonnée estre mise ès mains de cedict receveur pour employer à la nourriture des pauvres dudict Hostel Dieu, et ce par arrest de la Cour du 1er jour d'avril mv cens iiii^{xx} xvii, du surplus de laquelle somme de viii cens iiii^{xx} ii escuz xxx s. montant vii cens escuz sol. en a esté faict recepte au compte de l'année mv cens iiii^{xx} xvi, au chapitre des legs et aumosnes; — de maistre..... de la Fontaine, greffier de la Chambre des Comptes, executeur du testament de feue damoiselle Magdelaine Regnard jadiz sa femme, la somme de xxxvii escuz xxxv s. faisant le tiers de cxii escuz xlv s. de laquelle ledict sieur de la Fontaine seroit demeuré redevable par la fin et cloture du compte par luy rendu de la vente des biens meubles de ladicte deffuncte, qu'elle auroit donnez et leguez assavoir : un tiers audict Hostel Dieu, ung autre tiers aux religieuses de l'Ave Maria et l'autre tiers aux religieuses des filles pénitentes; — de Jacques Dubois, marchant, demeurant à Chaalons en Champagne, la somme de l escuz sol. en laquelle maistres Hugues Vasseur et Nicolas Gabet, notaires royaulx audict Chaalons, ont esté condemnez envers ledict Hostel Dieu, par arrest de la Chambre des Comptes du iie jour de juillet; — de Charles de Taize, escuyer, sieur de Varize, prisonnier ès prisons de la Conciergerye, la somme de ii cens escuz sol. en laquelle ledict sieur de Taize a esté condemné envers ledict Hostel Dieu; — du sieur de Cerizy et de maistre Nicolas Roland, procureur du Roy à la Ferté Aleps, en l'acquit de la dame baronne de Creully, la somme de viii^{xx} vi escuz xl s. t. donnée et leguée audict Hostel Dieu par le feu sieur baron de Creully; — de maistre Gilles Auroux, advocat en Parlement, executeur du testament de feu maistre Jehan Auroux, conseiller du Roy en sa Court de Parlement, la somme de ii cens escuz sol. leguez audict Hostel Dieu; — de maistre Anthoine Le Coigneux, conseiller du Roy, et maistre ordinaire en sa Chambre des Comptes, la somme de viii cens escuz leguez audict Hostel Dieu par feue damoiselle Elizabeth de Longueil, à prendre sur les plus clercs deniers des arrérages des rentes à elle deubz lors de son decez; — de monsieur de Castille, receveur général du clergé de France, la somme de cent escuz sol. qui a esté aumosnée audict Hostel Dieu par messieurs les prelatz et deputez dudict clergé naguères assemblez par permission du Roy en ceste ville de Paris pour l'audition, examen et closture des comptes dudict sieur de Castille et autres affaires concernant ledict clergé; — de messire Alexandre de La Rochefoucauld, conseiller et aumosnier du Roy et prieur de Sainct Pourçain, la somme de ii mil vi cens xxxiii escuz xx s. t. qu'il a baillée d'aumosne aux pauvres dudict Hostel Dieu, suivant l'offre par luy volontairement faicte en la Court de Parlement, ainsy qu'il est porté par l'arrest d'icelle du xxviie jour d'aoust audict an; — de monsieur le Trésorier de l'Espargne, maistre Estienne Puget, la somme de mil escuz sol. de laquelle le Roy auroit faict don et aumosné aux pauvres malades dudict Hostel Dieu, pour subvenir à leur extreme nécessité, à prendre ladicte somme sur les deniers tant ordinaires que extraordinaires de la recepte generale des finances à Paris.

Autre recepte faicte par cedict recepveur à cause des questes faictes par aucunes parroisses de ceste ville de Paris, ii cens xlviii escuz.

Aultre recepte faicte à cause de la recepte commune, iii mil ii cens xxxv escuz.

Aultre recepte faicte à cause d'aucunes rentes et héritages venduz durant l'année de cedict compte, ix cens xxviii escuz.

Aultre recepte à cause des deniers provenuz de la vent de chair, volatille et gibier vendu en la boucherie dudict Hostel Dieu pendant le quaresme de la présente année vii^{xx} x escuz.

Aultre recepte à cause du don et octroy faict par le Roy de x s. t. sur chacun minot de sel vendu au grenier et magazin à sel de ceste ville de Paris, ii mil iiii cens xxvii escuz.

Aultre recepte à cause du don et octroy faict par le Roy

audict Hostel Dieu de x s. tournois sur chacun minot de sel vendu ès greniers à sel de la generalité de Paris, ix mil ix cens lx escuz.

Aultre recepte faicte des deniers provenuz du droict d'entrée de deux bœufs et diz moutons par sepmaine, iiii cens xiii escuz.

Somme totalle de la recepte de ce présent compte, lx mil ii cens lxv escuz.

163ᵉ REGISTRE (328 FEUILLETS, PAPIER).

ANNÉE 1598.

Despense de ce présent compte :

Cens, rentes, dixmes, indampnitez et admortissemens pour plusieurs places, maisons et lieux, terres, prez, bois, assiz en ceste ville de Paris et hors icelle, ixˣˣ xviii escuz.

Aultre despence à cause d'autres rentes deues sur tout le revenu temporel, xiii escuz.

Aultre recepte faicte à cause des rentes constituees sur tout le revenu temporel dudict Hostel Dieu, ii mil clxii escuz.

Aultre despence pour labourgs de vignes appartenant audict Hostel Dieu, iiiiᶜ lxxiiii escuz.

Aultre despence à cause des fraiz de vandanges, lxviii escuz.

Aultre despence pour achapt de vin, vi cens xliii escuz.

Aultre despence faicte pour achapt de bœufz et moutons, veaux, porcz, volatille et gibier acheptez en l'année de cedict compte, iiii mil iiii cens xx escuz.

Aultre despence faicte pour les jours maigres et achapt de sel, ii mil vii cens xli escuz.

Aultre despence faicte pour achapt de bois à brusler, charbon et cendre, vii cens iiiiˣˣ iii escuz.

Aultre despence pour achapt d'huille et façon de chandelle, iii cens ix escuz.

Aultre despence pour achapt de draps de laine, draps de lict, coustilz, plumes, couvertures, toilles, pelletrye et ouvrages de cordonnier, viii cens iiiiˣˣ vi escuz.

Aultre despence pour achapt de vaysselle d'estain, ouvrage de chaudronnier, charon, mareschal, cordier, bourrelier et vannier, iiiiˣˣ iii escuz.

Aultre despence faicte pour achapt de drogues d'appoticairerie et luminaire, iiiiᶜ xi escuz.

Aultre despence pour achapt de bledz et farines, viˣˣ xvi escuz.

Aultre despence pour fraiz et mises communes faictes pendant l'année de cedict compte, vᵉ xliiii escuz; — à Daniel Cauchois, sergent, la somme de ii cens xxxv escuz pour achapt faict par ledict Cauchois d'un carrousse et de deux chevaulx pour le service dudict Hostel Dieu; — aux serviteurs et emballeurs, la somme de viii escuz xxii s. t. pour avoir par les ditz emballeurs porté dudict Hostel Dieu au cimetière de la Saincte Trinité la quantité de xix cens iiiiˣˣ x corps.

Aultre despence pour acquisition d'héritages et rentes rachetees durant l'année de cedict compte, iii mil v cens l escuz.

Aultre despence pour plusieurs grosses et menues reparations tant en ceste ville de Paris que hors icelle, ix cens xvii escuz.

Aultre despence faicte pour deniers baillez pour convertir et employer au faict des procès, ii cens lxxii escuz; — à Daniel Cauchois, huissier sergent à cheval, la somme de i escu xxx s. t. pour l'emprisonnement par luy faict des personnes des fermiers du Mesnil Aubry ès prisons du grand Chastellet, par faulte de payement des moysons de la ferme dudict lieu du Mesnil.

Aultre despence faicte pour payement de gens d'eglize et serviteurs domestiques, ii cens ii escuz.

Aultre despence faicte pour les gages d'officiers, vi cens xxxviii escuz; — à maistre Anthoine Borins, bachelier en médecine et médecin ordinaire dudict Hostel Dieu, la somme de iiiiˣˣ escuz sol. pour une année de ses gages; — à maistre Vincent Hamelin, chirurgien dudict Hostel Dieu, la somme de lxvi escuz xl s. t. pour une année de ses gages.

Somme totalle de la despence de ce présent compte, xv mil iiii cens iiiiˣˣ xiiii escuz.

164ᵉ REGISTRE (534 FEUILLETS, PAPIER).

ANNÉE 1599.

Compte neufiesme de maistre Francoys Hyeraulme :

Et premièrement à cause des cens et fondz de terre tant en la ville de Paris que aux champs, iiiiˣˣ xiii escuz.

8.

Autre recepte à cause des rentes que ledict Hostel Dieu a droict de prendre tant sur la recepte generalle d'oultre Saine et Yonne et sur le domaine du Roy à Paris, iiiie iiii^{xx} iiii escuz.

Autre recepte à cause des rentes que ledict Hostel Dieu a droict de prendre en ceste ville de Paris, iiiie iiii^{xx} vii escuz.

Autre recepte à cause des rentes constituees sur l'hostel de la ville de Paris, ix cens xxviii escuz.

Autre recepte des rentes constituees sur l'hostel de la ville de Paris et assignées sur les aydes de ce royaume, vii cens xi escuz.

Autre recepte des rentes constituees par les prevost des marchans et eschevins de la ville de Paris et assignées sur le temporel et clergé de France, v^e lix escuz.

Autre recepte des rentes constituees sur l'hostel de la ville de Paris et assignées sur les receptes generalles de ce royaulme, viii^{xx} iii escuz.

Autre recepte à cause d'aucunes rentes deues audict Hostel Dieu sur le domaine de la ville de Paris payable par maistre Léon Frenicle, receveur d'icelle, l s. t.

Autre recepte faicte par ledict receveur à cause d'autres rentes constituees que ledict Hostel Dieu a droict de prendre sur l'hostel de ceste ville de Paris, que sur les greniers à sel de ce royaume, à cause du don faict à iceluy Hostel Dieu par feu messire Francoys de Reisse, de iii mil xlii escuz.

Autre recepte des loyers de maisons appartenant audict Hostel Dieu assizes en ceste ville de Paris, ii mil iiiie xlix escuz.

Autre recepte à cause des rentes annuelles et perpetuelles sur plusieurs maisons, terres, prez, boys, vignes et autres heritaiges assiz hors la ville de Paris, v^e lxxviii escuz.

Autre recepte à cause des rentes viagères sur plusieurs maisons et heritages assiz hors la ville de Paris et lieux cy-après déclarez, xxvii s.

Autre recepte à cause d'aucuns louages de fermes et baux faictz à pris d'argent de plusieurs maisons, prez, boys et aultres heritages hors la ville de Paris, xi cens ix escuz.

Autre recepte à cause des lotz et ventes venuz en l'année de cedict compte de plusieurs acquisitions d'héritages assiz en plusieurs lieux estant en la censive dudict Hostel Dieu, xxvi escuz v s.

Autre recepte des deniers provenans d'aucunes rentes qui ont esté racheptées pendant l'année de cedict compte, iiie lxx escuz.

Autre recepte des deniers provenuz de grains que de grain et son, vi^{xx} xv escuz.

Autre recepte à cause de la vente de vin et vinaigre, xxxviii escuz.

Autre recepte des deniers trouvez ès troncz des esglises Nostre Dame de Paris et dudict Hostel Dieu après la publicquation des pardons et indulgences en l'evesché de Paris, xi cens xliiii escuz.

Autre recepte des deniers provenuz des pardons et indulgences octroyez par noz saincts pères les papes en faveur des pauvres malades, publiez es archeveschez et eveschez, iii cens xlix escuz.

Autre recepte faicte par cedict receveur du salaire d'aucunes religieuses qui ont gardé les malades par la ville, néant.

Autre recepte faicte des deniers provenuz des legs, aumosnes et convoys faictz pendant l'année de cedict compte, ii mil vii cens iiii^{xx} viii escuz; — de Jacques Barbot, prisonnier à la conciergerye du Palais, la somme de iii cens xxxiii escuz xx s. pour les deux tiers de cinq cens escuz sol. ordonnez estre consignez ès mains de messieurs les gouverneurs dudict Hostel Dieu; — des enfans de feu Jehan de la Bruyère, vivant bourgeois de Paris, par les mains de maistre Mathurin Mesnard, maistre du Sainct Esprit, par quictance de cedict receveur, la somme de xxxiii escuz xx s. t. leguez audict Hostel Dieu par ledict deffunct; — de dame Jehanne de Cossé, femme du sieur Viconte de Rochepot, par les mains de Daniel Cauchois, sergent à cheval au Chastellet de Paris, la somme de cinquante escuz sol. en laquelle ladicte dame a esté condemnée envers les pauvres dudict Hostel Dieu par arrest du grand Conseil du xxixe jour d'octobre dernier passé; — de damoiselle Marye de Longeuil, vefve de feu maistre Anthoine Le Coigneux, vivant conseiller du Roy, et maistre ordinaire en sa Chambre des Comptes, comme executeur du testament dudict deffunctz, la somme de xvi escuz x l s. t.; — de monsieur de la Fontaine, greffier de la Chambre des Comptes, la somme de cinquante escuz sol. faisant moictié de cent escuz en quoy maistre Jullian de la Fontaine a esté condemné par arrest de ladicte chambre du viiie mars dernier, pour estre employez en aumosnes, sur laquelle somme lesdictz sieurs ont ordonné estre baillé cinquante escuz; — de monsieur le président de Charmeaux, par les mains de madame Sauvat, la somme de iiii escuz sol.; — de Pierre Viole, escuier, sieur du Chemin, executeur du testament de deffuncte damoiselle Marguerite Bataille, jadiz sa femme, la somme de x escuz sol. leguez par ladicte deffuncte; — des heritiers de deffuncte Genevíefve Franquelin, vivant femme de maistre Françoys de Montiot, procureur au Chastellet de Paris, la somme de iiii escuz sol. leguez par ladicte deffuncte audict Hostel Dieu; — de monsieur le president Seguier, la somme de vi^{xx} escuz qu'il a ce jourd'huy donnez audict Hostel Dieu; — de maistre Vincent Bouhier, conseiller du Roy et tresorier de son Espargne, la somme de mil escuz soleil de laquelle le

Roy auroit faict don aux pauvres dudict Hostel Dieu, à icelle avoir et prendre sur les deniers des droictz de gabelle.

Autre recepte faicte par cedict receveur à cause des questes faictes par aucunes paroisses de ceste ville de Paris, ii cens iiii^{xx} xv escuz.

Autre recepte faicte par cedict receveur à cause de la recepte commune, xii mil iiii^c lxv escuz.

Autre recepte des deniers provenuz d'aucunes taxes de despens, domaiges et interestz adjugez audict Hostel Dieu à l'encontre de plusieurs personnes, liiii escuz.

Autre recepte à cause du don et octroy faict par le Roy de x s. t. sur chacun minot de sel vendu au grenier et magazin à sel de ceste ville de Paris, ii mil vii cens xlviii escuz.

Autre recepte à cause du don et octroy faict par le Roy de x s. t. faict par le Roy sur chacun minot de sel vendu ès greniers et chambres à sel de la généralité de Paris, x mil ii cens iiii^{xx} xii escuz.

Autre recepte des deniers provenuz du droict d'entrée de cinq beufz et vingt cinq moutons par sepmaine octroyé par le Roy, iii cens lx escuz.

Somme totale de la recepte de ce present compte, lxvii mil cens iiii^{xx} iiii escuz.

165e REGISTRE (402 FEUILLETS, PAPIER).

ANNÉE 1599.

Despence de ce present compte :

Cens, rentes, dixmes, indemnitez et admortissement que l'Hostel Dieu de Paris doibt pour plusieurs places, maisons, terres, prez et autres heritages assiz en ceste ville de Paris et hors icelle, vii^{xx} vi escuz.

Autre despence à cause d'aultres rentes sur tout le revenu temporel, i escu xxv s. t.

Autre despence des rentes constituees sur tout le revenu et temporel dudict Hostel Dieu en l'année mv^{c}lxxiiii et autres suivantes, vi cens xxviii escuz.

Autre depense pour labours de vignes, v cens vii escuz.

Autre despence faicte à cause des fraiz de vendanges, iii cens lxviii escuz.

Autre despence pour achat de vin durant l'année de cedict compte, xiii^c xxi escuz.

Autre despence faicte pour achapt de beufz et moutons, veaulx, porcz, volatilles et gibier, iii mil vii^c iiii^{xx} viii escuz.

Autre despence pour les jours maigres et achat de sel, iii mil xxix escuz.

Autre despence pour achat de bois à brusler, charbon et cendre, vii cens lxxix escuz.

Autre despence pour achat d'huille à lampe et fason de chandelle, iii cens ii escuz.

Autre despence pour achat de draps de laine, draps de lict, coustilz, plumes, couvertures, toilles, fil, pelleterye et ouvrages de cordonnier, iiii^{xx} xiii escuz.

Autre despence pour achapt de vesaille d'estaing, ouvrages de chaudronnier, charon, mareschal, cordier, bourrelier et vanier, vi^{xx} i escuz.

Autre despence pour achapt de drogues d'appoticairye et luminaire, iii cens lxii escuz.

Autre despence pour fraiz et mises communes faictes pendant l'année de cedict compte, v cens lxviii escuz; — aux serviteurs emballeurs dudict Hostel Dieu, la somme de six escuz xiiii solz t. pour avoir porté en sépulture dudict Hostel Dieu au cimetière de la Trinité la quantité de mil cinquante ung corps de ceulx qui seroient deceddez audict Hostel Dieu.

Autre despence pour acquisition d'heritages et rentes racheptees durant l'année de cedict compte, iiii mil ix cens xx escuz.

Autre despence pour plusieurs grosses et menues reparations faictes tant en ceste ville de Paris que hors icelle, iiii mil vi cens lxiiii escuz.

Autre despence pour deniers baillez pour convertir et employer au faict des procès, vii cens xxiii escuz; — à maistre Nicolas Lhostellier, procureur en la Cour de Parlement et greffier du bureau dudict Hostel Dieu, la somme de x escuz sol..... pour faire mettre à execution les pièces *contre le baron d'Escau à Andelot*.....; — à Daniel Cauchois, huissier sergent à cheval du Roy nostre sire au Chastellet de Paris, la somme de iiii escuz sol. pour le sallaire dudict Cauchois et de ses compagnons d'office, qui l'ont assisté pour contraindre madame de la Roche-Pot au paiement de cinquante escuz d'amande en quoy elle a esté condemnée envers ledict Hostel Dieu par arrest du grand Conseil.

Autre despence pour le paiement des gens d'eglise et serviteurs domesticques, ix^{xx} x escuz.

Autre despence pour les gaiges d'officiers, vi cens lvi escuz; — à maistre Anthoine Borins (ou Borius), médecin dudict Hostel Dieu, la somme de iiii^{xx} escuz sol. pour une année de ses gages; — à Laurens Guérin, maistre barbier et chirurgien à Paris, la somme de xvi escuz soleil plus une autre somme de cinquante escuz sol. pour une année de ses gages.

Somme totalle de la despence de ce compte, xviiii mil iii cens lviii escuz xlv s. t.

FIN DE LA COLLECTION DES COMPTES.

Nous publions, à la suite des comptes, un choix de pièces extraites de la collection des legs faits, avant 1791, à l'Hôtel Dieu de Paris.

Bien que ces documents, sauf quelques exceptions, ne remontent guère au delà du xviie siècle, ils intéressent à un haut degré l'histoire d'un certain nombre de familles considérables; les chercheurs y trouveront aussi, pour Paris et pour plusieurs villes et communes, des renseignements qu'ils ne se seraient certainement pas attendus à rencontrer dans ce fonds.

LEGS UNIVERSEL DE L'ABBÉ ANTOINE ARNAULD DE POMPONNE[1].

Testament d'Antoine Arnauld qui institue l'Hôtel Dieu son légataire universel.

Au nom du Père, du Fils et du Saint Esprit,

Depuis que Dieu m'a fait la grace de penser serrieusement à la brèveté de la vie et à l'inconnu de l'heure de la mort, j'ay compris qu'il ne falloit pas attendre ce moment fatal à s'y préparer, et que, pendent que nous avons le temps, il est bon de donner ordre aux choses ausquelles nostre conscience nous oblige, affin qu'en ces momens sy précieux rien ne nous détourne des pensées d'en proffiter pour nôtre salut.

C'est dans cette veue que j'ay cy devant fait plusieurs fois mon testament, pendant le temps que j'ay demeuré en Anjou, auprès de feu monsieur l'evesque d'Angers mon oncle, que j'avois espéré qui me fermeroit les yeux; mais Dieu en ayant disposé autrement, et m'ayant ramené au lieu de ma naissance, apparemment pour y mourir, je me trouve obligé de disposer autrement que je n'avais fait des choses que j'avois cy devant ordonnées, et c'est ce que j'ay l'intention de faire par ce présent testament.

Premièrement, je recommande mon âme à Dieu, et le prie de la vouloir recevoir pure des mains très pures de la Saincte Vierge Marie, mère de nostre seigneur Jesus Christ, laquelle j'ay tousjours invoquée comme mon advocat, me confiant en son intercession, ainsy qu'à celle de Saint Joseph, son chaste époux, de Saint Jean Baptiste, le plus grand des saints, des appostres saint Pierre et saint Paul et saint Jean l'évangéliste, qui a présidé à ma naissance le jour de la feste du six may, de saint Antoine, mon patron, de saint Augustin, de saint Pierre d'Alcantara et de sainte Théreze, qui nous asseure

que Dieu n'a jamais rien refusé aux prières de ce grand saint, de mon ange gardien, de tous les anges, saints et saintes qui sont dans le ciel.

En quelque lieu que je meure, je désire d'estre enterré sans nulle pompe, tenture ny armoirie, en l'eglise de la parroisse, et que le même jour, s'il se peut, il soit distribué la somme de cent livres aux pauvres et dit cent messes pour le repos de mon âme, outre la grande qui sera chantée.

Comme il me semble que c'est une Providence de Dieu particulière qui m'a conduit en la maison où je suis, qui est une maison de pénitence, je me croy obligé de faire quelque bien aux Filles de la Madelaine, que je scay qui ont souvent besoin du secours des personnes charitables pour subcister. C'est pour quoy je leur donne et lègue la somme de douze cens livres, à la charge de me faire un service dans leur église, le lendemain de mon enterrement, un annuel et tous les ans un service le jour que je seray mort, sans autre plus grande cerémonie que quand elles enterrent un de leurs chapelains.

Je veux et ordonne qu'il soit pris sur mon bien la somme de mil livres, pour estre distribuée aux pauvres des lieux ou est situé le prieuré du Hamel-lès-Préval, et cela non pas comme un legs, mais, comme une restitution, de laquelle distribution je charge monsieur Fremy, prestre, auquel j'ay résigné ledict prieuré.

---

[1] Antoine Arnauld, fils ainé de Robert Arnauld d'Andilly, servit d'abord dans le régiment d'un de ses cousins, Isaac Arnauld, gouverneur de Philisbourg, embrassa l'état ecclésiastique, devint abbé de Chaumes, se retira auprès de son oncle, l'évêque d'Angers, dont il gouverna le temporel, qu'il dérangea considérablement, et mourut en 1698. Ses mémoires, où il se plaint beaucoup de son père, ont paru en 1756, en trois parties in-8°, publiées par le père Pingré (Biographie Michaud, tome II, p. 254.)

Je donne et lègue audit sieur Fremy la somme de cinq livres, tous mes breviaires, diurnaux, ma petite bible d'impression de Rome en dix tomes, et celle de monsieur de Sacy, l'année crestienne de monsieur de Tourneux en douze livres, le Concille de Trente et son catechisme, les deux chasubles, aubes, et autres linges servans à l'autel, avecq un calice d'argent et sa patenne.

Je veux et ordonne que tout ce qui me sera deu aujour de mon deceds du revenu de mes benefices soit employé aux reparacions des dicts bénéfices, desquelles je pourrois estre tenu, et distribué aux pauvres des paroisses où ils sont scitués, ou employez en ornemens d'église servans à l'autel, selon la nécessité des dictes eglises et l'avis des curez et des plus notables paroissiens.

Outre ce que dessus, je donne et lègue à chacune des fabriques et œuvres des parroisses de Pomponne et de Chaumes la somme de mil livres faisant cinquante livres de rente, *pour fonder et gager en chaque parroisse* une maistresse d'écolle qui, sous la direction du curé et avecq l'aprobation de messeigneurs les archevesques de Paris et de Sens, instruise et montre à lire aux petites filles des dictes parroisses, l'expérience faisant connoistre à ceux qui s'y appliquent avecq un peu de soin et de zèle qu'il est d'une extrême conséquence pour la Piété de séparer les deux sexes dès leur bas âge, ce qui fera encores que les curez pourront vacquer plus librement à l'instruction des jeunes garçons, j'ay desjà fondé deux sortes d'écolles dans les parroisses de Chousés, Juvardeil et Condé en Anjou, et afin que les miennes fondations ne soient point détournées à d'autre usage, j'y declare comme je fais encorres icy que mon intention est que sy les curez ou marguilliers negligent d'établir ou maintenir les dictes écolles, les cinquante livres de rente que je donne pour cela seront payez au plus proche hospital général des dicts lieux, tant et si longtemps que l'écolle ne sera pas exercée.

Je donne à Chaulay, mon valet de chambre, la somme de cinq cens livres outre et par dessus ce qui luy pouroit estre deub de ses gages au jour de mon deceds, dont j'entends que l'année courante luy soit payée tout entierre, ainsy qu'à mes autres serviteurs, plus je lui donne tous mes habits, linge et autres hardes servans à ma personne, et affin qu'il ayt de quoy subsister après moy avecq sa famille, je luy donne et asseure sur tout mon bien à luy et à sa femme Renée Paris, tant qu'ils vivront l'un ou l'autre, une pension viagère de trois cens livres, laquelle sera reduitte à cinquante livres après leur mort pour Catherine Chaulay leur fille, ma filleule, qui en jouira pendant sa vie à titre de pension viagère.....

Je donne à mon cocher, à mon portier, à mes deux laquais la somme de cinquante livres chacun, outre et par dessus ce qui leur sera deub de leurs gages, dont l'année courante leur sera payée tout entière, et à ma servante la somme de trente livres, outre ce qui luy sera deub.

Je donne à la maison des filles du bon pasteur d'Angers la somme de mil livres pour estre employée en bastimens ou meubles nécessaires à leur maison, me recommandant aux prières de ces saintes filles.

Je donne aux religieux de mon abbaye de Chaumes ma grande tenture de tapisserie à pots de fleurs, que j'ai acheptée des meubles de feu monsieur Gondrin, archevesque de Sens, mon prédécesseur en ceste abbaye, pour estre la ditte tapisserie employée à parer l'église aux jours solemnels.

Sy je puis estre payé des contrats de constitution qui m'estoient deus par feu monsieur l'evesque d'Angers, l'un de quatre mil deux cens quatre vingts livres, que j'avais achepté de monsieur Arnauld, docteur de Sorbonne son frère, auquel il l'avoit consenty dès l'année mil six cens vingt huit, l'autre de la somme de quatre mil trois cens quatre vingt quatre livres, que j'avois payée de mes deniers pour partie du remboursement du contract de sept mil cent livres deu par ledict seigneur evesque au feu sieur Subleau, lesquelles deux contrats j'ay laissez à monsieur Ripoche, chanoine d'Angers, avecq ma procuration pour en poursuivre le paiement, et sy après que j'en auray esté payé il ne restoit plus de fond des effets de mondit seigneur, pour satisfaire à son testament, en ce qui regarde un anniversaire qu'il désiroit fonder en son église cathédrale, en ce cas je consent et j'ordonne qu'il soit pris sur la somme qui m'avoit esté payée celle qui sera nécessaire pour fonder ledict anniversaire avecq les memes solemnitez de celui de monsieur de Rueil evesque d'Angers, son predecesseur, et le reste soit donné aux hôpitaux d'Angers, conformément à son intention et dernière volonté, ne pouvant trop témoigner ma reconnoissance pour un oncle sy cher et sy aimable et dont la mémoire, quoique douloureuse me sera tousjours en vénération.

Comme je n'ay jamais eu dessein d'enrichir ma famille du bien de mes bénéfices qui est celuy des pauvres et que, par des raisons de prudence, âgé et infirme comme je suis, j'ay tasché d'avoir tousjours quelques sommes en reserve pour les depenses inopinées dans le temps misérable comme il est, ou l'on a tant de peine d'estre payé et où l'on fait tant de pertes, il se poura faire que l'on me trouvera de l'argent après ma mort, en ce cas je veux et ordonne que tout ce que je laisseray d'argent comptant lors de mon deceds soit donné aux pauvres des lieux où sont scituez mes bénéfices, ou aux hopitaux les plus proches, comme un argent que j'aurois comme emprunté d'eux et que je leur rends, c'est ainsy qu'en ayant conféré avecq des hommes pieux et habilles ils ont esté d'avis que je pouvois et devois faire.

Je laisse à *mon frère ma belle vierge de monsieur Mignard, qui est un tableau de prix* et tous mes autres tableaux, à la réserve d'une Sainte Caterine à demy corps, original de monsieur Mignard, lequel tableau appartient à madame Rubois la veuve, à laquelle j'ordonne qu'il soit rendu, et trois petits païsages d'une marine, d'un clair de lune et un autre un peu plus grand, lesquels sont à monsieur Fremy et à luy seront aussy rendus. Je laisse aussy à mon frère ce qui se trouvera de manuscrits parmy mes livres et tout le reste de mes biens en propre, concistant en dix mil escus que je me suis reservez en luy faisant donnation de tout le reste par son contract de mariage, bien entendu que sur les dicts dix mil escuz seront pris les legs que je fais et asseurées les pensions viagères que je donne par le present testament.

Je donne au marquis de Pomponne, mon neveu[1], mes carrosses et mes chevaux et à l'abbé de Pomponne son frère[2] la crosse episcopalle de feu monsieur l'evesque d'Angers mon oncle[3], avec sa croix pectoralle où est un crucifix à une Nostre dame peinte en esmail, lesquels j'ay faict rachepter de son inventaire, et je prie Dieu qu'il les porte aussy dignement que son grand oncle, s'il plaist à la divine Providence de l'élever quelque jour à l'épiscopat, pour le service de l'Église et pour son salut.

Quant au reste de mon bien consistant en meubles, billets, arrérages de rentes et de pensions, je le donne à l'hospital de l'Hostel Dieu de Paris, instituant pour cet effet et pour l'exécution du présent testament mes executeurs testamentaires messieurs les directeurs dudit hospital, que j'espère que par leur charité pour les pauvres ils voudront bien accepter cette qualité. Fait, escrit et signé de ma main à Paris le vingt deuxieme jour d'octobre mil six cens quatre vingt quatorze, signé l'abbé Arnauld, et enfin de chacune des pages dudit testament numérotées suivant leur rang est escrit : paraphé le douze décembre mil six cens quatre vingt dix huit, signé Le Camus.

---

[1] Nicolas Simon Arnauld, marquis de Pomponne, brigadier des armées du Roi et lieutenant général au gouvernement de l'Ile de France.

[2] Henri Charles Arnauld de Pomponne, abbé de Saint Médard de Soissons, plus tard membre de l'Académie des inscriptions.

[3] Henri Arnauld, frère de Robert Arnauld d'Andilly, nommé évêque d'Angers en 1649. «Il perdit la vue cinq ans avant sa mort et mourut le 8 mars 1692, à l'âge de quatre-vingt quinze ans, après quarante-quatre ans d'épiscopat, pleuré de son peuple, qui le regardoit comme un saint, et dont le pieux enthousiasme se disputa les moindres choses qui avaient pu être à son usage.» (Biographie Michaud, tome II, p. 249.)

Henri Arnauld et Robert Arnauld d'Andilly étaient fils d'Antoine Arnauld avocat au Parlement; marié à Catherine Marion, il en eut vingt enfans dont dix survécurent, quatre fils et six filles, toutes religieuses à Port Royal.

Codicile. Au nom du Père et du Fils et du Saint Esprit. Sans deroger à mon testament du vingt deux octobre mil six cens quatre vingt quatorze, par lequel je donnois seullement à mon frère les manuscrits qui se trouveroient parmy mes livres, je déclare icy que mon intention est qu'on luy donne généralement mes livres à l'exception de ceux dont j'ay disposé par mon dict testament. J'ordonne aussy qu'il ne pourra estre recherché ni inquiété pour quelques droits seigneuriaux sur Pomponne qu'il ne m'auroit pas payez, conformément à son contract de mariage, desquels je le quitte.

Outre ce que je donnois à Chaulay mon valet de chambre par mon testament, et que je confirme encores par ce présent codicile, considérant qu'il est demeuré veuf avecq quatre enfans, je luy donne encores la somme de quatre mil livres qui luy sera payé sur mon fond de dix mil escuz que je me suis réservé par le contract de mariage de mon frère, bien entendu au cas qu'il soit encores à mon service lors de mon deceds.

Je donne à monsieur Fremy, sous la même condition, outre ce qui est porté par mon testament tout ce qu'il me pouroit devoir de la pension que je me suis réservé sur le prieuré de Bréval en le luy résignant, et encores ce dont il me pouroit estre redevable des deniers de ma recette, jusques à la somme de quinze mil livres.

Outre ce que j'ay ordonné par mon testament estre donné à mes gens, je donne encore à mes lacquais Faure et Bourdin, et Valentin, lesquels troys j'ay amenez d'Angers, à chacun la somme de cinquante escuz, et à Anne Nassue ma servante celle de cinquante livres, ce qui s'entend au cas qu'ils soient encores avecq moy lors de mon deceds.

Et d'autant qu'il pourroit peut estre arriver, ce que je ne veux pourtant pas croire, que ceux auxquels j'ay laissé des pensions viagères par mon testament auroient de la peine à s'en faire payer, ce devant estre sur les dix mil escuz dont j'ay parlé cy devant, je déclare icy que sy troys mois après qu'ils en auront fait la demande dans les formes à mes héritiers, ils ne sont point payez, je donne le fond desdictes rentes à l'Hostel Dieu de Paris, à la charge de payer les dictes rentes viagères pour estre et demeurer ledit fons audit Hostel Dieu, après la mort desdits rentiers.

Comme c'est par un principe de conscience et de justice que je fais ces additions à mon testament, et c'est par la même raison que, contre mon inclination, je ne fais point d'autres legs, par ce que je ne le pourois faire sans pretendre sur la part des pauvres, que Dieu m'a fait la grâce de vouloir constituer mes heritiers. Fait, escrit et signé de ma main à Paris le trente septembre mil six cens quatre vingt dix sept, signé l'abbé Arnauld.

Aussy tost que je seray mort, je prie monsieur Fremy,

en vertu du pouvoir que je luy en donne par le présent escrit, qui doit estre considéré comme un codicile adjousté à mon testament, de faire sceller chez moy et particulièrement mon cabinet, après en avoir tiré mon testament fait le vingt deuxième octobre mil six cens quatre vingts quatorze qu'il trouvera dans ma petite cassette dorée, lequel il portera à messieurs les directeurs de l'Hostel Dieu, que j'institue mes exécuteurs testamentaires, pour estre par eux procédé, conjoinctement avec ledict sieur Fremy à ce qui en regarde l'exécution, tant pour mon enterrement que le reste. Fait à Paris le vingt deux octobre mil six cens quatre vingt seize, et signé de ma main, ainsy signé l'abbé Arnauld.

Aujourd'hui est comparu par devant les conseillers du Roy, notaires au Chastellet de Paris soussignez haut et puissant seigneur messire Simon Arnauld, chevalier, marquis de Pomponne, ministre d'Estat, seul présomptif héritier de deffunt messire Antoine Arnauld de Pomponne, abbé commendataire de Saint Pierre de Chaume, son frère, demeurant en son hostel, place des Victoires, parroisse Saint Eustache, lequel après avoir pris communication et lecture du testament olographe dudit deffunt seigneur abbé Arnauld son frère, du vingt deux octobre mil six cens quatre vingt quatorze et de ses codiciles, aussy olographics, des vingt deux octobre mil six cens quatre vingt seize et trente septembre mil six cens quatre vingt dix sept, deposez pour minutte à Courtois, l'un des notaires soussignez, de l'ordonnance de monsieur le lieutenant civil, le douze décembre dernier, en a par ces présentes consenty et consent l'exécution, et la deslivrance du legs universel faict à l'Hostel Dieu de Paris par ledit testament, ensemble des autres legs y portez et ausdits codiciles, sans préjudice de ses droits et actions et prétentions sur la succession dudit feu sieur son frère. Fait et passé l'an mil six cens quatre vingt dix neuf, le neufviesme jour de janvier avant midy, et a signé la minutte des présentes, demeurée à Courtois l'un des notaires soussignez. Signé Guyot et Courtois.

Inventaire fait après le deceds de M. l'abbé Arnault.

L'an mil six cens quatre vingt dix huit, le dix huitième jour de decembre du matin, à la requeste de messieurs les gouverneurs, maîtres et administrateurs de l'Hôtel Dieu de Paris, exécuteurs testamentaires de deffunt messire Antoine Arnauld de Pomponne, conseiller du Roy en ses conseils, abbé commendataire de Saint Pierre de Chaume, et ledict Hostel Dieu légataire universel dudict deffunct sieur abbé par ses testament et codicile olographe des vingt deux octobre mil six cens quatre vingt quatorze, trente septembre mil six cens quatre vingt dix sept et vingt deux octobre mil six cens quatre vingt seize, les dits administrateurs stipullez et representez par M. Louis Guillot, agent des affaires dudit Hostel Dieu, en vertu de leur procuration spéciale à l'effet des présentes, passée ce jour d'hier, comme aussy à la requeste de M° Jean Baptiste Fremy, prestre, prieur du Hamel lez Breval, aussy exécuteur des dits testament et codicile demeurant en la maison dudit feu sieur Arnauld, rue des Fontaines, parroisse Saint Nicolas des Champs, et encores à la requeste de M. Claude Prailly, secrétaire de haut et puissant seigneur messire Simon Arnauld de Pomponne, chevallier, marquis dudit Pomponne, ministre d'État, demeurant place des Victoires, au nom et comme procureur dudit seigneur marquis de Pomponne, en qualité d'habil à se dire et porter seul héritier dudit deffunt sieur abbé de Pomponne son frère, a esté par les notaires, gardenottes au Chastellet de Paris soussignez, fait inventaire et description de tous et chacuns les biens meubles, ustanciles, habitz, linge et hardes, tiltres, papiers et enseignemens demeurez après le deceds dudit sieur abbé en la maison en laquelle il est décédé, seize susdite rue des Fontaines.....

Dans une remise, à costé de la ditte escurie, un petit carosse coupé, garny de deux glaces sur le devant, avec son coussin et garniture de velours cizelé brun, monté sur son train, arc de fer et quatre roües, prisé ii cens livres.

Dans une autre remise à costé de celle cy dessus, un autre carrosse garny de drap turquin bleu, avec quatre glaces, monté sur son train, arc de fer et quatre roües, prisé iii cens livres.

Dans une gallerie... seize estampes tant dans leurs bordures de bois noir que gorges, avec le plan de Pomponne, prisé le tout ensemble dix livres.

Dans une chambre attenant à la gallerie..... quatre *caquetoirs* et quatre petits tabourets de bois de noyer, scavoir les quatre tabourets de velours bleu et les quatre *quaquetoirs*, moitié velours cizelé noir et damas bleu, prisez ensemble xviii livres.....

Item deux petites garnitures de cabinet de fayence, composé de quatorze pierres, prisé xl solz.

Item une table appellée la table de Florance, deux guéridons, le tout de bois de noyer, x livres.

Item un rideau de futaine à grain d'orge avec deux tringles de fer, prisé c solz.

Dans une petite chambre à costé....., une couche à hauts pilliers, garnie de son enfonceure, paillasse, deux matelas de laine, une couverture de laine blanche, une courte-pointe de taffetas, couleur de gorge de pigeon, le tour dudit lict composé de quatre rideaux, deux bonnes graces, deux cantonniers peints et soubassements, pommes, dossiers et fond le tout à bandes de drap gris et point d'Hongrie à l'eguille le tout doublé de taffetas aussy couleur de gorge de pigeon, prisé le tout ensemble iiii^{xx} livres.

Dans une autre chambre à costé.... quatre cartes tant généalogiques que géographiques garnies de leurs gorges que roulleau, prisé xxx solz.

Dans une petite garde robbe attenant ladicte chambre, une petite garniture de cheminée de dix huit potz de verre, xv s.

Dans un bûcher, par bas... environ huit voyes de bois flotté, prisé à sa juste valeur à x livres la voye venant audit prix de iiii^{xx} livres.

Dans une chambre au premier étage, aiant veüe sur la cour, une grille de fer, une paire de tenailles, prisée iiii^{lt} x s.

Item une table ovalle de bois de sapin, xv s. t.

Item une autre table carrée de bois de noyer avec son tiroir, deux guéridons de pareil bois, prisé le tout vi^{lt}.

Item un bureau de bois de noyer composé de sept tiroirs et de son gradin de deux autres tiroirs, prisé xv livres.

Item six chaises et un fauteuil de bois de noyer, remply de crain, couvert de moquette à fond aurore et ramage bleu, garny d'une petite frange et molet de soye auraure et bleu, prisé le tout ensemble la somme de cinquante livres.

Item un petit lict de Sablé de bois de noyer, deux matelas de laine, courte pointe et soubassements de moquette à fond aurore et ramage bleu, prisé xxv livres.

Item deux grands fauteuils de bois de noyer garnis de crain, couvert de point à la turque à fond aurore et ramage bleu, prisé xv livres.

Item un grand fauteuil de commodité aux roulettes de cuivre jaune remply de crain, couvert de vieux velours violet avec sa housse et falbala de Cadix bleu, prisé x livres.

Item une tenture de tapisserie contenant dix pièces de trente aulnes ou environ représentant des pots de fleurs dans la bordure du hault, esquels sont les armes dudit deffunct de troys aulnes et demy de hault ou environ, prisee à la somme de xii cens livres.

Item trois portières de moquette rouge doublées de toille, prisées ensemble x livres.

Item deux rideaux de fenestre de futaine, à grains d'orge, avec leurs tringles de fer, prisez x livres.

Item un miroir de glace de Venize, dans sa bordure et chapiteau de bois doré prisé la somme de xxv livres.

Item un christ de cuivre doré, monté sur sa croix et pied d'estail de bois d'ebeyne, enrichy d'ornemens de cuivre doré et quatre piramides semblables, prisé le tout xxx livres.

Item un escran de bois sculpté peint en blanc, le fond de serge de Cadix bleu, prisé le tout xxv solz.

Item un tableau representant un tapis de Turquie et fruits, peint sur toille, garny de sa bordure de bois doré, prisé xx s.

Item deux tableaux peints sur toile representant des ornemens de fleurs peints sur toille, sans bordure, prisez ensemble xxv livres.

Item xvi autres tableaux prisez ensemble ii cens livres.

Dans une chambre à costé, regardant sur la cour :

Premièrement une grille, une pelle et une pincette de fer poly, prisé xl s. t.

Item une cuvette de cuivre rouge avec son pied de bois de noyer, prisé vi livres.

Item une petite table et deux guéridons peints, façon de la Chine, ladite table avec son tapis de cuir prisé cent solz.

Item sept fauteuils de bois de noyer sculté, remply de crain, couvert moitié de velours cizelé rouge et brocard, à fond d'argent piqué d'or et une pareille couverture de chaise, prisez xxx livres.

Item quatre feuilles de paravent de cuir doré, prisez vii livres.

Item une tanture de tapisserie de cuir doré contenant neuf aulnes ou environ, prisée xxv livres.

Item trois petits tableaux peints sur toille, dont deux représentant des rivières et l'autre un nauffrage, garnis de leurs bordures de bois sculptées dorées, prisez xviii livres.

Item deux petits rideaux de fenestre de toille de cotton, avec leurs petites tringles, prisez cent solz.

Dans la tribune aïant veüe sur la cour des filles de la Magdelaine :

Premièrement dix à unze aulnes de petite tapisserie de futaine à bandes de brocatelle de l'aport de Paris, d'environ une aulne et demie ou environ de haut, prisé viii livres.....

Item un petit chassis de glace composé de vingt petites glaces, prisé vi livres.

Dans une chambre où couchoit ledict deffunt sieur abbé, ayant veüe sur la cour.

Item une grille, une pelle et une pincette de fer poly, prisé iii livres.

Item une table de bois de violette, avec deux tiroirs fermants à clefs, deux guéridons de bois de noyer, prisé ensemble viii livres.

Item un miroir de glace de Venize, de deux pieds de haut ou environ, sur dix huit poulces de large dans sa bordure de bois de cèdre, avec son porte miroir de fer poly, prisé xxv livres.

Item une portière de Cadix de couleur bleue doublée de toille de pareille couleur, un petit rideau de taille, un autre rideau de fenestre à grain d'orge avec sa tringle de fer, prisé xii livres.

[1694.] DE L'HÔTEL-DIEU DE PARIS. 67

Item six fauteuils de bois de noyer tourné à colonnes torces remplies de crain avec leurs housses de point de la Chinne garnis de soye couleur de feuille morte, prisé xxxvi livres.

Item une couche à hauts pilliers de bois de noyer garnie de son enfonceure, paillasse, deux matelas de laine couverts de toille à petits carreaux, un traversin de coutil remply de plume, trois petits couvres pieds, l'un de taffetas rouge avec un chiffre, un autre de taffetas vert et l'autre d'un petit brocard feuille morte et noir, une couverture de vieille estoffe de soye, une courte pointe de satin bleu picqué, le tour dudit lict composé de quatre rideaux, deux bonnes graces, deux cantonniers, pentes et soubassements de point d'Angleterre doublé de satin bleu, fond et dossier de pareil satin avec chiffres de soye feuille morte avec campannes au tour de soye aurore et blanc, la housse et cœffes de pommes dudit lict de cadix bleu, avec tringles de fer poly tournant, le tout prisé ensemble vi cens livres.

Item un tableau du Sueur représentant le tombeau d'Hercule, avec sa bordure dorée, prisé xx ℔.

Item une petite vierge, coppie d'après monsieur Mignard, une autre vierge, copiée du Peruzin, avec chacun leurs bordures dorees, prisez ensemble la somme de xv ℔.

Item une petite marine et un petit clair de lune peints sur bois, avec leurs bordures dorees, prisez xxviii ℔.

Item un tableau représentant une sainte Margueritte, avec sa bordure dorée, prisée xv ℔.

Item une petite vierge peinte sur marbre, avec sa bordure de jaspe et cuivre doré, prisé xxx ℔.

Item un pénitent, copie du Guide, avec sa bordure dorée, prisé xxx ℔.

Item un tableau représentant le festin de Marthe et Magdelaine, avec sa bordure de bois doré, prisé xxv ℔.

Item un tableau de flagellation de Christ en relief, de bois de cormier, avec sa bordure de bois doré, prisé x ℔.

Item une petite vierge, copie d'après M. Mignard, avec sa bordure de bois doré, prisé xl s.

Item un tableau représentant des fleurs, avec sa bordure de bois doré, prisé xxx s.

Item un tableau peint par M. Vivien, représentant une Trinité, avec sa bordure de bois doré, prisé iiii^{xx} livres.

Item une vierge, original de monsieur Mignard, avec sa bordure de bois doré, prisé v cens livres.

Item un tableau représentant des fleurs, avec sa bordure de bois doré, prisé xl s.

Item un tableau, original de monsieur Mignard, représentant Sainte Catherinne, avec sa bordure de bois doré, prisé cinquante livres.

Item un tableau, copié d'après La Cache?, dans sa bordure de bois doré, prisé iiii ℔.

Item un Christ de bois doré sur sa croix de bois violet, fond de velours noir à bordure de bois doré, prisé x ℔.

Item trois carreaux de velours bleu, un crachoir de bois de noyer, prisé ensemble cent solz.

Dans une chambre au troisiesme estage aiant veüe sur la rüe, servant de garde robbe :

Premièrement une couche à la duchesse garnie de son enfonceure, paillasse, deux matelas de laine couverts de brocatelle de laine et fil rouge, traversin de coutil remply de plume, une courte pointe picquée de toile indienne, une autre courte pointe de damas de Messine rouge et aurore, deux grands rideaux faisant le tour dudit lict, pentes, soubassements, fond, dossier, le tout de pareil damas, garny de campannes, le tout prisé ensemble mil livres avec sa housse de serge rouge.

Item quatre grands fauteuils de bois de noyer, remplis de crain, six fonds et six dossiers de damas de Messinne rouge et aurore, avec leurs campannes de soye, prisé lv ℔.

Item une couche à bas piliers, garnie de son enfonceure à roulettes, ciel dudict lit garny de tringles de fer, paillasse, deux matelas de laine couverts de petites estoffes de la porte de Paris, fil et laine, un traversin de coutil, remply de plumes, une courte pointe de toile indienne picquée, une autre courte pointe de cadix bleue, deux grands rideaux faisant le tour dudit lict, pentes, soubassements, fond et dossier et pommes dudict lict, le tout de mesme cadix, prisé le tout ensemble iiii cens livres . . . . .

Item six garnitures de fauteuils aussy de cadix bleu avec les falbala, prisées la somme de xii ℔.

Item une chasuble, estolle et manipulle, bource et boeste et voille, le tout de brocard à fond blanc et fleurs aurores, doublé de taffetas, couleur de roze, une autre chasuble à deux envers, un costé de taffetas blanc et l'autre de satin, aussy couleur de roze, estolle, manipule et bourse, et voille semblable, garnies chacune d'une petite dantelle d'or et d'argent fin, une aube, ceinture de toille garny d'une vieille dantelle d'Angleterre ancienne avec le canon, évangile et lavabo, le tout prisé ensemble cinquante livres.

Item quatre bois de lict tant de noyer que de haistre prisez ensemble vi livres.

Item un dossier pour un malade, garni de crain et laine, couvert de toille peinte, prisé l solz.

Item six traversin de coutil remplis de plumes, unze matelas tant grands que petits, remplis de bourlanisse, couverts de toille, avec un autre traversin de coutil remply de plumes, le tout prisé ensemble xxx ℔.

. . . .

Item sept pièces de tapisserie flandres armoriées de trois croisans et un chevron sur un escusson contenant

9.

xiii aulnes de cours ou environ, sur deux aulnes de hault, prisé le tout ensemble ii cens cinquante livres.

Item quatre pièces de tapisserie verdure à grands feuillages, contenant x aulnes de cours sur deux aulnes et un quart de hault, prisé iiii`**` livres.

An suivent les habits à l'usage dudit deffunt.

Item un habit long, composé de soustane, manteau, un autre habit long de moire, un autre habit long de crespon aussy noir, ledit premier habit de drap noir, une cimarre de popeline aussy noire, une autre cimarre de drap noir, une autre cimarre de popeline aussy noire, une robe de chambre à fond aurore de damas, une robbe de chambre de gros de Tours brun, rayé de rayes aurores, une autre petite robbe de chambre de toille peinte brune, un autre habit court de drap noir composé d'un juste au corps, haut de chausse et manteau, un autre habit court aussy noir composé de juste au-corps, haut de chausse et manteau et un autre habit de crespon noir, deux petits juppons de moire noire, une camisolle de satin aurore fourée de ouatte, deux chapeaux l'un de castor et l'autre loustre, trois petites perruques blondes à calottes, et quatre paires de souliers, le tout prisé ensemble iii cens livres.

Ensuite le linge à l'usage dudit deffunt.

Item seize chemises de jour de toille finne, six chemises de nuict de toille plus grosse, trois calcons de cotton tricoltez et deux callecons de flanelle, douze paires de chaussons, douze rabats et douze paires de manchettes, une douzaine de mouchoirs à moucher, un peignoir, quatre frottoirs, deux camisolles de bazin, deux petits pourpoints de toille, deux toilettes de toille de baptiste, quatre paires de chaussettes, une trousse de toille picquée de Marseille, un dessus de toilette de toille picquée de Marseille, six coëffes de nuit à dantelle, quatre dessus de bonnetz de laine brune et deux autres bonnets de laine blanche, le tout prisé ensemble cent cinquante livres.

Item vingt cinq paires de draps de différentes grandeurs de toille blanche, prisé cent cinquante livres.

Item trente gros draps servants aux domesticques de toille de grosse testure, prisé xl livres.

Item xxx douzaines de serviettes de toille ouvrée, trente nappes de pareille toille, prisé le tout ii`e` l livres.

Item deux douzaines de serviettes, deux nappes de toille damacée, prisé xxx livres. . . . .

Dans le cabinet dudit deffunt sieur abbé :

Premièrement une grille, une pincette de fer poly, prisé xxx s.

Item un brasier de cuivre rouge, avec son pied en guéridon de fer poly, prisé viii livres.

Item un moyne garny de fer blanc, prisé vi s.

Item deux grands fauteuils de commodité de bois de noyer remplis de crain, couverts de point à la turque bleu et feuille morte, prisé xv livres.

Item un pulpitre et son guéridon de bois de noyer, un petit marchepied de bois de chesne, une lampe de fer blanc avec sa conserve, une chaise de bois de noyer, couverte de point à l'aiguille, un petit agenouilloir de bois couvert de tapisserie, prisé le tout vi livres.

Item une petite table de bois de noyer à mettre sur un lit de malade, une autre petite table carrée sur un guéridon, un coffre fort de bois de chesne, fermant à clefs, une cassette de bois d'ebenne servant d'écritoire, un petit corps de tiroirs de noyer, composé de treize petits tiroirs montez avec sa table, prisé le tout ensemble xx livres.

Item une petite cassette couverte de cuir bleu, une petite armoire à deux guichets de boys noircy, une cassette longue à mettre dans un carrosse, couverte de cuir, prisé le tout viii livres.

Item un grand bureau de bois noircy, deux corps de tiroirs, quatre tablettes de pareil bois, une autre petite tablette à costé de la cheminée, aussy de bois noircy, prisé avec une petite cassette couverte de cuir doré viii livres.

Item un grand rideau de cadix bleu avec sa tringle de fer, dix aulnes de tapisserie faisant le tour dudit cabinet à bandes feuille morte et violet, tel quel, prisé le tout viii livres.

Item quatre montres, dont une à reveille et sonnante, une autre sonnante et les deux autres non sonnantes, à boestes d'argent, prisées ensemble xl livres.

Item une pendule sonnante, dans sa boeste d'ebenne, enrichie d'ornemens de cuivre, prisée xlv ₶.

Item deux petites piramides de cuivre avec une carte géographique, un christ sur papier dans sa gorge et façon roulante, prisé le tout xv s.

Item trois petits reliquaires dans leur bordures de bois doré, une petite vierge peinte dans son casdre de bois noircy, prisé xxx s.

Item un cadran à soleil de cuivre, prisé x s.

Item quatre cens volumes de livres de différentes grandeurs, traittans de différentes matières et sujets, reliez tant en veau que parchemin, prisez ensemble vi cens livres.

An suit la vaisselle d'argent :

Premièrement en plats, assiettes et autres ustancilles d'argent plat, poinçon de Paris, la quantité de cent quarante neuf marcs sept onces, prisé à raison de trente livres le marc à sa juste valeur, revenant audit prix à la somme de quatre mil cent quatre vingt seize livres cinq sols.

Item s'est trouvé en vaisselle d'argent montée la quantité de cinquante-quatre marcs aussy pesant, prisé et estimé à sa juste valeur, sans crüe à la somme de xv cens iiii^{xx} xiii livres.

..... Item une crosse avec son baston servant à un evesque, enrichie de plusieurs pierreries, prisée viii cens livres.

Item une croix d'evesque, d'or émaillée d'un christ et d'une vierge, poisant une once un gros, prisée à raison de lv livres l'once, revenant audit pris à lxi ₶ xvii s.

Item en deniers comptans s'est trouvé dans ledit coffre fort, dans le cabinet, la somme de vingt mil ii cens xxv livres.

En suivent les papiers[1] :

Premièrement les lettres et brevet de Conseiller d'Estat, expédiées au nom du sieur Arnauld, seigneur de Pomponne, du dix janvier mil six cent soixante un, signé Louis et plus bas par le Roy, de Guénégaud.

Item une liasse contenant dix pièces, la première desquelles est l'extrait signé en fin de Sejournay, du contract de mariage d'entre ledit seigneur de Pomponne, Ministre d'Estat, et dame Catherine Lauriac, son épouse, passé par devant Gallois et Lecat, notaires à Paris le huit may mil six cent soixante, par lequel appert monsieur d'Andilly, père dudit seigneur de Pompone, et le sieur Gilles au nom et comme procureur dudit deffunt sieur abbé Arnauld, avoir donné par donnation entre vifs audit seigneur de Pomponne, scavoir ledit seigneur d'Andilly tous et chacuns les biens meubles et immeubles qui luy apartenoient lors, et ceux qui se trouveroient luy apartenir au jour de son deceds, à la réserve de la pention y mentionnée, et ledit sieur Gille(t) audit nom tous les droits successifs, mobiliers et immobiliers, fruits et revenus qui apartenoient audit seigneur abbé Arnauld, tant par la succession de ladite dame sa mère, comme son héritier en partie et pour le precipit, le droit d'ainesse en sa dite succession, et notamment en la terre et seigneurie de Pomponne, que comme héritier de partie de messieurs ses frères et damoiselles ses sœurs, relligieuses professes, et de feu monsieur de Hanqueville son oncle, et encore le droit de légitime que ledit sieur abbé auroit pu prétendre en la succession future dudit sieur d'Andilly son père, à la charge de paier par ledit seigneur de Pomponne audit seigneur abbé son frère, la somme de trente mil livres après le deceds dudit seigneur d'Andilly père, et jusques à l'actuel paiement, de luy en paier l'interest à raison du denier vingt, et encore à la charge de paier audit seigneur abbé deux mil livres de pention viagère par chacun an...

[1] La plupart des documents analysés dans l'inventaire après décès existent encore aux Archives de l'Administration, où pourront les consulter ceux qui auront intérêt à recourir aux originaux; nous estimons que la reproduction de cette partie de l'inventaire peut nous dispenser de la publication *in extenso* des titres.

La seconde est l'expédition signée Brouin, notaire à Angers, de la procuration passée par ledit seigneur abbé Arnauld audit sieur Gillet à l'effet de faire ladite donnation.

La troisiesme est la grosse en parchemin d'un contract passé par devant Delaballe et Buon, notaires à Paris, le xxiv septembre mvi^c lx, par lequel ledit sieur Gillet, comme procureur fondé de procuration dudit seigneur abbé Arnaud, a donné audit seigneur de Pomponne, ministre, son frère, par donnation entre vifs la somme de neuf mil livres en deniers comptans, qui furent actuellement deslivrez à la charge et réserve de cinq cent livres de rente et pention, la vie durant dudit seigneur abbé, laditte donnation insinuée au Chastelet le vingt huit octobre audit an.

La quatriesme est le double original d'un compte arresté entre ledit seigneur abbé et madame de Pomponne, le xviiie juillet mil six cent quatre vingt quinze, des arrérages desdites pentions et interests des dits trente mil livres, jusques au jour de Saint Jehan audit an, et des paiements faits tant audit seigneur abbé qu'à autres en son acquit, et dépenses faites pour luy, par lequel compte il s'en est trouvé estre deub audit seigneur abbé jusques audit jour Saint Jean mil six cent quatre vingt quinze, toutes desductions faictes, la somme de trente un mil cent douze livres onze sols.

La cinquiesme est un autre compte arresté entre ledit seigneur abbé et laditte dame de Pomponne, le vingt quatre avril mil six cent quatre vingt treize, signé l'abbé Arnaud et Lavocat de Pomponne, par lequel il estoit deub jusques au jour de Saint Jean audit an, audit seigneur abbé, pour les arrérages desdites pentions et interrests de laditte somme de trente mil livres, celle de trente deux mil cent quarante cinq livres dix huit sols, laquelle est employée, et compose le premier article dudit compte du 18 Juillet mil six cent quatre vingt-quinze.

La sixiesme est un escript signé Arnauld de Pomponne, du 20 novembre mil six cent quatre vingt quatorze, par lequel ledit seigneur de Pomponne, confirme et approuve tous les comptes qui avoient esté faits entre ladite dame son épouse et ledit seigneur abbé son frère, pour les arrérages des pentions et rentes qu'il luy devoit, suivant les traité et conventions faites entr'eux.

La septiesme est un mémoire escrit de la main dudit deffunt seigneur abbé, non signé, intitulé mémoires pour comptes avec monsieur de Pomponne, depuis notre compte du dix huit juillet mil six cent quatre vingt quinze, par lequel il se voit que ledit seigneur abbé a receu à différentes fois plusieurs sommes qui montent ensemble à seize mil livres.

Les huit, neuf et dix sont procédures, comptes des

arrérages des dites pentions et interrests signées comme dessus.

La onziesme est un escrit signé Arnaud, du deux septembre mil six cent soixante un, par lequel ledit seigneur, en exécution de son contrat de mariage et de la donnation à luy faite par ledit seigneur abbé son frère à iceluy, avec réserve de son habitation dans le chasteau de Pomponne, dont ils s'accommoderoient ensemble, est convenu que ledit seigneur abbé jouïroit des lieux déclarez audit escrit.

Et la douziesme et dernière aussy signée dudit seigneur Arnauld, ministre, du quatorze avril mil six cent soixante, est un escrit par lequel il a promis audit seigneur abbé son frère de luy paier par chacun an cinq cent livres de pention outre et par dessus toutes les choses que ledit seigneur abbé se réservoit par l'acte de donnation qu'il se proposoit de luy faire en faveur de mariage, et de luy en passer toutes fois et quantes qu'il voudroit tel acte et en la forme qu'il luy plairoit, devant ou après la célébration dudit mariage.

Item quatre pièces attachées ensemble.

La première est l'expédition en papier d'un bail fait par ces dames relligieuses du monastère des filles de la Magdelaine audit deffunt seigneur abbé de la maison en laquelle il est décédé, passé par devant Auvray et Thibert, notaires à Paris, le vingt deux aoust mil six cens quatre vingt douze, pour six années commencantes au jour Saint Remy en suivant.

....
La quatriesme est un escrit des dames supérieure et depositaire dudit monastère, du vingt quatre avril mil six cent quatre vingt dix huit, par lequel elles ont accordé et délaissé audit seigneur abbé un lieu et espace où estoit un escalier pour faire l'accroissement d'un cabinet qui conduit à leur tribune, pour en joüir sans augmentation du loyer.

Item un escrit signé Aignan, du vingt deux décembre mil six cent quatre vingt quatorze, par lequel il promet audit deffunt sieur abbé Arnauld de luy rembourser et restituer tous les frais qu'il faudroit faire au Grand Conseil, pour son intervention en qualité d'abbé de Chaulmes, pour le procès d'entre luy sieur Aignan et les usurpateurs du bien temporel du prieuré de Saint Médard de Jouy en Josias.

....
Item deux pièces attachées ensemble, la première desquelles est la grosse en parchemin d'un contract de constitution de deux cent trente sept livres quinze sols de rente, passé devant de Monthenault et de Turmenière, notaires à Paris, le quinze aoust mil six cent trente huit, par messire Henry Arnauld, conseiller et aumosnier ordinaire du Roy, abbé de Saint Nicolas lez Angers, au profit de messire Anthoine Arnauld, bachelier en théologie et chanoine de Verdun, pour la somme de quatre mil deux cent quatre vingts livres de reliquat de compte de tutelle, qu'il luy devoit.

....
Item quatre pièces attachées ensemble. La première est la grosse en parchemin d'un contrat de constitution de trois cent cinquante livres de rente, passé par messire Henry Arnauld, evesque d'Angers, et ledit deffunct sieur abbé Arnauld son neveu, maitre Balthazard Muzard, banquier en cour de Rome, secrétaire dudit seigneur evesque, et damoiselle Renée Lemasson sa femme, tant en leurs noms que comme se faisans forts dudit seigneur de Pomponne, qu'ils avoient promis faire ratiffier à noble homme Olivier Subleau, conseiller du Roy, trésorier général de la marinne, par devant Charlet et Lenfant, notaires royaux à Angers, le quatriesme de mars mil six cens soixante six, en marge de laquelle grosse est une mention que par quittance passée par devant Charlet, notaire audit Angers, le quatorze aoust mil six cent quatre vingt cinq, laditte rente a esté remboursée à dame Magdelaine Séjourné, veuve dudit sieur Soubleau, des deniers empruntez par ledit seigneur evesque et autres de noble homme Jacques Belet, par contract passé devant le mesme notaire ledit jour.

Mémoires des livres
appartenant à monsieur l'abbé Arnauld, à Angers.

IN-FOL°.

Architecture de Palladio.
Vitruvio, con Barbaro.
Vitruvius Barbari.
Bastiments, du Cerceau.
Perspectives, du Cerceau.
Forces mouvantes de Caux.
Perspectives de Caux. Miroirs.
Basilica Sancte Mariæ majoris.
Un livre de Cartes.
Trois grands livres d'estampes.
Livre d'ornements.
Imprese del Dolce.
Des cinq ordres de colonnes. Ponssard.
Architectures de Vredemanni.
Plafons Vouet.
Des cinq ordres d'architectures; traduction d'un Alman.
Leonardo da Vinci, della pittura.
Liencourt, Israël Calot.
Moulin et pompes de Strada.
Antiquitez de Rome.
Statue di Roma.
Escurial.

Trasportatione del corpo di Papa Paolo V, figuro di Lenfranco.
De origine et emplitudine civitatis Veronæ.
Baptistæ Portæ, de humanâ Physiognomoniâ.
Dialoghi di don Antonio Agostini Intorno alle Medaglie.
Romæ Topographia di Bartholomæo Martiano.
Entrée de la reyne Marie de Médicis en la ville d'Avignon.
Petrarchæ opera.
Virgilius cum commentariis italis.
Grande Bible de Vitré.
Vies des saints de monsieur d'Andilly.

IN-4°.

Vitruve, de l'Architecture.
Vitruvio, con Barbaro.
Abrégé de Vitruve.
L'architet. di Sertio.
De Rebus gestis a Sixto V. Pon. max.
L'autorité episcopalle desfendue par le révérend Père Bonichon.
Deffence des ordonnances de M. d'Angers.
Tutte le opere di Machivelli.
Romant du Carousel.
Entretiens de Balzac.
Aminta del Tasso, de M. Ménage.
Suitte de la desfence de M. Voiture.
Desfence de Voiture.
Vie de dom Barthélemy des Martires.
Responce à M. Costar, p. B.
Socrate chrestien.
Concordantia Bibliorum.
Recueil de diverses pièces touchant la grâce.
Recueil de diverses pièces touchant les cinq propositions condamnées et autres matières de la grâce.
L'inocence et la vérité deffendue.
Deffence de la foy de l'église catholique contre Abadie.
Lettres de M. Arnault, etc.
Deffence de la constitution du pape Innocent X.
Lettres au Provincial.
S. Augustin victorieux de Calvin et Molina P. A. D. B.
Censures de l'apologie des casuistes.
Orlando furioso dell' Ariosto.
Il Solimano, Tragedia.
Orontii Finæi de Praxi Geometrica.
La vie de S. Jean Chrisostome.

IN-8°.

Perspectives de Desargues en 2 Thomes.
Couppes des Pierres de Desargues.
Cadrans de Desargues.

D. Augustini opera en 2 tomes.
La gallerie des pintures en 2 tomes.
L'office du Saint Sacrement.
Litteræ provinciales J. Vandrochii.
Chemin de perfection.
Celinte, nouvelle.
Cezar armorial.
Senecæ tragediæ.
Mémoires de la reyne Marguerite.
Biblia Sacra.
Confessions de Saint Augustin lat. fran.
Petrarchæ poesie.
Vita Berengarii.
Saint Augustin, de la Religion.
Saint Augustin, de la Foy.
Termes de sciences et arts.
Office de la sepmaine sainte.
Breviaire romains en deux tomes.
Heures de Port Royal.
Breviculum fundationis et series abbatum sancti Nicolai Andegavensis.

IN-12.

Méthode grecque.
Dictionnaire espagnol.
Enluminures de l'almanac des P. P. Jesuittes.
Traitté de la Cour, de Refuge.
Princesse de Montpensier, nouvelle.
Confessions Saint Augustin.
Racines grecques.
De Vita Chr. Carm.
Véritable Piété.
Traitté de saint Jean Climaque.
Saint Prosper, touchant la grâce.
Saint Prosper, poëme.
Philosophia moralis christ*.
Controverse.
La Philena del franco.
Arcadia del Sanazaro.
Dialoghi del Franco.
OEdipe, tragédie.
Alcibiade, tragi comédie.
La Secchia rapita.
Les affaires de France et d'Autriche.
Meduli (a) ? Theologiæ.
L'usage du termomettre.
Prières saintes et chrestiennes des heures de P. R.
Estat de la France en 1648.
Antithesis Aug. et Calv.
Espitres et évangiles.
Extraict des principalles faussetez, etc.
Vita Alphonsi Ludovici Carn.

Nouveau testament italien.
Concordia evangelica.
Saint Augustin sur les Pseaumes.
Moralle de saint Basille.
Palafox.
Histoire de Berri.
Le miroir ou la métamor. d'Oronte.
Confrairie Saint Joseph.
Aristide de Balzac.
Prière pour demander à Dieu la grace d'une véritable et parfaitte conversion.
Ouvrage de Saint Bernard.
Comtratimento spirituale.
Bible d'impression de Rome, en 10 volumes.
Saint Ciran, explication des céremonies de la messe, etc.
Pseaumes de David de M. de Baulne.
Consilium Tridentinum.
Logique de Port-Royal.
Naturalezze Poetichi.
Méditations de Sainte Thereze.
Imitation de Jésus.
Dialogo creanza delle Donne.
Pastor fido.
Fiammetta del Boccacio.
Nouvelle allégorique.
L'Infusion.
Les Caprices de M. Léonard, touchant la meddecine.
Catechismus concilii Tridentini.
Traduction du Missel en françois.
Breviaire romain en quatre tomes.
Breviaire d'Anjou, nouvelle impression reliez de maroquin de levant.
Mémoires de la princesse de Conty. M. s. c.
Montagne, en trois tomes.
Cadrans du Feuillant.
Cadrans du père du Heaume.
Epigrammatum delectûs.
Méthode italienne et espagnole.
Odes sacrées de Racan.
Aulmosne chretienne en deux tomes.
Perpétuité de la foy de l'Eucaristie.

IN-16.

Extrait du Diurnal de Paris.
Coustume de Paris.
Flores utriusque Senecœ.
Confess. Sancti Augustini.
Ciceronis epist. familiares.
Architecture militaire.
Series ordinationum ex pontificali Romano.
Quatre traittez de Piété de saint Chrisostome.

Office de la sepmaine saincte.
Rime italienne di Menagio.
Nouveau testament latin.
Petit traitté de M. Pascal : de l'équilibre des liqueurs.
Mémorial de Cardennas contre les Jes.
Petit Vignolle.

Lettres patentes d'établissement d'un hôpital de Chaumes en Brie, du mois de décembre 1719.

Louis, par la grâce de Dieu, roy de France et de Navarre..., à tous présens et à venir salut. Nos chers et bien amez les curez, echevins et habitants de la ville de Chaumes en Brye, nous ont fait remontrer que ladicte ville est un lieu de passage et d'estappes, située sur le grand chemin de Flandres et d'Allemagne, où il a passé pendant la dernière guerre plus de quinze à vingt mille hommes par an, tant cavaler,e qu'infanterie, allant sur les frontières pour former les armées, et repassant dans le Royaume pour le quartier d'hiver, et que dans les frequens passages des troupes, il a souvent resté des mallades qu'on n'a pû secourir d'une manière convenable, faute de lieu pour les recevoir, que dans ladite ville et dépendances d'icelles, il y a tous jours nombre de pauvres mallades qui seroient soulagez, s'il y avoit un lieu propre pour les retirer, *qu'il y avoit antiennement* dans ladite ville un hôpital qui a été détruit par les anciennes guerres, ou perry par caducité, dont il reste quelques vestiges et anciennes mazures, et que les dits habitans connoissant la nécessité qu'il y a pour le public de rétablir cet hospital, auroient fait une assemblée entr'eux, convoquée au son de la cloche le 18 février 1717, dans laquelle, après avoir meurement examiné le bien qui en résultera, d'une commune voix ils avoient résolu de faire cet établissement, et le sieur Cambous, curé de ladicte ville, pour y contribuer de sa part, a offert de donner gratuitement une maison, cour et jardin à luy appartenant, de ses acquisitions, scituée près l'église de ladite ville, en état d'y loger les mallades et les personnes qu'il conviendra pour les soliciter, que cet establissement a desjà un revenu solide *provenant d'un legs pieux fait aux pauvres de ladite ville par le sieur Anthoine Arnault de Pomponne,* cy devant abbé de l'abbaye de Chaumes, par son testament du 22 octobre 1694, confirmé par un codicile du 22 octobre 1696, par lequel ayant institué les administrateurs de l'Hostel Dieu de nôtre ville de Paris et le sieur J. Baptiste Fremy, ses exécuteurs testamentaires, ils auroient par acte du 11 octobre 1699 le legs fait aux pauvres de Chaumes à la somme de quatorze mil sept cens quatre vingt livres, laquelle somme ayant fait porter au Trésor Royal, il leur a esté constitué une rente sur l'hostel de notre ville de Paris de sept cens trente neuf livres au proffit des dits pauvres de la ville de Chaumes, par contract du 13 janvier 1700, laquelle rente a depuis esté reduite à six cens cinquante livres quatre deniers, au denier 25, par autre contract du 17 septembre 1714, de laquelle rente il est dûb plusieurs années d'arrérages, qui doivent estre employez à la construction et rédification des bastimens nécessaires audit hospital. Sur quoy les exposans s'estant pourveus par devant le sieur archevesque de Sens, luy ayant représenté l'acte d'assemblée du 17 feb. 1717, il l'auroit aprouvé par acte du 13 juillet 1719, et d'autant que tous établissemens doivent estre appuyez de notre autorité, pour les rendre solides, ils nous ont très humblement fait suplier de leur accorder nos lettres sur ce nécessaires.

A ces causes, voulant favorablement traiter les exposans, et procurer le bien public et particulier des habitans de ladite ville de Chaumes, de l'avis de notre très cher et très amé oncle le duc d'Orléans, petit-fils de France, régent, de notre très cher et très amé oncle le duc de Chartres, premier prince de notre sang, de notre très cher et très amé cousin le duc de Bourbon, de notre très cher et très amé cousin, le prince de Conty, princes de nôtre sang, de notre très cher et très amé oncle le comte de Toulouze, prince légitimé, et autres pairs de France, grands et notables personnages de nôtre royaume, qui ont vû l'acte d'assemblée et délibération des dits habitans de nôtre ville de Chaumes du 19 juin 1719, au pied duquel est l'aprobation du sieur archevesque de Sens du 13 juillet suivant, copie du testament et codicile dudit sieur abbé de Pomponne et des contracts de réduction à 650 livres 6 sols 4 deniers constituée au proffit des pauvres de ladite ville de Chaumes et dépendances, et le règlement à observer audit hôpital, le tout cy attaché, sous le contre sel de notre chancellerye, nous avons agréé, confirmé, aprouvé et autorisé de notre grâce spéciale, pleine puissance et autorité royalle, agréons, aprouvons, confirmons et autorisons par ces présentes signées de notre main l'establissement d'un hospital en ladicte ville de Chaumes, pour estre regy et gouverné par le Bureau de la Direction qui sera establi, et suivant les dits reglemens faits conformément à la déclaration du 12 décembre 1698, et y estre les fonctions curiales faites par le curé de la parroisse, tant envers les pauvres qui y seront recues, que les personnes préposées pour les servir.

Voulons que ledit hospital soit construit dans la maison ordonnée par ledit sieur curé ou autres lieux qui seront jugez plus commodes par les dits habitans, et que les arrérages escheus de ladite rente, deus aux pauvres, soient employez aux constructions et édifications convenables, au logement et entretien des pauvres et de ceux qui les serviront.

Voulons et nous plaist que les administrateurs puissent accepter au nom dudit hospital toutes donations, fondations, legs pieux et aumônes qui luy pourront estre faits, acquérir, tenir et posséder toutes sortes de fonds, droits et héritages, rentes et possessions, pour demeurer unies audit hopital, et sans qu'il puisse estre troublé en la possession des dits biens, sans toutes fois qu'il puissent prétendre aucuns droits d'amortissement, sinon des lieux qui composeront les maisons, jardins et enclos des bastimens qui seront acquis pour la construction et usage dudit hospital, que nous avons amortis et amortissons par ces présentes, sans que pour raison d'iceux ledit hôpital soit tenu de nous payer, ny à nos successeurs rois aucune finance de laquelle, à quelque somme qu'elle se puisse monter, nous luy avons fait et faisons don et remise par ces présentes, sans préjudice des droits qui pouroient apartenir aux seigneurs particuliers, desquels les dits lieux pouroient estre mouvans.

Voulons aussy que ledit hôpital jouisse de tous les avantages, privilèges, franchises, immunitez dont jouissent les autres hôpitaux de notre royaume, à condition qu'il se fera tous les jours en iceluy des prieres pour nous et nostre famille royalle, nos successeurs roys, et la conservation de notre État, sy donnons en mandement à nos amez et feaux conseillers, les gens tenant nostre cour de Parlement à Paris, que ces présentes ils ayent à faire enregistrer, et du contenu en icelles jouir et user ledit hospital pleinement, paisiblement et perpétuellement, cessant et faisant cesser tous troubles et empeschemens contraires, car tel est notre plaisir.

Et afin que ce soit chose ferme et stable à toujours. nous avons fait mettre notre scel à ces dites présentes. Donné à Paris, au mois de décembre l'an de grâce mil sept cens dix neuf et de nostre règne le cinquième, et sur le reply est écrit, par le Roy le duc d'Orléans, Régent, présent. Signé Phélippaux[1].

Par devant les conseillers du Roy, notaires au Chastelet de Paris soussignez, furent presens messieurs les gouverneurs, maistres et administrateurs de l'Hostel Dieu de Paris, representez par Alexandre Michel Soufflot et Philippes Levesque, escuyers, conseillers, secrétaires du Roy, maison, couronne de France et de ses finances, monsieur Pierre Destrechy, substitut de monseigneur le procureur général, Bernard Greslé, escuyer, et Thomas Dandreau, escuyer, et maistre Jehan Baptiste Fremy, prestre, prieur du Hamel-lès-Breval, lesquels, au nom et comme exécuteurs du testament olographe de deffunt messire Antoine Arnauld de Pomponne, conseiller du Roy en ses conseils, abbé commandataire de Saint Pierre

---

[1] Voir au tome Ier de nos documents, page 284, une délibération des membres du Bureau de l'Hôtel Dieu de Paris, relative à l'hôpital de Chaumes.

de Chaulmes, du vingt deux octobre mil six cens quatre vingt quatorze, ont reconnu et confessé que dame Catherine Ladvocat, veuve de messire Simon Arnauld de Pomponne, chevalier, marquis de Pomponne, sire et baron de Ferrières et autres lieux, ministre et secrétaire d'État, surintendant général des postes et relais de France, demeurante place des Victoires, parroisse Saint Eustache, à ce presente, a présentement payé, compté et délivré en louis d'argent et monnoye, le tout bon et ayans cours, en présence desdits notaires soussignez, et de ses deniers, entre les mains du sieur Claude Le Brun, ancien consul, bourgeois de Paris, receveur général dudit Hostel Dieu, la somme de mil livres, léguée par ledit deffunt sieur abbé Arnauld, par son dit testament, à l'œuvre et fabrique de la parroisse dudit Chaulmes, pour faire cinquante livres de rente, pour fonder et gager une maitresse d'école en ladite parroisse qui, sous la direction du sieur curé d'icelle et avec l'approbation de monseigneur l'archevesque de Sens, instruira les petites filles de ladite parroisse et leur montre à lire, aux conditions portées audit testament .... De laquelle somme de mil livres les dits sieurs administrateurs et sieur Fremy, en ladite qualité d'exécuteur testamentaire, quittent la succession dudit seigneur marquis de Pomponne et tous autres, au moyen du présent payement, pour estre ladite somme employée incessamment par ledit sieur receveur de l'Hostel Dieu à l'acquisition d'une rente sur les aydes et gabelles, pour l'exécution de la ditte fondation.....; de laquelle fondation sera passé contrat, aussy incessamment entre les dits sieurs executeurs testamentaires et les dits sieurs curé et marguilliers de ladite paroisse de Chaulmes.

Fait et passé à Paris, au bureau dudit Hostel Dieu, au parvis Nostre Dame par les dits sieurs administrateurs, Receveur et dame de Pomponne, et par le sieur Fremy en la maison en laquelle il est demeurant, seize rue et devant le Temple, l'an mil sept cent quatre, le vingt trois may avant midy, et ont signé; la minutte des présentes demeurée audit Courtois, notaire.

(Signé Courtois.)

Lettres de Simon Arnauld, marquis de Pomponne, à son frère l'abbé Arnauld.

A Paris, 31 may 1670.

Tes lettres ne me reioussent pas, en m'aprenant que M. d'Angers est incommodé et qu'il n'en veut pas pour cella prendre d'avantage de repos. L'on m'a dit que c'est son voyage de Saumeur qui luy a causé ce grand rhume, pour toy aussi ie voy bien que tes reins te feront un mauvais tour si tu ny prens garde, ie croy qu'il te faudroit un peu changer d'air, car les eaues d'Angers ne vallent rien.

Enfin mon voyage est remis à un mois, puisque la cour revient, ie l'attendray. mon chien de procès m'a fait perdre cette occasion la, il s'en faut consoler, puisque Dieu la voullu, et refaire la partie de me promener avec M. Rousserot.

Madame de Courcelle paroistra au premier iour au Parlement pour se faire iustifier, elle paroistra plus innocente et chaste que Lucrece, on a fait un factum pour elle qui est un opera, que ie t'envoyray quand il verra le iour par ce que c'est une piece fort curieuse à voir.

L'on void desia des gens qui reviennent de la Cour, M. le Coadiuteur revint avant hier, M. de Louvoy reviendra mardy, Mes. d'Armaignac, le chevalier du Plessis et auttres sont allés voir *Lollotte.*

L'on ne parlle que de la devotion du roy, depuis la pentecoste qui continue, c'est le véritable moyen d'attirer la benediction de Dieu sur luy et sur son royaume.

L'assemblée du clergé est commancée à Pontoise. tous messieurs nos prelats aymeroient bien autant estre à Paris.

Mon(sr) Turen? n'a pas passé en Angleterre, ayant remis son voyage après celluy de Madame, afin de ne pas troubler l'entreveue. Adieu.

Ayes tousiours bien soin de monsieur de Cottanscour et me mande un peu de ses nouvelles.

S'il a besoin de quelque chose, tu luy donneras et ie le te feray rendre ici, faittes luy en les offres, qu'il n'acceptera pas, car il est fort considéré.

Surtout prestes luy des bons livres qu'il vous rendra fort soigneusement et vous serez cause qu'il profitera en toute maniere.

A Angers, à Monsieur, Monsieur l'abbé Arnaud.

A Paris, 13 octobre 1670[1].

Aujourd'huy la Cour revient de Versaille, et l'on baptisera demain, fiancera et marira mademoiselle de Tiange avec monsieur de Nevers, il y aura un bal au Louvre, ou la feste doit se faire.

Madame de Mazarin est à l'abbaye du Lis, du consentement de toutes les parties et du Parlement qui a cessé les poursuites, l'on espère que l'accomodement se fera bientost, particullièrement depuis que M. de Nevers a demandé au Roy la protection pour sa sœur.

M. le marquis de Chateauneuf epouse mademoiselle de Fourcy qui aura 750,000 livres de bien.

Madame la duchesse de Saint Simon est fort regrettee de toute la Cour, sa fille madame de Brissac s'est retirée chez madame la princesse de Conty pour y essuier un peu ses pleurs.

M. le duc de Foix se porte mieux de sa petite verolle,

[1] La première partie de cette lettre jusqu'à ces mots «M. de Baville» n'est pas de la main de Simon Arnauld.

[1670-1672.] DE L'HÔTEL-DIEU DE PARIS. 75

M. l'abbé le Camus ne l'a pas abandonné durant son grand mal et en a usé fort chretiennement en son endroit.

Mad. Colbert l'ambassadrice d'Angleterre est revenüe icy pour faire ses couches.

M. de Baville fut hier receu conseiller au Parlement, avec grand aplaudissement, plusieurs princes et duc et pairs en furent tesmoings.

Enfin me voicy de retour et nous allons recommancer nostre commerce tout de plus beau deux fois la semmaine.

Ce carnaval sera tout plain de réiouissance. L'on ne songera à rien qui puisse troubler la ioye.

J'ay esté bien surpris d'aprendre la desunion de M. de Cottanscour avec M. de Closmarin, puisque celuy cy avoit si peu de conduitte, ce n'est pas grand dommage, cependant ie te suis obligé du soin que vous avés pris de M. de Cottanscourt et ie te rendray les 10 pistoles que vous luy avez presté.

Je ne scay pas encore ou ie seray logé, en attendant ie demeureray quelques iours chez mons. de Feuq. au cloistre Saint Honoré, ou tu pourras adresser tes lettres. Adieu.

Pour Angers, à Monsieur Monsieur l'abbé Arnaud.

LEGS UNIVERSEL BALLESDENS[1].
1672.

Testament de Jean Ballesdens
16 avril 1672.

Par devant les notaires, gardenotes du Roy au Chastelet de Paris soubsignez, fut present en sa personne messire Jehan Ballesdens, prestre, conseiller aumônier ordinaire du Roy[2], protonotaire du Saint Siège apostoliques, demeurant à Paris dans le college de Chollets, parroisse Saint Estienne du Mont, estant par la grâce de Dieu en bonne santé de corps et d'esprit, allant et venant pour ses affaires, pour s'estre presentement transporté en l'estude de Quarré, l'un des notaires sousignez ou son collegue a esté exprez pour ce mandé, pour faire et passer ce qui en suit, lequel a fait son testament et ordonnance de dernière volonté qu'il a dicté et nommé, de mot apres autres ausditz notaires soubsignez et qu'il a commencé par cette prière à Dieu, *non intres in judicium cum servo tuo, Domine, quia in conspectu tuo non justificabitur omnis vivens*, et ensuite considérant qu'il n'y a rien de plus certain que la mort, ny rien de plus incertain que son heure, prie Dieu qu'il puisse profiter de cette pensée qu'il luy plaist luy inspirer de son néant, dans l'infirmité ou il est, et qu'en osant lappeller son pere et son createur, il le conjure par luy mesme qui n'a pas daigné de se revestir de la forme d'un serviteur pour nous rachetter de l'enfer, d'avoir pitié de son ouvrage, se sentant, pecheur horrible qu'il est, indigne du pardon qu'il luy demande la face contre terre, et que sa misericorde qui est au dessus de toutes ses œuvres et infiniment plus grande que ses iniquités, luy donne lieu d'espérer puisqu'il est mort pour tous, le suppliant de ne permettre pas que son precieux sang oyt esté repandu inutillement pour luy en l'arbre de la croix, et qu'il souffre qu'il se mesle aujourd'huy et tous les jours de sa vie qu'il luy plaira de luy en laisser l'usage avec l'eau de ses larmes, affin que, lavé de ses souilleurs et purifié par les flammes du purgatoire il soit jugé digne, par un pur effect de la bonté infinie de Dieu, de paroistre avec les bienheureux anges devant le trosne de la divine Majesté, protestant qu'il croit en Dieu et en tout ce que l'eglise son epouze nous oblige de croire, le suppliant d'excuser l'infirmité de sa chair qui l'a sollicité sy souvent de desobeir à ses loix divines, dont il se repent de tout son cœur.....

Veut et entend ledit sieur testateur sy, lorsqu'il plaira à Dieu le retirer de ce monde, il meurt sur la parroisse de Saint Estienne, estre enterré dans l'eglise de Sainte Genevieve, que s'il demeuroit en l'abbaye de Saint Victor, son corps y demeurera aussy, apres en avoir, en quelqu'endroit qu'il decedde, tiré son cœur qu'il veut et entend estre porté à Noyon pour estre enterré en l'eglise catédralle, en tel endroit qu'il plaira à messieurs du chapitre de ladite eglise, pour laquelle il a toujours eu une singulière devotion et désire qu'il soit mis à l'endroit où sera inhumé son corps l'épitaphe suivante :

– *Hic seminatum est in corruptione corpus Joannis Balles-*

---
[1] Ballesdens (Jean), de l'Académie française, né à Paris à la fin du xvi° siècle. Ses talents étaient médiocres, mais il était secrétaire du chancelier Séguier, protecteur de l'Académie, et les académiciens voulurent témoigner à ce magistrat leur reconnaissance en le recevant. Ballesdens s'étant trouvé sur les rangs en même temps que le grand Corneille écrivit à l'Académie pour la prier de faire attention à son peu de mérite et à l'éminente supériorité de son concurrent. Corneille fut nommé et l'élection de Ballesdens retardée de deux ans. Il mourut à Paris le 27 octobre 1675 dans un âge avancé et sans avoir été marié. Quelques personnes assurent qu'il était prêtre, et même aumônier honoraire du Roi. Il possédait des bénéfices, et il prenait quelquefois la qualité de prieur de Saint-Germain d'Alluye. Il a très peu écrit et le plus souvent il s'est borné aux fonctions d'éditeur. On lui doit des éditions de la plupart des ouvrages de Savonarole..... (*Biographie Michaud*, t. II, p. 677-678).

[2] Ces premières lignes du testament nous renseignent sur deux points, le premier qu'on doit adopter l'orthographe du nom de Ballesdens, telle qu'elle est indiquée dans l'acte, le second qu'il est hors de doute que Ballesdens avait reçu les ordres.

dens, presbiteri, inter primos peccatoris, donec infinita dei clementia, virginis matris, sanctorumque omnium meritis ac precibus in incorruptione et gloriâ resurgat. Amen. »
Serò obiit qui cum baptismo mori debuerat.
Et qu'à l'endroit où son cœur sera posé il soit mis ces mots :
Cor contritum et humiliatum Deus ne despicias.

Et à l'égard du surplus de ses obsèques, funérailles, service et prières, il s'en remet et raporte à la volonté et discrétion des sieurs exécuteurs du présent testament cy après nommez, que sy ledit sieur testateur est enterré en l'église de l'abbaye de Sainte Geneviève, il donne et lègue à ladite abbaye trois manuscriptz enluminez reliez en velours en langue françoise, et au reverend père Du Moulinet une couppe antique où sont des caracteres arabes, avec un caillou où sont des lettres hébraïques, item ledit sieur testateur suplie sa Majesté d'agréer pour le cabinet de ses livres un manuscript grec d'Œlian, enluminé, qui traite de la guerre, et un autre livre qui fut présenté au Roy François Ier lors de son entrée en la ville de Milan, qui contient les portraitz enluminez de toutes les dames illustres de ce temps là.

Item ledit sieur testateur donne et lègue à l'abbaye de Saint-Victor son canon de messe de Saint Grégoire, avec les concordances des quatre évangélistes, tous deux enluminez gottiquement, ce qui marque aussi bien que leur escriture une antiquité vénérable, lesquelles deux pièces ledit sieur testateur a tousjours estimé les plus rares et les plus curieuses de son cabinet, et mesme du royaume, ce qui l'a obligé de les remettre dans une des plus fameuses bibliothèques du monde, et qui est ouverte à la curiosité des habiles gens.

Plus donne et lègue à ladite abbaye un abbrégé de Natalis in evangelia imprimé sur papier de soye en la Chine, se recommandant aux prieres de ladite maison et particulièrement à celles du père Gourdan son cousin, *qu'il estime un petit Samuel*[1].

Item le dit sieur testateur donne et lègue à la confrerie de Sainct Charles, fondée dans l'église de Saint Jacque de la Boucherie, une agathe merveilleuse qui represente le portrait de ce saint et charitable cardinal, et la somme de trente livres pour la mettre en estat d'estre appliquee au precieux reliquaire de cet illustre prelat, soubz cette condition d'avoir part aux charitables prieres de cette compagnie.

Item ledit sieur testateur donne et lègue aux filles de la Passion, dit du Calvaire près Luxembourg, une agathe qui represente naturellement nostre seigneur Jesus Crist flagellé. Elles obligeront ledit sieur testateur de la faire enchasser au pied du crucifix pour estre baisé le jour du vendredy saint, et pour en faire la despence et estre participant à leurs prieres, ledit sieur testateur donne et lègue la somme de trente livres.

Item ledit sieur testateur donne et lègue à l'Hostel Dieu de cette ville de Paris la somme de cent livres pour une fois payer.

Item donne et lègue aux monastères des filles de l'Ave Maria et des filles pénitentes à chacun la somme de cinquante livres pour une fois payer.

Item donne et lègue aux pauvres de la ville de Saint Paul de Fenouilled, soit prestres ou austres, la somme de trente livres pour une fois payer.

Item ledit testateur donne et lègue à messieurs du chapitre de l'église catédralle de Nantes, dont il a l'honneur d'estre chanoine honoraire, la somme de mil livres qui sera employée en la fondation d'un obit à perpétuité, qui se nommera l'obit de la résidence, suppliant très humblement messieurs ses confrères de luy pardonner le mauvais exemple qu'il leur a donné par sa trop longue et trop criminelle absence, de laquelle fondation sera passé contract par les dits sieurs executeurs du présent testament avec lesdits sieurs dudit chapitre.

Item ledit sieur testateur donne et lègue pareille somme de mil livres à messieurs du chapitre de l'église ca'édralle de Noyon, qui sera employée aussy en la fondation d'un obit à perpétuité dont sera pareillement passé contract, et outre ledit sieur testateur donne et lègue à la dite eglise catédralle de Noyon, la figure d'une vierge Marie faite du mesme tronçon de bois de la nostre dame de Foy qui attire dans le couvent des Augustins de la ville d'Amiens la devotion de toute la France, laquelle il veut et entend estre posée dans la chapelle de monsieur le Doyen de la Haye le plus honnestement que faire se pourra, pour estre exposée dans un petit tabernacle à la veüe de tout le monde, et pour les frais dudit tabernacle, donne et lègue la somme de soixante livres; cette figure de la Vierge est un présent que ledit sieur testateur estime au dessus de tous ceux qu'on peut faire à cette eglise et à la ville de Noyon, pour des considérations que Dieu scait et qui produiront dans leur temps un grand effect, ayant prouvé en son particulier qu'elle estoit miraculeuse et qu'elle demandoit un lieu digne d'elle, comme est la catédralle de Noyon, où elle est singulièrement honorée, elle est dans une cassette de cuir noir, enfermée dans un petit sac de senteur, que ledit sieur testateur veut estre dellivrée en mesme temps.

Item ledit sieur testateur donne et lègue à messieurs du chapitre de l'esglise catedralle d'Amiens pareille somme de mil livres pour estre aussi employée en la fondation d'un obit à perpétuité en ladite eglise, dont sera passé contract.

---

[1] Simon Gourdan, chanoine régulier de l'abbaye de Saint-Victor de Paris, célèbre au XVIIe siècle par sa piété, mort en 1729; auteur d'une histoire des hommes illustres de Saint-Victor.

Item ledit sieur testateur donne et lègue à chacun des séminaires de la ville de Noyon et d'Amiens la somme de cent livres pour une fois payer.

Item ledit sieur testateur donne et lègue à l'église Saint Firmin le confesseur, soubz nostre dame de la ville d'Amiens, la somme de deux cent livres qui sera employée en une fondation telle que les dits sieurs executeurs et messieurs de la confrerie de Saint Joseph, que son frère a establie en ladite eglise, le jugeront à propos, dont sera passé contract entre eux.

Item ledit sieur testateur donne et lègue à la paroisse du village de Nantes la somme de cent livres que les marguilliers employeront en fond pour une petite fondation en ladite eglise, à l'intention dudit sieur testateur et dont maistre Robert Ballesdens, prestre, chanoine en l'esglise d'Amiens son cousin, prendra le soin s'il luy plaist.

Item ledit sieur testateur donne et lègue à l'église de Sainct Germain près Alluye, au diocèse de Chartre, la somme de cinquante livres qui seront employée en un soleil d'argent doré pour enfermer le précieux corps de Jésus Crist, et trente livres qui seront distribuez aux pauvres dudit lieu dont ledit sieur testateur est prieur.

Item ledit sieur testateur donne et lègue à dame Claude de Paris, sa cousine, vefve de maistre Germain Doucet, procureur au Chastellet, la somme de douze cent livres, à ses trois filles à chacune deux cens livres et à ses trois garçons à chacun cent cinquante livres, le tout pour une fois payer, et en cas que ladite dame Doucet vint à mourir auparavant ledit sieur testateur, il veut et entend que ladite somme de douze cents livres appartienne scavoir à chacune desdites filles trois cens livres, qui est pour les trois, neuf cent livres, et ausdits trois garçons cent livres chacun et ce outre leurs legs particuliers cy dessus.

Item ledit sieur testateur veut et ordonne qu'il soit mis entre les mains dudit sieur Robert Ballesdens, son cousin, par les dits sieurs ses executeurs testamentaires, la somme de douze cens livres, de laquelle il le prie d'en donner à son neveu le prestre la somme de soixante livres, pour dire pendant la première année du deceds dudit testateur trois messes basses de requiem par chacune semaine à son intention, et pour le repos de son âme.

Plus à ses deux nièces Martine et Marie à chacune cinquante livres, et pour le surplus de ladite somme de douze cent livres le prie de la vouloir distribuer aux cousins germains paternels dudit sieur testateur, et à ses autres pauvres parens qui ont esté affligez des fleaux de la peste et de la guerre, ainsy que ledit sieur Ballesdens le jugera le plus à propos, et sans qu'il soit tenu cy après d'en rendre aucun compte.

Item ledit sieur testateur donne et lègue à messieurs de l'Académie francoise, dont il a l'honneur d'estre du nombre, les œuvres de Ciceron, Demosthène, un Quintilien, Isocrate et les autres livres qui regarderont la rhétorique et la poesie, avec ses dictionnaires en toutes langues.

Item ledit sieur testateur prie lesdits sieurs ses executeurs testamentaires de delliver à monsieur Le Petit, libraire de l'Académie, la somme de vingt deux livres pour faire dire un service pour luy, en qualité d'académicien, en l'esglise des révérends pères Billettes, et distribuera à messieurs ses confrères qui y assisteront à chacun une livre de bougie blanche, pour lesquelles bougies les dits sieurs executeurs luy payeront aussy ce qu'il conviendra.

Item ledit sieur testateur donne et lègue à messieurs De la Marre, ses cousins, avocatz en Parlement, à chacun la somme de deux cent livres, pour une fois payer, avec l'année qui courra lors de son deceds de trois cens livres de rente viagère qu'ils luy doivent par chacun an, en cas qu'ils ne luy ayent payé.

Item ledit sieur testateur donne et lègue à madame d'Aumalle sa filleule et à sa fille, qu'il a tenue avec madame la duchesse d'Angoulesme, chacune une bague de cinquante livres.

Item ledit sieur testateur donne à madame Cresnay une bague de soixante livres.

Item ledit sieur testateur donne et lègue à chacun de ses filleuls et filleules la somme de cinquante livres pour une fois payer; et à l'égard de Madelaine Gaillard, elle n'est point filleulle dudit sieur testateur, comme on luy avoit persuadé, c'est pour quoy il révoque un billet de cinq cent livres qu'il lui ayoit donné estant malade à l'hostel Séguier, *pour contribuer à la faire religieuse, s'estant au contraire mariée avec un huguenot dont elle se dit veuve*. Néanmoins ledit sieur testateur luy donne ce que luy doit son père de ladite Madeleine Gaillard, par plusieurs promesses qu'il veut luy estre rendues pour s'en faire payer, ainsi qu'elle pourra, et outre luy donne la somme de cinquante livres pour une fois payer.

Item ledit sieur testateur a déclaré qu'il confirme la donnation entre vifs par luy faite à Louis Romieu, son homme, de la somme de quinze cents livres à prendre après son deceds sur tous ses biens.

Item ledit sieur testateur veut et entend que tous ses tableaux et autres curiositez de cabinet, et mesme ses livres soient vendus pour acquiter tous les legs cy dessus, à la réserve toutefois de ce que ledit sieur testateur pourra cy après donner à ses amis par un codicille séparé des présentes, ou par un mémoire qui sera escrit de la main de Louis Romieu, demeurant avec luy, et signé dudit sieur testateur. Ne désirant ledit sieur testateur qu'il soit fait après son deceds aucun inventaire, soit de ses meubles, curiositez ou papiers, par ce que tous ses papiers sont inutils et de nulle valeur, n'ayant jamais fait d'acquisition, et n'ayant jamais esté en estat d'en faire, quelque service qu'il ayt rendu aux grands du monde; que sy ledit sieur testateur meure sans faire imprimer quelques escrits dont il a les privilleges, les dits sieurs ses executeurs du présent testament en confereront avec quelques uns de ses amis pour les supprimer ou pour les produire; désirant que messieurs Henry et Du Cresnay qu'il honore soient de ceux là.

Et si aucuns des héritiers dudit testateur voudroient cy après contester aucunes dispositions dudit sieur testateur ou son present testament et codicille qu'il pourra cy après faire, et mesme provoquer aucun inventaire après son deceds, en ce cas ledit sieur testateur revoque les legs qu'il pourroit leur avoir faits, et la part et portion qu'ils pourroient amander en sa succession, veut et entend que le tout demeure et appartienne à l'hospital général de cette ville, qu'il substitue audit cas ausdits legs et à la dite portion héréditaire, et pour executer et accomplir le présent testament, ensemble le codicille ou memoire que ledit sieur testateur pourra faire cy apres, il nomme et dit mes ieurs de Richaumont et Collard ses amis, avocats au Parlement, qu'il prie conjointement, ou l'un en cas de mort ou absence de l'autre, d'en prendre la peine, les priant de vouloir accepter chacun un bijou de dix louis d'or à leurs choix, soit livres, tableaux ou autres curiositéz dudit sieur testateur, se dessaisissant en leurs mains de tous ses biens, voullant qu'ilz en soient saisis suivant la coustume, revoquant tous autres testamens et codicilles qu'il pourroit avoir faits auparavant celluy cy, auquel seul il s'arreste comme estant son intention et dernière volonté.

Ce fut ainsy fait, dicté et nommé par ledit sieur testateur ausdits notaires soubsignez et à luy par l'un d'iceux, l'autre présent, leu et releu, qu'il a dit avoir bien et au long entendu et y a persisté en l'étude dudit Quarré, l'un des dits notaires soubzsignez. L'an mil six cent soixante douze, le seiziesme jour d'avril apres midy et a signé la minutte des présentes demeurée audit Quarré notaire.

(Signé Lechanteur-Quarré.)

Codicilles.

19 août-25 octobre 1675.

Aujourd'huy, à la réquisition de messire Jean Ballesdens, prestre, conseiller aumosnier ordinaire du Roy, protonotaire du Sainct Siège apostolicque, demeurant à Paris dans le collège des Cholletz, paroisse Saint Estienne du Mont, les conseillers du Roy, notaires, garde nottes de Sa Majesté en son Chastellet de Paris soussignez, se sont transportez en l'apartement dudit sieur Ballesdens, en une chambre au premier estage dependant du corps de logis neuf, et ayant veüe sur la cour dudit college, où ils ont trouvé ledict sieur Ballesdens indisposé de son corps, assis dans son fauteuil près sa table, toutes fois sain d'esprit, mémoire et entendement comme il est aparu ausdits notaires soussignez par ses paroles et actions, ausquels ledit sieur Ballesdens auroit faict entendre qu'il a faict son testament et ordonnance de dernière vollonté receu par les notaires soussignez le seiziesme avril mvi^c LXXII, dont lecture luy a esté presentement faite, duquel désirant changer quelques dispositions et en ajouter d'autres, il a par forme de codicille à son dit testament dicté et nommé ausdits notaires ce qui en suit:

Premièrement, à cause qu'il decedde dans ledit college des Cholletz où il est à present demeurant prie messieurs dudit college de faire dire et celebrer en leur chappelle un service à l'ordinaire, à l'intention et pour le repos de son ame, pourquoy veut et ordonne qu'il soit distribué à chascun de messieurs les grands boursiers qui y assisteront trente solz et aux petits dix solz, en outre donne et lègue à ladicte chapelle un tableau à deux guichetz representans un dieu de Pitié.

Item revoque le legs par luy fait à l'abbaye de Sainct Victor d'un canon de messe de Sainct Gregoire, avec les concordances des quatre evangelistes.

Item revoque le legs par luy fait aux pauvres de la ville de Sainct Paul de Fenouillet de la somme de trente livres.

Item ledit sieur de Ballesdens revoque le legs par luy faict à messieurs de l'Académie françoise ses confreres de plusieurs livres, attendu que le Roy a eu la bonté de gratifier la bibliothèque de l'Académie des mesmes livres, au lieu desquels il donne et lègue à mes dictz sieurs de l'Académie deux tableaux, l'un de la Vierge où l'on fera mettre cette devise : « *Eloquia domini, Eloquia casta, argentum igne examinatum probatum terræ, purgatum septuplum* », et l'autre l'hommage que toutte la nature rend au soleil sous le visage du Roy avec cette inscription : « *Et nunc magna mei per terras ibit imago* » et au dessous : « *qua regio in terris nostri non plena laboris* », avec une tasse de vermeil doré et cizelé sur laquelle est gravé Orphée.

Item ledit sieur testateur veult et ordonne qu'il soit mis entre les mains de maistre Robert Ballesdens, prestre, chanoine en l'eglise d'Amiens, son cousin, la somme de six cens livres, outre les douze cens livres portez par son dict testament, pour estre le tout distribué par ledict sieur Ballesdens, son cousin, à ses pauvres parens, suivant et conformément à son dit testament.

Et outre donne et lègue audict sieur Ballesdens son oremus avec ses deux surplis et une aube.

Item ledit sieur testateur donne et lègue à messieurs

de Lamarre, avocats en Parlement, ses cousins, la somme de cinq cens livres chacun pour une fois payer, avec une bource de jettons d'argent de l'Académie aussy chacun, revoquant le legs par luy faict par son dict testament.

Item ledit sieur testateur revoque le legs de cinquante livres faict à chacun de ses filleuls et filleule porté par son dict testament.

Item ledict sieur Ballesdens déclare que par son dict testament il a donné et légué à l'église cathédralle de Noyon la somme de mil livres pour la fondation d'un service annuel à perlétuité, au lieu de laquelle somme de mil livres ledit sieur Ballesdens donne et lègue à ladite eglize cathédralle de Noyon sa chapelle d'argent, composée d'une croix, six chandelliers, une boitte d'hostie et une sonnette, le tout d'argent, à condition que messieurs du chapitre de ladite eglize de Noyon, outre ledit service, feront encore cellebrer en leur eglize l'office de l'ange gardien par chacun an à perpétuitté et le jour que bon leurs semblera, et ou messieurs de Noyon ne voudroient l'accepter, ledit sieur Ballesdens donne et legue ladite chapelle d'argent et choses en dependantes, cy dessus exprimées, à messieurs du chapitre d'Amiens, tant pour l'acquit de pareille somme de mil livres qu'il leur a donné par son dit testament pour un service, que pour la fondation dudict office de l'ange gardien.

Item ledit sieur Ballesdens suplie monseigneur le Dauphin de voulloir accepter deux portraietz en émaille, l'un de François Ier qui est en quarré et l'autre de Jeanne d'Albret mère de Henry 4e qui est en rond.

Item suplie pareillement monseigneur l'archevesque d'accepter un petit tableau de la nativité de Jésus par Albert.

Item ledit sieur testateur donne et lègue à monsieur Rougeau, conseiller en la Cour, deux volumes grecs reliez à l'antique et antiquez sur la tranche.

Item donne et lègue au reverend père Du Molinet une main de cuivre des Egiptiens et des manuscritz latins dont il a donné connaissance à Louis Romieu, son homme de chambre.

Item le dict sieur testateur donne et lègue à monsieur Huet, sous precepteur de monseigneur le Dauphin, quatre tableaux, scavoir deux qui representent quatre célèbres philosophes et les deux autres Erasme et Forbert (Froben).

Item donne et lègue à monsieur Sorreau, le plus ancien de ses amis, un Isocrate in-folio et un Quintilien in-quarto en maroquin de levant.

Item ledict sieur testateur donne et lègue à monsieur de *Mézeray*, son ancien et fidel ami, une bague d'or où est représenté une cornaline le portraict du roy Henry quatriesme et sa canne où sont les armes et les alliances de la maison de France.

Item donne et lègue à monsieur l'abbé *Cottin* une bague antique qui représente Platon.

Item donne et lègue à monsieur *Quinault* une bague où sont deux testes de relief d'agathe.

Item donne et lègue à monsieur *Benserade* une bague où est le portraict de feu monsieur le Chancelier.

Item donne et lègue à monsieur *Charpentier*, de l'Académie, une bague où il y a deux yeux d'agathe.

Item donne et lègue à monsieur *Perrault*, de l'Accadémie une bague où est le portraict de la feüe reine mère Marie de Médicis.

Item ledit sieur testateur donne et lègue à messieurs du chapitre de Noyon un grand tableau représentant saint Paul, qui est sur sa cheminée.

Item donne et lègue à messieurs du chapitre d'Amiens son tableau de la décolation Saint Jean, pour estre mis dans la nouvelle chapelle qu'on doibt bastir.

Item donne et lègue à messieurs du chapitre de Sainct Estienne des Grés, pour avoir part aux prières qu'ils font pour ceux qui ont contribué à l'embellissement de leur eglize, deux tableaux d'Italie représentant un regard d'un d'eu et d'une vierge.

Item donne et lègue à l'eglise Saint Estienne du Mont une agathe représentant Saint Estienne lapidé, et trente livres pour la faire apliquer au reliquaire de sainct.

Item donne et lègue audict R. P. du Molinet, pour sa communauté, une chasse antique émaillée où l'on mettra une relique prétieuse et considérable des Saincts Stilitains, dont les corps reposent aux Célestins de Mante, toutes lesquelles choses ledict Romieu, son homme, connoist et les fera connoistre à messieurs ses exécuteurs testamentaires.

Item ledit sieur testateur donne et lègue aux filles de la Croix, de Brie Comte Robert, la somme de cinquante livres pour une fois payer, et suplie monsieur Gillot leur supérieur qu'il a tousjours honoré singulièrement de le bien recommander à leurs prières.

Item donne et lègue aux escoliers de l'hostel d'Albiac pareille somme de cinquante livres pour une fois payer.

Item ledit sieur testateur donne et lègue pareille somme de cinquante livres une fois payer à l'eglize paroissiale de Saint Estienne de Brie Comte Robert, et aux minimes dudit lieu pareille somme.

Item donne et lègue à monsieur Garnault, son cousin, un bijou de douze pistolles.

Item donne et lègue à maistre Estienne Ballesdens, son cousin, greffier en l'eslection et grenier à sel de Dourlans, la somme de cent livres pour une fois payer.

Item ledit sieur testateur donne et lègue à J. Jacques Chemideau, son filleul, la somme de deux cens livres pour achepter des livres.

Item ledit sieur testateur donne et lègue à mademoiselle Musset une bague de valleur de cinquante livres.

Item ledict sieur testateur déclare qu'il a proposé aux révérends pères de l'abbaye de Sainte Geneviève au Mont à Paris, *de leur vendre tous ses livres moyennant la somme de dix mil livres* et en cas que ledit marché ne fust conclud de son vivant, ledit sieur testateur veult et entend que si lesditz reverends pères vouloient après son trespas prendre les dicts livres pour la dicte somme, qu'ilz leurs soient baillez et deslivrez moyennant ladicte somme de dix mil livres payable en trois payemens égaux, d'année en année, entre les mains de messieurs ses executeurs testamentaires, ce que les dictz reverends pères seront tenus d'opter quinze jours apres le decés dudict sieur testateur, ses livres non compris dans les dictz livres de mignatures et ses manuscritz sur vellain.

Item ledict sieur testateur donne et lègue au grand couvent des Jacobins de la rue Sainct Jacques la somme de cinquante livres pour une fois payer.

Item donne et lègue à monsieur *Desmaretz*, de l'Académie française, une bague d'or où est enchassée une teste d'agathe colorée.

Et pour executer le susdict testament et present codicille ledict sieur Ballesdens a nommé et esleu messieurs Henry et Delamarre le jeune, son cousin, avocats, révoquant l'eslection qu'il avoit fait de messieurs de Richaumont et Collard par son dict testament, ausquels sieurs Henry et De la Marre il donne et legue scavoir audict sieur Henry une bource de jettons d'argent et audict sieur De la Marre un diamant de douze pistolles, se dessaisissant en leurs mains de tous ses biens, ce que dessus dicté et nommé par ledict sieur Ballesdens aus dicts notaires soussignez et à luy par l'un d'iceulx, l'autre présent leu et releu, qu'il a dict bien entendre et y a persisté en ladicte chambre devant declarée, l'an mil six cens soixante quinze le dix neufiesme jour d'aoust sur les quatre heures de rellevée, et a déclaré ne pouvoir quant à présent escrire ny signer accause de la paralisie qu'il a au bras droict, de ce faire interpellé, suivant l'ordonnance la minutte des presentes est demeurée à Quarré, notaire.

(Signé Lechanteur-Quarré.)

Aujourd'huy au mandement et requisition de messire Jehan Balesdain, prestre conseiller, aulmonier ordinaire du Roy, demeurant dans le college des Cholets, parroisse Saint Estienne du Mont, les notaires, gardenottes du Roy au Chastelet de Paris, soubsignez, se sont transportez audit college, où ils l'auroient trouvé au lict malade de corps, sain d'esprit, mémoire et entendement, en une premiere chambre d'un corps de logis sur le derriere dudit college, ayant veue sur la court et jardins d'iceluy, lequel a, par forme de codicille, déclaré, dicté et nommé ausdits notaires ce qui en suit, scavoir qu'il revocque la nomination qu'il a faicte pour l'exécution de son testament et codicille qu'il a cy devant faicts, de la personne de monsieur Henry, advocat en Parlement, l'un des deux executeurs nommez audit testament, et en son lieu et place a nommé la personne de monsieur Perreau, l'un de messieurs les administrateurs de l'Hostel Dieu de Paris, qu'il prie d'avoir le soing de ladite execution, auquel il donne une bource de jettons d'argent de valleur de quatre vingt dix livres, se remettant pour icelle entierement à la conduitte tant dudit sieur Perreau que de messieurs les autres administrateurs dudit Hostel Dieu.

Donne et legue aux Jacobins de la rue Sainct Jacques la somme de cinquante livres une fois payez, à la charge de dire pour ledict sieur Balesdan une fois un obit en ladicte eglise, le plus tost que faire ce pourra apres son deceds.

Item donne et lègue à monsieur Darnault son cousin, le sieur Horry, notaire apostolique et à Jean Louis Romieu son domesticque, les sommes de deniers qui luy sont deubz par le nommé Soudan, son fermier de sa chapelle de Saint Denis de Brie Comte Robert, pour en disposer chacun par tiers oultre les quinze cens livres qu'il a cy devant donnez audit Romieu son domesticque par donation entre vifs.

Item revocque les legs qu'il a faicts à ses cousins de la Marre, attendu qu'il y a satisfaict, ce fut ainsy faict dicté et nommé par ledict sieur Balesdan ausditz notaires soubsignez, l'an mil six cens soixante quinze le vingt troisiesme jour d'octobre sur les six à sept heures du soir, et a déclaré ne pouvoir quant à present escrire ne signer à cause d'un paralizie qu'il a.

Le vingt quatriesme des ditz mois et an, au mandement dudit sieur Balesdens, les notaires soubsignez se seroient transportez en sa demeure audit college des Cholets où ils l'auroient trouvé gisant au lict, malade de corps, touttes fois sain d'esprit, mémoire et entendement, ainsy qu'il seroit aparu ausdits notaires, lequel a encores par forme de codicille déclaré, dicté et nommé ausdits notaires qu'outre la bource de jettons par luy leguée audit sieur Perreau, il luy en legue encores une autre bource de jettons d'argent qui sont deux, qu'il veult estre de cent livres chacune.

Qu'il revocque le legs faict au père Moulinet par un codicille, y ayant satisfaict.

Et quand au résidu de tous ses biens apres ses testament et codicille accomplis, il les donne et legue à l'Hostel Dieu de Paris, qu'il faict son legataire universel.

Ce fut ainsy faict, dicté et nommé par ledit sieur Balesdens ausdits notaires et à luy leu et releu en ladicte chambre où il est gisant malade ledict jour vingt octobre mil six cens soixante quinze, entre deux et trois heures de relevee.

Et le vingt cinquiesme desdits mois et an, au mandement dudit sieur Ballesdans, les notaires soubsignez se seroient transportez en sa chambre....., lequel a encore, par forme de codicille et en confirmant ceux cy dessus escrits, ausquels il a perseveré, déclaré, dicté et nommé ausdits notaires ce qui en suit, scavoir qu'il revocque le legs qu'il a faict au sieur *Benserade* d'une bague par le codicille qu'il a faict par devant Quarré et son compagnon nottaires.

Item revocque aussy tous les legs qu'il a faictz à tous ses filleuls et filleules par testament ou codicille.

Plus veult et entend, en consideration de l'amitié qu'il a pour les religieux de Sainte Genevıefve au mont, de Paris, qu'il leur soit diminué huit cens livres sur les dix mil livres à quoy ont esté esvaluez ses livres par ledit codicille, payable le surplus ainsy qu'il est porté par son dict codicille, ausquels huit cens livres ainsy diminuez, il entend que les droicts de la sépulture soient compris.

Item donne et lègue à mesdamoiselles Vallet, ses cousines, a chacune trente livres.

Item donne et lègue à monsieur l'evesque d'Amiens une bague de Hiacinthe et la belle qui est gravee.

Item donne et lègue à monseigneur Colbert, ministre d'Estat, les quatres manuscrits qui luy a renvoyez, pour le prix qu'il voudra, et tous les autres qui resteront qui luy soient delivrez pour la prisee qui en sera faicte, à luy legue un petit tableau representant Jacques Cœur et sa femme.

Ce fut ainsy fait par ledict sieur Ballesdans ausdits notaires, et à luy leu et releu par l'un d'iceux, l'autre présent, les dits jour et an sur les trois heures de relevee... le tout demeuré audict Lemoyne, notaire.

INVENTAIRE ET PRISÉE DES LIVRES
DE LA BIBLIOTHÈQUE DE M. DE BALLESDENS.

1. Breviarium romanum cardinalii Quignonii. Prisé.................... 10# 10'
2. Chryptographia et steganographia Seleni.................... 3 00
3. 1 Dictionnaire de Monet............ 1 10
4. Histoire du mareschal de Guebriant, du Laboureur.................... 4 00
5. Titus Livius, cum notis variorum 1578 c. figuris.................... 5 00
6. Roland furieux, à Lyon 1544....... 00 10
7. D. Dyonisii opera. Lat. g. papier. 2 voll. 1644........................ 10 00
8. Theophanis Chronographia Lat. E typ. Regiâ.................... 5 00
9. Syncelii Chronographia Lat. E typog. Regiâ.................... 5 00
10. 1 histoire de Charles VI imprimée au Louvre.................... 7 00
11. 1 comm. Cæsaris cum figuris et notis variorum franc. 1575......... 4 00
12. Estius. In sententias. 2 voll. P. 1662... 10 00
13. Origines de la ville de Clermont par Durand.................... 2 10
14. Histoire de Charles VII. Imp. au Louvre. 7 00
15. Cour Saincte du Père Causin. Pap. fin. A. P. 1645.................... 7 00
16. Delle phrasi toscane. Libri XII di gio Stephano.................... 00 15
17. Histoire des plantes d'Alechamps, à Lyon 1615. 2 voll.................... 9# 00'
18. Reynerii Pantheologia. Lug. 1655. 3 voll.................... 9 00
19. Méthode du cardinal de Richelieu. à P. 1651.................... 5 00
20. Songe du vergier. Lettre gothique...... 00 10
21. Bibliotheca juris canonici. P. 1661. 2 voll.................... 12 00
22. Bonfrerus in Josué, Judices et Ruth. P. 1631.................... 00 15
23. Coustumier général; lettre gothique. P. 1500.................... 1 00
24. Histoire de Barbarie par P. dan. g. p. A. P. 1649.................... 2 10
25. Jansenius gandavensis, In evangelia. Lug. 1580.................... 8 00
26. Bonæ spejus. Bruxelles 1652........ 1 00
27. Passeratius in Catullum. P. 1608..... 4 00
28. Tite Live en allemand avec des figures en tailles de bois.................... 00 10
29. Corpus canonicum cum glossis. P. de la Navire 1612. 3 voll.................... 30 00
30. Sancta Evangelia per J. de la Peyre, 1610.................... 00 15
31. Biblia sacra hebraica latina interlinearis, cum novo testamento græco latino. Ariæ. M. Ant.................... 12 00

32. Dictionnaire civil et canonique de Thaumes. g. pap. 5ᵗᵗ 00ˢ
33. Hydrographie du P. Fournier. gr. pap. à Paris 1643 .... 8 00
34. Petrus a bella Pertica In digestum novum. 4 00
35. Bibliotheca præmonstatensis. P. 1 10
36. V. Bucca Ferrejus. In Arlem. 00 10
37. Peregrinatio Hyerosᵉ Per Broydembach. 1 00
38. Epistolæ Plinii variorum. 00 15
39. Les notaires de Papon. 3 voll. à Lyon 1600. .... 12 00
40. Vies des Saints par René Benoist. 3 vol. à P. 1587. .... 6 00
41. Machumetis alcoranum Lutheri. 5 00
42. OEconomia bibliorum. Ederi Col. 6 00
43. Fabricii conciones, In psalmos. Genevæ 1620. .... 1 00
44. Revelationes sanctæ Brigittæ. Nurembergi 1517. .... 1 10
45. Les paraphrases d'Erasme sur le N. testament. 1 00
46. Commentarii grammatici J. Despauterii. P. 1537. .... 00 10
47. Epitome bibliothecæ Gesneri Tiguri 1574. 2 00
48. Aymo. In consuetudines Arverniæ. P. 1548. .... 4 00
49. Epitome theatri vitæ Lycostenis. 1 10
50. Chronicon chronicorum per tabulas... 00 10
51. Bœthii opera. Basilea. 4 00
52. Paralleli militari di patrici. In Roma 1584. .... 3 00
53. Distinctiones Bartholi. 00 10
54. Institution harmonique de Salomon de Caus. 1 00
55. Historia Lombardica id est, legenda Aurea Goth. 1 00
56. Livre allemand, taille de bois, de Ciceron. 3 00
57. Laisné sur Isaye. 00 15
58. Plautus variorum. 1 10
59. Calcagnini opera. Bas. 1544. .... 1 00
60. T. Raynaudus, de virtutibus. Lug. 00 15
61. Hist. plantarum mexicanarum. Hernandez. 6 00
62. Barth. Westhemerus. In psalmos...... 1 10
63. Tertuliani opera, Pamelii. P. 1608. ... 8 00
64. Histoire de la guerre sainte de Dupreau 1574. .... 3 00
65. Hist. du C. Lesdiguières. 1 10
66. Les illustrations de Gaules de J. Lemaire. 00 15
67. Adagia Erasmi. 00 15
68. Lazius, de rebus Graciæ, cum figuris.. 1 10

69. Lucian, antienne traduction. 1ᵗᵗ 00ˢ
70. Synopsis Juris Lecenclavii. 1 00
71. Vollaterani commentaria. 00 10
72. Coust. d'Amiens commentee par Adrian d'Heu 6 00
73. AEliani opera g. lat. figuri. 9 00
74. Pugio fidæi. P. 6 00
75. Herodote, de Duryer. 3 00
76. D. Cipriani opera, Pamelii. P. 3 00
77. Zuingerus, In psalmos. 00 15
78. Drie donis opera Louanii ? P. 1 00
79. Vitæ Patrum Rosveydii 1628. .... 6 00
80. Histoire de France de Serres. 3 00
81. Marsilii ficini opera. P. 1612. 2 voll... 9 00
82. Canones apostolorum balsamonis g. Lat. 6 00
83. République de Bodin. 1 00
84. Diodorus Siculus g. lat. 1604. ...... 18 00
85. Bibliothèque de Duverdier à Lyon 1585. 2 00
86. Histoire de Navarre de Galand à Paris 1640. .... 1 10
87. Le monde de Davisy. 5 voll. fol. P. 1643. 10 00
88. Aristotelis Po'litica, græco-latina Lambini. 00 10
89. Annales Romanorum pighii 1599. .... 00 15
90. Cassandri opera P. 1616. .... 6 00
91. Biblia rabinica latina Munsterii. 2 voll. 4 00
92. Encyclopœdia Alstedii. 2 voll. 10 00
93. Sanderus de visibili monarchia Ecclesiæ. 3 00
94. Aristotelis opera Casauboni g. lat. Lug. 1580. .... 4 00
95. Isocratis opera. g. lat. Henrici Stephani P. 6 00
96. Recueil du Chastelet. 1 00
97. O. d'Ambroise Paré à Lyon 1633. ... 5 00
98. Décade de Legrain. Hist. d'Henri 4 et Louis 13. .... 1 10
99. Lazius, de migratione gentium. Bas. 1557 2 00
100. Hyeroglifica Pierii Lug. 1590. ...... 1 00
101. Ruellius, de naturâ stirpium P. 1536. . 4 00
102. Guiberti abbatis opera g. pap. 1651... 6 00
103. Abrégé de Baronius de sponde, par Copin. 2 voll. 9 00
104. Hist. de Pline à Lyon 1584. 2 voll. ... 5 00
105. La saincte géographie de Lapeyre à P. 1629. .... 00 15
106. Biblia sacra Rob. Stephani 1546. .... 6 00
107. Biblia sacra vulgata P. 1618. .... 6 00
108. Généalogie de Lassis à Anvers 1645... 3 00
109. Concordantia bibliorum P. de Besse. P. 1611. .... 10 00
110. Marthyrologium R. Baronii P. 1645. g. pap. 6 00
111. Bibliothèque universelle de Boyer g. pap. 1640. .... 5 00

112. Biblia magna. 5 voll. P. 1644....... 45^{tt} 00*
113. Biblia Sacra Isidori Clarivenet. 1564. mar. 9 00
114. Magius de Mundi exustione. Bas....... 1 00
115. Valdesius, de dignitate Hispaniæ. Granatæ 1602.................... 1 10
116. Consuetudines Hungariæ Sambuci. Viennæ 1581.................... 2 00
117. Lettres du C. d'Ossat à P. 1624....... 1 10
118. Mémoires de Castelnau, du Laboureur. 2 vol......................... 18 00
119. Descripcion de l'Affrique par J. Léon... 3 00
120. Alcasar. In Apocalipsin............. 2 00
121. Pontificale romanum. Venetiis 1520... 6 00
122. De l'abus, de Feveret, à Dijon 1654... 3 00
123. Harmonie du Monde de G. vénitien.... 1 00
124. D. de Monet à Lyon 1636........... 1 00
125. Histoire du ministère du card. de Richelieu à P..................... 2 00
126. O. de Grenade de Simond Martin..... 4 00
127. Summa conciliorum coriolani........ 6 00
128. Annales ecclesiastiques de Durand. 4 vol. à P. 1616.................. 12 00
129. Beati Lanfranci opera. P. 1648....... 3 00
130. Praxis Beneficiorum Rebuffi Lug. 1620.. 2 00
131. Isagogé Pagnini ad scripturam........ 1 00
132. Pseautier d'Henri 3. Maroq......... 2 00
133. Les œuvres du père Iréné d'Eu. 3 vol... 4 10
134. Tome 1er du mesme séparé. g. pap..... 1 00
135. Mercure trismegiste à Bordeaux..... . 2 00
136. Libanii sophista opera. g. lat. P. 2 voll.. 12 00
137. Budœus, In linguam græcam R. Steph. 1548.................... 5 00
138. Demosthenis opera græcè........... 1 00
139. Joseph de Genebrard ap. g. p........ 3 00
140. Discipuli sermones, gothique......... 1 00
141. Hist. d'Angleterre avec des figures par J. Speed. Londres............... 10 00
142. Biblia sacra J. Benedicti P. 1573...... 8 00
143. D. Bernardi opera de la Navire 1602... 10 00
144. Hist. universelle de Charon. g. pap. à Paris..................... 4 00
145. D. Gregorii magni opera, de la Navire 1605. 2 v.................. 15 00
146. Recherches de la France, de Pasquier g. p......................... 6 00
147. Morinus de pœnitentia g. p. Pa....... 20 00
148. Trésor des antiquitez romaines par Du Boulay...................... 4 00
149. Cassiani opera. g. p. P............. 10 00
150. Georgii Vallæ opera. Venetiis........ 4 00
151. Vies des saints g. p. à Paris chez Huré. 2 vol......................... 15 00

152. Chronica chronicorum, figures peintes.. 4^{tt} 00*
153. 2 voll. de l'atlas de Blaeu. 2 voll..... 20 00
154. Bœquet g. p. à P. 1644............ 6 00
155. Thesaurus geograph. Ortelii......... 2 10
156. Pererius in Genesim, Moguntiœ...... 5 00
157. Panoplia sacerdotalis du Saussay..... 3 00
158. Vieux dictionnaire latino-gallicum 1546. 1 10
159. Hist. plantarum Theurneisseri....... 3 00
160. Hist. universalis Parisiensis. 4 voll..... 9 00
161. Le jardin de santé, gothique, figure.... 1 00
162. Priora Cujacii. g. pap. 2 vol........ 4 00
163. Opus chronographicum opmécri, figure. 4 00
164. Diophentus Arithmeticorum g. lat. P.. 2 00
165. Sextus empiricus g. lat. Geneva..... 5 00
166. Vita sancti Andreæ du Saussay....... 1 00
167. Lessii opuscula Ant............... 2 00
168. Isidori Hispalensis opera. P. 1601..... 8 00
169. Brancifortius, de animorum pertubatione...................... 1 00
170. Le parlement de Bourgogne à Dijon.... 2 00
171. Biverius, de privilegiis sanctæ Virginis. 1 00
172. Genealogia Christi Cunmanni........ 1 00
173. Ceroné, della Musica.............. 1 00
174. Cochlœus de actis Lutheri.......... 1 00
175. Turco græcia Crusii. g. lat......... 3 00
176. La republica regia di Albergati...... 1 00
177. Dyonisius In Dyonisium............ 6 00
178. Tomus separatus opusculorum Bulengeri. 1 00
179. Tarrade de Beneficiis.............. 1 00
180. Hist. des oyseaux de Belon.......... 3 00
181. Chronologie de Gaultier à Lyon 1633.. 3 00
182. Missæ episcopales per Machabeum episcop........................ 2 00
183. Quintus Curtius Raderi............ 2 00
184. Lazius de quibusdam inscriptionibus romanis........................ 1 10
185. Stella, in Lucam................. 1 10
186. Panopliæ episcopalis du Saussay..... 1 10
187. Les Jeaunes de Goltzius............ 6 00
188. Euclidis Elementa commandini...... 1 00
189. OEconomia bibliorum Ederi......... 6 00
190. Pandecta triumphales.............. 4 00
191. La Muze hist. et le Songe du vergier... 1 10
192. Chronologia Helvici................ 1 10
193. Opera Alberti Dureri. Allemand..... 1 00
194. Folengius. In psalmos............. 1 10
195. Stemmata Lotharingia, des Rosiers.... 3 00
196. Hist. des pays bas de Meterin........ 8 00
197. Elogia P. Labbé. Gratianopoli....... 1 00
198. Psalterium quintuplex............. 00 15
199. Hist. de Geofroy de Villehardouin, du Louvre..................... 10 00

200. Antiquitates conviviales Stuckii. mar. ... 8ᴴ 00ˢ
201. Concilium tridentinum cum declarationibus Louani. ... 12 00
202. Tite Live en allemand avec des figures en bois. ... 2 00
203. La Gerusalemme di Torquato Tasso. In Geneva. ... 6 00
204. De antiquitate Ecclesiæ Anglicanæ. Hannoviæ. ... 4 00
205. Annales d'Acquitaine, du Bouchet. ... 1 00
206. Epistolæ Jacobi Piccolomini. Mediolani 1521. ... 1 10
207. Hist. Ecclesiæ scriptores Christophori Orsoni. ... 12 00
208. Harmonia 4 Linguarum cardinal. Crucigeri. ... 2 10
209. Agellius In psalmos. Romæ. ... 2 10
210. Tite Live en allemand, figures en bois. ... 1 00
211. Genealogiæ principum Rittersbusii. ... 4 00
212. Angeli Politiani opera. Bas. ... 1 10
213. Gallia christiana. 4 voll. P. ... 30 00
214. Ant. Campanii. opera. ... 5 00
215. Augustini Dati opera. ... 5 00
216. Hérodote et Thucidide. antiene trad. ... 1 00
217. De antiquitate Benedictinorum in Anglia. ... 4 00
218. Hœpingius, de jure insignium. ... 4 00
219. Antiquitez de la gaule belgique de Wuassebourg. ... 15 00
220. Antiquitates conviviales Stuchii. Bas. ... 5 00
221. Stuchius de sacrificiis. Figuri. ... 4 00
222. Vetus testamentum. ... 10 00
223. M. de la Franche Comté de Goulu. ... 2 00
224. Reinecius de familiis ant. Bas. ... 3 00
225. Cosmographia Merulæ, peint. ... 4 00
226. Harmonia Mundi g. veneti. ... 4 00
227. Pauli Jovii vita et elogia, cum figuris. ... 12 00
228. St Ephram Syri opera. col. gasté. ... 3 00
229. Concilia generalia de Crabbe. 3 voll col. 1551. ... 10 00
230. Vieil vies des Saints a Douay. ... 1 00
231. Dictionnaire de Monet, a Lyon. ... 1 00
232. Les Jeaunes de Golzius en françois. ... 8 00
233. Simon de Cassia, in Evangelia. Bas. ... 2 00
234. Lexicon Martini Bremæ 1623. ... 10 00
235. Biblia sacra Isidori Clari. Venetiis. ... 8 00
236. Promptuarium Juris Montholoni. 2 voll. ... 4 00
237. Arbor vitæ crucifixæ de Casali. ... 3 00
238. Conformitates sancti Francisci, gothique. Mediol. ... 3 00
239. Bellendenus, de tribus luminibus Romanorum. ... 1 00

240. Strabonis geographia. g. lat. Casauboni. ... 11ᴴ 00ˢ
241. Hyerarchia Ecclesiæ. Pighii. ... 1 10
242. Biblia Castalionis. Bas. ... 2 00
243. Flores Historiarum Evest monasteriensis. Lond. ... 2 10
244. Adami Sasbout opera. col. ... 3 00
245. D. Carthusianus. In psalmos. ... 2 00
246. Titelmanus. In psalmos. ... 2 00
247. Scotorum hist. Bœthii. P. ... 2 00
248. Scotorum hist. Buchanani, Edimburgi. ... 3 00
249. Quintiliani opera. Vascosani 1542. ... 3 00
250. Kepleri Harmonia Mundi. ... 2 00
251. M. de M. de Sully, 2 voll. ... 5 00
252. Rami Scholæ. Bas. ... 1 00
253. Cité de Dieu de Saint Augustin 1610. ... 1 10
254. Vie de Don Philippe, Anvers. ... 1 00
255. Aymius, de jure alluvionum. Bononiæ. ... 1 10
256. Ulmi Physiologia herbæ Bononiæ. ... 3 00
257. Coust. du Maine, gothique, de Rouille. ... 3 00
258. Ludolphus de vita Christi. ... 3 00
259. Dictionnaire de Nicol. à P. ... 1 00
260. Henningii Analysis. ... 3 00
261. Stephanus. de Urbibus. ... 5 00
262. Cassiani opera, ex correct. Dyon. Carthus. ... 1 10
263. Serranus in Leviticum. ... 1 00
264. N. Testamentum grecè, e typ. regia. ... 8 00
265. Deffence de la Royne mère, de Saint-Germain. ... 1 00
266. Hospinianus, de Festis. ... 3 00
267. Annales de France, de Belleforest. 2 voll. P. ... 5 00
268. Hist. Plantarum, de Lobel. Londini. ... 3 00
269. Exercitationes biblicæ, Morini. ... 12 00
270. Hist. ecclesiastique, du Preau. 2 voll. P. ... 4 00
271. Fleurs de la solitude du P. Simon de Meslin. ... 6 00
272. Antiquitates J. Viterbensis, Romæ. ... 2 00
273. Hist. d'Italie de Guichardin. ... 3 00
274. Catalogus testium veritatis. ... 4 00
275. Hist. des comtes de Poictou par Besly. ... 3 00
276. Supplementum d. August. g. pap. 2 voll. ... 20 00
277. M. de Comines, du Louvre. ... 12 00
278. Tarade, de Beneficiis g. p. maroq. ... 3 00
279. Novum testamentum Bozæ g. lat. g. pap. ... 7 00
280. Tactic. g. pap. de Monsieur Le Maistre. ... 2 00
281. Diction. græco latinum, Tusani. ... 1 10
282. Quintilianus Vascosani. ... 3 00
283. Pullus, in sententias. ... 1 10
284. Chronologia Genebrardi Lug. ... 3 00
285. Vies des Saints du P. Simond Martin g. pap. à P. ... 15 00

286. Felinus, in psalmos. Bas.	00ᶫᵗ 15ˢ	333. Chronologie de Lapeyre.	2ᶫᵗ 00ˢ
287. P. Aurelii opera P. 1642.	6 00	334. Hist. de l'église d'Orléans par Guyon.	2 00
288. Pandectæ triumphales Medii.	5 00	335. Hist. de la ville d'Orléans par Lemaire.	2 00
289. Adagia Erasmi fol. P.	00 10	336. Térence en franc. goth avec des figures en bois.	1 00
290. Description des Bays Bas, à Anvers.	4 00	
291. Biblia sacra Louanii 1547. Maroq.	8 00	337. Livre de vers en allemand avec des figures.	3 00
292. Inscriptiones antiquæ Lipsii.	6 00	338. Albertus Durerus, fol.	1 00
293. Hist. des papes, de Duchesne, g. p. à P. 2 voll.	15 00	339. Annales Roberti Gaguini, fol.	1 00
		340. Notitia orientis et occidentis.	1 10
294. Recueil de figures de Thaumas Leleu.	3 00	341. Notitia dignitatum Imperii.	1 00
295. Ant. Sola. in consuetud. ant. Sabaudiæ.	1 00	342. Justi Lipsii opera. 2 vol. Lugd.	10 00
296. Nova practica della Sania da Malfi.	1 00	343. Bibliotheca homeliorum et serm. pr'sc. patrum. 4 voll.	15 00
297. Panoplia clericalis du Saulsay.	2 10	
298. Hermolaus barbarus, in Plinium.	00 15	344. Magna constructio Theonis et Ptolomai.	2 00
299. Antiquitates romanæ Dempsteri.	3 00	345. Glossarium H. Steph. g. lat.	3 00
300. Bucherius, de doctrina temporum.	1 10	346. Aulus gellius, fol. goth. mar.	1 10
301. Antonius Gabulius, de vita Pii V, Romæ.	1 10	347. Philostrati heroica.	1 00
302. Cottunius, de statu animæ rationalis.	1 00	348. Turnebi adversaria.	1 00
303. OEuvres de Grenade, de la traduction de Gaultier.	1 10	349. Ruellius, de naturâ stipium.	2 00
		350. Missale romanum. Paris.	1 00
304. Feronius, in consuetudines burdigalenses.	4 00	351. Sermones Lanuza, en esp. 4 vol.	6 00
305. Ciceronis opera. Lambini, maroq. 2 vol.	15 00	352. Cassiodorus, in psalmos, goth.	3 00
306. Homeliæ Perboni, gothique.	3 00	353. J. Major in sententias, goth.	1 00
307. Théatre d'honneur de plusieurs princes, figures.	15 00	354. Hist. de Charles V, du Louvre.	9 00
		355. Dyonisius Halicarnasseus, græcè.	3 00
308. La republique de Bodin.	5 00	356. Piscara, de ritibus ecclesiasticis.	1 10
309. Psalterium e typographiâ regiâ.	4 00	357. Le Franc-alleu du Languedoc.	5 00
310. Lazius, de migratione gentium. Bas.	3 00	358. Demosthenis opera, lat.	1 10
311. Demosthenis opera græcè g. p.	3 00	359. Cortegiano del conte Baldesar.	1 00
312. Oleastor in Pentateuchum.	10 00	360. Salinas, de Musicâ.	5 00
313. Dyonisius in Dyonisium.	6 00	361. Les vies de Plutarque, de Morel. 2 vol. P.	4 00
314. Bavaria sancta, Raderi, cum figuris.	30 00	362. 3 voll. de Marandé.	6 00
315. Senecæ opera. 1580 P.	1 00	363. Orationes Ciceronis, cum notis variorum. 2.	4 00
316. Les 2 prem. vol. du trésor chronol. de D. Romuald.	5 00	
		364. Campani opera.	4 00
317. Bibliothèque de La Croix du Maine.	2 00	365. Vocabolario della Crusca. 1612.	12 00
318. Epigrammata Brodœi.	3 00	366. Biblia Lutheri en allem. cum figuris.	15 00
319. Tiraquellus, de Legibus connubialibus.	1 10	367. Chronica chronicorum, cum figuris.	3 00
320. Revelationes sanctæ Brigittæ, goth.	2 00	368. Poetæ græci Henri Steph. græcè.	7 00
321. Pighius, de libero arbitrio.	1 00	369. Cité de Dieu, de Saint Augustin, trad. en fran. 1486.	8 00
322. Les petits hist. romains d'Erasme.	1 10	
323. Le premier volume de Valesius, rerum Franciæ.	1 00	370. Nicolai primi papæ Epistolæ. Romæ.	5 00
		371. OElius nebrissensis, de rebus hispanicis.	4 00
324. Magnum opus musicum Orlandini.	6 00	372. Guilelmus altissiodorensis, in sententias.	8 00
325. Virgilius variorum, cum figuris 1529.	1 00	373. Titelanus, de veritate.	1 10
326. Christophori Marcelli opera.	1 00	374. Epistolæ d. August. goth.	1 00
327. Plutarque en françois 2 vol.	5 00	375. Arianus, de expeditione Alexr Magni. g. lat.	3 00
328. Antoniana Marguarita 1554.	3 00	376. Hist. de la guerre sainte de Dupréau.	1 10
329. Cosmographie de Munster.	1 00	377. Onus Ecclesiæ.	1 10
330. Psalterium Justiniani Mediolani.	1 10	378. Regimine de los principes.	1 00
331. Mineralogia Cœsii.	2 00	**FIN DES IN-FOLIO.**	
332. Cuspinianus de Cæsaribus.	2 00	379. Etymologium magnum, grecum.	2 00

Inventaire et prisée des manuscrits en vélin trouvez dans ladite bibliothèque[1].

431. Des heures avec des images et vignettes en miniatures, sur la tranche desquelles est escrit le nom de Coligny. 10ᴸᴸ 00ˢ
432. Des heures, avec les armes du chevalier Digby 3 00
433. Des heures reliees en vieux veau noir, figures gothiques............... 00 10
434 et 435. La nef des fols du monde, avec des figures peintes en forme de miniature...................... 6 00
436. 2 traittez de Jerson et 3 livres de la sagesse....................... 3 00
437. Processionnal en velin, avec 3 ou 4 miniatures.................... 3 00
438. Livre des Eschets, translaté en françois par Jean du Vignay, religieux, dédié à Jean de France, duc de Normandie, fils du roy Philippes............. 5 00
439. Livre de Hugues de St Victor sur Hieremie, lat...................... 3 00
440. Livre contenant plusieurs ballades des femmes, la complainte en vers de Fredet au duc d'Orléans, etc.......... 6 00
441. Ordo officii ecclesiast. per totum annum decantandi................... 10 00
442. La chronique de Regino, caractère très antien..................... 15 00
443. Pseaultier en francois............... 2 00
444. Orationes ante Missam dicendæ....... 1 00
445. De Modo loquendi et tacendi......... 2 00
446. Breviaire a l'usage de Meaux l'an 1412. 3 00
447. Le Romant de Charité............. 1 00
448 et 449. Le miroüer de la Mort, vers antiens..................... 1 00
450. Registres des expeditions de la chambre de Justice, l'an 1607............ 44 00
451. 2 traittez de N. Oresme, de la sphère et des divinations................ 2 00
452. Des heures en velin, avec des petites figures.................... 1 10
453. Des heures avec des armes de Foix.... 2 00
454. L'histoire de Paole Orose........... 2 00
455. Les rubriches du Livre des vertus et des vices, escrit par J. Hubert, l'an 1464, par ordre d'Isabeau, fille ainée du Roy d'Escosse, duchesse de Bretagne.... 10 00
456. Le romant de la Rose, avec des miniatures....................... 3 00

[1] Sous les numéros 380 à 430 sont compris des paquets d'in-folios sans titre spécial ; nous ne les avons pas mentionnés.

457. Missel antique, avec des figures antiques (Il a appartenu à l'évesque de Léon). 3ᴸᴸ 00ˢ
458. Des heures avec des figures en camayeux. 6 00
459. Des paraphrases sur le Miserere....... 00 10
460. Le trésor de J. de Meun, en vers francois. 1 10
461. Des Heures a l'usage de Rome, l'an 1513. 3 00
462. OEneide de Virgile, caractères très antiens..................... 3 00
463. Breviaire romain avec les armes du card. d'Amboise et figures en miniatures.. 12 00
464. Recueil de diverses pièces, expositio orationis dominicæ, etc............ 2 00
465. Livre sur les tableaux de la gallerie de la Reyne, 1616, avec des figures..... 1 10
466. Recueil de vers moraux et opus Ricardi. 1 00
467. Livre intitulé : s'ensuyvent les lignées des roys de France.............. 1 00
468. La chronique de monseigneur J. Lebel, chanoine de Saint Lambert de Liege, et ensuitte de Froissard............ 40 00
469. Des heures grecs, avec des graduels à la teste pour toute l'année.......... 1 10
470. Alphabeth gothique figuré........... 3 00
471. Les règles du Jeu des Eschets en latin, avec des figures................ 1 00
472. Commentaire sur les dix commandemens de Dieu..................... 1 00
473. Recueil de vers italiens............. 1 00
474. Odo, abbas, de Numerorum, scilicet unitatis et dualitatis, mystica significatione........................ 3 00
475. Livre intitulé Speculum Salvationis humanæ, avec des figures en camayeux à chaque page................. 5 00
476. Livres avec des antienes figure en forme de prophettie.................. 1 00
477. Legende dorée: avec des figures en grisailles.................... 15 00
478. Le vieux et nouv. testament en figures et grisailles.................... 3 00
479. Une translation d'Ægidius Romanus, du gouvernement des princes, faicte par H. de Gauchy, du temps de Philippe le Bel........................ 4 00
480. Le pelerinage de la vie de l'homme 1511. 2 00
481. Livre intitulé : de necessitate et sufficientia vitæ humanæ, par de Paternis, a la prière de la Dauphine de Beaufort à laquelle il est dédié............ 4 00
482. Vie de sainte Marguerite, avec des miniatures..................... 00 10
483. Les Commentaires de César en latin... 3 00

484. La confirmation faicte par Louis XI des privilèges des notaires et secrétaires et ampliation desdits secrétaires.... 1ᵗᵗ 10ˢ
485. Passion de N. Seigneur translatée du lat. en francois, a la prière de dame et princesse Isabelle de Bavière, reyne de France, l'an 1398, avec des figures en camaieux................... 5 00
486. Heures à l'usage de Paris, avec plusieurs vignettes et miniatures........... 6 00
487. Enseignements contre les pechez mortels en vers, avec des figures et vignettes en miniatures.................. 5 00
488. Des Heures en miniatures........... 1 00
489. Les epistres de Saint Paul avec la préface de Sᵗ Hyerosme................ 1 00
490. 3 traittez de Ciceron, de claris oratoribus, etc...................... 2 00
491. Traittez de Polibe en grec........... 1 10
492. Antiene Bible sans commencement..... 1 00
493. Des heures reliez a la mosaique avec miniatures..................... 3 00
494. Pseautier de David, relié a compartiments...................... 1 00
495. Heures en vélin avec des figures blancs et noires................... 3 00
496. Tibulle et Catulle, et le Priscien avec des annotations................. 5 00
497. Pseautier, gros caractère, avec des miniatures..................... 3 00
498. Des opuscules de S. Augustin........ 1 00
499. Heures en vélin, avec des figures noires et blanches................. 00 10
500. Ephemerides et saillyes de Metz...... 1 00
501. Les regles de S. Benoist et de Fontevraux...................... 2 00
502. La montagne de contemplation, traduite de Gerson.................... 1 00
503. Les 4 évangiles, caractere tres antien, avec les prologues de S. Hyerosme.. 30 00
504. Heures, avec de gros fermoirs, et figures de miniature................. 5 00
505 et 506. Epistolæ Anselmi, d'un caractere tres antien.................. 6 00
507. Breviaire a l'usage de Paris, tres antien. 4 00
508. Les soliloques de S. Augustin......... 1 00
509. Livre intitulé : s'en suit comment le royaume de Gaule fust nommé France, et Lutèce Paris.................. 00 10
510. De oculo morali et Disticha Catonis cum comment..................... 1 00
511. Pseautier, gros caractère goth. fig. goth... 10 00
512. Heures antienes avec miniatures gothiques........................ 3ᵗᵗ 00ˢ
513. Heures avec miniatures (Bretagne)..... 3 00
514. Les evangiles des quenoüilles. goth.... 1 00
515. Recueil de diverses histoires et lettres du pape et du turc.................. 1 00
516. Papus Alexandrinus de Machinis, avec des figures antienes, grec.......... 10 00
517. Recueil de plusieurs chants royaux par Pierre de Heurs................. 1 00
518. Tractatus de pontificali officio, compositus a Landulpho de Colonna, canonico carnotensi................. 3 00

Vita sancti Nicolai, folio. Apophthegmata, græce. Manuscrits en papier.

Quatorze vollumes in folio reliez en maroquin incarnat, contenant :

519 et 520. L'histoire de la condamnation des templiers, et les procez criminels du mareschal de Rays et du comte de Saint Paul en 1440 et 1475.
521. Le procez criminel de Jean duc d'Alençon, l'an 1456.
522. Le proces criminel de René d'Alencon l'an 1481 et 1482.
523. Instructions diverses des ambassadeurs, depuis François Iᵉʳ 1535, jusque en 1636 soubz Louys 13ᵉ. 2 voll.
524. Mémoire du duc de Rohan.
525. Les gestes du connestable de Montmorency.
525 bis. Traittez et negotiations d'Allemagne et Suysse.
526. Les droits de nos Roys sur les royaumes et pays étrangers.
527. Traittez concernants les affaires de Naples et de Sicile.
528. Traittez concernants la Savoye, etc.
529. Traittez qui monstrent que le royaume d'Escosse est feudataire du royaume d'Angleterre.
530. Pieces de la Ligues et ambassades diverses.
531. Ceremonies antienes observées aux gaiges de bataille et querelles.

Tous lesquels 14 voll. nous avons prisé ensemble..................... 140 00
532 et 533. Le debat du chrestien et du sarasin, appellé l'Alcoran.......... 10 00
534. Gaudentius Merula in Plautum....... 3 00
535. Epistolæ Jacobi, regis Britanniæ...... 5 00

536. Ars prædicandi magistri Alani........ 1ᶫᵗ 10ˢ
537. Blondus Flavius, de Roma........... 1 10
538. L'amphithéâtre de la sagesse de Kunrath, en françois.................... 3 00
539. La chronique françoyse............ 1 00
540. Chrysologie chymique non achevée..... 1 00
541. Cérémonial des cardinaux........... 1 00
542. Les chroniques de Saint Denys. 2 voll.. 6 00
543. Registres de la cour ecclesiastique de Roüan, ou il y a plusieurs actes des inquisiteurs de ce temps là........ 6 00
544. Recueil de vers qu'Henry II° avoit donné à Diane de Poitiers, duchesse de Valentinois................... 6 00
545. Hist. d'Anne de Boulen, jadis reyne d'Angleterre..................... 3 00
546. Vie de Margueritte de Lorraine, fondatrice des religieuses de Sainte Claire. 1 00
547. Romant faict par le premier chappelain du Roy Jean................... 2 00
548. Hist. sancti Huberti, principis Aquitanici. 2 00
549. 1 papier terrier du Beaujolois en latin, pour Louyse de France, mère de François 1ᵉʳ.................... 5 00
550. Recueil de remontrances faictes par le Parlement de Paris touchant plusieurs édits à Henry II°................ 6 00
551. Livre de médecine traduit d'Avicene (il est à Gandouin)................. 1 00
552. Livre de proprietatibus rerum........ 1 00
553. Abregé de l'histoire des Françoys...... 2 00
554. Recueil de plusieurs vies des saints en françois..................... 2 00
555. Recüeil d'armes genealogiques peintes.. 3 00
556. Description et fondation de Dreux en Normandie et de Brene en Champagne, et les armes peintes des princes et seigneurs de ces terres......... 10 00
557. Alliances genealogiques de la maison de Loraine depuis l'an 319 jusques à Charles.... avec les ecussons et armes peintes................... 5 00
558. La passion de Nostre Seigneur en vers acrostiques................... 1 10
559. Legendaire composé par Cornelius Grasius, chartreux................ 2 00
560. Remontrances faicts au Roy dans les Estats en 1560, contre les heretiques.. 1 00
561. Recueil de contes anticns............ 1 00
562. Raymundi Lulli compendium super Lapidariam....................
563. L'amoureuse Clytie de Pola de Sondabar. 3 00

564. Recueil de blasons par Secille, herault.. 1ᶫᵗ 10ˢ
565. Recueil de rebus de Picardie, peint.... 3 00
566. Summa de Casibus................. 1 10
567. Recueil de blasons en allemand, peints. 4 10
568. Genealogies de la maison de Cleves peints. 6 00
569. Abregé de Froissard par chapitre...... 3 00
570. La Paix de Vervins................ 4 00
571. Hist. des Roys de l'Escriture en allemand. 3 00
572. Catalogue des Biblioth. du Roy et de la Reyne..................... 1 10
573. La vie de Bertrand Duguesclin..... 1 10
574. Recueil d'actes de visites faict par Angelus Perusius, evesque et visiteur dans les eglises de Turin, etc.......... 3 00
575. Croniques de Flandres............. 1 00
576. Divers traittéz servant à l'histoire de Henri 4°................... 1 10
577. Antiquitez de la ville de Soissons...... 3 00
578. Recueil de theologie par tables....... 1 00
579. Recueil d'arithmetique et mathematique. 1 00
580. Recueil de plus. armes............. 1 10
581. Histoire de Caliste, du temps d'Henri 4°. 10 00
582. Recueil de figures de testes de crotesques..................... 3 00
583. Hist. de Quinte Curse............. 4 00
584. Recueil de contes soubz Francois 1ᵉʳ.... 2 00
585. Recueil de plusieurs traittez de Gerson.. 1 00
586. Le procès criminel du duc de Nortffold.. 1 00
587. Recueil de lettres servantes à l'histoire.. 1 00
588. Vita sancti Huberti, episcopi et confessoris..................... 1 00
589. Traitté de l'eau de vie............. 1 00
590. Genealogies angloises............. 1 00
591. Vie de Robert d'Arbrissel.......... 00 10
592. Vieille cronique et tres antiene........ 1 10
593. Vie de Charlemagne par Eginard...... 1 10
594. Recueil de pieces pour l'hist. de Francois 1ᵉʳ.................... 1 00
595. Abregé de la Vie des evesques de Metz.. 1 00
596. Germani Massioli epistolæ.......... 00 10
597. Cronique de la noble cité de Metz..... 00 10
598. Discours sur la pacification des troubles de France.................. 00 10
599. Abregé de la vie de saint Guillaume, duc d'Aquitaine................. 00 10
600. La taxe et collation des benefices du diocese de Troyes................ 1 10
601. Commentaria in Aristotelem Jani Cæcilii Frey. Deux volumes............ 1 10
602. Les ordonnances redigees par tables... 3 00
603. Termini et proportiones arithmeticæ J. Cornelii..................... 1 00

[1672.] DE L'HÔTEL-DIEU DE PARIS. 89

604. Recueil de pieces de Postel et de lettres
a luy escrittes.................... 3# 00°
605. Projet pour bastir une maison en l'isle
de Grenel pour les Invalides et vagabonds............................. 1 00
606. Livre contre celui de M. Grotius, des origines des peuples................. 1 00
607. Thesaurus thesaurorum en vers, exhi-
bens illustres inscriptiones christia-
nas............................... 1 00
608. Maldonat, de sacramento pænitentiæ... 1 00
609. Instruction pour la charge de grand
maistre et de superintendant....... 1 00
610. Traittez des trois estats de France, du domaine, en quoy il consiste, des finances et revenus du royaume..... 1 10

MANUSCRITS GRECS.

611. Plusieurs traittez de Johannes Sinaita,
de l'histoire des Indes............. 15 00
612. Les epistres de S. Grégoire de Na-
zianze............................ 10 00
613. Stephani Magnetis empirica.......... 10 00
614. Georgii Pachimerii, mathematica, arith-
metica, musica, geometrica et astro-
nomica........................... 15 00
615. Les poesies de S. Cyrille d'Alexandrie et
Theodore......................... 15 00
616. Le Journal de M. Erouard, premier medecin du Roy, relié en six volumes
en bazane vert, prisé.............. 40 00
617. 2 autres volumes de lettres originales.. 20 00
618. 1 vol. des ambassades de M. Hotman.
619. 1 vol. de lettres originales du connestable
de Montmorency, ensemble........ 30 00

Nous soubsignez, marchands libraires à Paris, re-
connaissons avoir faict la presente inventaire et prisee
des livres de la Bibliotheque de feu mons^r de Balesdens,
chanoine de Nantes et de Noyon, en nostre foi et conscience, et après la supputation par nous faicte, nous
avons trouvé que ladite Inventaire, contenüe en trente
six pages d'escriture se monte a la somme de quatre
mil quatre cent soixante et neuf livres quinze sols, scavoir :

14 pages des in-folio et pacquetz des livres
imprimez aussi in folio............. 1878# 15°
4 pages de manuscrits en velin......... 386 10
6 pages de manuscrits en papier....... 532 10
                                       ————
A reporter..... 2797 15

Report........ 2797# 15°
1 page de manuscrit en grec.......... 125 00
11 pages des livres imprimés qui estoient
dans soixante caisses [1] et dont nous
avons fait des pacquets tous par nous
cottez............................. 1547
                                       ————
                                       4469# 15°

Aussi bien que le present inventaire, en foy de quoy
nous avons signé à Paris, le vingt deuxieme novembre
mil six cent soixante et quinze.
Signé : P. Aubouyn, Jacques Villery.

Depuis la cloture du present inventaire, il s'est encore trouvé 2 vol. de manuscrits in-folio qui sont les
ambassades de monsieur Hotman et un recüeil aussy
in folio de lettres originales du connestable de Montmorency que nous avons prisé ensemble 30 #.
Laquelle somme, adjoutee au total cy dessoubs de
4469# 15 s., cela faict 4499# 15 s.
Signé : P. Aubouyn.

Extraits de l'Inventaire après décès.

Ensuivent les tableaux.
Item un petit tableau a cadre doré qui represente la
mère de François Ier, peint sur bois, prisé, xxx s.
Item un autre petit tableau à bordure de bois repré-
sentant Jacques Cœur et sa femme, peint sur bois,
x livres.
Un autre petit tableau peint sur bois représentant
Cosme de Médicis, xxx s.
Un autre grand tableau représentant saint Paul,
garny de sa bordure dorée, prisé cinquante livres.
Un autre grand tableau sans bordure représentant
toute la nature peint sur toille, prisé la somme de
vi^xx livres.
Un autre tableau représentant un cardinal, xxx s.
Un tableau représentant une vierge d'apres Raphael,
vi livres.
Une teste de Seneque, de pierre, iiii livres.
Une annonciation gothique sur du bois, xx solz.
Un tableau rond où est représenté une scène de Nostre
Seigneur esmaillé sur cuivre, garny de sa bordure de
bois, xxii livres.

---
[1] Ces soixante caisses renfermaient plus de 6,000 volumes, qui
furent vendus en bloc par les libraires, par paquets de 10, 20 et
même 30 volumes. Si l'on ajoute à ces 6,000 volumes les 439 dont
nous avons donné le catalogue détaillé et les 341 compris sous les
n°s 380 à 430, on voit que la bibliothèque de l'académicien Ballesdens se composait d'au moins sept mille volumes.

Un autre tableau représentant un paisage sur castore, iii livres.

Un autre petit tableau peint sur bois, ou est representé une Nativité fermant à deux vollets, iiii livres.

Un autre petit tableau peint sur bois representant Raphœl, iiii livres.

• Deux autres petits tableaux representant deux portraitz d'enfans de princes allemands, xxx solz.

Un autre tableau peint sur bois ou est representé une vierge dans un paisage, garny de sa bordure taillée dorée, xxiiii livres.

Un autre tableau peint sur bois sur lequel est representé la decoration (sic) saint Jean, garni de sa bordure de bois (donné à S¹ Jean d'Amiens), xv livres.

Un autre tableau representant un inventaire peint sur bois, vii livres.

Un autre tableau peint sur toille, ou est representé sainct Charles Borromé, garny de sa bordure de bois noircy, x livres.

Un autre tableau où est représenté monsieur l'evesque Du Bellay, xxx s.

Un autre tableau d'email, au nombre de neuf, sur lesquelz sont representez diverses figures d'hommes, femmes et autres animaux, xv livres.

Un autre petit tableau peint sur bois, sans bordure, ou est representé Nostre Seigneur arresté par les Juifs dans le Jardin des Olives, xl solz.

Un autre tableau peint sur bois sur lequel est representé une figure d'homme, au dos duquel est escript : *original de Michel de Montagne*, xv solz.

Un autre tableau peint sur bois, sur lequel est representé la femme de Charles Quin, garny de sa bordure de bois doré, xx s.

Un tableau rond en esmail, sur lequel est representé l'empereur Julien, garny de sa bordure de bois, ix s.

Un tableau rond en esmail sur lequel est representé Marc Oreille a cheval, garny de sa bordure d'esmail et bois taillé, x livres.

Un tableau rond en esmail, sur lequel est representé l'empereur Neron, garny de sa bordure d'esmail, en partie doré, iiii livres.

Un autre tableau sans bordure peint sur bois sur lequel est representé un prestre disant la messe dans un bois, xxv s.

Un autre tableau peint sur bois sur lequel est represente le sieur d'Interville, xxx s.

Un miroir d'acié garny de sa bordure de bois a l'antieque, au devant duquel est un petit tableau peint sur bois representant Palas, iii livres.

Un tableau en octogonnes sur lequel est representé en relief un enfant avec une teste de mort de marbre blanc, lx solz.

Une vierge de marbre tenant son Jesus, posee sur son pied d'estail, vi livres.

Un autre tableau peint sur bois sur lequel est representé une Nativité de Nostre Seigneur, garny de sa bordure de boys en fillets dorez (donné a monseigneur l'archevesque de Paris), xv livres.

Un petit tabernacle d'ivoir dans lequel sont representez cinq figures de devotion, xxx s.

Un petit tabernacle de bois desbeine ouvrant a deux petits voilets representant une vierge, prisé xxx s.

Un tabernacle d'esbeine garny de plusieurs figures d'argent et vermeil doré, façonné, sur le hault duquel est un petit tabernacle d'argent macif doré, au milieu duquel est une vierge tenant Nostre-Seigneur et plusieurs autres figures d'argent vermeil doré, ledit tabernacle en façon d'eglise, garny de son estuy de cuir noir, prisé la somme de iiii^{xx} xvi ₶.

Un petit coffre en forme de bahud, de cuivre doré à une serrure, fermant a clef, autour duquel sont deux petits tableaux d'esmail dont les figures representent l'apocalipse, xx livres.

Un petit tabernacle de vermeil doré, d'un costé est Nostre Seigneur en croix et de l'autre la Vierge et autres figures dont les dessus sont d'esmail, garny de son estuy de cuir, prisé xxx livres.

Un relicaire d'argent doré enrichy de petites perles fines et autres bijoux dans lequel est une vierge de patte (sic), au pied de laquelle est un petit relicaire, garny de son estuy de veau rouge, xl livres.

Un petit tableau d'argent doré, au millieu duquel est une vierge d'or esmaillé, dont la bordure est garnye de petites perles fines, attachee d'une chaisne d'or et d'argent, au bout de laquelle est une petite bouile d'agatte, x livres.

Une chasse de cristail de cuivre doré, garny de petites perles fines, dans laquelle chasse est une autre petite, aussy de cristail et cuivre doré, au dessus de laquelle est une petite croix enfermé dans un coffre fermant a clef, couvert de cuivre noir, xx livres.

Une corbeille d'argent façonné, xxx ₶.

Un missel couvert de velours cramoisy, a deux fermoirs d'argent macif, garny de cinq plaques d'argent de chacun costé, sur lesquels couvercles sont representez, au milieu de chacun costé, Nostre Seigneur et la Vierge, et aux quatre coings sont les quatre pères de l'église, d'argent, xxx ₶.

Un petit escran de cuivre rouge garny de fleurs de lys ou est representé le portraict de monsieur le Chancelier deffunct, xxx s.

Un jaspe a arrester le sang, x s.

Une bourse dans laquelle y a une boiste de cuivre doré dans laquelle sont trois agastes, l'une representant sainct Charles, l'autre sainct Estienne et l'autre un Dieu de Pitié, l ℔.

Une cuvette de topase d'Allemagne, avec son pied, vi livres.

Deux petits tableaux d'esmail, sur le premier desquels est representé Francois Ier, garny de sa bordure doree et sur le second est representé Jeanne d'Albret (*donné à monseigneur le Dauphin*), xx livres.

Deux petites statues d'ivoires qui sont Nostre Seigneur et sainct Jean tenant une croix sur un pied d'estail, vi ℔.

Deux petites figures d'ivoires representant Venus avec son amour enfermez dans une boiste de sapin, xx s.

Deux racines de mandragore malle et femelle, enfermez dans une boiste de cuir, iii ℔.

Un petit tableau en relief representant Francois Ier sur buy, v s.

Un autre petit tableau rond sur lequel est representé Henry II en cire, x s.

Item un Christ, la Vierge et sainct Jean d'ivoirs enfermez dans une boiste de bois blanc, xxx livres.

Une boiste de la Chine en exagone, dans laquelle sont sept petites boistes rondes aussy de la Chine, garnies de leurs couvercles, vi livres.

Un jaspe en forme de ciboire, avec sa boiste, le tout d'argent vermeil doré, xxx livres.

Un petit cassolet d'argent doré avec son petit chaudron d'argent, xxx liv.

Une coquille de mer garnie de deux figures des deux costez d'homme et de femme, et au dessus d'une teste de lyon d'argent doré, xii ℔.

Deux bustes de marbre representant deux empereurs, vi ℔.

Une boiste d'ivoire gravé en relief sur laquelle est representé Nostre Seigneur en croix, entre deux larons, dans laquelle boiste s'est trouvé unze pièces, la premiere est une petite boiste d'or emaillé garny de rubis ou est le portait de M. de Guise, la seconde une teste de grena representant la face du Roy deffunct, la troisiesme Henry quatre garny d'un cercle d'or, la quatriesme est une coquille representant l'adoration du veau d'or en relief, garny d'un petit cercle d'argent doré, la cinquiesme une teste de mort dans laquelle sont representez Nostre Seigneur en croix d'un costé et une descente de croix de l'autre, garnie d'or, la sixiesme une medaille de cristail de roche ovalle, sur laquelle est representee la Vierge tenant Nostre Seigneur avec autres figures, la septiesme est un reliquaire d'esbeine garny de cristaux et les quatre autres pieces sont medailles d'argent, ladicte boiste d'ivoire enfermé d'un estuy, prisé le tout ensemble la somme de xii ℔.

Un petit tableau de coquille, relevé en bosse, gravé,

sur laquelle est representé l'adoration des Roys, garny de sa bordure et couvercle d'argent vermeil doré, viii ℔.

Un soleil servant pour Saint Sacrement, d'argent vermeil doré, monté sur son pied d'agatte, garny de perles et autres pierres et figures d'argent doré, iiii^{xx} ℔.

Une bourse en broderie dans laquelle s'est trouvé cent jettons d'argent (ès mains de M. Perreau), iiii^{xx} ℔.

Une autre bourse de velours vert dans laquelle s'est trouvé cent quatre vingts deux jettons d'argent (ès mains de M. Perreau), vi^{xx} ℔.

Une autre bourse de velours vert, garnie de ses pendans, dans laquelle se sont trouvé deux cens cinq jettons d'argent (demeuré à M. Perreau), cl ℔.

Item une autre bourse de velours rouge dans laquelle se sont trouvé deux cens quarante jettons d'argent (délivree à M. Perreau), cl ℔.

Un livre in-quarto dans lequel sont les portraicts de François Ier et les dames de Milan (*donné a Sa Majesté*), lx ℔.

Un autre livre couvert de chagrin fleur de lizé, les feuilletz de velin, qui est les eslancemens du *poitre* crestien avec plusieurs figures de mignature, x ℔.

Une montre d'or esmaillé a fond bleu, enrichy de petits diamans, cinquante livres.

Une bague d'or emaillee, dans laquelle est enchâssé un diamant en lozange carré, lx ℔.

Reçu de Colbert.

29 janv. 1676.

Nous Jean Baptiste Colbert, chevalier, marquis de Seignelay, secretaire d'Estat et des commandemens de Sa Majesté, recognoissons que Messieurs les administrateurs de l'Hostel Dieu de Paris, executeurs du testament et codicilles, et legataires universels du feu sieur Balesdens nous ont faict deslivrer, par les sieurs Perreau de la Charnoye, l'un desdicts administrateurs, et De la Mare, advocat en Parlement, aussy executeur dudict testament, les quatre manuscripts qui nous ont esté leguez par ledict deffunct, par son codicille du xxve jour d'ottobre, plus tous les autres manuscrits contenus en l'inventaire et prisee qui en a este faicte, a nous pareillement leguez par ledict deffunct, avec le petit tableau y mentionné, dont nous quittons et deschargeons lesdicts sieurs administrateurs, executeurs testamentaires susdicts et tous aultres, desquels manuscrits nous avons faict paier le pris es mains du s^r Levesque, receveur general dudict Hostel Dieu, suivant le resultat desdits sieurs administrateurs, du viiie du present mois.

Faict a Paris le xxiie jour de janvier mil six cens soixante seize.

Signé : COLBERT.

Reçu autographe de Mézeray.

19 juillet 1676.

Je soubssigné, secretaire perpetuel de l'Académie françoise et en ayant charge de recevoir le legs a elle faict par feu monsieur de Balesdens, confesse avoir receu de monsieur de la Mare, l'un des executeurs testamentaires dudit feu monsieur de Balesdens deux tableaux, l'un grand, sans bordure, representant Apollon et le Mont Parnasse, l'autre plus petit, avec une bordure dorée, representant la sainte Vierge, dont je le quitte et descharge.

Fait ce dixneuviesme juillet mil six cens soixante seize.

Signé : MEZERAY.

Reçu autographe de l'abbé Cotin.

28 avril 1676.

J'ay receu de monsieur de la Mare, l'un des executeurs du testament de monsieur Balesdens, l'anneau ou est la figure de Platon, laquelle figure il m'avoit laissée par testament.

Signé : L'abbé COTIN.

Reçu autographe de François Charpentier, de l'Académie française.

Je soubsigné, de l'Académie française, reconnais avoir receu de monsieur Perreau, executeur du testament de feu M. Balesdens, par les mains du sieur Romieu, une bague qui m'a esté léguée par ledict sieur de Balesdens, dont je quitte ledict sieur Perreau. Fait le 20 avril 1676.

Signé : CHARPENTIER.

Billet autographe de M. de Coislin, sans date.

Monsieur,

Je suis en touttes les poinnes du monde. J'ay perdu vint cinq louicts d'or contre le Roy, aubliges mey de me les faire trouver. Je suis votre tres humble et tres affectionné serviteur.

Signé : DE COISLIN.

A monsieur Balesdens.

2 lettres de Ballesdens, sans date.

De Paris, ce 6 juillet.

Mademoiselle ma tres chere sœur,

Le reproche que vous me faictes m'est trop glorieux pour m'en plaindre. Je n'eusse jamais pensé que le respect que j'ay pour vous, vous eut deub estre injurieux, ny que la passion que j'ay de vous honnorer vous eut pu causer une certaine espece de cholere qui me devoit estre si obligeante. Si jay manqué dans ma derniere lettre de vous appeler ma sœur, comme j'avois accoustumé, la refflexion que j'ay faicte sur le nom de frere, un peu trop familier, que vous m'aviez permis de prendre, et dont je me croyois tout à fait indigne, en est cause. Mais, puisque votre bonté me confirme de nouveau la permission qu'elle m'avoit donnée autrefois de me prevalloir d'un si beau titre, et de rentrer dans une si chere aliance que la vostre, je vous promets, Mademoiselle, non seulement de l'estimer au dernier point, mais encore de la relever beaucoup au dessus de toutes celles que la nature et le sang m'ont donnees dans le monde. Ne doubtez donc point que je ne garde tres pretieusement la derniere lettre que vous m'avez faict l'honneur de m'escrire sur un suiect qui me doibt procurer un si grand advantage, puisqu'elle me servira comme d'un brevet signé de votre main, par lequel je justifieray que c'est autant par obeissance que par inclination que je prends la liberté de me dire, Mademoiselle, vostre tres humble, tres obeissant et tres affectionné frere et serviteur, Ballesdens.

Je vous envoye la sentence que j'ay obtenue aux Requestes de l'hostel il y a longtemps, au prochain voyage vous recevrez ma procuration pour agir comme bon vous semblera du revenu et des charges de mon petit benefice, vous estes si raisonnable et si pieuse que vous considererez comme vous devez, et comme une bonne et charitable mere, les membres du fils de Dieu qui sont les pauvres. Je relis de temps en temps vos belles lettres, affin de me ressouvenir des promesses que vous m'y faictes de ramasser petit a petit ce qui m'est deub. M. Desobier faict quelque chose contre le devoir d'un gentilhomme, quand il differe si longtemps a payer une si legere partie, qui luy est demandee si instement. Si j'estois hors d'affaires et que j'eusse assez de force, je voudrois aller faire un tour jusques chez vous, affin de contribuer avec vous a restablir toutes choses pour la gloire de Dieu. Je n'en pers pas l'esperance qui s'accomplira quand je seray plus heureux que je ne suis, cependant je me recommande a vos bonnes prieres et a celles de tous vos enfans.

Le soleil qui eschauffe beaucoup la terre me faict croire qu'il la rendra feconde en fruictz et surtout en prunes, vous n'oublierez pas d'en faire provision pour les convalescens. Adieu, je ne me lasserois jamais de m'entretenir avec vous que j'honnore de tout mon cœur. R'endez moi le reciproque par vos bons offices.

A Mademoiselle, Mademoiselle Georgeis, a Ligeuil.

Mademoiselle,

De Paris, ce 11 octobre.

Je recois deux de vos lettres presqu'en mesme temps, la premiere sans datte et qui paroist avoir esté long-temps par les chemins ou dans la maison du facteur et l'autre dattée du siviesme du courant. Je m'estonne de la temerité du s' Barbier qui entreprend ce que M. le baron de Ligeuil ne voudroit pas faire. Ce sont les ennemis secretz de feu M. Georgeis, car ie scay qu'il en avoit quelques uns de longue main, que le zèle qu'il avoit pour la justice luy avoit suscittez, qui ont porté cet homme a ce haut point d'insolence que de vouloir prendre le bien d'autruy. J'ay veu M. Poussechat, procureur, et la dernière assignation qui luy a esté envoyée; on a mis procureur au grand Conseil, ou lon fera intervenir monseigneur l'evesque de la Rochelle, en qualité de doyen de Saint Martin de Tours, patron de mon benefice. Cependant vous devez vous opposer a toutes les entreprises d'un homme qui n'est point gradué et qui n'est pas en possession, jusques a ce qu'il ayt un arrest. Je vous prie de me mander sa vie, sa qualité, s'il scait lire et escrire, s'il a du bien ou caution, s'il est domicilié à Ligeuil, si marié ou non et de qui il peut estre porté. Je verray M. l'evesque de Coustances, grand vicaire de monseigneur le grand aumosnier et luy communiqueray mes provisions et celles de mes predecesseurs avec les anciens adveuz rendus au Roy et aux commissaires deputez. Je vous prie de vous servir de la procuration que je donnay a feu M' votre mary au dernier voyage qu'il fit a Paris avec vous. J'entends que vous vous en serviez comme si le deffunct estoit vivant, et que vous vous en serviez envers tous et contre tous. M. Desaubiers est trop homme d'honneur pour desnier ce qu'il a confessé devoir tant par ses lettres qu'autrement, s'il compte avec vous ou qu'il fasse compter, vous recevrez cette partie que vous m'envoyrez, car j'ay besoing de toutes choses apres une maladie de trois ans qui me coupte plus de seize mil francs. J'attendois dès la sainct Jean les cent livres que vous m'aviez promis avec le supplement des cent escus que vous m'avez donnés et sur lesquels vous auriez beaucoup perdu, tant a cause de la legereté des espèces que pour la diminution; après cela ie vous croiray en conscience de ce qui me peut estre deub depuis tant d'annees de jouissance. Cet homme qui s'est déclaré ma partie m'offense cruellement dans ses escritz, dont ie me serois bien passé, moy qui ay creu qu'on s'acquittoit de par dela de tout ce a quoy l'on estoit obligé. J'attends les prunes que vous addresserez au college des Cholletz ou ie demeure encore pour quelque temps, allant quand ie puis ou que iy suis obligé chez monseigneur le Chancelier, qui est le premier president du grand Conseil, et qui me fera rendre bonne justice, la veufve et les héritiers de feu Chappelle me doivent, j'ay tousiours faict estat de consacrer ceste debte aux pauvres.

Si iavois habitude avec M. le cure de Ligeuil ou avec quelque personne d'honneur de Ligeuil, je leur aurois escrit pour leur faire considerer une personne de ma condition a l'esgard d'un homme qui n'est rien et qui n'est pas en estat de leur rendre service comme ie puis faire et comme iay fait a quelques particuliers a mes despends. Je ne puis pas escrire davantage, je suis indisposé. ie vous supplie de faire cas de cette lettre comme d'une procuration dont vous vous servirez pour faire tout ce que vous iugerés a propos, comme auroit faict le deffunct. Je suis sans réserve, Mademoiselle, vostre tres humble et tres affectionné serviteur.

Signé : BALLESDENS.

(Je me vais escrire et faire escrire a monsieur l'Intendant de justice de la Province sur les violences qu'on me faict).

A Mademoiselle, Mademoiselle Georgeis, à Ligeuil.

LEGS MARTIN DE BAUGY.

Testament de Martin de Baugy.

29 août 1653.

Au nom du Pere et du filz et du Sainct Esprit, ayant consideré l'estat de ceste condition mortelle et caducque, laquelle a sy peu d'asseurance dans sa duree que nous nous voyons souvent retrancher le cours de la vie dans le plus beau de notre aâge, et precipiter dans le tombeau les esperances qui estendoient nos proietz a de longues annees, j'ay esté porté a disposer de ma derniere vollonté par ce mon testament que j'ay faict, ne jugeant a propos d'attendre a y pencer lorsque je seré assally de vives atteintes de la mort, car la doulleur est trop puissante dans ceste conioncture pour sy occuper, lon peu bien plus utillement employer le temps qu'il plaist a Dieu nous departir pour lors a se preparer a bien mourir, selon qu'est obligé un crestien, et banissant de nostre pansee le soing des choses de la terre, dans le temps qu'on est prest de la quitter pour gaigner le ciel que la bonté de Dieu nous doibt faire esperer. Je recommande mon ame a Dieu mon createur, supliant sa divine Maiesté de n'entrer poinct en jugement avecq moy pecheur, mais que par les merites du precieux sang de son filz mon seigneur et redempteur Jesus Christ, il luy plaise me faire misericorde, pour laquelle obtenir, invoeque l'intercession de la glorieuse vierge Marie et de tous les saincts de Paradis; pour mon corps, je desire qu'il soit enterré avecq peu d'apareil et sans aucune tenture de deuil en la paroisse du lieu ou arrivera sa dissolution et que l'on y face celebrer le sainct sacrifice de la messe pendant un an.

Je legue a l'eglise Sainct Martin de Ledeville (Leudeville) du dioceze de Paris la somme de cent livres pour estre employee a ce que les habitants dudict lieu jugeront convenable, a condition que les marguilliers de ladicte parroisse se chargeront de faire dire une messe par chacun an, le jour de mon deceds, pourveu qu'il n'arrive point de feste ledict jour ou concurrence d'obit fondé, ce qu'arrivant ladicte messe sera transferree au jour prochain.

Je legue aux pauvres mandians errants par les rües et eglises de Paris la somme de deux cens livres pour leur estre distribuee dans la quinzaine apres mon deceds, sans choix ni acceptation de personnes.

Je legue a madame de Ledeville, ma tante, relligieuse a Poissy, la somme de cent livres pour en disposer soubs le bon plaisir de madame la Prieure, ce qu'elle jugera bon estre.

Je legue au pere Agatange de Paris, mon frere, capucin, pour le couvent ou il sera demeurant lors de mon deceds, la somme de trois cens livres, qui sera mise ès mains de qui voudra le pere gardien, et ce pour la nourriture des freres, et diront la messe pour le repos de mon ame le jour de la deslivrance dudict legs.

Je legue a monsieur Le Noir, mon cousin, mon aiguiere, escuelle d'argent, cuillieres et fourchettes et tous mes livres.

Je legue a mademoiselle Marie Bouleche, ma cousine, la somme de mil livres dont luy sera payé l'interest au denier vingt jusques à la deslivrance desdictes mil livres leguez.

Je legue a monsieur Pageau, mon procureur à la Cour, la somme de trois cens livres et mon manteau doublé de panne que j'ay peu porté, s'il l'a pour agréable.

Je legue a monsieur Hadou, son nepveu, la somme de cent livres pour recognoistre le soing qu'il a pris en la sollicitation de mes affaires.

Je legue a la vefve Rapoil la somme de trente six livres tournois.

Je legue a Nicolas Millet, mon serviteur, pareille somme de trente six livres, mon manteau de drap d'Hollande simple, mon habit des champs, une paire de draps.

Je legue a Ricier, maistre cordonnier a Paris, la moictié des arrerages qu'il me debvra lors de mon deceds, l'autre moictié estant deüe par son beau frère tous deux solidairement obligez, auquel je n'entend remettre que le quart des arrerages dans la totalité, scavoir moictié moins qu'audict Ricier.

Je legue aux reverends peres jesuittes de la maison professe la somme de trois cens cinquante livres pour remerciment et recognoissance des bons enseignemens que j'ay receus d'eux.

Apres mes legs cy-dessus acquittés et mes debtes payees, scavoir madamoiselle ma mere, a qui je doibs concurremment avec mes freres, je legue tous et un chacuns mes autres biens a l'Hostel Dieu de Paris, tant meubles que immeubles, conformement a ce que me peut permettre la coutume, et particullierement sans desroger ausdicts legs.

Ce qui m'est deub a Ledeville par les heritiers de feu Guillaume Chevalier, qui estoit fermier de ladicte terre, et les heritiers de feu Denis Lamelot, aussy fermier de ladicte terre, dont je n'ay rien receu depuis la sainct Martin 1643, n'ayant osé aller, *a cause des menaces a moy frequemment faictes par mes freres et particullierement par Gaspard de Baugy qui a failly a me faire assassiner dans Paris le deuziesme avril mil six cens quarante sept, dont j'ay faict informer*, et ayant tousiours continué son mauvais desseing contre moy, dont je me suis encores plainct naguere, ayant couru pareil inconvenient deux fois depuis lesdictes informations, a quoy je supplie Messieurs de la Cour avoir esgard, sy Dieu permet que pour mes peschez je succombe à telle violence.

Je legue pareillement audict Hostel Dieu ma part de ce qui peult estre deub des rentes et censives dependans de ladicte terre dont je n'ay rien receu depuis ledict temps, estans deubs plusieurs arrerages du vivant de mon pere, comme se peult justiffier par son registre tant desdictes censives que rentes que ledict Gaspard de Baugy a usurpé et surpris.

Je legue audict Hostel Dieu le quint de madicte terre, de ma portion afferante et partage qui en sera faict, sans avoir esgard au decret scandaleux faict de ladicte terre par Hierosme de Baugy mon frere, pour me frustrer de mes pretentions, outre plusieurs advantages indirects consertez a mon preiudice, ayant mesme esté extorqué par artifices deux promesses en blanc de madamoiselle ma mere dont j'ay faict declaration pour descharger ma conscience, pour qu'on ne la moleste pas par cette voye, tournant les bienfaicts a iniures, pour preuve de ladicte verité, s'en treuvera une parmy mes papiers, attachée à des sentences rendues contre elle par deffault.

Je supplie messieurs les Administrateurs de l'Hostel Dieu de Paris de poursuivre les partages intentez contre moy, et mes freres, dont l'instance est pendante en la deuxiesme chambre des enquestes au rapport de M. Magdelaine, pour avoir par ce moyen la delivrance dudict legs, en quoy monsieur Pageau aura la bonté de les informer de la cognoissance qu'il en a.

Or, arrivant le partage des terres de Leedeville, ledit quint par moy cy dessus legué sera uny aux terres adjacentes que ledict Hostel Dieu a aux environs, sans que la valleur en puisse estre recompensee en argent, car ainsy est mon intention, ce que mesdicts heritiers n'ont subiect de trouver mauvais, puisque les frequentes saisies faictes sur ladictes terre tesmoignent bien qu'elle doibt passer en mains estrangeres.

Et pour l'exécution de ce mien testament que je désire avoir plain et entier effect, sy cest le plaisir de Dieu, a l'exclusion de toute autre qui en paroistroit non escript de ma main, comme est celluy ci, je nomme M. Le Noir, mon cousin, et M¹ Pageau, s'ils l'ont pour agreable, dont je les supplie, et tel de mesdits sieurs les Administrateurs de l'Hostel Dieu qu'ils jugeront, pour le legs par moy faict, je somme mesdicts sieurs administrateurs d'accommoder a l'amiable par arbitre tout ce qui pourroit venir en contestation sur le subiect de ce mien testament et d'y porter les interessez, n'estant point mon intention d'offenser la charité, le tout suivant que leur prudence leur suggerera, je prie Dieu qu'il soit la récompense de la peine qu'ils prendront en cette action de pieté, declarant que je n'ay que luy pour obiect de cette acte de ma derniere volonté.

Je me dessaisis donc et demets de tous et un chacuns mes biens entre les mains de mesdits sieurs Le Noir et Pageau, pour s'acquitter de l'execution de ce mien testament s'ils l'ont pour agreable, conformément à ma derniere volonté icy enoncee.

Je suplie la divine Maiesté de me prendre en sa saincte grace et de vouloir laver mes pechez dans son sang precieux, ne permettant pas qu'il ayt esté respandu pour moy inutilement. Ainsy soit-il.

Faict a Paris le vingt neufiesme aoust mil six cens cinquante trois. Signé de Baugy, a costé est escript paraphé le sixiesme janvier 1654.

Signé : DAMBRAY.

Extrait de l'inventaire après décès.

12 janvier 1654.

Dans la chambre ou est deceddé ledict deffunct.

..... Item six autres chaires a vertugadin couvertes de tapisserye, poind de hongrye, prisees ensemble a xii ƚƚ tournois.

Un coffre fort de bois de noyer a une serrure fermant a clef, garny de son soubsbassement prisé xviii ƚƚ.

Dans le cabinet dudict deffunct.

Une escriptoire d'esbeyne fermant a clef prisee vi ƚƚ. Item un fuzil prisé lx solz.

Un hault de chausse et pourpoint de drap de Hollande noir, avec une robbe de chambre de serge noire doublée de revesche, xviii ƚƚ.

Un chappeau de vigogne avec deux paires de gandz, xl s.

Deux manteaux de panne, l'un de drapt d'Hollande et l'autre de camelot de l'Isle, lx ƚƚ.

Quatorze rabas de thoille de baptiste d'Hollande et dix paires de manchettes, viii ƚƚ.

Ung bauldrier de maroquin noir garny alentour d'un petit mollet de soye, avec une bourse de jettons de cuivre, l solz.

Deux paires de canons de thoille d'Hollande, xxx s. t.

Requête de Jérôme de Baugy aux administrateurs de l'Hôtel Dieu.

Remonstrances et supplications tres humbles a Messieurs les gouverneurs et administrateurs de l'Hostel Dieu de Paris.

Pour tres humble remonstrance par Hierosme de Baugy.

Messieurs,

Vous estes tres humblement supplié d'avoir esgard a la priere que vous fait Hierosme de Baugy, frere de deffunct Martin de Baugy, duquel ledit Hostel Dieu est legataire universel de tous ses biens, et de scavoir l'incommodité où Gaspard de Baugy, son frere aisné, l'a mis par son mauvais mesnage et desbauches, que chacun scait, l'ayant fait obliger pour luy, lorsqu'il estoit encore en minorité. Et depuis fait ratifier, ce qui le met en peine, n'osant sortir pour eviter la prison et vous soliciter en personne, et qui n'a aucune affaire qui le puisse mettre en peine en son particulier. Neantmoins, il a appris que par surprise et faux donné a entendre, il vous veut faire croire le contraire, et vous met devant les yeux des enfans qu'il a d'un mariage contracté avec une servante, sans aucun consentement de nostre mere ny parens. Je pourrois vous dire et asseurer qu'il a mis nostre frere au tombeau par ses persecutions contre luy, sans aucun suiet, sinon qu'il vouloit avoir son bien. Vous scavez, Messieurs, qu'il s'en plaint par son testament, il m'a fait le semblable, i'en ay les preuves, celles qu'il fait iournellement à nostre dite mère, de laquelle il tire tout ce qu'il peut a mon préiudice, l'ayant mise en telle nécessité, qu'elle a esté contrainte d'emprunter pour vivre, il ne se contente pas d'avoir eu plus de quarante mil livres de droit d'aisnesse, il voudroit tout avoir : c'est pourquoy, Messieurs, vous me permettrez de vous supplier et representer qu'il ne seroit pas iuste qu'il iouyst seul de vos graces, et qu'estant frere de celuy qui vous a laissé son bien, ie n'y eusse pas quelque part, comme vous voulez faire a ses enfans, dont il iouyra, et moy qui en ay autant besoin que luy et possible davantage, pour n'estre pas marié, ie sois privé de vos graces et bienfaicts qu'il vous plaira faire, ie pouvois me pourvoir contre le testament et y trouver quelques nullitez, comme ie l'avois trouvé par conseil d'advocats, ie ne l'ay voulu faire, il ne me pouvoit arriver pis que de ne rien avoir, iay fait le contraire, ayant donné librement main levee de la saisie que i'avois faicte entre les mains des executeurs, et passé procuration, pour consentir que tous les effects de la succession de feu mon frere vous fussent delivrez, dans l'esperance que i'en recevrois quelque gratification, ie crois qu'il n'est point arrivé que dans les grandes donations qui vous ont esté faites, vous n'en ayez tousiours relasché quelque chose aux heritiers, bien qu'ils ne fussent pas en la nécessité en laquelle nous sommes mon frere et moy.

Vous estes si iustes et si raisonnables que i'espère que la faveur que mon frere employe pour luy faire bailler quelque chose ou a ses enfans, et m'en faire frustrer sans raison, n'aura nul pouvoir auprès de vous, et que la verité et la justice l'emporteront par dessus le mensonge.

EXTRAIT DES REGISTRES DU PARLEMENT.

Arrêt de délivrance du legs de Baugy.

3 juillet 1655.

Entre les gouverneurs et administrateurs de l'Hostel Dieu de Paris, demandeurs aux fins de la requeste du 22 janvier 1654 et en execution d'arrest de debouté de deffences du 29 aoust audit an, d'une part, et dame Barbe de Bragelonne, veufve de feu Jehan de Baugis, vivant escuyer, sieur de Leideville, heritiere presomptive quant aux meubles et acquets de deffunct Martin de Baugy, escuyer, sieur dudit Leideville en partie, Gaspard et Hierosme de Baugis, freres, heritiers dudit deffunct Martin de Baugis, deffendeurs, et encores Gervais Le Noir, escuyer, et maistre Nicolas Pageau, procureur en la Cour, executeur du testament dudit deffunct Martin de Baugis, aussi deffendeur. Et entre ladite de Bragelonne, veufve dudit feu Jean de Baugis, demanderesse en requeste du 23 fevrier dernier, et lesdits administrateurs de l'Hostel Dieu deffendeurs, et encore entre damoiselle Marie Boulloche, fille maieure, usante et iouyssante de ses droicts, Jeanne Rousseau, veufve de defunct Claude Rapoil, et Nicolas Millet, legataires particuliers dudict defunct Martin de Baugis, intervenans et demandeurs, suivant leur requeste du dernier aoust 1654 et lesdits administrateurs de l'Hostel Dieu de Paris, et consorts, deffendeurs d'autre.

Veu par la Cour ladicte requeste du 22 janvier 1654, et demande desdits gouverneurs et administrateurs de l'Hostel Dieu de Paris, a ce que delivrance leur fust faicte du legs universel à eulx faict par ledict defunct Martin de Baugis, par son testament du 30 aoust 1653, deffenses desdits Le Noir et Pageau ès dits noms, ledit arrest de debouté de deffenses du 29 aoust audit an 1654, à l'esgard de ladite de Bragelonne, Gaspard et Hierosme de Baugis esdits noms, appointement en droit a escrire et produire, à l'esgard desdits Le Noir et Pageau, et arrest d'appointé a produire et contredire a l'esgard desdits de Bragelonne et Baugis freres, du dernier decembre audit an 1654, procuration du 21 janvier dernier fournie depuis lesdits arrests de debouté de deffences et d'appointement a produire, employée pour deffences, et d'appointement a produire employee pour deffences par ladite Barbe de Bragelonne, production desdits administrateurs, forclusions de produire par lesdits Le Noir et Pageau, ladite requeste du 23 fevrier dernier et demande d'icelle de Bragelonne a ce qu'en prononçant sur la delivrance du legs requis par lesdits administrateurs de l'Hostel Dieu, et en cas qu'ils obtinssent a leurs fins, que pour l'advenir ils seroient condamnez pour et continuer les arrerages des deux rentes de sept cens cinquante livres et cent trente six livres, ensemble six cens livres de doüaire, sans préiudice de ceux du passé, dont elle avoit requis le payement sur les deniers estans ès mains desdits Le Noir et Pageau, executeurs testamentaires, deffences desdits administrateurs, appointement en droict a escrire et produire, production d'icelle de Bragelonne faicte tant sur ladiste requeste que sur la demande desdits administrateurs...

. . . .

Tout ioinct et considéré, dit a esté que ladicte Cour ayant esgard a ladite intervention, a ordonné et ordonne que lesdits intervenans auront delivrance des legs particuliers à eux faicts, comme aussi delivrance sera faicte ausdits administrateurs du legs universel.

Ordonne que tous les biens meubles, tiltres et papiers concernans ladite succession leur seront baillez et delivrez par les executeurs testamentaires et autres qui les ont en leurs mains.

Et en conséquence, condamne lesdits administrateurs payer et continuer a ladicte Bragelonne les arrerages desdictes rentes de sept cens cinquante livres et cent trente six livres, ensemble le doüaire prefix de six cens livres, sauf leur recours contre lesdits Gaspard et Hierosme de Baugis, pour leurs parts et portions desdites rentes et douaire, et a ladite de Bragelonne à se pourvoir pour les arrérages du passé, ainsi qu'elle advisera, deffenses au contraire.

Et interprétant l'arrest du premier mars dernier, ordonne que lesdits Gaspard et Hierosme de Baugis assisteront par un seul procureur au compte de l'exécution testamentaire, que lesdits Le Noir et Pageau sont condamnez rendre par ledit arrest, sans despens. Pourront neantmoins lesdits executeurs employer ceux par eux faicts en la despence de leur dit compte. Prononcé le troisieme juillet, mil six cens cinquante cinq.

Acte de vente de la terre et seigneurie de Leudeville, par Gaspard et Jérôme de Baugy.

22 mars 1654.

Par devant les notaires et garde notes du Roy nostre sire au Chastelet de Paris, soubzsignez furent presens Gaspard de Baugy, escuier, sieur de Leudeville, et dame Marguerite de Pont, sa femme, de luy autorisée pour l'effet des presentes, et Hierosme de Baugy, escuier, sieur dudict lieu, demeurans scavoir ledict Gaspart de Baugy et dame son espouze, rue de Berry, proche les petits capucins, pairoisse Sainct Jean en greve, et ledict sieur Hierosme de Baugy a l'Arcenac, pairoisse Sainct Paul, lesquels volontairement ont recogneu et confessé avoir vendu, cédé, quicté, transporté et délaissé, vendent, cedent, quictent, transportent et delaissent des maintenant et à tousjours, promectent et s'obligent solidairement, l'un pour l'autre, et chacun d'eulx *à messire Thomas de Mesmes*, conseiller, aumosnier du Roy, abbé de l'abbaie de Grizelle absent, stipulant par messire Jacques de Mesmes son frere, chevalier, intendant des maison et finances de monseigneur, frère unicque du Roy, demeurant en l'Isle Notre Dame, rue Neufve et paroisse Sainct Louis, au nom et comme procureur dudict sieur abbé de Griselle et de luy fondé de procuration specialle, la terre et seigneurie dudict Leudeville et fief de la Houville en dépendant, scis en la prevosté et vicomté de Paris, proche Chastres soubz Montlhery, conçistant en fief, haulte, moyenne et basse justice, grande maison seigneurialle, pressoir bannal, clos et parc de bois de haulte fustaye, une grande basse cour, colombier à pied...; trois cens vingt deux arpens de terre labourable, cinq arpens de vignes, un arpent de terre en garenne, demy arpent de pré scis en la paroisse de Sainct Vrain, plus deux cens livres de rente en plusieurs partyes deubs par les habitans dudict Leudeville et des villages circonvoisins, comme en ont jouy ou peu jouir lesdicts sieurs vendeurs et leurs predecesseurs, à l'exception de ce qui appartenoit a feu Martin de Baugy, escuier, leur frere, audit sieur Hierosme de Baugy, tant de son chef que comme ayant acquis les partz dudict sieur Gaspard de Beaugy, par contract du huictiesme avril mil six cens quarante neuf, ensuitte duquel le décret, vente, adjudication luy ont esté faits aux requestes de l'hostel, et oultre appartient audit sieur de Beaugy un demy quart, comme heritier pour moitié dudit Martin de Baugy, et l'autre demy quart appartient audict sieur Gaspard de Beaugy, comme aussy heritier pour moitié avec ledit sieur Hierosme de Beaugy dudict feu maistre Martin de Beaugy leur frère, pour desdictes choses vendues faire et disposer par ledict sieur acquereur, a comancer la jouissance du jour sainct Martin dernier. Ceste vente, cession, transport et delaissement faicts a la charge des droicts et debvoirs seigneuriaux tant en fief que roture, sy aucun y a, moyennant *la somme de soixante et cinq mil livres tournois* de laquelle somme ledict sieur acquereur retiendra par ses mains la somme de trois mil livres pour employer aux reparations et ameliorations de la maison seigneurialle, attendu que le tout est a present en ruyne, et dont il sera faict proces verbal de la part dudict sieur acquereur, et a l'egard des soixante deux mil livres restans, ledict sieur acquereur audit nom a promis et s'est obligé les bailler et payer ausdits sieurs vendeurs, ou a leurs creanciers, selon l'ordre et privilège de leurs debtes et ypoteques..... A esté encores accordé qu'ayant ledict sieur Martin de Baugy légué a *l'Hostel Dieu de Paris le quint de la part et portion qu'il avoit ausdictes choses vendues par son testament*, seroit confirmé et exécuté, que le pris dudict quint sera desduict et diminué audict sieur acquereur sur celuy de la presente acquisition, preferablement ausdicts sieurs vendeurs et à leurs creanciers..... Faict et passé a Paris scavoir par lesdits sieurs Gaspart, dame son espouze et acquereurs en la demeure dudict sieur Gaspart de Baugy sus declaré, et par ledict sieur Hierosme en l'Arsenac, l'an mil six cens cinquante quatre, le vingt deuxiesme jour de mars avant midy.

LEGS UNIVERSEL DE PHILIPPE DE BERTHIER,
ABBÉ DE SAINT VINCENT DE SENLIS, AU PROFIT DE L'HÔTEL-DIEU.

Testament de Philippe de Berthier.

25 mai 1667.

Au nom du Père, du Filz et du sainct Esprit, je Jean Philippes Bertier, misérable pecheur, et indigne prestre, je me dispose à quitter le monde touttes et quantes fois qu'il plaira a Dieu de m'appeller et je consigne ma derniere vollonté escripte et signée de ma main, que je veult qu'elle vaille pour testament, ou pour codicille ou pour derniere vollonté ou autrement le mieux qu'elle pourra estre, et ce d'autant plus que je la fais pour la descharge de ma conscience, ayant très mal usé de tant de bien d'esglise, que je possede depuis sy longtemps, qui apartient aux pauvres, de quoy je demande pardon a Dieu et le supplie par la saincte passion de son fils Nostre Seigneur Jesus Christ qu'il ne m'impute pas tant de graces qu'il m'a faites pour condamner d'ingratitude, ains qu'il y ajouste cette dernière de voulloir, quand mon âme partira de mon corps, la recevoir dans le sein de sa saincte et incomprehensible misericorde, et pour cet effet, sy je decede a Tholoze ou ès environs, je veulx estre enterré dans l'esglise de Nostre Dame de la Daurade, de Tholoze, en la sépulture de mes ayeulx, et si je decede en ce pays, et que je n'aye pas dit avant ma mort où je veulx estre enterré, je prie les executeurs de mon testament de me faire enterrer ou ils jugeront le mieux a propos, sans aucune pompe, mais je desire, sy faire ce peut, qu'on fasse dire mil messes le jour de mon deceds ou de mon enterrement et qu'on donne l'aumosne à mil pauvres, je dispose ainsy de mon bien pour la descharge de ma conscience. je donne aux pauvres du grand Hostel Dieu de Tholoze la somme de quatre mil deux cens livres de rente que j'ay tous les ans en augmentation de gages, sur la recepte provincialle des decimes de la generalité de Tholoze.

Donation aux incurables.

Je donne a l'Hospital des incurables du faubourg Sainct Germain de Paris la somme de mil deux cens livres de rente a prendre sur la somme de six mil sept cens trente neuf livres de rente que j'ay sur la recepte provinciale des decimes de la Generalité de Montpellier, tant comme acquereur de l'office de controulleur triennal provincial des decimes de ladicte Generalité, qu'acquereur d'auguementations de gages.

Je donne audict hospital ladicte somme de mil deux cens livres de rente pour fonder le nombre des lits pour les malades, qu'il sera convenu avec les executeurs de mon testament.

Donation à l'hôpital des pauvres enfermés de Paris.

Je donne à l'hospital des pauvres enfermez de Paris deux cens marcs de ma vaisselle d'argent.

Donation aux pauvres enfermés de Senlis.

Je donne a l'hospital des pauvres enfermez de Senlis tous les meubles que je ay accoustumé de laisser en ma maison de mon abbaye de Sainct Vincent. dont il y a inventaire, consistant tant vaisselle d'argent, tapisseries, lits, linges, et tous autres meubles, a la réserve de tous mes livres, tant imprimez que manuscripts, et tous les papiers qui ne concernent pas mon bien temporel, que je donne a Salles, mon secretaire, comme aussy je lui donne tous ceux qui se trouveront à Paris ou ailleurs et je le prie de brusler tous les papiers inutils, et notamment tous les livres et papiers qui concernent mes receptes et despences. Je donne aussy audict hospital des pauvres enfermez de Senlis tous les meubles de la ferme de la Bassecourt de mon abbaye, et tous les bestiaux et tous les grains qui se trouveront dans les granges et greniers, et qui se trouveront sur les terres de ladicte ferme de la Bassecourt ensemencées.

Je donne a Lemercier, mon fermier de Montigny, la moytié de ce qu'il se trouvera me debvoir le jour de mon deceds, et l'autre moytié je veulx qu'elle soit distribuee aux pauvres de la parroisse dudict Montigny.

Je donne aux pauvres de la paroisse de Nulli en Telles tout ce que les fermiers de mes dixmes et terres de Nulli en Telles me debvront le jour de mon decedz.

Donation aux pauvres enfermés de Tours.

Je donne a l'hospital des pauvres enfermés de la ville de Tours tous les meubles que j'ay en ma maison de mon prieuré de Gramont dont il y a inventaire.

Je donne a l'esglise ou je seré enterré la somme de trois mil livres; je laisse ma maison que j'ay dans le cloistre de l'esglise de Sainct Estienne de Tholoze, en cas que je ne m'en sois pas deffaict auparavant ma mort, a monsieur Bouslay, chanoine de ladicte esglise, à la charge de bailler à la table des obits de ladicte esglise la somme de cinq mil livres.

Je donne tout ce qui se trouvera m'estre deub a Sainct Beat ou es environs, tant par mes fermiers ou autres debiteurs, le jour de mon deceds, aux pauvres dudict Sainct Beat et de tous les villages ou je perçois la dixme.

Je donne tout ce qui se trouvera m'estre deub a mon prieuré de Sainct Lezer et ès environs, tant par mes fermiers qu'autres debiteurs, le jour de mon deceds, aux pauvres des villages et parroisses dependant de mon prieuré où je perçois la dixme, a la réserve de la somme de trois cens livres que je donne pour réparer l'esglise de la paroisse dudict village de Sainct Lezer, en cas que je ne l'aye pas fait réparer.

Je donne tout ce qui se trouvera m'estre deub par les fermiers de mon prieuré de Naves et Calmond, le jour de mon deceds, aux pauvres desdicts villages de Naves et Calmond.

Je donne aux pauvres des villages de Fontanilles, Sahucguedes? et Bonrepos la somme de trois cens livres, laquelle somme je veult qu'elle soit prise sur ce que les fermiers de Sainct Beat me debvront le jour de mon deceds.

Donation à l'abbaye de Saint-Vincent.

Je donne aux relligieux de mon abbaye de Sainct Vincent une maison que j'ay acquis, joignante la grange a avoine de la ferme de mon abbaye, a laquelle jay fait bastir une bergerie.

Je leur donne la plus belle chasuble que j'aye qui est de thoille d'or très riche, avec tous les assortimens, et trois de mes plus belles aulbes.

Je leur donne aussy la somme de trois mil livres, a la charge de ne rien demander a mon heritier ou legataire universel pour quelque cause ou pretexte que se soit.

Donation au prieuré de Gramond.

Je veulx que l'on baille aux religieux de mon prieuré de Gramond la somme de deux mil cinq cens livres pour employer aux réparations de leur monastere, en cas que auparavant mon deceds je ne leur aye pas payé ladicte somme.

Je donne a ma niepce Garibal, religieuse au monastère de la Croix la somme de trois cens livres de rente sa vie durant.

Donation à l'évêque de Rieux.

Je donne à monsieur l'evesque de Rieux, mon nepveu, tout mon service d'argent, de vermeil doré, la grande tapisserie de verdure ou il y a de l'or, concistante en huict grandes pieces, je lui donne la tanture de l'histoire de Jason, comme aussy la tanture de tapisserie des Travaux d'Hercule en huict pièces.

Je donne a ma niepce de Garibal, ma fillieulle, deux bagues d'or ou il y a chacune un diamant enchâssé, je luy donne aussy, en cas que je ne luy ayt rien donné avant ma mort, la somme de trois mil livres.....

Donation à l'hôpital de la Charité.

Je donne a l'hospital de la Charité du faubourg Sainct Germain de Paris la somme de huict cens livres de rente a prendre sur ladicte somme de six mil sept cens trente neuf livres que j'ay de rente sur ladicte recepte provinciale des décimes de ladicte generalité de Montpellier, pour fonder le nombre des lits pour les pauvres qu'il sera convenu avec les executeurs de mon testament.

Je donne aux religieux du noviciat de Sainct Dominicque, mes voisins, la somme de deux mil livres.

Donation aux pauvres honteux de Saint-Sulpice.

Je donne aux pauvres honteux et necessiteux de la parroisse Sainct Sulpice la somme de deux mil livres, et prie monsieur le curé de voulloir prendre la peyne de distribuer ladicte somme de deux mil livres a qui bon luy semblera.

Je donne a Fareignan, mon maistre d'hostel, six mil livres, et mil cinq cens livres à sa fille.

Je donne a Bedeille dit Mirremont, mon argentier, la somme de six mil livres; je luy donne aussy une rente que j'ay sur les cinq grosses fermes, de huict cens livres, de laquelle je ne jouis presentement que de trois cent vingt livres.

Je donne a Louis, mon sommelier, la somme de trois mil livres.

Je donne à Usson, dict Champagne, mon vallet de chambre et tailleur, la somme de trois mil livres avec tous les habits de ma garde robbe qui servent pour ma personne.

Je donne a Sardin, mon vallet de chambre et tapissier, cinq cens livres.....

Je donne aux lacquais qui seront à mon service, le jour de mon deceds, a chacun la somme de quatre cens livres, tant pour les mettre en mestier que pour les entretenir pendant leur apprentissage.

Je donne tout le reste de mes biens au grand Hostel Dieu de Paris, que je fais mon héritier ou légataire universel.

Je supplie monsieur le President de Garibal et monsieur Du Bort, advocat au conseil, de voulloir prendre la peyne d'estre les executeurs de ce testament.

Je donne audit sieur President de Garibal deux cens marcs de ma vaisselle d'argent, je donne audit sieur de Bort cent marcs de ma vaisselle d'argent, et le prie de la voulloir conserver pour son fils, mon filleul.

Je nomme Sales, mon secretaire, je le nomme pour estre aussy executeur de mon testament, d'autant qu'il est instruit de toutes mes affaires, et il pourra soullager lesdits sieurs de Garibal et de Bort, et pour le recognoistre aucunement de sa peyne, je luy donne quatre cens livres de rente sa vie durant. Je voudrois bien, sy cela se peut faire, qu'on fist dire aux pauvres de tous les hostels dieu et hospitaux cy dessus nommez ou j'ay fait des legs tous les jours a une certaine heure du jour, comme le matin en leur donnant a desjeuner ou le soir en leur donnant a souper, ou quelques autres heures du jour plus commodes, on leur fist dire ses mots (Dieu veille avoir pitié de l'ame de Jean Philippes).

Je revocque tous les autres testaments que je pourrois avoir faits cy devant et je veulx que cettuy cy vaille quand mesmes j'en feray d'autres cy apres, s'ils ne sont pas escripts et signez de ma main, ou s'il n'y a dans ledict testament : In te, Domine, speravi.

Faict a Paris le vingt cinquiesme may mil six cens soixante sept, signé de Bertier, abbé de Sainct Vincent.

Extraits du procès verbal de la vente après décès.

1668.

....

Item en la cour un carrosse sur son train garny de velours noir et de ses rideaux de taffetas et deux placets, prisé la somme de iiii^{xx} x^{tt}, dellivré à Louis Marin pour la somme de cl livres.

Item six chevaux de carrosses soubz poil noir prisez ensemble quatre cens cinquante livres, venduz et dellivrez avecq les six harnois la somme de vi^c xxxv livres.

En la grande salle. Une tenture de tappisserie de haulte lisse de Brucelles où sont representés des paons, de trois aulnes de hault et de vingt cinq aulnes de tour, dellivrée à madame Quittard pour la somme de iiii^c lxx livres.

Dans une petite salle à costé. Une tanture de tapisserie de verdure a petits personnages, representant des chasses de Diane, contenant sept pieces de deux aulnes deux tiers de hault, sur vingt deux a trois aulnes de tours, dellivrée à Jean Perrat, marchant tapissier pour la somme de cinq cens livres.

En la chambre aux miroirs. Un chandellier de cristail a huict branches dellivré à monsieur de Machault pour la somme de iiii^{xx} livres.

Item une tanture de tappisserie a haulte lisse de Bruxelles, a verdure et personnages, rehaussée d'or, contenant huict pieces, prisée la somme de quatre mil livres, dellivré a monsieur l'evesque de Rieux.

En la chambre a costé de ladicte salle. Une couche a haults pilliers de bois noircy, garnie de son enfonceure, sommier de crain, deux mattelas de bourlanisse (ou bourlaisne); un traversin de fustaine remply de duvet, une couverture de layne blanche, troys pantes de ciel, quatre rideaux, deux cantonnieres et deux bonnes graces de velours vert a fleurs doublé de satin à fleurs, blanc, rouge et vert, et la courte pointe trainante, fond et dossier de pareil satin, petittes pantes et foureaux de pilliers aussy de pareil satin, le tout garny de boutons a queûe, crespine, frange et mollet de soye torses de plusieurs couleurs, avecq la housse de serge d'Aumalle verte contenant trois rideaux, deux bonnes graces, les trois pantes, fonds et dossier et quatre pomme de lict, couvertures de pareil velours, garnis de leurs glands et housse de soye blanche et rouge, quatre fauteuils et trois sieges de bois de noyer torces garnis de crain et de thoille rouge, couvertes de leurs housses de semblable velours vendu a Hierosme Brumadie, marchand tappissier pour la somme de mil livres.

Item un grand tappis de Turquie, de pied, de six aulnes de long et de trois aulnes de large, vendu a monsieur de Machault pour la somme de clxxix livres.

Dans une petitte chambre de l'entresol, dans deux petits coffres de bahus ronds s'est trouvé la vaisselle d'argent.

Premierement en plusieurs assiettes, plats et autres ouvrages d'argent blanc, poinçon de Paris, cent vingt huict marcs, prisé a raison de xxvii livres le marc, revenant le tout a la somme de trois mil quatre cens cinquante six livres.

Ladicte vaisselle d'argent contenue tant au present article qu'aux huict articles suivans, montant a viii cens xlv marcs, n'en a esté vendu que iii^c xxxviii marcs pour la somme de ix mil cxxxvii livres.

État des domestiques de Philippe de Berthier.

Estat des domesticques de deffunct monsieur l'abbé de Saint Vincent de Senlis, pour estre vestuz de deuil, ainsy qu'il a ordonné par son testament :

Le s^r Lacase, prebtre, prieur de St Laurens, aumosnier (habit, soutane, et long manteau).

M. de Sales, prieur de Milgran, secrétaire, idem.

Miremont, maistre d'hostel, habit, manteau et juste au corps.

Clement, compagnon chirurgien, valet de chambre.

Champagne, tailleur, valet de chambre.

Sardin, compagnon tapissier, servant à la chambre.

La Vasseur, chef d'office.

Montauban, concierge.

Lucye, dict Celestin, escuyer de cuisine.

Joubert, cocher.

Jean, marmiton.

Le jardinier, le portier, six laquais.

Le premier et le second charretier.

Le muletier, 3 servantes.

Mémoire du chirurgien.

Mémoire des pansements faits par moy, Chevalier, chirurgien de M. l'abbé de Sainct Vincent, à Senlis :

Du 1er décembre (1667) avoir commancé de voir et visiter monsieur l'abbé deux fois le jour jusques au jour de son deceds et ce par son ordre, xxxiii ^{tt}.

Du 9 décembre avoir pensé et médicamenté M. l'abbé de deux excoriations sur les deux metatarses, de largeur d'un escus blanc chacune, accompagnees de rougeur et inflammation, l'espace de douze jours, tous les jours deux fois et a chasque fois y avoir demeuré une heure et demie, xxxiii ^{tt}.

Du 21 décembre avoir pansé et médicamenté M. l'abbé de St Vincent d'une gangrene occupante toute la partie tant interne qu'externe de la jambe droite tous les jours trois fois et y demeurer chasque fois l'espace d'une heure et demie, l'espace de huit jours, et y avoir fait de jour en jour plusieurs scarifications profondes, lxvi ^{tt}.

Plus avoir veillé deux nuicts M. l'abbé, xxii ^{tt}.

Le 29 décembre avoir fait ouverture du corps mort de M. l'abbé et vuidé *tous les ventres* d'icelluy, mesme scié le crasne, et fait quantité d'incisions tant aux parties antérieures que postérieures de tout son corps, et l'avoir rempli de poudres aromatiques en toutes les parties d'iceluy et commancé ladicte ouverture de son corps a onze heures du matin et fini à dix heures du soir c.x tt.

Je soubzsigné, maistre chirurgien à Paris, certiffie avoir taxé les parties cy dessus à la somme de six vingt livres.

Fait ce xiiie jour de mars 1668.

Signé : GAYANT.

Fondation de 4 lits à l'hôpital de la Charité de Paris.
2 mai 1668.

Par devant les notaires du Roy nostre sire, en son Chastelet de Paris soubzsignez furent presens maistre Marc Antoine du Born, advocat ès conseil du Roy demeurant à Paris rue Neuve Nostre Dame, parroisse Sainct Christophe et maistre Jean Sales, prieur de Milgran, demeurant susdite rue et parroisse, executeurs des testament et codicilles de deffunt illustrissime et reverendissime Messire Jean Philippes de Bertier, vivant abbé commandataire de l'abbaye de Sainct Vincent de Senlis, d'une part et révérends père et frères Dauphin Ville, prieur, Simon de la Bare, soubz prieur, Raphael Lemoyne, Ange Papillon, assistant du très révérend père provincial, Zacharie Richard, Cirille Aubreau, Vincent Perin, Prudence Guenieure, procureur, Jean Guinard, Ancelme Thomas, Epiphane Hastié, Elie Dumont et Lucien Desmay, faisant et représentant la plus grande et saine partie des religieux profez et couvent de l'hospital de St Jean Baptiste de la Charité, estably à St Germain des Prez lez Paris, capitulairement assemblez en leur chapitre, ou ils ont accoustumé de traiter de leurs affaires, d'autre part, disant les parties que ledict deffunt seigneur abbé de Sainct Vincent, par son dict testament auroit donné et légué audit hospital de la Charité *huit* cens livres de rente à prendre en six mil sept cens trente neuf livres neuf solz de rente sur les receptes provincialles des decimes de la generalité de Montpellier, pour fonder le nombre des lits pour les pauvres qu'il sera convenu par lesdits sieurs executeurs testamentaires, lesquelz desirant satisfaire a la volonté dudit deffunct, auroient communiqué ausdits pères religieux extrait dudit testament, contenant ledit legs, qu'ils auroient trouvé advantageux pour leur dite maison, au désir duquel a esté fait et accordé entre lesdites parties ce qui ensuit : c'est à scavoir que lesdits sieurs executeurs testamentaires ont fait delivrance reelle et actuelle ausdits peres religieux, ce acceptant pour eux et leurs successeurs audit couvent, desdites huit cens livres de rente a prendre en ladicte somme de six mil sept cens trente neuf livres neuf solz de rente qui apartenoient audit deffunt seigneur abbé de St Vincent, pour desdites huit cens livres de rente jouir par lesdits religieux comme de chose a leurdit couvent apartenant, a commencer ladite jouissance du premier jour de janvier dernier passé et ce pour la fondation de quatre lits audit hôpital de la Charité, que lesdits religieux ont promis et se sont obligez tant pour eux que leurs successeurs de fournir à perpétuité, a commencer du premier jour de juillet prochain, bien et proprement garnis, en des endroits commodes dudit hospital toujours prests, en estat d'y recevoir hommes ou garçons malades, de la qualité de ceux qui se reçoivent ordinairement audict hospital, qui seront nommés et présentés par monsieur le Curé de l'eglise et parroisse Saint Sulpice et ses successeurs curez a perpétuité, lesquels pauvres seront sollicitez, pensez, nouriz et medicamentez pendant leur maladie jusques à la convalescence ou deceds, et ce bien et deuement, suivant les regles et ordres dudict hospital, et apres ladicte convalescence ou deceds, et pour marque de la presente fondation, lesdits religieux mettront au bout de chacun desdits lits, scavoir au premier l'image sainct Jean Baptiste, au second saint Jean l'évangéliste, au troisieme celle de saint Philippe et au dernier desdits lits l'image de saint Vincent, dont ils porteront les tiltres sans les pouvoir changer, lesquels lits seront entierement affectés aux malades nommez en consequence de la presente fondation, sans que lesdits lits puissent estre occupés par autres, sinon au deffault de la nomination ou envoy dudit sieur Curé, le tout à la charge qu'il sera mis et attaché un billet a chacune image desdits lits, contenant ces mots : « Dieu veuille avoir pitié de l'âme de Jean Philippes », afin d'obliger les pauvres dudit hospital de faire cette priere a perpétuité, au commencement ou à la fin de chaque repas, et ce faisant a esté par lesdits sieurs executeurs testamentaires presentement délivré ausdits peres religieux en la presence de nobles hommes Sebastien Cramoisy, ancien eschevin, Jean Le Conte, conseiller du Roy en ses conseils, Jean Marie Lhoste, advocat en Parlement, Fabien Perreau, sieur de la Charnoye, Andre Le Vieulx, conseiller et aussy antien eschevin de cette ville, Allexandre Marsollier et Augustin Perrique, conseillers et maistres d'hostel ordinaires du Roy, tous gouverneurs, maistres et administrateurs de l'Hostel Dieu de Paris, ledit Hostel Dieu legataire universel dudit deffunct........

Fondation de deux lits à l'hôpital de la Charité de Senlis.

Par devant les notaires du Roy au Chastelet de Paris furent présens messire Allexendre de Sene, chevalier, cy devant provost des marchans et eschevin de ceste dicte ville, messires Jean Le Conte, Jean de Gomont... tous gouverneurs et administrateurs de l'Hostel Dieu de Paris, icelluy legataire universel de deffunct illustrissime et reverendissime messire Jean Philipes de Bertier, vivant abbé commandataire de l'abbaye de Saint Vincent de Senlis, d'une part, et reverends peres Dauphin Ville, prieur, Simeon de la Barre, souprieur, Zaccharie Richard, Prudence Gueniaure, Relligieux, procureur, Maximilien de la Chasse, Angelliques Picard, Antonin Thomas, Placide Du Bois, Leonard Poictier, Fulgence Picard, tous relligieux profeix du couvent et hospital de la Charité du fauxbourg Saint Germain de Paris, faisant et représentant la plus grande et saine partie des Relligieux dudict couvent, assemblé en leur chapitre, lieu ordinaire où ils traitent de leurs affaires, ainsy qu'ils ont accoustumez d'autre part, disant lesdictes parties que ledict deffunct seigneur abbé de Saint Vincent auroit par sondit testament légué audict hospital de la Charité huict cens livres de rente a prendre en six mil sept cens trente neuf livres neuf solz de rente sur les rentes provincialles des decimes de la generallité de Montpellier pour fonder quatre litz audict hospital de la Charité, desquels leur a esté faict dellivrance dès le deuxiesme may dernier, suivant l'acte passé par devant Lemoyne et son compagnon, notaires, et par le codicille olograffe dudict deffunct seigneur abbé dudit jour vingt deux decembre mil six cens soixante sept, il a augmenté ausdits huict cens livres de rente quatre cens livres aussy de rente, a prendre sur les mesme nature pour fonder deux litz en l'hostel de la Charité de Senlis, en cas qu'il fust estably, sinon qu'il ne leguoyt que lesdits huict cens livres de rente, c'est pourquoy lesdits Relligieux se sont retirez par devers lesdicts sieurs gouverneurs pour leur communiquer les pieces justificatives de l'establissement dudict hospital de la Charitez audict Senlis, comme ilz ont faict presentement tant par l'acte, representation des lettres patentes de Sa Majesté, donné a Saint Germain en Laye, au mois de febvrier mil six cens soixante huit, d'une sentence du bailliage de Senlis, du 21 janvier dernier, qui a ordonné l'enregistrement tant desdictes lettres que dudict arrest, ce qui a esté exécuté suivant l'acte du vingt deuxiesme dudict moys, de l'acte de prise de possession faict par frère Allexandre Girard, supérieur dudict hospital de la Charité de Senlis, *de deux grandes maisons destinées pour y faire et continuer ledict hospital*, passé par devant Nicolas de Saint Leu, notaire audict lieu, le sept fevrier dernier, et du sertificat de messieurs les gouverneurs et eschevins de ladite ville de Senlis, portant qu'en consequance des actes de résolutions, faict en l'ostel commun de ladicte ville, lesdits relligieux de la Charité de Senlis sont establiz en icelle ville et assistent journellement les malades et blecez, en consequence de quoy lesdites parties ont fait et accordé entr'eux ce qui ensuit, c'est ascavoir que lesdits sieurs gouverneurs, en la susdite qualité, voulans le plus qui leur sera possible executer les dernieres intentions dudit deffunct seigneur abbé de Saint Vincent, ont faict et font par les presentes dellivrances réelles et actuelle audit hospital de la Charitez, de Sanlis, ce acceptant, par lesdits religieux comparans, desdites quatre cens livres de rente à prendre ès dictes six mil sept cens trente neuf livres neuf solz de rente sur lesdictes receptes provinciales desdites decimes de la generallité de Montpellier, pour d'iceux jouir par ledit hospital de la Charitez de Sanlis, comme de chose à icelluy appartenante, a commancer ladicte jouissance du premier jour de janvier derrenier passé, et promettent lesdits relligieux pour ledit hospital d'y faire placer deux litz audit hospital de Senlis en des lieux commodes d'icelluy, bien et proprement garnis, a tousjours prest d'y recevoir hommes ou garçons mallades......; et pour marque de la présente fondation lesdits relligieux feront mettre au pied de chascun desdits litz, scavoir au premier l'image..... et au second celle de....., ausquelles images sera mis et attaché un billet contenant les mots : «Dieu veille avoir pitié de l'ame de Jean Philippes», affin d'obliger les pauvres dudit hospital de Senlis de faire cette prierre a perpétuité, au commancement et a l'affin de chacques repas; recognoissans lesdits relligieux avoir en leurs mains coppies collationnees des pieces concernant ladite rente, les originaux desquelles estans au tresor des tiltres dudit Hostel Dieu, desquelles lesdits sieurs gouverneurs promettent leur ayder quand ils en auront besoing, car ainsy a esté accordé entre lesdites parties, lesquelles pour l'execution des presentes, elles ont esleu leurs domicilles irrévocables, scavoir lesdicts sieurs gouverneurs en leur bureau et lesdits relligieux en leur dit hospital du faulxbourg Saint Germain ausquelz lieux... Fait et passé par lesdits sieurs gouverneurs et leur dit bureau et par lesdits relligieux de la Charitez en leurdit chapitre, l'an mil six cens soixante neuf le douziesme d'avril avant midy, et ont signé la minutte des présentes, demeurée audit Lemoyne, nottaire.

Estat au vray en quoy conciste le revenu de l'abbaye (de Saint Vincent de Senlis).

Premierement une ferme dans le village de Monteigny, a huict lieues de Paris, proche de Danmartin, affermée à soixante muydz de grain, rendu dans D'Anmartin ou a Senlis, au choix du s^r abbé à douze deniers près du meilleur, plus douze chappons, plus douze douzaines de pigeons.

Est tenu le fermier payer toutes charges et faire les

réparations necessaires a ladite ferme sans diminution.

Item les grosses dixmes de Nully (Neuilly) en Telles, Bellay et Fresnoy proche Beaumont, affermez a soixante quatre muydz de grain, rendeus dans Beaumont ou dans Senlis, plus un millier de gerbes.

Item la ferme de Clairbois pres la riviere d'Oise, a six lieues de Paris pres Pontoise, affermé a dix muydz, mesure de Pontoise, qui reviennent à vingt neuf muydz de Senlis, plus douze chappons.

Item la ferme de la Bassecour, de ladicte abbaye, estoit affermée auparavant que le sr Abbé ne la tint par ses mains à trente huict muydz de grain, un tiers froment, un tiers méteil et l'autre tiers avoyne, de laquelle avoine le fermier estoict obligé d'en rendre quatre muydz, mesure de Paris, et quatre cens de gerbe dans Paris a ses frais et despens, plus est obligé de rendre dans Paris 12 chappons et 12 poulles.

Item les fruictz des trois prebendes dans les trois eglises de Senlis, de Nostre Dame, Saint Rieul et Saint Frambould, qui revenoient auparavant la guerre, a communes annees, a plus de quarante cinq muydz et a present ne sont qu'a trente ou trente cinq muydz.

Item la dixme de Malassize affermée un muyd de méteil.

Les dixmes de Fontaine Les Cornu doibvent tous les ans un muyd de grain.

L'abbaye de la Victoire doibt tous les ans six mines de grain.

Monte tout le grain a 228 muydz 6 mines, qui revient à la somme de 12,301 livres 18 solz 8 deniers.

Estat des fermes et revenus de ladicte abbaye en argent.

Les dixmes de Flers et Aubi en Artois, a deux lieues d'Arras, ont esté affermees avant les guerres a deux mil quatre cens livres, presantement ne sont que a 1700 livres.

Les fermiers des dixmes de Nully en Telles doibvent payer tous les ans, oultre et par dessus la redebvance du grain 100 livres.

De quatre vingt douze arpens de bois divisé en neuf couppes, se faict une couppe par chacun an, laquelle s'afferme chacune année six cens livres, et six cens de fagotz, façon de Senlis, oultre et par dessus le prix, a raison de dix livres le cent, montant en tout 660 livres.

Plus seize arpens de pré ou environ affermez, scavoir trois arpens a cinquante livres l'arpent et les treize (aultres) le sr Abbé les tient par les mains, lesquelz au prix de trente six livres l'arpent, reviennent a quatre cens soixante huit livres, faisant en tout lesdictz seize arpens la somme de 618 #.

Plus les cencives dans la ville de Senlis ou ez environs, montant par chacun an environ trois cens livres.

Plus ez villages d'Aulmon, Nully en Telles, Bellay, Fresnoy, Auvers, Marines et autres lieux circonvoisins, vingt livres ou environ.

Les lodz et ventes desdictz cens reviennent a communes annees a deux cens livres.

Plus 19 livres de rente annuellement sur l'hostel de ville de Paris.

Plus seize livres cinq solz sur le domaine de Senlis. de rente tous les ans.

Plus cinquante sept arpens de terre a Nully en Telle qui estoient alliénés, ledit sieur Abbé ayant obtenu arrest au Grand Conseil, par lequel est ordonné qu'on luy rendra lesdites terres, en remboursant la somme de quatorse cens quatre vingt livres dix solz, de laquelle quantité de cinquante sept arpens ledit sieur Abbé en a retiré trente quatre arpens et demy, dont il y en avoit quinze arpens en bois, lesquelles terres il a affermé a cent solz l'arpent, a la charge de deffricher ledit bois et le mettre en terre labourable, qui reviennent a la somme de cent soixante douze livres dix solz.

Plus pour la quantité de dix huit cens de gerbée deube par lesdicts fermiers, i scavoir huict cens par celluy de la Bassecour et mil par celluy de Nully en Telles, et pour tous les chappons, poulles, pigeons et autres menues redebvances, 200 #.

Somme le présent chappitre quatre mil cinq livres quinze solz.

Laquelle somme de 4005 # 15 s., joincte avec la somme de 12,301 livres 18 s. 8 den., revient a la somme de 16,307 # 13 s. 8 deniers.

Charges de l'abbaye.

Huict muydz de blé méteil pour faire les aulmosnes au prix de cinquante sept livres dix huit solz cinq deniers le muyd, conformément aux extraictz de l'apréciation des grains des trois saisons du bailiage de Senlis, sur le pied de dix huit années montent 463 # 7 s. 4 den.

Plus cent quarante livres pour les decimes.

Plus au Religieux qui dessert les prebendes 80 livres et 100 livres qu'il pretend avoir d'augmantation, trente livres pour l'entretien d'une lampe, dont il y a proces avec les Religieux, 210 livres.

Plus ausditz Religieux 112 # 10 s.

Plus ausditz Religieux vingt mines de méteil, 96 # 10 s.

Plus 10 mines d'avoyne, au prix de deux livres dix huit s. 1 den., 29 # 10 d.

Montent lesdites charges la somme de 1051 # 8 s. 2 den.

Laquelle susdite somme, dixtraite de la somme de 16307 # 13 s. 8 den. à quoy monte le reveneu de ladite abbaye, reste de quite la somme de 15,256 ₶ 5 s. 6 den.

Beneffices deppendens de la collation dudict sieur Abbé :

Le Prieuré simple de Sainct Laurens pres de D'Ammartin de 12 ou 1500 livres de rente.

— Le Prieuré d'Auvers. — Le Prieuré de Gozangré. — Le Prieuré dudit Marine. — La Cure de Nully en Telle. — La Cure de Bellay. — Le Prieuré de Yvilliers. — La Cure de Bray. — La Cure de Fontaine lez Cornu. — La Cure de Monteigny. — Le Prieuré de Flers en Arthois. — Le Prieuré d'Auby en Arthois. — La chappelle de Sainct Germain de Gouvieux. Une prébende dans l'eglise de Creil — La place du prébendé pour les trois eglises de Senlis. — La despouille des beneficiers des susdits benefices, estans religieux, appartient audit sieur abbé, apres leur mort.

L'abbaye de Saint Vincent de Senlis ne paye point *d'annate* en Cour de Rome et ne conste pour l'expedition des bules que comme pour un prieuré conventuel.

Les Religieux de ladite abbaye ont leur mensse séparée qui vault plus de quinze mil livres de rente, ilz sont tenuez de faire toute sorte de réparations tant grosses que menues, soict en l'église que lieux claustraux, et sont obligés fournir toute sorte d'ornemens,

l'abbé n'estant tenuz de payer aulcunes charges que les aulmosnes et les decimes, comme il se justiffie par la partition de l'année 1565, confirmée par arrest du Parlement du 13 juillet 1630.

L'hostel abbatial, basse cour et ferme de ladicte abbaye sont parfaitement bien bastis, l'abbé y ayant despencé en reparations et bastimens plus de quarante cinq mil livres, de sorte qu'il ne reste qu'a entretenir ledit bastiment.

Il n'y a que deux autres fermes et une grange qui sont en tres bon estat, et les fermiers sont tenuz des reparations.

Le revenu de ladite abbaye conciste en six membres et vault a communes annees quinze a seize mil livres de rente toutes charges faictes comme il se voict par l'estat cy joinct justiffié par les contractz d'afferme et par les extraictz des apretiations des grains vendus aux trois saisons du bailiage de Senlis, sur le pied des dix huict annees precedentes.

L'afferme de la basse cour de ladite abbaye qui n'entre dans la valleur du receveur d'icelle que pour la somme de douze cens livres, suyvant les fermes cy devant faictz, vault a present que l'abbé la tient par ses mains, plus de huict mil livres par an a son proffict et pour l'entretien de sa maison de Paris.

LEGS DE L'ABBÉ BLACHE,

PRISONNIER À LA BASTILLE, AU PROFIT DE L'HÔTEL-DIEU.

(2 janvier 1714.)

Aujourd'huy vingt cinq janvier 1714, heure de midy, au requisitoire de messire Charles Lefourniere, chevalier, seigneur de Bernaville, gouverneur du chasteau de la Bastille, les notaires a Paris soussignez se sont transportez audit chasteau, ou estans, ils auroient esté avec ledit sieur de Bernaville en la chambre étante dans une des tours dudit chasteau, en laquelle ils auroient trouvé Messire Antoine Blache, prestre, en son lict, a costé de la cheminée de ladite chambre, malade de corps, touttes fois saint d'esprit, memoire et entendement, ainsy qu'il est apparu ausdits notaires par ses entretiens, lequel, ne desirant estre prevenu de la mort, sans avoir ordonné de ses dernieres volontez a fait, dicté et nommé ausdits notaires son testament en la forme qui suit....

Et quand au surplus de tous ses biens meubles et immeubles il les donne et legue a l'Hostel Dieu de cette ville, qu'il institue à cet effet légataire universel, et pour executer le present testament, a nommé la personne de monsieur du Monceau, conseiller au Parlement.

Lettre à l'abbé du Monceau.

2 février 1713.

Monsieur,

Il n'y a pas de doute que pour le peu que vous voüilliés parler a monsieur le duc de La Rochefoucaut pour la delivrance de M. l'abbé Blache, *representant son grand âge de 82 ans, joint a la promesse qu'il fera de ne plus parler des Jesuites*, voicy le temps de misericorde ou les pardons sont ouverts, monsieur le duc de La Rochefoucaut a tout l'assendant que l'on peut souhaiter sur l'esprit du Roy, il ne s'agit qu'une personne de votre autorité, comme vous, Monsieur, pour parler a monsieur le duc de La Rochefoucaut, et la liberté est certaine; ainsy, Monsieur, il vous supplie avec toute l'instance possible de ne le point abandonner.....

Signé : Père.

Extrait d'une lettre de l'abbé Blache à monsieur Du Monceau.

1er janvier 1714.

.... J'ai oublié de vous faire remarquer qu'il y a trois ans et onze mois que je suis a la Bastille, enfermé entre quatre murailles. J'aurois besoin d'un grand air pour me guérir du mal qui m'ôte entierement ma santé, ce qui seroit le plus souverain remède pour ma guérison, et *j'ajoute dix mois d'une tres cruelle captivité à Charenton*, ce qui me fait près de cinq années d'une tres dure captivité. Dieu la terminera quand il lui plaira par vos bons soins et vos prieres.

Signé : BLACHE, prestre.

Billet du gouverneur de la Bastille.

Ce lundy (29 janv. 1714) au matin.

Notre pauvre bonhomme vient de mourir. Aurez vous, Monsieur, la charité d'executer son testament et d'ordonner ce qu'il y aura à faire a ce suiet, et pour son enterrement; nous verrons son testament quand il vous plaira cher monsieur..... Donnez moy s'il vous plait de vos nouvelles.

Je suis, Monsieur, votre tres humble et très obeissant serviteur.

Signé : BERNAVILLE.

Monsieur, Monsieur l'abbé du Monceau, conseiller au Parlement, au bout du Pont de la Tournelle.

LEGS UNIVERSEL A L'HÔTEL DIEU,

PAR EXUPÈRE BLANCONNE, SECRÉTAIRE DE LA CHAMBRE DU ROI.

Testament d'Ex. Blanconne.

22 mai 1675.

In nomine Domini omnipotentis.

Je soubsigné Exupere Blanconne, estant en pleine santé, mais scachant que je suis mortel et qu'il n'y a rien de si incertain que l'heure de la mort, j'ay creu estre de mon debvoir, auparavant mon passage de ceste vie en l'autre de disposer des biens qu'il a pleu a Dieu de me donner.

C'est pourquoy j'ay cejourdhuy faict, escript de ma main, et signé de mon sein ordinaire le present testament et ordonnance de derniere volonté.

Premierement, comme chrestien, apres m'estre muny du signe de la Sainte Croix, j'ay remercié tres humblement la divine Maiesté de tant de graces que j'ay receues d'elle et desquelles je reconnois avoir esté très ingrat, luy demandant très humblement pardon de toutes mes fautes.

Je la suplie par le precieux sang de son fils Jesus-Christ, par les mérites de la Sainte Vierge et de tous les saincts et sainctes de Paradis et de mon patron sainct Exupere de vouloir recevoir mon âme en son paradis et vie éternelle, laquelle j'espere de son infinie misericorde.

Je desire que mon corps, après que mon ame en sera separee, soit enterree au lieu que trouveront a propos les executeurs de mon present testament cy apres nommez, sans autre despence ny ceremonie qu'un convoy de douze prestres et de six torches, sans aucune tanture de noir, et qu'il soit dict le plus tost qu'il se pourra quarante messes pour demander a Dieu le repos de mon ame.

Item qu'il soit aumosné le jour de mon deceds ou le lendemain cinquante livres aux pauvres prisonniers des prisons de Paris, et ainsy que jugeront Messieurs les executeurs de mon present testament.

Item qu'il soit dit un anniversaire pour le repos de mon ame en telle eglise ou religion que mesdits sieurs executeurs testamentaires adviseront.

Item je donne et legue à l'Hospital Géneral de cette ville de Paris la somme de cent livres une fois payee.

Item je donne et legue aux filles penitentes de la rue St Denis, à Paris, la somme de cent livres une fois payée.

Item je donne et legue à l'hospital des filles de la Charité, pres les Minismes de Paris, la somme de cent livres une fois payée.

Item je donne et legue aux religieuses de Saincte Clere du fauxbourg Sainct Cyprien de Thoulouze, ou ma sœur est religieuse, la somme de trois cens livres une fois payee.

Item je donne et legue à Marie Noiron, ma servante, sy elle se trouve à mon service et gages lors de mon deceds, la somme de trois cens livres outre les gages qui luy seront deubs.

Item je donne et legue a damoiselle Anne Blanconne, ma sœur, veuve de feu monsieur Madron, la somme de mil livres une fois payee pour la bonne amitié qu'a tousjours esté entre nous......................

Et pour le surplus de mes biens restans apres l'execution du present testament, je nomme mon legataire universel l'Hostel Dieu de Paris, auquel je les donne et legue.

Faict le vingt deuxiesme may mil six cens soixante quinze.

Signé : BLANCONNE.

LEGS UNIVERSEL FAIT A L'HÔTEL DIEU DE PARIS,
PAR NICOLAS BOIVIN, SECRÉTAIRE DE LA CHAMBRE DU ROI.

Testament de Nicolas Boivin.

6 juillet 1667.

Par devant les notaires garde nottes du Roy au Chastelet de Paris, soubzsignez, fut present maistre Nicolas Boyvin, bourgeois de Paris, y demeurant rue Beaubourg, parroisse Saint Medericq, gisant au lict malade de corps, en une chambre du second estage de ladicte maison, ayant veue sur ladicte rue, touttefois sain d'esprit, memoire et entendement, ainsy qu'il est aparu aux notaires soubzsignez par luy mandez, par ses parolles, gestes et maintien, lequel considerant qu'il n'y a rien si certain que la mort et plus incertaine que l'heure d'icelle, ne desirant estre prevenu, et disposer de ses biens et affaires, à ces causes et autres à ce le mouvant, a fait, dicté et nommé ausditz notaires son testament et ordonnance de derniere volonté, ainsy qu'il ensuit.

Premierement, comme bon chrestien et catholique a recommandé son ame à Dieu le pere, le priant par la mort et passion de son cher fils, nostre Sauveur et redempteur Jesus-Christ, luy vouloir pardonner ses faultes et offences, et colloquer son ame, faisant la séparation de son corps, en son sainct paradis, avec les bienheureux, implorans à cette fin les intercessions de la glorieuse Vierge Marie et de tous les saints et saintes de Paradis.

Item, arivant le deces, veult estre inhumé en l'église de Saint Paul, de cette ville de Paris, en la sepulture de ses pere et mere, proche la chapelle Saint Nicolas, soubz une tombe joignante un bang qui leur appartenoit, et que le jour de son enterrement, il soit dit un service complet a son intention, et trente messes basses de requiem avec les autres prieres et suffrages accoustumez estre ditz pour les deffunctz, et qu'il soit fait les autres ceremonies accoustumees, jusques à concurrence de cinq cens livres; et si son deces arrive a la campagne, veult estre enterré en l'eglise du lieu ou il decedera, et ladite somme de cinq cens livres employee tant aux frais dudit enterrement qu'a faire dire lesditz services, et trente messes et plusieurs autres es eglises circonvoisines, par l'ordre de son executeur testamentaire cy apres nommé, jusques à concurrence de ladite somme de cinq cens livres.

Item donne et legue aux filles relligieuses de l'Ave Maria à Paris, la somme de deux cens livres, à la charge de dire à son intention le jour de son deceds un service complet et dix messes basses de requiem, à l'autel privilégié de leur eglise.

Item donne et legue à l'hospital des quinze vingts pareille somme de deux cens livres, à la charge de dire semblablement un service complet et dix messes basses à son intention le jour de son deceds, et oultre veult qu'il soit distribué à chacun aveugle qui assisteront audit service cinq solz par sondit executeur, pour participer à leurs prieres, outre lesdites deux cens livres.

Item donne et legue à l'hospital des petites maisons pareille somme de deux cens livres, à la charge de dire aussy un service complet et dix messes basses à son intention.

Item donne et legue à l'hospital de la Charité, du fauxbourg Saint Germain, pareille somme de deux cens livres, à la charge de dire aussy un service complet et dix messes basses à son intention, et qu'il soit aussy distribué par son executeur cinq solz à chacun pauvre malade dudit hospital.

Item donne et legue à l'hospital des Incurables, la somme de quatre cens livres t., à la charge de dire un service complet et dix messes basses à son intention, et oultre veult qu'il soit distribué par sondit executeur 10 solz à chacun malade dudit hospital.

Item donne et legue à l'Hospital General pareille somme de quatre cens livres, à la charge de faire dire et celebrer à son intention un service complet et dix messes basses.

Item donne et legue à l'œuvre et fabricque de l'eglise de Thiai la somme de deux cens livres t., à charge de faire dire un service à son intention incontinent apres son deceds et une messe de requiem à perpétuité le jour de son deceds pour le repos de son ame.

Item donne et legue à l'œuvre et fabricque de l'eglise de Sarcelles, la somme de trois cens livres pour estre employee en fonds d'heritages, à la charge de chanter une messe haulte à diacre et soubz diacre et une messe basse à son intention le jour de son deceds, pour le repos de l'âme du testateur et de celle de Francois Bidault, huissier au Chastelet, qui a esté assassiné en executant à sa requeste les arrets du Parlement rendus contre le nommé Mansion.

Item donne et legue à l'eglise et couvent des Jacobins de la rue Saint Honnoré, la somme de deux mil livres t. pour estre employee en fonds d'heritaiges, à la charge de faire dire en leur eglise par chacun an à perpétuité une messe haulte le jour de son deceds, dont sera passé contract avec lesdits religieux.

Item donne et legue à Marie Bourgoing, veuve dudit Bidault, huissier, la somme de deux mil livres tournois, en consideration de ce que ledit Bidault, son mary, a esté tué en executant les arretz de la Cour et du Conseil, à la requeste dudit sieur testateur.

Item et apres l'accomplissement de son present testament ledit sieur testateur a donné et légué à l'Hostel Dieu de cette ville de Paris, le surplus de ses biens, meubles, acqueslz, immeubles, et le quint de ses propres, pour en jouir et disposer par ledit Hostel Dieu en plaine proprietté, à la charge de faire dire et celébrer à perpétuité en l'eglise dudit Hostel Dieu, une messe basse de Requiem, à la fin d'icelle un de profundis à l'autel privilégié par chacun jour de l'année, *faire inscrire cette fondation sur une lame de cuivre qu'ils feront attacher dans ladite eglise pour perpétuelle mémoire*.

Et pour executer et accomplir son present testament, l'augmenter et non diminuer, ledit sieur testateur a esleu et nommé la personne de M° François Mouilleron, procureur en Parlement, auquel il en donne pouvoir, et pour la paine qu'il auroit en ladite execution, il luy donne et legue la somme de cinq cens livres, et ou ledit sieur Mouilleron viendroit à deceder avant l'execution dudit testament, ledit sieur testateur nomme en son lieu et place M. François Augeard, prestre habitué en l'église Saint Jacques de la Boucherie.

Ce fut ainsy fait, dicté et nommé par ledit sieur testateur ausdits notaires soubsignez et a luy par l'un d'iceux, l'autre présent, leu et releu, qu'il a dit bien entendre et estre sa derniere volonté, en ladite chambre du second estage de ladite maison ou est demeurant ledit sieur testateur sus déclaré, et ou il est gisant comme dessus, l'an mil six cens soixante sept, le sixieme jour de juillet avant midy et a signé la minutte des presentes, demeurée a Lemoyne, notaire.

Signé : THOMAS, LEMOYNE.

Délibération du Bureau de l'Hôtel Dieu relative à la succession Boyvin.

Extrait des registres du Bureau de l'Hostel Dieu de Paris, du xxx décembre M VI° LXXII.

La compagnie a aresté qu'elle poursuivra incessamment la delivrance du legs universel fait à l'Hostel Dieu par le defunt sieur Boivin et que dez à prezant autant qu'elle a pouvoir de le faire, la société d'entre ledit sieur Boivin et le sieur Vasse, marchand, demeurera rezolue du jour de l'inventaire qui a esté fait le treize septembre dernier, et en ce faizant ledit sieur Vasse se charge de toutes les dettes passives de ladite société, dont il aquitera l'Hostel Dieu, et prend aussi à ses risques tous les effets d'icelle, de quelque nature qu'ilz soient et apres le compte qui a esté fait à l'amiable, tant du fond mis à la société par ledit feu sieur Boivin pour sa part, que des sommes donnees audit sieur Vasse par ledit deffunt, suivant les obligations des dernier juillet mil six cens soixante cinq, dernier decembre mil six cens soixante six et treize mai mil six cens soixante sept, aux termes y contenus, et interests d'icelles pendant la société, deduction faite des paiemens faits sur icelles par ledit sieur Vasse audit defunt, suivant les recepissez dudit defunt, reprezentez, et interetz d'iceux pendant la société, le tout suivant la stipulation portée par le traité de ladite sociéte, du huit avril mil six cent soixante cinq, ledit sieur Vasse s'est trouvé debiteur envers l'Hostel Dieu, comme legataire dudit defunt, de la somme de quinze mil quatre vingt treize livres, que ledit sieur Vasse paiera au receveur general de l'Hostel Dieu en trois paiemens egaux, de huit mois en huit mois, le premier paiement echeant au dernier jour d'aoust prochain sans deroger aux hipoteques desdits actes et obligations. et de tout ce que dessus il en sera passé tranzaction par devant notaires, aussi tost apres la delivrance du legs, ce qui a esté accepté par ledit sieur Vasse qui a promis y satisfaire et a signé. Signé Hubert.

Quittance pour l'hôpital des Petites Maisons.

Par devant les notaires et garde nottes du Roy au Chastelet de Paris soubz signez fut present sieur Robert Ballard, ancien juge consul, bourgeois de Paris, receveur general du grand Bureau des pauvres et de l'hospital des petites maisons et de la Trinité, demeurant rue Sainct Jean de Beauvais, paroisse Sainct Estienne du Mont, lequel a recogneu et confessé avoir receu de maistre François Moilleron, procureur en la court du Parlement, au nom et comme executeur du testament et ordonnance de derniere volonté de deffunct maistre Nicolas Boyvin, vivant bourgeois de Paris, la somme de trois cens vingt cinq livres, scavoir deux cens livres leguez audit hospital par ledict testament, a la charge de faire dire et celebrer une messe a perpétuité, comme il est porté en iceluy testament, et cent vingt cinq livres pour estre distribuez aux cinq cens pauvres qui assisteront au service, a raison de cinq solz chacun.

Mémoire des dépenses faites par Nicolas Boivin pour le compte de L. H. de Gondrin, archevêque de Sens[1].

(1648-1651.)

Mémoire de l'argent que j'ay deboursé par ordre de Monseigneur et pour son service, depuis le 22 juillet 1648, que mondit seigneur me donna un mandement.

En septembre 1648, pour faire raccomoder les heures de Madame Martel, couvertes d'escaille de tortue que Monsieur le marquis avoit rompues, 2ᵗᵗ 10 s.

Du mois d'octobre 1648, lors de l'arrivée de Monseigneur de Comenge, j'envoye a Charonne chercher le lict de damas jaune pour tendre dans la chambre de l'alcove; au charetier, 2ᵗᵗ.

Plus j'ay esté a Ruel par ordre de Monseigneur porter une lettre au frère Ange, pour le loyer du cheval, et pour mon disner et celui du cheval, 40ᵗᵗ 10 s.

Du mois de decembre 1648. Pour le loyer de deux chevaux forts que je loue pour Mʳ l'evesque pour aller prescher à Sens, à raison de cent solz par jour, lesquels on a retenu a Sens pendant neuf jours tant pour aller et venir que séjour à Sens, 45ᵗᵗ.

Du mois de febvrier 1649, *pendant la guerre de Paris. Payé au sʳ Roussel, sergent de la compagnie de M. Portail, par composition faite avec ledit sieur Portail, pour une fois que l'on avoit manqué d'aller à la garde, pour quoy il vouloit faire enlever les meubles,* 18ᵗᵗ.

Du 16 avril. Monseigneur arriva de Sens a Saint Germain et on renvoya des chevaux a Paris, pour un septier d'avoine sur le port, 9ᵗᵗ.

Plus pour ma despense de bouche depuis le 22 aoust 1648 que Monseigneur partit de Paris pour Sens, jusqu'au 16 avril 1649 que Monseigneur arriva de Saint Germain à Paris, pendant lequel temps je me suis nourry à mes despens, *les vivres ayant esté fort chers pendant la guerre de Paris*, s'il plaist à Monseigneur m'accorder six cens livres.

Plus payé pour xxiiii pintes de vin pour porter a Saint Germain par ordre de Monseigneur, à x s. la pinte, 12ᵗᵗ.

Du 25 avril. J'ay payé au sʳ Maupin pour des pendens d'or pour la ceinture de Monseigneur 6ᵗᵗ.

Plus pour deux peaux de franchipanne pour faire un corps picqué a Madame, 5ᵗᵗ.

Du 2 may. Donné à Monseigneur dans le jardin pour donner au petit Monsieur de Termes une pistolle d'or, 10ᵗᵗ 2 s.

Plus Monseigneur m'a commandé de luy faire faire une escritoire en forme de casette toute garnie de satin, les serrures faites expres, dont j'ay payé 30ᵗᵗ.

Payé a Monsieur Neaut, rotisseur, suivant son memoire viᵗᵗ xvi s. qu'il avoit desboursé, scavoir pour 2 paniers a estages pour mettre quatre et une douzaine et demie d'oisons iiiiᵗᵗ x s., un boisseau d'avoine vi s., deux boisseaux de couppe pour la volaille x s........ *le tout pour envoyer a Sens lorsque Monseigneur traitta Monsieur le Prince.*

Du 15 juin. Pour le loyer d'un cheval pour aller à Chelles rendre une lettre de la part de Monseigneur a Mesdames Molé et pour ma despence et celle de mon cheval, 3ᵗᵗ 15 s.

Du 1 aoust. Plus donné a feu M. le marquis d'Aubeterre, par ordre de Monseigneur, deux escus d'or 10ᵗᵗ 10 s.

Du 12 aoust. *Donné au premier huissier, pour l'empescher d'appeller la cause de Madame, par ordre de Monseigneur,* 10ᵗᵗ 4 s.

Du 17 aoust. Aux gardes du corps du Roy, 6ᵗᵗ.

Du 21 octobre, je partis de Paris par le coche de Montereau, pour ma despense j'ay payé 6ᵗᵗ.

Du 7 novembre. Je revins de Brienon à Paris, pour rendre des lettres a Messieurs les princes de Condé et Conty pour exempter les terres de Monseigneur des gens de guerre, 12ᵗᵗ.

Du 15 novembre. Allé à Sᵗ Maur où estoient les princes pour solliciter l'exemption de Saint Jullien-du-Sault, où je couchai pour pouvoir parler à M. le prince de Conty, 4ᵗᵗ 18 s.

Du 22 nov. Je retourné à Sᵗ Maur où estoit M. le Prince, pour le solliciter d'empescher que la compagnie de gendarmes de M. le prince de Conty n'entrast dans Sᵗ Jullien-du-Sault, pour mon disner et de mon cheval, 2ᵗᵗ 5 s.

Du 25 nov. Je retourne à Sᵗ Maur où estoit M. le prince de Conty pour le solliciter de contremander sa compagnie de gendarmes, pour ma despence, 2ᵗᵗ.

Du 16 avril 1650. J'ay envoyé un homme expres a Sens pour advertir M. Fourment de contremander le sinode, par ordre de Monseigneur, 8ᵗᵗ.

Du 14 may. Payé à M. Frémin, chirurgien, qui a soigné Monseigneur, un escu d'or 5ᵗᵗ 5 s.

Pour plusieurs significations faites a Messieurs l'archevesque de Paris, les evesques d'Orléans et de Meaux et curés de Saint Gervais et Saint Leu Saint Gilles, comme grands vicaires de Monseigneur de Paris, par un huissier des requestes de l'Hostel, pour les convoquer à l'assemblée provinciale de Sens, dans l'hostel de Sen, 10ᵗᵗ.

---

[1] Boivin fut pendant plusieurs années secrétaire et correspondant a Paris de l'archevêque de Sens Louis-Henri de Gondrin, oncle de Madame de Montespan; ce qui explique la présence dans les papiers du legs Boivin d'un certain nombre de pièces se rapportant à l'éminent prélat ou à son diocèse, et dont quelques-unes nous ont paru assez intéressantes pour être publiées.

A un greffier de la cour, pour chercher les lettres patentes et arrest de veriffication de l'evesché de Paris en archevesché, 4 tt.

Plus pour le deffaut qui fut signiffié à Monsieur de Paris, dans son logis, tenant son assemblée provinciale, pour quoy y furent employez deux huissiers des requestes de l'Hostel, depuis dix heures du matin jusques a deux heures après midy, qui attendirent que Messieurs de Paris, d'Orléans et Chartres et autres deputez fussent assemblez, ou estant, ils allerent faire leurs sommations, je leur payé a chacun pour leur vacation iv tt cy 18 livres.

Du 16 fév. 1651. Donné à M. Couturier, advocat, pour dresser un mémoire de l'union de l'abbaye de Saint Rémy de Sens a l'archevesché, 4 reaux 11 tt 12 s.

Le present mémoire se monte à la somme de deux mil cinq cens quarante et une livres.

Billet autographe de M. de Gondrin à Nicolas Boivin.

Le 18 d'avril 1659. J'ay receu mes lettres de conseiller d'Estat, que vous m'avés envoyées. Je voudrois bien encore avoir celles de conseiller honoraire au Parlement de Paris que vous avés entre les mains. Je vous prie de les chercher et de me les envoyer au plustost, parceque j'en ay tout a fait a faire. Je suis entièrement à votre service. Signé H. de Gondrin. arch. de Sens.

Lettres patentes de Louis XIV pour l'union de l'abbaye de Saint Remy, de Sens, de l'ordre de Saint Benoît, à l'archevêché de Sens.

(1651.)

Aujourdhuy dixiesme du mois de fevrier mil six cens cinquante un, le Roy estant a Paris, sur ce qui luy a esté representé par messire Louis Henry de Gondrin, archevesque de Sens, conseiller de Sa Majesté en ses conseilz d'Estat et privé, que l'archevesché dudit Sens est de si petit revenu qu'il luy est impossible de subvenir aux despenses auxquelles il est obligé pour soustenir sa dignité et son rang, et considérant, que l'on ne le peut augmenter par un meilleur et plus legitime moyen qu'en y unissant l'abbaye. de Saint Benoist, vaccante par le deceds de M. Aubert, dernier titulaire et paisible possesseur d'icelle, d'autant que cet abbaye est depuis quelques années sans religieux ny bastimentz, et pour cette raison la mense conventuelle d'icelle a esté réunie à la mense des religieux de l'abbaye de Saint Pierre le Vif lez Sens, et voulant rendre ledit archevesché le plus considérable qu'il se peult, non seulement par ce qu'il est l'un des plus anciens du royaume, mais aussy par ce qu'il a tousjours esté possédé par des personnes relevees, ainsy qu'il est a present par ledit s^r de Gondrin, lequel merite singulièrement d'estre favorisé et gratiffié par les grandes qualitez de naissance et de vertu qui sont en luy, et par l'affection et fidelité qu'il luy tesmoingne au service de Sa Majesté et de son estat en toutes les occasions qui s'en présentent, Sa Majesté, pour ces considérations, par l'advis de la Royne regnante sa mere, a donné et accordé ladite abbaye de Saint Rémy de Sens, vaccante comme dit est par le decedz dudit Aubert, et en quelque sorte et maniere qu'elle puisse vacquer, audit sieur archevesque de Sens, pour estre unie, annexee et incorporee audit archevesché a perpétuité, sans en pouvoir estre cy apres distraicte ny separée, pour quelque cause et occasion que ce soit. Voulant Sa Majesté que touttes lettres et sentences sur ce necessaires en cour de Rome soyent expediées en vertu du présent brevet, qu'elle a signé de sa main et faict contresigner par moy son conseiller, secrétaire d'Estat et de ses commandements et finances. Signé Louis, et au dessous Letellier.

Lettre de cachet du Roi au Pape Innocent X.

(1651.)

Très sainct Pere, ayans consideré le peu de revenu de l'archevesché de Sens, et qu'il est l'un des plus anciens et principaux de nostre royaume, et d'ailleurs l'estime particulière que nous faisons des vertueuses et recommendables qualitez qui sont en la personne de messire Louis Henry de Gondrin, archevesque dudit Sens, nous ayant convié à luy faire don de l'abbaye de Saint Remy, dudit Sens, de l'ordre de Saint Benoist, vaccante par le decedz de M. Aubert, dernier titulaire d'icelle, pour estre unie et incorporee audit archevesché a perpétuité, pour donner plus de moyen audit sieur archevesque de soustenir le rang qu'il tient dans l'Eglise, et ces mesmes raisons nous faisans desirer que ledit archevesque reçoive la grace entière de vostre saincteté, mesmes a cause que l'expédition des bulles est taxee fort haut en cour de Rome, bien qu'elle soit a present de petit revenu, nous avons bien voulu, par l'advis de la Royne regente, nostre tres honoree dame et mere, supplier et requérir vostre Saincteté, comme nous faisons, avec toute l'affection qui nous est possible, d'accorder audit sieur archevesque l'expedition gratuite des bulles et provisions appostolicques qu'il luy plaira de luy faire donner de ladite abbaye, l'asseurant qu'outre que cette faveur sera tres dignement employee en la personne dudit sieur archevesque. et pour le subject dont il s'agit, nous en aurons beaucoup de ressentiment. Sur quoy nous remettans aux instances qui en seront plus particulierement faictes en nostre nom a vostre Saincteté, et aux memoires qui luy en seront presentez, nous ne luy en ferons la presente plus longue que pour prier Dieu, très saint Pere, vouloir longuement maintenir et garder vostre Saincteté, pour l'utilité de son

Eglise. Escrit a Paris le quatriesme avril 1651. Vostre devost fils le Roy de France et de Navarre. Signé Louis, et au dessous Le Tellier.

*Lettre du Roi au cardinal d'Este,
protecteur des affaires de France en cour de Rome.*

(1651.)

Mon cousin, ayant accordé l'abbaye Saint Remy de Sens, de l'ordre St Benoist, vaccante par le decedz de M. Aubert, dernier titulaire d'icelle, à messire Louis Henry de Gondrin, archevesque dudit Sens, pour estre unie et incorporee a perpetuitté audit archevesché, et desirant luy procurer l'expedition gratuite des bulles et provisions appostoliques, necessaires pour la dite abbaye, tant en consideration des vertueuses et recommandables qualitez qui sont en sa personne que du petit revenu dudit archevesché, qui ne suffit pas pour lui donner moyen de soustenir la dignité et le rang qu'il tient dans l'eglise, mesmes sur ce que j'ay sceu que les bulles de ladite abbaye sont taxees fort haut en cour de Rome, a proportion de son revenu, qui estoit autres fois bien plus grand qu'il n'est a present, j'escris pour cet effect à nostre saint Pere le pape, et j'ay bien voulu par l'advis de la Royne regente Madame ma mere vous faire cette lettre pour vous prier d'employer vos offices auprez de sa sainteté pour faire qu'elle luy accorde cette grace, luy faisant congnoistre qu'elle sera tres dignement employée, et que j'en auray beaucoup de ressentiment, vous asseurant que les soins que vous en prendrez me seront en particuliere consideration. Et sur ce je prie Dieu, mon cousin, qu'il vous ayt en sa saincte et digne garde. Escrit a Paris le quatriesme avril 1651. Signé Louis et au dessous Le Tellier.

Lettre d'une religieuse de Montargis à l'archevesque de Sens qui avait défendu à ses diocésains de se confesser aux Jésuites, sous peine d'excommunication.

De Montargis, le 12 de juin 1650.

Mon tres cher Père,

Je ne vous fais pas d'excuses du long temps qu'il y a que je me suis donné l'honeur de vous escrire, puisque la seule cause qui a produit cet effect est le respect que j'ai pour vous, et la crainte de vous importuner dans les grandes occupations ou vous estes continuellement. J'espère neantmoins que vous ne me privez point de la part que vous m'avez promise en vostre souvenir, et que vous savez bien toujours ce que je vous suis, comme je sai aussi ce que je vous dois, le subiet de celle ci est pour vous supplier de *m'oster de la peine ou je suis par la lecture que j'ai faite de la deffance que vous faites aux Reverends peres Jesuistes de confesser*, et la declaration de nullité de conffession a ceux et celles qui ont esté a eux, comme j'ai esté de ce nombre depuis peu, je vous supplie de me faire savoir si je suis obligee de recomenasser une conffession generalle, que j'ai faite a un de leurs peres, sela membarrasseroit bien et je ne croi pas mon cher pere que vous voulussiez m'obliger a cela ni geiner ainsi la conscience, n'ayant point eu de desseing de choquer vos volontez ni vos sentiments que je respecterai toujours beaucoup quand ie les saurai. Je vous supplie donc de me faire l'honneur de m'escrire au plus tost ce que je suis obligee de faire en se rencontre, et si absolument vous ne voulez pas que j'aille a conffesse a aucun Jesuiste quand il en passera, parce qu'ayant quelque confiance en eux, a moins que vous me declariez votre derniere volonté la dessus. Je serai tousiours en scrupulle, soyez assuré neantmoins que je la reservai tousiours comme doit celle qui est et qui sera toute sa vie, mon tres cher Pere.

Nostre reverende Mère m'a ordoné de vous asseurer qu'elle est tousiours vostre tres obeissante servante et ma mère du St Esprit aussi, et que nous prions Dieu pour vous de tout nostre mieux. Si a ce coup vous ne me faites un petit mot de responce, il ni aura plus d'ami tout de bon, car vous voyez bien que c'est pour une chose necessaire. Vostre tres humble et très obeissante fille et servante sœur Marie de l'assomption. R. ind. — A Monseigneur Monseigneur l'archevesque de Sens à Paris.

*Requête de l'archevêque de Sens,
au sujet d'un vol dont il avait été victime.*

(Sans date.)

A Monsieur le lieutenant civil.

Supplie humblement Louis Henri de Gondrin, archevesque de Sens, disant qu'il auroit mis entre les mains de la nommée Desclere deux pendans d'oreille de diamant, en une bouette a portraict de diamans, pour nautissement d'une somme de trois cens livres, trois ans sont ou environ, depuis lequel temps ledit seigneur archevesque luy auroit rendu ladite somme, ou n'ayant ladite Desclere pour lors lesdites pendoreilles a bouette a portraict de diamans, elle luy auroit promis de les luy rendre, ce qu'elle n'auroit point effectué, ains au contraire l'on a donné advis audit seigneur archevesque qu'elle s'est absentée, c'est pourquoy il requiert qu'il soit par vous sur ce pourveu.

Ce consideré, Monsieur, attendu ce que dessus, il vous plaise permettre audit seigneur archevesque de faire amener par devant vous ladite Desclere *sans scandal* pour respondre aux fins de la presente requeste, circonstances et despendances, et vous ferez bien.

Marché pour la couverture des basses voûtes de la cathédrale de Sens.
(1655.)

Cejourd'huy cinquiesme avril l'an mil six cens cinquante cinq, avant midy, sont comparus en personnes honorables hommes Edme et Martial les Pierrons, marchands bourgeois de Sens y demeurans, lesquelz ont recogneu et confessé avoir convenu marchandé et promis a Monseigneur l'illustrissime et reverendissime messire Louis Henry de Gondrin, archevesque de Sens, primat des Gaules et de Germanie, conseiller du Roy en ses conseils d'Estat et privé, estant de présent en son hostel archiepiscopal dudit Sens, et a Messieurs les venerables doyen et chanoines du chapitre de l'eglise dudit Sens, stipulans par nobles et scientificques personnes maistres Charles de Ris et Mathieu Fourment, chanoines de ladite église, ledit sieur Fourment fabricier d'icelle, presens et aceptans pour ledit chapitre, de faire et construire bien et deuement une couvert dessus les basses voultes du costé de la maison de l'arriere de ladite eglise qui contiendra dix huit thoises de long sur vingt sept piedz de large, et de sept pieds de haulteur, les chevrons se poseront sur le cordon de la vistre, pour faire lesquelz ouvrages lesdits entrepreneurs seront tenus de fournir tous les boys cy dessus mentionnez, ensemble la thuille, latte, clou et enfaistage qui se fera de chau et ciment sans que lesdits entrepreneurs soient tenus de fournir autres matheriaulx que ceux ci dessus enoncez, le tout bon, loyal et marchand, ausquels ouvrages ils seront tenus et ont promis de travailler ou faire travailler incessamment, pour les rendre bien et deuement faicts et parfaitz, a dire de gens a ce cognoissans, dans le jour de Saint Remy chef d'octobre prochainement venant, a peine et moyennant la somme de deux mille livres tournois qui seront payez ausdits entrepreneurs, savoir moitié par mondit seigneur l'archevesque et l'autre moitié par lesdits sieurs de chapitre, lorsque lesdits ouvrages seront parachevez et receus.

Fait et passé à Sens en la maison archepiscopalle dudit Sens par devant nous notaires royaulx a Sens soubz signez. Signé sur la minute originale L. H. de Gondrin. arch. de Sens. de Ris. Fourment. E. Pierron. Pierron et desdits notaires. Demeuré par devers et en la possession de Laurent, l'un desdits notaires. Signé Juble-Laurent.

Procès intenté par l'archevêque de Sens, à la table de marbre du Palais à Paris, à l'un des chanoines de la cathédrale de Sens pour délit de chasse.
(1648.)

Interrogatoire faict par nous, Jacques Parnajon, conseiller du Roy, lieutenant particullier des eaux et forests de France, au siege general de la table de marbre du Palais a Paris, a l'accusé cy après nommé, sur les formes et informations contre luy faictes à la requeste de messire Louis Henry de Gondrin, archevesque de Sens, seigneur baron de Nailly, auquel aurions vacqué, assisté de nostre greffier, ainsy qu'il en suict.

Du vingtroisiesme jour d'octobre mil six cens quarante huit.

Est comparu par devant nous en nostre hostel sciz rue Verderet, pres l'hostel de Bourgogne, lequel après avoir mis la main *ad pectus* et promis par ses saints ordres dire et respondre vérité.

L'avons enquis de son nom, aage, qualité et demeure.

A dict avoir nom Claude Cassin, prestre, chanoine en l'église maistropolitaine de Sens, y demeurant, au cloistre de ladicte eglise, agé de quarante cinq ans ou environ.

S'il n'a pas porté armes a feu, tiré avecq sur les terres et fiefz du complaignant, ayant chiens couchans et particullierement en la garenne de Janot et entre Courtris et Nailly, deppendans de l'archevesché dudit Sens.

A dict que pour la seureté de sa personne, a cause des garnisons qui sont annuellement a Sens et ès environs, et de la commission de cloisterer de ladite eglise, il est obligé d'aller journellement visiter les deppendances de ladicte eglise pour quoy faire il porte coustumierement ung fusil brizé, et le suit souvent un chien qui sert à garder sa maison, mais ne se trouvera point qu'il ayt tiré ny tué aucun gibier dans la garenne de Janot, s'estonne que le complaignant qui a par plusieurs fois invité ledict accusé d'aller à la chasse aux heures qu'il vouloit prendre de divertissement, hors celles qui s'employent au service de l'église, ayt faict plaincte allencontre de luy d'avoir chassé sur les terres dépendantes de ladite baronnie de Nailly, d'aultant qu'il ne dénie pas y avoir chassé, tiré quelques oyseaux par divertissement, par quatre ou cinq fois, ainsy qu'il est permis non seulement aux chanoines de ladite eglise, mais aussy a tous les bourgeois de la ville de Sens, par un arrest de la cour de parlement du dernier aoust mil trois cens soixante quinze, et quant messire Octave de Bellegarde devancier dudit complaignant vivoit, tant s'en fault qu'il ait trouvé mauvais que les chanoines d'icelle eglise prissent leurs divertissemens a la chasse, qu'au contraire par plusieurs fois il a prié lesdictz chanoines d'y chasser.

S'il n'a pas avecq le chien couchant arresté des perdrix, tiré et tué icelles.

A dict que faisant ses visittes susdictes, son chien fit un jour qu'il nous a pu citter precisement lever une perdrix sur laquelle il tira sans la tuer.

S'il n'a pas tiré et tué plusieurs lièvres.

A dict que non.

S'il n'a pas esté veu deux liepvres a l'arçon de la selle de son cheval.

A dict qu'ouy mais qu'ilz luy avoient esté donnez par le sieur Pigeon de Courlevay son amy.

Sy le complaignant ne luy a pas plusieurs foix faict deffences de s'abstenir de chasser sur sesdites terres fiefs et garennes, et particullierement sur ladite baronnie de Nailly.

A dict que non et au contraire, ainsy qu'il a cy devant dict, luy en a faict priere souvente fois, en presence du doyen et de l'official dudit Sens, et entre aultres fois reitera sa dicte priere au bas de l'escallier de l'archevesché dudit lieu de Sens, disans a l'accusé qu'il désiroit aller à la chasse avecq luy.

Sy, au préiudice desdices deffenses, il n'a pas perceveré en ses entreprises et continué sa chasse ordinaire.

A dict qu'aucune deffence ne luy a esté faicte, et ainsy n'y a contrevenu.

S'il veult prendre droict par les charges se rapporter aux tesmoings qui ont contre luy deposé.

A dict comme il ne peult pas croire qu'aucun tesmoing le puisse charger ny depposer aultre chose que ce qu'il vient de recongnoistre; il offre, pour éviter a proces prendre droict par lesdictes charges et informations.

Lecture a luy faicte de ses interrogatz et responces a persévéré en sesdites responces et signé.

Nous ordonnons le present interrogatoire estre communicqué au procureur general, pour luy ouy en ses conclusions estre ordonné ce que de raison, cependant faisons deffences a l'accusé de désemparer cette ville et faulxbourgs a peine de convixion.

Signé : MARQUIS.

Requéte du Bureau de l'Hôtel-Dieu au Parlement de Paris[1].

Sans date, vers 1674.

Supplient humblement les maistres, gouverneurs et administrateurs de l'Hostel Dieu disant qu'estant executeurs du testament de deffunct monsieur de Gondrin, archevesque de Sens, ils auroient obtenu un arrest le 2e octobre dernier, par lequel la Cour auroit ordoné qu'a la diligence des suppliants, les meubles et effects appartenans audit deffunct sieur archevesque seroient vendus, pour, le prix procedant de la vente, estre distribué aux creanciers et domesticqs, en execution duquel arrest s'estants transportez en la ville de Sens, apres avoir fait inventaire, ils ont procédé a la vente de la plus grande partie des meubles qui sont en laditte ville de Sens, apres quoi ils sont obligez d'aller a Chaume, pour faire l'inventaire et la vente des meubles qui y sont, mais comme il y a plusieurs creanciers de petites parties, domiciliez et reseants en laditte ville de Sens, lesquels sont privilegiez, comme des boulangers, bouchers, massons, mareschaux et autres artisans qui sont dans la mendicité et qui ne sont pas en estat d'attendre un ordre et une distribution de deniers, laquelle ne peut estre faitte de longtemps, les supliants qui ont esté només executeurs et qui ont esté preposez principalement pour payer promptement les plus pauvres creanciers et les domestics du defunct, ont recours a vostre justice pour leur permetre par maniere de provision, et en attendant que la vente des autres effects soit faicte, de destribuer aux artisans et creanciers de petites parties les plus privilegiez telle somme qu'il vous plaira ordonner, a prendre sur les deniers qui sont entre les mains de l'huissier ou sergent préposé a la vente desdits effects.

Ce considéré, messeigneurs, il vous plaise ordonner que l'arest du 2 octobre dernier sera executé, permettre aux suppliants de prendre sur les deniers de la vente des meubles faitte a Sens, la somme de six mille livres ou telle autre qu'il plaira a la Cour, pour estre par eux distribuees aux creanciers de petites parties, les plus pauvres et les plus privilegiez, suivant l'Estat qui en sera par eux dressé et arresté, a ce faire, l'huissier ou sergent preposé à la vente et touts autres depositaires des deniers, contraints par toutes voyes dues et raisonnables, quoi faisant il demeurera dechargé, ce qui sera exécuté, nonobstant touttes oppositions, saisies faittes et a faire, et deffenses de faire poursuittes ailleurs qu'en la Cour, enjoint aux officiers de tenir la main a l'exécution de l'arrest.

---

[1] Cette pièce, bien qu'elle se trouve dans les cartons du legs Boivin, semble provenir des dossiers de la succession Gondrin. L'archevêque de Sens, H. de Gondrin, institua, en effet, l'Hôtel-Dieu son légataire universel par testament du 16 septembre 1674.

Les documents relatifs à cette succession à laquelle, d'ailleurs, l'Hôtel-Dieu renonça, ont été brûlés en 1871 et nous n'avons plus retrouvé, mêlée à celle du legs Boivin, que la pièce publiée ci-dessus. Avant de quitter, pour n'y plus revenir sans doute, cette illustre famille de Gondrin de Pardaillan, nous rappellerons qu'en 1793, l'Hôtel-Dieu reçut et vit mourir sur l'un de ses grabats la trente-septième et dernière abbesse de Fontevrault, Julie Sophie Gillette de Gondrin de Pardaillan d'Antin, descendante directe du seul fils légitime de madame de Montespan.» (Maxime Ducamp, Paris, ses organes. IV, 133.)

LEGS UNIVERSEL DE BORT,
TESTAMENT DE MADAME DE BORT.
(1666.)

Par devant les notaires garde notes du Roy au Chastelet de Paris, soubsignez, fut présente damoiselle Marie Bonney, veuve de feu messire Antoine de Bort, vivant intendant des maison et affaires de Monseigneur le duc de Montauzier et premier argentier de Monseigneur le Dauphin, estant de present gisante au lit, malade de corps, en l'Hostel Dieu de Paris, en une petite chambre apellée la chambre des filles, touteffois saine d'esprit, memoire et entendement, ainsy qu'il est oculairement aparu aux notaires soubsignez, par elle mandez, par ses parolles, gestes et maintien, laquelle, considerant qu'il n'y a rien de sy certain que la mort, et chose moins certaine que l'heure d'icelle, ne désirant estre prevenue, ains, pendant que sens et raison sont en elle, ordonner de sa sépulture, biens et affaires, a ces causes et autres a ce la mouvant, a fait, dicté, nommé ausdict notaires soubsignez son testament et ordonnance de derniere volonté, au nom du père, du filz et du sainct esprit, un seul Dieu et Trinité, en la forme et manière qui suit.

Premièrement, comme bonne chrestienne et catholique, recommande son ame a Dieu le Père, le priant par le mérite de la mort et passion de son cher filz nostre sauveur et redempteur, Jesus Christ, luy vouloir pardonner ses fautes et offences, et colloquer son ame, faisant la séparation de son corps, en son saint Paradis avec les bienheureux, implorant a cette fin les intercessions de la glorieuse vierge Marie, Monsieur Sainct Michel ange, son bon ange, archange, et de toute la cour celeste.

Item faict son testament de cinq solz parisis, en la maniere acoutumee, pour estre distribuez en la maniere acoutumee.

Item veult et ordonne ses debtes et torts faicts, sy aucuns se trouvent, estre paiez et reparez par son executeur testamentaire cy apres nommé.

Item, arrivant son decedz, veult estre inhumée et enterree en la chapelle de Nostre Dame de Bonne Nouvelle, en l'eglise Sainct Victor lez Paris, veult qu'a son enterrement la communauté de Sainct Estienne des Grecqz, le poisle de la Vierge et autres ceremonies qui se pratiquent a ceux de ladite communauté, en ladicte damoiselle testatrice est, et outre desire que le clergé dudict Hostel Dieu y assiste.

Item desire qu'il soit dit a perpétuité, pour le repos de son ame, une messe basse par chacun mois, le premier lundy, en ladicte eglise Sainct Estienne des Grecqz, et que pour cet effet il soit paié ce qu'il conviendra par son dit executeur testamentaire.

Item veult et ordonne qu'il soit aussy dit a son intention, tous les samedis de chacune sepmaine, une messe basse en l'esglise Sainct Victor et qu'il soit payé comme dessus ce qui conviendra, aussy a perpetuité.

Item donne et legue aux deux enfans du feu sieur Le Cocq, marchand de soie, demeurant a Verneuil au Perche, ses parens, a chacun d'eux six cens livres une fois paié, pour leur subvenir à leurs besoins, par le conseil de leurs parans.

Item donne et legue aux enfans du feu sieur Moreau, maistre boucher audict Verneuil, a chacun d'eux trente livres une fois paiee, attendu qu'il ne sont pas en necessité.

Item donne et legue aux relligieux Mathurins, autrement de la Trinité, establis a la Portiere en Normandie, les heritages qui luy appartiennent au lieu du Chesne, avec les revenus et jouissances qui luy en sont deus depuis un long temps, afin d'estre participante a leurs prieres, et pour la redemption des captifs.

Item donne et legue a l'eglise de la Magdelaine dudit Verneuil un acre de terre planté en fruitiers, et la brosse a elle appartenant, pour estre le revenu emploié au service que feue damoiselle Barbe Fleau, sa mere, a fondé a perpetuité par chacun an en ladite eglise, et pour un autre service que ladite testatrice veult y estre dit a son intention par chacun an a perpétuité, auquel legt elle a adjouté une portion de maison qui luy apartient audict Verneuil, en la paroisse de Sainct Jean.

Iem veult et ordonne qu'il soit fait achapt par messieurs les administrateurs de l'Hostel Dieu de Paris d'une maison scize a Houdan qui a servy autres fois pour hospital, pour servir d'hospice aux relligieux du tiers ordre de Sainct François establis a Paris, proche le Temple, et qu'il soit paié pour ledit achapt la somme de six mil livres, sy tant elle vault, sinon au dessous de ladite somme, sy elle est de moindre prix et desire que la chapelle que lesdits religieux establiront en ladite maison soit fondee sous le tiltre de Notre Dame de Bethleem, qu'il en soit passé contract avec lesdicts relligieux, et qu'elle soit reconnue pour leur fondatrice, pour laquelle lesdits relligieux seront tenus d'y faire dire une messe basse journellement a perpétuité, et un service par chacun an aussy a perpetuité, a pareil jour de son decedz, et a la charge que lesdits relligieux cathéchiseront pour l'instruction des catholiques et conversion des heretiques.

Item donne et legue a l'eglise de Sainct Victor, pour l'ornement de la chapelle de la sainte Vierge trois fillets de perles qui luy apartiennent et ses bagues et joiaux.

Et au regard des Peres cordeliers du grand couvent de cette ville de Paris, ou elle est agregee a leur filliation, elle leur donne et legue la somme de cent livres une fois paiee.

Et quant au residu de tous les biens de ladite damoiselle testatrice, tant en meubles qu'immeubles, droitz et actions, sans aucune reserve, apres le present testament acomply, elle les donne et legue audit Hostel Dieu de Paris, qu'elle fait à cette fin son legataire universel, pour estre participante aux prieres de ladite maison et en consideration de la charité qu'elle a pour les pauvres d'icelle.

Item donne et legue aux relligieuses de l'Ave Maria de cette ville de Paris, la somme de cent livres une fois paiee, a la charge de faire dire un service par chacun an a perpetuité a pareil jour de son decedz en leur eglise.

Item veult aussy qu'arrivant son decedz, son corps soit porté en ladite eglise de Sainct Victor par les relligieuses de ladite eglise de l'Ave Maria, ausquels elle desire estre donné la somme de douze livres.

Et pour executer ce present testament de point en point elle nomme pour executeur d'iceluy monsieur le curé de Sainct Germain de l'Auxerrois, aux pauvres de laquelle paroisse elle donne la somme de cent cinquante livres une fois payee, desire et supplie monsieur le principal du college d'Authun de soulager a ladite execution testamentaire ledit sieur Curé, et le nomme conjointement avec luy son executeur du present testament, les prie d'en prendre la peine, et veult qu'ils soient saisis de tous ses biens jusqu'à entiere execution d'iceluy, soumettant laudition du compte de ladite execution testamentaire a la jurisdiction de la prevosté de Paris.

Plus donne et legue aux Peres pour la redemption des captifz, la somme de trois cens livres une fois paiee, et pareille somme de trois cens livres a la Trinité, a mesme fin.

Ce fut ainsy fait, dit et nommé par ladite testatrice ausdits notaires, et a elle leu et releu par l'un d'iceux, l'autre present, qu'elle a dit bien entendre et y a perseveré, audit Hostel Dieu, en ladite chambre des filles, l'an mil six cens soixante six le six fevrier environ midy, et a signé la minutte du present testament demeurée a Lemoine notaire. Ainsy signé Thomas et Lemoine[1].

Fonds de Bort. — Pièces relatives aux familles de Parabère et de Pardailhan. — Quittance et décharge données par le comte de Parabère à Antoine de Bort.

1644.

Par devant les notaires, garde notes du Roy nostre sire au Chastelet de Paris, soubzsignez, furent presens en leurs personnes hault et puissant seigneur messire Henry de Baudean, comte de Parabère, chevalier des ordres du Roy, conseiller en ses conseils d'Estat et privé, gouverneur et lieutenant general pour sa Majesté en Poictou, et haulte et puissante dame, dame Catherine de Pardailhan, son espouse, de luy autorisée pour l'effect des presentes, demeurans ordinairement a la Mothe Saincte Heraïe en Poictou, estans de present a Paris, logez rue des deux escus, parroisse Sainct Eustache, lesquelz ont recogneu et confessé que maistre Anthoine de Bort, agent de leurs affaires et de celles de monsieur le comte de Brassac, a ce present, leur a rendu exactement et par le menu a plusieurs et diverses fois bon et fidel compte de toutte la recepte qu'il a faicte pour eulx, tant des revenus de leurs terres et seigneuries, pentions d'Estat et apoinctemens dudict seigneur comte, lettres de change, promesses, obligations, arrerages de rente et autres natures de deniers quelconques, ensemble de la despence qu'il a aussy faicte pour eulx, a quelque occasion que ce soit, compris en icelle les apoinctemens que lesdictz seigneur et dame luy donnent, le tout depuis qu'il a commancé de les servir en leurs affaires jusques a huy, et qu'il leur a baillé et payé ce qu'il avoit de reste en ses mains, et leur a rendu tous les contracts, quitances, promesses et autres papiers quelconques qu'il avoit concernant lesdicts affaires, dont de tout ilz sont fort contens et satisfaictz, et l'en ont quitté et quittent, demeurans touttes lettres missives et aultres papiers par lesquelz il pourroit estre chargé envers eulx de quoy que ce soit nulz et de nul effect, sans prejudice audit de Bort de ce que lesdictz seigneur et dame, comte et com-

---

[1] Marie Bonney était la veuve d'Antoine de Bort, mort quelques années avant elle, et qui avait occupé les fonctions d'intendant successivement chez le comte de Brassac, le comte de Parabère et chez le duc de Montausier, neveu du comte de Brassac. Antoine de Bort paraît avoir joui de toute la confiance du duc, et nous trouvons dans les papiers qui ont été versés aux archives de l'Hôtel Dieu par les notaires chargés de la succession de la dame de Bort un grand nombre de pièces qui se rapportent à la maison du duc de Montausier et de sa femme, la célèbre Julie d'Angennes, à l'architecte Levau, chargé de la restauration du château de Rambouillet, etc. Nous avons fait un choix parmi ces pièces, et sans épuiser l'intérêt que peuvent offrir les six cartons du legs Debort, nous pensons que les seuls documents que notre cadre nous permet de livrer à l'impression suffiront pour attirer l'attention des curieux.

tesse de Parabere luy doibvent, promettans, obligeant et renonçant, etc. Faict et passé en la maison ou lesdictz seigneur et dame sont logez, dessus designee, l'an mil six cens quarante quatre, le deuxiesme jour de may après midy, et ont lesdictes partyes signé la minutte des presentes, demeurée par devers et en la possession de de Beaufort, l'un desdictz notaires soubsignez.

Lettre d'une religieuse bénédictine, de Cognac, à la comtesse de Parabère.

1645.

Jésus + Marie.

Madame,

La paix de Nostre Seigneur soit avec vous, si mes paroles pouvoient exprimer parfaictement mes sentimens, vous connoisteriés par celle cy combien j'en ay de forts et de puissans, pour reconnoistre l'honneur que monsieur le comte de Parabere et vous, Madame, me faictes d'avoir pansé en moy dans le sainct dessein que vous avés de fonder une maison religieuse, j'aurois tous les desirs du monde de vous donner la satisfaction que vous demendés de moy, comme vous honnorant (depuis que j'ay eu le bonheur de vostre connoissance) a un tres haut point et avec un respect tout particulier, mais je me trouve dans un estat que je ne me crois plus propre a aller establir des monasteres, a cause que venant sur l'aage, je me vois tous les jours diminuer de forces, et assaillie de beaucoup d'incomodité qui me forcent plus tost a prandre du repos, qu'à rechercher le travail, de plus il y a longtemps que j'ay pris ferme resolution de ne sortir jamais de ce lieu, en quelque maniere que ce fust, desirant finir mes jours dans la tranquillité que j'ay esleue, pour ces raisons, Madame, vous connoisterés que je suis dans l'impossibilité de vous rendre le service que vous desirés de moy, lequel aussy je voy n'estre pas si necessaire que vous pancés, d'autant que vostre bonne et chere fille, ma sœur Charlotte de l'Incarnation, a depuis beaucoup d'années acquis assez de vertu et capassité pour gouverner un monastere, sans qu'elle ait besoin de mon assistance, il y a treise ans passés qu'elle est dans la pratique actuelle des choses de la religion, a veu les exemples et a esté instruicte entierement de tout, de façon qu'avec l'esprit que Dieu luy a donné, elle est pour faire merveilles. La fille de Mlle des Cartiers, ma sœur Renee de Saint François que vous souhaités luy aydera grandement, veu qu'il y a encore plus longtemps qu'elle est dans la mesme practique, et scait toutes ses choses qu'il faut scavoir en l'affaire dont il s'agist, ayant aussi la vertu et prudence qui est necessaire; cela estant de la sorte, Madame, il ne se peut faire que vous n'ayés du contentement en l'execution de vostre pieuse entreprise, a laquelle ne pouvant contribuer selon vostre souhait, je le feray fervamment selon mon pouvoir, en suppliant avec ardeur Nostre Seigneur de verser abondamment ses graces sur cette nouvelle vigne qui va estre plantee pour sa gloire, sur vous et toute vostre famille, cet establissement devant vous donner a tous un moyen de servir Dieu plus parfaictement, ce vous sera une grande consolation un jour d'avoir faict une si bonne œuvre. J'estime beaucoup davantage mademoiselle de Paraberre, si elle y veut contribuer de sa personne mesme et estre une des premieres plantes de ce jardin de l'espoux celeste. Je la salue tres humblement avec vostre permission, et vous asseure que je suis avec verité de cœur et d'âme, Madame, vostre tres humble et tres affectionnée servante en Nostre Seigneur, sœur Louyse de Sainte Marie, religieuse benedictine.

De Coignac, ce 18 juillet 1645.

A Madame, Madame la contesse de Parrabère, a la Mothe St Hairay.

Lettres du comte de Parabère à Ant. de Bort.

A la Mothe, ce 15 juin 1649.

De Bort, je vous faye ces lignes pour vous prier de retenir quatre cent livres sur les trois mil^{lt} que je dois recevoir de ma distribution de chevallier du Saint Esprit, pour laquelle je vous ay envoyé mon blanc.

Il faudra que vous escriviés à ma femme que cette somme de quatre cent livres s'est trouvé manquer dans le fons quy nous est affecté, et que sans la faveur de Monsr Boutillier, la somme auroit esté bien plus grande qu'on m'auroit rabatu, gardés cette lettre qui vous servira pour faire voir qu'en cela vous n'avés rien fait que par mes ordres tres expres. Ne me faites point de responce, mais vous en pouvés escrire au bonhomme Conty en quy je me fie du tout. Celle cy n'estant a autre fin, je me recommande fort a vous et a mademoiselle de Bort, et vous devés faire estat assuré et l'un et l'autre que je ne manqueray jamais a l'affection que je vous ay promis. Adieu. Je vous ambrasse de tout mon cœur. Parabere.

A de Bort, a Paris.

Monsieur, je vous suplie de voulloir dellivrer a mon fils l'abbé de Parabere, la somme de deux cent livres, vous promettant de vous tenir conte de laditte somme de douse cent livres sur les affaires que nous avons ensemble, me raportant au dos de la presante la quittance de mondit fils l'abbé. J'espère recevoir cette faveur de vous, et que vous me continuerez l'honneur de vos bonnes graces, puisque je vous honore parfaictement, estant avec passion, Monsieur, vostre plus humble et affectionné serviteur.

PARABERE.

De la Mothe S¹ Heraye, le premier juillet 1650.

Au verso est écrit :

Je soubsigné l'abé de Paraberre confesse avoir receu de messieurs Talemants, la somme de douse cent livres en vertu de la letre de l'autre part escrite par monsieur de Paraberre, mon pere.

Fait a Paris, ce 8 juillet mille seix cent cinquante.

Signé : L'abé DE PARABERRE.

Monsieur de Bort est prié de mettre a part cinq cent livres des deniers de l'Ordre quand il les touschera pour M. de Parabere quy en a besoing pour quelques petites affaires qu'il a, et faudra qu'il escrive que laditte somme de cinq cens livres se trouve de manque pour des non valleurs; c'est de quoy il est prié par moi, de Parabere.

A Poictiers, le premier février 1652.

Signé : PARABERE.

Ce billet servira de descharge audit sieur de Bort. Pour monsieur de Bort.

Lettre de M. de Pardailhan à Ant. de Bort.

1650.

De Bort, vous aprandrés par Foche et les letres que j'écris, le sujet de son voyage, qui doit être jeusques a Digon an poste, et l'ons le fet paser a Paris pour donner un paquet a M¹ le Telier, et luy fera savoier ce qui se pase dans ses provinses. L'ons ne luy a n'ose baillé que cinquante et ceux (écus) de peur qu'on ne luy n'otat par les chemins, ne sachant s'ils sont libre; il faudra que vous luy an bailliés a Paris pour achever son voyage jeus a la Court, car ce que l'ons luy a baillé ne sufiret pas. Il a charge que si M¹ le Cardinal luy fesoit commande de s'an revenir an diliganse, Foche a charge de retourner de Digon an poste; s'et pour quoy, a toutes avanteures, vous luy bailerés de l'argant pour sela; car s'il revien par d'otre voyteure qui coute moins il raudra conte de set argant, et sela servira pour s'an revenir an Poytou; tant i a, vous conteres aveque luy.

Nous avons ete bien mortifier do n'avoier point trouvé neulle letre pour nous ni occune nouvelle; l'ons nous a etveillé la nuit pour porter troies ou quatre letres separees, sans etre an paquet; sela nous a fet croyre qu'ons avet pris nos letres; mes ayant leu selle que vous etcrivies a Horjamant (?) ou vous mantes n'ecrire pas, sela nous a ote se soupson.

Ons a veu la prise ancore de Ate de Boillon; tout est an reumeur an se peis; si l'ons ni met ordre, le feu s'i alumera, qui sera pleus malese a eteindre : seus qui sont bons serviteurs du rois conme M¹ de Parabere, croit que s'il ren ordre pour fere agir ses jans de guere qui sont an se peis, il y an a ases pour anpecher ce qui s'est fait. Anfin vous diries que s'et une armee de grande consequanse et formidable.

Le courier est presé de partir et moy de finir qui ni voies pleus goute.

Adieu. Je me recommande fort a vous.

DE PARDEILHAN.

A Monsieur, Monsieur de Bort.

Ce lundi XI avril 1650.

Reconnaissance du comte de Parabère au profit d'Ant. de Bort.

1662.

A tous ceux qui ces presentes lettres verront Pierre Seguier, chevalier, marquis de Saint Brisson, seignier des Ruaux et de S¹ Firmin, prevost de Paris et mestre de camp d'un regiment de cavallerie entretenu pour le service de Sa Majesté, Salut, scavoir faisons que par devant Charles Francois de S¹ Vuast et Jacques Ricordeau, notaires au Chastelet de Paris, soubsignez, furent presens en leurs personnes messire Jean de Beaudean, comte de Parabere et de Pardeihan, marquis de la Mothe Sainct Heraye, et dame Henriette Voisins de Montault son espouze, de luy deuement auctorisee a l'effect des presentes, demeurans en ceste ville de Paris rue de Richelieu, parroisse Saint Roch, lesquelz ont promis, promectent s'obligent sollidairement l'un pour l'autre, chacun deulx seul pour le tout, sans division ne discution, a et envers maistre Anthoine de Bort, bourgeois de Paris, y demeurans rue Sainct Honnoré, parroisse Sainct Germain d'Auxerois, a ce present et acceptant, de l'acquicter, garentir et indempniser de l'obligation qu'il a faicte en son privé nom, pour eux et sollidairement, du payement des arrerages de deux cens vingt deux livres quatre sols cinq deniers de rente que lesdicts seigneur et dame ont creez et constituez au profflict de maistre Pierre Mestivier, conseiller et medecin du Roy, de son regiment des gardes et bandes francoises, demeurant en cette dicte ville de Paris, rue S¹ Thomas du Louvre, a lhostel d'Espernon, par contract passé cejourd'huy. . . . . En tesmoing de ce, nous, a la relation desdicts notaires avons faict mettre le scel de ladicte prevosté de Paris es dictes presentes, qui furent faictes et passees a Paris en la maison de maistre Jean Fournier, procureur en Parlement, scize rue de la Parcheminerie, l'an mil six cens soixante deux le vingt deuxiesme jour de juillet apres midy, et ont signe la minutte des presentes, demeuree vers ledict Ricordeau, l'un des notaires soubsignez.

Signé : De Sainct Vaast, Ricordeau.

Lettres de provisions du gouvernement de la ville et du château de Saint-Maixent pour Henri de Beaudan, comte de Parabère.
1633.

Louis, par la grace de Dieu, roy de France et de Navarre, a tous ceulx qui ces presentes lettres verront, salut, nostre cher et bien amé le sieur de Grosbois, cappitaine et gouverneur de nos ville et chasteau de St Mexant, s'estant demis en nos mains de ladite charge, et estant besoing de la remplir de quelque personne dont la fidellité et affection nous soit conneue, scavoir faisons que nous, a plain confians des sens, suffisance, expérience au faict des armes de nostre amé et feal, conseiller en nostre conseil d'estat, cappitaine de cinquante hommes d'armes de nos ordonnances, gouverneur et nostre lieutenant general en Poictou, Chastelleraudois et Loudunois, le s^r comte de Parabere, Henry de Beaudean, chevallier, a iceluy, pour ces causes et autres bonnes consideracions a ce nous mouvans, avons donné et octroyé, donnons et octroyons par ces presentes ledit estat et charge de cappitaine et gouverneur de nostre dite ville et chasteau de St Mexant, que nagueres souloit tenir et exercer ledit sieur de Grosbois, vaccant comme dict est par sa demission, pour ledit estat et charge avoir et tenir, et doresnavant exercer, en jouir et user par ledit sieur comte de Parabere, aux honneurs, authoritez et prerogatives, preeminances, franchises, libertez, gages, droictz et appoinctemens qui y appartiennent, tels et semblables que les avoit et prenoit ledit sieur de Grosbois, avec pouvoir de commander aux habitans et gens de guerre, qui sont et seront cy apres establis en garnison en ladite ville et chasteau de St Mexant, ce qu'ils auront a faire pour le bien de nostre service, seureté et conservation de ladite place en nostre obeissance, faire vivre lesdits habitans en bonne union et concorde les uns avec les autres, et lesdits gens de guerre en bon ordre et police, suivant nos ordonnances militaires, tant qu'il nous plaira. Sy donnons en mandement a nostre tres cher et feal le s^r de Seguier, garde des sceaux de France, que dudit sieur comte de Parabere pris et receu le serment en tel cas requis et accoustumé, il le mette et institue ou face mettre et instituer de par nous en possession et saisine dudit estat et charge de cappitaine et gouverneur de nostre ville et chasteau de Saint Maixant et d'icelluy, ensemble des honneurs, droictz et appoinctemens dessus ditz.

Mandons en outre a nos amez et feaux conseillers les president et tresoriers generaux de France, au bureau de nos finances estably a Poictiers, et tresoriers generaux de l'extraordinaire de nos guerres, chascun en droit soy, que lesdits gages et appoinctemens audit estat et charge appartenans, ils fassent doresnavant payer, bailler et dellivrer comptant par chascun an audit sieur comte de Parabere... Car tel est nostre plaisir. En tesmoing de quoy nous avons faict mettre nostre seel a ces presentes. Donné à Paris le dernier jour de febvrier l'an de grace mil six cens trente trois, et de nostre regne le vingt trois. Signé Louis. Et sur le repli : Par le Roy, Phelypeau.

Pièces se rapportant au duc de Montausier et à Julie d'Angennes sa femme depuis 1650.

Billet de Julie d'Angennes pour le payement de son passementier.

Je prie monsieur Blavet de payer la somme de cinq cens livres a monsieur Levasseur, marchand passementier, que je luy doit, laquelle somme je promets tenir en compte audit sieur Blavet, sur ce qu'il me doict a cause du droict que j'ay a prendre sur l'afferme des coches, me rapportant le present billet endossé. A Paris, ce cinquiesme jour de mars 1650. Signe Julie Dangennes.

Lettre du duc de Montausier à Ant. de Bort.

D'Angoulesme, ce 1er de mars 1652.

Monsieur,

J'ay attendu jusques a cette heure a respondre a vostre lettre du 27 janvier dernier, n'ayant pû avoir plus tost la commodité de la faire voir a madame de Montauzier; elle et moy avons trop de cognoissance des assistances que vous nous avez rendues, non seulement par vos soins dans nos affaires, mais encore de vostre bourse et de vostre credit pour manquer a les recognoistre et a vous saltisfaire entierement du tout, vous scavez assez nos intentions sur cela pour estre persuadé de cette verité, sans que je vous en die davantage, je vous conjure de voir si vous pourrez trouver de l'argent a emprunter, tant pour vostre remboursement que pour payer M. de Lauriere, je vous envoyeray procuration pour m'y obliger, et en payeray l'interest.

Vous m'avez autrefois dit que le s^r Radigue ne pouvant jouir d'Ambleville estoit en volonté d'en faire un eschange avec moy pour La Barre, luy rendant le surplus, et comme il est encore plus difficile que jamais qu'il en jouisse a l'avenir, tant a cause de la guerre que par les obstacles que madame de Fougeré et d'autres y apporteront, cela luy fera penser a se deffaire de cette terre qui luy est a charge, vous pourrez faire pressentir par quelqu'un de ses amis ses sentimens sur cela, sans qu'il sçache que cela viene de nous, et par son entremise en conferer avec luy selon qu'il sera disposé a traiter, vous luy proposerez en ce cas là que s'il veut laisser sa terre a bon marché, puisqu'elle ne luy sert de rien que de luy causer de la deppence et du soin, je luy donneray la Barre pour vingt mille escus, et luy payeray le surplus selon le marché que nous ferons. Vous luy representerez bien les obstacles qu'il trouvera a jouir a l'avenir de cette terre, que, si je ne m'en accomode, il ne trouvera jamais personne qui le veuille faire, a cause de madame de Fougeré et de toute la maison d'Ambleville que l'on s'attirera sur les bras.

Mesnagez cela adroitement et me faites sçavoir le prix et les conditions avec lesquelles ledit sieur Radigue veut traitter. J'attendray de vos nouvelles sur le tout, et cependant je suis de tout mon cœur, Monsieur, vostre affectionné amy a vous faire service.

MONTAUSIER.

A Monsieur, Monsieur de Bort à Paris.

C'est le compte que Debort a rendu à madame à la fin de l'année 1658.

C'est la recepte que j'ay faicte des deniers de madame depuis le mois de septembre jusques à la fin de la presente année 1658.

Premierement, madame me fit delivrer des lettres de change par M. de la Chastaigneraye, jusques a la concurance de douze mil livres dont jay faict mon receu, dont j'ay retiré payement et de quoy je fais icy recepte pour 12000 ₶.

Plus madame m'a laissé une quittance de la somme de trois mil livres, a la descharge de son fermier de Salles, pour le terme de la St Michel de l'année 1658, de quoy j'ay receu payement, a la reserve de trante livres pour le port de ladicte partie, et par ce je fais icy recepte de 2970 ₶.

Plus elle me laissa aussi une quittance a la descharge de son fermier de Pugny de pareille somme de 3000 ₶, pour le terme de la Saint Jean, dont j'ay payé pareille remise, comme je fais aussi mesme recepte 2970 ₶.

Mais outre le terme que le fermier de Salles a payé, j'ay retiré de luy 148 ₶ 3 s. 4 den. qu'il restoit du terme de la Saint Michel precedente.

Le vingt cinquiesme novembre de la presente année 1658, Madame m'a commendé de recevoir 6000 livres en deux fois. procedant d'une lettre de credit de M. Druk, banquier d'Angoulesme, sur Mr Venquensel, qui m'ont delivré ladite partie de six mil livres, de laquelle Madame en faict recevoir mil livres a Madame la marquise de Remboullet, j'en faict icy recepte 5000 ₶.

La recepte cy desus recognuee que j'ay faict des deniers de Madame depuis le mois de septembre 1658 jusques au dernier de l'an monte 23,088 livres 3 solz 4 deniers.

Misses et despense qui ont esté faictes depuis le mois de septembre jusques à la fin de la présente année 1658.

Au despart de Madame, elle me commenda de donner un sac de mil livres à *Monsieur Renaudot*, médecin, a quoy j'ay satisfaict, je ne pris pas de receu de luy, mais Madame n'ignore pas par cet article, 1000 ₶.

Plus il estoit deub cinquante escus a *Monsieur Chapelain*, qu'il me fist demender par M. de Chavaroche pour deux annees d'interest, a cause de la partie que Madame luy doit, 150 ₶.

Au mois de novembre 1658, j'ay payé à M. *Conrard* 343 ₶ pour des livres qu'il avoit faict porter a Monseigneur, qui me commenda d'acquitter cette somme, cy 343 ₶.

Plus j'ay payé mil livres à M. Meridat pour une année de la rante que Mgr et Madame luy donnent, cy 1000 ₶.

Plus j'ay payé 459 ₶ 12 s. a l'orfevre qui avoit fourny les boutons d'argent, un baudrier et un cordon avec d'autres asortimens pour un habit pour Monseigneur, au mois de septembre dernier cy 458 ₶ 12 s.

Plus j'ay payé 112 ₶ 15 s. au cordonnier de quy l'on loüe les chambres pour les officiers, laquelle somme luy estoit deub pour trois quartiers de la presente année, cy 112 ₶ 10 s.

Pour faire restablir le marché de Pizani, j'ay payé 157 ₶ 7 s. tant pour le seau des patantes que les expeditions, cy 157 ₶ 7 s.

Le premier jour de l'an 1658 Monseigneur envoya prendre 10 pistolles de moy par Beaubrun, pour les estrennes de Mademoiselle, 100 ₶.

Au mois d'aoust estant au Palais, il fist acheter un livre qui est l'histoire de France par La Prade, qui cousta 5 ₶ 10 s.

A cause des affaires contre M. de Brassac, et afin de faire saisir en Guienne entre les mains des acquereurs de Saint Maurice, j'envoyé de Paris une commission pour laquelle je payé six livres seize sols et deux escus que je donnay pour les frais des saisies et les voyages des sergens cy 12 ₶ 16 s.

Pour les vacations des avocatz et arbitres employez de la part de Madame et de Madame de Grignan en l'affaire de Me de la Garde, j'ay avancé 19 ₶ 5 s.

Plus je baillé aux notaires qui passerent la vente de la Barre soixante livres cy 60 ₶.

Le 6 juin Mgr me commanda de donner quatre escus a une damoiselle pauvre des environs de Rembouillet, 12 livres.

Pendant les ditz douze mois de l'année 1658 j'ay payé cent huict livres à trois pauvres personnes a qui Mgr. faict donner un escu a chasqun par mois, par charité, en considération qu'ils ont esté a feu M. de Brassac.

....

Nous Jullie Dengenne hordonnons a Boiste, nostre garennier, fermier du parc de Renbouillier, seulement pour les lapins, de payer au Tellier la somme de quatre vingt livres en laquelle nous avons aresté les parties pour les années 1657 et 1658 et outre cela de lui payer trentes livres pour m'avoir pencé au pié et pour mesme subget a La Chapelle la somme de vinct livres, et je luy entienderé compte en raportant le present mandement a Renbouillet le dernier novembre 1658.

Signé Julie Dangennes.

Reçu du grand Bureau des pauvres pour la cotisation de l'année 1658.

Je soussigné, commissaire du grand Bureau des pauvres, confesse avoir receu de M. le marquis de Montauzier, demeurant en la dizaine de M. Curde, la somme de trente livres pour son aumosne et cotisation pour lesdits pauvres pour l'année mil six cens cinquante huit, de laquelle somme je le quitte.

Fait le vingt sixiesme jour de may 1660.

Signé Devin.

Procuration donnée à Ant. de Bort, par Monsieur et Madame de Montausier.

(1659.)

Aujourdhuy premier jour de janvier mil six centz cinquante neuf, il a pleu a Monseigneur et a Madame de m'ordonner et charger a moy soubzsigné du maniement et recepte de tous les deniers qui leur pourront appartenir, tant ceux qui procederont des revenus de leurs terres, que des gages et appointements de Mgr, assignations des garnisons d'Angoulesme et Xaintes et celles des gardes, et generallement de toutes les sommes qui leur doivent revenir, tant ordinaires qu'extraordinaires, suivant l'estat qu'ilz m'on fait mettre entre les mains, a la charge de leur en rendre compte chasque annee, et moyennant aussy que les payementz a recouvrer que je n'auray point touché seront mis en reprise sur l'estat de mon compte, et mondit seigneur et Madame obligez de les reprendre et allouer, le tout a condition que je ne seray point obligé de faire aucune poursuitte à mes fraitz et despens pour recuillir et recouvrer lesdites assignations et autres deniers compris audit estat, mais seulement de faire les sollicitations ordinaires de mes soings et diligences sans estre responsable du fait des debiteurs, comme aussy je me charge de fournir et advencer de mes propres deniers ce qu'il faudra pour la subsistence et despence de la maison de Mgr et de Madame, en attendant qu'on recoive de leurs revenus, moyennant quoy mondit seigneur et Madame promettent de me faire toucher a la fin de chasque année, les deniers que j'auray déboursé, fourny et advencé, en cas que la despence monte plus que la recepte.

Moyennant quoy nous, marquis de Montausier et la dame nostre espouze promettons outre ce que dessus audit de Bort de luy allouer sur son compte la somme de deux mille cinq centz livres à la fin de chasque année, a commencer du premier jour de la presante, que nous luy avons accordé et convenu avec luy pour les avances qu'il s'oblige de faire pour nous, et pour gages nourriture et logement dudit Debort, ce que nous avons arretté par le presant escrit fait double et signé a Paris, ledit jour premier de janvier mil six centz cinquante neuf.

Signé : Charles de Sainte Maure, Julie Dangennes, Debort.

Estat du revenu de Monseigneur (en 1659).

Montauzier 9000 ʟ — Salles 8000 ʟ — Pugny 9000 ʟ — Rambouillet 8000 — Pizany 3000 ʟ — Tallemont 1950 ʟ — Le droict sur les coches 3000 ʟ — Un quartier réglé sur les aydes 2250 ʟ — Supplément des aydes 6750 ʟ — Appointemens de gouverneur 4500 ʟ — Interestz sur Mr de Brassac 6000 ʟ — Interestz sur M. de La Vauguion 4444 ʟ — Pour la rante de M. de Bourgon 2666 ʟ — Gardes sur l'Election d'Angoulesme 6236 ʟ — Garnizon d'Angoulesme 16920 ʟ — Sur le receveur du domaine d'Angoulesme 600 ʟ — Gardes sur l'election de Xaintes 4104 ʟ — Garnison de Xaintes 4967 ʟ — Gardes sur Cougnac 2000 ʟ — Les fermiers generaux des aydes 4500 ʟ — Les fermiers de Charante 3000 ʟ — Les traictans du papier 4000 ʟ — M. de Gourville sur Angoulesme 3000 ʟ.

Total 114,554 livres.

Interest que Monseigneur doit.

A Mr l'evesque de Toulon 750 ʟ — A M. Meridat 1000 ʟ — A Me Daragonnay 1000 ʟ — A M. Conrard par moitié 600 ʟ — Au sieur Arnaud pastissier 400 ʟ — A M. Foucher 400 ʟ — A M. de la Coste 250 ʟ — A M. Dantaut par moityé 500 ʟ — A M. Chapelain 75 ʟ — A M. de la Perche 638 ʟ — A M. de Saint Laurans 160 ʟ 10 s. — A Mr de la Cheze 180 ʟ — A M. de Jannelle 333 ⁜ — Aux creanciers qui ont fourny les trante un mil livres pour payer M° de Parabere 1700 ⁜.

Total 7993 ⁜ 10 s.

Despence et payemens
faitz par De Bort en ladite année 1659.

Il a acquitté pour la despence du mois de decembre 1658, ainsy que Madame la veriffié 3420 ⁜.

Le premier de janvier 1659 il a fourni à Madame 5000 ⁜.

Le premier febvrier a Madame 4000 ⁜.

Le premier de mars a Madame 4000 ⁜.

Le premier de may à Madame 4000 ⁜.

Le premier d'avril a elle 4000 ⁜.

Le premier de juin aussy a Madame 4110 ⁜, a cause de cent louis d'or a unze livres deux solz, et trois mil livres en monnoye 4110 ⁜.

Le 14 de juin audit an 1664, veille du départ de Madame, elle prit dudit de Bort a cause de son voyage cent louis d'or a unze livres deux solz, et trois cens livres monnoye blanche faisant 1410 ⁜.

Plus devant le voyage de Monseigneur, Debort avoit payé pour plusieurs chevaux tant de carrosse que de selle dont il examina le mémoire qui montait 2376 ⁜.

Plus il donna 900 ⁜ a M. de la Chastagneraye pour payer les appointemens de M. Azemat sur Angoulesme, de l'année 1658.

Au départ de Monseigneur il me recommanda de bailler cinq cens livres a un libraire nommé Clautier et trois cens livres a un autre libraire 800 ⁜.

Plus en faisant le parfaict payement a Madame de Rambouillet pour sa pension de 1657 et 1658, il manquoit 47 ⁜ 15 s. que Madame me commanda de fournir.

Plus pour des billes a billards pour porter a Angoulesme 33 ⁜.

Lorsque M. de la Chastagneraye partit, il n'avoit pas payé le mois de may aux nouvellistes et les gazettes, que j'ai acquittées 10 ⁜ 18 s.

....

J'ai achepté dix huit aulnes de satin blanc pour les casaques de gardes au nombre de quarante, a sept livres 78 livres.

Plus payé 75 ⁜ pour l'esgratignure de la robe de satin noir envoyée a Mademoiselle.

Pour des sonnettes a chaperons pour des oyseaux de chasse, qu'on m'a mandé d'envoyer a Angoulesme 4 ⁜ 10 s.

J'ay porté 111 ⁜ a M. Conrard pour un an d'interestz de ce que Monseigneur luy doib.

....

Plus j'ay payé à M. Seguin, medecin de la Reyne, 725 ⁜ pour les arrerages d'une année de la rente que Mgr luy doibt, eschue en avril 1659, cette rente a esté constituce pour acquitter Madame de Parabere.

Plus sur les douze mil livres payez a Madame de Rambouillet pour l'année 1659, Debort en a payé et fourny 9000 ⁜ des deniers dont il se rend comptable.

Toute la despence comprise au present compte pour l'année 1659 monte a la somme de 99,171 ⁜ 9 s.

Et la recepte faicte par De Bort est de la somme de 108937 ⁜ 10 s.

Partant il demeure redevable de la somme de 9766 ⁜ 1 sol.

Pour Madame la marquize de Monthosier,
fourny par Le Mercier, marchand passementier à Paris.

Du 26 aoust 1659. Pour une robe de satin noir esgratigné pour Mademoiselle de Monthozier, quatre aulnes trois cartz de tres grande dentelle de soies fine noire de Grenade, fasson dengleterre pour le devant et les manches de la robe 80 ⁜ 15 s.

Et cinq aulnes deux tiers d'autres grande dentelle fasson dEngleterre 42 ⁜ 10 s.

Et sept aulnes dautres plus moyenne dentelle pour les tailles et les frezette 24 ⁜ 10 s.

Et quatorze aulnes de passement a satin de soies fine noire pour mettre sur le pied des dentelles 2 ⁜ 16 s.

Pour une juppe de mouerre incarnadin huict aulnes trois cartz de tres grande dentelle a palme et martagon de genne d'argent fin deslié de Paris, pesant 28 onces 2 gros de 9 ⁜ 5 s. l'once 261 ⁜ 6 s.

Du 13 septembre 1659. Pour une juppe de brocar dargent 17 aulnes et demye de tres grande dentelle a poinct de genne, a palme a martagon, fasson nouvelle d'or de Millan, avec des agrementz d'argent pezant 38 onces moins un gros 360 ⁜ 17 s.

Du 6 novembre. Pour une juppe treize aulnes et demye de grande dentelle de guipure panachée blanc et noir a point de jenne 70 ⁜ 17 s.

Et trois douzaines et demye de bouttons garnis de rozes de cartizaune blanc et noir panachez de 25 solz la douzaine 4 ⁜ 7 s.

Et trois aulnes un cart de gallon de guipure blanc et noir a cartizaune de 5 s. l'aune 16 s.

Somme 848 ⁜ 5 solz.

MÉMOIRE DE COMPAM, LIBRERE.

(1660-1661.)

POUR MONSIGNEUR LE MARQUIS DE MONTHOSIER, DEPUIS LE 10 OCTOBRE 1660.

Historia concilli Florentini, in-fol.	3ᴸᴸ	10ˢ
Viage de la Valle, 3 vol. in-4°.	5	3
Tacite, in-4°.	1	15
Davisonius in medicin. in-4°.	1	15
Caneparius de Atrament, in-4°.	1	15
Dictionaire italien et françois, in-8° 2 vol.	2	00
Vosii gramatica greca, in-8°.	1	00
Wandelini theologia cristania, in-12.	00	15
Grosius, de veritate religionis cristiane, in-12.	00	15

DU 25 NOVEMBRE 1660.

Seneque, in-fol. 2 vol. laudatus.	7	00
Tite Live du Riez in-fol. 2 vol. laud.	7	00
Apian Alexandrin in-fol. laud.	3	10
Musei, Moschi et Bionis, in-4°.	1	15
Higinus et Bolibius, in-4°.	1	15
Ragionamenti di Aretin, in-8°.	1	00
De plenitudine mundi, in-8°.	1	00
Monumetham excantatus, in-8°.	1	00
Journal de Henri 3, in-12.	00	15
Segnilis, de rebus Austriace, in-fol., 2 vol.	7	00
Couronnement de l'empereur, in-fol.	3	10
Quenedo, in-4°, 2 vol.	3	10
Childebran, in-4°.	1	15
Historia Augusta, in-4°.	1	00
Regula Societatis Jesu, in-12.	00	15
Thesaurus in deficiens, in-4°.	00	15
Jardinier francois, in-12.	1	10
Concilli sinopsis, in-4°.	1	15
Galamus cruciatus, in-4°.	1	15
M. Antoni Marcelli hist., in-4°.	1	15
Jouston. poli hist. in-8°.	1	00
Wardi de Hibericis antiquitate, in-8°.	1	00
Trinpi dormi secure, in-8°.	1	00
Comeni lexicum atrialle, in-8°.	1	00
Nouveau testament M. l'abe de Villeloy, in-8°.	1	00
Pour les faveur.	4	00
Acera philologica, in-12.	00	15
Milerius de principat. Romanor, in-12.	00	15
Sinopsis vocum sacre scripture, in-12.	00	15
Jouston de communione, in-12.	00	15
Begninius, triocinium chimicun, in-12.	00	15
Arudius, de vero cristianismo, in-12.	00	15
Parens Historia Palatina, in-12.	00	15

De la Place, philosophia moralle, in-12.	00ᴸᴸ	15ˢ
De coloribus et frigoris, in-12 parchemin.	00	5
Histoire de Charles VII, in-fol.	3	10
Flosculi historia, in-12.	00	15
De natura historia, in-12.	00	15
Histoire des Histoires, in-8°.	1	00
Macci durenti, in-4°.	1	15
Lucien, in-8°.	1	00

DU 3 MAY 1661.

Hesseluis de sacramentis, in-4°, 2 vol.	3	10
Historia Franciæ, in-12, 4 vol.	3	00
Ciropedie, in-8°.	1	00
Doctrina orandi, in-12.	00	15
Scandeberguis, poemata, in-12.	00	15
Memoire de la Marche, in-4°.	1	15
Histoire du chevalier Bayart, in-8°.	1	00
Milton pro se defensio, in-12.	00	00

DU 10 DÉCEMBRE 1661.

Pour les faveur.	4	00
Corminus in codicem, in-4°.	1	15
Histoire du cardinal de Joieuse, in-4°.	1	15
Buxtorf, cosri, in-4°.	1	15
Laurenberg, Horti cultura, in-4°.	1	15
Sebisius, de variolis, in-4°.	1	15
Coringius, in mach. principium, in-4°.	1	15
Buxtorf, de punctis, in-4°.	1	15
Goldast, sibilia, in-4°.	1	15
Buxtorf, Tiber, in-4°.	1	15
Bertell, historia Luxenburgensis, in-4°.	1	15
Historia ducum Sabaudie, in-4°.	1	15
Buxtorf, excertitationes, in-4°.	1	15
Buxtorf, lexicum caldaicum, in-4°.	1	15
Philipi cronic. V. Testament., in-4°, 3 vol.	5	5
Hoperus, de juris prudentia, in-4°.	1	15
Peraldus summa virtutum, in-4°.	1	15
Lotichius, observationes medice, in-4°.	1	15
Haidmanus, Epitome Hist., in-4°.	1	15
Misura de lac. corent., in-4°.	1	15
Peraldus, Sermones, in-4°.	1	15
Genadius, in Martialis, in-4°.	1	15
Coringius politic., in-4°.	1	15
Aramens, de comitis, in-4°.	1	15

	l. s.		l. s.
Clasen, de jure agiot., in-4°.	1 15	Angeli, de pond. et movet., in-4°.	1 15
Hotigerus, jus hebreorum, in-4°.	1 15	Barlurquan, loci communes, in-4°.	1 15
Histoire des eglise Vaudoise, in-4°.	1 15	Bisellus, tera santa, in-8°.	1 00
Novellas exemplarias, in-4°.	1 15	Piece de l'episcopat des Anglois, in-8°.	1 00
Trithemius steganocraphia, in-4°.	1 15	Folnger, disertationes, in-8°.	1 00
Pindarus, in-4°, 2 vol.	3 10	Bidembaach, promptuarii, in-8°, 3 vol.	3 00
• Hotingerus, in-4°, thesaurus.	1 15	Politique de Hobes, in-8°.	1 00
Paranis, electa platinia, in-4°.	1 15	Theatrum chimicum, in-8°, 3 vol.	5 00
Vekerus antidot., in-4°.	1 15	Buxtorf, lexicum hebraicum, in-8°.	1 00
Spigel, anatomia, in-4°.	1 15	Buxtorf, de Hontinger gramat. cald., in-8°.	1 00
Theologia senedansis, in-4°, 2 vol.	3 10	Heresh. de re rustica, in-8°.	1 00
Huetius, de Interpret., in-4°.	1 15	Analisiis oration. Cicer., in-8°.	1 00
Gotofridi opusculari, in-4°.	1 15	Mesius, Aurea anatom., in-8°.	1 00
Vie du signieur de la Noue, in-4°.	1 15	Sander, chism. Anglicana, in-8°, 2 vol.	2 00
Marcel, de regno Dei, in-4°.	1 15	Savonarol, philosophia, in-8°.	1 00
Macelli sapientia, in-4°.	1 15	Gomesius, de sale, in-8°.	1 00
Buxtorf, de nominibus Dei, in-4°.	1 15	Buxtorf, Florileg, Heb., in-8°.	1 00
Neulgranzi, de purpura, in-4°.	1 15	Casandri consultatio, in-8°.	1 00
Calonnis, sistema theologia, in-4°, 5 vol.	8 15	Libanius mer. veterum, in-8°.	1 00
Calonnis, scripta philosophica, in-4°, 2 vol.	3 10	Fabule Esopi, in 8°.	1 00
Hercules Medicus, in-4°.	1 15	Bidemb. conciones, in-8°.	1 00
Philo Judeus. in-fol., lavez.	3 10	Tuldenus Hist., in-8°., 5 vol.	5 00
Topographia Gallie, in fol., 4 vol. (ou on a colle des fon a tout).	20 00	Cabala Judaica, in-8°.	1 00
		Launoy de St Brunonis, in-8°.	1 00
Vivianus, De max. et minor., in-fol.	3 10	Pour les faveur.	4 00
Salmatius contra Milton, in-8°.	1 00	Theatrum historie, in-12.	00 15
Bartholinus hist. anatomica, in-8°.	1 00	Scorse olinp., in-12.	00 15
Bartholinus, De nimis usu, in-8°.	1 00	Relat. dell corte de Rom, in-12.	00 15
Zeillerus, Historia, in-8°.	1 00	Emendatio temporum, in-12.	00 15
Frontinus, Variorum, in-8°.	1 00	Chrisi theod, in-12.	00 15
Guenest, de sepultura, in-8°.	1 00	Balde poemat., in-12, 3 vol.	2 5
De critica de Gratiam, in-8°.	1 00	Giphanus, in-12.	00 15
Cosi, censura patrum, in-8°.	1 00	Baltazar, de operis subdit., in-12.	00 15
Barcleius, de potestate pape, in-8°.	1 00	Prose di Tasso, in-12, 3 vol.	2 5
Rupert, observatio, in-8°.	1 00	Monasticum anglicanum, in-fol.	3 10
Felninger, disert. politice, in-8°.	1 00	Lexicum Caldaicum, in-fol.	3 10
Vekerus secret., in-8°.	1 00	Lexicum arabicum, in-fol.	3 10
Sachs, de vite, in-8°.	1 00	Elisius questiones, in-fol.	3 10
Script. de piscatione, in-8°.	1 00	Aretin. hist. Florentin., in-fol.	3 10
Step. de mobilis, in-8°.	1 00	Glandof. onomast. hist. rom., in-fol.	3 10
Lin. de inseparabilibus corporis, in-8°.	1 00	Gobetinus, persone, in-fol.	3 10
Vite mel. historia, in-12.	00 15	Cardanus, de subtil., in-fol.	3 10
Buxtorf, Manualle, in-12.	00 15	Histor. SS. trium regum Magorum, in-fol.	3 10
Ovidius Hauchsii, in-12, 3 vol.	2 5	Pour les laveures de plusieurs livres.	6 00
Hocht, Manuduc. ad med., in-12.	00 15		
Hobes, de cive, in-12.	00 15		
Valling, Zodiac. vite, in-12.	00 15		
Ultadi celum philosoph., in-12.	00 15		
Douza, in plantum, in-12.	00 15		
Stenogt. disputationes academicè, in-4°.	1 15		
Sebuzius, de alimentis, in-4°, 2 vol.	3 10		
Guerner, anatomica, in-4°.	1 15		

Plus 2 in-4° qui ont estez oubliez a escrire, scavoir :
Helmodius cronicum Hanorum et Cocceius in epist. ad Hebreos, 3 fr. 10.

Un petit in-folio en parchemin, 1 fr.
Un petit in-4° en parchemin, 15 s.
Il est deu de reste de vieux 153 l. x s.
Il est deu de nouveau par ce mémoire, 351 l. 15 s.
Somme totalle : cincq cens cinq livres, trois sous.

*Reçu de la pension
de Madame de Pisani, sœur de la duchesse de Montausier.*

(1660.)

Nous, sœur Charlotte de Harlay, humble abbesse de l'abbaye de Saint Jean des Vignes, autrement ditte Sainte Perrine de la Villette lez Paris, confessons avoir receu de Madame la marquise de Montozier par les mains de Monsieur de..... la somme de cent vingt cinq livres tournois pour un cartier de la pension de Madame de Pisany sa sœur, lequel cartier eschera le onziesme du mois de septembre prochain, de laquelle somme de cent vingt cinq livres nous tenons quitte madite dame.

Fait ce dix huitiesme juin mil six cens soissante.

Signé : Charlotte de Harlay, abbesse.

Billet de Madame de Montausier à De Bort.

(1661.)

De Fontainebleau ce 14 octobre 1661.

Monsieur de Bort donnera sy luy plaist, sur l'argent que Monsieur luy a mis en partant entre les mains, mille livres a Gautier, quatre cens tant de livres a Bara suivant la promesse qu'il a de moy, laquelle il retirera.

Ma fille luy dira qui est ce marchand et ou il demeure. C'est pour le mouchouir de point de Venise qu'il luy a vandu. Il donnera aussy cinq cens livres a Mercier sur ce qu'on luy doit, et payera les serviettes qui ont esté prizes depuis peu par ma fille, et donnera a ma fille ce qui est nessaissaire pour son tailleur et pour des rubans et des ardes dont elle aura affaire, et puis menvoira la somme a quoy tout cella monte.

Je suis bien fachee que votre novice naye pas reusy car je considereré tousjours fort les gens quy me seront recommendés de vostre part, assurés vous en et de mon affection.

Signé Julie Dangennes [1].

*Lettre d'Antoine de Bort
au sujet des affaires de la maison de Montausier.*

(1661.)

Ce 6 avril 1661.

Monsieur,

Sans l'indisposition de M. de la Chastaigneré, il vous auroit escrit, a ce defaut je feray l'office et vous prieray de la part de Madame de faire un tour en ceste ville,

[1] Ce dernier paragraphe est de la main de Madame de Montausier.

entre cy et la feste, on vous desire voir sur le sujet de vieilles esglisses, par ce qu'on est sur le poinct de faire regler avec Madame de Maintenon, venant icy M. de La Chastaigneray vous supplie d'apporter et n'oublier pas les informations faites contre les officiers de Montfort, car une coppie est fort necessaire, mesmes au plus tost.

Vous verrés aussi ce que vous aurés donné de delà aux garanniers pour l'achapt des lappins, car icy je leur ay baillé six cens tant de livres sur ce que Mgr avoit ordonné.

Je vous donne le bonsoir et suis tousjours, Monsieur, vostre très humble et affectionné serviteur. De Bort.

A Monsieur, Monsieur Chapelle a Rambouillet.

*Reconnaissance d'un prêt de 6000 livres
signée de Monsieur et Madame de Montausier.*

(1661.)

Par devant les notaires garde nottes du Roy nostre sire en son Chastelet de Paris, soubsignez, furent presens en leurs personnes hault et puissant seigneur Messire Charles de Saincte Maure, chevallier, conseiller du Roy en ses conseils, gouverneur et lieutenant general pour Sa Majesté en ses provinces d'Angoulmois et Xaintonge, marquis de Montauzier, Pisany et de Rambouillet, et haulte et puissante dame Jullye Dangennes son espouze, qu'il a authorizee à l'effet qui en suit, demeurans a Paris rue Sainct Thomas du Louvre, en lhostel de Rambouillet, parroisse Sainct Germain de l'Auxerrois, et le sieur Anthoine de Bort, intendant de leurs maison et affaires, demeurant rue Sainct Honnoré, parroisse susdite, lesquelz ont recogneu et confessé debvoir bien et loyaument, sollidairement, un seul et pour le tout à messire Pierre Forest, seigneur d'Orgemont, conseiller, maistre dhostel et premier vallet de chambre du Roy, demeurant a Paris rue des Fossez et susdite parroisse, a ce present et acceptant, la somme de six mil livres pour cause de pur, vray et loyal prest d'argent faict par ledit sieur Forest ausdits seigneur et dame de Montauzier et sieur de Bort, ausquelz il leur a ladite somme baillee, comptee, nombree et delivree, en presence des notaires soubsignez, en louis d'or et autre monnoye, pour employer a leurs affaires dont ilz se sont tenus et tiennent contans, promettans et s'obligeant lesdits seigneur et dame de Montausier et sieur de Bort rendre bailler et payer ladite somme de six mil livres audit sieur Forest en sa maison a Paris, sans aucune menue monnoye ny douzains, d'huy en un an prochain venant.

Faict et passé à Paris audit hostel de Rambouillet devant déclaré l'an mil six cent soixante un le vingt huitiesme jour de mars avant midy.

Billet du duc de Montausier à Ant. de Bort.

(1662.)

Je prie M. Debort de donner au sieur Léonard, libraire de la rue Saint Jacques, la somme de quinze cent livres.

Fait à Paris ce 4° juin 1662.

Signé : Montausier.

Lettre (incomplète) à A. Debort relative aux affaires de la maison de Montausier.

(1662.)

D'Angoulesme, ce 21 aoust 1662.

Par deux billetz que nous avons receu aujourdhuy de vous, vous nous assurés que les lettres que Mgr a escrittes a Madame de Saint Germain Beaupré et de Lauriere luy ont esté rendues, dont je suis bien persuadé, par le bon soing que vous y apportez. Mais par celle que Monseigneur a receu aujourdhuy d'elle, elle ne luy en fait nulle mention, ce qui l'a un peu mis en peine, mais il sera assurément entierement soulagé de ce costé la par les premières lettres qu'il recevra.

Vous avez fait plaisir a Monseigneur d'envoyer un expres a Ecouan, et vous luy en ferés encore un de luy envoyer la responce et la dernière resolution de ce fesandier?

Je vous promez que vous avez obligé Mgr de vous estre si bien acquitté de ses complimentz envers Madame de Rambouillet et M. et Madame de Grignan. Il doit escrire aux uns ou aux autres aujourd'huy s'il en a le temps, car la grande compagnie ne manque point ceans, ce qui l'occupe beaucoup.

M. Guillaume m'a mandé une nouvelle qui a bien fasché a Monseigneur, qui est que dans l'Estat du Roy qui a esté expédié cette année, les parties des garnisons et celle des gardes et les appointementz ne sy trouvent point employées, ce qui est une meschante affaire, comme vous pouvés croire, car si cela demeure en cet estat et que Monseigneur soit renvoyé a l'Espargne, il faudra bien faire des pas pour retirer payement de ces parties, desquelles nous avons des arrez de fondz comme vous scavez, et comme M. Marin avoit promis a Monseigneur, en partant de Saint Germain, de faire pour luy tout ce qui dependroit de son ministère, je luy mis entre les mains, par l'ordre de Mgr, nostre ancien arrest pour les garnisons, et les autres pour les gardes et pour les appoinctementz, afin que le fondz en fust laissé dans les change des qualitez, mais M. Marin ne s'en est pas ressouvenu, ce qui oblige Mgr d'escrire a Madame de luy en parler et a M. Colbert. Mais comme elle ne scait pas

tout ce détail, Mgr vous prie de luy en faire un memoire bien raisonné et de le luy envoyer a Saint Germain au plus tost.

Cependant pressez tousjours M. Guillaume de vous donner de l'argent, a quoy il ne doit pas faire de difficulté, en prenant le billet de Mgr.; vous luy pouvés mesme representer que M. Touquoy n'en fait aucune, et que tout presentement il vient de donner a Mgr. un billet de 5000 ʰʰ a prendre sur un revenu particulier d'une Election, lesquelles je vous envoyeray au premier jour et aussy tost que j'auray trouvé une lettre de change.

Il n'est pas besoing que vous me fassiez de remerciementz pour avoir parlé a M. de Lauriere de ce qu'il vous doit, car cela n'en vaut pas la peine, les raisons qu'il m'a alleguees qui l'ont empesché de vous payer, c'est qu'il a toujours eues de meschantes affaires sur les bras qui l'ont épuisé, cependant M. de Lauriere m'a promit de vous faire payer.

Monseigneur se porte assés bien, dieu mercy, et m'a chargé de vous faire mille amitiés et mille recommandations, il luy a pris une curiosité que vous pouvés luy faire passer facilement, aussy m'a til ordonné de vous en requérir de sa part, qui est de luy vouloir faire scavoir combien pese au iust un septier de froment, mesure de Paris, combien il faut de boisseaux au septier, combien il vaut a present, et combien il valloit il a deux ou trois ans qu'il estoit a bon prix, il voudroit bien scavoir aussy si l'avoine se mesure a la mesure du bled, si on la vend le boisseau comble, et s'il y a autant de boisseaux au septier que du bled, je vous assure que vous ne luy ferez pas un petit plaisir de vous informer de tout cecy bien particulièrement[1].

Nourrice du Dauphin,
copie d'un billet de M. Valentinois.

(1662.)

Je recognois que Madame de Montauzier m'a fourny quatre quittances pour la depense des nourrices de Monseigneur le Dauphin, des mois de juillet et aoust dernier, et pour celle de sa bouche et de son entretenement des susdits mois, montant ensemble la somme de neuf mil soixante livres, sur laquelle je ne luy ay payé comptant que la somme de deux mil deux cens livres, le surplus je luy payeré à sa volonté a Saint Germain ce xv septembre 1662.

Pour certification de vi ᵐ viii ᶜ lx ˣˣ restant.

Signé : de Valentinay.

[1] La fin de la lettre manque, ainsi que la signature.

Mémoire du marchand drapier pour les gardes de M. de Montausier.

(1663.)

Monseigneur le marquis de Montausier doibt a J. Le Couteulx, marchand drapier a Paris.

Du 15 et 30 juin 1663, livré a M. de Lestang, par l'ordre de M. de Bort, pour faire trente cinq casaques de garde, quatorze manteaux, scavoir a six pages, trois suisses, deux cochers, deux trompettes et un mareschal, six casaques de palfrenier et quatre de garde chasse, cent soixante unze aulne de drap de berry vert guay a 9 ## — 1539 ##.

Cent douze aulnes 1/4 de serge de Romorentin vert guay pour faire vingt neuf chausses et autant de justeaucorps a six pages, neuf laquais, deux cochers, trois suisses, six palfreniez, deux porteurs de chaise, un mareschal, et deux chausses aux deux trompettes, à 7 ## 10 s. 841 ## 17 s. 6 den.

Deux cent treize aulnes de serge d'Aumale jaune doré pour doubler les 35 casaques de garde, les manteaux et casaque des trompettes, les 29 habits par les manches, basques et busticres, 372 ## 15 s.

Cent soixante et dix huit aulnes de revesche jaune doré pour doubler les manteaux des pages, cochers, suisses, mareschal, casaques des palfreniez, garde chasse et 29 justeaucorps des livrées, 445 ##.

Trente cinq aulnes de serge a deux envers vert guay, pour faire trente un paire de bas au 29 susdits et aux deux trompettes a 6 ##, 210 ##.

Compte de la maison de M. de Montausier, pour l'année 1663 (Janvier-Octobre).

Bref estat de recepte et despence faicte par M. Antoine de Bord, vivant intendant des maison et affaires de Monseigneur le marquis de Montauzier, depuis le premier janvier 1663 jusqu'au 16 octobre en suivant, jour du deceds dudit sieur de Bord, ledit estat de compte que rend audit seigneur marquis de Montauzier Damoiselle Marie Bonney, veuve et donnataire mutuelle dudit deffunct, et les maistres, gouverneurs et administrateurs de l'Hostel Dieu de Paris, legataires universels dudit feu s^r de Bord, et en la presence de Me Jean de la Chaize, intendant des maison et affaires de Monseigneur le duc de Navaille, executeur du testament dudict deffunct sieur de Bord, suivant l'arrest de la cour du deuxiesme mars 1664.

Recepte.
Et premierement.

Font recepte lesdits rendans de la somme de iiii mil ## receuz par ledit feu sieur de Bord pour la premiere demye annee de la ferme des Salles, escheue a la Nostre Dame de mars de ladite année mil vi^c lxiii.

Plus est fait recepte de la somme de 750 livres payee par Blavet pour le premier quartier de la presente annee du droit que Madame a a prendre sur les Coches.

Plus ledit de Bord a fait recepte de la somme de cinq mil livres, qu'il a receuz par lettre d'eschange envoyee d'Angoulesme, au mois d'avril de ladite année 1663, ladite somme procedant de M. Testard, a cause du recouvrement qu'il a fait en la presente annee 1663 des tailles de Montauziers et Chaux.

Plus ledit deffunt a touché la somme de 4500 ## ladite somme ayant esté fournie par M. Dumee, dont Monseigneur luy a passé constitution au mois de may de la présente année.

Au mois de juillet de ladite annee 1663, a esté receu par ledit deffunt le contenu en une lettre d'eschange envoyée de Xaintes par Madame Souillet, montant a ii^m iii^c iiii^{xx} vii livres.

Le dernier jour de juillet pour les deux tiers du bois vendu à feu M. Picard la somme de vii^c xxxiii ## vi s.

Plus dudit sieur de la Chapelle la somme de vi^c livres sur la recepte dont il est comptable.

Le deuxiesme aoust receu le contenu en une lettre d'eschange envoyée de Pugny par les fermiers, de la somme de iii mil livres, sur la somme de iiii mil iii^c xxxiii livres.

Audit mois a esté receu par ledit deffunt, de Blavet, la somme de vii^c l livres pour le droit des coches du quartier d'avril 1663; a esté baillé la quittance de Madame pour payement de mesme somme a M. Lambert, maistre des comptes, pour une année de la rente que M^r luy doit.

Au commencement de l'année de ce compte 1663, ledit deffunt a receu vii mil i livres x s. en pistolles de poidz que M. Leyrault apporta audit deffunt, procedant de M. Dupin, a cause des affaires de Monseigneur le Dauphin, laquelle somme Madame de Montauzier commanda audit deffunt d'employer pour la depense ordinaire de sa maison.

Est-cy fait recepte de la somme de ii^m vii^c iiii^{xx} livres mise en mains dudit deffunt par M. de la Chastegneraye, tresorier de l'argent de Monseigneur le Dauphin, pour les mois de may et juin 1663, laquelle somme Madame a desiré estre employee pour la despense de la maison de Monseigneur du mois de juillet 1663, outre les iiii mil livres.

De messieurs des Aides la somme de ii mil ii cens l livres pour un quartier réglé de l'année 1663.

Le vingt six aoust a esté receu de M. Ragoleau sur ce qu'il doit la somme de vi^{xx} v livres.

De M. Barsollart a esté receu la somme de viii mil livres sur les appointemens de Monseigneur, a cause de sa charge de lieutenant dn Roy en Alsace, ladite somme receue le 7 septembre 1663.

Le 12 septembre audit an receu de M. Marin, pour le prix de deux chevaux qui luy ont esté vendus par M. de la Tour, la somme de vi cens livres.

Font lesdits rendans compte recepte de la somme de xl mil livres qui avoient esté mis entre les mains dudit feu sieur de Bord par ledit seigneur marquis de Montauzier, au mois de juillet 1663, laquelle somme avoit esté empruntée par ledit seigneur de Mademoiselle de la Mothe d'Argencourt, fille d'honneur de la Reyne mère pour subvenir aux frais de son voyage en Normandie[1], de laquelle dite somme de quarante mil livres ledit deffunct ne s'estoit point chargé en recepte, par les comptes qu'il avoit a rendre audit seigneur, ayant esté arresté qu'il en feroit la despence sur les billets et memoires qui seroient tirez sur lui par ledit seigneur marquis de Montauzier, ou par le sieur de la Chasteigneraye son secretaire, ainsy qu'il sera justiffié de cette vérité par la despence employée au present compte par lesdits rendans de ladite somme de xl mil livres.

Ce chappitre de recepte se monte a quatre vingt trois mil quatre cens soixante et seize livres sept solz huit deniers, a laquelle somme il faut aiouster celle de six mil quatre vingt une livres obmises par le rendant compte, scavoir trois mil six cens livres sur le premier article, outre cent quarante huit livres d'une part et mil livres d'autre, et trois cens trente livres sur le 8e, lesquelles obmissions ont esté justifiées par des quittances et reçus dudit feu sieur De Bort.

Partant toute la recepte du present compte se monte a la somme de quatre vingt neuf mil cinq cent cinquante sept livres, seize solz, huit deniers.

Depense du present compte pour ladite année 1663.

Ledit deffunt sieur de Bord, pour la despense ordinaire du mois de janvier, il a fourny et mis entre les mains de Monsieur de la Chasteigneraye la somme de iiii mil livres, pour en rendre compte a Madame.

Plus a luy pour la despense du mois de febvrier pareille somme de iiii mil livres.

Plus a luy pour la despense du mois de mars aussy iiii mil livres ....

Au mesme mois de janvier Monsieur et Madame ayans fait habiller le train de deuil, et ayant fait ordonner audit deffunt de lever les estoffes, a esté payé tous les draps et serges argent comptant et jusques a la somme de v^c viii livres.

Plus pour faire habiller le train a esté payé a Lestang, maistre tailleur, ii^c xxv livres pour les fournitures et façons de tous les habits de deuil, suivant ses parties.

A esté payé xii livres a celuy qui a dressé les rolles pour les gardes et pour les garnisons nécessaires à fournir a Messieurs les trésoriers de l'extraordinaire des guerres, pour les années 1661 et 1662.

Plus payé lx livres aux notaires qui ont passé le contract de constitution de la rente que Monseigneur a crée a Mademoiselle de la Mothe et qui ont fourny les expéditions.

A Madame de Rembouillet la somme de iiii mil livres, scavoir ii mil restans de xii mil livres qui luy restoient a payer de l'année 1662, et ii mil livres sur sa pention de l'année 1663.

Payé pour la despense ordinaire de la maison de Monseigneur pour le mois de juin la somme de iiii mil liv.

Plus a esté payé par ledit deffunt la somme de ii mil vii cens iiii^{xx} livres pour suplément de la dépense de la maison de mondit seigneur, dudit mois de juillet, laquelle somme luy avoit esté mise entre les mains par Monsieur de la Chastaigneraye, provenant de l'argent de Monseigneur le Dauphin.

Payé sept livres pour faire mettre sur la riviere le carosse envoyé à *Rouen*.

Au secrétaire de M. Mascarany, conseiller, pour faire juger une instance pour Monseigneur contre un curé de Montauzier, accusé pour la chasse, vi livres.

Est cy fait despence de la somme de ii mil iii^c xix^{tt} payee par ledit deffunt a M. Descourades sur ce que mondit seigneur luy doit d'interests d'une somme considerable, comme créancier de M. de Fougeres.

Item emploient aussy lesdits rendans compte en despense au present estat la somme de viii mil viii c. lxxv livres deue audit feu S. de Bord par la succession de deffunte Madame de Brassant, et de laquelle ledit seigneur de Montauzier est legataire universel, comme il appert par arresté de compte de recette et de depense signé de ladite dame, et arresté par elle le dernier jour de l'année 1644.

Mémoire sur la despense de la maison de Madame pendant le mois d'aoust 1663 afin qu'elle en soit informée, en attendant que de Bort luy en rende un compte plus particulier.

---

[1] Voici ce que disent les biographes au sujet de ce voyage de M. de Montausier en Normandie «Il fut investi l'année suivante (1663) du commandement de la Normandie, à la mort du duc de Longueville. La peste s'étant déclarée dans ce pays, Montausier s'y rendit aussitôt, malgré les vives instances de sa famille, en répondant aux inquiétudes qu'on luy témoignait «qu'un gouverneur était tenu à résidence, mais qu'il y avait pour lui obligation absolue dans les moments de calamité publique.»
Louis XIV désira le voir, aussitôt après son retour, pour lui témoigner combien il était satisfait de sa conduite. (Michaud, t. XXIX, p. 43.)

La dépence de bouche dudit mois, tant ordinaire que extraordinaire, selon que les journees et les feuilles ont esté examinees et reglees à Vincennes, monte la somme de iii mil iii c. lxxvi livres xv s.

La dépence de l'escurie, selon le memoire de M. de la Tour, monte a la somme de v° lxxix₶.

A M⁰ de Lespine pour la subsistance des *nourrisses de reserve*[1] jusques au 27 du mois, 250 livres, et 24 livres pour le laict de Monseigneur le Dauphin.

Pour le pain et chandelle de madame la nourrisse, 42 ₶ 3 s.

Travaux faits au château de Rambouillet par l'architecte Le Vau.

Pour randre compte a Monseigneur des sommes qu'il a faict toucher a de Bort pour estre employées a son bastiment de Rambouillet.

Recepte.

Au mois de juin 1659, Mgr s'en allant en Angoulmois, laissa huict mille livres entre les mains dudit de Bort pour estre fournye à M. Le Vau. — 8000 ₶.

Plus au mois de mars 1660 Mgr fist envoyer audit Debort par lettre de change la somme de 13260 ₶.

Le 28° de mars 1661, Mgr fist prandre du s' Forest la somme de six mille livres, a interest et par obligation, pour employer pareillement aux payemens du sieur Le Vau — 6000 ₶.

Toute ladite recepte monte 27260 livres.

Engagememt de l'architecte Le Vau pour des travaux au château de Rambouillet.

(1661.)

Je prometz a Monsieur le marquis de Monthozier de luy finir et achever tous les logement en esta de loger au chasteau de Rambouillet, qui sont entre les deux escallier, suivant nostre marché, et posser les vistre au grand apartement en hault, scavoir la grande entichambre et grande chambre d'alcôve, dans les deux petittes tours, l'une auprès la grande chambre et l'autre aupres de l'antichambre, et dans le vestibulle hault et cabinet aupres de la grande chambre, avec la chambre qui est aupres dudit cabinet, comme aussy faire achever les deux garde robe qui sont aupres de la grosse tour, et de plus le pont pour entrer audit chasteau, le tout sera faict devant que je puisse demander un aultre payement audit seigneur marquis de Monthozier, que celuy de deux mil livres que il me donne presantement, dont je confesse avoir receu ladite somme de deux mil livres sur estanmoins des ou-

---

[1] Madame de Montausier était gouvernante du Dauphin, fils unique de Louis XIV et de Marie Thérèse.

vrages de son chateau de Rambouillet, que je prometz en tenir compte a mondit seigneur le marquis de Monthozier, et la presante servira de quittance pour les dites deux mil livres.

Faict au chateau de Rambouillet le xxx° avril mil six cent soixante et un. Signé Le Vau.

Compagnie des gardes du duc de Montausier.

(1650.)

Estat de la despence que le Roy veult et ordonne estre faicte par le tresorier general de l'extraordinaire et cavalerie legere, tant pour le payement des soldes et entretenement de quarante arquebuziers a cheval dictz carabins, destinez pour servir de gardes pres la personne du sieur de Montausier, gouverneur d'Angoumois et Xaintonge, que pour les taxations des commissaire et controlleur des guerres qui en feront les montres et revues par chasqun mois de la presente annee 1650.

Premierement.

A une compagnie de quarante hommes de guerre, harquebuziers a cheval dictz carrabins, destinez pour servir de gardes pres la personne du sieur de Montausier, la somme de douze cens soixante neuf livres pour leurs soldes et entretenement par mois, a raison des appointemens qui en suivent.

Assavoir :

Au cappitaine vi^xx livres. — Au lieutenant iiii^xx x livr. — Au cornette lx livres.

A trante sept hommes de guerre, harquebuziers a cheval, chascun xxvi ₶ — cy ix° iiii^xx xix livres.

Montant et revenant lesdits appointemens, ensemble par mois a la premiere somme de xii° lxix livres.

Aux commissaires et controrolleurs ordinaires des guerres qui en feront les montres et revues la somme de lxx ₶ a raison de xl livres pour le commissaire et xxx ₶ pour le controrolleur.

Total du contenu au present estat par mois xiii° xxxix₶ et pour douze mois pendant ladite annee xxi mil lxxiii livres.

Deux lettres adressées à Ant. de Bort, par son frère, marchand à Angouléme.

De la Rochebeaucourt le 5 septembre 1642.

Monsieur mon tres cher frere.

J'estime que vous aurés mintenent receu le committimus de Monseigneur, que vous m'aviés ordonné vous renvoyer, je le dellivré avec autres piesses au pere Desbordes quy party d'icy dimanche dernier et m'assura de bailler des ce mesme jour ma despeche a l'ordinaire à Barbezieux, par cette voye je vous escrivois, que dans deux ou trois jours ensuitte, ie ferois voiage vers Mrs de Fougere et Duza sur le suiet de vostre affaire, et de vray ie m'estois mis en chemin avec ledit pere Des Bordes, mais comme nous fumes luy et moy a Chermand, je fus conseillé par de mes amis de ne passer pas plus avant, de crainte qu'il m'en arriva mal par la rencontre que je pourois faire de ses mizerables paisans qui sont esmeus dans certaines paroisses de la chastellenie de Barbezieux, dans lesquels lieux mon chemin se donnoy, cella fut cause que je rebroussé et revien icy tres mary de ce ostacle........

D'Angoulesme ce 8 juing 1648.

Monsieur mon frère.

Par le precedent ordinaire, ie vous donné avis que le corps de feu Madame de Brassac avoy esté conduit à la Rochebeaucourt des le seqond de ce mois, et que Messieurs Durepaire et de la Vaure, avec nombre de noblesse allèrent tous au devant du corps une lieu, on fict l'enterrement jeudy 4º du courant ou Mrs de La Vaure avec Mrs de Cherval et de la Grange y assisterent, et nul autres genthilhommes ne s'y trouverent.

La carantene ne se fera pas qu'on naye l'ordre de Monseigneur le marquis de Montauzier pour scavoir le temps qu'il luy plaira qu'on s'aquite de ce devoir, en attendant je tiendray toutes chozes en estat.

Despuis ma precedante M. de Brassac m'a ordonné de vous escrire pour le faire scavoir a Mgr de Montauzier, qu'il souetteroy fort que procès verbal fut faict de nouveau de l'estat des bastimens tant du chasteau de La Rochebeaucourt, des moulins, des mestairies, que du bestail quy est en icelle, dont il doict jouir a present...

Monsieur de Brassac, Madame de Semonssac et toutes leurs maisonnees sont retirés au chasteau de la Rochebeaucourt, dez lorsqu'ilz surent la mort de Madame.

Je suis tres obeissant serviteur de Madame ma sœur et de vous, qui me fairés tousiours l'honneur de m'aymer puisque je vous honnore de toutes les passions de mon ame, car je suis,

Monsieur mon frère, vostre très humble et très obeissant serviteur. Signé Debort.

Déclaration d'Antoine de Bort à son lit de mort.

(1663.)

Aujourd'huy vendredy douziesme octobre mil six cens soixante trois, sur les neuf heures du matin, Monsieur Debort estant en son lict mallade a requis moy Racault, l'estant venu voir, d'escrire ce qui en suict qu'il m'a dicté pour estre faict double et donné à Monsieur de Combaillon, principal du college d'Authun et a Monsieur de Meullan, prestre habitué en l'eglise Saint Honnoré.

Premierement ledit sieur de Bort a déclaré que de la somme de six mil tant de livres que Mademoiselle sa femme luy avoit cy devant mise entre les mains, provenant de ses espargnes, pour estre dellaissee au dernier vivant d'eux, il en a osté et diverty quelque partye, laquelle ladite damoiselle trouvera remplacee dans le gros de leurs affaires generales.

Plus il a declaré que de la somme qu'il a dict a ladite damoiselle sa femme luy estre deue par Monsieur Tallement, il en a este satisfaict, et que depuis le prest de dix mil escus qu'il a faict a Monsieur de Montauziers, par obligation, ledit sieur Tallement ne luy a deub aucune chose, et s'il se trouve quelque promesse pour ce subiect, elle est figurée et non veritable.

Et pour ce qui est de la partye deue par Madame de Laurieres, il en a esté payé de la moictié, et ne reste plus deub que l'autre moitié du contenu en l'obligation, laquelle doibt estre payée dans peu.

Ledit sieur De Bort prie ladite damoiselle sa femme de ne trouver point mauvais ces desguisemens qui se sont rencontrez dans leurs affaires. *Il s'en rencontre de pires dans d'autres mesnages*, et ce qu'il a faict n'a jamais esté en intention de la priver d'aucune chose de ses droictz. Il suplie lesdits sieurs de Combaillon et de Meullan de bien persuader cette vérité a ladite damoiselle, puisqu'ilz ont la charité de travailler à son repos. Signé Debort.

Difficultés entre l'Hostel Dieu et le duc de Montausier, au sujet de la succession d'Antoine de Bort; nomination d'un arbitre.

(1675.)

Par devant les notaires, gardes notes du Roy au Chastelet de Paris, furent presens en leurs personnes messire Jean Le Conte, Fabien Perreau, sieur de la Charnoye, André Le Vieux, conseiller et ancien eschevin de cette ville, Alexandre Marsollier, conseiller et maistre d'hostel ordinaire du Roy, Augustin Porriquet, conseiller du Roy et auditeur ordinaire en sa chambre des comptes, Jean Chuppé, advocat en la cour de Parlement, maistre François Choart, conseiller du Roy et maistre ordinaire en sa chambre des comptes et maistre René Acart, conseiller du Roy et substitut de Monsieur le Procureur général et ancien eschevin de cette dite ville, tous maistres gouverneurs et administrateurs de l'Hostel Dieu de Paris, ledict Hostel Dieu légataire universel de deffunct maistre Antoine Debort, vivant intendant des maison et affaires de Monseigneur le duc de Montauzier, cy apres nommé, et de damoiselle Marie Bonney, sa femme, d'une part, et maistre Urbain Lambert, secretaire ordinaire de la Royne, intendant et comme procureur de tres hault et tres puissant seigneur messire Charles de Sainte Maure, duc de Montausier, pair de France, marquis de Rambouillet et de Pizani, gouverneur et lieutenant général pour Sa Majesté en sa province de Normandie, gouverneur et premier gentilhomme de la chambre de Monseigneur le Dauphin, estant de present pres la personne de mondit seigneur le Dauphin, au chasteau de Sainct Germain en Laye, ledit sieur Lambert fondé de la procuration dudit seigneur duc de Montausier, specialle a l'effect des presentes, demeurant a lhostel dudit seigneur rue S¹ Thomas du Louvre, d'autre part.

Lesquelles partyes esdits noms, pour decider et terminer les proces et différends qui sont entre ledit seigneur duc de Montauzier et lesdits sieurs administrateurs au Parlement, tant au subject du compte a l'amiable presenté par ladite deffuncte Bonney et ledict Hostel Dieu audit seigneur duc de Montauzier, des deniers par ledit deffunct sieur de Bort receus et desboursez, jusques au jour de son deceds en ladite qualité d'intendant dudit seigneur duc, sur lequel y ayant eu plusieurs debats de la part dudit seigneur duc de Montauzier, lesdictz sieurs administrateurs se seroient pourveus en ladite cour, ou ilz auroient obtenu arrest qui auroit levé lesditz debatz, en vertu duquel, calcul auroit esté fait, tant de la recepte que despence, par lequel ledit seigneur duc de Montauzier, s'est trouvé débiteur de la somme de 48,000 tant de livres, pour le payement de laquelle a esté obtenu executoire, contre lequel arrest et executoire ledit seigneur duc de Montauzier s'est pourveu par requeste civille, que pour raison de la demande nouvellement faite par ledit seigneur duc de Montauzier audit Hostel Dieu d'un compte de la somme de 27,000 livres qu'il pretend que la succession dudit sieur de Bort est tenue de luy rendre, et avoir deub estre employee au payement des premiers et privillegiez creanciers de M. Fougeraye, lequel compte lesdits sieurs gouverneurs audit nom ont sousteneu avoir esté rendu par ledit feu sieur de Bort de son vivant audit seigneur duc de Montauzier, ensemble de touttes autres choses generallement quelconques que lesdites partyes esdits noms peuvent avoir l'une allencontre de l'autre au subject du testament dudit sieur de Bort.

Ont nommé et nomment pour arbitre et amiable compositeur monseigneur l'illustrissime et reverendissime messire Louis de Bassompierre, conseiller du Roy ordinaire en ses conseils, evesque de Xaintes, auquel ils donnent pouvoir et puissance de vuider, juger et terminer tous lesdicts procez, différendz et pretentions, circonstances et deppendances, a l'effect de quoy lesdictes parties esdicts noms promectent chacune en droict soy de mettre es mains dudit seigneur evesque de Xaintes, dans quinzaine, touttes les pieces et memoires de leurs pretentions, dont elles pourront respectivement prendre communication pour y respondre et deffendre, sans deplacer, pour sur lesdites pieces rendre par ledit seigneur evesque son jugement arbitral dans le temps de deux mois prochains, auquel jugement lesdites partyes esdicts noms promettent respectivement d'aquiescer comme sy c'estoit arrest de cour souveraine, a peine de la somme de dix mil livres que le contrevenant sera tenu payer a l'acquiescant, auparavant que d'estre receu a rien dire, ny alleguer aucune chose contre ledit jugement arbitral.

Faict et passé a Paris audit bureau de l'Hostel Dieu, le vingtiesme jour de décembre avant midy de l'année mil six cens soixante quinze. Signé : Ogier et Chuppin.

Transaction de l'Hôtel-Dieu avec le duc de Montausier.

(1676.)

Par devant les notaires garde nottes du Roy au Chastelet de Paris soubssignez, furent presens en leurs personnes messire Claude Lepelletier, chevalier, conseiller du Roy en tous ses conseils, honnoraire en son Parlement et prevost des marchands de cette ville, messire Jean Le Conte, Fabien Perreau, sieur de la Charnoye, André Le Vieulx, Alexandre Marsollier, Augustin Perriquet, Jean Chuppé, Louis Baussan, Jacques Guilloire, tous maistres, gouverneurs et administrateurs de l'Hostel Dieu de cette ville de Paris, ledit Hostel Dieu legataire universel tant de deffunct maistre de Bort, vivant intendant des maison et affaires de Monseigneur le duc de Montausier et de Madame la comtesse de Brassac cy apres nommez, que de deffuncte damoiselle Marie Bonney, au jour de son deceds vefve et donnataire mutuelle dudit feu sieur de Bort, d'une part, et maistre Urbain Lambert, secretaire ordinaire de la Royne, au nom et comme intendant et procureur de tres hault et tres puissant seigneur messire Charles de Saincte Maure, duc de Montausier, pair de France, gouverneur et premier gentilhomme de la chambre de Monseigneur le Dauphin, estant de present pres la personne de mondict seigneur le Dauphin, au chasteau de Sainct Germain en Laye, tant en son nom que comme legataire universel de deffuncte haulte et puissante dame Catherine de Saincte Maure, sa tante, comtesse de Brassac, au jour de son deceds vefve de hault et puissant seigneur messire Jean de Gallard de Bearn, chevalier, comte de Brassac, ledit sieur Lambert fondé de la procuration dudit seigneur duc de Montauzier esditz noms, d'autre part, lesquelles parties esdits noms pour terminer et assoupir les procez et differendz pendans entre ledit seigneur duc de Montauzier et lesdits sieurs gouverneurs de l'Hostel Dieu par devant nos seigneurs de la cour de Parlement, tant sur les moyens de la requeste civille en datte du 25 may mil six cent soixante sept, obtenue par ledit seigneur duc de Montauzier, de la somme de cinquante neuf mille quatre cent dix neuf livres dix huit solz neuf deniers, de laquelle il auroit esté déclaré reliquataire et debiteur par le procez verbal de Monsieur Petau, conseiller en la grande chambre de la cour de Parlement, datté au commencement du unze octobre mil six cent soixante six, portant examen et calcul du bref estat en forme de compte, présenté et rendu par ladite damoiselle Marie Bonney, lors vefve et donnataire mutuelle dudit feu sieur Debort, et par lesdits sieurs administrateurs conjoinctement, en la présence de maistre Jean de la Chaise, executeur du testament dudit sieur de Bort, suivant l'arrest de la cour du deuxiesme mars mil six cent soixante quatre, du maniment et administration que ledit deffunct sieur de Bort avoit eu en recepte et despence, pendant l'année mil six cent soixante trois, jusques au quinziesme octobre de ladite année qu'il seroit decoddé, des biens, deniers, maison et affaires dudit seigneur duc de Montauzier, et advances pour luy faites par ledit deffunct, que sur quelques obmissions de recepte, debatz et soustenement faictz et formez sur plusieurs articles de la despence dudit compte, ensemble sur la demande incidente fait par ledit seigneur duc de Montauzier, par requeste du vingt huictiesme novembre mil six cens soixante quatorze du compte de la somme de vingt sept mil livres que ledit seigneur duc et feue Madame la duchesse de Montauzier son espouze avoient mise entre les mains dudit sieur de Bort, comme appert par le memoire non signé cy apres mentionné et par luy envoyé a ladite feue dame duchesse de Montauzier, le vingtiesme novembre de l'année mil six cent cinquante neuf, pour employer au payement des premiers et plus anciens creanciers de messire Guy de Saincte Maure, marquis de Fougeré, et d'en rapporter quittances, jusques a concurrance de ladite somme, sy non et a faute de ce faire, rendre et rapporter ladite somme et interests d'icelle, et finallement sur toutes les autres demandes, moyens et pretentions desdites partyes esdits noms, volontairement ont recognu et confessé avoir du tout transigé, convenu et accordé en la forme et maniere qui en suit, apres avoir par lesdites parties et leurs conseils en plusieurs conferances sur leurs ditz proces, moyen et pretentions, en la presence de monseigneur l'illustrissime et reverendissime Louis de Bassompierre, conseiller d'Estat et evesque de Xaintes, nommé leur arbitre par le compromis passé entrelles par devant Ogier et ledit Chuppin notaires, le vingtiesme decembre dernier.

C'est assavoir que la recepte qui avoit esté originairement employée dans ledit bref estat en forme de compte, dont un exemplaire cotté et appostillé a esté représenté par lesdites partyes et demeuré annexé a la minute des presentes, pour y avoir recours et faire foy, apres avoir esté paraphé enfin par lesdites parties comparantes et par les notaires soubzsignez, laquelle ne montoit qu'à la somme de 83,476 livres 16 solz huit deniers, sera augmentee de la somme de 6081 livres receue par ledit deffunct Debort, outre celles employees au chapitre de recepte dudit compte, par ce moyen la recepte totalle monte a la somme de 89,557 livres 16 solz 8 deniers.

Comme aussy que la despence dudit compte qui montoit à la somme de 142,565 livres 16 solz 9 deniers, comme il parroist par le calcul faict par le proces verbal dudit sieur Petau, non compris la despence commune et les articles mentionnez rayez audit proces verbal, et qui neantmoins suivant le nouveau calcul qui en a esté fait s'est trouvée monter a la somme de 142,721 livres 16 solz, non compris ladite depense commune non rayée audit estat, ny lesdits articles mentionnez rayez audit proces verbal, ny aussy l'article 214 employé pour la somme de 3221 livres 17 sols payée pour la debte de Nicolas Rousseau qui a été rayé depuis ledit proces verbal..............................

Tellement que deduction faicte desdites sommes de 5882 livres et 20000 livres montans ensemble à celle de 25,882 ɫɫ sur ladite somme principale de 26,404 livres 4 solz 10 deniers que ledit seigneur duc de Montauzier debvoit de reste du debet et reliqua dudit compte, il ne demeure redevable envers lesditz sieurs gouverneurs de l'Hostel Dieu audit nom que la somme de 522 l. 4 solz 6 den. en principal.

Plus ledit seigneur duc de Montauzier doibt ausdits sieurs gouverneurs de l'Hostel Dieu audit nom les sommes cy apres declarees, pour interests du tout et partie de ladite somme principale de 26,404 livres 4 s. 6 den. a proportion du temps que lesdites sommes desduites sur ledit principal ont esté transportees et payees, scavoir : 932 livres, plus 2563 livres, plus 6220 livres et encore plus 29 livres.

Plus ledit seigneur duc de Montauzier doibt ausdits sieurs gouverneurs de l'Hostel Dieu la somme de 330 livres 18 solz a laquelle a esté convenu et composé pour tous les frais faitz par lesdits sieurs gouverneurs pour raison dudit compte jusques a present.

Touttes lesquelles sommes ainsy deubes par ledit seigneur duc de Montauzier ausdits sieurs gouverneurs de l'Hostel Dieu, tant pour le reste dudit principal que pour les susdits interest et frais, montent et reviennent ensemble à celle de 10,598 livres que ledit seigneur duc sera tenu, ainsy que ledit sieur Lambert l'oblige, en vertu de sadite procuration, bailler et payer ausdits sieurs gouverneurs de l'Hostel Dieu dans le temps de deux mois a compter du jour des presentes.

Et moyennant ce que dessus lesditz sieurs gouverneurs de l'Hostel Dieu ont presentement rendu audit sieur Lambert pour ledit seigneur duc de Montauzier les registres et papiers cy apres mentionnez............

Et moyennant lesdites presentes, lesditz procez et differends d'entre lesdits seigneur duc de Montausier et sieurs gouverneurs de l'Hostel Dieu sont et demeurent esteintz, assoupis et terminez, et de fait lesdites parties esdits noms se mettent respectivement hors de cour et de procez sans aucuns frais et despens pretendre de part et d'autre, mesmes ledit seigneur duc de Montauzier demeure deschargé des condemnations contenues audit arrest et executoire du unziesme may mil six cens soixante sept, ainsy que lesdits sieurs gouverneurs de l'Hostel Dieu l'en deschargent et luy font et baillent plaine et entiere main levee desdites saisies et arrestz faictz a leur requeste.

Faict et passé à Paris au bureau de l'Hostel Dieu sciz au parvis de Nostre Dame le vingt deuxiesme jour de febvrier l'an mil six cens soixante seize avant midy.

LEGS UNIVERSEL DE FRANÇOIS DE CALLIÈRES
AU PROFIT DE L'HÔTEL-DIEU.

Testament de F. de Callières[1].

(4 août 1716.)

Au nom du Père, du Fils et du Saint Esprit.

Cecy est mon testament olographe et l'ordonnance de ma derniere volonté, que je désire estre executé selon sa forme et teneur, et dans toutte la force que le testament et ordonnance de dernière volonté puisse avoir.

Je demande tres humblement pardon a Dieu de tous les peschez que j'ay commis durant tout le cours de ma vie et j'implore sa misericorde infinie pour l'obtenir, par les merittes de la passion et du sang de nostre seigneur Jésus Christ, et par l'intercession de la tres Sainte Vierge et de tous saints et saintes, affin qu'il luy plaise de recevoir mon âme en Paradis.

Quant a mon corps je desire qu'il soit enterré sans cérémonie dans l'eglise de la paroisse ou je seray décédé.

Je désire que touttes mes dettes qui subsisteront lors de mon decez soient payées du plus clair des effects de ma succession.

Que mes domestiques soient ensuite payez de tout ce qui leur sera dû tant pour leur nourriture que pour leurs gages que je leur fais payer regulierement.

Je desire qu'on rende aux personnes qui seront cy apres nommees les pacquets et autres deposts que je déclareray par escrit m'avoir esté confiez.

Je donne et legue a Anne de Callieres, ma sœur, veuve de feu M. Dumesnil Camproger, gentilhomme de basse Normandie, une pension viagere de quinze cens livres de rente, a recevoir sur les rentes que j'ay a l'hotel de ville de Paris, qui y ont esté réduittes au denier vingt cinq, et j'ay destiné cette rente de quinze cens livres au payement de la pension de Madame Dumesnil Camproger qu'elle paye a Madame de Carnanville, qui demeure a Crastille, près de Montebourg en basse Normandie, et dont le mary avoit espouzé Charlotte de Callieres, ma seconde sœur, en premières noces, et qui s'est chargée de la pension de Camproger sa belle sœur.

Je donne et legue au sieur chevalier de Courcy-Potier, sous brigadier des gardes marine de Rochefort, mon petit neveu du costé de ma mère, une pension viagere de mille livres a recevoir sur mes rentes de l'hotel de ville de Paris, pour en jouir durant sa vie.

Je donne au sieur Claude de Tremblay, qui m'a servy de secretaire, une autre pension de mille livres viageres, a recevoir sur l'hotel de ville de Paris.

Je donne et legue au sieur Martin qui me sert actuellement, en qualité de secrétaire, pareille somme de mille livres de rente viagere a recevoir sur mes rentes de l'hotel de ville de Paris....................

Je donne et legue tous les biens et effects de ma succession aux pauvres de l'Hotel Dieu de Paris, quand on aura en leur nom satisfait a tous mes legs et a mes intentions pieuses.

Je nomme M. de Valossieres, secretaire du conseil du commerce demeurant a Paris rue de Clery, et je le prie d'accepter le choix que je fais de luy pour estre mon

---

[1] Callières (François de), né à Thorigny en basse Normandie, le 14 mai 1645, fut conseiller du Roi, ministre plénipotentiaire à Ryswick en 1695, et l'un des signataires du Traité, puis secrétaire du cabinet du Roi.
Il avait été précédemment envoyé en Pologne par la maison de Longueville, à laquelle son père et lui étaient attachés.
Le 16 février 1689 il fut reçu à l'Académie française à la place de Quinault.
On a de Callières plusieurs ouvrages dont voici les principaux :
1° *Des mots à la mode*, 1692, in-12; 2° traité du bon et du mauvais usage de s'exprimer et des façons de parler bourgeoises, 1693, in-12; 3° *de la manière de négocier avec les souverains*, 1716, in-12, dont on donna en 1750 une nouvelle édition en deux volumes. Le second est de l'éditeur et ne vaut pas le premier. Cet ouvrage a été traduit en anglais, en allemand et en italien. (*Biographie Michaud*, t. VI, p. 411).

executeur testamentaire a cause de sa probité qui m'est parfaitement connue, et de nostre commune et ancienne amitié, qui me fait espérer qu'il acceptera la priere que je luy en fais, ainsy que le don que je lui fais de tous les meubles a moy appartenans qui meublent la chambre rouge du grand appartement de la maison ou je loge, et principalement *trente huit tableaux qui sont placez dans la mesme chambre, estant presque tous de grands maîtres les plus estimez*, plus tous les autres meubles, tableaux, livres et porcelaines qui sont tant dans cet appartement que dans le petit apartement du côté nommé l'appartement de la gallerie..........................

Je prie mondit executeur testamentaire de faire ordonner un inventaire general de tous mes autres meubles, vaisselle d'argent et autres tableaux pour faire le proffit des pauvres que j'ay déclarés mes heritiers universels, lorsque mes autres legs auront esté delivrez et distribuez suivant ma declaration du present testament, que j'ay fait à Paris sain de corps et d'esprit le quatre aoust mil sept cens seize, écrit, releu, fait et signé de ma main. Signé de Callières.

Cecy est mon dernier testament olographe et l'ordonnance de ma derniere volonté, que je désire estre joint a mon precedent testament fait il y a pres de deux ans, fait ce six février mil sept cens dix sept; le scrupule que j'ay eu alors de charger M. l'abbé Renaudot, mon ancien amy, de la qualité de mon executeur testamentaire, a cause des grandes occupations et estudes qui auroient pu l'en distraire, m'oblige a charger M. de Valossieres, mon autre ancien amy, a se charger de la mesme qualité dans mon precedent testament, mais comme M. l'abbé Renaudot a bien voulu dissiper mes scrupules là-dessus, je le charge par ce present testament et codicille de ladite qualité, et je laisse à M. de Valossières mesme qualité en second au deffaut dudit sieur abbé Renaudot, avec les mêmes dispositions que j'ay faites pour le precedent testament en y adjoustant quelques autres, et par première :

Je confirme par ce testament touttes mes dispositions, tant legs pieux qu'en faveur de mes domestiques mentionnez par le precedent, a la réserve que j'augmente jusqu'à la somme de quinze cens livres de rentes viagères à M. Martin mon secrétaire, pour les bons services qu'il m'a rendus et a celle de mille livres de rente viagère à Champigny mon valet de chambre pour les mesmes raisons..........................

Je donne et lègue aux pauvres de ma parroisse immédiatement après ma mort, sur les plus clairs effets de ma succession, la somme de trois mille livres, qui leur sera distribuée par M. l'abbé Renaudot, mon premier executeur testamentaire et a son deffaut par mon second executeur.

Je prie M. l'abbé Renaudot d'accepter le présent que je luy fais d'un diamant qui m'a esté donné par M. le duc de Lorraine, estimé a deux mille escus; je me recommande à ses prières.

Je le prie d'estre depositaire de mes deux testamens jusqu'a ce qu'il les ait executez, suivant le pouvoir que je luy en donne.

Fait à Paris, sain et sauf d'esprit et d'entendement le sixiesme de fevrier mil sept cens dix-sept.

Signé de Callières.

Je donne à M. l'abbé Renaudot tous les livres, reliefs et manuscrits.

Je donne à M. le marquis de Louville deux de mes meilleurs tableaux.

J'ay un brevet de retenue de soixante mille livres sur ma charge de secrétaire du cabinet, je le laisse à mes héritiers.

Je dois à M. Puget quarente cinq mil francs du prix de ma maison que j'ay achetee de luy a raison de quatre pour cent.

Je dois à Monsieur le chancellier Pontchartrain vingt deux mille francs que j'ay empruntez de luy par contrat au denier vingt deux et quelques arrérages. Signé de Callières.

Du quatorze février mil sept cens dix sept. Troisieme codicille ayant sa forme et teneur, fait et signé de ma main pour estre joint à mes deux testamens.

Comme j'ay nommé deux executeurs testamentaires olographes, je declare par ce dernier codicille que j'approuve le contenu de l'un et de l'autre, comme s'il estoit adressé au mesme executeur testamentaire, avec le mesme pouvoir que s'il y estoit nommé, sans aucun changement que la révocation que je fais du don de mes livres, manuscrits et mémoires a M. de Valossieres, lesquels je donne et transporte à M. l'abbé Renaudot, comme estant plus à son usage, conservant le reste des contenus desdits testamens dans leur forme et teneur, a moins que M. de Valossieres ne survecust à M. l'abbé Renaudot.

Je fais ce codicile, signé de ma main, sain de corps et d'esprit, pour estre executé selon sa forme et teneur, suivant la forme de tous les testamens et codiciles olographes, signé de Callières.

Par devant les conseillers du Roy, notaires au Chastelet de Paris, soussignez, fut present Richard Francois de Prael, écuier, sieur de Maubray, demeurant ordinairement en la parroisse de Saint Marcou de l'Isle, en Normandie, etant de present en cette ville, logé rue et parroisse St Christophle, au nom et comme procureur de dame Anne de Callières, veuve de Jean de Camproger, écuier s^r du Mesnil, fondé de sa procuration speciale en substance pour l'effet des presentes, qu'elle a passée en qualité d'habille a se porter seule heritiere du sieur de

Callières, son frère, cy apres nommé, devant Ruel, notaire a Alencon, resident a Valogne, en presence de témoins le dix sept avril dernier, déposée pour minutte a maistre Lambon, notaire a Paris, le 22 du mesme mois, lequel audit nom, apres avoir pris communication du testament et des codiciles olographes de deffunct messire Francois de Callières, seigneur de la Rochelié et autres lieux, conseiller du Roy en tous ses conseils, secrétaire du cabinet de Sa Majesté et l'un des quarente de l'Accademie françoise, des 4 aoust 1716, 6 février 1717 et 14 dudit mois, deposez a M. de Lambon, notaire a Paris, par messire Eusebe Reguaudot, prieur de Chasteaufort et de Frossay, executteur d'iceux, le cinq mars dernier, visé au greffe des insinuations les neuf dudit mois, ensemble de l'inventaire fait apres le deceds dudit sieur de Callieres, des biens par luy delaissez, et des titres et papiers inventoriez par iceluy, a, par ces presentes consenty l'exécution desdits testament et codiciles, ce faisant a fait delivrance du legs universel fait par ledit sieur de Callières par son dit testament cy devant datté a l'Hostel Dieu de Paris, ensemble des legs particuliers faits tant par ledit testament que par lesdits codiciles, laquelle presente delivrance dudit legs universel a été acceptee par ledit Hostel Dieu, par M^{rs} les maistres, gouverneurs et administrateurs d'iceluy, représentez par.........
a ce presens, lesquels de leur part audit nom ont a leur egard fait et consenty la delivrance desdits legs particuliers faits par lesdits testamens et codiciles, et nottamment de la pension viagère de 1,500 livres de rentes leguee par ledit testament a ladite dame de Camproger, a recevoir et payable de la maniere expliquée audit testament et codiciles, et de celuy du brevet de retenue de 60,000 livres sur la charge de secrétaire du cabinet du Roy, dont ledit sieur de Callières estoit pourveu, fait par iceluy sieur de Callières a ces heritiers par l'un de ses codiciles du six février dernier, et en conséquence lesdits sieurs administrateurs promettent faire fournir et délivrer a ladite dame de Camproger ou audit sieur de Maubray, audit nom de son procureur, ledit brevet de retenue le plus tost que faire se poura, et des a present ils ont par ces presentes fait et donné pleine et entiere main levee de l'opposition faite a leur requeste entre les mains de M. Gruyn, garde du trésor, au payement et delivrance de ladite somme de 60,000 livres, contenue audit brevet de retenue, consentens en outre lesdits sieurs administrateurs que les titres de noblesse et autres titres de famille dudit sieur de Callieres, qui ne concerneront point ledit legs universel, soient delivres audit sieur de Maubray audit nom, qui en la mesme qualité, consent de sa part que les titres et papiers concernans les biens tombans dans ledit legs universel soient delivrez ausdits sieurs administrateurs, le tout par ledit sieur de Regnau-

dot executeur testamentaire, quoy faisant il en sera et demeurera bien et valablement dechargé, ce que dessus ainsy fait et consenty par lesdits sieurs administrateurs, en exécution de la deliberation de l'assemblée generalle de l'administration tenüe à l'archevesché ce jourd'huy, sans préjudice a ladite dame de Camproger de ses actions, pour raison des propres dudit sieur de Caillières, en cas qu'il y en ait qui ne tombent pas dans ledit legs universel, les deffences en tant que besoin est desdits sieurs administrateurs au contraire.

Et pour l'exécution des presentes, les parties esdits noms ont esleu leurs domiciles, scavoir ledit sieur de Maubray en la maison de maistre Pierre Merville advocat au parlement, rue de la Huchette, parroisse Saint Severin, et lesdits sieurs administrateurs en leur Bureau, parvis Notre Dame.

Fait et passé audit Bureau l'an mil sept cens dix sept, le cinquiesme may apres midy.

Inventaire après le décès de M. de Callières.

(1717.)

(EXTRAITS.)

L'an mil sept cens dix sept, le mercredy dixiesme jour de mars, deux heures de relevée, a la requeste de messire Eusèbe Renaudot, prieur de Chasteaufort et de Frossay, l'un des quarente de l'Accademie françoise, demeurant a Paris, rue de Richelieu, pres la rue Neuve Saint Augustin, parroisse Saint Eustache, au nom et comme executeur du testament et des codiciles olographes de feu messire Francois de Callieres, secretaire du cabinet du Roy, plénipotentiaire et ambassadeur extraordinaire pour les traittez de paix conclus à Risvic et l'un des quarente de l'Accademie françoise, a esté fait inventaire fidelle et description de tous les meubles meublans, ustanciles d'hostel, vaisselle d'argent, deniers comptans, titres, papiers, enseignemens et autres effets de la succession dudit feu sieur de Callières, trouvez et étans en la maison qui luy appartenoit et où il est décédé ledit jour cinq du present mois, ladite maison scize rue Neuve Saint Augustin, au coin de la rue de Richelieu.

....
Dans la court sous la remise.
Item un carrosse a deux fonds garny de velours et trippe, deux coussins, trois glaces, monté sur son train a arc, ressorts et souppente, prisé ii cens livres.
Dans une écurie.
Item trois chevaux de carrosse hongres sous poil noir, hors d'age, avec leurs licols, prisez ensemble iiii cens livres.
....
Dans une chambre ayant veüe sur la rue Neuve Saint

Augustin trois cartes géographiques et l'histoire et genealogie des papes, dans leurs gorges et rouleaux de bois noircy, prisées ensemble iii livres.

Item trois portraits de personnes de qualité peints sur toille dans leurs bordures de bois doré, prisez xviii liv.

Dans un petit passage de plein pied à ladite chambre.

Item quatre estampes de l'*Albasne* dans leurs bordures de bois doré, prisées ensemble x #.

Item trois tableaux representans trois personnes de qualité, deux petits tableaux de fleurs, le tout dans leurs bordures de bois doré, prisé ix #.

Item un grand miroir de vingt cinq pouces de glaces en hauteur sur dix huit de large dans sa bordure et chapiteaux de bois de noyer, garny de placques de cuivre doré, prisé xxx #, adjugé et délivré à Mademoiselle de Colignon, demeurant rue Neuve Notre Dame, pour la somme de xxxii # x s.

Item cinq pièces de tapisserie verdure, avec un petit morceau servant de soubassement contenant neuf aunes de tour ou environ sur deux aunes un quart de haut, prisez iiii^{xx} livres, adjugées au s^r Dinan, demeurant rue de la Cossonnerie, pour ii^c iiii^{xx} i livres.

Item une couche à bas piliers de bois de noyer, garnie de son enfoncure, sommier de crin, lit et traversin de coutil remply de plumes, une couverture de laine blanche, le tour dudit lit composé de deux grands rideaux, deux bonnes graces, pente, dossier, fonds, courte pointe de damas jaune garny d'un petit bordé d'argent, six chaises bois de noyer, remplies de crin, couvertes de brocatelle de Venise, prisé le tout ensemble ii^c l livres, adjugé à laditte damoiselle Collignon pour la somme de ii^c lxii livr.

Item un tableau peint sur toille representant le Roy deffunt, dans sa bordure de bois, prisé xx livres.

Item cinq pieces et deux morceaux de tapisserie verdure de Flandres, contenant dix aunes de tour sur deux aunes et un quart de haut, prisez cent livres, adjugées au sieur Gaze, marchant tapissier demeurant rue de Richelieu, pour la somme de vi cens lxi livres.

Dans la petite antichambre au premier étage sur l'aile gauche ayant veue sur la court.

Item une pandule dans sa boeste de marquetterie posée sur sa console de bois sculpté dorée, prisée cent livres.

Item une tapisserie de trippe couleur de feu, contenant neuf aunes de tour ou environ sur trois aunes de hauteur, prisée xviii livres, adjugée au sieur Du Thez pour la somme de cent livres.

Dans la chambre où est décédé ledit deffunt sieur de Callières, ayant veüe sur la court, s'est trouvé ce qui suit.

Une commode de bois de violette à quatre tiroirs, garnie de ses mains de cuivre dorée, prisée xv livres, adjugée au président Croiset pour la somme de xxxvii livres xv solz.

Item un bureau de marqueterie de cuivre et écailles, garny de sept tiroirs, avec son petit tapis de cuivre rouge, prisé xxv livres, adjugé à M. de Montmarquen, demeurant rue Touvenot, pour la somme de lxxv livres x solz.

Item un grand miroir de quarante huit pouces de glaces en hauteur sur trente pouces de large dans sa bordure et chapitau de bois doré, garny de placques de cuivre doré, prisé cl livres, délivré à la dame Languyeux pour la somme de ii cens iiii^{xx} livres v solz.

Item douze chaises de bois de noyer, garnies de crin, couvertes de mocquette rayée de rouge et bleu, prisées ensemble vingt cinq livres.

Item deux rideaux de fenestre de toille damassée, avec leurs tringles de fer, prisez xv livres, adjugez à Florence Vallé, demeurant rue Montorgueil, pour la somme de xxxi livres v solz.

Item une portière de la porte de ladite chambre, une autre portière d'un cabinet d'étoffe de soye prisées vingt livres, adjugée à Madame Guy, demeurant rue Pavée, pour la somme de xxxviii livres v solz.

Item un sopha de bois de noyer, garny de son matelas, remply de crin et traversin, le tout couvert de damas rouge, avec deux oreillers de plumes, couverts de pareil damas rouge, prisé xx livres, adjugé au sieur president Croiset pour la somme de xlii livres.

Item un écran de petit point dans son chassis de bois sculpté, doré, prisé cent solz adjugé au sieur Luccandot pour la somme de xvii livres.

Item une tapisserie de satin couleur de feu, fil et laine contenant unze aulnes de tour ou environ sur trois aunes de haut prisée xxv livres adjugée au sieur Montmarquet pour la somme de cent xlviii livres.

Dans laditte chambre où est décédé ledit deffunt sieur de Callières s'est trouvé ce qui suit.

Item un petit cabaret de bois, façon de la Chine, garny de cinq tasses garnies de leurs souccouppes, deux autres tasses couvertes, une tayère avec sa jatte, le tout de la Chine, prisé ensemble viii livres, adjugé à la dame Guy pour la somme de lxxii # v s.

Item une couche à bas piliers, garnie de son enfoncure, lit et traversin de chamois, deux matelas de laine, une couverture de laine blanche, une autre couverture de flanelle, une courtepointe de taffetas blanc, piqué, le tour du lit composé de deux grands rideaux, deux bonnes graces, fonds, dossier, pente, chantourné impérial, le tout de damas jaune brodé d'un galon d'argent et soye de couleur de feu, prisé ii cens iiii^{xx} xvi livres, adjugé à ladite dame Guy pour la somme de iiii^c xxv livres.

Item trois petites figures en bronze, représentans Apollon, Diane et Mercure, sur leurs pieds d'estaux, de marqueterie, deux autres petites figures d'yvoire représentans deux Vénus, quatre jattes de porcelaine du Japon, colorées, faisant la garniture d'en hault de la cheminée, prisé le tout ensemble xxv livres, adjugé au sieur de Montmarquet pour la somme de cinquante cinq livres.

Item trois autres bronzes représentans une Vénus et deux Cupidons, prisés xv livres, vendus au sieur Lefebvre, demeurant place des Victoires pour la somme de xxvii livres.

Item neuf bronzes représentans des bustes, taureaux et autres figures grotesques sur leurs pieds de bois noircy, quatre petites jattes de porcelaine de la Chine colorées, quatre gobelets de porcelaine, le tout prisé ensemble xviii livres, adjugé audit sieur Lefebvre pour la somme de lxii tt 10 s.

Dans une grande antichambre du grand corps de logis, ayant veüe sur ladite rue Neuve Saint Augustin et sur ladite court.

Item un grand tapis de Perse sur sa table de bois de sapin, prisé xx l., vendu au sieur Dinan pour la somme de xxxvi livres.

Item deux pieces de tapisserie Flandres, verdures, contenant, scavoir la première quatre aunes de tours sur deux aulnes deux tiers de haut, et l'autre trois aunes et demy de tour sur deux aulnes et demie de haut, prisées ensemble lxx livres.

Item une grande table de marbre sur son pied de bois sculpté doré, avec deux guéridons de bois doré, adjugez au sieur Peraud, demeurant chez M. de Grancé, pour la somme de cent cinq livres.

Item une autre table de marbre, montée sur son pied de bois sculpté doré avec deux guéridons, adjugez au sieur Vilon pour la somme de cxviii livres.

Item deux girondolles de cristaux, garnis de leurs chandelliers de cuivre doré, prisees avec un lustre de pareil cristal cent cinquante livres.

Item deux petits cupidons de marbre prisez xv livres.

Item un bronze representant Louis XIV à cheval, sur son pied de cuivre doré, prisé xv livres, vendu au sieur Guy pour la somme de lv livres.

Item six pieces de tapisserie Bruxelles, verdures, fabriquées par Jubes? contenant vingt et une aunes ou environ de large sur trois aunes de haut, prisées xii cens livres, adjugées à Jeanne Poirier pour la somme de xiiii cens tt.

Item quatre grands rideaux de fenestre de taffetas Celadon, avec un bordé d'or en falbanas, avec leurs tringles de fer, quatre aulnes de haut, prisez ensemble cinquante livres, adjugez à Monsieur Houdiart pour la somme de lxxv livres.

Item un livre de cartes de l'attelas de Samson, de chez Jeuillot, prisé viii livres.

Dans la chambre rouge ayant veue sur la court s'est trouvé ce qui suit.

Une couche a bas pilliers de bois de noyer, garnie de son enfonceure, lit et traversin de coutil, remplis de plumes, une couverture de laine blanche, une couverture de laidredon, couverte d'un taffetas couleur de feu, un couvre pied de taffetas rayé, le tour dudit lit composé de deux grands rideaux, deux bonnes graces, fond, dossier impérial chant tourné, double pente, sous bassement et pommes dudit lit de damas couleur de feu, garnie d'un galon d'or, avec une housse de serge couleur de feu et tringle de fer poly, huit fauteuils de bois doré, remplis de crin, couverts de damas couleur de feu, un écran de pareil damas dans son chassis de bois sculpté doré, deux portières de pareil damas, une tapisserie de pareil damas faisant le tour de ladite chambre, contenant douze aunes ou environ de tours sur trois aunes de haut, le tout prisé ensemble la somme de trois mil livres.

Item quatre rideaux de taffetas couleur de feu avec leurs tringles de fer, prisez iiii^{xx} livres.

Item un lustre de cristal garny de chandeliers de cuivre doré, prisé cl livres.

Item une table de marbre de rapport montee sur ses pieds de bois sculpté, deux gueridons de pareil bois sculpté, prisez cxx livres.

Dans l'armoire a livre dans la première antichambre de la gallerye.

Item laditte armoire composée de cinq tablettes, sur la première tablette vingt cinq volumes tant in-4° qu'in 12 dont 13 sont journaux des finances depuis l'année 1665 jusques inclusivement 1690, prisez ensemble xxx livres.

Item sur la seconde tablette 19 volumes in-4° dont six sont traittez de paix, édition de Paris chez Leonard, prisez xl livres.

Item sur la troisiesme tablette 22 vol. in-4°, dont l'histoire des rois de France par Varillas, prisez cinquante livres.

Item sur la quatriesme tablette cinq volumes in-folio qui sont ambassades de Munster, du Japon et de la Chine, prisez ensemble xxx tt.

Item sur laditte tablette 6 volumes in-4° qui sont ambassade de la Chine, histoire de Cronwel, prisez x livres.

Item sur la 5° et dernière tablette 16 vol. in-folio dont Virgile, les hommes illustres, l'histoire romaine et carte de France, prisez xxx tt.

Dans ladite chambre attenant, dans l'armoire en biblioteque attenant la porte.

Dans la ditte armoire composée de 4 tablettes, 12 vol. in-folio et 9 vol. in-4° dont mémoires de Commines, antiquités de Rome, traitté des monnoyes et Dupin, *de antiquâ ecclesiæ disciplinâ*, prisez ensemble cinquante livres.

Item sur une seconde tablette 19 autres vol. in-fol dont ambassades de Monsieur Defresnes et Topographia Galliæ, prisez ensemble xxx livres.

Item sur la troisiesme tablette 20 vols. in-folio dont histoire métallique et lettres du cardinal d'Ossa, prisez xxx livres.

Item sur la 4e et dernière tablette 13 autres vols. in-fol dont l'histoire de France par Mezeray, prisez ensemble lx livres.

Dans une autre armoire estant dans la mesme chambre et ayant six tablettes.

Item sur la première tablette 18 vol. in-4° qui sont del Mercurio di Victorio Siri, et treize autres volumes in-12 dont l'histoire de Prade (sic) prisez lxx livres.

Item 39 volumes dans la seconde tablette dont Mémoires de Branthaume et ses autres œuvres, prisez ensemble xl livres.

Item sur la troisiesme tablette 30 vol. in-12 dont Négociation de M. le President..... et Plutarque, prisez ensemble xl livres.

Item sur la quatriesme tablette 33 vol. in-12 dont 10, œuvres de Madame de Villedieu et les autres œuvres d'Horace et Jugements des Scavans, prisez xxx livres.

Item 34 volumes sur la cinquiesme tablette, reliez, in-4° dont sermons du père Massillon et les œuvres de Cicéron, de la traduction de M. Dacier, prisez xxv livres.

Item sur la sixieme et dernière tablette 20 vols. tant in-folio qu'in-4° dont, Accadémie des sciences par Isaac Brulard et l'ambassadeur par Monsieur de Villefort, prisez xxv livres.

Dans la troisiesme petite chambre ayant veue sur ladite court, s'est trouvé ce qui suit.

Item dans une petite armoire estant entre les deux croisées, 150 volumes de livres tant in-4° qu'in-12 dont sermons de St Augustin, Philosophie de Loque (sic), Voyages d'Italie, Histoire des Juifs et autres, prisez tous ensemble la somme de cent livres.

Item dans ledit corps de 4 tablettes, sur la première 56 volumes tant in-12 qu'in-16, dont mémoires d'Espagne, Histoire de Tucidides, mémoires de Bassompierre et autres, prisez xx livres.

Item sur la seconde tablette 50 autres volumes dont lettres de Cicéron, œuvres de Tacite, cabinet d'architecture et autres, prisez xx livres.

Item sur la troisiesme tablette 23 vols. in-folio dont 8 sont manuscrits de la paix de Munster, prisez le tout ensemble la somme de cinquante livres.

Item sur la quatriesme et dernière tablette 39 vols. tant in-4° qu'in-12, qu'in-16, dont ouvrages des peintres et Révolutions du royaume de Suède, prisez ensemble xv livres.

Item dans ledit bas d'armoire 33 vols. dont Theatrum urbium, Attelas nouvel, villes et galleries du Carouche, recueil d'estampes, conqueste du Roy, gravez par Van der Meulen, prisez cent livres.

Item un paquet de 12 autres volumes in-folio, dont tableaux statuts et bustes du Roy, Métamorphoses d'Ovide, Théâtre de la Grande Bretagne, l'Hôtel de la Ville d'Amsterdam, prisez ensemble xxx livres.

Item douze autres volumes in-folio et in-4° dont figures de la bible et cartes geographiques, prisez ensemble xx livres.

Item quinze autres volumes in-folio et en grand dont, recueil de Mathématiques, cartes de Samson, gallerie de Luxembourg et autres, prisez ensemble lx livres.

Item 14 autres volumes in-folio dont Dictionnaire geographique, portraits de Van Dyck et paysages choisiz, prisez ensemble xxx livres.

Item 5 paquets in-12 dont l'un œuvres de La Fontaine, l'autre œuvres de Saint Evremont, le troisiesme moralle d'Épicure, et œuvres de Lucrèce, le quatriesme recueil des poëtes, le cinquiesme œuvres de Scaron, le tout composant ensemble 31 volumes, prisez xxx livres.

Dans une armoire attenant la cheminée de la chambre dudit deffunt.

Item 135 volumes de livres dont 20 in-folio sont Dictionnaire œconomique et les autres tant in-12 qu'in-16 dont Rablet (sic), Théâtre Italien, Corneille, Molière, et recueils d'opéra, prisez ensemble iiii^{xx} livres.

Dans le cabinet dudit deffunt.

Item un canappée de bois de noyer garny de son matelas remply de laines, deux oreillers de laisne plumes, le tout couvert de damas jaune avec un galon d'argent deux chaises de bois de noyer, prisez ensemble xx l.

Item une cassette de bois de la Chine, montée sur son pied de bois sculpté doré, une autre cassette de marquetterie montée sur son pied de pareille marquetteries, prisées ensemble xxx livres, adjugées à M. le chevalier de Agil, demeurant rue de Richelieu, pour iiii livres.

Item une petite curiosité d'ambre prisée x livres, adjugée au sieur Poirier, demeurant quay de la Mégisserie pour iiii^{xx} vi livres v solz.

Item deux bronzes, montez sur leurs pieds d'estaux de marquetterie, représentant deux figures dont l'une tenant un enfant dans ses bras et l'autre une femme qui tient un vase et une couppe, deux petites tayères de terre d'Italie, une tasse couverte de porcelaine des Indes, prisez ensemble xv livres, adjugez au sieur Montmarquet pour la somme de cxxv livres v solz.

Item dans une desdittes tablettes cy devant inventoriee, 72 volumes in-folio, in-quarto, qu'in douze dont Cléopâtre et Cirus, prisez ensemble xxx livres.

Item dans une autre tablette 55 volumes tant in-folio, in-quarto, in-12 qu'in-seize, dont Dioscorides, Dictionnaire historique, Bible, Virgile et autres, prisez ensemble cinquante livres.

Item 66 autres volumes de livres, tant in-douze qu'in-seize, dont Histoire Sainte, essays de morale, prisez xx livres.

Item 110 jettons de l'Accademie française pesant ensemble... prisez à raison de xxxiii livres le marc revenant à la somme de.....

Item 57 petites médailles de cuivre et autres métaux dans une bœste de cuir noir a portraitz, representez par ledit sieur abbé Renaudot, qui a déclaré qu'elles lui avaient été mises ès mains par ledit sieur de Callières, avant son voyage pour les negotiations de la paix de Risvic, prisez tout ensemble viii ₶.

Inventaire[1] *prisée et prix de vente des tableaux.*

En suivent les tableaux estans sur l'escallier et dans lesdits appartemens dudit sieur de Callières.

Sur le grand escallier :

Premièrement un grand tableau carré peint sur toille, dans sa bordure de bois sculpté doré, représentant une cuisine, original de Sevesdre[2], prisé iiii^{xx} livres, dellivré à M. Bazin pour la somme de lxii livres.

Item un autre peint sur toille sans bordure qui est coppie du tableau antique qui est à Rome, prisé xl livres.

Dans l'antichambre à gauche, sur l'escalier conduisant à l'appartement où est mort le deffunt.

Item un tableau peint sur toille dans sa bordure de bois sculpté doré représentant l'epousaliste (sic)[3] *du Correge*, prisé lx livres, adjugé à M. l'abbé le Prince pour la somme de lxv livres.

Item un tableau peint sur bois dans sa bordure, représentant des fumeurs, original de *Tesniers*, prisé lxxv livres, adjugé à M. Houdiart pour la somme de iiii^{xx} ii livres.

Item un tableau peint sur bois dans sa bordure representant des buveurs, coppie de Tesniers, prisé xxx livres.

Item un autre tableau peint sur bois representant une mascarade de village, original du Breüigle (Breughel), prisé cinquante livres.

Item un autre tableau peint sur bois representant un port de mer, coppie du Breuigle, prisé xx livres, les deux adjugez à M. de Nointelle pour la somme de lxxvi livres.

[1] Les notes qui accompagnent l'inventaire des tableaux de M. de Callières sont dues à l'obligeance de M. de Montaiglon, professeur à l'École nationale des Chartes, dont la compétence en cette matière est si grande.

[2] Lire Senesdre pour Snyders, peintre d'animaux et de natures mortes.

[3] Sposalice — Sposalizio — copie du mariage mystique de sainte Catherine, du salon carré du Louvre.

IV.

Item 4 petits tableaux peints sur bois encadrez dans une seule bordure de bois sculpté doré, representans des saints, prisez ensemble xv livres.

Item 4 autres petits tableaux encadrez comme dessus, representans des saints, prisez ensemble xv livres, les deux numéros 8 et 9 adjugez au sieur Rinderq pour la somme de xxx livres v solz.

Item un autre tableau peint sur bois dans sa bordure, représentant un repas du duc de Ferrard aux Arts et métiers, original, prisé cinquante livres, adjugé au sieur Brossard pour la somme de xlii livres x solz.

Item deux autres peints sur toille dans leurs bordures de bois doré, représentans un saint Jérosme et l'autre une Madelaine peints dans le gout du Molle, prisez ensemble xxx livres, adjugez à M. Doré, demeurant rue du Harlay, pour la somme de cv ₶ xv s.

Item un autre peint sur toille dans sa bordure de bois doré representant un paysage original de Paul Brille, prisé cent livres.

Item un autre sur toille peint dans le gout de Claude Le Lorrain, prisé xl livres, adjugé à M. le marquis de Mimure (Mimeure?) demeurant rue Fedeau pour la somme de cinquante neuf livres.

Item un autre sur toille représentant le retour de Jacob, dans son païs, dans le gout de Salvator Roze, prisé xl livres, adjugé à M. Houdiart pour la somme de lxv ₶ x s.

Item un autre sur toille dans sa bordure représentant une aumosnes dans le gout du Poussin, prisé xl livres, adjugé à M. l'abbé de Glate, demeurant à l'hostel de Gramont, pour la somme de xl livres v solz.

Un autre peint sur bois dans sa bordure, représentant les Muses, dans le goût de Freminet, prisé xl livres, adjugé au sieur Gaumont, rue des Déjeuneurs, pour la somme de lxii livres x sols.

Item un autre sur toile, representant un port de mer, original de Paul Brille, prisé iiii^{xx} livres, adjugé à M. Houdiart pour la somme de iiii^{xx} ₶ x solz.

Item un autre sur toille dans sa bordure représentant un paisage dans le gout d'Augustin Carrache, prisé l livres, adjugé audit sieur Houdiart pour la somme de xli livres.

Item un autre peint sur toille dans sa bordure ovalle, représentant une ruine dans le goût de Claude Le Lorrain, prisé xx livres adjugé au sieur Gervais pour la somme de x livres v solz.

Item un autre tableau peint sur bois dans sa bordure, paysage original du Breuigle, prisé xl livres.

Item un autre tableau sur bois dans sa bordure, représentant paisages, prisé xx livres, les deux adjugez a M. Houdiart pour la somme de lxx livres.

Item deux autres petits tableaux sur toille representant

18

des ports de mer originaux de Vandecabre[1], prisez ensemble iiii[xx] livres, adjugez au s[r] Langellé, demeurant rue Saint Denis, pour la somme de iiii[xx] livres xv solz.

Item deux autres sur toille représentant l'un un soleil levant et l'autre un soleil couchant, dans le gout de Tempesto, de Gennes[2], prisez ensemble l livres, adjugez au s[r] Gervais pour la somme de xl livres x s.

Item deux portraits peints sur toille, dans leurs bordures, representans l'un le roy Casimir de Pologne et l'autre le duc de Longueville, prisez ensemble xx livres, adjugez au sieur Duplessis, demeurant rue Bar du Becq, pour la somme de x livres x solz.

Dans la chambre suivante où est décédé ledit deffunt sieur de Callières :

Item quatre petits tableaux peints sur bois dans leurs bordures, representans les Quatre saisons, originaux de Philippe Laure[3], prisez ensemble cxx livres, adjugez au sieur Thiboux pour la somme de cxxv livres.

Item un autre tableau peint sur bois dans sa bordure, représentant une sainte Famille d'après Raphael, prisé iiii[xx] livres, adjugé au sieur Guy pour la somme de cviii[tt] x solz.

Item un autre peint sur toile, colé sur bois, dans sa bordure, representant une petite Vierge et saint Joseph dans le goût du Correge, prisé cinquante livres, adjugé au sieur Tardif, demeurant rue Saint Martin, pour la somme de xlii livres v solz.

Item un autre sur bois dans sa bordure, representant un petit Jésus tenant sa croix, prisé xv livres, adjugé à M. de la Burelle, demeurant rue de Cléry, pour la somme de xvi livres.

Item un autre peint sur cuivre, representant un Christ au Jardin des Oliviers, dans sa bordure, prisé xx livres, adjugé au s[r] Vanetelle, demeurant rue Saint André, pour la somme de xl livres xv solz.

Item un autre sur bois dans sa bordure, representant une Vierge, un Jésus, et saint Jean dans le goût du Ticien, prisé lx livres, adjugé au sieur Langelé pour la somme de cx livres.

Item un autre peint sur cuivre representant l'Adoration des trois Rois, coppie de Rubins, prisé xxx livres, adjugé au sieur Guy pour la somme de xl livres.

Item un autre sur bois dans sa bordure, représentant une sainte Famille dans le goût du vieux Palme (Palma), prisé lx livres, adjugé à M. l'abbé Maillard pour la somme de xlvi[tt].

Item un autre sur toille dans sa bordure representant une Vierge coppie d'après le Ticien, prisé iiii[xx] livres, adjugé au s[r] Langelé pour la somme de lxiii livres xv solz.

Item un autre sur le bois dans sa bordure representant un ex-voto, copie d'après le Carache, prisé lx livres, adjugé à M. Cointreau, demeurant sur le quai des Morfondus, pour la somme de lxx livres.

Item un autre peint sur bois dans sa bordure, représentant une Vierge, saint Pierre et saint Antoine, prisé cinquante livres.

Item un autre sur toille dans sa bordure, représentant une sainte Famille d'après l'Albane, prisé xxx livres.

Item un autre sur toille dans sa bordure, representant une Fuitte en Egipte, du Baroche, prisé xl livres, les deux adjugez au sieur Bacot pour la somme de li livres.

Item un autre peint sur toille collée sur bois, dans sa bordure, representant une Vierge tenant son petit Jesus, original de M. Loire[1], prisé xxx livres, adjugé au s[r] Doré pour la somme de xxv livres.

Item un autre sur bois dans sa bordure, representant une Vierge couchant son petit Jesus dans le goût de Raphaël, prisé xx livres, adjugé au sieur Majet, demeurant rue Saint Martin, pour la somme de lxx livres v solz.

Item un autre sur cuivre dans sa bordure, representant un ex-voto, prisé xx livres, adjugé au s[r] Cointreau pour la somme de cxx livres.

Item un autre sur bois representant Thomas Morus dans le goût de Haulbains (Holbein), prisé cent livres, délivré au sieur Langelé pour la somme de lxx[tt] v s.

Item le portrait du cardinal de Lorraine sur toille, original du Ticien, prisé cxx livres, adjugé au chevalier Boin pour la somme de xlv livres.

Item une teste de Saint Joseph sur toille, original du Guide, prisé cent livres, délivré au s[r] Langelé pour la somme de lviii livres v solz.

Item une teste de saint Paul, sur toille, original de l'Espagnolet, prisé iiii[xx] livres, adjugé au sieur Langelé pour la somme de lxx livres v solz.

Item un saint Sebastien sur toille, dans sa bordure, prisé xxx livres, adjugé au sieur Cointreau pour la somme de xlvi livres.

Item une teste de vieillard sur toille dans sa bordure, prisée x livres, adjugée au s[r] Langlois, demeurant à Petit Pont, pour la somme de xxiiii[tt] v solz.

Item une Magdelaine sur toille dans sa bordure, d'après le Guide, prisée xx livres, adjugée au s[r] Jollivet, demeurant rue de la Vieille Draperie, pour la somme de xxxv livres.

---

[1] Adrien van der Kabel.
[2] Pierre Molyn, dit le Tempesta. Hollandais de naissance, mais appelé le Génois par ses contemporains en raison du long séjour qu'il fit à Gênes.
[3] Filippo Lauri.

[1] Nicolas Pierre Loir.

Item une autre Magdelaine d'après le Guide, prisée xx livres, adjugée au sieur de la Burelle pour la somme de xxx livres.

Item un tableau peint sur toille, dans sa bordure, représentant une sainte d'après André del Sart, prisé xx livres, adjugé au sieur de la Burelle pour la somme de xxxii livres.

Item deux portraits sur toille de Philippes IV roy d'Espagne et Elisabeth de France, sa première femme, coppie retouchée de Rubins, prisez ensemble xxx livres, adjugez à Monsieur Boucher, trésorier de France, pour la somme de xl livres.

Item un portrait de femme sur toille, dans sa bordure, d'après Rhimbraindre (sic)[1], prisé xxx livres, adjugé à M. le chevalier Boin pour la somme de iiii^{xx} livres.

Item une Vierge joignant les mains, sur toille, dans sa bordure, prisé x livres, adjugée au s^r Duplessis pour la somme de xxix livres v solz.

Item une teste de Magdelaine sur bois, dans sa bordure, prisé xv^{tt}, adjugé à M. Martin pour la somme de xv livres x solz.

Item un portrait de Marie Stuard, en habit de relligieuse, prisé x livres, adjugé à M. le chevalier Boin pour la somme de xxx livres.

Item deux portraits representans des femmes d'après Vandek, prisez ensemble xx livres, adjugez au s^r Boin pour la somme de xv^{tt} x s.

Item une Vierge sur toille collée sur bois dans sa bordure, prisée xx livres, adjugée à M. l'abbé Lefevre, demeurant rue Saint-Denis, pour la somme de xxxi livres xv solz.

Item une autre sur toille representant une Magdelaine, prisé xxv livres, adjugé à Monsieur Dun, demeurant rue Saint-Germain, pour la somme de xlvi livres xv solz.

Dans une petite antichambre dérobée, communiquant dans la chambre ou est mort ledit deffunt :

Item un saint François dans le désert sur toille, original de Tesniers, prisé cent cinquante livres.

Item un autre sur bois representant un petit vol de coche, prisé iiii^{xx} livres, adjugé audit sieur abbé Lefevre pour la somme de xli livres.

Item un autre tableau représentant Jésus dormant auprès de la Vierge, d'après Raphaël, prisé iiii^{xx} livres, adjugé à M. Belon, demeurant rue Sainte-Anne, pour la somme de lvii^{tt} xv solz.

Item un autre sur bois représentant la Vierge, l'Enfant Jésus et saint Joseph, dans la manière de Sicca, prisé l livres, adjugé à Robert, domestique, pour la somme de iiii^{xx} v livres.

Item un autre tableau représentant une sainte Famille

[1] Rembrandt.

d'après Raphaël qui est chez le Roy, prisé cent livres, adjugé à M. Hebert, demeurant quai des Morfondus, pour la somme de iiii^{xx} x livres.

Item un autre sur toille représentant une Vierge et saint François, d'après le Carrache, prisé lx livres, adjugé au sieur Boucher, cloistre Nostre Dame, pour la somme de xxxviii^{tt} v solz.

Item un autre sur toille representant le mariage de Jacob et de Rachel, d'après Pierre de Cretonne (Cortone), prisé l livres, adjugé à M. le chevalier Boin pour la somme de lxii livres.

Item un autre sur bois représentant Loth et ses filles, prisé xl livres, adjugé au s^r Madurel pour la somme de cinquante une livres x solz.

Item un paysage d'un berger et d'une bergère, en amour, peint sur bois, prisé xxx livres, adjugé à M. Guy pour la somme de xxxv livres x solz.

Item un autre sur bois, représentant l'Adoration des trois Rois, dans la manière de Rubins, prisé xxx livres, adjugé au sieur Langlois, demeurant à Petit Pont, pour la somme de xxx livres xv solz.

Item une teste d'Holoferne sur toille, prisée xx livres, adjugée audit sieur Boucher pour la somme de xl livres x solz.

Item un saint Pierre sur les eaux peint sur bois, prisé xx livres, adjugé à M. le chevalier Boin pour la somme de xxiii livres x solz.

Item des joueurs peints sur bois, prisez x livres, adjugez au sieur Du Four, demeurant rue de la Mortellerie, pour la somme de xxxii livres x solz.

Item un Juppiter et Junon peint sur bois, prisé x livres, adjugé au sieur Duplessis pour la somme de xxxiiii livres x solz.

Item un autre sur bois représentant un incendie, prisé c solz, adjugé au sieur Martin pour la somme de cxv livres.

Item deux petits tableaux sur toille représentant des marins, prisez x livres, adjugez a M. l'abbé Le Prince, demeurant rue des Fossez Montmartre, pour la somme de x livres v solz.

Item trois tableaux l'un sur bois représentant un... prisé vi livres, un paysage représentant deux cerfs, prisé xx livres, une Magdelaine sur bois, prisée x livres, ces deux derniers adjugés au sieur Langelé pour la somme de xxxi livres xv solz.

Dans le cabinet dudit deffunt de Callières, ayant veue sur le jardin :

Item un autre tableau peint sur bois dans sa bordure, representant les noces de Cana, prisé lx livres, adjugé à M. l'abbé Maillard, demeurant rue Montmartre, pour la somme de liiii livres xv solz.

Item un autre sur toille représentant une Vierge et

un lappin, coppie du Ticien, prisé lx livres, adjugé au sieur Duplessis, demeurant rue Bar du Becq, pour la somme de lv livres v solz.

Item un bacque, peint sur bois, prisé xxx livres, adjugé à M. de Morville pour la somme de xxxix tt x solz.

Item trois petites batailles peintes sur bois, prisées ensemble xxx livres, adjugez au sieur Langellé pour la somme de lxxii livres xv solz.

Item un saint François peint sur toille, prisé xx livres, adjugé à Monsieur Boucher pour la somme de xxv livres.

Item une Cène peinte sur bois, prisée xxx livres, adjugé à Monsieur Houdiard, pour la somme de l livres.

Item une cascade peinte sur toille, prisée xx livres, adjugé au s^r Doré, pour la somme de xxiii livres x solz.

Item des bergers dans un paysage, peint sur bois, prisé cinquante livres, adjugé au sieur Robert pour la somme de cxxiv livres.

Item un tableau peint sur bois représentant Pomone et Flore, prisé lx livres, adjugé au sieur Robert pour la somme de cent trois livres.

Item quatre tableaux sur cuivre, encadrez dans une seule bordure de bois doré, prisez l livres, adjugez au sieur abbé Le Prince pour la somme de l livres.

Item une reine peinte sur bois, prisée xx livres.

Item une sainte Famille et des petits anges, peints sur bois, prisé xxx livres, délivré au sieur Robert pour la somme de cxl livres.

Item des cavaliers peints sur bois, prisé xl livres, adjugé au sieur Boucher pour la somme de iiii^{xx} x livres x solz.

Item une nuit et une assemblée, chacune peinte sur cuivre, prisé x livres, adjugé au s^r Parisot, demeurant rue de Bethizy, pour la somme de xx livres.

Item un tableau sur toille, collé sur bois, representant une sainte Famille d'après le Carache, prisé x livres, adjugé au sieur Goguier, pour la somme de xl livres v solz.

Item un petit port de mer dans le goût de Breuigle, peint sur toille, prisé xl livres, adjugé au sieur Boucher pour la somme de liii tt.

Item Bethsabé peint sur bois, prisé xx livres.

Item deux tableaux peints sur cuivre, l'un représentant des fruits et l'autre un paysage, prisés ensemble x livres adjugez au s^r Cointreau pour la somme de xxii livres.

Item une Fuitte en Egipte sur toille, prisé x livres, adjugé au sieur Langlois pour la somme de xli livres v solz.

Dans l'antichambre du grand appartement à droite, sur le grand escalier :

Item deux grands tableaux dans leurs bordures, représentans l'un le roy de Pologne et l'autre la Reyne, peints sur toille, prisez cent cinquante livres.

Item un festin d'Herodias sur bois, prisé xxx livres.

Item le retour de Tobie, prisé xxx livres.

Item deux batailles dans le goût du Bourguignon, peints sur toille, prisées xl livres, adjugé à M. Cointreau pour la somme de ii^c xxii livres.

Item l'Adoration des rois, peinte sur bois, prisée xv livres, adjugé à M. Duplessis pour la somme de xxxix livres.

Item une Nostre Dame de Pitié sur bois, prisée xv livres.

Item deux tableaux sur toille, l'un représentant la mort de l'Adonis dans la manière de Luc Jourdan, et l'autre un bain de Diane et Actéon, prisés iiii^{xx} livres, adjugez au s^r Vadurelle pour la somme de iiii^{xx} ii tt v solz.

Item deux autres l'un sur toille qui est le sacrifice de Caïn et d'Abel, l'autre sur bois qui sont les pellerins d'Emaüs, prisés ensemble xxx livres.

Item un repos de Diane à la chasse peint sur toille, prisé xx livres, adjugé au s^r Perrot, rue de Richelieu, pour la somme de xxv livres.

Dans la grande salle du grand appartement ayant veue sur la court :

Item un tableau peint sur toille dans sa bordure, representant la Sainte Famille d'apres André Del Sart, prisé cinquante livres, adjugé à M. l'abbé Lefevre pour la somme de cxxi tt xv solz.

Item un morceau d'architecture peint sur toille, original de M. Loir, délivré à Robert, domestique, pour la somme de lxxvi livres.

Item un grand tableau peint sur toille representant Danaee recevant la pluie d'or, prisé iiii^{xx} livres.

Item une charité romaine, peinte sur toille, prisé l livres, adjugé au s^r du Plessis pour la somme de xliii tt v solz.

Item une Vierge tenant son Jesus, peinte sur bois, prisée xxv livres, adjugé au s^r Langlois pour la somme de xxi livres x solz.

Item une autre tenant son Jésus, peinte sur bois, prisée xv livres, adjugée au s^r Langellé pour la somme de lviii livres v solz.

Item une coppie du Saint Michel d'après Raphaël, peinte sur toille collée sur bois, prisée xx livres, adjugé au sieur Goguier pour la somme de xxviii livres.

Item une Vénus et un satire peint sur bois dans le goût du Poussin, prisé xxx livres, adjugé à M. Madurel pour la somme de xx livres v solz.

Item deux satires et une nimphe sur bois, prisez x livres, adjugé au sieur Langlois pour la somme de xii livres v solz.

Item un couronnement d'épines sur bois, prisé x livres, adjugé au sieur Duthez, rue du Roulle, pour la somme de xx livres v solz.

Item un amour brûlant des armes, peint sur toille, original du Guide, prisé cent livres, adjugé à M. Miton, demeurant rue Vivienne, pour la somme de ii cens xxi livres.

Item un amour qui tient un violon, peint sur toille, prisé xl livres, adjugé au sieur Robert pour la somme de lxv livres.

Item un autre peint sur toille, représentant un petit Jésus, original de Rubins, prisé iiii^{xx} livres, adjugé audit Robert pour la somme de cli livres x solz.

Item deux autres sur toille, représentant l'un la veue de la place Navonne, et celle de Monte Cavallo, prisez ensemble cent livres.

Item deux autres peints sur toille représentant une femme qui fait des bulles de savon, et l'autre sur bois qui est un Philippe de Bourgogne, prisez ensemble xv livres, adjugez au sieur Robert pour la somme de xxvi livres v solz.

Item un grand tableau sur toille représentant Vénus et Adonis, original de Paul Varenes (sic)[1], prisé cinq cens livres.

Item un tableau peint sur bois représentant Vénus et un satire, prisé xl livres, adjugé au s^r Vadurelle pour la somme de xviii livres v solz.

Item un saint Jerosme peint sur bois, prisé iiii^{xx} livres, adjugé au sieur Poitou, demeurant rue des Petits Pères, pour la somme de xlvii livres.

Item une copie de la Visitation d'après André Del Sarte, prisée cent livres.

Item un sacrifice d'Abraham sur toille, prisé l livres, adjugé au sieur Martin pour la somme de xxxii livres x solz.

Item deux tableaux peints sur toille représentans l'un une Joconde d'après Léonard de Vency et l'autre une Vénus couchée avec un amour, prisez ensemble cent livres (le premier adjugé au s^r Gervais pour la somme de xxii livres v solz).

Item une Vénus seulle peinte sur toille dans sa bordure de bois en feston, prisé lx livres.

Item une Vénus et l'Amour qui tient ses flèches, peints sur toille, prisez iiii^{xx} livres.

Item un tableau peint sur toille représentant les trois déesses d'après le Guide, prisé lx livres, adjugé à Monsieur Langlois pour la somme de xl li^t v solz.

Item la famille de Darius, peinte sur bois, d'après Le Brun, prisée cent livres, adjugée au sieur Robert pour la somme de cent cinquante livres.

[1] Lire Varenès (Paul Veronais, autrement dit le Cagliari, dit Il Veronese).

Item trois tableaux sur bois représentant l'entrevue de Léon X et de François Ier, prisez ensemble cent livres, adjugez à M. Guy pour la somme de iiii cens livres.

Item les trois déesses et un amour peints sur bois, prisé lx livres, adjugé à M. de La Durelle pour la somme de lx livres x solz.

Item deux tableaux peints sur bois, représentans l'un Achille reconnu par Ulisse et l'autre la femme d'Ulisse passant le Tibre, prisez ensemble clx livres, adjugez au sieur Guy pour la somme de iii cens xi livres x solz.

Item un argus et un Mercure sur bois dans le goût de Vandecq, prisé l livres, adjugé au sieur Boucher pour la somme de xlvii livres.

Item deux autres tableaux l'un sur bois représentant un bacchanal d'enfans dans le goût de Rubins, et l'autre peint sur marbre représentant une Vierge, prisez ensemble lx livres, adjugé au sieur Goguier pour la somme de lxi livres.

Item un amour dormant, peint sur toille, original du Guide, prisé cent livres.

Item une Vénus et Adonis sur toille, prisé vi livres, adjugé au sieur Boucher pour la somme de xiii livres.

Item deux autres tableaux sur toille, collé sur bois, représentant une Magdeleine dans le goût du Mole, et l'autre une gardeuse de vaches dans le goût du Berkel[1], prisez ensemble iiii^{xx} livres, le dernier adjugé au sieur Guy pour la somme de lxxv livres.

Dans une grande chambre de plein pied, ayant veüe sur la court, tendue de damas rouge :

Item un grand tableau peint sur toille représentant une charité Romaine, original de M. Bourdin[2], prisé iii cens livres.

Item une Vierge tenant un enfant, peinte sur toille, collez sur bois, dans la manière de Raphaël, prisée xl livres.

Item une Vierge, un Jésus et saint François peints sur toille, original de Pierre de Cretonne, prisé lx livres.

Item notre Seigneur en croix peint sur bois, prisé iiii^{xx} livres.

Item Sephale et Procris peints sur toille, prisé xl liv.

Item le martyre de saint Estienne peint sur toille dans sa bordure ovalle, prisé xxx livres.

Item un petit saint Jean et son mouton, peints sur toille, prisez xx livres.

Item un amour faisant son arc, coppie d'après le Corrège, peint sur toille, prisé xl livres.

Item une Magdelaine et un ange sur toille, prisé xxx livres.

Item une Sainte Famille, peinte sur toille, copie d'après André del Sart, prisée cinquante livres.

[1] Probablement Nicolas Berkem.
[2] Lire Bourdon (Sébastien).

Item une Nativité peinte sur bois dans la manière de M⁺ Delsart, prisé iiii^{xx} livres.

Item une Vierge tenant des roses, peinte sur toille, prisée xxv livres.

Item un saint Jean peint sur toille d'après Raphaël, prisé xx livres.

Item une Adoration des rois peinte sur cuivre d'après Paul Veronez, prisée cent livres.

Item une descente de croix d'après Michel Ange, peinte sur bois, prisée cinquante livres.

Item la Scène d'après Raphaël, prisée lx livres.

Item une Vierge en Egipte, coppie du Carrache, prisée cent livres.

Item une Sainte Famille peinte sur bois, dans le goût de Raphaël, prisée cent livres.

Item deux autres, l'un peint sur bois représentant une Vierge et son Jésus et l'autre sur toille représentant une sainte qui tient un livre, prisez ensemble lx livres.

Item deux autres peints sur toille, collez sur bois, représentant l'un une Sainte Famille dans la manière de Rubins et l'autre un saint Jean dans la manière de M. Le Brun, prisez cent livres.

Item deux autres peints sur bois, l'un representant le chef de Nostre Seigneur, l'autre une Vierge, le Petit Jésus et sainte Catherine, prisez ensemble xl livres.

Item un autre peint sur bois, representant Jésus et des anges tenans les instrumens de sa passion, prisé cinquante livres.

Item un autre peint sur bois représentant Gaston de Foye d'apres le Jeorgeon (sic)[1], prisé xxx livres.

Item un autre peint sur toille representant des Muses, prisé xl livres.

Item Nostre Seigneur embrassant saint Jean, peint sur toille, prisé xxx livres.

Item un crucifix d'apres Vandecq, prisé xxx livres.

Item un christ a demy corps peint sur toille, prisé xxx livres.

Item Circée, Ulisse et l'Amour, peints sur toille, prisez lxxx livres.

Dans un petit cabinet de costé ayant veüe sur la rüe :

Item les bains d'Apollon et de Diane peints sur bois, prisez ensemble lxxx livres.

Item deux autres, l'un sur bois representant un hiver et l'autre un paysage sur toille, prisez ensemble lx livres.

Item un autre paysage sur toille, prisé xx livres.

Item le festin de Baltazar peint sur toille, collé sur bois, prisé xl livres.

Item la petite Vierge au corcet rouge d'après Raphaël, prisée xx livres.

Item le petit Jésus dormant auprès de la Vierge, peints sur toille, prisé cinquante livres.

Item un autre tableau peint sur toille en long, sans bordure, representant la ville de Gennes, prisé xx livres.

Dans l'antichambre de la gallerie, en montant par l'escalier derobbé ayant veue sur la court :

Item neuf portraits sur toille dans leurs bordures, prisez ensemble cent livres.

Dans la gallerie ayant veue sur la court :

Item un paysage original de Paul Brille, prisé iii cens livres.

Item un autre paisage sur bois, original du Breugle, prisé ii cens livres.

Item un petit paysage des Pellerins d'Emaüs, dans la manière du Breugle, prisé cent livres.

Item une procession peinte sur toille, collée sur bois, dans le goût de Paul Brille, prisée cent cinquante livres.

Item des satires auprès d'une nimphe, peints sur bois, prisez lx livres.

Item un paisage sur toille, prisé xxx livres.

Item des amours peints sur toille dans la manière de Rubins, prisez xl livres.

Item les Trois graces peintes sur toilles d'après Raphaël, prisées xxv livres.

Item une coppie d'un bain de Diane, d'après le Carrache, peinte sur toille, prisé cinquante livres.

Item un grand tableau sur toille représentant Danae, prisé cent livres.

Item la création d'Adam et Eve peints sur bois, prisée lx livres.

Item une Cerez peinte sur bois, prisée l livres.

Item une Vierge au corcet rouge d'après Raphaël, prisée cinquante livres.

Item la girandolle du château Saint Ange, peinte sur bois, prisée xx livres.

Item trois portraits sur toille de Gassendy, Descartes et d'un prince, prisez ensemble xxx livres.

Item Apollon et les Muses peints sur toille, prisez xx livres.

Dans le petit cabinet ensuitte, ayant veue sur la court et sur le jardin :

Item un paisage d'une ruine peint sur toille, prisé cent livres.

Item une Sainte Famille sur toille, prisée xxx livres.

Item un enfant donnant à manger à des oiseaux, peint sur toille, prisé x livres.

Item une Vierge et son Jésus couché, peint sur toille, prisez xv livres.

Item une autre Vierge et son petit Jésus donnant la bénédiction à Saint Jean, peint sur toille, prisez xv livres.

---

[1] Giorgion, probablement d'après le Gaston de Foix armé et en pied, dont il y avait une grande copie dans la galerie des illustres du palais Cardinal.

Item la Vierge et un Jésus d'après Vandecq, prisez x livres.

Item une Vierge d'après le Carravache[1], peinte sur bois, prisée xv livres.

Item un saint Paul tenant une épée sur son épaule, peint sur toille, prisé xx livres.

Item deux portraitz peints sur toille, prisez ensemble xx livres.

Item cinq autres portraits de dames de court et autres, prisez l livres.

Dans le second appartement :

Item deux tableaux peints sur bois représentant l'un la Samaritaine, et l'autre *Noli me tangere*, prisez ensemble xxx livres.

Vente par F. de Callières de terrains et de bâtiments à lui appartenant, situés sur les bords du fleuve Saint Laurent.

1716.

Par devant le notaire royal en la prévôté de Québec, soussigné, y résidant, fut présent Alphonse de Tonty, escuyer, capitaine d'une compagnie du détachement de la marine, entretenüe en ce païs, et commandant pour le Roy au fort Ponchartrain du détroit, demeurant ordinairement en la ville de Montreal, de présent en cette ville de Québec, au nom et comme procureur de messire François de Calliere, chevallier seigneur de la Rochechelay et de Gigny, conseiller ordinaire du Roi, secrétaire du cabinet de Sa Majesté, lequel sieur de Tonty audit nom a reconnu et confessé avoir volontairement vendu, cédé, quitté, délaissé et abandonné à maistre Jean Petit, trésorier de la marine en ce païs, demeurant en cette dite ville, a ce present et acceptant, acquereur pour luy ses hoirs et ayans cause à l'advenir, c'est asscavoir un emplacement scis près la ville de Montreal, contenant quinze perches et demie de front sur la grande vivière et fleuve Saint Laurent, sur ce qui se trouve de profondeur depuis ladite grande rivière et fleuve Saint Laurent, d'autre bout, par derrière avec ladite petite rivière, du costé du moulin appelé du fort et d'autre part à une petite pointe de terre, ainsy que le tout est plus amplement spécifié et désigné au contract de concession, avec les bâtiments dessus construits, sans aucune chose en réserver ny retenir, audit seigneur vendeur appartenant, comme seul et unique héritier de feu messire Hector de Callières, chevallier, seigneur de Callières, vivant gouverneur et lieutenant général en ce païs, et audit seigneur appartenant par tiltre de concession de messieurs les seigneurs de l'Isle de Montreal, passé devant Mᵉ Antoine Adhémar, vivant notaire royal en la juridiction royale de Montreal, en datte du 2ᵉ juillet

[1] Le Caravage, Michel Ange Amerighi, ainsi appelé Caravaggio, son pays natal.

mil vi cens iiiiˣˣ viii, cette vente cession et transport faite pour et moyennant le prix et somme de six mil livres, monnoye de France, payable en France, en espèce sonnante et non en billets de monnoye.

Fait et passé en la maison dudit acquéreur après midy, le huitieme jour d'octobre mil sept cens seize. Signé : Barbet, notaire.

Quittance de la capitation payée par M. de Callières pour l'année 1708.

Capitation de la Cour, des maisons royales, du conseil et grande chancellerie de France.

Année 1708. Je soussigné Philippes Lefebvre, conseiller du Roy, intendant et controlleur general de l'argenterie, menus plaisirs et affaires de la chambre de Sa Majesté, commis par arrest du Conseil du 14 may 1701 pour faire la recette de la capitation, suivant le rolle arrêté au Conseil le 17 avril 1788 pour ladite année, confesse avoir reçu de monsieur de Callières, secrétaire du cabinet du Roi, en un billet de M. Hallée, la somme de 750 livres pour l'entier payement de celle à laquelle il a esté compris audit Rolle, et soixante quinze livres pour les deux sols pour livre de la susdite somme, ordonnez estre payez par arrest du Conseil du 22 décembre 1705.

Fait à Paris, le quinzieme jour de janvier 1710. Signé : Lefebvre.

Quittance du dixieme du revenu des maisons et autres emplacemens de la ville de Paris.

1710-1711

Quartier de Montmartre, rue Neuve Saint Augustin.

Je soussigné, receveur du dixieme du quartier de Montmartre, reconnois avoir reçu de monsieur de Callières, propriétaire d'une maison rue Neuve Saint Augustin, article 22, la somme de cent livres pour les quartiers d'octobre 1710 et janvier 1711, suivant l'estat arrêté par Mʳˢ les prevost des marchands et echevins de la ville de Paris, en exécution de la déclaration du Roy du 14 octobre 1710 et l'arrest du Conseil du 13 janv. 1711.

Fait à Paris, ce 28ᵉ jour de may mil sept cens onze. Signé : . . . . . ?

Mémoire de l'église de Sᵗ Eustache pour le convoy et enterrement de monsieur de Callières.

1717.

Les droitz paroissiaux 6 ⁺⁺ ; — l'assistance de M. le curé 12 ⁺⁺ ; — l'assistance des 63 prestres et des six enfans de chœur 66 ⁺⁺ ; — pour les huit prestres qui ont porté le corps en plomb 24 ⁺⁺ ; — pour les beaux parementz 30 ℔; — pour les 24 chandelliers, la croix et le benistier 13 ℔; — pour les six chandelliers, la croix et le benistier de Veil 4 ℔; — le port d'argenterie 1 ℔ 12 s.; — pour l'ouverture de terre en l'église 52 ℔; — pour la grosse sonnerie 15 ℔; — pour le beau pœsle 12 ℔; pour la peine des fossoyeurs, suivant le reglement 18 ℔; — pour les peines des deux prestres veilleurs 24 ℔; — total 277 livres 12 solz.

Quittance et décharge par l'Hôtel-Dieu à Eusèbe Renaudot, exécuteur du testament de F. de Callières.

14 mai 1717.

Par devant les conseillers du Roy, nottaires au Châtelet de Paris, soussignez, furent presens messieurs les maitres, gouverneurs et administrateurs de l'Hostel Dieu de Paris, representez par Michel Soufflot, écuyer, conseiller secraitère du Roy, maison, couronne de France et de ses finances, Pierre d'Estrechy, escuyer, conseiller du Roy, substitut de monseigneur le procureur général, Jean Baptiste Letourneur, escuyer, conseiller secrétaire du Roy, Toussaint Simon Bazin, ancien échevin de cette ville, Me François Fillon, ancien procureur au Châtelet, et René Michel Blouin, escuyer, conseiller du Roy, commis en chef au greffe du Conseil d'État privé du Roi, et ancien échevin de cette ville, ledit Hostel Dieu legataire universel de deffunt messire François de Callière, seigneur de la Rochechelé et autres lieux, secrétaire du cabinet de Sa Majesté, et l'un des quarante de l'Accademye françoise, par son testament olographe du 4 aoust mil sept cens seize, déposé par messire Eusèbe Renaudot, prieur de Chasteau Fort et de Frossay, aussy l'un des quarante de l'Accadémie françoise, duquel legs universel délivrance a esté faite et consentye en faveur dudit Hostel Dieu par Richard François de Prael, escuyer, sieur de Maubray, au nom et comme procureur de dame Anne de Callière, veuve de Jean Camproger, escuyer, sieur du Mesnil, par acte passé devant Bridou et Courtois, l'un des nottaires soussignez, le cinq du present mois, lesquels audit nom ont reconnu avoir reçu dudit sieur abbé Renaudot, en ladite qualité d'exécuteur testamentaire, demeurant rue de Richelieu, paroisse Saint Eustache, a ce present, qui a fourny et dellivré entre les mains de Me Jean François Houdiart, trésorier et payeur des rentes de l'Hôtel de ville de Paris, et receveur général dudit Hôtel Dieu de cette ville, aussy a ce present, qui reconnoist avoir touché la somme de dix mille cinq cens quarante cinq en louis d'argent ayant cours en présence des nottaires soussignez presans, faisant avec unze mil vingt cinq livres payez et distribuez par ledit sieur abbé Renaudot, scavoir neuf mil livres aux pauvres, suivant qu'il est ordonné par ledit testament et par l'un des codicils en datte du 6 février 1717, deux cens vingt cinq livres pour les messes dites à l'intention dudit feu sieur de Callières, trois cens livres au sr Belestre son medecin, pour ses honoraires, et quinze cens livres au sieur Martin, secrétaire dudit deffunt, tant pour la nourriture des domestiques, qu'autres depenses de la maison dudit sieur de Calliere, depuis son deceds, la somme de vingt un mil cinq cens soixante dix livres a laquelle monte les deniers comptans, inventoriez dans l'inventaire fait après le deceds dudit deffunt par ledit Me de Lambon et son confrère, nottaires à Paris, le dix mars dernier et autres jours suivants, de laquelle somme de dix mil cinq cens quarante cinq livres, lesdits sieurs administrateurs et receveurs sont contens et en quittent ledit sieur abbé Renaudot qui leur a délivré ladite quittance dudit sieur Belestre et lesdits deux reçus dudit sieur Martin, comme aussy lesdits sieurs administrateurs reconnoissent que ledit sieur abbé Renaudot a presentement fourny et délivré entre les mains dudit sieur Houdiart, qui reconnoist avoir reçu de luy *quatre vingt treize billets de l'État montant ensemble en principaux à cent cinquante neuf mil deux cens soixante dix livres*, inventoriez par le premier article des papiers dudit inventaire, desquelz billets lesdits sieurs administrateurs déchargent ledit sieur abbé Renaudot, qui a fait la délivrance d'iceux; plus lesdits sieurs administrateurs reconnoissent que ledit sieur Renaudot leur a delivré tous les tiltres et papiers inventoriez dans ledit inventaire...; de tous lesquels tiltres cy dessus delivrez par ledit sieur Renaudot audits sieurs administrateurs ils les deschargent, et à l'instant ils les ont fait mettre et serrer aux archives dudit Hôtel Dieu, et par ces mêmes présentes lesdits sieurs administrateurs reconnoissent que ledit sieur abbé Renaudot a remis ès mains du sieur Barbarin, huissier priseur, la vaisselle d'argent dudit sieur de Calliere et 390 jettons et unze médailles aussy d'argent, pour estre par ledit Barbarin délivrés aux héritiers dudit deffunt, et en retirer d'eux le prix de l'extimation et s'en charger dans son procès-verbal, au moyen de quoy ledit sieur abbé Renaudot en demeure déchargé, ainsy que lesdits sieurs administrateurs l'en déchargent, reconnoissant ledit sieur abbé Renaudot avoir en sa possession les livres, manuscripts a luy leguez par ledit feu sieur de Calliere par son codicil du 6 février dernier.

Fait et passé au Bureau dudit Hostel Dieu, scis parvis Notre Dame, le vendredy quatorzième jour de may mil sept cent dix sept avant midy. Signé : Courtois.

Contrat de la fondation faite par M. de Callière en l'église Saint Eustache.

15 juin 1718.

Par devant les conseillers du Roy nottaires au Chastellet de Paris soussignez furent presents messire Eusèbe Regnaudot, prieur de Chasteaufort et l'un des quarante de l'Académie françoise, demeurant rue de Richelieu, paroisse Saint Eustache, au nom et comme exécuteur du testament olographe de deffunt messire François de Callières, et messieurs les maistres, gouverneurs et administrateurs de l'Hôtel Dieu de Paris représentez par Pierre d'Estrechy, Toussaint, Simon Bazin, etc., ledit Hostel Dieu legataire universel dudit feu sieur de Callières, d'une part, et messieurs Jean Baptiste Prevost, seigneur de Martray et de Houillier, lieutenant particulier au Chastellet et siège présidial de Paris, sieur Charlemagne Mouqueron, marchand bourgeois de Paris et sieur René Marsollier aussi bourgeois de Paris, tous marguilliers de l'œuvre et fabrique de ladite eglize de Saint Eustache d'autre part,

Disant que ledit deffunt sieur de Callières a, par sondit testament susdatté, fondé une messe basse de requiem a perpétuité pour le repos de son âme et de celles de ses parens et amis deceddez, qu'il l'auroit désiré estre ditte et celebree tous les jours de chaque semaine a la chapelle la plus proche de sa sepulture, et auroit prié le sieur son executeur testamentaire d'en passer le contract avec la paroisse ou il seroit inhumé.

Laquelle inhumation ayant esté faitte en ladite eglize Saint Eustache, paroisse ou il est deceddé, ladite fondation y doit estre establie et executee, et pour cet effet ledit sieur abbé Regnaudot, en ladite qualitée d'exécuteur testamentaire, et lesdits sieurs administrateurs se sont assemblez avec messieurs les marguilliers de ladite églize Saint Eustache, et sont convenus a la somme de dix mille livres pour le fond et dottation de ladite fondation, payable en rentes sur les aydes et gabelles, *a condition qu'il seroit permis ausdits sieurs administrateurs de faire poser aux frais dudit Hostel Dieu une epitaphe pour ledit feu sieur de Callieres, au pillier joignant la chapelle de Saint Michel, qu'il est la plus proche de la sepulture dudit deffunt, et dans une moulure de pierre de taille qui est audit pillier, faisant face sur l'allée ou passage qui tourne autour du cœur, laquelle epitaphe contiendra deux pieds et un pouce de large sur trois pieds six pouces de haut, sans pour ce payer autre chose.*

Et en consequence lesdits sieurs administrateurs, comme ledit Hostel Dieu en ladite qualité de legataire universel dudit sieur de Callières, tenu de fournir le fond de ladite fondation, ont par ces présentes céddé et délaissé, et promis audit nom garentir de tous troubles et empeschemens generallement quelconques, excepté des faits du Roy, a ladite œuvre et fabrique de Saint Eustache, ce acceptant par lesdits sieurs marguilliers, quatre cent livres de rente au denier vingt cinq, assignez sur les aydes et gabelles et cinq grosses fermes, constituez par messieurs les prevost des marchands et echevins de cette ville au proffit dudit deffunt sieur de Callières, pour de ladite rente, tant en principal qu'arrérages jouir, faire et disposer par lesdits sieurs marguilliers, comme ils peuvent et ont droit de faire des autres biens appartenans à ladite œuvre et fabrique, moyennant lesquels cession et delaissement ainsy faits desdits quatre cents livres de rente pour le fond et dottation de ladite fondation, lesdits sieurs marguilliers promettent et s'obligent pour eux et leurs successeurs de faire dire et celebrer a perpetuitté tous les jours de chaque semaine à la chapelle de Saint Michel, en ladite église de Saint Eustache, qui est la plus proche du lieu de la sepulture dudit feu sieur de Callières, et par un prestre habitué en ladite eglise, qui sera a la nomination desdits sieurs marguilliers et de leurs successeurs, une messe basse de requiem pour le repos de l'âme dudit sieur de Callières et de celles de ses parents et amis, et afin de perpétuer la mémoire de cette fondation, et qu'elle soit a toujours et a perpetuitté executée. lesdits sieurs marguilliers seront tenus et promettent la faire incerer dans le martirologe de ladite eglise, et en cas de remboursement de ladite rente, lesdits sieurs marguilliers et leurs successeurs seront tenus d'employer les deniers qui en proviendront en acquisition d'autre rente, lesdits sieurs marguilliers consentent que lesdits sieurs administrateurs fassent mettre et poser aux frais et despens dudit Hostel Dieu ledit epitaphe pour ledit deffunt sieur de Calliere audit pillier, attenant ladite chapelle de Saint Michel, et a l'endroit cy dessus marqué, et de la largeur et hauteur cy dessus specifiez, sans que pour ce lesdits sieurs administrateurs soient tenus de payer aucune chose a ladite œuvre et fabrique, ce faisant en la presence de messire François Robert Secousse, prestre, docteur en theologie de la maison de Navarre, curé de ladite eglise paroissiale de Saint Eustache, qui a eu ces présentes pour agréables.

Fait et passé a Paris, l'an mil sept cent dix huit, le quinziesme jour de juin après midy.

Privilège du Roi pour l'impression de l'ouvrage de M. de Callières : Traité de la manière de négocier avec les souverains.

26 novembre 1715.

Louis, par la grace de Dieu, roy de France et de Navarre, a nos amez et feaux conseillers, les gens tenants nos cours de parlement, maitres des requestes ordinaires de notre Hostel, Grand Conseil, Prevost de Paris, baillifs, senechaux, leurs lieutenants civils et autres nos officiers qu'il appartiendra. Salut.

Notre amé et féal conseiller ordinaire en nos Conseils, secretaire de notre cabinet, le s^r de Callières, cy devant ambassadeur extraordinaire et plenipotentiaire de notre très honnoré seigneur et bisayeul, de glorieuse mémoire, pour les traittez de paix conclus à Riswick, et l'un des quarante de l'Académie françoise, nous ayant fait remonstrer qu'ayant été employé dans les ambassades et negociations depuis plusieurs années, et ayant donné une entière application a ses devoirs, il en a fait une étude particulière et a composé *un traitté de la manière de négotier avec les souverains, de l'utilité des négociations, du choix des ambassadeurs et des envoyés et des qualitez necessaires pour réussir dans ces employs*, lequel il désireroit donner au public, s'il nous plaisoit luy accorder nos lettres de privilege sur ce necessaires, nous luy avons promis et accordé, promettons et accordons par ces presentes de faire imprimer ledit livre par tel imprimeur ou libraire, en un ou plusieurs volumes, conjointement ou séparément, en telle forme, marge et caractere, et autant de fois que bon luy semblera, et de le vendre et debiter par tout notre royaume, pendant le temps de vingt années consécutives à compter du jour de la datte des présentes, faisant deffenses a tous imprimeurs et libraires et autres d'imprimer, faire imprimer, vendre ny debiter ledit livre, sous quelque prétexte que ce soit, même d'impression étrangère ny autrement, sans le consentement dudit sieur de Callières, ou ses ayans cause, a peine de confiscation des exemplaires contrefaits et de quinze cents livres d'amende, applicable un tiers à nous, un tiers à l'Hôtel Dieu de Paris et l'autre tiers à l'exposant, et de tous despens, dommages et interests, a la charge que ces presentes seront enregistrées tout au long es registres de la communauté des imprimeurs et libraires de notre ville de Paris, et ce dans trois mois de la datte d'icelles, que l'impression en sera faitte dans notre royaume et non ailleurs, en bon papier, en beaux caracteres, conformément aux reglements de la librairie, et qu'avant de l'exposer en vente, il en sera mis deux exemplaires dans notre Bibliothèque publique, un dans celle de notre chateau du Louvre et un dans celle de notre très cher et féal chevalier, chancelier de France le sieur Voisin, a peine de nullité des présentes, du contenu desquelles nous vous mandons et enjoignons de faire jouir ledit sieur de Callieres et ses ayans cause pleinement et paisiblement, sans souffrir qu'il luy soit fait aucun trouble ny empeschement, voulant que la coppie desdites presentes, qui sera imprimée au commencement ou a la fin dudit livre soit tenüe pour deuement signifiée, et qu'aux coppies collationnées par un de nos amez et feaux conseillers secretaires foy soit ajoutée comme a l'original. Commandons au premier notre huissier ou sergent de faire pour l'exécution des présentes tous actes requis et nécessaires sans demander autre permission, nonobstant clameur de haro, chartre de Normandie et lettres a ce contraires. Car tel est notre plaisir. Donné à Paris, le vingt sixieme jour du mois de novembre, l'an de grace mil sept cent quinze et de notre règne le premier.

Par le Roy en son Conseil. Signé : Lamolère.

Traité de M. de Callières avec le libraire Brunet, pour la publication de son ouvrage.

1715.

Nous soussigné, messire François de Cailliere, chevalier, conseiller du Roy et secretaire du cabinet, et Michel Brunet, libraire a Paris, sommes convenus de ce qui suit, scavoir que moy sieur de Caillieres ay cédé et cède la moitié du privilège par moy obtenu d'un manuscrit que j'ay composé, intitulé la maniere de negotier avec les souverains, ledit privilège m'ayant été accordé pour le temps de vingt annees, pour lequelle privilège j'ay associé mondit sieur Brunet, pour en jouir conjointement avec moy par moitié, pendant ledit temps, a la charge que ledit sieur Brunet fera toutes les avances du papier, impression et generallement tous les menus frais qu'il conviendra faire pour l'impression dudit ouvrage, lesquels avances faitte par ledit Brunet, seront pris par luy prealablement et en toutes préférences pour se rembourser desdits avances et frais qu'il aura put faire, après quoy ledit Brunet sera tenüe et s'oblige de partager par moitié le profit, sy aucuns y a, que la vente aura put produire, en me rendant compte de clere a maistre des exemplaires dudit ouvrage, vendus tant aux particuliers qu'aux libraires de Paris et de provinces, en outre ledit Brunet sera tenü d'imprimer ledit ouvrage en beau caractere et beau papier, qui sera tiré au nombre de mil exemplaires, et en cas de réimpression dudit ouvrage, corrigée augmentée ou non, le présent traité sera executé comme cy devant.

Fait double entre nous a Paris, le dixieme decembre mil sept cent quinze.

L'intention des parties pour l'exécution dudit traité est que les nouvelles impressions, qui pourront estre faitte de cette ouvrage apres la première, seront faitte par Michel Brunet, et qu'il tiendra compte de touttes lesdittes nouvelles éditions a M. de Callières, a moitié de profit comme il est dit dans le marché ci dessus, et aux mesmes conditions durant le cours dudit privilège.

Fait double à Paris le 10 decembre 1715. Signé : de Callières, Brunet.

Mémoire des exemplaires à faire relier du livre intitulé de la manière de négotier.

Il faut faire relier 30 exemplaires, scavoir un pour le Roy relié en maroquin de levant rouge d'un beau grain et bien choisy, avec les armes du Roy au milieu, des deux costés de la couverture, doré sur tranche, des filets dor autour des deux costés de la couverture, et 4 fleurs de lys dor aux coins de chacun des deux costés de la couverture, doré au dos, et en lettres dor au haut du dos le titre du livre...........

LEGS UNIVERSEL FAIT À L'HÔTEL DIEU,
PAR HENRI CHAHU, TRÉSORIER DE FRANCE.
(1677.)

Testament d'Henri Chahu (12 octobre 1677.)

Au nom de Dieu et de la Saincte Trinité que i'adore et en qui i'espere, et de la saincte Vierge Marie mère de Dieu et ma tres honorée patrone et advocate, que ie supplie tres humblement de m'assister en toutes mes actions et de ne pas abandonner a l'heure de ma mort, et d'obtenir de Dieu et de mon redempteur Jésus Christ par ses sainctes prieres le pardon de mes pechez.

Je prie aussy saint Michel archange, et mon sainct ange gardien de me voulloir assister en tout temps, et particulierement aux derniers momens de ma vie. Je prie aussy Sainct Henry, duquel j'ay l'honneur de porter le nom, de prier Dieu pour moy et d'avoir pitié de mon ame, comme aussy tous les sainctz et sainctes de Paradis, aux prieres desquels ie me recommande.

Henry Chahu, sain de corps et d'esprit, considérant les doubteux évènemens de la vie et le dernier moment qui nous sépare d'icelle, ay jugé appropos de faire ce mien testament olographe tout escript et signé de ma main, pour declarer mes intentions et dernières volontés.

Je revocque tous les testamens que ie pourrois avoir fait avant ce jour; si ie decede a Paris ou aux environs, ie désire estre enterré dans le charnier de l'eglise ou cimetiere de la parroisse de Saint Cosme et de Saint Damien, tout proche le lieu ou repose le corps de feüe dame Margueritte du Plessis, ma tres honnorée femme, qui est tout proche le coing de l'autel qui est en ce charnier, et au dedans d'icellui charnier.

Je donne et legue a ladicte parroisse de Saint Cosme et de Saint Damien la somme de cinq cens livres une fois payee, a la charge que ceulx qui toucheront les cinq cens livres feront dire dans ladicte eglise de Saint Cosme et de Saint Damien ung service a haulte voix, auquel assisteront tous les prestres du cœur et donneront la rétribution auxdits prestres pour ledict service et assistances des prestres du cœur a iceluy, et fourniront le luminaire et ornemens necessaires pour dire ledict service, et oultre feront dire quatre cens messes basses de requiem dans ladicte eglise pour le repos de mon ame pendant les premiers quatre mois apres le cours de mon deceds.

Je desire que mon enterrement se face sens aucune tanture de dœuil, ny en l'eglise ny en la maison ou ie renderay mon ame a mon redempteur iesus christ.

Je desire que vingt quatre heures passées apres mon deceds et non plus tost on tire *mon cœur de mon corps et qu'on le porte en terre dans l'église de Nostre Dame de la Pitié de l'hospital general* et qu'on donne a Mrs les directeurs dudit hospital la somme de quinze cens livres une fois payée pour les pauvres dudit hospital, a la charge de faire dire dans ladicte eglise un service lorsqu'on y enterrera mon cœur ou le lendemain, et apres icelluy le plustost que faire se pourra, mesdits les sieurs directeurs dudit hospital feront dire cent cinquante messes basses de requiem pour le repos de mon ame, et de faire assister a chacune desdites messes *douze pauvres enffans* dudit hospital et de les convier de prier Dieu pendant ces messes ou ils assisteront pour le repos de mon ame, affin qu'elle obtienne misericorde de Nostre seigneur par leurs prieres.

Je desire que lorsqu'on portera mon corps en l'eglise de St Sulpice ma parroisse, pour d'icelle eglise est reporté en celle de St Cosme et Sainct Damien, que Mrs les marguilliers de St Sulpice facent dire un service en ladicte eglise de Saint Sulpice, et deux cens messes basses de requiem pour le repos de mon ame, le plus tost qu'ils le pourront apres mon deceds, sans aucune tanture de dœuil, ny ceremonie, ie donne a la fabricque de Saint Sulpice la somme de douze cens livres une fois payee, a la charge de payer par Mrs les marguilliers d'icelle les droictz de Monsieur le Curé, la rétribution dudit service et celle des deux cens messes basses, et les sommes qu'il conviendra payer pour les luminaires et aultres choses necessaires pour les droictz de ladicte eglise, et le reste des douse cens livres cy dessus demeurera en leurs mains, pour estre employé par eulx pour les necessitez de ladicte fabricque.

Je veulx que Mrs mes executeurs testamentaires, que ie nommeray cy apres et que ie prie de l'estre et de prendre cette peine, prennent sur le plus clair de tout mon bien la somme de deux mil livres pour faire dire, outre les messes que j'ay marquées cy dessus, deux mil six cens soixante messes basses de requiem pour le repos de mon ame, le plus tost que faire se pourra apres mon deceds, et qu'il soit donné quinse sols pour la retribution de chacune de ces dictes deux mil six cens soixante messes, et prie Mrs mes executeurs testamentaires d'en faire dire :

Six cens par les reverends peres capucins de Meudon et cœtera..................................

Je désire et veulx que Messieurs mes executeurs testamentaires facent mettre dans le coffret des pauvres honteux de la paroisse de St Sulpice, qui est au logis de M. le curé, la somme de trois cens livres qui leur sera distribuée par les advis de M. le curé et Mrs de l'assemblee.

Je donne aux cinq enffans de feüe Madame du Boschet, ma sœur, qui sont au monde, scavoir M. le comte du Boschet, Monsieur le chevallier du Boschet, Madame de St Teny, Madame de Percieu et Madame la lieutenante de Nantes la somme de quatre mil livres en argent, qui est a chascun d'eux la somme de huit cens livres d'une part, *et le tiers des pescheries scituees en la riviere de Loire pres le pont de Nantes* jusques a la pierre d'Auge, qui m'ont esté donnees en partage pour la somme de huit mille livres, ledit tiers montant à deux mil six cens soixante et six livres treize sols quatre deniers, lequel partagé en cinq, c'est a chacun cinq cens trente trois livres six sols huit deniers.

Et oultre les sommes cy dessus, esquelles Madame de St Teny prendra part, ie lui donne encores la somme de quatre mil livres une fois payee, en recongnoissance des bons offices qu'elle m'a rendues en plusieurs de mes affaires, en y prenant part comme si lesdictes affaires eussent esté pour elle, la coniurant de se souvenir de moy en ses prieres.

Je donne a Madame de la Bidiere ma sœur la somme de quatre mil livres en argent une fois payee, et luy donne aussy le tiers de mes pescheries scituees en la riviere de Loire pres les ponts de Nantes.

Je donne a Madame Francoise Le Prevost, marquise d'Oisonville, ma niepce, la somme de quatre mil livres en argent d'une part et d'autre part le tiers de mes pescheries.

Je donne et legue aux enffans puisnais du s^r et dame Jumeau vivans, et aux enffans des filles deceddees ou qui pourront mourir avant moy la somme de trois mil livres.

Je donne et legue a la damoiselle Eleonore Gaudon qui a esté pres de vingt ans au service de feüe ma chere femme la somme de deux cens livres de rente viagere, lesquels deux cens livres ne diminueront pas les cinq cens livres de rente par chacune année que j'ay donné cy devant par deux contratz de donnation entre vifs à ladite damoiselle Gaudon.

Je donne et legue a ladicte damoiselle Eleonore Gaudon tous les meubles que j'ay acheptés ou faict faire depuis le deceds de feüe ma chère femme.

Tous ces legtz cy dessus faicts a ladicte damoiselle Eleonore Gaudon sont faicts par moy en recognoissance des bons services qu'elle a renduz a feüe ma chère femme, a feüe Madame de Gesvres, sœur de ma femme, et a feüe damoiselle Marguecritte Poullain ma niepce, et a feu Mr Duplessis, mon beau frère, pendant plus de vingt cinq ans, et aussy a moy depuis le deceds de feüe ma chère femme, qui m'a bien recommandé par son testament de la loger avec moy, sy tant est que ma commodité me le permist, ce que j'ay faict iusques a present, me recommandant a ses prieres, et prie Mrs les directeurs de l'Hostel Dieu de Paris de vouloir assister ladicte damoiselle Eleonore Gaudron de leurs bons advis et conseils et de luy faire scavoir le nom de celuy de Messieurs les directeurs dudict Hostel Dieu qui voudra bien luy donner quelque demy quard dheure par mois d'audience a cette bonne fille pour prendre conseil et advis de luy en ses affaires.

Je donne et legue aux religieuses de l'Ave Maria cent livres une fois payees, et les charge de faire faire trois communions generalles par toutes les religieuses de leur communaulté, pour obtenir pardon de mes faultes et le soulagement de l'ame de feüe ma femme, et de la mienne apres mon deceds..................................

Je prie Madame de la Bidiere ma chère sœur, Madame de la Guerche sa fille, ma niepce, Madame la marquise d'Oysonville, ma niepce ou ses herittiers, Messieurs et dames de Lescoüet mes neveux et niepces, enffans de feüe dame Judith Chahu ma sœur, de se contanter tous des legtz que ie leur ay faits, cy dessus marqués, me recommandant a leurs prieres, et les prie aussy de ne pas inquieter Messieurs les Directeurs de l'Hostel Dieu de Paris pour les biens que ie leur legueray cy apres pour les pauvres dudit Hostel Dieu, ny aucuns autres legataires cy dessus nommez en ce present mien testament, soit pour les sommes a eulx données une fois payées, ou par pentions viageres, et en cas que mesdictes dames de la Bidiere, de la Guerche, d'Oisonville, leurs dictes sœurs et dames de Lescouet voulleussent inquieter ou faire quelques proceddures a l'encontre desdicts sieurs directeurs ou autres legataires cy dessus desnommez, ie les prive entierement des legtz et donations que ie leur ay faicte par le present testament, leur ayant laissé une partie de mon bien, dont ie pourrois disposer, ce que ie n'ay pas faict, quoy que ie les scache, graces a Dieu, assez pourveues de biens et n'avoir pas absolument besoing d'en avoir davantage............

Je nomme pour les executeurs de ce present testament Messieurs les administrateurs et directeurs de l'Hostel Dieu, que ie supplie tres humblement d'en voulloir prendre la peine pour l'amour de Dieu, et aussy pour

la charité qu'ils ont pour les pauvres, ses membres, et *ie donne aux pauvres dudit Hostel Dieu de Paris tout le reste de mon bien qui sera en ma possession au iour de mon deceds...*
....

Je donne auxdicts pauvres dudit Hostel Dieu tout le reste de mon bien, apres les pentions viageres esteintes qui sont mentionnees en ce present testament, le fond desquelles demeurera a leur proffict, les ayant faictz mes legataires universels, donataires et proprietaires de tout mon bien, mesmes *aussy de ma part de la corne de Licorne* qui est le quard d'icelle, comme heritier pour un quard de la succession de mes feuz pere et mere, ensemble de tout ce qui m'appartiendra du partage de ma communaulté d'entre feüe dame Marguerite du Plessis, ma chère femme et moy, dont sera faict partage après mon deceds, ne l'ayant pû faire de mon vivant, et Messieurs les directeurs dudit Hostel Dieu demeureront comme dict est saisis et en possession de mon bien present et advenir, du jour de mon deceds.

Je prie Mrs les Directeurs dudit hostel de ne pas laisser prendre mes clefs a personne, sans qu'ils voyent tout ce qui est dans mon cabinet et dans mes ormoires, prie Dieu et autres cassettes, et sur plusieurs planches qui sont dans mondict cabinet, comme estant mesdits sieurs les directeurs de l'Hostel Dieu les plus interessés pour le bien des pauvres a la conservation de mon bien...

Faict a Paris le dousiesme iour d'octobre mil six cens soixante dix sept. Signé Chahu.

Aujourd'huy datte de ces presentes, au mandement et requisition de messire Henry Chahu, cy devant conseiller du Roy et general des finances en Bretagne, demeurant à Paris quartier de Saint Germain des Prez, rue de Vaugirard, parroisse Saint Sulpice, les conseillers du Roy, notaires garde notes de Sa Majesté au Chastelet de Paris se sont transportez en la maison ou est demeurant ledit sieur Chahu, a luy appartenant, devant declarée, ou estans, il auroit représenté son testament et ordonnance de derniere volonté ausdits notaires, en la presence desquels il auroit déclaré et reconneu avoir escrit, puis ensuite signé de sa main et seing ordinaire et accoustumé le contenu cy dessus, qui est sondit testament et ordonnance de derniere volonté, escrit en huit feuillets, cettuy compris, qu'il veult estre exécuté selon sa forme et teneur, sans qu'il y soit contrevenu en aucune manniere, et a esté par ledit sieur Chahu approuvé les interlignes, renvoys et quelques ratures qui se trouvent audit testament, que ledit sieur Chahu a aussy signez et paraphez, et requis lesdits notaires de les parapher, ce qui a esté fait, de quoy ledit sieur Chahu a demandé acte ausdits notaires qui luy ont octroyé le present pour luy servir ce que de raison. Ce fut fait, requis et octroyé en la maison et demeure dudit sieur Chahu, sus déclarée, ou lesditz notaires soubsignez se sont comme dit est transportez a l'effet des presentes, l'an mil six cens soixante dix huict le vingt huictiesme jour de fevrier apres midy et a signé le present triple. Signé Chahu — Gilles — Royez.

Extrait du procès-verbal de la vente des meubles d'Henri Chahu.

Mars 1679.

L'an mil six cens soixante dix neuf le mercredy premier jour de mars, deux heures de rellevee, a la requeste de Messieurs les maistres gouverneurs et administrateurs de l'Hostel Dieu de Paris, executeurs testamentaires de messire Henry Chahu, et a leur requisition, estant en la maison en laquelle est decedé ledit sieur Chahu seize a Sainct Germain des Prez, rue de Vaugirard, a l'effet de procceder a la vente des meubles contenuz en l'inventaire de l'autre part datté, j'ay fait mettre un tappy contre la porte et advenüe de ladicte maison pour marque et enseigne de ladite vente, ainsy qu'il est accoustumé, ce faict, ladicte heuré de deux heures sonnees en plusieurs endroictz, j'ay, en la presence de noble homme maistre Christophe Marie, sieur de Monceaux, conseiller du Roy et substitud de Monsieur le procureur du Roy, audict Chastellet, et mesdits sieurs dudict Hostel Dieu de Paris et notamment de Monsieur maistre Louis Baussan, conseiller du Roy et president en l'élection de Paris, et encores de messire Philippes Aubery, seigneur de Montbart, legataire universel de messire Christophe Duplessis, conseillier du Roy et seigneur dudit Montbart, quy estoit legataire universel de deffuncte dame Margueritte Duplessis, au jour de son deceds, femme dudict deffunct sieur Chahu, procédé à la vente et adjudication au plus offrant et dernier enchérisseur ....

Item quatre tableaux peints sur toille, representans des sainctz et apostres, garnis de leurs bordures avecq ung autre tableau sur la cheminée, peint sur toille, représentant un enfant, prisé le tout ensemble à la somme de quarente solz, vendu et adjugé au sieur Royer, marchand frippier, pour le prix et somme de sept livres.

Item quatre pieces de tapisserie d'Auvergne, garnyes de bandes de toille faisant le tour de la salle, prisees ensemble a la somme de deux cens livres, item deux pièces de tapisserie a verdure d'Auvergne, a paysages et bordures larges, ou est representé un amour, prisee ensemble a la somme de cent livres, le tout ensemble adjugé et dellivré pour le prix de v cens xiii livres.

Item huict feuilles de paravant de serge rouge, adjugées à Madame la marquise de Chanvallon pour le prix et somme de xxxvii livres xv solz.

Item un grand damier d'esbeine, garny de ses dames

d'esbeine d'ivoire, prisé avecq le sacq de cuivre la somme de six livres, adjugé a la dame de Baussy, demeurant rue Vieille du Temple, pour la somme de xix livres v solz.

Item un carrosse de cuir, garny par dedans d'une brocatelle passée orore et noir a un fond et un strapontin, garny en face aux deux portieres de chassis a carreaux de verres, ledict carrosse monté sur son train, a quatre roues, le tout viel et tel quel, prisé à la somme de xx livres et adjugé pour le prix de iiii^{xx} vi livres.

Item un miroir à glace de Venise, garny de sa bordure de bois noircy, adjugé pour le prix de xlii livres et x solz.

Item un autre cabinet de bois peint ouvrant a deux voletz, posé sur son pied de pareil bois, garny de trois tiroirs, prisé à la somme de vi livres, adjugé pour le prix de xix livres.

Item treize volumes in folio qui sont deux gros breviaires romains, la Saincte bible, les Ordonnances, les œuvres de Bocquet, les œuvres de saint Bernard, la triple couronne de la Vierge, trois volumes de la vie des saints, un atlas, les œuvres de Pline, prisé ensemble a la somme de douze livres, item quatre grands livres reliez en veau, quy son composez d'estampes et figures, un autre aussy d'estampe relié en parchemin et prisé à la somme de x livres.

Item quatre vingtz livres couverts de parchemin in-4° grands et petits, traittans de différentes matieres, prisez a la somme de xx livres.

Item trente autres volumes in-4° reliez en veau prisez a la somme de xii livres.

Item trente cinq autres livres in 8° reliez en parchemin prisez ensemble a la somme de six livres, revenants lesdictes cinq sommes de ladite prisée cy dessus ensemble a celle de soixante livres.................

LEGS UNIVERSEL DE MADAME CLAUDE CHAHU, DAME DE PASSY,
NÉE CHRISTINE DE HEURLES.
(1676.)

Testament de Madame Chahu et codicilles 1676-1683.

Au nom du Père, du Fils et du Saint Esprit, ainsy soit-il, considérant qu'il n'y a rien de sy certain que la mort et rien de sy incertain que l'heure d'icelle, je fais icy mon testament et ordonnance de derniere volonté pour disposer des biens qu'il a plu a Dieu de me donner.

Premièrement je recommande mon âme a Dieu le père tout puissant, a son fils unique, mon adorable sauveur et redempteur Jésus Christ et au Sainct Esprit, un seul Dieu en trois personnes, demandans a Dieu tres humblement pardons de tous les peschez generalement quelconques que j'ay commis en toute ma vie contre sa divine bonté, le suppliant tres instamment de me faire miséricorde par les mérites de la vie, de la passion et de la mort de mon sauveur.

Je veux et ordonne estre enterrée aux Jacobins de la rue Saint Honoré, dans la cave là ou est Monsieur Chahu mon mary.

Je veux et ordonne que dez l'instant de ma mort jusques a ce que je sois enterrée, il y ait jour et nuit auprès de mon corps des Jacobins de Sainct Honoré et des prestres de ma parroisse.

Je deffens que l'on ouvre mon corps, mais *j'ordonne que l'on me donne deux coups de razoir soubz les pieds.*

Je veux et ordonne que l'on me laisse deux fois vingt quatre heures dans mon lit sans m'ensevelir, et autres vingt quatre heures sans m'enterrer.

Je prie les trois sœurs de charité de la parroisse de m'ensevelir et je veux et ordonne qu'il leur soit donné a chacune six aulnes d'estoffes pour les habiller.

Je veux et ordonne que le plus tost qu'il se pourra après ma mort il soit dit trois mille messes a des autels privilegiez dont j'ay signé le mémoire, et je donne pour cet article deux mille cinq cens livres.

Je deffens qu'il soit fait aucune tenture ny a mon enterrement, ny au service ny au logis.

Je veux et ordonne qu'il me soit dit un service a ma parroisse sur mon corps et un au bout de l'an et j'ordonne qu'il me soit dit un annuel a ma parroisse.

Je veux et ordonne qu'il me soit dit aux Jacobins, la ou je seray enterré, un service sur mon corps.

Je veux et ordonne qu'il soit habillé douze vieillards pauvres a qui l'on donnera justaucorps, chappeaux, bas et souliers, et qui assisteront a mon enterrement avec un flambeau à la main.

Je donne a la maison des Enfans Rouges cinq cens livres.

Je donne à la maison du Saint Esprit cinq cens livres.

Je donne a la maison de la Trinité cinq cens livres et je veux et ordonne que de ces trois maisons il y ait douze enfants de chacun qui assistent a mon enterrement avec chacun un flambeau que j'ordonne que l'on leur donne.

Je donne trois mil livres pour deslivrer des prisonniers au plus tost après ma mort et particulièrement des femmes de bonne vie.

Je donne aux Jacobins, là ou je seray en terre la somme de huict mil livres a prendre sur l'argent qu'ils me doivent, pour me dire a perpétuité a l'autel privilégié une messe tous les jours, à l'intention de feu mon père, ma mere, mon frere, Monsieur Chahu et de moy.

Je donne trois mil livres pour les pauvres honteux de ma parroisse et je veux qu'ils soient employez pour restablir des mesnages, pour leur achepter quelques petites marchandises et pour marier six pauvres filles et en mettre six a apprendre mestier, de l'avis des dames de la charité.

Je donne trois mil livres pour les pauvres malades de ma parroisse, qui seront mis entre les mains de Mesdames les officières de la charité pour assister les malades de tout ce qu'ilz ont de plus de besoin, et pour achcter matelas, couvertures, linge pour estre mis dans les gardemeubles pour les prestres dans le besoin.

Je donne aux capucins de la rue Saint Honoré mil livres, et je veux qu'ils me disent un service a ma mort et un au bout de l'an.

Je donne aux capucines deux mil livres, et je veux qu'elles me disent un service a ma mort et un au bout de l'an.

Je donne mil livres aux filles de la Magdelaine et veux qu'elles me disent un service a ma mort et un au bout de l'an.

Je donne à l'Hospital général la somme de six mil livres et veux qu'il me dise un service à ma mort et un au bout de l'an.

Je donne a l'eglise de Passy ma tenture de tapisserie qui contient sept pieces, qui est une verdure de Flandre qui me sert dans ma salle a Passy.

Je donne le tapis de Turquie qui me sert aussy dans ma salle, pour mettre sur le marchepied de l'autel dudit Passy, pour mettre sur le marchepied de l'autel dudit Passy, et toutes les chasubles, parements d'autel, dais de satin à fleurs qui sert au reposoir chez moy a Passy et tout linge de chapelle qui peut servir a l'eglise, je le donne tout audit Passy, et tous les ornemens d'eglise qui seront tant a Paris qu'a Passy je les donne a l'eglise de Passy.

Je donne deux mil quatre cens livres a la charité des malades de Passy, pour estre mis en fonds pour assister les malades du revenu, de l'avis du seigneur de Passy.

Je donne six cens livres pour estre distribuez apres ma mort aux pauvres honteux de Passy.

Si je n'ay point fondé la lampe de l'église de Passy, je donne mil livres pour estre mis en fonds pour l'entretenir.

Je donne aux Minimes de Nigeon deux mil livres pour estre mis en fonds pour augmenter la fondation que nous y avons faite, Monsieur Chahu et moy, et je veux qu'ils nous disent a perpétuité tous les ans le jour de nostre deceds a chacun un service.

Je donne à la maison des filles nouvelles catholiques mil livres et veux qu'elles me disent un service à ma mort et un au bout de l'an.

Je donne a l'hospital de la Charité six mil livres et je veux qu'il me dise un service à ma mort et un au bout de l'an.

Je donne a la maison de la Conception quatre mil livres pour dire a perpétuité tous les ans un service le jour de la mort de Monsieur Chahu et un le jour de la mienne.

Je donne a l'hospital de Sainte Reine quatre mil livres pour avoir du linge.

Et pour le reste de mes biens, mon présent testament accomply, tant meubles, acquets, immeubles et conquests immeubles, *je les donne et lègue a la maison de l'Hostel Dieu de Paris*, et pour exécuter ce mien testament je nomme Messieurs les Administrateurs dudit Hostel Dieu, et je supplie très humblement Monsieur le Premier Président d'avoir la bonté d'y tenir la main, et de ordonner que toutes les prieres dont l'hospital ce peut charger a perpétuité soient faites pour Monsieur Chahu et pour moy, et que tous les pauvres prient Dieu pour nous.

Je revoque tous les testamens que je pourrois avoir faits auparavant celuy cy que je veux et ordonne estre seul exécuté.

Faict à Paris ce premier jour du mois de septembre mil six cens soixante seize, ainsy signé Christine Chrestienne de Heurles.

Et sur l'enveloppe dudit testament, qui est cachetée de six cachets en cire noire, est escrit.

Aujourd'huy est comparu par devant les conseillers notaires, garde notes du Roy a Paris soubz signez, dame Christine Chrestienne de Heurles, dame de Passy, veuve de messire Claude Chahu, seigneur dudit Passy, conseiller du Roy en ses conseils et tresorier général de France à Paris, y demeurante, rue Neuve Saint Honoré, parroisse Saint Roch, laquelle a dit et déclaré que dans le present paquet cacheté de six cachets est enfermé son testament, qu'elle veult estre exécuté selon sa forme et teneur dont elle a requis acte ausdits notaires, qui luy ont octroyé le present en l'estude de Bechet l'un d'iceux, l'an mil six cens soixante dix neuf le vingt trois aoust.

Au nom du Père, du Fils et du Saint Esprit, je confirme le testament que j'ay fait le premier jour du mois de septembre mil six cens soixante seize, lequel je veux et ordonne estre exécuté de point en point selon sa forme et teneur, j'adjoute ce present codicile que je veux qu'il soit executé comme mon testament.

Premièrement je donne a Mademoiselle de Noailles,

fille aisnée de Monsieur le duc de Noailles, la somme de quarante mil livres que je la prie d'avoir agréable pour luy avoir un colier de perles ou ce qu'il luy plaira.

Je veux et ordonne qu'il soit donné au réverend pere Le Brun tous les ans de sa vie la somme de trois mil livres, qui seront pris sur le legs universel.

Je donne à M. d'Estrechy six mil livres.

Je donne a Madame Pereault, religieuse, mil livres.

Je donne à Mademoiselle Lecointe deux mil livres.

Je donne à Ambroise Chemineau quatre mil livres.

Je donne à Fromentel quatre mil livres, s'il est encore à moy a mon deceds.

Je donne à Fontaine, ma femme de chambre, quatre mil livres, sy elle est encore a moy à mon deceds.

Je donne à Ligné ma femme de chambre quatre mil livres, sy elle est encore à moy a mon deceds.

Je donne a la veuve Barbier, ma cuisinière, mil livres, sy elle est a moy a mon deceds.

Je donne a mon cocher huit cens livres.

Je donne a chacun de mes laquais cinq cens livres pour leur faire apprendre un mestier.

Je donne a Jean Denis et a sa femme Christine Tache trois mil livres s'ils sont encore a mon service a ma maison de Passy a mon deceds et je veux que les trois mil livres demeurent au dernier vivant.

Je donne a mon garcon jardinier de Passy deux cens livres.

Je donne de mesme à la servante de ma maison de Passy deux cens livres.

Je veux que ce soit des cordeliers du grand couvent qui portent mon corps jusques a ma sepulture, et j'ordonne qu'il leur soit donné pour eux chacun dix escus pour avoir leurs besoins.

Je donne deux mil quatre cens livres pour marier douze filles des plus pauvres de ma paroisse.

Je donne deux mil quatre cens livres pour faire aprendre mestier a douze pauvres filles de ma paroisse, le tout du choix des dames de charité.

Faict a Paris le premier jour du mois de septembre de l'année mil six cent quatre vingt un.

Aujourd'huy est comparu par devant les conseillers notaires, garde notes du Roy a Paris soubzsignez dame Christine Chrestienne de Heurles, dame de Passy, veuve de messire Claude Chahu, tresorier général de France à Paris, y demeurante rue Neuve Sainct Honoré, gisante au lit, malade de corps, saine toutesfois d'esprit, ainsy qu'il est apparu ausdits notaires, laquelle a déclaré et reconnu que dans ce paquet est un codicille qu'elle a escrit et signé de sa main, et qu'elle veult estre executé ainsy que son testament selon leur forme et teneur, dont elle a requis acte ausdits notaires qui luy ont octroyé le present en la maison de ladite dame, en la premiere chambre du grand corps de logis où elle est malade, ayant veue sur le jardin.

Extraits de l'Inventaire après décès de Madame Chahu, dame de Passy.

1683.

L'an mil six cens quatre vingt trois, le jeudy vingt cinquiesme jour de novembre du matin et autres jours suivants, a la requeste de Messieurs les gouverneurs maistres et administrateurs de l'Hostel Dieu de Paris, executeurs du testament et codicil olographes de deffuncte dame Christine Chrestienne de Heurles, au jour de son deceds veuve de messire Claude Chahu, seigneur de Passy, tresorier de France a Paris, en datte des premier et huictiesme septembre mil six cens soixante seize et premier septembre mil six cens quatre vingt un, plus a la requeste et presence de dame Marie de Heurles, veuve en dernières nopces de deffunt messire Francois Morice, vivant conseiller du Roy et trésorier général de tous les domaines de France, et auparavant veuve de Simon Coupeau, escuyer, seigneur du Gué, greffier en chef de la chambre des comptes à Paris, y demeurante, rüe du Four, parroisse Saint Eustache, habille a se dire et porter heritiere de ladicte deffuncte dame Chahu, sa cousine, comme aussy en la présence de messire Jean Armand de Ryant, chevalier, seigneur de la Galesiere et de Villeray, procureur de Sa Majesté au Chastelet de Paris, pris et appellé pour l'absence des autres habils a se dire et porter heritiers de ladicte deffuncte dame Chahu, fut et a esté faict par Denis Bechet et Jean Chuppin, notaires au Chastelet de Paris, soussignez, bon et fidel inventaire et description de tous et chacuns les biens meubles, deniers comptans, tiltres et papiers de la succession de ladicte dame Chahu, demeurez apres son deceds arrivé le dix neufiesme jour dudict present mois de novembre en la maison où elle demeuroit seize a Paris rüe Neuve Saint Honnoré..............................

Item une chaise a porteurs de bois noircy, garny de ses vitres et bastons, prisée xx livres.

Item six pièces de la tapisserye de haulte lisse a personnages, representans l'histoire de Diane, prisé xv cens livres.

Item un tour de lit de damas bleu a fond noir, contenant les rideaux, pantes, bonnes graces, cantonniers, dosier et fond et courte pointe, quatre housses de fauteuil de pareil damas... vi cens livres.

Item un cabinet de bois de noyer plaqué, a ramages et oiseaux, contenant douze tiroirs et trois volets, prisé cent livres.

Item trois chevaux de carrosse sous poil noir, ayans crain, queue et oreilles, agez d'environ six ans, prisez ensemble la somme de mil livres.

Item un grand carrosse a deux fonds, doublé de velours a ramages, garny de deux glaces, deux coussins et deux rideaux, monté sur son train a quatre roues, estimé la somme de iii cens livres.

Item une lampe d'argent a esprit de vin, servant au caffé, prisé xviii livres.

Item un crucifix d'ivoire posé sur velours a bordure de bois, cicelé et sculté, prisé xx livres.

Item dans le cabinet de ladicte deffuncte dame Chahu, un coffre fort de bois de chesne, garny de sa serrure, fermant a clef, avec plaques et bandes de fer par dedans, prisé xx livres.

Dans lequel coffre fort se sont trouvez les deniers complans qui en suivent:

Scavoir, unze sacs contenant en louis d'or de unze livres la somme de soixante mil six cens soixante dix livres.

Item cinq sacs ou s'est trouvée en louis d'argent de soixante solz la somme de 3,498 livres.

Ensuit la vaisselle d'argent estant dans ledit office, en la garde dudit Fromentel, et par luy representee par la prisée.

Scavoir trois grands plats, dix assiettes creuses, etc., le tout s'est trouvé monter a la somme de 7,042 livres.

Dans la maison seigneurialle de Passy.

Une tenture de tapisserie de verdure de Flandres, contenant six pieces, prisée cinq cens livres.

Item une grande couche à hauts pilliers, prisée cent cinquante livres.

Item dans un bas d'armoire s'est trouvé la quantité de xliii marcs d'argenterie, revenant à la somme de xi cens lxiiii livres.

Item plusieurs morceaux de bois de charpente servant a composer un reposoir, prisé x livres.

Documents relatifs à la seigneurie de Passy.

xvii° siècle.

Acquisition par voie d'échange par Claude Chahu de la terre et seigneurie de Passy (1658).

Par devant les notaires, gardenottes du Roy nostre sire en son Chastellet de Paris, soubzsignez, furent presens messire Louis de Hangest, chevalier, seigneur et vicomte d'Argenlieu, mareschal des camps et armees du Roy, et dame Marie Lalemant, son espouze, de luy aucthorisée à l'effect des presentes, demeurant a Sainct Germain des Prez lès Paris, rue du Petit Bourbon, parroisse Sainct Sulpice, d'une part, Messire Claude Chahu, conseiller du Roy, en ses conseils d'Estat et privé, trésorier général de France a Paris, et dame Cristine Crestienne de Heurles son espouze, aussy de luy aucthorizée a l'effect qui en suit, demeurans audict Saint Germain des Prez, sur le quay Malacquest, susdicte parroisse, d'autre part, lesquelles parties vollontairement recogneurent et confesserent avoir faict et font ensemble de bonne foy les eschanges, cessions, transports et dellaissemens qui en suivent.

C'est assavoir lesdicts sieurs vicomte d'Argenlieu et dame son espouze avoir ceddé, transporté et dellaissé par ces presentes ausdicts sieur et dame Chahu, ce acceptans pour eulx, leurs hoirs et ayans cause a l'advenir *la terre et seigneurie de Passy* seize en la parroisse d'Autheuil pres Paris, se concistant en maison seigneurialle, coulombier a pied, pressoir, cuvages et ustancilles destinez pour ledict pressoir, un petit jardin et un grand jardin clos de murs, contenans douze arpens ou environ, justice haulte, moyenne et basse, soixante livres ou environ de menus cens et rentes tant en deniers, poulles et chappons que grains, quinze arpens ou environ de prez en plusieurs pieces seizes au terroir dudict Passy, quatre arpens ou environ de vigne aussy en plusieurs pieces, scizes audict terroir, deux arpens de terre labourable, au dessous desquelles sont des carrieres non fouillees en deux pieces seizes au mesme terroir, et generallement toutes les rentes foncieres de bail d'heritage, maisons et domaines qui appartiennent ausdicts sieur et dame d'Argenlieu audict village et terroir de Passy et ès environs, sans aucune chose en excepter, reserver ny retenir.

Item le fief de Sainct Paul, scitué audict Passy, concistant en moyenne et basse justice, censive, quatre arpens de pré en une piece scize vers Autheuil, deux arpens d'autres prez aussy en une piece, attenant les prez de la seigneurie de Passy, cy devant declarez, ensemble le droict de passage sur la rivière de Seyne, pour passer du port de Nigeon au port de Grenelle, et generallement tous autres biens et domaynes deppendans dudict fief de Sainct Paul, sans aucune reserve, le tout appartenant ausdicts sieur et dame d'Argenlieu, du propre de ladicte dame, ladicte terre et seigneurie de Passy tenue et mouvante du Roy en plein fief, à cause de son Chastellet de Paris, et ledict fief de Sainct Paul relevant aussy en plein fief des sieur et dame de la terre et seigneurie de Garges, sans aucunes charges, debtes, hipotecques ne redevances quelconques, et pour et en contre eschange de ce, lesdits sieur et dame Chahu ont pareillement ceddé, transporté et dellaissé ausdits sieur et dame d'Argenlieu, ce acceptans, *deux mille neuf cens livres de rente*, scavoir deux mil livres deubs, vendus, crées et constitués audict sieur Chahu par messire Nicolas Jeannin de Castille, trésorier de l'Espargne, racheptables de la somme de trente six mille livres, et neuf cens livres a prendre en trois mil livres venduz et constituez par M° Jean Archambault, bourgeois de Paris, au proffict de noble homme maistre Claude de Martinet, receveur et payeur des gaiges de

Messieurs de la Cour de Parlement, racheptables à raison du denier vingt, lesdictes trois mil livres de rente appartenant de present audict sieur Chahu, au moyen du transport qui luy en a esté faict par eschange par ledict sieur Martinet contre la terre et seigneurie de Varastre, par contract passé par devant de Beaufort et Ricordeau, notaires, le quinziesme may mil six cens cinquante cinq, pour de tout ce que dessus eschangé jouir, faire et disposer par lesdictes parties respectivement, a commancer ladicte jouissance, scavoir a l'esgard desdictes terres et seigneurie de Passy, fief de Sainct Paul et leurs deppendances, du jour de sainct Martin d'hiver dernier, et a l'esgard desdictes deux mil neuf cens livres de rentes de ce jourd'huy.................................

Faict et passé en la maison desdicts sieur et dame d'Argenlieu, l'an mil six cens cinquante huict *le seiziesme jour* de febvrier après midy.

Faits sur lesquels Monsieur le Procureur général de la Chambre des Comptes requiert Monsieur Claude Chahu, tresorier de France à Paris, et dame Christine Chrestienne de Heurles, son espouse, estre ouys et interrogez par devant Monsieur Lescuyer, conseiller es conseil du Roy et maistre ordinaire en sa Chambre des Comptes, commissaire en cette partie.

Premièrement.

Sy la vérité, est pas que ledit sieur Chahu estant convenu avec le sieur et dame d'Argenlieu du prix du fief de Passy et des autres heritages mentionnez au contract du xvi° febvrier 1658, il fut conclud entr'eux que lesdits sieur et dame Chahu en payeroient le prix aux créanciers desdits sieur et dame d'Argenlieu.

Sy en consequence de la dicte acquisition il est pas vray que lesdits sieur et dame Chahu ont payez aux créanciers desdicts sieur et dame d'Argenlieu le prix convenu pour ledict fief de Passy et autres heritages et en ont tiré des quittances et descharge a leur profit pour sûreté de leur acquisition.

S'il est pas vray que ledit sieur Chahu est encore proprietaire des rentes mentionnees audit contract d'eschange, et que lesdits sieur et dame d'Argenlieu n'en ont jamais jouy.

Sy la vérité est pas *que ledit contract d'eschange n'a esté fait que pour se descharger des droitz féodaux* et qu'outre iceluy il y avoit des conventions escriptes, par lesquelles ledict sieur Chahu s'estoit obligé de retirer dedans un temps ledict contract de constitutions.

Sy lesdits sieur et dame Chahu se soubmettent a la commise du fief de Passy en cas que la preuve de la fraude dudict contract d'eschange soit approuvee et advérée, ou s'ilz ayment mieux payer le droit de quint denier deubt par la coustume.

Sy les faits cy dessus sont pas véritables.

Vente par l'Hôtel Dieu de la terre et seigneurie de Passy.

1684.

Par devant les notaires, gardenottes du Roy au Chastelet de Paris soussignez furent presens Messieurs les gouverneurs, maistres et administrateurs de l'Hostel Dieu de Paris, executeurs du testament et codiciles olographes de defunte dame Christine Chrestienne de Heurles, dame de Passy, au jour de son deceds veuve de messire Claude Chahu, vivant seigneur dudit Passy, tresorier de France au bureau des Finances en la généralité de Paris, en datte des premier et huit septembre 1676 et premier septembre 1681, et encores ledit Hostel Dieu, legataire universel de tous les biens de ladicte dame Chahu, disans lesdits sieurs administrateurs qu'entre les biens et effects de la succession de ladicte dame Chahu escheus audict Hostel Dieu par l'effet et benefice dudict legs universel est la terre, fief et seigneurie de Passy près Paris, située sur le bord de la rivière de Seyne, consistant en maison seigneurialle sur le bout du village dudit Passy, tirant vers Auteuil, apliquée a divers bâtimens, coulombier à pied, cours et autres dépendances, pressoir, cuvages et autres ustancils servans audict pressoir, jardins clos de murs, terres labourables, vignes et prez en sainfoin et bas prez en plusieurs pieces scituees audit Passy, terroir d'icelluy et ès environs, droicts honorifiques dans l'eglize paroissialle dudit Passy, droits de nommination, fondations, et de chapelle en ladite eglize, droicts de haute, moyenne et basse justice et de censive, portant droicts de lots et ventes, saisine et amende sur tous les biens et heritages de l'étendue de ladicte seigneurie, moulin à vent, carrières, rentes seigneurialles, foncières et de baux a rentes; item le fief de Saint Paul, scitué audict Passy, consistant en moyenne et basse justice, censives, prez et autres domaines et dépendances dudict fief, y compris la rente de 300 livres par an deüe audit fief par l'abbaye de Sainct Germain des Prez au lieu du droict de passage sur ladicte rivière de Seine, du port de Nigeon au port de Grenelle; item le droit d'eschange de ladite terre et seigneurie de Passy et fief de Saint Paul, procedans tant des acquisitions que ledit deffunct sieur Chahu avoit faites pendant la communauté d'entre luy et ladite dame Chahu, de messire Louis de Hangest, chevalier, seigneur et vicomte d'Argenlieu, et dame Marie Lallement son espouze, par contract du 16 février 1658, laquelle terre et seigneurie de Passy avec ledit fief de Saint Paul et toutes leurs mouvances, circonstances et deppendances, de present apartenans audit Hostel Dieu, comme legataire universel de ladite deffunte dame Chahu, lesdits sieurs administrateurs audit nom auroient exposé en vente depuis le deceds de ladicte dame Chahu, pour estre vendue au mesme estat et disposition, aux mesmes charges et conditions que le tout apartenoit et pouvoit apartenir a ladicte dame Chahu au jour de son deceds, *comme un bien qui n'est pas commode audit Hostel Dieu, et que lesdits sieurs administrateurs n'ont pas jugé à propos de garder*, et aussy pour payer et executer, acquiter ce qui reste deub et a executer des legs particuliers et ordonnances contenus es testament et codiciles de ladicte dame Chahu, et reprendre par le moyen de ladite vente les deniers que lesdicts sieurs administrateurs ont avancez pour ladicte exécution testamentaire, ne l'ayant fait que pour éviter les frais des poursuittes que les légataires pouvoient faire pour le payement de leurs legs, et pour parvenir a ladite vente, auroit esté par l'ordre desdits sieurs administrateurs proceddé à l'apposition de plusieurs billets, placcards, et affiches en divers lieux et endroits pour le faire scavoir, contenans que ladite terre estoit à vendre au plus offrant et dernier enchérisseur, à l'amiable toutes fois, sans formalité de justice, à ce que ceux qui seroient en volonté d'acquérir, s'adressassent ausdits sieurs administrateurs, au bureau général dudit Hostel Dieu, scis au parvis Nostre Dame, ou effectivement il s'est présenté quelques personnes qui ont fait leurs offres et enchères, mais ne s'estant point trouvé personne qui ait enchéry au dessus de la somme de soixante mil livres comptant, a jouir du jour saint Martin d'hiver dernier, et qui ait offert une condition meilleure, lesdits sieurs administrateurs auroient resolu de recevoir et accepter les propositions, offres et enchères de la personne qui les a faites, comme les estimans utiles et avantageuses audit Hostel Dieu, c'est pourquoy et en vertu de l'arrest de nos seigneurs de la cour de Parlement, en datte du 31 juillet dernier, par lequel, sur la requeste presentee a la cour par lesdits sieurs administrateurs audit nom, expositive de ce que dessus, lesdits administrateurs volontairement ont reconnu et confessé avoir pour et au nom dudit Hostel Dieu vendu, ceddé, quitté, transporté et délaissé par ces presentes, a messire Arnaud de la Briffe, chevalier, conseiller du Roy en ses conseils, et d'honneur en sa cour de Parlement et autres cours souveraines de France, maistre des requestes ordinaire de son hostel et president en son grand conseil, demeurant à Paris, rüe Saint Martin, parroisse Saint Nicolas des Champs, a ce present et acceptant, la terre et seigneurie de Passy, maison seigneurialle, coulombier à pied, cours et bastimens en dependant............... item ledit fief de Saint Paul, concistant en droict de moyenne et basse justice, y compris ladite rente de trois cens livres par an deüe audit fief par ladite abbaye Saint Germain des Prés, au lieu du droit de passage sur la riviere de Seyne, du port de Nigeon au port de Grenelle, *déclarant lesdits sieurs administrateurs qu'il a esté nouvellement pris quelques portions de terres ou prez pour le nouveau chemin, au long de la riviere de Seine conduisant au pont de Sèvre;* cette vente ainsy faite moyennant le prix et somme de soixante mil livres, scavoir cinquante mil livres pour ladite terre et seigneurie de Passy, et dix mil livres pour le fief de Saint Paul, revenans lesdites deux sommes a la première de soixante mil livres, que ledit sieur acquereur a presentement baillee et payée aux sieurs administrateurs, entre les mains de Mᵉ Henry Herlau, receveur général dudit Hostel Dieu, qui reconnoist et confesse avoir eu et receu dudit sieur acquéreur ladite somme de soixante mil livres.

Fait et passé à Paris au Bureau de l'Hostel Dieu, le quatrieme jour d'aoust l'an mil six cens quatre vingt quatre avant midy. Signé Sainfray et Chuppin.

Construction de l'église de Passy. — *État de la dépense (vers 1657).*

Estat de la despence faicte pour l'église de Passy et pour les ornemens qui y ont esté donnez.

Maçonnerie et couverture, 6,500 livres; — charpenterie, 2,530 ᵗᵗ; — menuiserie, 1,350 livres; — serrurerie, 1,500 ᵗᵗ; — vitrerie, 142 livres 10 sols; — plomb, 350 ᵗᵗ; — argenterie, 651 ᵗᵗ 10 sols; — carreau, 312 ᵗᵗ; — les ouvrages de cuivre, 103 ᵗᵗ 10 sols; — la cloche, 300 ᵗᵗ; — luminaire, 86 ᵗᵗ 4 sols; — ornemens au sieur de Mouhere, 907 ᵗᵗ; — despence d'un mémoire, 1,659 ᵗᵗ 19 sols. ⸺ Somme totalle, 16,492 livres 13 sols. Et pour la fondation, 3,000 livres. — Peinture de l'autel, 210 livres. — Une lampe d'argent, 102 livres.

Marché pour la vitrerie de l'église de Passy.

(1657).

Nous soubzsignez, Claude Chahu, trésorier général de France a Paris et Robert Le Prince, maistre vitrier à Paris, y demeurant, rüe Saint Honoré près Saint Roch, avons faict et faisons les marché et accord qui en suivent, c'est a scavoir que moy Le Prince promets et m'oblige de faire et fournir audict sieur Chahu tous les ouvrages de vitrerie, en panneaux de plomb, qu'il conviendra faire aux bastimens de l'eglise et sacristie que ledict sieur Chahu faict construire de neuf au village de Passy, et ce moyennant le prix et somme de sept solz pour chasque pied en quarré de vitres en plomb, le tout de bon verre de France, bien blanc et bien net, loyal et marchand, en de bon plomb tout du plus fort, ledict ouvrage subiect a visitation par expert et gens a ce connoissans, et promects audict sieur Chahu de travailler incessamment ausdicts ouvrages de vitrerie et de les rendre faicts et parfaicts à la fin du mois d'apvril de la présente année, et moy sieur Chahu promets audict Le Prince de luy payer le prix cy dessus de sept sols pour chasque pied en quarré de panneaux en plomb, au fur et a mesure que lesdicts ouvrages s'advanceront, en foy de quoy nous avons signé le présent double à Paris ce neuf mars mil six cens cinquante sept. Signé Chahu. — Robert Le Prince.

Inventaire de la récolte des vins de Passy.

(1682.)

Jean le Bert, 3 muids. — La veuve Jean Noblet, 24 muids. — Philippes Noblet, 16 muids. — Thomas Bourget, 24 muids. — Nicolas Moriset, 25 muids, etc. Le total indiqué au bas de cette liste est de 606 muids pour la récolte de cette année 1682.

Correspondance du duc, de la duchesse de Noailles et de divers avec Madame Chahu.

(1682.-1683.)

Le 6ème janvier 1682.

Je vous suis bien obligée, ma tres chère menine du beau présent que vous mavez fait, je vous en remersie tres humblement, je vous demende la continuation de vostre amitiée dans cette annee, pour la mienne ma chere menine elle vous est aquise pour toute ma vie, ma mere a pris medesine par precotion, car elle se porte fort bien, est s'abille souvent, fait sa cour a merveille, vous ne sauriez croire comme sa taille est jolie, mes freres vous embrace et moy ma chere menine de tout mon cœur, j'ay bien de l'impaience de vous voir et vous assurer moy mesme que je suis vostre tres humble servante. — Marie de Noailles.

Je vous rend mille graces, Madame, de la bonté que vous avez de vouloir bien prendre un peu de soing de mes enfans, ie contois bien que vous voudriez bien prendre cest peine la et cela me metoit en repos, ie n'ay receu que deux lettres de M. de Noailles de Monpelier, dont la seconde cest ce matin que je l'ay reseu, ma fille vous a mendé de ces nouvelles de ma premiere lettre, celle d'aujourd'huy sont tres bonne, il est en parfaite senté dieu mersi, il a esté tres bien receu de tout le monde [1]. il a desja fait une de ses arangue, il en a encore deus a faire. J'espère fort qu'il en sortira aussi bien qu'il a fait de la premiere, je croyois que d'Estrechy vous menderoit toutes les nouvelles de la cour, car sans cela ie vous aurois envoyez les lettres que Delor ma escrite, ie lay ay envoyez a mon pere, vous aurez les premier, il ne me porte pas trop bien, ie languis toutes a fait depuis ma fluction.

Adieu Madame, je vous prie d'estre bien persuadé que j'ay pour vous toutes la reconnoissance et toute l'amitié que ie dois. Signé la duchesse de Noailles.

Pour Madame Chahu.

Ce 24 septembre 1683.

Jemploie, Madame, les premiers momens que j'aye pour vous escrire et vous remercier de vos bontés, le mestier dont je me charge et la maladie de Monsieur Colbert, qui avoit retardé beaucoup d'affaires m'accableat. Il ne fault pas manquer de courage et faire son devoir. Aimés moy toujours et me croiés plus que personne au monde, Madame, vostre tres humble et tres obeissant serviteur. Le Pelletier [1].

Ce 10e septembre 83 à Provins.

Vous jugerés bien, Madame, que la nouvelle qu'il vous a plu de me mander que Sa Majesté avoit choisy Monsieur le Président Pelletier pour la conduite des finances m'a causé une extreme joye, et que je dois m'interesser avec tous les gens de bien d'un choix sy avantageux pour l'Estat.

Mais jen ay encore une autre raison bien pressante par la connoissance que j'ay qu'il scait vous honorer comme on le doit, et l'alliance qui est entre vous. *La justice, la guerre et les finances sont presentement entre les mains de toute votre parentée*, et certes sy les finances se gouvernent de la meme maniere que la justice l'a été depuis que Monsieur le chancellier est chancellier, les peuples auront de grands sujets de benir le regne, et le Roy l'aura aussi en toute maniere d'estre satisfait si la guerre luy est aussy glorieuse qu'elle luy a été depuis son regne.

S'il se rencontroit que vous vissiés Monsieur le Président Le Pelletier et que vouliés bien luy tesmoigner la part que je prends a son elevation, vous me feriés un extreme plaisir, quoy que je ne pretende plus rien, et il ne pourroit pas douter de ce que vous luy en diriés, parce qu'il scait que c'est vous a qui je confie les plus secretes pensées de mon cœur et que je vous les dis toujours dans la pure vérité.

Signé : Le duc de Bournonville. — Pour Madame Chahu, a l'hotel de Bournonville, rüe St Honnore à Paris.

A Fontainebleau ce 13e septembre 1683.

Jay receu les soyes ma chere menine que vous avez eu la bonté de m'envoyer, je vous en rend tres humbles graces, ie les ay envoyee a Mademoiselle de Nante qui les trouvera ie croy fort bien, elle mon paru comme

---

[1] Le duc Anne Jules de Noailles venait de recevoir le commandement du Languedoc.

[1] Claude Le Peletier qui venait de succéder à Colbert en qualité de surintendant des finances.

cela, ma mere a ordonné à Mignonne de mender à M. de Guedeville dachever de donner les dix escus a la nourrisse de ma sœur de Mouchy, mon pere et ma mère vous font leurs complimens, ie leus et fais les vostres, y vous remersie tres humblement du soin que vous avez de toutte la famille, mon pere compte de partir lundy pour Montpellier et d'aller mercredy a Ste Genevieve dire a Dieu à ma grand mère, ie vous donne le bon soir tres humblement et suis ma chere menine toute a vous.

Signé Marie de Noailles.

A Fontainebleau, ce premier octobre.

Je suis trop lasse, Madame, pour vous pouvoir escrire de ma main, iai esté tout le iour chés Madame la Dauphine, et ce soir ic ne me porte pas trop bien, vous trouverés bon que ie me serve de celle de Marie Anne pour vous faire part des nouvelles que iay receüe de M. de Noailles, par un courier qu'il a envoyé exprets au Roy, *il arriva ieudy a Lion ou lon luy dist que les huguenots navoient point voulu recevoir lamnistie, et quils sestoient assamblés au nombre de trois milles et campés vis a vis le camp de M. de St Rut, qu'ils ravageoient tout le pays et faisoient des desordres orribles. Mr de Noailles crut que sa presance estoit necessaire pour appaiser tout cela, il sy en alla et on luy confirma la mesme chose a Tournon quand il fut arrivé au camp de M. de Ruht, on luy dist qu'il y avoit sinq ou six cens huguenots qui restoient postés assés avantageusement pour luy empescher le passage; il y envoya deux gentilshommes de leur religion pour les avertir de ce retirer, ces deux gentilshommes ne revinrent point, ils demeurerent toujours ou ils estoient, ils pousserent leur insolance sy loin qu'ils disoient des choses qu'on ne peut redire sans horreur. M. de Noailles iugea qu'il ne falloit pas souffrir cela et que lauthorité du Roy estoit trop commise, il alla a eux et les fist charger par les dragons, ce qu'ils soutinrent d'abord avec beaucoup de fermeté, mais ensuitte ils plierent et senfuirent, il en demeura cent sur la place et traise quon prist. M. de Noailles en a fait pandre douse, le traisiesme estoit un ieune garson catholique qu'ils avoient emmené par force, qui servit a pandre les autres, il y a eu sinq dragons de tués. M. le marquis de Castres qui estoit au costé de M. de Noailles a eu un cheval tué ou blessé sous luy, M. le comte de Ressé une balle dans la forme de son chapeau. Les malheureux qui ont esté pandus sont morts comme des desespérés, ils n'ont pas seulement voulu demander pardon au Roy d'avoir pris les armes, il y en a eu mesme qui ce mettoient la corde au cou; le reste sen est fuy dans des endroicts inaccessible qui sont auprès de Chalencon ou cela est arrivé, on ne peut les prandre la, mais ils y mourront de faim, il ny a pas un homme de calité dans leur party, ce ne sont que des paysants, aincy on croy que cela leur aura fait beaucoup de peur et en demeurera la.*

M. de Noailles me mande qui se portait fort bien et qu'il alloit partir pour sen aller a Montpellier, que tout estoit appaisé et qu'on ne voyoit plus parroistre personne, il madioute encore que ces gens la sont d'une sy grande insolence, que quoy quil let veu il a encore de la paine a le croire et qu'on ne sauroit imaginer iusquou cela va, iallé hier au soir chés le Roy, ne sachant rien de ce qui estoit arrivé, le Roy me demanda sy iavois eu des nouvelles de Mr de Noailles, et comme ie luy dis que non, il me tira dans un coin de la chambre et me dist que les uguenots luy avoient fermé le passage et lavoient attaqué, qu'ils les avoient battus, qu'il estoit tres contant de ce qu'il avoit fait et qu'il ce portait fort bien, que ie nen fussent point eu paine, cela me surprit beaucoup, mais les dernieres parolle du Roy me rassurerent, apres luy avoir respondu, ie m'en alé dans mon appartement ou ie receus la lettre de Mr de Noailles, qui me remist entierement en y apprenant que tout estoit finy, ces sortes de choses me deplairoient fort sy elles arrivoient encore, vous voiés Madame quelle ne se passent point sans peril, et que Mr de Noailles est bien heureux d'en estre sorty heureusement, cela retardera l'ouverture des estats de quelques iours, iay bien de limpaciance de le savoir arrivé a Montpellier, ie vous supplie denvoyer ma lettre a Mr de Gaignieres quand vous l'orés lue et de me croire autant à vous que ie suis[1].

A Montpellier, le 12 d'octobre.

J'ay receu Madame la lettre que vous m'avez fait l'honneur de m'escrire du trois de ce mois, par laquelle j'ay esté bien aise d'aprendre de vos nouvelles, je vous suis tres obligé de la part que vous me tesmoignez prendre a tout ce qui m'arrive, je n'en suis pas surpris estant aussy persuadé que je le suis de vostre amitié, et dont je reçois si souvent des témoignages.

Je vous prie de croire que je rechercheray tousjours avec beaucoup de plaisir les occasions de vous donner des marques de la mienne et de l'estime particulière avec laquelle je suis très sincerement à vous. Je vous remercie de la bonté que vous avez pour ma petite famille et de m'en mander des nouvelles, vous voulez bien que je vous la recommande et que je vous asseure que l'on ne peut vous honnorer et vous aymer plus tendrement que je fais. Je vous fais mes excuses de n'avoir pu vous escrire de ma main, je suis accablé d'affaires et bien plus que l'annee passée. Signé le duc de Noailles.

A Villers Costrets, le 8e de mars.

J'ay receu Madame la lettre que vous m'avez fait l'honneur de m'escrire du 5 de ce mois par laquelle jay esté

---

[1] Cette lettre de la duchesse de Noailles n'est pas signée.

fasché d'apprendre que vostre affaire ne soit pas encore terminee, et que M. Desmaretz ne vous a pas encore fait donner vos descharges, mais comme M. de la Marre me mande quil fault pour cela je donne mon blanc seing de pareille somme, vous trouverez bon qu'au lieu de luy envoyer directement, je vous l'adresse afin que vous preniez la peine de le faire endosser par M. Chemineau, de la somme a laquelle vous avez esté condamnée par arrest du Conseil, apres cela vous le remetterez a M. de la Marre, a qui je mande de faire tout ce qu'il faudra pour vous sortir de cette affaire. Je vous prie d'estre bien persuadee de la part sincère et veritable que je prens a tout ce qui vous regarde et que ne perdray jamais d'occacion de vous le tesmoigner, non plus que de vous donner des marques de l'amitié et de l'estime particulière que j'ay pour vous, je vous recommande mes enfans et vous prie de leur continuer vos soins; Madame de Noailles est partie ce matin pour aller accomplir son vœu a Nostre Dame de Liesse. Je suis entièrement a vous et de bon cœur, je vous asseure. Signé le duc de Noailles

LEGS UNIVERSEL CHÂTILLON (JOULET DE).

(1627[1].)

Testament de l'abbé François Joulet de Châtillon.

11 novembre 1625.

I

† Au nom du Pere, du Fiz et du St Esprit, au jour d'huy 11 [onze] de novembre jour de St Martin 1625, je soubsigne, par la grace de Dieu, sain de corps et d'esprit, fay mon testament, (duquel je supplye Messieurs du Jour et Biterne d'estre executeurs) en la maniere quy s'ensuyt :

Je veux que mon corps, sans estre ouvert, soyt mis dans la cave et tombeau que les venerables Peres Chartreux de ceste ville ont permis a feu mon frere et a moy de faire accomoder dans leur petit cloistre, des l'an mil six centz dix.

Je donne mil livres a l'ouvre de St Andre, si je decede en la paroisse du dict Saint, sinon a la paroisse ou je decederay.

Je donne a St Louys de la maison professe des Jesuytes toutz mes livres, ornementz d'eglize et chapelle d'argent.

Je donne a ma cousine Germaine Genevieve de la Coste, veufve d'un nommé Dieudonne, tout les heritages que j'ay es environs de Rosny pres de Mante, pour ayder a marier sa fille.

Je donne a mon cocher mon carosse et mes chevaux, et autant de cent livres qu'il m'aura servy d'annees.

Je donne a Pilippe Cuisset toutz mes habitz et linge, et outre cent escuz s'il est mon domestique lors que je decederé.

Je donne a ma servante de cuisine toutz mes meubles de cuisine et vaisselle d'estain, et cent escutz.

Je donne a François Labbe, s'il est mon domestique[2] quand je decederay, deux centz escutz.

Je donne a Messieurs du Jour et Biterne, chascun trois milles livres a la charge qu'ilz poursuivent toutz mes proces et les feront vuider.

Toutes les charges cy dessus estant acquitees, sur l'argent contant quy se trouvera ches moy, ou qui me sera deu de mes benefices, rentes et greffes, *le reste je le donne a l'Hostel Dieu avec tous les sortz principaux des*

---

[1] Les pièces du legs Joulet de Châtillon ont une importance toute particulière pour l'histoire de notre ancien hospice des Incurables.
L'abbé Joulet, aumônier et prédicateur de Henri IV, est, très vraisemblablement, le premier qui ait conçu le projet de fonder un hospice pour les Incurables. Son testament, qui manquait dans nos cartons, mais dont j'ai retrouvé la minute dans les archives de maître Harly-Perraud, notaire à Paris, lui assure à cet égard des droits antérieurs à ceux du cardinal de La Rochefoucauld et de Marguerite Le Bret.
Il paraît difficile de déterminer bien rigoureusement, en livres, sous et deniers, la valeur réelle du legs fait par l'abbé Joulet; j'espère toutefois qu'une étude approfondie des documents me fournira assez d'éléments d'information pour me permettre de formuler cette conclusion :
L'abbé Joulet de Châtillon eut le premier la pensée de fonder un hospice des Incurables, et les sommes qu'il légua dans ce but à l'Hôtel-Dieu de Paris ne sont guères moins importantes que celles données dans le même but par le cardinal de La Rochefoucauld, par le contrat de novembre 1634. Joulet de Châtillon doit donc désormais prendre, à côté de La Rochefoucauld, et *peut-être avant lui*, comme véritable fondateur des Incurables, une place qu'il n'a point occupée jusqu'ici.
Tel sera l'objet d'une notice historique que je publierai prochainement sur Joulet de Châtillon.   L. B.

[2] Au bas de cette première page du testament, on lit :

François Joulet (signature autographe).

Paraphe par nous lieutenant particulier, ce 30 septembre 1627.
Ferrand.

rentes sur la ville ou particuliers, greffes et gages, pour commancer un hospital de maladies incurables.

Faict a Paris, le jour, mois et an que dessus.

JOULET CHASTILLON.

Paraphe par nous lieutenant particulier, faict ce 30 septembre 1627.

FERRAND.

II

Nota qu'il est icy enclos et cachette de cire dans une boiste de fer blanc la couverture dans laquelle s'est trouvee enclos et cachettée de cire le testament orographe fet par feu M" François Joulet, vivant escuyer s' de Chastillon, cons", aulmonnier et predicateur ordinaire du Roy, datte du xI° novembre 1625, par M' Ferrand, lieutenant particulier du Chastelet de Paris, lors que ledit s' lieutenant en a fet luy mesme l'ouverture et lecture aux parties ce requerantes en son hostel, apres qui luy auroit este a ceste fin representé le xxx° septembre 1627, par M" Medard Biterne, procureur audit Chastellet, et l'un des executeurs d'icelluy qui l'avoit en ses mains, laquelle couverture dudit testament a este mise dans ladite boiste pour la conserver le mieux qu'il sera possible et ledit cachet et armes qui y sont empraintes, que ledit Biterne auroit certiffié ledit sieur lieutenant estre celles dudit deffunt en faisant laditte ouverture, comme il est parle par le proces verbal du s' commissaire Chaufourneau dudit jour, lequel testament auroit este a l'instant mis es mains de Tronson, not" audit Chastelet, par ledit s' lieutenant pour icelluy garder pour minutte et en delivrer expeditions; ensemble luy auroit mis es mains laditte couverture dudit testament, en l'estat qu'elle est pour la aussy garder; c'est pourquoi ledit Tronson a mis icelle ditte couverture dans laditte boiste et cachetté icelle de deux cachetz de peur que l'on n'y touche et fit escripre la presente etiquette pour a ce que a l'advenir ceux qui pouront avoir sa pratique n'en pretendent cause d'ignorance et qu'ilz aient a s'en charger comme de sa pratique, et a icellui Tronson attache laditte boiste audit testament et codicilles depuis fetz par ledit deffunct, pour estre estans ensemble plus facilement trouvez.

Tronson notere qui a cotte la presente esticquette pour se raporter a celle qui suict et dont est cotte ledit testament, cy II°/xx.

(Archives de M° Harly-Perraud, successeur de Tronson (1598-1657, carton de décembre 1625). — Pièce cotée II°/xx.

Proces verbal du scellé aposé en la maison de M. de Chastillon (François Joulet) par le commissaire Chaufourneau.

1627.

L'an mil six cens vingt sept, le mercredy jour sainct Michel vingt neufiesme jour de septembre, sur les dix a unze heures du soir, seroient venuz en lhostel de nous Jacques Chauffourneau, commissaire et examinateur de par le Roy nostre sire en son Chastellet de Paris, le cocher et palfrenier de messire François Joulet, sieur de Chastillon, et avec eux le clerc de maistre Medart Biterne, procureur audit Chastellet, par lesquels nous auroit esté dict que ledict sieur Joulet estoit decedé tout presentement, du moings estoit au dernier soupir quand ilz sont partiz pour nous venir de ce advertir, disant en oultre quil estoit necessaire que nous allassions promptement en ladicte maison, ce que veu et entendu de nous, sommes avec nostre clerc transportez en la maison dudict sieur Joulet, proche le pont Sainct Michel allant sur le quay des Augustins, ou serions entrez apres que l'ung desditz serviteurs, avec les clefz emportees qu'il avoit, en auroit faict ouverture, et estant sur la montee proche la premiere chambre, seroit venu vers nous ung aultre desditz serviteurs dudict sieur Joulet et en mesme temps ledict Biterne lesquelz nous auroient dict, que ledict sieur Joulet, qu'ilz avoient tenu pour mort, n'estoit encore passé, au moyen de quoy nous requirent avoir patience et nous tenir en ladicte maison jusques au decedz dudict sieur Joulet qui est a l'agonie, afin dempescher qu'il narive quelque desordre en ladicte maison, au prejudice de ceux qui y ont interest, inclinant auquel requisitoire serions demeurez en ladicte maison avec nostre dict clerc en bas, sans monter en haut ou ledict Joulet est mallade.

Sur les sept a huict hœures du matin et tendemain dernier jour desditz mois et an est venu en ladicte maison Jehan Deuredot, maistre tailleurs d'habitz a Paris, lequel nous a dict que sa mere apellee Genevief've de Jancey, veufve de feu Charles Dieudonné, vivant procureur au bailliage de Mante, et sa dicte belle mere demeurante de present a Paris rue des Fossés Sainct Germain, a la Thoison d'or, par lequel nous a esté dict que puisque nous sommes en ladicte maison ou il fauldra que nous aposions nostre sellé a la conservation des droictz de qui apartiendra, que nous y procedions exactement, comme il est accoustumé faire, et que sa dicte belle mere poura venir tantost en ladicte maison, et a declaré ne scavoir escrire ne signer, de ce faire interpellé, suivant l'ordonnance du Roy nostre sire.

Sur les huict a neuf heures du matin dudict jour dernier septembre est aussy venu en ladicte maison le sieur Le Camus, advocat au Conseil du Roy, par lequel nous auroit esté dict qu'il est presomptif heritier dudict sieur Joulet a cause de sa femme, nous remerciant du soing que jusques alors avons eu a la conservation des biens estans en ladicte maison et nous prioit de continuer jusques au decedz dudict sieur Joulet, puisqu'il est a l'agonie, et quapres son decedz aposions nostre scellé a la conservation des droictz de qui apartiendra, que pour reste hœure, il s'en alloit donner quelque ordre aux affaires de sa maison, a cause qu'il va rompre quelque petit voyage qu'il avoit desseing de faire et que par apres il reviendra et nous aydera a ce qui sera necessaire de faire, et que, quand il sera de retour s'il est besoing il signera.

Et advenu l'hœure de midy ledict sieur Joulet estant decedé, sommes montez en hault et estant en sa chambre, y avons a la conservation des droictz de qui appartiendra, et la presence de noble homme maistre Pierre Le Camus, advocat au grand Conseil, ou nom et comme mary de Mademoiselle Marye Paulmier, dame Genevielfve de Jancey, veufve de feu maistre Charles Dieudonné, noble homme maistre Philippes Cousturier, advocat en Parlement, faisant pour noble homme maistre Jehan Le Cousturier, conseiller du Roy et lieutenant general au bailliage de Mante. Ledict sieur Camus faisant aussi par le sieur Paulmier son beau frere, secrétaire du Roy.

Tous eux pretendans heritiers presomptifs dudict feu sieur Joulet et encores en la presence de noble homme Jehan Dormoy, chirurgien ordinaire du Roy, estant demeurant au logis dudit feu sieur de Chastillon, Francois Labbé, Philippes Cussot et Francois Bardot, René Garmoneau, Roch Berthelot, et Marie Bernard, serviteurs et servantes dudict deffunct, apposé nos sellez ainsy qu'il en suict.............................

Du premier jour d'octobre mil six cens vingt sept est comparu noble homme maistre Robert Desprez, advocat au Parlement et l'ung des gouverneurs et administrateurs de l'Hostel Dieu de ceste ville de Paris, assisté de maistre Anthoine Le Marier procureur audict Chastellet et procureur desdictz sieurs gouverneurs et administrateurs de l'Hostel Dieu de Paris, par lequel a esté dict qu'il s'opose oudict non a la levee du scellé a ce qu'il ne souffre aucun inventaire ou description de ce qui se trouvera soubz icelluy, quen la presence desdictz sieurs gouverneurs ou dudict Le Marier leur procureur, pour l'interrestz et pretensions qu'ilz ont et peuvent avoir en ladicte succession, et pour cest effect esleu dommicille en la maison dudict Le Marier, demeurant rue de la Tisseranderie paroisse Sainct Gervais.

Ausquels sieurs gouverneurs de l'Hostel Dieu, comparans comme dit est, aurions declaré que toute ceste accusdisnee les sieurs executeurs dudict testament, ensemble parties de ceux qui se pretendent heritiers dudict feu sieur Joulet, ont esté assemblez ensemble et nous auroient envoyé querir afin de veoir ce qui estoict a faire pour la levee desdictz sellez, mais qu'apres longues conférances et plusieurs difficultez et desbatures ne s'estoit rien resollu, sinon que demain huict hœures du matin y avoiet assignation en la maison ou est decedé ledict feu sieur de Chastillon, ou faire ce que de raison, a ce que lesditz sieurs gouverneurs comparans comme dit est eussent a sy trouver s'ilz veoyent bon estre, ce qu'ilz auroient promis faire.

Et le samedy huict hœures du matin second jour dudit mois d'octobre mil six cens vingt sept, l'assignation preste entre les parties cy apres nommees, sont comparuz par devant nous dict commissaire et examinateur en l'hostel ou ledict feu sieur Joulet est décedé.

Noble homme maistre Jacques du Jour, advocat en Parlement, et maistre Medart Biterne, procureur audict Chastellet de Paris, executeurs du testament dudict feu sieur Joulet, par lesquels nous a esté mis es mains la requeste et permission de Monsieur le lieutenant particullier en fin d'icelle, desquelles la teneur en suict :

«A Monsieur le lieutenant civil. — Supplient hum«blement Jacques du Jour, advocat en la cour de Parle«mont a Paris, et Medard Biterne, procureur au Chas«tellet de Paris, executeurs du testament de deffunct «messire Francois Joulet, vivant conseiller du Roy et «son aumônier ordinaire, disans que pour le deub de «leur charge et faire l'exercice d'icelle, il leur convient «faire faire inventaire de tous et chacuns les biens meu«bles, tiltres, papiers, demeurez apres le decedz dudict «deffunct, et pour ce faire est necessaire lever les scellez «apposez sur iceux par maistre Jacques Chauffourneau, «commissaire et examinateur audict Chastellet, et a ceste «fin avoir vostre ordonnance et permission, ce considéré, «mon dict sieur, attendu ce que dict est, il vous plaise «ordonner ledict sœllé estre levé par le commissaire qui «l'a aposé, inventaire et description faictes, le tout en «la maniere accoustumée, et vous ferez bien.»

Soit le sœllé levé et osté par le commissaire qui a icelluy apposé; ceux qui y ont interestz presens ou appellez, et en cas d'opposition, jour par devant nous. Faict ce premier octobre mil six cens vingt sept, ainsy signé Ferrand.

Denis de Pilliers, escuier, sieur du Parc et de Marcelin, a cause de Charlotte Joulet son espouze.

Raoul Coulon, escuier, sieur de Mecheron et de Lespinay, conseiller du Roy et secrétaire général au bailliage de Dreux, a cause de damoiselle Maguelone Joulet son espouze.

Maistre Estienne Chaillou, procureur du Roy au baillage de Dreux, comme procureur ayant charge de dame Maguelone de Jancey, sa mère.

Maistre Philippes Cousturier, advocat en Parlement, au non et comme soy faisant fort de maistre Jehan Le Cousturier, conseiller du Roy et lieutenant general au bailliage de Mante, et de maistre Pierre Fiacre Le Cousturier, advocat du Roy audict siege de Mante, et de maistre Christophe Servais, conseiller et esleu audict Mante, a cause de dame Jehanne Le Cousturier sa femme.

Les dessus dietz cousins germains et plus proches parens dudict deffunct sieur Joulet, et presomptifz heritiers, par lesquelz a esté protesté que ce qui a esté faict ne leur poura nuire ne prejudicier, et d'impugner et debatre le tout en temps et lieu, aussy les comparans qui ont esté et seront faictes par les dessus dietz et cy dessoubz nommez, ny a la prehension ou renonciation, a lheredité et au debat quilz entendent former contre les testamens et codicilles, desquelz on s'entend ayder a la presente procedure, declarant par eux que ce qu'ils souffrent l'inventaire et levee de scellé n'est que pour advencer les services et debvoirs deubz a la memoire du deffunct, l'empeschant formellement et s'opposant a toutes aultres executions du testament et codicilles, qu'ilz ont dict ne pouvoir rien congnoistre quant a present.

Damoiselle Marie Paulmier, femme de noble homme maistre Pierre Le Camus, advocat au grand conseil, assistee de maistre Charles Le Camus, conseiller et aulmonier de monseigneur le prince de Condé, ayant charge dudict sieur Le Camus, son pere.

Genevielve de Jancey, veufve de feu maistre Charles Dieudonné, vivant procureur à Mulan.

Noble homme maistre Robert Desprez, advocat en Parlement et l'ung de Messieurs les gouverneurs et administrateurs de l'Hostel Dieu de ceste ville de Paris, assisté de maistre Anthoine Le Marier, procureur desditz sieurs administrateurs, par lesquelz, apres avoir eu communicacion des testament et codicilles dudict deffunct et par iceux recongneu que ledict deffunct a faict ledict Hostel Dieu legataire universel de tous ses biens, apres ses legz accompliz, consentent qu'il soit presentement procedé a la recongnoissance des scellez par nous aposez et a l'inventaire de tous et chacuns les biens qui se trouveront soubz lesdietz scellez, et d'aultant que les presomptifz heritiers dudict deffunct cy-dessus comparans ont protesté de nullité desdietz testamens et codicille, ou fait protestations contraires et d'iceux faire vallider et requerir, aussy attendu le peril qu'il y a ausdicts biens et deniers contans qui sont soubz lesdietz scellez, qui peuvent estre diverty, ny ayant asseurance en ladicte maison, que lesdictz deniers contans soient sequestrez et mis es mains d'ung notable bourgeois qui sera convenu, somme et interpelle tant les executeurs du testament que lesditz heritiers demandeurs ayent a declarer s'ilz ont aulcuns moiens pour empescher le sequestre et la dellivrance du legs universel a eux faict, pour en faire dire ce qu'il appartiendra.

A l'instant lesditz sieurs gouverneurs, comparans comme dict est, ont dict quilz accordent lesditz deniers et ce qui se trouvera des biens meubles dudict deffunct, et qui seront inventoriez, soient mis es mains desditz sieurs executeurs, comme il est accoustumé, nonobstant ce qu'ils ont dit cy dessus, et suivant lesditz testamens et codicilles, et ont fait rayer les motz estans a lautre page, attendu quilz sont legataires universels et demandent des a present dellivrance dudit legs universel a eux faict.

Par lesditz Depilliers, Coulomp, Chaillou, Le Cousturier et de Jancey, esditz noms, quilz empeschent formellement lesdits deniers meubles et papiers estre mis es mains, ny de bourgeois de quelque quallité qu'il soit, ny audict sieur du Jour et Biterne, eux pretendans executeurs, dont ils ne recongnoissent point la quallité, quant a present, offrent se charger sollidairement de tous les ditz meubles et deniers et tiltres, les garder et conserver en la maison, et en rendre compte a tous qu'il apartiendra, offrant sy besoing est eulz caultionner les ungs les autres, et sy besoing est bailler caultion solvable.

Par lesditz sieur Du Jour et Biterne, executeurs, a esté dit que quoy quilz soient fondez au testament, et en la constance de demeurer saisiz de tous les biens du deffunct, mesmes des deniers, neantmoings, sur ce que ledit sieur lieutenant general a proposé que lesditz deniers demeurassent en la maison de ceans, soubz bonne et seure garde qu'il y metteroit, consentent qu'ilz y demeurent, protestans de tous les perils qui en pourroient advenir, de la perte et admortissement d'iceux deniers, et s'en prendre audict sieur lieutenant general seul, qu'il l'a ainsy requis, en baillant neantmoins par luy bonne et suffisante caution.

Par ledict maistre Philippes Le Cousturier audict non a esté dit qu'il ne faict nulle contestation pour la disposition des meubles et deniers, se raporte a justice d'en ordonner, en attendant qu'il ait plus ample pouvoir.

Par lesditz Depiliers, Coulon et Chaillou a esté dit qu'ilz offrent eux charger sollidairement des meubles, deniers, papiers, et de toutes aultres choses qui seront mises en l'inventaire, et en respondre et tenir compte a qu'il appartiend, ayant l'interest le plus aparant en ladicte succession, declarant par ledict Coulon que ce quil a parlé na point esté pour luy seul, mais au non tant de luy que des dessus dictz, lesquelz Depiliers et Chaillou ont dit qu'ilz advouent tous ce qu'il a esté dict par ledict sieur lieutenant, qui n'a porté parolles que suivant la deliberation prise entre eux, protestant partant lesditz Pilliers, Coulon et Chaillou qu'au cas qu'il y eust aulcun retardement a la charge qu'ilz sont prestz de prendre desditz meubles, deniers et tiltres, par l'inventaire qui sera d'eux soubzsigné, et jusques a ce qu'il soict ainsy faict et executé, de rendre lesditz sieur du Jour et Biterne, et tous aultres qui aporteront ledict delay et retardement, responsables de tous leurs interestz et despens et de tous les autres absens ayant interestz en ladicte succession.

Par ledict Lemarier pour lesditz sieurs gouverneurs, ledict sieur Desprez present, apres avoir prins communiquation du dire desditz sieurs executeurs, par lesquelz ils nont voulu eux charger desditz deniers contans, ce quilz requierent encores a presens estre tenuz de faire, et neantmoings, ou cas qu'ilz perseverent en leur refuz, requierent que lesditz deniers contans, et deniers qui proviendront de la vente des meubles, soient baillez entre les mains d'un notable bourgeois qui sera par eux convenu.

Empeschans formellement que lesditz deniers soient baillez ausditz pretenduz heritiers, qui ne peuvent en iceux pretendre aulcune chose, au contraire tous lesditz deniers et meubles comme legataires universels leur apartiennent, et en iceux lesditz prestenduz heritiers ny ont aulcune chose, empeschent aussy qu'ilz demeurent en ladicte maison, ny aulcun de leur part, ains que les sergens qui y sont a present, et aultres qui seront par eux mis y demeurent, comme le tout leur apartenant, dit que le legs universel a eux fait, il requiert des a present dellivrance reelle et actuelle leur estre faicte, du moings en tout cas par provision, et attendu la contestation et empeschement desditz heritiers, a requis lesdites parties estre renvoyees a cejourd'huy deux hœures de rellevee, en lhostel et par devant Monsieur le lieutenant particullier, pour estre faict droict tant sur ledict sequestre desditz deniers, que provision et dellivrance par provision par eux requise dudit legs universel.

Et par ledict sieur substitut de Monsieur le Procureur du Roy a esté dit quil adhere au requisitoire desditz sieurs gouverneurs, par lesditz sieurs executeurs a esté soustenu que ledit testament et codicilles doibvent estre executez reellement de faict, de point en point, selon leur forme et teneur et delivrance faicte de tous les legs portez par iceux, en tout cas par provision, ce qu'ilz requierent estre accordé par lesditz pretendus heritiers, sinon et en cas de constation, requiert renvoy a ce dict jour deux hœures de rellevee, par devant ledict sieur lieutenant particullier.

Et par lesditz sieurs Pilliers, Coulon et Chaillon a esté percisté en leurs dire et contestations, sur quoy et attendu lesdictes contestations, avons toutes lesditz parties comparantes renvoyees et les renvoyons a cejourd'huy deux hœures de rellevee, par devant M. le lieutenant particullier en son hostel, pour estre par luy sur le tout reglees ainsy que de raison.

Advenu ladicte hœure de deux hœures de rellevee dudict jour deulxiesme octobre 1627, suivant la susdicte assignation, sont comparuz par devant et en l'hostel dudit sieur lieutenant particulier tous les susdictes parties comparantes, excepté lesditz sieur et damoiselle Camus contre lesquels auroit esté donné deffault, et apres recit par nous faict audict sieur lieutenant particulier de tout ce que dessus et qu'il auroit ouy jcelles parties, auroit esté par luy rendu son jugement, par lequel sur lesdictes contestations et par vertu du deffault contre ledict sieur Le Camus, il auroit ordonné que sans prejudicier aux droictz des parties, que le scellé apposé par nous sur les biens dudict deffunct sera levé et osté, et inventaire faict des biens qui se trouveront soubz icelluy, a la requeste desdictz sieurs executeurs ausquels seront, tant les deniers comptans que ceux qui proviendront de la vente desditz biens, sera faicte avec les tiltres, papiers et enseignemens mis es mains, lesquelz en demeureront saisiz, suivant la coustume, et a la charge d'en rendre compte par devant ledict commissaire Chauffourneau, et neantmoins seront les legs faictz aux serviteurs dommesticques payez et acquittez par lesditz heritiers, et ce qu'ilz payeront pour ce subject alloué en leur compte, et pour faire droict au principal et sur la dellivrance des aultres legataires particulliers et general, disons que les pieces des parties seront mises es mains dudict sieur lieutenant...........................

Apres que nous avons les sellez par nous apposez sur le bahu carré et coffre de fer recongneu estre sains et entiers, avons, ce requerantes icelles parties comparantes, iceux levez et ostez, ce qui estant faict et ouverture d'iceux avec les clefs, l'or et l'argent y estant a esté compté et s'est trouvé en escuz soleil, pistolles et pistolletz d'Espagne, pistolles d'Italie, sequins, nobles roze et en monnoye la somme de 10,707 livres, lesquelles en la presence de tous les susdictz comparans ont esté mis dans ung coffre et porté en la maison dudit Biterne, l'ung desdits executeurs, *apres que lesditz sieurs de Pilliers, Coulon et Chaillou ont declaré qu'ilz ne portent aucun consentement en l'enlevement desditz deniers, mais persistent en leurs appellations.*

Et quant au reste de l'argent qui n'a point esté comté, qui sont unze sacz etiquetez mil livres chacun;

Ung sac de pareille grosseur sans estiquette;

Ung autre sac etiquetté sept cens tant de livres;

Et ung aultre sac de douzains qui n'est plain, ont esté remis dans ledit coffre de fer fort, lequel apres avoir esté fermé a clef, avons sur le trou de serrure d'icelluy et sur le corps et couvercle dudict coffre réapposé noz scellez, et la clef par apres remise dans ledit grand cabinet d'Allemagne.

En quoy faisant lesditz sieurs de Pilliers, Coulon et Chaillou, ont requis acte de ce que le sieur Dormoy, chirurgien et medecin du deffunct, qu'il a depuis ung an servy et noury pendant sa malladie et gouverné le courant de sa maison, a déclaré à l'ouverture dudict coffre que du vivant du deffunct il ny... ..... aulcuns sac de douzains dans ledict coffre, qu'il y avoit ung sac de quinze cens livres en testons et *grande quantité d'or dans le petit coffret qui est dans ledict coffre, aultrement apellé chetion, lequel s'est trouvé vuide à l'ouverture* et ne s'est trouvé dedans qu'une seulle clef, disant ledict Dormoy que ledict coffre avoit esté ainsy veu y a environ ung an, en la presence de plusieurs religieux, depuis lequel temps ledict feu sieur Joulet a touché treize mil tant de livres du décret de Luzarches depuis ung mois, *oultre son revenu qui alloit a plus de vingt mil livres* par an, demandant aussy acte de ce que a l'ouverture du grand cabinet d'Allemagne, qui fut le jour d'hier, il ne se trouva que peu d'or et d'argent, et ledit cabinet vuidé et inventorié entierement des le jour d'hier, et que ce matin ayant faict l'ouverture du petit cabinet d'Allemagne, ne s'est trouvé que des pappiers en icelluy et sur ce que aucuns de la compagnie qui est ledict Marier, faisant perquisition des secretz dudict cabinet a trouvé une petite layette cachée en dedans ladicte layette, qui s'est pareillement trouvee vuide, ce qui a donné occasion de faire nouvelle perquisition dans ledict grand cabinet ou s'est trouve une aultre pareil segret dans icelluy, dans lequel se sont trouvez cinq cens soixante huict escuz d'or en deux petites layettes, dont maistre Medart Biterne a recongneu avoir eu congnoissance et qu'il luy avoit revelé par ledict deffunct, disant que ledict cabinet luy avoit esté promis par ledict deffunct, protestant eux servir en temps et lieu desdictz circonstances, et ont prié lesdictz sieurs Desprez, Perrot, Leclerc et aultres eulx en souvenir, ensemble ledict sieur Soufflot.

Mesmes interpellent lesditz sieurs Desprez et Perrot d'eux y joindre ausdictes protestations, ou a faulte de ce faire, d'en faire eulx seulz leur proffict.

Apres lesquelles protestations avons ceste apres disnee inventoriez[1] dans ledict cabinet d'Allemagne, lequel estant refermé a clef a esté, ce requerantes icelles parties, resellé par nous, ledit Biterne estant allé conduire le susdict argent. Lesquelz scellez reapposez tant sur ledict coffre de fer fort et sur ledict cabinet d'Allemagne, ont esté derechef baillez et laissez en la garde desditz Huet, Formentin Morelot, lesquelz comme des autres restans s'en sont derechef chargez, et promis le tout représenter sain et entier, toutefois et quantes.

Et la presente assignation contenué a demain matin sept heures du matin precisement, et sera procedé tant en presence qu'absence avec les comparans, a l'instant lesditz sieurs Desprez et Penont ont déclaré qu'ilz ne se trouveroient demain a ladite assignation ni autre, a ce

[1] Quelques mots semblent avoir été omis.

que l'on ait a se pourvoir, lesditz Le Cousturier et Jancey se sont retirez avant que signer et a ledict Dormoy signé en cest endroit.

A l'instant sept hœures du soir, ledict Lemarier, pour lesditz sieurs gouverneurs, a empesché et empesche formellement qu'il soit procédé a la levee desditz scellez et inventaire de ce qui ce trouvera soubz iceux que des aultres biens apparans sans les y appeller, et protestant de nullité de tout ce qui sera faict, de tous despens, dommages et interestz, et a l'instant ledict Lemarier a dict qu'il eslise ledict dommicille au burreau dudict Hostel Dieu sciz au parvis Nostre Dame.

Et au mesme instant ledict Biterne seroit venu par devant nous, lequel respondant a ce qui a esté dict par lesdictz sieurs de Pilliers, Coulon et Chaillou, dit qu'il n'a eu en compte ny en pleyne cognoissance les deniers dudict feu sieur Joulet, ne sceu particullierement ce qui estoit dans ses coffres et cabinetz, et n'en a esté chargé en facon quelconque, et n'a en toute son entremise fait que ce que ledit sieur Joulet luy faisoit faire, ce qu'il a faict en homme de bien, et ne peuvent dessigner lesdits sieurs qu'auparavant le comte des deniers, en la numeration qui en a esté faite par nostre present procès verbal, il avoit voulu faire veoir, comme il avoit offert auparavant un memoire de quelques deniers qu'il a par devant luy appartenant a ladicte succession, ce que l'on n'avoit voulu veoir, le remettant a une aultre fois, et *quant ledict Dormoy a dict que luy Biterne avoit emporté quelques sacz, il n'a dit que ce que luy Biterne vouloit faire veoir par ledict mémoire*, et qui estoit chose seue par les nommés de Reutel, gendre de ladicte Jancey et aultres, mesmes tous les dommestiques, Monsieur de Chandennier et ledict sieur du Jour, que parmy l'argent receu du sieur Gallant pour l'ordre de Lusarche, qui a esté mis dans le coffre fort au mois de septembre dernier, y avoit des sacz de douzains, et que ledict coffre estant plein, ce qui resta dudict argent fut mis dans une cassette qui fut mise en ung autre coffre, ou l'on l'a retrouvé, ce qui fut fait en la presence tant dudict sieur Joulet et de son commis qu'en la présence de ses domestiques, que *c'est une imposture advancée par ledict Dormoy, ennemy sans raison de luy Biterne, en haine de ce qu'il vouloit exiger a toute force la somme de mil livres tournois de la succession, quoy qu'elle ne luy fust aucunement deue par le deffunct*, dit que lorsque l'on ouvroit ledict grand cabinet d'Allemagne, l'on n'a voulut aultre chose que veoir et inventorier les papiers qui y estoient, et quant a lor et l'argent qui s'y trouva en plusieurs sacz et bourses, fut mis dans le coffre carré, lequel cabinet ne fut vuidé, ains la vaisselle d'argent qui s'y trouva, y fut laissee et sy doibt encores trouver. Mesme que dans icelluy ont esté remfermez et y sont encores les pappiers inventoriez, que, de vérité, ce matin après l'inventaire de plusieurs papiers trouvez dans le petit cabinet d'Allemagne, specialement ceux concernant les benefices dudict deffunct, y ayant, luy Biterne, en la presence de toute la compagnie cherché le segret dudict cabinet, et veu que dans iceluy ny avoit rien, il auroit dit comme il avoit desiré faire auparavant qu'il y avoit donc dans ledit grand cabinet aussy un segret, et au mesme instant luy mesme Biterne, en la presence et du consentement de toute la compagnie, a fouillé dans le milieu dudict grand cabinet ou est la vaisselle d'argent qui y avoit esté veue et laissee, et trouvé dans deux tirouers dudict segret les cinq cens soixante huit escuz dor dessus ditz mentionnez, qui ont esté aussy mis dans ledict coffre carré, sur quoy luy Biterne auroit dit que puisque cela estoit ainsy, que ledict cabinet luy debvoit estre donné et en auroit prié la compagnie, laquelle luy auroit promis; ce que luy Biterne dit, non pour rendre compte de cela, ny estant aucunement obligé, mais pour faire veoir comme cela s'est passé, qui est aultrement soubz correction qu'il n'a esté allégué par lesdicts sieurs de Pilliers et consors. Partant, proteste que le dire desditz sieurs, ditte soubz le nom dudict Dormoy, qu'il a signé, ne luy puisse nuire ne prejudicier, et *au surplus a requis acte des violances et menaces qui luy ont esté faictes par ledict Dormoy, tant cedict jour, la nuict precedante, le jour du decedz dudict deffunct, pour luy avoir, par luy Biterne, refuzé ladicte somme de mil livres qu'il vouloit a toutes forces qu'on luy baillast, ensuitte d'aultres violances a luy Biterne faictes par ledict Dormoy plusieurs fois, jusques là qu'il tira un jour le poignard sur luy pour le tuer, ainsy que lesdicts sieurs et particulierement ledict sieur procureur du Roy de Dreux et Le Cousturier, avec aultres personnes d'honneur scavent trop mieux pour s'en pourveoir par luy Biterne en justice, ainsy qu'il advisera bon estre, pour avoir reparation d'honneur des injures et calomnies dudict Dormoy.*

Le mecredy sixiesme jour dudict mois d'octobre mil six cens vingt sept, sur les sept hœures du matin est venu en l'hostel de nous dict commissaire et examinateur François Labbé, l'un des domestiques dudict feu sieur Francois Joulet, par lequel nous a esté dict que ledict sieur lieutenant général de Dreux, et lesdictz sieurs Du Parc et procureur du Roy audict Dreux sont en ladicte maison dudict feu sieur Joulet, lesquelz l'ont envoyé nous dire qu'allassions presentement en ladicte maison pour laver lesditz scellez, ce qu'entendu par nous, serions allez en ladicte maison, ou estant y aurions trouvé lesditz sieurs de Pilliers, Coulon et Chaillou, lesquelz nous aurions dit que levassions noz sellez, et que le debvions faire, puisque la sentence de M. le lieutenant particullier le porte ainsy nonobstant leur appel, nous disant ledict sieur lieutenant general, en nous monstrant la coustume de Paris, qu'il suffizoit qu'ilz y feussent, a quoy luy aurions faict response qu'en ladicte maison ny avoit queux, et que les executeurs dudict testament ny le sieur Soufflot substitud, ny ladicte Jancey, ny les nottaires ny estoient point, sans lesquelz, et sans faire vuider l'empeschement qui nous fut le jour d'hier faict par le procureur des sieurs gouverneurs de l'Hostel Dieu, porté par le present nostre procès verbal, ne pouvons rien faire, et qu'il y falloit proceder par les voyes ordinaires, qui estoit de les faire assigner, et obtenir sentence portant qu'il sera procédé tant en presence qu'absence, en la presence dudit sieur substitud pour les deffaillans, ce que lesditz sieurs De Pilliers, Coulon et Chaillou n'auroient trouvé bon, ains nous auroient par Fouin, sergent estant en garnison en ladicte maison, faict sommer de continuer a la levee des sellez par nous apposez sur les biens dudict deffunct, ainsy qu'il a esté faict depuis le jour de samedy dernier jusques aujourd'hui, protestant, a faulte de ce faire, de tous despens, domages et interestz, et de faire payer leur sejour par nous dict commissaire et examinateur, en consequence du jugement donné par Monsieur le lieutenant particullier, par lequel jugement il est dict qu'il sera procedé audict inventaire, nonobstant oppositions ou appellations quelconques, et en vertu duquel il a esté procedé a la levee dudict sellé et confection d'inventaire, mesmes a l'enlevement d'une partie de l'argent, nonobstant leur appel ou opposition par eux formé a l'enlevement desdictz deniers, a quoy auroient faict response que nous estions presentement venu en ladicte maison, sur ce que ledict Francois Labbé l'ung des domestiques dudict feu sieur Joulet luy avoit dict que ledict sieur lieutenant general a Dreux et ses presomptifz cohéritiers estoient en ladicte maison et vouloient parler a luy, fait protestations contraires a celles desditz sieurs et leur aurions declaré que nous estions prest de proceder a ce qui est de nostre charge, en faisant comparoir du moings les executeurs testamentaires, les nottaires, et faisant leur empeschement, qui fut hier au soir, fait en son proces verbal par les sieurs gouverneurs de l'Hostel Dieu, lesquelz ont déclaré que les exploictz que lon leur voudroit faire, doibvent estre faits au Bureau de l'Hostel Dieu, parlant a eux, ou bien fournissant d'une sentence qui porte que ledict scellé sera levé tant en presence qu'absence, ce que lesditz sieurs de Pilliers Coulon et Chaillou auroient prins pour refuz, disans que c'est une vexation a eux faicte par lesdicts sieurs de l'Hostel Dieu, de gayetté de cœur, et sans interest, et pour leur estre pourveu nous auroient faict donner assignation a cedict jour deux hœures de rellevée, en l'hostel et par devant ledict sieur lieutenant particullier, et pour en oultre procedder comme de raison, ainsy que plus au long est contenu par l'exploict dudict Fouin, duquel il nous a baillé coppie, et ce que dessus faict, aurions esté et vacqué jusques sur les neuf hœures du matin.

Escheue laquelle heure de deux hœures de rellevee, suivant la susdicte assignation, sommes transportez en l'hostel dudict sieur lieutenant particullier, ou estant, apres que ledict sieur lieutenant particullier auroit ouy lesditz sieurs de Pilliers, Coulon et aultres, il auroit ordonné entre aultres choses que suivant le jugement precedant, que les deniers qui restent et resteront de la succession seront mis es mains desditz du Jour et Biterne, executeurs du testament, a la charge qu'ilz s'en chargeront solidairement, et cependant passer oultre a la confection de l'inventaire et parachevement d'iceluy sans discontinuation, tant en presence qu'absence, *sans prejudice a ce que lesditz habilles a heriter pretendent avoir esté recelé, pour lequel pretendu recelé il leur est permis d'informer et sera passé oultre audict inventaire,* nonobstant oppositions ou appellations quelzconques, et assignation a demain et *sans que ledict Dormoy y puisse estre*, et auroit esté vacqué a ce que dessus jusques a cinq hœures de relevee, et estoit present a tout ce que dessus ledict sieur Cousturier et le nommé Daretel, gendre de ladicte Geneviefve Jancey.

Advenu ledict jour de lendemain huict hœures du matin, septiesme jour dudit mois d'octobre ou dict an mil six cens vingt sept, sont comparus en ladicte maison dudict feu sieur Joulet par devant nous lesditz sieurs du Jour et Biterne, executeurs testamenteurs dudict feu sieur Joulet.

Lesdictz sieurs de Pilliers, Coulon et Chaillou assistez dudict Fizeau leur procureur, ladicte Jancey et ledict Daretel son gendre.

Lesditz sieurs Desprez et Perrot, assistez dudict Le Marier, leur procureur, et ledict sieur Soufflot, substitud.

Ledict Biterne a dit qu'il nous demende acte de ce que presentement les sergens estans en garnison en ladicte maison et aulcuns des domesticques leur dit tout haut *que le jour dhier et par plusieurs fois, ledict Dormoy dict que sy ledict Biterne luy eust baillé les mil livres qu'il avoit, qu'il neust dict tout ce qu'il a dict contre ledict Biterne*, et que tout ce qui est arrivé ne fust arrivé, requerant que lesditz sieurs de Pilliers, Coulon et Chaillou ayent a declarer s'ilz veulent empescher qu'il ne face presentement ouyr et interroger sur ce faict lesditz sergens et domesticques et qu'il en face informer.

Lesditz sieurs de Pilliers, Coulon et Chaillou ont dict qu'ilz sont icy pour faire l'inventaire, suivant le jugement du jour d'hier, qu'ilz n'ont rien veu ny entendu desditz discours, estans allez en leur logis tous dans le carosse ou ilz estoient allez, sans venir en ladicte maison que presentement en la presence de la compagnie, qui sy ledict Biterne a quelque chose a dire contre ledict Dormoy qu'il se pourvoeye par les voyes de droict, sy bon luy semble, et au surplus persistent en leurs appellations.

Apres lesquelles requisitions, protestations et déclarations, et du consentement desdictes parties comparantes, avons les seaux par nous reapposez sur ledict grand cabinet d'Allemagne recongneu sains et entiers, iceux levez et ostez duquel cabinet, la clef dudict coffre a esté tirée, puis les sellez par nous reapposez sur icelluy coffre fort ayant esté par nous recongneus sains et entiers ont esté levez et ostez, du consentement des dictes parties et ouverture faicte dudict coffre, avec la clef d'icelluy, et ce faict, l'argent estant dans ledict coffre fort en quatorze sacz a esté conté et inventorié audict inventaire, et duquel argent ainsy conté lesditz sieurs du Jour et Biterne se sont chargez solidairement, suivant ledict jugement du jour dhier et a esté ledict argent porté dans le carosse en la maison dudict sieur du Jour, ainsy que le tout est aussy declaré et porté par ledict inventaire.

Ce faict, ledict grand cabinet d'Allemagne a esté refermé a la clef et a icelluy aurions reapposé noz sellez comme devant, et la presente assignation continuee à ce dict jour, hœure d'une hœure de relevee, apres avoir travaillé jusques apres unze hœures du matin.

Advenu laquelle hœure d'une hœure de rellevee dudict jour septiesme octobre mil six cens vingt sept, suivant la susdicte continuation d'assignation sont comparuz par devant nous dict commissaire et examinateur, en ladicte maison dudict feu sieur Joulet.

Lesdictz sieurs du Jour et Biterne, executeurs testamenteurs, lesdictz sieurs de Pilliers, Coulon et Chaillou assistez dudict Fizeau, leur procureur, lesditz sieurs Desprez et Perrot, assistez dudict Le Marier, leur procureur, ladicte Jancey et Duretel son gendre, et ledict sieur substitud.

En la presence desquelles parties les sellez reapposez sur ledict grand cabinet d'Allemagne ont esté par nous recongneus sains et entiers, iceux levez et ostez et ayant esté faict ouverture dudict cabinet avec la clef, ont dans iceluy esté trouvé les clefz de l'estude ou cabinet de la chapelle dudict deffunct, et des coffres y estant et cassettes y estant sellez, puis au mesme instant, le sellé par nous apposé sur le trou de serrure de ladicte estude recongneu sain et entier, iceluy, ce requerantes icelles parties comparantes, levé et osté, et apres ouverture de ladicte estude, les sellez estant aux deux coffres et malle de poil ont estez recongneuz par nous sains et entiers, iceux levez et ostez, presents lesditz comparans, et apres ouverture d'iceux, la vaisselle d'argent y estant a esté mise et prisee avec celle qui avoit esté laissée dans ledict grand cabinet, puis a esté inventorié, pareillement ont esté recongneuz sains et entiers les sellés mis a une petite cassette estant en ladite estude, iceux levez et ostez, et apres ouverture faicte d'icelle avec la clef, ont esté les papiers estans en icelle veuz et visitez par lesdictes parties comparantes, pendant que lesditz nottaires et sergens presens procedoient a inventorier les meubles estans en ladicte estude, chappelle, coffres, cassettes non fermee ny sellee et valize de poil y estans, et apres qu'ilz ont esté visittez, et qu'il s'est trouvé que ce ne sont que manuscrits de nulle valleur, ont esté remis en confuzion en ladicte estude, et quant a une liace de quelques quitances, pour ce qu'il est l'heure de six hœures, a esté mise dans ledit grand cabinet d'Allemagne, ensemble deux livres journaux dudict deffunct, trouvez dans l'ung desditz coffres ou est le linge, qui n'est inventorié, et par après reapposé nostre sellé sur le trou de serrure de ladicte estude, comme pareillement a ce requérantes lesdictes parties, ladicte estude refermee a clef, ensemble le coffre ou est le linge qui n'est inventorié, comme pareillement apres que les clefz restant ont aussy esté renfermee dans ledict grand cabinet, lesquelz sellez ont esté de rechef baillez et laissez en garde ausditz Formentin, Huet, Morelot et Fouyn, lesquelz s'en sont solidairement chargez.

Et la presente assignation continuee a demain sept heures du matin.

Escheue laquelle hœure de sept heures du matin dudict jour qui estoit le vendredy huietiesme jour dudict mois d'octobre mil six cens vingt sept, sont comparuz par devant nous dict commissaire et examinateur en la susdicte maison dudict feu sieur Joulet lesditz sieurs du Jour et Biterne, de Pilliers, Coulon et Chaillou, Le Marier et Soufflot.

En la presence et du consentement desquelles parties les sellez le jour d'hier au soir reapposez sur ledict grand cabinet d'Allemagne ont esté levez et ostez, et apres ouverture faicte dudict cabinet ont esté inventoriez les papiers qui y feurent hier au soir mis, puis ledit cabinet refermé a clef a esté par nous resellé.

Ce faict, toutes lesdictes parties comparantes ont dit qu'il n'est plus besoing de garnison en ladicte maison, au moyen de quoy lesdictz sergens se sont de leur consentement retirez et ont consenty que Philippes Cuissot et Francois Labbé, serviteurs dudict deffunct, soient laissez en ladicte maison pour la garde des meubles qui y restent..........................

Extraits de l'inventaire après décès.

(Octobre 1627.)

L'an mil six cens vingt sept, le samedy deuxiesme jour d'octobre et aultres jours ensuivans, a la requeste de noble homme maistre Jacques du Jour, advocat en la cour de Parlement, maistre Medart Biterne procureur au Chastelet de Paris, executeurs du testament de feu Messire Francois Joulet, vivant conseiller du Roy et son aumosnier ordinaire, et en la presence de Edme de Pilliers, escuier, sieur du Parc et de Marcelin, a cause de damoiselle Charlotte Joulet, son espouze, Raoul Coulon, escuyer, sieur de Meherou et de l'Espinay, conseiller du Roi et lieutenant général au bailliage de Dreux, a cause de damoiselle Maguelonne Joulet son espouze, M. Estienne Chaillou, conseiller et procureur du Roy au bailliage de Dreux, comme procureur et ayant charge de dame Maguelonne de Jancé sa mère, maistre Philippes Le Cousturier, advocat en la cour de Parlement, ou nom et comme s'y fesant fort de Me Jehan Le Cousturier, conseiller du Roy et lieutenant general au bailliage de Mente, de Me Fiacre Le Cousturier, advocat du Roy au siege de Mante et de Me Christophle Servant, conseiller du Roy et Esleu audict Mante, a cause de dame Jehanne Le Cousturier sa femme, les dessus ditz cousins germains et plus proches parents dudict deffunct sieur Joulet et les presomptifs heritiers, noble homme Me Jacques de Louynes, conseiller du Roy et substitud de Monsieur le Procureur general, tant pour luy que pour ses freres et sœurs, presomptifz heritiers dudict deffunct, damoiselle Marie Paulmier, femme de noble homme Me Pierre Le Camus, advocat au grand Conseil, aussy présomptifve heritiere, assistee de Me Charles Le Camus, conseiller et aumosnier de Monseigneur le prince de Condé, Genevieve de Jansey, veufve de M. Charles Dieudonné, vivant procureur a Meulan, aussy presomptifve heritiere.

Apres que le scellé mis et appozé par M. Jacques Chaufourneau, commissaire et examinateur au Chastellet de Paris sur les biens trouvez apres le deceds et trespas dudict deffunct a esté par luy levé et osté, a esté faict inventaire et description de tous et chacuns les biens meubles, ustancilles d'hostel ou argent monnoyé et non monnoyé trouvez et estans dans une maison sçize a Paris sur le quay des Augustins, et où il seroit decedé comme dict est, monstrez et enseignez par Jehan Dormoy chirurgien ordinaire du Roy, Philippes Cuisset, Remi Garmonneau, Claude Bruneau, Francois Labbé, Jehan Le Jaule, Raulin Berthelot, Francois Bordot, Thoinette Legente, Marie Benard, Magdelaine Commissant, tous serviteurs et servantes demeurans au logis dudict deffunct.

Et premierement, en la cave de ladicte maison dix voyes de bois flotté prisé la voye cent solz revenant à la somme de cinquante livres.

Dans une escurie a esté trouvé la quantité de 500 tant fagotz que cottraitz prise xv livres.

En inventoriant lequel bois est comparu ledict Jehan Dormoy qui a déclaré que tout le boys inventoryé luy appartient, ensemble le foyn et l'avoyne et par lesdicts sieurs gouverneurs a esté protesté que la declaration faicte par ledict Dormoy ne leur puisse nuire ne prejudicier, et icelle contester s'il voyent que bon soict.

Ledict Dormoy a dict qu'il ne fault point de responce par lesdicts sieurs gouverneurs, d'aultant qu'il a faict marché avec ledict deffunct pour ledict boys, foing et avoyne.

Item en ladicte escurie a esté trouvé quatre chevaulx de carrosse dont deux soubz poil bay brun et les deux aultres soubz poil bay clair, prisez a la somme de iiii cens xx livres.

Dans la cour de ladicte maison ung carrosse neuf couvert de cuir, monté sur quatre roues, garny de trois coussinetz plains de plumes, couvertz de serge rouge; ledict carrosse doublé de mesme estoffe, avec huict rideaux aussy de mesme serge, prisé la somme de iiii cens livres tournois.

Item ung aultre carosse aussy couvert de cuir doublé de serge feuille morte, ledict carosse monté sur quatre roues sans aulcuns rideaux prisé xl livres.

En suivent les deniers comtans trouvez en un coffre carré couvert de cuir a une serure, estans en la chambre ou ledict deffunct seroit deceddé.

Asscavoir cinq cens soixante neuf escuz d'or, plus 100 pistoles et demie d'Espaigne tant double que simple.

Trois pistolles d'Itallie, ung demy noble, treize escus d'or, quatorze pistolles, dix sequins, deux pistolles d'Italie, ung noble roze.

Ung sacq de quartz mil livres, ung aultre sacq de mil livres, ung sacq de testons de mil livres, ung sacq de quartz mil livres, ung aultre sacq de quartz et aultres especes, neuf cens soixante livres quatorze solz, trois sacqz de douzains montant a six cens livres, ung sacq de quartz de mil livres, trois aultres sacqz de douzains de six cens livres, ung aultre sacq de quartz de mil livres.

Tous lesquelz deniers dessus inventoriez ont esté ledict jour cinquiesme du present mois et an mis en la possession dudict maistre Medard Biterne, l'un desditz executeurs, qui a l'instant les auroit faict transporter en sa maison, et a signé audict endroict la minutte dudit inventaire.

En suit les autres deniers comptans trouvez en ung coffre fort de fer qui est en ladicte chambre ou ledict feu sieur Joullet seroit deceddé.

Assavoir ung sacq de quartz et or mil livres, ung aultre sacq de testons et quartz neuf cens soixante dix sept livres, ung sacq de testons mil livres, item ung autre sacq de quartz mil livres, aultre sacq de testons mil livres, aultre sacq de quartz mil livres, aultre sacq de quartz mil livres, aultre quartz mil livres, aultre quartz mil livres, aultre sacq testons mil livres. En francs et demi francs, testons et aultres monnoye, huict cens quarante livres, item ung sac de douzains cent six livres.

Lesdicts deniers dessus inventoriez ont esté à l'instant mis ès mains dudict sieur Du Jour, l'un desdicts executeurs, desquelz il s'est chargé avec ledict Biterne.

Ledict Biterne a declaré qu'au jour du deceds dudict deffunct sieur Joullet, il auroit en sa maison, appartenant a icelluy deffunct sieur Joulet, la somme de deux mil cinq cens vingt quatre livres quatorze sols de reste de la somme de deux mil livres tournois (*sic*) par ledict Biterne receuz pour ledict deffunct de Monsieur le comte de Fontaine Chalendray, sur et tantmoings des arrerages de cinq cens livres tournois de rente, douze cens cinquante livres tournois receuz de Monsieur de Sainct Germain Beaupré, pour pareille somme de rente escheue le dix neufviesme jour d'avril dernier, et cinq cens livres tournois receue du fermier du prieuré de Marcilly la Champagne, et que le surplus desdicts deniers a esté par luy baillé par le commandement dudict deffunct, scavoir mil livres au sieur Dormoy, à Francois Labbé cent livres tournois.

Plus declare quaudict jour dudict decedz d'icelluy deffunct, ledict Biterne avoit encore en sa maison mil livres tournois que le susdict deffunct luy avoict faict prendre et emporter par ledict Labbé et le cocher en trois sacqz, pour bailler audict Dormoy pour le mois d'octobre, a quoy il n'a satisfaict, attendu le decedz advenu dudict deffunct, plus, que depuis ledict decedz il a encore receu deux acquitz sur le prieuré de Marcilly montant trois cent cinquante livres, et la somme de deux cens quatre vingt treize livres, faisant la parpaye de douze cens cinquante livres que ledict Deshayes debvoit audict deffunct pour l'année de ferme dudict prieuré, sur lesquelles sommes il a desboursé les frais qu'il a convenu faire pendant la maladie et deceds dudict deffunct, dont il rendra compte.

En suict la vaisselle d'argent prisée par lesditz Moreau et Fromentin qui ont appellé avec eulx Jehan Prevost, maistre orfebvre a Paris.

Premierement douze plats, une douzaine et demye d'assiettes, six petitz platz, deux esguieres, deux sallieres, ung reschault, un bassin a auvalle, une escuelle a oreille, ung bassin a cracher, une grande et petite sauciere, ung dragcoir avec sa cuillier, ung petit flacon garny de sa chesne, douze cuilliers, douze fourchettes, quatre chandeliers a la Romayne, le tout poisant ensemble avec un petit drageoir aussy d'argent cent dix marcs deux onces, prisé le marc vingt livres, revenant audict pris a la somme de deux mil deux cens cinq livres tournois.

Item une petite monstre de Blois, prisee la somme de dix huict livres.

Item une monstre de laton ronde, garnye de son esluy, prisé la somme de dix livres.

Item une basse de violle garnie de son archet, prisée soixante solz.

Item ung petit tableau en huisle sur cuivre ou est representé sainct Hillaire, prisé trente solz tournois.

Item ung reveille matin de cuivre garny de sa boiste de cuivre noir et doublé de vellours vert.

En la chambre ou est decceddé ledict deffunct a esté trouvé ce qui en suict.

Ung petit cabinet d'Allemaigne d'un pied et demy de long ou environ, garny de ses laiettes, a une serrure fermant a clef, prisé la somme de douze livres tournois.

Item ung autre cabinet plus grand dallemaigne, de deux piedz de long ou environ, garny de ses layettes, a deux serrures fermans a une clef prisé, la somme de quarente livres tournois.

Item six chaises de bois de noier a bras, garnyes et couvertes de moquette cloudz dorez, prisez ensemble la somme de vingt livres tournois.

Item six autres chaises basses a bras aussy couvertes et garnyes de mesme moquette et cloudz dorez, prisez ensemble la somme de seize livres.

Item six escabeaux ployans aussy couverts de moquettes, prisez ensemble la somme de six livres.

Ung petit coffre de fer a une serrure fermant a clef, y ayant plusieurs ressors d'un pied et demy de long ou environ, prisé la somme de six livres.

Item une grande chaise de bois de noier pliante, aussy couverte de moquette *servant a coucher malade*, prisee la somme de quatre livres.

Item une grande couche de bois de noier fermant a vifz, garnye de trois mathelas couvertz de futaine remplys de bourre, ung traversin de coustil remply de plume, une couverture de Castelongne rouge, une courte poincte de damas rouge piquee, doublee de serge rouge, ung ciel a doubles pantes de velours rouge cramoisy, le fonds, dossier et les quenouilles aussy de mesme velours, garnye dun grand passement a jour avec les crespines dor et d'argent en frange de soie, trois custodes et deux bonnes graces de damas rouge aussy garnis de passement d'or et d'argent, le dossier en fonds de velours rouge aussy garny de passement d'or et d'argent avec troys pommes de bois doré, le tout prisé ensemble la somme de cent cinquante livres.

Item une tanture de tappisserie contenant huict pieces a grands personnaiges, garnye de thoille de deux aulnes et demye de hault ou environ, prisée ensemble la somme de quatre cens livres tournois.

Item ung escript signé enfin Joulet et Francois Pasquier, datté du vingtquatriesme mars mil six cens vingt six contenant les soubzsignez avoir accordé entr'eulx sca- voir ledict Pasquier de fournir et mettre en place dans le petit cloistre des chartreux de Paris au dessus du caveau estant audict cloistre, ou est la sepulture de feu Monsieur de Chastillon frere dudict deffunct sieur Francois Joulet, une tumbe de marbre noir, comme encore une table contre le mur de la sacristie, et ce moyennant la somme de deux cens soixante dix livres tournois sur laquelle ledict deffunct sieur François Joulet en auroit paié par advance soixante quinze livres, et le surplus se seroit obligé le paier audict Pasquier apres la livraison desdictz tumbe et table.

Ledict Biterne a declare qu'il a entendu dire audict deffunct sieur Francois Joulet qu'il avoit mis es mains de Monsieur de Sainct Armand, maistre d'hostel de la maison du Roy, les tiltres et papiers concernans le greffe triennal de l'eslection de Ponthieu pour essayer de le faire payer des esmolumens et droictz attribuez audict greffe.

En suivent les livres trouvez en *l'estude* dudict deffunct sieur Joulet.

Premierement ung Corpus juris canonici en trois volumes in folio, prisé la somme de neuf livres.

Item un livre intitulé *Opera Ciceronis*, en deux volumes in-folio, impression d'Allemaigne, prisé la somme de lx solz.

Item la Vie des saincts. In folio relié en veau, prisé 1 solz.

Item ung livre intitulé *Silva alygoriarium sacre scripture*, in folio prisé iiii livres.

Item ung livre intitulé *Opera Crisostome*, en trois volumes, Allemaigne, viel, prisé lx solz.

Item ung aultre livre intitulé *de Proprietatibus rerum*, petit folio, prisé xx solz tournois.

Item ung autre livre intitulé *Xenophentre* (sic) *opera* grecq et latin, viel, Allemaigne, prisé xxv solz.

Item ung *Catechime de Grenade*, en espagnol, relyé en parchemin, in folio prisé xx solz.

Item *la Responce au Roy de Bretaigne*, par Monsieur Duperron, prisé cinquante sols.

Item la premiere partie de *Grenade sur le simbolle*, en espaignol, relié en parchemin, prisé xx s. t.

Item ung livre intitulé *Opera Benardi*, in folio, a Paris, prisé soixante sols.

Item ung autre livre intitulé *Lettres du cardinal d'Ossat*, relié en veau, in folio, prisé la somme de cent sols.

Item *le Bouclier de la foi*, contre *Du Moulin*, in folio relié en veau prisé soixante sols tournois.

Item ung livre intitulé *Biblia sacra*, folio, *Robert Estienne*, couvert de veau noir, prisé la somme de huict livres.

Item ung autre livre intitulé *Glose ordinaire*, couverte de veau noir, prisé la somme de sept livres.

Item quatre volumes des *Annalles de Baronnius*, en francois, couvert de bazanne vert, prisé la somme de vi livres.

Item ung aultre livre intitulé *Maldona (to) sur les quatre evangelistes*, prisé cinquante sols tournois.

Item ung aultre livre intitulé *Some de Sainct Thomas*, en trois volumes, couvert de veau tané, prise la somme de huict livres.

Item ung sainct Thomas sur *les Epistres de sainct Paul*, couvert de veau tané, prisé xxxv sols.

Item *la Vie de Plutarque*, latin folio, couvert de veau noir, prisé x sols tournois.

Item ung *Dictionnaire de Henry Estienne*, couvert de veau, folio, prisé cinquante solz.

Item un *Belarmin In psalmos*, in-couarto couvert de parchemin, prisé xxv sols.

Item ung *Sermon de Paingarolle* (sic), in-couarto, prisé xv s. tournois.

Item ung livre intitulé *Obseque de Henry le Grand*, in-couarto, prisé v solz tournois.

Item ung livre intitulé *Institution du pere Cothon*, in-couarto, *deux volumes couvertz de parchemin, prisé xxx solz*[1].

Mandement du Roi Henri III qui rétablit les fils de Pierre Joulet de Châtillon, en tous les droits et prérogatives de noblesse, perdus par ledit Pierre Joulet qui avait exercé le commerce à Mantes.

(1577.)

Henry, par la grace de Dieu roy de France et de Polloigne, a tous ceulx qui ces presentes lettres verront salut, comme noz amez et feaulx maistres Anthoine Joulet, sieur de Chastillon, conseiller et maistres des requestes de la Royne nostre tres honnoree dame et mere, Jehan Joulet, lieutenant general au bailliage et siege presidial de Mante, Pierre Joulet, aussi lieutenant general au bailliage et siege présidial de Dreux, et Laurens Joulet et freres, feu Nicolas Joulet, en son vivant homme d'armes de noz ordonnances, soubz la compagnie du sieur de Vassé, tous filz et heritiers de feu Pierre Joulet, en son vivant seigneur dudit lieu de Chastillon, ayant cy devant des l'an mil cinq cens soixante deux obtenu de nous lettres adressans a nostre cour des aydes a Paris, pour estre relevez de la derogance commise par leur dit pere au tiltre et qualité de noblesse, sur l'entherinement desquelles, par arrest donné en nostre court le xxiiie janvier mil cinq cens soixante cinq entre nostre procureur général en icelle et lesditz Joulet, auroit esté ordonné que iceulx Joulet poseroient et articuleroient leurs faictz, moiens et genealogie de noblesse, ausquelz nostre dict procureur

respondroit et articuleroit au contraire si bon luy sembloit et apres informeroient par lectres et tesmoings, suivant ce lesdictz Joulet auroient baillé leurs dictz faictz, moiens et genealogie de noblese a nostre dict procureur general, contenant qu'ilz estoient procreez et descendus en legitime mariage dudict feu Pierre Joulet, seigneur de Chastillon, leur pere et de damoiselle Jehanne Chauderon leur mere, ledit Pierre d'aultre Pierre Joulet, quant il vivoyt sieur de Belival en Picardie, ayeul desditz demandeurs et de damoiselle Claire Darcques sa femme, extraicte et yssue de la maison Darcques en Picardie, ledict Pierre Joulet sieur dudit lieu de Belival et de terres de Beaurain et Beaurainel lès Guessard, bisayeul desditz demandeurs et de damoiselle Jacqueline de Blaseul sa femme, fille de Jehan de Blascul, escuyer sieur de Buhon et Fontaine Lestallon, ledit Pierre bisayeul de Thomas Joulet, sieur desditz lieux de Belival Beaurain et Beaurainel, hommes d'armes de la compagnie du sieur Mareschal Descordes, lors lieutenant general pour le Roy nostre predecesseur en nostre pays de Picardie, tiers ayeul desditz demandeurs et de damoiselle............ de la Grue, fille de Jehan de la Grue, escuier seigneur dudit lieu de la Grue, tous lesquelz consecutivement estoient avec tout leur parentaige, extraictz de noble antienne et illustre maison, vivans noblement, nourriz paiges tant chez nos predecesseurs Roys que a la maison dudit feu sieur mareschal Descordes et autres seigneurs, et qui depuis ont fait ordinairement service a nosditz predecesseurs au faict de nos guerres, auxquelz la pluspart d'iceulx seroient deceddez, specialement aux guerres qui ont esté audit pays de Picardie contre les Angloys, Flamengs et Bourguignons où ilz auroient faict perte presque de tous leurs biens, ayans esté contrainctz de quicter et habandonner *leurs dictes terres et seigneuries scituees sur les frontieres dudit pays de Picardie*, de façon que ledit Pierre Joulet, seigneur de Belival, ayeul desditz demandeurs, avec ladicte damoiselle Claire Darcques sa femme se seroient retirez au lieu baronnye et seigneurie de Rosny pres Mantes a l'administration et recepte de laquelle il auroit esté proposé par le feu sieur de Vendosme qui lors en jouissoit et avoit acquis ladicte terre de Chastillon, à laquelle ledict deffunct pere des demandeurs auroit habité quelque temps, et depuis se seroit retiré en ladicte ville de Mantes et auroict prins plusieurs fermes de nous et de noz predecesseurs, faict et exercé trafficq de marchandise, et a raison de quoy il auroit esté imposé et cottizé au roolle de la taille, de laquelle genealogie, faictz et articles susditz, lesditz demandeurs auroient faict informer en vertu de la commission de nostre dicte cour des aydes, et faict extraire et collationner plusieurs extraictz pour justiffier leurs ditz tiltres, qualité et extraction de noblesse, de-

---

[1] 178 autres volumes sont vendus par paquets de cinq à dix-huit et prisés la somme de 48 livres tournois.

puis ladicte instance de noblesse entre lesdictz demandeurs et nostre dict procureur general auroit esté evocquée en nostre dict conseil privé.

Scavoir faisons que veu en nostre dict conseil lesdictes lectres et arrestz de nostre dicte court des aydes, faitz, articles et genealogie desditz demandeurs, information faicte a leur requeste avec plusieurs extraictz de plusieurs tiltres, contractz, testamens et aultres pieces produictes par lesditz demandeurs pour justiffier leurditz tiltre et qualité, genealogie et extraction de noblesse, de l'avis de nostre dit conseil, auquel le tout a esté meurement veu et deliberé, *avons lesditz Joulet relevez et reabillitez, rellevons et reabillitons de ladite derogance* commise par leur dit pere, et iceulx restituez remis et reintegrez, restituons, remectons et reintegrons au tiltre et qualité de noblesse, pour en jouir et user par eulx et leurs successeurs en droicte ligne et loyal mariage, aulx honneurs, auctoritez, prerogatives, dignitez, preeminence, exemptions, franchises, privilleiges et libertez qui y appartiennent et tout ainsy qu'ont accoustumé jouir et user, jouissent et usent les autres nobles de nostre Royaume, faisant deffenses à tous paroissiens des paroisses ausquelles ils sont ou pourront cy apres demeurer et faire residence, et a tous aultres qu'il apartiendra, de les imposer et coltizer aulx roolles de la taille et aultres subcides et impostz des roturiers et non nobles, en aucune maniere que ce soit, a la charge que lesditz Jouletz et leurs successeurs vivront noblement, ainsy que l'estat et qualité de noblesse appartient.

Donnons en mandement a noz amez et feaulx conseillers les gens tenans noz courtz de Parlement et des aydes, bailliz, eslcuz sur le faict de nos aydes et tailles, leurs lieutenans et aultres noz juges et officiers chacun en droict soy, et si comme a luy appartiendra, que du contenu cy dessus, ilz facent, souffrent et laissent lesditz Jouletz et leurs successeurs jouir et user plainement....
...... car tel est nostre plaisir.

En tesmoing de quoy nous avons a icelles faict mectre notre seel. Donné a Chenonceau le xiiie jour de juing de l'an de grace mil cinq cens soixante dix sept et de nostre regne le quatriesme.

Lettres de provision nommant François Joulet de Chatillon, aumônier du Roi Henri 4.
(1598.)

De par le Roy.

Grand aulmosnier de France, premier maistre de nostre hostel, maistre ordinaire d'iceluy et vous maistres et contrerolleurs de nostre chambre aux deniers, salut. Scavoir faisons que nous, a plain confians des sens, suffisance, loiauté, preudhomie, bonne vie, mœurs et honneste conversation de nostre cher et bien amé maistre François Joullet, sieur de Chastillon, icelluy pour ces causes et autres a ce nous mouvans avons cejourd'huy retenu et par ces presentes signées de nostre main, retenons en la place de l'un de noz aulmosniers ordinaires, pour doresnavant nous y servir, en jouir et user par ledit Joullet aux honneurs, auctoritez, prerogatives, preeminances, franchises, libertez, gaiges qui luy seront attribuez par l'estat de noz officiers domesticques et a ladicte place appartenans, tant qu'il nous plaira, si voullons et vous mendons, que dudict Joullet prins et receu le serment en tel cas requis et accoustumé, vous, ceste presente nostre retenue, enregistrez et faictes enregistrer es Registres papiers et escriptz de nostre chambre aux deniers, avec noz autres officiers de semblable place et retenue......

Mandons en oultre aux tresoriers generaulx de nostre maison, presens et advenir, chacun en l'annee de son exercice, qu'ilz aient a faire paier, bailler et deslivrer audict Joullet les gaiges et droictz susdictz, et en rapportant ces presentes ou coppie d'icelles, duement collationnee pour une fois seulement, et quitance dudict Joullet d'année en année. Nous voullons lesdictz gaiges et droictz estre passez et allouez en la despence de leurs comptes par noz amez et feaulx les gens de noz comptes, ausquelz nous mandons et ordonnons ainsi le faire sans aucune difficulté. Car tel est nostre plaisir. Donné a Sainct Denys, soubz le scel de nostre secretaire, le troisiesme jour de aoust mil cinq cens quatre vingt treize. Signé Henry, et plus bas Forget.

Aujourdhuy troisiesme jour d'aoust v° iiii^{xx} treize le Roy estant a Sainct Denys, voullant gratifier maistre Francois Joullet sieur de Chastillon en consideration de ses services, et *ce a la priere qui luy en a esté faicte par le sieur de Rosny*, a accordé audict Joullet une place d'aulmosnier ordinaire de Sa Majesté, pour y servir doresnavant aux mesmes honneurs, previlleiges et droictz que les aultres aulmosniers de Sadicte Majesté et aux gaiges qui luy seront ordonnez. Ayans a ceste fin commandé le present brevet et toutes les lettres pour ce necessaires luy en estre expediees par moy, conseiller en son conseil d'Estat, et secrétaire de ses commandemens. Signé Henry et plus bas Forget.

Lettres de provision de la charge de prédicateur du Roi, en faveur de François Joulet de Châtillon.
(1602.)

De par le Roy.

Grand aulmosnier de France, premier maistre de nostre hostel, maistre ordinaire d'iceluy, et vous maistres et conseillers de nostre chambre aux deniers, salut. Scavoir faisons que nous, a plain confians de la personne de nostre cher et bien amé maistre, Francoys Joulet chanoine en l'eglise d'Evreulx et de ses sens, suffisance bonne doctrine et capacité de vye et mœurs, icelluy, pour ces causes et aultres considérations a ce nous mouvans, avons cejourd'huy retenu et retenons en l'effect et charge de l'un de noz predicateurs ordinaires, pour nous y servir doresnavant en ceste qualité et jouir de ladicte charge.............. car tel est nostre plaisir. Donné a Paris le III° jour de janvier mil six cens deux. Signé Henry. Et plus bas : par le Roy. Potier.

Confirmation par Henri IV du titre de coadjuteur de l'évêque de Coutances, donné à Francois Joulet de Châtillon.

(1603.)

Aujourdhuy dernier jour de mars mil six cens trois, le Roy estant a Metz, deument informé et asseuré de la grande doctrine, probité et integrité de vie, de maistre Francoys Joulet, l'un de ses conseillers et aulmosniers, et pour le désir et l'affection que Sa Majesté porte a son bien et advancement, elle a eu agreable l'eslection que faict Maistre Nicolas de Briroy, evesque de Coustances, de la personne dudict Joullet pour estre son coadiuteur en l'administration dudict evesché, et son futur successeur en icelluy, par son trespas ou par sa resignation et succession. Laquelle coadiutorerie avec future succession sadicte Majesté veult avoir lieu et la permise et accordee, permet et accorde, mayant commandé pour l'effect d'icelle en expedier audict Joullet toutes lettres, tant a Romme qu'ailleurs qui luy seront necessaires, et cependant le present brevet qu'elle a signé de sa main et faict contresigner par moy son conseiller et secretaire d'Estat. Signé Henry et plus bas Potier.

Mandat de paiement adressé au trésorier de l'Epargne pour Joulet de Châtillon.

(1603.)

Il est ordonné au tresorier de l'Espargne, maistre Vincent Bouchier, fournir et delivrer comptant a maistre Crespin Parat, tresorier de la maison du Roy, la somme de mil livres pour icelle employer au faict de sa charge, mesmes pour delivrer a maistre Francois Joulet, pour ses gaiges de l'année passée mil six cens deux, a cause de ses estatz de predicateur et aumosnier ordinaire de Sa Majesté, scavoir six cens livres pour celuy de predicateur et quatre cens livres pour celuy daumosnier. Faict au Conseil du Roy tenu à..... le..... jour de..... mil six cens troys [1].

[1] C'est un mandat en blanc non daté, non signé et non scellé.

Certificat de Charles de Bourbon, comte de Soissons, grand maistre de France.

(1611.)

Le comte de Soissons, grand maitre de France. Nous certiffions a tous qu'il appartiendra que maistre Francoys Joulet de Chastillon est conseiller et aumosnier du Roy, couché et employé en cette qualité en lestat général de la maison de Sa Majesté, usant et jouissant a cette occasion des privilèges de tout temps attribuez aux officiers domesticques et commensaux de sadicte Majesté. En tesmoin de quoy nous avons signé le present certificat de nostre main, et a icelluy fait mettre le cachet de nos armes. Donné a Fontainebleau le seziesme jour d'avril mil six cens unze.

Signé Charles de Bourbon. Et plus bas, par Monseigneur, Bresson.

Sauf conduit délivré par le prince de Condé à F. Joulet de Châtillon.

(1615.)

Le prince de Condé [1], premier prince du sang et premier pair de France.

A tous colonelz et maistres de camp, capitaines, chefz et conducteurs des gens de guerre, salut. Nous vous mandons et commendons de laisser librement et seurement passer, aller, venir, seiourner et retourner par tous les lieux que besoing sera le sieur Joulet, conseiller et aulmosnier du Roy, Monseigneur, avec son train, armes, bagage et chevaulx sans luy donner, permettre ou souffrir luy estre donné aucun trouble ou empeschement, ains toute ayde, faveur et assistance, si besoing en a et requis en estoit. En tesmoing de quoy nous avons signé ces presentes de nostre main et apposé le cachet de nos armes. Donné à Clermont le dix septiesme jour de septembre mil six cens quinze.

Signé Henry de Bourbon.

Fondation par l'abbé F. Joulet de Châtillon d'une chaire au collège de Navarre, pour combattre l'hérésie.

(1623.)

Par devant Nicolas Saulnier et Jehan Charles, notaires, garde notles du Roy nostre sire au Chastellet de Paris soubsignez furent presens en leurs personnes monseigneur l'illustrissime et reverendissime Francois, du tiltre de S¹ Calixte, cardinal de La Rochefoucault, grand aulmosnier de France, demeurant en ceste ville de Paris, en la maison abbatiale de Saincte Genevielve, d'une part, et m^re Francois Joulet, prebtre, conseiller et aulmosnier du Roy, demeurant a Paris sur le quai des Augustins, parroisse Sainct André des Artz, d'autre, lequel

[1] Henri II de Bourbon, prince de Condé, père du *Grand Condé*.

sieur Joulet a dict et declaré *que considerant par luy les maux et la perte de plusieurs ames que causent les heresies et les grands troubles, emotions et ruines, que depuis soixante annees et plus elles ont apporté en ce royaulme, ensemble l'utilité et la necessité que les chrestiens ont de vivre en concorde soubz le chef de l'eglise universelle, nostre sainct Pere le pape et ses successeurs, pour coupper chemin au schisme et division qui deschire la robe de nostre Seigneur et mect l'Eglise et tous ses fidelles chrestiens en confusion et desordre, à la diminution du Royaulme de Dieu et grand scandale, desirant de tout son pouvoir contribuer au deracinement de ces malheurs et en empescher cy apres la naissance et le progrez, et que les subjetz du Roy instruictz en la vraye et sincere doctrine de l'Eglise soient plus fermes contre ces erreurs et divisions,*

de son bon gré, pure et franche vollonté a fondé et fonde du jour de son decedz a perpetuité au college de Navarre, en ceste ville de Paris, une chaire de lecture et controverse contre les heresies et le schisme pour laquelle, et appointement et entretenement du lecteur qui y sera employé, en la forme et aux conditions cy apres declarees, il a donné et transporté et promect garentir de tous troubles et empeschemens quelzconcques, fors du faict du prince, audict college de Navarre, ce acceptant par mondict seigneur l'illustrissime cardinal *six cens cinquante livres de rente annuelle et perpetuelle,* assignee sur les gabelles et greniers a sel du Royaume de France, a luy appartenant par la succession de deffunct maistre Pierre Joulet sieur de Chastillon, son frere, vivant conseiller du Roy en son conseil d'Estat, pour en joyr par ledict lecteur, par ses quitances et a Bureau ouvert, du jour du decedz dudict sieur donnateur et fondateur et continuer de la en avant, a perpetuité, a la charge et condition expresse que ledict lecteur sera, tant pour la premiere fois que par mort ou destitution, ainsy qu'il sera dict cy apres, nommé et presenté a mondict seigneur le cardinal grand aulmosnier et ses successeurs en ladicte charge, par le grand maistre, proviseur et principal des grammairiens dudict college de Navarre et leurs successeurs, avec l'advis des reverends peres prieurs des chartreux, feuillans et Jacobins du faulxbourg Sainct Honnoré, et le Recteur des Jésuites au college de Clermont de ceste ville de Paris, et confirmé et pourveu par ledict seigneur grand aulmosnier, lequel lecteur ainsy nommé et pourveu sera tenu de lire assiduellement et continuellement par chacun jour ouvrable, en la maniere qu'il est praticqué pour le present audict college de Navarre et d'enseigner les traictez les plus convenables *pour instruire le peuple sur la verité de la doctrine chrestienne et de la Foy, et de l'union necessaire en l'eglise soubz le pape, chef et vicaire de nostre seigneur Jesus Christ en icelle,* auquel a ceste fin seront prescritz et ordonnez par chacun an, au jour et feste de l'Assomption de Nostre Dame, par les grand maitre, prieurs et recteurs dessus dictz en personne et du susdict grand aulmosnier, les poinctz qu'il aura a traicter et enseigner en l'annee suivante, lesquelz au cas que, comme il faut espérer il plaise a Dieu faire cesser lesdictes heresies et opinions schismatiques dont l'Eglise n'est que trop travaillee en cest estat, et qu'il n'en restast aucun vestige, en sorte qu'ilz jugeassent n'estre a propos de traicter desdites mathieres, ordonneront autres poinctz convenables pour instruire le peuple aux bonnes mœurs et a la pieté et devotion, ainsy qu'ilz verront estre meilleur, et au cas que ledict lecteur vint a estre luy mesme entaché de mauvaises oppinions tant en la foy qu'unité de l'Eglise ou de mœurs depravees, et jugé tel par les susditz relligieux en presence du sieur grand aulmosnier, en ce cas sera deposé par trois d'iceulx, et ung autre presenté en son lieu audict seigneur grand aulmosnier, et affin que ladicte deposition et revocation ne soit subjecte a contestation qui ne pourroit estre suivie par lesdictz nominateurs, au cas qu'ilz feussent obligez de justifier des causes de ladicte destitution par devant les juges ausquelz ledict lecteur ainsy destitué en pourroit appeller, veult et entend ledict sieur fondateur que lesdictz nominateurs ne soient tenuz de rendre aucune raison de leur destitution, ains qu'elle leur soit libre et non subjecte a estre debatue, estant signee au moins de trois desditz nominateurs prieurs et recteurs assemblez, comme il a esté dict en presence dudict sieur grand aulmosnier, pour plus grande asseurance de laquelle fondation et donnation ledict fondateur a promis fournir et mectre es mains de mondict seigneur le cardinal les tiltres originaux concernans ladicte rente, pour estre par luy mis au tresor des tiltres dudict college en la forme accoustumee, a la charge de n'ayder audict sieur fondateur si, pendant sa vie il en a besoing pour la perception des arrerages de ladicte rente sa vie durant, selon les paiements qui en seront faictz a bureau ouvert pendant icelle, de laquelle rente en oultre il promect fournir ung decret faict sur luy en bonne forme dans six mois prochains pour purger touttes hypotecques, affin que lesdictz lecteurs ne puissent recevoir trouble ou empeschement en la jouissance d'icelle, et pour insinuer icelles presentes partout ou besoing sera et icelles faire emolloguer et enregistrer en la cour de Parlement, si besoing est, a constitué son procureur le porteur, transportant tous droictz..........
....

Faict et passé l'an mil six cens vingt trois, le huictiesme jour de janvier apres midy en la maison abbatialle de Saincte Geneviefve et ont les partyes signé la minute des presentes, demeurées vers Charles, notaire.

Signé Saulnier-Charles.

Accord entre Jean Dormoy, chirurgien du Roi, et Fr. Joulet de Châtillon au sujet de l'entretien de la maison de ce dernier.

(1626.)

Nous soubsignez Francois Joulet, sieur de Chastillon, conseiller du Roy et son aulmosnier ordinaire, d'une part, et Jean Dormoy, chirurgien ordinaire du Roy, et opérateur de Monseigneur le Prince, d'autre part, avons faict les accordz qui ensuivent, c'est assavoir que moy sieur de Chastillon promects payer par chacun an audict Dormoy la somme de six mille livres t. pour defrayer ma maison entierement, fors des dépenses extraordinaires, payer les loyers d'icelle, les gages de mes serviteurs et servantes, entretenir mon carrosse et deux chevaulx, fournir le foing, l'avoine, la paille, mesme le bois et charbon de ma chambre et cuisine, et moy ledict Dormoy promects moiennant ladicte somme de six mil livres t. par chacun an defrayer la maison dudit sieur de Chastillon, tant en pain, viande que bois et charbon, payer lesditz loyer de maison, gages des serviteurs et servantes, entretenir son carrosse, nourrir chevaulx et fournir le foing, l'avoine et la paille, et ne seray néanmoins tenu des dépenses extraordinaires.

Faict à Paris sous mon seing le tresziesme octobre mil six cens vingt six.

Signé Dormoy

Mémoire de l'argent laissé en garde par M. de Chatillon a Biterne, procureur au Chastelet, et a Labbé son serviteur, dans sa maison, allant aux baings.

(1627[1].)

Memoire des especes d'or et d'argent monnoyé qui sont en mes coffres et cabinet dans ma maison, que j'ay laissé en garde a Monsieur Biterne procureur au Chastelet de Paris et mon procureur, auquel j'ay baillé mes clefz et veux et entend que Francois Labbé mon serviteur luy tienne compagnie a faire ladicte garde, pendant mon voïage aux bains, que jay resolu de faire dans peu de temps par l'advis des medecins.

Premierement en mon coffre de fer, qui est aupres de mon liet il y a la somme de dix huit cens pistolles d'Espagne, et douze cens escus d'or soleil dans le chartrain au bas du coffre; et oultre la somme de douze mil cinq cens livres, scavoir huit mil livres en quartz descuz et quatre mil cinq cens livres en testons et pieces de dix solz dans douze sacqs, dont l'un est de quinze cens livres en testons.

Plus dans mon cabinet d'Allemagne la somme de six mille livres tant en quartz d'escus que pieces de dix solz dans dix sacqz.

Plus trois cens pistolles d'Espagne dans ung petit sacq et cent cinquante demie pistolles d'Espagne dans une petite bourse de velours.

Et encores la somme de six cens soixante escuz d'or soleil dans ledit cabinet, non comprins ma vaisselle d'argent qui est au present cabinet.

Plus dans mon coffre de bahut qui est au bout de ma table, ou je mange ordinairement en ma chambre, la somme de six mil livres en quartz descus dans six sacqz estiquettez.

Plus six cens livres en douzains dans deux sacqz; les dix six mil livres estans dans une grosse cassette fermant a clef qui est dans ledit coffre.

En mon estude dans ung coffre fermant a clef, du costé de la chappelle, la somme de cinq mil livres en quartz descuz, dans cinq sacqz de toille et cinq escuz d'or soleil et cent deux escuz dans ung sacq de cuir.

Tout ce que dessus estant veritable et lavoit ausditz desposé et mis par estat et donné la charge et la garde audit sieur Biterne de tout ce qui mappartient estant dans ladite maison et audit Labbé mon serviteur pendant mondit voyage.

En foy de quoy jay signé le présent estat et memoire demeuré par devers moy.

Faict a Paris le vingt septiesme jour de juin mil six cens vint sept.

Signé : Joulet.

Suscription : A Messieurs Messieurs de l'Hostel Dieu, au logis de M. Desprez, advocat en Parlement, demeurant rue Saint Jacques a Paris.

---

[1] Ce mémoire porte la mention : signé Joulet, et semble être la copie d'un document authentique. Ce n'est pourtant qu'une pièce fausse; elle se rapporte, ainsi que la lettre anonyme qui suit, à une accusation de vol et même d'assassinat faussement portée contre des inconnus, dont l'un, dans la pensée du dénonciateur, pourrait bien être le procureur Biterne, homme de confiance et exécuteur testamentaire de l'abbé Joulet.

Ces deux pièces parvinrent entre les mains des administrateurs de l'Hôtel-Dieu, puisque nous les retrouvons dans les archives de cet hôpital, mais les administrateurs ne tinrent aucun compte de l'accusation anonyme, et le procureur Biterne resta chargé de l'exécution du testament.

Il n'est pas impossible que ce vilain rôle de calomniateur et de dénonciateur ait été rempli par le chirurgien Dormoy. Certains détails consignés dans le procès-verbal d'apposition des scellés permettent de le supposer.

Le mémoire des sommes d'argent laissées par Joulet de Châtillon dans sa maison de Paris, peu de temps avant sa mort, étant faux, nous ne pouvons en tirer aucun élément pour évaluer l'actif de la succession.

Lettre anonyme accusant deux « quidams » d'avoir volé et empoisonné Joulet de Châtillon.

Messieurs, je vous donne advis sur ce que..... empescher et avez laissé d'argent..... sur la succession de feu M. de Chastillon plus de la somme de soixante mil livres qui sont esté mal prises par deux quidan que ledit sieur de Chastillon avoit laissé en sa maison, lors de son voyage des bains a Bourbonne l'Archambault. Lesdictes sommes estoient tant en or, argent monnoyer que non monnoyer, sans la somme de quatorze mil livres qu'il a receue depuis le retour de son voyage, de la terre de Lusarche. Ledict volle a esté faict pendant ledict voyage et au retour du sieur, voullant mectre son argent a constitution, la servante (et le cocher)[1] qui gardaient la maison furent malade pendant ledict volle (dont le cocher en est mort) et affin que le sieur ne (trouvant) s'apperçut dudict volle, *il fut mené a Saint Cloud disné, que estant arrivé, on lui bailla ung potage, que layant pris il ne parla jamais dudepuis et en est mort.* Et pour apprendre de cela dessus, il est necessaire de faire fulminer ung monitoire tant a leglise Sainct Severin et Sainct André des Artz, et il sy trouvera personnes qui scavent des nouvelles dudict volle et lon le justiffira tant par escript que tesmoings. Le tout est fort véritable, comme il est porté par le memoire cy-joint. Le scribe est lun des quidam, porta mil escus au college de Navarre, la ou il est, fut pris partie de la somme par les escolliers, oultre il fit faire ung coffre de fer par ung serrurier dAvergne appelé M⁺ Anthoine. La façon dudit coffre luy revenoit a deux cens livres; il fit faire deux habitz revenant a six vingtz escuz, lequel estoit pauvre garçon qui navoit que deux meschantes chemises?

Vostre serviteur qui ne se peut nommer.

Suscription : A Messieurs, Messieurs de lHostel Dieu au logis de M. Desprez advocat, demeurant en la rue Sainct Jacques, a Paris.

Extraict du compte rendu par M⁺⁺ du Jour et Biterne a Messieurs de lHostel Dieu, legataires universels de deffunct M. Chastillon, lesdicts du Jour et Biterne executeurs de son testament (sans date).

Premierement

Ne sera faict aucune mention par le presant extraict des trois mil livres de rente donnees a l'Hostel Dieu par ledict deffunct par donnation entre vifs.

Rentes constituées appartenant a lhospital des Incurables en qualité de legataire universel dudict deffunct.

Quatre cens vingt cinq livres de rentes en trois parties deubz par M. le baron de Montrotier (demeurant en Bourgogne).

[1] Les mots entre parenthèses ont été effacés.

Six vingt cinq livres de rente par Monsieur de Montrouge.

Trois cens soixante quinze livres de rentes deubz par M. d'Argenton.

Rentes sur la ville.

Est deub xliii livres ii s. viii den. de rentes sur le sel, constituee le ii⁺ decembre ᴍᵛᶜ ɪɪɪɪˣˣ ᵛ.

Est deub et se recoipt les arrerages de ii⁺ viii livres vi s. viii deniers de rente sur le clergé constituee le xxi octobre ᴍ ᵛᶜ ʟxx.

xlii l. iii s. viii den. de rente sur le clergé constituee le xxii⁺ janvier ᴍ ᵛᶜ ʟxxɪɪɪ.

xxxvi livres xiii s. iv den. de rente sur les aydes, constituee le xx⁺ novembre ᴍᵛᶜ ʟxxɪ.

clxxi livres viii s. vi den. de rente sur les aydes, constituee le xxii octobre ᴍᵛᶜ ʟxxɪɪ.

xx livres xvi s. ix den. sur les receptes generalles, constituee le xxvi⁺ may ᴍᵛᶜ ʟxxᵛ.

Plus est deub la somme de douze cens cinquante livres de rente sur les tailles au lieu des greffes de leslection de Dreux et Ponthieu.

Plus viii⁺ lxv livres viii s. de rente en deux parties, ceddez par la demoiselle de Senneterre, a cause du greffe de Dreux.

Rentes racheptees.

Est a notter qu'il a esté racheplé plusieurs rentes qui estoient deubz a cause de ladite succession. Scavoir.

lxxv livres de rente deub par M. de Grieux et autres.

xliii livres de rente deue par le sieur Perier.

Cinquante livres de rente deue par le sieur de Breda.

iiii⁺⁺ xv livres deubz par M. Robert.

iii⁺ lxxv livres de rente par M. de Carvoisin.

A cause du revenu des benefices.

La somme de vii⁺ l livres deue par M. Michel de Tumbes, receveur hereditaire des decimes au dioseize de Boullongne, pour neuf mois escheuz le derrenier septembre 1627 du fermage du revenu du prieuré de Beassant, dioseize de Boulongne, suivant son bail, M. Dieu, chanoine de leglise de Paris sa caution.

La somme de trois cens cinquante livres deubz par M. Roy a Loches pour une annee escheue au dernier septembre 1627 a cause du revenu du prieuré d'Azay.

La somme de trois cens douze livres dix solz deubz par.... Deshayes, marchant demeurant a Evreux, pour ung terme escheu au dernier septembre 1627 du revenu du prieuré de Marsilly la Champagne.

La somme de deux mil quatre cens livres deubz par

François Denisot et Guillaume Petiteau demeurant au Blanc en Berry et leurs femmes, a cause du revenu du prieuré de Saint Genitour.

Arrérages de rentes sur la ville.

Est deub la somme de iii cens cinquante livres pour ung quartier escheu le dernier decembre 1616 de xiiii° livres de rente sur les aydes constituee le premier novembre MV cens LXVIII, ladicte rente appartient a present aux relligieux chartreux de Paris et relligieuses de Sainte Ursulle du faulxbourg Sainct Jacques, chacun pour moietie, qui ont receu ledict quartier de ladicte rente.

De la rente de xi° x livres sur le sel, constituee le XIII° decembre MV° IIII^{xx} XLIII, est deub le quartier de decembre 1623 et a esté receu et touche sçavoir vi^{xx} v livres par les Jacobins reformez du faulxbourg Sainct Honnoré, vi^{xx} v livres par les feuillans dudict faulxbourg et xxvii^{tt} par les chartreux de Troyes ausquelz le fondz de ladite rente a esté donné.

De la rente de vii cens livres sur le sel constituee le XIII° decembre MV° IIII^{xx} XLIII, a esté touché le quartier d'octobre 1623 par les chartreux de Troies ausquels ladicte rente a esté donnee.

De la rente de xiii cens iiii^{xx} v livres xvi s. sur le scel faisant partie et restant de ii mil iii cens iiii^{xx} v livres xvi s. de rente constituee le trentiesme et dernier april MV° IIII^{xx} VII, a esté touche le quartier d'octobre 1623, scavoir, par les relligieux de la Charité, la somme de ii° cinquante livres et le reste par les chartreux de Troies.

De la rente de xlviii^{tt} v constituee le XIIII aoust MVLXX sur le clergé a esté receu xxiiii livres ii s. vi den. pour demie annee escheue le dernier septembre 1620 par les chartreux de Paris.

De xxiii livres de rente sur le clergé, constituee le XIIII° aoust MV° LXX a esté receu par lesdicz chartreux ladicte demye annee escheue 3 septembre 1620.

De xxx livres de rente constituee le xxx mars MV° XLII sur le sel a esté receu par les chartreux de Paris le dernier quartier 1623.

De xxxvii l. x s. de rente constituee le xxxi° mars MV° XLIII sur le sel le dernier quartier 1623 a esté receu par lesdits chartreux.

De la rente de cent livres, constituee le xxx juin MV° LXII sur les aydes a esté receu par lesdits chartreux le quartier de decembre MVI° XVI.

De l livres de rente constituee le xx juillet MV° XXXVII sur les aydes a esté receu par lesdits relligieux le quartier de decembre M VI° XVI.

De xxv^{tt} de rente constituee le XIII° aoust MV° XXXVI sur les aydes a este receu ledict quartier de decembre par lesdits relligieux.

De l livres de rente constituee le VII° aoust MV° LXII sur les aydes a este receu par lesdits relligieux chartreux de Paris ledict quartier de decembre MVI° XVI, le fondz desquelles rentes a esté donné ausdicts relligieux.

Arrérages de rentes.

Par le compte rendu par M. Hyeraulme jusques au derrenier decembre MVI XLI ledit sieur fait reprise des arrerages de iiii° xxv livres de rente deubz par M. le baron de Montrotier escheuz jusques audit jour de la somme de ii mil vi cens xxx livres xiii s. vi den.

De la rente de vi^{xx} v livres deubz par M. de Montrouge, faict reprise de xxx livres viii s. iiii den. pour reste des arrerages de ladite rente escheux au dernier decembre 1641.

De la rente de iii° lxxv livres deubz par M. le baron d'Argenton est deub jusques au dernier decembre 1641 la somme de v mil v cens livres.

De la rente de xxv livres deubz par M. de Masparrault en est deub vi cens livres d'arrerages escheuz au dernier decembre 1641.

Ledit sieur Hyeraulme faict reprise de la somme de ix^{xx} xvii^{tt} v s. deubz par le sieur de Breda, quoyque le rachapt de ladite rente ayt esté receu et les arrerages aussy des le XXII aoust 1635.

Plus ledit sieur faict reprise soubz le nom de Messieurs les prevost des marchans et eschevins de la somme de ii cens xxv livres.

Plus soubz le nom desditz sieurs v° xxx liv. xv s.
Plus soubz le nom desdicts sieurs cv^{tt} ix s.
Plus soubz le nom desdicts sieurs xlv^{tt} xv s.
Plus soubz le nom desdicts sieurs xli^{tt} xiii s.
Plus soubz le nom desdicts sieurs ix° iiii^{xx} x^{tt}.
Plus soubz le nom desdicts sieurs xiiii° xxxii^{tt}.
Plus soubz le nom desdicts sieurs v^{m} vii° xxxiii^{tt}.
Plus soubz le nom desdicts sieurs c lxvi^{tt}.
Plus soubz le nom desdicts sieurs v^{m} xlvii livres.
Le sieur Trucquier xviii^{m} livres.
Plus est deub ix^{m} v° xviii^{tt}.

Plus par le compte desdicts sieurs Biterne et du Jour font reprise de la somme iiii° l livres deubz pour trois annees de cl livres de gages attribuez a l'office de greffier de leslection de Dreux escheuz le dernier septembre MVI° XXVIII.

Plus par le calcul et arresté dudit compte lesdits sieurs du Jour et Biterne sont reliquataire de la somme de trois cens cinquante trois livres.

EXTRAICT DES COMPTES DE M. HIEROSME, FAISANT MENTION DU FAICT DE M. JOULET TANT DE LA RECEPTE QUE DESPENSE, ENSEMBLE DE LA RECEPTE ET DESPENSE DE L'HOSPITAL DU FAICT DE M. LE CARDINAL DE LA ROCHEFOUCAULD ET DE CELLE DE M. PERROT.

Extraict de la recepte des Incurables du faict de M. Joulet.

Le premier chapitre monte à 5835 ♯ ii s.
Chapitre d'arrérages de rentes.
425 ♯ de rente en plusieurs partyes, 6405 ♯ 23 s. vi den.
75 ♯ de rente, 150 ♯.
125 ♯ de rente encore en nature, 1833 ♯ vi s. 8 den.
43 ♯ 10 s., 405 ♯ ii s. ii den.
25 ♯ de rente de nulle valeur, 600 ♯.
50 ♯ de rente, 981 ♯.
95 ♯ de rente racheptee, 814 ♯ 13 s. 4 den.
375 ♯ de rente R., 3859 ♯ 7 s. v. den.
375 ♯ de rente deube par le baron d'Argenton, 5501 ♯ 10 den.
Ce second chapitre monte 20551 ♯ 5 s.
43 ♯ 2 s. 8 den. Recepte des rentes sur la ville (sel), 582 ♯ v den.
Sel 300 ♯, 3150 ♯.
Sel 150 ♯, 1375 ♯.
208 ♯ v s. 8 den. sur le clergé, 2812 ♯ 10 s.
42 ♯ 3 s. 8 den. sur le clergé, 569 ♯ 9 s. v. den.
36 ♯ 13 s. 4 den. aydes, 394 3 s. 4 den.
20 ♯ 16 s. 9 den. sur les receptes generalles, 145 ♯ 17 s. 3 den.
Troisième chapitre monte à 9229 ♯ 5 s.
Recepte des rentes racheptees.
Rachapt de 75 ♯, 1200 ♯.
Rachapt de 43 ♯ 15 s., 700 ♯.
Rachapt de 50 ♯, 800 ♯.
Rachapt de 375 ♯, 6000 ♯.
Rachapt de 95 ♯ de rente, 1520 ♯.
Quatrieme chapitre monte 10,220 ♯.
Du greffe alternatif et triennal de l'élection de Dreux.
Ce cinquième chapitre monte 7664 ♯ 16 s.
Gages du greffe de Ponthieu.
Ce sixième chapitre monte 8627 ♯ 13 s.
A cause des rentes sur les tailles, selon la réduction faicte.
Ce septième chapitre monte 13625 ♯ 7 s.
Autre recepte des deniers baillez par M. le cardinal de La Rochefoucauld[1].
Ce huitième chapitre monte 25,900 ♯.
Recepte des arrérages des rentes sur les aydes.
Ce neuvième chapitre monte 21,500 ♯.

[1] La fin de ce compte n'intéresse plus la succession Joulet; nous ne la donnons que pour les renseignements qu'on y peut trouver relativement aux Incurables.

Autre somme particulière qui sont les 1433 ♯ v s. 8 den. donnez par son Éminence pour les quartiers de juillet 1633 et janvier 1634 des susdictes rentes et 2400 livres d'argent comptant.
Dixième chapitre monte 3833 ♯ v s. 8 den.
Encore dudict seigneur cardinal.
Plus de la somme de 15000 ♯.
De M. de Lancy 5047 ♯ v s.
De M. Trinquier 18,000 ♯.
Onzième chapitre monte 38047 ♯ v s.
De M. Hillerin 1600 ♯ — de Mad° de Merly 96 ♯ — de M. Coqueret 120 ♯ — de M. de Cagny 100 ♯ — de M. le cardinal de la R. par les mains de M. Sintot 3000 ♯ — de M. Perier 1000 ♯ — de Madame de Bullion 500 ♯ — de M. Dumas 400.
Douzième chapitre monte 6816 ♯.
Recepte a cause des arrerages de 171 ♯ 8 solz v den. qui est une rente acquise de M™ les gouverneurs.
Treizième chapitre 985 ♯ 13 s.
Autre recepte faicte par M. Perrot pendant les deux derniers quartiers de 1637, 1378 ♯ v solz.
Autre recepte faicte par ledict sieur en 1638, 6974 ♯ 3 s.
Autre recepte de 1639, 6063 ♯ 17 s.
Année 1640, 4290 ♯ 12 s.
Annee 1641, jusques au mois d'octobre 12,882 ♯ 9 s.
Quatorzième et dernier chapitre monte 30990 ♯ 3 s.
Somme totale de la recepte contenue en ces quatorze chapitres 203,826 ♯ 10 s.
Sur quoy fault rabattre les deniers comptez et non receuz qui ce montent a la somme de 52169 ♯ 15 s.
Laquelle somme desduitte sur ladicte recepte totalle, reste de recepte effective 151656 ♯ 15 s.
Mais par ce qu'il se peult recevoir partye desdictz deniers comptez et non receuz, cecy n'est mis que pour *advertatur*.
Despence.
A dame Marguerite de Refuge, veufve de messire Pierre Joulet sur son douaire de 1200 ♯ par an, a commancer du 4 x^bre 1622, suivant une transaction du xi febvrier 1626 jusques au 14 x^bre 1625, et depuis le 14 x^bre 1625 jusques au jour de son deceds a raison de 400 livres par an seulement.
Premier chapitre de despence 17,142 ♯.
Au sieur de Fontaine suivant une transaction 2400 ♯.
Audit de Fontaine pour despens 237 ♯ 3 s.
Pour exploictz 6 ♯ 4 s.
A Charles Baillot, procureur du Roy a Villeneufve le Roy 10,000 ♯.
A damoiselle Barbe Laureau, veufve dudict Baillot 10,000 ♯.
Encore audict Baillot pour fraiz de procez 936 ♯.

Mademoiselle de Senneterre 50ᵗᵗ 12 s.
Deuxiesme chapitre 23,629ᵗᵗ iii s.
Autre despence a cause de finance payee.
A M. de Nouveau tresorier des partyes casuelles 448ᵗᵗ 17 s. v den.
Encore audict sieur de Nouveau 299ᵗᵗ v s. — a M. Garnier tresorier des partyes casuelles 900ᵗᵗ — encore a luy 900ᵗᵗ — au receveur de l'eslection de Ponthieu 20ᵗᵗ — encore a luy 4ᵗᵗ 16 s. — pour des huissiers 64ᵗᵗ — a Messieurs les esleus de ladicte eslection de Ponthieu 16ᵗᵗ — ausdits esleus 58ᵗᵗ — au sieur de Louvencourt 7ᵗᵗ 12 s. — a un sergent pour avoir esté a Abbeville 60ᵗᵗ — pour autre sergent iiiiᵗᵗ x s. — pour celuy qui a accompagné ledict sergent 16ᵗᵗ — pour le voyage de M. de Poix 189ᵗᵗ — 10 s. — au sieur Philippe Ponthieu 62ᵗᵗ 4 s. — pour plusieurs fraiz 150ᵗᵗ.
Troisiesme chapitre 3350ᵗᵗ 14 s.
Autre despence.
Au sieur de Sᵗ Espein, chanoine de Saint Martin de Tours, 1585ᵗᵗ 14 s.
Autre despence en consequence des contractz passez avec M. l'eminentissime cardinal de La Rochefoucauld.
Au sieur Lemoyne, notaire, pour salaires 50ᵗᵗ — encore à luy 60ᵗᵗ — au sieur Gamart[1], 2000ᵗᵗ et 59,000ᵗᵗ — iiiiᵐᵉᵗᵗ — 3600ᵗᵗ — 12,293ᵗᵗ 7 s. le tout montant a 80,893ᵗᵗ 7 s.
Au sieur Doublet charpentier 4000ᵗᵗ et 16,000ᵗᵗ — — 6750ᵗᵗ montant le tout a 22,750ᵗᵗ. — Au couvreur 5000ᵗᵗ — au plombier M. Arnaut 3305ᵗᵗ 19 s. — a Jean Baptiste Le Tellier autre plombier 2836ᵗᵗ — a Jean Lalie menuisier 900ᵗᵗ — a Guillaume Noyer, autre menuisier, 1101ᵗᵗ — audit Lalie 440ᵗᵗ — audit Noyer

[1] L'architecte des Incurables.

417ᵗᵗ 10 s. — audit Noyer 343ᵗᵗ — a René Moufflart menuisier 1560ᵗᵗ — a Louis Bretonne serrurier 3240ᵗᵗ 12 s. — encore a luy 3096ᵗᵗ — au vitrier 328ᵗᵗ 10 s. — a Solignac autre vitrier 388ᵗᵗ — pour le pavé de grez Nicolas Martin 1012ᵗᵗ — audit Martin 2737ᵗᵗ 2 s. — a l'orloger dit Legaineur 336ᵗᵗ, 1005ᵗᵗ et 743ᵗᵗ montant le tout a 2084ᵗᵗ — au peintre 330ᵗᵗ et 66ᵗᵗ — a Julien de Bures iardinier 900ᵗᵗ — au tapicier pour 36 lictz garnis et autres fournitures 3875ᵗᵗ 10 s.
Despence faicte audict hospital par M. Perrot, scavoir :
Pour les six premiers mois 1637 la somme de 8220ᵗᵗ 7 s.
Plus pour l'année 1638 9325ᵗᵗ 1 s.
Année 1639 10,599ᵗᵗ v s.
Année 1640 11,917ᵗᵗ 17 s.
Année 1641 jusques au 28 octobre 11,234ᵗᵗ 16 s. et du reste de l'année 872ᵗᵗ 8 s.
Sixiesme chapitre de despence 52,169ᵗᵗ 15 s.
Deniers comptez et non receuz 57,010ᵗᵗ 14 s.
Somme totale de la despence 297,603ᵗᵗ 7 s.
Tellement que par l'extraict de l'autre part, la recepte tant du faict de M. Joulet que de ce que Monseigneur le cardinal de La Rochefoucauld a donné monte a la somme de 203,826ᵗᵗ 10 s. sauf 52,169ᵗᵗ 15 s. de reprise, qui est pour recepte effective 151,656ᵗᵗ 15 s.
Et la despence depuis le testament de M. Joulet jusques au dernier décembre 1641 qui comprent tout le temps du séjour du sieur Perrot et le reste de ladite année 1641 se monte a la somme de 297,603ᵗᵗ 7 s.
Tellement que la despence excede la recepte de 93,776ᵗᵗ 17 s. sur quoy est a deduire 8636ᵗᵗ 2 s. donnez par feu M. Perrot faisant 441ᵗᵗ 16 s. au profict des Incurables lorsque ledict *debet* sera acquitte.

LEGS DE MADEMOISELLE DE GUISE[1].

Testament et codicille de mademoiselle de Guise.

JESUS MARIA.

Au nom du Père, du Fils, et du Sᵗ Esprit, je Marie de Lorraine, duchesse de Guise, estant par la grâce de Dieu saine de corps et d'esprit; désirant employer ce qui me reste de vie à me préparer à la mort : et considérant que la disposition des biens de ma maison, qui sont tous aujourd'huy entre mes mains, est une des principales choses dont j'auray à rendre compte à Dieu, j'ay résolu de faire mon testament; et pour c'et effet, après m'estre retirée dans mon cabinet, et avoir demandé à Dieu les lumières qui me sont nécessaires pour faire cette dernière action de ma vie, comme j'aurois deû faire toutes les autres, c'est à dire, dans son ordre, et par la seule veüe de luy plaire; pour satisfaire aussi

[1] Marie, duchesse de Guise et de Joyeuse, princesse de Joinville, dite mademoiselle de Guise, naquit le 15 août 1615, mourut à Paris dans son hôtel le 3 mars 1688 et fut enterrée en l'église des Capucines près de sa mère, Henriette Catherine, duchesse de Joyeuse, comtesse du Bouchage, veuve de Henry de Bourbon, duc de Montpensier, fille unique de Henry duc de Joyeuse, comte du Bouchage, pair et maréchal de France, depuis capucin et connu sous le nom de P. Ange de Joyeuse....
Henriette Catherine de Joyeuse se maria en 1611 avec Charles de Lorraine, duc de Guise. (P. Anselme, III, 488.)

aux obligations de ma conscience, et de celle de tous ceux dont Dieu a permis que j'aye recüeilly les successions; j'ay fait et écrit mon testament comme il s'ensuit, sans induction ni subjection de personne, et de ma franche et libre volonté.

Premièrement, je recommande mon âme à Dieu, le suppliant d'en avoir pitié, de ne point entrer en jugement avec moy, de me pardonner mes pechez, de me faire la grâce d'employer ce qui me reste de vie à les expier par la pénitence et de mourir de la mort des justes, pour l'aymer à jamais dans le ciel : c'est ce que je luy demanderay tous les jours de ma vie, et ce que j'espère de sa miséricorde, par les mérites du sang de Jésus-Christ, mon sauveur, par l'intercession de la très Sainte-Vierge, et de tous les saints et saintes du Paradis, et par la vertu des prières et mérites de tout ce qu'il y a de saintes âmes dans l'Eglise catholique, apostolique et romaine, dans le sein de laquelle je veux mourir, comme Dieu m'a fait la grâce d'y naistre et d'y vivre?

2. Je désire que mon corps soit inhumé aux Capucines de Paris, dans leur sépulture; et qu'il soit porté sans aucune cérémonie; et mon cœur à Montmartre, avec ceux de mes proches; et je deffends très expressément qu'il en soit fait aucune dans les services qui se feront pour le repos de mon âme.

3. J'ordonne qu'il soit dit, le plus promptement qu'il se pourra, dix mil messes dans les lieux que je marqueray par un mémoire particulier.

4. Et comme dans la disposition de mes biens je dois regarder Jésus-Christ avant toutes choses; et que Dieu ayant permis que je demeurasse seule de la maison des Guise : je me trouve obligée d'en faire aux pauvres une part considérable; et d'employer le plus qu'il me sera possible au soulagement de leurs nécessitez temporelles et spirituelles : je veux que l'on distribue, incontinant après mon deceds, la somme de vingt mil livres, selon qu'il se trouvera écrit dans un mémoire particulier des aumosnes, que je veux être faites.

5. J'ordonne que la somme de dix mil livres soit mise, incontinant après ma mort, entre les mains de M. l'abbé de St Mihel, ou de celuy qui sera prieur de la mesme abbaye, pour estre distribuée aux pauvres des duchez de Lorraine et de Bar.

6. J'ordonne aussi qu'il soit distribué dans toutes mes terres pareille somme de dix mil livres aux plus pauvres.

7. J'ordonne que les maistres et maistresses d'escole, qui se trouveront par moy établis dans mes terres au jour de mon deceds, y soient entretenus à perpetuité, à raison de deux cents livres pour les maistres d'école, et de cinquante écus pour chacune des maistresses; et qu'il soit fait un fonds sur mes biens, dont le revenu égale la dépense nécessaire pour leur entretien.

8. Et je donne aussi deux cents écus de rente à la maison établie dans Paris; à la charge de fournir les maistresses d'escolle dans toutes mes terres, où je les auray établies.

9. Je donne et lègue à l'abbaye de Montmartre la somme de cent cinquante mil livres, pour estre employée en fonds de terres, dont le revenu serve à l'entretien de vingt jeunes damoiselles des duchez de Lorraine et de Bar, et de mes terres, tant qu'il s'y en trouvera de propres, et bien appellées à estre religieuses; après que leur volonté aura esté examinée par les trois personnes qui seront nommées par moy, pour l'execution des fondations et legs pieux que je faits, ou par ceux qu'ils auront substituez à leur place, et par les abbesse et religieuses de ladite abbaye qui recevront lesdites filles gratuitement sans dot : et lors que le nombre desdites filles ne sera pas remply, le surplus du revenu desdites terres sera employé à faire apprendre des métiers à de pauvres filles des mesmes duchez et terres qui sont à moy.

10. Je donne aussi la somme de cent mil livres, pour fonder et bastir un séminaire, où seront entretenus et instruits douze jeunes gentilshommes d'espée, pauvres, que je veux estre establi dans un monastère des duchez de Lorraine ou de Bar, ausquels l'observance soit fidèlement gardée; lequel sera choisy par les trois personnes que je nommeray pour l'execution de mes legs pieux : lesquelles, avec le prieur du monastère, nommeront les jeunes gentilshommes, plus propres et mieux appellez à servir Dieu dans l'estat ecclésiastique.

11. Je donne aux Capucines la somme de deux mil escus, une fois payée.

12. Je donne aux religieux de l'abbaye de St Mihel la somme de mil livres de rente annuelle et perpétuelle, pour l'entretien de deux religieux, qui appliqueront toutes leurs messes pour le repos de mon âme, et de celles de mes prédécesseurs, dont plusieurs sont inhumez dans ledit monastère : et de plus, à la charge de faire chanter une messe haute tous les vendredis de l'année, pour honorer la relique de la vraye croix que j'y ay donnée; cette messe s'appliquera à l'intention de remercier Dieu des victoires qu'il a données aux armes Chrestiennes, sous la conduite de Son Altesse Sérénissime monsieur le duc de Lorraine, dans la dernière guerre contre les Turcs; et pour obtenir, pour tous les princes de nostre maison, la persévérance dans la religion catholique, apostolique et romaine, et la grâce de leur augmenter le zèle de la maintenir.

13. Je donne et lègue aux religieuses du Val-Done la somme de trois cents livres de rente annuelle et perpétuelle, à charge de célébrer tous les ans un service pour le repos de mon âme, et celles de tous mes prédécesseurs.

14. Aux religieux de S¹ Urbain, et à ceux de Montierenderf, la somme de cent livres de rente, à chacun desdits monastères, aux mesmes conditions d'un service annuel.

15. A l'abbaye de S¹ Thouëlle, proce de Bar, je donne cinquante livres de rente, pour continuer les services dont la rente est perdue.

16. A la paroisse de Ginville, je donne trois cents livres de rente, pour célébrer quatre services par an, pour le repos de mon âme et celle de mes prédécesseurs; à charge de délivrer sur ladite somme celle de vingt cinq livres, à chaque service, aux plus pauvres de la paroisse.

17. Je donne la somme de deux mil livres de rente pour fonder un hospital dans Esclaron, où seront reçus tous les pauvres dudit lieu d'Esclaron, et de mes autres terres de Champagne, excepté ceux de la ville de Ginville qui ont un hospital : j'entends les pauvres malades, et ceux qui ne pourront gagner leur vie.

18. Par dessus la messe fondée par madame ma mère, dont j'ay acquitté la fondation, et les deux autres que j'ay fondées par un contract particulier, je donne et lègue à l'abbaye de Montmartre la somme de quatre cents livres de rente, pour faire dire une messe tous les jours, pour le repos de mon âme, de madame de Montmartre, ma chère sœur, et de tous mes prédécesseurs, particulièrement monsieur le duc de Guise mon cher neveu, et de tous mes frères.

19. Je donne à ma paroisse de S¹ Jean en Grève la somme de mil livres une fois payées, et aux pauvres de ladite paroisse celle de mil escus, pour leur être distribuée selon la plus grande nécessité, incontinant après mon deceds.

20. Je donne et lègue à l'Hospital Général la somme de trois mil livres, une fois payées, et autant à l'Hostel Dieu, le plus promptement que faire se pourra.

21. Je donne et lègue à madame de Montmartre la somme de mil livres de pension viagère, outre et par dessus celle de mil livres, dont j'ay passé un contract avec la communauté.

22. Je donne et lègue à tous mes domestiques la somme de cinquante mil escus, et quinze mil livres de rente en pensions viagères; ladite somme et les pensions seront distribuées à chacun d'eux selon qu'il se trouvera réglé et ordonné par un estat escrit et signé de ma main, joint au présent testament.

23. Je veux que tous les meubles, dont je n'auray pas disposé, soient vendus incontinant après mon deceds; que l'on prenne sur le prix d'iceux les messes et les aumosnes, que j'ay ordonné estre faites promptement, et ensuite la somme que j'ay léguée à mes domestiques soit payée sur le plus clair revenu de mes biens,

après que les arrerages courans des debtes constituées seront acquittés.

24. Je veux et entends, qu'après avoir satisfait à ce qui est porté en l'article cy dessus, tous les revenus des biens en fonds, dont je dispose par le présent testament, et toutes les rentes des constitutions, dont j'ay aussi disposé, soit par donation entre vifs, ou par ce testament; comme aussi tous les revenus des terres, dont j'ay disposé entre vifs, soient employez au payement des intérests, et ensuite des capitaux de toutes mes debtes. Et après que toutes lesdites debtes seront acquittées, tant en principaux qu'en intérests, l'on satisfera les legs pieux, fondations et donations que j'auray faites, soit entre vifs, par testament ou codicile. Et après que toutes lesdites charges et conditions seront accomplies, ceux, à qui j'ay donné lesdits biens entreront en possession et jouissance d'iceux; ne voulant pas qu'aucun d'eux y entre auparavant; à l'exception toutesfois de celuy des enfants de monsieur le duc de Lorraine, qui portera le nom de Guise, à qui je donne une pension de douze mil escus de rente, pour son entretien, jusqu'à ce qu'il entre en jouissance des biens, que je luy ay léguez par donation entre vif, sur lesquels ladite pension sera prise; désirant que tous les biens, dont j'ay disposé, soient libres, quand mes donataires, tant entre vifs, que par testament, commenceront à en joüir.

25. Je veux et entends que les exécuteurs de mon testament continüent à recevoir le revenu de tous mesdits biens, jusqu'à ce que toutes mes debtes soient acquittées, et qu'on ait satisfait à toutes les dispositions que j'ay voulu estre payées par privilège : après quoy ils employeront les revenus de mesdits biens à acheter des fonds, pour subvenir à toutes les fondations de messes, hospitaux et séminaires d'hommes et de filles, maistres et maistresses d'escole, et tous autres legs pieux; et ensuite donneront lesdits fonds à ceux qui sont ou qui seront chargez d'acquiter lesdites fondations, et de satisfaire aux charges d'icelles : et à l'égard des pensions viagères, elles seront acquitées par celuy qui sera duc de Guise, tant qu'elles dureront, et esteintes à son profit.

26. Je veux et entends que tous les meubles d'hyver et d'esté, qui servent aux appartements de l'hostel de Guise, y soient laissez; sçavoir les meubles de bois, tapisseries, lits et sièges : je les donne à celuy à qui j'ay donné la maison, avec les portraits originaux de tous ceux de nostre maison qui s'y trouveront.

27. Je donne ma tapisserie des aages, et mon lit de broderie de perles à monsieur le duc de Lorraine : et ma petite maison de la Sainte Vierge, avec tout ce qui est dedans, à la Reyne duchesse de Lorraine son épouse.

28. Je donne et lègue au fils de Son Altesse sérénissime de Lorraine, qui portera le nom de Guise, la rente de trente cinq mil livres de rente, que j'ay à prendre sur les gabelles de Languedoc.

29. Je donne et lègue à M. d'Armagnac, grand escuyer de France, les terres de Lambesq et Orgon, leurs appartenances et dépendances.

30. Je donne et lègue à chacune de Mlles de l'Islebonne la somme de cent mil livres, en cas qu'elles ne soient pas mariées, et non autrement, lesquelles seront acquitées comme une de mes debtes, après que les autres seront acquitées, si je n'y ay point pourveu autrement avant mon deceds.

31. Je veux et entends que les trente-cinq mil livres de rente sur les gabelles du Languedoc, le duché de Joyeuse, et les terres de Lambesq et Orgon soient et demeurent substituées, en la mesme forme et manière que les autres terres et rentes, que j'ay données entre vifs aux mêmes princes, à qui je donne celles-cy par le présent testament.

32. Je nomme, pour avoir soin de l'exécution de toutes les fondations, legs pieux, charitez et aumônes, contenus dans le présent testament, MM. de Roquette evesque d'Authun, dom Henry Hennezon, abbé de St Mihel, et le sieur Duboys, qui est auprès de moy : et je les prie d'en substituer eux-mesmes de leur vivant chacun un, qui leur succède après leur deceds; et ceux qu'ils auront substituez, d'en substituer d'autres, et ainsi à perpétuité : les conjurant très instamment d'avoir soin que mes intentions soient exactement suivies; et leur donnant pour cet effet tout le pouvoir de faire ce que j'aurois pû faire moy-même.

33. Je donne la somme de cinquante mil livres qui sera employée en fonds par mes executeurs, dont le revenu sera distribué tous ans par les trois personnes, que j'ay cy-dessus nommées pour avoir soin de mes legs pieux, à des prestres sçavants et zelez religieux, ou autres, pour faire des missions tous les ans dans toutes mes terres, de manière qu'il y en ait dans chacune, de trois ans en trois ans.

34. Je nomme, pour mes exécuteurs testamentaires, M. le prince de Commercy, M. Charles d'Estinville comte de Couvonge, et M. Favières advocat en Parlement, et le mien; auxquels je donne conjointement ou à celuy des trois que les deux autres choisiront, tout pouvoir d'agir et faire tout ce qui sera nécessaire pour l'exécution du présent testament. Et d'autant qu'il ne peut estre exécuté entièrement dans l'année de mon deceds; je veux et entends qu'aucuns de mes donataires ny autres, sous quelque pretexte ou raison que ce soit, ne s'ingèrent dans la possession de mes biens; qu'après que toutes mes debtes, legs, donations, fondations, et autres charges du présent testament, seront plainement executées. Et cependant que le gouvernement et la disposition de tous mes biens demeurent entre les mains de mesdits executeurs, pour satisfaire selon mes intentions a tout ce qui aura esté par moy ordonné.

35. Je donne à M. de Couvonge une bague de mil escus, que je le prie d'agréer pour marque de mon estime.

36. Je donne à M. Favières la somme de deux mil pistoles, pour reconnaissance des soins et application qu'il donnera à l'execution du présent testament. Et je veux par dessus que luy et mes autres executeurs soient indemnisez des frais qu'il conviendra faire pour ladite execution : laquelle estant plainement achevée, ils remettront tous mesdits biens en faveur de qui j'en ay disposé.

37. Je donne à Mademoiselle, dont j'ay l'honneur d'estre tante, tous les cristaux, agattes et pierres fines, que je conserve dans deux armoires, qui sont dans mon cabinet : la suppliant très humblement de les agréer, pour marque de mon respect et de mon affection.

38. Je supplie aussi Mme de Guise d'agréer mon crucifix d'or, où il y a deux figures d'or de la Sainte Vierge et de St Jean au pied.

39. Je donne à M. d'Armagnac, grand escuyer de France, ma vierge de Raphaël, et ma Samaritaine de Mignard : et en cas que je ne luy aye pas rendu les tableaux que je luy garde, et auxquels j'ay fait escrire qu'ils luy appartiennent, je veux qu'ils luy soient rendus aussi tost après mon deceds.

40. J'ay fait ce présent testament, que j'ay escrit et signé de ma main, en quatre feüillets chacun de deux pages, dont il y en a six entièrement escrites, et la présente; toutes lesdites pages signées de ma main, ce jourd'huy sixième février mil six cents quatre-vingts six. Ainsi signé : Marie de Lorraine duchesse de Guise. Et au dessous est escrit, sans ratures ny apostils, que celles que j'ay marquées avoir faites, pour corriger des fautes ou mettre des choses oubliées, pour un plus grand éclaircissement : Fait dans ma maison à Paris ledit jour sixième février mil six cents quatre vingt six; signé double. Ainsi signé, Marie de Lorraine duchesse de Guise. *Et ensuite est escrit :*

Aujourd'huy mercredy sixième de février l'an mil six cents quatre vingts six, avant midy, Jean Bonot et Marquis Desnots, conseillers notaires gardenottes du Roy au Chastelet de Paris, sous-signez : Au mandement de très haute, très puissante et très illustre princesse mademoiselle Marie de Lorraine, duchesse de Guise et de Joyeuse, pair de France, se sont transportez en l'hostel de Son Altesse, sçis rüe du Chaume, paroisse Saint Jean en Grève; où estants est comparue sadite Altesse pardevant lesdits notaires, laquelle a déclaré que cy-devant, en six pages et la présente, est un double de son testament et ordonnance de dernière volonté; que Son Altesse reconnoist avoir escrit et signé de sa main, et signature ordinaire, mesme les apostils qui sont sur iceluy, que Son Altesse a aussi signé au bas de chacune page : à la seconde desquelles est un apostil; à la troisième est un apostil, et quelques mots interlignez; à la quatrième sont deux apostils, quelques mots rayez, et d'autres interlignes; à la cinquième est un apostil, quelques mots rayés, et d'autres interlignes; à la sixième sont deux apostils, et quelques mots rayés et interlignes; à la septième et dernière est un apostil. Lequel testament escrit sur sept pages, composées de quatre feüillets séparés de papier timbré, Son Altesse confirme, veut et entend qu'il soit executé selon la forme et teneur. Et sur la requisition de Son Altesse, lesdits notaires ont signé au bas de chacune desdites pages; dont Son Altesse a requis acte auxdits notaires, qui luy ont octroyé le présent en son hôtel, ledit jour mercredy sixième février l'an mil six cents quatre vingts six, avant midy : Et a Son Altesse signé avec lesdits notaires l'original de la presente reconnoissance, et celle mise sur l'autre double de sondit présent testament. Ainsi signé Marie de Lorraine duchesse de Guise, Bonot et Desnots, en l'original des présentes, attaché à la minutte des codiciles faits par Son Altesse, receus par lesdits Bonot et Desnots notaires, le premier dasté du vingt huit février mil six cents quatre-vingts huit : Le tout demeuré en la possession dudit Desnots notaire. Ainsi signé, Bonot et Desnots.

Aujourd'huy samedy vingt-huitième du mois de février l'an mil six cents quatre-vingts un, sur les neuf à dix heures du matin, Jean Bonot et Marquis Desnots, conseillers notaires gardenottes du Roy au Chastelet de Paris, soussignez : Au mandement de très haute, très puissante, et très illustre princesse mademoiselle Marie de Lorraine duchesse de Guise et de Joyeuse, pair de France, princesse de Joinville, sénéchalle héréditaire de Champagne, se sont transportez par devers Son Altesse, en son hostel scis rue du Chaume, Paroisse St Jean en Grève; où estans, ils ont trouvé Son Altesse en son lit, indisposée de corps, dans une chambre d'un appartement ayant veüe sur le jardin, saine d'esprit, de mémoire et jugement, comme il est apparu ausdits notaires; Son Altesse ayant en ses mains un double de son testament olographe datté du sixième jour de février mil six cens quatre vingts six, reconnu le mesme jour par devant lesdits Bonot et Desnots, notaires; lequel testament Son Altesse a dit et déclaré vouloir estre executé; et qu'ayant reconnu, par les reflections qu'elle a faites sur sondit testament qu'il y a quelques choses à y changer et à y adjoûter; et que ne le pouvant faire par un codicille olographe, parce qu'elle ne peut escrire facilement, elle a mandé lesdits notaires pour le recevoir : et à cet effet, sadite Altesse a, par forme de codicile, dicté et nommé auxdits notaires ce qui ensuit :

1. C'est à sçavoir, que Son Altesse veut que l'on employe aux prières, qu'elle a ordonnées par sondit testament, jusqu'à la somme de vingt mil livres.

2. Item, déclare Son Altesse qu'elle veut que le legs qu'elle a fait par sondit testament à ses officiers et domestiques, de quinze mil livres de pensions viagères, soit augmenté jusqu'à la somme de vingt mil livres; et que le legs de cent cinquante mil livres à une fois payer, qu'elle leur a aussi fait par sondit testament, soit augmenté jusqu'à la somme de deux cents vingt mil livres : sur lesquelles pensions viagères et sommes à une fois payer, Son Atesse donne et legue à chacun d'eux ce qui ensuit :

Au sieur de Gagnières son escuyer, douze cents livres de pension viagère, outre et par-dessus ses carosses, et un attelage, dont elle luy fait don et legs.

Au sieur Millereau, aumosnier, cinq cents livres de pension viagère.

Au sieur Lambert, aumosnier, cinq cents livres de pension viagère.

Au sieur Gourdon, son secrétaire, cinq cents livres de pension viagère, et six mil livres une fois payées.

Au sieur le Brun, son trésorier, mil livres de pension viagère.

Au sieur Besset, agent de ses affaires, mil livres de pension viagère, et six mil livres une fois payées.

Aux sieur et damoiselle Pean cinq cents livres de pension viagère, et six mil mil livres une fois payées.

Au sieur Présidy, chirurgien, quatre cents livres de pension viagère.

Au sieur Martine, controlleur, dix mil livres une fois payées, et cinq cents livres de pension viagère.

Au sieur Bertrand, argentier, cinq cents livres de pension viagère, et huit mil livres une fois payées.

Au sieur Mercier, tapissier valet de chambre, six mil livres une fois payées.

Au sieur Jacob, valet de chambre, six cents livres de pension viagère, et six mil livres, une fois payées.

Au sieur Musnier, valet de chambre, six mil livres une fois payées.

Au sieur Martino, valet de chambre, quatre mil livres, une fois payées.

Au sieur St Etienne, valet de chambre, quatre mil livres, une fois payées.

A mademoiselle de la Bonnodière, fille d'honneur, douze mil livres, une fois payées.

A mademoiselle de la Humière, sa sœur, huit mil livres, une fois payées.

A madame Madelaine, première femme de chambre de Son Altesse, neuf cents livres de pension viagère, et trois mil livres, une fois payées.

A Mlle Henriette, femme de chambre, neuf cents livres de pension viagère, et trois mil livres une fois payées.

A Mlle Le Riche, l'une des femmes de Son Altesse, trois cents livres de pension viagère, et quatre mil livres, une fois payées.

A Mlle Isabelle, cinq mille livres une fois payées et trois cents livres de pension viagère.

A Mlle Manon, cinq mil livres, une fois payées.

A Mlle Brion, cinq mil livres, une fois payées.

A Mlle Grandmaison, quatre mil livres, une fois payées.

A Mlle Talon, quatre mil livres, une fois payées.

A Mlle Guyot, quatre mil livres, une fois payées.

A la dame Lambert, trois cents livres de pension viagère.

A la dame Gombault, douze cents livres, une fois payées.

A la dame Benoist, huit cents livres, une fois payées.

Au sieur du Laurent, chef de cuisine, cinq mil livres une fois payées.

Au sieur Besnard, officier de cuisine, trois mil livres une fois payées.

Au sieur le Jeune, deux mil livres, une fois payées.

Au sieur Labillarde, chef d'office, cinq mil livres, une fois payées.

A Launay, trois cents livres de pension viagère.

A Charpentier, deux mil livres, une fois payées.

A Etienne Cadet, quinze cents livres, une fois payées.

Au s^r Loüillé, musicien, trois mil livres, une fois payées.

Au s^r Beaupuis, musicien, trois mil livres, une fois payées.

Au s^r Collin, musicien, trois mil livres, une fois payées.

Au s^r Beaussan, musicien, trois mil livres, une fois payées.

Au s^r Carlier, musicien, deux mil livres, une fois payées.

Au s^r Antoine, musicien, deux mil livres, une fois payées.

Au s^r Montailly, trois cents livres de pension viagère.

A Francard, quinze cents livres, une fois payées.

A Sallé, cinq cents livres de pension, à la charge qu'il continüera d'avoir soin des Archives.

A dom Barthélemy, six cents livres de pension viagère, souhaitant sadite Altesse qu'il veille sur le Trésor, si on le souhaite.

Au petit Mathieu, mil livres une fois payées.

A Romain, jardinier, douze cents livres, une fois payées.

A Baptiste, Sallé, Champagne, Lange, Desnoyers, Marin, Fauveau et Cadet; tous huit valets de pied, huit mil livres, qui est pour chacun mil livres une fois payées.

A La Fontaine, Saint Germain et Saint Estienne, cochers, quatre mil cinq cents livres, qui est quinze cents livres pour chacun, une fois payées.

Aux palfreniers, qui sont au service il y a plus de trois ans, six cents livres à chacun; et à chacun de ceux qui sont au service depuis 3 ans, trois cents livres, une fois payées.

A maistre Marc, suisse, trois mil livres, une fois payées.

A maistre Claude, suisse, quinze cents livres, une fois payées.

A Alard, porteur, mil livres, une fois payées.

A Caton et Olivier, aussi porteurs, six cents livres chacun, qui font douze cents livres pour les deux, une fois payées.

Aux deux portefaix, chacun six cents livres, une fois payées.

Au sieur Damades, douze cents livres de pension viagère.

Au sieur Morin, médecin de S. A. deux mil livres de pension viagère.

Item, Son Altesse donne et lègue au sieur Dubois, pour les bons et agréables services, qu'il luy a rendus depuis vingt deux ans, quatre mil livres de pension viagère, et six mil livres, une fois payées.

Item, donne et lègue S. A. à M. Favières, son advocat et conseil, duquel elle est très satisfaite, la somme de trente mil livres, une fois payées.

Toutes lesquelles sommes, revenantes ensemble à celle de deux cents vingt mil livres ou environ, S. Altesse veut être payées des premiers deniers, qui seront touchez par les sieurs ses executeurs cy-après nommez, et par privilège à toutes autres dispositions; et notamment sur le prix de ses meubles, que S. A. veut être vendus sans exception, dérogeant à cet égard à l'article de sondit testament, par lequel elle en avait prohibé la vente : à la réserve de la tapisserie des aages, et du lit de broderies avec des perles, dont Son Altesse prohibe expressément la vente; voulant que les legs qu'elle en a faits par son testament, soient executés; et que les pensions viagères ayent cours du jour de son deceds, et soient payées par demie-année.

3. Item, déclare S. A. qu'elle veut que tous ceux de ses domestiques, qui ont des logemens dans son hostel, les conservent leur vie durant; à l'effet de quoy elle leur en fait don et legs.

4. Item, S. A. pour donner des marques au sieur de la Chaise, de l'estime qu'elle a toujours eû pour luy, elle luy donne et lègue mil livres de pension viagère, qu'elle veut estre payée comme les précédentes, sans qu'elle puisse estre saisie par les créanciers dudit s' de la Chaise.

5. Item, S. A. donne et lègue à la dame du Broüil, religieuse à Reims, trois cents livres de pension viagère.

6. Item, donne et lègue S. A. au fils de mad° de Proisy, tant qu'il étudiera, trois cents livres de pension par chacune année.

7. Item, déclare Son Altesse qu'au cas qu'elle n'ait pas assuré, par acte entre vifs, la pension de la sœur des Martirs, religieuse à Montmartre, et sœur d'Henriette l'une de ses femmes, qu'elle a payée jusques à présent, elle veut qu'elle soit continuée sur ses biens, à cet effet luy en fait don et legs.

8. Item, déclare S. A. qu'outre le legs qu'elle a fait à Mlle de l'Islebonne par sondit testament, elle luy donne et lègue la somme de deux cent mil livres.

9. Item, déclare sadite Altesse qu'outre le legs, qu'elle a fait à mademoiselle de Commercy par sondit testament, elle luy donne et lègue la somme de deux cents mil livres.

10. Item, donne et lègue S. A. au séminaire d'Autun, pour achever de le bâtir, ou pour employer en œuvres pieuses dans le diocèse, la somme de vingt cinq mil livres.

11. Item, donne et lègue S. A. aux religieux de la Mercy, par manière de fondation de la chapelle, qu'ils ont donnée à S. A. trois cents livres de rente, au payement de laquelle elle affecte le duché de Guise.

12. Item, veut S. A. que jusqu'à ce que sondit testament et le présent codicile soient accomplis, l'on paye annuellement, sur les revenus des terres, les dons et aumônes, et charges d'icelles, les gages des officiers, les reparations, et tous les frais nécessaires pour faire les recouvrements, et poursuivre les procez qu'il faudra intenter et soûtenir.

13. Déclare S. A. qu'elle avait nommé par son testament le prince de Commercy, M. le comte de Couvonge, et ledit sieur Favières, son advocat, pour ses executeurs; mais qu'attendu que M. le prince de Commercy est absent, elle les décharge tous trois de ladite exécution; et qu'elle confirme néanmoins tous les legs qu'elle leur a faits par sondit testament, soit à titre d'executeurs ou autrement : bien entendu que celuy de vingt mil livres, qu'elle a fait audit s' Favières par son testament, demeurera acquitté, en luy payant la somme de trente mil livres, qu'elle luy a léguées par le présent codicile.

Et en leur lieu et place, S. A. déclare qu'elle nomme, pour executeurs de sondit testament et du présent codicile, MM. les administrateurs de l'Hostel Dieu de Paris,

qu'elle supplie d'en vouloir prendre la peine, et de vouloir agréer chacun un diamant de cent loüis d'or qu'elle leur lègue; et la somme de cinquante mil livres qu'elle donne et lègue aux pauvres dudit Hostel Dieu; à la charge néantmoins qu'elle ne sera touchée qu'après que les autres legs, portez par sondit testament et par le présent codicile, auront esté payez; voulant S. A. que lesdits sieurs administrateurs demeurent saisis de tous ses biens, dont elle s'est désaisie et démise par ces présentes en leurs mains, jusqu'à l'entier accomplissement dudit testament et du présent codicile : les assurant qu'ils peuvent se remettre de beaucoup de soins sur ceux qu'elle a employez jusques icy dans ses affaires, parce qu'elle a trouvé dans leur conduite toute la fidélité et capacité possible. Et quant au surplus de sondit testament Son Altesse veut qu'il soit executé, et sorte son plein et entier effet avec ces présentes, selon leur forme et teneur.

Ce fut ainsi fait, dicté et nommé par Son Altesse ausdits notaires, rédigé par escrit par eux, et par l'un d'eux, en la présence de l'autre, à l'instant leu et receu à sadite Altesse, qui a dit l'avoir bien entendu, et que son intention est bien de faire le présent codicile, en ladite chambre cy devant désignée, ledit jour samedy vingt huitième février l'an mil six cents quatre-vingts-huit, depuis ladite heure de neuf à dix heures du matin, jusqu'à midy et demy. Et a S. A. signé la minutte du présent codicile, demeurée audit Desnots notaire. A l'égard dudit testament, S. A. l'a retenu, ayant désiré de le garder en original. Signé Bonot et Desnots. *Et ensuite est escrit* :

Aujourd'huy lundy premier jour du mois de mars, l'an mil six cents quatre-vingts huit, sur les onze heures du matin, au mandement de sadite Altesse mademoiselle Marie de Lorraine, duchesse de Guise et de Joyeuse, pair de France, princesse de Joinville, sénéchalle héréditaire de Champagne : lesdits Bonot et Desnots, notaires, se sont transportez en sondit hostel rüe du Chaume; où estans ils ont trouvé S. A. en la mesme chambre en son lit, malade de corps, mais toûjours saine d'esprit, mémoire et jugement, comme par ses paroles et actions il est aparu ausdits notaires : ausquels elle a requis lecture de son codicile cy-dessus escrit; ce qu'ayant esté fait par l'un d'eux en la présence de l'autre. S. A. a encore dicté et nommé ausdits notaires ce qui ensuit, par forme de codicile.

C'est à savoir que S. A. déclare qu'elle lève la prohibition formelle qu'elle avoit faite par son codicile de vendre la tapisserie des aages, et son lit de broderie de perles; voulant qu'ils soient vendus comme ses autres meubles, ainsi qu'elle l'a ordonné par son codicile.

Donne et lègue encore au s' Damades mil livres de

pension viagère, outre celle qu'elle luy a léguée par son codicile.

Donne et lègue encore aux pauvres de la Charité de l'eglise S¹ Jean, sa paroisse, la somme de dix mil livres, une fois payées.

Donne et lègue aux Charitez, qui se font par mad⁰ Chevalier, pour le soulagement des provinces, la somme de dix mil livres une fois payée, qui sera touchée par ladite dame Chevalier.

Donne et lègue au s' Jourdan, prestre, demeurant de présent à Montmartre, cinq cents livres de rente et pension viagère, et le prie de se souvenir d'elle dans le saint sacrifice de la messe.

Donne et lègue à la mère de la sœur de S. Michel religieuse à Montmartre, la somme de quatre cents livres pour une fois.

Ordonne Son Altesse que ledit Desnots, son notaire, soit employé, et prie MM. les executeurs de son testament et codiciles de l'employer, et se servir de luy dans les affaires de sa succession.

Déclare Son Altesse qu'en considération de la prière, qui luy a esté faite par le deffunt sieur de Roquette son intendant, d'acquitter pour luy, par manière de reconnoissance de services, la somme de vingt deux mil livres, à laquelle montent les principaux des rentes, deuës par ledit sieur de Roquette, sçavoir, neuf mil livres à M. de la Reynie, sept mil livres à M. Rodet, conseiller en la Cour des Aydes, et six mil livres aux veuve et héritiers Gabriel; auxquelles rentes M. l'Evesque d'Authun est obligé avec ledit sieur Roquette : veut S. A. que lesdites rentes soient racheptées, à l'effet de quoy, elle donne et lègue aux créanciers desdites trois rentes, la somme de vingt deux mil livres pour une fois.

Ce fut ainsi fait, dicté et nommé par S. A. ausdits notaires, et à elle par l'un d'eux, l'autre présent, leu et releu, qu'elle a dit bien entendre en ladite chambre sus désignée, ledit jour premier mars l'an mil six cents quatre vingts huit, onze heures à midy : Et a S. A. signé la minute du présent codicile, demeuré audit Desnots; et a S. A. mis ès-mains dudit Desnots un double original de sondit testament et reconnoissance ensuite, dudit jour six février mil six cents quatre vingts six, pour demeurer attaché à la minutte de ses codiciles. Signé Bonot et Desnots. *Et encore ensuite est escrit :*

Et le lendemain mardy second jour dudit mois de mars l'an mil six cents quatre-vingts huit, sur les neuf à dix heures du matin, au mandement de S. A. mademoiselle Marie de Lorraine duchesse de Guise; lesdits Bonot et Desnots notaires se sont transportez en sondit hostel, où ils ont trouvé S. A. en son lit, malade de corps, mais toujours saine d'esprit, de mémoire et jugement, comme il est aparu ausdits notaires : auxquels S. A. a requis lecture de sondit testament du six février mil six cents quatre vingts six, et de ses deux codiciles cy devant escrits. Ce qu'ayant esté fait par l'un d'eux en la présence de l'autre; Son Altesse a déclaré qu'elle les confirme : en désirant y changer et augmenter, S. A. a fait, dicté et nommé ce qui ensuit ausdits notaires par forme de codicile : sçavoir, que Son Altesse déclare qu'en repassant dans sa mémoire tout le cours de sa vie; et n'y ayant pas trouvé un moment, dans lequel elle n'ait receu des grâces de Sa Majesté, elle souhaiterait estre en estat de pouvoir donner des marques à toute l'Europe de sa reconnoissance. Mais comme on ne peut témoigner plus de soûmission à son Souverain, qu'en luy demandant des nouvelles marques de ses bontez, S. A. supplie très humblement le Roy de vouloir accepter le legs qu'elle luy fait de la tapisserie des aages, et du lit en broderie de perles, auquel elle a travaillé plus de dix ans de ses mains, comme une preuve de son zèle et de son respect, et de vouloir, en l'acceptant, donner une marque publique qu'il ne dédaigne pas les dernières volontez d'une princesse, qui a eû toute sa vie un attachement respectueux pour sa personne. A l'effet de quoy, elle révoque la disposition de son codicile d'hyer, par lequel elle en avoit ordonné la vente comme de ses autres meubles.

Donne et lègue à mad⁰ la princesse d'Harcourt la somme de cent mil livres; et outre, la décharge, et M. le prince d'Harcourt son époux, de la somme de quarante mil livres, qu'ils estoient obligez de luy payer par le contract du 29 aoust 1685, qui contient la vente de Rocquemaure; à l'effet de quoy S. A. leur fait don et legs de ladite somme de quarante mil livres.

Donne et lègue à la Maison professe des Jésuites, rue S¹ Antoine, la somme de dix mil livres, pour estre employée suivant qu'il sera ordonné par le révérend père de la Chaise; auquel elle fait don et legs des tableaux, porcelaines et autres *proprétez*, qui sont dans son petit appartem¹ des Hermites, et qui ne sont point attachez, et ne font pas corps avec les lambris; le priant de se souvenir d'elle en ses prières.

Donne et lègue au sieur de la Bonnodière trois cents livres de pension viagère.

Donne et lègue au sieur Musnier, ecclésiastique demeurant à Montmartre, deux cents livres de pension viagère, outre ce qu'il doit avoir pour la rétribution de la messe qu'il célèbre.

Déclare qu'elle réduit à quatre cents livres la pension de cinq cents livres qu'elle a léguée au sieur Jourdan par son codicile du jour d'hyer.

Donne et lègue trois cents livres de pension viagère à la sœur de Marguerite Nodet, religieuse à Montmartre.

Donne et lègue au frotteur de l'hostel qu'elle a oublide comprendre entre ses domestiques la somme de mil livres, une fois payée.

Voulant que le présent codicile soit executé avec sondit testament et précédent codicile.

Ce fut ainsi fait, dicté et nommé par sadite Altesse auxdits notaires, et à elle par l'un d'eux, l'autre présent leu et releu, qu'elle a dit bien entendre, ledit jour mardy deuxième mars, l'an mil six cents quatre vingts huit, à l'heure susdite; et a S. A. signé la minute du présent codicile, estant en suite de celles des deux précédents codiciles, dont les expéditions sont cy devant escrites; le tout demeuré audit Desnots notaire.

Signé Bonot et Desnots.

Nota. Qu'après l'article 28 du testament cy dessus, dans le second double déposé à Desnots, notaire, le 12 mars 1688, il y a à l'article suivant escrit de la main de ladite damoiselle de Guise.

Je donne et lègue au prince de Commercy le duché de Joyeuse, ses appartenances et dépendances.

Et à la fin de l'art. 29, qui regarde M. d'Armagnac il y a ces mots adjoutez de la main de ladite damoiselle de Guise.

Et une bague de mil pistolles.

Ce que dessus a esté extrait et collationné sur les expéditions desdits testament et codicilès, estans au Trésor des chartres de l'Hostel Dieu de Paris, où ils ont esté laissez par les conseillers du Roy, notaires gardenottes au Chastelet de Paris, sous-signez, ce jour de mars mil six cents quatre vingts huit.

Inventaire des biens et effectz de deffuncte mademoiselle de Guise, fait en l'année 1688.

L'an mil six cens quatre vingts huit, le quinziesme jour de mars de relevee, a la requeste de tres haulte, tres puissante et tres illustre princesse mademoiselle Anne Marie Louise d'Orleans, souveraine de Dombes, duchesse de Montpensier et de Chastellerault, paire de France, heritiere par benefice d'invantaire des meubles, acquets et propres naturels de feue tres haulte et tres puissante princesse mademoiselle Marie de Lorraine, duchesse de Guise et creanciere de sa succession, stipullee par messire Marc Antoine de Rollindes, conseiller et secretaire des commandemens de Son Altesse Royale, et messire Maurice de Lossendiere, conseiller au conseil, et intendant des maison et affaires de sadite Altesse Royalle, en vertu et comme fondez de sa procuration speciale, ainsy que par expedition d'icelle il est apparu aux notaires soubzsignez, annexee a la minutte des presentes.

Aussy a la requeste de tres hault, tres excelent et puissant prince monseigneur Henry Julles de Bourbon, prince de Condé, prince du sang, pair et grand maistre de France, duc d'Anguyen, Chasteauroux et de Montmorency, gouverneur et lieutenant general pour le Roy des provinces de Bourgongne et Bresse

Et tres haulte, tres excelente et puissante princesse madame Anne palatine de Baviere, son espouze, qu'il a autorisee, heritiers a cause de madite dame la princesse, par benefice d'invantaire de madite deffuncte damoiselle Marie de Lorraine, duchesse de Guise quant aux propres, stipulez par M* Jean Guy, procureur en la cour de Parlement, demeurant rue et parroisse Saint André des Arts.

Et encore a la requeste de tres haulte, tres excelente et puissante princesse madame Benedicte, palatine de Baviere, veuve de feu tres hault, tres exelent et tres puissant prince monseigneur Jean Frederic, par la grace de Dieu duc de Brunswick et de Lunebourg, heritiere par benefice d'invantaire de madite deffuncte damoiselle Marie de Lorraine, duchesse de Guise, quant aux propres

Et en la presence de messieurs les gouverneurs, maistres et administrateurs de l'Hostel Dieu de cette ville de Paris, representez par André Levieulx, ecuier, antien escheuin de cette ville de Paris, monsieur maistre René Accart, substitud de monsieur le procureur general, Guillaume Champy, escuyer, conseiller et secretaire du Roi, commissaires en ceste partie, conjointement avec messire Louis Baussan, conseiller du Roy, messire Jacques Guilloyre, Jean Petitpied, aussy administrateurs dudit Hostel Dieu, tous nommez par delliberation au bureau d'icelluy, en datte du six du present mois de mars signée Hubert, exhibee par lesdits sieurs administrateurs en qualité d'executeurs des testament olographe et codicilles de Son Altesse madite damoiselle Marie de Lorraine, duchesse de Guise, en datte des six febvrier xvi° quatre vingt six, vingt huit fevrier, premier et deux mars de la presente annee xvi° quatre vingt huit, ledit testament olographe, lesquelz testament et codicilles ont esté remis es mains dudit Desnoz, notaire

Ledit Hostel Dieu creancier et legataire particulier de madite damoiselle duchesse de Guise, et encore lesdits sieurs administrateurs legataires particuliers d'icelle

Aussy en la presence de messire Claude Robert, conseiller du Roy audit Chastelet, apelé pour l'absence et interest de qui il apartiendra, et de l'ordonnance de monsieur Le Camus, lieutenant civil, inceree audit proces verbal

A esté par les nottaires soubzsignez fait invantaire et description des biens meubles, ustancille, dhostel, titres, papiers et autres effets dellaissez par madite deffunte damoiselle duchesse de Guise, trouvez et estans en son hostel a Paris, rue du Chaulme, ou elle est décédée ledit jour trois du present mois de mars, representez et enseignez tant par Francois de Riviere, escuyer, sieur de Beaulieu, conseiller du Roy, lieutenant de la compagnie de monsieur le lieutenant criminel de robbe courte audit Chastelet, Philippe Clus, Francois Crafouel et Jean Maison-Dieu, sergens a verge audit Chastelet, gardiens desditz sellez, que par les officiers et domestiques de ladicte deffuncte damoiselle duchesse de Guise, chargez en particulier et establis gardiens par le proces verbal du commissaire Picard, et autres officiers et domestiques de feue sadite Altesse mademoiselle de Guise qui sont : messire Roger Francois de Gaignières, escuyer de sadite Altesse, messires Phillebert Millereau et François Lambert ses aumosniers, etc.

Ensuit les chevaux estans dans les escuries dudit hostel de Guise, prisez de l'advis de Jean de Lafond, maistre mareschal a Paris, y demeurant rue Pavee, parroisse Saint Paul, nommé a cet effet par mondit sieur le lieutenant civil.

Scavoir un attelage de huit chevaux hongres servant au carrosse, sous poil noir, a longues queues, de six a sept ans, prisez et estimez a raison de quatre cens livres lun portant lautre, revenans a la somme de trois mil deux cens livres.

Item huit autres chevaux hongres sous poil noir servans au carrosse, prisez la somme de vi cens livres.

Item un cheval de selle sous poil bay, agé de cinq a six ans, garny de sa selle et bride, prisé la somme de ii cens livres.

Item un petit mulet gris blanc fort viel prisé xv livres.

Item un grand carrosse a deux fondz et six ouvertures, monté sur son train a flesche, garny par dedans de velours rouge plain, et soye orore et blanc, avec six glaces fines, deux oreillers, quatre rideaux, strapontin, une housse de siege, le tout de velour rouge aussy plain, deux couvertures, prisez la somme de vii¹ l livres.

Item deux autres carrosses xv cens livres.

Item un petit carrosse a deux fondz apelé calesche, garny de six glaces fines et par dedans de velour vert v cens livres.

Item une chaise a porteur de bois peint, garnye par dedans dun brocard a fleurs dor, fondz rouge, garnye de frange d'or faux avec ses trois glaces fines, son coussin, un rideau de damas blanc, ladicte chaise couverte de cuir avec sa housse de serge rouge, prisé la somme de lx livres.

Dans une salle basse ou premiere antichambre :

Un grand billard couvert dun drap vert prisé l livres.

Dans la gallerie estant à costé dudit cabinet :

Unze grands portraits de famille avec leurs bordures de bois doré, quatre autres portraits de moyenne grandeur et cinq petits, prisez le tout ensemble la somme de l livres.

Dans la chambre ou couchent les filles dhonneur de ladite feue Altesse de Guise ayant veüe sur le jardin :

Deux lits de sangle, quatre matelas, deux traversins, deux couvertures de laine blanche et deux pavillons de serge rouge prisez xl livres.

Dans une chambre apelée la chambre des Hermites, ayant veüe sur le jardin dudict hostel de Guise :

Une table de bois de cèdre posee sur son pied, a quatre pilliers prisée xii livres.

Item une couche a haults pilliers prisé ii cens livres.

Item neuf tableaux prisez ensemble la somme de iiii^{xx} x livres.

Item trois tableaux en bas relief de bois de sainte Lucie, l'un representant un christ, l'autre un saint Jean et l'autre une Madelaine prisez vi^{xx} livres.

Item vingt une figures de diverses grandeurs de bois de sainte Lucie, quelqu'unes avec des piedz de bois de calembour, representant des saints et portraitz de devotion prisez la somme de ii cens livres.

Item six tasses de bois de sainte Lucie, deux autres tasses et quatre petits chandeliers le tout de mesme bois prisez la somme de xviii livres.

Item un grand crucifix sur son pied et croix de bois de sainte Lucie prisé la somme de l livres.

Item une grande gourde avec son bouchon d'argent estimée la somme de cent livres.

Dans un cabinet a costé :

Quatorze tableaux peints sur toille a huille, representant plusieurs hermites dans le desert, prisez la somme de cent cinquante livres.

Dans la gallerie a costé :

Item huit tableaux peints sur toille representant des hermitages et des hermites, avec leurs bordures, aussy de bois de cèdre iiii^{xx} livres :

Dans un cabinet a costé de ladicte gallerie, servant de garde robbe :

Item une grande baignoire de cuivre rouge avec son robinet prisée la somme de l livres.

Ensuit les habits.

Item un manteau et une juppe de velours cizelé, une robbe de chambre et une juppe de satin rayé bleu et blanc, un manteau et une juppe de crespe de soye noir doublé de taffetas noir, un autre manteau et une juppe de crespe noir prisé ensemble cent cinquante livres.

Item un autre manteau et une juppe de crespe aussi noir, un autre manteau et une juppe de crespe de laine noir, une juppe dentre deux de damas rayé avec un jupon de satin de la Chine remplys de houaste, un autre jupon de ratine rouge, un autre jupon de la Chine blanc doublé et remply de ouaste, un autre jupon de satin blanc doublé de pluches noires, un autre jupon de ratine blanche, deux tabeliers de satin blanc de la Chine doublé de taffetas garny de ouaste, prisé le tout ensemble la somme de iiii^{xx} livres.

..... une paire de bas de soye gris melee, doublee de peau de lievre, un petit manteau de toillette de satin blanc doublé de taffetas garny de ouaste...; un couvre pied de satin blanc bordé dhermine et doublé de petit gris prisez ensemble la somme de lxxv livres.

....

Ensuit le linge.

....

Item quatorze chemises a usage de femme garnyes de dentelles tant d'Angleterre que du Havre, prisez la somme de lxxv livres.

Item six camisolles de pareille toille et garnies de dantelle xxv livres.

Item cinq toillettes dont trois de picqure de Marseille, quatre deshabillez aussy de picqure de Marseille......

Item trois oreilliers picure de Marseille garnis dun point de Sedan, huit autres petiz oreilliers remplyes de duvet et quatre autres petitz oreilliers, le tout prisé xx livres.

Dans la chapelle haulte proche le grand salon :

Item un devant d'autel de brocard de soye etc., prisé le tout la somme de ii cens xliiii livres.

Dans la grande salle du grand apartement :

Un grand chandelier a douze branches de bois argenté, prisé la somme de xxx livres.

Item six pieces de tapisserie faisant partye de unze pieces dont le surplus est dans l'antichambre suivante, avec leurs piedz et leurs inscriptions, contenant quarente trois aulnes estimees les unze pieces mil livres.

Item quatre grands tableaux avec des bordures, sur les quatre portes de ladite grande salle, representant des princes et princesses de la famille, le portrait de madame la duchesse de Guise, et monsieur le duc d'Alençon, sept autres tableaux dont cinq servans pour tapisser les trumeaux de ladite salle avec des bordures dorees, au bas desquels sont des inscriptions sur toille, avec leurs bordures dorees, le tout attaché contre le mur au dessus des lambris et au dessus des portes et a la cheminee, avec des inscriptions aux piedz des noms et naissances, dont na esté fait aucune estimation, du consentement des partyes.

Item une garniture de cheminee concistant en deux urnes, trois cornets, deux buyres et deux autres urnes, a paon carees de porcelaines antiennes, estimees la somme de deux cens livres.

Item une table decaille tortue marquetrie et d'ivoire, garnie dun tiroir, avec un cabinet sur icelle, garny de ses tiroirs, prisé la somme de lx livres.

Item un grand chandelier a huit branches de bois argenté avec son cordon de soye rouge prisé la somme de xx livres.

Item un grand tableau peint sur toille representant la bataille de la Rochelle, de l'année mil six cens vingt deux, le vingt sept octobre, attaché au lambris avec deux crampons de fer dans le mur, prisé la somme de lx livres.

Item deux portraits, l'un de feu mademoiselle de Guise, qui est sur la cheminée, et l'autre sur la porte, representant monsieur le prince de Joinville, lesquelz nont esté prisez, comme estans portraits de famille.

Dans la grande chambre du grand appartement :

Item une grande table de marbre de marquetrie, representant des fleurs, des fruits et des oyseaux de diverses genres et couleurs, posee sur son pied de bois doré, façonné, prisé la somme de ii cens livres.

Item une tenture de huit pieces de tapisserie haulte lisse, de Flandres, a verdure et petits personnages, y compris trois qui sont dans le garde meuble, lesdites tapisseries relevees dor, doublees de toille, contenant vingt cinq aulnes de cours sur trois aulnes un quart de hault, prisé la somme de trois mille livres.

Item un grand tableau peint sur toille, representant le roy Louis XIV a cheval, garny de sa bordure de bois doré étant sur la cheminée, prisé la somme de iiii^{xx} livres.

Item deux autres tableaux estans au dessus des deux portes representant lun monsieur le duc de Joyeuse et l'autre monsieur le duc de Guise, dernier duc de ce nom, lesquelz nont esté prisez.

Dans le cabinet dudit grand apartement ayant veue sur le jardin :

Item seize feuilles de paravans de serge rouge xxx livres.

Item un grand tableau representant monsieur le duc de Guise dernier décédé, *en original fait par Mignard*, garny de ses tringles et rideaux de taffetas rouge, n'ayant esté prisé.

Dans la petite chambre dudit grand apartement :

Item deux portraits peints sur toille representant le Roy et l'autre feu Monsieur, qui nont esté prisez.

Dans l'antichambre du petit appartement :

Item deux grans coffres de bois de chesne peint et façonné de noyer, servans a mettre les lits des sieurs Jacob et Martin, valets de chambre, prisez la somme de xx livres.

Item un portrait peint sur toille representant la Reyne d'Ecosse, avec sa bordure de bois doré, qui n'a esté estimé pour les raisons ci-dessus.

Dans la grande antichambre :

Item un billard de bois de chesne, couvert de drap

vert, trois billardz et deux billes dyvoire, prisé avec sa housse de serge rouge vi^{xx} livres.

Item cinq tableaux peints sur toille garnys de leurs bordures de bois doré, l'un representant *madame l'abbesse de Montmartre en original de Mignard*, et les autres sont les coppies des quatre ducs de Guise, qui nont esté prisez.

Dans la chambre ou est decedee sadite Altesse :

Item une grille de fer a trois branches, dans laquelle sont trois chifres d'argent, laquelle garniture a este ostee pour estre prisee avec le surplus de l'argenterie, ladite grille de fer prisée xxv solz.

Item une grande pendule sur son pied de bois de calembour, ladite pendule a repetition a deux serures des deux costez du pied, lentree desdites serures d'or émaillé avec des pierres, prisé la somme de cent soixante livres.

Dans une chambre occupee par l'escuyer de cuisine, au dessus du grand salon :

...... Item un grand tableau peint sur toille representant une circoncision de *Paul Veroneze* prise la somme de iiii^{xx} livres.

Dans une autre chambre ou couchent les valets de pied :

Item six lits de sangle garnis chacun dun matelas de boure, traversin de coutil remply de plume, couverture de laine blanche...

Dans la chambre du sieur Delaunay, chef d'échansonnerie :

Item un lit de sangle garny de deux matelas, traversin de coutil, deux couvertures de laine blanche et un pavillon de serge rouge, prisé le tout ensemble la somme de xii livres.

Dans une chambre occupee par les filles dhonneur de sadite Altesse mademoiselle de Guise, au dessus dune remise de carrosse, estant dans la salle par ou lon va a la vieille rue du Temple :

Item deux couches a haultz pilliers..... prisez la somme de cent livres.

Dans le garde meuble :

Item un lit de quatre piedz huit poulces de large, de velour cramoisy chamaré de passemens d'or et d'argent, concistant en quatre rideaux, quatre cantonnieres de seize lez, trois pantes, trois soubassemens, aussy de velour rouge chamarré, l'imperialle, le dossier chantourné, les rideaux du dossier et la doublure des rideaux avec la courte pointe de satin rouge cramoisy lizeré dor et dargent, a la reserve touttes fois des cantonnieres dont le satin nest point lizeré..... douze housses de sieges ployans chamarrez de passemens dor et dargent fin dont unze sont garnyes de crespine dor et dargent fin, le tout prisé ensemble iii mil v cens livres.

Item un tour de velour rouge cramoisy de quatre pieds de large.....

Item un autre tour de lit de damas de Lucques, orore et blanc, de quatre piedz huit poulces de large et les housses de douze sieges ployans et la housse d'un fauteuil aussy de pareil damas d'argent faux et fin prisé la somme de iii cens livres.

Item un autre tour de lit de brocard dor violet, les housses de six sieges ployans de pareil brocart dor prisé la somme de xii cens livres.

Item une tenture de tapisserie de cinq pieces relevees dor et dargent, representant des aages des hommes doublees de toille dont na esté fait aucune prisee.

Item une autre tenture de tapisserie haulte de lisse, en sept pieces, representant lhistoire de Phaeton prisé mil livres.

Item une autre tenture de tapisserie, fabrique de Bruxelle en treize pieces, representant des bergers prisé la somme de trois mille livres.

Item une autre tenture de tapisserie haulte lisse representant la ville de Paris, prisee la somme de xii cens livres.

Item une autre tenture de tapisserie, fabrique de Florence, representant l'histoire de saint Jean, prisee la somme de mil livres.

Item une autre tenture de tapisserie dAnvers en huit pieces, representant les quatre saisons, contenant vingt cinq aulnes de cours sur trois aulnes de hault, prisé la somme de vii cens livres.

.... Item une tenture de tapisserie de velour rouge cramoisy, garny d'un galon de passement dor et dargent, prisé la somme de mil livres [1].

Item une autre tenture de tapisserie de velour rouge contenant lxvii lez, garny dun molet et dune grande frange dor fin, prisee xix cens livres.

Item une tenture de cuir doré or et vert de quarente huit peaux de cours sur quatre peaux de hault, prisé ii cens livres.....

Item seize feuilles de paravans de papier peint doré a la Chine d'un costé, et de toile indienne de l'autre, prisez xvi livres.

Item trois feuilles de petits paravans de drap dor dun costé, et de damas orore et blanc de l'autre costé prisé x livres.

Item deux rideaux de velour rouge de quatre lez chacun doublé de damas cafart blanc, avec six portieres de pareille étoffe, doublez aussy de damas cafart blanc et garny de dantelle dor et dargent, prisé la somme de iii cens livres.

---

[1] Le total de la prisée des tapisseries est de 15,045 livres.

Item quatre portières de drap d'or frisé, de deux lez chacune, prisé la somme de iii cens livres[1].

Item un dais de velour rouge cramoisy brodé d'or et d'argent *representant les alliances de la maison de Lorraine*, garny de crespine, frange or, argent, soye rouge, prisé iii cens livres.

Item six grandz carreaux remplis de plumes, couverts de brocatelle de Venize orore et rouge, et le surplus de cuir aussy rouge, et cinq couvertures a carreaux aussy de brocatelle de Venise de mesme couleur et pareil cuir estimé la somme de xxx livres.

Item un grand miroir a glace de Venise de trente six poulces de hault sur vingt cinq de large, garny de sa bordure a plaques de cuivre doré et ornemens dargent, prisé la somme de cxx livres.

Item deux tapis de Turquie lun denviron trois aulnes de long et de deux aulnes de large et lautre de deux aulnes et demye de long et une aulne un tier de large, prisé xv livres.....

Item deux bois de lit de cedre prisez x livres.

Item trente sieges ployans de bois debeine verte, prisez lx livres.

Item quatre douzaines de sieges ployans vernis, a façon de la Chine, prisez xl livres.

Item deux grands fauteuils de campagne brisez, garnys et couverts de toille, prisez ensemble iii livres.

Item vingt quatre petites banquettes de bois de cedre servans dans la gallerie, prisez ensemble la somme de xxx livres.

Item le reste dun fond de lit en broderie dor representant des trouppes qui se veulent chocquer, prisé la somme de xxx livres.

Item plusieurs habits de fer servans a la guerre comme casques, cuirasses, gantelets, corsets, chapeaux et autres, prisez comme tels quels la somme de x livres. Ensuit les tableaux.

Item quatre grandz tableaux representant mademoiselle, madame de Guise, monsieur le prince Charles de Lorraine, et madame la Reyne duchesse sa femme, peints sur toille a bordure doree, qui n'ont esté prisez et du vouloir des partyes, attendu qu'ilz sont portraitz de la famille.

Item unze autres portraiz de pareille grandeur, originaux de *Juste Daigremont* representant les princes et princesses de la famille, qui n'ont esté prisez.

Item trois autres portraits *originaux de Mignard*, representant trois princes de la maison, qui nont esté prisez.

Item quatre autres tableaux peints sur bois, de trois piedz de hault sur deux piedz ou environ de large, l'un representant la pantecoste, l'autre la fuite en Egipte, l'autre le Seigneur au Temple et le quatriesme le trepas de la Vierge, prisez ensemble la somme de xv livres.

.... Item deux pastels representant l'un mademoiselle de Guise et l'autre madame l'abbesse de Montmartre sa sœur, qui n'ont esté prisez.

Item soixante cinq medailles de cuivre representant Nostre Dame de Liesse, un petit Jésus portant une couronne fermee, ou sont quelques semences demeraudes, ladicte figure de bois de sainte Lucie, une figure representant Notre Dame de Lorette, prisé x livres.

Item une petite lenterne de cristal de roche, garny de filligrane d'argent, avec des petites mouchetes, prisez la somme de xxxv livres.

Item un petit benistier avec sa croix de calembour, et son dessus et son dessoubz de vermeil, garny de semence d'emeraudes, prisé la somme de xxx livres.

Item un cachet de jay noir, en forme de bague, qui sont les armes de feu monsieur le cardinal de Guise, prisé x solz.

Item la garniture dûn lit en broderie dor et de perles avec medailles, concistant en courte pointe, l'imperialle. le dossier, trois grandes pantes dehors, trois pantes dedans, trois soubassemens, quatre cantonnieres, trois soubassemens pour la courte pointe, le soubassement du chevet, deux rideaux de pied sans doublure, dix bandes tant montantes que travers destinez a faire les grands rideaux dudit lit, duquel article na esté fait aucune prisee, du consentement des partyes.

Dans un cabinet au bout de la gallerie, ayant veue sur le jardin, sur la rue des Quatre Fils.

Item la quantité de quarente neuf tableaux en mignature garnis de leurs bordures dorez, tant quarez qu'ovalles, garniz de glaces et la plus part desdites bordures emaillees representant differents sujetz de devotion, prisez ensemble la somme de cxlvii livres.

Item un autre tableau representant une Madelaine, *original de Juste d'Aigremont* peint sur toille, prisé la somme de lx livres.

Item un tableau *original de Leonard de Vinsy*, representant saincte Caterine de Sienne, garny de sa bordure doree et peint sur bois, prisé la somme de xl livres.

Item un autre tableau *original de Juste d'Aigremont* representant sainte Caterine peint sur toille, garny de sa bordure doree, prisé la somme de lx livres.

Item un tableau peint sur toille representant un paysage, *original de Finiere*, prisé xl livres.

Item un tableau representant la saison de l'automne, peint sur toille, *original de Bassan*, prisé xxx livres.

Item un tableau representant un paysage, *original de Lorain*, garny de sa bordure doree et peint sur toille, prisé la somme de cent livres.

---

[1] La prisée des rideaux et portières monte à 3,669 livres.

Item un autre tableau representant un paysage, *original de Fouquieres*, peint sur toille, garny de sa bordure doree, prisé cent cinquante livres.

Item un autre grand tableau, *original de Bassan*, representant la Madelaine, la Pharisienne, prisé ii cens livres.

Item un autre tableau peint sur toille, representant une sainte que lon mene au suplice, *original de Bassan*, prisé xl livres.

Item un autre tableau representant un grand paysage, peint sur toille, garny de sa bordure doree, *original de Philippe le Napolitain*, prisé cent livres.

Item un autre tableau peint sur toille representant un sacrifice de Noë, *original de Bassan*, prisé iiii^{xx} livres.

Item un autre tableau peint sur toille, representant *une chimique*, *original de Tenier*, prisé xxx livres.

Item un autre tableau peint sur toille, *representant un bonhomme qui caresse sa servante*, *original de Teniers*, prisé xxx livres.

Item un autre tableau representant des pescheurs sur le bord de la mer, *original de Teguiere*, prisé la somme de xxx livres.

Dans le grand salon a costé, ayant veue sur la rue du Chantier :

Item un grand tableau peint sur toille, garny de sa bordure de bois doré représentant la Samaritaine, prisé *deux mil livres*.

Item un tableau representant la Vierge tenant son enfant, *original de Mignard*, prisé la somme de cent livres.

Item un tableau representant saincte Lucie de Juste Daigermont prisé la somme de cent livres.

Dans le cabinet appelé de la musique, a costé du grand salon :

Item un clavessin sur son pied, prisé la somme de lxxv livres.

Item un autre tableau peint sur cuivre, representant le trepas de la Vierge *de Carlo Venitien*, *original* prisé cent livres.

Item deux tableaux peints sur toille, lun rond et lautre quarré, representant deux enfans de Son Altesse Serenissime monsieur le prince Charles, duc de Lorraine, qui nont esté prisez.

Item cent sept tableaux de mignatures, representans lhistoire de l'evangile, avec leurs bordures emaillees de cuivre, prisés la somme de iii cens xxi livres.

Item trois evantailles de senteur, cinq paires de gandz dEspagne, six petites peaux de mesme senteur et deux autres evantailles, prisé ensemble la somme de xv livres.

Item une petite cave, couverte de maroquin, fermant a clefs, garnye de douze petites bouteilles, une tasse de porcelaine et un petit antonoy dargent, prisé le tout ensemble la somme de x livres.

Item cinq petitz sacqs pour mettre livre, de peaux dEspagne, xl solz.

Item une pendule faite par *Gribelin*, garnye de jaspe dEspagne et cuivre doré prisé la somme de cent livres.

Item une autre pendule de *Turet* a repetition, a colonnes de cristail de roche et des chapiteaux de lapy, dans sa boete de cuivre doré et ornemens d'or émaillé, prisé la somme de iii cens livres.

Item un autre tableau peint sur toille, *original de Baroche*, representant la fuite de notre Sauveur en Egipte, prisé la somme de ii cens l livres.

Item un autre tableau peint sur toille representant la Vierge tenant lenfant Jesus, prisé la somme de *mil livres*.

Item un autre tableau peint sur bois, original de *Leonard de Vinsy*, representant une Vierge avec son fils Jesus, prisé la somme de xx livres.

Item un autre tableau peint sur toille representant une Anonciation avec gloire *de Carache* prisé xv livres.

Item un autre tableau en long peint sur bois, representant un paysage et fuite dans l'Egypte, *original de Corneil*, prisé cent cinquante livres.

Item un autre tableau, peint sur bois, representant la face de Nostre Seigneur *fait par Claude le Lorrain*, prisé la somme de xv livres.

Item un petit paysage *de Corneil*, ou il y a quatre figures peintes sur bois, garny de sa bordure doree, prisé la somme de xv livres.

Item un petit tableau representant un paysage *de Corneil* peint sur bois, prisé viii livres.

Item un autre petit tableau *de Corneil* representant une ruine, peint sur bois, prisé la somme de xx livres.

Item un autre *tableau de Corneil* representant un debris, peint sur bois, avec quelques petites figures, prisé la somme de xx livres.

Item une petite lampe a parfum, de cuivre, estimee xl solz.

Dans la chapelle, a côté de l'apartement de la defuncte damoiselle duchesse de Guise :

Item un petit lustre de cristail de roches prisé la somme de iiii^{xx} livres.

Item le dais de la petite chapelle, au fond duquel est brodé un Saint Esprit dargent garny dune dantelle dor fine, prisé la somme de lx livres.

Item un crucifix de bois, une vierge aussy de bois, enrichy de perles et diamans, prisé la somme de iiii^{xx} livres.

Dans la sacristie a costé de la chapelle et de la salle a manger :

Item deux tableaux dun regard de Nostre Seigneur

et la Vierge, dans leur cadre debeine avec quelques pierres d'agathe, prisé xx livres.

Item un ornement violet composé dune chasuble, lestole, manipule, un ornement complet de brocart vert a fleurs dor et soye, un autre ornement etc., le tout ensemble prisé la somme de iii cens livres.

Dans la salle a manger a costé de laditte sacristie :

Item deux tableaux peints sur toille representans Francois de Lorraine et sa femme, qui n'ont esté prisez par les raisons cy-dessus :

Ensuit les bagues et joyaux de madite deffunte damoiselle duchesse de Guise, estimez par le sieur Pierre Tissier de Montarsy, demeurant a la gallerie du Louvre.

Premierement dans une cave de chagrin noir cy devant invantoriee, vingt cinq pieces qui sont petites bouteilles et unze de cristail de roche dont une partye est garnye dor le tout prisé ensemble xii cens livres.

Item dans le tiroir den hault de laditte cave, s'est trouvé la quantité de xxix bouteilles, tasses et goblets aussy de cristail de roches, lesdites bouteilles garnyes dor et de leurs bouchons dor, estant au nombre de vingt trois, et encores deux petits antonoirs et un spatule d'or, prisé le tout ensemble la somme de ii mil vii cens livres.

Item dans un petit corps de cabinet de bois de calembour a deux guichets et deux tabletes, cy devant invantorié, un petit chaudron d'or garny de son couvercle et de son ance, poisant un marc six onces sept gros, avec son estuy de chagrin noir, garny de la charniere et crochets dor, le tout prisé a raison de iiii cens livres le marc revenant a la somme de vii cens xliii livres xv solz.

Item six onces trois gros et demy de perles a soixante livres l'once, de diverses grandeurs, revenant a la somme de iii cens iiii** vi livres.

Item quatre reliquaires dor emaillé enrichy de diamans, prisé la somme de v cens livres.

Item un grand goblet dor couvert avec son ance aussy dor, un autre goblet plus petit et une petite tasse, une culliere dor et quatre boulles d'or de senteur, le tout prisé mil lxviii livres.

Ensuite la petite maison et meubles dite la petite maison de Nostre Dame de Lorette, de bois de calembour, avec ses ornemens dor emaillé, et des diamans et rubis en dedans, avec deux tableaux de la genealogie de Jessé et de David, aussy enrichy de diamans et rubis, ayant une cheminée dont la plaque et le feu est dor, contenant un Saint Esprit de diamans avec un nuage et des rayons d'or, une inscription dor enrichy de diamans, les tables de la loy de bois de calembour, garny de pierreries, quatre quartetouches dor emaillé, avec leurs chaisnes, enrichy de diamans, le portrait de David d'agathe, orné d'or, enrichy de rubis et de diamans, dont un desdiz rubis est gros en cabochon, un petit panier dor emaillé, enrichi de petits diamans et rubis, un petit soufflet dor emaillé, enrichi de pierreries, deux lampes enrichies de diamans et rubis, un petit panier dagate, orné douvrages dor et d'emeraudes, un petit coffre dor emaillé, dont les quatre piedz sont demeraude, dix petits vases dor et dagathe, enrichis de petits rubis et diamans, un petit rechault dor, emaillé avec un petit rubis, deux petits vazes de jacinte, garnis d'or, vingt petits vazes ou flacons tant dor que dagathes, avec deux barilz emaillés de rouge et ornez de petits rubis, sept petites escuelles ou vazes de corne fine, et deux autres dagathe avec divers fruits d'emeraudes, Jacynthes avec quelques bouquetz de fleurs, un petit pot a bouquetz dagathe avec des fleurs, enrichy de petits diamans et rubis, une petite marmite d'or emaillée, garnye de rubis, cinq petites escuelles dor emaillé, un petit chaudron avec sa culliere, trois antonoirs d'or, un petit lit de repos de bois de calembour, enrichy de petits diamans et rubis, un petit berceau aussy de bois de calembour, avec lenfant Jesus orné dor et de petiz diamans, une table garnie dor emaillé, ornée dor emaillé, deux petiz fauteuils enrichys de petiz rubis et diamans, lesdiz fauteuils de bois de calembour, un rouet a filler avec sa quenouille de bois de calembour, orné dor emaillé et de petiz diamans et rubis, un estably de menusier aussy de bois de calembour avec ses outils, orné dor et de petiz diamans et rubis, lenfant Jesus de bois, avec les instrumens de la Passion orné dor, enrichy de diamans, une vierge de bois de sainte Lucie, orné de petits ouvrages dor et enrichy de diamans et rubis, une vierge et un ange faisant un anonciation, le tout de bois de sainte Lucie, orné de petiz ouvrages dor, enrichy de diamans et rubis, une petite armoire de bois de calembour, orné de petiz ouvrages, enrichy de petiz diamans, un St Josef de bois de sainte Lucie enrichy de petits rubis, un saint Josef qui travaille, de bois de sainte Lucie, enrichy de petiz diamans, et orné de petiz ouvrages d'or emaillé, l'enfant Jesus tenant un balet, aussy de bois de sainte Lucie, ayant de petits ornemens dor emaillé, garny de petits diamans, une petite orloge de bois de calembour dont le cadran et couverture dor, le tout estimé ensemble la somme de iiii mil v cens livres [1].

Item une tasse de lapis avec des ancettes et le pied garny dor, une autre tasse en coquille garnie dor emaillé, prisé ensemble la somme de iiii cens livres.

Item deux autres tableaux representant la sainte Famille, original de Bourdon, prisez xxx livres.

Ensuit les livres prisez et estimez de l'advis du s^r de Cirey, marchand libraire a Paris, tenant sa boutique au Palais.

Les lettres de saint Augustin traduite en francois par M. Dubois, en deux grandz volumes, prisez la somme de xxx livres.

---

[1] La prisée des bijoux et reliquaires monte à la somme de 25,000 livres.

Item l'histoire de l'eglise en trois volumes par M. Godeau, reliez en maroquin, prisez xviii livres.

Item la vie monastique, en deux volumes in-4°, reliez en veau, prisez vi livres.

Item la vie de sainte Therese en deux volumes reliez en maroquin rouge, prisez iii livres.

Item lhistoire de la Gaulle Belgique par Valbourg, relié en veau, prisé xl solz.

Item l'histoire de saint Louis en deux volumes in-4°, reliez en maroquin de levant, prisez la somme de vi livres.

Item lhistoire de Francois Iᵉʳ, en deux volumes in-4°, reliez en veau, prisez iiii livres.

Item l'histoire de Charles IX en deux volumes in-4°, reliez en maroquin, prisez cent solz.

Item lhistoire de l'ancien testament, relié en maroquin, in folio, prisé iii livres.

Item la vie des Saints, en cinq volumes reliez en veau, prisez cent solz.

Item la vie des peres hermites, en trois volumes in-8°, prise iiii ᵗᵗ x s.

Item un petit paquet de quinze petits volumes de livres de prieres, dont treize couverts de chagrin noir et les deux autres de maroquin rouge, tous garnis de leurs fermoirs dor aux croix de Lorraine, avec six petits sacqs a mettre partye desdicts livres, prisé la somme de cent livres [1].

Ensuit largenterie, prisée de ladvis de Cesar Petit, marchand orphevre a Paris, y demeurant sur le quay des orphevres.

Scavoir celle trouvée en l'office concistant en deux grands flacons, deux grands bassins ovalles, cinq grandes eguières, etc. . . . le tout poizant ensemble la quantité de iii cens xxiii marcs ii onces, a raison de xxviii livres le marc, revenant a la somme de ix mil li livres.

Dans la cuisine :

Item six grands plats, huit autres plats moyens etc... prisez la somme de x mil iii cens lxxv livres.

Dans la garde robbe :

Item deux rechaults, deux bassinoires, un pot a thé, une chocolatiere, une *caldailly*, une rotissiere etc... prisez la somme de xvᵉ iiiiˣˣ vii livres.

Dans les chambres dudict hostel :

Item quatre chandeliers ou lustres a huit branches, cinq autres chandeliers a six branches, un autre a sept branches et deux autres chandeliers ou lustres a quatre branches, prisez la somme de vi mil iii cens xxi livres.

Item une grande cuvette a deux anses poizant iiiiˣˣ

[1] 233 autres volumes sont prisez la somme de 291 livres.

v marcs vi onces, revenant a la somme de ii mil iii cens xv livres [1].

Item un oranger dit le pomier dAdan, garny de sa caisse, prisé la somme de lx livres.

Item trois autres orangers dits gros sauvageons, venans de Vanne, lesdiz orangers de six piedz de tige, prisez ensemble la somme de lx livres.

Item quatre autres orangers, dont deux en buisson et les deux autres de haulte tige avec leurs caisses, prisez la somme de cent cinquante livres.

Item iiiiˣˣ xiv orangers moyens et petits prisez la somme de 278 livres.

Item soixante quatorze jassemins dEspagne avec leurs caisses xxx livres.

Item deux gros grenadiers avec leurs caisses xii livres.

Item quarente gros loriers roze avec leurs caisses, prisez a raison de cent solz l'un portant l'autre, faisant le tout la somme de ii cens xx livres.

Et a legard de dix orangers sur chacun desquels est un etiquet quils apartiennent à madame Fouquet, nont esté invantoriez ni prisez.

Ensuivent les tiltres et papiers :

Item la grosse de l'invantaire fait apres le deceds de monseigneur Charles de Lorraine duc de Guise, par maistre Jean Belle Hache et Gilles Marion, notaires au Chastelet de Paris, datté du xxiii avril mil six cens quarante un, a la requeste du sieur Champy, en qualité de procureur de monseigneur Henri de Lorraine, duc de Guise, heritier sous benefice dinvantaire de mondit seigneur Charles de Guise son pere, maistre Mathieu De la Porte, procureur de madame Henriette Caterine de Joyeuse, veuve dudit seigneur duc de Guise, au nom et comme tutrice de messeigneurs Louis et Roger de Lorraine et de ladite deffuncte damoiselle duchesse de Guise, tous enfans lors mineurs de mondit seigneur le duc de Guise et de madite dame Henriette Caterine de Joyeuse, leurs pere et mere.

Item la grosse du proces verbal de vente des meubles contenus audit invantaire en datte du xxi avril MVIᶜ XLIV.

Item la grosse de l'invantaire fait apres le deceds de madite dame Henriette Catherine de Joyeuse, duchesse de Guise, par maistres Jacques Ricordeau et Jean Manchon, notaires audit Chastelet, du viᵉ jour de mars MVIᶜ LVI, a la requeste de ladicte deffuncte mademoiselle Marie de Lorraine, fille aisnee desdicts deffuncts, en qualité de legataire universelle de ladite deffunte dame sa mere, suivant son testament du xxv novembre MVI LV reconnu par devant Borgeon et Richer, nottaires, en la

[1] Le restant de l'argenterie est prisé la somme de 26,449 livres, ce qui porte à un total de plus de 56,000 livres la valeur de l'argenterie trouvée à l'hôtel de Guise, lors de l'inventaire après décès de Marie de Lorraine.

presence de M° Jean Mutel, procureur de mondit seigneur Henry de Lorraine, duc de Guise, fils aisné desdits seigneur et dame, et presomptif heritier de ladite dame sa mere, et aussy en la presence de messire Claude de Bourdeilles, chevalier, seigneur comte de Montresor, tuteur honoraire de monseigneur Joseph Louis de Lorraine, duc de Joyeuse et dAngoulesme, fils de monseigneur Louis de Lorraine, duc de Joyeuse, et de madame Francoise Marie de Valoys dAngoulesme, ses pere et mere, comme aussy en la presence de messire Denis Mareschal, chevalier, ayant charge de Son Altesse royalle madite damoiselle Anne Marie Louise dOrleans, princesse souveraine de Dombes, duchesse de Montpensier, fille aisneé de Monsieur, fils de France oncle du Roy, duc dOrleans et de Valoys, et de madame Marie de Bourbon son espouze, qui estoit fille de monseigneur Henry de Bourbon duc de Montpensier et de ladicte deffuncte madame Henriette Catherine de Joyeuse, jadis son espouze en premieres nopces, sadicte Altesse royale en qualité d'habile a se dire heritiere de madicte deffuncte dame duchesse de Guise son ayeulle, par representation de madite dame duchesse de Montpensier, sa mère, et en la presence de messire Seraphin Ragois, executeur dudit testament.

Item la grosse relice et non signee du recolement des meubles et tiltres contenus audit invantaire, fait apres le deces de madite dame duchesse de Guise le sixiesme mars mil six cens cinquante six.

Item la grosse du proces verbal de sellé apposé apres le decès de mondit seigneur Henry de Lorraine, duc de Guise, a la requeste de madicte deffuncte damoiselle de Lorraine sa sœur, du deux juin MVI LXIIII.

Item coppie collationnee par Prieur et Bouret, nottaires a Paris, de linventaire fait apres le deces de mondit seigneur Henry de Lorraine, duc de Guise, par maistres Pierre Muret et Jean Manchon, nottaires audit Chastellet de Paris, datté du XXVI juin MVI°LXIIII, a la requeste de maistre François Secousse, procureur de ladicte deffuncte mademoiselle Marie de Lorraine, duchesse de Guise, habille a se dire heritiere dudit seigneur duc de Guise son frere, et comme tutrice honoraire de monseigneur Joseph Louis de Lorraine son nepveu, duc dAlençon et de Joyeuse, aussy habille a se dire heritier dudit seigneur duc de Guise son oncle, et de noble homme François de Lossendiere, intendant et ayant charge de sadite Altesse royalle, mademoiselle dOrléans, habille a se dire heritiere dudit seigneur duc de Guise son oncle.

Item la grosse de l'invantaire fait apres le décès de mondit seigneur Joseph Louis de Lorraine, duc de Guise et de Joyeuse, prince de Joinville, par ledit sieur Robert, procureur du Roy, du XVII octobre MVI cens LXXI, a la requeste de S. Altesse royalle madame Elisabeth dOrleans, sa veuve, tant en son nom, a cause de la communauté dentre eux, que comme tutrice de monseigneur le duc dAlençon son fils unique, et aussy a la requeste de feue Son Altesse Marie de Lorraine, executrice dudit seigneur duc dAlençon. conjointement avec sadite Altesse royalle et de monsieur Colbert, ministre dEtat, aussy tuteur dudit seigneur duc dAlençon, conjointement avec leurs dites Altesses.

Item la grosse de linvantaire fait apres le deceds de mondit seigneur le duc dAlençon, de Guise, Joyeuse et dAngoulesme, du dix huit mars mil six cens soixante quinze par maistres Philippes Galloys et André Bouret, nottaires du Roy au Chastelet de Paris, a la requeste de messire Jacques Pinet, seigneur de Charmoy, secretaire des commandemens, et comme procureur de sadite Altesse royalle madame Isabelle dOrleans, duchesse douairiere de Guise, veuve de mondit seigneur Joseph Louis de Lorraine, duc de Guise, comme habille a se dire heritiere mobiliaire dudit deffunt seigneur duc dAlençon son fils, qui netait pas encore nommé, et creanciere de sa succession, comme aussy a la requeste de messire Louis Christophle de Rocquette, comme procureur de madite damoiselle duchesse de Guise, habille a se dire et porter seulle heritiere des propres de mondit seigneur le duc dAlençon, son petit nepveu, lune et lautre creancieres de sa succession, ledit invantaire contenant le recolement des meubles et tiltres contenus en iceluy fait apres le deceds dudit seigneur Joseph Louis de Lorraine, duc de Guise, datté du XVII octobre mil six cens soixante un, en marge duquel dernier invantaire est une mention de lacte passé par devant Bonnot et Desnots, nottaires, le XVII novembre mil six cens quatre vingts cinq, par lequel les clefs du tresor et les titres dont les sieurs Lebrun et Gourdon estoient chargez par ledit invantaire ont esté par eux remis es mains de sadite feue Altesse mademoiselle de Guise.

Item un registre relié en parchemin, qui est un compte arresté le deuxiesme octobre mil six cens quarante six, rendu par maistre Jean Dujardin, tresorier, receveur general des maisons et finances de messeigneurs Henry de Lorraine duc de Guise, Louis de Lorraine, duc de Joyeuse, Roger de Lorraine, chevalier de l'ordre de Saint Jean de Jerusalem et de mademoiselle Marie de Lorraine leur sœur, madame Henriette Catherine de Joyeuse, duchesse de Guise, mere et tutrice desdits seigneurs et damoiselle de Guise, des receptes et depence des revenus ordinaires et extraordinaires de leurs terres, pensions et autres deniers, pendant six annees commancees le premier janvier MVI° XL et finies le dernier decembre mil six cens quarante cinq, ainsy qu'il est porté au titre dudit compte, signé enfin de lannee Delafond, Le Ragois, Galland, Bruneau, Martinet, Dujardin, a costé desquelles signatures est une mention que les acquits dudit compte ont esté mis en cinq sacs dans le tresor des titres estans audit hostel de Guise, en cette ville de Paris.

Item un autre registre couvert de parchemin, qui est un compte clos et arresté le xxii septembre mil six cens cinquante, presenté et rendu par messire Jacques de Beaufort, tresorier et procureur general des maisons et finances de monseigneur Henry de Lorraine, duc de Guise, a madame Henriette Caterine de Joyeuse, duchesse de Guise, mere et procuratrice dudit seigneur duc, tant des recepte et despence faites par ledit de Beaufort en ladicte qualité, depuis le douze de juin mil six cens quarante cinq jusques au dernier decembre mil six cens quarante sept, auquel temps ladicte dame duchesse a accepté la procuration dudit seigneur son fils pour ladministration generalle des biens et affaires dudit seigneur duc son fils, signé enfin de l'annee Delafond, Le Ragois, Martin, Bruneau et de Beaufort.

Item unze pieces, la premiere est une expedition en papier du contrat de la transaction passee par devant Haffray et Marion, notaires, le dix sept aoust mil six cens quarante six, entre madame de Joyeuse, duchesse de Guise, Henry de Lorraine, duc de Guise, concernant entrautres choses la terre et baronnie d'Ancerville, dellaissee audit deffunt seigneur duc de Joyeuse par forme de partage.

La troisiesme passée par devant Delacroix et Marion, notaires, le douze fevrier mil six cens quarante sept, est le contrat de donation fait par ladite deffuncte dame duchesse de Guise audit sieur Louis de Lorraine, son second fils, du duché et pairie de Joyeuse, insinuee au Chastelet de Paris le quinze febvrier.

Les quatre, cinq, six et septiesme sont actes de reception et de prise de possession au subjet de ladite donation.

La huitiesme passee par devant Grogin et de Monthenault? notaires a Paris, le huit aoust mil six cens quarante neuf, est le contrat de mariage dudit seigneur Louis de Lorraine, duc de Joyeuse, et madame Francoise Marie de Valoys, au pied duquel sont plusieurs insinuations, au subjet de la donation faite par iceluy, par ladite dame mere dudit seigneur duc de Joyeuse, de la baronnie, terre et seigneurie dEsclaron, outre les donnations faites au precedent du duché de Joyeuse, et des sommes payees par ladite dame pour la charge de grand chambelan de France.

La neufiesme passée par devant Tallu? et Manchon nottaires, le vingt cinq may mil six cens cinquante quatre est la donation faite par ladite dame duchesse de Guise audit seigneur de Joyeuse, son fils, de la baronnie, terre et seigneurie de Roches-sur-Marne et dependances, de la forest du petit Jacques et dependances, et outre dune tanture de la tapisserie des aages, rehaussee dor et dargent, contenant cinq pieces, dun lit de velour rouge cramoisy, en broderie d'or et d'argent.

La dixiesme est une transaction passee par devant Bergeon et Richer, notaires, le seize juillet mil six cens cinquante quatre, entre messeigneurs Henry de Lorraine, duc de Guise, et Louis de Lorraine, duc de Joyeuse, contenant partage et delaissement audit seigneur de Joyeuse, de la terre et comté d'Eu, et la unziesme est une expedition du testament dudit seigneur duc de Joyeuse receu par Bergeon et Richer, nottaires, le dix neuf septembre mil six cens cinquante quatre, contenant entre autres choses, que ses enfans venans a deceder sans enfans avant laage de trente ans, il auroit ordonné que le duché de Joyeuse qui lui apartenoit par donation de madame sa mere, et la principauté de Joinville qu'il avoit acquise de madite dame, et tout ce qui pouroit provenir de la recompense de ses charges de grand chambelan et de colonel general de la cavalerie legere de France, en cas de vente d'icelles, apartiennent franchement et quittement a madite dame sa mere, sy lors elle étoit encore vivante, et ou lors elle seroit decedee, lors du deceds desdits enfans, en ce cas il a voulu que lesdits biens apartiennent a madite damoiselle Marie de Lorraine sa sœur.

Item un compte general des revenus de sadite Altesse, mademoiselle, duchesse de Guise, remis par le sieur Le Brun, tresorier de sa maison, des terres et biens a elle apartenans, tant de son chef que comme heritiere beneficiere de feus messeigneurs Henry et Francois Joseph de Lorraine, ducs de Guise et d'Alencon, pour l'annee entiere mil six cens quatre vingt quatre et de la depence par luy faite par sadite Altesse pendant ladicte annee.

Item coppie en parchemin, signee Bodinais et Dupuys, dattee du penultiesme mars mil cinq cens huit du testament de monseigneur René, par la grace de Dieu, roy de Hierusalem et Sicille, duc de Lorraine et de Bar, datté au chastel de Louppy, lan mil cinq cens six, le vingt cinq jour de may, receu par Christophle, nottaire, par lequel ledit seigneur testateur a donné a monseigneur Antoine son fils aisné du duchez de Lorraine, Bar et autres biens, et a monseigneur Claude, son fils puisné, les terres, seigneuries et biens quil avoit en France, et auroit assigné a madame Philippes de Gueldres, son espouse, pour son douaire, entr'autres choses la baronnie de Joinville, Rouvroy, Roche sur Marne... avec lequel testament sont les lettres derection du comté de Guise en dignité et titre de duché en faveur de monseigneur Claude de Lorraine, du mois de janvier mil cinq cens vingt sept.

Item coppie du contrat et traitté de partage des biens de la succession de mondit seigneur René, duc de Lorraine, entre mesdits seigneurs Antoine et Claude de Lorraine, ses enfans, en execution et conformité de son testament, ledit partage datté a Bar du vingt sept octobre mil cinq cens trente, par lequel ledit seigneur Claude de Lorraine auroit eu et emporté et convenu quil luy demeureroit les duchez de Guise, comté d'Aumalle, baronnie de Joinville, La Ferté-Bernard, Elbeuf, et autres terres scituees en France, Normandie, Flandres, Hainault et ailleurs, qui apartenoient audit seigneur leur pere a lheure de son trespas, plus le chastel, terres, seigneuries d'Harville, Cousancelles, Brilloy et aultres apartenances de la chastelenie et prevosté dAncerville.

Item cinq pieces attachees ensemble, la premiere du douze janvier mil six cens vingt neuf, est un acte par lequel Claude de Tacquelau, notaire de la ville de Guise, au nom et comme se faisant et portant fort de damoiselle Madelaine Lescarbot, veuve de deffunct maistre Anthoine Warnet, advocat au bailliage de Guise, en son nom et comme tutrice de leurs enfans, a quitté, transporté et dellaissé a tres haulte et tres illustre princesse madame Henriette Catherine, duchesse de Joyeuse, le greffe du bailliage du duché de Guise, cy devant vendu par mondit seigneur le duc de Guise, a faculté de rachapt perpetuelle, audit deffunt Antoine Warnet, moyennant la somme de six mil trois cens livres.

La seconde du vingt quatre janvier mil six cens vingt neuf est lacte de ratification fait par ladite damoiselle Madelaine Lescarbot dudit retrait du greffe.

La troisieme du treize may mil six cens vingt neuf, qui est un acte par lequel damoiselle Nicolle de la Croix, veuve de feu messire Claude de Baillet, vivant greffier de la mairie de Guise, en son nom et comme tutrice de leurs enfans a ceddé quitté et transporté a ladite dame Henriette Caterine, duchesse de Joyeuse et de Guise, espouse de mondit seigneur de Guise, autorisée par son contrat de mariage pour la jouissance et disposition de ses biens et droits, le greffe de la mairie dudit duché et pairie de Guise moyennant la somme de mil livres. . . . . . .

Item la quantité de trente neuf registres reliez, couverts de parchemin, qui sont papiers teriers du duché de Guise et de ses circonstances et deppendances, y compris quatre vieux papiers cuilleretz de revenus dudit duché de Guise, dattez de plusieurs et differentes annees, *du nombre desquels est un livre nommé vulgairement le livre rouge*, couvert de peau, du contenu ausquels registres na esté fait plus ample mention.

Item deux autres registres reliez et couverts de parchemin, que sont les transcripts de plusieurs autres actes, des chartres et des privileges du duché et pairie de Guise, desquels na esté fait plus ample mention.

Item un gros registre, couvert de parchemin, signé enfin Charles de Lorraine, non datté, contenant le denombrement et declaration du duché et pairie de Guise, baillé au Roy et a messieurs de la Chambre des Comptes de Paris.

Item une liasse contenant neuf pieces dont la.. seconde sont lettres patantes obtenues par ladicte deffuncte Son Altesse mademoiselle duchesse de Guise pour la continuation et jouissance de la pairie et duché de Guise, pour les appellations dudit duché au Parlement de Paris, dattees a Versailles du quatorze avril mil six cens soixante quinze. . . .

Item un registre relié et couvert de veau, sur la couverture duquel est escrit en lettres dor : invantaire des tiltres estans en la Chambre des Comptes de Joinville, et datté du douze septembre mil six cens vingt neuf.

Item plusieurs cahiers de parchemin composans un registre contenant le proces verbal fait pour la verification du denombrement de la principauté de Joinville, par messire Jean de Gondrecourt, lieutenant particulier au comté de Chaumont en Bassigny, datté du vingt trois juin mil six cens soixante dix huit.

Item quatre pieces, dont la premiere sont les lettres patantes derrection du comté de Joinville en principauté, dattees a Joinville du mois davril mil cinq cens cinquante un, sur le reply est lenregistrement desdittes lettres en la cour de Parlement en datte du douze octobre mil cinq cens cinquante huit. . . . .

Item une liasse contenant quatre pieces, la premiere est un contrat passé par devant Haffray et Marion, nottaires, le dix sept aoust mil six cens quarante six entre ladicte deffunte madame Henriette, duchesse de Joyeuse, et ledit sieur Henry de Lorraine, duc de Guise, son fils ainé, contenant la vente et dellaissement faite par ledit seigneur duc de Guise a ladite dame sa mere, entr'autres choses, de ladite terre et principauté de Joinville et ses dependances, a condition expresse, sans laquelle ledit contrat n'eut esté passé, que ledit seigneur duc de Guise obtiendroit a ladite dame sa mere les lettres necessaires pour la désunion et separation des baronnies dEsclaron et Roches sur Marne, pour estre tenues et mouvantes du Roy et possedees par ladite dame comme separée du corps de laditte principauté. . . . .

Item lexpedition en parchemin dun contrat de vente passé par devant Manchon, nottaire, le premier juillet mil six cens cinquante quatre fait par ladite dame Henriette Caterine, duchesse de Joyeuse, a mon seigneur Louis de Lorraine, duc de Joyeuse, Guise et dAngoulesme, son fils, de la terre, seigneurie, ville, chasteau et principaulté de Joinville, avec les droits y apartenans et declarez, avec ce quelle avoit acquis depuis la vente et dellaissement a elle faite le dix sept aoust mil six cens quarente six de ladicte principauté, moyennant la somme de cinq cens mil livres, payable en la maniere selon qu'il est declaré audit contrat.

Item deux pieces, la première sont lettres de Sa Majesté dattees a Paris du 2 juillet mil six cens soixante quinze contenant la reception faite par Sa Majesté de la foy et hommage de Son Altesse feue madite damoiselle duchesse de Guise, pour raison de la principauté de Joinville, mouvante du comté de Champagne a elle advenue par le deces de monseigneur le duc d'Alencon son petit nepveu, la seconde est une autre acte de foy et hommage rendue par sadite Altesse feue mademoiselle de Guise, au bureau des tresoriers de France a Chalons, le six may mil six cens soixante seize.

Item une liasse de huit pieces, la premiere est une copie colationnee dun contrat passé par devant Reperend? et Thibert, nottaires à Paris, le vingt un mars mil six cens trois, de l'engagement fait par monseigneur Charles de Lorraine, duc de Guise, a Anthoine Ribault, des moulins dependans de Joinville, moyennant les charges y mentionné, avec faculté de les pouvoir retirer en payant la somme de trente six mil livres, sans que ledit Ribault, ses hoirs puissent pretendre aucune prescription.

La seconde est un memoire faisant mention desdits moulins et des conditions du retrait.

La troisiesme est un acte du remboursement qui a esté fait par madite dame Henriette Caterine, duchesse de Joyeuse, a messire Jean Piricat, seigneur de Meridon, du prix des terres de Calinde? et Chevillon, bois du petit Jacques, ledit acte receu par De la Croix et de Troyes, notaires, le trente un decembre mil six cens douze......

Item lexpedition en parchemin dun acte passé par devant Bergeon et Richer, nottaires a Paris, le dernier may mil six cens cinquante quatre, par lequel mondit seigneur Henry de Lorraine, duc de Guise, s'est desisté et departy de la liberté qu'il avoit reservee par la transaction quil avoit fait avec madame sa mere, le 17 aoust mil six cens quarente six, de retirer les baronies d'Eclaron et de Roches, en cas que madite dame en disposât.

Item un adveu estant en parchemin, en datte du vingt sept Juillet mil quatre cens quarante sept, rendu au Roy par Guerard, seigneur de Rabenacq? de la baronie d'Esclaron, mouvante de la ville et seigneurie de Wassy.

Item un registre relié et couvert de parchemin sur la couverture duquel est escrit : Minute du registre et papier terrier de la baronie d'Ancerville pour monseigneur le duc de Guise, baron dudit lieu, dressé et minutté en l'annee mil six cens dix huit.

Item cinq pieces, la premiere est un denombrement et declaration des terres et seigneuries de Marchais et Liesse passé par devant de Martigny, notaire, en datte du dix sept decembre mil cinq cens quarente sept.

La seconde une echange faite entre monseigneur le cardinal de Lorraine, et messire Claude de Bossu, chevalier, seigneur de Longueval et autres lieux, de la terre et seigneurie de Hauzard (Hangard)? pour la terre et seigneurie de Marchais et Liesse, passé par devant Maheu et Bergeon, nottaires a Paris, le vingt sept mars mil cinq cens cinquante deux.

La troisiesme est un contract deschange de la terre et seigneurie de Hangard à celle de Romigny (sic), du onze fevrier mil cinq cens cinquante trois, par devant Le Charon et Charles, nottaires a Paris, entre ledit Seigneur cardinal de Lorraine et maistre Jean Gillot, comme procureur dudit sieur de Bossu de Longueval.

La quatriesme est une autre echange de ladite terre de Rumigny avec la terre de Hangard par devant Payen et Trouvé, nottaires a Paris, le seize avril mil cinq cens cinquante quatre.

Et la cinquiesme est coppie en papier du contrat dacquisition de la terre de Marchais, fait par ledit seigneur cardinal de Lorraine, dudit sieur de Bossu de Longueval le quatorze juin mil cinq cens cinquante sept, par devant Bourouat et Ogier, nottaires royaux à Rheims.

Item lexpedition en forme executoire du contrat de vente fait par messire François de Bourdeilles, chevalier, marquis dudit Bourdeilles, heritier beneficier de messire Claude de Bourdeilles son frere, a madite deffunte damoiselle Marie de Lorraine duchesse de Guise, du comté, chastelenie, fief, terre, seigneurie de Montresor, seize en Touraine, du chasteau, terre, seigneurie du Liege et de la Hutière, moyennant le prix et aux charges portees audit contrat de vente passé par devant Devin et Bouret nottaires a Paris le vingt novembre mil six cens soixante unze.

Item une liasse de trente cinq pieces entre lesquelles est un contract passé par devant Lesemelier et Le Cat nottaires a Paris le deux decembre mil six cens cinquante huit, par lequel monseigneur Henry de Lorraine, duc de Guise, pair et grand chambelan de France, a dellaissé, cedde et transporté a madite damoiselle Marie de Lorraine de Guise, sa sœur, la terre, place, seigneurie et chasteau de Rocquemaure, ses apartenances et dependances, aux clauses et conditions y portees, et les autres pieces sont antiens titres et papiers concernans ladite terre.

Item une liasse de trente deux pieces, l'une desquelles

sont les lettres pattantes du feu Roy Henry quatre adressantes a la Chambre des Comptes de Normandie, obtenues par feu monsieur le duc de Joyeuse, mareschal de France, pour avoir le payement des arrerages des rentes a luy appartenant, par declaration tant de *Scipion Sardigny* que autres, lesdites lettres dattees du quatre juing mil cinq cens quatre vingt dix sept.

Item cinq pieces dont la premiere est la grosse dun contrat passé par devant M° Jacques Parque et Philippes Cottereau, nottaires audit Chastelet, le dix septembre mil six cens six, par lequel maistre Philippe Lymosin, comme procureur de messire Louis de Cravant et de dame Jacqueline de Humière, son épouse, en vertu de leur procuration, a vendu a madame Louise Margueritte de Lorraine, epouse de monseigneur Francois de Bourbon, prince de Conty, lhotel et maison apelee lhostel de Humiere, scize a Fontainebleau, pour demeurer quitte de vii°iiii""ii livres de rente, racheptable de ix" vii°iiii"" livres......

Item une liasse de quatre vingt dix pieces concernant les terres souveraines de Chasteau-Regnauld, Linchamps, Mozou, Touraglaire et autres souveraines d'outre et deca la riviere de Meuse, apartenans a madame la princesse de Conty, entre lesquelles est la grosse du contrat de cession, par lequel ladite dame a transporté et dellaissé au Roy nostre sire la susdite terre souveraine de Chasteau-Regnault et autres susenoncez qui apartenoient a ladite dame princesse par donation a elle faite par madame la duchesse de Guise, sa mere, par son contrat de mariage avec monseigneur le prince de Conty et moyennant la so mme de dix sept cens vingt mil livres, qui est a raison du denier quarante du revenu annuelle dicelle, dont il y en avoit cinq cens soixante treize mil trois cens soixante trois livres six sols huit deniers qui seront fournye a madite dame la princesse en terres et seigneuries apartenans a Sa Majesté, a raison de denier trente, et pour les unze cens quarante six mil six cens soixante six livres treize sols quatre deniers, en offices de greffiers et maistres clercs des roolles des tailles, et aux clauses et conditions portees audit contrat, passé par devant Blesse et Richer notaires a Paris le deux mars mil six cens vingt neuf, les lettres pattantes de Sa Majesté portant ratification dudit contrat dattees du dernier decembre audit an, enregistrees tant au Parlement, le quinze mars mil six cens trente quen la Chambre des Comptes, le trois decembre mil six cens trente deux.

La grosse dun autre contrat passé par devant Ogier et Marion, nottaires, par lequel Messieurs les commissaires deputez par sa Majesté ont, en execution dudit contrat deschange, et darrest du conseil du vingt huit novembre mil six cens quarante un, neuf avril, six octobre, seize novembre et quatorze decembre mil six cens quarante quatre, baillé transporté et dellaissé a madame la duchesse de Guise et a messeigneurs les ducs de Guise et de Chevreuse la terre et comté de Gien et la terre et seigneurie de Ribemont, et convenu que ledit duché de Guise, ensemble ladite terre et seigneurie de Ribemont relèveront de Sa Majesté a cause de son chasteau du Louvre, et icelles jointes unies et incorporees par un mesme fief sous le tiltre de duché de Guise, plus la terre et seigneurie du Val de Roignon en Champagne, et le hamault nommé Cultrat, pour estre aussy unis et incorporés a la principauté de Joinville, plus la chatelenie et seigneurie de Chasteaufort pres Paris, la chastelenie, terre et seigneurie de Chasteauneuf sur Loyre, la baronnie, terre et seigneurie de Chasteaugonlier, et ce pour et au lieu de ce qui restoit a fournir des terres qui devoient estre donnees en contre eschange desdites terres souveraines, ainsy que le tout est énoncé audit contrat, passé par devant Ogier et Marion, nottaires a Paris, le deux may mil six cens quarante six, au bas duquel est lenregistrement diceluy en la cour de Parlement, du douze avril mil six cens cinquante.

La grosse dun autre contrat passé par devant lesdits Marion et Ogier, nottaires, le trois dudit mois de may mil six cens quarante six, par lequel lesdits sieurs commissaires ont, pour et au lieu desdits offices de greffier et garde des rolles des tailles, constitué pour et au nom de Sa Majesté, au proffit de madite deffunte dame duchesse de Guise et de mesdits seigneurs et damoiselle ses enfans pour moytié, et de monsieur Claude de Lorraine, duc de Chevreuse pour l'autre moytié, deux cens vingt neuf mil deux cens vingt trois livres six sols huit deniers de rente a prendre sur les cinq grosses fermes de France, enfin duquel est lenregistrement diceluy au Parlement le douze avril mil six cens cinquante.

Item douze pieces attachees ensemble, la premiere est lexpedition dun contrat de la vente faite par madame Marie de Rohan, duchesse de Chevreuse, veuve de monseigneur Claude de Lorraine, duc dudit Chevreuse, a Francois Le Cocq, escuyer, conseiller secretaire du Roy, de quarante mil livres de rente dont se payoit que moitié, faisant partye de cent quatorze mil six cens soixante six livres de rente constituez audit deffunt seigneur duc de Chevreuse par messieurs les commissaires deputez par Sa Majesté sur les cinq grosses fermes de France pour partye de leschange fait avec ladite dame princesse de Conty par ledit contrat du trois may mil six cens quarante six, ledit transport passé par devant Le Caron et Galloys, nottaires, le seize may mil six cens cinquante huit.

La seconde est lexpedition de lacte de declaration fait dudit transport par ledit sieur Le Cocq au profit de monseigneur Henry de Lorraine, duc de Guise, passé par devant Lebeuf et Manchon, nottaires a Paris, le vingt trois avril mil six cens cinquante huit.

La troisieme est la grosse dudit contrat du trois may mil six cens quarente six cy dessus invantorié.

La quatriesme est lexpedition en papier d'un contrat de transaction passé par devant Manchon et Ogier, notaires a Paris, le quatre octobre mil six cens cinquante huit entre mondit seigneur Henry de Lorraine, duc de Guise, heritier par benefice dinventaire dudit deffunt seigneur duc de Chevreuse, son oncle, dune part, messire Guillaume Briçonnet, chevalier, president au grand conseil et autres, en qualité de creanciers et directeurs des autres creanciers dudit deffunt seigneur duc de Chevreuse d'autre part, portant consentement par lesdits sieurs directeurs de jouissance audit seigneur duc de Guise de ladite rente de soixante quatorze mil six cens soixante six livres, faisans partye des cent quatorze mil six cens soixante six livres de rente sur lesdites cinq grosses fermes.

La cinquiesme est lexpedition en papier d'un transport passé par devant lesdits Ogier et Manchon, nottaires, le 4 octobre mil six cens cinquante huit par ladite deffuncte damoiselle duchesse de Guise aux créanciers dudit seigneur duc de Chevreuse, de lobligation de la somme de deux cens dix mil livres deue par M. le duc de Bouillon, passée par monsieur le President de Mesmes, M. de Lamoignon de Basville, comme tuteurs honoraires dudit seigneur duc de Bouillon, par devant Simonnet et Richer, notaires, le huit mars mil six cens cinquante huit, et ce au moyen du transport fait par lesdits sieurs directeurs a madite deffunte damoiselle duchesse de Guise de pareille somme de deux cens dix mil livres sur la succession dudit deffunt seigneur duc de Guise son frere.....

Item coppie d'un traité sous signatures privees, en datte du 7 octobre mil six cens cinquante sept entre mondit Seigneur Henry de Lorraine, duc de Guise, madicte damoiselle Marie de Lorraine, duchesse de Guise, et messire Claude de Bourdeilles, seigneur comte de Montresor, tuteur honoraire de monseigneur Joseph et Louis de Lorraine, pour raison de la charge de grand chambelan, dont mondit seigneur le duc de Guise auroit esté pourveu le dernier avril mil six cens cinquante cinq, contenant que ladite charge seroit vendue et que du prix en provenant il en seroit employé jusques a quatre cens mil livres en acquisitions, droits ou rentes sur le Roy, et le surplus en acquisitions de fondz dheritages ou bonnes rentes, par ladvis de monsieur le procureur general, et aux autres clauses et conditions y contenues, pour raison de la jouissance desdits emplois et des meubles qui estoient restez au chasteau de Joinville, et outre ledit seigneur duc de Guise se seroit departy en faveur de sadite feue Altesse mademoiselle duchesse de Guise, sa sœur, du proces dentreux pour raison du domaine et seigneurie de Rocquemaure, et consenty ladiudication qui lui en avoit esté faite au Louvre par Messieurs les commissaires demmoira nul, et que madite damoiselle duchesse de Guise en jouisse paisiblement, en consideration de quoy madicte damoiselle duchesse de Guise auroit promis payer audit seigneur duc de Guise son frere la somme de dix mil livres, et luy fournir lacquit patent de la somme de cent mil livres accordee par le feu Roy ausdits seigneurs et dame duc et duchesse de Guise en faveur de leur mariage.....

Et apres est transcrit un autre traitté fait double entre les mesmes partyes, le vingt septembre audit an mil six cens cinquante huit, en consequence de la vente qui avoit esté par elles fait le vingtiesme mars lors dernier de ladite charge de grand chambelan a monsieur le duc de Bouillon, pour la somme de huit cens vingt un mil livres, dont avoit esté employé cent soixante quinze mil livres en lacquisition faite dudit seigneur duc de Chevreuse desdites quarante mil livres de rente, faisant partye de sa moitié des rentes constituees par Sa Majesté pour leschange desdites terres souveraines de chasteau-Regnauld, par contrat du vingt trois avril mil six cens cinquante huit, deux cens dix mil livres pour partie de lacquisition des soixante quatorze mil six cens soixante six livres, treize sols quatre deniers, de rente qui restoient audit seigneur duc de Chevreuse de sadite moityé, et dellaissée audit seigneur duc de Guise par ses creanciers, par ledit contrat du quatre octobre mil six cens cinquante huit, et quatre cens trente six mil livres restans auroient esté employez a partye de lacquisition que ledit seigneur duc de Guise avoit faite, conjointement avec madame la duchesse de Chevreuse, et madite deffuncte damoiselle duchesse de Guise, des droicts sur le poisson frais, sec et sallé, suivant les articles dassociation arrestez entreux au mois de septembre de l'année mil six cens cinquante huit, et que de ladite somme totalle de huit cens mil livres, il apartenoit audit seigneur Louis Joseph de Lorraine, duc de Joyeuse, celle de six cens mil livres, pour laquelle il jouiroit de lacquisition desdites rentes sur les cinq grosses fermes, de partye desdits droictz sur le poisson, a condition neantmoins que ledit seigneur duc de Guise en jouiroit sa vie durant, ledit dernier traité reconnu par devant Lebeuf et Manchon, nottaires, et le tout deposé audit Manchon, nottaire, le neufiesme jour davril mil six cens soixante quatre, avec lexpedition desquels traitté et reconnoissance sest trouvé une quittance signée Henry de Lorraine, duc de Guise, dattee a Paris le seize octobre mil six cens cinquante sept, par laquelle ledit seigneur duc de Guise a receu de madite damoiselle sa sœur ladite somme de dix mil livres que Son Altesse estoit obligée luy payer, par lescrit fait entreux et feu monsieur de Bourdeilles, comte de Montresor, ledit jour septiesme octobre mil six cens cinquante sept.

Item une liasse contenant seize pieces, dont la première est coppie d'un contrat passé par devant Legay et Baudouin, notaires au Chastelet de Paris, le vingt febvrier mil six cens trente un, par lequel maistre Germain Comtesse, comme procureur de madame Louise Margueritte de Lorraine, princesse de Conty, veuve de monseigneur Francois de Bourbon, prince de Conty, a vendu a maistre Guillaume Millet les terres et seigneuries de Chinon, Langet, Ganat et Vischy, qui apartenoient a madite dame, au moien dudit eschange fait avec Sa Majesté des terres de Chasteau-Regnauld et autres le dixiesme mars mil six cens vingt neuf, et depuis lesdites terres de Chinon et autres dellaissees a madite dame par messieurs les commissaires de Sa Majesté, par contrat dadjudication du treize dudit mois de febvrier mil six cens trente un, ladite vente faite moyennant la somme de cent dix neuf mil trois cent vingt livres, qui avoit esté declaree avoir payee comptant es mains dudit sieur Comtesse, et par luy a linstant employee pour et au nom de ladite dame princesse a lacquisition et payement des offices hereditaires des greffiers et maistres clercs des rolles des tailles de lelection de Limoges, suivant les six contratz dadjudications et quittances de finances de monsieur de Guenegaud, tresorier de lEspargne, dattée de deux janvier mil six cens trente.

La seconde est le contrat de dellaissement desdites terres de Chinon et autres, en datte du treize dudit mois de febvrier mil six cens trente un, les suivantes jusques y compris la quatorzieme piece sont les originaux desdits six contratz dadjudication desdits greffes de Limoges, et les six originaux des six quittances de finances.

La quinziesme est coppie collationnee sur lexpedition d'un acte passé par devant Parque et son confrere, notaires au Chastelet de Paris, le quinze septembre audit an mil six cens trente un, portant declaration faite par ledit sieur Millet que dans ladite vente a luy faite sous son nom le vingt fevrier lors dernier par ledit Comtesse, comme procureur de madite dame la princesse de Conty, il appartenoit a monsieur lEminentissime Armand Jean Du Plessis, cardinal duc de Richelieu, ladite terre et seigneurie de Chinon, moyennant la somme de soixante mil livres qui avoit esté payée par ledit Millet des deniers dudit sieur cardinal de Richelieu, auquel il navoit, en ce, fait que prester son nom.

La seiziesme et derniere est coppie non signee dune autre declaration faite par ledit sieur Millet, ledit jour vingtiesme febvrier mil six cens soixante et un, par devant lesdits Legay et Baudoin, nottaires a Paris, au proffit de messire Anthoine de Ruzé, marquis d'Effiat, surintendant des finances, desdites terres de Ganat, Vichy et Langets, moyennant la somme de cinquante neuf mil trois cens vingt livres, qui avoit esté payée par ledit sieur Millet audit sieur Comtesse des deniers dudit seigneur marquis dEffiat.

Item une liasse de titres et autres pieces *concernant l'hôtel de Guise* scis a Paris rue du Chaulme, au nombre de unze pièces, dont la première est la grosse en parchemin dun contrat de vente passé par devant Dorléans et Denots? nottaires au Chastelet, le quatorziesme juing mil cinq cens cinquante trois, par messire Philbert Babou, evesque dAngoulesme, comme sestant fait fort de messire Philbert Babou, chevalier, seigneur de la Bourdeziere, a madame Anne d'Est, duchesse de Guise, lors espouze de monseigneur François de Lorraine, duc de Guise, dune grande maison scize a Paris dite rue du Chaulme, apelee lhostel de Clisson, devant et a loposite de la chapelle de Bracq.

La seconde la ratiffication faite dudit contrat de vente par ledit sieur de la Bourdeziere, en datte du 19 juillet audit an mil cinq cens cinquante trois, signé Guerin.

La troisiesme est la quittance de la somme de six mil neuf cens livres, a compte des seize mil livres, faisant le prix de ladite vente passee par devant lesdits dOrleans et de Metz, notaires a Paris, le vingt huitiesme jour de mars mil cinq cens cinquante quatre.

La quatriesme est le contrat de donation dudit hostel de Clisson faite par ledit seigneur Francois de Lorraine, duc de Guise, a monseigneur Charles, cardinal de Lorraine, archevesque duc de Rheims, passé par devant Burge et Bergeon, nottaires audit Chastelet de Paris, le septiesme octobre mil cinq cens cinquante six.

La cinquiesme est le contrat de donation faite dudit hostel de Clisson par ledit seigneur Charles cardinal de Lorraine, a monseigneur Henry de Lorraine, lors prince de Joinville son nepveu, passé par devant Hauldesme et Bergeon, nottaires, le quatriesme jour de novembre mil cinq cens cinquante six.

La sixiesme est le contrat d'acquisition fait par ledit seigneur cardinal de Lorraine, de maistre Louis Doulcet, advocat au Parlement, de la moityé dune maison scize au dessus dudit hostel de Clisson, lors appellé lhotel de Guise, et abboutissant sur la rue des Quatre Fils, passé par devant Godard et Bergeon, notaires, le vingt quatre ..... mil cinq cens cinquante sept.

La septiesme est un autre contrat dacquisition de lautre moityé de ladite maison, dudit sieur Doulcet, passé par devant Patu et Lauzeman, nottaires audit Chastelet, le vingt sept septembre mil cinq cens soixante un.

La huitiesme est la grosse d'un autre contrat passé

par devant Maheu et Bergeon, notaires audit Chastelet, le quinziesme jour de janvier mil cinq cens soixante, en forme de transaction entre mondit seigneur François de Lorraine, et messire Louis de Rohan, chevalier, comte de Monbazon, et dame Eleonore de Rohan, son épouse, par les procureurs denommez audit contrat, par lequel lesdits seigneur et dame de Rohan ont vendu audit feu seigneur duc de Guise la maison et hostel appellee de la Roche-Guyon, seize rue Barbette, qui joignoit par derriere ledit hostel de Guise.

La neufiesme est le contrat de donation passé par devant Hauldesme et Bergeon, notaires au Chastelet de Paris, le unziesme juin mil cinq cens cinquante six, fait par ledit feu seigneur Charles, cardinal de Lorraine, audit seigneur Francois de Lorraine, duc de Guise, son frere, et madame Anne d'Est, son epouse et leurs descendans, du droit qui luy apartenoit en une maison et hostel, appellee lhostel de Laval, scis a Paris, rue du Chaulme, faisant le coing de la rue de Paradis, joignant ledit hostel de Guise, au moyen de la donation qui luy en avoit esté faite par feu maistre Jean Brinon.

La dixiesme est le contrat de vente qui avoit esté fait dudit hostel audit sieur de Brinon, par messire Guillaume de Coste de la Tirannes, abbé de Bonrepos, comme procureur de messire Guy, comte de Laval, en vertu de sa procuration, mentionnee audit contrat passé par devant Augirrard et Maupeou, notaires audit Chastelet, le seize aoust mil cinq cens quarante cinq.

Et la unziesme est un contrat passé par devant Coutillier et Nicolas, notaires audit Chastelet, le seize mars mil cinq cens cinquante six, par lequel ledit maistre Louis Doulcet avoit acquis une portion de ladite maison de maistre Jacques le Hardy et autres.

Item cinq pieces, la premiere est la concession accordee par messieurs les prevost des marchands et eschevins, le seize avril mil cinq cens vingt neuf, a messire Philbert Babou, chevalier, seigneur de la Bourdeziere, ayant acquis l'hôtel Clisson, autrement dit *lhôtel de la misericorde*, ou il y a eu de toute ancienneté fontaine, de restablir et mettre en son premier estat ladicte fontaine, pour servir audit hostel de Clisson.

La seconde est une autre concession accordee par lesdits sieurs prevost des marchands et eschevins, le quinze novembre mil six cens soixante quinze, a madite deffunte damoiselle duchesse de Guise, un cours de sept lignes deaue en superficie, outre et par dessus celles dont elle jouissoit pour ledit hostel de Guise, en consideracion de ce qu'il avoit plu a madite damoiselle d'accorder a la ville d'élever les bastimens du regard de ladite fontaine, adossée contre les murs de son hostel, du costé de la rue de Paradis.....

Item une liasse contenant dix pieces qui sont un contrat de vente faite a monsieur Marin, d'une portion de place, dans la court des armes dudit hostel de Guise, avec faculté dy rentrer en remboursant souffrances et concession accordees a divers particuliers pour lentree, sortye dudit hostel, et autres usages declarees aux actes et autres pieces concernant ledit hostel de Guise, dont la derniere est un arrest du Parlement du sept septembre mil six cens quarante six qui transmet la substitution de partye dudit hostel de Guise sur le duché de Guise.

Item deux pieces, lune est lexpedition en parchemin dun contrat passé entre madame Henriette Catherine, duchesse de Joyeuse et de Guise, comme fondee de procuration de monseigneur Henry de Lorraine, duc de Guise, son fils aisné, et tutrice de messeigneurs et damoiselle ses autres enfans dune part, et Henry Rousseau et Jacqueline Boutet, sa femme dautre part, par devant Bellechasse et Marion, nottaires a Paris, le huitiesme jour de may mil six cens quarante cinq, au subjet de la maison qui avoit esté permis (sic) audit Rousseau et sa femme sur un fond et place qui apartenoient audit seigneur duc de Guise, cy devant apellé lhotel de Guise, scituée au bourg de Saint Germain en Laye, en la grande rue conduisant de leglise a la croix, en marge duquel contrat est une mention signée Marion et Manchon, nottaires, du vingt quatre may mil six cens soixante six, portant que ladicte Jacqueline Boutet, veuve dudit Henry Rousseau, a remis et dellaissé a Son Altesse mademoiselle de Guise ladite maison, mentionnee audit contrat, au moyen du remboursement que Son Altesse luy a fait du bastiment de ladite maison, et l'autre est lantien titre de lacquisition faite par monsigneur le duc de Guise et madame Anne d'Est, son epouse, de Martin Testart, de la huictiesme partie de ladite maison, passee par devant Thomas Legendre, notaire royal audit bourg de Saint Germain en Laye, le dernier mars mil cinq cens cinquante deux.

Item l'expedition en parchemin du testament olographe de feue madame Caterine de Cleves, duchesse douairiere de Guise, comtesse d'Eu, paire de France, en datte du douze may mil six cens vingt huit, mis pour minutte es mains de Marion, notaire.

Item une liasse de dix pieces, la premiere est le partage fait entre messeigneurs Henry de Lorraine, duc de Guise, Charles, duc de Mayenne, et Louis de Lorraine, archevesque duc de Rheims, en faveur de feu monseigneur Francois de Lorraine, duc de Guise, et de madame Anne d'Est, son espouze, lors epouse de monseigneur Jacques de Savoye, duc de Gennevois et de Nemours, par devant Francquelin et Cruset, notaires a Paris le dix huit decembre mil cinq cens soixante quinze.

Les seconde et troisiesme sont expeditions du con-

SE TROUVE À PARIS

CHEZ

ALPHONSE PICARD, LIBRAIRE ÉDITEUR,

RUE BONAPARTE, 82.

COLLECTION DE DOCUMENTS
POUR SERVIR
À L'HISTOIRE DES HÔPITAUX
DE PARIS,

COMMENCÉE

SOUS LES AUSPICES DE M. MICHEL MÖRING,

CONTINUÉE

PAR M. E. PEYRON,
DIRECTEUR DE L'ADMINISTRATION GÉNÉRALE DE L'ASSISTANCE PUBLIQUE,

PUBLIÉE

PAR M. BRIÈLE,
ARCHIVISTE DE L'ADMINISTRATION.

TOME QUATRIÈME.

FIN DES COMPTES ET DONS ET LEGS FAITS AVANT 1789 AUX HÔPITAUX ET HOSPICES.

SECOND FASCICULE.

PARIS.
IMPRIMERIE NATIONALE.

M DCCC LXXXVII.

COLLECTION DE DOCUMENTS

POUR SERVIR

A L'HISTOIRE DES HÔPITAUX

DE PARIS.

Cette collection comprendra :

1° Les délibérations de l'ancien Bureau de l'Hôtel-Dieu (1531-1791);

2° Les comptes de l'Hôtel-Dieu (1364-1599);

3° Le *Corpus* des privilèges de l'Hôtel-Dieu;

4° Les chartes qui n'auront pas été publiées dans le Cartulaire de l'Hôtel-Dieu;

5° Un choix de pièces relatives à l'hôpital Saint-Jacques-aux-Pèlerins, à l'Hôpital général, aux Enfants-Trouvés, aux Enfants-Rouges, à l'hôpital du Saint-Esprit-en-Grève.

COLLECTION DE DOCUMENTS

POUR SERVIR

À L'HISTOIRE DES HÔPITAUX

DE PARIS,

COMMENCÉE

SOUS LES AUSPICES DE M. MICHEL MÖRING,

CONTINUÉE

PAR M. E. PEYRON,

DIRECTEUR DE L'ADMINISTRATION GÉNÉRALE DE L'ASSISTANCE PUBLIQUE,

PUBLIÉE

PAR M. BRIÈLE,

ARCHIVISTE DE L'ADMINISTRATION.

TOME QUATRIÈME.

FIN DES COMPTES ET DONS ET LEGS FAITS AVANT 1789 AUX HÔPITAUX ET HOSPICES.

PARIS.

IMPRIMERIE NATIONALE.

M DCCC LXXXVII.

PRÉFACE.

Nous faisons paraître, quinze mois après le premier fascicule, celui qui complète le quatrième tome de notre Collection et donne aux lecteurs la suite — mais non la fin — des documents relatifs à l'Hôtel-Dieu de Paris.

Ce tome IV renferme :

1° L'analyse des 34 derniers registres (132 à 165), années 1582 à 1599, de la Collection des comptes de l'Hôtel-Dieu telle qu'elle était après l'incendie de 1871, telle qu'elle existe encore aujourd'hui sur les tablettes de notre dépôt;

2° La collection des documents relatifs aux dons et legs faits aux hôpitaux parisiens — principalement à l'Hôtel-Dieu — antérieurement à 1791.

C'est de cette dernière collection que nous voulons dire un mot; c'est elle qui fait l'objet de notre courte préface.

Les lecteurs qui s'intéressent aux choses du passé sont moins rares en France qu'on ne le suppose. S'ils veulent bien prendre en mains le tome II de l'Inventaire de nos Archives, réimprimé il y a deux ans, et s'ils rapprochent l'analyse sommaire, qui a été donnée dans cet inventaire des anciens dons et legs, de la publication que nous faisons ici de ces documents, ils observeront d'abord que cette collection a été atteinte par l'incendie dans une proportion que nous avons estimée ailleurs à un sixième environ.

Nous nous hâtons d'ajouter que cette évaluation numérique n'est aucunement en rapport avec la valeur intrinsèque des documents. L'archiviste de l'Administration prit, au moment voulu, les précautions commandées par les circonstances pour préserver de tout événement fâcheux les parties les plus précieuses du dépôt confié à sa garde, et nos regrets, en ce qui concerne les dossiers de dons et legs incendiés en 1871, ne doivent porter que sur un très petit nombre de fonds.

C'est encore, dans l'état actuel de nos Archives, une riche et importante collection que celle des Dons et Legs. Il serait superflu de rappeler ici que, pendant plusieurs siècles, avant l'établissement de l'Hôpital général, l'Hôtel-Dieu fut en possession d'une sorte de faveur du public charitable.

Peu de testaments qui ne renfermassent à son profit au moins un legs particulier, le don d'une

PRÉFACE.

somme d'argent, d'un office de judicature, etc.; le nombre des legs universels qui lui furent faits fut considérable, et si l'on veut bien remarquer que cette collection des Dons et Legs ne renferme aujourd'hui que des pièces des xviie et xviiie siècles, l'on sera conduit à penser que les archives de l'Hôtel-Dieu, au moment de la réunion en un dépôt unique de toutes les archives hospitalières de Paris, ne possédaient déjà plus les dossiers des donations faites par testament à une époque antérieure.

Tous les noms, tous les rangs de l'ancienne Société Française se rencontrent et se confondent dans cette intéressante collection des Dons et Legs. Voici d'humbles serviteurs du vieil hôpital, un pannetier, des dépensiers, un employé du Bureau de l'Hôtel-Dieu[1], des artisans, de riches bourgeois, des prêtres, des magistrats, de grands seigneurs, de nobles dames.

Lorsque survenait le décès d'un de ces bienfaiteurs de l'Hôtel-Dieu, les administrateurs, s'il s'agissait d'un legs universel, entraient, en leur qualité de légataires, en possession de tous les papiers faisant partie de la succession. C'est ainsi que dans le présent tome IV se rencontrent les documents les plus variés, et, nous semble-t-il, les plus intéressants à des titres divers.

Qu'il nous soit permis de les résumer brièvement.

Antoine Arnauld, dit de Pomponne, parce qu'il fut seigneur du village de ce nom, situé près de Lagny, était fils aîné de Robert Arnauld d'Andilly. Abbé de Chaumes en Brie, puis secrétaire de son oncle, Henri Arnauld, évêque d'Angers, dont il administra assez mal le temporel, il mourut en 1698, laissant par testament tous ses biens à l'Hôtel-Dieu. L'inventaire après décès renferme l'analyse d'un certain nombre de contrats intéressant la famille des Arnauld, avec les noms des notaires qui passèrent les actes.

Jean Ballesdens, de l'Académie Française, mort en 1675, avait, par un testament du 16 avril 1672, légué toute sa fortune à l'Hôtel-Dieu; l'inventaire et la prisée des livres qui composaient la bibliothèque de ce bibliophile connu nous ont paru présenter assez d'intérêt pour que nous en ayons fait imprimer à part 200 exemplaires, qui ont été distribués aux membres de l'Académie Française et à un certain nombre de savants.

Philippe de Berthier, abbé de Saint-Vincent de Senlis, mort dans les derniers jours de l'année 1667, avait, par son testament du 25 mai de la même année, fait donation de tous ses biens à l'Hôtel-Dieu, après exécution de fondations particulières au profit des Incurables et de la Charité de Paris, des pauvres enfermés de Paris, Tours et Senlis. Un état au vrai du revenu de l'abbaye de Senlis (xviie siècle) offre de l'intérêt pour l'histoire de cette partie du département de l'Oise.

Les papiers provenant du legs universel de *Madame de Bort* doivent être particulièrement signalés à ceux qui s'occupent de l'histoire littéraire du xviie siècle, et pour qui l'hôtel de Rambouillet n'a plus de secrets.

---

[1] Voir à l'inventaire sommaire, tome II, legs Guimier, Hué, Ladam, Patté, Tanche.

PRÉFACE.

Marie Bonney était la veuve d'Antoine de Bort, qui avait été l'intendant du duc de Montausier; les six cartons du legs de Bort renferment un grand nombre de pièces se rapportant soit à la personne, soit à la maison de Montausier et de la non moins célèbre Julie d'Angennes, sa femme.

François de Caillières, secrétaire du cabinet du Roi, diplomate et membre de l'Académie Française, mort en 1717, est aussi au nombre de nos bienfaiteurs.

Son testament est du 4 août 1716, et l'inventaire après décès donne une longue suite de tableaux dont beaucoup étaient des originaux de maîtres.

Henri Chahu, trésorier de France, et sa parente, *Madame Claude Chahu*, morte quelques années après lui, en 1683, appartenaient à la haute et riche bourgeoisie parisienne, fort bien apparentés d'ailleurs, et vivant dans l'intimité des plus hauts personnages de leur temps.

C'est par suite du legs universel de Madame Chahu que la seigneurie de Passy entra dans le domaine de l'Hôtel-Dieu.

Claude Chahu avait, en 1658, par voie d'échange, acquis cette seigneurie de Louis de Hangest, vicomte d'Argenlieu; les administrateurs de l'Hôtel-Dieu ne jugèrent pas à propos de garder cette terre et la vendirent (1684) à Arnaud de la Briffe, chevalier, maître des requêtes ordinaires de l'Hôtel.

Les amis de l'*Histoire de Paris et du Parisis* remarqueront dans ce fonds quelques pièces relatives au domaine seigneurial de Passy et à l'église de ce lieu.

Nous nous bornerons à rappeler d'un mot le legs universel *Joulet de Châtillon*. Nous avons consacré à la mémoire de ce bienfaiteur peu connu des Incurables une brochure spéciale dont l'objet est d'appeler l'attention sur l'importance de la donation qu'il fit à l'Hôtel-Dieu, pour la fondation de l'hospice des Incurables. Nous aimons à penser que ce petit travail n'aura pas été inutile, et que désormais les érudits retiendront le nom de Joulet comme étant celui du véritable fondateur de notre hospice d'Incurables.

Marie de Guise et de Joyeuse, princesse de Joinville, dite Mademoiselle de Guise, mourut en 1668, ne faisant par testament qu'un legs particulier de 50,000 livres à l'Hôtel-Dieu. Mais les administrateurs de cet hôpital et ceux de l'Hôpital général avaient été choisis par elle pour exécuter son testament. Cette circonstance explique la présence dans nos Archives de toutes les pièces relatives à la succession de Mademoiselle de Guise.

L'inventaire après décès renferme une longue et intéressante liste de tableaux, bijoux et objets d'art. On y trouve aussi l'analyse d'un grand nombre d'actes relatifs aux Guise; les noms des notaires étant toujours indiqués, il sera facile de recourir aux originaux, s'ils existent encore dans les minutiers de Paris et de la province.

Pierre Lavisey, écuyer, contrôleur général des fortifications en Champagne, Brie et Lorraine, mourut en 1661, assassiné, disent nos documents, par un maître jardinier de Paris.

Par son testament, en date du 6 mai 1649, il faisait don de toute sa fortune à Jacques Lambin,

PRÉFACE.

avocat au Parlement, et, par substitution, à l'Hôtel-Dieu pour un cinquième, aux Incurables, au grand Bureau des Pauvres, aux pauvres enfermés et à la Charité pour les quatre autres cinquièmes.

Les papiers de Lavisey présentent de l'intérêt pour l'histoire militaire de la France au xviie siècle. Sa correspondance avec les commis employés au contrôle des fortifications de Verdun et de Châlons fournit de curieux détails sur la situation de ces deux villes.

Nous voici maintenant en présence d'un grand nom et d'une bien touchante histoire; ce nom est celui de Lionne, cette histoire est celle d'une honnête fille d'Alsace, belle autant qu'honnête, mais dont la beauté faillit causer le malheur.

Marie-Sophie Jæger, fille d'un cabaretier de Wissembourg, par la perfection de ses traits et sa distinction naturelle, attirait, disent les chroniqueurs, les regards de toute la jeunesse de sa ville natale.

Le marquis Ch. Hugues de Lionne, petit-fils du ministre et colonel d'un régiment en garnison à Wissembourg, partagea l'engouement général pour cette belle fille, et sa passion devint si vive, qu'il l'épousa. Il ne tarda pas à regretter cette mésalliance et mit tout en œuvre pour obtenir l'annulation de son mariage. Il n'y parvint pas; et Sophie Jæger, par un arrêt du Conseil souverain d'Alsace (1719), fut reconnue comme femme et légitime épouse du marquis.

La marquise de Lionne mourut cinquante-deux ans après le gain de son procès, en possession du nom et de la fortune de son mari, à qui elle avait survécu vingt-huit ans.

Toute cette fortune des Lionne, sauf un legs fait à une sœur de la marquise, fut léguée à l'Hôtel-Dieu; et c'est grâce aux papiers de cette succession que nous avons pu raconter ailleurs ce curieux épisode de l'histoire judiciaire de notre Alsace.

Le fonds de Lionne comprend plus de vingt cartons et renferme un grand nombre de pièces fort intéressantes sur le ministre de Lionne et sur sa famille.

Pour terminer cette revue — déjà longue, quoique rapide — des documents publiés dans ce tome IV, nous nous bornerons à citer les legs faits à l'Hôtel-Dieu par le chanoine Lemasle des Roches, intendant du cardinal de Richelieu, par les archevêques de Paris: de Noailles et de Vintimille, par le commandeur Brûlart de Sillery[1] et par Ch.-F. Talon, curé de Saint-Gervais de Paris, frère de l'illustre jurisconsulte et orateur Omer Talon.

D'utiles renseignements se trouvent dans les papiers recueillis par l'administration de l'ancien Hôtel-Dieu à la suite de ces legs. Nous n'avons pu tout publier et nous avons dû nous restreindre à ce qui nous paraissait être d'intérêt général.

Nous aurons atteint notre but si l'attention des curieux est éveillée et si le public, qui déjà connaît le chemin de nos Archives, y vient fréquemment consulter nos layettes et nos cartons.

Un dernier mot avant de finir.

[1] L'ami de Madame de Chantal, supérieure des filles de la Visitation; il donna une somme très importante pour la construction de l'église de cette communauté (aujourd'hui temple réformé de Sainte-Marie) et en posa la première pierre le 31 octobre 1632.

PRÉFACE.

L'obligation où nous sommes d'imprimer un supplément aux trois volumes de notre Inventaire sommaire nous fera suspendre, pendant une année au moins, la publication des documents originaux de nos Archives.

Bien que nous écrivions le mot *fin* à la dernière page de ce tome IV, nous espérons retrouver dans les Archives des notaires de Paris assez de documents pour imprimer l'an prochain une suite importante de ces dons et legs.

Rappelons ici que la minute du testament de Joulet de Châtillon a été retrouvée chez M⁰ Harly-Perraud, notaire actuel de l'Administration.

Ajoutons que M. Coyecque, archiviste paléographe, auteur d'une *Histoire de l'Hôtel-Dieu de Paris*, tout récemment présentée comme thèse à l'École des chartes, a retrouvé chez maître Delafon, notaire à Paris, dépositaire des minutes d'un ancien notaire de l'Hôtel-Dieu, une cinquantaine de layettes et de registres se rapportant à l'Hôtel-Dieu et aux Incurables.

Maître Delafon a facilité, avec un bienveillant empressement, les recherches faites dans l'intérêt de notre dépôt, et nous saisissons cette occasion de l'en remercier.

Les recherches commencées dans ces importants minutiers parisiens seront continuées, et si, comme nous l'espérons, la moisson est abondante, nous commencerons le tome V de notre collection par un supplément aux Dons et Legs.

Février 1887.

trat de mariage de monseigneur François de Bourbon, prince de Conty, et de mademoiselle Margueritte Louise de Lorraine de Guise, en datte du premier may mil six cens cinq, signé Forget, secretaire dEstat et l'autre signée en fin Fausset, greffier des insinuations du Chastelet de Paris.

La quatriesme est lexpedition du contrat de mariage de monseigneur Charles de Lorraine, duc de Guise, et madame Henriette Catherine de Joyeuse, duchesse douairiere de Montpensier, signé en fin Phelipeaux.

La cinquiesme est lexpedition dun autre contrat de mariage tirée du greffe des insinuations du Chastelet, aussy signé Fausset, greffier.

La sixiesme est lacte de renonciation par madame Catherine de Cleves a la clause de reversion des biens par elle donnez a madame la princesse de Conty sa fille, aposée en son contrat de mariage, mis pour minutte es mains de Ogier, nottaire audit Chastelet, le seize octobre mil six cens cinquante six.

La septiesme est lexpedition dun escrit arresté entre maditte dame Henriette Catherine de Joyeuse, comme fondée de procuration dudit seigneur duc de Guise, son epoux, et monseigneur Claude de Lorraine, duc de Chevreuse, au subjet du recouvrement des biens donnez par le Roy en echange de Chasteau-Regnault, escheus a madame la douairiere de Guise, par le deces de feu madame la princesse de Conty, en datte du 2 aoust mil six cens trente huit, et de l'advis dadvocats sur ce subjet du mois daoust mil six cens trente un, mis pour minutte es mains de Vassetes, notaire, le douze avril mil six cens cinquante huit.

La huitiesme est un acte par lequel ladite dame Henriette Caterine de Joyeuse, comme procuratrice dudit Seigneur duc de Guise, son espoux, auroit promis raporter a la succession de madame la princesse de Conty le fond de sept millions de rente donnez en mariage a ladite dame princesse de Conty, par madite dame de Cleves, sa mere, et depuis donnez par icelle dame princesse de Conty aux enfans qui naistront du mariage de monseigneur Charles de Lorraine, duc de Guise, ledit acte datté du 12 septembre mil six cens trente un, mis pour minutte es mains dudit Ogier, notaire, le seize octobre mil six cens cinquante six.

La neufiesme est lexpedition dun acte fait par madite dame Catherine de Cleves, du dix neuf septembre mil six cens trente un, par lequel, en consequence dudit acte du douze desdits mois et an, a céddé tout ce qui pouvoit revenir a mondit seigneur le duc de Guise de la succession mobiliere ou autrement de ladite feue dame princesse de Conty, a messeigneurs les ducs de Guise et de Chevreuse ses enfans, madame la duchesse de Guise sa fille, mis pour minutte audit Ogier, notaire, le seize octobre mil six cens cinquante six.

La dixiesme est un acte en brevet original passé par devant Sadot et Le Roux, nottaires, le dix octobre mil six cens cinquante sept, par lequel monseigneur Henry de Lorraine, duc de Guise, auroit reconnu quen passant les actes ledit jour faits entre luy, madite damoiselle Marie de Lorraine de Guise, et messire Claude de Bourdeilles, chevalier, seigneur comte de Montresor, tuteur honoraire de monseigneur Joseph Louis de Lorraine, pour raison de la charge de grand chambelan de France, et du testament succession et biens de feue madame la duchesse de Guise, il eut convenu et demeuré daccord que les rentes et donations faites par madite dame duchesse de Guise a feu monseigneur le duc de Joyeuse son fils demeurent en leur force et vertu, pour par mondit seigneur Joseph de Lorraine jouir desdites choses vendues et donnees, ainsy quil a bien et deuement fait, jusques audit jour, et en faire et disposer ainsy quil advisera bon estre, et neantmoins, arrivant le deces de mondit seigneur Joseph Louis de Lorraine sans enfans, mondit seigneur le duc de Guise pouroit audit temps se servir des droits quil pretendoit avoir lors sur ce qui restoit au jour du décès, en nature, desdites choses vendues et donnees, contre tous ceux qui voudroient pretendre sur icelles quelques droit de proprietté ou dhypotecque, fors que contre madite damoiselle sa sœur, ainsy qu'il est porté audit acte signé de mondit seigneur le duc de Guise et desdits nottaires.

Item lexpedition en parchemin du contrat de mariage dentre monseigneur François de Cleves, comte dEu, et mademoiselle Anne de Bourbon, fille de monseigneur Louis de Bourbon, duc de Montpensier, passé par devant Borreau et Cayard, notaires a Paris, le sixiesme septembre mil cinq cens soixante un.

Item coppie signée Gabillon et Huart, notaires, du testament receu par lesdits Cayard et Borreau, notaires, le six octobre mil cinq cens soixante un, de monseigneur François de Cleves, duc de Nyvernois.

Item le brevet de don fait par Mgr le cardinal de Ferrare à monseigneur le duc de Guise[1] de son hôtel de Ferrare scis a Fontainebleau, datté du penultiesme janvier mil cinq cens cinquante six, au dos duquel est lacte d'insinuation au Chastelet de Paris du six aoust audit an, et au dessous est l'insinuation d'iceluy au baillage de Melun le cinq mars audit an.

Item le testament de Charles, roy de Hierusalem et de Sicille, datté de l'année mil quatre cens quatre vingtz un.

---

[1] François de Lorraine, duc de Guise, celui qui fut assassiné par Poltrot de Méré. Par son mariage avec Anne d'Este il était devenu le neveu d'Hippolyte d'Este, cardinal de Ferrare.

Item lexpedition en parchemin dune quittance generalle et descharge faite par monseigneur Gaston, fils de France, frere unique du Roy, comme tuteur de mademoiselle sa fille, gardien et usufruitier des biens, terres, domaines et seigneuries a elle dellaissez par feue madame son epouse, passee par devant Parque et Jolly, nottaires au Chastelet de Paris, le unze avril mil six cens vingt huit, a deffunts monseigneur le duc et madame la duchesse de Guise, du reliqua de compte et du maniement, gestion et administration quils avoient conjointement ou separément de la personne et biens de madite deffunte dame duchesse dOrleans, depuis le decès de feu monseigneur le duc de Montpensier.

Item les expeditions de trois contrats de donations, la premiere par messire Jean comte de Beaufort a monseigneur François de Lorraine, duc de Guise, de la moityé des biens, droits et actions lors presens et advenir, dudit sieur comte de Beaufort, qui auroient apartenu a messire Jean de la Palue, et autres choses y mentionnees, passee par devant Vallée et Crozon, notaires à Paris, le unze janvier mil cinq cens cinquante quatre.

La seconde par madame Anne d'Est, veuve de monseigneur François de Lorraine, duc de Guise, monseigneur Charles de Lorraine, duc de Mayenne, Louis de Lorraine, Francois et Maximilian de Lorraine, des terres et seigneuries de Saulmur en Anjou, Provins en Brie, et Dourdan, passé par devant Pierre Girard, notaire royal a Saint Jean-les-deux-Jumeaux, le vingt neuf avril mil cinq cens soixante six, insinué au Chastelet de Paris, le treize may audit an.

La troisiesme par madame Catherine de Lorraine, duchesse douairiere de Montpensier, a monseigneur Henry de Lorraine, son fils aisné, duc de Guise et de Chevreuse, aux fils et filles de mondit seigneur le duc de Guise, tels ou tels ou tel qu'elle nommera et eslira avant son deces, de deux mil sept cens soixante dix sept escus de rente annuelle et perpetuelle, a elle constituez et assignez par messire Alphonce de Maugarny, intendant des affaires, et comme procureur de mondit seigneur le duc de Guise, sur le revenu du duché de Chevreuse, par contrat passé le mesme jour de ladite donation, comme encore de tous et chacuns les biens meubles, acquets et conquets immeubles qui lui appartiendroient au jour de son deces, ainsy quil est porté audit contrat passé par devant Cottereau et Croiset, nottaires a Paris, le vingt neuf juillet mil cinq cens quatre vingts trois, insinué audit Chastelet le vingt neuf aoust audit an.

Item cinq pieces qui sont testaments, le premier de dame Margueritte Dacquenoi? dame de Maurevers, datté du vingt quatre decembre mil cinq cens soixante dix huit, receu par Moreau, notaire, a Chaulne.

Le second de monseigneur Charles, cardinal de Lorraine, en datte du premier janvier mil cinq cent soixante unze, reconnu par devant Ogier et Copillon, notaires royaux au baillage de Vermandois, residens a Rheims, le vingt huit desdits mois et an.

Le troisiesme de damoiselle Jeanne de Basternay, fille de messire René de Basternay, chevalier, et de dame Elizabeth de Savoye, son epouse, ses pere et mere, receu par Marceau et Muguet, nottaires royaux au conté de Montresor, le vingt fevrier mil cinq cens quatre vingts unze.

Le quatriesme de madame Henriette Caterine de Joyeuse, du vingt cinq novembre mil six cens soixante cinq, deposé a maistre Richer, notaire, le vingt six febvrier mil six cens cinquante (sic) six.

Et le cinquiesme de monseigneur Claude de Lorraine, duc de Chevreuse, receu par Pain et Ogier, notaires a Paris, le trois janvier mil six cens cinquante sept.

Item une liasse contenant dix sept pieces qui sont coppies, extraits et expeditions de contrats de mariage.

Le premier, datté du mois d'aoust mil trois cent soixante, est du contrat de mariage dentre monseigneur Louis duc dAnjou et Marie de Bretagne, et apres est un autre extrait du contrat de mariage de monseigneur Charles duc dAnjou et du Mayne et damoiselle Ysabeau de Luxembourg, de l'annee mil quatre cens quarante trois, et un autre d'entre monseigneur Charles duc dAnjou et du Mayne et damoiselle Jeanne de Lorraine, du vingt un mars mil quatre cens soixante treize, le tout en un cahier de parchemin, levé en la Chambre des Comptes.

Le second dentre Jean, comte de Harcourt et dAumalle, et madame Marie, fille du duc dAlençon, du septieme mars mil trois cens quatre vingts neuf.

Le troisiesme entre messire Jean de la Haye et Thomine de Diuan, du vingt trois septembre mil quatre cens neuf.

Le quatriesme dentre messire Jean Despreaux et damoiselle Louise de la Haye, passé en la cour dAngers le huit fevrier mil quatre cens cinquante.

Le cinquiesme de René, roy de Sicille, duc dAnjou, et Jeanne de Laval, fille de Guy de Laval, du trois septembre mil quatre cens cinquante quatre.

Le sixiesme entre monseigneur Charles duc de Vandosme et madame Francoise dAlencon, dame de Longueville, du 16 may mil cinq cens treize.

Le septiesme de Jean, seigneur de LAigle, et dame Anne de Basternay, du dix huit novembre mil cinq cens seize.

Le huitiesme dentre monseigneur Francois de Lorraine et madame Anne dEste, du vingt huit septembre mil cinq cens quarante huit.

Le neufiesme de monseigneur de Lorraine, duc d'Aumalle, et madame Anne d'Est, fille aisnee de monseigneur le duc de Ferrare, passé par devant Dorleans et Garnier, nottaires a Paris, le quatre juin mil cinq cens quarente neuf.

Le dixiesme de monseigneur Leonor d'Orléans, duc de Longueville, et madame Marie de Lorraine, fille de monseigneur François de Lorraine, duc de Guise, et de madame Anne dEst, son epouse, par devant Vincent Maupeou et Jean Augirard, notaires au Chastelet de Paris, le vingt trois janvier mv° cinquante huit.

Le unziesme entre mademoiselle Renée d'Anjou, fille de monseigneur Nicolas d'Anjou et de madame Gabrielle de Marmilly, et le second ou autre fils qui se trouveroit nubil de monseigneur Francois de Lorraine et de madame Anne d'Este, par devant lesdits Augirard et Maupeou, notaires, le six may mil cinq cens cinquante neuf.

Le douziesme de Anthoine de Cröy, comte de Porcien, et madame Catherine de Cleves, fille de monseigneur Francois de Cleves, duc de Nyvernois, et de madame Margueritte de Bourbon, par devant Manuel, notaire en la prevosté de Saint Germain en Laye, le quatre octobre mil cinq cens soixante.

Le treiziesme est un acte passé par devant Borreau et Cajard, notaires a Paris, le sept avril mil cinq cens soixante un, portant ratiffication par Charles François de Cleves, fils aisné dudit seigneur duc de Nyvernois, dudit contrat de mariage.

Le quatorziesme de monseigneur Francois de Bourbon, prince de Conty et mademoiselle Louise de Lorraine, fille de monseigneur Henry de Lorraine, duc de Guise et de madame Caterine de Cleves, du dernier may mil six cens cinq, receu par M. Forget, secretaire dEstat.

Le quinziesme dentre monseigneur Claude de Lorraine, duc de Chevreuse et madame Marie de Rohan, veuve de monsieur le duc de Loyne, par devant Menard et Marion, notaires au Chastelet de Paris, le dix neuf avril mil six cens vingt deux.

Et les seize et dix sept sont coppies de celuy de monseigneur Louis de Lorraine, duc de Joyeuse, et de Francoise Marie de Valoys, fille de monsieur Louis de Valoys et de madame Henriette de la Guiche, son epouse, passé par devant Gruyn et de Monthenault, nottaires a Paris le huit aoust mil six cens quarente six.

Item une liasse contenant dix pieces qui sont testamens faits par Bernard de Hinduse (Anduze), messire Rendon, vicomte de Joyeuse, messire Tanneguy, vicomte de Joyeuse, messire Charles, vicomte de Joyeuse, messire René de Basternay, messire Guillaume de Joyeuse, messire Jean de Joyeuse, monsieur le Mareschal, madame la mareschalle de Joyeuse, et de monsieur le cardinal de Joyeuse.

Item sept pieces qui sont *partages* de la famille, le premier entre le Roy de Sicille et Charles d'Anjou, son frere, du unze aoust mil quatre cens trente sept, le second entre Anthoine duc de Lorraine et Claude de Lorraine duc de Guise, des biens de René, second roy de Sicille, leur pere, du vingt sept octobre mil cinq cens trente.

Le troisiesme entre monseigneur Claude de Lorraine, marquis de Mayenne, René, monsieur le duc de Lorraine, monseigneur François de Lorraine, duc dAumalle, enfans de monseigneur Claude de Lorraine, duc de Guise, et de madame Anthoinette de Bourbon, sa compagne, par devant Dorleans et de Metz, nottaires a Paris, le huit mars mil cinq cens quarente neuf.

Le quatriesme entre madame Anthoinette de Bourbon, veuve de monseigneur Claude de Lorraine, duc de Guise, et messieurs ses enfans, par devant Drouet et Lefebvre, notaires a Paris, le trois juillet mil cinq cens cinquante.

Le cinquiesme entre messeigneurs Henry de Lorraine, duc de Guise, Charles de Lorraine, duc de Mayenne, et Louis de Lorraine, archevesque de Rheims, le huit decembre mil cinq cens soixante quinze, enfans de monseigneur Francois de Lorraine, duc de Guise, et madame Anne dEst, son epouse, par devant Franquelin et Croiset, notaires a Paris.

Le sixiesme par forme de transaction entre messeigneurs Charles de Lorraine, duc de Guise, d'une part, et Claude de Lorraine, duc de Chevreuse, par devant De la Croix et Tullone, notaires a Paris, le vingt trois septembre mil six cens treize, sur le partage de la succession de deffunt monseigneur Henry de Lorraine, duc de Guise, leur pere.

Et le septiesme une coppie collationnee par Rallu et Manchon, notaires a Paris, d'une transaction en forme de partage passé entre lesdits seigneurs Charles de Lorraine, duc de Guise, et Claude de Lorraine, duc de Chevreuse, par devant lesdits De la Croix et Tullone, ledit jour vingt trois septembre mil six cens treize.

Item deux pieces, la premiere est coppie du contrat de mariage de deffunt monseigneur Joseph Louis de Lorraine, duc de Guise, et madame Elizabeth d'Orleans, fille de monsieur duc d'Orleans, oncle du Roy, du quinze may mil six cens soixante sept, au bas de laquelle coppie est l'acte passé par devant Manchon et Galloys, notaires a Paris, lesdits jour et an, par lequel madame Margueritte de Lorraine, veuve de mondit seigneur duc d'Orleans, madicte dame Elizabeth d'Orleans, et monseigneur de Lamoignon, premier president au Parlement, tuteur, conjointement avec madite dame duchesse d'Orleans, de madite dame Elizabeth d'Orleans, et monseigneur le president Le Pelletier, chef du conseil de ladite tutelle, d'une part, et mondit seigneur Joseph Louis de Lorraine, duc de Guise, de Joyeuse et d'Angoulesme, assisté de madite damoiselle Marie de Lorraine sa tante et tutrice, d'autre part, par lequel ils ont approuvé ledit contrat et promis respectivement lentretenir, exécuter et accomplir selon son contenu, et la seconde est un acte passé par devant Chuppin et ledit Galloys, notaires, ledit jour quinze may mil six cens soixante sept, par lequel madicte damoiselle Marie de Lorraine de Guise s'est obligee en son propre et privé nom, solidairement avec mondit seigneur Joseph Louis de Lorraine, duc de Guise, son nepveu, au paiement du douaire prefix de quarente mil livres par chacun an, constitué par ledit seigneur duc de Guise au proffit de Son Altesse royalle madame Elizabeth dOrleans, par leur dit contrat de mariage.

Item un acte en brevet original passé par devant Gaudin et Ogier, nottaires a Paris, le vingt un juillet mil six cens cinquante quatre, portant monseigneur Claude de Lorraine, duc de Chevreuse, avoir declaré et reconnu qu'outre la somme de six vingtz quatorze mil livres pour laquelle il avoit vendu a madite damoiselle Marie de Lorraine de Guise, sa niepce, chastellenie et vicomté d'Ault sur la mer, proche la ville d'Eu, payable par elle aux creanciers dudit seigneur duc de Chevreuse, ainsy quil est porté au contrat de ladite vente passé par devant les mesmes notaires ledit jour, madite damoiselle de Guise luy auroit baillé et payé en consideration de ladite vente la somme de sept mil livres.

Item lextrait d'un contrat passé par devant Haffray et Marion, notaires audit Chatelet de Paris, le dix sept aoust mil six cens quarante six, en forme de transaction entre ladicte dame Henriette Catherine de Joyeuse, veuve de mondit seigneur Charles de Lorraine, duc de Guise en son nom, d'une part, monseigneur Henry de Lorraine et madite damoiselle Marie de Lorraine de Guise, comme tutrice de monseigneur Louis de Lorraine, duc de Joyeuse, et Jacques Picart son subrogé tuteur d'autre part, pour raison de leurs droitz sur la succession dudit seigneur duc de Guise, par lequel madicte deffuncte dame duchesse de Guise et madicte deffuncte damoiselle de Guise ont renoncé a la succession dudit seigneur duc de Guise leur pere, et se sont tenus aux advantages qui leurs apartenoient, en consequence du contrat de mariage dentre mesdits seigneur et dame leurs pere et mere, consistans en leurs parts des donations qui leur auroient esté faictes par ledit contrat par madicte dame Catherine de Cleves, duchesse douairiere de Guise, leur ayeulle, et par madame Margueritte Louise de Lorraine, princesse de Conty, leur tante, et par monseigneur Louis de Lorraine, cardinal de Guise, de sa portion hereditaire, et aux autres advantages mentionnez audit contrat.

Item une liasse de treize pièces dont la premiere est copie collationnee dun acte passé par devant Cirmenté? et Blasseau, notaires royaux a Fontainebleau, le vingt quatre mars mil cinq cens soixante, par lequel monseigneur Francois de Cleves, duc de Nyvernois, a fait partage de ses biens entre messeigneurs Francois et Jacques de Cleves, ses enfans masles, et mesdamoiselles Henriette, Catherine et Marie de Clèves, ses filles, aux charges y portées.

La seconde est le contrat de mariage de mondit seigneur Francois de Cleves et Marie de Touteville son espouse, receu par messieurs les secretaires dEstat le deux octobre mil cinq cens soixante.

La troisiesme est un contrat de transaction passé par devant Rouault et Bernachier, nottaires a Moulins, le premier mars mil cinq cens soixante six, entre mesdites dames Henriette, Catherine et Marie de Cleves, sur lexécution dudit partage.

La quatriesme est une autre transaction entre mesdites dames Henriette et Catherine de Cleves, pour raison de quelques contestations survenues entr'elles sur l'exécution dudit partage, passé par devant Roussel et Borreau, nottaires a Paris, le unze may mil cinq cens soixante unze.

La cinquieme est un autre contract de transaction fait le vingt sept avril mil cinq cens quatre vingts quatre, reconnu par devant Cotterau et Croiset, nottaires audit Chastelet, le mesme jour, entre madite dame Henriette de Cleves, femme autorisée de monseigneur Ludovic de Gonzague, duc de Nyvernois, et madame Caterine de Cleves, espouse de monseigneur Henri de Lorraine, duc de Guise, sur les lettres de rescizion obtenues par madicte dame de Guise, contre ledit contrat du premier mars mil cinq cens soixante dix, a fin de suplément de partage.

La sixiesme lesdites lettres de rescizion du quatorze janvier mil cinq cens soixante treize, et les autres pieces de ladicte liasse sont coppies et escritures concernant lesdites transactions, dont n'a esté fait plus ample mention.

Item coppie collationnee par Lefranc et Huart, nottaires, d'un contrat passé par devant Bontemps et Croiset, nottaires audit Chastelet, le quatre febvrier mil cinq cens quatre vingts seize, qui est un partage dentre mesdites dames Henriette et Caterine de Cleves, des biens de madame Marie de Cleves, leur sœur, apres le décès de mademoiselle Marie de Bourbon, leur niepce, fille de Monseigneur Henry de Bourbon, prince de Condé, et de madite dame Marie de Clèves, ses père et mère.

Item un contrat de transaction en parchemin passé

par devant Robillard et Bouret, nottaires a Paris, le sixiesme juillet mil six cens quatre vingtz quatre, entre madite damoiselle Marie de Lorraine, duchesse de Guise, et damoiselle Judith de Pons, fille jouissant de ses droits, sur les differendz qui etoient entr'elles, tant resultant du contrat de mariage passé entre deffunt monseigneur Henry de Lorraine, duc de Guise, et ladicte damoiselle de Pons, qu'autrement, duquel contrat de mariage, ladite damoiselle de Pons se seroit desistee, et consenty demeurer nul et deschargé madite deffuncte damoiselle duchesse de Guise, et la succession de mondit seigneur le duc de Guise, de touttes pretentions, en principal, interest et depens, et auroit sadite Altesse payé a ladite damoiselle de Pons, la somme de sept mil livres comptant, et outre accordé a ladite damoiselle de Pons mil livres de rente en pension viagere.

Item quatre pieces, la premiere est lexpedition en parchemin de l'accord fait entre mondit seigneur Henry de Lorraine, duc de Guise d'une part, madite damoiselle Marie de Lorraine de Guise, et messire Claude de Bourdeilles, chevalier, seigneur comte de Montresor, tuteur honoraire de monseigneur Joseph Louis de Lorraine, d'autre part, au subjet de la charge de grand chambelan, dont ledit seigneur duc de Guise avoit esté pourveu, laquelle seroit par eux conjointement vendue, et que du prix d'icelle il en seroit employé quatre cens mil livres en acquisitions de droits ou rentes sur le Roy, et le surplus en acquisitions de fonds dheritages ou bonnes rentes, et autres clauses et conditions y portees, en datte du septiesme octobre mil six cens cinquante sept, reconnu au bas par devant Lebeuf et Manchon nottaires à Paris, le premier mars audit an.

Et ensuitte est un autre acte fait entre lesdictes partyes le vingt septembre mil six cens cinquante huit, faisant mention de la vente faite de ladite charge a Mr le duc de Bouillon, pour la somme de huit cens vingt un mil livres, de laquelle ledit seigneur duc de Guise auroit reconnu avoir esté employé cent soixante quinze mil livres......

Item une liasse de quarente deux pieces dont les trois premieres sont, l'une, un arrest du parlement du dernier jour daoust mil six cens quarente six, signé Du Tillet, portant homologation de la transaction generalle du dix sept dudit mois daoust mil six cens quarente six, passee entre ladite dame Henriette de Joyeuse, duchesse de Guise et de Joyeuse, en son nom, comme tutrice de messire Louis de Lorraine, duc de Joyeuse, et maistre Jacques Picart, procureur en ladite cour, subrogé tuteur de madite damoiselle Marie de Lorraine, d'une part, et messire Henry de Lorraine, duc de Guise d'autre, par devant Haffray et Marion, nottaires, l'autre sont les lettres de rescizion obtenues en chancellerie, le quatriesme janvier mil six cens cinquante neuf, par ledit messire Henry de Lorraine, duc de Guise, contre ledit contrat de transaction, et l'autre est un arrest du parlement du trente avril mil six cens cinquante quatre, signé Guyet, portant homologation de la sentence arbitralle, rendue entre madite dame duchesse de Guise et ledit messire Henry de Lorraine, son fils, le vingt huit avril mil six cens cinquante quatre sur le fait de ladite transaction, et les autres pieces les partyes nont désiré estre enoncez.

Item lexpedition en papier dune transaction passee par devant Perier et Manchon notaires, le vingt trois avril mil six cens soixante cinq, entre madite damoiselle Marie de Lorraine, duchesse de Guise, tant en son nom que comme tutrice honoraire de mondit seigneur Joseph Louis de Lorraine, son nepveu, duc de Guise, de Joyeuse et d'Angoulesme, d'une part, et noble homme François de Lossendiere, conseiller au Conseil, et sestant fait fort de Son Altesse royalle mademoiselle Anne Marie Louise d'Orléans, d'autre part, pour terminer les proces et differendz qui pourroient naistre en execution du decret de la Cour portant adjudication a S. Altesse royalle mademoiselle du comté et pairie d'Eu, et baronnie de Cuverville, du vingtiesme jour daoust mil six cens soixante.

Item l'expédition en parchemin d'une autre transaction passee par devant Bouret et Galloys, notaires à Paris, le dix avril mil six cens soixante quinze, entre madame Elizabeth dOrléans, duchesse d'Alençon, douairiere de Guise, heritiere beneficiere en partie dudit deffunt seigneur Francois Joseph de Lorraine, son fils, dune part, et madite damoiselle Marie de Lorraine, duchesse de Guise, aussy heritiere beneficiaire dudit seigneur duc dAlencon, son nepveu, d'autre part, sur leurs droitz et pretentions en ladite succession, et auroit sadite Altesse royalle madame de Guise, cedé et dellaissé a madite damoiselle de Guise tout et tel droit qui luy pouvoit apartenir a sadite Altesse royalle en la succession beneficiere, moyennant quoy madite damoiselle de Guise seroit tenue daquiter sadite Altesse royalle de toutes les debtes et charges de ladite succession, le tout aux charges et reserves portées en ladite transaction, et outre moyennant la somme de soixante dix mil livres payable par madite damoiselle de Guise a sadite Altesse royalle dans un mois.

Item un registre relié et couvert de parchemin, de l'employ du prix du comté d'Eu, suivant l'ordre qui en a esté fait et arresté le sept septembre mil six cens soixante quatorze, signé Isabelle d'Orléans, Marie de Lorraine, de Rocquette, avec lequel est une liasse d'acquiz du prix du comté d'Eu.

Item un registre de l'estat de l'employ de six cens mil

livres, emprunté lors des conventions faites avec Son Altesse royalle mademoiselle d'Orléans pour l'acquisition du comté d'Eu, arresté le sept septembre mil six cens soixante quatorze, signé Isabelle dOrléans, Marie de Lorraine, de Rocquette, Robert et Abraham.

Item deux pieces, la premiere est l'expedition en papier d'une transaction passee par devant Perier et Manchon, nottaires, le deux septembre mil six cens soixante quatre, entre ladite deffunte damoiselle duchesse de Guise et les habitans de la ville de Lambesq, pour raison de la proprieté et des charges qui y sont mentionnez, la deuxiesme, au pied de coppie dun transport datté du 30 juin mil six cens soixante unze, est une reconnoissance sous seing privé de Claude de Dessous Le Moutier, qu'il ne pretend rien au transport a luy fait par Son Altesse des droits seigneuriaux a prendre sur monsieur de Matignon.

Item une liasse contenant soixante dix pieces qui ont esté representees par le sieur Besset, servant a lestablissement de la debte de la maison de Guise sur celles de Croy, Chimay et d'Aremberg, dont les trois premieres sont trois coppies en parchemin, collationnees le vingtiesme jour de may mil cinq cens trente sept, de l'ordonnance de la Cour de Parlement, de la permission de tester obtenue de l'empereur Charles Quint, le septiesme octobre mil cinq cens vingt, par messire Guillaume de Croy, seigneur de Chimay, du testament par luy fait en conséquence le mesme jour, sept octobre mil cinq cens vingt, et de son codicil du vingt un may mil cinq cens vingt un, lesdites collations faites a la requeste de messire Charles de Croy, comte de Senighen, sur la representation des originaux faite par le procureur de messire Philippes de Croy, duc d'Areschot (sic).

La quatriesme est un arrest de la Cour de Parlement, du quatre febvrier mil cinq cens trente cinq, par lequel ledit seigneur Philippes de Croy a esté condamné de raporter lesdits originaux au greffe de la Cour.

La quinzieme est la grosse du contrat en original, en parchemin, du contrat de mariage d'entre Charles de Croy, fils dudit Philippes de Croy, et mademoiselle Louise de Lorraine, fille de monseigneur Claude de Lorraine, duc de Guise, et de madame Anthoinette de Bourbon, en datte du dix neuf febvrier mil cinq cens quarante, scellez de divers sceaux et armes.

Et la derniere qui est la soixante dixiesme est l'expedition dun contrat passé par devant Douet et Bouret, nottaires a Paris, le deuxiesme janvier mil six cens soixante unze, entre Son Altesse royalle mademoiselle d'Orleans, madite deffunte damoiselle, duchesse de Guise, et monseigneur Louis Joseph de Lorraine, duc de Guise, tous en qualité dheritiers beneficiers de monseigneur Henry de Lorraine, duc de Guise, d'une part,

messire Charles Henry de Maslon, chevalier, seigneur de Bercy, soy disant avoir droit de la debte qui estoit a prendre sur monseigneur Philippes de Croy, duc dArescot, en datte du huit aoust mil six cens cinquante quatre, d'autre part, par lequel a esté reduit a la cinquiesme portion tout ce qui estoit deub et apartenoit audit sieur de Bercy en ladite debte......

Item six pieces qui sont contrats de mariage de la famille, le premier entre monseigneur Francois, premier duc de Nyvernois, et madame Marguerite de Bourbon, passé par devant Dupré et d'Orleans, notaires a Paris, le dix neuf juin mil cinq cens trente huit.

Le second d'entre monseigneur François de Lorraine, duc de Guise, et madame Anne dEst, estant en latin, datté du vingt huit septembre de l'annee mil cinq cens quarante huit.

Le troisième fait entre monseigneur Henry de Lorraine, duc de Guise, et madame Catherine de Clèves, passé par devant Champy et Croiset, notaires a Paris, le premier octobre mil cinq cens soixante dix.

Le quatriesme entre monseigneur Claude de Lorraine, comte de Guise, et madame Anthoinette de Bourbon, son epouse, passé par devant Pichon et Pichon, nottaires a Paris, le 9 juin mil cinq cens treize.

Le cinquiesme est un contrat de partage fait entre madame Henriette de Clèves, duchesse de Nyvernois, veuve de monseigneur Louis de Concague, d'une part, et madame Catherine de Clèves, duchesse du Guise, veuve de monseigneur Henry de Lorraine, d'autre part, pour raison de la succession de feue damoiselle Caterine de Bourbon, leur niepce, fille de deffunts monseigneur Henry de Bourbon, prince de Condé, et dame Marie de Clèves, son epouse, par devant Bontemps et Croiset, notaires a Paris, le quatre febvrier mil cinq cens quatre vingts seize.

Et la sixiesme piece est un acte en brevet original, passé par devant ledit Bontemps et Junot, nottaires a Paris, le dix sept febvrier mil six cens sept, pour quelques articles particuliers, et interpretation de la transaction passée le mesme jour entre madame la duchesse de Guise et monsieur Huon de Fonfay, comme fondé de procuration de monsieur le duc de Nevers.

Item une liasse contenant treize pieces concernant le procès de la maison de Guise contre la succession et les heritiers de dame Honoree de Berge, comtesse douairière de Bossu, pour raison de son pretendu mariage avec monseigneur Henry de Lorraine duc de Guise, la derniere desquelles pieces est un arrest de la Cour de Parlement, datté du sixiesme novembre de l'année derniere mil six cens quatre vingt sept, obtenu par ladicte deffuncte mademoiselle Marie de Lorraine, duchesse de Guise, heritiere beneficiaire dudit deffunt seigneur duc de Guise, son frere, apelant comme dabus de tout ce qui avoit esté fait a la Rotte de Rome de la poursuitte ladite dame comtesse de Bossu, touchant ledit pretendu mariage et autres fins contenus en sa requeste contre messire Philippe Francois, prince de Berge, soy disant heritier de ladite dame comtesse de Bossu, par lequel arrest a esté ordonné que les arrests des trente et un mars et seize septembre mil six cens soixante cinq, le dixieme septembre mil six cens soixante six, seroient exécutés, avec deffence d'y contrevenir, de faire poursuitte au Chastelet, et a tous huissiers de mettre lesdits arrests a execution, ledit arrest signé Dongois, au dos duquel sont plusieurs signiffications, et les autres pieces sont autres arrests, requestes, coppies dactes et procedures, concernant ladite affaire, desquelles na esté fait plus ample mention ny enonciation, a la requisition desdites partyes, mais seulement ont esté cottees et parafées par première et derniere, dudit Chuppé, l'un desdits notaires.

Item une liasse contenant cinq pieces, entre lesquelles est la grosse d'un bail a ferme, fait par madite dame Caterine de Cleves a Daniel Paris, de la terre de Larzicourt, par devant Jannot et Croiset, notaires a Paris, le six avril mil cinq cens quatre vingts seize, et deux foys et hommages faites, l'une par messire Claude de Lorraine, comte de Guise, pour raison du comté de Beaufort, mouvant du duché d'Anjou, en datte du vingt deux septembre mil cinq cens vingt six, et l'autre par madame la duchesse de Guise dudit comté de Beaufort et des baronnies de Soulayne et de Larzicourt et autres mouvans du comté de Champagne, du vingt cinquiesme juillet mil cinq cens quatre vingts seize, et les autres pieces sont antiens tiltres.

Accord entre les administrateurs de l'H. Dieu, exécuteurs testamentaires de la duchesse de Guise, d'une part, le prince, la princesse et la duchesse de Hanovre, d'autre part, au sujet du payement des legs faits aux domestiques de la duchesse (18 avril 1689).

Nous soussignez de Rollin de Gourville et Dupin, comme nous faisant et portant fort de mademoiselle, de monseigneur le prince et de madame la duchesse d'Hanovre, heritiers par benefice d'inventaire de feüe mademoiselle de Guise, d'une part, et nous administrateurs de l'Hostel Dieu d'autre part, sommes demeurez d'accord de ce qui ensuit : seavoir que pour faciliter le paiement des legs faits aux domestiques de feue mademoiselle de Guise, en attendant le jugement des differends proces au sujet de sa succession, nous directeurs de l'Hostel Dieu pourvoirons au payement desdits legs faits aux domestiques, seulement jusqu'a la somme de cent quatre vingt sept mil sept cens livres, payable par monsieur Le Brun, tresorier de feüe mademoiselle de Guise, suivant les mandemens et estats qui en seront dressez es noms de Rollin de Gourville et Dupin, nous portant fort de leurs Altesses, consentons que lesdits legs soient payez ausdits domestiques, sans neantmoins que ledict consentement puisse estre tiré à consequence pour les questions des testamens et codiciles de mademoiselle de Guise, ny estre reputé un acquiescement a iceux.

Fait double a Paris ce dix huit avril mil six cens quatre vingt neuf. Signé Rollin de Gourville, Dupin, Levieulx, Altart, Baussan, Quilloire, Champy, Petitpied, Soufflot et Goupy.

Requête d'Anne Marie Louise d'Orléans, héritière de Marie de Lorraine, qui demande que, pour cause de suspicion légitime, le procès pendant entre elle et ses cohéritiers, en la grand' chambre du Parlement, soit renvoyé devant une autre Chambre.

A la requeste de très haute, tres puissante et tres illustre princesse mademoiselle Anne Marie Louise d'Orléans, fille alnée de Monsieur, fils de France, oncle du Roy, duc d'Orléans, souveraine de Dombes, héritière par benéfice d'inventaire de défunte très haute et très puissante princesse damoiselle Marie de Lorraine, duchesse de Guise, sa tante, qui a eleu son domicile en son palais d'Orléans, scis a Paris.

Soit signifié et déclaré à messire Charles de Lorraine, prince de Commercy, messire Alphonse Henry Charles de Lorraine, prince d'Harcourt, et dame Françoise de Brancas de Brezons, son épouse.

Damoiselle Beatrix de Lorraine, princesse de L'Islebonne, et damoiselle Elizabeth de Lorraine, princesse de Commercy.

Maistre Philippes François Faviere, avocat en Parlement, messire Louis de Lorraine, comte d'Armagnac.

..... Les sieurs gouverneurs et administrateurs de l'Hôtel Dieu de Paris, tant en ladite qualité qu'en leurs noms propres, comme se disans legataires particuliers et executeurs testamentaires pour la possession et administration des biens de ladite defunte damoiselle de Guise, au dela de l'an et jour porté par la coutume,

Qu'attendu que Son Altesse royale ne peut exposer et risquer son bon droit en l'instance pendante en la grand'chambre du Parlement de Paris, entre elle, lesdits messieurs Charles de Lorraine..... les sieurs gouverneurs et administrateurs de l'Hôtel Dieu de Paris, tant audit nom qu'en leur nom particulier, comme se pretendans legataires particuliers et exécuteurs testamentaires de ladite defunte damoiselle de Guise,

Tous demandeurs et defendeurs suivant leurs requestes, exploits et demandes des 18 septembre, 20 décembre 1688, 14, 17 et 28 février, 2, 3, 5 mars, 5 et 23 avril, 12, 21 et 23 may 1689, *a cause des parentez, alliances, support et faveur extraordinaire qu'ont en ladite Cour de Parlement les parties cy après nommees, Son Altesse royale mademoiselle ne peut plus proceder en ladite Cour.*

Car, en premier lieu, outre que monsieur le premier President dudit Parlement, chef de la compagnie, est partie et intéressé en son propre et privé nom, en ladite contestation, il a monsieur de Novion, son petit-fils, maistre des requestes, monsieur de la Briffe, aussi maistre des requestes, monsieur de Ribeire, conseiller d'Honneur en ladite cour et maistre des requestes honoraire ses gendres, et messieurs Berrier de la Ferriere et de la Bourdonnaye de Coëtion qui ont epousé, scavoir ledit sieur Berrier dame..... Potier de Novion, et ledit sieur de Coëtion dame... de Ribeire, ses petites filles.

Pareillement monsieur le Ferron, conseiller en ladite Cour, fils de dame... Gallard, veuve messire Hiérome le Ferron, est neveu par alliance de mondit sieur le premier President.

En second lieu, monsieur Nicolai, premier president de la Chambre des Comptes, autre partie en ladite instance, de son chef en son privé nom, et ayant un interest commun avec mondit sieur le premier President du Parlement, a pour parens, dans le degré de l'ordonnance, monsieur de Maisons, president à mortier en ladite Cour, et monsieur de Fieubet de Launac, maistre des requestes, ses oncles.

Monsieur de Fieubet de Reveillon, fils de monsieur de Fieubet de Launac, conseiller, son cousin germain; monsieur de Fieubet, conseiller d'Etat ordinaire, et maistre des requestes ordinaire est encore son oncle.

En troisième lieu, monsieur le Camus, premier president de la Cour des Aides, autre partie en son nom, et ayant un interest commun avec mesdits sieurs de Novion et Nicolai, a aussi de son chef nombre de parens au degré, et entre autres monsieur le Camus, maistre des requestes son fils, monsieur Larcher, aussi maistre des requestes, son neveu, monsieur Le Camus, lieutenant civil et maistre des requestes honoraire, son frere.

Outre un autre plus grand nombre de parentez et alliances qu'ont dans ladite Cour, non seulement mesdits sieurs sus nommez, mais encore les autres parties contre lesquelles Son Altesse royale mademoiselle se trouve commise.

Partant persiste comme dessus a dire qu'elle ne peut plus proceder en ladite Cour, somme et interpelle toutes les parties d'en convenir, et en consequence consentir, suivant l'ordonnance, que la cause et les parties avec leurs differends, circonstances et dépendances soient renvoyez conformément à l'ordonnance en une autre Cour non suspecte, offrant en cas de dény de faire preuve desdites parentez, et mesme d'en articuler et vérifier un plus grand nombre, tant du chef de mondit sieur le premier president de Novion, et encore de messieurs Nicolai et le Camus, que du chef des autres parties nommees et comprises en ladite instance, avec lesquelles Son Altesse royalle se trouve commise, avec protestation que fait mademoiselle en cas de refus de convenir desdites parentez dans le delay ordinaire, qu'elles seront tenües pour averées, et de ce qu'elle se pourvoyra par devers Sa Majesté pour luy estre pourvû de juges non suspects, et contre tout ce qui pourroit estre fait cy apres au prejudice de la présente cedulle evocatoire. Et sera baillé coppie de la procuration de S. A. R. portant pouvoir de requérir l'évocation datée de ce jourd'huy. Signé Monicault.

Compte général et partage de la succession de mademoiselle de Guise.

19 avril 1701.

Par devant François Clignet et Toussaint Bellanger, conseillers du Roy, notaires gardes-scel au Châtelet de Paris soussignez, furent présens, très haut, très puissant et très excellent prince, monseigneur Philippe, par la grâce de Dieu, fils de France, frère unique du Roy, duc d'Orléans, de Valois, de Chartres, et de Nemours, demeurant au Palais Royal, paroisse St Eustache, S. A. R. légataire universelle de feue très haute, très puissante et excellente princesse, mademoiselle Anne Marie Louise d'Orléans, souveraine de Dombes, duchesse de Montpensier, Châtellerault et Saint Fargeau, comtesse d'Eu, première pair de France, suivant son testament olographe du vingt sept février mil six cens quatre vingt cinq, dont l'original a été déposé pour minutte à le Vasseur, notaire à Paris, le 6 avril 1693. Laquelle damoiselle étoit héritière bénéficiaire des propres maternels de feue très haute et très puissante princesse, mademoiselle Marie de Lorraine duchesse de Guise; et encore Son Altesse royalle, étant aux droits de mademoiselle la princesse de Lislebonne, et de madame la princesse d'Espinoy, légataires particulières de mademoiselle de Guise, par acte passé par devant Bellanger l'un des notaires soussignez et son collègue aussi notaire, le 10 avril 1696, et outre S. A. exerçant les droits des héritiers de mademoiselle d'Orléans, quant aux propres de la ligne de Joyeuse, d'une part.

Très haut, très puissant, et exellent prince monseigneur Henry Jules de Bourbon, prince de Condé, prince du sang, pair et grand maître de France, duc d'Anguien et de Châteauroux, gouverneur et lieutenant général pour le Roy en ses provinces de Bourgogne et Bresse : très haute, très puissante et excellente princesse, madame Anne Palatine de Bavière son épouse, de lui autorisée à l'effet des présentes, demeurans en leur hôtel à Paris, rüe Neuve S¹ Lambert, paroisse S¹ Sulpice.

Messire François du Pin, intendant des maisons et affaires, et comme ayant charge de très haute, très puissante et excellente princesse, madame Benedicte Palatine de Bavière, veuve de très haut, très puissant et excellent prince Jean Frédéric, par la grâce de Dieu, duc de Brunswic et de Lunebourg; par laquelle ledit sieur du Pin promet faire ratifier ces présentes; et en rapporter acte en bonne forme, pour être joint à la minute des présentes, dans trois mois prochains, ledit sieur du Pin demeurant à Paris en sa maison rüe Garancière, paroisse S¹ Sulpice.

Mesdames princesse de Condé et duchesse de Brunswic, sœurs héritières bénéficiaires, quant aux propres paternels de madite demoiselle de Guise, d'autre part.

Illustrissime et Eminentissime Seigneur, monseigneur Loüis Antoine de Noailles, cardinal de Sainte Eglise romaine, archevêque de Paris, duc de S¹ Cloud, pair de France, commandeur des Ordres du Roy, demeurant en son palais archiepiscopal, en qualité de premier administrateur de l'Hôtel Dieu et de l'Hôpital Général, supérieur et directeur des autres communautez religieuses de son diocèse, stipulant pour leurs intérêts, comme légataires de madite demoiselle de Guise.

Reverend Père Bertrand Claude de Lignieres, procureur de la Maison Professe des Jésuites de S¹ Loüis, demeurant en ladite maison. Messire Nicolas Pierron, prêtre, procureur général de la Mission, et supérieur particulier de la maison de S¹ Lazare lez Paris, demeurant en ladite maison.

Messire Jean Bailly, prêtre, demeurant rüe du Bac aux Missions étrangères, susdite paroisse S¹ Sulpice, administrateur des Ecoles charitables des filles du Saint Enfant Jésus, établies par le Roy dans le royaume, et par madite demoiselle de Guise dans ses terres.

Tous, esdits noms et qualités, légataires de madite damoiselle de Guise, et comme se faisans et portans forts des autres légataires de madite demoiselle de Guise, par lesquels ils promettent faire ratifier ces présentes, et en raporter actes en bonne forme pour être joints à la minute des présentes, dans un mois prochain, encore d'autre part.

Disant les parties, que mademoiselle de Guise étant décédée le troisième mars 1688, mad^lle d'Orléans, madame la princesse de Condé et madame la duchesse de Brunswic, se trouvèrent appellées à sa succession; mais comme mademoiselle de Guise avoit disposé de la plus considérable pàrtie de ses biens à titre de donation entre-vifs et de substitution par les actes des premier février 1686 et huitième janvier 1688, et avoit fait un testament et trois codicilles; mad^lle d'Orléans, monseigneur le prince, madame la princesse et madame la duchesse de Brunswic obtinrent un premier arrest, à l'audiance de la Grand-Chambre du Parlement de Paris, le vingt six avril 1689, par lequel lesdits deux actes des premier février 1686, et huit janvier 1688 furent déclarez nuls; et lesdites princesses maintenues en qualité d'héritières bénéficiaires de mademoiselle de Guise en la propriété de tous les biens mentionnés auxdits actes.

Les donations jugées : le Parlement en la même chambre par son arrest du onzième avril 1690, ordonna que les testament et codicilles faits par mademoiselle de Guise seroient exécutés selon leur forme et teneur, et qu'en conséquence il seroit mis par les princesses héritières entre les mains des administrateurs de l'Hôtel-Dieu, exécuteurs desdits testament et codiciles, un fond suffisant à prendre sur les biens dont la testatrice avoit pû disposer, pour acquitter les legs et fondations y contenües.

Depuis cet arrest rendu, les légataires de mademoiselle de Guise signèrent un contract d'union, et pour en poursuivre l'exécution, choisirent madame la princesse d'Harcourt et mesdemoiselles les princesses de Lislebonne et de Commercy, auxquelles ils confièrent tous leurs intérests : ce contrat, datté du 19 juillet 1690 et jours suivants, fut omologué par arrest du 22 aoust ensuivant.

Mais sur un commandement qui fut fait à mademoiselle d'Orléans, à mondit seigneur le prince, à madame la princesse et à madame la duchesse de Brunswic, de mettre entre les mains des exécuteurs des sommes suffisantes pour payer les legs et les fondations, les dames héritières aiant donné leur requeste le 17 may 1690, le parlement par son arrest du 6 septembre suivant, donna acte à mademoiselle d'Orléans, à monseigneur le prince, à madame la princesse et à madame la duchesse de Brunswic, de leurs déclarations qu'ils abandonnoient aux légataires les biens dont mademoiselle de Guise avoit pû disposer par testament, et à madame la princesse d'Harcourt, et à mesdemoiselles de Lislebonne et de Commercy, de l'acceptation qu'elles faisoient pour les légataires des biens abandonnez.

Par ces arrests, les biens dont mademoiselle de Guise, avoit pû disposer se trouvèrent appartenir aux légataires, et lesdites dames princesses héritières, par sentence arbitralle du 26 février 1692, firent régler quels étoient les biens qui pouvoient appartenir à mademoiselle d'Orléans, héritière bénéficiaire des propres maternels, et quels étoient les biens qui devoient appartenir à madame la princesse de Condé, et à madame la duchesse de Brunswic, héritière quant aux propres paternels.

Et, comme cette division de biens produisoit une division dans le paiement des dettes de mademoiselle de Guise, chaque héritier et les légataires devant contribuer à ce paiement pour la part de l'émolument et suivant les coûtumes, l'estimation a esté faite de tous lesdits biens par acte passé par devant l'Ange et son collègue, notaires, le septième jour de juillet mil six cens quatre vingt dix sept, suivant lequel mademoiselle de Guise a laissé par son decez :

Le duché de Guise, estimé un million huit cens trente-cinq mille livres, cy............	1,835,000¹ 00ˢ 0ᵈ
Le Greffe de Ribemont, dépendant dudit duché, estimé quinze mille livres, cy...............	15,000
La baronnie de Rhumigny, membre dudit duché, estimée deux cens cinquante mille livres, cy.......	250,000
Total dudit duché, deux millions cent mille l., cy...............	2,100,000
La principauté de Joinville, et la baronnie d'Esclaron, estimées neuf cens soixante seize mille cinq cens livres, cy....................	976,500
L'hôtel de Guise de Paris, estimé trois cent trente mille livres, cy...	330,000
Le duché de Joyeuse, estimé cent soixante mille livres, cy...........	160,000
Les terres de Lambesc et Orgon, cent cinquante six mille livres, cy..	156,000
La baronnie d'Ancerville, deux cens cinquante mille livres, cy....	250,000
Les terres de Marchais et Liesse, cent vingt mille livres, cy.......	120,000
Le comté d'Ault, soixante mille livres, cy...................	60,000
La terre de Montrezor, cent mille livres, cy...................	100,000
L'hôtel de Guise à Fontainebleau, dix mille liv. cy..............	10,000
La maison de Bercy, quinze mille livres, cy....................	15,000
La rente sur les cinq grosses fermes, un million soixante trois mille cent soixante six livres trois sous, cy.....................	1,063,166 3ˢ
Les rentes de Normandie, trois cens trente mille livres, cy......	330,000
A reporter.........	5,670,666¹ 3ˢ
Report........	5,670,666¹ 3ˢ
Rentes sur l'hôtel de ville, soixante seize mille cent quarante livres, cy...................,	76,140
Rente sur Thierrot, six mille livres, cy.....................	6,000
Le prix des meubles vendus, deux cens trente six mille cinq cens soixante dix huit livres treize sous..	236,578 13
Les reliquats des comptes, arrérages et sommes mobiliaires écheus au jour du decez de mad^lle de Guise, estimez cent quatre vingt mille livres, cy.....................	180,000
Les rentes de Languedoc, quatre cens cinquante mille livres, cy....	450,000
Les actions contre la succession de Chimay, estimées par la transaction passée entre Monsieur et les légataires, le 26 avril 1698, cent soixante quinze mille livres, cy....	175,000
La reversion des meubles de l'habitation de Mme de Guise dont il a esté touché trente mille l. cy.....	30,000
Les actions contre la succession de Gomont, dix mille livres, cy...	10,000
Les anciens restes de Guise, trois mille livres, cy................	3,000
Les anciens restes de Joinville, aussi trois mille livres, cy.......	3,000
Ainsi, tous les biens que mademoiselle de Guise possédoit au jour de son décez valoient, suivant les estimations faites entre les parties, six millions huit cens quarante mille trois cens quatre vingt quatre livres seize sols, cy............Total.	6,840,384¹ 16ˢ

Dans laquelle masse, mademoiselle d'Orléans s'est trouvée avoir pour un million cent quatre vingt dix neuf mille cinq cens douze livres de propres maternels, sçavoir :

Les deux tiers de la principauté de Joinville pour six cens cinquante une mille livres, cy............	651,000
Dans le principal de la rente des cinq grosses fermes, cent soixante mille livres, cy...............	160,000
Les rentes de Normandie de trois cens trente mille l., cy.........	330.000

Dans le principal de la rente sur

[1701.] DE L'HÔTEL-DIEU DE PARIS. 211

la ville, cinquante huit mille cinq cens douze livres, cy........... 58,512¹
Total un million cent quatre vingt dix neuf mille cinq cens douze livres, cy................... 1,199,512¹

Dans la même masse, Mgr le prince, madame la princesse, et madame la duchesse de Brunswic se sont trouvez avoir pour deux millions huit cens quatre vingt sept mille neuf cens trente trois livres huit sols de propres paternels, sçavoir :
Les quatre quints de Guise, d'un million quatre cens soixante huit mille livres, cy............... 1,468,000¹
Les deux tiers de Rumigny, de cent soixante six mille six cent soixante six livres treize sols quatre deniers, cy................... 166,666 13ˢ 4ᵈ
Les cinq sixièmes d'Ancerville, de deux cens huit mille trois cens trente trois livres six sols huit deniers, cy................... 208,333 6 8
Les deux tiers de Marchais et Liesse, de quatre vingt mille livres, cy..................... 80,000
Les quatre cinquièmes dans l'hôtel de Guise de Paris, deux cens soixante quatre mille livres, cy.... 264,000
Les quatre cinquièmes de l'hôtel de Guise de Fontainebleau, de huit mille livres, cy.............. 8,000
Dans le principal de la rente des cinq grosses fermes, six cens quatre vingt dix mille cinq cens trente trois livres huit sols, cy.......... 690,533 8
Dans les autres rentes sur la ville, deux milles quatre cens livres, cy.. 2,400
Total deux millions huit cens quatre vingt sept mil neuf cens trente trois livres huit sols, cy.... 2,887,933 8

Le surplus de la masse, composé des biens dont mademoiselle de Guise a pû disposer, et qui se sont trouvés monter à deux millions sept cens cinquante deux mille neuf cens vingt neuf livres quinze sols trois deniers est venu aux légataires, sçavoir :

Un cinquième dans le duché de Guise, de trois cent soixante sept mille livres, cy................ 367,000¹
Le greffe de Ribemont, de quinze mille livres, cy................ 15,000
Le tiers de Rumigny, de quatre vingt trois mille trois cens trente trois livres six sols huit deniers, cy...................... 83,333 6ˢ 8ᵈ
Le tiers de la principauté de Joinville, de trois cens vingt cinq mille cinq cens livres, cy............ 325,500
Le sixième d'Ancerville, de quarante un mille six cens soixante six livres treize sols quatre deniers, cy...................... 41,666 13 4
Le tiers de Marchais et Liesse, de quarante mille livres, cy....... 40,000
La terre d'Ault, de soixante mille livres, cy................... 60,000
Le quint de l'hôtel de Guise de Paris, de soixante six mille livres, cy...................... 66,000
Le duché de Joyeuse, de cent soixante mille livres, cy...... 160,000
Lambescq et Orgon, de cent cinquante-six mille livres, cy....... 156,000
La terre de Montrezor, de cent mille livres, cy................ 100,000
La maison de Bercy, de quinze mille livres, cy................ 15,000
Le quint de l'hôtel de Fontainebleau, de deux mille l., cy...... 2,000
Dans la rente des cinq grosses fermes, deux cens douze mille six cens trente trois livres deux sols, cy....................... 212,633 2
Dans les rentes sur la ville, quinze mille deux cens vingt huit livres, cy.. 15,228
La rente de Tierrot, six mille livres, cy................... 6,000
Prix des meubles, les frais de la vente déduits, deux cens trente six mille cinq cens soixante dix huit livres treize sols, cy........... 236,578 13
Reliquats, arrérages, sommes mobiliaires, cent quatre vingt mille livres cy................... 180,000
Actions contre la maison de Chimay, cent soixante quinze mille livres, cy................... 175,000

27.

Rentes de Languedoc, quatre cens cinquante mille livres, cy.......	450,000[1]
Reversion des meubles de madame de Guise, trente mille livres, cy......................	30,000
Actions contre la succession de Gomont, dix mille livres, cy.....	10,000
Anciens restes de Guise, trois mille livres, cy...............	3,000
Anciens restes de Joinville, trois mille livres, cy...............	3,000
Total des effets légués, deux millions sept cens cinquante deux mille neuf cens vingt neuf livres quinze sols, cy....................	2,752,929 15

Les revenus de tous lesquels biens, qui étoient deus au troisième mars 1688, jour du décès de mademoiselle de Guise, ceux qui sont écheus depuis jusqu'au dernier décembre 1697, et le prix des meubles et effets vendus jusqu'au dit jour, ont été receus par le sieur Le Brun, et depuis son decez par le sieur de Lessart, préposé par les princes et princesses héritiers; lesquels trésoriers ont fait deux sortes de dépenses, les dépenses particulières à chacun des intéressés, et les dépenses communes.

A l'égard de ces dépenses communes, elles devoient être portées suivant la part que chacun avoit dans la succession, et sur ce pied made^lle d'Orléans, et, depuis, Son A. R. Monsieur, son légataire universel, devoient contribuer ausdites dettes, comme ayant un million cent quatre vingt dix neuf mille cinq cens douze livres dans la succession, mais comme S. A. R. a fait juger par arrest du 13 avril 1696 que les deux tiers de la principauté de Joinville, située dans la coûtume de Chaumont, ne contribueroient point aux dettes, et qu'ils seroient acquittés de cette contribution par les légataires; il se trouve ne devoir plus contribuer aux dettes communes que sur le pied de cinq cens quarente huit mille cinq cens douze livres seulement.

Et monseigneur le prince, madame la princesse et madame la duchesse de Brunswic, qui devoient contribuer sur le pied de deux millions huit cens quatre vingt sept mille neuf cens trente trois livres huit sols, qu'ils ont dans la succession, ayant fait juger, par arrest du 23 mars 1697, que les deux tiers de la terre de Rumigny, située dans la coûtume de Vitry, ne contribueroient point aux dettes, et qu'ils seroient acquittés de cette contribution par les légataires, ils se trouvent ne devoir plus contribuer aux dettes communes que sur le pied de deux millions sept cens vingt un mil deux cens soixante dix livres quatorze sols huit deniers.

Ainsi les légataires qui n'ont que deux millions sept cens cinquante deux mil neuf cens trente neuf livres quinze sols trois deniers, pour les biens dont mademoiselle de Guise a pû disposer, contribueront aux dettes communes sur le pied de trois millions cinq cens soixante dix mille six cens six livres huit sols sept deniers.

Suivant lesquelles division des biens et contribution aux dettes communes, les comptes desdits sieurs Le Brun et de Lessart, de chacune année, ayant été examinez et calculez, pour connoître quel étoit l'état des parties au dernier décembre 1697, il s'est trouvé :

Que la recette des revenus des propres maternels qui ont appartenu à mademoiselle d'Orléans, et depuis son decez à S. A. R. Monsieur, montoit pour les dix années échües au dernier décembre 1697 à la somme de neuf cens dix mille trois cens quatre vingt sept livres huit sols onze deniers.

Que la dépense particulière à Mlle d'Orléans, et depuis son décez à S. A. R. Monsieur, montoit à la somme de six cens cinquante un mille huit cens soixante une livres douze sols six deniers.

Et que de la dépense commune, montant à deux millions cent seize mille trois cens trente une livres trois sols, S. A. R. Monsieur n'en portoit (suivant la contribution ci-dessus marquée) que la somme de cent soixante neuf mille sept cens huit livres treize sols huit deniers.

Et qu'ainsi il étoit deub à sadite A. R., du reste des revenus échûs au dernier décembre 1697, la somme de quatre vingt huit mille huit cens dix sept livres quatre sols neuf deniers.

Que la recette des revenus des propres paternels appartenans à monseigneur le prince, madame la princesse et madame la duchesse de Brunswic pour les mêmes dix années, échües au dernier décembre 1697, à la somme d'un million huit cens vingt mille quatre cent quatre vingt cinq livres cinq sols trois deniers.

Que la dépense particulière à monseigneur le prince, madame la princesse et madame la duchesse de Brunswic, montoit à la somme de sept cens cinquante quatre mille deux cens vingt quatre livres six deniers.

Et que suivant la susdite contribution, monseigneur le prince, madame la princesse et madame la duchesse de Brunswic, payoient, des deux millions cent seize mille trois cens trente une livres trois sols de dépense commune, la somme de huit cens quarante un mil neuf cens vingt sept livres quinze sols quatre deniers.

Et qu'ainsi il étoit deub à monseigneur le prince, madame la princesse et madame la duchesse de Brunswic, du reste des revenus, échûs au denier décembre 1697, la somme de deux cens vingt quatre mille trois cens trente trois livres neuf sols cinq deniers.

Que la recette faite par les légataires, tant de leurs revenus que du prix du mobilier et des biens vendus, montoit, pour lesdites années échûes au dernier décembre 1697, à la somme d'un million huit cens quatre vingt cinq mille sept cens soixante-cinq livres un sol dix deniers.

Que leur dépense particulière montoit à la somme de neuf cens huit mille neuf cens trente une livres un sol deux deniers.

Et qu'ils portoient des deux millions cent seize mille trois cens trente une livres trois sols de dépense commune, suivant la contribution cy-dessus marquée, un million cent quatre mille six cens quatre vingt quatorze livres seize sols.

Et qu'ainsi les légataires avoient consommé toute leur recette, et cent vingt sept mille huit cens soixante livres quinze sols quatre deniers au delà; et comme pour payer cette somme il avoit esté pris trente quatre mille huit cens dix neuf livres treize sols trois deniers, des deniers de S. A. R. Monsieur, et quatre vingt treize mille quarante une livres deux sols un denier, de monseigneur le prince, de madame la princesse et de madame la duchesse de Brunswic, les légataires leur sont débiteurs de ces sommes.

Et en conséquence, les cent quatre vingt quatre mille six cens cinquante une livres dix sept sols trois deniers, qui étoient deus par le finito du compte dudit sieur de Lessar de l'année 1697, demeurent à S. A. R. Monsieur, jusqu'à concurrence de cinquante trois mille neuf cens quatre vingt dix sept livres onze sols six deniers, et à monseigneur le prince, madame la princesse et madame la duchesse de Brunswic, pour le surplus montant à cent trente mille six cens trente quatre mille cinq sols neuf deniers, suivant la répartition qui en a esté faite à leur profit par le compte de 1698.

Et comme il manque la somme de six cens soixante six livres neuf sols, pour remplir celle de deux cens vingt quatre mille trois cens trente trois livres neuf sols cinq deniers, qui est deüe à monseigneur le prince, madame la princesse et à madame la duchesse de Brunswic, par le calcul des comptes finis au dernier décembre 1697. LL. SS. prendront ladite somme sur le debet du compte dudit sieur de Lessart, rendu pour mille six cens quatre vingt dix-neuf, lequel est de vingt cinq mille huit cens trente trois livres seize sols trois deniers, et qui par ce moïen sera réduit à vingt cinq mille cent soixante sept livres six sols neuf deniers, laquelle somme de six cens soixante six livres neuf sols, ledit sieur de Lessart a receüe du sieur Bullot tuteur du fils du feu sieur Le Brun, pour un double employ en dépense, dans le compte qui a esté rendu pour l'année 1690, laquelle somme ledit sieur de Lessart paiera à monseigneur le prince, madame la princese, et madame la duchesse de Brunswic; au moïen de quoy les deux cens vingt quatre mille trois cens trente trois livres neuf sols cinq deniers seront entièrement acquittez.

Les revenus des biens délaissez par mademoiselle de Guise ont esté touchez suivant ces portions, jusqu'au dernier décembre 1697. Mais deux transactions qui ont esté faites entre S. A. R. Monsieur et les légataires, et entre monseigneur le prince, madame la princesse, madame la duchesse de Brunswic, et les légataires ont changé les choses.

Par la première transaction, passée devant de Lambon et ledit Bellanger, notaire, le 26 avril 1698, les légataires, pour demeurer quittes du legs de six cens mille livres fait à mademoiselle de Lislebonne et à madame la princesse d'Espinoy, cédé par elles à S. A. R. Monsieur, par contrat du dix avril 1696, ont consenty que les effets cy-après demeurassent à sadite A. R. pour le principal dudit legs, savoir :

Le tiers de la principauté de Joinville, pour la somme de trois cens vingt cinq mille cens livres.

Le sixième de la baronnie d'Ancerville, pour quarante un mille six cens soixante six livres treize sols quatre deniers.

La somme de cent soixante six mille six cens soixante six livres treize sols quatre deniers à prendre sur le quint appartenant aux légataires dans le duché de Guise, pour laquelle somme il est stipulé que S. A. R. Monsieur retiendra les cinq sixièmes de ladite terre d'Ancerville, ainsi qu'il a été convenu entre sadite A. R. Monsieur, et monseigneur le prince, madame la princesse et madame la duchesse de Brunswic, par l'acte du 7 juillet 1697.

Le cinquième, dans les trois mille six cens cinquante sept livres de rente sur les Aydes et Gabelles, pour quatorze mille six cens vingt livres.

Trois mille livres, deus par le nommé Oudart de Joinville.

Huit mille cinq cens trente huit livres treize sols quatre deniers, deüs pour restes de Joinville, jusques et compris l'année 1695.

A commencer ladite jouissance du premier janvier 1698.

Et comme tous ces effets cédez ne montoient qu'à la somme de cinq cens soixante mille livres, les légataires s'obligèrent de païer à S. A. R. Monsieur quarante mille livres dans deux ans, avec l'intérest, à compter du premier janvier 1698.

Et pour demeurer quittes des intérests desdits six cens mille livres, les légataires cédèrent à sadite A. R. leurs actions contre la maison de Chimay pour cent soixante quinze mille livres, dont S. A. R. se contenta pour en faire le recouvrement à ses risques, périls et fortunes.

Suivant laquelle transaction, les légataires n'ont plus de droit aux effets y énoncés, et sont débiteurs à S. A. R. Monsieur, de quarante mille livres, et des intérest écheus depuis le premier janvier 1698.

Par la seconde transaction, passée devant Vérany et l'Ange, notaires, le 26 septembre 1698, les légataires cédèrent à monseigneur le prince, à madame la princesse et à madame la duchesse de Brunswic, à titre de partage :

Le quart du duché de Guise, pour ce qui est situé dans la coutûme de Ribemont, pour trois cens soixante sept mille livres.

Le tiers de Rumigny, pour quatre vingt trois mille trois cens trente trois livres six sols huit deniers.

Le greffe de Ribemont pour quinze mille livres.

Le quint de l'hôtel de Guise de Paris, pour soixante six mille livres.

Le quint de l'hôtel de Guise de Fontainebleau, pour deux mille six cens livres.

Le tiers de Marchais et Liesse, pour quarante mille livres.

Et le quint de cent cinquante livres de rente sur la Ville, pour six cens livres.

Montant lesdits estimations à la somme de cinq cens soixante quatorze mille cinq cens trente trois livres six sols huit deniers.

Pour joüir par monseigneur le prince, madame la princesse et madame la duchesse de Brunswic, desdites choses cédées du premier janvier 1698.

Et monseigneur le prince, madame la princesse et madame la duchesse de Brunswic, consentirent que les cinq sixièmes de la terre d'Ancerville demeurassent à S. A. R. Monsieur, pour la somme de cent soixante six mille six cens soixante six livres treize sols quatre deniers, suivant la transaction du six avril 1698.

Au moïen de quoy monseigneur le prince, madame la princesse et madame la duchesse de Brunswic demeurent déchargez de ladite somme de cent soixante six mille six cens soixante six livres treize sols quatre deniers, sur l'estimation des choses cédées, laquelle se trouva réduite à la somme de quatre cens sept mille huit cens soixante six livres treize sols quatre deniers.

Et monseigneur le prince, madame la princesse et madame la duchesse de Brunswic se chargèrent de deux cens quatre vingt quatorze livres de rente, faisant le cinquième de quatorze cens soixante dix livres de rente deüe à l'Hôtel-Dieu de Guise, moyennant cinq mille huit cens quatre vingts livres, ce qui réduisit le prix des biens cédés à quatre cent un mille neuf cens quatre vingt six livres treize sols quatre deniers.

Sur laquelle somme il fut convenu qu'il seroit déduit ce que les légataires se trouveroient devoir à monseigneur le prince, madame la princesse et madame la duchesse de Brunswic, au dernier décembre 1697, et que pour demeurer quitte du surplus, monseigneur le prince, madame la princesse et madame la duchesse de Brunswic se chargeroient jusques à deüe concurrence, des principaux des rentes deües par les légataires, et en payeroient les arrérages du premier janvier 1698.

Et monseigneur le prince, madame la princesse et madame la duchesse de Brunswic promirent de diminuer aux légataires la somme de cinq mille livres, sur ce qu'ils pourroient devoir au dernier décembre 1697.

Suivant laquelle transaction les légataires n'ont plus de droit aux effets y énoncez, mais ils sont créanciers de monseigneur le prince, de madame la princesse et de madame la duchesse de Brunswic de la somme de quatre cens un mille neuf cens quatre vingt six livres treize sols quatre deniers.

Depuis ces deux transactions, le sieur de Lessart ayant continué de recevoir les revenus des autres biens demeurez en commun, et des biens appartenans aux légataires en particulier, écheus jusques au dernier janvier 1699, et en ayant rendu deux comptes qui ont esté examinez, et clos, il s'est trouvé :

Que la recette revenante à S. A. R. Monsieur, montoit à la somme de quatre vingt huit mille huit cens quatorze livres.

Que la dépense particulière de S. A. R. montoit à quarante quatre mille quatre vingt livres treize sols quatre deniers.

Et la portion que sadite A. R. devoit porter de deux cens quarante neuf mille cent vingt deux livres onze sols, à quoy montoient les dépenses communes desdites deux années, sur le pied de la contribution faite cydevant, étoit de dix neuf mille neuf cens soixante dix sept livres trois sols.

Et qu'ainsi ces deux dépenses montant à soixante quatre mille cinquante sept livres seize sols quatre deniers, il revenoit de bon à S. A. R. des revenus desdites deux années la somme de vingt quatre mille sept cens cinquante six livres trois sols huit deniers.

Que la recette revenante à monseigneur le prince, madame la princesse et madame la duchesse de Brunswic montoit à la somme de cent cinquante neuf mille trois cent trente deux livres dix huit sols quatre deniers.

Que la dépense particulière de monseigneur le prince, madame la princesse et madame la duchesse de Brunswic montoit à quatre mille livres, et leur contribution aux dépenses communes à la somme de quatre vingt dix neuf mille cent six livres dix neuf sols.

Et qu'ainsi les deux dépenses montant à la somme de cent trois mille cent six livres dix neuf sols, il revenoit de bon à monseigneur le prince, madame la princesse et madame la duchesse de Brunswic, du revenu desdites deux années, la somme de cinquante six mille deux cens vingt cinq livres dix neuf sols quatre deniers.

Que la recette revenant aux légataires montoit à cent trente six mille neuf cent vingt trois livres quinze sols huit deniers.

Que leur dépense particulière montoit à soixante sept mille cinq cens trente livres neuf sols onze deniers.

Et leur contribution à la dépense commune à cent trente mille trente huit livres neuf sols.

Lesquelles deux sommes montant ensemble à celle de cent quatre vingt dix sept mille cinq cens soixante huit livres dix huit sols onze deniers, ont consommé leur recette et soixante mille six cens quarante cinq livres trois sols trois deniers au delà, de laquelle somme ils doivent, sçavoir :

A S. A. R. Monsieur, dix neuf mille cent trente sept livres onze sols neuf deniers.

Et à monseigneur le prince, madame la princesse et madame la duchesse de Brunswic, quarante un mille cinq cens sept livres onze sols six deniers.

Quoy faisant S. A. R. Monsieur, pour se païer des vingt quatre mille sept cens cinquante six livres trois sols huit deniers, qui lui reviennent de bon desdites deux années, et des dix huit mille cent trente sept livres sept sols qui lui sont deus pour le remboursement des arrérages des rentes acquittées du revenu de Joinville, pendant lesdites années 1698 et 1699, outre lesdits dix neuf mille cent trente sept livres onze sols neuf deniers, deûs par les légataires, prendra dans les vingt cinq mille cent soixante sept livres sept sols trois deniers, restans du reliquat deub par le sieur de Lessart du compte de 1699, la somme de sept mille quatre cent quarante huit livres dix huit sols onze deniers.

Et monseigneur le prince, madame la princesse et madame la duchesse de Brunswic, pour se païer des cinquante six mille deux cens vingt cinq livres dix neuf sols quatre deniers, qui leur reviennent de bon desdites deux années et de trois mille livres pour leur remboursement des arrérages de deux années de la rente de Liesse païez sur les revenus de Guise, outre les quarante un mille cinq cens sept livres et onze sols six deniers deus par les légataires, prendront dans ledit reliquat deu par le sieur de Lessart la somme de dix sept mille sept cens dix huit livres huit sols quatre deniers.

De tous lesquels calculs et transactions il résulte à l'égard de S. A. R. Monsieur,

Que les légataires devoient à S. A. R. au dernier décembre 1697, suivant le calcul cy-devant, la somme de trente quatre mille huit cens dix neuf livres treize sols trois deniers.

Plus par la transaction du 26 avril 1698 la somme de quarante mille livres.

Plus, pour les intérests de ladite somme écheus au dernier décembre 1700, la somme de cinq mille trois cens trente trois livres six sols huit deniers.

Plus par le calcul fait cy dessus des deux années écheûes au dernier décembre 1699 dix neuf mille cent trente sept livres onze sols neuf deniers.

Montans lesdites quatre sommes à celle de quatre vingt dix neuf mille deux cens quatre vingt dix livres onze sols huit deniers.

Sur laquelle somme, déduisant celle de sept mille sept cens onze livres six sols huit deniers, composée de trois mille cinq cens quarante cinq livres six sols huit deniers, pour le tiers qui revenoit du debet du sieur Mauloüet du compte de Joinville de 1695 qui appartiendra à S. A. R. Monsieur, pour le tout, de quatre vingt trois livres six sols huit deniers, pour un voyage, de trois cens quatre vingt cinq livres treize sols quatre deniers, pour des avoines, de six cens quatre vingt treize livres neuf sols pour dettes claires en grains, et trois mille livres, pour les dettes des comptes et reprises des années 1696 et 1697, à quoy qu'ils puissent monter, cédée par ces présentes à S. A. R. et sans aucune garantie; il ne reste plus deub à Monsieur, par les légataires, que la somme de quatre vingt onze mille cinq cens soixante dix neuf livres cinq sols, jusques à concurrence de laquelle somme ils promettent et s'obligent de payer des principaux des rentes deûes par la succession de Guise au delà de ce qu'ils en doivent de leur chef, et d'en païer les arrérages à compter du premier janvier dernier, en sorte que S. A. R. Monsieur n'en soit point inquiettée ni recherchée, quoy faisant ils demeureront quittes desdits quatre vingt onze mille cinq cens soixante dix neuf livres cinq sols envers sadite A. R. Monsieur, lequel s'en tient content, et les en quiste et décharge.

Aussi S. A. R. Monsieur, demeure propriétaire :

De la principauté de Joinville.

De la baronnie d'Ancerville.

De vingt quatre mille sept cens cinquante livres de rente sur les généralitez de Rouen et de Caën.

De seize mille livres de rente, à prendre dans la rente des cinq grosses fermes.

De trois mille six cens cinquante sept livres de rente sur les Aydes et Gabelles.

Et des actions contre la maison de Chimay.

Et sadite A. R. ne doit :

Que six mille soixante dix huit livres deux sols six deniers, pour sa portion des arrérages des rentes, échûs au dernier décembre 1700.

Et cent soixante cinq livres quatorze sols six deniers,

pour sa portion des arrérages des pensions sur brevet de l'année 1700.

Et faisant la contribution pour l'avenir sur le même pied qu'elle a été cy-devant faite pour les dettes communes, attendu les quatre vingt onze mille cinq cens soixante dix neuf livres cinq sols des principaux, dont les légataires se sont chargez ci-dessus, pour demeurer quittes envers Monsieur, S. A. R. ne sera plus tenüe à compter du premier janvier dernier :

Que des cinq cens quarante cinq livres de rente dûë à l'hôpital de Joinville.

Des cent vingt huit livres de rente dûë au même hôpital.

Des quatre vingt douze livres trois sols dix deniers dûs au curé et aux chapelains dudit Joinville.

Des cent cinquante livres de rente dûë aux religieuses de l'annonciation de Joinville :

Montans les quatre sommes en principal à dix sept mille neuf cens trois livres.

Et de fournir huit cens vingt livres de rente par an, faisans en principal seize mille quatre cens livres, qui est tout ce que S. A. R. Monsieur devra des rentes de la succession de Guise.

Et de contribuer aux pensions par brevet, et aux dettes mobiliaires qui ne sont pas acquittées, et qui pourront arriver, comme ayant seulement cinq cens quarante huit mille cinq cens douze livres, dans la succession, qui est de six millions huit cens quarante mille trois cens quatre vingt cinq livres trois sols trois deniers; de sorte que par chaque dix mille livres de dettes, Monsieur en payera pour sa part à la contribution huit cens une livres dix huit sols.

Et à l'égard de monseigneur le prince, de madame la princesse et de madame la duchesse de Brunswic, il résulte de tous les calculs et transactions cy-dessus.

Que monseigneur le prince, madame la princesse et madame la duchesse de Brunswic devoient aux légataires au dernier décembre mille six cens quatre vingt dix sept, suivant la transaction du 26 septembre 1698, et le calcul fait cy-devant, la somme de quatre cens un mille neuf cens quatre vingt six livres treize sols quatre deniers.

Plus trois mille livres pour le prix de la cession que les légataires ont faite des anciens arrérages qui leur étoient dûs dans le duché de Guise : ce qui établit qu'il étoit dû aux légataires, audit jour dernier décembre 1697, la somme de quatre cens quatre mille neuf cens quatre vingt six livres onze sols quatre deniers.

Et que les légataires devoient audit jour à monseigneur le prince, madame la princesse et madame la duchesse de Brunswic, suivant les comptes, la somme de quatre vingt treize mille quarante une livres deux sols un denier; sur laquelle déduisant les cinq mille livres de remise accordée aux légataires par la transaction, il restoit seulement dû quatre vingt huit mille quarante une livres deux sols un denier, lesquels, déduits sur lesdits quatre cens quatre mille neuf cens quatre vingt six livres treize sols quatre deniers, monseigneur le prince, madame la princesse, et madame la duchesse de Brunswic devoient encore aux légataires, au dernier décembre 1697, la somme de trois cens seize mille neuf cens quarante cinq livres onze sols trois deniers.

Plus au dernier décembre 1700, monseigneur le prince, madame la princesse et madame la duchesse de Brunswic, devoient aux légataires trois années d'intérests de ladite somme, montans à quarante sept mille cinq cens quarante une livres seize sols neuf deniers.

Mais les légataires devoient à monseigneur le prince, madame la princesse et madame la duchesse de Brunswic, huit mille deux cens cinquante livres pour l'indemnité des logemens fournis aux domestiques dans l'hôtel de Guise, depuis le dernier décembre 1697 jusqu'au premier juillet 1700.

Plus ils devoient, suivant les calculs faits cy-dessus pour les années 1698 et 1699, la somme de quarante un mille cinq cens sept livres onze sols six deniers, lesquelles deux sommes acquittoient monseigneur le prince, madame la princesse et madame la duchesse de Brunswic des quarante sept mille cinq cens quarante une livres seize sols neuf deniers, qu'ils devoient pour les intérêts des trois cens seize mille neuf cens quarante cinq livres onze sols trois deniers, et diminuoient cette somme principale de deux mille deux cens quinze livres quatorze sols neuf deniers, et la réduisoient par conséquent à celle de trois cens quatorze mille sept cens vingt neuf livres seize sols six deniers, jusqu'à concurrence de laquelle somme, monseigneur le prince, madame la princesse et madame la duchesse de Brunswic doivent se charger des principaux des rentes dûës par les légataires.

Et, comme des quinze cens soixante neuf mille sept cens quatre vingt seize livres trois sols dix deniers, à quoy montent les principaux des rentes qui restent dues sur la succession de Guise, suivant l'état annexé à la minute des présentes, préalablement paraphé desdites parties et des notaires soussignez, Monsieur n'est tenu que de trente quatre mille trois cens deux livres quatorze sols : sur laquelle somme S. A. R. paye les quatre rentes dûës à Joinville, ainsi qu'il est explique cy-dessus; et huit cent vingt livres d'autres rentes.

Que les légataires sont tenus des principaux; sçavoir, de leur chef jusqu'à concurrence desdits huit cens dix neuf mille quatre cens onze livres sept sols quatre deniers, et de quatre vingt onze mille cinq cens soixante dix neuf livres cinq sols, dont ils se sont obligez cidessus d'acquitter S. A. R. Ils seroient tenus des principaux, jusqu'à concurrence de neuf cens dix mille neuf cens quatre vingt dix livres douze sols quatre deniers. Mais comme monseigneur le prince, madame la princesse et madame la duchesse de Brunswic les doivent acquitter de trois cens quatorze mille sept cens vingt neuf livres seize sols six deniers, les légataires ne seront plus tenus des principaux desdites rentes, à compter du premier janvier dernier, que pour la somme de cinq cens quatre vingt seize mille deux cens soixante livres quinze sols dix deniers.

Et monseigneur le prince, madame la princesse et madame la duchesse de Brunswic seront tenus des principaux desdites rentes; sçavoir, de leur chef, pour six cens vingt quatre mille cinq cens deux livres, dix sept sols six deniers, et du chef et en l'acquit des légataires, pour trois cens quatorze mille sept cens vingt neuf livres seize sols six deniers; lesquelles deux sommes font ensemble la somme de neuf cens trente neuf mille deux cens trente deux livres quatorze sols.

Et payant par monseigneur le prince, madame la princesse et madame la duchesse de Brunswic, lesdites rentes jusques à ladite concurrence, comme ils promettent et s'obligent, en sorte que les légataires n'en soient point inquietez ni poursuivis, monseigneur le prince, madame la princesse et madame la duchesse de Brunswic demeurent quittes envers les légataires de trois cens quatorze mille sept cens vingt neuf livres seize sols six deniers, dont ils étoient débiteurs pour le reste du prix des effets portez en la transaction du 26 septembre 1698, desquels trois cens quatorze mille sept cens vingt neuf livres seize sols six deniers, les légataires déchargent monseigneur le prince, madame la princesse et madame la duchesse de Brunswic, en les acquittant desdites rentes jusqu'à concurrence.

Ainsi monseigneur le prince, madame la princesse et madame la duchesse de Brunswic demeurent propriétaires :

Du duché de Guise,
De la terre de Rumigny,
Du greffe de Ribemont,
Des terres de Marchais et de Liesse,
De l'hôtel de Guise de Paris, ou du prix d'iceluy,
De l'hôtel de Guise de Fontainebleau, ou du prix d'iceluy,
De la rente de cent cinquante livres, sur la ville,
Et de soixante neuf mille cinquante trois livres six sols huit deniers de rente dans la rente des cinq grosses fermes.

Et monseigneur le prince, madame la princesse et madame la duchesse de Brunswic doivent :

Trente mille cent quatorze livres un sol quatre deniers, pour leurs portions des arrérages échus au dernier décembre 1700.

Huit cens vingt deux livres trois sols six deniers, pour leurs portions des arrérages de pensions sur brevets de l'année 1700.

Et monseigneur le prince, madame la princesse et madame la duchesse de Brunswic seront tenus à l'avenir, tant de leur chef, faisant la contribution pour l'avenir, sur le même pied qu'elle a été cy-devant faite pour les dettes communes, que du chef des légataires, en l'acquit desquels ils doivent payer pour trois cens quatorze mille sept cens vingt neuf livres seize sols six deniers de principaux de rentes, suivant ce qui a esté dit cy-dessus, d'acquitter les principaux des rentes jusques à concurrence de neuf cens trente neuf mille deux cens trente deux livres quatorze sols.

Et de payer, des soixante quinze mille six cens quatre vingt seize livres dix huit sols six deniers, à quoy montent les arrérages courants des rentes, quarante cinq mille deux cens quarante neuf livres seize sols dix deniers pour chaque année.

Et de contribuer aux pensions par brevet, et aux dettes mobiliaires qui ne sont pas encore acquittées, et qui pourront arriver, comme s'ils n'avoient que deux millions sept cens vingt un mille deux cens soixante six livres quatorze sols huit deniers, dans le fond qui est de six millions huit cens quarante mille trois cens quatre vingt cinq livres trois sols trois deniers; de sorte que, par chaque dix mille livres de dettes, LL. AA. SS. en paieront pour leur part à la contribution trois mille neuf cens soixante dix huit livres quatre sols dix deniers.

Et les légataires demeureront propriétaires :
De la terre d'Ault,
Des terres de Lambesc et Orgon,
Du duché de Joyeuse,
Des trente mille livres de rente ou environ sur les Gabelles du Languedoc,
Des vingt un mille deux cens soixante trois livres six sols huit deniers de rente dans la rente des cinq grosses fermes,
Et des actions mobilières qui leur restent.

Et les légataires doivent :

Trente neuf mille cinq cens douze livres quatorze sols huit deniers, pour leurs portions des arrérages des rentes echeûs au dernier décembre 1700.

Mille soixante dix huit livres quinze sols quatre deniers, pour leurs portions des arrérages des pensions sur brevets de ladite année.

Et les légataires seront tenus à l'avenir :

D'acquitter les principaux des rentes jusques à concurrence de cinq cens quatre vingt seize mille deux cens soixante livres quinze sols, seulement.

Et de païer des soixante quinze mille six cens quatre vingt seize livres dix huit sols six deniers, à quoy montent les arréraiges courants, la somme de vingt huit mille sept cens onze livres dix sept sols dix deniers, par chacune année.

De contribuer aux pensions par brevets et aux dettes mobiliaires qui ne sont pas encore acquittées et qui pourront arriver, comme s'ils avoient trois millions cinq cens soixante dix mille six cens livres dans la succession, qui est de six millions huit cens quarante mille trois cens quatre vingt cinq livres trois sols trois deniers, de sorte que, par chaque dix mille livres de dettes, les légataires en payeront pour leur part, à la contribution, cinq mille deux cens dix neuf livres dix sept sols dix deniers.

De continuer les pensions viagères léguées par mademoiselle de Guise à ses domestiques,

Et les sommes auxquelles ont été réglez les loyers de ceux qui avoient leurs demeures dans l'hôtel de Guise, pour en être payez durant leur vie.

En outre sont convenues les parties que le sieur de Lessart continuera de recevoir les rentes des cinq grosses fermes en entier, ensemble le revenu des biens des légataires, comme il a fait jusqu'à ce jour : du nombre desquels légataires est encore Monsieur, comme étant aux droits de madame la princesse d'Harcourt.

Pour être les biens desdits légataires employez, premièrement au payement des pensions viagères, et des sommes accordées aux domestiques au lieu de leurs demeures dans l'hôtel de Guise, et ensuite au payement des portions dont ils sont tenus des arrérages des rentes et pensions par brevets, et des dettes mobiliaires; comme aussi ledit sieur de Lessart recevra les prix des fonds que lesdits légataires pourront vendre, du consentement de S. A. R. Monsieur, de monseigneur le prince, madame la princesse et madame la duchesse de Brunswic, pour être employez à l'extinction des fonds des rentes qu'ils doivent acquitter.

Et que S. A. R. Monsieur, monseigneur le prince et madame la duchesse de Brunswic pourront toucher chacun à leur égard, dudit sieur de Lessart, de six mois en six mois, les parts et portions qui leur apartiennent dans ladite rente des cinq grosses fermes, en laissant audit sieur de Lessart de quoy payer les parts et portions dont ils se trouveront tenus des arrérages des rentes, pensions sur brevets, et dettes mobiliaires, lesquels payemens ledit sieur de Lessart fera suivant les états et ordonnances, et rendra ses comptes d'année en année, à commencer de l'année mille sept cens, comme il a fait par le passé; car ainsi promettant, etc., obligeant, etc., chacun en droit soy, etc., renonçant, etc., fait et passé à Paris, sçavoir, par S. A. R. au Palais Royal, par LL. AA. SS. et ledit sieur du Pin, en l'hôtel de Condé, par ledit seigneur cardinal de Noailles, en son palais archiépiscopal, et par les autres parties, en la maison dudit Bellanger le jeune, l'un desdits notaires soussignez, l'an mille sept cens un, le dix neuvième jour d'avril après midy, et ont signé la minutte des présentes, demeurée audit Bellanger, notaire.

LEGS FAIT À L'HÔTEL-DIEU PAR PIERRE LAVISEY.

Testament de Pierre Lavisey.

6 mars 1649.

Fut present Pierre Lavisey, escuyer, conseiller du Roy, et controlleur general antien, alternatif et triennal des reparations, fortifications, munitions et avitaillemens des provinces de Champagne et Brie, Mets, Toul, Verdun, Luxembourg, Barrois et Lorraine, gisant au lict mallade de corps, en la chambre au premier estage sur le devant de la maison du sieur Le Bossu, seize a Paris, rue de Saint Victor, vis-à-vis la rue des Bernardins, parroisse de Saint Estienne du Mont, sain touttes fois de memoire et entendement, comme est apparu aux notaires soubz signez, par ses parolles, geste et maintien, lequel considerant que l'heure de la mort est incertaine, et ne voullant estre prevenu d'icelle sans tester, pour cette cause, pendant que sens et raison le regissent, a faict son testament et ordonnance de derniere vollonté au nom de la Saincte Trinité, comme s'en suict.

Apres avoir recommandé son ame à Dieu, aux Intercessions de la Vierge Marie et de toutte la Cour céleste, et suplié la bonté divine par le merite de la mort et passion de nostre Sauveur et Redempteur Jesus Christ de luy faire misericorde et la colloquer en la beatitude.

Premierement, veult et ordonne son corps estre inhumé en ladicte eglize de Saint Estienne du Mont, en la sepulture de deffuncts Guillaume Lavisey, son pere, vivant escuyer, conseiller, notaire et secrétaire du Roy, et de damoiselle Marie de Sainct Yon, sa femme, mere dudit testateur, estant au derriere du chœur de ladicte eglise, proche et a costé de la chapelle de Nostre Dame.

Que tous les prebstres et habituez assistent a son convoy et enterrement avec *les capettes* et enfans enfermez de l'hospital de Pitié, se rapportant du surplus de ses funerailles a la discretion des executeurs du present testament et de faire prier Dieu pour le salut de son ame.

Donne et legue ledit testateur tous et chacuns ses biens meubles, de quelque espece et nature qu'ilz soient, rentes et biens immobiliers, et generallement tout ce dont il peult disposer, suivant la coustume de Paris, a noble homme maistre Jacques Lambin, advocat en la cour de Parlement, pour en jouir par luy en usuffruit sa vie durant, sans touttes fois que pour ladite jouissance il soit tenu bailler caution, l'en faisant son legataire universel, quand a l'usuffruict desdicts biens mobiliers et immobiliers, a la propriété desquels il substitue audict sieur Lambin lhostel dieu de cette ville de Paris, pour un cinquieme, lhospital des Incurables pour pareille portion, le grand bureau des pauvres pour un autre cinquieme, les hospitaux des pauvres enfermez de cette ville pour mesme part, et l'hospital de la Charité pour le cinquieme restant.

A la charge et condition que sur lesdits biens mobiliers et immobiliers, presentement leguez et substituez, seront pris et payez par ledit sieur Lambin, apres le deceds dudit testateur, les legs particulliers, ordonnances et dispositions qui en suivent :

Scavoir est la somme de douze cens livres tournois qu'il donne et legue a l'œuvre et fabrique de ladicte eglise Sainct Estienne du Mont, sa paroisse, tant pour la fondation qu'il veult y estre faicte de deux obiits et services complets et solennelz, qui y seront cellebrez chacun a perpétuité, avecq vigiles et recommandaces, l'un le vingt cinquiesme mars, par le curé d'icelle eglise, pour le salut de l'ame dudict feu sieur Lavisey, son pere, et l'autre encores par ledict sieur Curé pour ledict testateur, a pareil jour quil decedera, dont sera passé contract avec les sieurs marguilliers, par lequel ils s'obligeront et leurs successeurs....... ; à la fin de chacun desquels obiits ledict sieur Curé et prebstres se transporteront sur ladicte sepulture ou sera la representation, pour y dire le *libera de profundis*, l'hyme *vexilla regis*, que pour faire faire par lesdicts marguilliers et poser en lieu proche ladicte sepulture un epitaphe de marbre qui contiendra ladicte fondation et celle faicte en la mesme eglise par ladicte damoiselle Marie de Saint Yon, auquel epithaphe seront employez deux cens livres.

Item la somme de six cens livres au couvent et monastere des Carmes de la place Maubert pour autre fondation qu'ordonne ledict sieur testateur y estre faicte a perpetuité d'une messe basse qui sera dicte par chacune sepmaine.

Item pareille somme de six cens livres tournois au couvent et monastere de l'Ave Maria, pour la fondation qui sera aussy faicte en l'eglise d'icelluy d'une messe basse de requiem par chacune sepmaine, pour le salut des ames dudict testateur et desdicts pere et mere.

Item autres six cens livres tournois au couvent et monastere des filles de la Magdelene, seize rue des Fontaines, auquel ledit testateur en fait legs a pareilles charges et conditions que audict monastere de l'Ave Maria.

Item trois cens livres tournois de rente annuelle et viagere, moictié a Pierre Lavisey le jeune, fils naturel dudict sieur testateur et de Barbe Grouyn, vefve de..... Poulet et l'autre moictié à Pierre Lavisey l'aisné, aussy fils naturel dudict sieur testateur et d'Anne Richard, et en cas que l'un vienne a predeceder, le total d'icelle rente sera payé au survivant sa vie durant, et s'ilz decedoient tous deux avant ledict sieur Lambin, ledict sieur continuera le payement de moictié desdictes trois cens livres de rente ausditz hospitaux substituez.

Item la somme de six mil livres tournois ausdicts Pierre Lavisey l'aisné et Pierre Lavisey le jeune, chacun par moictié, qui est trois mil livres tournois pour une fois payer a l'un et a l'autre, qui seront employez tant a les mettre en apprentissage que a les faire recevoir maistres de mestier et vaccation qu'ilz auront choisy, et le surplus fourny lorsqu'ilz se mettront en boutique ou pourvoiront par mariage, jusques a quoy lesdictes sommes de trois mil livres tournois donnees a chacun d'eux demeureront èz mains dudict sieur Lambin, dont il leur payera l'interest au denier vingt, lequel sieur Lambin je prie d'avoir soing de leur education et instruction.

Item a ladicte Barbe Groyn, la somme de six cens livres tournois pour une fois payer, outre les meubles et ustanciles d'hostel dont ledit sieur testateur luy a baillé un estat de luy signé.

Item a ladicte Anne Richard pareille somme de six cens livres tournois pour une fois.

Item a Marie Vaast fille d'icelle Anne Richard la somme de deux cens livres tournois.

Item a..... a present femme de..... Dorget, demeurante sur le fossé, d'entre les portes de Saint Marcel et Saint Victor, auparavant vefve d'un nommé Mansart, sculpteur du Roy, la somme de cent cinquante livres tournois pour une fois.

Item à Marie Perdreau, nourrice de mamelles dudict testateur, demeurant en l'hospice des Petites Maisons, la somme de cens livres tournois, pour luy avoir drap, couvertures et necessitez.....

Plus declare qu'il entand aussy que lorsque par le deceds dudict sieur Lambin lesdicts hospitaulx et *lieux pitoyables* a luy substituez seront en possession de la propriété desdicts biens, leguez audict sieur Lambin, chacun desdicts hospitaulx face dire, chanter et cellebrer en son eglise deux obiits et services complets et solennels a l'intention desdits sieurs testateurs et Lambin.

Veult et entend ledit testateur, ses debtes estres acquittees des biens quil dellaissera, qu'il a dit concister en sesdicts offices, en une rente sur les tailles, une autre sur les gabelles, et augmentations de gages, et droicts desdicts offices, et en ce qui luy est deub d'iceux, en quelques debtes actives, en la moictié d'une maison et jeu de paulme assis a Rhodez, en Rouergue, et de ce qui est deub a la succession dudict sieur son pere par la province dudict Rouergue, en meubles et ustancils d'hostels estans en la chambre qu'il occuppe chez ledict sieur Le Bossu, et autres lieux d'icelle maison, en une autre maison ou il demeuroit nagueres, au cloistre de l'eglise collegialle de Sainct Marcel lez Paris, plus en autres meubles, tappisseries, livres et ustancils d'hostel et autres hardes, qui sont en la maison dudict sieur Lemoyne, scize en la rue de la Bucherie et en deniers comptans et vaisselle dargent, qui sont dans une malle couverte de cuir fermant a deux serrures et un cadenas, laquelle est chez ledict sieur Lemoyne.

Item donne et legue ledit testateur à messire Jean Martin, prebstre, vicaire en ladicte eglise de Saint Estienne du Mont, son confesseur, la somme de trois cens livres tournois, pour une fois payer, a la charge qu'il acheptera robbe et bonnet neufs avec lesquelz il assistera à l'enterrement et funerailles dudict testateur, et gardera son corps depuis son deceds jusques audict enterrement.

Et pour executer le present testament, ledict sieur Lavisey a nommé et esleu lesdits sieurs Lambin et Lemoyne, qu'il prie de prendre cette peine, auquel sieur Lemoyne il donne et legue la somme de mil livres tournois pour une fois payer.

Ce fut fait, dicté et nommé par ledit sieur testateur ausdicts notaires, en ladicte chambre, puis a luy releu par l'un d'eux, en presence de l'autre, le samedy sixieme jour de mars mil six cens quarante neuf et assigné.

Ainsy signé Lavisey, Francois et Helin, notaires.

Requête adressée au Bailli de Sainte-Geneviève-du-Mont, par les administrateurs de l'Hôtel-Dieu, lesquels se portent partie intervenante au procès criminel intenté à Gaudron, maître jardinier à Paris, accusé d'avoir assassiné Pierre Lavisey.

(1661.)

Supplient humblement les maistres gouverneurs et administrateurs de l'Hostel Dieu de Paris, de l'hospital des Incurables, scis au fauxbourg Sainct Germain des Prez lez Paris et les Religieux, prieur et couvent de la Charité dudit fauxbourg Sainct Germain, disans qu'en quallité de legataires universels, chacun pour une cinquiesme partie, conjointement avec les directeurs du grand bureau des pauvres, de tous les biens du deffunct maistre Pierre Ladvisé, vivant conseiller du Roy et controlleur des fortiffications de Champagne, Brie, Metz, Toul, Verdun et autres lieux, ils ont depuis peu eu advis *que les corps tant dudict deffunct sieur Ladvisé que d'un sien domestique avoient esté trouvés mortz et enterrés dans la cave du logis du nommé Gaudron, maistre jardinier, demeurant au faulxbourg Saint Marcel, rue de la Reyne Blanche, pour raison duquel crime ledit Gaudron, son frere et autres ont esté constituez prisonniers ès prisons de vostre justice,* comme accusez d'avoir commis ledict meurtre et assassinat, mesmes de la servente dudit sieur Ladvisé qui a esté trouvée assassinée il y a un an dans la maison d'icelluy sieur Ladvisé, et les coffres qui estoient dans icelle brizez et rompus, et notable somme de deniers en espèces dor et dargent pris et vollez par lesdictz Gaudron et ses complices, qui faisoient la plus grande partie des biens dudict deffunct, ce qui faict grand préjudice ausdicts hospitaulx, et dauttant que ledict sieur Ladvisé ayant par son testament eu soucy des pauvres, les suppliants se trouvent obligez de ce joindre avec maistre Jacques Lambin, advocat en la cour, legataire universel de l'usufruict des biens dudict sieur Ladvisé et executeur de son testament, qui vous a cy devant rendu plainte dudict assassinat et vol, et de poursuivre conjointement avec luy la punition dudict crime.

Ce considéré, Monsieur, et veu la quallité des suppliants, il vous plaise de vos graces les recevoir parties intervenantes, et a se joindre en cause avec ledit sieur Lambin, au proces criminel qui s'instruict par devant vous contre lesdictz accusez, requerans a cette fin la jonction de Monsieur le procureur fiscal et vous ferez justice.

(Soit faict ainsy que le requièrent les suppliants. — Faict ce vingtiesme novembre xvie soixante et un).

Signé Chauvelin.

Extraits de lettres adressées à Pierre Lavisey par ses commis.

(1623-1653.)

Monsieur,

..... La peste nest pas moings aux villages et bourgs d'autour de cette ville qu'elle est a Paris, et notamment a Lessy ou il n'est pas resté douze personnes qui en aient esté exemptz. Cette dicte ville s'est cottizee pour nourir les villageois malades, affin qu'ilz ne sortent de leurs villages pour chercher des vivres.... De Metz, ce 19 septembre 1623.

Signé Robillard.

Monsieur,

..... M. de Grateloup vous pourra dire que nonobstant la bonne garde qui se fait aux portes, la peste n'a laissé d'entrer dans cette ville, et s'est logée en quelques maisons d'icelle. Dieu vous en préserve et moy aussi. Je vous prie, Monsieur, qu'on n'en sache rien chez nous. De Metz, ce 3 novembre 1623. Signé Robillard.

Monsieur,

..... M. de la Croix m'a dit que Monsieur Le Noir luy a mandé qu'il y a, outre lesdictes quarente mil livres pour cette place (Verdun), encore vingt cinq mil livres; ledict sieur de Marillac espere, estant en cour, obtenir ung nouveau fondz, prevoyant bien que ce qui a esté ordonné, ne durera pas longtemps, vu le grand travail qui se fait icy, et en massonnerye, charpenterie des ponts pontés, corps de gardes, guerittes, et particulierement en vuidanges de terre, ou il y a plus de deux mille personnes qui travaillent journellement, en sorte qu'il faut a touttes heures prendre attachement, et dedans lesdits fossés et hors la ville, estant ledict sieur de Marillac resoleu de ne point abandonner son travail tout l'hiver, ainsy qu'il vous poura dire, si le voiés.....

Nous devons, outre le travail de la citadelle, faire une nouvelle porte a la ville qu'on appellera la porte de France, au lieu de l'entienne qui ne servira plus que pour ladicte citadelle.....

Signé : Robillard.

De Verdun, 30° octobre 1625.

Monsieur,

Pour responce a celle qu'il vous a pleu m'escrire la derniere, et y satisfaisant, j'ay assisté aux marchez faictz a Metz par devant monseigneur de la Valette, que Mrs de Chastillon, de la Croix et moy avons longtemps attendu audict Metz a cest effect.....

Quand a cette place, ou il se faict ung grandissime travail, je vous envoye aussy un estat general de tous les marchez et despence qui s'y est faicte depuis le premier octobre jusqu'a present. M. de la Croix vous dira aussy comme lon y travaille puissamment, quelque temps quil face, excepté de massonnerie quand il gelle, et de plus aux vuidanges de terre qui se font pour l'eslevation de trois grands bastions et ou il y a plus de trois mil personnes qui travaillent, et en trente autres lieux, ou il faut journellement prendre attachements nouveaux et avoir la toise a la main, faire faire des arpentages, prisees et estimations de maisons, heritages et vignes, s'informer de ce qui a autresfois, lors du desseing de la citadelle, esté achepté au profflict du Roy, affin de ne l'achepter deux fois.

Signé : Robillard.

De Verdun, ce 15° janvier 1626.

Monsieur,

Nous travaillons tousjours aux ouvrages de vuidanges du rocq, necessaires pour rendre les thoisés en estat de ce faire, et outre au transport du rocq et terre le long du precipice de La Bassecourt, affin de tenir prestz les fondations de la courtine et bastions qui se doibvent faire audict lieu.....

Vous poures scavoir chez monseigneur de Marillac le proceddé de monsieur l'evesque de Verdun, et comme il semble qu'il veuille excommunier et grandz et petitz, au suiect de la citadelle, telle excommunication ne m'empeschera de travailler a l'ordinaire, n'en faisant grand estat, non plus que beaucoup d'autres qui y peuvent estre compris.

Signé : Robillard.

De Verdun, ce 3° janvier 1627.

Monsieur,

..... M. le receveur Hennequin offre vous traicter comme voz confreres, vous donner des quictances sur tel receveur qu'il vous plaira, en luy donnant voz quittances, mais qu'il ne crois pas que lesdits receveurs vous donnent autre chose que des quictances *sur des parroisses qui sont tellement ruinées par la sterilité et les gens de guerre, qui empescherent l'annee derniere de coupper une partye des grains, et l'autre qu'ils trouverent en granges, ilz la battirent, vendirent et dissiperent. Ils violerent, vollerent les chevaux, bestiaux, coupperent les chaussées des estangs, prirent les poissons, n'espargnerent pas mesme les gentilzhommes, en sorte que les moissons sont fort petites, et seront encores moindres l'année prochaine, y ayant peu de terres labourées, a cause de la perte des chevaux des laboureurs et cherté des grains, le seigle vaut cinquante solz le boisseau pour semer, et si le Roy ny donne ordre par les gouverneurs, les lieutenans, ou quelque personne d'autorité, le pays est a l'abandon, sans qu'aucun contienne lesdits gens de guerre qui commettent tout impunement, ayant violé et faict tous actes enormes au faulxbourg de St Meuze de cette ville, qui appartient a M. Vauthier, abbé dudit lieu, et premier medecin du Roy.*

A Chaalons, le 18 aoust 1631.

Signé : Aubertin.

(A monsieur Lavisey, conseiller du Roy, chez M. Le Moyne, procureur, demeurant rue Saint Victor, presque a l'entrée, vers la place Maubert, pres le logis du sieur Barbarat, marchand de vins, a Paris.)

Monsieur,

..... Cette eslection de Troyes a esté fertile ces dernieres annees et exempte de gendarmerie, celles de Reims, Chaalons, Rethel, Ste Menehould ruinees entierement; Victry, Espernay et Sezanne en partie, les Lorains ayant pris tous les bestiaux de la campagne. J'ai racheppté trois fois des chevaulx a un mien fermier, duquel je n'ay receu depuis que le quart de sa ferme, le peu de temps qu'on a eu a faire la récolte n'ayant esté tranquille, les garnisons de Stenay et Clermont ayant tousjours faict des courses, et le regiment de Grandpré et autres prenoient les chevaulx. L'on a semé et serré ce qu'on a peu, le reste est demeuré a labandon, et les gens du Roy vollent aussy impunement que les autres. Cette semaine le regiment de Beaujeu ayant esté prendre a deux lieux d'ici plusieurs batteaux qui montoient en ceste ville, chargés de vin, en a tiré le quart, et argent de ce quil n'a peu emporter.....

A Chaalons, le 26 novembre 1652.

Signé : Aubertin.

Monsieur,

..... Il vous plaira considérer qu'en ce mauvais temps, si ne prenés des quicances et n'agissés pour le recouvrement, vous n'aurez rien; il n'y vient pas un sol a la recepte generalle, non pas mesmes pour les gaiges des receveurs; ce pais est ruiné, la campagne abandonnee; il n'y a plus a dix lieues a la ronde cheval, vache, brebis ny autres; plusieurs chasteaux, maisons et villages entierement bruslés; le chasteau et village d'Herpont, qui appartenoit a M. de Vaubecour bruslé en sorte qu'on demandera doresnavant ou en estoit la scituation. *Jamais les guerres civiles n'ont esté si cruelles*, les turcs ne traittent pas si cruellement qu'on traitte les habitans de Ste Menehould.....

Signé : Aubertin.

A Chaalons, le 3 janvier 1653.

Pieces relatives aux dépenses faites pour la fortification des places qui se trouvaient dans le contrôle de Lavisey.

Controlle general de la despense faicte durant l'année mil six cens treize pour la fortiffication et réparation d'aucunes villes et places fortes de la province de Champaigne et Metz, tenu par nous Guillaume Lavisey, conseiller, secretaire du Roy et controlleur general des fortifications desdictes provinces.

Premierement, Rocroy.

Maconnerie. A Jehan Pigeon, maistre masson demourant a Plombaz auquel les ouvraiges de maconnerie a faire pour la continuation du revestement du bastion de Nevers dudit Rocroy auroient esté adjugez, par devant M. de Josseville, gouverneur de ladicte place, iiii^c iiii^{xx} livres; — audit Pigeon, a diverses fois, iii mil iii^c xiv livres.

Achapt et fourniture de chaux. Audit Pigeon, adjudicataire de la fourniture de chaux, mil viii^c iiii^{xx} xv livres.

Vuidanges de terres. A Gabriel Moreau demourant a Rocroy, adjudicataire des vuidanges de terres, viii cens xv livres.

Charpenterie. A Nicolas Jenin, maistre charpentier demourant audit Rocroy, lviii livres iiii solz.

Couverture. A Ydelot Juvigny, maistre couvreur d'ardoise, la somme de vi^{xx} xvi livres.

Serrurerie. A Gabriel Moreau, maistre serrurier audit Rocroy, a Jehan Drouet et a Bertrand Chesneau, la somme de lxvi l. iiii s.

Menuiserie. xlvi livres. *Victrerie.* xxiiii livres.......

Somme totalle de la despence faicte audict Rocroy, vi mil ix cens ii livres.

Somme de la despence faicte a *Maisieres*, iiii mil viii cens iiii^{xx} xvii livres.

Somme de la despence faicte à *Maubert*, ix cens xxii livres.

Somme de la despence faicte à *Moncornet*, iii cens lxi livres.

Somme de la despence faicte à *Mouson*, vi cens xlv livres.

Somme de la despence faicte à *Villefranche*, xi cens l livres.

Somme de la despence faicte à Ste *Mennehout*, iii mil iii cens xxxvi ††.

Somme de la despence faicte à *Sainct Disier*, ix^c iiii^{xx} xi livres.

Somme de la despence faite à *Chaumont*, ii^c iiii^{xx} livres.

Somme de la despence faicte à *Langres*, vi^c xlvii livres.

Somme de la despence faicte à *Coiffy*, vi^{xx} livres.

Somme de la despence faicte à *Montigny*, ix^{xx} xvi livres.

Somme de la despence faicte à *Monteclaire*, vi^c vii livres x s.

Somme de la despence faicte à *Nogent le Roy*, ii cens lx livres.

Somme de la despence faicte à *Metz*, xiii mil viii^c lxxviii livres.

Somme totalle de la despence faicte pour la fortification et reparation desdictes provinces de Champaigne et Metz en ladicte année mil six cens treize, xxxviii mil vi cens iiii^{xx} xv livres.

Mémoire de ce qui est nécessaire a faire pour les fortifications que continuations, entretenement et reparation des villes, chasteaux et places fortes sur les frontieres de la province de Champaigne, Metz, Toull et Verdun, en la presente année mil six cens dix neuf.

1619.

Premierement Varoy. Former les fossez des bastions de

Nevers et Dauphin, porter les terres dans lesdits bastions.

Pour continuer la massonnerye du bastion de Nevers.

Pour travailler aux reparations tant de la ville que du retranchement.

Que aux portles, pontz, corps de gardes et sentinelles.

Pour payer ce qui est deub aux entrepreneurs.

Maizière.

Pour transporter bonne quantité de terres dans le bastion Daulphin.

Pour commancer a construire et former ung demi bastion, proche et a costé de l'esperon Sainct Paul ruyné, tirant vers la rivière, du costé de Charleville, qui flanquera le Daulphin, ainsy qu'on pourra faire.

Le Daulphin, le demy bastion qui tous deux feront front a la montagne de Bertecourt, pour quoy faire il conviendrait prendre les plus entiers et meilleurs matériaux des decombres dudit Esperon Sainct Paul ruyné, et les employer a la construction dudict demy bastion, rendant le lieu et place d'iceluy net, ainsy que le fossé, affin que les flancz ne soyent couvers par les masses et descombres de sa ruyne.

Pour parachever le bastiment des Tournelles.

Pour travailler a la nouvelle fortification du pont de pierre.

Pour les reparations tant de la Ville que de la Citadelle.

Maubert.

Pour travailler au revestement du bation royal.

Pour refaire entierement lespaulle du petit bastion Gros-Jehan ruyné, flancquant tout du long du fossé du Chasteau, près de la ville.

Pour les reparations tant de la ville que du chasteau.

Moncornet.

Pour travailler à la couverture.

Pour travailler aux reparations des pontz, portes, corps de garde et sentinelles.

Pour payer ce qui est deub aux entrepreneurs.

Mouzon.

Travailler aux reparations des bresches, l'une desquelles ayant plus de vingt thoises de long.

Pour vuider les terres des fossez en plusieurs endroictz rempliz.

Pour les reparations tant du chasteau que des portes, pontz, corps de garde et sentinelles.

Villefranche.

Pour la reparation de la bresche contenant de longueur quarente thoises jusques a l'angle de la cazematte.

Pour travailler aux portes, pontz levis, pontz dormans, corps de garde et sentinelles.

Saincte Manehould.

Pour travailler au retranchement du chasteau.

Pour travailler au logis du gouverneur.

Pour travailler a une bresche survenue au lieu dit la Carriere, de la longueur de huict thoises avec ung autre pan joignant iceluy, d'autres huict thoises, qu'aussy menace ruyne de tout, ce qui est fort necessaire reparer, ayant les deux pants seize thoises de long, quatre de hault et une et demye d'espois.

Metz.

Pour travailler à la contrescarpe.

Pour transporter les terres tant des fossez que de ladite contrescarpe, et les placer es lieux plus convenables, dans la citadelle que a la basse court, pour former le bastion de la Vallette.

Pour les reparations des bresches, portes, pontz levis et dormans, logis des soldats, magazins, corps de garde et sentinelles[1].

Faict par moy, ingenieur du Roy en la province de Champaigne et paîs messing, ce sixiesme avril mil six cens dix neuf.

Signé : Chastillon[2].

Edict de creation de l'office de controlleur general des fortiffications de Champaigne, Brye et terres adiacentes, du mois de septembre mil cinq cens cinquante cinq.

1555.

Henry, par la grace de Dieu, Roy de France, a tous presens et advenir Salut. Comme nous aions cy devant, pour plusieurs bonnes et raisonnables causes et considerations a ce nous mouvans, créé et erigé en tiltre d'office les charges et estatz de tresorier des reparations, fortifications, munitions et advitaillement des villes, chasteaux et places fortes de nos païs de Champaigne, Brie, Luxembourg et Lorayne, qui s'exerçoient cy devant par commission, au moien de quoy, considerant que l'estat et charge de controlleur general desdictes reparations et advitaillemens n'est moings necessaire en tamps de

---

[1] Les quelques extraits que nous donnons ici sur les fortifications de l'Est et du Nord-Est de la France au XVII° siècle suffiront pour attirer l'attention. Les papiers de Pierre Lavisey contiennent encore des détails sur les travaux de ces places fortes pour les années 1621, 1623, 1624, 1625, 1627, 1634.

[2] L'ingénieur qui a signé ce mémoire est, selon toute vraisemblance, Hugues Chastillon, né en 1583 à Châlons. Il était le second fils du célèbre Claude Chastillon (1560-1616); son frère ainé Pierre Chastillon, né en 1599, mort en 1668, était également ingénieur. Je dois ces renseignements à l'obligeance de mon confrère, M. Pélicier, archiviste du département de la Marne.

paix que de guerre, et ayant advisé tenir nosdictes places en sy bon estat et tellement fortiffiees et munyes de vivres que noz ennemis n'y puisse aulcune chose entreprendre, il est tres requis que nous n'attendions le tamps auquel la necessité nous pouroit contraindre y faire mettre la main, mais que y facions besongner en tout temps, comme nous avons cy devant faict et faisons faire a present, et semblablement tenir lesdictes villes et places munies et garnyes de vivres et munitions, que faisons souvent raffraichir, affin qu'il ne s'y face aulcune surprise, a quoy il fault ordinairement employer noz officiers desdictes reparations, fortifications et advitaillemens, entre lesquelz estant ledict controlleur l'un des principaux et plus necessaires, et qui est contrainct estre le plus souvent sur les lieux avec ses clercs et commis, il est bien raisonnable qu'il soit érigé en chef et tiltre d'office formé, comme ont esté les autres officiers desdictes reparations et advitaillemens, scavoir faisons que nous, ce que dict est consideré, et apres avoir mis cest affaire en délibération des gens de nostre conseil privé, avons dict, déclaré et ordonné, disons declarons et ordonnons, par ces presentes, que ladicte charge de controlleur général des reparations, fortifications, munitions et advitaillemens de nosditz pais de Champaigne et Brye, terres, seigneuryes enclavees et adjacantes a iceulx, qui sont et seront cy apres annexees au gouvernement desdicts pais, qui ont esté et serons jusques icy deservies par commission particuliere ou autrement, sera doresnavant tenu et exercé en chef et tiltre d'office formé, auquel nous l'avons créé et érigé, créons et érigeons par ces presentes, pour tenir bon et loyal controlle et registre en chascune des villes et places de sa charge, des deniers qui sont et seront cy apres ordonnez et employez es dictes fortifications et advitaillemens, assister a tous et chacuns les marchez qui se feront pour le faict desdictes reparations et advitaillemens, deffendans aux gouverneurs des places et commissaire par nous créé et ordonné sur le faict desdicts avitaillemens ne faire aulcuns marchez pour l'effect que dessus, sans y appeler ledict controlleur general, affin qu'il puisse congnoistre et favoriser le bien de nostre service, et que par le bon et fidel registre que luy et ses commis en tienderont, il en puisse, a la fin de chacune année, dresser ung controlle general pour le representer quand par nous il luy sera ordonné, voullans que pour la seureté de noz deniers, les quictances des sommes qui auront esté ordonnees, soit par noz gouverneurs, lieutenans generaulx, cappitaines des places, et commissaire desditz advitaillemens, ou autres par eux commis, soient passez par ledict controleur general ou son commis.

Mandons tres expressement et enjoingnons aux gens de noz comptes a Paris ne recepvoir et allouer aux tresoriers desdictes reparations et advitaillemens aulcune quittance, pour quelque somme quilz ayent payee, pour l'effect que dessus, soit par notaires ou des personnes qui les auroient receues, sans avoir au prealable la quittance dudict controlleur general ou ses commis, en chacune des places, des sommes qui auront esté payees par les tresoriers susditz, ausquelz nous mandons, deffendons et tres expressement enjoingnons ne bailler ou payer aulcune somme des deniers de leurs charges, sans en prendre les quittances dudict controlleur general ou ses commis, pour ce necessaires.

Leur enjoingnons en oultre tres expressement d'envoyer audict controleur general ung estat signé de leurs mains des assignations qui leur auront esté baillees et ordonnees, mois pour mois, et ainsy que leur auront esté assignez en nostre conseil privé, affin quil en puisse tenir plus fidel et loyal registre, et a ce que ledict controlleur general ayt meilleur moien d'adresser plus aysément sondict controlle a la fin de chacune annee, nous voulons, ordonnons et tres expressement enjoingnons que les commis en chascune desdictes places, au controlle desdictes aparations et advitaillemens, mesmement le controlleur par nous particullierement commis au controlle de Mariebourg, qui a esté par nous annexee au gouvernement de Champaigne, apportent ou envoyent audict controlleur general, par chacun quartier de l'année les estatz par le menu de la recepte et despence des deniers qui seront ordonnez pour l'effet que dessus, chacun respectivement en sa charge, et ledict office de controlleur general avoir, tenir et doresnavant exercer par ceulx qui en seront par nous ou noz successeurs roys pourveuz, quand vaccacion y escharra, aux honneurs, austoritez, prerogatives, preminances et esmolumens qui audict estat appartiennent, et *aux gaiges de seix cens livres tournois par an*, qui est a raison de cinquante livres tournois par mois, que nous avons ordonnez et ordonnons par ces presentes pour ledict controlleur general, et a chacun des commis qu'il luy conviendra avoir, trente livres tournois par mois, et ce durant le temps qu'ilz vacqueront en chacune des places, de la charge dudict controlleur general, et dont ilz feront deument apparoir par les certificacions et acquitz qui auront esté expediez par noz gouverneurs et lieutenans generaulx esdicts païs, ou les cappitaines qui sont ou seront establiz esdictes places ou lesdictz commis auront besongné......

Et affin que ce soit chose ferme et stable, nous avons signé au pied de nostre main, et a icelles faict mettre et apposer notre seel...

Donné a Villiers Costeretz, au mois de septembre l'an de grace mil cinq cens cinquante cinq, et de nostre reigne le neufiesme. Signé Henry, et sur le reply, par le Roy estant en conseil : De Laubespin.

Edict du Roy portant creation des tresoriers et controlleurs generaux et particuliers des fortifications de France.

(1635.)

Louis, par la grace de Dieu, Roy de France et de Navarre, à tous presens et à venir salut. Comme il n'y a rien de plus considerable dans un Estat que de tenir les frontières bien fortiffiées, munies et reparées, tant pour dissiper les desseings et entreprises qui s'y pourroient former, que pour en relever d'autant plus la reputation envers les estrangers;

Aussi, depuis qu'il a pleu à Dieu nous faire la grace de ramener aucuns de nos subjects desvoyez à une entiere et parfaite obeyssance, avec les villes et places qui estoient par eux occupées.

Nous avons pris résolution de retrancher les despences que nous estions obligez de faire pour la conservation de la plus grande partie des places qui se trouvent au dedans de nostre royaume, pour en convertir les deniers à la construction, fortification, reparation, avitaillement;

Estimé y devoir establir des officiers, tant pour en faire la recepte et despence, que pour avoir l'œil à ce que nous y soyons bien et fidellement servis.

A ces causes, ceste affaire ayant esté mise en deliberation en nostre Conseil, où estoient aucuns princes, officiers de nostre couronne et autres seigneurs de nostre dit Conseil,

De l'advis d'iceluy et de notre certaine science, plaine puissance et authorité royale, nous avons, par nostre present edict, perpetuel et irrevocable, creé, érigé et estably, creons, erigeons et establissons en tiltre d'office formé hereditaire, trois nos conseillers, tresoriers generaux, et trois nos conseillers, controlleurs generaux des fortifications, reparations, munitions et avitaillemens de France, anciens, alternatifs et triennaux, aux gages, lesdicts tresoriers de trois mil livres chacun, et lesdicts controlleurs generaux de deux mil livres, aussi chacun, par an, à prendre sur nostre recepte generalle de Paris. Et outre lesdits tresoriers aux taxations de trois deniers pour livre de leur maniement, et lesdicts controlleurs d'un denier pour livre dudit maniement, chacun en l'année de leur exercice, desquelles taxations nous ferons laisser le fond dans les estats qui seront faits par chacun an pour lesdites fortifications.

La fonction des pourveus desquels offices sera : sçavoir desdits tresoriers de recevoir de toutes nos provinces les deniers, si aucuns y a qui se levent et sont destinez aux fortifications, reparations, munitions et avitaillemens des villes et forteresses, en faire l'employ suivant nos ordonnances.

Et outre de prendre à l'Espargne tout le fonds, tant ordinaire qu'extraordinaire, que sera destiné par chacune année pour les fortifications, munitions et avitaillemens des villes de ce royaume, dont il sera fait estat general, et en faire la despence et la distribution aux tresoriers provinciaux desdites fortifications ja establis, à chacun ainsi qu'il leur aura esté destiné; payeront en outre les gages et appointemens de tous les ingenieurs et autres officiers de semblable qualité qui ont esté jusques à present assignez à l'Espargne, suivant les Estats qui en seront semblablement arrestez en nostre Conseil.

Et lesdits controlleurs generaux, de controller chacun en l'année de leur exercice toutes les quittances des payemens qui seront faits par lesdits tresoriers generaux et en tenir bon et fidel registre, pour y avoir recours quand besoin sera. Et d'autant que les charges des trois controlleurs generaux, ancien, alternatif et triennal, des réparations, fortifications, munitions et avitaillemens des provinces de Picardie, Isle de France, Boullonnois, Arthois, pays reconquis et adjacents, estans de trop grande estendüe pour estre lesdites provinces remplies de places fortes en grand nombre, les pourveus d'icelle n'ont peu jusques à present s'en acquiter dignement, à cause qu'ils ne pouvoient se transporter en mesme temps en toutes lesdites villes, comme il eust esté à désirer pour le bien de nostre service.

Nous avons par le mesme nostre present edict esteint et supprimé, esteignons et supprimons lesdicts trois offices de controlleurs generaux, ancien, alternatif et triennal, des fortifications de Picardie et Isle de France.

Voulons que les pourveus d'iceux soient actuellement rembourseez du prix desdits offices, sur le pied de leur contract d'acquisition, taxes, frais et loyaux cousts.

Et en leur lieu nous avons pareillement creé et erigé, creons et erigeons, en tiltre d'office formé et hereditaire, trois nos conseillers et controlleurs provinciaux des reparations, fortifications, munitions et avitaillemens, ancien, alternatif et triennal, en nostre province de Picardie, Callais, Boullonnois, Arthois, pays reconquis et adjacents, trois semblables offices en nostre province de l'Isle de France, un nostre conseiller, controlleur general triennal des fortifications en Guyenne.

Et au lieu des commis que lesdits controlleurs generaux, presentement supprimez, avoient droict de nommer et establir en chacune place, afin que nos ouvrages en soient mieux et plus soigneusement conduits, nous avons pareillement creé en tiltre d'office formé hereditaire trois controlleurs particulliers, ancien, alternatif et triennal, en chacune ville et place forte, tant desdites provinces de Picardie et Isle de France qu'en toutes les autres villes et places fortes de ce royaume, où il sera besoin, aux gages qui seront départis entre tous lesdits offices, suivant l'estat que nous en ferons arrester en nostre

Conseil, lesquels controlleurs provinciaux ordonneront, chacun en leur departement et en leur année d'exercice, de la despence et des payemens qui seront à faire pour le fait desdites fortifications, reparations, munitions et avitaillemens, suivant ce qui en aura esté arresté en nostre Conseil, controlleront toutes les quittances qui seront expediées à la descharge desdits tresoriers provinciaux, auront l'entiere et absolüe conduitte et direction de tous et chacuns les ouvrages qui se feront dans lestendüe de leurs charges, feront les marchez, reception et thoisez desdits ouvrages, visiteront soigneusement les villes et places de leur estendüe, pour veoir l'estat des fortifications d'icelles, ensemble des vivres et munitions qui seront dans les magazins, avec toutes autres fonctions dependans desdites charges.

Donneront advis en nostre Conseil de l'estat des places, et y proposeront ce qu'ils iugeront necessaire pour le bien de nostre service et la conservation d'icelles, et envoyeront en iceluy les estats et proiects de la despence qui sera necessaire de faire ausdites fortifications, avitaillemens et munitions, au commencement de chacune année, pour estre sur iceux resolu ce que nous adviserons pour le bien de nostre service.

Recevront le serment desdits controlleurs particuliers et iouyront de tous droicts, authoritez, prerogatives et preeminences, droict de committimus et tous autres honneurs convenables et apartenans à ladicte qualité.

Et afin que lesdits controlleurs provinciaux puissent plus soigneusement et fidellement vacquer à la fonction desdites charges, et supporter la despence qu'ilz seront obligez de faire convenablement à cette qualité, lorsquils iront dans les provinces de leur establissement pour faire leurs chevauchées, les marchez, visitations et receptions des ouvrages et autres occasions, quand le bien de nostre service le requerra, nous leur avons attribué et attribuons par cesdites presentes des taxations ordinaires pour chacun jour quils y vacqueront, à les avoir et prendre sur le fonds desdites fortifications, par les mains desdits tresoriers generaux, ou en nostre Espargne, suivant la taxe qui leur en sera faite en nostre Conseil, sur les procez verbaux de leurs dites chevauchées et vaccations.

Et quant ausdits controlleurs particuliers, ils auront la conduitte de tous les ouvrages qui se feront aux lieux de leur establissement, et ès villes, chasteaux et lieux proches d'iceluy, sous l'authorité desdits controlleurs provinciaux, ensemble des munitions et avitaillemens, mesmes sur les reparations des murailles des villes et autres ouvrages qui se feront des deniers communs et d'octroy d'icelles; assisteront aux marchez, thoisez, visitations et reception desdits ouvrages, en presence desdits controlleurs provinciaux, et en leur absence ils y auront l'entier pouvoir.

Controlleront tous et chacuns les acquicts de la despence qui se fera pour lesdictes fortifications, munitions et avitaillemens, et en tiendront bon et fidel registre, dont ils donneront les extraicts ausdits controlleurs provinciaux, pour former leur controlle provincial, pour lequel controlle lesdits controlleurs particuliers prendront deux sols de chacun acquit ou quittance.

Auront et leur appartiendront tous et chacuns les vieux materiaux qui resteront après les ouvrages achevez.

Jouyront des mesmes honneurs, preeminences et franchises que les officiers de nos eslections, mesme de l'exemption de toutes tailles, taillon, creues, *equivallent*, logement des gens de guerre et autres charges et impositions quelconques, comme en jouyssent nos officiers domestiques et commensaux.

Et pour donner d'autant plus d'employ ausdits controlleurs particuliers des fortifications et esviter aux abus qui se pourroient commettre à lestablissement des estappes, vivres et logement de nos gens de guerre, passans et séjournans, nous voulons et entendons qu'iceux controlleurs assistent aux assiettes et departemens desdites estappes avec les commissaires des vivres, cy devant establis à ceste fin, qu'ils en tiennent fidel registre et controlle, pour y avoir recours quand besoin sera.

Et qu'ils soient pour cet effet payez de leurs vacations, ainsi que les autres officiers qui y seront appellez.

Comme aussi, estans bien advertis que les commissaires et controlleurs par nous establis pour faire les monstres et reveües des prevost des mareschaux, leurs lieutenans, chevaliers du guet, visbaillifs, vissenschaux, lieutenans criminels de robbe courte et autres, ne se trouvans le plus souvent sur les lieux, lesdites monstres sont faites par des notaires, greffiers, tabellions ou autres personnes qui n'ont serment à nous, et qui n'ont l'intelligence du fait desdites monstres, dont le public recoit beaucoup de dommage et nous aussi, en ce que nous ne pouvons sçavoir si le nombre des archers se trouve complet, ny quels deniers nous peuvent revenir bons.

Pour y remédier, nous voulons qu'iceux controlleurs particuliers des fortifications fassent les monstres et reveües desdits prevosts des mareschaux, chevaliers du guet, visbaillifs, visseneschaux, leurs lieutenans, lieutenans criminels de robbe courte, en l'absence ou empeschement desdits commissaires et controlleurs, ou de l'un d'iceux, et qu'ils prennent et recoivent les taxations pour ce ordonnées, tout ainsi que pourroient faire iceux commissaires et controlleurs, et en leur absence seullement, à la charge qu'ils tiendront bon et fidel registre des monstres qui seront par eux ainsi faictes, et envoyeront l'estat des deniers revenans bons, si aucuns y a, avec les extraicts desdites monstres, ès mains du controlleur general de l'ordinaire de nos guerres.

Tous les pourveus desquels offices en iouyront hereditairement, sans que par leur deceds lesdits offices puissent estre declarez vaccans et impetrables.

Ains demeureront conservez à leurs veufves, enfans ou heritiers, pour y estre pourveu sur leur demission ou nomination, sans payer autre finance que le marc d'or, et sans neantmoins qu'au moyen de ladite heredité, l'on les puisse censer et reputer domaniaux ny subjects a aucune revente, reduction ny remboursement.

Et d'autant qu'en nostre province de Guyenne et autres, il y a des tresoriers et controlleurs generaux des fortifications establis, afin qu'un mesme ordre soit esgallement gardé partout nostre royaume avec semblable denomination d'offices,

Nous voulons que lesdits tresoriers et controlleurs generaux soient doresnavant nommez tresoriers et controlleurs provinciaux desdites fortifications, avec le mesme pouvoir et fonction, et qu'ils en iouyssent à l'advenir hereditairement, ainsi que ceux creez par le present edict, ensemble des augmentations de gages qui seront portez par la quittance des sommes ausquelles ils seront moderement taxez en nostre Conseil pour raison de ce; lesquels nous leur avons semblablement attribuez et attribuons; tous lesquels gages et augmentations, qui ne pourront exceder en tout la somme de cent mil livres, nous ferons employer dans nos estats de finances, sçavoir, pour lesdits tresoriers et controlleurs generaux, en ceux de la recepte generalle de Paris, comme dict est, lesdits controlleurs provinciaux ès receptes generalles de nos finances des lieux où ils seront establis, et lesdits controlleurs particuliers ès receptes des tailles de chacune eslection, en l'estendüe de laquelle ils seront semblablement establis.

Et en attendant les provisions desdits offices, les porteurs des quittances en iouyront sous leurs simples quittances.

Si donnons en mandement à nos amez et feaux les gens de nos comptes et gens tenans nostre Cour des Aydes à Paris, que cestuy nostre present Edict ils fassent lire, publier et registrer, et le contenu garder et observer selon sa forme et teneur, faisant iouyr les pourveus desdits offices, des privilèges, exemptions, gages et taxations susdicts plainement, paisiblement et hereditairement, faisant cesser tous troubles et empeschemens au contraire, car tel est nostre plaisir.....

Donné à Neuf-Chastel au mois de may, l'an de grace mil six cens trente cinq. Et de nostre regne le vingt cinquiesme; signé Louis, et plus bas : Par le Roy, de Loménie.

Copie d'une lettre de Louis XIII, relative à une discussion entre le cardinal de Lorraine et le prince de Joinville, d'une part, et le duc de Nevers, d'autre part.

(1622.)

Monsieur de Nevers, je suis deuement informé et satisfaict de vostre obeissance à mes commandementz, en ce qu'en sollicitant le procès d'entre vous et le deffunct cardinal de Guise, vous ne vous estes accompagné en vostre carosse que du nombre de gentilhommes que je vous avois limitté; sur ce qui c'est passé en la maison du rapporteur où le cardinal et le prince de Joinville son frere vous allèrent chercher, croiant, ledit cardinal, qu'en quelques escriptures du procès il avoit par vous esté offencé, il se transporta de collere, et vous donna un coup de sa main sur la teste, que vous luy auriez rendu en le repoussant d'ung pareil coup; laquelle offence ledit cardinal aiant recongnue à sa mort, il vous en auroit demandé pardon, duquel vous seriez demeuré satisfaict, d'aultant neanmoings que vostre ressentiment continüe contre ledict prince de Joinville, qui l'avoit accompagné, il vous dit et asseure que s'il eust sceu l'intention dudit cardinal son frere, il auroit essayé de l'en destourner, ou au moings ne l'auroit accompagné pour cet effect; recongnoissant que cette action s'est faicte avec surprise et avantage, et que vous n'aviez point vostre espée lorsque vous fustes attaqué, et qu'aussytost qu'elle vous fut donnée par vostre escuyer, vous vous mistes en devoir de tesmoigner le ressentiment qu'ung prince genereux peult faire paraistre en telle occasion d'offence; comme encores ledit prince de Joinville asseure que lorsqu'il meit lespée à la main, s'interposant entre vous et ledit cardinal, son dessein ne fut que pour empescher ung plus grand accident, qui auroit peu rendre voz maisons irreconsilliables, avouant que depuis, par plusieurs fois, vous avez recherché touttes sortes de voyes honnorables pour vous satisfaire avec luy, et que ma seulle prevoiance et auctorité ont empesché la descision de ce faict par les armes; et quant à ce qui concerne le sieur Marescot, ledit prince de Joinville déclare que l'opinion qu'il avoit conceue, que ledit Marescot nourrissoit la division entre vous, l'a poulcé de collere, en le voyant present, à le frapper de son espée; et pour ce qu'il a l'honneur d'estre de mon conseil et maistre des requestes de mon hostel, et que vous en tesmoignez ung ressentiment, à cause que par ma permission il s'entremet de voz affaires, ledit prince de Joinville dict qu'il en est tres mary, et recongnoist quil ne leust peu faire sans qu'il y eust eu fortune à courre, n'estoit les causes susdites; sur quoy ne voulant rien obmettre de ce qui vous peult contenter, il luy donnera quand il vous plaira, et maintenant mesmes, tel contentement que vous et luy en demeurerez satisfaictz; en tout ce que dessus vos genereux deportementz estantz recongnuz dung chascun et de luy en particulier, les soubçons que vous aviez de son intention entierement levez par sa déclaration, l'offre de contenter pour l'amour de vous Marescot, et le desir qu'il tesmoingne avoir de rentrer en la bonne intelligence et amityé qui se doit nourir entre cousins germains, j'ay jugé que cela vous doit rendre tres content et satisfaict, et partant, par raison et de mon auctorité, je desire et vous commande d'oublier de part et d'autre les choses passées, vous embrasser et demeurer amys.

Je veux aussy qu'en suitte de vostre accord, ceux qui vous ont accompagné de part et d'autre perdent la souvenance de ce qui s'est passé en leur particulier.

Monsieur Marescot, je suis tres mary, pour l'amour de monsieur de Nevers, de vous avoir frappé; je vous pry de l'oublier et ne vous en voulloir jamais souvenir, et pour l'amour de luy je seray de voz amis.

Aujourdhuy, dix neufiesme mars mil six cens vingt deux, ce presens escript et accord a esté leu en presence du Roy par moy, conseiller et secretaire d'Estat et des commandemens de Sa Majesté.

Signé : Brulart.

Lettre de Louis XIII au maréchal de Marillac et réponse de celui-ci (copie non en forme authentique).

Mon cousin, je ne faict pas estat de vous tesmoigner par cette lettre le contentement extresme que jay receu du succes de la dellivrance de Casal et de la sortie des Espagnolz et des Allemans de la ville et du chasteau, et de tout l'estat de Montferrat, non plus que du bon service que vous m'avez rendu en signalée occasion.

Je vous diray seulement que mon intention est que vous demeuriez en mon armée de delà, et attendez le pouvoir que je vous envoiray tant pour commander aux gens de guerre que pour traicter et travailler à l'exécution de la Paix, suivant les memoires et instructions que vous receperez de ma part, outre ceux qui vous seront laissez par mon cousin, le mareschal de Schomberg; entendant, sy daventure vous vous estiez mis en chemin pour me venir trouver, ce que je ne crois pas, que vous vous en retourniez incontinent en mon armée, pour m'y rendre les bons services que j'attend de vostre fidelité, expérience et conduicte.

Sur ce je prie Dieu, mon cousin, qu'il vous aye en sa saincte garde.

Escrit à Paris, le xɪᵉ novembre 1630. Signé Louys; et plus bas, Bouthillier; et dessus, à mon cousin le mareschal de Marillacq.

Sire,

Vostre Majesté m'a faict voir entre deux soleilz, mais de lumiere fort differente, deux comandementz de sa part qui tous deux m'ont percé le cœur, le premier de joie à la verité tres grande, parce qu'il me pretoit des marques de sa confiance et de son estime en un haut poinct, l'autre de douleur tres amere, parce qu'il me donne le coup de son indignation.

Mais sans examiner sy je l'ay jamais meritée, comme jusqu'au dernier soupir de ma vie je veux estre vers Vostre Majesté tel que je dois, l'un n'a pas trouvé moins que l'autre de prompte obéissance en moy. Cette surprise veritablement tres grande, ny mon innocence, n'ont peu empescher que je n'aye receu et agréé ce coup avec tout le respect et la submission que doit un vray et loyal serviteur et subject à son Roy; sy seulement j'osois m'y plaindre de quelque chose, ce seroit que Vostre Majesté n'aye adressé l'ordre de ses volontez sur ce subject à moy mesme. Puisque j'aurois eu cette consolation en mon malheur de la luy tesmoigner encore plus grande, à la verité je puis dire que cette disgrace m'a surpris, car elle suit de sy près les services dont Vostre Majesté a monstré satisfaction, qu'à peine puis-je avoir depuis donné place au malheur mesme de me la procurer.

Cependant, Sire, me voila prest de porter ma teste à mon maistre aussy volontiers que je l'aye monstré à ses ennemis, sy c'est son service ou son interest qui la demande; je ne la pretend pas innocente, qu'autemps que Vostre Majesté la reputera telle; et quand cela ne sera plus, quelque assurance que j'aye en moy de mon integrité, il ne fauldra pas dautre que moy pour la condampner, car comme les graces de Vostre Majesté ont honoré ma vie, ses disgraces la deshonoreront. Je ne puis desirer que de la perdre, et pleurer avec des larmes de sang que ce naye esté plus tost, puisquelle pouvoit un jour estre desagreable à un maistre qui par ses vertus me tient lieu d'un autre Dieu sur la terre, et la reputer ingratte de Vostre Majesté, à qui je suis tres humble, tres obeissant, tres fidel et le plus obligé subject et serviteur. Signé : De Marillacq. Au champ de Folisso, le 22ᵉ novembre 1630.

LEGS UNIVERSEL DE LA MARQUISE DE LIONNE[1],
COMMUN À L'HÔTEL-DIEU ET À L'HÔPITAL GÉNÉRAL.
(1754.)

Testament et codicille de la marquise de Lionne (1754).

Par devant les conseillers du Roy, notaires au Chatelet de Paris, soussignés, fut presente haute et puissante dame Marie Sophie Jager, veuve de haut et puissant seigneur Charles Hugues de Lyonne, marquis de Lyonne, seigneur de Claveson, Mercurol et autres lieux, brigadier des armées du Roy, demeurante à Paris, à la communauté de Saint Joseph, rue Saint Dominique, quartier Saint Germain des Prés, paroisse Saint Sulpice, saine de corps et d'esprit, mémoire et entendement, ainsy qu'il est apparu aux notaires à Paris, soussignés, s'étant exprès transportée en l'étude de Doyen, l'un d'eux.

Laquelle dame marquise de Lyonne a fait, dicté et nommé ausdits notaires le testament qui suit :

Recommande son âme à Dieu, désire être inhumée dans la paroisse sur laquelle elle décédera, sans tenture ni cérémonie, et avec toute la simplicité possible.

Ordonne qu'il soit dit cent messes basses pour le repos de son âme dans l'eglise de sadite paroisse de Paris, autant dans celle des Carmes de la place Maubert, autant dans celle des petits Augustins et autant dans celle des Jacobins de la rue Saint Jacques.

Donne et lègue, la dame testatrice, à Catherine Railantin, sa femme de chambre actuelle, tout le linge à l'usage de ladicte dame testatrice, et la garde robbe de ladite dame, plus la somme de six mille livres, veut que ledit legs soit propre à ladite Catherine Railantin, au regard de la communauté de biens qu'il peut y avoir entre ladite mary et elle, si elle survit sondit mary, soit qu'il y ait enfans ou non dudit mariage, comme encore s'il survenoit une séparation de biens entr'eux, et n'empeche point que ledit legs n'entre en communauté, si le mari survit.

Donne et lègue à Étienne Robert, cocher actuel de ladite dame, les carosses et chevaux de ladite dame et trois cens livres de rente et pension viagere.

A Glaireau, son cuisinier, toute la batterie de cuisine de ladite dame, et choses servantes à l'usage de la cuisine en fer, fer blanc, cuivre et étain, plus et trois cent livres de pension viagere.

A Bouchard, son valet de chambre, trois cent livres de rente et pension viagere et la somme de mille livres une fois payée.

A L'Eveillé, son premier laquais, trois cent livres de rente et pension viagere.

A André Meneret, son troisieme laquais, pareils trois cent livres de rente et pension viagere.

Veut que les legs faits à chacun desdits domestiques nommés n'ayent lieu qu'à l'egard de ceux dentr'eux qui se trouveront au service de ladite dame au jour de son deceds, et que s'il s'en trouve alors d'autres, il leur soit payé deux années de leurs gages, que ladite dame leur donne et lègue audit cas.

Donne et lègue à chacun de ses domestiques les lits où ils couchent, plus à son valet de chambre les draps à l'usage de la personne de ladite dame, et à ses autres domestiques conjointement tous les autres draps de la maison, le tout outre les gages qui seront dûs à chacun desdits domestiques.

Ladite dame testatrice donne et lègue quarante mille livres en fonds de rente sur les aydes et gabelles de France aux pauvres de la paroisse de Saint Germain l'Auxerrois, de cette ville de Paris, voulant pareillement que la perception et administration de ladite rente soit à toujours faite et ordonnée par les sieurs curés de ladite paroisse de Saint Germain l'Auxerrois.

Donne et lègue à la communauté des dames de Saint Joseph, où ladite dame demeure, la somme de mille livres une fois payée.

Aux dames de Saint Magloire, rue Saint Denis, pareille somme de mille livres une fois payée.

Et aux dames Angloises du fauxbourg Saint Antoine, pareille somme de mille livres une fois payée.

Priant chacune de ces trois communautés de faire dire chez elles un annuel de messes pour le repos de l'âme de ladite dame.

Donne et lègue à dame Jeanne Thérèse Jager, sa sœur, épouse de monsieur Georges Joseph Liectem-

---

[1] Les papiers de la famille de Lionne, versés aux archives de l'ancien Hôtel-Dieu à la suite du legs fait par la dernière marquise de Lionne, ont été, plusieurs fois déjà, utilement consultés; notamment par M. J. Valfrey, pour son livre : «Hugues de Lionne, ses ambassades en Italie». — Paris, Didier, 1877, et par M. le docteur Chevalier qui a publié dans le bulletin de la Société départementale d'archéologie et de statistique de la Drôme, 1877, une notice historique sur la famille de Lionne.

berger, laquelle n'a point d'enfans, la maison qui appartient à la dame testatrice, seise à Paris, rüe Vivienne, au cas que ladite dame n'en ait pas disposé avant son décès; et si elle en avoit disposé, elle donne et lègue à ladite dame sa sœur trois mille livres de rente et pension viagere sa vie durant, donne et lègue de plus, en tout evenement, à ladite dame sa sœur, la vaisselle d'argent et argenterie de la dame testatrice, qui se trouvera lui appartenir au jour de son décès, plus la montre d'or à l'usage de ladite dame, veut que lesdits legs soient personnels à ladite dame sa sœur, et propres pour le tout. Declare que ladite dame Jeanne Thérese Jager, sa sœur, est sa seule et unique presomptive heritiere.

Prie madame la comtesse De Lignerat d'accepter un diamant de trois mille livres, avec la commode et les deux armoires uniformes qui sont dans la chambre de la dame testatrice.

Prie pareillement madame la vicomtesse Du Chayla d'accepter un diamant de trois mille livres.

Donne et lègue au sieur Beaupoil, intendant de feu monsieur de Lassey (Lassay), la pendule qui est dans la chambre à coucher de ladite dame.

Veut que les legataires de corps certains, tels que maison, rente sur les aydes et gabelles, dénommés dans son present testament et dans les codiciles qu'elle pourra faire par la suite, ayent les loyers et arrerages desdits biens à compter du jour du décès de la dame testatrice, sans demande, leur faisant don et legs desdits revenus, et que tous et chacuns les legs en deniers qu'elle a faits et fera par la suitte, portent aussy interests sans demande, du jour du décès de la dame testatrice, faisant don et legs desdits interests à chacun de ses legataires, ne voulant pas qu'ils souffrent des longueurs qui pouront arriver par l'eloignement de la demeure de ses parens.

Fait et institue ses legataires universels l'Hopital General de Paris et l'Hôtel Dieu de Paris.

Veut qu'il soit donné délégations sures et commodes, avec toute garantie pour le payement des rentes et pensions viageres; que lesdites rentes et pensions viageres soient exemptes de toutes retenues de dixieme, deux sols pour livre d'icelui, de vingtieme et de toutes autres retenues imposées et à imposer sur les revenus, et que les arrerages n'en puissent être cédés d'avance, et ne puissent être saisis, pour quelque cause et sous quelque pretexte que ce soit, comme destinées aux alimens des pensionnaires.

Moyennant l'exécution du present testament, ladite dame testatrice revoque tous autres testamens et codiciles, et autres dispositions à cause de mort qu'elle pouroit avoir faits avant le present. auquel ladite dame s'arrête, comme contenant ses dernières volontés.

Ce fut ainsy fait, dicté et nommé par ladite dame testatrice auxdits notaires soussignés, et par l'un d'eux, l'autre present, relu à ladite dame qui a dit l'avoir bien entendu et y perseverer. A Paris, en l'étude dudit M° Doyen, notaire, où Lainé son confrère s'est aussy trouvé. L'an mil sept cent cinquante quatre, le vingt un may apres midy, entre cinq et six heures du soir, et a ladite dame signé avec lesdits notaires la minutte des presentes, demeurée audit maitre Doyen, notaire.

Signé : Lainé, Doyen.

Codicile de dame Marie Sophie Jager, veuve de haut et puissant seigneur Charles Hugues de Lyonne, marquis de Lyonne, seigneur de Claveson, Mercurol et autres lieux, brigadier des armées du Roy.

Je prie monsieur Doyen, notaire, de se charger d'être l'exécuteur de mon testament, je le prie aussi d'agréer un diamant de cinq mille livres, comme une marque de mon estime et de ma reconnoissance; à Paris, ce vingt et un may mil sept cent cinquante quatre. Signé Marie Sophie Jager, marquise de Lyonne; au dessous est écrit : controllé à Paris, le six novembre mil sept cent cinquante neuf. Signé Blondelu, avec paraphe.

Pour joindre à mon testament, pour codicile, je désire que l'on ne m'ouvre pas mon corps, et qu'il soit enterré simplement, comme porté par mon testament. Je lègue à Bouchard, outre les trois cent livres de pension viagere et les mille livres portés par le testament, pour lui et sa femme Secille Brulle, six mille livres une fois payée. Je redonne à madame la comtesse de Lignerat la petite caffe à tabac et les porcelaines de la cheminée qu'elle m'avoit données; telles sont mes volontés que je prie monsieur Doyen d'exécuter. Fait à Paris, ce vingt cinq octobre mil sept cent cinquante sept. Signé Marie Sophie Jager, marquise de Lyonne.

Contrat de mariage de madame la marquise de Lionne, dépozé chez maistre Guédon, notaire (16 novembre 1709)[1].

Aujourdhuy mardy, douziesme avril mil sept cent dix huit, avant midy, est comparu par devant les conseillers du Roy, notaires à Paris soussignez, en l'étude de Gue-

---

[1] Nous publions ici quelques pièces se rapportant à la personne de notre bienfaitrice. Née en Alsace, dans une famille de petite bourgeoisie, elle inspira au petit-fils du ministre de Lionne une si ardente passion, que celui-ci n'hésita pas à l'épouser. Mais il ne s'était pas écoulé deux mois qu'il regretta cette mésalliance et voulut, par des moyens peu avouables. faire annuler son mariage. Il n'y parvint pas; après dix années de procédure, tantôt à Wissembourg, lieu de naissance de la belle Sophie Jager, tantôt à Paris ou à Colmar, un arrêt du Conseil souverain d'Alsace, siégeant en cette dernière ville, maintint Sophie Jager dans son état de femme et légitime épouse du marquis de Lionne (2 décembre 1719).

don, l'un deux, messire René de Maupou, lieutenant general des armées du Roy, inspecteur general de l'infanterie en Alsace, demeurant ordinairement en sa terre des Charmes, près Cernay, étant de présent à Paris, logé rue de Bourbon, quartier Saint Germain des Prez, paroisse Saint Sulpice, chez le sieur Girard, baigneur, lequel, en exécution, et pour satisfaire aux arrests du Conseil des 17 octobre et 28 novembre mil sept cent seize, dix neuf fevrier et deusiesme du présent mois, mil sept cent dix huit, a déposé pour minutte audit Guesdon, notaire, la minutte originalle du contrat de mariage passé devant Dauenheim, notaire royal à Weissembourg, presens témoins, le seize novembre mil sept cent neuf, entre messire Charles de Lionne, marquis de Claveson, comte d'Autun, colonel du régiment d'Aunis, et damoiselle Marie Sophie Jagerin, fille, écritte sur deux feuilles de grand papier commun, contenant cinq pages, entièrement écrittes.

Plus la minutte originalle du contract de mariage passé devant Dauenheim, notaire juré à Weissembourg, presens témoins, entre messire Charles de Lionne, marquis de Claveson, et damoiselle Marie Sophie Jagerin, fille, dattée en chiffre, à l'egard du quantieme et du mois, du vingt six novembre mil sept cens neuf.

Plus une piece écritte sur le recto de la premiere page du premier feuillet d'une feuille de moyen papier commun, que ledit seigneur de Maupeou a dit être l'acte de célébration du mariage dudit sieur marquis de Lionne et de ladite damoiselle Marie Sophie Jagerin, en datte du dix sept novembre mil sept cent neuf, écritte en allemand, signée de la Graviere, Le Bel, d'Auenheim, avec autres signatures qu'on n'a peu lire; lesquelles trois pieces sont demeurées annexées à la minutte des presentes, pour en delivrer les expeditions necessaires à qui il apartiendra.

Ensuit la teneur desdits deux contractz de mariage.

Par devant moy, soussigné, notaire juré, et témoings, furent presents le sieur Charles de Lionne, marquis de Clavesson, baron de Mercurol, et gouverneur pour le Roy de la ville de Romans, bourg et péage de Pisançon, colonel du régiment d'Aunis, fils de feu sieur Louis, marquis de Lionne, cy devant maistre de la garde robbe du Roy, et de feüe damoiselle Renée de Lionne, son épouse, pour luy, et en sa propre personne, d'une part, et la vertueuse Maria Sophie Jagerin, fille du sieur Jean Henri Jagere, conseiller du grand Sénat du Mundat de Weissembourg, et de la mère, Maria Barbe, née Betting, aussy pour elle et en son nom, d'autre part; lesquelles parties, volontairement, en la presence, et assistées cy après de leurs parens et amis nommez, sçavoir, de la part de mondit sieur marquis de Lionne, le sieur Philippe Dupont de la Gravière, lieutenant colonel à la suitte du régiment de Perry, et de la part de ladite damoiselle Maria Sophie Jagerin, le sieur Jean George Jagere, baillif de Riedselze, dependance de la commanderie de Weissembourg, le sieur Antoine d'Harenne, secretaire de la collégiale royale de Weissembourg, le sieur Balthasar Boll, greffier du grand Sénat du Mundat, et le sieur Jean Christophe Bing, maitre du corps des marchands de Weissembourg, ont reconnu et confessé avoir fait et accordé ensemble le traité de mariage et conventions suivantes. C'est à sçavoir que ledit sieur Charles, marquis de Lionne, colonel du régiment d'Aunis, et Maria Sophie, fille du sieur Jean Henry Jagere, ont promis et promettent reciproquement de se prendre l'un l'autre par nom et loy de mariage, et iceluy faire celebrer et solemniser en face et sous la licence de notre mère, Sainte Église, catholique, apostolique et romaine, le plus tost que faire se poura et deliberé sera entre eux, leurs suesdits père et mère, parens et amis, aux biens et droits à chacun d'eux apartenans, qu'ils ont promis d'aporter et mettre ensemble, dans la veille de leurs épousailles, pour estre, comme en effet lesdits futurs epoux seront uns et comuns en tous biens meubles et conquests immeubles qu'ils auront et feront ensemble, constant leur futur mariage, suivant et au desir de la coustume de la ville, prevôté et vicomté de Paris, sous laquelle leur dite communauté sera reglée, régie et gouvernée, quand bien lesdits futurs époux feroient leur demeure et acquisition en pays de coutumes et dispositions contraires, auxquelles lesdits futurs epoux ont expressément dérogé et renoncé pour ce regard; ne seront neanmoins lesdits futurs époux tenus des dettes ny hipoteques l'un de l'autre, faites et créées avant leurs épousailles, dont si aucuns y a seront payées sur les biens de celuy ou celle qui en sera debiteur, lesquels biens et droits à ladite future épouse de present apartenans, elle a donné et délivré par son père et mère pour dot de mariage à mondit sieur Charles, marquis de Lionne, époux, argent comptant en espèces sonnantes, la somme de trente mil livres, argent de France, que mondit sieur Charles, marquis de Lionne, a receu au jour de mariage, dont il tient quitte le père et mère de son epouse, comme aussy son epouse même de toutes prétentions, renonçant à toutes les exceptions et bénéfices à ce contraire, specialement à celuy *non numerata vel accepta pecunia, doli, mali*, et pour une reconnaissance; et en la même contemplation dudit futur mariage, mon susdit sieur Charles, marquis de Lionne, promet à la damoiselle future épouse, annuellement et solidairement, en cas s'il venoit à mourir sans enfans, pour son douaire, six mille francs, argent de France, laquelle somme de six mille francs sera indispensablement payée toutes les années, le reste des jours de ladite epouse, sans qu'elle soit tenue aucune fois de les demander en justice; mais au cas qu'il laissera des enfans après son deceds, mondit sieur Charles, marquis de Lionne, constitüe et fait la damoiselle Marie Sophie, son epouse, la maitresse sur tous ses biens generalement, meubles et immeubles, sans empêchemens qui qu'il soyt; et en cas s'ils venoient à mourir devant la mère, ses héritiers sont par là obligez de payer annuellement les susdits six mille francs, argent de France, comme s'il n'y en auroit point eu, mondit sieur Charles, marquis de Lionne engage pour sa pure, propre et bonne volonté, tous ses biens meubles et immeubles.

Sera loisible à ladite future epouse, survivant sondit futur epoux, de reprendre et emporter tout ce que ladite future son epouse a apporté à sondit futur epoux et tout ce que, durant ledit mariage, luy sera avenu et echeu par successions, donations, legs ou autrement, avec le douaire que dessus, le tout franchement et quittement, sans être tenüe d'aucunes charges, dettes ny hypotèques de ladite communauté.....

En faveur duquel futur mariage, et pour la bonne amitié, affection et amour reciproque qui est entre lesdits futurs epoux, iceux futurs époux ont, par les mêmes presentes, fait et font don l'un à l'autre, et au survivant d'eux deux, par donation pure et simple et irrevocable, faite entre vifs, en la meilleure forme que faire se peut et doit, ce acceptant par lesdits futurs epoux respectivement, de tous et chacuns les biens meubles et immeubles qui se trouveront apartenir tant des propres que d'acquets au premier mourant d'iceux futurs espoux au jour de son deceds, sans en rien excepter ny reserver par ledit premier mourant, pour en jouir, user et disposer en toute proprieté par ledit survivant, ses hoirs et ayans cause, que bon leur semblera, et comme de chose audit survivant apartenant, au moyen des presentes, pourveu toutes fois qu'audit jour du deceds dudit premier mourant, il n'y ait aucuns enfans vivans de leurdit mariage procreez; et où il y en auroit eu, et que lesdits enfans predecedent ledit survivant sans enfans issus d'eux en legitime mariage, ou avant que d'avoir atteint l'âge de vingt cinq ans accomplis, lesdits futurs espoux veulent et entendent qu'en ce cas ladite donation subsiste et aye lieu au proffit dudit survivant; et pour faire insinuer le present contract au Chastelet de Paris et partout ailleurs où bien sera, lesdictes parties ont fait et constitué leur procureur spécial et général le porteur d'iceluy, luy en donnant tout pouvoir; car ainsy le tout a été traité, stipulé, convenu et accordé entre lesdites parties, en faisant et passant les presentes, nonobstant toutes coustumes et loix à ce contraires, auxquelles lesdites parties ont expressément derogé et renoncé par lesdites presentes, promettant, obligeant et renonçant, chacun en droit soy; en foy de quoy lesdits futurs espoux, père, mère, parens et amys, se sont signé avec moy le notaire, et ont imprimé leurs cachets.

Fait et passé à Weissembourg dans mon estude, le seizième jour de novembre, l'an de grâce mil sept cent neuf. Signé : Le marquis de Lionne, J. G. Jegere, J. B. Boll, Marie Sophie Jager, de la Gravière, d'Haren, Bing et Dauenheim, notaire juré.

A costé desdites signatures sont deux empreintes de cachets, en cire rouge, sur deux petites bandes de ruban de soye bleüe.

Au dos est écrit ce qui suit :

Je reconnois que le present acte est celuy que je remis à monsieur de Maupeou, inspecteur général des troupes de Sa Majesté, par consentement de mon frère Henry Jeger. Fait à Strasbourg, ce vingt septiesme decembre mil sept cent neuf. Signé : J. G. Jagere.

Et ensuite est encore écrit :

Signé et paraphé suivant l'acte de dépost passé devant les notaires soussignez, ce douze avril mil sept cent dix huit. Signé Maupeou, Linacier et Guesdon.

Et le quinze juin, audit an mil sept cent dix huit, après midy, est comparu par devant les notaires à Paris soussignez, sieur Antoine Doublet, controleur de la volaille, demeurant à Paris, rue des Tournelles, paroisse Saint Paul, ayant charge, ainsy qu'il a dit, et se faisant fort de haute et puissante dame Marie Sophie Jagerin, épouse de haut et puissant seigneur messire Charles de Lionne, marquis de Claveson, comte d'Autun (sic), colonel du régiment d'Aunis, lequel sieur Doublet a représenté aux notaires soussignez l'expedition, en parchemin, d'un arrest du Conseil d'État privé du Roy, du sept may mil sept cent dix huit, rendu sur requeste de ladite dame marquise de Lionne, qui ordonne que par le sieur Leopold, interpretté juré, que Sa Majesté a commis à cet effet, il sera incessamment procédé à la traduction, en langue françoise, de l'acte de célébration de mariage déposé pour minutte audit Guesdon par l'acte devant écrit, l'original d'une ordonnance de M. de Baudry, conseiller du Roy, maistre des requestes ordinaire de son hostel, commissaire deputé à cet effet, du neuf du present mois de juin, aux fins d'assigner ledit sieur Leopold pour, en execution dudit arrest, prester serment de faire fidelement ladite traduction, et ledit seigneur marquis de Lionne d'être présent à ladite prestation de serment, au pied de laquelle ordonnance est l'exploit d'assignation donnée en consequence, dudit jour neuf du present mois, et l'expedition en papier du procès verbal de comparution fait en l'hostel de mondit sieur Baudry, du dix du présent mois, qui contient acte de la comparution

présentes, non obstant toutes coustumes et
loix à ce contraires aux quelles les dites
parties ont expressement dérogé et renoncé
par ces dites présentes, promettant, obligeants
et Renunceants Chacun en droit soy, en foy
de quoy les dits Epoux, Pere, Mere,
Parens et Amis les sont signes avec
nous le Notaire et ont imprimées
leurs Cachets, faites et passé à
Wissembourg dans mes Etudes le Seizieme
Jour de Novembre, l'an de Grace
Mille sept cents et Neuf

Le Marquis de Lionne

Marie sophie Jaeger
henry Jäyer
Delachauière
...
...
Notaren...
...
d'Auenheim Notaire
Juré

Dernier feuillet du contrat de mariage du marquis et de la marquise de Lionne.

dudit sieur Leopold et de maistre de Sacy, avocat dudit seigneur marquis de Lionne, et prestation et reception du serment dudit sieur Leopold, comme aussy ledit sieur Doublet audit nom a dit qu'il a fait advertir à cedit jour ledit sieur Leopold pour procéder à ladite traduction, et a requis ledit Guesdon de luy communiquer sans deplacer, conformément audit arrest, ledit acte de celebration, à l'effet de ladite traduction. Et a signé à cet endroit de la minutte desdites presentes.

Est aussy comparu à l'instant, par devant lesdits notaires, le sieur Christian Leopold, interpretto juré du Roy, demeurant à Paris, rue du Cherche Midy, quartier Saint Germain des Prez, paroisse Saint Sulpice, auquel, en execution dudit arrest et dudit procès verbal de comparution, prestation et reception de serment, et conformément au requisitoire devant écrit, ledit Guesdon a représenté et communiqué sans deplacer l'original dudit acte de celebration demariage, duquel il a presentement fait la traduction en français, au pied duquel il a presentement mis sa certification et attestation de la fidelité et conformité de ladite traduction audit original, ladite traduction et certiffication écritte sur une feuille de papier timbré à deux sols, qu'il a presentement remise ez mains dudit Guesdon, notaire, et est demeurée annexée à la minutte des presentes, pour en delivrer par ledit Guesdon toutes les expeditions.

Ladite traduction ayant été dabondant certiffiée fidelle et conforme, et signée et paraphée, en presence des notaires soussignez, par ledit sieur Leopold, lequel a aussy signé et paraphé sur l'original dudit acte de celebration de mariage, et a signé en cet endroit de la minutte des presentes.

Dont et de quoy ledit sieur Doublet, audit nom, a requis acte aux notaires soussignez, qui luy ont accordé le present pour servir à ladite dame marquise de Lyonne, en temps et lieu, ce que de raison, et a ledit sieur Doublet, repris ledit arrest du Conseil, ordonnance et procès verbal de comparution par luy cy dessus representés; ce fut fait et passé à Paris, en l'estude dudit Guesdon, notaire, lesdits jour et an, et a signé la minutte des presentes, estante ensuite de celle dudit acte de depost devant écrit. Le tout demeuré audit Guesdon, notaire.

Suit la teneur de ladite traduction :

Nous soussignez, assemblez à Cron-Weissembourg, devant le très Saint Sacrement, à l'eglise des reverends peres capucins, certiffions et certifficrions de tout tems, à tous ceux qui voudront sçavoir, ou, d'autorité supérieure, s'informer du contenu de la présente,

Que l'an mil sept cens neuf, le dix septiesme novembre, un dimanche au soir, le tres noble et tres illustre seigneur, marquis de Lionne, colonel du régiment d'Aunix, aïant, en vertu de la promesse de mariage faite à Damoiselle Sophie Jager, fille légitime du sieur Henry Jager, conseiller de cette jurisdiction, approuvé et ratiffié ladite promesse, ont été mariez dans toutes les formes et selon l'usage et les commandemens de l'Église catholique, en nostre presence, comme témoins, amis et parens, à cette sainte et importante celebration, requis par le reverend pere Gratien Arthuse (?), suisse de nation, alors supérieur du couvent de Weissembourg, leur legitime curé; nous déclarons et certiffions aussy que ce mariage du costé dudit curé *a été bien examiné, pour prevenir tous les empechemens et obstacles que l'on pouroit faire naistre ou alleguer apres ledit mariage, et a fait tout cecy avec l'approbation et l'autorité supérieure de monseigneur le vicaire général*, et ledit père curé a lû à haute et intelligible voix la dispense de la publication des bans avant ladite celebration, afin que, du costé des ordonnances et reglemens de l'Église, il ny eût aucune difficulté ny opposition; et monsieur le marquis, le marié, ayant été interrogé par moi, le curé, en notre presence sur ce sujet, a déclaré de bouche et dit hautement que, de son costé, il ne trouvoit aucun empechement ny canonique, ny civile, ny politique, capable de rompre sondit mariage, et qu'au surplus ayant atteint l'age de trente ans et ses pere et mere estant morts, il n'y auroit personne qui pût s'opposer à ce mariage, et qu'outre cela, un colonel n'avoit meme pas besoin du consentement de *Sa Majesté tres crestienne pour se marier; qu'ainsy il n'estoit pas deffendu, mais reellement et de fait permis*. Signé Delagraviere, H. Jager, J. B. Bell, Bing, témoins, le curé, et Dauenheim, notaire.

Et un peu plus bas est écrit :

Outre les témoins mentionnez, plusieurs amis et parents s'y sont encore trouvés. Signé : le curé, avec paraphe.

La presente copie a été fidellement traduite sur l'original allemand par nous soussigné, interpretto juré du Roy, à ce commis par arrest du Conseil du septiesme may dernier, et en consequence de la prestation de serment par nous fait par devant messire Gabriel Taschereau de Baudry, conseiller du Roy en ses conseils, maistre des requestes ordinaire de son hostel, suivant son procès verbal du dixieme du present mois de juin, et a été ledit original paraphé par nous à Paris, le quinziesme juin mil sept cent dix huit; signé Leopold.....

Arrêt du Conseil d'État privé du Roi renvoyant le marquis et la marquise de Lionne au Conseil souverain d'Alsace pour y procéder sur leur procès en nullité de mariage (1719, 28 janvier).

Extrait des registres du Conseil d'Etat et privé du Roy.

Entre Marie Sophie Jager, fille majeure, demanderesse, aux fins de sa requeste, insérée en l'arrest du Conseil du 15 juin mil sept cent seize, et de l'exploit d'assignation donnée en consequence le vingt six du mesme mois, d'une part, et messire Charles Hugues de Lyonne, chevalier, marquis de Claveçon, brigadier des armées du Roy, deffendeur, d'autre part, sans que les qualités puissent nuire ny prejudicier aux partyes,

Veu au Conseil d'Etat privé du Roy l'arrest y rendu ledit jour quinzieme juin mil sept cent seize, sur la requeste de ladite dame Marie Sophie Jager, qualifiée femme de Charles Hugues de Lyonne, marquis de Claveçon, brigadier des armées de Sa Majesté, tendante, pour les causes y contenūes, à ce qu'il plut à Sa Majesté luy permettre de faire assigner au Conseil le sieur marquis de Lyonne pour y procéder, en execution de l'arrest contradictoire du Parlement de Paris, du vingt cinquiesme avril précédent; en conséquence, procedant sur le renvoy porté par ledit arrest, ordonner que les partyes procederoient sur leurs procès et differends, circonstances et dependances, suivant les derniers erremens, par devant le juge royal de Wissembourg, en première instance, et par apel au Conseil supérieur de Colmar, comme auparavant les sentences du Chatelet de Paris, des trente juin, vingt juillet, sept aoust, douze septembre et quinze novembre mil sept cent quatorze, et tout ce qui s'en est ensuivy, et condamner le sieur marquis de Lyonne aux depens; par lequel arrest, Sa Majesté a ordonné que, pour procéder sur le renvoy porté par l'arrest du Parlement de Paris du vingt cinq avril précédent, le sieur de Lyonne seroit assigné au Conseil dans les délais de l'ordonnance; au bas est la signification qui en a esté faite le vingt six du mesme mois de juin audit sieur marquis de Lyonne, avec assignation à la quinzaine au Conseil.

L'ordonnance du Conseil du vingt juillet mil sept cent seize, par laquelle le sieur de Baudry, conseiller du Roy en ses conseils, maistre des requestes ordinaire de son hostel, a esté commis et député pour instruire et faire le raport de l'instance d'entre les partyes; au bas est la signification du vingt deux du mesme mois.

L'appointement du reglement offert en l'instance pour ledit sieur marquis de Lyonne, le unze du mois de juillet, signé par ledit sieur maistre des requestes et commissaire, sans que les qualités pussent nuire ny prejudicier aux partyes, le vingt quatre du mesme mois, par lequel il a ordonné que dans trois jours, pour touttes prefixions et délais, les partyes se communiqueroient par originaux ou par copies les pieces dont elles entendoient se servir en l'instance, ecriroient et produiroient tout ce que bon leur sembleroit pour, à son raport au Conseil, leur estre fait droit, ainsy que de raison.

Le procès verbal dudit sieur commissaire du mesme jour vingt quatre juillet, au bas duquel est son ordonnance, portant que ledit appointement seroit de luy signé, au bas desquels appointement, procès verbal et ordonnance sont les signiffications du trente du mesme mois, et dans ledit appointement sont inserées les conclusions des partyes, celles de ladite dame Jager, aux fins de sa requeste, inserée en l'arrest du Conseil du quinzieme juin mil sept cent seize, et celle dudit sieur marquis de Lyonne, à ce qu'il plut à Sa Majesté, faisant droit sur l'instance, renvoyer les partyes au Parlement de Paris, pour procéder entre elles, tant sur l'appel par luy interjetté de la sentence du Châtelet du septiesme aoust mil sept cent quatorze, que sur celuy interjetté par la damoiselle Jager des sentences du mesme Chatelet des trente juin, vingt juillet, sept aoust et quinze novembre mil sept cent quatorze, circonstances et dépendances, suivant les derniers erremens et condamner la damoiselle Jager aux depens.

Requeste pour ladite dame Marie Sophie Jager, employée pour satisfaire au reglement intervenu en l'instance, et pour avertissement en icelle, dont il a esté donné acte, et réservé de faire droit en jugeant par ordonnance du Conseil du vingt sixieme aoust mil sept cent seize; au bas est la signiffication du mesme jour.

Inventaire de production pour la mesme, mis au greffe du Conseil le vingt sept octobre dernier de la mesme année; les pieces produites par ledit inventaire sont :

Sçavoir, dans un cahier de copies de plusieurs pieces, signiffiées à la requeste du procureur du sieur marquis de Lyonne au Conseil de Colmar, le vingt un juin mil sept cent dix, au procureur de damoiselle Jager, au mesme conseil.

L'extrait baptistaire de noble Charles de Lyonne, fils de messire Louis de Lyonne, chevalier, marquis de Berny et de Clavecon, maistre de la garde robe de Sa Majesté, et de dame Jeanne Renée de Lyonne de Claveçon, du 7 mars mil six cens quatre vingt.

Autre copie signiffiée le mesme jour de l'extrait mortuaire dudit messire Louis, marquis de Lyonne, du vingt neuf aoust mil sept cent huit.

Extrait baptistaire de laditte Marie Sophie Jagerin, fille légitime de Jean Henry Jager et de Barbe Belinguin, du vingt juillet mil six cens quatre vingt neuf, expedié par le père Bonâ Grâtiâ, supérieur des capucins et curé de Wissembourg, le vingt un aoust mil sept cent dix, légalisé le vingt deux du même mois.

Lettre signée Lyonne, dattée ce lundy au soir, contenant ses propositions de mariage avec la damoiselle Jager.

Ecrit sans datte, signé le marquis de Lyonne, contenant ses propositions de mariage avec la damoiselle Jager, aux sieur et dame Jager, ses pere et mere.

Autre écrit du quatriesme novembre mil sept cent neuf, signé le marquis de Lyonne, *par lequel il promet et s'engage, en cas que la damoiselle Jager soit sa femme, et qu'elle ne soit pas contente de luy, qu'il luy fasse quelque mauvais traitement, ou qu'il voulut l'abandonner, de luy donner tous les ans quatre mil livres, lesquels seront pris sur le plus clair et le plus liquide de generallement tous ses biens; il prie le sieur Jager son père de garder ce billet signé de sa main, pour son assurance que sa fille ne pourra jamais manquer avec luy, sieur marquis de Lyonne.*

Lesdites trois pieces ci dessus tenûes pour reconnûes estre écrittes et signées de la main dudit sieur marquis de Lyonne, le douzieme novembre mil sept cent neuf, et paraphées *ne mutentur* par ledit sieur commissaire, raporteur de l'instance, suivant son procès verbal du vingt un aoust mil sept cent seize.

Copie collationnée par Durbach, secrétaire de l'évêché de Spire, d'une lettre écrite par le sieur marquis de Lyonne, le douzieme novembre mil sept cent neuf, *à l'effet d'obtenir, attendu que l'avent s'approchoit et qu'il estoit prest de partir avec son régiment, la permission d'accomplir son mariage avec la damoiselle Jager, et en mesme temps la dispense des bancs.*

Copie collationnée par Dauenheim, nottaire à Wissembourg, le dix huit décembre mil sept cent neuf, sur l'original, *du contract de mariage passé devant le mesme notaire, presents temoins, le seizieme novembre precédent, entre ledit sieur de Lyonne et ladite damoiselle Jager, fille dudit sieur Jean Henri Jager, conseiller du grand Sénat du Mundat de Wissembourg, et de Marie Barbe née Betting, en présence, et assistés, sçavoir, ledit sieur de Lyonne, du sieur Philippes Dupont de la Graviere, lieutenant colonel à la suite du régiment de Perry, et la demoiselle Jager, du sieur Jean Georges Jager, baillif de Riedseltz, du sieur Antoine d'Haren, secrétaire de la collégiale royale de Wissembourg, du sieur Baltazar Bell, greffier dudit grand Sénat, et du sieur Jean Christophe Bing, maistre du tribun du corps des marchands à Wissembourg, pour estre ledit sieur de Lyonne et ladite damoiselle Jæger communs en tous biens meubles, conquests et immeubles, suivant la coutume de la Ville, prevosté et vicomté de Paris, sous laquelle ladite communauté seroit reglée, quand bien ils feroient leur demeure et acquisitions en pays de coutume et dispositions contraires, auquel ils ont expressément dérogé et renoncé.*

A reconnu ledit sieur de Lyonne avoir receu de ladite damoiselle Jæger, pour dot de mariage, par ses pere et mere, la somme de trente mil livres, argent de France.

A promis ledit sieur de Lyonne à laditte damoiselle Jæger annuellement mourir sans enfans[1] *la somme de six mil francs, argent de France, pour son douaire, sans* qu'elle fut tenue de les demander en justice. Seroit permis à laditte damoiselle Jæger, survivant ledit sieur de Lyonne, de reprendre et emporter tout ce qu'elle auroit aporté, et tout ce qui luy seroit échu par succession, donnation, legs ou autrement avec son douaire, franchement et quittement, sans estre tenue d'aucune dette de la communauté.

Et en faveur dudit mariage, et pour la bonne amitié, affection et amour réciproque, ils se sont fait don l'un à l'autre et au survivant, par donnation pure et simple et irrévocable entre vifs, en la meilleure forme que faire se peut et doit, acceptant respectivement, de tous et chacuns les biens meubles et immeubles qui se trouveront appartenir tant de propres que d'acquets au premier mourant, au jour de son décedz, sans en rien excepter ny reserver.

Et en la marge de l'insinuation faitte, au Châtelet de Paris, dudit contract de mariage le dix septiesme avril mil sept cent quinze, certificat du pere Gratien Artheuse, gardien des capucins et curé de Wissembourg, du dix septiesme novembre mil sept cent neuf, qui a administré la bénédiction nuptialle en l'église desdits capucins, aux sieur comte de Lyonne, colonel du régiment d'Aunix et à la damoiselle Jæger, en présence du sieur de la Graviere, des sieurs Georges Jæger, Antoine Haren, Dauenheim, Bell, Bing, et plusieurs autres parents de la damoiselle Jæger.

Qu'il a soigneusement examiné s'il n'y avoit point d'empeschements canoniques ou civils, qu'il n'en a trouvé aucuns; que, quoiqu'il n'y soit pas fait mention de publications de bancs, le mariage n'en est pas moins valable, en ayant esté dispensé par le grand vicaire de l'evesque de Spire, lesquelles dispenses il a leues, en présence desdits tesmoins, avant ledit mariage.

Deux lettres écrittes à la damoiselle Jæger, de Wissembourg et de Strasbourg, l'une le dimanche à minuit, l'autre le lundy à midy, non signées, tenûes pour reconnûes estre écrittes de la main du sieur marquis de Lyonne, et paraphées *ne mutentur* par le sieur raporteur de l'instance.

Copie de l'avis de trois avocats au Conseil souverain d'Alsace, sur la nullité et abus dudit mariage du trente avril mil sept cent dix en mesme cahier, et copie du relief d'appel obtenu en chancellerie dudit Conseil d'Alsace, le mesme jour, par ledit sieur marquis de Lionne, comme d'abus du prétendu acte de célébration de mariage d'entre luy et la damoiselle Jæger, et de la prétendüe dispense donnée par le grand vicaire de l'evesché de Spire, et la signification qui en a esté faite à la damoiselle Jæger, avec assignation audit Conseil le cinq may suivant; — acte de constitution de procurer audit Conseil pour laditte damoiselle Jæger, du vingt juin de ladite année; — à venir pour plaider pour ledit sieur de Lyonne, du vingt un du mesme mois; — copie de lettres d'Estat

---

[1] Quelques mots ont été omis dans ce résumé du contrat de mariage.

obtenues par ledit sieur marquis de Lyonne, signiffiées au procureur de laditte damoiselle Jæger, le vingt un feuvrier mil sept cent unze.

Copie d'un procès verbal de comparution fait par le sieur marquis de Lyonne, le vingt huit may mil sept cent quatorze, *devant Letourneur et son confrère, nottaires à Paris, auxquels il a déclaré que depuis peu il estoit venu à sa connoissance que la damoiselle Jæger estoit venüe à Paris, qu'elle prenoit la qualité de sa femme, et se faisoit publiquement appeller la marquise de Lyonne, et d'autant qu'il n'y avoit point eu de mariage célébré, la damoiselle Jæger ne pouvant s'arroger cette qualité, sous prétexte de l'appel comme d'abus qu'il avoit interjetté au Conseil d'Alsace à Colmar, par une suite de mauvais conseils a luy donnés par gens affidés à la damoiselle Jæger; pour lequel pretexte faire cesser, il a requis lesdits nottaires de se transporter au couvent des filles anglaises du faubourg Saint Antoine, où la damoiselle Jæger est logée, pour luy declarer en son nom que, ne voulant pas donner occasion à ce que cet apel comme d'abus put authoriser la supposition du prétendu mariage qui n'existe point et qui n'a jamais existé, il n'insiste plus sur ledit apel comme d'abus, et en conséquence se désiste et départ de l'assignation qui y a esté donnée, à sa requeste, et d'offrir à ladite damoiselle Jæger deux cent livres pour le remboursement des frais qu'elle pouvoit avoir faits sur ladite assignation; à la lecture duquel acte la demoiselle Jæger a fait réponse qu'elle estoit surprise de cet acte; que le sieur marquis de Lyonne ne pouvoit douter de son mariage avec elle, puisqu'il l'a célébré dans l'église de Wissembourg, avec les formalités requises, et auxquelles elle soutient qu'il n'y a aucune nullité; qu'ainsy elle ne cessera point de se faire appeler la marquise de Lyonne; quant aux deux cent livres à elle offerte, elle proteste de nullité de touttes . . . . . signifiées, à la requeste du sieur marquis de Lyonne, au procureur de la damoiselle Jæger, à Colmar, le huitième juin suivant.*

Copie de requeste présentée par ledit sieur marquis de Lyonne au lieutenant civil du Châtelet de Paris, à ce qu'il luy fut permis de faire assigner au parc civil, à trois jours, la damoiselle Jæger, pour voir dire que deffenses luy seroient faittes à l'avenir, sous telles peines qu'il appartiendroit, de prendre le nom de marquise de Lyonne, et de se qualifier femme dudit sieur de Lyonne; répondüe le deuxiesme juin mil sept cent quatorze, signiffiée à la damoiselle Jæger le mesme jour.

Copie collationnée d'une requeste présentée au Conseil de Colmar par la damoiselle Jæger, à ce qu'il luy fût donné acte du départ fait par le sieur de Lyonne de son apel comme d'abus; en conséquence dire qu'il n'y avoit abus dans la celébration du mariage; et pour le voir ainsy dire, attendu qu'il y avoit procureur en cause, ordonner que les partyes en viendroient au premier jour; et cependant elle seroit dechargée de l'assignation à elle donnée au Châtelet, et deffenses seroient faittes audit sieur de Lyonne de faire poursuittes ailleurs qu'audit Conseil de Colmar; laditte requeste repondue le quinze dudit mois de juin.

Arrest du Conseil de Colmar du vingt trois du mesme mois, par deffaut, contre le procureur du sieur de Lyonne, et sur les conclusions du procureur général de Sa Majesté, par lequel il a esté donné acte du départ fait par le sieur de Lyonne, de l'appel comme d'abus par luy interjetté; en conséquence il esté dit qu'il n'y a abus; ledit sieur de Lyonne, condamné en l'amande de soixante quinze livres et aux depens; et sur le surplus de la requeste, les partyes ont esté mises hors de cour; ledit arrest signiffié le mesme jour au procureur dudit sieur marquis de Lyonne.

Copie de sentence rendüe au Châtelet de Paris, le trentiesme du mesme mois, signiffiée à la damoiselle Jæger le mesme jour, par laquelle, sur son deffault, deffenses luy ont esté faittes de prendre à l'avenir, sous telles peines qu'il appartiendra, le nom de marquise de Lyonne, et de se qualifier femme dudit sieur de Lyonne, avec depens.

Pareatis obtenu en la chancellerie du Parlement de Paris, le septiesme juillet mil sept cent quatorze, sur l'arrest du Conseil de Colmar du vingt trois juin précédent et exploit de signification du tout au sieur marquis de Lyonne, en la maison de Vaultier, son procureur au Chatelet, du mesme jour, avec declaration pour laditte damoiselle Jæger qu'elle proteste, dès à présent, de nullité de la sentence contre elle rendüe au Chatelet, faute de comparoir, ledit jour trentiesme juin; à l'exécution de laquelle elle s'opposoit, autant que besoin estoit ou seroit, et que pour procéder sur la nullité de ladite sentence et y estre fait droit, mesme sur l'opposition formée à icelle, s'il y escheoit, *comme de juge incompétent*, et autrement, elle entendoit se pourvoir au Conseil souverain d'Alsace, sans prejudicier à tous ses autres droits.

Copie d'autre requeste présentée par ledit sieur marquis de Lyonne au lieutenant civil du Châtelet de Paris, à ce que assignation soit donnée à la damoiselle Jæger, pour voir dire que, sans s'arrester, ny avoir esgard à l'opposition par elle formée à l'exécution de la sentence du trente juin, dont elle sera déboutée, ladite sentence seroit executée selon sa forme et teneur; laditte requeste repondue le dixieme juillet mil sept cent quatorze et signiffiée le mesme jour.

Copie de sentence du Châtelet du vingt du mesme mois, signiffiée le vingt uniesme, par laquelle sans s'arrester ny avoir esgard à l'opposition formée par la damoiselle Jæger, deffaillante, à l'exécution de la précédente, dont elle a esté deboutée, il a esté dit que la precedente sentence seroit exécutée selon sa forme et teneur, avec dépens.

Copie d'autre requeste présentée au lieutenant civil par ledit sieur marquis de Lyonne, le vingt sixiesme du mesme mois de juillet, signiffiée le mesme jour, à ce que deffenses iteratives soient faites à la damoiselle Jæger de prendre la qualité de marquise de Lyonne et de se qualifier femme dudit sieur de Lyonne, ainsy qu'elles luy avoient esté faittes par les precedentes sentences, *le tout à peine de prison.*

Copie d'acte par lequel le sieur de Lyonne a dénoncé, le quatriesme aoust mil sept cent quatorze, à la damoiselle Jæger, que le mesme jour il avoit obtenu sentence par deffault, par laquelle il l'avoit esté ordonné que les partyes en viendroient au mardy suivant, au parc civil, avec les gens du Roy, et par lequel il l'a sommé de constituer procureur, et communiquer aux gens du Roy.

Copie de sentence du Châtelet du septiesme du mesme mois, signiffiée le douziéme juin mil sept cent quinze, par laquelle la damoiselle Jager a esté, par deffault, deboutée de son opposition avec dépens.

Copie d'un exploit du vingt sept du mesme mois d'aoust mil sept cent quatorze, par lequel le sieur de Lionne a fait répéter les significations de sentences des trentieme juin et vingtieme juillet precedents à la damoiselle Jæger, avec sommation de declarer sy elle entendoit y contrevenir ou se pourvoir contre icelles; *à quoy elle a dit qu'elle n'avoit point d'autres réponses à faire, sinon que l'instance qui estoit entre elle et le sieur de Lyonne estant commencée à Colmar, elle y devoit finir.*

Exploit du cinquiesme septembre de la mesme année mil sept cent quatorze, par laquelle la demoiselle Jæger a fait répéter au sieur marquis de Lyonne la signification de l'arrest du Conseil de Colmar et du *Pareatis* sur iceluy, avec assignation audit Conseil de Colmar, pour voir dire qu'il luy seroit fait provision de la somme de trente mil livres, pour subvenir à ses nourritures, besoins et entretiens, au payement de laquelle le sieur de Lyonne seroit condamné, *attendu que depuis leur mariage il luy refusoit son necessaire.*

Copie de requeste présentée par le sieur de Lyonne au lieutenant civil du Chatelet de Paris le mesme jour, signiffiée le sixiéme dudit mois, afin de revendication de la demande en provision, et assignation à luy donnée au Conseil de Colmar.

Copie de sentence obtenue du lieutenant civil, le douzieme dudit mois, signiffiée le dix septieme, par laquelle il a esté dit que le sieur de Lyonne se pourvoiroit aux ordonnances.

Copie d'autre sentence du Châtelet, du quinzieme novembre suivant, signiffiée le dix neufiesme par deffault contre la damoiselle Jager, par laquelle le sieur de Lionne *a esté déchargé de l'assignation à luy donnée au Conseil de Colmar.*

Copie signiffiée le quatre juin mil sept cent quinze, à la requeste du sieur marquis de Lionne, à la damoiselle Jager d'un acte d'apel de la sentence du Châtelet du septiesme aoust mil sept cent quatorze, *en ce que l'on n'a pas fait par icelle d'itératives deffenses, sous peine de prison.*

Copie d'un relief d'apel de ladite sentence, obtenu en la chancellerie du Palais à Paris, par ledit sieur marquis de Lyonne, le cinquiesme du mesme mois de juin, signiffié le septiesme.

Acte de constitution de procureur pour la damoiselle Jager, du huitième juin suivant.

Relief d'apel obtenu en chancellerie du Palais, le dixieme du mesme mois de juillet, par la damoiselle Jager, comme de juges incompetents, des sentences contr'elle rendues au Châtelet de Paris, les trente juin, vingtieme juillet, septieme aoust, douzieme septembre et quinzieme novembre mil sept cent quatorze.

Requeste presentée au Parlement par la damoiselle Jager le trente unieme juillet, signiffiée le mesme jour, à ce qu'en consequence de son apel comme de juges incompetants, il fut ordonné que les partyes viendroient playder sur ledit apel; y faisant droit, l'appellation et ce dont avoit esté appelé seroient mises au neant, et ayant égard à ses fins declinatoires, *la cause et les partyes seroient renvoyées par devant son juge naturel*, avec dépens.

Copie de requeste presentée audit Parlement par le sieur marquis de Lyonne le neuf aoust mil sept cent quinze, signiffiée le mesme jour, à ce qu'en venant par les partyes plaider sur les appellations dont il s'agissoit, il fût ordonné qu'elles viendroient pareillement plaider sur ladite requeste, pour voir dire qu'en tant que toucheroit l'apel de la damoiselle Jager, l'appellation seroit mise au néant, avec amande et dépens; en tant que touchoit l'apel du sieur de Lyonne de la sentence du septieme aoust mil sept cent quatorze, l'appellation seroit mise au néant, en ce que par icelle il n'a pas été fait droit sur la demande du sieur de Lyonne, portée par sa requeste du vingt sixiéme juillet precédent; emandant quant à ce faire *deffenses à la damoiselle Jager de prendre la qualité de marquise de Lyonne, et de se qualifier de sa femme, à peine de prison et de plus grande s'il y echeoit, et ordonner que lesdites qualités seroient rayées dans tous les actes et procédures où elles les avoit prises,* avec dépens.

Arrest rendu au Parlement le vingt cinquiesme avril mil sept cent seize, par lequel la Cour a ordonné que l'apointement contradictoirement avisé au parquet seroit receu, suivant iceluy, que les partyes se pourvoiroient; signiffié le vingt huitième dudit mois.

Requeste pour ledit sieur marquis de Lyonne, employée pour avertissement en l'instance dont il a esté donné acte, par ordonnance du Conseil du vingt sixième juillet mil sept cent dix sept; signiffiée le trente du mesme mois.

Inventaire de production pour le mesme, mis au greffe du Conseil le quatriesme aoust suivant, pour satisfaire au reglement de l'instance; les pièces produites par ledit inventaire autres que partye de celles cy dessus sont : copie signée le Blanc, procureur au Parlement du sieur de Lyonne, d'un acte par lequel le sieur de Lyonne a déclaré, le vingt neuf fevrier mil sept cent seize, à la damoiselle Jager, que la cause d'entre les partyes estoit la septiesme au rolle de Paris, avec sommation de se tenir prest de plaider au jour qu'elle seroit appelée à son tour, et à cet effet de communiquer au parquet autre pareille copie de requeste presentée audit Parlement par le sieur de Lyonne, affin d'opposition à l'arrest mal et nullement surpris par la damoiselle Jager, le vingt cinquiesme avril, faisant droit sur l'opposition, la procédure seroit declarée nulle, et pour faire droit au principal, ordonner que les parties en viendroient à l'audiance, au jour que la cause, qui estoit la septieme au rolle de Paris, sera apellée à son tour, et condamner la damoiselle Jager aux depens du cinquiesme may mil sept cent quinze; signiffié le mesme jour.

Autre pareille copie d'une requeste presentée audit Parlement par la damoiselle Jager, dans laquelle sont (énoncées) les qualités des partyes et une sommation à l'advocat du sieur de Lyonne, du vingt troisieme may mil sept cent seize, de se trouver le lundy suivant au parquet pour communiquer aux gens de Sa Majesté.

Requeste pour la damoiselle Jager, employée pour contredits de la production du sieur de Lyonne, et contenant production nouvelle des pieces y énoncées; au bas est l'ordonnance portant : soient les pieces receuës et communiquées au surplus en jugeant, du cinquieme octobre mil sept cent dix huit.

L'acte de bailler copie des pieces qui n'auroient point encore esté signiffiées, et la signification du douze dudit mois; les pieces produittes par ladite requeste sont : le procès verbal du sieur commissaire rapporteur de l'instance, du dix neuf aoust mil sept cent seize, et son ordonnance portant reconnoissance des lettres et propositions de mariage du sieur marquis de Lyonne; au bas est la signification du vingt sixieme du mesme mois; — copie collationnée de la lettre du sieur marquis de Lyonne, du douzieme novembre mil sept cent neuf, à l'effet d'obtenir la dispense des bans; — copie collationnée de la lettre du treize dudit mois du pere Gratien Artheuse, gardien des capucins et curé de Wissembourg, au mesme effet; — à la sollicitation du sieur de Lyonne, certifficat du vingt avril mil sept cent dix huit, signé Jean Durbach, nottaire apostolique et premier secrétaire de l'officialité de Spire, qui a signé les deux copies collationnées cy dessus, qui a expedié par ordre du grand vicaire de l'évêché de Spire, le quinze novembre mil sept cent neuf, une dispense des bans et permission d'accomplir le mariage pour le sieur marquis de Lyonne et la damoiselle Jager de Wissembourg; — sur leurs sollicitations, acte de depost fait le douzieme avril mil sept cent dix huit à Guesdon, nottaire à Paris, par messire René de Maupeou, lieutenant général des armées du Roy, inspecteur général de l'infanterie en Alsace, en exécution, et pour satisfaire aux arrests du Conseil des dix septieme octobre et vingt huitieme novembre mil sept cent seize, dix neufiesme feuvrier et deuxieme avril mil sept cent dix huit, des deux minuttes originales du contract de mariage d'entre le sieur marquis de Lyonne et la damoiselle Jager, dont copie collationnée est cy dessus enoncée, et d'une pièce que ledit sieur de Maupeou a dit estre l'acte de celebration du mariage dudit sieur marquis de Lionne et de laditte damoiselle Jager, écrite en allemand; — en mesme cahier sont copie desdittes deux minuttes de contract de mariage, comme aussy un acte par lequel apert que le sieur Antoine Doublet, ayant charge et se faisant fort de la damoiselle Jager, marquise de Lyonne, a représenté audit Guesdon et à son confrere l'expédition en parchemin d'un arrest du Conseil, du septiesme may mil sept cent dix huit, qui ordonne que par le sieur Leopold, interprette juré que Sa Majesté a commis, il seroit incessamment procédé à la traduction en langue française de l'acte de célébration dudit mariage; — ensemble l'ordonnance dudit sieur commissaire du neufiesme juin suivant, et son procès verbal et ordonnance du dixieme du mesme mois, par lequel il a donné acte de la comparution des avocats de la damoiselle Jager et dudit sieur marquis de Lyonne, et a receu le serment dudit Leopold; lors de quoy ledit Leopold ayant pareillement comparu, et ayant pris communiquation sans déplacer dudit acte de célébration de mariage, il en a fait la traduction en langue française, laquelle il a certifiée véritable et déposée audit maistre Guesdon, pour estre jointe à la minutte; ledit acte du quinzieme dudit mois de juin; ensuite est l'acte de cellebration de mariage, traduit par ledit Leopold, et le tout signé Linacier et Guesdon, nottaires; — certifficat des bourguemestres et magistrats de Wissembourg, du vingt un juillet mil sept cent dix huit, *que le papier timbré ny le controlle des actes n'est point d'usage dans la province d'Alsace, de plus qu'il n'est coutume en laditte ville que les partyes qui contractent mariage en signent l'acte de célébration;* — expédition d'un acte passé devant Bidier du Til, nottaire à Strasbourg, le vingt septieme de décembre *mil sept cent neuf, entre le sieur marquis de Lyonne d'une* part, et laditte damoiselle Jager, assistée de son père et de son oncle, d'autre, par lequel le sieur de Lyonne déclare qu'ayant eu le malheur de devenir eperdument amoureux de la damoiselle Jager, sa passion l'avoit si fortement aveuglé, qu'oubliant ce qu'il doit au Roy et ordonnances du Royaume, à sa naissance et à ceux à qui il a l'honneur d'appartenir, il luy auroit proposé de l'épouzer; de quoy la damoiselle Jager ayant sceu se prévaloir à propos, ainsy que ses père et mère, il auroit en conséquence esté passé un contract de mariage le dix septieme novembre precédent, ensuite de quoy la célébration et consommation s'en seroient ensuivies, le tout avec bien de la precipitation; que s'il y a eu des dispenses, elles sont abusives; ensuite le sieur de Lyonne explique les moyens de nullité et d'abus, et laditte damoiselle Jager déclare de sa part que, lorsqu'elle a accepté la proposition que le sieur de Lyonne luy a faitte de l'épouzer, elle a ignoré et ses parents et les ordonnances, qu'ils ont esté dans la bonne foy, et qu'on ne peut luy imputer à crime la consommation de son mariage, qu'elle en reconnait la nullité; et pour ne point porter de trouble dans la famille du sieur de Lyonne, par l'inégalité de condition et autrement, elle veut et consent, en la meilleure forme qu'il se puisse, qu'il soit et demeure nul et abusif et déclaré tel, s'il est besoin, par tous juges, à qui il appartiendra; meme tous actes qui peuvent en avoir esté dressés ou écrits, soient biffés et lacérés ou remis au sieur de Lyonne, afin qu'il ne luy reste que le regret d'avoir eu la faiblesse de s'y engager; ensuite est reconnu que les trente mil livres de dot de la damoiselle Jager, portés par le contrat de mariage, n'ont point esté payés au sieur de Lyonne, et les partyes consentent respectivement que le contract de mariage demeure nul, comme non fait, ny avenu, sans aucunes prétentions de part ny d'autre; mais le sieur de Lyonne, voulant parer généreusement et liberallement le tort qu'il peut avoir causé à la damoiselle Jager par ce prétendu mariage, il luy cède, par manière de réparation et de dot, la somme de quarante mil livres de principal, en rentes sur l'hostel de ville de Paris.

Expédition d'autre acte passé le mesme jour, le vingt septiesme jour de décembre mil sept cent neuf, devant du Til, nottaire à Strasbourg, par lequel le sieur de Lyonne transporte à la damoiselle Jager la somme de quarante mil livres de principal, en rente sur l'hostel de ville de Paris.

Arrest du Conseil du dix septiesme aoust mil sept cent seize, rendu sur la requeste de la damoiselle Jager, à ce qu'il plut à Sa Majesté ordonner que le sieur de Maupeou seroit tenu de remettre, ez mains de tel nottaire au Châtelet de Paris, qui seroit nommé par Sa Majesté, la minutte du contrat de mariage d'entre lesdits sieur et dame de Lyonne, la dispense des bans accordée par le grand vicaire de l'evesque de Spire, et la feuille du registre où est écrit l'acte de la célébration de leur mariage, pour en estre par ledit nottaire délivré des expéditions à qui il appartiendroit, et ordonner qu'à la remise desdites pieces; le sieur de Maupeou seroit contraint par toutes voyes; quoy faisant il en seroit et demeureroit bien et valablement quitte et déchargé; par lequel arrest Sa Majesté a ordonné que laditte requeste seroit communiqué aux sieurs de Maupeou et de Lyonne, pour y fournir de réponses dans trois jours, sinon seroit fait droit. Au bas est la signification du seizieme dudit mois d'aoust mil sept cent seize, copie de la requeste presentée au Conseil par ledit sieur marquis de Lyonne, repondüe le dix huitième septembre mil sept cent seize, et signiffiée le vingt huit dudit mois pour reponses à celle de la damoiselle Jager, inserée audit arrest, et à ce qu'en conséquence de la déclaration qu'il faisoit de s'en raporter au Conseil, il fut ordonné ce qu'il plairoit à Sa Majesté; — lesdits arrests du Conseil des dix septieme octobre, vingt huitieme novembre mil sept cent seize, et celui du dix neufieme feuvrier mil sept cent dix huit, ensemble la Commission sur icelui, du mesme jour; — ledit arrest du Conseil du sept may mil sept cent dix huit, ensemble la commission sur icelui, du mesme jour; — ledit arest du Conseil du sept may mil sept cent dix huit; — l'ordonnance dudit sieur commissaire, son procès verbal et l'ordonnance portant la reception du serment du sieur Leopold, interpretre juré, des neuf et dixieme juin mil sept cent dix huit; — autre requeste pour laditte demoiselle Jager, à ce qu'il plut à Sa Majesté luy permettre d'adjouter à sa production le procès verbal de vérification faitte sur la réquisition du sieur de Lyonne, par le sieur Schwartz, de la traduction faite de l'allemand en français de l'acte de célébration du mariage d'entre ledit sieur de Lyonne et la damoiselle Jager; — ledit procès verbal en datte des premier et douze décembre mil sept cent dix huit, aux inductions qui en avoient esté tirées par laditte requeste, aux offres d'en donner copie, sy fait n'avoit esté, en conséquence procédant au jugement de l'instance, adjuger à la damoiselle Jager les conclusions qu'elle y avoit prises, et condamner ledit sieur marquis de Lyonne en tous ses dépens, dommages et interests; — au bas est l'ordonnance du Conseil portant : soit la piece recüe ci jointe, au surplus en jugeant, du deux janvier mil sept cent dix neuf, et la signiffication du mesme jour; — lesdits procès verbaux des premier et douze décembre mil sept cent dix huit, faits devant le sieur commissaire raporteur de l'instance, au bas du dernier desquels est son ordonnance, par laquelle il a donné acte à maistre de Sacy, avocat du sieur marquis de Lyonne, au sieur Schwartz, interpretre juré, à la damoiselle Jager, et à maistre Boulanger, son avocat, de leurs comparutions, dires, réquisitions, consentements et protestations y insérées, ensemble maistre Guesdon, nottaire, de sa comparution et représentation de l'acte de célébration du mariage dont estoit question, et de la traduction qui en avoit esté faitte par le sieur Leopold, et deffault contre ledit Leopold non comparant ; et néanmoins du consentement de laditte damoiselle Jager, il a pris et receu l'affirmation dudit Schwartz, de fidellement procéder à la vériffication de ladite traduction ; ce fait, ledit sieur Schwartz, après avoir pris communication tant de la minutte que de laditte traduction ; a déclaré que la traduction qui a esté cy devant faitte par le sieur Leopold est conforme, mot pour mot, à la minutte de l'acte dont il s'agit, tant pour ce qui concerne le corps dudit acte que pour les signatures, au bas est la signiffication du trente dudit mois de décembre mil sept cent dix huit ; — et tout ce qui a esté remis et produit par devers le sieur Tachereau de Baudry, chevalier, conseiller du Roy en tous ses conseils, maistre des requestes ordinaire de son hostel, commissaire députté en ceste partye, et continué par ordonnance du Conseil du vingt un janvier mil sept cent dix neuf, signiffié le vingt trois du mesme mois.

Oüy son rapport, après qu'il en a communiqué aux sieurs de Caumartin, Bignon, de Blanzy, abbé Bignon, abbé de Pomponne et Barberie de Saint Contest, conseillers d'Estat, commissaires à ce députtés par ordonnance du Conseil du sept janvier mil sept cent dix neuf, signiffié le neuf du mesme mois, et tout considéré :

Le Roy, en son Conseil, faisant droit sur l'instance, a renvoyé et renvoye les partyes au Conseil supérieur de Colmar, pour y procéder sur leurs procès et différends, circonstances et dépendances, suivant les derniers erremens, comme auparavant les sentences du Chatelet de Paris des trente juin, vingt juillet, sept aoust, douze septembre et quinze novembre mil sept cent quatorze, condamne, Sa Majesté, ledit sieur marquis de Lyonne en tous les dépens.

Fait au Conseil d'Estat privé du Roy, tenu à Paris le vingt huit janvier mil sept cent dix neuf. Collationné.

Signé : Demons.

Le onzieme fevrier mil sept cent dix neuf, signiffié et laissé copie à M. de Sacy, avocat de partie averse, en son domicille à Paris, parlant à son clerc, par nous huissier ordinaire du Roy en ses conseils. Signé : Delaruelle.

Arrêt du Conseil souverain d'Alsace, qui maintient madame la marquise de Lyonne dans son état de femme et légitime épouse de M. le marquis de Lyonne (2 décembre 1719).

Louis, par la grace de Dieu, roy de France et de Navarre, au premier nostre huissier ou sergent sur ce requis, sçavoir faisons que comme cejourd'huy sont comparus en nostre Conseil souverain d'Alsace dame Marie Sophie Jæger, femme de nostre cher et bien aimé Charles Hugues de Lionne, chevalier, marquis de Clavesson, brigadier de nos armées, demanderesse aux fins de l'exploit libellé du vingt septiesme février de la présente année mil sept cent dix neuf, signé Dion, controllé à Paris le premier mars de la mesme année, et deffenderesse incidemment, comparante par Calmet, son procureur d'une part, et ledit sieur Charles Hugues de Lionne, son mary, deffendeur, et demandeur incidemment, suivant les deffences du vingt deuxiesme aoust de laditte année mil sept cent dix neuf, comparant par Derozier, son procureur, d'autre part ; après que Mathieu l'aîné, advocat de la demanderesse a conclud à ce que, sans avoir égard aux demandes dudit sieur de Lionne, portées par ses requestes et exploits des deuxième juin vingt six et vingt septiesme juillet, quatriesme aoust, cinq et sixième septembre mil sept cent quatorze, de mesme qu'à la demande incidente portée par lesdites deffenses, dont il sera débouté, elle soit maintenue et gardée en la qualité de femme et légitime épouse dudit sieur de Lionne, en conséquence le condamner de payer à ladite dame Marie Sophie Jæger la somme de cinquante mil livres pour acquitter toutes les debtes qu'elle a contractées pour subvenir à ses nourritures, besoin et entretien depuis neuf années, comme aussy de luy payer tous les ans une pension allimentaire de dix mil livres, qui sera assignée sur les biens et revenus les plus claires du sieur de Lionne, payables de quartier en quartier, et par avance, aux offres qu'elle fait de remettre au sieur de Lionne, son epoux, le contract de rente sur l'hostel de ville de Paris, en principal de quarente mil livres, et de luy en faire retrocession, et aux dépens ; et au cas qu'il ne plairoit à nostre dit Conseil prononcer deffinitivement et a l'audiance, qu'il luy plaise, par provision, luy adjuger la somme de trente mil livres, suivant la demande formée par exploit du cinquième septembre mil sept cents quatorze, signiffié par Souquet, huissier audiancier au Chatelet ; que Basque, advocat dudit sieur marquis de Lionne, a conclud à ce que, sans s'arrester à la demande principale, de laquelle la demanderesse sera déboutée, faisant droit sur la demande incidente, que deffenses soient faites à la demanderesse de se dire et qualiffier marquise de Lionne et femme dudit deffendeur, à peine de trois mil livres d'amende, et, au cas de residive, qu'il seroit procédé extraordinairement contre elle, comme coupable d'une supposition de personne et d'État, en outre que les qualitées de marquise de Lionne et de femme du deffendeur soient rayées de tous les actes et pièces de procédure où elle les auroit prises, et icelle condamnée aux dépens ; et que Le Laboureur, pour nostre procureur général, a esté ouy en ses conclusions, après que la cause a esté plaidée pendant cinq audiances.

Nostre dit Conseil, sans s'arrester aux requestes et demandes incidentes, ayant égard à la demande principalle, et y faisant droit, a maintenu et gardé, maintient et garde la demanderesse en l'estat et qualité de femme et légitime épouse du deffendeur; en consequence a condamné et condamne le deffendeur de payer annuellement à la demanderesse une pension de *six mil livres, payable par quartier et d'avance*; jusques à ce qu'il en soit autrement ordonné par nostre dit Conseil, comme aussy de payer toutes les dépenses qu'elle justiffiera avoir faites depuis son mariage, tant pour sa nourriture et son entretien, que pour les frais et dépens des procez qu'elle a esté obligée d'intenter et soutenir, aux offres par elle faites de luy remettre le contract de quarante mil livres en principal sur l'hostel de ville de Paris, et de luy en faire retrocession, et a condamné le deffendeur aux dépens.

Et faisant droit sur les requisitions de nostre procureur general, enjoint aux curez et vicaires du ressort de nostre dit Conseil de se conformer à nostre edit du mois de mars mil six cents quatre vingt dix sept, concernant les registres de mariage, enjoint pareillement aux substituts de nostre procureur général sur les lieux de tenir la main à ce qu'il soit exécuté. Sy te mandons de faire pour l'exécution du present arrest tous exploit et autres actes de justice, requis et nécessaires, de ce faire te donnons pouvoir.

Donné à Colmar en nostre Conseil souverain d'Alsace, le deuxiesme jour du mois de décembre, l'an de grace mil sept cents dix neuf, et de nostre regne le cinquieme. Par le Conseil, signé Michelet. — Collationné : signé Lefevre.

Reconnaissance et quittance d'une somme de 4023 livres prêtée par le sieur Calmet à madame de Lyonne, pour les frais de son procès contre son mari.

(1713.)

Par devant les notaires royaux establys en la province d'Alsace, residens à Colmar soussignez, est comparue damoiselle Marie Sophie Jægger, fille du sieur Jean Henry Jægger, conseiller au grand Sénat du Mundat de la ville de Wissembourg, ladite damoiselle *demeurante en ladite ville de Colmar*, authorisée à l'effet de ce qui suit de sondit père, suivant l'acte passé par devant Bell, tabellion dudit Weissembourg, et tesmoins, le dixiesme du present mois d'octobre, légalisé, le mesme jour, par les magistrats de ladite ville, et lequel acte est demeuré annexé à la minutte des présentes, après qu'il a esté certiffié véritable par ladite damoiselle comparante, signé d'elle et paraphé ne *varietur* par les notaires soussignez; laquelle a recognu et confessé volontairement devoir loyalement à *maistre Jean Calmet*, conseiller du Roy, receveur et payeur des gages des officiers du Conseil souverain d'Alsace, demeurant en cette ville de Colmar, present et acceptant, pour lui, ses hoirs et ayans cause, *la somme de trois mils livres*, argent de France, et ce tant pour frais de nourritures et logemens, que ledit creancier a *fourny à la débitrice depuis trois années qu'elle est en pension chez luy*, que pour argent qu'il lui a presté et avancé pendant ledit temps, pour subvenir à son habillement et autres besoins, de tout quoi elle est contente et quitte ledit sieur Calmet.

Pour laquelle somme de trois mils livres, argent de France, payer et acquitter par ladite damoiselle Jæge, elle a par ces presentes fait cession et transport, avec promesse de garantir, fournir et faire valoir audit sieur Calmet, ce acceptant, de pareille somme à prendre et recevoir de messieurs les receveurs et payeurs des rentes assignées sur lhostel de ville de Paris, sur et en déduction des arrérages escheus et deubs à ladite damoiselle de deux mils livres de rente annuelle, constituée sur lhostel de ville de Paris, par contract passé au proffit de messire Louis de Lionne, chevallier, marquis de Clavezon, et par devant Brut et Arrouet, notaires au Chastelet, le sixiesme juin mil six cens quatre vingts dix neuf; lequel contract de rente a esté rendu par mondit sieur le marquis de Lionne à ladite damoiselle Jegger, par contract passé par devant Dutil, notaire royal à Strasbourg, le vingt septiesme decembre de l'année mil sept cents neuf; lequel contract de rente a esté approuvé et ratiffié suivant les lettres patentes qu'elle a obtenües le vingt deuxiesme du mesme mois de mars. Consentant et accordant, ladite damoiselle Marie Sophie Jegger, que ladite somme de trois mils livres, presentement ceddée, soit délivrée et payée audit sieur Calmet par lesdits sieurs receveurs et payeurs de laditte rente, des arrérages d'icelle qui en sont deubs et escheus jusques à present, et, au moyen duquel payement, qu'ils en soient et demeurent d'autant déchargez envers laditte comparante.

Promettant, obligeant et renonçant à toutes exceptions contraires. Fait, leu et passé audit Colmar le douziesme octobre mil sept cents treize, après midy, et ont signés à la minutte; ainsi signés Marie Sophie Jegger, Calmet, Haxo, notaire, et Drouineau, aussy notaire soussigné, vers lequel la minutte est restée.

Nous, les magistrats de la ville de Colmar, certifions que le sieur Drouineau, qui a dressé et signé l'acte cy dessus, est notaire royal resident de cette ville; que foy doibt estre adjoustée, tant en jugement que dehors, à tous actes par luy expediez en ladite qualité, et que le papier timbré n'est pas en usage, ny le contrôle establi en cette ville.

En foy de quoy nous avons fait signer les presentes

par notre syndic et sceller du sceau ordinaire de nostre chancellerie.

Fait à Colmar, le dix huitieme octobre mil sept cent treize. Signé Sibour, syndic.

Je soussigné reconnois avoir receu du sieur Doublet, par les mains de monsieur Meureg, bailli de Wissembourg, la somme de trois mil livres portée en l'obligation dont copie est cy dessus, ensemble la somme de mil douze livres dix solz pour les interests de ladite somme jusques audit jour, et celle de dix livres dix sols pour les frais, de laquelle je me tiens content et satisfait, sans prejudice de la plus vallue que madame la marquise de Lionne en a promis de m'indemniser, c'est à dire pour raison de trois mil six cens livres que je lui avois donné en principal, au lieu de trois mil livres qu'elle me rembource à présent.

Fait à Colmar, ce quatorze juillet 1720.

Signé Calmet.

Testament du marquis de Lionne[1].

25 février 1731.

Par devant les conseillers, notaires du Roy de Paris soussignez, fut present haut et puissant seigneur messire Charles Hugues, marquis de Lionne, brigadier des armées du Roy, seigneur de Mercurol et de Clavezon, estant indisposé de corps, mais sain d'esprit et de jugement, ainsy qu'il est aparu aux notaires soussignez, par ses discours et la netteté de ses expressions, trouvé et estant dans son lit en une chambre au second étage d'un des pavillons qui est celuy à main gauche, en entrant, de l'hostel de Lassay, rue de l'Université, paroisse Saint Sulpice, ladite chambre ayant vue sur la cour dudit hostel; lequel, après avoir demandé pardon à Dieu de ses péchés, prie Sa divine Majesté de luy faire misericorde et intercédé pour l'obtenir les prières des saints et saintes, a fait, dicté et nommé auxdits notaires soussignez son testament et ordonnance de dernière volonté, ainsy qu'il ensuit :

Veut estre enterré le plus simplement que faire se pourra, et le recommande au sieur exécuteur testamentaire.

Veut qu'il soit dit, le plus tôt que faire se pourra apres son deceds, pour le repos de son âme, cinq cent messes basses, sçavoir cent en l'eglise Saint Sulpice, sa paroisse, et quatre cens reparties dans les églises de religieux mandiants, au choix dudit sieur son executeur testamentaire.

Donne et lègue au vieux Parisien, son ancien domestique, vingt sols par jour sa vie durant, payables tous les mois, à la fin de chacun d'iceulx.

Donne et lègue à Chompré, son valet de chambre, toute sa garde robbe sans exception, entendant que tous les habits et linge à l'usage de sa personne y soient compris, meme son bassin à barbe et boittes d'argent, et outre luy donne et lègue cinq cents livres de pension viagere, sa vie durant, qui luy seront payés de trois mois en trois mois, le tout outre ce qui luy sera deub de gages.

Donne et lègue à Deschamps, son cocher, trois cent livres de pension viagère, sa vie durant.

Donne et lègue à Baptiste et à Pontois, ses deux laquais, à chacun deux cents livres une fois payées.

Lesdits legs faits à ses domestiques, à condition qu'ils seront encore à son service au jour de son deceds.

Donne et lègue à *Marie Claude, baptisée à Saint Sulpice le vingt huit janvier mil sept cent vingt huit, dont M. Faget, chirurgien de S. A. S. madame la duchesse douairière, donnera la connoissance*, quatre cens livres de pension viagere, sa vie durant, payables de quartier en quartier, qui seront payés et remis entre les mains dudit sieur Faget, ou de la personne qu'il nommera, pour employer aux nourritures et entretiens de laditte Marie Claude, jusqu'à ce qu'elle soit établie par mariage, ou en religion ; apres quoy elle touchera elle même, sur ses simples quittances, lesdites quatre cens livres de pension; et outre donne et lègue encore à ladite Marie Claude trois mil livres une fois payées, qui luy seront delivrées quand elle aura l'âge de quinze ans, pour s'établir, soit en aprenant un métier, ou en se mariant, ou se faisant religieuse [1].

Veut qu'après son deceds il soit remis aux curés de ses deux terres de Clavezon et de Mercurole, chacun mil livres une fois payées, pour estre par eux distribué aux pauvres honteux et les plus necessiteux desdites paroisses.

Déclare ledit seigneur testateur qu'il révoque tous autres testamens, codiciles ou autres dispositions testamentaires qu'il peut avoir cy devant faites, et notamment celuy qu'il a passé et fait devant maistre Lemasle et son confrère, notaires, il y a environ vingt sept ou vingt huit ans, qui resta cacheté entre les mains dudit sieur Lemasle, et que ledit testateur a appris avoir esté remis ez mains de M° Laisné, son successeur; voulant que ledit testament et tous autres testaments, codiciles ou autres dispositions testamentaires précédemment faits, soient et demeurent nuls, et que le present son testament soit seul exécuté, comme estant ses dernières volontés.

Pour exécuter le present testament, a nommé monsieur le comte de Lassay, son bon et ancien amy, qu'il

---

[1] M. de Lionne mourut quelques mois après, le 13 juin de cette même année.

prie de vouloir en cela luy continuer des marques de son amitié.

Et comme ledit seigneur testateur ne fait son présent testament qu'après en avoir conféré, ainsy qu'il a dit, avec madame la marquise de Lionne son épouse, et qu'elle luy a témoigné qu'elle se feroit un plaisir d'en consentir, en tant que besoin seroit, l'exécution, ledit seigneur testateur a requis les notaires soussignez de se transporter, aussitôt que sondit testament sera fini, au couvent de Saint Magloire, rüe Saint Denis, où ladite dame est demeurante, et de faire à ladite dame lecture de sondit present testament, pour par elle mettre au bas, si elle le desire, son acte d'aprobation et consentement, à l'effet duquel ledit seigneur testateur a déclaré qu'il autorise laditte dame son épouse.

Ce fut ainsy fait, dicté et nommé par ledit seigneur testateur aux dits notaires soussignés, et à luy à l'instant leu et releu par l'un desdits notaires, en présence de son confrere, et y a persévéré, dans son lit en ladite chambre, l'an mil sept cent trente un, le dimanche vingt cinq fevrier, à l'heure de midy, *et a ledit seigneur testateur déclaré ne pouvoir écrire ny signer, attendu la plaie considérable qu'il a au bras droit, de ce interpellé, par les notaires soussignez*, suivant l'ordonnance, ainsy qu'il est dit en la minutte des présentes, demeurée à maistre Dutartre, l'un des notaires soussignez

Et le lendemain vingt six desdits mois de fevrier et an mil sept cent trente un, après midy, lesdits notaires susdits soussignez, s'estans transportés, en conformité du réquisitoire porté au testament cy dessus, audit couvent de Saint Magloire, rüe Saint Denis, et ayant monté en un parloir au second étage ayant vue sur la cour, y ont trouvé haute et puissante dame Marie Sophie Jæger, épouse dudit seigneur marquis de Lionne, à laquelle l'un desdits notaires, en présence de son confrere, a fait lecture du testament cy dessus dudit seigneur marquis de Lionne; après quoy, laditte dame, autorisée dudit seigneur, son mary, par sondit testament, *a déclaré l'avoir bien entendu et qu'elle en consent l'exécution en tout son contenu*, l'aprouvant en tant que besoin seroit, même renonce à y pouvoir contrevenir en façon quelconque. Dont acte, à Paris, audit parloir, ledit jour, et a signé la minutte des présentes, estant ensuitte de celle dudit testament; le tout demeuré à maistre Dutartre, notaire. Signé Dutartre [1].

[1] En marge de cet article du testament est écrit : Les trois mille livres une fois payées, portées au testament ci contre, léguées à Marie Claude, ont esté payées à ladite Marie Claude, avec la somme de dix huit cents livres par forme d'intérêts, que madame de Lionne luy a bien voulu payer; le tout par acte passé devant mon confrere et moi qui en ai la minute, ce seize décembre mil sept cent cinquante quatre. Signé Dutartre.

Documents relatifs au ministre Hugues de Lionne[1].
Inventaire après son décès.

(1671.)

L'an mil six cent soixante unze, le lundy douziesme jour d'octobre, huict heures du matin, à la requeste de messire Luc de Rives, conseiller du Roy en ses Conseils, maistre ordinaire en sa Chambre des Comptes, au nom et comme procureur de haulte et puissante dame *Paule Payen*, vefve de hault et puissant seigneur messire Hugues de Lionne, chevalier, marquis de Berny, baron de Fresnes et aultres lieux, commandeur des ordres du Roy, ministre et secrétaire d'Estat, et des commandemens et finances de Sa Majesté, en son nom, à cause de la communauté de biens d'entre ledit feu seigneur de Lionne, si elle la prend, sinon, et y renonçant, comme creancière de sa succession, pour ses dot, douaire, reprises, indemnitez et autres droits, et en telle autre qualité que ladite dame advisera, par procuration passée par devant Bonot et Mousnier, l'un des notaires soussignez, le troisième jour de septembre dernier.

Hault et puissant seigneur messire Louis de Lionne, chevalier, marquis de Berny, baron de Fresnes et autres lieux, conseiller du Roy en ses Conseils, secrétaire d'Estat et des commandemens et finances de Sa Majesté, tant en son nom que comme tuteur eleu par acte fait au Chastelet, le vingt quatriesme dudit mois de septembre dernier, de messire Artus de Lionne, son frère mineur, prieur commandataire du prieuré de Combourg, de Saint Malo, de Dinan.

Illustrissime seigneur messire Jules Paul de Lionne, conseiller aumosnier ordinaire du Roy, abbé commandataire des abbayes de Marmoustier, Chally et Notre Dame de Cercamp, et prieur aussy commandataire du prieuré de Saint Martin des Champs à Paris, émancipé d'age, par lettres données en chancellerye, le vingt troisiesme dudit mois de septembre.

Tous demeurans en la rue Neufve des Petits Champs, paroisse Saint Roch.

Et hault et puissant seigneur messire François Annibal D'Estrées, chevalier, marquis de Cœuvres, comte de Nanteuil, mestre de camp du régiment d'Auvergne.

Et haulte et puissante dame Madelaine de Lionne, son espouze, à cause d'elle, demeurans esdites rue et paroisse, assistée et en presence de très hault et puissant seigneur messire Francois Annibal D'Estrées, duc

[1] Après ces quelques pièces qui intéressent directement la personne de notre bienfaitrice, nous pensons qu'il ne sera pas sans utilité de publier également un choix de documents se rapportant au ministre Hugues de Lionne, aux charges dont il fut revêtu, au partage de sa succession et aux affaires de sa famille.

de Cœuvres, pair de France, marquis de Thémines, lieutenant général des armées du Roy, gouverneur de l'Isle de France, père dudit seigneur comte de Nanteuil, leur curateur et tuteur jusques à leur majorité, à l'effet de procéder au présent inventaire, prendre qualité, et autres causes énoncées en l'advis de messieurs leurs parens.

Lesdiz seigneurs marquis de Berny et abbé de Lionne, dame de Cœuvres et sieur Artus de Lionne, frères et sœurs, habilles à se dire et porter héritiers seuls dudict deffunct seigneur de Lionne, leur père.

Par les notaires, garde nottes du Roy au Chastelet de Paris soubz signez, a esté exactement et fidelement fait inventaire et description de tous les biens, meubles, argenterie, pierreryes, titres, papiers et autres effects dudit deffunct seigneur de Lyonne et de ladite communauté, trouvez et estans en son hostel à Paris, et en son chasteau de Berny, et à Sainct Germain en Laye, representez et enseignez à l'esgard de ceux qui sont dans ledit hostel de Paris, où ledit deceds est arrivé le *premier dudit mois de septembre*, par lesdits seigneurs marquis de Berny et abbé de Lionne, et sieur de Rives audit nom, et par maistre Pierre Olivier des Fontaines, prieur de Grandmont, André Pellerin, dit la Ferté, valet de chambre, Charles Roland, sommelier, Pierre Harlay, tapissier... après serment par chacun d'eux faict par devant lesditz notaires de n'en obmetre aucune chose, et qu'il n'en a esté rien diverty et détourné.

Et seront les meubles et autres choses, sujettes à estimation, prisez par Georges Firon, huissier sergent à verge audit Chastellet, priseur vendeur de biens en cette ville de Paris.

Dans l'escurye.

Huict chevaux cravattes sous poil gris, servant au carrosse, garnys de leurs harnoys, prisez ensemble la somme de xvi cens livres.

Item trois chevaux sous poil gris servant au carrosse, garnys de leurs harnoys, prisez vi cens livres.

Item quatre autres chevaux gris, prisez la somme de iiii cens xx livres.

Item un cheval de selle, sous poil noir, garny de sa selle et bride, cl livres.

Item deux autres chevaux de selle, dont un petit sert à ladite dame de Lionne, prisez ensemble ii cens lxx livres.

Dans la basse court.

Item un carrosse monté sur ses roues, garny de ses coussins et de deux glaces aux portieres, doublé de velours rouge cramoisy à ramage, prisé iiii cens livres.

Item un petit carosse de bois coupé, couvert de cuir noir, monté sur ses roues, garny de ses coussins et de cinq glaces, trois grandes et deux petittes, l'une devant et les quatre autres aux costez, doublé de brocatelle verte, prisé ii cens cinquante livres.

Item une calesche Manse, peinté en dehors, montée sur ses roues, garnye de ses coussins et trois glaces, doublée damas aurore et bleu, prisée la somme de ii cens livres.

Item une chaise à porter, doublée de damas vert, prisée la somme de xl livres.

Dans une chambre au rez de chaussée, où couchoit ledit seigneur de Lionne, en laquelle il est décédé.

Item un grand cabinet d'ebeine à deux guichetz et deux coulisses, sur lequel les scellez dudit sieur commissaire sont aposez, prisé la somme de lx livres.

Item un grand bois de lit à haults pilliers, fermant à vice, garni de son dossier et enfonssure, le tour du lit de damas rouge, contenant quatre rideaux, deux bonnes graces, deux cantonnieres, le fond, le dossier et les petites pentes de damas, trois petittes pentes de ciel, trois soubassemens et deux foureaux de pilliers, le tout garny de frange, mollet, crespine, boutons, et chamarré de passement or et argent fin, la housse de serge contenant trois pentes, deux bonnes graces, deux rideaux avec les pommes de mesme, le lit, trois matelas, couverts de futaine des deux costez, un lit de plume de coustil de Bretagne, un traversin de basin et une couverture piquée, prisé le tout ensemble la somme de douze cens livres.

Item deux tables, l'une de bois de poirier noircy et l'autre de bois de violette, garny de pieces de raport, et posées sur leurs chassis de mesme, ayans chacune un tiroir, un tapis de table de cuir rouge, bordé de mollet et soye torse, un autre tapis de serge verte, avec mollet de soye, un autre tapis de table de drap vert, prisez ensemble la somme de dix livres.

Item *une tanture de tapisserye d'Amiens* de haute lisse, contenant sept pièces, faisant vingt aunes ou environ de tour, sur deux aulnes trois quartz de hault, ladite tapisserie à verdure, garnye de toille, prisée la somme de *six cens livres.*

Item un miroir à glace de Venise en ovalle, de vingt huit poulces de haut sur vingt et un de large, garny de sa bordure de bois doré en relief, de son chapiteau et de ses cordons de soye rouge, prisé la somme de lx livres.

Dans la grande salle qui a issue au jardin.

Item une tanture de tapisserye brocard, fil et laine, contenant trente aulnes de tour ou environ sur trois aulnes et demye, prisée la somme de cent livres.

Dans la grande chambre à alcauve.

Item un cabinet d'Allemagne, garny d'ebeine et pieces de raport de cuivre et bronze doré et argenté, à trois guichetz, petitte balustrade, posé sur son pied de deux termes, festons et cupidons dorés, prisé la somme de lx livres.

Item un autre petit cabinet garny de neuf tirouers, esquelz est du verre peint et de l'esbeine, posé sur trois pommes de cuivre doré, prisé la somme de douze livres.

Item un autre miroir à glace de Venise, de trente deux pouces de hault sur vingt quatre de large, garny de sa bordure de bois doré en reliefs de plusieurs amours et feuillages, avec son chapiteau, prisé la somme de soixante livres.

Dans la grande antichambre, au rez de chaussée.

Item une tanture de tapisserie de brocard à fleurs, noire et fondz aurore, contenant trois aulnes et demye de hault et vingt cinq aulnes de tour, prisée la somme de lxx livres.

Dans la chambre de ladite dame de Lionne, en hault.

Item un escran d'ozier dont le pied et la flèche sont de fer poly, prisé xxx solz.

Item une couche à haults pilliers de bois de haistre à pente...; le tour dudit lit de damas de gennes aurore et vert... prisé et estimé la somme de iii cens xx livres.

Item douze fauteuils, quatre chaises et un petit fauteuil de bois de noyer à colonnes torses, garnis de leurs housses de damas aurore et vert, et lesdites chaises de leurs housses de serge verte, prisez ensemble la somme de cent livres.

Item une tanture de pareille tapisserye de damas aurore et vert et deux pieces de quatorze lez et demi, un fauteuil de bois de noyer à colonnes torses, couvert de tapisserie de soye, de point d'Angleterre, et une chaise ployante à dossier, couverte de serge verte, garnye de sa housse de taffetas d'Angleterre, prisez ensemble la somme de clx livres.

Dans l'antichambre joignant.

Item un crucifix d'yvoire et la croix d'ebeine, sans pied, un petit pulpitre de bois de noyer, prisez ensemble la somme de iiii cens livres.

Item une *pendulle d'attache*, sonnante, et une autre pendule en forme de prie Dieu, au dessous de laquelle pendulle est une vierge sur du marbre, prisez et estimez ensemble la somme de deux cens livres.

Dans la garde robbe des filles.

Item une couche à haults pilliers de bois de haistre.. prisée xxv livres.

Item une tenture de tapisserye de feuillages renversés, prisée la somme de xxx livres.

Dans la chambre de Mlle Margot.

... Item une pendulle sonnante, *façon de Coste*, garnye de ses contrepoidz de cuivre et cordons de soye, prisée la somme de xv livres.

Dans la chambre du portier.

Item deux mousquetons à fuzil et deux hallebardes, prisez ensemble la somme de iiii livres.

Dans la chambre dudit seigneur marquis de Berny.

... Item une couche à haults piliers de bois de noyer..., le tour du lit de brocatelle aurore à fondz bleu, prisée la somme de ii cens cinquante livres.

Item une tenture de tapisserye à verdure, contenant six pieces, ladite tapisserye d'Anvers, prisée la somme de mil livres.

Dans la chambre à costé.

Item une tanture de tapisserye d'Oudenarde, contenant quinze aulnes ou environ de tour et trois aulnes de hault..., prisée iii cens livres.

Dans l'antichambre de l'apartement dudict seigneur abbé de Lionne.

Item une douzaine et demie de chaises de bois de haistre à colonnes torses, couvertes de moquette, une table de mesme bois et un tapis estant sur icelle, prisez le tout la somme de xl livres.

Dans l'entresolle, où couche ledit seigneur abbé de Lionne.

Item une couche à hault pillier de bois de noyer... le tour du lit de damas bleu..., prisé ensemble la somme de iiii cens livres.

Dans la chambre dudit apartement, au dessus de l'entresolle.

... Une tenture de tapisserye de taffetas de Lyon, couleur verte, prisée la somme de xxx livres.

Dans une autre chambre dudit apartement, à costé de celle cy dessus.

... Un miroir de glace de Venise de vingt huict pouces et sa bordure de bois doré, prisé la somme de xxx livres.

Dans la chambre du sieur Deschateauv, vallet de chambre dudict seigneur abbé de Lionne.

... Un petit bois de lit à hault pillier, la somme de xviii livres.

Dans les deux chambres servant aux laquais, en la gallerye den hault.

Quatre couchettes à bas pilliers de bois de haistre, prisez la somme de xxvii livres.

Dans la chambre et entresolle servant aux paintres.

... Sept chaises de bois blanc garnyes de paille, prisées xx solz.

Dans une autre chambre servant ausdits paintres près la chambre du tapissier.

Une couche à hault pillier de bois de haistre, prisée xxvi livres.

Dans la garde robbe des valetz de chambre dudict seigneur marquis de Berny.

Une couche à hault pillier..., prisée xx livres.

Dans le cabinet en triangle joignant la chambre de ladite dame de Lionne en hault et la chambre bleue, attenant audit cabinet en triangle.

Pierreryes.

Item un bracelet où est un grand diamant foible, et un grand carré taillé à la mode, douze autres espois, aussy taillez à la mode, et vingt quatre perles rondes d'environ quatorze grains, *prisé ledit bracelet xx mille livres.*

Item un bracelet de cornaline et lapis et de douze perles rondes d'environ dix grains pieces, et deux diamantz espois, jaunes, taillez à la mode, prisé la somme de xviii cens livres.

Item un bracelet où est une table, en laquelle est le portrait de feu mondit seigneur de Lionne, vingt et un petitz diamans espois, et de quatre vingt quinze petittes perles rondes, prisé la somme de quatre cens livres.

Item une *boiste de portraict,* garnye de treize gros diamans et de huit petitz, et dans le milieu est enchassée une perle blanche, prisée la somme de xviii cens livres.

Item deux boucles d'oreilles, garnies chacunes de huit diamans à facettes, prisez ensemble ii mil viii cens livres.

Item un crochet de diamans en table, taillé à la mode, contenant soixante et un diamans, une petite montre couverte de diamans, prisez ensemble la somme de ii mil iiii cens livres.

Item *deux neufs* de manches, de perles et petits diamans, au nombre de deux cens quatre, prisez ensemble la somme de vii cens livres.

Item deux autres neufs de manches, de diamans à facettes avec deux saphirs, et le reste garny de topazes,

grenats et doubletz, prisez ensemble la somme de xii cens livres.

Item une paire de pendans d'oreilles contenant quatorze diamans, sçavoir deux espois au milieu et douze facettes, prisez ensemble la somme de vi mil viii cens livres [1].

Argenterye, blanc.

Item un miroir à glace de Venise, de trente poulces de hault sur vingt deux de large, garny de sa bordure d'esbeine, couverte et enrichye d'argent, prisé la somme de viii cens livres [2].

Argenterye servant à l'office, dont le sieur de Lagarde, maistre d'hostel dudict feu seigneur de Lionne, estoit chargé, *argenterye platte et montée,* prisée la somme de xxiii mil viii cens xliii livres.

Dans le cabinet en triangle servant à ladite dame de Lyonne.

Item une chaise de repos de point d'Angleterre, rehaussée d'or et d'argent, prisée la somme de huit livres.

Item six chaises de la Chine, garnyes de leurs coussins et oreillers de brocatelle de Venise, rouge à fondz aurore, prisez ensemble la somme de xviii ll.

Dans ladite chambre bleue.

Item une piece de toille d'or contenant trente deux aulnes, prisée l'aulne xvi livres, revenant audit prix à la somme de v cens xii livres.

Item une table de marbre faite à Rome, sur son chassis de bois tort, cinquante livres.

Dans la bibliothèque, attenant à ladite chambre bleue.

Item six fauteuils de bois de noyer tort, garnis de leurs housses de velours noir et bandes de point d'Angleterre, or et argent fin, prisez ensemble lx livres.

Dans la chapelle joignant ledit cabinet en triangle.

Item un siege de brandilloire, couvert de velours vert, garny par un costé et aux deux boutz d'une crespine or et argent, et par l'autre costé d'un mollet aussy or et argent, prisé xl livres.

Argenterie, vermeil doré et blanc.

Deux anges d'argent sur leurs piedz d'estaux de cuivre, enrichis d'argent, lesditz deux anges portant deux reliquaires enrichis de cinq petittes figures d'argent, dont deux tiennent chacun une petite croix de cuivre doré, prisez ensemble la somme de iiii cens livres.

[1] L'inventaire mentionne encore des bijoux divers pour une somme de 5449 livres.

[2] Le total de la bijouterie en argent est de 4862 livres.

Item un calice avec sa patenne, une croix, deux chandeliers, un bassin, deux burettes, une sonnette, le tout d'argent de Paris, vermeil doré, prisé la somme de iiii cens xliiii livres.

Au grand garde meuble.

Item six torchères d'argent, vermeil doré, scizelées, pezans ensemble quarante un marcs deux onces, prisez la somme de xii cens xxxvii tt x s.

Item une assiette à mouchettes, garnye de sa mouchette et chesne d'argent vermeil doré, prisé la somme de cent trois livres.

Item un pied d'escran pezant dix neuf marcs, prisé la somme de v cens xxxii livres.

Item un coffre d'argent de Paris, pesant trente marcs cinq onces, prisé la somme de viii cens lix livres.

Item une paire de chesnetz, argent de Paris, scizelez, pesans trente six marcs, prisée la somme de ix cens iiii^{xx} ii livres.

Deux reschauts d'argent de Paris, prisez la somme de ii cens lxvi livres.

Item une grande cassolette d'argent de Paris, scizelée, pesans xxxv marcs, prisée la somme de ix cens iiii^{xx} xi livres.

Item deux grandes buyres d'argent de Paris, scizelées, prisées la somme de iiii mil ii cens xiiii livres.

Item un bassin rond d'argent de Paris, scizelé, prisé la somme de v cens xxxii livres.

Item une table de bois de poirier noircy, couverte d'un tapis de laine rouge en housse, garnye d'une petite frange d'or faux, et deux guéridons de mesme bois, enrichis de placques d'argent, poinçon de Paris, scizelés, et un grand miroir à glace de Venise, de xxxviii pouces de haut et de xxvi de large, garny de sa bordure, couverte d'argent de Paris, scizelé, avec des ornemens de cuivre doré, prisez ensemble la somme de iii mil livres.

Item un lustre en cristal de roche destiné au grand alcauve de la chambre, viii cens livres.

Item un autre lustre aussy de cristal de roche, destiné au grand cabinet, prisé la somme de vii cens livres.

Audict grand garde meuble, ornemens de la chapelle.

Item une chasuble, une estolle, une aube, etc., prisez ii cens xxx livres.

Dans la grande armoire numéro deux.

Item un tableau de point de soye platte, representant le mont d'Helicon, Apolon, les neuf Muses et Pegaze, dans une bordure à feuillages dorez, prisé la somme de vi^{xx} livres.

Item un grand lit de six piedz et demy de large, sept piedz de long, dix piedz et demi de hauteur, prisé ledit lit la somme de *dix mil livres*.

Item un lit de Damas, couleur cerize, contenant..... douze fonds et douze dossiers de fauteuils......, prisez la somme de iiii mil livres.

Item le manteau de l'ordre dudit feu seigneur, dont n'a esté faict aucune prisée.

Item deux parasolles de moire, l'un couleur de cerize, et l'autre de vert, bordez d'une petite dantelle or et argent fin, prisez vi livres.

Dans la grande armoire numéro trois.

Item vingt quatre manteaux doublez de serge, et dix autres doublez de panne bleue, lesditz manteaux de serge de Saint Lô, chamarrez de velours noir et bleu, blanc, enrichis d'un petit gallon or et argent fin, le tout de livrée et qui ont servy à l'ambassade dudit feu seigneur en Allemagne, prisez ensemble la somme de mil livres.

.....Item sept pièces, dont l'une couppée en deux, de tapisserye de Bruxelles, rehaussée d'or, histoire de Cléopâtre, faisant vingt six à vingt sept aulnes de tour, sur deux aulnes trois quartz de hault, prisez ensemble la somme de *six mil livres*.

Item une tenture de tapisserie de haulte lisse, rehaussée d'or, représentant l'histoire de Psiché en unze pièces, contenant trente huit à trente neuf aulnes de tour sur deux aulnes et demy de hault, prisée la somme de *viii mil livres*.

Item une tapisserie d'Angleterre, représentant l'histoire des sept péchés mortels, prisée la somme de *dix mil livres*.

.....Item plusieurs habitz de masques à uzage de femme, de différentes etofes et ornemens.....

Habitz à usage dudit feu seigneur.

Item un justaucorps de velours doublé de taby, garny de boutons d'orphevrerie, prisé la somme de xxx livres.

Item un habit complet de velours noir à ramages, garny de dentelle de soye, le manteau doublé de panne, sur lequel est apliquée une croix de Saint Esprit en broderye, prisé la somme de xx livres.

.....Item un autre habit de drap d'Espagne, noir uny, le manteau doublé de pareille estoffe, garny d'une croix de Saint Esprit, xx livres.

Item un autre habit complet de moire, couleur de musc, le manteau enrichy d'une croix de Saint Esprit en broderie d'argent, prisé la somme de xxx livres....

Item une autre paire de chausses et pourpoint de brocard de soye, garnys de dentelle de soye et de rubans couleur de feu et or, prisez xx livres.

Dans une cassette.

Item l'*habit de l'ordre dudit feu seigneur*, consistant en pourpoint et trousse de moire d'argent, garny de dentelle d'argent, doublé de taffetas blanc, les nœuds de souliers de pareille estoffe et dantelle, une espée à garde et poignée d'argent, avec le ceinturon garny de mesme dentelle, et foureau aussy de thoille d'argent, la rotonde ou fraize garnye de dentelle, la toque de velours noir, enrichye de plumes blanches, une paire de bas de soye gris de perles, une paire de souliers de mouton blanc, avec galoches de velours noir, dont n'a esté fait aucune prisée ny estimation.

Item quatre tentes et pavillons de guerre de coustil de Bretagne, pour plusieurs usages, avec leurs matz, prisez ensemble la somme de cent livres.

Peintures.

Premièrement, un tableau représentant *la Fortune*, copie du Guide, prisé et estimé la somme de trois cens livres.

Item un tableau représentant *Moyse trouvé sur les eaux*, copie de monsieur Poussin, prisé la somme de cent livres.

Item un autre tableau représentant une *Danaé*, copie d'après Titien, prisé la somme de trois cens livres.

Item un autre tableau représentant des *Pasteurs d'Arcadye*, coppye d'après le Poussin, prisé la somme de deux cens livres.

Item un tableau de *Lemaire*, representant une petite *Léda*, prisé la somme de cinquante livres.

Item un tableau représentant une *Galathée*, copie d'après Poussin, prisé la somme de trois cens livres.

Item un tableau original de *Lemaire*, représentant *Renaud et Armide*, prisé la somme de quatre cens livres.

Item un tableau représentant *Armide qui emporte Renaud endormy*, copie d'après Poussin, prisé la somme de deux cens livres.

Item un autre tableau de *Lemaire*, représentant une petitte *Diane*, prisé la somme de cinquante livres.

Item un tableau des *Caraches*, représentant une petite teste d'enfant, prisé la somme de iiii^{xx} livres.

Item un tableau d'un *disciple de Romanelly*, représentant une petite *Galathée*, prisé la somme de xxx livres.

Item un tableau de *Jacques Bassan*, représentant une petitte teste, prisé la somme de trente livres.

Item un tableau d'après Poussin, représentant une petitte *Bacchanale*, prisé la somme de cent livres.

Item un autre tableau, copie d'Alexandre Veroneze, représentant un *Herculles qui file devant Dejanire*, prisé la somme de cent livres.

Item un tableau d'après Titien, représentant l'*espousalite de Ste Catherine*, prisé la somme de deux cens livres.

Item un autre tableau représentant *Alexandre avec Diogène*, prisé la somme de deux cens livres.

Item un autre tableau représentant *Alexandre devant une captive*, prisé la somme de cent livres.

Item un autre tableau de *Lemaire*, représentant *Mars et Vénus couchés sur un lit*, prisé la somme de cent livres.

Item une copie d'après Titien, représentant une *Vénus dormante*, prisé la somme de deux cens livres.

Item un autre tableau, *original de Mignard*, représentant une petite *Vénus*, prisé la somme de ii cens l livres.

Item un autre tableau, copie d'après l'Albane, représentant *Joseph et Putifar*, prisé la somme de lxx livres.

Item un autre tableau de Breuyle, représentant un *petit paysage*, prisé la somme de cinquante livres.

Item un petit tableau fait par le sieur Lebrun, représentant une *femme devant un tombeau, soutenüe par des soldats*, prisé la somme de cinquante livres.

Item un autre tableau de *Chevinot*, représentant une petite *Minerve avec un amour*, prisé la somme de xl livres.

Item un autre tableau, *original de l'Albane*, représentant une *Vierge avec des anges peints sur cuivre*, prisé iii cens livres.

Item un autre tableau, *original de Mignard*, représentant une *Bachanale* de Bourdon et les sept planettes, prisé cent livres.

Item deux tableaux de *Claude le Lorrain*, representans deux paysages et un *levant* et un *couchant*, prisez ensemble la somme de huit cens livres.

Item un autre tableau représentant une *predication de Sainct Jean*, et un petit paysage, *manière alemande*, prisé et estimé la somme de soixante livres tournois.

Item un autre tableau de *Corneillan*, représentant un berger et une bergère, au pied d'un arbre, gardans des vaches, prisé et estimé la somme de trois cens livres.

Item un autre tableau de *Paul Brille*, représentant *Latonne* (sic) *avec les païsans de Licie*, et un paysage, prisé et estimé la somme de deux cens livres.

Item un autre paysage en long, manière *de Brouyle*, prisé la somme de soixante livres.

Item un autre tableau de *Corneille*, représentant un *paysage où il y a des ruynes*, prisé et estimé la somme de cent livres.

Item un petit tableau de *Corneille*, une *Vénus qui dort*, prisé et estimé la somme de cent livres.

Item un autre tableau de *Jean Bouchine*, représentant un petit *sainct François*, prisé et estimé la somme de cent cinquante livres.

Item un autre tableau original du sieur *Le Brun*, représentant *Moyse qui touche le rocher*, prisé et estimé la somme de viii cens livres.

Item une *Suzanne avec les deux vieillards*, representez

en un tableau *original d'Alexandre de Veronèse*, prisé la somme de cent cinquante livres.

Item un autre tableau *original* du feu sieur Fresnoz, représentant un Apolon, Daphné et un fleuve, prisé et estimé la somme de cent livres.

Item quatre tableaux représentans quatre Venus avec des amours, de *Jacinthe*, prisez et estimez la somme de deux cens livres.

Item un autre tableau de *Podestal*, représentant Diane qui change Aretuze, prisé la somme de cent cinquante livres.

Item un autre tableau, représentant Germanicus, d'après *le Poussin*, prisé et estimé la somme de cinquante livres.

Item un autre tableau, *original de Cochin*, représentant un *paysage et le tresbuchement de saint Paul*, prisé la somme de soixante livres.

Item un autre tableau *d'après Dufresnoy*, représentant une *Vénus dormante*, prisé la somme de lx livres.

Item un autre tableau, copie *d'après les Carouches* (sic), représentant une *petite Suzanne*, prisé la somme cinquante livres.

Item un autre tableau représentant un paysage et un port de mer où il y a une grosse tour, prisé la somme de iiii^{xx} livres.

Item un autre tableau, manière du Guide, représentant un *Amour dormant appuyé sur son carquois*, prisé la somme de cinquante livres.

Item un autre tableau en long sur bois, *coppie d'après Breuyle*, représentant un paysage où il y a un moulin à vent, prisé la somme de xxx livres.

Item un autre tableau représentant une bachanalle, où est Bachus et un Faune qui luy verse à boire, prisé la somme de xxx livres.

Item un autre tableau de *Cartouche* (sic) (*Carrache*), représentant une *Nativité*, prisé la somme de ccc livres.

Item un tableau original *de Ferrareze*, représentant une *Vierge* en demye figure, tenant son petit Jésus, prisé la somme de iiii^{xx} livres.

Item un autre tableau, représentant *Madame de Cœuvres*, peinte en Dianne, prisé la somme de xxx livres.

Item un autre tableau, représentant *Madame d'Olonne*, prisé la somme de xxx livres.

Item deux grands tableaux, représentans des paysages de Dugasps, prisez ensemble la somme de trois cens cinquante livres.

Item un autre tableau, représentant *Germanicus, d'après Poussin*, prisé la somme de iiii^{xx} livres.

Item un autre tableau, *manière de Lombardie*, représentant l'*astrologie* et la *peinture*, prisé la somme de xl livres.

Item un autre tableau *original*, représentant une *bataille navalle*, prisé la somme de xl livres.

Item un autre tableau *original*, représentant une *bataille de cavallerie*, prisé la somme de xl livres.

Item un autre tableau *original*, représentant *Diane avec des chiens*, prisé la somme de xxx livres.

Item deux grans tableaux *originaux*, représentans *deux demyes figures de deux apostres*, prisez la somme de lx livres.

Item un autre tableau, représentant une *femme qui tient un livre de musique et deux enfants à ses costez*, prisé la somme de xii livres.

Item un petit tableau, représentant la *résurrection de Lazare*, prisé la somme de xx livres.

Item un tableau sur du bois, représentant une *teste de Christ*, prisé la somme de iiii^{xx} livres.

Item deux tableaux *originaux*, représentans *deux demy figures de vierges joignant les mains*, prisez et estimez la somme de cent livres.

Item un autre tableau, représentant le *couronnement de la Vierge*, avec de l'argent et du cuivre en relief.

Item un autre tableau, representant un homme armé, faict par *l'Interest* (sic), prisé la somme de cent livres.

Item le portrait de la *Reyne mere*, prisé la somme de xxx livres.

Item un autre tableau sur bois, coppye *d'après Raphaël*, representant *une grande Vierge*, prisé la somme de lx livres.

Item un tableau *d'après Albanne*, représentant un *Apollon dans un ciel*, prisé la somme de vingt cinq livres.

Item un tableau *original*, representant l'*Esponsalites de sainte Catherine*, prisé la somme de cinquante livres.

Item un autre tableau, représentant le pape *Rospigliosi, son neveu et un prince d'Espagne*, prisé, avec le portrait de monsieur Chapelain, ensemble la somme de trente livres.

Item un portrait de *Monsieur l'abbé de Lyonne*, prisé la somme de trente livres.

Item le tableau de *Madame de Cœuvres en sainte Agnès*, original de Mignard, prisé la somme de deux cens livres.

Item un portrait de la *reyne de Suède brune*, prisé la somme de xii livres.

Item un autre portrait de la *reyne de Suède blonde*, prisé la somme de xv livres.

Item trois portraits, dont deux de *Monsieur de Gap*, l'un grand, l'autre petit, et un autre de *Monsieur Payen*, prisez ensemble, avec un portraict du Roy faict par le sieur Nocret, la somme de xxx livres.

Item un grand tableau, coppie d'après *Carouche*, représentant une *Sainte Marguerite* très grande, prisée la somme de lx livres.

Item le *portrait de la famille*, *original de Mignard*, prisé et estimé la somme de ii cens cinquante livres.

Item un tableau, coppie d'après Titien, représentant *Adonis et Vénus*, prisé la somme de lx livres.

Item quatre tableaux, représentans les *quatre saisons*, prisez ensemble la somme de ii cens livres.

Item un tableau, représentant un *Satyre qui porte un bassin de fruicts et de fleurs, avec les graces*, *original*, prisé la somme de lx livres.

Item un tableau, *original de Calabrese*, représentant *deux joueurs de dames*, prisé la somme de soixante livres.

Item un autre tableau, représentant *trois pasteurs qui lèvent une pierre, trois moutons et un chien*, prisé la somme de cinquante livres.

Item un autre tableau, coppie d'après le Guide, de l'*Aurore*, prisé la somme de cinquante livres.

Item un grand tableau où est représenté un coq d'Inde, un oye et autres oyseaulx, *original*, prisé la somme de cinquante livres.

Item un autre tableau, représentant *Diogène dans son tonneau*, coppie d'après le Guide, prisé la somme de cinquante livres.

Item une coppie de *la femme adultère*, d'après *Valentin*, prisée la somme de lx livres.

Item un tableau, *original du Guarchin*, où est représenté un saint Thomas d'Aquin en demye figure, prisé la somme de cent livres.

Item un autre tableau sur bois où est représenté une Vierge joignant les mains, en demye figure, prisé la somme de xxx livres.

Item un tableau du cavalier Bernin, du crayon du Palaincien, prisé la somme de xx livres.

Item un autre tableau, représentant la figure en son entier de Cleopâtre, prisé la somme de lxxv livres.

Item un autre tableau, *original de Pistoye*, où sont représentés Bachus, Cérès avec Vulcain et Vénus, prisé la somme vi^{xx} livres.

Item quatre grands tableaux, représentant les quatre âges de l'homme, d'après Monsieur de Sainct Martin, prisez la somme de ii cens livres.

Item un grand tableau, contenant la figure entière d'un grand porte-vin du Roy, prisé la somme de xxx livres.

Item un tableau original, représentant le Samaritain, prisé la somme de cinquante livres.

Item le tableau de Monsieur Servien, figure entière, prisé la somme de xxx livres.

Item quatorze bustes de marbre blanc d'Italye, de figures différentes, prisez à raison de ii cens livres chacun, revenans ensemble, audit prix, à la somme de ii mil viii cens livres.

Pourcelaines.

Item quatre grands rouleaux, vraye pourcelaine, faisant quatre pièces, prisez la somme de xl livres pièce.

Item deux grands *Pigalles* à boutons, vraye porcelaine, faisant deux pieces, prisés ensemble la somme de cinquante livres.

Item deux rouleaux et trois gobeletz de porcelaine, faisant cinq pièces, prisés la somme de lx livres.

Item un vaze à ance à fleurs, très fin, prisé xxiiii livres............................

Biblioteque.

Premierement *Biblia Sacra*, in-fol., Parisius, huit volumes, e typographiâ Regis, relié maroquin incarnat doré; prisé la somme de lv livres.

Item *Novum Testamentum græcum* in-fol., Parisius, e typographiâ Regis, relié maroquin incarnat; prisé la somme de huit livres.

Item un autre livre *Biblia magna*, in-fol., Parisius, trois volumes, 1644, veau jaune; prisé la somme de xviii livres.

Item *De imitatione Christi*, in-fol., Louvre, relié maroquin incarnat; prisé la somme de vi livres.

Item *Summa d. Thoma*, in-fol., Lugduni, relié en bazanne; prisé la somme de vi livres.

Item *Concilia generalia*, in-fol., trente sept volumes, Parisius, e typographiâ Regis, relié maroquin incarnat doré; prisé la somme de ii cens cinquante livres.

Item *Hieronimi opera*, in-fol., quatre vol., Basil., 1524, veau, beaucoup gasté; prisé la somme de x livres.

Item *Canones Concilii sagitarü*, in-fol., Basil., 1553; prisé la somme de vi livres.

Item *Mercure Trismegiste*, en françois, veau; prisé la somme de vi livres.

Item *Praxis Reginaldi*, 2 vol. in-4°, 1616, bazanne; prisé iiii livres.

Item *Phisterius*, *In Cantica*, in-fol., Paris, 1613, bazanne; prisé la somme de iii livres.

Item *Amphiteatrum sapientiæ*, Conrat, in-fol., 1 vol.; prisé iii livres.

Item Baradius, *In Evangelia*, in-fol., 4 vol., Lugduni, 1610, baz.; prisé ix livres.

Item *Petrus Aurelius*, in-fol., Paris, 1642, bazanne; prisé la somme de vii livres.

Item Natalis, *In Evangelia*, in-fol., 1607, en veau; prisé la somme de xxx livres.

Item Sanchez, *De matrimonio*, in-fol., 1626, veau; prisé la somme de iii livres.

Item Casaubonnus, *In Baronnium*, in-fol., Londini, 1614, veau; prisé la somme de iiii livres.

Item *Jansenius, de gratia*, in-fol., Paris, 1641, veau; prisé la somme de vi livres.

Item *Augustini opera*, in-fol., dix vol., bas., 1529, longues lignes; prisé la somme de cent livres.

Item *Centuriæ Magdeburgenses*, in-fol., Basilea, 1565, 5 vol., un contenant les unze premières centuries; prisé la somme de xxv livres.

Item *Historia trium regum*, in-fol., Coloniæ, 1554; prisé la somme de i livre x s.

Item *Calvini Institutiones*, in-fol., Lugduni, 1654, relié en parchemin; prisé xxx solz.

Item *Plutarchi opera*, in-fol., trois volumes; prisé la somme de vi livres.

Item *Eusebii chronicum Scaligerii*, in-fol., Lugduni, 1606; prisé la somme de vi livres.

Item *Gregorii magni opera*, in-fol., 2 vol., 1550, veau; prisé la somme de xii livres.

Item *Vasquez opera*, in-fol., Ingolstadi, 6 vol., bazane; prisé la somme de vii solz.

Item un *Alcazar in Apocalipsim*, in-fol., bazanne; prisé la somme de xxx livres.

Item une *Histoire des évêques de Mett*, à Metz, 1634, veau; prisée la somme de xx solz.

Item *Gallia christiana*, in-fol., 4 vol., Paris, mil six cens cinquante six, veau; prisé la somme de xxiiii livres.

Item du *Concile de Trente*, in-fol., à Troyes, 1655, veau; prisé la somme de iii livres.

Item *Historia de Concilio Tridentino del Palavicini*, in-fol., 2 vol., Romæ, 1651, veau; prisé la somme de xviii livres.

Item la *Fleur des Saints*, in-fol., 2 vol., Paris, 1660, veau; prisé la somme de x livres.

Item *Martirologe des chevaliers de Malthe*, in-fol., Paris, 1643; prisé la somme de viii livres.

Item *Histoire de Malthe*, in-fol., Paris, 1659, veau; prisé la somme de vi livres.

Item *Histoire de Joseph*, en françois, in-fol., Rouen, 1656; prisé la somme de ii livres x solz.

Item Eusebii, *Historia ecclesiatica*, in-fol., bazanne; 1611, relié; prisé la somme de v livres.

Item *Photii bibliotheca*, in-fol., grand papier, Rotomagi, 1653, veau; prisé la somme de vii livres.

Item *Procès-verbal du clergé*, de 1665 et 1666, veau; prisé la somme de neuf livres.

Item *Aquaticum*, *historia animalium*, in-fol., Romæ, 1554, veau; prisé la somme de iii livres.

Item *Ferrarii Hesperides*, in-fol., Romæ, 1646, parchemin et carton; prisé la somme de iii livres.

Item *Histoire de Pline*, en françois, par Dupinat, in-fol., Paris, 1615, veau rouge; prisé la somme de iiii livres.

Item *Histoire des Plantes*, d'Alechamp, in-fol., 2 vol., Lyon, 1653; prisé la somme de xii livres.

Item *Cantacuseni Historia*, in-fol., 3 vol., tipis Regis, relié en maroquin incarnat; prisé la somme de xviii livres.

Item *Procopii Historia*, in-fol., douze vol., tipis Regis, relié en maroquin incarnat; prisé la somme de xix livres.

Item *Chronicum orientale*, in-fol., tipis Regis, 1651, en veau; prisé la somme de x livres.

Item Syncelin *Chronographia*, in-fol., tipis Regis, 1652, veau; prisé la somme de vi livres.

Item *Acropolitæ* et *Ducæ Historia Byzantina*, in-fol., tipis Regis, 1650, veau; prisé la somme de vii livres.

Item *Anastasius Bibliothecarii*, in-fol., tipis Regis, 1649; prisé la somme de v livres.

Item *Corpus historiæ Bisantinæ*, in-fol., tipis Regis, 1648, veau; prisé la somme de vii livres.

Item *Anna communa*, in-fol., tipis Regis, 1651, veau; prisé la somme de v livres.

Item *Procopii historia arcana*, in-fol., Lugduni, 1623; prisé la somme de xl solz.

Item *Fortifications d'Erard*; prisé la somme de xl solz.

Item *Casimiri artillerie*, in-fol.; prisé la somme de xl solz.

Item *Perspective de Maroloer*, 1615, in-fol.; prisé xxx solz.

Item *Theatrum vitæ humanæ Zwingeri*, in-fol., 5 vol., Bazileæ, 1586; prisé la somme de vi livres.

Item Aldrovandus, *De serpentibus*, in-fol. Bononiæ, 1540; prisé la somme de cinq livres.

Item Albertus Magnus, *De animalibus*, in-fol., gotique; prisé xx solz.

Item *Hortus regius*; prisé la somme de xl solz.

Item Van Helmont, *Opera medica*, in-fol., Lugduni, 1655, veau; prisé la somme de iii livres.

Item *Œuvres de Paré*, Lyon, 1652, veau; prisées iii livres.

Item *Trigonometria britanica*, in-fol., 1633, relié veau; prisé la somme de xl solz.

Item *Spigely opera*, Amstelodani, 2 vol., 1645, en vélin; prisé la somme de xii livres.

Item Oribasius, *De simplicibus*, in-fol., Argentorati, 1535; prisé la somme de xxx solz.

Item *Manuscript de chirurgie de Lanfranc*; prisé la somme de iiii livres.

Item Ant. Musæ, *In aphorismos Hipocrat.*, in-fol., Bazileæ, 1541, veau; prisé xxx solz.

Item Euclidius, *Commentarii*, veau, in-fol.; prisé xx solz.

Item Schouvery, *Opera mathematica*, in-fol., 1561, parchemin; prisé la somme de iii livres.

Item *Lancelot du Lac*, in-fol., lettre gotique, vieux; prisé la somme de iiii livres.

Item Erasmi, *Epistolæ*, idem, *Adagia*, in-fol., deux vol., Bazil., vieux, prisés la somme de xl solz.

Item *Quintiliani opera*, in-fol., Paris, Vascozan, 1538, veau rouge; prisé iii livres.

Item *Isocratis opera*, in-fol., Basileœ, 1570; prisé la somme de xl solz.

Item *Cassiodori opera*, in-fol., Paris, Nivelle, 1579, parchemin; prisé la somme de iii livres.

Item *Ciceronis opera*, in-fol., deux vol., Paris, Caroli Stephani, 1554, veau; prisé la somme de xii livres.

Item *Ciceronis orationes*, in-fol., Lugduni, 1554; prisé la somme de xxx solz tournois.

Item *Dion Chrisostomi orationes*, in-fol., Paris, 1604, veau; prisé la somme de iiii livres.

Item *Barberiny poemata*, in-fol., tipis Regis, 1642, maroquin; prisé la somme de xl solz.

Item *Terentius*, in-fol., tipis Regis, 1642, relié en maroquin; prisé la somme de iiii livres.

Item *Juvenalis*, in-fol., tipis Regis, 1644, maroquin; prisé la somme de iiii livres.

Item *Hierusalem di Tasso*, in-fol., tipis Regis, maroquin; prisé la somme de xii livres.

Item *Virgille*, en françois, par Marolles, in-fol., 1649, veau; prisé la somme de iiii livres.

Item *Martialis*, in-fol., Paris, 1607; prisé cinquante solz.

Item *Œuvres de Ronsard*, in-fol., deux volumes; prisé la somme de iii livres.

Item *Dacii concilia*, in-fol.; prisé xl solz.

Item *Azoni, In jus civile*, in-fol.; prisé la somme de xl solz.

Item *Goldasti, Collectio consuetud*[1], imp. Francof, in-fol., 1613; prisé xxx solz.

Item *Codex Theodosianus*, in-fol., Lugduni, 1665, six vol.; prisé la somme de xviii livres.

Item *Coustume de Paris*, par Tronson, in-fol., Paris, 1626, veau; prisé la somme de xl solz.

Item *Ordonnances de Fontanon*, in-fol., Paris, 1611, 3 vol., veau rouge; prisé la somme de xx livres.

Item *Plaidoiers de Bassat*, in-fol., Grenoble, maroquin, 1668; prisé la somme de cent solz.

Item Gregorius Tolozanus, *De republica*, in-fol., 1590; prisé la somme de xx solz.

Item Barboza, *De officio et potestate episcopi*, in-fol., Lugduni, 1628, bazanne; prisé cinquante solz.

Item Zozina, *In pandectas*, in-fol., Basil., 1576, bazanne; prisé xx solz.

Statuta urbis Romœ, 1611; prisé la somme de iii livres.

Item *Platonis opera*, Serranus, in-fol., 3 vol., 1619, Henry Stephan; prisé la somme de xxxvi livres.

Item *Aristotelis opera*, in-fol., 2 vol., 1619; prisé la somme de xvi livres.

Item *Gassendi opera*, in-fol., 6 vol, grand papier; prisé la somme de xl livres.

[1] *Liber constitutionum*.

Item *Alestedii enciclopedia*, in-fol., 2 vol., Lugduni, 1649; prisé la somme de xii livres.

Item Sadius, *Rosarium politicum*, in-fol., Amsteled, 1651, vélin; prisé la somme de trois livres.

Item *Della fabrica del mondo*, in-fol., Venitiœ, 1675, veau; prisé la somme de xl solz.

Item *Bibliothèque universelle*, de Boyer, in-fol., Paris, 1649, veau; prisé la somme de iii livres.

Item *Histoire des connestables*, de Feran, in-fol., à l'imprimerie royale, 1658, veau; prisé la somme de vii livres.

Item *Science heroïque*, de la Colombière, in-fol., Paris, 1644, veau; prisé la somme de vii livres.

Item *Philostrati opera*, in-fol., Paris, 1608, veau; prisé la somme de vii livres.

Item *Philostrate*, en françois, in-fol., Paris, Langelier, 1620; prisé la somme de xii livres.

Item Espejode, *Principes e cavaleros*, in-fol., Aragone, 1611; prisé la somme de iii livres.

Item Leonardo da Vinci, *Della Pillera*, in-fol., Paris, 1651, veau; prisé iii livres.

Item *Vocabolario di la crusca*, in-fol., Venet, 1623, en carton; prisé la somme de xii livres.

Item *Theatre d'honneur et de chevalerie*, de la Colombière, in-fol., Paris, 1648, deux vol., maroquin; prisé la somme de vi livres.

Item Boissardi, *De divinatione*, in-fol., veau; prisé la somme de iii livres.

Item *Gallerye des femmes fortes*, du père Le Moyne, in-fol., Paris, 1647, veau; prisé la somme de vii livres.

Item *Delle chronologia universal*, di Bardi, in-fol., 4 vol., 1581, veau noir; prisé la somme de x livres.

Item Collii, *Opera historica*, en deux volumes, Bâle, 1578; prisé la somme de iii livres.

Item *Chronica di Guazo*, in-fol., Venise, 1553; prisé xl solz.

Item *Chronologie*, de Gauker, in-fol., Lyon, 1633; prisé la somme de iiii livres.

Item Wolfi, *Memorabilia*, in-fol., 1600, parchemin; prisé la somme de iii livres.

Item Scaliger, *De emendatione temporum*, Genève, 1629, veau; prisé la somme de v livres.

Item Paulina, *De rectâ pace*, in-fol., 1513; prisé la somme de quatre livres.

Item *Le monde*, en 5 vol., in-fol., séparez; prisez la somme de x livres.

Item Colon, *De la mer*, in-fol., 2 vol., 1645; prisé la somme de x livres.

Item *Lexicon geographicum*, de Bauderan, in-fol., Paris, 1670; prisé la somme de dix livres.

Item *Lhidrographie*, du Père Fournier, in-fol., Paris, 1643, baz.; prisé la somme de iii livres.

[1671.] DE L'HÔTEL-DIEU DE PARIS. 253

Item Viagi, *De la navigationi di Marco-Polo*, Venise, 1559; prisé la somme de xii livres.

Item Radzivilii, *Ierosolomitam*, Anvers, 1614; prisé la somme de xl sols.

Item *Thesaurus Ortelii*, in-fol.; prisé xx sols.

Item *Horatius*, in-fol., tipis Regis; prisé xl sols.

Item *Valerius Flaccus*, in-fol., gotique, vélin enluminé; prisé la somme de iii livres.

Item *Dante*, in-fol., Venise, 1596; prisé la somme de iii livres.

Item *Strabonis geographia, cum comm.*, Casauboni, in-fol., 1587, veau; prisé xxx sols.

Item *Civitates orbis terrarum*, in-fol.; prisé la somme de xviii livres.

Item *Petrarchæ opera*, in-fol., Bâle, 1581, veau; prisé la somme de vii livres.

Item *Senecæ opera*, Gruteri, in-fol., Paris, 1594; prisé la somme de xxx sols.

Item les *Œuvres de Lamothe-Levayer*, in-fol., deux volumes, Paris, 1660, veau; prisé xii livres.

Item *Xenophontis opera*, in-fol., Paris, 1625; prisé la somme de iii livres.

Item *Herodoti opera*, in-fol., grec-latin, 1608, veau fauve; prisé la somme de iiii livres.

Item *Dion Cassius*, grec-latin, in-fol., 1606, veau; prisé la somme de vii livres.

Item *Historiæ romanæ scriptores minores*, in-fol., Francfort, 1590, veau; prisé la somme de vi livres.

Item *Appianus Alexandrinus*, grec-latin, Stephani, 1592, veau; prisé la somme de cent sols.

Item Omphrius, *De rebus moscoviticis*, in-fol., Bâle, 1558, parchemin; prisé xl sols.

Item *Cuspiniani opera*, in-fol., Francfort, 1601; prisé la somme de cent sols.

Item Frazelas, *De rebus seculis*, in-fol., Venise, 1521, parchemin; prisé la somme de cent sols.

Item Torelly Saraine, *De origine Veroneze*, in-fol., Véronne, 1540, veau; prisé la somme de xl sols.

Item *Historia di Pigna*, in-fol., Ferrare, 1570; prisé la somme de iiii livres.

Item *Historia di Bologna*, Ghirardi, in-fol., Bologna, 1596, parchemin; prisé xxx sols.

Item Patrici, *Rerum venetiarum*, in-fol., Venise, 1560, parchemin; prisé la somme de xxx sols.

Item Lotichina, *Rerum germanicarum*, in-fol., Francfort, 1646, parchemin, carton; prisé la somme de vii livres.

Item Strada, *De bello Belgico*, in-fol., 2 vol., 1640, parchemin, carton; prisé la somme de vii livres.

Item Strada, *Des guerres de Flandres*, in-fol., 2 vol., Paris, 1659, veau; prisé la somme de vii livres.

Item Barlei, *Historia Brabantiæ*, in-fol., Amsterdam, 1647, vélin doré et enluminé; prisé la somme de vii livres.

Item Mirei, *Chronicon*, in-fol., 1636; prisé la somme de iiii livres.

Item Grotii, *Annales Belgici*, in-fol., Amsterd., 1657, parchemin; prisé la somme de iii livres.

Item *Histoire des Pays Bas*, par Meteran, in-fol., à la Haye, 1618, veau; prisé la somme de sept livres.

Item Buscamen, *Historia scotica*, in-fol., 158..., parchemin; prisé xx sols.

Item Camdeni, *Historiæ Angliæ, Normanniæ, Franciæ*, in-fol., 1603, veau; prisé la somme de neuf livres.

Item Pontani, *Historia Danica*, in-fol., Amsterd., 1631, veau; prisé la somme de iii livres.

Item Marsin, *Historia Danica*, in-fol., Amsterdam, 1638; prisé xx sols.

Item *Historia augusta Salmasii*, in-fol. Paris, 1620, veau; prisé la somme de vi livres.

Item *Suetonius Beroaldi*, in-fol., Lyon, 1548, veau; prisé xx sols.

Item *Cornelius Tacitus*, Lyon, 1627; prisé la somme de six livres.

Item *Glandorsii onomasticon*, in-fol., françois, 1589. parchemin; prisé xxx sols.

Item *Vitæ virorum illustrium*, in-fol., Bâle, 1563, veau; prisé xx sols.

Item *Roma subterranea*, in-fol., 2 vol., 1651, veau; prisé la somme de xii livres.

Item *Chronique de France*, par Belleforest, in-fol., Paris, 1617, veau; prisé la somme de iii livres.

Item *Chronique de Monstrelet*, à Paris, in-fol., 1603, veau; prisé la somme de vii livres.

Item *Histoire d'Aubigné*, in-fol., 1617, 1 vol.; prisé vi livres.

Item *L'empire françois*, in-fol., à Orléans, 1651; prisé xx sols.

Item Valesii, *Rerum francicarum*, tomus primus, in-fol., grand papier, Paris, veau; prisé xx sols.

Item *Triomphe de Louis le Juste*, par Valdot, Paris, 1649, veau; prisé la somme de vii livres.

Item *Histoire des guerres civiles de France*, par Davila, in-fol., 2 vol., maroquin incarnat; prisé la somme de xl livres.

Item *Recherches de la France*, par Pasquier, Paris, 1633, veau; prisé la somme de iii livres.

Item *Recueil de diverses pieces servant à l'histoire*, in-fol., Paris, 1635; prisé la somme de iii livres.

Historia universitatis parisiensis, in-fol., deux volumes, grand papier, Paris, 1665, veau; prisé la somme de xii livres.

Item *Histoire des comtes de Provence*, in-fol., à Aix, 1654; prisé xxx sols.

Mémoires pour l'histoire de Navarre, par Galand, in-fol., Paris, 1648, veau; prisé la somme de xl sols.

Item *Histoire de Paul Emille*, en françois, Paris, 1643, veau; prisé xxx sols.

Item *Histoire de Bretagne*, par Dozier, in-fol., Paris, 1638, veau; prisé la somme de xl sols.

Item *Histoire du Dauphiné*, de Chavois, Grenoble, 1661, maroquin; prisé la somme de iiii livres.

Item *Histoire du connestable de Lesdiguières*, in-fol., Paris, 1638, veau; prisé la somme de iii livres.

Item *Histoire généalogique de la maison de Courtenai*, par Du Bouchet, in-fol., Paris, 1661, veau; prisé la somme de iiii livres.

Item *Preuves de l'histoire de la maison de Coligni*, Paris, 1661, veau; prisé la somme de iiii livres.

Item *Histoire de la vie du duc d'Espernon*, Paris, 1653, veau; prisé la somme de iiii livres.

Item *Histoire du maréchal de Matignon*, Paris, 1561, veau; prisé la somme de iii livres.

Item *Décade de Henry IV et de Louis XIII*, par Legrain, Paris, 1614, veau; prisé la somme de iii livres.

Item Barlay, *Medici hospes*, in-fol., Amsterdam; prisé xx sols.

Item *Esclaircissement de l'administration du cardinal Mazarin*, in-fol., Louvre; prisé xx sols.

Item *OEuvres de Saint Germain*, in-fol.; prisé xl sols.

Item *Bebrarii historia gallica*; prisé xl sols.

Item *Ambassade de Canaye*, 3 vol., Paris, 1645; prisé la somme de vi livres.

Item *France métalique*, in-fol., Paris, 1636; prisé la somme de vii livres.

Item *Gesta Dei per Francos*, in-fol., 1611; prisé vi livres.

Item *Antiquitez et annales de Paris*, 2 vol., Paris; prisé la somme de vii livres[1].

Item *Doctrine des mœurs*, in-fol., maroquin incarnat; prisé la somme de iiii livres.

Item *Essais de Montaigne*, in-fol., Paris, 1652; prisé la somme de vi livres.

Item *OEuvres de Plutarque*, de M. Amyot, in-fol., 4 vol., veau, Paris, 1645; prisé la somme de xxiiii livres.

Item *Histoire d'Italie*, par Guichardin, in-fol., Paris, 1577, veau; prisé xxx sols.

Item *Histoire de Naples et Sicile*, par Turpin, in-fol., Paris, 1630, veau; prisé la somme de cinq livres.

Item *Histoire des troubles d'Angleterre*, in-fol., Paris, 1561, veau; prisé la somme de iiii livres.

[1] Le libraire chargé de la prisée des livres de la bibliothèque de M. de Lionne cesse ici d'inscrire chaque ouvrage en particulier; les livres sont mis en paquets de 4 à 10 volumes de tous formats et nous comptons, sauf erreur, 2,603 volumes vendus en bloc 1,419 livres 10 sols; puis l'inventaire analytique des livres reparait.

Item *Histoire généalogique de la maison de France*, par Sainte Marthe, in-fol., 2 vol., grand papier, Paris, 1647, relié maroquin; prisé la somme de xxxv livres.

Item *Histoire des neuf roys Charles*, in-fol., Paris, 1568, veau; prisé la somme de iii livres.

Item *Histoire de Charles VI*, par Le Laboureur, in-fol., Paris, 1663, veau, 2 vol.; prisé la somme de vi livres.

Item *Histoire de Charles VI*, par Juvénal des Ursins, Louvre, 1653, veau, 2 vol.; prisé la somme de cent sols.

Item *Histoire de Monsieur de Thou*, in-fol., 3 vol., Paris; prisé la somme de xii livres.

Item *Histoire du cardinal de Richelieu*, in-fol., tome Ier, grand papier; prisé la somme de iii livres.

Item *Trésor de Fontainebleau*, in-fol., Paris, 1642, veau; prisé xx sols.

Item *Considérations historiques sur la maison de Lorraine*, par Chantereau-Le Febvre, in-fol., 1642; prisé xl sols.

Item *Mémoires du Languedoc*, par Catel, in-fol., Toulouse, 1633, veau; prisé la somme de iii livres.

Item *Négociations du président Jeannin*, in-fol., Paris, 1656, veau; prisé la somme de cent sols.

Item *Mémoires de Commines*, in-fol., de l'imprimerie royale, veau; prisé la somme de xv livres.

Item *Histoire du mareschal de Tavannes*, in-fol., Paris, veau; prisé la somme de iii livres.

Item *Mémoires du duc de Nevers*, in-fol., 2 vol., grand papier, 1665, veau; prisé la somme de douze livres.

Item *Ambassades de Monsieur d'Angoulesme*, in-fol., Paris, 1667, grand papier, veau; prisé la somme de iii livres.

Item *Mémoires de Castelnau*, deux volumes, par Le Laboureur, Paris, 1659, in-fol.; prisé la somme de xv livres.

Item *Mémoires de Ribier*, in-fol., 2 vol., à Blois, 1666; prisé la somme de vi livres.

Item *Ambassades du cardinal du Perron*, in-fol., Paris, 1623; prisé la somme de iii livres.

Item *Mémoires de du Bellay*, Paris, 1582; prisé la somme de xl sols.

Item *Voyages de Thevenot*, in-fol., 1er vol.; prisé la somme de xl sols.

Item *Polybe*, en françois, in-fol., Paris, veau; prisé la somme de vi livres.

Item *Histoire romaine*, de Coiffeteau, in-fol., Paris, 1634; prisé la somme de iii livres x sols.

Item *Mémoires de Sully*, 2 vol., in-fol.; prisez la somme de xii livres.

Item *Histoire des Turcs*, de Chalcondile, in-fol., 2 vol., Paris, 1650, grand papier, veau; prisé la somme de xxv livres

Item *Journal de Saint-Amour*, in-fol., veau; prisé la somme de xii livres.

Item *Histoire de Thucidide*, de d'Ablancourt, in-fol., veau; prisé la somme de six livres.

Item *Tite-Live*, 2 vol., Paris, 1653, veau; prisé la somme de xviii livres.

Item *Œuvres de Xénophon*, en françois, in-fol., Genève, 1613, parchemin; prisé la somme de iii livres.

Item *Œuvres de Senèque*, par du Ryer, in-fol., 2 vol., 1659, veau; prisé la somme de xii livres.

Item *Controverses de Richelieu*, Paris, in-fol., veau; prisé la somme de iiii livres.

Item *Homélies de saint Chrisostome*, par Marsilli, in-4°, tomes I et II, Paris, 1665, veau; prisé la somme de huit livres.

Item *Moralle de saint Grégoire*, 2 vol., Paris, 1666, veau; prisé la somme de ix livres.

Item *Tableau de la Pénitence*, par M. Godeau, in-4°, veau, 1656, Paris; prisé la somme de quatre livres.

Item *Sermons de saint Bernard sur le Cantique des Cantiques*, Paris, 1663, veau; prisé la somme de iii livres.

Item *Plaidoyers*, de Le Maistre, in-4°, à Paris, 1666, veau; prisé la somme de iiii livres.

Item *Un factum pour Monsieur de Gondrin, archevesque de Sens, contre le chapitre de Sens*, in-4°, 1669, veau; prisé la somme de xl sols.

Item *Pseaumes*, de Godeau, in-4°, à Paris, 1648, veau; prisé la somme de quatre livres.

Item *Eloges historiques de M. Godeau*, in-4°, à Paris, 1667, veau; prisé la somme de iii livres.

Item *Obras de la madre Tereza de Jesus*, in-4°, 1649, relié, maroquin rouge, 3 vol.; prisé la somme de vi livres.

Item *Morale des jesuistes*, à Mons, 1667, veau; prisé la somme de xiv livres.

Item *Lettres provinciales*, de Montaltes, in-4°, Cologne, 1657, veau; prisé xx sols.

Item *La paix victorieuse*, du Père d'Ormesson, in-4°, Paris, 1661, veau; prisé xx sols.

Item *Traduction d'un discours de saint Athanaze*, in-4°, à Paris, 1651, veau; prisé xx sols.

Item *Lettres de M. d'Andilly*, in-4°, Paris, 1645, veau; prisé xl sols.

Item *De la fréquente communion*, in-4°, à Paris, 1644, veau; prisé la somme de vi livres.

Item *Esclaircissement de Janssenius*, Cologne, 1662, 2 vol., veau; prisé la somme de vii livres.

Item *Discours de la methode de la geometrye*, in-4°, Paris, 1637, 1 vol.; prisé xl sols.

Item *Lettres de Monsieur Descartes*, in-4°, Paris, 1657, veau; prisé la somme de xl sols.

Item *Méditations*, de Descartes, in-4°, à Paris, 1647, veau; prisé la somme de xl sols.

Item *Œuvres de Voiture*, in-4°, à Paris, 1667, veau; prisé la somme de iiii livres.

Item *Deffence des ouvrages de Monsieur de Voiture*, in-4°, Paris, 1654, veau; prisé xx sols.

Item *Clovis*, par M. Desmarais, in-4°, à Paris, 1657, veau; prisé c sols.

Item *Entretiens de M. Voiture et de M. Costard*, in-4°, Paris, 1654; prisé xx sols.

Item *Abrégé de l'histoire de France*, par Mézerai, in-4°, 3 vol., 1668; prisé la somme de xv livres.

Item *Mémoires de M. le duc de Guise*, in-4°, à Paris, 1668, veau; prisé iiii^lt.

Item *Histoire de Venise*, par Folgace, in-4°; prisé la somme de vii livres.

Item *Quinte-Curce*, de Vaugelas, in-4°, Paris, 1664, veau; prisé iii livres.

Item *Poesies diverses*, de M. de Scudéry, in-4°, Paris, 1649; prisé xx sols.

Item *Suite de la deffence de M. de Voiture*, in-4°, Paris, 1654, parchemin; prisé xx sols.

Item *Pharsale de Lucain*, par M. de Brebeuf, in-4°, Paris, 1656, veau; prisé xx sols.

Item *Remarques sur la langue françoise*, in-4°, à Paris, 1655; prisé xxx sols.

Item *Apologie pour M. de Balzac*, in-4°, Paris, 1627, veau; prisé xx sols.

Item *Commentaires de César*, de d'Ablancourt, 1658, veau; prisé la somme de iii livres.

Item *Clélie*, in-8°, huict vol., Paris, 1660; prisé la somme de viii livres.

Item *Cyrus*, de M. de Scudéry, 10 vol., Leyde, 1656, veau; prisé la somme de x livres.

Item *Cassandre*, 1656, veau; prisé ix sols.

Item *Cleopâtre*, in-8°, huict vol., Paris, 1656, veau; prisé la somme de viii livres.

Item *La Calandre*, de M. de Scudéry, in-8°, 3 vol., Paris, 1668, veau; prisé la somme de iii livres.

Item *Œuvres de Théophile*, Rouen, 1656, veau; prisé xx sols.

Item *Œuvres de Corneille*, in-8°, Rouen, 1660, les trois premiers volumes, veau; prisé iii livres.

Item *Apulée ou l'asne d'or*, in-8°, Paris, 1647, veau; prisé xxx sols.

Item *Alcidamie*, de mademoiselle Desjardins, in-8°, 2 vol., Paris, 1661, veau; prisé xx livres.

Item *Réplique de monsieur Girac à monsieur Costard*, in-8°, Leyden, 1660, vélin; prisé xx sols.

Item *Responce du ministre Claude à la Perpétuité de la Foy*, in-8°, Charenton, 1665, veau; prisé xx sols.

Item *Logique de Lesclache*, in-8°, Paris, 1648; prisé xl s.

Item *Catolicon d'Espagne*, in-12, Ratisbonne, 1664, veau; prisé x sols.

Item *Morale des jésuites*, in-12, Cologne, 1669, veau; prisé xx sols.
Item *Annales galantes*, in-12, 2 vol., 1670, Paris, veau; prisé xx sols.
Item *Socrate, Des choses mémorables*, par M. Charpentier, in-12, Paris, 1657, veau; prisé xx sols.
Item *Mémoires de la reyne Marguerite*, in-12, Bruxelles, 1658, veau; prisé x sols.
Item *Nouvelles œuvres de Theophile*, par M. Mayret, Paris, 1656, veau; prisé xv sols.
Item *Socrates chrétien*, par Balzac, in-12, Rouen, 1661, veau; prisé xv sols.
Item *Le Prince*, de Balzac, in-12, Rouen, 1661, veau; prisé x sols.
Item *Aristippe*, de monsieur de Balzac, in-12, Rouen, 1660, veau; prisé xv sols.
Item *Entretiens de feu M. de Balzac*, in-12, Rouen, 1660, veau; prisé xv sols.
Item *Lettres choisies de Balzac*, in-12, Rouen, 1650, veau; prisé xv sols.
Item *Lettres familières de Balzac à monsieur Chapelain*, in-12, Paris, 1669, veau; prisé xx sols.
Item *Lettres de feu M. de Balzac à M. Conrart*, in-12, 1659, veau, Paris; prisé xx sols.
Item *Lettres diverses de Balzac*, in-12, Paris, 1659, veau; prisé xx sols.
Item *Œuvres de Marot*, in-16, Lyon, 1597, veau; prisé xx sols.
Item *Recueil de l'histoire d'Henri III*, in-12, Cologne, 1662, veau; prisé xx sols.
Item *La princesse de Montpensier*, in-12, Paris, 1662, veau; prisé xx sols.
Item *Diverses vies de Molière*, in-12, Paris, 1663, veau; prisé x sols.
Item *Les Fâcheux*, comédie de Molière, in-12, 1662, veau; prisé x sols.
Item *Anaxandre*, nouvelle de Mlle Desjardins, in-12, veau; prisé x sols.
Item *Recueil de lettres de Mlle Desjardins*, in-12, 1668, veau; prisé x sols.
Item *Carouzel de monseigneur le Dauphin*, par Mlle Desjardins, in-12, 1662, veau; prisé x sols.
Item *Œuvres de Rabelais*, in-8°, Lyon, 1558, veau; prisé la somme de xx sols.
Item quatre paquetz de diverses comédies et poesies espagnoles, in-4°, sans estre reliez; prisés la somme de xxiiii livres.
Item *Cérémonial françois*, par Godefroy, in-fol., 2 vol., grand papier, Paris, 1649, veau; prisé la somme de xxx livres.
Item *Traitté des droicts du Roy*, par monsieur du Puy, in-fol., Paris, 1655, veau; prisé la somme de vii livres.

Item *Traité de paix et contract de mariage de Louis XIV*, avec les autres pieces imprimées au Louvre, in-fol., 1660, veau; prisé la somme de xx sols.

La prisée desdits livres a esté faite par le sieur Pierre Le Petit, imprimeur ordinaire du Roy et libraire juré de l'Université de Paris, et par Daniel Lefevre, libraire à Paris, dont ils ont faict et signé leur mémoire particulier, en forme d'inventaire, demeuré annexé à la minutte des présentes, pour y avoir recours en cas de besoin.

Item *les titres et papiers ne pouvant estre inventoriez, à cause qu'ils sont dans le cabinet en triangle joignant la chambre dudict feu seigneur de Lyonne, au rez de chaussée, en laquelle il est deceddé, et que le scellé a esté apposé de la part du Roy et de monseigneur Colbert, ministre secrétaire d'Etat et des commandemens de Sa Majesté sur la porte dudit cabinet, dans lequel sont aussy les traitez, papiers et instructions des affaires de Sadite Majesté et de l'Estat, jusques à ce qu'il plaise au Roy ordonner la levée desditz scellez.*

Estat du bien et des effects actifs de la communauté et succession de feu Monseigneur de Lionne.

(Sans date.)

Premierement l'hostel de Lionne avec ses appartenances, estimé la somme de quatre cens mille livres (en marge, à madame).

La terre et seigneurie de Berny, le fief d'Antosny, la terre et seigneurie de Fresne les Rungis, leurs appartenances et dépendances, acquises par monseigneur de Lionne pour la somme de 545,000 livres.

Les sommes deues et escheues des fermes des dites terres de Berny et de Fresnes, au deceds de monseigneur de Lionne, montant à la somme de 16,840 livres.

La quantité de ... thoises de places à bastre; restant de trois places de terres scituées en la nouvelle enceinte de Paris, paroisse Saint Roch, contenant en superficie 3,036 thoises et demy 5 pieds et un quard, acquises par monseigneur de Lionne de monsieur l'abbé de St Victor, la premiere et la plus grande desquelles pièces est celle sur laquelle l'hostel de Lionne a esté basty, contenant en superficie 2,587 thoises treize pieds, aboutissant à la rüe neufve des Petits Champs et sur la rüe neufve Saint Augustin, tenant d'une part à monseigneur de Lionne, à cause de l'acquisition qu'il a faicte des places du sieur Frotté; la seconde, aboutissant sur la rüe Gaillon, contient 442 thoises dix pieds et un quard de pied, sur partye de laquelle Monsieur de Neuilly-Fresnois, comme ayant droict par declaration de monseigneur de Lionne, a faict construire une maison, et la troisiesme estant en forme de triangle au pied de la butte St Roch, vis à vis la grande porte de lhostel de Lionne, contenant en superficie sept thoises, ladite quantité de thoises restant des dites 3,036 thoises et demy cinq pieds et un quart, revenant, à raison de chacune thoise, à la somme de.....

La somme de 4,779 livres 10 sols de principal deue par le sieur de Neuilly Fresnoy à monseigneur de Lionne pour le reste du prix de la place cy dessus mentionné, sur laquelle il a faict bastir.

La somme de 1,194 livres 15 sols pour cinq années d'interests de 238^{tt} 19 s. 6 den. de rente des dits 4,779 livres 10 s. cy dessus escheus, le dernier décembre 1671, dont M. de Rives fait recepte pour son compte.

La somme de 3,500 de rente constituée en plusieurs partyes, racheptables de 70,000 livres de principal, donnée en eschange par Monsieur de Boisfranc à deffunct monseigneur de Lionne, pour sept thoises en superficie de terre à bastir faisant partie d'une des trois places cy dessus mentionnées, et acquises par monseigneur de Lionne de Monsieur l'abbé de Saint Victor.

Plus les interests des dites 40,000 livres de principal en quattres partyes, depuis le premier juin 1670 qu'elles ont esté cédées, jusqu'au deceds de monseigneur de Lionne, 4,375 liv. 15 s.

925 toises et un tiers en une pièce de terre à bastir, cloze de murs d'un costé, scituée dans ladite nouvelle enceinte, acquise par monseigneur de Lionne de René Frotté et Anne des Portes, sa femme, moyennant 2,082 livres, dont le principal sur le pied du denier vingt monte à 41,644 livres à prendre en 2,500 livres de rente, constituée à Monseigneur et Madame de Lionne par Monsieur de La Cour des Bois, pour la somme de 50,000 livres, revenant lesdites 925 toises et un tiers, à la somme de 100 livres la toise, à la somme de 92,533^{tt} 6 s. 8 den. (en marge : la place est encore en nature).

308 toises en une place de terre à bastir, scituée à Paris, en la rue Neufve des petits champs, acquise par monseigneur de Lionne du prieur de Rouvilly, legataire universel de Monsieur l'abbé de Charente, revenant, à raison de chacune toise......................

279 toises, onze pieds, en une place de terre à bastir, faisant le coin de la rue Vivien et de St Augustin, paroisse St Eustache, acquise par monseigneur de Lionne de Marc Antoine Aceré, revenant, à raison de 100 livres la toise, à la somme de 27,900 livres.

Un petit jardin scitué à Saint Germain en Laye, en la rue du Pont au juré, acquise par monseigneur de Lionne de Madame de Lenglée, sur lequel jardin il a esté construict un bastiment, le tout estimé 10,000 livres.

La debte de 40,000 ducats mis dans la *Zeca* et depost des 7 o/o de la République de Venise, montant à présent à 57,950 ducats, suivant le compte de M. de Rives, estimé, pour ce qui appartient à la succession de monseigneur de Lionne, à la somme de 60,000^{tt}.

Les interest de ladicte debte, deus et escheus au deced de monseigneur de Lionne, montant à la somme de 3,186^{tt} pour une demye année.

La conduicte des Estrangers affermée au sieur Blavet 4,000 livres par chacun an, dont la finance est de la somme de 50,000 livres.

Plus 4,000 livres de la ferme de la dicte conduicte des Estrangers, achevée au premier octobre 1671.

La debte de monsieur de Bonneüil montant, suivant le mémoire de M. de Rives, à la somme de 77,500 livres.

L'obligation de Madame Foucquet de 42,000 livres soub le nom de M. de Rives, dont il luy en apartient 10,000 livres, partant 32,000 livres.

La somme de 20,000 livres que monseigneur Colbert a promis de faire payer par le Roy pour le remboursement des augmentations faictes dans la maison de la Cour des cuisines de Sainct Germain.

Les gages et appointemens de monseigneur de Lionne, des neuf premier mois de l'année 1671, montant, suivant l'estat du Roy du 1er febvrier 1672, à la somme de 59,650 livres, non compris 4,500 livres employez dans ledit estat pour monseigneur le marquis de Berny.

La somme de 1,100 livres deue suivant le mémoire de M. de Rives par *Monsieur de Turenne*, au raport de la Ferté, à feu monseigneur de Lionne, du dernier voyage de Fontainebleau.

L'obligation de Monsieur et Madame de Créqui de la somme de 21,780 livres.

La somme de 5,000 livres contenue en trois promesses de deffungt M. de Lesseing.

Les trois mil livres employées dans le compte de M. de Rives, par luy receues pour trois quartiers des appointements de la marine.

4,848 livres 1 s. de rente sur l'hostel de ville de Paris, ceddez par deffungte madame Payen à monseigneur de Lionne, faisant moitié de 9,666^{tt} 2 s. estimé au denier six, ladicte moytié la somme de 29,088 livres.

Pour les arrérages qui estoient deubs au deceds de monseigneur de Lionne, montant pour deux quartiers à 2,224^{tt} 12 s.

Loyer des maisons de Madame de Lionne.

La somme de 1,500 livres pour une année du loyer de la maison rue Vivien où loge M. de Bezons, escheu le 1er octobre 1671.

La somme de 750^{tt} escheue pour trois quartiers escheus au dernier septembre de la maison rue Vivien, à porte carrée, où loge Madame de Tracy.

La somme de 450ᴧ pour trois quartiers escheus au dernier septembre 1671 de la maison où logeoit M. de Romaneigne.

La somme de 350ᴧ pour une année trois quartiers escheus au dernier septembre 1671 du loyer du bas de la maison où loge Sarrazin.

La somme de 6,000 livres fournye par deffunt monseigneur de Lionne au caissier général de la compagnie des Indes orientales, faisant les deux tiers de 9,000 livres, pour lesquelles il estoit entré dans ladite compagnie.

La somme de 9,514ᴧ 6 s. deue à monseigneur de Lionne par le chevalier de Neufchaise, par sa promesse du 29 avril 1654.

Cent soixante et dix pistolles d'Italye et un tiers deues par monsieur Tailladais, intendant de M. de Guize, par sa promesse du 29 janvier 1656, à huict livres la pistolle, 1,360 livres.

Douze pistolles d'Espagne par le sieur Gargot du 25 décembre 1655, 132 livres.

Les meubles et autres effects contenus dans l'inventaire faict après le deceds de monseigneur de Lionne, tant vendus qu'à vendre, montant à la somme de la 214,770 livres.

Total des articles tirés à jet : 1,766,483 livres 5 s. 2 den. Desquels effects, Monsieur de Rives a receu la somme de 150,988 livres, qui est consommée dans la dépense de son compte du payement des debtes de la communaulté et succession.

Mémoire pour instruire le Conseil de Madame de Lionne et délibérer par luy si elle doibt accepter ou renoncer à la communaulté.

(Sans date. — Après 1671.)

M. de Lionne est mort le 1ᵉʳ septembre 1671. Madame de Lionne estant lors dans le Port-Royal, elle donna sa procuration générale à M. de Rives, en vertu de laquelle M. de Rives a faict procéder à l'inventaire des biens et effects de la communaulté de deff M. de Lionne et ensuitte à la vente d'une partie des meubles.

Madame de Lionne estant depuis sortie du Port-Royal auroit revocqué la procuration qu'elle avoit donnée à M. de Rives, et s'estant faict dellivrer une grosse de l'inventaire et de la vente des meubles, on a examiné et despouillé l'un et l'aultre, et par la lecture de l'inventaire et la congnoissance qu'on a prise des affaires de la maison, on a reconnu qu'il a esté obmis d'employer dans l'inventaire une partie des effects actifs de la communaulté de M. de Lionne, et pour près de 700,000 livres[1] de debtes passives hypotecquaires et aultres, sans celles qui ne sont pas encores venues à la congnoissance de Madame de Lionne.

Ces obmissions ont obligé Madame de Lionne de prendre à fonds la congnoissance des forces de sa communaulté auparavant que de s'engager dans l'acceptation ou la renontiation qu'elle en doibt faire.

On a, pour cet effect, faict un estat et une masse des biens et effects actifs de la communaulté de deffunct M. de Lionne, qui se monte par estimation à 1,760,000 livres, et comme entre ces effects il y en a qui sont doubteux et caducs, il est necessaire de prendre la lecture de l'estat pour vous faire congnoistre la qualité des effects et former le jugement et la considération qu'on en doibt faire.

On a aussy faict un estat des debtes passives de la communaulté de deffunct M. de Lionne, qui se monte, jusques à son deceds, à la somme de 1,741,175 livres, tant en debtes hypotecquaires qu'aultres, non compris les interests.

Entre ces debtes sont comprises les reprises qu'a à faire Madame de Lionne sur les biens de la communaulté qui se montent, suivant l'estat qui en a esté faict, à scavoir, en renonçant à la communaulté, à la somme de 736,072 livres, et en acceptant la communaulté, à 680,072 livres, qui est cinquante mille livres moins de sa dot en argent, qui sont entrées dans la communaulté et qui y demeurent confuses en l'acceptant.

Il est necessaire de prendre la lecture de cet estat de reprises. Les debtes passives de la communaulté de M. de Lionne, non compris les reprises de Madame de Lionne, montent à un million de livres.

De ce million de livres, Madame de Lionne est obligée, avec deffunct M. de Lionne, pour 630,000 livres.

En acceptant la communaulté, elle doibt, comme commune de son chef, la moytié du million, et peult estre poursuivie pour le total, sauf son recours.

En renonçant à la communaulté, elle n'est tenue que des debtes ausquelles elle est personnellement obligée, et pour l'acquittement desquelles elle a son recours et son hypotecque, du jour de son contract de mariage, sur les biens de la communaulté, aussy bien que pour ses reprises qu'elle reprend franchement et quictement.

Ces principes supposez, la question est de scavoir lequel des deux est le plus advantageux à Madame de Lionne d'accepter ou de renoncer à la communaulté.

Les raisons pour accepter la communaulté sont que l'estat des effects de la communaulté, montant à 1,760,000 et tant de mil livres, et l'estat des debtes de la mesme communaulté à 1,740,000 tant de mil livres, il semble qu'il n'y ait aulcun risque d'accepter la communaulté.

---

[1] En marge : 689,381 livres.

Qu'en l'acceptant, Madame de Lionne conserve le respect qu'une veufve doibt à la mémoire de son mary.

Que, par l'acceptation, Madame de Lionne se rend la maistresse de tout bien de la communaulté pour acquiter à l'amiable, sans procès ny sans frais, les debtes et se payer de ses reprises.

Qu'en renonceant, le bien de la communaulté demeure dans la disposition des héritiers purs et simples ou par bénéfice d'inventaire, ou, en cas de renonciation de leur part, entre les mains d'un curateur à la succession vacante, contre lesquels Madame de Lionne sera obligée d'agir pour la restitution de ses conventions matrimoniales et le payement de ses reprises.

Que, par la renonciation, les créanciers, particulièrement ceulx ausquels Madame de Lionne n'est pas obligée, ne manqueront point de faire saisir et vendre par décret les biens de la communaulté.

Que, par ce moyen, les biens n'estans vendus leur juste valleur, non seulement les frais de justice absorberont une partie du prix, mais les derniers créanciers ne seront pas payez, et ceulx ausquels Madame de Lionne est obligée retomberont sur elles, et son recours pour son acquittement luy sera inutile, faulte de bien.

Au lieu qu'en acceptant la communaulté et mesnageant le bien, Madame de Lionne pourra acquiter toutes les debtes et se payer de ses reprises.

Voilà les raisons qui peuvent fonder l'advis de l'acceptation.

Les raisons contraires pour la renonciation sont que Madame de Lionne acceptant la communaulté, elle se charge du payement de toutes les debtes de la communaulté, sauf son recours pour la moityé.

Que, quoyque l'estat des effects actifs de la communeaulté monte à 1,760,000 tant de mil livres et qu'il semble que cette somme doive suffire pour le payement des debtes, neantmoings la qualité des effects en rend le prix et la valleur si incertains, qu'on ne peult pas faire un fondement asseuré sur l'estimation qui en est faicte.

Car les deux premiers articles de l'estat sont l'hostel de Lionne et la terre de Berny, qui sont les deux meilleurs effects de la communaulté, et quoy qu'ils vallent bien les 945,000 livres qu'ils sont estimez, neantmoings on scayt la difficulté qu'il y a, dans le temps où nous sommes, de se deffaire de ces grandes pieces pour leur juste valleur.

Les aultres effects sont ou doubteux ou caducs.

Les doubteux comme la debte sur la République de Venise, dont on n'a aucun tiltre. — La debte de M. de Bonneuil de 77,500 livres, dont on n'a aulcune assurance que d'une obligation de 20,000 livres. — L'obligation de Madame Foucquet de 42,000 livres, qui est d'une femme mariée, sans procuration ny authorisation de son mary.

— Les 10,000 livres d'augmentation faicte dans la maison de la Court des cuisines de St-Germain.

Les effets caducs sont les 6,000 livres qui ont esté mises au commerce des Indes orientales. — La debte de 9,500 livres sur le deffunct chevalier de Neufchaise. — La debte sur le nommé Taillada's. — Celle sur le nommé Gargot et plusieurs autres.

À quoy il fault adjouter que des 1,760,000 et tant de mil livres à quoy monte l'estat des effects actifs, il y en a desjà 153,259 consommées dans la despense du compte de M. de Rives.

Ainsy on ne peut pas faire un fonds certain sur ces effects pour s'assurer de la somme de 1,760,000 tant de mil livres à laquelle ils se montent.

À l'esgard des debtes passives, il n'est que trop constant qu'elles montent à 1,740,000 tant de livres, sans les interests.

Et les difficultez qu'a eues jusques à présent Madame de Lionne pour en avoir la congnoissance luy font raisonnablement soupçonner qu'il peult y avoir encore d'aultres debtes qu'on luy cèle ou qu'on ne scayt pas.

Mais quand il n'y auroit que les 1,740,000 tant de mil livres de debtes comprises dans l'estat, il est certain qu'elles ne peuvent pas estre acquittées sur les effects de la communaulté à 300,000 livres près, par la caducité des effects.

Et ainsy la communaulté estant constamment plus onéreuse que profitable, Madame de Lionne, en l'acceptant, s'engageroit mal à propos et sans nécessité, et en renonceant, elle ne court aulcun risque et se descharge du payement des debtes de la communaulté, sauf de celles ausquelles elle est obligée avec M. de Lionne, pour l'acquittement desquelles elle a son recours.

Et pour lequel acquittement et pour le payement de ses reprises, elle sera, en renonceant, créancière de la communaulté de 13 à 1,400,000 livres; pourquoy elle se fera, comme première créancière, adjuger les biens de la communaulté jusques à deue concurrence.

Voilà les raisons de part et d'aultre sur lesquelles Madame de Lionne demande l'advis du Conseil.

Jugement souverain rendu pour la vérification et l'ordre des dettes de la maison de Lionne, par nos seigneurs les commissaires deputez à cet effect par le Roy.

(1er juin 1678.)

Arrêt du Conseil d'en Haut qui a commis messieurs les Commissaires pour juger en dernier ressort tous les procès et différens de la maison de Lionne.

Les sieurs Pierre Poncet, Louis Boucherat, Gaspard de Fieubet et Louis François Lefebvre de Caumartin, conseillers ordinaires du Roy en ses Conseils d'Estat, Direction et Finances,

Veu par nous l'arrest du Conseil d'Estat du 13 aoust 1674, rendu sur la requeste présentée au Roy estant en son Conseil par *Dame Paule Payen, veuve de messire Hugues de Lionne,* vivant ministre et secrétaire d'Estat, par lequel Sa Majesté a évoqué à soy et à son Conseil tous les procez meus et à mouvoir entre elle, le sieur marquis de Berny et les créanciers de la succession dudit deffunct sieur de Lionne et dudit abbé, et les a renvoyés par devant les sieurs Poncet, Boucherat, de Ficubet et de Caumartin, pour juger en dernier ressort tous lesdits procez et différens.

Autre arrest du Conseil par lequel auroit esté ordonné que, dans huitaine, tous les créanciers de la succession dudit feu sieur de Lionne se rapporteroient et mettroient par devers ledit sieur de Caumartin les originaux et grosses des contracts, obligations, sentences, arrests et des autres titres et pieces justificatives de leurs créances; signification faite dudit arrest aux sieurs *Desessarts, de Lespine, Dumazy et sa femme, Petit et de Lescole, à la damoiselle Payen, aux sieurs de Bezons, Vivien, Fouchard, au sieur Pique, aux dames religieuses de la Visitation du faux bourg St-Jacques, au sieur abbé, prieur et religieux de Saint Victor, aux sieurs de la Faye, de Niert, aux sieur et dame de Cœuvres, aux marguilliers de Saint Jacques la Boucherie, au grand bureau des pauvres, au sieur Chenuet, à la dame de Lionne, à maistre Mathurin Picard à cause de sa femme, et à la damoiselle Perichon, aux sieurs marquis de Sablé et Tubeuf, maistre des requestes, aux nommez de Falle, Scavard, Descharteaux et Valleran, au sieur Ollivier des Fontaines, aux sieurs Courtet et Le Petit, à la dame Frotté et au sieur Legrand, aux domiciles de leurs avocats.*

Titres du sieur de Lespine. Les titres representez par Nicolas de Lespine, architecte du Roy, général des bastimens, ponts et chaussées de France, scavoir : un acte passé par devant Auvray et Mousnier, notaires au Chastelet de Paris, le 14 mars 1669, entre ledit feu sieur de Lionne et ledit de Lespine, portant compte des ouvrages de maçonnerie, charpenterie, menuiserie, pavé, peintures, etc., en l'hostel dudit feu sieur de Lionne, que ledit de Lespine avoit fait ou fait faire, pour lesquels il se seroit encore trouvé deub de reste audit sieur de Lespine la somme de 5,911 livres.

Titres de Messieurs les abbé et religieux de Saint Victor lès Paris. Les titres et pièces justificatives de la créance des sieur abbé, prieur et religieux de l'abbaye de Saint Victor lès Paris, scavoir : un contract passé par devant Le Bœuf et Mousnier, notaires au Chastelet de Paris, le cinquiesme fevrier 1665, entre lesdits sieurs abbé, prieur et religieux, et ledit feu sieur de Lionne, par lequel il se voit qu'il est deub audit abbé la somme de 51,258 livres 8 sols, et ausdits prieur et religieux la somme de 16,000 livres, revenant à celle de 67,258 livres 8 sols, provenant du prix, adjudication et délivrance qui a esté faite audit feu sieur de Lionne, de deux places de terre à bastir, dont le mesurage s'est trouvé monter à la quantité de 3,036 thoises et demie, cinq pieds et un quart de pied de terre, qui avoient esté adjugées audit feu sieur de Lionne, sous le nom de maistre Louis Dumesnil, son procureur, comme plus offrant et dernier encherisseur, le 17 aoust 1661, à la raison de 22 livres 11 sols la thoise, sur laquelle somme de 67,258 livres 8 sols ledit sieur de Lionne auroit promis de payer ausdits prieur et religieux de Saint Victor ladite somme de 16,000 livres, que ledit sieur abbé de Saint Victor leur auroit donnée et accordée, par transaction passée entre eux ledit jour 5 février 1665, à la charge que lesdits prieur et religieux seroient tenus de l'employer au payement de ce qu'ils estoient convenus avec Pierre Dubois, maistre maçon, pour les ouvrages de maçonnerie, charpenterie, couverture et autres, pour la construction de neuf d'un nouveau bastiment et augmentation de la bibliotecque et d'autres bastimens nécessaires à ladite abbaye de Saint Victor, et le surplus ledit sieur de Lionne auroit promis de le bailler et payer audit sieur abbé de Saint Victor et ses successeurs abbez, et jusques au payement actuel de ladite somme ledit sieur de Lionne, ses hoirs et ayans cause, en payeroient l'interest audit sieur abbé de Saint Victor, à raison du denier vingt d'année en année.

Titres de maistre Simon Dumazy. Les titres et pieces justificatives de maistre Simon Dumazy, avocat au conseil, et Damoiselle Catherine Bertrand sa femme, scavoir: un contrat du 15 avril 1666, par lequel ledit Dumazy auroit ceddé et transporté audit deffunct sieur de Lionne 5 thoises 2 pieds de largeur, sur la profondeur qu'il conviendroit, de terre à bastir, appartenant ausdits Dumazy et sa femme, moyennant la somme de 60 livres tournois pour chacune thoise en superficie.

Titres de madame de Lionne veuve. Les titres raportez par ladite dame de Lionne, scavoir : le contract de mariage passé entre ledit feu sieur de Lionne et elle, le 10 septembre 1645, par devant Parque et Vautier, notaires au Chastelet de Paris, par lequel il se voit que les sieur et dame Payen, père et mère de ladite dame de Lionne, luy ont donné en faveur dudit mariage la somme de 500,000^{tt}, scavoir : 180,000 livres en deniers comptans qui seroient payez la veille des espousailles, une grande maison seize rue Vivien, estimée la somme de 120,000 livres, et la somme de 200 mille livres en offices de receveurs collecteurs des tailles des Paroisses, créés par édit du mois de décembre 1638, qui seroient baillez pour la finance, le tout à imputer sur la succession de ladite dame Payen, mère de ladite dame de Lionne, si ladite dame Payen décédoit avant sondit mary, si tant ladite succession se montoit; sinon, ce qui s'en deffaudroit sur et en desduction de l'hoirie et succession dudict sieur Payen, lesdits offices, dont la finance se monte à 200,000 livres et 50,000 livres tournois, faisant partie desdites neuf vingts mille livres, entreroient en leur communauté, et le surplus, ensemble tout ce qui escherroit à ladite dame de Lionne, pendant son mariage, par succession, donnation, legs ou autrement, demeuroit propre à elle et aux siens de son costé et ligne, que le survivant prendroit sur les biens de ladite communauté, et avant le partage d'icelle, la somme de 20,000 livres tournois en meubles, suivant la prisée et sans creüe, ou ladite somme de 20,000 livres à son choix, que ledit feu sieur de Lionne auroit doüé ladite dame, sa femme, de la somme de huit milles livres de rente, qui seroit propre aux enfans dudit mariage, lesquels neantmoins ne payeroient à ladite dame, leur mère, que la somme de 6,000 livres tournois de rente, et outre, que ladite dame de Lionne auroit encore pour son habitation l'une des maisons dudit sieur de Lionne en cette ville de Paris, ou hors d'icelle, ou la somme de 2,000 livres de rente, en cas que ledit sieur de Lionne n'aist aucune maison de valleur de 2,000 livres de revenus.

Qu'il seroit loisible à ladite dame de Lionne, ses enfans et ausdits sieurs et dame Payen, ses père et mère, ou l'un d'eux, de renoncer à la communauté des biens d'entre elle et le feu sieur de Lionne, pour, en cas de renonciation, reprendre tout ce qui auroit esté apporté par dame de Lionne, et ce quy lui seroit escheu par succession, donnation, legs ou autrement, mesme son doüaire, préciput et habitation, le tout franchement et quittement de toutes debtes.

En suite duquel est la procuration donnée par messire Artus de Lionne, evesque de Gap, père dudit deffunt sieur de Lionne, à messire François Servien, conseiller et aumosnier du Roi, abbé de Moré, pour et au nom dudit sieur evesque de Gap, assister, autoriser et consentir au mariage dudit sieur de Lionne, l'occasion s'en offrant, et, en faveur d'iceluy, passer donnation pure et simple de tous et chacun les biens meubles et immeubles présens et avenir dudit sieur de Gap, en quoy ils pussent consister.

Sous la réserve néantmoins de la somme de 3,600 livres, laquelle il auroit retenue sur lesdits biens, pour en faire et disposer en dernière volonté ou autrement, pour en prendre par ledit feu sieur de Lionne la plaine et libre possession, après la consommation du mariage.

La quittance passée par devant lesdits Parque et Vaultier, notaires, le huitième janvier 1648, par lesdits sieur et dame de Lionne, par laquelle ils ont reconnu et confessé avoir eu et receu de messire Paul Payen, conseiller du Roy en ses Conseils et Direction de ses finances, et dame Margueurite de Rives, son épouse, dès le jour précédant le mariage desdits sieur et dame de Lionne, et depuis iceluy jusques audit jour 8 janvier 1648, la somme de vi^{xx} mil livres sur les ix^{xx} mil livres de deniers comptans, faisant la somme de 500,000 livres promises pour la dot de ladite dame, par sondit contract de mariage, faisant avec celle de 76,534 livres tournois, qu'ils receevront lors de ladite quittance, le parfait payement de ladite somme de ix^{xx} mil livres.

Comme pareillement lesdits sieur et dame de Lionne auroient reconnu que lesdits sieur et dame Payen leur avoient mis entre les mains le contract de vente fait par Pierre des Portes, escuyer, sieur de Lignières, à maistre Anthoine Pintard, d'une grande place de terre scize en la rue Vivien, qui en auroit fait déclaration au profit des sieurs d'Allibert, Asseré, le Francheur et Nicolas, lequel sieur d'Allibert auroit fait déclaration de son quart de ladite acquisition au profit dudit sieur Payen; laquelle place lesdits sieurs promirent sollidairement garantir de tous troubles ausdits sieur et dame de Lionne, ce acceptant pour la somme de vi^{xx} mil livres tournois, conformément au contract de mariage; et pour le surplus de la dot de ladite dame de Lionne, montant à 200,000 livres, lesdits sieur et dame Payen auroient aussi donné, ceddé et delaissé sans aucune garantie ausdits sieur et dame de Lionne les offices de receveurs particuliers des tailles des Élections du Mans et Amboise, dépendant de la généralité de Tours, qu'ils auroient acquis de Jean Lenon, qui avoit traicté avec Sa Majesté de la finance des offices de cette nature en ce royaume.

Première transaction passée entre madame de Lyonne et ses enfans. La transaction passée par devant Loyer et Lange, notaires au Chastelet de Paris, le onzième février 1673, entre ladite dame de Lionne, ledit sieur marquis de Berny et messire Julles Paul de Lionne, par laquelle, après avoir eu communication de l'inventaire fait après le deceds dudit feu sieur de Lionne, et après plusieurs assemblées faites, ladite dame de Lionne auroit, de sa part, confirmé la renonciation par elle faite à la communauté de biens d'entre ledit deffunt sieur de Lionne et elle, par acte fait aux Requestes de l'Hostel du Palais à Paris, le 27 janvier 1673.

Ledit sieur abbé de Lionne auroit aussi confirmé la renonciation par luy faite à la succession dudit feu sieur de Lionne, son père, par le moyen de laquelle renonciation et de celle aussi faite à la succession par ledit sieur marquis de Berny, comme tuteur de messire Artus de Lionne, prieur de Combourg, son frère mineur, et sa dot promis à dame Magdelaine de Lionne, épouse du sieur marquis de Cœuvres, *icelui marquis de Berny est demeuré seul héritier dudit deffunt sieur de Lionne, son père,* laquelle il a acceptée par bénéfice d'inventaire; en laquelle qualité, desirant pourvoir au payement de ce qui est deub à ladite dame de Lionne pour sa dot, doüaire, preciput et deüil, remploy de ses propres, il s'est trouvé que sa dot, son preciput et son deüil et ses remploys se montoient à la somme de 534,934 livres; et à l'égard du doüaire de ladite dame de Lionne, il luy a esté accordé par son contract de mariage la somme de 6,000 livres par chacun an, et son habitation de 2,000 livres aussi par an; *et quant aux debtes dont elle doit estre acquittée et indemnisée, esquelles elle est solidairement obligée avec ledit deffunt sieur de Lionne, elles se sont trouvées monter à la somme de 453,780 livres, desquelles ledit sieur marquis de Berny a payé jusques à la somme de 188,722 livres*, et partant qu'il restoit encore à payer desdites debtes la somme de 265,058 livres, non compris les interests et arrerages deus du principaux desdites sommes, et non compris encore dans lesdites debtes la somme de 352,472 livres et interests d'icelle, qui sont deües ausdits sieur et dame de Cœuvres, restans à payer de la somme de 400,000 ₶ de dot, qui a esté promise à ladite dame marquise de Cœuvres, par lesdits feu sieur et dame de Lionne, par son contract de mariage avec ledit sieur marquis de Cœuvres, du 10 février 1670, ny pareillement la rente viagère de 500 livres et arrérages deus d'icelle pour le reste de la dot dans le monastere de la Visitation de S*te* Marie, estably au fauxbourg S*t* Jacques de Paris, de dame Elizabeth de Lionne, fille desdits sieur et dame de Lionne.

Et pour payer ladite dame de Lionne de ladite somme de 534,924 livres de principal de sa dot, préciput, domicille et remplois, comme aussi de son douaire et habitation, *ledit sieur marquis de Berny luy auroit, en ladite qualité d'héritier par bénéfice d'inventaire, délaissé l'hôtel de Lionne, ses appartenances et dépendances, pour le prix et somme de 350,000 livres*, à commencer d'en joüir du premier février audit an; ainsi il ne restoit plus deub à ladite dame de Lionne que la somme de 184,924 livres.

Mais comme au moyen de la renonciation faite par ladite dame de Lionne à la communauté de biens d'entr'elle et ledit deffunt sieur de Lionne, son mary, elle doit indemniser ledit sieur marquis de Berny, audit nom d'héritier bénéficiaire de ladite moitié des 400,000 ₶ par elle et ledit deffunt sieur de Lionne donnez en mariage à ladite dame de Cœuvres, et de la somme de 5,000 livres faisant moitié des 10,000 livres, aussi par elle et ledit deffunt sieur de Lionne donnez en deniers audit monastère de la Visitation, pour partie du dot de profession de ladite dame Elizabeth de Lionne, leur fille, ladite dame de Lionne est demeurée redebvable envers ledit sieur marquis de Berny, audit nom, de la somme de 20,076 livres.

Moyennant quoy ledit sieur marquis de Berny, audit nom d'héritier par bénéfice d'inventaire, auroit promis de payer en l'acquit de ladite dame de Lionne, ausdits sieur et dame de Cœuvres ce qui leur reste à payer desdites 400,000 livres de dot, avec les interests de ce jour jusques à l'actüel payement; mesmes ceux écheus depuis le deceds jusques à ce jour, ils seroient payez par ladite dame de Lionne, à laquelle ledit sieur marquis de Berny auroit promis de payer à l'avenir, à compter du premier dudit mois de février, la somme de huit mil livres par chacun an, tant pour son doüaire que pour son habitation; et pour faciliter le payement de ladite somme de 8,000 livres par chacun an, ledit sieur marquis de Berny auroit consenti, en ladite qualité d'héritier par bénéfice d'inventaire, que ladite dame de Lionne retienne par ses mains les interests au denier vingt de ladite somme de 20,076 livres par elle deüe de soulte, jusques à l'actuel payement, qu'elle en feroit quand bon luy sembleroit, montans lesdits interests à 1,003 livres 16 s. par chacun ans, par le moyen de quoy il ne resteroit plus deub des dites 8,000 livres pour lesdits doüaire et habitation que la somme de 6,996 livres 4 s., pour le payement de laquelle ladite dame de Lionne jouiroit par chacune année, à compter dudit jour premier février 1673, de la somme de 4,000 livres de ferme que fait le sieur Blavet par chacun an de la conduite des Étrangers, allans et venans en ce royaume, appartenant à ladite dame de Lionne, desdites 8,000 livres que la somme de 2,996 livres.

Et quant à la rente viagère de 500 livres, promise à ladite dame de Lionne, religieuse, ladite dame de Lionne seroit tenüe d'en payer 250 livres pour sa moitié par chacun an.

Et pour faire en sorte que les debtes de ladite succession soient payées et acquittées, ledit sieur abbé de Lionne auroit donné audit sieur de Berny, son frère, la somme de 75,000 livres, à prendre en cinq années sur les revenus de ses bénéfices.

Titres de damoiselle Marie Payen. Les titres et pièces justificatives de la créance de damoiselle Marie Payen, fille majeure, scavoir: un contract passé pardevant Parque et Vaultier, notaires au Chastelet de Paris, le 6*e* novembre 1654, par lequel dame Marguerite de Rives, veuve de messire Paul Payen, ledit deffunct messire Hugues de Lionne, et ladite dame de Lionne, son épouse, de luy autherisée, ladite dame de Lionne, fille desdits sieur et dame Payen, ont, pour exécuter les intentions dudit feu sieur Payen, donné par donation entre vifs et promis, chacun pour leur moitié, garentir à ladite demoiselle Marie Payen 600 livres de pension annuelle viagère pendant la vie de ladite damoiselle Payen. Un autre contract du dixième décembre 1673, passé par devant Le Vasseur et Lange, notaires au Chastelet de Paris, par lequel ladite dame de Lionne et ledit sieur marquis de Berny auroient promis solidairement à ladite damoiselle Payen de luy bailler pendant sa vie 300 livres de pension viagère, faisant moitié de 600 livres constituées par ledit contract du 10° novembre 1654, et en outre reconnurent qu'il estoit deub à ladite damoiselle Payen 13 années desdites 300 livres de pension escheues au dernier juin 1673, montant à la somme de 3,900 livres, sur laquelle il fut payé à ladite damoiselle Payen celle de 900 livres; pour le surplus montans à 3,000 livres, lesdits dame de Lionne et sieur marquis de Berny promirent de lui payer dans un an, ainsi que plus au long le porte ledit contract.

Titres de Monsieur l'evesque de Gap et de son chapitre. Les titres rapportez par messire Guillaume de Meschatin, evesque et comte de Gap, et les chanoines et chapitre de l'église cathédrale dudit lieu. Une copie collationnée par Iscallier et Vallon, notaires royaux de la ville de Gap, sur l'original d'un codicille et disposition de dernière volonté de messire Artus de Lionne, evesque et comte de Gap, du 16 avril 1661, par lequel il se voit entre autres choses, que ledit sieur evesque estant chargé, par ses Bulles de provision dudit evesché, d'employer annuellement la somme de mil livres pour la réparation de ladite église, réédification de la maison episcopale, outre et par dessus ce à quoy il estoit tenu de droit, et que n'ayant pu y satisfaire, il auroit, pour la décharge de sa conscience, donné et légué à ladite église la somme de 21,000 livres, pour estre employée, sçavoir, 10,500 livres à la réparation de l'église et l'autre moitié à la réédification de la maison episcopale, ou à l'acquisition d'une autre maison au profit dudit evesché, laquelle somme de 21,000 livres seroit payée par ledit feu sieur de Lionne, ministre et secrétaire d'Estat, fils dudit sieur evesque, en déduction de plus grande somme qu'il lui devoit pour avoir receu les fruits et revenus de l'abbaye de Sollinac, pendant que ledit sieur evesque de Gap en a esté titulaire, en vertu de la procuration qu'il auroit envoyée audit sieur de Lionne, son fils, en date du 13° décembre 1653.

Un acte passé par devant lesdits Gossuin et Mousnier, notaires, le 10° may 1663, entre ledit sieur Artus de Lionne, cy devant evesque de Gap et abbé de ladite abbaye de Sollinac, et ledit feu sieur de Lionne, son fils, par lequel ils auroient déclaré avoir compté entr'eux des sommes de deniers touchées par ledit sieur de Lionne, son fils, des fermiers du revenu de ladite abbaye de Sollinac, pour ledit sieur evesque, son père, en vertu de ses pouvoirs, et autrement, pendant qu'il en a esté possesseur, et des arrérages de 10,000 livres de pension par chacun an, dont ledit sieur de Lionne fils avoit cy devant avec ladite dame de Lionne, son épouse, fait donation audit sieur evesque, son père, pendant sa vie, comme aussi de toutes les sommes de deniers qu'il auroit fournis audit sieur de Gap, son père, par lequel compte ledit sieur de Lionne fils seroit demeuré redevable de la somme de 17,935 livres.

Mais d'autant que ledit sieur de Lionne, evesque de Gap, auroit fait entendre audit sieur de Lionne, son fils, qu'il estoit chargé par ses bulles dudit evesché, de faire réparer le palais episcopal de l'église cathédrale dudit Gap, que n'ayant pu y satisfaire pour entretenir sa dignité, les charges ordinaires et extraordinaires payées et acquitées, et qu'il auroit, par sondit codicille du dudit jour 16 avril 1661, donné la somme de 21,000 livres, pour estre employée ausdits restablissement, et avoit chargé ledit sieur de Lionne, son fils, d'en faire le payement, croyant qu'il y avoit des deniers entre ses mains des fermages de ladite abbaye de Sollinac, suffisants pour y subvenir, ce qui ne s'estant pas rencontré par ledit compte, et que le sieur evesque auroit jugé devoir y augmenter une somme de mil livres, qui seroit avec celle de 21,000 livres la somme de 22,000 livres, qui seroit fournie par lesdits restablissemens; ce qui neantmoins ne se pouvoit faire que par la libéralité dudit feu sieur de Lionne, son fils, *attendu que ledit sieur evesque n'avoit aucuns autres biens que ladite somme de 17,935 livres.*

Ledit feu sieur de Lionne, voulant bien que l'intention dudit sieur son père fust accomplie, joint le bon motif pour lequel l'application en est faite, auroit promis audit sieur evesque de Gap, son père, de contribuer de ses deniers la somme de 4,065 livres pour faire avec ladite somme de 17,935 livres la somme de 22,000 livres, laquelle il fourniroit dans le temps qu'il conviendroit pour les réédifications et réparations de ladite église et palais épiscopal de Gap, pour tout ce qui pourroit estre pretendu contre ledit sieur evesque, et dont seroit passé contract en bonne forme, sous l'obligation et hypoteque de tous ses biens meubles et immeubles.

Titres de madame la marquise de Cœuvres. Les titres rapportez par dame Magdelaine de Lionne, épouse de messire François Annibal d'Estrées, marquis de Cœuvres, fille desdits sieur et dame de Lionne, authorisée par justice à la poursuite de ses droits contre la succession dudit feu sieur de Lionne, à laquelle elle a renoncé, sçavoir: la grosse d'un contract de mariage passé par devant Simonnet et Mousnier, notaires au Chastelet de Paris, le 10° fevrier 1670, et entre ledit sieur marquis de Cœuvres et ladite dame Magdelaine de Lionne, sa femme, de l'agrément et consentement de Sa Majesté, par lequel il se voit entre autr'autres choses qu'en faveur dudit mariage lesdits sieur et dame de Lionne, père et mère de ladite dame de Cœuvres, luy auroient constitué en dot, sur leurs successions futures, et promis solidairement fournir audit sieur marquis et dame de Cœuvres, la veille de leurs epousailles, la somme de 400,000 livres en deniers comptans, dont il entreroit en leur communauté la somme de 75,000 livres, et le surplus, montant à 325,000 livres, sortiroit nature de propre à ladite dame de Cœuvres, et aux siens de son costé et ligne, à l'effet duquel propre ladite somme de 325,000 livres seroit employée en acquisition d'une ou plusieurs terres, ou autrement, de l'avoir des sieur et dame père et mère desdits sieur et dame de Cœuvres, comme aussi que tout ce qui escherroit à ladite dame de Cœuvres pendant ledit mariage, tant en meubles qu'immeubles, par succession, donation ou autrement, luy demeureroit propre.

Toutesfois que si lesdits sieur et dame de Cœuvres désiroient que de ladite somme de 400,000 livres lesdits sieur et dame de Lionne, pour leur faire plaisir, les retiendroient pour les leur fournir dans deux ans pour en faire l'employ, mesme si ledit employ se trouvoit à faire dans un an, advertissant lesdits sieur et dame de Lionne trois mois auparavant et jusqu'à ce qu'ils eussent fourny ladite somme de 380,000 livres, ils en payeroient l'interest à raison du denier vingt, à compter du jour dudit contract, de trois mois en trois mois.

Et encore lesdits sieur et dame de Lionne se seroient chargez de nourrir en leur hostel et à leur table, à Paris, lesdits sieur et dame de Cœuvres pendant trois ans, ainsi que plus au long le porte ledit contract, ensuitte duquel est une quittance passée par devant lesdits Simonnet et Mousnier, notaires, le 14 fevrier 1670, par ledit sieur de Cœuvres et ladite dame son épouse, de luy authorisée, par laquelle ils auroient confessé avoir receu desdits sieur et dame de Lionne la somme de 20,000 livres, en desduction de celle de 400,000 livres de dot constituée à ladite dame de Cœuvres et en auroient quitté lesdits sieur et dame de Lionne, lesquels, à la priere desdits sieur et dame de Cœuvres, auroient retenu le surplus pour le leur fournir, conformément à la clause inserée audict contract de mariage.

Une autre quittance passée par devant lesdits notaires le 24 juillet audit an 1670, par laquelle lesdits sieur et dame de Cœuvres auroient confessé avoir receu desdits sieur et dame de Lionne la somme de 10,000 livres en déduction de celle de 380,000 livres qui restoit à leur payer de ladite dot de ladite dame de Cœuvres, de laquelle somme de 10,000 livres ils se seroient contantés, sans préjudice des 370,000 livres restans et des interests de ladite somme de 380,000 livres.

Une autre quittance passée par devant lesdits notaires le 18 novembre 1671, par lesdits sieur et dame de Cœuvres, par laquelle ils auroient confessé avoir receu par les mains dudit sieur de Rives la somme de 4,500 ₶, à laquelle auroient esté arbitrées à l'amiable les nourritures desdits sieur et dame de Cœuvres, et des trois demoiselles pour elle, pendant seize mois dix jours, finissant au 10 février 1673, restant des trois années, pendant lesquelles lesdits sieur et dame de Lionne s'estoient chargez de nourrir lesdits sieur et dame de Cœuvres et lesdites trois demoiselles, de laquelle somme lesdits sieur et dame de Cœuvres se seroient contentez, et auroient deschargé la succession dudit feu sieur de Lionne et ladite dame de Lionne.

Une sentence rendüe aux requestes de l'Hostel le 1er octobre 1671 au profit de ladite dame de Lionne, authorisée par justice à la poursuite de ses droits, au refus dudit sieur marquis de Cœuvres, son mary, par defaut contre ledit sieur marquis de Berny, héritier par bénéfice d'inventaire dudit feu sieur de Lionne, par laquelle le contract du mariage de ladite dame de Cœuvres, dudit jour 10 fevrier 1670, auroit esté declaré executoire contre ledit sieur marquis de Berny en ladite qualité, tout ainsi qu'il estoit et pouvoit estre contre ledit deffunt sieur de Lionne; ce faisant, ledit sieur marquis de Berny auroit esté condamné payer à ladite dame de Cœuvres la somme de 378,000 livres, restante de celle de 400,000 livres promise en dot à ladite dame marquise de Cœuvres par sondict contract de mariage, aux interests de ladite somme deus, escheus et à eschoir jusques à l'actuel payement, et aux dépens.

Autre sentence rendüe ausdites requestes de l'Hostel le 26e juin 1677, par laquelle ladite dame de Cœuvres, en conséquence de la declaration dudit sieur marquis de Cœuvres, son mary, de ne vouloir l'authoriser, auroit esté, à son refus, authorisée par justice à la poursuite de ses droits.

Acte de renonciation faite par ladite dame de Cœuvres, audit nom, au greffe des requestes de l'Hostel, le 30 dudit mois de juin, à la succession dudit feu sieur de Lionne, son père, portant déclaration qu'elle se tenoit aux biens, droits et avantages à elle promis par sondict contract de mariage.

Opposition formée le 27 novembre 1673, au greffe desdites requestes de l'Hostel, par ledit sieur marquis de Cœuvres à cause de ladite dame sa femme, aux criées, vente et adjudication par decret de l'hostel de Lionne, une grande place en dépendante, de la terre et seigneurie de Berny et Fresne, saisies à la requeste du sieur Servient, ambassadeur en Piedmont, sur ladite dame de Lionne, comme tutrice des enfans mineurs dudit deffunt et d'elle, ledit sieur marquis de Berny et le sieur abbé de Lionne, et ce, afin de conserver et comme exerçant les droits de ladite dame de Lionne, datez et colloqué du jour de son contract de mariage sur les biens de ladite succession.

Sentence rendüe ausdites requestes de l'Hostel le 15 juin 1675, au profit desdits sieur et dame de Cœuvres, contre ledit sieur Servient et ladite dame son épouse, par laquelle, en conséquence de la main levée par eux donnée, ledit sieur marquis de Cœuvres et ladite dame sa femme auroient esté subrogez à la poursuitte desdites saisies et criées, et ordonner qu'à la restitution des pièces, maistre Creuilly, procureur du poursuivant, seroit contraint par corps, en le remboursant de tous ses frais.

Requeste de maistre Jacques de Lœuvre, proviseur du collège des Lombards. La requeste présentée par Jacques de Lœuvre, prestre, proviseur du collège des Lombards, le 26 janvier 1678, tendant à ce qu'il fust ordonné qu'il seroit payé, sur les deniers provenans des effets dépendans de la succession dudit deffunt sieur de Lionne, de la somme de 1,925 livres à luy deue pour trois années et demie d'instruction par luy faicte audit sieur marquis de Berny, les deffenses fournies contre ladite requeste par ledit sieur marquis de Berny[1].................

Nous, tout considéré, commissaires susdits, faisant droit sur le tout, avons ordonné que les créanciers cy après colloquez seront payez ainsi qu'il en suit.

Et premièrement sera dame Paule Payen, veuve dudit feu sieur de Lionne, comme ayant renoncé à la communaulté des biens d'entre ledit deffunt et elle payée, du 10 septembre 1645, jour de son contract de mariage, de la somme de 534,924 livres, à laquelle ses dot, preciput, deuil et remplois ont esté reiglez par la transaction passée entr'elle, ledit sieur de Berny et le sieur abbé de Lionne.

Et encor sera ladite dame de Lionne, audit nom, payée, dudit jour 10 septembre 1645, de la somme de 8000ᵗᵗ par chacune année, pour son doüaire et habitation, et pour en faciliter la perception, ordonnons que des deniers qui proviendront de la vente desdites terres de Berny et Fresne, et autres effets de la succession dudit feu sieur de Lionne, il sera pris la somme de 160,000 livres, pour estre employée en constitution de rente de pareille somme de 8,000 livres qui sera faite du consentement de ladite dame de Lionne, dudit sieur de Berny et desdits créanciers, pour en joüir par ladite dame de Lionne, conformément à son contract de mariage. Et après l'habitation finie, sera la somme de 40,000 livres, principal d'icelle, distribuée ausdits créanciers, suivant l'ordre de leur hypoteque, et le principal dudit doüaire demeurera aux enfans.

Et faisant droit sur la demande de ladite dame de Lionne, pour l'indemnité des debtes, ausquelles elle est solidairement obligée avec ledit deffunt sieur de Lionne, son mary, nous avons condamné et condamnons ledit sieur de Berny, audit nom d'héritier bénéficiaire dudit deffunt sieur de Lionne, son père, à aquiter, garantir et indemniser ladite dame de Lionne, dudit jour, 10ᵉ septembre 1645, de toutes les dettes ausquelles elle est solidairement obligée avec ledit deffunt son mary, et de la moitié des arrérages écheus et a échoir des pensions viageres et alimentaires deües à damoiselle Marie Payen et à Elizabeth de Lionne, religieuse, ensemble de la moitié du principal et arrérages de la dot de dame Magdelaine de Lionne, marquise de Cœuvres, fille desdits deffunt sieur et dame de Lionne........................

Acquisition par M. de Lionne des terres et seigneuries de Berny et de Fresne.

(15 septembre 1653.)

Par devant les notaires, garde nottes du Roy au Chastelet de Paris, soubzsignez, furent présens hault et puissant seigneur Messire Pomponne de Bellièvre, chevallier, seigneur de Grignon et autres lieux, conseiller ordinaire du Roy en tous ses conseils, et premier président en sa cour de Parlement, demeurant en son hostel, dans l'enclos du Palais à Paris, d'une part;

Et messire Hugues de Lionne, chevallier, conseiller ordinaire du Roy en tous ses conseils, commandeur, prevost et grand maistre des ceremonyes des ordres de Sadite Majesté, et dame Paule Payen, son espouze, de luy authorizée à l'effect des presentes, demeurans en leur hostel audit Paris, rue Vivien, parroisse Saint Eustache, d'autre part;

Lesquels ont recognu et confessé avoir faict et arresté les eschanges, ventes et conventions qui en suivent :

C'est assavoir, que ledit seigneur premier président a, par ces présentes, baillé, ceddé, quitté, transporté et délaissé audit titre d'eschange dès maintenant à tousjours, et promis garantir de tous troubles, dons, doüaires, debtes, hypotecques et autres empeschements generalement quelzconques, ausdit seigneur et dame de Lionne, ce acceptant, pour eux, leurs hoirs et ayans cause :

La terre et seigneurie de Berny près Paris, avec les tableaux qui sont à present en la galerie, en la première salle, que l'on nommoit autres fois du Bassan, et en celle du billard, et sur les portes et cheminez des chambres et lieux de la maison dudit Berny, statues, fontaines, basse-court, moullin, jardins et preeclostures, comme ilz s'estendent et comportent, dont partye est du fief dudit Berny, relevant de la terre et seigneurie de Paloiseau, et l'autre partye de fief relevant d'Anthony, suivant le contract d'inféodation faict entre feu monseigneur le chancelier de Sillery et les religieux de Sainct Germain des Prez, seigneurs dudit Anthony, passé par devant Bourgeois et de Sᵗ-Leu, notaires au Chastelet de Paris, le trentiesme jour de janvier 1615.

Item le fief de la tour d'Anthony, relevant dudit Paloiseau, avec ses appartenances et dépendances, quatre vingtz six arpens ou environ de bois, en plusieurs pieces

---

[1] J'abrège cet intéressant document, qui ne comprend pas moins de 62 pages in-folio d'un texte très compact.

situez au terroir de Verrières, aussy en fieff et généralement tout ce qui est en fief ausdits lieux de Berny, Verrières et les environs appartenant audit seigneur premier président.

Et pour et en contre eschange de ce, lesdits seigneur et dame de Lionne, par cesdites présentes, baillent, ceddent et delaissent audit tiltre d'eschange vingt un mil cent soixante quinze livres tournois de rente en dix partyes.

Pour, par lesdites partyes, leurs hoirs et ayans cause, jouir, faire et disposer respectivement desdits biens cy dessus eschangez, comme à eux appartenans, à commancer ladite jouissance, scavoir, de la part dudit seigneur de Lionne de ce jourd'huy pour le chasteau et preclostures et de cinq arpens de vigne audit Anthony, et du jour Sainct Martin d'hiver prochain pour les fermages et revenus.

Et par ces mesmes presentes, ledit seigneur premier président a vendu, ceddé, quicté et transporté la terre et seigneurie de Fresne les Rungis, appartenances et dépendances estant en franc et lieu noble, moyennant la somme de cent soixante neuf mil livres tournois, sur laquelle mondit seigneur premier président a confessé avoir eu et receu présentement comptant, desdits seigneur et dame de Lionne, la somme de trente huict mil livres tournois.

Et quand au reste de ladite somme de cent soixante neuf mil livres, montant ledit reste à la somme de cent trente un mil livres tournois, lesdits seigneur et dame de Lionne ont par cesdites presentes promis et se sont obligez, l'un pour l'autre, solidairement comme dict est, payer audit seigneur premier président en son hostel à Paris, dans deux ans prochains venans, avec cependant et jusques à l'actuel payement de ladite somme de cent trente et un mil livres d'interest d'icelle, à raison du denier vingt, à compter de jourd'hui, et neantmoins pourront lesdits sieur et dame de Lionne faire ledit payement de ladite somme en trois payemens esgaux pendant lesdicts deux ans.

Faict et passé en l'hostel de mondit seigneur premier president, l'an mil six cens cinquante trois, le quinziesme jour de septembre avant midy.

Fut présent mondit seigneur premier président, lequel a confessé avoir receu desdits seigneur et dame de Lionne et de leurs deniers, par les mains de messire Luc de Rives, au nom et comme procureur fondé de procuration génerale dudit seigneur de Lionne, la somme de soixante cinq mil livres, sur et tant moins de la somme de cent trente et un mil livres de principal, que lesdits seigneur et dame de Lionne estoient obligez, par le contract cy devant escrit, payer à mondit seigneur premier president, pour reste des cent soixante neuf mil livres y contenus.

Faict et passé en l'hostel de mondit seigneur, l'an 1655, le troisiesme jour de septembre avant midy.

Fut present mondict seigneur premier président, lequel a confessé avoir receu desdits seigneur et dame de Lionne, et de leurs deniers, par les mains dudit sieur de Rives, en louis d'argent et monnoie, la somme de soixante sept mil six cens cinquante livres, scavoir, 66,000 livres restant à payer de la somme de 131,000 livres, et 1,650^{tt} pour les interests de ladite somme de 66,000 livres, de laquelle somme mondit seigneur premier président s'est contenté et a quitté lesdits seigneur et dame de Lionne.

Faict et passé audict hostel de mondit seigneur premier président, l'an mil six cens cinquante six, le premier jour de mars avant midy.

Lettres de provisions
de Secrétaire des commandemens de la Reine régente,
en faveur de Hugues de Lionne.

(13 août 1646.)

Louis, par la grâce de Dieu, Roy de France et de Navarre, à tous ceux qui ces présentes lettres verront, Salut.

La charge de secrétaire des commandemens de la Reyne régente notre très honorée dame et mère, estant vaccante par la mort de maistre Nicolas Legras, et important qu'elle soit remplie d'une personne capable et fidelle, pour la desservir selon sa dignité, nous avons creu que nous ne pouvions faire un meilleur choix pour cela que de la personne de notre ami et féal Me Hugues de Lionne, conseiller en nostre Conseil d'Estat, tant pour son mérite particulier que pour les preuves qu'il nous a rendues de son expérience et de sa fidélité en plusieurs traittez, négociations et affaires d'importance, où il a esté employé pour nostre service vers les princes étrangers, et en d'autres occurrences, dont il s'est toujours très dignement acquitté. A ces causes, etc., car tel est notre plaisir.

En tesmoin de quoy nous avons faict mettre notre scel à ces dictes présentes. Donné à Fontainebleau le treiziesme jour d'aoust, l'an de grâce mil six cens quarante six et de nostre règne le quatriesme. Signé Louis.

Et sur le repli : de par le Roy, la Reyne régente sa mère présente, Guénégaud.

Provisions de Conseiller d'Estat à M. de Lionne.

(5 août 1646.)

Louis, par la grâce de Dieu, Roy de France et de Navarre, à nostre âmé et féal conseiller et secrétaire des commandemens et finances de la Reyne régente nostre très honorée dame et mère, le sieur de Lionne, salut; la congnoissance que nous avons de vostre affection et fidélité à nostre service, par les témoignages que vous nous en avez rendus en plusieurs affaires concernans le bien de nostre Estat, que vous avez conduictes avec telle suffisance et dextérité que nous en avons receu une entiere satisfaction, nous ayant donné subject de vous choisir et retenir pour l'un de nos Conseillers d'Estat, par nos lettres patentes du xxii° jour de juillet mil six cens xliii, les mesmes considérations et la continuation de vos services nous convient à vous donner doresnavant entrée et nous servir de vous ordinairement dans nos Conseils, que nous avons interest de veoir remplis de personnes dont la probité, expérience et capacité nous soient si bien congnues, que nous puissions avec confiance nous reposer sur eux des grandz et importans affaires qui s'y traictent; à ces causes et autres bonnes considérations à ce nous mouvans, de l'advis de la Reyne regente nostredite dame et mère, nous vous avons constitué, ordonné et estably, et par ces présentes, signées de nostre main, constituons, ordonnons et establissons Conseiller ordinaire en tous nos Conseils d'Estat, privé et de nos finances, pour doresnavant y avoir entrée, rang, séance, voix et opinion délibérative, et nous y servir suivant les reiglemens sur ce faictz, aux honneurs, auctoritez, prerogatives et preeminences qui y appartiennent, et aux appoinctemens dont jouissent les autres conseillers ordinaires en nosditz Conseils, telz qu'ils seront employez dans nos Estats.

Et a ceste fin vous en presterez le serment deub et accoustumé entre les mains de nostre très cher et féal le S' Séguyer, comte de Gien, chevallier, chancellier de France, auquel nous mandons de vous recevoir et admettre en ladite charge de Conseiller ordinaire en nosditz Conseils, et d'icelle faire jouir et user plainement et paisiblement, recongnoistre et obéir de tous ceux et ainsy qu'il est requis à l'un de nosdits Conseillers ordinaires, car tel est nostre plaisir.

Donné à Fontainebleau le 15° jour d'aoust, l'an de grâce mil six cens quarante six et de nostre reigne le quatriesme. Signé Louis. Et plus bas, par le Roy, la Reyne régente sa mère présente, De Guénégaud.

Provisions de la charge de Commandeur, Prévôt et Maître de cérémonies de l'ordre du Saint Esprit.

(28 février 1653.)

Louis, par la grâce de Dieu, Roy de France et de Navarre, Chef Souverain, Grand Maître des ordres de Monsieur Saint Michel et milice du benoist Saint Esprit, à tous ceux qui ces presentes lettres verront, salut.

Scavoir faisons que pour l'entiere et parfaicte confiance que nous avons de la personne de nostre ami et féal Conseiller en nostre Conseil d'Estat et secrétaire des commandemens de la Reine nostre tres honorée dame et mère, M'° Hugues de Lionne, et de ses sens, suffisance, integrité, prudhomie et bonne diligence, à iceluy, pour ces causes, et autres bonnes considérations à ce nous mouvans, avons donné et octroyé, donnons et octroyons par ces presentes l'estat et office de Commandeur, Prevost et Maistre des cérémonies de nosditz ordres Saint Michel et milice du S¹ Esprit, que naguères souloit tenir et exercer nostre aussy aimé et féal conseiller en nostredit Conseil d'Estat et secrétaire des commandemens, Louis Philypeaux, seigneur de la Vrillière, dernier paisible possesseur d'iceluy, vaccant à present par la pure et simple resignation qu'il en a volontairement faite en nos mains par sa procuration expresse, cy attachée soubz le contrescel de nostre chancellerie, pour ledit estat et office avoir et tenir et doresnavant exercer, en jouir et user par ledit sieur de Lionne, aux honneurs, auctoritez, prérogatives, prééminances, privilèges, franchises, indempnitez, exemptions... qui y appartiennent et sont attribuez, telz et semblables dont jouissoit ledit sieur de la Vrillière, et ce tant qu'il nous plaira.

Si donnons en mandement au grand trésorier de nosdits ordres qu'audit sieur de Lionne, duquel nous recevrons le serment en tel cas requis et accoustumé, il paye, baille et delivre doresnavant par chacun an, aux termes et en la manière accoustumée, lesdits gages et droictz audit office appartenans, à commencer du jour et datte des presentes, rapportant lesquelles, ou le vidimus d'icelles, avec les quittances dudit sieur de Lionne sur ce suffisantes, nous voulons lesdits gages et droictz et tout ce qui payé, baillé et délivré luy aura esté, passé et alloué ès comptes dudit grand trésorier partout où il appartiendra, sans difficulté. Car tel est notre plaisir. En tesmoing de quoy nous avons fait mettre le scel de nosdits ordres à cesdites presentes. Donné à Paris le dernier jour de febvrier, l'an de grâce mil six cens cinquante trois et de notre règne le dixieme. Signé Louis.

Brevet de retenue en faveur des héritiers de M. de Lionne de 200,000 livres sur la charge de grand maître des cérémonies.

(15 juillet 1653.)

Aujourd'hui, quinziesme jour de juillet mil six cens cinquante trois, le Roy es[tant en son Conseil[1], a]yant esgard aux longs, fidelles et laborieux services que le sieur de Lionne, commandeur, prevost, maistre des ceremonies de ses ordres, a rendus à (feu le Roy) son père de glorieuse mémoire, à Sa Majesté à present regnante et à l'Estat pendant vingt trois ans, tant en plusieurs emplois considerables au dedans du Royaume, en diverses negotiations auprez des princes estrangers, que depuis, en la charge de secrétaire des commandemens de la Reyne sa

---

[1] Ces mots n'existent plus dans le texte.

mère et auprez de la personne de Monsieur le Cardinal Mazarin aux affaires de l'Estat les plus importantes, et de la plus grande confiance dont il s'est tousjours acquitté à l'entière satisfaction de Leurs Majestés, et mettant en consideration que la principale et seule récompense qu'il a eue de la liberalité de Leurs Majestés pour tous ses services a esté le don qui luy fut faict, en 1646, de la charge de secrétaire des commandemens de ladite dame Reyne, laquelle ayant été depuis vendue au sieur de Montigni Servien, il en a, par ordre de Leurs Majestés, employé tout le prix et, outre cela, une somme considérable à l'achapt de celle de Prevost de ses ordres, qui luy a cousté 252,000 livres; Sa Majesté voulant, pour les susdites considérations, asseurer audit sieur de Lionne, en tous évènemens, et à ses enfans et héritiers, la plus grande partie de ladite somme, attendu qu'en cela consiste la seule récompense de 23 années de services utiles par luy rendus à l'Estat, entend, veut et ordonne qu'en cas que ledit sieur de Lionne vint à déceder en possession de ladite charge de Prevost de ses ordres, des 252,000 livres qu'il a payées au Sr de la Vrillière, secrétaire d'Estat, pour le prix de ladite charge, il en soit payé et remboursé à sa vefve, enfans ou héritiers, la somme de 200,000 livres, et ce par celuy qui en sera pourveu à sa place, et sans qu'aucun puisse estre pourveu ny receu en ladite charge de prevost maistre des cérémonies de ses ordres, en quelque manière ny soubz quelque préte\te que ce soit, qu'aprez le parfait payement et remboursement de ladite somme de deux cens mil livres, le tout en vertu du présent brevet; lequel, pour le tesmoignage de sa volonté, Sa Majesté a signé de sa main et en a fait contresigner le scel par nous ses Conseillers d'Estat et de ses commandemens et finances. Signé Louis. Et plus bas, de Loménie, Phélypeaux, Le Tellier.

Permission accordée au Ministre de Lionne de jouir des droits et honneurs de l'ordre du Saint Esprit, en se défaisant de sa charge.

(26 mai 1656.)

Louis, par la grâce de Dieu, Roy de France et de Navarre, Chef et Souverain Grand Maistre de l'ordre Saint Michel et milice du Saint Esprit, à tous ceux qui ces présentes lettres verront, salut.

L'entière satisfaction que nous avons des longs, fidelles et recommandables services que le sieur de Lionne Conseiller en notre Conseil d'Estat, Commandeur, Prevost et Maistre des cérémonies de nos ordres, nous a rendus depuis vingt six ans et au feu Roy de glorieuse mémoire, et à cet Estat en plusieurs grandes et considérables occasions, nous donnant lieu de con inuer à l'employer en nos plus importantes affaires et le plus souvent hors de nostre Royaume, comme présentement à son retour de son ambassade extraordinaire aux Princes d'Italie, dont il s'est acquitté très dignement, nous l'avons honoré de la qualité de nostre plénipotentiaire pour la paix générale, et l'envoyons en Espagne; nous avons mis en consideration qu'à raison desdits employs, il est mal aisé qu'il puisse vacquer autant qu'il seroit requis au faict de la charge qu'il a de commandeur, prevost et maistre des cérémonies desdits ordres.

Et voulans d'ailleurs donner audit sieur de Lionne quelque marque de nostre affection et de nostre reconnoissance pour les services qu'il nous rend journellement, au bien et avantage de cet Estat et à nostre singulier contentement, avec toute la fidélité, suffisance et zèle que nous pouvons désirer,

Pour ces causes et autres bonnes et grandes considérations à ce nous mouvans, de l'advis des cardinaux, prélats et autres commandeurs et officiers de nosdits ordres estans près de nostre personne, et suivant le brevet que nous luy en avons faict expédier, cy attaché sous nostre contre-scel, nous avons déclaré et déclarons nostre intention avoir esté et estre encore que ledict sieur de Lionne ayt la permission et faculté de se défaire, en tel temps qu'il voudra, à l'advenir, de ladite charge de commandeur, prevost et maistre des cérémonies de nos ordres, entre les mains de telle personne qu'il nous nommera et qui nous sera d'ailleurs agréable.

Voulons et entendons en outre que ledit sieur de Lionne venant à résigner ladite charge, en quelque manière que ce soit, jouisse sa vie durant de tous et chacuns les privilèges, honneurs, authoritez, prerogatives, preeminences, franchises, libertez et semblables que ceux dont jouissent les autres commandeurs et officiers de nosdits ordres, l'ayant dès à present nommé et esleu pour être associé audit ordre du Saint Esprit, à la première cérémonie.

Voulant cependant qu'il puisse et luy soit loysible, comme nous luy avons de grâce spéciale promis et promettons par ces présentes, signées de nostre main, de continuer à porter toujours durant sa vie les marques d'honneur dudit ordre, la croix et le cordon pendus au col et sur ses habits, ensemble le grand collier, tout ainsy que font les autres commandeurs et chevaliers, sans qu'il y puisse estre presentement ny à l'advenir troublé ny empesché en aucune manière.

Si donnons en mandement, à nostre très cher et féal chancelier de nos ordres, le comte de Servien et tous autres qu'il appartiendra, que de nostre presente grace, permission et contenu cy-dessus, ils fassent, souffrent et laissent ledit sieur de Lionne jouir et user pleinement et paisiblement, nonobstant toutes ordonnances, statuts, reglemens et lettres à ce contraires, ausquelles et aux derogatoires des derogatoires y contenues, nous avons, de de nos grâces susdites, souveraine puissance et autorité royalle, pour ce regard seulement, et sans tirer à conséquence, dérogé et dérogeons par ces présentes, ausquelles, en tesmoin de ce, nous avons faict mettre notre scel.

Donné à Paris, le vingt sixiesme jour de may mil six cens cinquante six et de nostre règne le quatorziesme. Signé Louis.

*Permission à M. de Lionne
de vendre la charge de grand maître des cérémonies.*

(26 mai 1656.)

Aujourd'huy, vingt sixiesme jour de may mil six cens cinquante six, le Roy, Chef Souverain, Grand Maistre de l'ordre Saint-Michel et milice du Saint-Esprit, estant à Paris, mettant en considération qu'il est malaisé que le sieur de Lionne, conseiller en son Conseil d'Estat, commandeur, prevost et maistre des cérémonies desdits ordres, puisse vacquer autant qu'il seroit nécessaire au faict de la charge qu'il a dans lesdits ordres, pour estre ordinairement employé par Sa Majesté en de plus grandes et plus importantes affaires qu'elle lui confie pour son service et le plus souvent hors du Royaume, comme présentement qu'il revient d'ambassade extraordinaire aux Princes d'Italie, elle l'envoye en Espagne son plénipotentiaire pour la paix générale, et voulant d'ailleurs reconnoistre en quelque sorte les longs, fidelles et recommandables services que ledit sieur de Lionne luy a rendus, au feu Roy de glorieuse mémoire et à l'Estat en plusieurs grandes et importantes occasions où il a esté cy devant employé,

Sadicte Majesté a accordé et accorde audit sieur de Lionne la permission et faculté de se défaire, en tel temps qu'il voudra à l'advenir, de ladite charge de commandeur, prevost et maistre des cérémonies desdits ordres, entre les mains de telle personne qu'il nommera et qui sera d'ailleurs agréable à Sa Majesté.

Veut et entend en outre Sadicte Majesté, que ledit sieur de Lionne venant à résigner ladite charge, en quelque manière que ce soit, jouisse sa vie durant de tous et chacuns les privilèges, honneurs, authoritez, prerogatives, franchises, libertez, tels et semblables que ceux dont jouissent les autres commandeurs et officiers desdits ordres, l'ayant nommé et esleu pour estre associé audit ordre du Saint Esprit, à la première cérémonie, et cependant qu'il puisse et luy soit loisible, comme Sa Majesté de grace spéciale luy a permis et permet de continuer à porter durant sa vie les marques d'honneur dudit ordre, la croix et cordon pendus au col et sur ses habits, ensemble le grand collier, tout ainsy que les autres commandeurs et chevaliers, sans qu'il y puisse estre presentement ny à l'advenir troublé ny empesché en aucune sorte, dont Sa Majesté m'a commandé de délivrer audit sieur de Lionne toutes lettres et expéditions nécessaires, et cependant le présent brevet qu'elle a signé de sa main, et faict contresigner par moy son conseiller d'Estat, commandeur et secrétaire de ses ordres. Signé Louis, et plus bas, De Bullion.

*Pouvoirs pour MM. de Grammont et de Lionne
de traitter avec le Roy de Suède de l'alliance du Roy de France.*

(20 mars 1658.)

Louis, par la grâce de Dieu, Roy de France et de Navarre, à tous ceux qui ces présentes lettres verront, salut. Comme la paix qui a esté heureusement conclue à Munster et à Osnabrug, en l'année 1648, doit estre principalement attribuée à l'alliance suivant laquelle la France et la Suède avoient conjoinctement procuré, par leurs conseils et par leurs armes, la tranquilité publique, et que nous avons reconnu que cette paix avoit esté depuis troublée et enfrainte par plusieurs de ceux qui y estoient entrez, principalement en ce qui regardoit les interests et la seurté de l'une et l'autre couronne, nous aurions, sur cette commune affaire, descouvert noz sentimens à nostre tres cher et tres aimé bon frère, cousin, allié et confédéré Charles Gustave, Roy de Suède, et il auroit esté jugé, aprez une sérieuse délibération de part et d'autre, que les infractions faites à ladite paix estoient telles, soit en elles-mesmes, soit en leurs suittes, que si les Royaumes alliez n'y pourvoyoient par de bons remèdes et par la forte union de leurs conseils, elles seroient pour la rendre inutile, mesme porter les choses à une rupture.

Sur ce fondement, nous avons advisé avec nostre frère le Roy de Suède que, pour destourner les maux qui en pourroyent arriver, et principalement conserver la paix dans l'Empire, il n'y avoit point de meilleur moyen que de renouveler l'ancienne alliance qui avoit esté entre nous et la Suède, l'accomodant à l'estat présent des affaires, et qu'à cette fin il falloit faire choix de quelques personnes suffisantes pour mettre la main à un œuvre si important.

Et d'autant que, de notre part, nous avons creu n'en pouvoir faire de meilleur que de celles de nostre tres cher et bien aimé cousin le duc de Grammont, pair et mareschal de France, ministre d'Estat, souverain de Bidache et gouverneur et nostre lieutenant général en Navarre et Béarn, de la citadelle de St Jean de Pied de Port, de la ville et chasteau de Bayonne, et mestre de camp du régiment de nos gardes, et de nostre bien aimé et féal le sieur de Lyonne, marquis de Fresne, seigneur de Berny, conseiller en tous nos Conseils et commandeur de nos ordres, nos ambassadeurs extraordinaires et plénipotentiaires dans toute l'étendue de l'Empire et vers les princes du Nord, pour en avoir la conduite et le mener à une heureuse fin.

A ces causes et autres à ce nous mouvans, et plain confians en leur prudhommie, grande expérience et dextérité au maniement des affaires, dont ilz nous ont donné tant de preuves, de l'advis de la Reyne notre tres honorée dame et mère, de nostre tres cher et tres aimé frère le duc d'Anjou, de plusieurs princes, ducs, pairs et officiers de nostre Couronne, grandz et notables personnages de nostre Conseil,

Nous avons, par ces presentes, signées de nostre main, donné et donnons plain pouvoir à nostredit cousin le duc de Grammont et audit sieur de Lyonne de conférer avec ceux qui seront commis et deputez par nostredit bon frère et cousin le Roy de Suède, pour traicter de l'alliance estroicte que nous désirons estre faicte entre nos personnes, royaumes, sujetz et estatz, et d'en conclure et signer avec eux les conditions, les rédiger par escrit, nous obliger à leur entière observation, et généralement faire negotier, promettre et accorder tout ce qu'ils jugeront nécessaire pour l'effect de ladicte alliance, encore qu'il y eust chose qui requist mandement plus spécial qu'il n'est porté par cesdictes présentes.

Promettant, en foy et parolle de Roy, d'avoir pour agréable, tenir ferme et estable tout ce qui sera faict, géré et négotié en nostre nom par nostredit cousin le duc de Grammont et ledit sieur de Lyonne, et de n'y contrevenir ny souffrir qu'il y soit contrevenu directement ni indirectement en aucune manière que ce puisse estre, et d'en faire expédier et fournir touttes lettres de ratification en bonne et deüe forme, au temps qu'il aura esté convenu. Car tel est nostre plaisir.

En tesmoin de quoy nous avons faict mettre notre scel à cesdictes présentes. Donné à Paris le vingtiesme jour de mars, l'an de grâce mil six cents cinquante huict, et de nostre regne le quinziesme. Signé Louis, et sur le repli : de par le Roy, De Loménie.

Provisions de Ministre d'Estat, justificatives de l'ambassade de M. de Lionne à Rome.

(28 juin 1659.)

Louis, par la grâce de Dieu, Roy de France et de Navarre, à nostre aimé et féal Mre Hugues de Lyonne, marquis de Berny, conseiller ordinaire en noz Conseils d'Estat, privé et finances, et commandeur de nos ordres, salut. Comme les affaires qui se traictent dans nostre Conseil estroict sont les plus importantes de l'Estat, et dans lesquelles nous avons le plus de besoin d'estre assistez des advis des plus capables, et de noz plus confidentz serviteurs, aussy nous apportons une particulière considération à n'y appeller que ceux dont la suffisance et le mérite nous sont bien conguus.

Et sçachant comme vous avez longuement et dignement servy le feu Roy nostre tres honoré seigneur et père de glorieuse mémoire, que Dieu absolve, en des emplois et occurrences très importantes, dedans et dehors nostre Royaume, et incontinent aprez nostre advènement à la Couronne, vous ayans appellé prez de nous, nous vous avons employé durant plusieurs années aux affaires et occurrences les plus secrettes et de plus grande conséquence qui se soyent offertes auprez de nostre personne, et pour nostre service, en suitte de quoy nous vous avons envoyé en qualité de nostre ambassadeur extraordinaire et plénipotentiaire en Italie, Espagne et Allemagne, tant pour la paix generalle que pour d'autres négotiations tres considérables, et concernans le repos universel de la chrestienté, la reputation et les advantages de cette couronne, et des princes noz alliez, dans touttes lesquelles charges, employs et occasions, vous avez donné touttes les preuves possibles d'une singulière capacité, prudence et expérience, et d'une fidélité et affection très entières à nostre service, en sorte que vous avez beaucoup mérité de nous et du publicq, dont voullons vous recongnoistre et tesmoigner la satisfaction qui nous demeure des signallez et recommandables services que vous nous avez rendus, et à cet Estat, de toutte vostre conduitte, et vous donner une marque spéciale de nostre parfaicte confiance, ainsy que de l'estime que nous faisons de vostre personne, pour les qualités recommandables de vertu et de naissance qui sont en vous.

A ces causes et autres bonnes considérations à ce nous mouvans, nous avons avons constitué, ordonné et estably, constituons, ordonnons et establissons, par ces présentes signées de nostre main, l'un des Ministres de nostre Estat, pour, en cette qualité, avoir entrée, séance et voix délibérative en touz nos Conseils et jouir de cette dignité aux honneurs, prerogatives et préeminences qui y appartiennent, tout ainsy que font ceux qui en sont honorez, ensemble des gages et appointemens qui vous seront par nous ordonnez, tant qu'il nous plaira, sans que vous soyez tenu de prester pour ce autre serment que celuy que vous avez cy devant faict en ladicte qualité de conseiller en noz Conseilz.

Mandons aux trésoriers de notre Espargne, présents et à venir, qu'ils ayent à vous payer et délivrer comptant par chacun an lesdits gages et appointemens, selon qu'ilz vous seront par nous ordonnez.

Voullons et entendons que tous noz officiers et subjects ayent à vous recongnoistre et obéir comme il est requis en ladite qualité, car tel est nostre plaisir. Donné à Chantilly le xxiii° jour de juin, l'an de grâce mil six cens cinquante neuf, et de nostre règne le dix-septiesme. Signé Louis, et plus bas : par le Roy, Le Tellier.

*Don du Roi à M. de Lionne
de 25,000 livres de rente sur le duché de Bar.*

(25 novembre 1659.)

Aujourd'huy, xxv° du mois de novembre mil six cens cinquante neuf, le Roy estant à Toulouze, mettant en considération les longs, fidelles et recommandables services que le sieur de Lyonne, Ministre d'Estat, a rendus à Sa Majesté dans ses affaires les plus importantes, et combien ses travaux et ses veelles, ainsy que sa grande capacité, son expérience et son adresse ont esté utiles à l'Estat, lequel a tiré des avantages considérables des diverses negotiations et traictetez où il a esté employé et des ambassades dont il a esté honoré, et Sa Majesté désirant l'en recongnoistre, et le desdommager en quelque sorte des grandes et excessives dépenses qu'il a esté obligé de faire en des employs si considérables, et pour en soustenir, ainsy qu'il a faict, le poidz et la dignité, comme aussy luy donner plus de moyen de luy continuer ses services, Sa Majesté a accordé et fait don audict sieur de Lyonne de la somme de vingt cinq mille livres de rente annuelle, à prendre sur tous et chacuns les domaines et revenus appartenans à Sa Majesté dans le duché de Bar, à elle acquis et cédé par le traicté de paix entre cette couronne et celle d'Espagne, conclu et signé le vii° du présent mois, et ce de quelque nature et qualité que soyent lesdits domaines et revenus, pour de ladite somme de vingt cinq mille livres de rente jouir par ledit sieur de Lyonne sa vie durant, et aprez son deceds par ses héritiers, successeurs et ayans cause, en pleine propriété et à tousjours, comme vray et loyal acquest et de chose à eux appartenant, m'ayant Sadite Majesté commandé d'en expédier audit sieur de Lionne touttes lettres nécessaires, et cependant, pour tesmoingnage de sa volonté, le present brevet qu'il a signé de sa main.

Faict et contresigné par moy son conseiller, Secrétaire d'Estat et de ses commandemens et finances. Signé Louis, et plus bas, Le Tellier.

*Permission à M. de Lionne
de vendre 25,000 livres de rente à lui données par le Roi sur le duché de Bar.*

(4 décembre 1660.)

Aujourd'huy, quatriesme du mois de décembre 1660, le Roy estant à Paris, ayant par son brevet du xxv° du mois de novembre de l'année dernière 1659, et pour les causes et raisons y mentionnées, accordé et faict don au sieur de Lyonne, Ministre d'Estat, et à ses heritiers, successeurs et ayant cause aprez luy, de la somme de vingt cinq mille livres de rente annuelle à prendre sur les domaines et revenus qui peuvent appartenir à Sa Majesté dans le duché de Bar, et comme Sa Majesté est sur le poinct de conclure un traicté avec M. le duc de Lorraine, pour luy céder et faire remettre le duché de Bar, et qu'elle ne veult pas que rien empesche ledit sieur de Lyonne de jouir de la grâce qu'elle luy a faict par ledit brevet et de tirer tous les advantges possibles du don porté par iceluy,

Sa Majesté a permis, et permet audit sieur de Lyonne, de vendre et alliener lesdits vingt cinq mille livres de rentes, et d'en traicter pour cette fin en faveur et au proffict de telle personne que bon luy semblera, sans difficulté, et sans que pour ce il ayt besoin d'autre expédition que du présent brevet, lequel Sa Majesté, pour tesmoingnage de sa volonté, a signé de sa main et faict contresigner par moy son conseiller, Secrétaire d'Estat et de ses commandemens et finances. Signé Louis, et plus bas, Le Tellier.

*Permission du Roi
à M. de Lionne de recevoir de M. l'archevêque de Trèves huit chevaux de carrosse.*

(18 juin 1662.)

Aujourd'huy, xviii° du mois de juin 1662, le Roy estant à Paris, sur ce qui a esté représenté à Sa Majesté par le sieur de Lionne, Ministre d'Estat, que Monsieur l'archevesque de Treves, prince et eslecteur du Saint Empire, veult luy faire un présent de huict chevaulx de carrosse, en recongnoissance des soins qu'il a pris pour ses advantages en diverses occasions, et pour tesmoingnage de son affection, lequel présent ledit sieur de Lyonne ne désire accepter sans en avoir le consentement de Sa Majesté, et l'ayant bien agréable, Sa Majesté a permis et permet audit sieur de Lyonne d'accepter et recevoir lesdits huict chevaux de carrosse sans difficulté, nonobstant les deffenses portées par les ordonnances, dont elle a dispensé et dispense ledit sieur de Lyonne par le présent brevet, lequel, pour tesmoingnage de sa volonté, elle a signé de sa main et faict contresigner par moy son conseiller, Secrétaire d'Estat et de ses commandemens et finances. Signé Louis, et plus bas, Le Tellier.

*Permission du Roi à M. de Lionne
de recevoir un présent de 15,000 livres de l'archiduc pour la satisfaction du traité de Munster.*

(22 août 1661.)

Aujourd'huy, xxii° du mois d'aoust 1661, le Roy estant à Fontainebleau, ayant sceu que M. l'archiduc d'Inspruck souhaiteroit de faire un présent au sieur de Lyonne, Ministre d'Estat, d'une somme de quinze mille livres, en recongnoissance des soins qu'il a apportez dans le traicté qui a esté faict pour la satisfaction dudit sieur Archiduc en exécution du traitté de Munster, à quoy ledict sieur de Lyonne ne désire point entendre sans la permission expresse de Sa Majesté, et estant bien aise de favoriser en touttes occasions ledit sieur de Lyonne, Sa Majesté luy a permis et permet d'accepter et recevoir ladicte somme de quinze mille livres sans difficulté, nonobstant les deffenses portées par les ordonnances, dont elle a dispensé et dispense ledit sieur de Lyonne par le présent brevet, lequel Sa Majesté, pour tesmoingnage de sa vollonté, a signé de sa main et faict contresigner par moy son conseiller, Secrétaire d'Estat et de ses commandemens et finances. Signé Louis, et plus bas, Le Tellier.

Provision de la charge de Secrétaire d'Estat pour M. de Lyonne.

(20 avril 1663.)

Louis, par la grâce de Dieu, Roy de France et de Navarre, à tous ceux qui ces présentes lettres verront, salut. L'estat et office de Secrétaire d'Estat et de noz commandementz et finances, duquel nostre aimé et féal Henry Auguste de Loménie, comte de Brienne, père, et nostre aimé et féal Louis Henry de Loménie, comte de Brienne, son filz, estoient pourveuz, à la survivance l'un de l'autre, estant à présent vaccants par la démission qu'ils en ont faicte en noz mains, et estant nécessaire et important à nostre service et à celuy de cet Estat de remplir au plus tost ledit office d'une personne capable de s'en bien acquitter, et dont le méritte et la suffisance respondent à l'importance et à la dignité de l'employ,

Nous avons estimé, après avoir jetté les yeux sur divers subjetz, que nous ne pouvions nous en reposer sur aucun, ny faire pour cette fin un meilleur choix que de nostre aimé et féal Hugues de Lyonne, commandeur de noz ordres et Ministre de nostre Estat, pour les longs, fidelles et recommandables services qu'il a rendus tant au feu Roy nostre très honoré seigneur et père de glorieuse mémoire, qu'à nous en plusieurs occasions et employs dedans et dehors le Royaume, pour les bonnes et rares qualitez qui sont en sa personne, lesquelles convièrent le feu Roy nostredit seigneur et père à l'envoyer vers les Princes d'Italie pour, par son adresse, s'employer en nostre nom à accommoder les différendz qui estoient pour lors entre le feu pape Urbain VIII et les princes; et aprez y avoir réusçy à la satisfaction commune, il repassa dans nostre Royaume, où estant arrivé il fut choisy par la Reyne nostre très honorée dame et mère, pour remplir la charge de secrétaire de ses commandementz, et fut employé soubz les ordres de feu nostre très cher et très aimé cousin le Cardinal Mazarin aux affaires étrangères, et entre autres à celles concernant la négociation de la paix qui se traictoit à Munster, et où celle d'Allemagne fut concluë;

en suitte de quoy l'ayant renvoyé vers les Princes d'Italie, en qualité de nostre ambassadeur extraordinaire sur des affaires importantes à cet Estat, et s'y estant trouvé dans le temps du decedz d'Innocent X°, il nous servit utilement à Rome et y eust la direction de noz affaires pendant tout le temps du conclave; et à son retour, s'estant rencontré des dispositions favorables pour la paix entre cette Couronne et celle d'Espagne, et ayant jugé ne pouvoir confier une affaire de cette conséquence à une personne qui la peust mieux mesnager, nous l'envoyasmes à Madrid, en qualité de nostre ambassadeur et plénipotentiaire, pour traicter de ladicte paix; d'où estant revenu, et la mort de l'Empereur estant arrivée, nous le fismes passer en Allemagne, en qualité de l'un de noz ambassadeurs extraordinaires, au subject de l'eslection du nouvel empereur, dans laquelle occasion il contribua beaucoup par sa prudence et son adresse au bon succez des affaires qui s'y traictèrent, et nous y rendist des services si utiles, que nous nous trouvasmes obligez à son retour de l'en recongnoistre, et de l'honorer du tiltre et dignité de Ministre de nostre Estat, et depuis de l'employer soubz les ordres de feu nostredit cousin le cardinal Mazarin à la négotiation de ce fameux traicté de paix entre cette Couronne et celle d'Espagne, et de celui de nostre mariage, lesquelz ont esté concludz et signez dans l'isle des Faisans, aux confins des Pyrénées; dans lesquels traictez, ainsy qu'ez autres ambassades, négociations et employs qui luy ont esté confiez, mesmes dans nostre Conseil secret, depuis que nous l'y avons appelé, il s'est acquis non seulement une congnoissance parfaicte des affaires de cet Estat, et de celles des princes étrangers, qui faict la principale fonction de la charge qui est à remplir, mais aussy beaucoup d'expérience au maniement d'icelles, et a donné partout des preuves d'une grande capacité, probité, diligence et sage conduitte, qui nous donnent lieu de croire qu'il nous servira dignement et utilement en une charge de cette conséquence.

Prenant aussy toutte confiance en sa fidellité et affection à nostre service, scavoir faisons que, pour ces causes et autres bonnes considérations à ce nous mouvantz, nous avons audict sieur de Lyonne donné et octroyé, donnons et octroyons par ces présentes, signées de nostre main, l'estat et office de Secrétaire d'Estat et de noz commandementz et finances, que tenoyent et exerçoyent lesdits sieur Comte de Brienne père et filz, à la survivance l'un de l'autre, vaccant comme dict est par la démission que l'un et l'autre ont faictes en noz mains, en faveur dudit sieur de Lyonne, par leurs procurations cy attachées soubz le contre-scel de nostre chancellerie, pour doresnavant nous y servir, et ledit estat et office exercer, en jouir et uzer par ledit sieur de Lyonne aux honneurs, auctoritez, prerogatives, prééminences, privilèges, franchises, libertez, gages, droictz, pensions, appointemens, revenuz et émolumens accoustumez et qui y appartiennent, avec pouvoir de signer et expédier toutes et chacunes les depesches et lettres, tant pattentes que closes, ordonnances, estats, pouvoirs, communications, instructions et generallement toutes autres depesches dependantes de ladite charge, tout ainsy qu'ont faict ou pu faire lesdits sieurs Comte de Brienne père et filz, et les autres qui ont exercé ladicte charge avant eux, et ce tant qu'il nous plaira. Car tel est nostre plaisir.

En tesmoing de quoy nous avons faict mettre nostre scel à cesdites présentes. Donné à Paris le xx° jour d'avril, l'an de grâce mil six cens soixante trois, et de nostre règne le vingtiesme. Signé Louis, et sur le repli : de par le Roy, Le Tellier.

Provisions en survivance de la charge de Secrétaire d'Estat dont est pourveu M. de Lyonne,
en faveur du S' Marquis de Berny, son fils aisné.

(14 février 1667.)

Louis, par la grâce de Dieu, Roy de France et de Navarre, à tous ceux qui ces présentes lettres verront, salut.

Considérans que nous ne pouvons donner de marque plus sensible de nostre recongnoissance, ny faire paraistre d'advantage la satisfaction qui nous demeure des services signalez que nous recevons de noz subjectz, que de faire passer à leurs enfans les charges et dignitez qu'ils possèdent, particulièrement lorsqu'elles sont considérables et importantes à l'Estat, et qu'aussy nous ne scaurions rien faire de plus utile pour la grandeur et le maintien d'ycelui, que de constituer dans lesdictes charges des personnes qui les puissent posséder avec mérite, et sur la fidélité desquels nous puissions nous reposer,

Les longs, fidelles, laborieux et recommandables services que nous a renduz le sieur de Lyonne, Conseiller en noz Conseilx, Secrétaire d'Estat et de nos commandemens et finances, en diverses charges et emplois importans, dedans et dehors du Royaume, et qu'il continue de nous rendre, particulièrement depuis que nous l'avons pourveu de ladite charge de Secrétaire d'Estat qu'il exerce avec toutte la capacité, la suffisance, l'intégrité, la dilligence et l'assiduité possibles, et si advantageusement pour la gloire et le bien de l'Estat, nous ont faict prendre résolution de donner à Louis de Lyonne, marquis de Berny, son fils aisné, ladite charge de Secrétaire d'Estat et de noz commandemens, sur la démission que ledit sieur de Lyonne son père en a faicte en noz mains, en faveur de sondict filz, à condition de survivance; à quoy nous avons incliné, d'autant plus vollontiers, que nous sommes bien informez des bonnes qualitez qui sont en la personne dudict sieur de Lyonne fils, et des dispositions qu'il faict paroistre pour se rendre un jour capable de posséder dignement un employ de si grand poidz, et que d'ailleurs nous nous promettons qu'il profittera des bonnes instructions dudit sieur de Lyonne son père, et que, succédant à sa charge, il s'efforcera de l'imiter et de suivre un si bel exemple.

Scavoir faisons que nous, pour ces causes et autres bonnes considérations à ce nous mouvans, avons à iceluy Louis de Lyonne donné et octroyé, donnons et octroyons, par ces présentes signées de nostre main, ledit estat et office de Secrétaire d'Estat et de nos commandementz et finances, que tient et exerce maintenant ledict sieur de Lyonne son père, pour iceluy office exercer par ledict sieur de Lyonne fils lorsqu'il aura atteint l'aage de vingt cinq ans, et iceluy tenir, en jouir et user, arrivant le decedz de sondict père, mesme en faire les fonctions et exercice de son vivant, lors de son absence ou maladie, aux honneurs, auctoritez, gages, pensions et émolumens y appartenans, telz et semblables qu'en jouist ou doibt jouir ledit sieur de Lyonne son père, tant qu'il nous plaira, sans qu'advenant son decedz ou dudit Louis de Lyonne son filz, ledit estat et office puisse estre déclaré vaccant ny impétrable sur le survivant d'eux, auquel nous l'avons réservé et réservons de nostre grâce specialle et par ces présentes, sans qu'il luy soit besoing d'obtenir d'autres lettres de provisions que cesdites présentes, ny prester d'autre serment que celuy qu'en a faict ledict sieur de Lyonne père, et que prestera en noz mains ledit sieur de Lyonne filz en vertu d'icelles.....

En tesmoing de quoy nous avons faict mettre à ces présentes nostre scel. Donné à Saint Germain en Laye, le quatorziesme jour de febvrier, l'an de grâce mil six cens soixante sept, et de nostre règne le vingt quatriesme. Signé Louis, et sur le repli : de par le Roy, Le Tellier.

Permission à Louis de Lionne, marquis de Berny, de signer pour son père, Secrétaire d'Estat.

(5 janvier 1668.)

Aujourd'huy v° de janvier mil six cens soixante huit, le Roy estant à Paris, ayant esgard aux recommandables, utiles et laborieux services que M" Hugues de Lionne, Commandeur des ordres de Sa Majesté, Ministre et Secrétaire d'Estat, a rendus depuis trente cinq années à cette couronne, tant dans ses ambassades d'Italie, d'Allemagne et d'Espagne qu'autres négotiations les plus secrettes et importantes de cet Estat, et à ceux qu'il continue journellement de rendre à Sadicte Majesté en ladite qualité de Ministre et Secrétaire d'Estat, chargé des affaires étrangères, lesquelles font la plus considérable partie de son département, et considérant que, dans la grande application qu'il luy convient donner pour les conduire comme il a tousjours faict avec succez, il seroit nécessaire de le faire soulager dans les autres fonctions de sa charge, elle s'y est portée d'autant plus volontiers, qu'elle a considéré que le sieur Louis de Lionne, marquis de Berny, son filz, a sa survivance de la mesme charge de Secrétaire d'Estat par lettres pattentes de Sa Majesté du xiiii° febvrier dernier, avec pouvoir de l'exercer en l'absence, maladie ou autre légitime empeschement dudit sieur de Lionne son père, lorsqu'il auroit atteint l'âge de vingt cinq ans, se trouve dès à présent, bien qu'il n'en ayt que vingt un, en estat de prendre soin et avoir l'entière direction des affaires qui concerneront les provinces du département dudict sieur de Lionne son père, et la Marine, Sa Majesté ayant particulièrement recognu son mérite pendant la campagne dernière, où l'absence dudit sieur de Lionne son père luy a donné lieu de faire paroistre sa capacité et son intelligence dans le compte qu'il a esté obligé de rendre à Sadicte Majesté des affaires concernant ladicte charge, en sorte que Sa Majesté n'a tout subject d'estre persuadée que le deffault de sondit aage sera suppléé tant par la suffisance que luy a acquise le soin extraordinaire que ledit sieur de Lionne son père a pris de son instruction, et de le faire agir soubs ses ordres en touttes les choses dépendantes de ladicte charge depuis trois années, que par le désir qu'il tesmoingne d'imiter la sage conduite, le zèle, l'affection et la fidélité dudit sieur de Lionne son père.

Et voullant, par ces considérations, le gratifier et traicter favorablement, Sa Majesté a déclaré et déclare que son intention est que ledit sieur marquis de Berny expédie et signe, dès à présent et désormais, tous edictz, déclarations, arrestz, lettres pattentes et closes, et generallement touttes autres expéditions qui sont du commandement de Sa Majesté et dépendent des fonctions de ladicte charge de Secrétaire d'Estat et de ses commandemens, tant pour les affaires ecclesiastiques, de la justice et des finances, que celles de l'Estat, du publicq et des particulliers, et généralement pour touttes autres affaires et occurrences qui s'en présenteront, à l'exception seulement de celles qui regarderont le dehors du royaume.

Voullant et entendant Sadicte Majesté que, dans l'estendue des provinces qui concernent le département dudict sieur de Lionne son père, et en tout ce qui est de la marine de Levant et de Ponant, ledit sieur marquis de Berny exerce pleinement et entièrement ladicte charge, selon le pouvoir qui luy en est donné par ses lettres de provision expédiées à ladite condition de survivance, tout ainsy que s'il avoit atteint la vingt cinquiesme année de son aage, nonobstant, comme dict est, qu'il ne ne soit que dans la vingt uniesme. Sadicte Majesté l'ayant rellevé et dispensé, comme elle le rellève et dispense à cet esgard dudit deffaut d'aage et de la rigueur de sesdictes lettres de provision, en vertu du présent brevet, lequel Sa Majesté, pour tesmoingnage de sa vollonté, a signé de sa main et faict contresigner par moy son secrétaire d'Estat et de ses commandements et finances. Signé Louis, et plus bas, Le Tellier.

Commissions de Colonel du régiment d'infanterie d'Aunis pour le sieur de Lionne (Charles Hugues).

(1er juillet 1704.)

Louis, par la grace de Dieu, Roy de France et de Navarre, à nostre cher et bien aimé le sieur de Lionne, salut. La charge de colonel du régiment d'infanterie d'Aunis, dont estoit pourveu le sieur marquis de Polignac, estant à présent vacante par sa démission, et désirant remplir ladicte charge d'une personne qui ayt touttes les qualitez requises pour s'en acquitter dignement, nous avons estimé que nous ne pouvions faire pour cette fin un meilleur choix que de vous, pour la confiance que nous prenons en votre valeur, courage, expérience en la guerre, vigilance et bonne conduite, et en vostre fidélité et affection à nostre service.

A ces causes et autres à ce nous mouvans, nous vous avons commis, ordonné et estably, commettons, ordonnons et establissons par ces presentes signées de nostre main, colonel dudit régiment d'infanterie d'Aunis et capitaine de la première compagnie d'iceluy, lesdictes charges vacantes comme dit est cy dessus, pour, en ladite qualité de colonel, commander ledit régiment, le conduire et exploiter sous nostre autorité et sous celle de nos lieutenans généraux, et ainsy qu'il vous sera par nous ou eux commandé et ordonné pour nostre service, et nous vous ferons payer, ensemble les officiers, sergens et soldats dudit régiment, des estats, apointemens et soldes qui vous seront et a eux deubs, suivant les montres et reveües qui en seront faites par les commissaires et controleurs des guerres à ce déportés, tant et si longuement que ledict régiment sera sur pied pour nostre service, tenant la main à ce qu'il vive en si bon ordre et police, que nous n'en puissions recevoir de plaintes; de ce faire vous donnons pouvoir, commission, autorité et mandement spécial.

Mandons au lieutenant colonel dudit régiment et, en son absence, à celuy qui le commande, de vous recevoir et faire reconnoître en ladite charge de tous les capitaines, officiers subalternes, sergens et soldats dudit régiment et à tous qu'il apartiendra, qu'à vous en ce faisant soit obéy, car tel est nostre plaisir.

Donné à Versailles le premier jour de juillet, l'an de grâce mil sept cens quatre, et de nostre règne le soixante deuxiesme. Signé Louis, et plus bas : par le Roy, Chamillart.

Extraits du compte rendu par M. de Rives au Marquis de Berny.

(12 février 1673.)

Pour compter par Monsieur de Rives, conseiller du Roy, maistre en sa chambre des Comptes, à Monsieur le Marquis de Berny, fils et héritier par bénéfice d'inventaire de deffunct Monsieur de Lionne, ministre et secrétaire d'Estat, de la recepte par luy faicte en vertu de la procuration de Madame de Lionne, passée par devant Mousnier et son compagnon, notaires au Chastelet de Paris, le 3ᵉ septembre 1671, depuis le 1ᵉʳ octobre 1671, des deniers tant de la vente de partie des meubles, faite après le décéds de Monsieur de Lionne, que des autres effects de la succession bénéficiaire dudit deffunct seigneur de Lionne, et de la despense faicte desdits deniers, pour ladite succession bénéficiaire.

Recepte.

Fait recepte de la somme de 64,971 livres receue par ledit sieur de Rives de l'huissier Sirou pour le prix des meubles, pierreries et vaisselle d'argent, vendus par ledit Sirou, suivant son procès verbal de vente du sept décembre 1671, non compris en ladite somme le prix des meubles vendus et adjugés par ledit procès verbal à Madame de Lionne et à Monsieur le Marquis de Berny, à Monsieur l'abbé de Lionne, à Monsieur le Comte de Lionne, à Monsieur l'abbé de Lesseins, qui en donnent leurs deniers à ladite succession, cy 64,971 livres.

Plus de la somme de 2,023 livres receue du sieur Blavet, fermier de *la Conduite des Estrangers*, faisant avec la somme de 1,977 livres, pour un mémoire de despense faite par ledit sieur Blavet, pour feu Monsieur de Lionne, la somme de 4,000 livres pour une année de ladite ferme.

Plus de la somme de 35,850 livres sur celle de 43,350 livres receue par ledit sieur de Rives sur la somme de 64,150 livres, à laquelle se montent les appointements de l'année 1671, tant pour deffunct Monsieur de Lionne que pour Monsieur le Marquis de Berny, pour ledit sieur de Rives et les commis, suivant l'estat du Roy.

....

Somme totale de la recepte du présent compte, 150,984 livres.

Despense.

Premierement, fait despense de la somme de 11,000 livres donnée par ledit sieur de Rives, par l'ordre de feu Monsieur de Lionne et de son vivant, à deffunct Monsieur Husson, son confesseur, pour estre distribuée aux hospitaux et aux pauvres de cette ville de Paris.

Plus de la somme de 1,500 livres payez à Monsieur le Marquis de Cœuvres, suivant receu du 5 septembre 1671, pour son deuil et celuy de Madame sa femme.

Plus de 1,517 livres payez au sieur de la Garde, maistre d'hostel, pour son deuil, celuy des officiers et des gens de livrée de la maison.

Plus de 960 livres pour le deuil des commis.

Plus de 900 livres pour le deuil des valets de chambre et autres domestiques.

Plus de 60 livres payez au sieur Roulland pour la graveure de la placque de cuivre où sont les esloges de feu Monsieur de Lionne, suivant la quittance du graveur.

Plus cent unze livres dix solz payez au sieur Langlois, orfebvre, pour un cœur de vermeil doré, dans lequel a esté mis celuy de deffunct Monsieur de Lionne.

Plus de 85 livres rembourszez à Monsieur Sirou pour frais faits aux filles de Saint Thomas pour l'enterrement de feu Monsieur de Lionne.

Item de 750 livres payez pour mille messes qui ont esté dites dans les couvens de Paris pour le repos de l'âme de feu Monsieur de Lionne.

Plus de 1,200 livres payez audit Roulland, docteur de Sorbonne, pour deux années de ses appointemens auprès de Monsieur l'abbé de Lionne.

Plus de la somme de 111 livres payez au receveur de Sᵗ Jean de Latran pour une année de la redevance annuelle que Monsieur le grand prieur de France a droit de prendre chacun an sur vingt deux arpens de terre plantez en haute fustaye, dans l'enclos de Berny.

Plus de 53 livres payez aux suisses qui ont esté dans l'église Sᵗ Roch au service de feu Monsieur de Lionne.

Plus de 1,683 livres payez au sieur Léger, brodeur, pour la chapelle complette et ornemens de son mestier faits pour le service de feu Monsieur de Lionne.

Plus de 7 livres 10 sols pour le loyer d'une chaize roullante dans laquelle Monsieur Mignard est allé à l'hostel de Lionne pour priser les tableaux.

Plus de la somme de 150 livres payez à Jean Tousselin, dit la Jeunesse, laquais violon de feu Monsieur de Lionne, pour ses gages de quinze mois.

Plus de deux mil livres payez aux peintres itaillens.

Plus de la somme de 300 livres payez au sieur Gobert, menuisier, pour tout ce qu'il a fait dans les eglizes Sᵗ Roch et les filles Saint Thomas, pour l'enterrement et le service de feu Monsieur de Lionne.

Plus de 4,500 livres payez à Monsieur le Marquis de Cœuvres sur 16 mois 10 jours de nourriture et de Madame sa femme.

Plus de 120 livres fournies à Deschatteaux pour le

deuil de Monsieur Sauvage, docteur, précepteur de Monsieur l'abbé de Lyonne.

Plus de 225 livres, faisant moitié de 450 livres, payez au sieur Spavin pour deux pièces de vin d'Allemagne, qu'il avoit fait venir pour feu Monsieur de Lionne, desquelles deux pièces, il en estoit resté une qui a esté vendue à M. de Béchameil 225 livres.

Plus de la somme de 6,000 livres payez au sieur Bergerat, cessionnaire de Monsieur le Marquis de Cœuvres et de Madame sa femme, à déduire sur les interests de 352,000 livres restant à payer de la dot de ladite dame marquise de Cœuvres.

Plus de la somme de 2,790 livres payez pour la despense generale des *peintres italiens*, suivant les mémoires.

De la somme de 6,000 livres *payez ausdits peintres italiens pour le reste et parfait payement de celle de 10,000 livres, dont ils avoient convenu avec feu Monsieur de Lionne, pour les ouvrages de peinture et doreure par eux faits en l'hostel de Lionne.*

Plus de 650 livres payez au sieur Gamart, apoticaire, sur et tant moins du luminaire et embaumement fourny pour feu Monsieur de Lionne, suivant sa quittance du 24 octobre 1672.

Plus de 2,400 livres payez au sieur Thirement, juré crieur, pour la cérémonie et depost et levée du corps de feu Monsieur de Lionne, pour la tenture et autres choses mentionnez en son mémoire arresté à ladite somme.

Plus de 38 livres payez audit Bulion pour douze flambeaux de cire blanche qui ont servy pour porter le Saint Sacrement à deffunct Monsieur de Lionne.

Plus de la somme de 16,105 livres 10 sols d'une part, payez pour la despense de Madame de Lionne dans le Port Royal, suivant l'estat particulier arresté entr'elle et Monsieur de Rives cejourd'huy, et 2,000 livres d'autre part, pour la nourriture de Madame de Lionne et de ses gens pendant cinq mois dans la maison de M. de Rives, depuis le six septembre 1672 jusques au 6 febvrier dernier.

Somme totale de la despence du présent compte, 114,232 livres 13 sols 9 deniers.

Histoire et preuves de noblesse de la maison de Lionne.

(Sans date.)

Si tous les funestes effets du feu pouvoient estre reparés, si l'on pouvoit rétablir les choses que les guerres civiles ont détruites, et si l'on pouvoit éviter les pertes qu'une longue suite d'années cause dans les familles, nous n'aurions pas le regret de scavoir tant de titres dans les cendres, de voir périr sans respect les illustres monumens des maisons, et le temps nous laisseroit joüir en repos de toutes les marques les plus fortes et les plus anciennes qui pourroient nous faire connoître l'élévation et lustre dans lesquels tant de grands personnages ont vécu.

Bien d'honnestes gens et de nobles familles se plaignent raisonnablement de la guerre et du temps. Celle de Lionne peut se plaindre de cette manière et reprocher à ceux qui en ont plus de trois siècles le peu de soin qu'ils ont eu de conserver leurs titres.

Ce qui luy en reste peut facilement prouver le rang qu'elle a toujours tenu parmy les nobles et les anciennes familles de Dauphiné; mais quand il n'en resteroit point, la hauteur où elle est aujourd'huy, la réputation qu'elle s'est acquise par tout le monde, et la considération où elle est auprès du plus grand et du plus auguste monarque de la terre, valent plus que ce grand nombre de degrés dont les anciennes familles se glorifient, qui quelquefois ne servent que pour descendre.

Tout brille icy glorieusement, la noblesse n'a pas esté seule transmise des pères aux enfans, ils l'ont rendüe plus belle et plus illustre par les ornemens qu'ils y ont adjouté, qu'elle ne l'estoit d'elle mesme quand ils l'ont receüe. Je le feray voir à la suite, lorsque j'auray dit quelque chose de l'origine de cette maison.

Elle a paru premièrement à Saint Quentin en Dauphiné, puis au Royanois, contrée de la mesme province. Elle y a esté en si grande estime, que quelques endroits du voisinage ont pris son nom, et on y trouve mesme une petite rivière qui la porte.

1er degré. Pierre de Lionne, 1er du nom.

Il parut longtemps dans la guerre que la France eut contre les Anglois, fut l'un des Dauphinois illustres qui, sous le Dauphin Charles, rendirent leur nom et leur réputation célèbre par leur fidélité et par les marques de leur zèle pour le service du Roy Jean, de qui la couronne estoit ébranlée. Il continua ses services au mesme prince Charles estant Roy de France, 5 du nom. Il combattit en Picardie, en Bourgogne, en Forest, en Auvergne, en Périgord et dans le Limousin, où les Anglois avoient tant fait de ravages en 1366 et 1367; il se signala en la journée de Rosebeque, où les Flamans furent defaits l'an 1382 par l'armée du Roy Charles VI; enfin, l'âge l'ayant obligé de se retirer en Dauphiné et de se délasser de la guerre, il mourut dans le lieu de Saint Quentin, et fut enterré au devant de la chapelle de la Vierge, dans l'église de la parroisse. Il fit son testament le 28 de juin 1398, où il legue à Jaquemete Robert, sa femme, l'usufruit de ses biens. Elle estoit d'une famille noble et ancienne de Tullins, qui se surnommoit autrement Pollent et qui portoit pour armoiries : d'or coupé sur azur et trois molletes de l'un en l'autre, deux en chef et une en pointe. Il y a près de deux cens ans qu'elle est éteinte. Les enfans que Pierre de Lionne eut sont nommés dans son testament :

1° Claude dont je parleray au degré suivant.

2° Albert hérita des biens que son père avoit aux parroisses de l'Albenc, de Vinay, de Chevrières, de Chaste et de la Sonne. Il le survécut peu d'années et mourut l'an 1413, laissant pour enfans de Magdelaine Gautier sa femme, Albert de Lionne, Aymarde de Lionne, femme de N. Guigues d'Arces, et Agathe de Lionne, mariée à noble Humbert de Manissy, de la ville de Romans.

C'est ce qui se tire d'une transaction du 23 de juillet 1414. passée entre cet Albert, 2° du nom, et Manissy son beau-frère, sur la dot d'Agathe. Ce fut par l'entremise de noble Jean Gautier, mistral de Moyranc, Jean de Sautereau, Guillaume Robert dit Pollent et Guillaume du Vache.

Albert de Lionne, 2° du nom, mourut en la bataille de Patay, où les Anglois furent défaits par la pucelle d'Orléans, l'an 1429; il ne laissa aucune prostérité.

3° Jeanne fut mariée à noble Muzet de Champier, d'une famille savoysienne qui portoit pour armoiries : d'azur à une étoille d'or.

4° Françoise.

2° degré. Claude de Lionne.

Commença de faire connoître que sa famille n'estoit destinée que pour le party royal, car il ne voulut jamais reconnoître le Dauphin Louis au préjudice du Roy Charles VII, son père. La conjoncture du temps et l'authorité du Dauphin en Dauphiné sembloient néanmoins l'y convier, mais il ne considera ny l'une ny l'autre, et fut l'un de ceux de qui la fidélité fut inviolable pour les interests et pour le service de Sa Majesté, quoi qu'il eut veu que la plus grande partie de la noblesse avoit rendu hommage au Dauphin en 1446, 1447 et 1448, qu'il eut sceu que ce prince estoit presque absolu en Dauphiné, que les finances se levoient en son nom, qu'il y faisoit des nobles, et qu'il avoit changé le nom de Conseil delphinal en celuy de Parlement.

Il remarqua toutes ces choses avec indifférence, et il se conserva tout entier au Roy Charles. Il se rendit à Saint Priest auprès de sa personne et le suivit à Lyon, Sa Majesté estant venüe sur les frontières de nostre province pour remédier aux dérèglements de son fils et y restablir sa puissance son authorité.

Le Dauphin, irrité de la conduite de Lionne, qui fut imitée de plusieurs Dauphinois, le fit arrester prisonnier et mener au fort de Cornillon, auprès de Grenoble, où il mourut l'an 1452.

Son alliance par mariage fut avec Jeanne Alleman, fille de feu noble Jean Alleman, 2° du nom, conseigneur de Roche Chinard et de Falconne Brie.

Il eut pour fils :

3° degré. Pierre de Lionne, 2° du nom.

Qui fut mis au rang des nobles de Dauphiné dans deux revisions de feux des années 1457 et 1458. Il avoit des domaines à Saint Quentin, à Rouen, dans le Royanois, à Beaurepaire et à Geissans. Il a esté le premier de sa famille qui a paru dans le Royanois; apparemment l'alliance que son père avoit faite l'avoit obligé d'y acquérir des possessions pour s'approcher des parens de sa femme, et celuy-cy en ayant hérité préféra le séjour de cette contrée à celuy de Saint Quentin.

Il y avoit une branche de la famille d'Alleman à Beauvoir, en Royanois. La femme de Pierre fut Henriette Gironde. Il en eut plusieurs enfans, trois desquels me sont connus, scavoir :

1. Jean dont il sera parlé. — 2. Nicolas. — 3. Antoinette fut mariée à noble homme Antoine Bertrand. Elle testa le 8° d'octobre 1473. Elle fait mention de Henriette de Gironde sa mère et de noble Jean de Lionne son frère.

4° degré. Jean de Lionne.

Fut du nombre de ceux qui parurent comme nobles et sous la qualité d'héritiers de Pierre de Lionne, en une revision de feux de l'année 1474.

J'ay veu des reconnoissances de l'an 1497, au mois d'avril, en faveur du seigneur de Châteauneuf par Guiote, veuve de Pierre Bellabe, par Thomas Bourot et par Claude Malmait, où il est dit que les fonds qu'ils reconnoissoient estoient situés dans le lieu de l'Albenc, *juxta Curtile, nemus et vineam nobilis Johannis de Lionne*. Il mourut en la bataille de Marignan l'an 1515, où le Roy François Ier commança son règne par la défaite des Suisses en Italie. Simphorien Champier, Me Expilly, au supplément à l'histoire du chevalier Bayard, le père Hilarion de Coste, Minime, en l'éloge des Dauphins de France, et plusieurs autres historiens parlans de cette journée, disent tous qu'il s'y trouva 300 gentilshommes de Dauphiné. Il en nomment une partie; j'ay appris les noms de quelques autres par divers mémoires et par des anniversaires des églises de Saint Antoine en Viennois et des frères prescheurs de Grenoble. Jean de Lionne eut deux femmes, la première nommée Caterine Brun, d'une famille noble du lieu de Varce. Elle estoit fille de noble Claude Brun et de Marguerite Galbert. La seconde eut nom Felise Deagent, sœur de noble Estienne Deagent, vibailly de Saint Marcellin. Il y eut de sa première alliance :

1. Berton qui suit. 2. Anne, femme de noble Charles de Girondes, de la ville de Dye.

5ᵉ degré. Berton de Lionne, seigneur de Flandennes.

Fut fils de Jean de Lionne et de Caterine Brun, comme l'on peut voir dans les preuves qui ont esté faites l'an 1656 en faveur de Hugues de Lionne, pour estre receu chevalier de l'ordre du Saint Esprit. Il eut pour femme Paule Ferrand Teste, sieur de Guimetières (*sic*) et de Françoise Baile, qu'il épousa l'an 1542 et le 17 de juillet. Il en eut entre autres enfans :

1. Sébastien qui a continué. 2. Florence alliée à noble Guillaume Pourroy. Elle a esté ayeule et bisayeule de deux Présidens au Mortier dans le Parlement de Grenoble.

6ᵉ degré. Sébastien de Lionne, 1ᵉʳ du nom.

Conseiller du Roy, Receveur général des finances en Dauphiné, Intendant de l'armée royale en cette province et Secrétaire ordinaire de la chambre du Roy et de la Reyne mère.

Son père et sa mère luy firent une donation universelle de leurs biens par acte du 28 d'octobre 1563. Il contracta mariage le 6 novembre 1574, avec Bonne de Portes, fille de noble Guillaume de Portes, président au mesme Parlement, et de Jeanne d'Arragon. Il fut commis par les Estats de Dauphiné pour la recepte des finances du Roy en cette province, et il s'acquitta de cette charge avec beaucoup de fidélité. Il s'en démit longtemps avant que de mourir, parce que Laurence de Maugiron, lieutenant du Roy, ayant voulu exiger de luy quelques deniers, sans ordres de la Cour, enfonça le cabinet dans lequel Lionne tenoit et renfermoit les finances de Sa Majesté, et luy prit quatre mil escus.

Cette action luy sembla trop peu respectueuse et trop violente pour n'en avoir pas du ressentiment. Il en demanda justice, mais les désordres de la Ligue firent qu'il fut mal écouté. C'est ce qui l'obligea de remettre sa commission à ceux qui la luy avoient donnée, qui firent tous leurs efforts pour la luy faire continuer.

Il ne fut pas inutile à la Couronne pendant les tumultes de la Religion, et il rendit plusieurs services aux Roys Henry II, François II, Charles IX et Henry III. Ce dernier en témoigna sa reconnoissance par brevet du 16 de décembre 1580, où il luy fit présent de 500 escus d'or de pension. Il fut fait secrétaire ordinaire de la chambre de Sa Majesté et de la Reyne Caterine de Médicis sa mère, par brevet du mesme jour, et en presta le serment entre les mains du Chancellier de la Reyne, le 3ᵉ de janvier 1581. Il fut créé premier Consul de la ville de Grenoble, l'an 1584. C'est une charge qui n'est jamais décernée qu'à un noble de race. En cette qualité, voulant sousteuir dans l'hostel de ville les interestz du Roy, il vit contre luy plusieurs épées nües et eut de la peine d'éviter la fureur de quelques ligueurs qui le poursuivirent jusques dans la rüe et l'obligèrent de rechercher un azile dans le palais épiscopal de la Plaine.

Comme il estoit considéré dans le Royanois et que les nobles et le peuple se soumettoient facilement à ce qu'il leur conseilloit, il luy fut aizé de réduire à l'obéissance de Sa Majesté le chateau et les forteresses du Royanois qui s'en estoient détachées. D'abord qu'il eut fait connoître à ceux qui les gardoient que la Ligue estoit un faux prétexte et un artifice pour débaucher les sujets du Roy, et qu'il se fut servi de quelque authorité qu'il avoit sur eux, toutes ces places se rendirent volontairement. Souvent la douceur et les remontrances ont plus de force que les armes, et dans les guerres civiles le conseil des sages vaut mieux que la vaillance des soldatz.

Lionne estoit extremement doux et prudent. Henry IV, qui le scavoit, luy donna l'Intendance de l'armée que son lieutenant au gouvernement de Dauphiné, Alphonse Dornano, commandoit en cette province ; ce fut le 16 de décembre 1589.

La guerre de Savoye commença l'année suivante, et François de Bonne, seigneur de Lesdiguières, qui a esté depuis connestable de France, devoit commander les troupes. La conqueste de l'Estat de Savoye estoit infaillible ; c'est la raison pour laquelle Sa Majesté, par son brevet du dernier de décembre 1590, accorda à Lionne la charge de premier président en la Chambre des Comptes de Chambéry. Elle dit que c'estoit à cause de plusieurs et importans services qu'il luy avoit rendus, et desquels elle avoit esté avertie par Lesdiguières.

De tant de services, un des plus signalés fut celuy de la réduction de Grenoble, de laquelle il fut l'une des plus considérables causes, et où il ne fit la composition pour le party royal.

Il faillit à se perdre en courant à l'exécution de cet important traité. Car, passant sur la glace d'un grand fossé, elle s'ouvrit et l'on eut peine de l'en tirer. Il fit son testament le 18 d'aoust 1626, où il nomme pour ses enfans :

1. Hugues mentionné cy après. 2. Artus a fait branche. 3. Humbert a aussi fait branche.

4. Catherine, mariée à noble Humbert Ode, sieur de Triors, d'une famille éteinte dans nos jours, qui portoit pour armoiries : de gueules au porc espy d'or.

5. Isabeau, femme de noble Jean Baptiste de France, trésorier de France en la généralité de Dauphiné, d'une famille d'Abbeville en Picardie, dont parlent les historiens françois qui décrivent les guerres de la Ligue et la prise d'Abbeville, à laquelle le père de celuy-cy contribua beaucoup en faveur du Roy Henry IV.

6. Louise eut pour époux noble Jean de Valernod, seigneur de Chamfagot en Vivarez, fils de noble Alexandre de Valernod, conseiller du Roy, maistre ordinaire en la

Chambre des Comptes de Dauphiné, et de Sebastienne de Garagnol, et neveu de Pierre de Valernod, évêque de Nismes. Il a eu de cette alliance Hugues de Vallernod, mareschal de bataille et lieutenant colonel du régiment de Ragny, seigneur de Fay, marié avec Anne Mistral; Humbert de Valernod, abbé et général de Saint Ruf, Sébastienne, religieuse de Saint Just, et Marie de Valernod, dame d'Herculez.

7ᵉ degré. Hugues de Lionne, seigneur de Leissins et de Triors, conseiller au Parlement de Grenoble.

Il a fait connaître dans cette charge qu'il avoit beaucoup d'esprit et qu'il scavoit distribuer à propos les fonctions de la justice. Il contracta mariage le 15 de juillet 1615, avec Laurence de Claveson, fille de noble Charles de Claveson, gouverneur de la ville de Romans, et de Renée du Peloux. Il a testé le 14 d'octobre 1630 et a laissé pour enfans :

1° Sébastien, qui aura son chapitre.

2. Humbert, gentilhomme de la manche du Roy, gouverneur de Romans, décédé l'an 1666.

3. Charles, abbé de Leyssins, agent général du clergé de France, conseiller du Roy en ses Conseils, qui a donné en l'assemblée du clergé des témoignages de la prudence qui est connue depuis longtemps par l'église gallicane.

4. Charlote, religieuse au monastère de Sainte Ursule, de Grenoble.

5. Bonne, religieuse au mesme monastère. Elle a esté appelée par les religieuses de la mesme congrégation de la ville de Chambéry, en Savoye, pour estre leur supérieure. Elle y a esté plusieurs années avec la satisfaction de toutes ses compagnes.

6. Laurence, religieuse à Montfleury, de l'ordre de Saint Dominique, où l'on ne recoit que des filles de noble race.

7. Marguerite, religieuse au mesme lieu.

8ᵉ degré. Sébastien de Lionne, 2ᵉ du nom.

Conseiller du Roy en ses Conseils et au Parlement de Grenoble, intendant à Cazal, gouverneur de la ville de Romans.

L'an 1641, il fut pourvu d'une charge de Conseiller au Parlement de Grenoble, qu'il a exercée avec intégrité jusques en 1665. Il fut fait Conseiller d'Estat en 1648 et Intendant à Cazal la mesme année. Après la mort de Humbert, son frère, en 1666, Sa Majesté luy donna le gouvernement de Romans. Il a fait voir dans ce dernier employ qu'il a conservé la prudence qu'il a fait paroître si constamment sur les fleurs de lys. Il épousa, le 23 du mois de décembre 1642, Caterine Beatrix Robert de Sᵗ Germain, fille de noble Pierre Robert de Sᵗ Germain, conseiller au mesme Parlement, et de Caterine Béatrix Robert de Boqueiron, de laquelle il a eu deux filles :

1° Jeanne Renée, dont l'esprit estoit aussy doux et aussy beau que le jugement estoit solide. Elle avoit épousé Louis de Lionne, marquis de Berny, son cousin; elle est morte l'an 1680, le 22 décembre.

2. Laurence, religieuse à Montfleury.

Lionne de Paris. 2ᵉ branche.

7ᵉ *degré. Artus de Lionne*, conseiller du Roy en ses Conseils et au Parlement de Grenoble, puis évêque de Gap.

Le 17 de mars 1605, il épousa Isabeau de Servient, fille de noble Antoine de Servient, procureur des trois Estats de Dauphiné, seigneur de Biviers, et de Diane Bailly. Elle mourut quelques années après, tellement que son mary se voyant libre et en estat de laisser agir ses propres mouvemens, ils ne le portèrent qu'à la pieté. Il se fit donc prestre. On l'a vu longtemps dans ce caractère sacré faire esclater des sentimens de la plus haute et de la plus pure dévotion que nostre religion puisse demander. Il goûtoit en repos la douceur d'une vie privée, quand il plut au Roy Louis XIII de le nommer à l'évêché de Gap. Il voulut s'échapper à cette dignité qui le cherchoit, mais il écouta la voix du ciel qui l'appelloit pour le bien de cette église, qu'il a conservée soigneusement et saintement gouvernée pendant vingt un ans, qu'il a préférée à l'archevêché d'Embrun, à l'évêché de Bayeux et à d'autres bénéfices de plus grand revenu que le sien. Il est mort à Paris auprès de son illustre fils, en 1663.

8ᵉ *degré. Hugues de Lionne*, marquis de Berny, seigneur de Fresnes, ministre et secrétaire d'Estat et des commandemens de Sa Majesté et commandeur de ses ordres.

Quand le ciel destine les grands hommes à quelques emplois élevez, il les dispose de bonne heure à toutes les choses qui les y peuvent porter heureusement et les y faire glorieusement reüssir.

Hugues de Lionne n'avoit pas 19 ans, qu'Abel de Servient, son oncle, secrétaire d'Estat, luy confia ce qu'il avoit de plus délicat, de plus difficile, de plus important en son ministère, et se servit de luy en diverses occasions aussy relevées que nécessaires au bien de la couronne. Les mœurs, les langues, la politique et les interestz des nations étrangères furent l'étude où il s'appliqua d'abord. Son génie l'y avoit préparé, ce qui luy acquit promptement toutes ces connoissances, et qui a donné lieu à ces fameux emplois, à ces ambassades éclatantes, et à ces importantes négociations qu'il a eus et qu'il a faictes en divers pays. Il se faisoit admirer lorsqu'il entretenoit des affaires étrangères son oncle et bien d'autres grands personnages.

Il n'avoit jamais veu le Tage, le Tibre, la Tamise, le Rhin ny le Danube; il sçavoit néanmoins les régions que ces fleuves arrosoient, connoissoit les princes qui commandoient à ces régions, et n'ignoroit rien de leur gouvernement et de leur conduite. Le cardinal de Richelieu, qui ne se trompoit jamais dans le choix de ceux dont il se servoit, eut dessein de l'arrester et de l'employer, mais c'estoit dans un temps où Servient, son oncle, s'estoit retiré de la Cour. Ce sage neveu estoit trop sensible pour se détacher jamais des interestz de son bienfaiteur; il passa à Rome.

Jules Mazarin l'y connut et l'admira en mesme temps. Ce grand homme qui vint en ce royaume peu d'années après, luy continua son estime et sa bienveillance. Il se l'attira parce qu'il le crut absolument utile au bien de la France, se le conserva parce qu'il connut que personne n'estoit plus digne que luy des emplois qu'il luy procura ensuite.

Lorsqu'il fut nommé par le Roy pour aller à Munster en qualité de son plénipotentiaire, il voulut y mener Lionne, comme un secours nécessaire; pour ce sujet, Sa Majesté le nomma seul secrétaire de l'ambassade. Ils n'y furent pourtant ny l'un ny l'autre.

Le Roy Louis XIII estant décédé et la Reyne mère estant Régente, elle fit Lionne secrétaire de ses commandemens. C'estoit justement une ouverture à la connoissance de tout ce qu'il y avoit de secret, de considérable et d'important dans les plus hautes affaires du royaume; il garda le secret avec une prudence extraordinaire, ménagea la considération des affaires avec un grand jugement, et poussa l'importance de toutes choses avec une vigueur modérée qui a si bien servi dans toutes les conjonctures délicates et difficiles.

La fameuse paix de Munster, où toute l'Europe estoit intéressée, fut presque son ouvrage. Il faisoit toutes les depesches, dressoit les mémoires et les contredits, et répondoit à toutes les objections et exceptions des princes étrangers. Ce fut luy qui négocia si heureusement la paix du pape Urbain VIII avec le duc de Parme. Sa Sainteté l'appela très prudent. Le cardinal Bichy, qui se mesla du mesme traité, avoüa alors qu'il n'avoit jamais connu un homme si propre et qui eut plus de solidité pour entreprendre et pour faire réussir un accommodement.

Le Sénat de Venise, qui l'oüit discourir, ne l'oüit qu'avec admiration et ne se put défendre de la force de son éloquence. Les frondeurs suscitèrent quelque temps après les troubles dans la France. La Reyne, le Roy son fils et tous les plus fidèles de leurs sujets furent souvent en danger. Le peuple, presque toujours sujet à des emportemens irréguliers, oublia son devoir. La pluspart des grands se donnant à ses interests, les Cours supérieures parurent étonnées; tout estoit enfin dans le désordre.

Lionne, suivant l'exemple de deux de ses ancestres, ne s'attacha qu'au party du Roy. Les malcontents entreprirent de l'en oster. Ils firent passer son attachement et sa résistance pour un crime; du murmure ils vinrent aux paroles, et plus d'une fois ils demandèrent au Roy son éloignement; bien qu'il fût utile à son prince, que mesme sa gloire le dût obliger à ne s'en écarter pas, il aima mieux la faire céder au bien public, et il se retira.

On se passe aisément d'une personne commune, mais celle qui a, comme Lionne, infiniment du mérite, de la vertu et de la suffisance, lorsqu'on l'a connuë, on en voit l'éloignement avec autant de chagrin qu'on a de plaisir de la voir revenir. Lionne fut donc rappellé.

Son prétendu crime n'avoit esté qu'un fantosme qui disparut à son arrivée. Le Roy le fit prevost et grand maistre des cérémonies de ses ordres, et il en fit les fonctions lorsque Sa Majesté fut sacrée.

Il fut envoyé à Rome l'an 1654 pour la création du pape Alexandre VII. Il fit dans cette occasion tout ce que la France pouvoit souhaiter de plus avantageux pour l'église et pour elle, par son addresse pénétrante et par la force de sa prudence, et éluda toutes les prétentions des Espagnols. Il voyoit clair dans le conclave, et sans affectations il sçavoit les résolutions des cardinaux conclavistes, sans qu'on s'en apperçut, et il apprit le nom du nouveau pape quelques jours mesme avant que l'on crût d'en avoir un. Ce sont des effets d'un négociateur qui va au devant des évènements.

Sur le sujet de la mort de Ferdinand IV, les électeurs s'assemblent pour l'élection d'un empereur. Les princes de la crétienté y envoyent leurs ambassadeurs. Lionne fut nommé par notre Auguste Monarque en 1657, pour y aller en cette qualité avec le maréchal de Grammont. Il y ménagea l'intérêt de l'Estat avec un soin particulier. Il y fit voir beaucoup de douceur et de civilité, et soutint les droits et les avantages du Roy avec une sagesse et une fierté dignes de l'envoyé du plus grand prince du monde. C'est ainsy que, par le ministère des ambassadeurs habiles, l'authorité d'une couronne se rend redoutable aux estrangers. C'est toujours ce qu'a fait Lionne quand il a paru avec le sacré caractère d'ambassadeur.

Il a traité doucement avec les alliés, fièrement avec les rivaux et impérieusement avec les ennemis. La paix générale estant souhaitée de toute l'Europe, et principalement de ces deux nations, leurs Roys nommèrent des plénipotentiaires; le cardinal Mazarin fut celuy de France, et Louis de Haro celuy d'Espagne.

Avant que ces deux ministres entreprissent leurs conférences, le cardinal en fit plusieurs avec Lionne qui, précédemment, estoit allé à Madrid pour ébaucher les choses et les préparer à ce grand ouvrage. Il avoit fait ce voyage avec un billet de la main du Roy, qui en deux lignes luy avoit donné un pouvoir ample et absolu. Le cardinal estant pleinement instruit s'aboucha avec le ministre d'Espagne, et n'eut pas de la peine d'achever ce que Lionne avoit si bien commencé. Combien depuis cette paix avons-nous vu des preuves de sa suffisance? Combien de fois avons-nous sceu qu'il avoit traité avec les ambassadeurs des princes étrangers, qu'il avoit rejetté leurs injustes propositions et accepté au nom de son maistre leurs offres avantageuses?

En 1661, elle le fit l'un de ses ministres d'Estat, et en 1666 il a esté pourvu d'une charge de Secrétaire d'Estat dont il avoit utilement fait les fonctions quelques années auparavant. Le brevet et les provisions de ces illustres emplois sont conceus avec des éloges qui sont d'autant moins suspects, qu'ils partent de la bouche du plus juste prince de l'univers.

Son adresse et sa conduite ont porté l'Espagne à rendre justice à la France, en réparant le tort que Butteville luy avoit fait en Angleterre. Depuis peu nous avons vu un envoyé du Grand Seigneur, que la haute réputation du Roy, la grandeur et la magnificence de son royaume luy ont fait députer, avec combien de jugement et de politique nostre Lionne a-t-il conféré avec luy? Il a esté le dépositaire des secretz du Roy et a fait connoître à cette nation orgueilleuse, qui méprise toutes les autres puissances, que celle de nostre auguste Monarque estoit redoutable mesme à l'Empire Othoman.

Tant de sçavans et d'habiles hommes ont fait son éloge, que je suis obligé d'en demeurer là. Il a épousé, le 10 de septembre 1645, Paule Payen, fille de messire Paul Payen, conseiller du Roy en ses Conseils, intendant de ses finances, et de Marguerite de Rives. Cette famille de Payen est originaire de Normandie et porte pour armoiries: d'or à trois tourtaux de sable.

1. Louis, marquis de Berny.
2. Jules, abbé de Marmoustiers, de Chally, prieur commandataire de Saint Martin des Champs.
3. Paul Luc, chevalier de l'ordre de Saint Jean de Jérusalem; il est décédé.
4. Artus, prieur de Lion.
5. Méliane, religieuse de la Visitation au monastère du fauxbourg Saint Jacques, à Paris.
6. Magdelaine, femme du marquis de Cœuvres, fils aîné du duc de Cœuvres et petit-fils du maréchal d'Estrées.

9ᵉ degré, *Louis de Lionne*, marquis de Berny et de Claveson, seigneur de Hostung, maistre de la garde-robbe du Roy et gouverneur de la ville de Romans.

Il est estimé du Roy et aimé de toute la Cour. Il avoit épousé Jeanne Renée de Lionne, fille de Sebastien de Lionne, marquis de Claveson, et de Caterine Beatrix Robert de Saint Germain, dont il a un fils nommé:

1. Charles.

Lionne de Grenoble. 3ᵉ branche.

7ᵉ degré, *Humbert de Lionne*, conseiller du Roy en tous ses conseils, doyen de la Chambre des comptes de Dauphiné.

Homme fort sage, de grand mérite et d'un sçavoir singulier, qui avoit des belles et profondes connoissances touchant l'histoire. Il a eu pour femme Virginie de Rabot, fille de noble Laurens Rabot, 2ᵉ du nom, seigneur de Vessillieu et de Buffières, conseiller au Parlement de Grenoble, et de Marguerite de la Croix de Chevrieres.

Il en a eu deux enfans:

1. Joachim, cy devant conseiller au Parlement de Grenoble, puis capitaine de cavalerie. Il s'est signalé dans l'expédition de Gigery et aux guerres de Flandres. Sa Majesté s'est servie de luy en plusieurs négociations hors du Royaume et particulièrement en Pologne, où il a fait connoître qu'il porte dignement le surnom de Lionne. Il est premier écuyer de la grande écurie du Roy.

2. Virginie, a eu pour mary noble Oronce Le Bouc, seigneur de Saint Disdier, de Fressinières et des Orres, conseiller au mesme Parlement.

LEGS DE LA MARQUISIÈRE (JEAN BORDEL DE).

(1701.)

Testament de J. Bordel de la Marquisière (28 mai 1701.)

Par devant les conseillers du Roy, notaires à Paris, soussignez, fut présent Jean Bordel, escuyer, sieur de la Marquizière, demeurant à Paris, grande rue du faubourg Saint Jacques, parroisse Saint Jacques du Haut Pas, trouvé dans son fauteuil, auprès du feu, en une chambre au second estage ayant veue sur le jardin dépendant d'une maison scize susdite rue et parroisse, apartenant au sieur Turpin, malade de corps, sain toutes fois d'esprit, mémoire et entendement, ainsy qu'il est aparu ausdits notaires soussignez par ses parolles et actions, lequel considérant la certitude de la mort et l'incertitude du moment d'icelle, ne voulant en estre prevenu avant d'avoir disposé de ses dernières volontez et intentions, a fait, dicté et nommé son présent testament ausdits notaires, ainsy qu'il en suit :

Premièrement recommande son âme à Dieu, supliant la divine bonté de luy faire miséricorde et de la placer, lorsqu'elle se séparera de son corps, en la béatitude éternelle, implorant à cette fin les prières et intercessions de la bienheureuse vierge Marie et de tous les saints et saintes de la cour céleste; ordonne l'inhumation de son corps dans le cimetière de ladite paroisse Saint Jacques du Haut Pas, se raportant, au surplus des cérémonies de son enterrement et prières à faire pour le repos de son âme, à la discrétion, piété et prudence du sieur son exécuteur testamentaire, cy après nommé.

Ordonne qu'il soit dit, en ladite église Saint Jacques du Haut Pas, un annuel de messes basses à son intention et pour le repos de son âme; déclare ledit sieur testateur qu'il entend laisser à ses légitimes héritiers jusques à la valeur et concurrence de tous les biens meubles et immeubles qu'il a amandé de ses père et mère, et dans les successions de ses parens.

Donne et lègue ledit sieur testateur à l'Hôtel Dieu de Nogent le Rotrou toutes les joüissances qui luy apartiennent provenant des successions de sesdits père et mère écheus, et qui echeront jusques au jour du décès dudit sieur testateur, desquels Monsieur Bordel, chanoine audit Nogent le Rotrou, son frère, a jouy jusques à présent, y compris les parts et portions qui doivent revenir audit sieur testateur dans le prix des bleds et meubles qui se sont trouvez après le décès de ladite dame sa mère, et qui sont encore en sa maison, audit Nogent le Rotrou, ou en la possession dudit sieur son père, pour par ledit Hôtel Dieu en joüir, faire et disposer comme de chose à luy apartenant, à la charge de faire dire un annuel de messes à la mesme intention que dessus, pendant la première année de son décès seulement.

Donne et lègue ledit sieur testateur à chacune des dames ses sœurs, religieuses ursulines dudit Nogent le Rotrou, la somme de deux cens livres une fois payez, pour leur avoir des livres et subvenir à leurs autres petits besoins et nécessitez.

Donne et lègue ledit sieur testateur aux pauvres de ladite paroisse Saint Jacques du Haut Pas la somme de six mil livres aussy une fois payez, pour estre employée en fonds d'héritages ou rentes par Monsieur le curé de ladite paroisse et le conseil de la charité d'icelle.

Donne et lègue ledit sieur testateur à la nommée Marie sa servante, domestique actuellement à son service, la somme de mil livres une fois payez, pourveu toutes fois qu'elle soit encore à sondit service au jour de son décès.

Donne et lègue ledit testateur au *sieur Le Rat*, son médecin, la somme de mil livres une fois payez, en reconnoissance de ses secours et assistances dans ses malladies.

Et pour le surplus de tous ses biens meubles et immeubles, de quelque nature qu'ils soient, et à quelques sommes qu'ils puissent monter, sans aucune exception ny reserve, son présent testament exécuté et accomply, ledit sieur testateur donne et lègue ledit surplus et restant à *l'Hôpital général* et à *l'Hôtel Dieu de cette ville de Paris*, pour par les hôpitaux en joüir en plaine proprietté, chacun pour moitié, et employer le tout au soulagement des pauvres malades, à la charge de faire dire à perpétuité une messe basse journellement à chacune des deux églises desdits deux hôpitaux pour le repos de l'âme dudit sieur testateur; et pour exécuter le présent testament, ledit sieur testateur a nommé et esleu la personne de Me Philippe Vatry, notaire au Chastelet de Paris, son ami, qu'il prie d'en prendre la peine, et d'agréer le présent qu'il luy fait d'un diamant de cinq cens livres.

Entendant au surplus que les sommes que ledit sieur Vatry a en ses mains, à luy testateur apartenans, suivant ses billets, luy demeurent le temps et espace d'une année à compter du jour de son deceds, sans qu'il luy en puisse estre demandé pendant ledit temps le payement, ni aucun interest, se dessaisissant es mains dudit sieur Vatry de tous ses biens suivant la coutume, revocquant tous autres testaments et codicils qu'il peut avoir faits avant le présent, auquel il s'arreste comme estant sa dernière volonté et intention ; ce fut ainsy fait, dicté et nommé par ledit sieur testateur ausdits notaires et à luy par l'un d'eux, l'autre present releu, qu'il a dit avoir bien entendu, y a persévéré en ladite chambre cy dessus.

L'an mil sept cens un, le vingt huit may, sur les huit heures du matin, et a ledit sieur testateur signé la minutte du present, demeurée à Laideguive, l'un desdits notaires soussignez.

Signé Richer-Laideguive.

Transaction avec les héritiers de M. de la Marquisière, qui liquide tous leurs droits et prétentions.

Par devant les conseillers du Roy, notaires au Chastelet de Paris, soussignez, furent presents messire François Bordel, chevalier, seigneur du Plessis, brigadier des armées du Roy, mestre de camp d'un régiment de cavalerie, demeurant ordinairement à Nogent le Rotrou, étant de présent à Paris, logé à l'hôtel du Mans, rue des Grands Augustins, paroisse Saint André des Arts; messire Jacques Bordel, escuyer, seigneur de Viantais, demeurant ordinairement en son château de Viantais, paroisse de Belon, étant de présent à Paris, logé à l'hôtel de Vermandois, rue de la Parcheminerie, paroisse

Saint Severin, et messire Pierre Gaspar de la Goupillière, chevalier, seigneur dudit lieu, y demeurant ordinairement, province du Maine, étant de présent à Paris, logé audit hotel du Mans, rue des Grands Augustins, au nom et comme se faisant et portant fort, conjointement avec ledit sieur du Plessis et ledit sieur de Viantais, de messire Guillaume Bordel, prestre, chanoine et trésorier de l'église collégiale de Saint Jean dudit Nogent, par lesquelz ils promettent et s'obligent en leurs propres et privez noms, solidairement, de faire ratiffier les présentes, ce faisant, le faire obliger à l'entretenement d'icelles par acte en bonne forme, passé sous scel royal, qu'ils promettent fournir à Messieurs les administrateurs de l'Hôtel Dieu et directeurs de l'Hopital général de cette ville, cy aprez nommés, dans quinze jours d'huy, à peine de tous depens, dommages et interests, en leurs dits noms solidairement, et après le fournissement de ladite rattiffication en la forme cy dessus prescrite, ledit sieur de la Goupilière demeurera deschargé de son obligation.

Lesdits sieurs Bordel, seuls héritiers de deffunct Jean Bordel, escuyer, sieur de la Marquisière, leur frère, d'une part, Messieurs les gouverneurs maistres et administrateurs dudit Hotel Dieu de Paris, représentez par Alexandre Michel Soufflot, escuyer, conseiller secrétaire du Roy, maison, couronne de France et de ses finances,

Monsieur Pierre Destrechy, conseiller du Roy, substitut de Monseigneur le procureur général,

Bernard Greslé, aussy escuyer, conseiller secrétaire du Roy,

Messire Jean Vigneron, président au bureau des finances et chambre du domaine de la généralité de Paris,

Et messire Charles Arrault, avocat au parlement,

Et Messieurs les directeurs dudit Hopital général de cette ville, représentez par Me Etienne Braquet, ancien avocat au parlement,

Pierre Soubeyran, escuyer, conseiller secrétaire du Roy,

Monsieur Charles Collin, aussy conseiller du Roy, substitut de mondit seigneur le procureur général,

Philippes Pirot, controlleur général de la grande chancellerie,

Et messire Louis de Paris, bourgeois de Paris,

Lesdits deux hôpitaux légataires universels, chacun pour moitié, dudit deffunt sieur de la Marquisière, suivant son testament, duquel legs universel lesdits sieurs Duplessis et de Viantais, en leurs noms, en ladite qualité d'héritiers, et ledit sieur de la Goupillière, au nom et comme procureur dudit sieur Bordel, chanoine, ont fait délivrance ausdits deux hopitaux, par acte passé par devant Lefèvre, Lejeune et Courtois, l'un des notaires soussignez, le vingtieme janvier dernier, ratiffié par ledit sieur Bordel, chanoine, par acte au pied de coppie d'iceluy, passé par devant Pascal Belin, notaire au comté dudit Nogent le Rotrou, le 27° dudit mois, annexé à la minute dudict acte de délivrance de legs, suivant l'acte d'apport étant au pied de ladite minute, passé devant ledit Courtois et son confrère, notaires, cejourd'huy, d'autre part.

Disant les partyes esdits noms que, par le testament dudit sieur de la Marquisière cy-dessus datté, il auroit déclaré qu'il entendoit laisser à ses legitimes heritiers jusques à la valeur et concurrence de tous les biens meubles et immeubles qu'il avoit amandé de ses père et mère et dans les successions de ses parents.

Et par l'article qui suit immédiatement cette déclaration, il a donné et légué audit Hotel Dieu de Nogent le Rotrou toutes les jouissances qui luy apartenoient provenant des successions de sesdits père et mère, escheus et qui escheroient jusque au jour de son deceds, dont ledit sieur Bordel, chanoine, son frère, avoit jouy jusques alors, y compris les parts et portions qui devoient revenir audit sieur testateur, dans le prix des bleds et meubles qui se sont trouvez après le deceds de ladite dame sa mère, et qui estoient encore à sa maison audit Nogent le Rotrou, ou en la possession dudit sieur son frère, à la charge de faire dire un annuel de messes à l'intention et pour le repos de l'âme dudit sieur testateur, pendant la première année de son deceds seulement.

En conséquence de laquelle déclaration et disposition faite en faveur desdits sieurs héritiers, ils auroient donné ausdits sieurs administrateurs et directeurs de l'Hôtel Dieu et de l'Hopital général de Paris un mémoire des sommes qu'ils demandoient pour la recompence et remplacement de tout ce que ledit sieur de la Marquisière avoit amandé et touché des successions de Jean Bordel, escuyer, sieur de la Messaselle, dame Madeleine Boisseau, son épouse, ses père et mère, et damoiselle Marguerite Bordel, sa sœur, décéddée fille, même de la valeur des meubles et autres choses procédantes desdites successions, et qui estoient léguées en nature audit Hôtel Dieu de Nogent, ensemble pour les autres droits et pretentions desdits sieurs heritiers contre la succession dudit sieur de la Marquisière.

Et pour la justiffication de leurs demandes et pretentions, ils auroient communiqué sans déplacer ausdits sieurs administrateurs et directeurs l'inventaire fait après le deceds de ladite dame de la Massasselle, qui avoit survescu ledit sieur son mary, par Lefebvre et Haberson, notaires royaux audit Nogent le Rotrou, daté au commencement du vingt huit avril, mil six cens quatre vingt douze.

Les quittances et reconnoissances données par ledit

sieur de la Marquisière des sommes par luy touchées desdites successions du vivant de ladite dame sa mère et depuis son deceds, et les autres pièces dont ils entendoient se servir pour établir et soutenir leursdites demandes et pretentions.

Sur quoy lesdites parties ayant plusieurs fois conféré ensemble, elles se seroient fait plusieurs offres et propositions verballes, et enfin les dernières faites par lesdits sieurs administrateurs et directeurs ayant esté acceptées par lesdits sieurs héritiers, lesdites partyes esdits noms, desirant entretenir la paix et éviter un procez qui auroit esté de longue discussion et les grands frais qui s'en seroient ensuivis, ont transigé entr'elles ainsy qu'il ensuit :

C'est à scavoir que lesdites partyes esdits noms sont convenus et ont composé à la somme de 12,000 livres pour toutes les demandes, droits et prétentions généralement quelconques que lesdits sieurs héritiers pouvoient avoir fait en conséquence de ladite déclaration et disposition portée en leur faveur par ledit testament dudit sieur de la Marquisière ou autrement, à quelque titre et pour quelque cause que ce puisse estre de tout le passé jusques à present, sans aucune exception ny réserve, encore qu'elles ne soient ici particulièrement exprimées, dont lesdits sieurs Duplessis, de Viantais et de la Goupillière, esdits noms, quittent et deschargent à pur et à plein, absolument et déffinitivement, la succession dudit sieur de la Marquisière et lesdits Hotel Dieu et Hôpital général de Paris, ses legataires universels.

Pour le payement de laquelle somme de douze mil livres, lesdits sieurs administrateurs et directeurs ont audit nom délaissé et quitté et promis, audit nom de légataires universels seulement, garentir de tous troubles ausdits sieurs héritiers ce acceptans, scavoir, 500 livres de rente, rachetables de dix mil livres, constituées par messire Jean Baptiste Chomel, premier chambellan de feu son Altesse Royalle, Monsieur, frère unique du Roy, duc d'Orléans, et dame Françoise de la Croix son épouse, solidairement, au proffit dudit sieur de la Marquisière.

Et la somme de deux mil livres pour quatre années à prendre dans les arrerages deubs et escheus de ladite rente, du passé jusques au 29 juin 1701...

Et au moyen de la présente transaction, lesdits sieurs du Plessis, de Viantais et de la Goupillière, esdits noms, ont par ces présentes consenty et consentent que lesdits sieurs administrateurs et directeurs jouissent et disposent des meubles, debtes actives, rentes, tant sur la ville et sur particuliers qu'autrement, comprise des rentes sur la ville acquises depuis ledit deceds au proffit de ladite succession, des deniers provenant des billets qui estoient deubs à icelle par Pierre Savalette, notaire à Paris, inventoriez par ledit inventaire, et généralement de tous les autres effets tant mobiliers qu'immobiliers qui se trouveront appartenir à ladite succession, autres toutesfois que ceux procédans des successions desdits sieur et dame ses père et mère, et de ladite damoiselle sa sœur, à condition d'acquiter par lesdits deux hôpitaux les legs et charges portez audit testament, à l'exception dudit legs fait à l'Hotel Dieu de Nogent que lesdits sieurs héritiers seront tenus d'acquiter comme il est cy devant dit, et aux protestations par eux faites cy dessus, déclarant lesdits sieurs du Plessis, de Viantais et de la Goupillière, esdits noms, qu'ils n'ont formé aucunes oppositions, saisies et empêchemens entre les mains des sieurs conservateurs des hypoteques et payeurs de rentes sur lesdites rentes de la ville, ny entre les mains des autres debiteurs de ladite succession; et en cas qu'il s'en trouve, soit à la requeste desdits sieurs administrateurs de l'Hotel Dieu de Nogent, ou de tous autres pour le fait et cause desdits sieurs héritiers, lesdits sieurs Duplessis, de Viantais et de la Goupillière, esdits noms, promettent en fournir les mainlevées ausdits sieurs administrateurs et directeurs, aussitôt la dénonciation d'icelles en leur domicille cy après esleu, à peine de tous dépens, dommages et interests.

Car ainsy tout ce que dessus a esté convenu et accordé entre les partyes esdits noms, lesquelles, pour l'exécution des présentes, ont esleu leurs domicilles irrévocables en cette ville.

Fait et passé à Paris, aux bureaux desdits hôpitaux, l'an mil sept cent deux, le vingt quatriesme jour de mars, après midy, et ont signé la minute des présentes demeurée en la possession de Courtois, notaire.

Extraits du compte de l'exécution testamentaire de M. de la Marquisière.

Compte que rend maître Philippe Vatry, conseiller du Roy, notaire à Paris, y demeurant, rue des Noyers, parroisse Saint Estienne du Mont, exécuteur du testament de deffunct Jean Bordel, escuier, sieur de la Marquisière, receu par Richer et Laideguive, notaires à Paris, le 28 may 1701,

A Messieurs les administrateurs de l'Hostel Dieu de Paris,

Et à Messieurs les directeurs de l'Hospital général de cette dite ville de Paris,

Lesdits deux hospitaux légataires universels, chacun pour moitié, dudit deffunct sieur de la Marquisière, suivant ledit testament, dont la deslivrance a esté faitte et consentye par les héritiers dudit deffunct sieur de la Marquisière, par transaction passée devant Courtois et son confrère, notaires à Paris, le vingt quatre mars dernier 1702.

Pour l'intelligence duquel compte est simplement à

observer que, sitost après le deceds dudit deffunct sieur de la Marquisière, arrivé le 7 juin 1701, ledit rendant, audit nom d'exécuteur testamentaire, a fait apposer scellé par le sieur commissaire Bourdon, et ensuitte l'inventaire aurait esté fait par ledit sieur Laideguive et son confrère, notaires à Paris, le 17 dudit mois, suivant lequel l'ordre du présent compte sera observé.

...Item fait recepte de la somme de 50,927 livres 10 sols par luy receue, par quittance passée par devant ledit Laideguive et son confrère, le 29 juin 1701, pour pareille somme contenue en un billet signé Savalette, du 7° may de ladite année.

Item de la somme de 27,990 livres contenue aux trois billets de Siferlai, agent de change.

Item de la somme de 2,000 livres receue par ledit Vatry, notaire, des mains de Mademoiselle Anne Margueritte de Cambray, fille majeure, pour les années 1700 et 1701, de la rente de 1,000 livres constituée sur les aydes et gabelles, par contract passé devant Savalette, notaire, le 21 aoust 1698, sous le nom de ladite demoiselle de Cambray, qui en auroit fait déclaration au proffit dudit deffunt sieur de la Marquisière.

....

Somme de la recette, 96,449 livres 19 s. 4 den.

Dépence.

...Item au sieur Robinet, crieur, pour tenture, la somme de 255 livres.

Item de la somme de 33 livres 16 sols pour la capitation dudit deffunct pendant l'année 1701.

Item fait dépence de la somme de 40,000 livres pour le prix d'un transport passé par devant Savalette et son confrère, notaires à Paris, le 29 juin 1701, par damoiselle Anne Margueritte de Cambray, fille majeure, au proffit de la succession dudit deffunct sieur de la Marquisière, accepté par ledit rendant audit nom d'exécuteur testamentaire, de deux mille livres de rente constituez en six parties sur les aydes et gabelles au proffit de laditte damoiselle de Cambray.

Item fait dépence de la somme de 12,000 livres payée et fournie par ledit rendant au trésor royal, pour l'acquisition de six cent livres de rente sur les aydes et gabelles de France au proffit de ladite succession, dont auroit esté passé deux contracts de trois cent livres de rente chacun, receus par ledit Vatry, notaire, ce 19 juillet 1701.

Item de la somme de 400 livres léguée aux dames religieuses Ursulines de Nogent le Rotrou, sœurs dudit deffunct, par sondit testament.

Item de la somme de 6,000 livres léguée aux pauvres de ladite paroisse Saint Jacques du Haut Pas par ledit testament.

Item de la somme de 1,000 livres léguée à ladite Marie Belot, servante domestique dudit deffunct.

Item de la somme de 239 livres que ledit rendant a fournie à différentes fois pour la dépense ordinaire dudit deffunct de son vivant, ainsy qu'il avoit accoustumé.

Item de la somme de 8,000 livres payée suivant le mandement de Messieurs les directeurs desdits hospitaux.

Item de la somme de 3,000 livres payée sur le mandement de Messieurs de l'Hospital général, et quittance du 17 août 1702.

Item de pareille somme de 3,000 livres payée sur le mandement de mesdits sieurs de l'Hospital général, et quittance du 26 aoust 1702.

Item de la somme de 7,500 livres payée sur le mandement de Messieurs de l'Hostel Dieu, et quittance du 30 dudit mois d'aoust; somme totale de la dépence, 94,025 livres.

Partage de biens de la succession de la Marquisière entre l'Hôtel Dieu et l'Hôpital général.

(14 décembre 1703.)

...Le 18° desdits mois et an, le relicat de ce compte montant à 2,424 livres a esté payé par ledit sieur Vatry aux sieurs receveurs des deux hôpitaux par moitié, *outre les sommes qu'ils avoient touchées aussy par moitié dudit sieur Vatry.*

Tellement que tous les autres biens et effets qui restent en nature de la succession dudit sieur de la Marquisière, se trouvent libres d'appartenir ausdits deux hôpitaux, ses légataires universels, entre lesquels biens et effets sont plusieurs rentes *estimées bonnes et exigibles*, assignées tant sur les aydes et gabelles que sur particuliers.

Et désirant les parties esdits noms partager ces rentes, pour en jouir à part et divis, elles en ont fait deux lots si egaux que, ny ayant point de choix, elles sont convenues que le premier d'iceux appartiendra audit Hotel Dieu et le second audit Hopital général, ainsy qu'il ensuit :

Premier lot pour ledit Hôtel Dieu.

Ledit premier lot aura et luy appartiendra en pleine propriété, 350 livres de rente racheptable de 7,000 livres sur les aydes et gabelles.

Plus mil livres de rente racheptable de 20,000 livres sur les aydes et gabelles.

Plus 500 livres de rente en deux quartiers sur les aydes et gabelles, dont les principaux montent ensemble à la somme de 10,000 livres.

Plus 300 livres de rente racheptable de 6,000 livres sur les aydes et gabelles.

Plus 125 livres de rente au principal de 2,500 livres.
Plus 150 livres de rente au principal de 3,000 livres.
Plus 333 livres de rente au principal de 8,000 livres.
Plus 45 livres de rente au principal de 900 livres.

Et 65 livres de rente au principal de 1,300 livres.
Somme totalle du premier lot pour l'Hôtel Dieu, 58,700 livres.

LEGS UNIVERSEL À L'HÔTEL DIEU DE PARIS,
PAR LE MASLE DES ROCHES[1].
(1658.)

Extraits de l'inventaire après décès (1662).

L'an mil six cens soixante deux, le samedy vingt cinquiesme jour de febvrier, heure de trois heures de rellevée, nous Pierre Fournier, procureur en la cour de Parlement, bailly et chambrier lay de l'Église de Paris, pour messieurs les vénérables doyen et chapitre de ladite Eglize, mandez qu'avons esté par noble homme Fabien Perreau, sieur de la Charnoye, l'un de messieurs les gouverneurs et administrateurs de l'Hostel Dieu de Paris, de nous transporter présentement en la maison canonialle de messire Le Masle, conseiller du Roy en ses conseils, sieur Des Roches, chantre et chanoine de ladite Église, ce que nous lui avons accordé, et à l'instant avons esté en ladite maison canoniale avec Jean Longuet, procureur au Chastelet de Paris, greffier dudit bailliage, assisté de Pierre Collas, huissier sergent à verge au Chastelet; montez au premier estage de ladicte maison, ledit sieur Perreau nous a fait entendre que ledit sieur Des Roches est decceddé depuis environ trois quarts d'heure; estans entrez dans la chambre dudit sieur Des Roches, avons veu qu'il estoit deceddé, couché dans son lict, la face descouverte, plusieurs personnes tant dans sadite chambre qu'au passage d'icelle, que dans la gallerie; ledit sieur Perreau a représenté le testament et ordonnance de dernière volonté dudit deffunct, receu par Parques et Rallu, notaires, le 18 janvier 1658, et un autre testament ou codicille dudit deffunct, aussy receu par ledit Parques et Dodurcet? notaires, le 4 octobre 1658, au pied duquel est une reconnoissance soubz seing privé, que lesdicts sieurs ont reconnu estre escripte de la main dudit deffunct sieur Des Roches, dattée du 10 décembre 1658; et le sieur de la Poissonnerie, aussi présent, a représenté un autre codicille receu par Meusnier et Rallu, notaires, le 18 du présent mois, de tous lesquelz testament et codicilles a esté faict lecture aux sieurs susnommez.

Ce faict, ledit sieur Perreau nous a requis les voulloir deposer es mains de Lemoine, notaire, lequel, à cet effect a esté par nous mandé, et lesdictz testament et premier codicille mis en ses mains, et apres avoir esté par nous paraphez en tous les feuilletz, lequel s'en est chargé, et à l'esgard du dernier codicille a esté rendu audit sieur Perreau.

Lequel sieur Perreau nous a requis estre proceddé au scellé sur les biens et effectz de ladite succession, estant tant en ladite maison qu'en la maison dudit deffunct scize à Gentilly, à la conservation des droictz desdicts sieurs gouverneurs et administrateurs, qu'autres qu'il apartiendra, inclinans auquel requisitoire avons proceddé au scellé des biens et effets de ladite succession estans en ladite maison canoniale...

Ledit Pelisson, procureur du sieur duc de Richelieu, repliquant au dire desdits Prioux et Joinet, esdits noms, a dit qu'il persiste en ses dires, requisitoires et empeschemens, soustient qu'il doibt pour ledit sieur duc de Richelieu assister à la levée desdicts scellés, inventaire et description des tiltres et papiers qui se trouverront soubs iceux, pour revendiquer ceux concernans les affaires et biens dudict feu seigneur cardinal duc de Richelieu, que ledit feu sieur Des Roches a gérés et maniés pendant qu'il a esté avec luy, nonobstant les dires et empeschemens et pretendus moyens alleguez par lesdictz Prioux et Joinet esdicts noms, car il est de notoriété publique que ledit feu sieur Des Roches a eu la plus grande et plus considérable partye des tiltres et papiers dudict deffunct seigneur cardinal, qui sont tellement nécessaires audit sieur duc de Richelieu, que madame la duchesse d'Esguillon, cy devant tutrice et administratrice de sa personne et biens, par le compte qu'elle a présenté audit seigneur duc de Richelieu, employe en iceluy en despence plus de 800,000 livres de debtes qu'elle dit avoir payées à l'acquit de la succession dudict deffunct seigneur cardinal, à divers particuliers, et entr'autres à des ouvriers et entrepreneurs qui ont travaillé aux bastimens dudit deffunct sieur

---

[1] Michel Le Masle. prieur des Roches, chantre et chanoine de l'église métropolitaine de Paris, avait été pendant de longues années secrétaire et intendant général du cardinal de Richelieu; on trouvera au tome II de l'inventaire des archives de l'Assistance publique, réimprimé en 1884 (p. 63 et 64), l'analyse que j'ai faite, en 1868, des papiers de sa succession. Ces papiers ont péri dans l'incendie de mai 1871, sauf l'inventaire après décès, dont je donne ici quelques extraits. Les curieux me sauront gré, je crois, de reproduire, dans notre collection, des notes sur la maison du cardinal de Richelieu que j'ai publiées à l'aide des documents du legs Le Masle, aujourd'hui anéantis, dans la Revue historique et nobiliaire de 1871 (tome VI. p. 457 et suivantes, 538 et suivantes).

cardinal, dont les quittances et pieces justifficatives du contraire doibvent estre es mains dudict deffunct sieur Des Roches, ou soubz nosdictz scellez, puisqu'il a eu fonds et deniers suffisans pour payer lesdictes sommes, et qu'il a prétendu en avoir compté à ladite dame duchesse d'Esguillon, dont il n'apparoit aucune chose audit sieur duc de Richelieu, qui a grand interest d'avoir lesdicts papiers pour s'en servir contre ladicte dame duchesse d'Esguillon, ou contre la succession dudit deffunct sieur Des Roches, sy tant est qu'il n'ayt payé lesdites sommes ausdits ouvriers entrepreneurs et autres prétendus créanciers dudict deffunct seigneur cardinal.

Et quant à la prétendue descharge alléguée par lesdicts Joinet et Prioux, esdits noms, aussy bien que le longtemps qui s'est escoullé depuis le deceds dudict deffunct seigneur cardinal, cella ne peult pas exclure la pretention dudit seigneur de Richelieu, ny prejudicier à ses droictz, car oultre que jusques à present elle n'est point venüe à sa connoissance, quand on l'aura communiquée, il fera voir par des raisons invincibles, et sans contredit, qu'elle ne peult estre d'aucune consideration; et pour ce qui est du temps dont on se pretend servir, cette proposition ne devoit point estre advancée, puisque l'action dudit sieur cardinal de Richelieu dure trente ans, lesquelz ne sont pas escoullez depuis le deceds dudit deffunct sieur cardinal, joint la minorité et le bas aage auquel ledict deffunct sieur cardinal avoit laissé ledict sieur duc de Richelieu, nepveu et héritier, qui a toujours demeuré soubs la tutelle et administration de ladicte dame duchesse d'Esguillon, jusques à sa majorité survenue depuis deux ans, apres laquelle il ne luy a pas esté possible de pouvoir agir contre ceux avec lesquels il auroit des droicts à disputer, qu'il ne luy a pas esté possible, qu'il n'a eu aucuns papiers qui luy aient donné connoissance de pouvoir agir; c'est pourquoy il persiste en ses dires, requisitoires, empeschemens, et proteste de se pourvoir, en cas qu'il ne luy soit faict droict. Signé Pelisson.

Sur quoy avons donné acte ausdites partyes de leurs dires, comparutions et requisitions cy dessus, mesme des empeschemens formez, et sans y prejudicier, ordonnons qu'il sera continué à l'inventaire des choses en évidence, et sera pourveu à la dernière vacation dudit inventaire, sur la requisition dudit Pelisson et empeschement des autres partyes pour assister à la levée desdicts scellez, et description des papiers...

Dans la salle proche ledit passage.

...Item cinq pieces de tapisserie de haulte lisse à personnages, contenant 13 aulnes et demye ou environ de tour sur 3 aulnes de hault, prisez ensemble iiii* livres.

Item un grand tableau représentant ledit sieur Des Roches, sans cadre ny bordure, prisé xxx livres.

Item une tanture de tapisserie de feuillages à haulte lisse, où sont représentez plusieurs animaux, contenant sept pièces de deux aulnes deux tiers de hault sur 22 aulnes ou environ de tour, prisée iiii cens livres.

Item six grands tableaux garniz de leurs cadres de bois doré, peints sur toille, représentant, scavoir, le premier, ledit deffunct sieur Des Roches, les quatre autres, Messieurs les cardinaux de Richelieu, de Lyon, de Rets et Mazarin, et le sixiesme, Monsieur le chancellier Séguier, prisez ensemble viii^{xx} livres.

Item un autre grand tableau peint sur toille, avec sa bordure de bois doré, représentant Nostre Seigneur au Temple, disputant contre les docteurs, prisé xlviii livres.

Item le portraict de Monseigneur le cardinal de Richelieu, de bronze, sur son pied d'estail de marbre, prisé ii cens livres.

Dans la chambre où ledit sieur deffunct est décedé.

Item un cabinet d'hébène à six colomnes et quatre tirouers, prisé lx livres.

Item une couche à bas pilliers... le tout de damas rouge cramoisy à fleurs, six bas fauteuils et un grand, couverts de serge rouge, prisée cxii livres.

Item une grande chaise à porter, de velours violet, garnye d'un petit dais, de gros taffetas violet, prisée lx livres.

Item un grand mirouer, garny de son cadre de bois doré, prisé cinquante livres.

Item un crucifix d'ivoire, enchâssé dans un grand cadre d'hébène, prisé lx livres.

Item une tanture de tapisserie de haulte lisse à personnages, où sont les armes du deffunct, contenant deux aulnes deux tiers de haut, prisée ii cens l livres.

Item une horloge sonnante, garnye de ses poids et cordages, prisée la somme de xx livres.

Item une grosse monstre ronde de cuivre doré, sonnante, prisée xxv livres.

Item douze tableaux représentans l'histoire de la Vierge, peints sur toille, qui sont les originaux des desseins de la tapisserie donnée par ledit deffunct sieur Des Roches à l'Églize de Paris, garniz de leurs cadres de bois doré, prisez ensemble la somme de vi cens livres.

Item une tanture de tapisserie de Flandre, représentant une histoire saincte à personnages, contenant cinq pieces de 2 aulnes trois quarts de haut ou environ, faisant de cours 16 à 17 aulnes, prisée iii cens livres.

Dans la chambre occupée par le sieur de la Poissonnerie.

Item une couche à haults pilliers... de damas verd, prisée cent cinquante livres.

Item douze tableaux de différentes grandeurs, garniz de leurs cadres dorés, prisez lx livres.

Item un grand mirouer, garny de sa glace de Venise, prisé iiii*xx* livres.

Item une tanture de tapisserie à verdure et à oyseaux, revestue de soye, contenant 14 aulnes ou environ de long sur 2 aulnes 2 tiers de hault, prisée ii mil cinq cens livres.

Dans la gallerie qui va de ladicte chambre du sieur de la Poissonnerie sur la rivière.

Item huit pieces de tapisserie à personnages, représentans l'histoire de Judiq, prisez viii cens livres.

Item une robbe d'escarlatte rouge de drap d'Hollande, prisée xx livres.

Item une autre robbe de chambre de velours à ramages, doublée de panne, prisée xl livres...

En procédant, est comparu maistre Henry Lebel, procureur au Chastelet, et procureur de M° Philbert Ménisse, docteur régent en la Faculté de médecine à Paris, doyen de ladicte faculté, faisant pour icelle, qui a dit qu'il s'est opposé ausdits scellez, conservation des droits de ladicte Faculté et des sommes dont elle se trouvera créancière de la succession dudit deffunct prieur Des Roches, tant par donation que autrement, ainsy qu'il justifiira en temps et lieu, n'empesche la levée desdictz scellez, inventaire et description estre faict à la conservation des droicts et de qui il apartiendra, et a esleu son domicille en la maison scize rue des Petitz Champs, paroisse Saint Eustache.

Inventaire des papiers.

.... Item une descharge en parchemin passée par devant Guerreau, nottaire au Chastelet de Paris, au lieu de Bois le Vicomte, par Monseigneur l'illustrissime et révérendissime Armand Jean Du Plessis, cardinal de Richelieu, par laquelle appert qu'après lecture luy avoir esté faicte par ledict notaire de certaine quittance faicte et passée par Parque et Richer, nottaires, le douze febvrier 1631, par messire Jean de Choisy au proffit dudict seigneur cardinal, de la somme de 154,700 livres qu'il luy debvoit, par obligation passée par devant Charles et ledict Richer, nottaires, le 23 décembre 1629, ladite somme payée et acquittée audit sieur de Choisy par ledit sieur Des Roches, secrétaire dudit seigneur cardinal, comme ayant charge de luy, auquel dit sieur Des Roches ledit sieur de Choisy a, en ce faisant, *rendu les bagues et pierreries qui avoient esté deposez en ses mains en nantissement de ladicte somme par ledict seigneur cardinal, ainsy qu'au long ladicte quictance le contient.*

Item un acte passé par devant Levasseur et Thomas, nottaires, le 27 décembre 1633, par lequel ledit sieur Des Roches, au nom et comme procureur dudict seigneur cardinal, a recongnu, qu'encores, pour accommoder les affaires dudit seigneur cardinal de Richelieu, maistre Augrand luy ait mis en ses mains et possession la quittance de consignation au nom et proffit de mondit seigneur le cardinal duc de Richelieu, la somme de 147,000 livres tournois, pour le prix de la vente et adjudication à luy faicte par arrest de décret de la Cour des Aydes, le 27 aoust, des chasteau et maison seigneurialle de Ruel en Parisis, aydes dudit lieu de Ruel et autres choses contenües audit décret, néanmoings il n'a payé que la somme portée par ledit acte, ainsy qu'il est plus au long contenu audict acte, et en fin duquel est un autre acte du 11 avril 1635, par lequel ledict sieur Augrand a confessé avoir receu dudit sieur Le Masle, par les mains de Julles de Loynes, agent des affaires dudit seigneur cardinal, la somme de 141,000 livres, comme plus au long le contient ledict acte, inventorié au pied d'icelluy.

Item une donation faicte par ledict deffunct sieur Des Roches à René Baudouyn, son vallet de chambre, receue par Parques et Perreau, nottaires, le 18 juin 1636, de la mestayrie de la Poissonnerie, ses circonstances et dépendances.

Item une autre donation faicte par ledict deffunct sieur Des Roches, par ledit Laisné et Parques, nottaires, le 4 octobre 1639, audit Baudouyn, de la maison et terres appelées la Porte du Bois, circonstances et dépendances.

Item une autre donation faite audit Baudouyn par ledit deffunct sieur Des Roches, du lieu du Sault au Loup, du 21 mars 1643.

Item un acte de revocquation desdictes donations, fait par ledit deffunct sieur des Roches, receu par Gaultier et Raymond, nottaires, le 15 avril 1644.

Plus un contract de vente desdits lieux de la Poissonnerie, la Porte du Bois et le Sault au Loup, faict par ledit deffunct sieur des Roches au proffit de feu maistre François Lemarié, moyennant la somme de 10,000 livres.

Item une reconnoissance de *Guy Poquelin*, marchand bourgeois de Paris, qu'encores que ledit deffunct sieur Des Roches eust reconnu avoir receu la somme de 10,000 livres pour le prix de la vente faicte audit sieur Poquelin du lieu de la Poissonnerie, de la maison de la Porte du Bois et du lieu du Sault au Loup, néanmoings ledit Poquelin reconnoissoit qu'il n'en avoit rien receu et s'est obligé de payer au sieur Des Roches ladicte somme de 10,000 livres, moittié dans deux ans et l'autre moittié un an après, ladicte reconnoissance signée dudit deffunct sieur Des Roches et dudit Poquelin, receue par Vaultier et Parques, dattée du trente décembre 1655.

Item la donation faicte par ledict deffunct sieur

Des Roches, au proffit du chapitre de l'Eglize de Paris, de la tanture de tapisserie représentant la vie de la Vierge, receue par Raymond et François, nottaires, le 2 septembre 1657.

Item la resignation faicte par ledit deffunct sieur Des Roches, au proffit de messire Pierre de Camboust de Quelin, du prieuré de Saint Martin, autrement Notre Dame des Champs, soubz la réserve d'une pension annuelle de la moittié de tous les fruicts dudit prieuré, deschargez de touttes charges et impositions, signé Le Cousturier, en datte du 9 décembre 1657.

Item un contrat de donation faicte par ledit deffunct sieur Des Roches, au proffit des sieurs administrateurs, de la maison de Juvisy, circonstances et dépendances, à la réserve de 6,000 livres de pension viagère, ledit contrat receu par Lemoyne et Parques, nottaires, le 16 febvrier 1659.

Item la donation faicte par ledict deffunct sieur Des Roches, au proffit desdits sieurs de Sorbonne, de sa bibliothèque, receue par Vaultier et Parques, nottaires, le 19 avril 1645; — plus une autre donation faicte par ledit sieur Des Roches, ausdicts sieurs de Sorbonne, de 4,000 livres de rente sur le sel, receue par Vaultier et Parques, nottaires, le 17 mars 1646.

Item deux pièces attachées ensemble, dont l'une est un mémoire non signé intitulé : *Mémoire de la chapelle d'or et de diamants*; et l'autre est une descharge de Sa Majesté, signée Louis, et plus bas, De Guenegault, le 8 febvrier 1646, par laquelle Sa Majesté certiffie avoir mis entre les mains de..... Courtois, la chapelle de diamans que ledit deffunct seigneur cardinal de Richelieu luy avoit donnée par son testament.

Item un pectorail sur lequel est représenté une figure de Vierge tenant son petit Jésus, entourée de testes de cherubins, lesquelles figures et testes de cherubins d'or garnies de pierreries et de perles, prisé iii cens livres.

Item une bague d'or où est enchâssé un diamant taillé à fassettes, prisée xii cens livres...

Et par ledit Prioux a esté requis que ledit Baudouyn ait à déclarer sy les meubles et papiers cy devant inventoriez sont tous les meubles et papiers de la succession dudit sieur Des Roches, s'il n'en a aucuns autres en sa possession ou s'il scait où il y en a, pour, après sa déclaration, dire par ledit Prioux ce qu'il apartiendra, signé Prioux.

Et par ledit Baudouyn, assisté dudit Durand, apres serment par luy de nous pris, a esté dit qu'il n'a connoissance d'autres meubles ny papiers apartenans à la succession dudit sieur Des Roches que ceux par luy cy dessus reconnuz et inventoriez, et à l'esgard de ceux qu'il a reclamez qu'ils luy apartiennent, signé Baudouyn et Durand.

Et par ledit Prioux a esté dit qu'au dernier jour ledit Baudouyn représenta une promesse faicte au proffit dudit sieur deffunct Des Roches, par le sieur Boullanger, et ainsy il n'a pas deub dissimuler qu'il en estoit saisy et l'a deub représenter pour estre inventoriée, comme les autres papiers, signé Prioux.

Et par ledit sieur Perreau, administrateur de l'Hostel Dieu, assisté dudit Joinet, a esté dit que suivant le rapport que ledit sieur de la Poissonnerie a faict de la promesse dont est question, qu'elle n'est point des effectz de la succession dudit deffunct sieur Des Roches, le somme et interpelle de déclarer présentement s'il n'en a point d'autres de pareille nature, signé Perreau et Joinet.

Et par ledit sieur Baudouyn a esté dit et déclaré que, la promesse par luy représentée luy servant pour justiffier la despence de son compte, il n'a point creu estre obligé en faire une représentation plus précise que celle par luy faicte, parce que, dans l'évènement, estant reiglé à qui les effectz de ladite succession apartiendront, il sera lors obligé de présenter son compte et en justiffier la despense, n'ayant connoissance d'avoir autres promesses que celle cy dessus mentionnée, signé Baudouyn et Durand.

Et par ledit Prioux a esté dit que ledit Baudouyn n'a pas deub estimer qu'il n'avoit aucuns autres papiers de la succession dudit deffunct sieur Des Roches, puisqu'il reconnoist qu'il a en sa possession la promesse dudit sieur Boullanger, et sans convenir qu'elle fasse partye de la despense du compte qu'il dit avoir à rendre à ladite succession par laquelle est pure et simple au proffit dudit sieur Des Roches, il la doibt représenter pour estre inventoriée, et l'on ne presumera pas que sy cette somme avoit esté payée des deniers dont ledit Baudouyn doibt rendre compte, qu'il eust manqué de faire reconnoistre que les deniers auroient esté payez par ses mains, et il ne peult tirer advantage de ce qu'il s'en trouve saisy, *par ce qu'il avoit la disposition entiere non seullement des tiltres et papiers dudit deffunct sieur Des Roches, mais aussy de son or et argent et meubles les plus précieux, estans nottoire que, depuis plusieurs années, ledit deffunct sieur Des Roches estoit continuellement au lict, par le moyen de quoy ledit Baudouyn, qui a pris advantage, a géré et disposé des biens dudit deffunct sieur Des Roches ainsy que bon luy a semblé; et aussy ledit Prioux audict nom espere bien dans la suitte qu'il n'y aura jamais de depredation plus qualifiée.*

Et par ledit Lestor, procureur de Marie Picot, a esté dit qu'elle ne peult concevoir comment et de quel motif ledit deffunct sieur Des Roches pourroit avoir faict un testament et des dispositions sy contraires à la gratitude et reconnoissance dont il s'estoit reconnu obligé, par escript de sa main et par un tesmoignage verbal en cent rencontres, pendant qu'il estoit libre et maistre de ses volontez, des obligations extremes qu'il avoit au père de ladicte Marie Picot, qui avoit esté seul l'auteur de son éducation et institution, sy ce n'est qu'elle considere cet oubly comme proceddant d'une cause estrangère, depuis environ trente ans qu'il estoit obsedé et sous le gouvernement et la puissance de deux personnes qui le gouvernoient, et principallement ledit Baudouyn; ce que ladite Picot a esprouvé depuis ledit temps, que s'estant présentée plusieurs fois à sa porte pour avoir le bien de saluer ledit deffunct, luy présenter ses respects et luy mettre en mémoire le souvenir du passé, par la consideration de la pauvreté d'icelle Picot, la porte luy a tousjours esté reffusée par l'ordre dudit Baudouyn, de crainte que ledit deffunct n'entrast en quelque consideracion pour elle, et n'a pu obtenir de le voir qu'une seule fois; c'est pourquoy elle a cy devant protesté comme elle proteste de se pourvoir contre lesdits pretenduz testament et codicilles.

.... Et par lesdits Prioux, Rivet et Lestor, esdits noms, nous a esté dit que, par l'inventaire qui a esté faict, ils ont reconnu que l'on avoit pris et détourné la plus grande partye des effetz, tiltres et papiers de la succession dudict deffunct sieur Des Roches, et ce qu'ils ont remarqué est que les principaux tiltres ne se sont point trouvez soubz le scellé, particulièrement les contratz d'acquisition faicts par ledit deffunct sieur Des Roches des maisons qui apartiennent à sa succession, la revocquation de la prétendue donation faicte par ledit deffunct au proffit de la Faculté de médecine de cette ville, tous les baux faicts par ledit deffunct sieur Des Roches des lieux de la Poissonnerie, la Porte du Bois et du Sault au Loup, les contre lettres données par le sieur Pocquelin audit deffunct et par ledit deffunct audit sieur Poquelin, requerront que ledit Baudouyn ait à affirmer s'il n'a point en sa possession lesditz tiltres et papiers, et qu'il ait à déclarer les noms et surnoms des domestiques dudit deffunct sieur Des Roches.

Lequel sieur de la Poissonnerie, après serment par luy faict, a dit n'avoir connoissance d'autres tiltres que ceux inventoriez, sinon qu'il croit qu'il peut y avoir quelques tiltres dans un coffre fort envoyé par ledict deffunct à l'Hostel Dieu, il y a douze ou quinze ans.

Nous estans transportez à l'Hostel Dieu, avons esté conduitz par la mère Sainct François en la chambre de la Drapperie, où estans, nous a ladicte mère indiqué un coffre fort de fer, la clef duquel nous a esté mis es mains par ledit sieur Perreau, en avons faict faire ouverture et dans icelluy s'est trouvé ce qui en suit:

Les tiltres d'une maison acquise par le deffunct, scize rue Neufve Nostre Dame, le 27 may 1644.

Les tiltres d'une maison, rue Clocheperce, acquise par le deffunct de Jacques Parfaict, escuyer, sieur de Sainct Saplex (Saint-Soupplet), le 8 octobre 1643.

Item sept pièces attachées ensemble qui sont la donation de 30,000 livres qui avoit esté faicte par ledict deffunct sieur Des Roches à la Faculté de médecine, par contract passé par devant Crespin et Parques, nottaires, le 21 mars 1643; copie d'un décret faict en faveur du sieur de Fradde, en consideracion de ladicte donation; copie d'une déclaracion dudict sieur Des Roches, du 29 octobre 1652, au subjet du sieur de Fradde; l'ordonnance de maistre Guy Pattin, doyen de ladite Faculté, pour convocquer les docteurs, du 14 mars 1643 et autres jours suivans; significacion faicte audict sieur Des Roches, le 26 octobre 1652, d'un décret de ladite Faculté du 25 octobre, au subjet de ladicte donation; un contract passé par devant Vaultier et Parques, nottaires, le deux decembre 1652, portant la revocquation faicte par ledit sieur Des Roches de ladicte donation.

(Suit l'inventaire des meubles et effets trouvés dans la maison de campagne de Gentilly.)

Procès-verbal de la vente des meubles et effets de la succession Le Masle Des Roches.

L'an mil six cens soixante deux, les vendredy dix septiesme mars, du matin et de rellevée, samedy 18ᵉ, mardy 21ᵉ, mercredy et jours suivans jusqu'au mercredy 29ᵉ jour dudit mois de mars, à la requeste de messieurs les gouverneurs et administrateurs de l'Hostel Dieu de Paris, exécuteurs du testament et ordonnance de dernière volonté de deffunct messire Le Masle, vivant conseiller du Roy en ses conseils, seigneur prieur Des Roches, chantre et chanoine de l'Église de Paris, et légataires universels dudit deffunct sieur Des Roches, et en continuant la significacion des sommacions et assignacions données à Mᵉ Jacques Picot, conseiller et maistre d'hostel du Roy, Jean Hollard, bourgeois de Paris et Anne Picot sa femme, Marie Picot, veufve en premieres nopces de deffunct Robert Mareschal et en secondes de Charles Jouannet, presomptifs heritiers dudit deffunct sieur Des Roches, opposans, et encore aux autres créanciers opposans et intéressez en la succession dudict deffunct, en datte du 16ᵉ dudit present mois de mars, à comparoir ce jourd'huy et autres jours suivans, huict heures du matin, en la maison où ledit sieur deffunct est décédé, size au cloistre Notre Dame, me suis, Pierre Collas, huissier sergent à verge au Chastelet de Paris, juré priseur vendeur de biens meubles en la ville, prevosté et vicomté de Paris, soubz signé, pour ce mandé en ladicte maison, où estant, sont comparus Mᵉ René de la Haye, bourgeois de Paris, noble homme Fabien Perreau, sieur de la Charnoye, noble homme.... Helliot, conseiller secrétaire du Roy, Forne, gouverneurs et administrateurs dudit Hostel Dieu, avec maistre René Terrière, advocat en la Cour et procureur fiscal du bailliage de la barre du chapitre de l'Église de Paris, pour l'absence des créanciers opposans et interressez en la succession dudit sieur deffunct, qui m'ont requis de présentement procéder à la vente et délivrance des biens meubles estans en ladicte succession et contenus au procès-verbal d'apposition de scellé, inventaire et description faicte d'iceux par maistre Pierre Fournier, procureur en la Cour, bailly, chambrier lay de ladicte église de Paris, et par M° Jean Longuet, procureur au Chastelet, greffier et tabellion dudit bailliage, en datte des 2, 3, 4° dudit mois de mars et autres jours suivans, signé Longuet, qu'ils m'ont à cette fin mis ès mains, comme aussy la requeste présentée audict sieur Bailly, en datte du 16° du present mois, au bas de laquelle est son ordonnance portant permission de faire ladicte vente, signée P. Fournier; et ce pour et à la conservation des créanciers opposans et autres qu'il appartiendra, et après le recollement faict desdicts meubles contenus audict inventaire, j'aurois, iceux en la présence, du consentement et le requérans, lesdicts sieurs administrateurs susnommez et sieur procureur fiscal, fait mettre un tappy à la grande porte de laditte maison; ce faict, j'ay iceux biens meubles mis et exposez en vente, criez à haulte et intelligible voix sur la prisée faicte d'iceux par ledict inventaire, receu les enchères, vendu et adjugé et délivré aux personnes plus offrans et derniers enchérisseurs en la forme et manière qui en suit...

Somme totale de la vente des meubles contenus au procès-verbal de vente cy devant escript contenant 611 articles,

Quarente huict mil huit cent soixante quatorze livres dix sept sols trois deniers.

Sur laquelle somme convient desduire les fraiz dudit inventaire, suivant la taxe du sieur bailly du chapitre, faicte par un mémoire signé en fin Fournier, du 14 avril 1662, montant à la somme de deux mil cinq cent soixante douze livres.

Plus encore convient desduire la somme de huict mil huit cent cinquante une livre quatorze sols pour le prix des meubles acheptés audit inventaire pour l'Hostel Dieu soubz le nom du sieur Cudefo, suivant et conformément aux articles declarez audit procès-verbal de vente, laquelle somme jointe avecq celle cy dessus payée aux officiers, montent ensemble à la somme de 11,423 livres 14 sols, laquelle estant desduite sur ladite somme totalle de 48,874 liv. 17 s. 3 den.,

Reste deub de net par ledit sieur Colas la somme de 37,451 livres 3 sols 3 deniers, qu'il a présentement mise ès mains de M° Jean Bachelier, recepveur général dudit Hostel Dieu, au moyen de quoy il en demeure quitte et déchargé.

NOTES SUR LES AFFAIRES DU CARDINAL DE RICHELIEU,
EXTRAITES DES PAPIERS DE LE MASLE DES ROCHES, SON INTENDANT.

I. PALAIS DU CARDINAL.

1635. *Mémoire des portrets de Monseigneur le cardinal duc de Richelieu, faict par Philippe de Champaigne, peintre, par le commandement de mondit seigneur.*

Premièrement, un portret de monseigneur, de sa hauteur, abillé d'une simare de couleur tout couvert de broderie, cl liv.

Plus un aultre portret de la même hauteur, vestu d'une simarre de satin noir avec une broderie sur les coutures, pour ce, cl liv.

Plus un aultre de la mesme grandeur, vestu en habit de campaigne d'escarlates, enrichy de broderie, pour ce, cl liv.

Plus un aultre portret grand comme le naturel, assis, avec le rocher et le camail, pour ce, cl liv.

Plus pour avoir copié un portrait à demy corps, abillé à l'espaignole, pour ce, xx liv.

Mémoire des portrets faict en la gallerie de l'hostel de Richelieu, par le commandement de monseigneur, par Philippe de Champaigne :

Premierement, le portret du Roy grand comme le naturel, acompagné d'une victoire, cl liv.

Plus le portret de la Reyne mère du Roy, pour ce, l liv.

Plus le portret de la Reyne regnante, pour ce, l liv.

Plus le portret du Roy deffunct, pour ce, l liv.

Plus le portret de Monseigneur, frère du Roy, pour ce, l liv.

Plus le portrait de la pusselle d'Orléans, pour ce, l liv.

Je soubsiné confesse avoir receu de Monseigneur le cardinal duc de Richelieu, par les mains de Monsieur Picot, la somme de sept cens quatre vingt quinze livres[1] pour les parties ci-dessus dont je suis content. Faict à Paris, ce 16 novembre mil six cent trente cinq.

CHAMPAIGNE.

(*Une autre quittance pour la somme de quatre cents livres est datée du 24 avril de la même année et signée du peintre.*)

1635. *Hôtel de Richelieu.*

Monsieur, payés, s'il vous plaist, trois cents livres à

[1] Au lieu de 1,020 livres, Philippe de Champaigne avait accepté la réduction de son mémoire.

Desgots[1], jardinier du Roy aux Tuileries, pour et en déduction du marché que jay faict avec lui pour le plan des allées de lautel de Richelieu dont jay faict prix à 1,510 livres. Faict à Paris, ce 17 décembre 1535.

E. Destampes[2] et de Chartres.

Monsieur de Loynes,
Secrétaire de Monseigneur le Cardinal.

Monsieur,

Faictes payer à Monsieur Des Hayes, gouverneur de Montargis, la somme de neuf cent dix livres, pour trente cinq milliers de gros charme et vingt cinq milliers de charmille que j'ai receu pour l'hostel de Richelieu; faict à Paris, ce 2° jour de décembre 1635.

E. Destampes et de Chartres.

A Monsieur de Loynes,
Secrétaire de Monseigneur le Cardinal.

1635. *Hôtel de Richelieu.*

Monsieur, faictes payer, s'il vous plaist, à Monsieur Georges trois cents livres, pour le theatre de l'hostel de Richelieu à Paris. Ce 21 décembre 1535.

Destampes.

Je soubziné confesse avoir receu de Monseigneur le cardinal duc de Richelieu, par les mains de Monsieur de Loynes, la somme de trois cents livres sur ce qui m'est deub, pour avoir travaillé à la decoration du theatre de l'hostel de Richelieu.

G. Buffequin.

II. Maison du Cardinal.

1626. *Gages des domestiques de Monseigneur pour l'année mil six cens vingt six.*

A M. du Mont pour une demie année, iiie liv.
A M. de Beaumont pour une année, iiie liv.
A M. du Chesnoy, iiie liv.
A M. de Saint-Germain l'aisné, pour une demie année, v^e liv.
A M. de la Cournuefve pour sept mois, iiiie xxxvii liv.
A M. de la Pelitière pour une demie année, 1e liv.
A M. Besnard pour une année, iii liv.
A M. de la Borde pour une année, iii liv.
A M. Citois pour une année, ix liv.

[1] Des rôles constatent que 25 jardiniers travaillaient sous la direction de Desgotz au jardin de l'hôtel de Richelieu.
[2] Léonard Destampes, évêque de Chartres, conseiller d'État, abbé de Bourgueil.

Valets de chambre.

Au sieur de la Varenne, c liv.
Au sieur des Bournais, c liv.
A Senechal, c liv.
Au Cousin, c liv.

Musique.

Au sieur Buillette, vii^{xx} x liv.
Au sieur Tupin, vii^{xx} x liv.
Au sieur Hebert, vii^{xx} x liv.

Cuisiniers.

A Laforest, c liv.
A Dassonville, c liv.
A Michel, c liv.
A Laurans, lxxii liv.
Au Boiteux, xlv liv.
Six sommeliers, iiii^c iiii^{xx} viii liv.
Deux suisses, c liv.
Un cocher, lxxv liv.
14 postillons, v^{c}xxxvi liv.
5 multiers.

1626. *Dépenses de la table.*

Du premier jour de juing 1626,
A la table de Monseigneur, tant à disner que à souper, deux platz.
Une sallade.
Pour le dejuner de Monseigneur, un platz.
A la table de M. l'archevesque, tant à disner que à souper, xxxii platz.
Quatre sallades.
Pour les gentilhommes de Monsieur, frère du Roy, et de M. le Chancelier, à souper, quatre platz.
Pour M. le Masle, tant à disner que à souper, i plat.
Pour M. Dupont à collacion, ii platz.
Somme des platz à 8 sous piece, compris les fournitures 12 sous, font, xx liv. iiii sols.

1626. *Estat de la dépense faite en 1626 par Le Masle.*

La dépense des gardes pour les mois d'octobre, novembre et decembre de la présente année 1626, suivant les rolles signez de M. de la Borde, monte à la somme de ii^m vi^c xxxvii livres.

Dons.

A M. l'archevesque d'Ais, dont Monseigneur luy a fait don lors de son sacre, iii^m liv.
Pour une tapicerie de Flandres contenant huit pièces et 25 aunes de tour, que Monseigneur a donné à Mademoiselle Filandre qui est à la Reine régente, vii^c liv.

A M. de la Varenne, donné rescription de xv⁰ liv. sur l'abbaye..... dont Monseigneur lui a fait don, xv⁰ livres.

Pour la pencion du filz de M. Brizacier, ii^c xi liv.

La depense des aumosnes de la présente année, suivant les roolles signez de M. de Marcillac, se montent à la somme de 3,373 liv. 6 s.

A M. du Chiron, la somme de... pour laquelle on a retiré deux diamants qui appartenaient à Monseigneur qui les luy avoit baillez pour les mettre en gages, pour ladite somme dont Monseigneur luy a fait don.

Meubles.

A M. Losier, pour deux paravants venus de la Chine.

Acquets et affaires.

A Mme de Combalet, pour une demye année de la rente qui luy est due.

Au sieur Canelet du Havre, la somme de ii^m liv. pour estre employez suivant et au desir de l'association faite pour envoyer habiter et negocier es isles de Saint-Christophe et de la Barbade, suivant l'acquist rapporté au bas de la dite association avec le contrat passé avec les sieurs de Chambue et Chardonville, capitaines de la marine, ii^m liv.

A M. Duchesne, pour les peintures par luy faites tant à Limours qu'en l'hostel de Monseigneur à Paris, suivant ses parties.

Pour augmentations et reparations du bastiment fait à Paris, rue Saint Honoré, tant pour le sieur de la Vallee que pour les paveurs, serruriers, menuisiers, vitriers et sculteurs, suivant leurs parties arrestées par M. Sainctot, xvi^m ix liv.

A la maistresse de la pompe, pour les tuiaux de plomb et autres frais, qu'il luy a convenu de faire pour la conduite de la fontene dans le logis de Monseigneur, rue Saint Honoré, 1,967 liv.

Despence pour le Havre et Pont de l'Arche : la depence faite par M. de la Borde pour la garnison du Havre, suivant ses rolles y rapportez, monte à la somme de 6,938 liv.

Plus baillé à M. de Hertelay du Havre, pour faire la derniere monstre de la garnison dudit lieu, 6,000 liv.

A M. du Chesnoy, pour faire deux monstres à la garnison du Pont de l'Arche, 1,804 liv.

Rendu à Senechal, qu'il avoit baillé au sieur de Bautru pour deux soldats des gardes envoyez au Havre, 68 liv.

III. Château de Richelieu.

Pour le bastiment fait à Richelieu en 1625 et 1626,

suivant les comptes des sieurs de la Chaussée, Guignetie et Corbin, 24,595 liv.

Le jeudy, deuxieme jour de mars 1628, en la présence du notaire royal à Tours soubsigné, Anselme Sequeneau, M. Massion demeurant à Fontevrault, estant pour luy que pour Jehan Lamoureux et Jehan Herault, aussy m. massons, ses assotiez, a eu et receu presentement comptant à veue dudit notaire de noble homme M. Jehan Rogier, sieur de la Marbelière, naguère juge et lieutenant criminel au bailliage de Tourayne et siege presidial de Tours, comme ayant charge de Monseigneur l'illustrissime cardinal de Richelieu, la somme de trois mil livres suyvant le marché faict entr'eux pour les bastimens qu'ils ont entrepris de faire et construire audict Richelieu.

Honoré Thiboust, entrepreneur, demeurant paroisse Saint-Siphorien à Tours, a confessé avoir receu de monseigneur l'illustrissime cardinal de Richelieu la somme de six cens livres, sur les besongnes qu'il a faictes et fera au chasteau de Richelieu. Faict à Tours, le seziesme jour de septembre 1628.

1632. Château et parc de Richelieu.

Monsieur,

Monseigneur de Bordeaux ma commandé de vous escrire par cest homme expres pour vous prier de voir les hommes que luy avez adressez, auxquels il a faict marché de quentité dormeaux et de charme, et savoir la cause pourquoi ils ne sont point venuz amener les ditz plans, estans dans la saison propice de plenter.

A Richelieu, ce 25 novembre 1631.

LACHAUSSÉE.

A Monsieur Leclerc[1], en sa maison des Trois Mors, à Orleans.

Monsieur,

Monsieur Des Roches ma escrit quy me donne chairge de vous donner avis et celer sinement des plans qu'ont icy fourny Pierre Driaux et Michel Collin[2], quy est en premier lieu ung millier deux cens quatre vingt dormes, de grosseur de quatre pousses celon le marché, vallent, a raisson de douze solz piese, clxviii livres, plus neuf cens quatre vingt quinze aultres ormes quy ne sont que de grosseur de trois pousses et demy ; les dits Driaux et Collin nont fourny que cent vingt sept milliers trois cens de gros charmes, plus ilz ont aussy fourny cent cinquante neuf milliers quatre cens de grosse charmille.

LACHAUSSÉE.

---

[1] C'était le maître de l'hôtel des Trois-Mores.
[2] C'étaient deux jardiniers d'Orléans.

AU DUCHÉ DE RICHELIEU.

Ce 22 febrier 1623.

1635. *Château de Richelieu.*

Le quatorzième jour de decembre, l'an mil six cens trente et cinq, en la court du duché pairie de Richelieu, fut present honorable homme Nicolas Provost, paintre ordinaire du Roy, entrepreneur des paintures des tableaux de la gallerye du chasteau de Richelieu, lequel de sa bonne volonté a confessé avoir receu de noble homme Francoys du Carroy, sieur de Grandpré, la somme de deux mil cinq cens livres à compter et desduyre sur ce quil luy peult estre dheu pour les dits tableaux tant faictz que à faire.

1635. *Château de Richelieu.*

Le unzième jour d'octobre mil six cent trente cinq, Jehan Matellet et Mathurin Faron confessent avoir receu de Francois du Carroy, sieur de Grandpré, la somme de quarante trois livres pour avoir polly et baillé lustre aux quatre grandes coulonnes de marbre noir pour employer en la grande gallerye du chasteau de Richelieu.

1635. *Château de Richelieu.*

Compte des ouvrages de marbre de Laval pour la ballustrade du balcon de l'escalier de Richelieu, ce 14 juillet 1635.
Somme de la valeur des dits ouvrages, 1,022 liv.
Mémoire visé par Lemercier, architecte du Roy.

1635. *Château de Richelieu.*

Monsieur, faictes, s'il vous plaist, payer au sieur Berthelot, sculpteur, la somme de quatre cent vingt cinq livres, sur la figure de marbre du Roy quil faict pour Richelieu. Faict à Paris, ce x^e novembre mil six cens trente cinq.

A Monsieur
Monsieur de Loynes,
Secrétaire de Monseigneur le Cardinal.

(Quittance de Berthelot.)

1635. Je soubziné confesse avoir receu de Monsieur de Grandpré, capitaine du chasteau de Richelieu, par les mains de M. de Loynes, la somme de trois cens livres tournois, dont je lui promect tenir compte sur les ouvrages de peinture que je faictz pour mon dict seigneur en son chasteau de Richelieu. Faict à Paris, ce XIIIe decembre mil six cens trente cinq.

BOURGEOIS.

IV. BALLETS, MUSICIENS, OISEAUX ET CHIENS DU CARDINAL.

1626. *Mémoire des depences faictes par moy Mariot Vermacin*[1] *au service de Monseigneur le cardinal de Richelieu.*

xxe mars 1626.

Plus pour avoir nourri les deux cigoignes depuis le 28e de janvier jusqu'au 18e de mars, 9 liv. 15 solz.

1631. *Amador de la Porte, gouverneur de la Rochelle, Brouage, Ré et Olleron et isles adjassantes.*

Avons ordonné au sieur de la Traversière, faisant les affaires de Monseigneur le cardinal de Richelieu en Brouage, de bailler au sieur Bouillette la somme de six centz livres tz. pour la despence voicture et retour de six hommes avecq six chevaux, que l'on a pris et loué pour mener des aygrettes palles et aultres oyseaux à Paris, sellon que mondit seigneur l'avoict commandé au sieur Bouillette, promettant faire allouer la dicte somme audit sieur de la Traversiere. Faict à Brouage, le xve jour de juillet 1631.

1634. *Mémoire des confittures fournyes par moy Henry Saulnier, marchant espicier* à Paris, à Monsieur le Voulte, chef doffice de Monseigneur le Cardinal, du 8 febvrier 1634.

xxx liv. de confiture fine à xxxv s., xl iiii liv. xiii s.
xxiiii boistes à les mestre, x liv. viii s.
Somme tout, xl vii liv. i s. (*sic*).

Monsieur Picot payera, sil lui plaist, ladite somme de quarante sept livres 1 sol pour les dictes confitures fournies pour le ballet de l'académie de Monsieur de Benjamin, par ordre et commandement de Monsieur d'Agen; faict le 9 febvrier 1635.

LAROCHE.

1635. Monsieur Picot, argentier de Monseigneur, payera, sil luy plaist, à Pierre Vergne, la somme de dix sept livres pour le loyer de quatre chandeliers de christal quon a loué pour le balet; faict le 29 janvier 1635.

LAROCHE.

1635. Anthoine Yvon, bourgeois de Paris, y demeurant rue des Billettes, paroisse de Saint-Jean-en-Grève, confesse avoir receu de Monseigneur le cardinal de Richelieu, par les mains de Monsieur Jacques Picot, son argentier, la somme de vingt six livres huict solz pour la nourriture faicte par luy Yvon de six rossignolz, d'une fauvette à teste noire, de six petitz oiseaux de Canaris et aultres oyseaux appartenant à mondit seigneur, et cepen-

---

[1] Ce Vermacin était le concierge du Petit Luxembourg; plus tard, en 1633, on le voit premier valet de garde-robe de la Reine mère.

dant les paies de trois moys eschéant cejourd'hui, de laquelle somme ledit Yvon sest tenu content. Passé à Paris es estudes des notaires soubsignez, lan mil six cens trente cinq.

1635. Il est deub au porteur, vallet de pied de Monseigneur, la somme de trente cinq livres, scavoir, trente et une livres pour la nourriture de douze petits chiens durant 18 jours et quatre livres pour la paille fraiche tous les deux jours; faict à Rueil, le 23 novembre 1635.

1635. Monsieur Picot, delivrez à M. Gobert, aumosnier de Monseigneur, la somme de soixante huit livres tz, pour payement dun lhut qu'il a acheptè pour servir à la musique de mondit seigneur; faict à Paris, ce mercredi vingt huictiesme mars m. vi° trente cinq.

LABOCHE.

1635. M. Picot payera, sil luy plaist, au sieur Vergne, marchans joualier de la Roinne à Paris, la somme de soixante seize livres pour le loyer de dix neuf chandeliers de cristal quil fournit pour le balet de Mlle donné à lhostel de Monseigneur, à raison de quatre livres piece; faict le 30 mars 1635.

1635. M. Picot payera, sil luy plaist, au suisse de M. le commandeur de la Porte douze escus dor que Monseigneur luy a ordonné pour s'en retourner au Brouage avec ung cheval ayant apporté des oiseaux du brouage à Rueil; faict audit Rueil, le unziesme decembre 1635.

1635. Monseigneur le cardinal doibt à Estienne Armantier, espicier à Paris, pour le festin faict à Rueil du 12° jour d'octobre 1635, 54 liv. 7 s.

1635. *Despence des musiziens à Paris.*

Memoire à Monsieur le Maistre de la despance que nous avons faicte à Paris par le commandement de Monseigneur, à scavoir, le Fresne, Robert Saint-Martin, le petit page et Combefort, et leur guarson pendant quatre jours.

Arresté à la somme de vingt-cinq livres douze.

Jay receu le contenu cy dessus de Monseigneur le cardinal duc de Richelieu par les mains de M. Picot, son argentier; faict à Paris, ce vingt sixieme jour de janvier mil six cens trente cinq.

COMBEFORT.

V. SEIGNEURIE DE COUTRAS AU DUCHÉ DE FRONSAC.

1637. *Etat de depence faicte par maistre Jehan Fournier, procureur doffice du duché de Fronsac, au siège de Coutras, pour les affaires de Monseigneur leminentissime cardinal, duc de Richelieu et de Fronsac.*

Cestant rasemblé une troupe de crocquans au nombre de huict ou dix mil dans la ville de Bragerac, ceste assemblée donnoit de lespouvante à tout le voysinage et mesmes audict Fournier quy recepvoit divers advis quilz proposoient de venir à Coutras, et Monsieur le procureur general de la cour des aydes de Libourne luy escrivict, le dixieme de may mil six cens trante sept, que Monsieur Despernon lavoit chargé de luy mander quil se princt garde, ce quy obligea ledict Fournier dachepter de Pierre Jolivet, marchand, cinquante livres de poudre fine, à raison de vingt-quatre solz la livre, ainsy quil ce voict par la quittance dudict Jollivet.

Comme aussy ledict Fournier, pour mettre le château en estat de se pouvoir deffandre, fict murer les fenestres basses, faire des canonieres aux fenestres et bastir un ravelin en demy lune devant les portes, pourquoy faire il paya lxxvi livres.

Pendant lassemblée de cette crocquandaille, quy dura plus dung mois, ledict Fournier fut obligé à une depence extraordinaire, ayant tousjours avecq luy trante soldatz quil avoit choysy dans le duché; il sera alloué ce quil plaira à Monseigneur.

Messieurs les trezoriers de France en la generalité de Bourdeaux et les esleus dudict Bourdeaux voyant les rumeurs du peuple auroient ordonné que les mandemens des tailles de ladite année six cens trente sept seroient portez dans les parroisses de lelection de Bourdeaux par le viseneschal de Guienne et ses archers, en consequence de laquelle ordonnance deux des archers dudict viseneschal ayant esté envoyez dans le duché de Fronssac, pour porter les dictz mandemens, dez quilz entrèrent dans la baronnye de Cadillac quy est une extremité dudict duché, le peuple sémut, batirent la cloche jusques sur eux et les suivirent jusque à la parroisse voizine, appelée Lugon, où ilz batirent aussy la cloche, tellement que les ditz archers senfuirent et ce retirerrent à Bourdeaux où ilz retournèrent lesditz mandemens, dequoy ayant ledict Fournier leu advis, il alla en diligence à Bourdeaux, et apres avoir parlé de cest affaire au gouverneur de la province et à Messieurs du parlement, il se chargea des mandemens des tailles de tout le duché sur le registre du s^r Pagnon, viseneschal, pour les faire distribuer, et estant de retour fict un armement de cent cinquante hommes de pied et cinquante chevaux et fut loger en ladicte baronnye de Cadillac, le vingt septiesme juillet audict an six cens trente sept, où estant arrivé au poinct du jour, il princt prisonniers tous les habitans, le lendemain fut loger en ladicte paroisse de Lugon, où il convoqua tous les officiers dudict duché et leur mict les dictz prisonniers en main, quy leur firent le procès sur le champ et les envoyèrent au parlement et cour des aydes, et partant dudict Lugon fut loger au bourg de Villegouge où quelques habittans avoyent lhumeur seditieuse, et foisoict ledict Fournier semblant de voulloir loger dans toultes les paroisses où il y avoict des mutins, mesme au bourg de Fronssac; mais comme lesdites paroisses envoyoient au devant, ledict Fournier stipulloit d'eux des promesses dune enthiere obeyssance au service du Roy et de Monseigneur, tellement quapres avoir bien rasseuré tout le peuple dudict duché, il se retira; et au commencement du mois de septembre, Monsieur Despenan avecq le regiment de Serignan escriviet audict Fournier qu'il avoit ordre dentrer dans le duché, sy promptement on ne payoit les deux premiers quartiers de la taille, qui fut cause que ledict Fournier monta à cheval avecq les deux gardes de Monseigneur et dix ou douze de ses amis et furent dans toutes les parroisses dudict duché et obligèrent les habitans de payer lesdictz deux premiers quartiers de taille, pour faire lequel armement ledict Fournier depensa beaucoup; pourquoy il sera alloué ce quil plaira à Monseigneur.

VI. Comptes du gouvernement de Brouage.

1628. Compte que rend le sieur de la Traversiere faisant les affaires de Monseigneur au gouvernement de Brouage, Arvert, Seudre, Olleron et autres lieux dependantz dudict gouvernement, de la recepte generalle quil a fait de touttes sortes de deniers, depuis le premier jour de juing de lan mil six cens vingt huit jusque au temps porté par les chapitres et apostilles mises au compte.

Compte aussy avoir receu de Monsieur de Bourdeau la somme de six cens livres pour payer partie des matelotz et charpentiers qui ont esté envoyez à la digue durant le siège de la Rochelle.

Faict aussi recepte ledict rendant de la somme de trois mil quatre cens livres quil recepvra de Monsieur levesque de Lusson, pour partye de la pension quil doibt à Monseigneur sur levesché dudit Lusson.

Pour le droict dancrage appartenant à Monseigneur sur la rivière de Charente, xx^m lxiii livres.

Aultre recepte du droict dancrage de deux solz six deniers pour chascung vaisseau estranger et forain appartenant à mondict seigneur, qui se lève au havre de Brouage.

Autre recepte du droict de passeportz que ledit vandant a delivré aux navires et autres vaisseaux qui ont chargé, tant en la rivière de Seudre, Olleron, quau Brouage, depuis le premier jour de juing mil six cens vingt huit jusque au dernier de novembre mil six cens vingt neuf, pour quatre mil six cens soixante trois passeportz, iii^m vi^c xl livres v solz.

Aultre recepte du droict des quatre deniers pour livre qui se lève sur le seul qui se charge tant en Brouage que rivière de Seudre et Olleron, estant du domaine de Monseigneur (juin 1628, 28 fevrier 1630), lx^m vi^c xlix livres.

Autre recepte du revenu de la baronnie, terre et seigneurie Darrevert, La Tremblade et leurs appartenances pour les années 1628 et 1629, xi^m cl livres.

Avoir delisvré au capitaine Camus dans le navire de Monseigneur, appelé le *Brouage*, quatre quintaulx vingt livres de biscuit pour faire son equipage et mener ledict navire à la digue.

Aultre recepte des deniers et argent qui est provenu de la vente du sel, des confiscations sur les rebelles, tant en Brouage, Olleron, que gouvernement, faicte en septemb., oct. 1628, par ordre de M. de Bourdeau, ix^m vii^c lxiii livres.

Despence :

A esté payé au s^r Jean Thiriot, architecque et ingenieur des fortifications de France, et entrepreneur de celle de la ville de Brouage et Olleron, la somme de quatre vingt quinze mil six cens vingt quatre livres sur le prix du travail des dictes fortifications, somme des paiementz faitz à Thiriot et à Berthelemy Gille, masson, iii^c li^m iv^c iv^{xx} xv livres.

Aultre despence en lachap du bois de la dame de Sainct-Jean-Dangle, qui a esté employé aux fondations et pilotis desdictes fortifications dudict Brouage, xviii^m cxxxvi livres.

Aultre despence et achap dautre bois pour lesdictes fortifications et fondations de ladicte ville de Brouage, vi^m vi^c xxxiv livres.

Aultre despence faicte pour le bastiment et construction de larcenac des armes en la ville de Brouage, ii^m viii^c iiii livres.

Aultre despence faicte pour lentretien des armes des magasins, tant mousquetz, corseletz que autres armes de gens de guerre et forges dudit arcenac pour les canonniers, iii^c iiii^c xxvii livres :

Premierement, de la somme de cinq cens livres payée à feu Andre Andrerse, allemand et armurier en Brouage, pour avoir nettoyé et mis en estat lesdictes armes, suivant le marché qui en avoit este faict.

A Pierre Bouhier et Jacques Camus, barquiers, la somme de quarante quatre livres pour leur fret davoir amené huict pieces de canons de Soubize en Brouage, xliii livres.

Faict encore despence ledict rendant de la somme de quarante six livres pour la recherche et façons de la mine que faisoit fere le sieur de Mesignac dans la montée et butte qui est au delà la porte Dhiers, par ordre de Monseigneur.

Par ordre du sieur chevallier de Messignac, la somme

de xxxv livres pour la despence quil fit faire pour ung pont sur le havre de Brouage à lentrée du Roy.

Aultre mise et despence pour les fortifications de terre hors la ville de Brouage, et du costé d'Hiers, qui se faict par ordre de Monseigneur, xxiii^m iiii^c xxx livres.

Aultre despence pour le fort et citadelle d'Olleron, xii^m lxviii livres.

Aultre despence pour le radou des navires du Roy et bruleau quil a faict par ordre de Monseigneur, ainsy quil ensuit :

Premièrement,

Faict despence de la somme de deux mil neuf cens quatre vingt six livres, pour le radou du navire nommé *la Renommée*, commandé par le s^r Duchallard.

Pour le radou du navire nommé *le Petit-Saint-Jean*, commandé par le sieur de Montfaur, xv^c iiii livres.

Pour fere des bruleaux que le s^r de Marcay, commissaire et controlleur de la marine, avoit entreprins pour mener à la digue, clvii livres.

Aultre despence pour le payement des monstres, prestz que recrues de la garnison de Brouage :

Premièrement,

A esté payé au s^r de La Roche-Allard, commandant la compagnie de Monseigneur, composée de cens homes, y comprins les officiers, xiiii^m viii^c lx livres.

Aussy au sieur de Saint-Masau, lieutenant de la compagnie de Monsieur le marquis de Brezé, composée de lxxx hommes, xii^m iiii^c lxx livres.

Faict encore despence de la somme de liiii^m ii^c xx livres quil a payé aux six aultres petites compagnies de ladite garnison de cinquante hommes.

Au sieur Criblay, chirurgien de ladite garnison, iii^c livres.

Somme de ce chapitre pour les monstres, iiii^{xx} x^m v^c iiii^{xx} xviii livres.

Faict aussy despence ledict rendant de la somme de douze cens livres quil a baillé aux habitants de Brouage, pour frayer aux fraitz quil a convenu faire pour la conservation de la ville et traictement des malades, durant le temps de la contagion qui estoit en Brouage, ainsy quil appert par lobligation et recognoissance que en ont faict les ditz habitans, avec promesses de payer ladicte somme touttefois et quante, et soubz le bon plaisir de Monseigneur.

Aultre despence et mise que faict le rendant pour les bledz et vinz quil a payé et autres marchandises qui avoient esté prinses dans le gouvernement de Brouage et Olleron, et fournies dans les magasins, durant le siege des Anglois dans lisle de Ré, viii^m ix^c iiii^{xx} iii livres.

Payé au sieur Penaud et au nommé David la somme de xxv livres vii solz, pour leur despence davoir esté et mené des tesmoings de Saint-Jean-Dangles jusques à larmée de la Rochelle pour estre confrontés au nommé Lunet, qui avoit faict mettre le feu dans les pouldres des magasins de Brouage.

VII. Fortifications du Havre (1627 et 1628).

Compte de la recepte et despence faictes pour la citadelle et fortifications du Havre de Grace, construction et armement des vaisseaux, artillerye, fonderye, et pour les prestz de la garnison dudict lieu, par Monsieur le commandeur de la Porte et le s^r Duherteley, durant les années mvi^{c}xxvii et mvi^{c}xxviii.

Receptes iiii^{xx} iiii^{xx} vi^m vii^c iiii^{xx} vi liv.

Despence v^c xi^m vi^c iiii^{xx} liv.

Aultre despence faicte par le s^r commandeur pour la construction et armement de cinq dragons et une galliotte.

Pour le premier, commandé par La Rochette, xii^m ii^c liii livres.

Pour le second dragon, commandé par le sieur Chevallier de Coupeauville, xii^m ii^c liii liv.

A Jacques Soulas, ayant contracté au pleige du capitaine du May, avecq mondict seigneur le cardinal, pour la construction de six vaisseaux, la somme de xv^m livres.

Aultre despence faicte par ledict sieur commandeur, pour affretemens, radoubz et armemens de vaisseaux, pour aller en Hollande querir le navire du Roy en ladicte année mil six cens xxii, xliii^m iiii^c lxv liv.

Pour l'artillerye des vaisseaux, par les ordonnances et certifficats du sieur de la Rivière, commissaire de lartillerye, xii^m lxv liv.

Ledict sieur commandeur, employé en despence pour la citadelle la somme de xli^m ix^c iiii^{xx} xv liv., tant en remuements de terres extraordinaires, digues, batardeaux, pillotis, charrois.

Par le sieur de Hertelé, employé, pour la mesme cause, lviii^m cinquante livres.

Pour la massonnerie de ladicte citadelle, xviii^m livres.

Pendant lannée mvi^{c}xxviii, pour la massonnerye, xii^m liv.

Pour la refection des bresches de la jectée du Havre, en lannée mvi^{c}xxviii, xviii^m liv.

Taxe de M. Pierre Hardouin, ingenieur, pour avoir assisté M. de Courmoulins, commissaire député par le Roy, au thoisage et visitation des travaux, c liv.

Plus payé pour entrer en part et ayder à armer et acquiper le navire du capitaine Gyron, pour faire la guerre aux Anglois, la somme de trois mil livres, aux risques de mon dict seigneur le cardinal.

Payé par le dit sieur commandeur pour la construction de cinq aultres patâches bastyes au Havre, et rendues prestes comme celle qui a esté commandée au sieur marquis de la Ballue, à raison de douze mil livres chascune, 1^m liv.

Payé sur le vaisseau que bastit le sieur de Toutint à Honfleur, vii^m liv.

Pour la rechange et ustencilles qui ont esté fournis à larmement, qui a esté faict au Havre, des dix pinasses conduites à larmée, par le sieur de Cuzac, iiii^m liv.

Payé par le dict sieur commandeur pour les bastimens de la fonderye du canon qui est faicte à Graville, y compris ce qui a esté baillé aux fondeurs sur leurs gages et travail, suivant lestat certiffié par le sieur de la Rivière, commissaire de lartillerye, xiii^m iiii^c liv.

Payé par le dit sieur commandeur à Jean Neramdolph, dict Herman, armurier de Harfleur, la somme de six mil neuf cent livres, sur et tanmoins des armes quil doibt fournir, vi^m ix^c liv.

Memoires des frais et mises faictz, depuis le dix sept jour dapvril 1628, pour lartillerye, par ordre de Monsieur le commandeur :

Pour avoir faict monter deux gros canons dessus leurs affuctz.

Payé à 15 hommes qui ont travaillé un jour pour monter les affuctz des gros canons venus de Paris, et monter trois des dits canons dessus leurs affuctz, et iceux mener dessus la place darmes, vii liv. x s.

Payé à 18 hommes qui ont travaillé pour monter sept gros canons de 33 livres de balles dessus leurs affuctz, x liv. xvi s.

Pour avoir faict porter dessus le bastion de Saint-Adresse de la poudre et balle à canon pour tirer dessus les grandz navires des Anglois venuz en la rade, x s.

Payé pour avoir faict descharger, avecque la grue, trente et une pièces de canon de fonte venus de Hollande, à raison de dix solz pour pièce, xv liv. x s.

Pour avoir deschargé vingt sept canons de fonte venus de Hollande, xl liv.

Pour quattorze aultres canons de fonte venus aussy de Hollande, xlii liv.

Pour avoir faict descharger à la grue vingt huict pieces de fonte venues de Paris, xiv liv.

Pour avoir faict porter de la place darmes, dessus le bastion de la musique, six gros canons de fer, xii liv.

Pour avoir faict porter de la poudre toult à lentour de la ville, dessus les rampartz, pour charger et recharger tous les canons qui ont esté tirez pour la joye de la reduction de la Rochelle, xv s.

Baillé à des lamaneurs qui sont allez à Quillebœuf et à Honfleur porter des lettres dadvis de larrivée des vaisseaux anglois qui vindrent mouiller à la rade du Havre, xiv liv. xvi s.

A des lamaneurs qui sont allez à Honfleur quérir le sieur de la Martinais, soupçonné pour espion...

A un homme qui a esté envoyé de Rouen expres pour donner advis de l'arrivée des Anglois devant la Rochelle, viii livres.

Payé pour le voyage et sallaire du bourreau de Rouen qui est venu au Havre pour faire office d'un soldat nommé La Fleur, xlviii liv.

PIÈCES DIVERSES (1626-1643).

1626. *Salomon de Caus.*

Damoiselle Ester Picart, veufve de feu Salomon de Caux, vivant ingénieur et architecte du Roy, demeurant à Paris es maretz au Temple, rue de Poictou, confesse avoir receu de noble homme maistre Lemasle, intendant et secrétaire de la maison de Monseigneur le cardinal de Richelieu, la somme de deux mil huit cens quatre vingt dix huict livres, contenu au mémoire et estat cy devant escript et pour les causes y mentionnées, dont quittance; faict et passé à Paris, l'an mil six cens vingt six.

ESTER PICART.

A cette quittance est joint un mémoire, portant la signature de Salomon de Caus, des sommes qui lui étaient dues pour les travaux qu'il avait faits au château de Limours. Ces pièces constatent que le savant ingénieur jouissait de la confiance de Richelieu, et prouvent la fausseté de la tradition qui veut que Salomon de Caus ait été enfermé à Bicêtre par les ordres du cardinal.

1626. *Abbaye de Conches.*

Je soussigné, banquier expeditionnaire de cour de Rome, confesse avoir receu de Monseigneur le cardinal de Richelieu, par les mains de Monsieur Lemasle,

La somme de trois cens quatre vingtz treize livres, pour mon débourcé des bulles de l'abbaye de Conches que jay faict expédier au nom et proffit de mondict seigneur le cardinal; faict à Paris, ce dixiesme jour daoust mil six cens vingt six.

1626. *Abbaye d'Ambie.*

Quittance de 264 livres pour les bulles de provision au cardinal de labbaye d'Ambie.

Parties de la despence faite par moy Nicollas Duchesne, peintre, pour les peintures et dorures faictes pour Monseigneur le cardinal de Richelieu en sa maison de Limours et de Paris, jusque à present dixiesme janvier mil $vi^c xxvi$..... plus la chambre du Roy, trois travées enrichies dor, avec cartouches de relief dorées, à fond dasur et blanc, et les frizes touttes de relief avec consolles, cartouches, et le dessoulz des poultres tout de relief avec festons dorez, à fonds dasur et blanc; revient à la somme de ii mil livres.

..... Plus pour les deux grandes figures que l'on a peinct de blanc de plomb à huille, qui sont les frontons au chasteau et celles qui sont sur le portail du jardin, xvi livres.

Plus la chambre de monseigneur le cardinal, en sa maison à Paris, ung platfond contenant deux travées et demye, enrichy de cartouches dor avec enrichissement dor, et deux auvalles garnies de tableaux, alentour daultres tableaux où sont peintz de petitz enfans, cartouches à fond d'azur avec festons dorez; revient le tout à la somme de xviiie livres.

En la presence des notaires gardenottes du Roy nostre sire en son Chastelet de Paris soubzsignez, Mathurin Nozereau, marchant pourvoyeur de la maison de Monseigneur le cardinal de Richelieu, confesse avoir eu et receu de mondict seigneur le cardinal, depuis le premier jour de febrier mil six cens vingt six jusques au dernier jour de janvier mil six cens vingt sept, le tout suivant le marché de ce faict entre ledit seigneur et ledit Nozereau et ses associez..... faict et passé es estudes des nottaires, lan mil six cens vingt sept, le douziesme jour de febrier.

1626. *Château de Limours.*

Estat des ouvrages de menuyserie faict pour Monseigneur le cardinal de Richelieu, en son chasteau de Limours, par Jean de Goufreyville, maistre menuysier à Paris.... plus en la gallerye jay faict vingt trois cornyches pour les portrés des roi et raine et aussy les enchasures de douze portrés de prinses et seigneurs, pour mectre alentour du roy et de la raine.

1626. *Alphonse Louis Duplessis de Richelieu.*

Mémoire de ce que jay fourny et tandu pour le sacre de Monseigneur l'archevêque d'Aix.

Premier, pour avoir tandu et fourny de tappis serge, dedans leglise des Chartreux, à six grand tappis et perterre, et deux chaizes de velour chamarré dor, et avoir fourny les carreaux et deux parrements de drap dor servant aux credances, pour avoir tandu et fourny, et pour avoir payé plusieurs crocheteurs qui ont esté querir et reporter les chaizes à Luxembourg, xxxvi liv.

JEHAN LECLERC,
Marchant tapissier.

1626. *Sacre de l'archevêque d'Aix.*

Je soubzsigné, Jacquette Dupont, veuve de feu Coiffier, vivant escuier de cuisine de Monseigneur le prince de Condé, confesse avoir receu de Monsieur Lemasle la somme de six cens livres pour le disner et festin faicts par moy à l'hostel du Petit Luxembourg, le dimanche xxie jour de juing 1626, pour Monsieur larchevesque d'Aix, le jour de son sacre; faict le xviiie jour de juing, mil six cens vingt six.

J. DUPONT.

1626. *Despences faictes en 1626 par le sieur des Bournais.*

Sur la somme de quarante mil livres mise en recepte a esté baillé à M. Sainclot la somme de douze mil livres pour le bastiment de Sorbonne, xii^m liv.

Plus le sieur des Bournais a donné à M. de Saint-Sauveur, à Limours, ii^c pistoles pour M. de Caux[1].

Plus à Mlle Sauvat pour une chesne dor que Monseigneur a donnée à M. de Jolycœur, qui est à la reyne d'Angleterre, la somme de sept cens trente livres, vii^c xxx liv.

A M. Legrand chirurgien du Roy, en aoust, xxxvi liv.

Porté à M. Bouthilier, chez luy, Monseigneur y estant, pour donner comme oncroît aux gens de M. de Villars apportant un ammeublement debene, vii^c x liv.

Plus pour un baptistere à Saint Germain, la Reyne y estant, baillé au sieur Tupin 30 pistoles, ii^c xx liv. 10 s.

A M. Lemaindre horloger, suivant ses parties, xx liv.

1626. *Brodeur.*

Parties de la broderie que Sainct Anne a faict pour Monseigneur le cardinal de Richelieu depuis le mois de janvier 1626 jusques à present:

Premierement, un habit descarlatte rouge en broderie de soye nacarat;

Plus deux habitz de satin, lun rouge cramoisy et lautre violet en broderie de soye des mesmes couleurs;

Plus une cimare de satin par escailles, à font violet en broderie de soye, 200 livres.

1626. *Tailleur.*

Marye Raclot, vefve de Nicolas Parisot, vivant marchant tailleur d'habitz à Paris, y demeurant rue Vieille Bouclerye, paroisse Saint Severin, tant en son nom que comme tutrice des enffans mineurs dudict deffunct et delle, confesse audit nom avoir eu et receu de Monseigneur le cardinal de Richelieu, par les mains de Monsieur Le Masle, secrétaire et intendant des affaires de mondict seigneur, la somme de sept cens dix huit livres, à laquelle somme ont moderé et arresté les façons et fournitures dhabitz faits et fournys pour mondict seigneur; faict à Paris, lan mil six cens vingt sept[2].

---
[1] Salomon de Caus.
[2] On trouve dans le même dossier des mémoires du cordonnier, de l'horloger, du pâtissier, du gantier.

1626. *Estat des gardes pour le mois d'octobre 1626.*

Roulouse	45 liv.
Laroze	45
Ducouldreaux	45
Larocque	45
Laplanche	45
Boufart	45
Delozes	45
Cassagneau	45
La Verdure	45
Saint Vincentz	45
Laboutoniere	45
Garnier	45
Dufaux	45
Laval	45
Balaguy	45
Lafontaine	45
Lahoussaye	45
Cloches	45
	810

1626. *Divers.*

Jehan Brillet, capitaine des charrois de la Royne mere du Roy, demeurant à Paris, rue Saint Dominique, confesse avoir eu et receu de Monseigneur le cardinal de Richelieu la somme de cinquante sept livres douze solz, pour avoir par ledit Brillet fourny les chevaux de charroy et harnois pour porter les hardes et bagages du train et suitte dudict sieur cardinal au voyage de Boulongne, lorsque la royne dAngleterre sortit de France. A Paris, lan mil six cens vingt six, le vingt huictiesme jour de may, et a declaré ne scavoir escrire ne signer.

1627. *Hôtel qu'occupait Richelieu à Saint Germain.*

Jehan Bachellier, escuier, archer des gardes du corps du Roy, soulz la charge de Monsieur le comte de Tresmes, demeurant à Saint Germain en Laye, confesse avoir receu de Monseigneur le cardinal de Richelieu, par les mains de M. Michel Le Masle, son secretaire, la somme de quatre cens livres tournois, pour deux années escheues au premier jour de janvier dernier passé, à cause du loyer que mondict seigneur doibt payer de sa maison size audict Saint Germain suivant et conformément au contract par devant les nottaires soubzignez; fait à Paris, le vendredy 3° jour de septembre, lan mil six cens vingt sept.

BACHELIER.

1632. Presant en sa personne, Anthoine Fallaise, maistre pousdrier demeurant en ceste ville de Brouage, lequel a confessé avoir heu et receu dhonnorable homme maistre Jean Hillaireau, sieur de la Traversiere, faisant les affaires de Monseigneur le cardinal de Richelieu au presant pays, la somme de cinquante livres tournois pour payement de vingt livres de pousdre de pistollet, et cinq livres de caufre fournies par ledict Fallaise, pour faire des feux dartiffice à lantrée de la Reyne à la Rochelle, et ce suivant lordre de Monsieur de Bourdeaux, de laquelle somme de cinquante livres ledict Fallaise c'est tenu et tient pour comptant..... ce dix septiesme decembre mil six centz trente deux.

FALESSE.

1634. *Petit Luxembourg.*

Francois le Bossu, maistre serrurier à Paris, demeurant au palais de la Royne mere, à Saint Germain des Prez lez Paris, confesse avoir receu de maistre Jacques Picot, argentier de la maison de Monseigneur le cardinal, duc de Richelieu, la somme de neuf cens quatre livres tz., pour tous et chascuns les ouvrages de serrurerie faictz par mondict seigneur en lhostel dict le Petit Luxembourg depuis le premier janvier mil six cens trente trois jusques au premier febrier mil six cens trente quatre.

1635. *Divers.*

Memoire de despence faite pour Monseigneur durant les six premiers mois de la presente année 1635 par du Carroy:

Pour le louage dun cheval pour deux jours, pour un homme de Saumur qui est allé de cette ville à Rueil trouver Monseigneur pour luy dire des nouvelles de Madame la maréchale de Brezé, iiii livres.

A deux crocheteurs qui ont aporté une tenture de tapisserie de chez Madame de Combalet au cloistre, xvi s.

Du dimanche 22 juillet, pour la colassion de la reyne, cinq douzaine de petit fond de tourte de toute couleur, viiii livres.

1640. *Partyes du linge fourny pour la maison de Monseigneur leminentissime cardinal duc de Richelieu, achepté par lordre de Madame la duchesse d'Esguillon, et ce pour envoyer au chasteau de mondict seigneur à Rueil, xviii° xxviii liv. v s.

Pour avoir racomodé, par le commandement de Madame la duchesse, quantité de mathelas, savoir, six mathelas tout de futenne de bourlavisse pour le lict de Monseigneur, xxiiii livres.

1641. Nous certiffions que Monsieur Euzenat, argentier de la maison de Monseigneur, a payé aux sieurs Medard, mercier, et Claude Mauperin, boulanger, la somme de quatre vingt livres pour deux couvertures aux armes de Monseigneur quilz ont faict faire et payée pour leur servir à couvrir le pain de Son Eminence durant la presente année; faict au bureau à Paris, le 21 may 1641.

BEAUMONT. PICOT.

1635. *Carmes de Loudun.*

Monsieur, je vous fais ce mot pour vous prier de mettre entre les mains de M. de Seillé la somme de trois cens livres, pour estre employées pour le parachevement du cloistre des pères carmes de Loudun; ladite somme vous sera allouée sur les comptes que vous renderez pour Monseigneur le cardinal duc de Richelieu, qui a voulu faire cette liberalité. Faict à Loudun, ce 9° septembre 1635.

Le prieur DES ROCHES.

A Monsieur de Grandpré,
Cappitaine du chasteau de Richelieu.

Monsieur, je vous fais ce mot pour vous prier de mettre entre les mains de Monsieur de Seillé la somme de trois cens quatre livres, pour employer aux ballustres et parquetage de la chapelle de Monseigneur le cardinal, dans leglise des Carmes de Loudun; laquelle somme vous ferez allouer sur les contes que vous rendrez pour mondict seigneur le cardinal, qui a voullu faire ceste liberalite; faict à Saury, ce 24 septembre 1635.

Le prieur DES ROCHES.

A Monsieur de Grandpré,
à Richelieu.

1635. *Parties fournies pour la personne de Monseigneur leminentissime cardinal duc de Richelieu, durant lannée 1635, par Perdreau, appoticaire de mondit seigneur.*

Du premier janvier 1635, un bol de casse avec syrop, iiii liv.

Le 3, son bol réiteré, iiii liv.
Le 6, son bol réiteré, iiii liv.
Le 8, son bol réiteré, iiii liv.
Le 10, une medicine laxative composée de carte rhub. syrop de fleurs de pescher, et autres selon lordonnance, vi liv.
Le 12, un clystere, 4 s.
Le 14, un clystere, 4 s.

Nous ne pousserons pas plus loin la reproduction de ce mémoire d'apothicaire; qu'il nous suffise de le résumer en disant qu'en cette année 1635, le sieur Perdreau ou ses aides eurent l'honneur d'administrer à Son Eminence 75 clystères et 127 bols de casse, sans compter les medecines laxatives et les bouteilles de tisane; le mémoire monte à la somme de 1,401 livres 14 sous, et si l'on veut bien songer qu'il ne s'agit que de la seule personne du cardinal, on verra une fois de plus que Molière n'a rien exagéré dans la première scène de son *Malade imaginaire;* nos pères aimaient à se médicamenter.

1635. Monsieur Bourneau payera, sil luy plaist, à Jehan Gueffier, serrurier, la somme de huit vingt six livres cinq solz, pour neuf cents cinquante livres de gros fer, qu'il a fourni pour le caveau de la chapelle de Monseigneur à Nostre Dame des Ardillieres[1].

Faict à Saulmur, le 25 septembre 1635.

LAROCHE.

Mémoire de ce qui a esté payé pour la chapelle de Monseigneur à Nostre Dame, 764 livres.

1637. Mai.

Monsieur. Je vis hier Monsieur Despernon à Cadiliac; apres luy avoir faict scavoir lestat de ceste ville, et la necessité quil y avoit de veiller sur quantité desprits malades du croquanisme, en partant il me dit de vous donner avis, le plus promptement que je pourrai, quil avoit aprins, par la relation de ceus qui veilloit ceste canaille dans Bergerac, quil cestoit proposé d'envoyer à Coutras pour ce sesir du chasteau, et de revolter les prisonniers; pour cela il trouve tres necessaire que vous vous metiés en estat de vous deffandre, et que vous faciés election des amis de Monseigneur le cardinal pour mestre dans le chateau, et que vous preniés bien garde à qui vous devez vous fier; vous aurés bien tost du secours, et Monsieur de Lavalette arrivera dans peu, et assurés vous, quel bruit qui coure de la force de ces mutins, quil ceront taillés en pieces; féte courre le bruit que Monsieur de Lavalette est desja arrivé pour tenir ces coquins en esvele. Je ne crins dans ceste affaire que lindisposition de Monsieur Despernon, le deplaisir quil a de ceste affaire la sitost randu chagrin, que je layl essé en estat de tenir le lit; cest ce quil faut tenir secret et jurer le contrere; fetes moi scavoir de vos nouvelles et lhumeur de votre populace.

Votre tres affectionné serviteur,

DROSTEN.

De Lisbourne, ce 10 mai 1637.

1640. *Tallemant.*

Monsieur de Loynes, vous recevrez, sil vous plaist, de Monsieur Tallemant la somme de quatorze cens dix sept livres, que je luy ay faict mettre entre les mains pendant mon sejour à Bourdeaux, faict au mois de septembre dernier, provenant de la confiscation de quelques vins pen-

---

[1] A Saumur.

dant le siege de la Rochelle dont on navoict peu avoir de connoissances depuis dix ans, de laquelle vous tiendrez compte à Son Eminence en vertu de la presente.

Faict à Paris, ce 10 avril mil six cens quarante.

SOURDIS.

1639. Parties faictes pour la calesche de Monseigneur le cardinal, par le commandement de Madame la duchesse d'Esguillon, par moi Adrian Gense, sellié et carossier ordinaire de la Royne, 213 liv. 9 s.

1641. Pour le service de Monseigneur leminentissime cardinal duc de Richelieu, fourny par Guy Pocquelin, drapier à Paris, pour faire une littière à Monseigneur, dix aulnes et demye demy quart de drap de Monsieur, escarlatte d'Holande, tres fin, à 33 livres, 350 liv. 12 s. 6 d.

1642. *Janvier.*

Par devant les notaires gardenottes du Roy au Chastellet de Paris, fut présent Monseigneur leminentissime Armand Jean Duplessis, cardinal, duc de Richelieu et de Fronsac, pair de France... lequel a faict et constitué son procureur général et spécial messire Michel Le Masle, prieur des Roches, chantre et chanoine en leglise de Paris. secrétaire de mondict seigneur, auquel mondict seigneur a donné pouvoir et puissance de recevoir toutes les fermes et fruicts et revenus à cause de ses duchez, terres, seigneuries, rentes et autres domaines..... et generallement tout ce qui est et deppend de son revenu, en quelque chose quil se consiste, pour, pendant la presente année mil six cens quarante deux, du receu bailler acquitz et quittances, et pour le recouvrement et au reffus de paiement, faire faire toutes poursuites et contrainctes allencontre des fermiers et redevables, ainsy qu'ilz y sont obligez par leurs baux.... faict et passé au pallais cardinal, rue Saint Honoré, à Paris, lan mil six cens quarante deux, le vingt huictiesme janvier apres midy.

1643. *Service pour le cardinal dans le prieuré de Montdidier, appartenant à Le Masle.*

Mémoire des frais faictz pour le service solennel de feu Monseigneur le cardinal de Richelieu, chanté en leglise Nostre Dame du prieuré de Montdidier suivant lordre contenu en la missive de Monsieur Des Roches, prieur, 40 liv. 10 s.

1650. *Fondation d'un annuel pour le cardinal.*

Je soubsigné confesse avoir receu de Monsieur Des Roches, par les mains de Monsieur de la Poissonnerie, la somme de cent livres pour avoir celebré la messe pour feu Son Eminence durant six mois, commencant le vingt deuziême du mois juillet dernier passé, finissant à pareil jour du mois de janvier mil six cent cinquante, de laquelle somme je quitte mondict sieur.

Faict ce huitiesme de fevrier, mil six cent cinquante.

CESTEZE.

LEGS LEPETIT DE VERNO DE CHAUSSERAIS[1].

(1733.)

Testament de Mademoiselle de Chausserais, du 18 février 1733.

Au mandement et réquisitoire de demoiselle Marie Thérèse Le Petit de Verno de Chausserais, usante de ses droits, demeurante à Madrid, les conseillers du Roy, notaires au Chastelet de Paris, soussignez, se sont transportez audit Madrid, en l'appartement de ladite demoiselle, qu'ils ont trouvée dans sa chambre, ayant vüe sur le jardin, saine d'esprit, mémoire et entendement, ainsy qu'il est apparu ausdits notaires par ses actions et entretiens, mais indisposée de corps, où étant ladite de-

---

[1] Mademoiselle de Chausserais ne fut pas une personne vulgaire. Elle jouit auprès de Louis XIV d'une faveur marquée. Il n'est pas inutile de joindre ici un extrait des mémoires de Duclos (Collection Petitot et Monmerqué, tome 76, p. 148 et suivantes), qui donne des détails peu connus sur le rôle qu'elle joua dans la lutte soutenue par le cardinal de Noailles, archevêque de Paris, contre la cabale jésuitique.

«Quoi qu'il en soit, je n'en suis pas moins certain du projet de Tellier, et de la manière dont il échoua, qui a été ignorée du jésuite même. Mademoiselle Chausserais en eut tout le mérite. Il est à propos de la faire connoître.

«Elle était fille d'un gentilhomme poitevin, nommé Le Petit de Verno, et d'une Brissac, veuve du marquis de La Porte-Vesins. Ayant perdu père et mère, elle seroit restée dans l'indigence, ou du moins dans l'obscurité, si le marquis de Vesins, son frère utérin, n'en eût pas eu pitié. Il lui procura de l'éducation, et engagea par son exemple les Biron, les Villeroy, les Brissac à s'intéresser pour une orpheline qui leur appartenoit de fort près du côté maternel, et dont ils ne vouloient pas d'abord entendre parler. Elle leur fut enfin présentée; bientôt elle leur plut par sa figure et ses manières, et ils la firent entrer chez Madame, belle-sœur du Roi, en qualité de fille d'honneur. Grande, bien faite, et d'une figure agréable, elle avoit beaucoup d'esprit et encore plus de jugement, et une physionomie de candeur et une naïveté dont elle eut l'adresse de conserver l'extérieur et le ton, lorsque l'usage de la Cour lui en eut fait acquérir toute la finesse. Le Roi, qui la vit souvent chez

moiselle de Chausserais a fait, dicté et nommé auxdits notaires soussignez son testament ainsy qu'il suit :

Au nom du Père, du Fils et du Saint Esprit, que votre esprit saint, ô mon Dieu, forme et dicte touttes les dispositions de mon cœur et celles que je vais faire par le présent testament.

Je suis née sans biens, et si Dieu a permis qu'il m'en soit tombé entre les mains par un évènement auquel je ne pouvois pas m'attendre, *je crois devoir lui en rendre hommage dans la personne de ses pauvres* et suivant les lumières de ma conscience, je ne dois plus écouter mon goût ny mes inclinations naturelles.

Je veux être enterrée dans la parroisse sur laquelle je mourray, avec la simplicité des pauvres et dans leur cimetière, que mon corps soit accompagné de six prestres seulement; je veux qu'il soit donné 300 livres une fois payez aux pauvres de ladite parroisse, et qui seront distribuez par Duplessis comme connoissant mes pauvres.

Je donne et lègue aux religieuses de la Madelaine, rüe des Fontaines, à Paris, 6,000 livres une fois payez, à condition qu'elles laisseront jouir Mademoiselle Busca, sa vie durant, du logement que j'ay dans ladite communauté et que j'ay presté à ladite demoiselle de Busca, sans que lesdites religieuses puissent jamais luy en rien demander; il leur sera payé en outre la somme de 2,000 livres que je leur dois pour ledit logement et qui ne sont payables qu'après ma mort.

Je donne et lègue à Madame de la Taste les 15,000 livres et les arrérages que j'ay payez pour elle à Monsieur de Vaubert, et les arrérages ou interests qu'elle m'en devra au jour de mon deceds.

Je donne et lègue au petit de la Marinière, qui est mon parent, 600 livres de pension viagère sa vie durant.

Quant à ma maison scize à Paris, rüe du Bacq, fauxbourg Saint Germain, que j'ay acquise sous le nom de Monsieur le comte de Volvir, le 14 mars 1724, je donne et lègue l'usufruit de ladite maison audit sieur comte de Volvir, sa vie durant.

Quant à la rente de 2,000 livres que me doit ledit sieur comte de Volvir, au principal de 40,000 livres que je luy ay prestez pour acquérir la terre du Chatellet en Bretagne, je veux et entends que si la comtesse de Volvir meurt avant ledit sieur comte de Volvir son mary, sans enfants, ledit sieur comte de Volvir retienne 20,000 livres, dont je luy fais don et remise sur lesdites 40,000 livres, de sorte qu'il ne restera plus redevable que de la somme de 20,000 livres de principal; et au cas que ladite dame comtesse de Volvir survive son mary, je veux qu'elle jouisse de ladite rente de deux mil livres sa vie durant et par usufruit, lesquels usufruits je leur lègue

Madame, prit pour elle le goût qu'inspirent naturellement celles qu'on nomme vulgairement de bonnes créatures, espèces si rares dans les Cours et à qui ce titre, une fois confirmé, permet des familiarités que d'autres n'oseroient pas prendre. Elle eut des amis dans tous les temps, dans toutes les classes, dans les partis les plus opposés, et obligea les ministres à des égards pour elle, sans les rendre ses ennemis. Ils lui firent une fortune considérable, qu'elle augmenta encore dans la Régence. Elle se retira à un certain âge de chez Madame, dont elle conserva les bontés, et continua d'aller de temps en temps faire sa cour au Roi qui lui donnoit toutes les audiences particulières qu'elle vouloit. Elle a passé toute sa vie dans l'intrigue, et l'habitude lui en avoit fait un besoin. Elle a rendu gratuitement mille services, ignorés de ceux qui les recevoient, et qu'elle ne connoissoit pas, souvent par le seul plaisir d'intriguer, ou pour traverser des intrigantes à gages; elle en fit renoncer au métier. Ce fut elle qui sauva le cardinal de Noailles.

«Quand elle alloit passer quelques jours à Versailles, elle logeoit chez la duchesse de Ventadour, son amie, le rendez-vous de la cabale jésuitique. L'intimité qui régnoit entre la duchesse et elle, l'indifférence, l'inattention que celle-ci avoit et affectoit encore davantage pour les affaires de la constitution, faisoient que, sans lui confier précisément ce qui se machinoit, on ne se cachoit pas d'elle. Mais pour cette fois le cardinal de Rohan, supposant que tout ce qui se trouvoit dans sa société ne pouvoit avoir d'autres intérêts que les siens, confia le secret à la Chausseraie, afin, dit-il, qu'étant notre amie, elle jouisse d'avance du triomphe de la bonne cause. Il lui déclara donc que l'ordre d'enlever le cardinal de Noailles devoit s'expédier le lendemain. Elle applaudit à cette sainte violence avec un transport dont Rohan fut la dupe, et conçut à l'instant le projet de sauver Noailles, pour qui elle avoit un respect que lui avoit inspiré l'abbé Digné, son parent et son ami. Elle se procura le jour même un tête-à-tête avec le Roi. Elle avoit avec lui cette liberté qu'on prend avec quelqu'un qu'on a bien persuadé qu'on l'aime.

«Sire, lui dit-elle, je ne vous trouve pas aussi bon visage qu'hier; vous avez l'air triste : je crois qu'on vous donne du chagrin. — Tu as «raison, répondit le Roi; j'ay quelque chose qui me tracasse : on veut m'engager dans une démarche qui me répugne, et cela me fâche... — «Je respecte vos secrets, Sire, poursuivit-elle; mais je parierois que c'est pour cette bulle où je n'entends rien. Je ne suis qu'une bonne chré«tienne, qui ne m'embarrasse pas de leurs disputes. Si ce n'est que cela, vous êtes trop bon; laissez-les s'arranger comme ils voudront. Ils ne pen«sent qu'à eux, et ne s'inquiètent ni de votre repos ni de votre santé. Voilà ce qui m'intéresse moi, et ce qui doit intéresser tout le royaume. — «Tu fais bien, mon enfant, reprit le Roi en secouant la tête; j'ai envie de faire comme toi. — Faites donc, Sire, dit-elle; au diable toutes ces «querelles de prêtres! Reprenez votre santé, et tout ira bien.»

«Ce fut avec de pareils propos que la Chausseraie dérangea toute la machine. Le lendemain, dès quatre heures du matin, elle monta en chaise de poste, et se fit précéder à l'archevêché par un homme de confiance, un peu plus que son ami, et de qui je tiens ce détail. Elle rendit compte à tout au cardinal, lui recommanda de ne point sortir de Paris, où l'on craindroit de révolter le public par un acte de violence, repartit aussitôt pour Versailles, et rentra dans sa chambre avant que personne eût encore paru. Vers midi, elle trouva chez la duchesse la cabale fort consternée, et sut, après la prière, le Roi avoit dit au père Tellier qu'il ne falloit plus penser au parti proposé; que, le confesseur ayant voulu insister, le Roi avoit coupé court, si sèchement et avec tant d'humeur, qu'il n'y avoit pas lieu d'y revenir sans s'exposer à se perdre. La Chausseraie en instruisit le cardinal par un exprès, et tout fut fini à cet égard.»

sans qu'ils puissent estre susceptibles d'aucunes saisies pour quelque cause que ce puisse estre.

Je leur lègue en outre tous les arrérages qu'ils me devront au jour de mon décès de ladite rente de deux mil livres, mais au cas que ladite dame de Volvir ayt des enfans de son mariage avec ledit sieur comte de Volvir, je donne et lègue auxdits enfans la propriété de ladite maison, rue du Bacq, et desdites deux mil livres de rente, à la charge des usufruits tels que dessus.

Je donne et lègue à Madame de Pressy et à son mary conjointement, pendant leurs vies et au survivant d'eux, 500 livres de pension viagère.

Je donne et lègue à Sara, juive, que j'ay tenue sur les fonds de baptême, 400 livres de pension viagère sa vie durant.

Je donne et lègue à Lhopital, mon premier lacquais, 400 livres de pension viagère sa vie durant, soit qu'il soit encore à mon service lors de mon décès, soit qu'il n'y soit plus.

Je donne et lègue à Georges, mon second lacquais, 200 livres de pension viagère.

Je donne et lègue à Manon, fille de basse cour, 200 livres de pension viagère.

Je donne et lègue à mon petit vacher 100 livres de pension viagère.

Je donne et lègue à Louis Otterol, mon bon et fidèle domestique, une somme de 8,000 livres une fois payée, et les meubles qui se trouveront dans les chambres qu'il occupe à Paris et à Madrid.

Je donne et lègue à Henry, mon cuisinier, 300 livres de pension viagère.

Je donne et lègue à Le Blanc, mon officier, 400 livres de pension viagère.

Je donne et lègue à Belleville, mon portier, 300 livres de pension viagère.

Je donne et lègue à Garre, mon frotteur, 150 livres de pension viagère.

Je donne et lègue à Delisle, mon maître d'hotel, 500 livres une fois payez.

Je donne et lègue à Fremont, mon jardinier, 300 livres une fois payez.

Tous lesquels legs cy dessus faits à mes domestiques, et que je pouray faire cy apres, n'auront lieu qu'au cas qu'ils se trouvent à mon service au jour de mon deceds.

Duplessis rendra un fidel compte de mes affaires à mes exécuteurs testamentaires; ses longs et fidels services ont mérité que je luy fisse du bien, ce que j'ay fait; il ne me reste plus qu'à luy donner une dernière marque de mon amitié, qu'il a mérité plus que jamais par tous les soins qu'il a de moy dans mon estat d'infirmité, dont tous mes amis sont témoins; je luy donne et lègue toutte ma petite écurie, chevaux, berlines et carrosses et en outre la somme de six mil livres une fois payez, ma petite pendule qui est dans ma chambre, et tous mes meubles qui se trouveront au jour de mon deces, soit dans ma maison de Paris, soit dans l'appartement que je loüe de Monsieur le marquis de Pezé au chateau de Madrid, ensemble les meubles qui se trouveront dans sa chambre en ma maison de Madrid.

Je donne et lègue à Mademoiselle de Villeneuve, qui demeure près La Flèche, 300 livres de pension viagère.

Je donne et lègue à Madame la marquise de Croy, demeurante rue des Fontaines, à la Madelaine, 500 livres de pension viagère.

Je donne et lègue 500 livres de pension viagère à Monsieur de la Chevaleraye, concierge du château de Madrid, à condition qu'il fera faire les réparations nécessaires en l'appartement que j'ay loué au château, suivant que j'y suis obligée.

Je donne et lègue à Monsieur l'abbé D'Andigné, demeurant à Paris, rue Saint Honoré, près les Pères de l'Oratoire, 2,000 livres de pension viagère sa vie durant.

Je donne et lègue à Monsieur le duc de Biron l'usage, sa vie durant, de tous les meubles meublans à moy appartenants qui se trouveront au jour de mon décès dans ma maison à Madrid, à l'exception des tableaux, portraits, porcelaines et des meubles que j'ay cy devant leguez à quelqu'un de mes domestiques.

Je donne et lègue à Madame la comtesse de Seygnelay mon petit coffre de lacque noire de la Chine, et touttes les porcelaines que j'ay à Madrid et à Paris, à la réserve de mon beau cabaret blanc, avec son plateau et un pot bleu à thé, de porcelaine de Perse, que je donne et lègue à Madame la princesse d'Auvergne, et que je luy donneray peut-être de mon vivant.

Monsieur le Procureur général aura la bonté de porter après ma mort, à Madame la duchesse de Vantadour, une boeste qui se trouvera cachettée à son adresse; je la suplie de l'accepter comme une légère marque d'un très tendre attachement pour elle; on portera à Mademoiselle de Busca celle qui est cachettée à son adresse.

Je supplie Monsieur le Procureur général de faire accepter à Madame de Chateautiers une petite boeste qui enferme une pierre gravée; le présent n'est pas embarrassant.

Je donne et lègue à Madame la marquise d'Urfé, que j'ay toujours tendrement aimée, une bague en alliance, d'une émeraude et d'un rubis balais, dernière marque des bontés de feue Madame pour moy.

Je donne et lègue à Madame la comtesse du Bois de la Roche une tabatière de nacre de perles, incrustée et garnye d'or, que je regarde comme bien précieuse, comme venant de Madame, pour luy marquer à quel point je l'honore et l'aime tendrement.

Je veux que mes exécuteurs testamentaires touchent les arrérages qui seront deus et echeus au jour de mon deceds des rentes viagères qui m'appartiennent tant sur le Roy que sur particuliers, ensemble les loyers qui me seront deus ou à ma succession de l'hôtel de Noailles, dont j'ay droit de jouir en usufruit, et qu'ils en remettent le montant entre les mains de M. Titon, conseiller de grand'chambre, quoy que je n'aye point l'honneur d'estre connûe de luy; bien informée qu'il est dans l'usage des bonnes œuvres et d'ailleurs honorant son mérite et sa vertu, je le suplie d'en faire la distribution et l'application, scavoir, un tiers en faveur des pauvres prisonniers à son choix, et à l'égard des deux autres tiers restants, il y en aura un quart pour les pauvres de la paroisse de Saint Germain le Vieil à Paris, et les trois autres quarts pour les pauvres des paroisses de Ste Margueritte et de Saint Jean en Grève, également par moitié.

J'institue pour mes légataires universels l'Hotel Dieu de Paris, l'hopital des Enfants trouvez, pres l'Hotel Dieu, et l'Hopital général de la même ville, pour jouir et disposer également et par tiers de ce qui se trouvera compris dans le legs universel, les legs particuliers prealablement prelevez, dettes et charges de ma succession, à la charge de payer exactement les arrérages de rentes et pensions viagères par moy cy dessus léguées, supliant Messieurs les administrateurs des trois hôpitaux que j'institue mes légataires universels de faire célébrer dans les églises de chacun desdits hôpitaux, annuellement et à perpétuité, à pareil jour que je decederay, un service pour le repos de mon âme.

Je déclare que je n'ay contracté aucunes dettes, et qu'on ne trouvera après mon décès que celles courantes, qui sont peu de chose. Si on ne trouve point de diamans chez moy au jour de mon décès, ce sera un signe que j'en auray disposé, ainsy que de mes autres pierreries, dont je me suis déja defaitte, et on ne doit les demander à personne.

On trouvera six mil louis d'or dans mon coffre fort, dont je renfermeray la clef dans un des doubles de mon present testament, que je remettray es mains de Monsieur le Procureur général; Leblanc, mon officier, est chargé de ma vaisselle d'argent qui monte à 180 marcs et plus; je luy en ay fait faire un mémoire que je renfermeray avec la clef de mon coffre fort.

Je nomme pour exécuteurs de mon testament, Monsieur Joly de Fleury, procureur général du parlement, Monsieur Bellanger, avocat général de la cour des aydes et Monsieur l'abbé d'Andigné, ou l'un d'eux en l'absence ou au deffaut des autres.

L'amitié dont ils m'ont toujours honorée me persuade qu'ils en voudront bien prendre la peine; d'ailleurs le soin des pauvres est digne de leur vertu.

Je suplie Monsieur le Procureur général d'accepter tout ce que j'ay de vaisselle d'argent, tous mes tableaux et ceux qu'il voudra choisir entre les portraits que j'ay.

Je suplie M. Bellanger de recevoir un diamant de six mil livres et ma montre d'or d'Angleterre à répétition.

Je veux que tous les droits d'insinuation qui seront deus à cause des legs portez au présent testament, soient acquittez aux despens de ma succession, sans qu'on en puisse rien répéter contre les légataires particuliers.

Ô mon Dieu que votre grâce surabonde où le péché a abondé, je revocque tous testaments et codicils par moy faits avant le present testament, auquel seul je m'arreste, comme étant ma dernière volonté, même ceux que je pourrois faire cy après, soit en santé, si ces mots (vous avez rompu mes liens, ô mon Dieu, et je vous sacrifiray à jamais une hostie d'actions de grâce), que j'employe pour clause dérogatoire, ny sont mot pour mot repetez.

Ce fut ainsy fait, dicté et nommé par ladite demoiselle de Chausserais ausdits notaires soussignez, et ensuitte à elle par l'un d'eux, l'autre présent releu, qu'elle a dit avoir bien entendu et y a persévéré, à Madrid, en l'appartement susdésigné de ladite demoiselle, l'an mil sept cent trente trois, le dix huitième jour de février, et a signé avec lesdits notaires soussignez le présent testament, double et délivré en original à ladite demoiselle à sa réquisition, ainsy signé M. T. Le Petit de Verno de Chausserais, avec Renard et Doyen, notaires, avec paraphes, et en marge est écrit : scellé ledit jour avec paraphe, et au haut de la marge de ladite page dudit testament est écrit : paraphé selon notre procès verbal du 24 mars 1733. Signé Dargouges.

Est l'original de l'un des deux doubles dudit testament déposé avec autres pièces, pour minute, à Doyen, notaire, par Monsieur le lieutenant civil, suivant le procez verbal susdaté, fait en son hotel, d'ouverture dudit testament, le tout demeuré en la garde et possession dudit Doyen, notaire, qui a délivré la présente expédition, ce quatre avril mil sept cent trente trois. Signé : Renard-Doyen.

Inventaire après décès de Mademoiselle de Chausserais.
(*31 mars 1733. — Extraits.*)

L'an mil sept cent trente trois, le mardy trente un, dernier de mars, sur les huit heures du matin, au mandement des personnes cy après qualifiées, les conseillers du Roy, notaires, gardes seel au Châtelet de Paris, soussignez, se sont transportez à Madrid, en l'appartement qu'y occupoit Marie Thérèse Le Petit de Verno de Chausserais, demoiselle, et où elle est décédée le 24 du présent mois, ou estants, à la requeste de messire Guillaume François Joly de Fleury, chevalier, conseiller ordinaire du Roy en ses conseils d'Estat et son procureur général, demeurant en son hôtel, rue Hautefeuille, paroisse Saint Severin,

De messire Louis Paul Bellanger, chevallier, conseiller du Roy en ses conseils et premier avocat général pour Sa Majesté en la cour des Aydes, demeurant rue Saint Dominique, paroisse Saint Sulpice,

Et de messire Louis Henri d'Andigné, prestre, docteur de Sorbonne, prieur de Saugeron, diocèse de Saintes, et chanoine de l'église métropolitaine de Tours, exécuteurs, conjointement, ou l'un d'eux en l'absence ou au deffaut des autres, du testament de ladite demoiselle de Chausserais,

Mesdits sieurs exécuteurs testamentaires représentez par M° Gabriel Tardif, procureur au Chatelet de Paris, à ce présent, comme fondé de leur procuration spéciale,

Et encore à la requeste de très haut et très puissant seigneur, Monseigneur Charles Armand de Gontaud, duc de Biron, pair de France, lieutenant général des armées du Roy, et gouverneur des ville et citadelle de Landau,

Et de très haute et très puissante dame Madame Louise de Gontaud de Biron, veuve de très haut et très puissant seigneur messire Joseph de Lascary, marquis d'Urfé, représentés par M° Jacques Potier, procureur au Chatelet de Paris,

Lesdits seigneurs duc de Biron et dame marquise d'Urfé, frère et sœur, habiles à se dire et porter seuls héritiers des meubles et acquets et des propres de leur ligne, de ladite deffunte demoiselle de Chausserais, leur cousine germaine du côté maternel,

Plus en la présence de M° Jean Doyen, conseiller du Roy, substitut de Monsieur le Procureur de Sa Majesté au Châtelet, appelé et stipulant pour l'absence de Madame de Saint George, habile à se porter héritière de ladite demoiselle de Chausserais, sa cousine du côté paternel,

Et encore en la présence de messire Jean Rémy Henault, ancien secrétaire et greffier des conseils du Roy, en qualité de l'un de Messieurs les administrateurs de l'Hôtel Dieu de Paris, et comme fondé de pouvoir,

Et de M° Charles Arrault, avocat au Parlement, en qualité de l'un de Messieurs les directeurs et administrateurs de l'Hôpital général et des Enfants trouvez y unis, et comme fondé de pouvoir,

A la conservation des droits desdites parties, ès dits noms et qualitez, a esté, par lesdits notaires soussignez, fait inventaire et description fidelle de tous et chacuns les meubles meublans, ustancilles, habits, linge, bijoux, etc. estans de la succession de ladite demoiselle de Chausserais, trouvez ès lieux et endroitz cy apres declarez, représentez et mis en évidence, tant par Benoist de Bussy, sieur du Plessis, gardien des scellez apposez sur lesdits effets par M° Louis Pierre Regnard l'aîné, conseiller du Roy, commissaire au Châtelet, que par Jacques Bernard Le Blanc, officier de ladite deffunte demoiselle de Chausserais...

Dans une des caves.

114 caraffons de gros verre remplis de hidromel, prisés la somme de xxiiii livres.

Item 28 bouteilles remplies de vin de Champagne rouge, commun, prisé la somme de xv livres.

En procédant, il s'est trouvé dans un coffre fort, dans un petit cabinet derrière la chambre, et à gauche du lit où est décédée ladite demoiselle de Chausserais, la quantité de six sacs de mille louis d'or chacun, à 24 livres, valants chacun 24,000 livres, et les six ensemble celle de 144,000 livres.

Item s'est trouvé dans une armoire pratiquée dans ladite chambre, à la droitte dudit lit, un sac composé de 175 louis d'or de 24 livres, valants la somme de 4,200 livres.

Item et dans un petit cabinet à costé de ladite chambre et dans une armoire pratiquée derrière la cheminée de ladite chambre, il s'est trouvé un sac renfermant 1,000 demy louis d'or à 12 livres, valants la somme de 12,000 livres.

Et aussy, en procédant, il s'est trouvé une liasse de sept pièces : la première est un brevet du Roy datté du 21 juillet 1708, signé Louis et au bas Phelipeaux, par lequel il a plu à Sa Majesté d'accorder à la demoiselle de Chausserais, pour sa vie durant seulement, le logement par elle occupé dans la basse cour du château de Madrid, auquel logement elle ne pouvoit rien innover sans la permission de Sa Majesté ; la deuxième est un autre brevet du Roy du trois janvier 1713, par lequel Sa Majesté accorde et fait don à ladite demoiselle de Chausserais de la somme de 3,000 livres de pension, pour en estre payée par les gardes de son trésor jusqu'au temps marqué audit brevet.

Item une pendule faite à Paris par Coup, dans sa boeste et sur son pied de marquetterie, avec ornements et renommée de cuivre en couleur, prisée la somme de 180 livres.

Item seize tableaux peints sur toille dans leurs différentes bordures de bois sculpté doré, qui sont portraits, scavoir, deux de Mademoiselle de Châteautiers, celuy du Roy Louis XIV, celui de feu Monseigneur le duc d'Orléans, celui de Monseigneur le duc d'Orléans d'à présent, les portraits du Roy et de la Reine d'Angleterre, de Monseigneur le cardinal de Noailles, de Madame de Maintenon, de Madame la duchesse de Vantadour, de Madame la marquise de Chausserais, etc., prisés ensemble la somme de 160 livres.

[1734.] DE L'HÔTEL-DIEU DE PARIS. 307

Item une commode de bois de violette à trois tiroirs, avec son dessus de marbre, prisée la somme de 40 livres.

Item une couchette à bas pilliers de bois de noyer... prisée la somme de 320 livres.

Item une pendule faite à Paris par Gaudron, dans sa boeste de marquetterie, prisée 80 livres.

Item un canapé de bois de noyer de trois places, rempli de crain, couvert de satin blanc brodé en soye, prisé 80 livres.

Item onze tableaux peints sur toile et sur bois, qui sont tous sujets de dévotion, prisés la somme de 240 livres.

Dans la salle de billard.

Item une table de billard couverte de vieux drap vert, douze billes d'yvoires et un jeu de *Trounadame*, prisés la somme de 40 livres.

Item un petit buste de Louis XV en cire, prisé 8 livres.

En suit la vaisselle d'argent.

Un grand plat à potage à pans et deux moyens plats aussi à pans... le tout d'argent blanc, poinçon de Paris, pesant 155 marcs trois onces, prisé, à raison de 48 livres 6 sols 5 deniers le marc, la somme de 7,507 livres 16 sols 11 deniers.

Item deux aiguières montées, une caffetière, une chocolatière, etc., le tout prisé la somme de 1,928 livres.

Extrait du registre des délibérations du Bureau des affaires de l'Hôpital général tenu au Saint Esprit, le jeudy 29 juillet 1734.

Monsieur Arrault a dit que, par le testament de Mademoiselle de Chausserays, elle a institué ses légataires universels l'Hôtel Dieu, l'Hôpital général et l'hôpital des Enfants trouvez, chacun pour un tier.

Que ce legs universel étoit chargé de six mille sept cent cinquante livres de rente et pensions viagères, qui se trouvent aujourd'huy réduites à 6,550 livres, au moyen du rachat fait par délibération des bureaux de 200 livres de rente viagère léguée au nommé Georges, l'un des domestiques de Mlle de Chausserays.

Qu'il est nécessaire de pourvoir à la sureté et à l'arrangement convenable pour le payement desdites rentes.

Qu'il est aussy nécessaire de pourvoir au partage de deux parties de rente, l'une de 800 livres due par le chapitre de Brioude, et l'autre de 1,120 livres sur le clergé de Paris.

Et qu'il faut pourvoir aux demandes faites par un mémoire présenté par le sieur Duplessis tant pour ses gages, frais de gardes et autres soins.

Que, le 26 juillet de la présente année, Messieurs les exécuteurs étant assemblés chez Monsieur le Procureur général, ils ont reveu et examiné, en présence de Messieurs les directeurs des bureaux pour le sujet des affaires de la succession de Mlle de Chausserays, le compte à eux rendu par le sieur Doyen l'aîné, notaire, qui a géré l'exécution du testament de Mlle de Chausserays, en vertu des pouvoirs à luy donnez par Messieurs les executeurs testamentaires.

Que ledit compte tiendra lieu de celuy qui est dû par Messieurs les exécuteurs testamentaires aux légataires universels.

Que Messieurs les exécuteurs testamentaires ont été d'avis, sur le chef qui regarde le payement des pensions viagères, qu'il étoit convenable de leur procurer la facilité de recevoir commodément le payement de leur rente.

Que l'Hotel Dieu étant plus dans la ville, il paroissoit avantageux aux rentiers de n'avoir à faire qu'à un seul bureau et qu'à un seul receveur, et qu'ainsy il convenoit que l'Hopital général et celuy des Enfans trouvez fissent remettre tous les six mois, dans le cours du mois de juin et du mois de décembre, la pension due par chacun desdits hopitaux desdites rentes et pensions.

Que les rentes dûes par le chapitre de Brioude et par le clergé de Paris pourront être receues, à la décharge des rentes viagères dûes par les légataires universels, par un seul receveur, l'objet n'étant pas considérable, il pouvoit rester indivis, et qu'à cet effet le receveur de l'Hôpital général et celuy des Enfans trouvez pourront donner un pouvoir au receveur de l'Hôtel Dieu pour recevoir ces deux parties de rente, à la décharge du payement desdites rentes et pensions viagères.

Que le greffier de l'Hôtel Dieu sera aussy dépositaire des titres et papiers concernant ladite succession de Mademoiselle Chausserays, à la charge d'en ayder les autres légataires, toutefois et quantes qu'ils en auront besoin.

Qu'à l'égard des demandes formées par le sieur Duplessis, il ne paroissoit point de party plus convenable, pour luy rendre la justice qui luy est dûe, que de prier M. De la Vigne, administrateur de l'Hôtel Dieu et M. de Blaru, administrateur de l'Hôpital général, de régler ces différents chefs de demande et s'en raporter à leur avis.

Que M. Henaut, administrateur de l'Hôtel Dieu et commissaire pour la suite de l'affaire de la succession de Mlle de Chausseraye, a rendu compte le 27 dudit mois au bureau de l'Hôtel Dieu, et que le bureau a agréé et aprouvé toutes ces différentes propositions.

Sur quoy le Bureau a arrêté :

1° Qu'il n'y aura qu'un bureau, et le receveur de l'Hôtel Dieu autorizé à faire le payement des parties de rentes viagères deûs aux légataires de Mlle de Chausseraye, montantes à 6,550 livres, dont le tier pour chaque hôpital est de 2,183 liv. 6 s. 8 den., et qu'à cet effet, les sieurs receveurs de l'Hopital général et Enfans trouvez feront remettre dans les mois de juin et décembre de chaque année, audit sieur receveur de l'Hôtel Dieu, les portions dont ils sont tenus, et que, pour les y autorizer, il leur sera délivré à chacun une expédition de la présente délibération.

2° Qu'étant dû par le chapitre de Brioude et par le clergé de Paris deux parties de rentes, l'une de 800 livres, par celui de Brioude, et 1,120 livres par celuy de Paris, revenantes ensemble à 1,920 livres, dont le tier étant de 640 livres pour chaque hôpital, pourront être receues par le sieur receveur de l'Hôtel Dieu, et qu'à cet effet lesdit sieurs receveurs de l'Hôpital général et Enfans trouvez donneront pouvoir audit sieur receveur de l'Hôtel Dieu de toucher et recevoir, de qui il apartiendra, lesdites parties en déduction desdites 2,183ᵗᵗ 6 s. 8 den. dont chaque hôpital est chargé, au moyen de quoy lesdits sieurs receveurs dudit Hôpital général et Enfans trouvez n'auront plus que 1,543 liv. 6 s. 8 den. à faire remettre audit sieur receveur de l'Hôtel Dieu.

3° Qu'à l'égard des demandes formées par le sieur Duplessis, tant pour ses gages, frais et autres, qu'il s'en raportera à l'avis de Messieurs de La Vigne, administrateur de l'Hôtel Dieu, et de Blaru, administrateur de l'Hôpital général, qui sont priez de vouloir bien régler les différents dudit sieur Duplessis.

4° Que tous les titres et papiers concernant la succession de Mˡˡᵉ de Chausseraye seront remis entre les mains du greffier de l'Hôtel Dieu, pour en aider au besoin les légataires, dont il sera pour luy donné reconnoissance à chacun desdits deux hôpitaux.

Fait et arrêté lesdits jour et an et delivré par moy greffier dudit bureau soussigné.

Signé DE CHARLIEU.

État du legs universel fait par Mˡˡᵉ de Chausserais.

Le sieur Doyen, notaire, s'est chargé de l'exécution du testament de ladite demoiselle, pour et au nom de Messieurs les exécuteurs testamentaires.

Il a rendu compte de ladite exécution à Mʳˢ les exécuteurs testamentaires, lequel a été reconnu par acte du 5 septembre 1734.

Par ce compte, ledit sieur Doyen s'est chargé en recette : 1° de la somme de 160,200 livres trouvée en deniers comptans au jour du décès de ladite demoiselle.

2° De celle de 7,649 livres pour une partie des meubles provenans de la succession, vendus à S. A. S. Mˡˡᵉ de Charollois, du consentement respectif des légataires universels et de M. le duc de Biron, auquel l'héritage desdits meubles avoit été légué pour en jouir sa vie durant.

3° De la somme de 20,954 livres provenans des arrérages dus et echus, au jour du décès de ladite demoiselle de Chausserais, de ses rentes viagères, remise à M. Titon, conseiller au Parlement, pour en faire l'usage porté audit testament.

4° De la somme de 1,360 livres pour arrérages de rentes perpétuelles deues à ladite demoiselle par le clergé de France et le chapitre de Brioude.

5° Et enfin de celle de 133 livres pour la valeur de 100 jettons d'argent; total de la recette, 190,298 livres 4 sols 9 deniers.

Sur quoy ledit sieur Doyen a payé :

1° La somme de 2,271ᵗᵗ 17 s. pour frais de scellez, prisée de meuble et d'insinuation.

2° Celle de 58,564 liv. 12 s. 1 den. pour gages et nouritures des domestiques, dettes et charges de la succession et legs de sommes une fois payées, y compris ladite somme de 20,954 liv. 19 s. 8 den. payée à M. Titon, comme il est dit au 3ᵉ article de recette cy dessus.

A l'esgard des 120,000 livres payées aux légataires universels, il n'est icy parlé que pour mémoire, attendu que cette somme fait partie du bénéfice du legs universel.

Quant à la somme de 6,716ᵗᵗ 13 s. 4 den. payée pour une année des pensions viagères léguées par ledit testament, il n'en est aussy parlé que pour mémoire, comme étant une charge annuelle du legs universel.

Plus ledit sieur Doyen a employé en dépense la somme de 1,530 livres pour ses honoraires.

Plus il a payé la somme de 161 liv. 3 s. pour la première demie année de 1,733 ᵗᵗ de la capitation personnelle de ladite demoiselle Chausserais, et pour ladite année entière de la capitation de ses domestiques.

Et la somme de 492 livres payée au sieur Duplessis, pour les causes portées audit acte du 5 septembre 1734.

Total de la dépense, 63,019 liv. 12 s. 1 den.

Laquelle somme de 63,019 liv. 12 s. 1 den. étant déduite sur celle de 190,298 liv. 4 s. 9 den., à quoy monte la recette, reste celle de 127,278 liv. 12 s. 8 den.

Sur quoy ledit sieur Doyen a payé en deniers comptans aux receveurs des trois hôpitaux : 1° 120,000 livres, suivant le 3ᵉ article de dépense dudit compte et 561 liv. 18 s. 8 den. suivant ledit acte dudit jour 5 septembre 1734.

Ces deux sommes font ensemble celle de 120,561 liv. 18 s. 8 den., et à l'esgard des 6,716 liv. 13 s. 4 den. faisant le surplus desdites 127,278ᵗᵗ 12 s. 8 den., ledit sieur Doyen les a payés, suivant le 4ᵉ article de dépense dudit compte, en l'acquit desdits légataires universels, à différends particuliers pour la première année des pensions viagères à eux léguées par ladite demoiselle de Chausserais.

Sur laquelle somme de 127,278 liv. 12 s. 8 den., il faut déduire celle de 2,000tt payée par les légataires universels à Fr. Jos. Gabriel Georges par acte passé devant Dutartre, notaire, le 25 fév. 1734, pour l'extinction de 200 livres de rente viagère à luy léguée par ladite demoiselle Chausserais.

Le bénéfice dudit legs consiste :

1° En la somme de 127,278tt 12 s. 8 den. de deniers comptans.

2° Plus en celle de 30,000tt receue de M. Le Couturier pour le prix de la vente à luy faite, par contract passé devant Dutartre, notaire, le 9 fév. 1734, d'une maison rue des Fontaines, près le Temple, provenant de ladite succession.

3° Plus en la somme de 40,000 livres pour le principal de 800 livres de rente au denier 50, constitué par le chapitre de Saint Jullien de Brioude, par contrat passé devant Cheure? notaire, le 10 may 1720.

4° Et en la somme de 56,000 livres pour le principal de 1,120 livres de rente au denier 50, en deux parties, l'une de 640tt, l'autre de 480tt, constituées par le clergé de France, par deux contratz passez devant Péan, notaire, le mesme jour, 1er aoust 1720. Total : 221,278tt 12 s. 8 den.

De laquelle somme de 221,178tt 11 s. 8 d. il en appartient un tiers à chacun des trois hôpitaux, montant à celle de 73,759tt 10 s. 10 den., lesquels sont chargés de payer annuellement aux personnes y nommées la somme de 6,750tt de pension viagère, à présent réduite à 6,550tt.

Au cas de décès sans enfans de M. le comte de Volvir et de Madame son épouse, et autres cas portés audit testament, il appartiendra auxdits légataires universels une maison sise à Paris, rue du Bacq, que ladite demoiselle de Chausserais a acquise sous le nom de M. de Volvir, moyennant la somme de 120,000 livres, par contract passé devant Crevon, notaire, le 14 mars 1724, et une rente de 2,000 livres, deue à ladite demoiselle Chausserais par ledit sieur comte de Volvir, au principal de 40,000 livres qu'elle luy a presté pour acquérir la terre du Chastelet en Bretagne.

Transaction entre l'Hôtel Dieu, l'Hôpital général et les Enfans trouvez, en qualité de légataires universels de Mlle de Chausserais, et le sieur Boutillier, au sujet de l'espalmage des bâtimens sur mer.

Par devant les conseillers notaires du Roy à Paris, soussignez, furent presens Messieurs les directeurs et administrateurs de l'Hôtel Dieu de Paris, ceux de l'Hôpital général et des Enfans trouvez, et sieur Jacques Boutillier, ancien inspecteur general des gabelles et fermes unies, au département de la Rochelle, et cy devant interressé pour un tiers dans le privilège accordé par le Roy, le 18 septembre 1697, sous le nom d'Antoine de la Barre, de l'*espalmage* des vaisseaux, galères et autres bâtimens de mer et de rivière, pendant le temps de vingt années, demeurant à Paris, rue de Grenelle, paroisse Saint Eustache, d'autre part.

Lequel sieur Boutillier a dit que ledit de la Barre ayant fait sa déclaration ledit jour de septembre 1697, comme il ne prétendoit aucune chose dans le privilège dudit espalmage cy dessus énoncé, et qu'il appartient à ladite demoiselle Chausseraye, icelle demoiselle Chausseraye auroit, par acte passé quatruple, devant Regnard et son confrère, notaires à Paris, le 22 dudit mois de septembre 1697, cédé la moitié dudit privilège au sieur Jacques Girard, ingénieur, et à Me Christophe Bordas de la Brosse, en considération du secret dudit espalmage, dont ledit Girard étoit l'inventeur.

Que, par le même acte, ladite dlle Chausseraye auroit cédé audit sieur Boutilliers le tiers dans la moitié qui luy restoit dudit privilège, et lesdits sieur Girard et de la Brosse auroient pareillement cédé audit sieur Boutillier un tiers dans leur moitié, en sorte qu'il avoit droit pour un tiers au total dans ledit privilège.

Que, par ledit acte, il a été dit que luy, sieur Boutillier seul, seroit tenu de payer et avancer tous les deniers nécessaires pour l'achat des matières, drogues, chaudières, ustancils, bois, logement, établissement de bureau, appointemens, gages, salaires, tant dudit sieur Girard que des commis, et autres frais et dépenses qu'il conviendra faire pour la fabrique, exploitation et débit dudit espalmage, dont et du tout il seroit remboursé avec les interest, à huit pour cent, sur les premiers deniers provenans de la vente dudit espalmage.

Que, par un autre acte du meme jour, passé devant le même notaire, aussy quatruple, ensuitte de celuy sus énoncé, ladite damoiselle Chausseraye et lesdits sieur Boutillier, Girard et Bordas se sont associez entr'eux pour partager les proffits et pertes qui en pourroient arriver, chacun pour sa part et portion cy dessus établie, à condition que ladite damoiselle Chausseraye ne suporteroit aucune perte s'il y en arrivoit.

Que, par l'article 10 de ladite société, il a été dit qu'il ne pouroit être fait aucun changement dans ladite société que du consentement de tous les associez.

Que, par l'article 12 de la même société, il est dit qu'aucun des associez ne pourra céder son droit ny faire entrer qui que ce soit, que du consentement de tous les associez et par délibération.

Qu'au préjudice des articles 10 et 12 de laditte société, ladite demoiselle Chausseraye a fait une autre société le 27 décembre 1699 avec les srs Jolly, Dodun,

Mommerqué et Martin, à l'insceu et sans la participation dudit sieur Boutillier, et dans un temps où il luy restoit deub 10,420 livres d'avance par luy faitte pour l'établissement dudit privilège dans tous les ports du royaume, suivant le bordereau détaillé qu'il en avoit remis à ladite demoiselle Chausseraye.

Que n'ayant pû avoir aucune raison de ladite damoiselle de Chausseraye, ny des associez de la seconde societté, ledit sieur Boutillier auroit fait assigner lesdits nouveaux associez aux consuls le 17 aoust 1701, pour se voir condamner à arrester son compte, luy payer le reliquat d'iceluy montant à 10,420 livres, aux interest de ladite somme, en 30,000 livres de dommages et interest, aux dépens.

Sur laquelle demande seroit intervenue sentence le six décembre 1702, qui auroit débouté ledit sieur Boutillier de sa demande contre les nouveaux associés, sauf son recours contre ladite damoiselle Chausseraye, de laquelle sentence ledit sieur Boutillier ayant interjetté apel, et en conséquence, en vertu de la commission par luy prise en chancellerie, auroit fait assigner ladite damoiselle Chausseraye le premier février 1703 au Parlement, pour voir declarer l'arrest qui intervieudroict commun avec elle; ce faisant, se voir condamner, solidairement avec ses derniers associez, à payer audit sieur Boutillier ledit reliquat de compte, interest d'iceluy, dommages et interests et dépens; sur laquelle demande ladite demoiselle Chausseraye ayant deffendu, et étant venue à décéder le 24 mars 1733, ledit sieur Boutillier auroit fait assigner en reprise d'instance.

Lesdicts sieurs directeurs de l'Hôtel Dieu, de l'Hôpital général et des Enfans trouvez, en leur dite qualité de légataires universels, chacun par un tiers, de ladite damoiselle de Chausseraye, lesquels ayant repris ladite demande, cela auroit fait la matière de l'instance peudante à la cour, au rapport de M. l'abbé Lemoyne, conseiller en la grande chambre, laquelle tout en estat d'estre jugée et veue de commissaire, les parties ont été conseillées de s'accommoder.

Pour à quoy parvenir les parties ont traité et transigé ainsy qu'il suit :

C'est assavoir que, pour terminer toutes les contestations qui sont entr'elles sur les demandes formées par ledit sieur Boutillier, tant contre ladite demoiselle Chausseraye qu'en reprise par lesdits hôpitaux, lesdits sieurs administrateurs ont proposé audit sieur Boutillier de se contenter de la somme de 20,000 livres, tant pour son principal, interests, dommages et interests, que frais et dépens par luy faites jusqu'à ce jour; ce qu'il a volontairement accepté.

Ce faisant, lesdits sieurs administrateurs, tant de l'Hôtel Dieu que de l'Hôpital général et des Enfans trouvez et unis,

Ont promis de payer audit sieur Boutillier ladite somme de 20,000 livres dans huit jours, scavoir, l'Hôtel Dieu 6,666 liv. 13 s. 4 den., l'Hôpital général et les Enfans trouvez pareille somme.

Au moyen de quoy ledit sieur Boutillier quitte et décharge lesdits hôpitaux de toutes demandes et prétentions generalement quelconques sans réserve, a fait et donné pleine et entière main levée de l'opposition par luy formée aux scellés apposés après le deceds de ladite damoiselle Chausseraye, consentant qu'elle soit et demeure nulle.

LEGS DU CARDINAL DE NOAILLES, ARCHEVÊQUE DE PARIS.

(1720.)

Testament et codicile de Son Eminence Monseigneur le cardinal de Noailles, des 16 octobre 1720 et dernier juillet 1727, insinués le 30 aoust 1729.

Au mandement d'Eminentissime seigneur Monseigneur Louis Antoine de Noailles, cardinal de la sainte église romaine, archevêque de Paris, duc de Saint Cloud, pair de France, commandeur de l'ordre du Saint Esprit, proviseur de Sorbonne, supérieur de la maison de Navarre,

Les conseillers du Roy, notaires à Paris, soussignez, se sont transportez au mont Valérien, dans la maison et communauté des ecclésiastiques establis audit lieu, où Son Eminence est depuis quelques jours en la retraite qu'elle y fait annuellement de son palais archiepiscopal à Paris, sa demeure ordinaire.

Où estans, ils ont trouvé sadite Eminence assisse dans un fauteuil, prés d'une table, dans la petite gallerie de l'appartement qu'elle occupe ordinairement dans ladite communauté, au premier estage, ayant veue de trois costés sur le grand jardin, en bonne santé de corps, sain d'esprit, mémoire et bon jugement, comme il est apparu ausdits notaires par ses parolles et conversation.

Laquelle a présenté et mis es mains desdits notaires son testament olographe, qu'elle leur a déclaré avoir écrit et signé de sa main, datté au mont Valérien, du 16 octobre 1720, sur trois feuillets de petit papier coupé, dont deux tiennent ensemble, et le troisiesme attaché aux deux autres avec un petit ruban bleu en deux endroicts; et après qu'à sa réquisition, lecture luy en a esté faitte par l'un desdits notaires, l'autre présent,

A déclaré qu'elle le confirme et approuve, et veut qu'il soit exécuté, sauf les changemens et additions que Son Eminence a intention d'y faire, tant à cause des différentes dispositions qu'elle a faittes, depuis, de la plus grande partie de ses biens, qu'autrement.

Pourquoy Son Eminence a fait, dicté et nommé ausdits notaires soussignez, par forme de codicile, ce qui en suit : n'ayant, Son Eminence, pourveu par sondit testament qu'en général à la récompense de ses officiers et domestiques, par le legs de soixante mil livres pour estre distribuées entr'eux, au lieu desdites 60,000 livres, Son Eminence donne et lègue, scavoir :

Au chevalier Monier, sa masse de cardinal, sa chappe à la romaine, et la moitié de ses chevaux, carosses et équipages, à partager avec le chevalier Dumoulin, auquel Son Eminence donne et lègue l'autre moitié desdits chevaux, carrosses et équipages.

A Monsieur Prevost, aumônier de Son Eminence, sa grande croix archiepiscopale et son plus beau calice.

A Monsieur Bertault, aussi son aumônier, sa crosse et un calice, et outre, lesdits sieurs Prevost et Bertault partageront entr'eux, égallement, les ornemens de visite et les petits ornemens ordinaires qui servent à Paris.

A Monsieur Gaillon, la somme de 2,000 livres une fois payez.

A Monsieur Chevalier, son secrétaire, 400 livres de pension viagère par an.

A Monsieur Assolent, sous-secrétaire, 300 livres de pension viagère par an.

A Monsieur Voulleau, son intendant, tout ce qu'il pourroit se trouver devoir à Son Eminence et 600 livres de pension viagère par an.

Au sieur Perier, 500 livres de pension viagère par an.

Au sieur Monvoisin, 300 livres de pension viagère par an.

Au sieur Laroque, bibliothequaire, 300 livres de pension viagère par an.

Au sieur Briseau, la somme de 1,000 livres une fois payez.

Au sieur Bernache, maistre d'hostel, 400 livres de pension viagère par an.

Au sieur Drouault, 300 livres de pension viagère par an.

Au sieur Point, 200 livres de pension viagère par an.

Au sieur Gérard, chef d'office, 300 livres de pension viagère par an.

Aux sieurs Pasques et Ruby, valets de chambre, à chacun 300 livres de pension viagère par an.

Aux sieurs Baron et Raffart, chacun 200 livres de pension viagère par an.

A Saint Gilles, cy devant premier laquais de Son Eminence, et à Brienne qui l'est à présent, chacun 100 livres de pension viagère.

A Meunier, suisse, 200 livres de pension viagère.

A Picart, premier cocher, 200 livres de pension viagère.

A Carel, second cocher, 150 livres de pension viagère par an.

A Gonesse, troisième cocher, 100 livres de pension viagère par an.

A Antoine, frotteur, 120 livres de pension viagère par an.

Aux concierges, jardinier et fontainier de Conflans, chacun 500 livres une fois payez.

A Gautier, jardinier de Paris, une année de ses gages.

Et à chacun de tous les autres domestiques de Son Eminence, six mois de leurs gages, pour leur donner du temps pour se placer.

Au sieur Dupré, chirurgien de la maison, 200 livres de pension viagère par an.

Toutes lesquelles pensions viagères, cy dessus léguées, seront à prendre sur les arrérages des rentes tant sur l'hostel de ville que sur le clergé général et le clergé du diocèse de Paris, qui se trouveront appartenir à Son Eminence à son décès, suivant la délégation qui en sera faitte ausdits légataires par ses exécuteurs testamentaires.

Donne et lègue Son Eminence à l'église de Paris ses six chandeliers et la croix de vermeil doré, pour servir d'ornemens à l'autel de la chapelle de la Sainte Vierge, qu'elle a fait bâtir.

Veut et ordonne que ses beaux ornemens soient partagez entre Messieurs Dubourg, Goulard, Vivant, Guéret, Dorzanne et Couet, ses grands vicaires et M. Thomassin, vice regent, ausquels Son Eminence en a fait don et legs, les priant de se souvenir d'elle dans leurs prières et sacrifices.

Donne et lègue au révérend père Laborde, prestre de l'oratoire, un calice et 20 volumes de livres à prendre dans ceux de sa bibliothèque, au choix de Monseigneur le duc de Noailles.

Donne et lègue à la communauté des ecclésiastiques du mont Valérien tous les meubles qui se trouveront dans leur maison appartenans à Son Eminence lors de son décès, avec vingt volumes de livres à prendre dans ceux de sa bibliothèque.

Quant aux personnes de sa famille, Son Eminence voudroit pouvoir leur donner des témoignages sensibles de la tendresse, de l'amitié et de la parfaite considération qu'elle a toujours eu pour elles, mais elle les prie de se contenter des petits présens qu'elle va leur faire pour marques de son souvenir.

Donne et lègue à Madame la comtesse de Toulouse un de ses tableaux, tel qu'il luy conviendra.

A Madame la maréchale de Noailles, une montre à boeste d'or et le reliquaire où est un petit morceau de la vraye croix, pour estre conservé dans la famille.

A Madame la duchesse de Richelieu, une pareille montre, une bague d'un beau saphir que Son Eminence a longtemps portée au doigt et avec laquelle Son Eminence a esté sacrée, et un étuy garny de cuillière, fourchette et couteau d'or.

A Madame la mareschalle de Grammont, le petit portrait donné par feu Madame la princesse de Conty à feue Madame la duchesse douairière de Noailles.

A Madame la duchesse de Noailles, un cadenat vermeil doré, une soucoupe, quatre assiettes et deux gobelets aussy de vermeil doré.

Et à Mesdames d'Estrées, de Beaumanoir, Mancini, de Noailles la religieuse, de Chaunes, Beringhen, d'Armagnac et de Villars, chacune un tableau convenable.

Donne et lègue à Mrs Doremieux et Guérin de Richeville, avocats, chacun un tableau.

Donne et lègue à Madame la duchesse de la Valière le fonds et propriété des contrats de constitution de rentes appartenans à Son Eminence sur le clergé du diocèse de Paris, dont les principaux montent ensemble à la somme de 165,355 livres 12 sols, dont elle ne commencera de jouir qu'à mesure et à proportion de l'extinction des pensions viagères cy dessus léguées, et pour en disposer par ladite dame en faveur de tels de ses enfans qu'elle jugera à propos, sans que cela puisse faire part ny estre imputé sur leurs parts dans la succession de leur mère.

Plus donne et lègue à ladite dame duchesse de la Valière la somme de 30,000 livres, pour acheter un régiment à son second fils, ladite somme à prendre sur les interest deues à Son Eminence des indemnités deues par le Roy à l'archevêché de Paris, dont la liquidation doit estre faitte incessamment.

Déclare Son Eminence qu'encore que, par le legs qu'elle vient de faire à Madame la duchesse de la Valière, il paroisse qu'elle contrevienne à ce qui est porté par son dit testament, que le bien de l'Eglise ne doit point passer dans les familles, elle croit estre obligée de déclarer qu'après avoir comparé les biens qu'elle a eu de successions avec ceux dont elle a déjà disposé, et qui luy restent encore à présent, il s'en faudra de beaucoup que ceux cy remplassent ce qu'elle a eu de ses père et mère et des autres successions qu'elle a recueilly, en sorte qu'elle a cru en conscience pouvoir faire ledit legs à prendre sur les interests qui luy sont dues desdittes indemnités, d'autant plus que dans les rentes qui se trouveront comprises dans le legs universel cy après, il y en a qui luy sont venues de successions ou qui les remplacent.

Veut au surplus, Son Eminence, que tous les biens qu'elle dellaissera après sondit testament et le present codicile accomplis et executez, soient partagez entre l'Hôtel Dieu, l'Hôpital général, celuy des Enfans trouvés et le petit séminaire de Saint Louis étably pour les pauvres clercs du diocese de Paris, et tant qu'il sera dirigé et administré comme aujourdhuy par des pretres séculiers, scavoir, un tiers pour l'Hôtel Dieu, un autre tiers pour l'Hôpital général et l'autre tiers par moitié entre les Enfans trouvés et ledit petit séminaire de Saint Louis, aux conditions cy dessus, à faute de quoy la part et portion dudit séminaire accroistra aux Enfans trouvés, lesquels hôpitaux et séminaire Son Eminence fait ses légataires universels pour les susdites portions.

Et pour exécuter et accomplir son dit testament et le présent codicile, Son Eminence a nommé et choisy Monseigneur le duc de Noailles, son neveu, et Monsieur l'abbé Dorzanne[1], chantre et chanoine de l'église de Paris, qu'elle prie d'en vouloir bien prendre la peine, et donne et lègue audit seigneur duc de Noailles sa bibliothèque de Paris[2], comme une nouvelle preuve de sa tendresse, dont elle luy a desjà donné des marques par les donnations entre vifs qu'elle luy a cy devant fait, ayant considéré pour lors qu'il estoit conforme aux lois et à son inclination de faire rentrer dans sa maison des terres qui y estoient depuis longtemps, et en estoient sorties par des partages et y estoient rentrées par succession ; et audit sieur abbé Dorzanne, sadite Eminence donne et lègue un tableau représentant saint Charles, qui est dans son cabinet, à Paris, et tous les livres et manuscrits qui se trouveront dans son cabinet à Conflans.

Ce fut ainsy fait, dicté et nommé par Son Eminence ausdits notaires soussignez et à elle par l'un d'eux, en la présence de l'autre, leu et releu, qu'elle a dit bien entendre et persévéré comme son intention et ordonnance de dernière volonté.

Et à la requisition de Son Eminence, sondit testament, escrit comme dit est sur trois feuillets de petit papier, est demeuré annexé à la minutte des présentes, après que chacune des pages de son dit testament ont esté cottées et paraphées par première et dernière de Son Eminence et desdits notaires, et en fin dudit testament signé et paraphé de sadite Eminence et desdits notaires, et qu'il a esté remarqué qu'à la première page dudit testament est

---

[1] Il mourut avant le cardinal.
[2] En marge est écrit : « Monseigneur le duc de Noailles a deschargé la succession de S. E. dudit legs. »

un renvoy d'une ligne, à la seconde page un autre renvoy de deux lignes.

Fait et passé audit mont Valérien, en ladite petite galerie sus désignée, le trente et un et dernier jour de juillet mil sept cent vingt sept, sur les cinq à six heures de relevée; ainsi signé, † L. A. Cardinal de Noailles, archevêque de Paris, avec La Cour et Hurel, notaires.

En suit la teneur dudit testament:

Veni, Domine Jesu. L'avis que Jésus Christ nous donne si souvent de veiller, parce que nous ne sçavons ny le jour ny l'heure qu'il nous redemandera nos âmes, et qu'il viendra nous juger, nous oblige de nous préparer avec soin à ce grand jour, en pensant souvent à la mort et disposant de nos affaires temporelles, comme des spirituelles; c'est ce qui me porte à faire ce présent testament pour n'estre pas surpris; mon âge m'avertit que ce qui me reste de vie ne peut estre long et que je ne dois pas perdre un moment à régler tout ce qui me regarde.

Je commence donc par remettre mon âme entre les mains de son créateur, et le conjurer, avec toutte l'instance et toutte l'humilité dont je suis capable, de la laver de touttes ses taches dans le sang pretieux de mon rédempteur, et d'accorder à ses mérites infinis le pardon de mes péchés, négligences et omissions innombrables, dont je me confesse coupable devant Dieu.

J'invoque pour l'obtenir l'intercession de la Sainte Vierge, de mon ange gardien, de saint Denis, premier evesque de Paris, de saint Louis et de saint Antoine de Paris, mes patrons; de tous les saints evêques mes prédecesseurs, et de tous les saints de Paradis.

Quoy qu'il me soit indifférent où l'on mette mes os après ma mort, je désire cependant, si je meurs archevêque de Paris, d'être enterré dans l'église de Notre Dame, au pied de l'autel de la Sainte Vierge, à l'exemple de saint Bernard, hors du balustre; l'ayant regardée toutte ma vie avec une confiance particulière, comme ma principalle et première patronne, j'espère qu'elle voudra bien nous servir encore après ma mort, et présenter mon âme à son divin fils pour obtenir sa miséricorde.

Comme le corps de M. le mareschal de Noailles, mon frère, est dans une des chapelles de Notre Dame, et que la sépulture de notre maison y paroist fixée, je désire que mon cœur soit placé dans la chapelle où est le corps de mon frère, pour conserver après nostre mort l'union que nous avons eu pendant nostre vie.

Pour rendre aussy à mes prédécesseurs ce que je leur dois, je souhaite que l'on mette mes entrailles dans la cave neuve où l'on a mis leur corps dans le chœur de nostre Eglise.

Je veux mourir comme j'ay toujours vécu dans la doctrine de l'église catholique, apostolique et romaine, toujours soumis à ses décisions, toujours uni et attaché au Saint Siége, centre de la religion, et aux papes qui y président, et que je reconnois pour chefs de l'Eglise de droit divin, sentiment que la foy a produit en moy de tout temps, et que les devoirs du cardinalat n'ont pû fortiffier; j'en fais une nouvelle déclaration à la face du ciel et de la terre, pour l'édiffication de l'Eglise et ma justification contre ceux qui ne cessent de me calomnier; *non illis imputetur*.

Je prie Dieu de convertir ceux qui agissent par passion et par des veues humaines, et de donner un zèle éclairé et moins amer à ceux dont les intentions paroissent meilleures.

Après cette profession de foy que je fais dans toutte la sincérité de mon cœur, je viens à mes dispositions temporelles.

Si je laisse quelques dettes, ce que j'espère qui n'arrivera pas, je desire qu'elles soient payées aussitost après ma mort, et des plus clairs deniers de ma succession.

J'ordonneray par un mémoire particulier, si Dieu m'en donne le temps, la récompense de mes domestiques, mais si je suis surpris sans l'avoir réglé, je leur donne 60,000 livres, qui leur seront distribuées par mes exécuteurs testamentaires cy après nommés, comme ils le jugeront à propos, ayant égards à leurs employs et à l'ancienneté de leurs services.

Je souhaitte qu'on fasse dire mille messes promptement pour le repos de mon âme, par les plus pauvres et plus vertueux prêtres de mon diocèze, aussy bien qu'aux plus pauvres et plus régulières communautés du diocèse.

Je donne 10,000 livres pour la fondation d'un obit à Notre Dame, comme celuy de mes prédécesseurs, et je prie Messieurs du chapitre, à l'amitié de qui j'ay confiance, de le faire célébrer avec soin.

Si le malheur du temps rendoit cette somme de 10,000 livres trop foible pour la fondation d'un obit, je donne pouvoir à mes exécuteurs d'y ajouter ce qu'ils jugeront nécessaire.

Je deffens expressément toutte pompe à mes funérailles, point de tantures dans l'église, point d'oraison funèbre (elle embarrasserait trop l'orateur), ni distinction aucune que celle portée dans le rituel; nous devons laisser ces honneurs aux gens du monde, et ne rien prendre pour nous, même dans les plus grandes dignités, que de religieux, de simple et de modeste. S'il manque encore quelque chose à ma mort aux autels de la Sainte Vierge et des martyrs, à Notre Dame, je prie mes exécuteurs testamentaires de les faire achever au plus tost; j'espère leur laisser le fond nécessaire.

Je souhaitte que le bien de famille qui se trouvera dans ma succession y demeure, et qu'il soit partagé selon les lois, si je n'en dispose pas; mais pour celuy de l'église, comme il ne doit pas entrer dans nos familles, où il porte la malédiction, celuy que je laisseray de l'archevêché sera partagé également entre le séminaire de Saint Louis, pour les pauvres clercs du diocèse de Paris, l'Hôtel Dieu, l'Hôpital général et les Enfans trouvés.

Je révoque tout autre testament, s'il s'en trouve à ma mort, et après avoir leu et releu celuy cy, je le confirme et entends qu'il soit exécuté comme ma dernière volonté.

Fait au mont Valérien, le seize octobre mil sept cent vingt; signé, † L. A. Cardinal de Noailles, arch. de Paris.

Signé et parafé au désir du codicille de Son Eminence Monseigneur le cardinal de Noailles, receu par les notaires à Paris, soussignez, ce jour d'huy trente un juillet mil sept cent vingt sept; signé, † L. A. Cardinal de Noailles, arch. de Paris, avec Le Court et Hurel, notaires, avec parafes.

L'an mil sept cent vingt neuf, le quatrième jour de may, collation des présentes a esté faite par les notaires du Roy au Chastelet de Paris, soussignez, sur la minute dudit codicil et sur l'original du testament olographe y annexé, le tout demeuré en la garde et possession de M° Jean Baptiste Hurel, l'un des notaires soussignez, comme successeur à l'office et pratique de M° Jean Antoine Hurel, son père, cy devant notaire. Signé Le Court — Hurel.

Procès verbal de vente après décès du cardinal de Noailles, archevêque de Paris.

(1729.)

A Monsieur le Bailly du duché pairie de l'archevêché de Paris, suplie humblement Adrien Maurice, duc de Noailles, pair de France, grand d'Espagne, chevallier des ordres du Roy et de la Toison d'or, premier capitaine des gardes du corps du Roy, lieutenant général de ses armées, cy devant commandant en chef celle de Catalogne, gouverneur et capitaine général des comtés et vigueries de Roussillon, Conflans et Cerdaigne, gouverneur des ville et citadelle de Perpignan, gouverneur et capitaine des chasses de Saint Germain en Laye, exécuteur testamentaire de Son Eminence Monseigneur le cardinal de Noailles, et habil à se dire et porter son héritier,

Qu'il vous plaise luy permettre de procéder à la vente, en la manière accoutumée, des chevaux, carrosses, berlines, chaises de poste et autres équipages et des biens et effets qui sont de la succession de Son Eminence Monseigneur le cardinal de Noailles...

Premierement, mis et exposé en vente deux chevaux de carrosse sous poil noir, aagez de sept à huit ans, prisez et criez à la somme de 600 livres, et après plusieurs publications vendus à M. Du Verger, correcteur des comptes, pour le prix et somme de 1,150 livres.

Item deux autres chevaux sous poil noir, aagez de sept à huit ans, criez à la somme de 500 livres et délivrés à Monsieur Davallière, escuyer de Monseigneur le duc de Noailles, pour le prix de 940 livres.

Item un cheval sous poil noir, aagé de sept à huit ans, crié à la somme de 200 livres, et adjugé audit sieur Davallière pour le prix de 300 livres.

Item quatre autres chevaux de carrosse qui n'ont pas esté vendus, personne n'ayant enchery.

Item un cheval de selle sous poil rouen, hors d'aage, crié à la somme de 100 livres, adjugé au sieur abbé de Beaulieu pour le prix de 123 livres.

Item un cheval de brancard sous poil rouge, crié à 320 livres, a été réservé, n'ayant pas été enchéry.

Item une chaise de poste sur son brancard à deux roues, garny de ses glaces et ressort, de son coussin remply de plumes, doublée de velours cramoisy à ramages, criée à la somme de 400 livres; personne n'ayant enchéry, elle a esté réservée.

Item deux chevaux de carrosse sous poil noir, criez à la somme de 300 livres, adjugez à la somme de 400 livres.

Item une chaise de poste adjugée à Madame la duchesse de La Vallière pour le prix de 600 livres.

Item une berline garnie de ses glaces, doublée en dedans de drap rouge, criée à 1,000 livres, adjugée au sieur Dauvalière pour la somme de 1,300 livres.

Item un petit cabinet antique, à douze tiroirs et deux petits guichets, monté sur un pied tourné, adjugé à la somme de 18 livres.

Item deux bureaux de bois de pallissandre avec ornemens de cuivre, couverts de maroquin rouge, adjugez pour le prix de 201 livres.

Item l'effigie de Louis XV en cire, sur son pied de bois doré, criée à la somme de 16 livres, adjugée pour le prix de 21 livres.

Item huit aulnes ou environ de tapisserie, fabrique de Flandres, à personnages, criées à la somme de 260 livres, adjugéees au sieur Ruby pour le prix de 361 ".

Item un grand tableau peint sur toille, représentant les noces de Cana, crié à la somme de 200 livres, adjugé au sieur Rottier pour la somme de 400 livres.

Item deux autres tableaux sur toille, dont un représente Innocent XII et l'autre Benoit XIII, criés à la somme de 150 livres et adjugez pour le prix de 201 livres.

Item un tableau peint sur toille, représentant la visitte de sainte Elizabeth, crié à la somme de cinquante livres, adjugé au sieur Lespine pour la somme de 130 livres.

Item un tableau sur toille représentant le roy David, crié à la somme de soixante livres, vendu pour le prix de 130 livres.

Item un tableau peint sur toille, représentant Monseigneur, crié à la somme de 60 livres, adjugé au sieur Rottier pour le prix de 140 livres.

Item une pandulle à répétition, dans sa boeste à pillastres, de marqueterie écaille, ebenne et cuivre, sur son pied en consolle de bois doré, criée à la somme de 120 livres, adjugée au sieur Valleville pour le prix de 226 livres.

Item deux écrans, l'un à pied de bois verny sculpté, le chassis garny de tapisserie de soye, représentant le bon Pasteur, doublé de satin cramoisy, et l'autre de bois doré, garny d'un costé de tapisserie à l'aiguille, fond d'or, représentant la reine de Saba, doublé de velours cramoisy, criés à la somme de 60 livres, adjugez au sieur Fontaine pour le prix de iiii^{xx} livres.

Item deux écritoires de maroquin, avec fermeture et entrées de serrurerie d'argent, criés à la somme de 45 livres, adjugez au sieur Rottier pour le prix de 228 ₶.

Item une bordure dorée dans laquelle est l'éloge de la Charité, en lettres rouges, en deux tables, criée à la somme de 10 livres, adjugée au sieur Tremblin pour le prix de 12 livres.

Item 10 aulnes ou environ de tapisserie de Damas cramoisy, criées à 200 livres, adjugées à la demoiselle Pinte pour le prix de 399 livres.

Item un christ de bronze sur sa croix de bois d'ebenne, dans le pied de laquelle est une pandulle et en haut le cadran en forme de boule, surmonté d'un coq, crié à la somme de cent livres, adjugé au sieur Dauval pour le prix de 180 livres.

Item seize petits orangers dans leurs caisses de bois de chesne, criés à la somme de cent livres, adjugez au sieur Ruby pour la somme de ii cens livres.

Item un tableau sur toille, représentant une mer agitée, crié à la somme de cent livres, adjugé au sieur Tremblin pour le prix de 181 livres.

Item 12 aulnes de tapisserie de damas cramoisy bordé d'un petit gallon d'or fin, deux portieres de damas pareil et quatorze housses de fauteuils, criez à la somme de 800 livres, adjugez au sieur Sericourt, marchand tapissier, pour la somme de 1,881 livres.

Item un eaubénitier d'agathe, garny d'une mignature, représentant la Vierge, l'Enfant Jésus et saint Jean dans un tour d'or émaillé, monté en argent doré, crié à la somme de 40 livres, adjugé pour le prix de 67 livres.

Item un tableau peint sur toille, représentant Jésus Christ avec les pèlerins d'Emmaüs, crié à la somme de cent livres, adjugé au sieur Ruby moyennant la somme de 150 livres.

Item un tableau peint, représentant un christ, crié à la somme de cent livres, adjugé au sieur Ruby pour le prix de 152 livres.

Item une *pandulle à boisseau*, à répétition, dans sa boeste d'argent à cadran émaillé et dans son étuy de chagrin, criée à la somme de 80 livres, adjugée pour le prix de 199 livres.

Item une médaille de Louis XIV, en or, criée à la somme de 300 livres, et après plusieurs publications, les partyes ont requis qu'elle fût retirée jusqu'à ce qu'elle ait esté prisée, ainsy que les autres de cette matière, pour ensuite estre vendûes.

Item exposé de nouveau ladite médaille d'or de Louis XIV, laquelle s'est trouvée peser 7 onces 6 gros, prisée et criée à la somme de 500 livres, adjugée au sieur Dumont, demeurant quay de la Vieille Vallée, pour la somme de 670 livres.

Item une autre médaille d'or représentant Louis XIII, pesant 1 marc 6 grains, criée à la somme de 600 livres, adjugée au sieur Deshayes, bijoutier, demeurant rue Saint Louis, pour la somme de 675 livres.

Item une médaille d'or représentant le portrait de Son Eminence, criée à la somme de 300 livres, adjugée à Monsieur le comte de Nocé pour le prix de 381 livres.

Item un missel parisien de Monseigneur de Harlay, in-fol., relié en velours, garny d'ornemens, plaques et gros fermoirs d'argent et aux armes de Son Eminence, crié à la somme de 180 livres et adjugé pour le prix de 253 livres au sieur Hebert, demeurant rue de la Joaillerie.

Et à l'instant, les partyes m'ont requis de procéder à la dellivrance de la vaisselle d'argent non léguée, satisfaisant auquel requisitoire j'ay procédé de la manière et ainsy qu'il suit :

Une grande croix archiépiscopalle de vermeil doré, argent de Paris, servant pour les visittes, pesant 17 marcs 7 onces, 850 livres.

Item un grand lavabo ovalle perlé, d'argent doré, pour les sollemnitez de Son Eminence, composé de deux assiettes unies, du buire cizelé et garny de ses ornemens, argent de Paris monté, pesant 20 marcs 5 onces, 1,981 livres.

Item un bassin, une cuvette à deux ances et deux burettes, le tout d'argent doré, poinçon de Paris, pesant le tout ensemble 7 marcs 1 once, 239 livres.

Item une crosse d'argent monté, poinçon de Paris, pesant 14 marcs, prisée 666 livres au juste prix[1].

Le lundy 4e jour de juillet 1729, huit heures du matin, je me suis, huissier commissaire priseur, vendeur de biens meubles, exprès transporté au chasteau de Conflans, dépendant de l'archevesché de Paris, distant de Paris de deux lieues, pour y vendre, adjuger et

---

[1] La prisée de toute la vaisselle d'argent fut de 14,200 livres.

dellivrer les biens meubles et effets qui ont apartenus à feu Son Eminence Monseigneur le cardinal de Noailles et contenus en l'inventaire qui en a esté fait après son deceds, y estant, et les partyes ayant comparu, j'ay fait attacher un tapis à la porte et principalle entrée dudit château...

Item dix aulnes ou environ de tapisserie, fabrique de Bruxelles, à personnages, représentant une histoire romaine en plusieurs pièces et morceaux, faisant l'art. 597 de l'inventaire, criées à la somme de 350 livres et adjugées au sieur Ruby pour le prix de 659 livres.

Item un grand tableau peint sur toille, représentant Louis XIV, crié à la somme de cinquante livres, adjugé au sieur Perrin pour la somme de 61 livres.

Item huit aulnes ou environ de tapisserie de Bergame, adjugées pour la somme de 6 livres.

Item 12 aulnes, compris les dessus de portes, de tapisserie de Damas, fonds Isabelle, deux grands canapés et six chaises de bois de noyer, couvertes de mesme damas, adjugés au sieur Ruby pour la somme de 400 livres.

Item un bureau à plusieurs tiroirs et un guichet de bois de pallissandre et noyer de Grenoble, adjugés à la dame Ruby pour le prix de 18 livres.

Item un christ sur sa croix de bois, de Sainte Lucie, attachée sur velours noir, dans sa bordure de bois doré, adjugé au sieur Serigny pour le prix de trente livres.

Item six feuilles de paravent de bois des Indes, garnyes de damas et satinade cramoisie, adjugées pour le prix de 75 livres.

Item un christ d'argent attaché sur sa croix de bois de violette, dans un cadre de bois d'ebenne, ladite bordure avec ornemens d'argent, adjugé au sieur Clergé pour le prix de 180 livres.

Item douze aulnes de tapisserie de brocatelle, de soye aurore et rouge, un grand canapé, douze fauteuils de bois de noyer, couverts de même brocatelle, deux rideaux de fenestre de gros de Tours cramoisy, le tout adjugé au sieur Ruby pour le prix de 1,220 livres.

Item 17 cartes géographiques montées sur toilles, avec gorges et roulleaux, adjugées au sieur de Premedy, demeurant à Paris, rue de Poitou, pour le prix de 57 livres.

Item une couchette à bas pilliers....... de damas vert, ornée de franges et mollets de soye, adjugée à la demoiselle Pinte pour le prix de 812 livres.

Item trois *cartes de concilles*, montées avec leurs gorges et roulleaux, vendues au sieur abbé Badelou pour le prix de six livres 16 sols.

Item treize cartes qui sont les veues de Rome et plan de Paris, vendues à la dame Aubouin pour le prix de 22 livres 10 sols.

Item deux tableaux de 6 pieds de long sur quatre de haut, représentant des veues et pompes de Rome, vendus pour le prix de 24 livres 6 sols.

Item deux autres tableaux représentant des *divertissemens* et veues de Rome, vendus 30 livres.

Item six autres tableaux représentant des veues et divertissemens de Rome, vendus pour le prix de 169 livres.

Item deux *parassolles* de tabis viollet et rouge, vendus 6 livres.

Item deux parapluyes de *toille cirée*, vendus 4 livres 16 sols.

Item sept ruches à miel de bois de chesne, vendues pour le prix de 30 livres.

Item 66 grands orangers, citronniers et bargomotiers, dans leurs caisses de bois de chesne peint en vert, prisés et criés à la somme de deux mil livres, et après plusieurs publications et proclamations, personne n'ayant voulu enchérir, ils ont esté réservés; et à l'instant, s'étant présenté quelques personnes qui désirent enchérir la totalité desdits orangers[1], les partyes m'ont requis de les exposer en vente présentement, et de les adjuger, aux charges qui seront convenues entr'elles et l'adjudicataire desdits orangers, et ont signé à cet endroit de la minute des présentes.

Satisfaisant auquel réquisitoire, j'ay mis et exposé en vente 109 pieds, tant citronniers, bergamotiers et orangers de différentes grandeurs et hauteurs dans leurs caisses de bois de chesne peint en vert, criez à la somme de 4,000 livres, adjugez au sieur de Vouet, secrétaire du Roy, demeurant à Paris, rue Traversine, pour la somme de 8,000 livres, à la charge par les partyes de les faire transporter à Coubert aux frais et dépens de ladite succession.

Et a déclaré ledit sieur de Vouet que l'adjudication qui luy a esté faitte desdits pieds d'orangers est pour et au nom de Monsieur *Samuel Bernard*.

Vente de la bibliothèque.

Le mardy 19° jour de juillet 1729, huit heures du matin, je me suis, huissier commissaire priseur, transporté en la grand'salle des grands Augustins, pour y continuer la vente commencée; estant en ladite salle et les parties ayant comparües, j'ay mis et exposé en vente lesdits meubles et effets et livres, vendu ou adjugé au fur et à mesure de la représentation qui en a esté faitte par le sieur abbé de la Roque, gardien de la bibliothèque.

En suit la teneur des requestes à M. le lieutenant civil.

A Monsieur le lieutenant civil,

Suplie humblement Adrien Maurice, duc de Noailles, pair de France, grand d'Espagne, etc., executeur testa-

---

[1] Il y en avait 43 autres qui ne furent pas vendus; ce qui porte le total de ce lot à 109 orangers et citronniers.

mentaire de S. E. Monseigneur le cardinal de Noailles, qu'il vous plaise luy permettre de faire procéder en la salle des grands Augustins à la vente de la bibliothèque de S. E. Monseigneur le cardinal de Noailles, contenue en l'inventaire qui en a esté fait par maistres Ballot et Hurel, notaires à Paris, *dans laquelle bibliothèque il n'y a aucuns livres qui soient deffendus, icelle ayant esté visitée par les adjoints libraires, qui en ont dellivré leur certifficat* le deux juillet présent mois.

Item mis et exposé en vente un volume in-folio, Bible de Calvin, relié en veau, adjugé au sieur Huart pour le prix de 4 livres 5 sols...

Veu et arresté le présent compte de vente par nous, exécuteur testamentaire de S. E. Monsieur le cardinal de Noailles, scavoir, la vente, à la somme de 113,764 livres cinq deniers.

Les articles en reprise, à celle de 174 livres 5 sols.

Les payements faits par Richard, à celle de 24,342 livres 11 sols.

Et les frais de prisée et vente, à celle de 1,582 livres 19 sols 6 deniers.

Ces trois dernières sommes jointes ensemble, elles composent celle de 26,099 livres 15 sols 6 deniers, laquelle déduite sur le prix total de la vente, il ne reste plus ès mains de Richard que 87,664 liv. 4 s. 11 den.; sur quoy nous avons consenty que Richard retienne par ses mains la somme de 600 livres pour les travaux extraordinaires par luy faits et qui nous sont connus, en sorte qu'il ne reste plus de la totalité de ladite vente que 87,064 livres 4 sols 11 deniers.

Laquelle somme ledit Richard nous a présentement remise, ainsy que nous le reconnoissons, comme aussy il nous a remis toutes les pièces justificatives de son compte, dont nous le quittons, en déchargeons, du prix total de ladite vente, et promettons l'en faire tenir quitte et déchargé envers les créanciers opposants auxdits scellés et autres qu'ils appartiendra.

A Paris, ce premier mars mil sept cent trente; signé, le duc de Noailles[1].

Mémoire de dépence des ouvrages de sculpture en plond fait pour le service de sa grandeur Monseigneur le duc de Nouaille, paire de France, chevalié des ordres du Roy, en l'année 1729, par de Goullons, Legoupil et Verbeck, pour servir d'ornements à l'urne dans laquelle est déposé le cœur de S. E. Mgr. le cardinal de Noailles.

Premièrement, avoire fait un modèle entouré d'une teste de cherubein, accompagné de nuée et d'oreillons qui est au pied d'eune hurne, avec des branches de ci-près qui tourne autour de ladite hurne, avec quatres agrafes revêtues de feuilles qui agrafes les moulures de ladite hurne, avec une flame qui courone le dessus de la hurne, pour le modèle en terre, la somme de 35 livres.

Plus pour avoir moulé le modèle et faire le creux et réparré, 40 livres.

Plus avoir coulée une cire dans ledit creux et l'avoir mit d'epoisseur, réparré les cires pour y couler le plond dedan, la somme de 30 livres.

Plus pour la cantité du plond et de l'étein qui a esté employée à ladite ouvrage, la somme de 42 livres 10 sols.

Plus pour la fasson du fondeur qu'il l'a fondue, la somme de 30 livres.

Plus pour avoir reparrée et ciselé ladite ouvrage, la somme de 80 livres.

Plus pour avoir monté toutte laditte ouvrage sur la hurne et l'avoir mise en place, 30 livres.

Plus pour avoir fait et fournie un pied de marbre blan venné pour porter ladite hurne, 50 livres.

Total : 337 livres 10 sols.

Modéré le mémoire cy à costé à la somme de 180 livres; à Paris, ce 29 avril 1730. (Un paraphe.)

Mémoire d'une tombe de marbre noir, avec des bandes de marbre blanc au pourtour, pour feu S. E. Monseigneur le cardinal de Noailles, ladite tombe fait et pausée dans l'église de Nostre Dame de Paris, par Tarbé, pendant les 6 derniers mois de l'année 1729.

Premièrement, avoir fait et fournis la tombe de marbre noir qui a 6 pieds 8 pouces de long sur 3 pieds 7 pouces de large et 6 pouces d'espoisseur, ce qui fait en cube, y compris un quart pour les deschets et coups de scye, 15 pieds 1 pouce 4 lignes, à raison de 40 livres pour chacun pied cube, fait la somme de 604 livres.

Les bandes de marbre blanc au pourtour ont ensemble 23 pieds 7 pouces sur 9 pouces de large et 6 pouces d'espoisseur, ce qui fait en cube, y compris un quart pour les deschets et coups de scye, 11 pieds 1 pouce cube, à raison de 50 livres pour chacun pied cube, fait la somme de 554 livres.

.... Plus sur ladite tombe avoir gravée la quantitée de 740 lettres, tant en majuscules que moyennes, avec les armes de S. Eminence au haut de ladite tombe, le tout remplis d'une composition de marbre noir et jaune, 270 livres.

Plus sur la bordure de ladite tombe avoir gravés des larmes dans tout le pourtour avec des testes de morts et des os en sautoire, comme aussi gravé un double filet dans tout le pourtour de la bordure.

---

[1] Le total des livres composant la bibliothèque du cardinal de Noailles monte (sauf erreur de calcul) à 7,962 volumes, qui furent vendus 31,859 livres.

Le tout rempli de composition de marbre noir, pour remplissage et gravure, la somme de 75 livres.

Plus pour avoir fait équarir et couper de mesure toutes les tombes adjacentes à laditte tombe, 25^{li}.

Somme totalle des articles contenus au présent mémoire, compris voiture et pause, se monte à 1,623^{tt} 9 s. 8 den.

Modéré le présent mémoire à la somme de 1,307 livres; à Paris, ce 2 may 1730. (Paraphe.)

Compte que rend très haut et très puissant seigneur Adrien Maurice, duc de Noailles, pair et maréchal de France, grand d'Espagne, chevalier des ordres du Roy et de la Toison d'or, au nom et comme exécuteur testamentaire de feu Son Eminentissime seigneur L. Ant. de Noailles, archevêque de Paris, à Messieurs les gouverneurs et administrateurs de l'Hôtel Dieu, de l'Hôpital général et des Enfans trouvez, et les supérieurs du petit séminaire de Saint Louis, légataires universels dudit seigneur cardinal de Noailles, de l'exécution faite par ledit seigneur maréchal de Noailles des testament et codicile dudit feu seigneur cardinal de Noailles des 16 octobre 1720 et 31 juillet 1727.

Observations préliminaires...... Art. 3. Par contract receu par Hurel, le 28 février 1728, M. le cardinal de Noailles a donné, par donnation entre vifs, à Madame la duchesse de La Vallière 600 livres de rente, au principal de 30,000 livres, constituée sur le clergé de France le 1er janvier 1716, pour en jouir à commencer du 1er octobre 1727.

Par autre contract passé devant Hurel le 6 janvier 1729, M. le cardinal de Noailles a donné, par donnation entre vifs, à Madame la duchesse de La Vallière 239,187^{tt} 12 s. 5 den. principaux de 4,783 livres 15 s. 4 den. de rentes en différentes parties, tant sur le clergé de France que sur le clergé du diocèse de Paris...

Art. 8. Par actes receus par Ballot, notaire, les 18 juin, 5 et 20 juillet et 9 aoust 1729, M. le duc, à présent maréchal de Noailles, Mesdames la maréchale de Grammont, la maréchale d'Estrées, la duchesse de La Vallière, la marquise de Lavardin, la comtesse de Toulouse, la marquise de Manciny, la duchesse de Chaulne et la marquise de Beringhen, ont déclaré s'abstenir de la succession de M. le cardinal de Noailles, et par arrest du Parlement rendu le 20 aoust suivant, sur la requeste des administrateurs de l'Hôtel Dieu, et sur le veu de ces actes d'abstention de la part de tous les héritiers présomptifs, la Cour a créé, pour curateur à la succession vacante de S. E., Vincent Du Tronchot, bourgeois de Paris, avec lequel, par autre arrest de la Cour du 7 septembre suivant, tant les légataires universels que la plus grande partie des légataires particuliers ont fait ordonner la délivrance de leurs legs.

Art. 9. Dès le 31 may 1729, l'exécuteur testamentaire avoit fait commencer la vente en la manière ordinaire; il a été seulement excepté de cette vente...

5° *Le lit de S. E. avec sa garniture, lequel a esté délivré à l'Hôtel Dieu comme luy appartenant de droit.*

Art. 10. A l'égard des immeubles de la succession de M. le cardinal de Noailles, on voit par l'inventaire des papiers de S. E. qu'ils ne consistent qu'en rentes sur le clergé et sur l'Hotel de Ville. Il a été expliqué cy devant que S. E. en avoit donné à Madame la duchesse de La Vallière une partie de 600 livres et neuf autres parties montantes à 4,783 livres.

Il paroit, par la cotte 35 de l'inventaire, que S. E. a aussi donné par acte passé devant Hurel, le 18 avril 1729, à Madame la maréchale de Grammont deux autres parties de rentes sur le clergé de France, faisant 760 livres par an, au principal de 38,000 livres, à la charge de payer à la dame de Melfort, bénédictine angloise, 1,000 livres de pension viagère.

Ces différentes parties de rentes ne font par conséquent point partie de la succession de S. E.

Il résulte encore, des six pièces qui composent la première cotte de l'inventaire, qu'il avoit été constitué au profit de S. E., le 1er juillet 1720, par le clergé du diocèse de Paris, une autre partie de rente de 600 livres, au principal de 30,000 livres, dont S. E. a fait, le 13 octobre 1725, donnation à la demoiselle Du Laurens.

Qu'il avoit été en outre constitué à S. E., le 1er octobre 1720, par le clergé du diocèse de Paris, deux parties de rente de 1,000 livres chacune, au principal aussi chacune de 50,000 livres.

Que, le 20 octobre 1726, par actes receus par Hurel, au moyen d'une somme de 20,000^{tt} que S. E. a receue de la d^{lle} Du Laurens, luy a créé 2,000 livres de pension viagère, et pour luy en assurer le payement, S. E., sous l'apparence de remboursement de ces deux rentes, a fait reconstituer par le clergé les mesmes 2,000 livres de rentes au nom de la d^{lle} Du Laurens, qui a reconnu que la propriété en apartenoit à S. E.

Que, par un autre acte passé devant Regnault et Vallet, le 4 octobre 1728, S. E. a donné à la demoiselle Du Laurens en propriété 1,000 livres de rente, au principal de 50,000 livres, à prendre dans les rentes deues à S. E. par le clergé du diocèse de Paris, pour par elle en jouir, tant en principal qu'arrérages, du jour du décéds de S. E., sans préjudice des 2,000 livres de rentes et pension viagère à elle constituée le 20 décembre 1726, et que, par autre acte receu par Bois, le 9 mars 1729, la d^{lle} Du Laurens a reconnu avoir receu de S. E. la somme de 50,000 livres que S. E. avoit receue, par quittance insérée en un contract de constitution passé devant le même notaire, le même jour, du clergé du diocèse de Paris pour le remboursement de 1,000 livres de rente constituée, le 20 octobre 1726, au profit de ladite demoiselle Du Laurens, laquelle en avoit fait la déclaration pour la propriété à S. E. qui avoit donné ces 50,000 livres à ladite demoiselle Du Laurens, le 4 octobre 1728; de laquelle somme de 50,000 livres, reconstitution a été faitte au profit d'une d{lle} Coulon.

On prétend que cette reconstitution des 50,000 livres, au nom de ladite d{lle} Coulon, n'a été faite que pour tacher de couvrir les défectuosités de la donnation du 4 octobre 1728; quoi qu'il en soit, de toutes les rentes qui avaient été constituées par le clergé à S. E., il n'en reste à présent dans la succession que 1,000 livres, au principal de 50,000 livres, faisant moitié de la constitution du 20 décembre 1726, sous le nom de la d{lle} Du Laurens, qui en a la jouissance sa vie durant.

Art. 11. En ce qui concerne les rentes de l'Hôtel de Ville, il paroit, par les pièces des cottes 7 et 8 de l'inventaire, qu'il avoit été constitué, le 1er mars 1721, à S. E. 500 livres de rentes sur la ville, au principal de 20,000{tt}, dont par actes passés devant Hurel, les 8 juillet et 8 octobre 1727, S. E. a donné la propriété, scavoir, pour 300 livres, au principal de 12,000 livres, à la communauté des prêtres de Saint François de Salles, pour en jouir après le deceds des sieur et dame Guyot, auxquels S. E. en avoit donné l'usufruit, et pour les 200 livres restant, au principal de 8,000 livres, aux religieuses de la Présentation du fauxbourg Saint Marcel, pour en jouir après le décès de deux religieuses y dénommées, ausquelles S. E. avoit pareillement délégué l'usufruit de ces 200 livres de rente, au moyen de quoy cette rente n'a point fait partie de la succession.

Les contracts sur l'Hôtel de Ville qui concernent la succession de S. E. sont compris sur les cottes 2, 3, 4, 5 de l'inventaire; ils sont tous passés devant Hurel, excepté celui de 40,000 livres, et composent 4,250{tt} de rentes dont les principaux montent à 170,000 livres.

Suivant les onze actes qui composent la sixième cotte de l'inventaire, tous passés devant Hurel, il a été délégué par S. E. sur les arrérages de ces rentes aux personnes cy après, leur vie durant:

Scavoir, à la dame bénédictine de Verne, pensionnaire à l'abbaye de Notre Dame du Gif, à prendre dans les 500{tt} de l'un des contrats du 1er mars, 300 livres.

A Suzanne Marguerite de Gand, religieuse du couvent et hôpital Saint Anastase, dit hôtel de Saint Gervais, à prendre, scavoir, 200{tt} dans le même contract de 500{tt} et 200 dans un autre contract aussi de 500.

A Marie Antoinette Boyer, femme de François Gradot, bourgeois de Paris, à prendre sur le surplus du 2e contract de 500{tt}.

A Marie Charlotte Cadet, novice chés les religieuses de la Présentation, à prendre dans les 800 du contrat du premier mars, 300 livres.

A Magdelaine Nicole Bovtleer, pensionnaire à l'abbaye de Malnoüe, 400 livres à prendre dans les mêmes 800 livres.

A Catherine Bataille, fille majeure, 150 livres à prendre dans les 1,000 livres du contract du 12 novembre 1721.

A Louise Madelaine de Saint Quentin, religieuse à la visitation de Sainte Marie, 325 livres à prendre dans les mêmes 1,000 livres.

A Marie de Livron, alors novice aux hospitalières de la place Royale, 200 livres à prendre dans les mêmes 1,000 livres.

A Anne Louise Pricque, fille majeure, 325 livres faisant le restant des mêmes 1,000 livres.

A Anne Louise Antoinette de Chanvirey, religieuse du Valdosme de Charenton, résidente au Val de Grace à Paris, 400 livres à prendre dans les 750 livres du contract du 20 septembre.

A Marie Antoinette Galloway de Dunkeld, autre religieuse du Valdosme, résidente au Val de Grâce, 300 livres à prendre dans les contracts du 17 octobre 1720...

En sorte que ces diférentes pensions viagères ainsy déléguées absorbent les 4,250{tt} de rente sur l'Hôtel de Ville dont les légataires universels n'ont que la propriété nüe, jusqu'au deceds de chacun de ces pensionnaires.

Outre lesquelles rentes viagères, la succession de S. E. est chargée d'une pension de 100{tt} et de quatre parties de rentes constituées dont sera fait mention cy après au n° 19.

Art. 12. On peut compter entre les fruits de l'archevêché les intérêts des indemnités que S. E. a prétendu être dues par Sa Majesté à l'archevêché, pour raison d'emplacements qui ont cessé d'être dans la directe de l'archevêché, soit par la réunion qui en a été faitte au Domaine, soit par la destination aux bâtimens et places publiques, scavoir, pour raison d'une partie du Palais Royal, pour les places des Victoires et de Vendosme, l'hotel des Fermes, celui de la Chancellerie, le nouveau Boulevard, le terrain des Capucines et différens héritages qui étoient dans la censive de Saint Cloud, compris dans le parc de Versailles; S. E. faisoit monter toutes ces indemnités à plus de 600,000 livres, sur le pied du cinquième denier du prix porté par les contracts d'acquisitions, conformément à la disposition de la coutume et aux arrêts du Conseil.

L'Inspecteur du domaine a soutenu, au contraire, qu'il n'était point deu d'indemnité pour les rues et les places publiques, et après avoir discuté chaque article en particulier, il est neantmoins convenu qu'il pourroit y avoir lieu à quelque indemnité pour raison d'une portion du terrain sur lequel le Palais Royal a été basti, pour l'hotel du chancelier de France et pour quelques héritages de la mouvance de Saint Cloud, laquelle indemnité devoit être liquidée sur le pied d'une rente annuelle égale au soixantième d'une mutation, en sorte qu'en soixante ans on se trouve avoir recueilli le profit d'une mutation, et fonde cette manière de liquider le dédommagement, qui le réduiroit à fort peu de chose, sur un édit de 1667, que S. E. a justifié par différens exemples n'avoir point été suivy, et une déclaration du 22 septembre 1722 qui est l'ouvrage de l'inspecteur du domaine.

Il seroit trop long de détailler ici tous les faits et les moyens allégués de part et d'autre sur cette contestation qui a été renvoyée au Bureau de M. Bignon, et dont M. de Fontanieu étoit alors le raporteur. Les arrérages de la somme à laquelle ces indemnités seront réglées apartiendront à la succession de S. E. pour ce qui se trouvera en avoir couru jusqu'au deceds de S. E.

Le surplus des pièces comprises sous les 35 cottes de l'inventaire sont des reconnoissances de cens et rentes, baux et titres nouvels de rentes foncières, contracts de constitution, baux à ferme de droits et héritages, et autres pièces semblables qui concernent les droits et revenus de l'archevêché, où elles doivent demeurer, à l'exception des cottes 21 à 28 qui sont des bordereaux de comptes fournis à S. E. par le s⁷ Perier, son intendant, avec les pièces justificatives; ainsy ces diférentes pièces qui regardent les droits et revenus de l'archevêché ne sont à considérer icy que par raport à la jouissance que S. E. a eue de ces mêmes droits et revenus, et à ce qui en étoit écheu au jour de son deceds, ce qui a composé la troisième et dernière partie des effects de la succession.

Toutes ces pièces concernant les droits et revenus de l'archevêché sont restées entre les mains dudit sieur Périer, qui s'en est chargé par l'inventaire, pour continuer le recouvrement de ce qui étoit écheu au deceds de S. E. et auquel l'exécuteur testamentaire et les légataires universels ont donné à cet effet leur procuration par devant Ballot, les 13 juillet et 3 octobre 1729.

Par l'inventaire, ledit sieur Périer avoit déclaré qu'il pouvoit revenir à la succession de S. E. environ 125,396 livres, dont il ne sera fait icy mention que pour n'omettre aucun des renseignemens donnés par l'inventaire ou par d'autres voyes, parce que la recette et les reprises de toutes les parties des revenus de S. E., qui étoient à recouvrer lors de son deceds, sont entrées dans le compte dudict sieur Perier, dont il va être parlé, ladite somme de 125,396 livres composée des parties cy après :

Pour le premier quartier 1729 du revenu de l'archevêché, 21,000 livres.

Pour les arrérages écheus auparavant 1729, environ 28,000 livres.

Pour les droits de quints, d'acquisitions faittes *par le sieur Law*, 51,396 livres.

Et pour droits de lods et ventes recellés dont le quart, suivant la même déclaration, étoit donné aux dénonciateurs, environ 25,000 livres, soit en tout 125,396 ₶.

Le sieur Périer a continué ce recouvrement, a fait diférens payemens, tant à l'exécuteur testamentaire qu'à diférens créanciers...

Art. 13. A l'égard des dettes et autres charges de la succession, outre les legs en deniers comptans, il y avoit diférentes créanciers, tant pour fournitures faittes à S. E. et à sa maison que pour arrérages de pensions, gages et charges dont S. E. a été tenüe jusqu'au jour de son deceds, pour raison de quoy il avoit été formé diférentes oppositions au scellé; toutes ces dettes ont esté acquittées par M. le mareschal de Noailles, en sa qualité d'exécuteur testamentaire, et composeront les 3, 4, 5, 6, 7, 8 et 9ᵉ chapitres de la dépense du présent compte.

Art. 14. Du nombre des opposants au scellé étoit feu Jacques Bernache, maître d'hotel de S. E., qui se prétendoit en avance par ses comptes de sommes considérables; mais ayant été reconnu par la vérification des payemens que le maréchal de Noailles avoit faits à diférens fournisseurs de la bouche de S. E., qui étoient à déduire sur les avances de Bernache, que ledit Bernache étoit luy meme redevable à la succession de la somme de 5,216 livres 5 s., et Bernache ayant soutenu que la diférence qui résultoit de cette opération, laquelle le rendoit débiteur, au lieu qu'il étoit en avance de plus de trois mille livres, ne pouvoit provenir que du défaut d'exactitude à écrire sa dépense, défaut causé par son grand âge, M. le maréchal de Noailles, par acte passé devant Ballot, le 3 may 1732, en considération du service de Bernache dans la famille (depuis 60 ans), et de la connoissance qu'il avoit personnellement de la probité de Bernache, luy a remis cette somme de 5,216 ₶ 5 s. ou toutes autres sommes qu'il pourroit se trouver redevoir pour raison de son service. Bernache, de sa part, a quitté et déchargé la succession de S. E. de toutes avances qu'il avoit pu jusqu'alors ou pourroit à l'avenir prétendre pour sa gestion de maître d'hotel, et de toutes autres prétentions quelconques, excepté de la rente viagère de 400 livres que S. E. luy avoit créée, et dont Madame la duchesse de La Vallière est chargée.

Art. 15. La charge la plus considérable de la succession a été les restablissements et réparations des bâtimens et lieux dépendans de l'archevêché dont la succession étoit tenue.

Pour parvenir à les faire constater, il a été, le 27 juin 1729 et autres jours suivans, jusqu'au 12 mars 1730, par Demezerets et Fauvel, experts nommés par arrest de la Cour du 15 juin de la même année, en présence du sʳ Bosery, architecte pour le sieur Marechal, préposé aux économats, et de Claude Gaudart, ingénieur pour M. le maréchal de Noailles, en sa qualité d'exécuteur testamentaire, proceddé à la visitte et estimation des rétablissements et réparations des églises, maisons, fermes et autres lieux[1] dépendans de l'archevêché, tant au palais archiépiscopal et ses dépendances, maisons scituées à Paris, rues d'Orléans, Bourg l'Abbé, de la Tixeranderie, cul de sac Sᵗ Barthélemy, Grange Sᵗ Eloy, rue Saint Paul, qu'à Saint Cloud, Conflans, à la ferme de Sᵗ Eloy, scituée à Vitry, à la ferme de Milpas, scituée à Ivry, aux églises de Sᵗ Maur, à l'église et ferme de Créteil, à l'église et ferme de Maisons, à l'église et ferme du prieuré de Saint Léger, prez Saint Germain en Laye, à l'église et ferme de Merey, près Montfort l'Amaury, à l'église et ferme du prieuré de Sᵗ Laurent, aussy près ledit Montfort, à l'église et grange des dismes de Saint Pierre de Coupeuvray[2], à l'église et grange des dismes des Essarts, à la chapelle et maison du prieuré de Chalifer, à l'église paroissiale de la Magdelaine et au prieuré de Tournant, à la ferme dudit prieuré, à la ferme de Pontault, à la ferme d'Hervilliers, aux fermes de Sameron et de Fay le Bac, au clocher de l'église d'Armentières, à la ferme du Grand Tremblay, à l'église paroissiale et à la ferme de Brūs, toutes lesquelles réparations, contenues en 2,597 articles, montoient, suivant les appréciations portées au procès-verbal de ladite visite, à 27,181 livres 19 sols 6 deniers.

Il a esté passé, par M. Gaudart, des marchés avec des maçons, charpentiers et autres entrepreneurs qui ont travaillé à ces réparations, à mesure qu'elles ont été ordonnées, mais lorsqu'on s'est présenté pour en faire ordonner la reception avec M. l'archevêque de Paris, depuis sa prise de possession, il a été prétendu de sa part que le procès-verbal de visite des réparations, commencé le 27 juin 1729, n'ayant point été fait avec luy, elles devoient être constatées de nouveau par d'autres experts.

Par arrest de la Cour du 4 aoust 1730, il a été ordonné que, par Brice Le Chaulve et Pierre Quirot, experts convenus par les parties, les réparations faittes aux bâtimens et autres lieux dependans de l'archevêché, mentionnés au procès-verbal du 27 juin 1726, seroient vues et visitées, à l'effet de connoître si elles avoyent été bien et dument faittes, et si elles étoient suffisantes pour mettre les lieux en état de valable réception.

Ces nouveaux experts ont procédé à l'exécution dudit arrest le 28 septembre 1730 et autres jours suivans; en présence du sieur de la Tour pour M. l'archeveque de Paris, du sieur Gaudart pour les légataires universels, et du sieur Levé pour Du Tronchon, curateur à la succession vacante, ils ont constaté dans une partie desdits lieux celles des réparations mentionnées au premier procès-verbal qui étoient en état de réception, celles qui restoient à achever ou qui devoient y estre faittes par augmentation; mais comme les deux experts ne s'étoient point accordés sur quelques articles, par autre arrest de la Cour du 28 février 1731, Louis Joubert a été nommé tiers expert pour régler la contrariété qui se trouvoit sur aucuns des articles du rapport par eux fait jusqu'alors, même pour régler la contrariété qui pourroit se trouver dans la suite entre les avis des deux experts dans les visittes qui restoient à faire ez autres lieux de l'archevêché.

Il a été procédé, en exécution de cet arrest, le 9 mars 1731 et autres jours suivans, par Joubert, au règlement des articles sur lesquels il y avoit eu contrariété d'avis, et ensuitte par Quirot et Le Chaulve, jusques et y compris le 31 may 1731, à la continuation de la visitte et réception des autres lieux.

Les réparations portées par le procès-verbal de cette seconde visitte ont été faites; la visitte et la réception en ont été pareillement faites par Quirot et Le Chaulve, en présence des parties, suivant leur procès-verbal du 24 mars 1731 et autres jours suivans, jusques et compris le 26 avril 1732.

Le sieur de la Tour pour M. l'archevêque de Paris avoit prétendu, à la dernière vacation du deuxième procès-verbal de visitte, que l'archevêque de Paris, étant, en cette qualité, gros décimateur en tout ou en partie dans les paroisses de Lisses, près Corbeil, Massy, Courson, Beyne, Vaugrineuse, Galluis, Boissy, Bazoche, Mareille et Juitteaux, qu'ayant aussi des dismes à Morsan et Grisy, et les gros décimateurs étans obligés de droit commun à l'entretien et réparation des chœur et cancel des églises, il étoit de l'interest de M. l'archeveque de faire constater l'état de ces églises, comme aussy celui d'une chapelle qu'on disoit être le titre d'un bénéfice réuni à l'archevêché de Paris, et avoit insisté sur la visitte de ces églises; à quoy l'on s'étoit opposé de la part des légataires jusqu'à ce qu'il eût été justifié que les archeveques de Paris fussent tenus desdites reparations, dont il n'avoit esté question lors du deceds de M. Du Harlay.

M. l'archeveque de Paris, conformément à la prétention qui vient d'être expliquée, a donné sa requeste en la Cour le 30 may 1732, tendante à la visitte desdites églises, à l'effet d'en constater les réparations et à ce qu'elles fussent faittes par les légataires universels...

---

[1] Nous possédons encore ce document.
[2] Coupvray, près d'Esbly, Seine-et-Marne, canton de Lagny.

Dans la vacation du 27 juillet 1729 du procès-verbal des premiers experts, art. 920, il a été observé que, pour agrandir la chapelle des prisons de S¹ Eloy, il avoit été pris sur la maison apellée la Grange S¹ Eloy une chambre de 18 pieds de long sur 7 à 8 pieds de large, et il a été demandé que cette chambre fût réunie à la maison d'où elle avoit fait partie.

Dans la vacation du 12 février 1731 du procès-verbal des seconds experts, fol. 446, la même prétention a été renouvellée.

Et par la requeste de M. l'archeveque du 30 may 1732, non-seulement M. l'archevêque a demandé le rétablissement de cette chambre, mais il a conclu à ce que la succession de M. le cardinal de Noailles fût condamnée à luy payer le revenu de ladite portion de maison, à compter du 4 may 1729, jour du deceds de S. E., jusqu'au premier terme qui suivra la reception dudit rétablissement en entier, et ce à raison de 550 livres par an, qui est la même dont le loyer de ladite maison a souffert diminution par chacun an, à cause de ladite entreprise; ces conclusions sont raportées icy dans les propres termes de la requeste.

Le fait est que, sur la représentation de M. le curé de S¹ Paul, dans la paroisse duquel est la prison de Saint Eloy, M. le cardinal de Noailles avoit bien voulu, il y a quelques années, détacher cette unique chambre de la maison contigüe pour agrandir la chapelle des prisonniers, et donner par là le moyen de célébrer le service divin avec plus de décence, d'y faire des instructions aux prisonniers, et d'y tenir les assemblées de la charité, et qu'à l'occasion de ce retranchement, et par une suite de motifs de charité, M. le cardinal de Noailles avoit consenti successivement à réduire les loyers de la maison en question à 550 livres de moins qu'ils n'étoient, lorsque cette chambre y étoit unie, diminution qui certainement n'a aucune proportion et qu'un rapport fort éloigné avec la distraction de cette petite chambre, dont l'indemnité demandée par M. l'archeveque contre la succession de S. E. auroit monté à plus de 2,000 livres, si elle avoit eu lieu.

Art. 16. Un second article qui concerne les réparations restantes à faire est celui de la *Domnerie* d'Aubrac, — c'est ainsy que s'appelle une abbaye du diocèse de Rodez, qui a été autrefois possédée par feu M. l'évêque de Châlons, Louis Gaston de Noailles, frère de S. E. et de qui S. E. étoit héritier par bénéfice d'inventaire.

L'appartement de l'abbé de la domnerie d'Aubrac, diocèse de Rodez, a été incendié au mois d'octobre 1700, en sorte qu'il n'en est resté qu'une partie des murs de face et quelques débris.

Le 15 octobre 1705, feu M. l'évêque de Châlons, titulaire de la domnerie d'Aubrac, a passé un acte avec les religieux de cette domnerie, par lequel, en payant par M. de Chalons une somme de 12,000ᴸ en six années, pour aider à la construction d'un batiment que les religieux vouloient faire bâtir à neuf pour leur usage, ils l'ont quitté de touttes les réparations qui pouvoient être alors, ou pourroient être à l'avenir à sa charge dans l'enceinte desdits religieux. M. de Chalons leur a permis, pour donner à leur nouveau batiment la forme convenable, de faire démolir ce qui restoit du batiment de l'apartement du dom ainsy incendié, à condition qu'ils feroient transporter à leurs frais les materaux en provenans au lieu qui leur seroit indiqué par M. de Chalons, hors et vers les murs du couvent, pour s'en servir par M. de Chalons à la construction qu'il entendoit faire d'un nouveau batiment pour loger le Dom.

...................Par autre transaction passée le 22 mars 1717, entre M. de Chalons et M. de Gap, sur la représentation de M. de Gap que, quelque envie qu'il eût eu jusqu'alors de faire finir touttes les réparations et rebatir un nouveau logement pour le Dom, qu'il s'étoit obligé de faire suivant la transaction passée entr'eux, par laquelle M. de Gap avoit receu une somme de dix mille livres pour être employée auxdites réparations, la dureté des temps et la difficulté d'avoir des ouvriers avoient empesché jusqu'alors de faire parfaire toutes lesdites réparations, quelques ordres qu'il en eût donné à ses gens qui y avoient employé 7,000 livres, qu'en luy accordant un delay du restant de ladite année pour faire achever touttes lesdites réparations, il y feroit travailler avec toutte la diligence possible. M. de Chalons, voulant bien entrer dans ces considerations, a accordé à M. de Gap un delay jusqu'au premier novembre suivant, pour justifier de l'employ des 10,000 livres payées par M. de Chalons pour les réparations dépendantes de la domnerie d'Aubrac, à la charge de reporter par M. de Gap le procès-verbal desdites réparations faittes après qu'elles auroient été receues par expert, ou experts nommés d'office par le juge de Rodez, qui seroit remis à M. de Chalons pour estre homologué au Parlement pour luy servir de décharge valable, et que, faute par M. de Gap d'y satisfaire dans ledit temps, il seroit tenu de fournir caution pour ladite somme de 10,000 livres...

M. l'archeveque de Paris, aujourd'huy Dom d'Aubrac, a fait condamner M. de Saint Martin, légataire universel de feu M. de Gap, devant les juges de Rodez, à faire la reconstruction dont il s'agit.

M. de Saint Martin, procureur général des Eaux et Forêts, prétend encore qu'il a été rendu un jugement en la maîtrise des eaux et forêts, portant qu'il seroit fait une visite des bois d'Aubrac pour les limiter et y planter des bornes, que M. l'archeveque de Paris a même donné sa requête au conseil, à l'effet de la meme visitte, que, ledit sieur de Saint Martin ayant donné sa requeste contraire, l'affaire est devant M. de Baudry, qu'au fond cette visitte n'est d'aucune utilité, *les bois n'ayant jamais produit le moindre revenu par leur situation sur des montagnes inaccessibles, couvertes de neige neuf mois de l'année*, sans qu'il s'en puisse faire aucun débit ny transport, ainsi que le grand maître du département en est convenu...

....

On s'est un peu étendu sur tout ce qui concerne l'article de la domnerie d'Aubrac, afin de mettre M^{rs} les administrateurs en état de décider le parti qu'ils auront à prendre sur toutes ces contestations, sans avoir besoin d'avoir recours ailleurs qu'à l'exposé qui vient d'en être fait.

Art. 17. Un troisième article de réparations, mais de réparations faites du vivant de S. E., concerne M. Boffrand, architecte, et l'un de M^{rs} les administrateurs de l'Hôtel Dieu.

M. Boffrand a présenté un mémoire de dessins, devis, marchés, conduite d'ouvrages et toisez qu'il prétend avoir fait pendant quinze années dans l'église Notre Dame par ordre de S. E., qu'il fait monter à une somme de 15,600 livres[1], et il a été question de régler ce mémoire.

Le feu sieur Voulau, intendant de S. E., qui avoit une parfaite connoissance de ce travail, d'ailleurs exempt, ainsi qu'on le scait, de partialité, a examiné le mémoire dont il s'agit, le 20 juin 1730. Il a distingué les ouvrages que M. Boffrand avoit conduit d'avec ceux qui avoient été conduits par d'autres, et par les apostilles qu'il a fait mettre en marge du mémoire en question, il a évalué chaque article du travail réel de s^r Boffrand; cette évaluation en total monte à 2,120 livres.

Et le 6 aoust 1731, l'exécuteur testamentaire a remis à M. le Président Henault ce mémoire ainsy apostillé; mais non seulement M. Boffrand n'a point jugé à propos d'en passer par cette estimation, il paroit même, par sa lettre du 3 avril 1732, qu'il ne veut pas s'en tenir à la somme de trois mille livres, à laquelle il y énonce que M^{rs} les administrateurs ont réglé son mémoire sur le raport de M. Henault; c'est sur quoy M^{rs} les administrateurs prendront le party qui leur paraîtra convenable, l'exécuteur testamentaire n'ayant pas eu dessein de rien prendre sur luy dans une affaire qui regarde un de Messieurs leurs confrères.

Art. 25. Il résulte de tout ce que dessus que les intentions de M. le cardinal de Noailles, tant celles de son testament qui ont subsisté, que celles de son codicile,

ont été entièrement exécutées; qu'au moyen de la délivrance des legs en effets et de la vente du surplus, l'inventaire se trouve remply.

Que l'usufruit des rentes sur le clergé et sur la ville, qui sont les seuls immeubles de la succession, ayant été donné ou légué par S. E. en entier, M. le maréchal de Noailles, en sa qualité d'exécuteur testamentaire, n'a eu à recevoir que le prix qui est provenu de la vente du surplus des meubles et effets, et ce qui restoit deub pour raison des fruits et revenus de l'archevêché, écheus jusqu'au jour du decedz de S. E.; qu'ainsy sa recette en deniers ne doit être composée que de ces deux parties, outre les sommes receues des sieurs Voulleau et Perier, qui feront la matière des 3e et 4e chapitres de recette......[1].

Somme totalle de la dépense du présent compte, 262,934 livres 9 sols 3 deniers.

Et la dépense monte à la somme de 197,771 livres 18 sols 7 deniers.

Partant la dépense excède la recette de la somme de 65,162 livres 10 sols 8 deniers.

Le présent compte a été clos et arrêté par nous, gouverneurs et administrateurs de l'Hôpital général et de celuy des Enfants trouvés y uni, et supérieurs et directeurs du petit séminaire de Saint Louis, légataires universels de S. E. Monsieur le cardinal de Noailles, en présence et conjointement avec Antoine Beguin, bourgeois de Paris, fondé de procuration de Vincent Du Tronchet, curateur à la succession vacante de Monsieur le cardinal de Noailles; par le résultat duquel compte, Monsieur le maréchal de Noailles, exécuteur du testament de S. E., s'est trouvé estre en avance envers nous de la somme de 65,162 liv. 10 s. 8 den., de laquelle somme de 65,162 liv. 10 s. 8 den., nous Isidore Alexandre Jean Antoine Delpech, avocat au parlement, fondé de procuration spéciale de Monsieur le maréchal de Noailles, avons, audit nom, fait don et remise et déchargeons entièrement mesdits sieurs légataires universels, duquel don et remise nous dits légataires universels remercions Monsieur le maréchal de Noailles et le déchargeons réciproquement de ladite exécution testamentaire. Au moyen de quoy Monsieur le maréchal de Noailles et nous demeurons respectivement quittes. Et ont été les pièces justificatives du present compte, ainsy qu'elles y sont énoncées, tant au texte qu'aux apostilles, remises au greffe du bureau de l'Hôtel Dieu, entre les mains du sieur Terrier, greffier dudit bureau, après avoir été visées par nous. Lequel sieur Terrier en demeurera chargé envers nous, et desquelles pièces mondit sieur le maréchal de Noailles et ledit sieur Delpech audit nom demeurent

---

[1] Voir au sujet de cette réclamation le tome I de la collection de Documents, p. 311 et 312.

[1] Suit le compte, en recettes et en dépenses, de l'exécution testamentaire; un registre de 471 pages.

pareillement déchargés. Fait double, sauf touttes erreurs, à Paris, le 29 avril 1736. Signé Renault-Lambert-Béguin-Delpech-Arrault-Garguy, l'un des directeurs et procureur du séminaire de Saint-Louis; Terrié, greffier.

Compte de la régie des revenus de l'archevêché de Paris, année 1715.

Pour compter à Son Eminence monseigneur le cardinal de Noailles, archevesque de Paris, par Louis Delagrée, sieur de la Ferrière, chargé par mondit seigneur de la recette générale du revenu temporel fixe et casuel dudit archevesché et dépendances, suivant sa procuration du 16ᵉ novembre 1714, passée devant Hurel et son confrère, notaires à Paris, de la recette et dépense par luy faite sur lesdits revenus pendant l'année 1715, ainsy qu'il en suit :

Premièrement, recette.

Premier chapitre de recette. A cause des droits de lods et ventes receus des particuliers cy après nommez, qui ont acquis des maisons et heritages dans la censive dudit archevesché, pendant l'année 1715, tant à Paris que dans les terres et seigneuries dépendantes dudit archevesché,

Scavoir, de Louis Laffrie, marchand à Paris, la somme de 150 livres pour les droits de lods et ventes d'une place à bastir, seize à Paris, rue de Bourbon, du prix de 3,000 livres, à raison d'un pour livre de ladite somme, le surplus des xx deniers pour livre de droits remis par Son. Em.

Du sieur Claude Goriot, meistre corroyeur à Paris, la somme de 50 liv. 10 s. 4 den. pour les droits du sixieme d'une maison à Paris, rue de Grenelle Saint Eustache, du prix de 916 liv. 13 s. 4 den., le surplus remis.

Du sieur Bougarel, procureur au parlement, la somme de 600 livres pour les droits d'une maison seize à Paris, rue de la Calandre, du prix de 12,000 livres.

Du sieur Jean Martinet, maistre rotisseur à Paris, la somme de 387 livres pour les droits d'une maison à Paris, rue Saint Germain l'Auxerrois, du prix de 6,200 ₶ et compris 200 livres de pot de vin, à raison de 15 deniers pour livre.

Du sʳ Etienne Lombard, maistre chirurgien à Paris, la somme de 625 livres pour les droits d'une maison à Paris, rue Haulte Vannerie, du prix de 10,000 ₶, à raison de 15 deniers pour livre.

De maistre Guillaume Delaleu, notaire à Paris, la somme de 2,825 livres pour les droits d'une grande maison à Paris, rue Saint Antoine, du prix de 56,500 livres, y compris 500 livres de pot de vin.

De messire Josse Brendlé, lieutenant général des armées du Roy, la somme de 2,750 livres pour les droits d'une grande maison à Paris, rue Neuve des Petits Champs, du prix de 55,000 livres, à raison d'un sol pour livre.

De messire Samuel Bernard, secrétaire du Roy, la somme de 2,375 livres pour les droits de deux maisons joignantes l'une l'autre, seizes à Paris, rue Nostre Dame des Victoires.

Du sieur François Dionis, chirurgien ordinaire de feue Madame la Dauphine, la somme de 1,250 livres pour droits d'une maison à Paris, rue Neuve Saint Roch, du prix de 20,000 livres, à raison de 15 deniers pour livre.

De François de la Roquette, sieur de Sᵗᵉ Croix, mestre de camp du régiment Dauphin estranger, cavalerie, la somme de 1,957 livres 10 sols pour les droits d'une maison à Paris, rue Neuve Saint Eustache, et de moitié d'une autre maison, rue du Bout du Monde, le tout du prix de 26,100 livres.

Du sieur Julles Desgoullons, sculpteur des bâtiments du Roy, la somme de 845 livres pour les droits d'une place à bastir, scituée à Paris, rue de Louis le Grand, du prix de 13,520 livres.

Du sʳ André Le Goupil, sculteur des bastimens du Roy, la somme 412 liv. 11 s. 5 den. pour les droits d'une place à bastir, scituée à Paris, rue de Louis le Grand, du prix de 6,601 liv. 2 s. 3 den.

Du sieur Pierre Taupin, sculteur des bastimens du Roy, la somme de 406 livres 5 deniers pour les droits d'une place à bastir, seize à Paris, rue de Louis le Grand, du prix de 64,696 ₶ 7 s. 9 den.

De dame Elisabeth Blandot, épouze de messire Séraphin Rioult, chevalier, seigneur de Curzay, lieutenant pour le Roy de la province de Poitou, la somme de 5,000 livres pour les droits d'une maison, rue Neuve des Petits Champs, du prix de 100,000 livres, à raison d'un sol pour livre.

De François de la Roquette, sieur de Sainte Croix, mestre de camp de cavalerie du régiment Dauphin estranger, la somme de 112 livres 10 sols pour les droits de la moitié d'une maison à Paris, rue du Bout du Monde, du prix de 1,800 livres, à raison de 15 den. pour livre.

Du sieur François Chaban de la Fosse, premier chirurgien de Mgʳ le duc de Berry, la somme de 56 ₶ 5 s. pour les droits d'un sixiesme par indivis en quatre parts et trois quarts de part dont les trente font le tout, d'une grande maison seize à Paris, rue Saint Honoré, vis à vis les prestres de l'Oratoire, du prix de 900 ₶.

Somme totale du présent chapitre de recette des droits seigneuriaux de ladite année 1715, 92,353 livres 8 sols 4 deniers.

Second chapitre de recette à cause des loyers des maisons et marais à Paris.

Marais du Roulle. — D'Etienne Fromentin, maistre jardinier à Paris, la somme de 27 livres pour le loyer pendant ladite année 1715 d'un demy arpent de marais qu'il tient dudit archevesché au Roulle...

Somme totalle du deuxième chapitre de recettes, 8,738 ʰ 17 s. 6 den.

Troisième chapitre de recette à cause du loyer des terres, fermes et seigneuries dépendantes dudit archevesché, pendant ladite année 1715.

Fait recette ledit comptable de la somme de 1,350 livres qu'il a receue des sieurs Léonard Daire, Damiette et Louis Delacourt, receveurs et fermiers de la ferme du prieuré de Montfort l'Amaury et dépendances, appartenant audit archevesché, pour le loyer de ladite ferme pendant ladite année 1715.

Desdits sieurs Damiette et Delacour, fermiers de la terre et seigneurie de Merey, près Montfort l'Amaury, la somme de 2,600 livres pour le loyer de ladite ferme pendant ladite année 1715.

Du sieur Claude Willard, marchand maistre tablettier à Paris, la somme de 150 livres pour le loyer de la ferme des dismes du lieu des Essarts, près Merey, qu'il tient dudit archevesché.

De Charles Lepoivre, laboureur à Coupeuvré, en Brie, et Nicolle Racines, sa femme, et de Denis Renardeux, marchand boucher audit Coupeuvré, et Marie Grignon, sa femme, la somme de 800 livres pour le loyer, pendant ladite année, de la ferme des trois quarts des dismes de la parroisse dudit Coupeuvré, qu'ils tiennent dudit archevesché.

Du sieur Laurent Ganneron, laboureur, demeurant à Tremblay en France, la somme de 1,300 livres pour le loyer de la ferme dudit Tremblay et ses dépendances.

Du sieur Denis Petit, marchand bourgeois de Paris, la somme de 2,900 livres pour le loyer, pendant ladite année, de la terre et seigneurie de Saint Cloud et dépendances, qu'il tient dudit archevesché, sous le cautionnement du sieur Bertrand Pottier, procureur fiscal audit Saint Cloud.

De Jean Loin, meusnier à Saint Cloud, et de Claude Demeure, sa femme, la somme de 1,500 livres pour le loyer, pendant ladite année, du moulin bannal dudit Saint Cloud.

De Nicolas Heudry, laboureur, demeurant à Courceaux, paroisse de Montreau sur Jard, la somme de 654 ʰ 10 s. pour le loyer de la terre et seigneurie dudit Courceaux et dépendances.

D'Eustache Milcen, vigneron à Vincennes, et de Claude Georges, aussy vigneron audit lieu, fermiers des dismes de Saint Mandé, la somme de 300 livres pour le loyer de ladite ferme.

De Nicolas Morblanc le jeune, laboureur, demeurant à Vitry sur Seine, la somme de 1,300 livres pour le loyer de la ferme dudit Vitry sur Seine.

De François Meusnier, marchand poulaillier, demeurant à S¹ Germain en Laye, la somme de 450 livres pour le loyer de la ferme et dismes de Saint Léger en Laye.

De Nicolas le Roy, laboureur, demeurant à Ivry sur Seine, la somme de 1,800 livres pour le loyer de la ferme de Millepas, scituée audit Ivry.

Du sieur Nicolas Parvy, marchand, demeurant à Paris, rue de Venize, et du sieur Nicolas Parvy, son fils, demeurant à Pontcarré en Brie, la somme de 2,300 livres pour le prix, pendant ladite année, de la vente à eux faite par Son Eminence de la coupe de 50 arpens de bois taillis par an, à prendre dans les 900 arpens de bois appellez le bois d'Ozour la Ferrière, dépendant dudit archevesché, à cause du prieuré de Saint Maur les Fossés.

De Jacques et Germain Baron, frères, vignerons, demeurant à Massy, près Palaiseau, la somme de 120 livres pour le loyer de la ferme des deux tiers des dismes dudit Massy.

D'Antoine Cerize, hostellier à Tournant en Brie, et de Madeleine Renoux, veuve de Ch. Cerize, vivant marchand audit Tournant, la somme de 1,570 livres pour le loyer de la ferme du prieuré dudit Tournant.

Du sieur Nicolas Malice, procureur fiscal de la terre et seigneurie de Marly la Ville, près Louvre en Parisis, la somme de 140 livres pour le loyer de 20 arpens de terres seizes au terroir dudit Marly, qu'il tient dudit archevesché.

De Pierre de Creil, laboureur, demeurant à Sameron, la somme de 200 livres pour le loyer de la ferme la Sameron.

De Nicolas Lefebvre, laboureur, demeurant à Fay le Bac, la somme de 300 livres pour le loyer de la ferme de Fay le Bac qu'il tient dudit archevesché.

De Michel Martin, laboureur à Bremier, près Gesvres, la somme de 400 livres pour le loyer de la ferme de S¹ Jacques du Hault Pas, seize à Hervilliers, paroisse de Vaux sur Clignon, qu'il tient dudit archevêché.

Desdits Martin et sa femme, la somme de 300 livres pour la valeur du transport qui leur a été fait par S. E. de pareille somme de 300 livres à prendre sur le nommé Jean Coquillon, précédent fermier, pour le loyer de ladite ferme d'Hervilliers.

De Claude Louis Bernier, laboureur et receveur de la terre et seigneurie de May en Mulcien, la somme de

100 livres pour le loyer de 26 arpents de terres labourables et prez, scizes au terroir dudit May.

Dudit sieur Louis François, marchand, demeurant à Briis sous Monthery, la somme de 466 livres, scavoir, 300 livres pour le loyer de la moitié des dismes du prieuré dudit Briis, et 166 livres pour le remboursement de pareille somme payée par S. E. et dont ledit sieur François est tenu de l'acquitter par ledit bail.

Du sieur Charles Huet, marchand laboureur à Maisons, la somme de 2,250 livres pour le loyer de la terre et seigneurie dudit Maisons.

Du sieur Jacques Daix, laboureur, pareille somme de 2,250 livres pour le loyer de la terre, ferme et seigneurie dudit Créteil et dépendances.

De Jean Pauny, laboureur à Mons-sur-Orge, la somme de 270 livres pour le loyer de 34 arpents et demy de terres labourables aux terroirs de Mons et Athis.

Du sieur curé de Morsant, la somme de 60 livres pour le loyer des terres ou dismes qu'il tient dudit archevesché audit Morsant.

De M. l'abbé de la Roche, chanoine de l'église de Nostre Dame, la somme de 40 livres pour le loyer des dismes de Grégy en Brie.

De Charles Lucas, fermier, demeurant à Franconville, la somme de 404 livres pour le loyer de la ferme des dismes d'Erblay et de Franconville.

De Nicolas Poulain, meunier à Seure, la somme de 200 livres pour le loyer du moulin qu'il tient dudit archevesché audit Seure.

Du sieur Leleu, fermier de la terre et seigneurie d'Ozoir et Romaine, la somme de 1,000 livres pour le loyer de ladite terre et seigneurie d'Ozoir et Romaine.

D'Etienne Leguillier, fermier de la ferme de Saint Jacques du Hault Pas, située à Pontault, la somme de 450 livres pour le loyer de ladite ferme de Pontault.

De la veuve Philippes Sixhommes, demeurant à Neuilly sur Marne, la somme de 22 livres pour le loyer des vignes qu'elle tient dudit archevesché audit Neuilly [1].

....

Du sieur Martin, la somme de 900 livres, pour l'année 1715, de ladite ferme du petit sceau dudit archevesché.

Somme totale du 3ᵉ chapitre de recette des loyers des fermes et terres, 29,237 livres 6 sols 5 deniers.

Quatrième chapitre de recettes à cause des arrérages des rentes deues audit archevesché, tant à Paris qu'en province.

Fait recette le comptable de la somme de 400 livres 5 sols qu'il a receue de dame Lefebvre de la Malmaison,

veuve de messire Michel de Chabenat, chevalier, seigneur de Bonneuil sur Marne, introducteur des ambassadeurs et princes étrangers, de pareille somme de cens et rentes non racheptable, que ladite dame doit chacun an audit archevesché, à raison des terres, prez et isles sur Marne, près Saint Maur, apellées les isles de Bretigny, suivant le bail qui en a été passé par deffunt Monseigneur d'Harlay, archevesque de Paris, par devant valette et son confrère, notaires à Paris, le premier septembre 1688.

Des dames de la communauté de Sainte-Anne, de la paroisse Saint Roch, à Paris, la somme de 146 liv. 14 s. pour l'année 1715 de pareille somme de rente en deux parties, scavoir, 42 livres de rente constituées au proffit de S. E. pour droit d'indemnité, à raison du quint du prix de l'acquisition faite par ladite communauté du sieur Savart, officier du Roy, d'une place à bâtir, contenant 42 toises en superficie, scize à Paris, rue d'Argenteuil, à costé de ladite communauté, moyennant 8,400 livres.

De M. Berthelot de Pleneuf, la somme de 210 livres, à cause de pareille somme de rente, racheptable en un seul payement, sur le pied du denier quarante, moyennant 8,400 livres, constituée au proffit dudit archevesché, par les révérends pères de l'Oratoire de Nostre Dame des Vertus, près Paris, pour le droit d'indemnité par eux deubs, à cause de la donnation qui leur a esté faite par feu M. Benault, prestre du diocèse de Paris, de deux maisons scizes en ladite ville, rue des Poissonniers, au bout de la rue Montorgueil, estimées la somme de 42,000 livres.

Des révérends pères procureur et religieux du Petit Saint Antoine, à Paris, la somme de 45 livres, à cause de pareille somme de rente qu'ils doivent audit archevesché, pour le droit d'indemnité d'une maison par eux acquise, à Paris, rue du Roy de Cicile, suivant la transaction passée en l'année 1663, par devant Perrier et Baudry, notaires à Paris, entre feu Monseigneur de Perefix, archevesque de Paris, et lesdits religieux.

Des révérends pères Barnabittes, d'Estampes, la somme de 20 livres d'une rente qu'ils doivent audit archevesché, pour droit d'indemnité de la donnation qui leur a esté faite par le deffunt L. Crézieux de la moitié d'une maison à Paris, rue Saint Antoine, où est pour enseigne la fleur de lys d'or.

Des dames religieuses Carmélittes du fauxbourg Saint Jacques, à Paris, la somme de 202 livres pour une année de la rente que lesdites dames doivent audit archevesché, racheptable au denier trente, de la somme de 6,060 livres, faisant partie de celle de 12,060 livres, à laquelle montoit le droit d'indemnité de l'acquisition par elles faicte, par eschange, de messire François Villart, seigneur de Villeneuve, et dame Madelaine Tubeuf, son

---

[1] Quelques autres petits fermages à Corbeil (prieuré de Saint-Jean-de-l'Hermitage), à Orly, Vanves, Montrouge, Torcy-en-Brie.

épouse, d'une grande maison, scize à Paris, rue de la Jussienne.

Des dames religieuses Carmélittes du Bouloir, à présent fauxbourg Saint Germain, la somme de 724 liv. 6 s. 8 den., à cause de la rente que lesdites dames doivent audit archevesché, en deux parties, l'une de 470 liv. 19 s. 9 den., racheptable au denier 45, de la somme de 21,170 livres pour le droit d'indemnité de l'acquisition par elles faite de quatre maisons à Paris, dans la censive dudit archevesché, du prix de 105,860 livres, et l'autre de 253 liv. 6 s. 8 den., racheptable au denier trente, de la somme de 7,600 livres pour le droit d'indemnité de l'acquisition pareillement faite par lesdites dames d'une autre maison dans la censive dudit archevesché.

Des dames religieuses de l'Assomption de Notre Dame, à Paris, la somme de 756 liv. 13 s. 4 den. pour la rente, racheptable sur le pied du denier trente, de la somme de 22,700 livres pour le droit d'indemnité des acquisitions par elles faites de plusieurs maisons, rue Saint Honoré[1].

Des révérends pères Jacobins de la rue Saint Honoré, à Paris, la somme de 404 liv. 16 s. 3 den. à cause de la rente qu'ils doivent pour le droit d'indemnité des acquisitions par eux faites de différents particuliers, de plusieurs maisons, jardins et lieux scituez à la porte et fauxbourg Saint Honoré[1].

Des dames de la communauté de Sainte Agnès, à Paris, rue Plastrière, paroisse de St Eustache, la somme de 186 liv. 13 s. 4 den. pour une année de la rente que ladite communauté doit chacun an audit archevesché, racheptable au denier soixante, de la somme de 11,200 livres pour le droit d'indemnité d'une maison possédée par ladite communauté, susdite rue Platrière, et autres parts et portions de maisons, estimées par experts à la somme de 56,000 livres.

De la supérieure de l'hospital de Sainte Catherine, à Paris, rue Saint Denis, la somme de dix livres pour la rente que ledit hospital doit chacun an audit archevesché, racheptable sur le pied du denier quarante, de la somme de 400 livres, pour le droit d'indemnité de l'acquisition faite par ledit hospital d'une maison rue Neuve Saint Sauveur, dite cour des Miracles, dans la censive dudit archevesché, moyennant le prix de deux mil livres.

De Mr Favée, receveur général de l'Hostel Dieu de Paris, la somme de 612 liv. 19 s. 6 den. de rente en deux parties que ledit Hostel Dieu doit chacun an audit archevesché, scavoir, 56ᵗᵗ 17 s. 3 den. pour les censives des maisons apartenant audit Hostel Dieu, qui sont en la censive dudit archevesché à Paris, et 556 liv. 2 s. 2 den., racheptables au denier trente, de 16,683 liv. 5 s. 4 den. pour le droit d'indemnité de plusieurs maisons à Paris, acquises par ledit Hostel Dieu en la censive dudit archevesché.

De Mr Garrigues, receveur général de l'hospital des Incurables, à Paris, la somme de 33 liv. 6 s. 8 den. de la rente que doit ledit hospital, racheptable de la somme de 1,000 livres, pour le droit d'indemnité de plusieurs maisons acquises par ledit hospital dans la censive dudit archevesché.

De Messieurs les marguilliers de l'œuvre et fabrique de l'église paroissiale de Saint Sauveur, à Paris, la somme de 126 livres 5 sols pour la rente que ladite fabrique doit audit archevesché, scavoir, 50 livres de rente pour le droit d'indemnité de trois maisons à Paris, dont deux rue Saint Sauveur, au coin de la rue des Deux Portes, et l'autre rue Beaurepaire, et 76 livres 5 sols pour droit d'indemnité de deux maisons à Paris, léguées à ladite fabrique.

De Messieurs les marguilliers de l'œuvre et fabrique de l'église paroissiale de Saint Germain l'Auxerrois, la somme de 62 livres 10 sols pour la rente que ladite fabrique doit audit archevesché, pour le droit d'indemnité de l'acquisition faite pour ladite fabrique d'une maison à Paris, rue de la Tabletterie, du prix de 10,000 ᵗᵗ.

De Messieurs les marguilliers de l'œuvre et fabrique de l'église paroissiale de Saint Roch, à Paris, la somme de 170 livres pour une année de la rente en deux parties que ladite fabrique doit audit archevesché, scavoir, 150 livres racheptables de 4,500 livres pour droit d'indemnité, et 20 livres pour droit d'indemnité d'une place à bastir par eux acquise à Paris, rue d'Argenteuil.

De la veufve de feu Me Michel Guillois, conseiller au Châtelet de Paris, la somme de 219 liv. 8 s. 2 den. pour une année de la rente qu'elle doit, à prendre sur plusieurs maisons à Paris, appartenant à ladite dame, rue Neuve Saint Magloire.

Du sieur Leleu, la somme de 45 livres 2 sols pour une année de la rente foncière qu'il doit sur trois maisons à Paris, l'une rue Salle au Comte, une autre rue et proche la porte Saint Denis, et la troisième rue aux Ours.

Des héritiers bénéficiaires du sr Rossignol, la somme de 102 liv. 12 s. 6 den. pour une année de la rente qu'ils doivent, à prendre sur deux maisons à Paris, rue aux Ours.

Du sieur Delaleu, la somme de 303 liv. 10 s. 5 den. à cause de pareille somme de rente, à prendre sur sept huitiemes d'une maison scize rue Saint Denis, où estoit autrefois pour enseigne le Chasteau croissant, et à présent le Marteau d'argent.

---

[1] Les noms des notaires qui ont passé ces actes sont toujours indiqués à la fin de l'article de recette.

De la communauté de Saint Nicolas du Chardonnet, la somme de 12 livres pour une année de cens et rente pour raison de six maisons à Paris qu'elle possède dans la censive dudit archevesché.

De M. le curé de Saint Méderic, la somme de 40 livres pour une année de rente pour raison des dismes de Belleville qui luy ont esté ceddées, ainsy qu'il est plus au long porté par la transaction passée entre Monseigneur le cardinal de Rets, archevesque de Paris, et ledit sieur curé, par devant..... et par autre titre nouvel passé devant Thibert et Baudry, notaires à Paris, le 10 mars 1687.

De M^{rs} les marguilliers de l'œuvre et fabrique de l'église paroissiale de Saint Barthellemy, à Paris, la somme de 650 livres pour une année de la rente que ladite fabrique doit audit archevesché, suivant qu'il est énoncé dans le bail à vie passé ausdits sieurs marguilliers de tous les revenus dépendants du prieuré dudit Saint Barthellemy.

Du sieur Paumier d'Evry, la somme de 40 liv. 10 s. pour les cens et rentes qu'il doit, scavoir, 40 livres pour le loyer d'une maison à Paris, cul de sacq de Beaufort, derrière Saint Leu, cy devant appellée la prison de Saint Magloire, et 10 sols de cens.

Du sieur Pillon et consors, 21 livres 10 sols pour la rente qu'ils doivent à cause du prieuré de Saint Jean de l'Hermitage, proche Corbeil.

De M. de Montavent, trésorier des États de Bretagne, la somme de 150 livres pour la rente qu'il doit, comme ayant acquis, de Madame de la Ravoye, la terre et seigneurie de Lis, chargée de ladite rente, provenant de l'aliénation faite par ledit archevesché de ladite terre et seigneurie de Lis.

De M. Biberon de Cormery, receveur général des domaines et bois de la généralité de Paris, la somme de 25,891 livres 5 sols, à cause de pareille somme que ledit archevesché a droit de prendre chacun an sur le domaine du Roy, et dont est fait fond dans l'estat de ladite généralité, scavoir, 8,091 livres 5 sols pour le contrat d'échange passé par devant Levasseur et Le Foin, notaires à Paris, le 5 décembre 1664, 600 livres pour l'indemnité à cause du droit qui appartenoit audit archevesché sur le poisson de mer apporté aux halles de Paris, 10,000 livres pour l'indemnité de l'extinction des justices du Fort l'Evesque, Saint Eloy et Saint Magloire, appartenant audit archevesché, et union d'icelles au Chastellet de Paris, suivant l'arrest du conseil du 2 novembre 1674, 6,000 livres pour le supplément de l'extinction desdites justices, suivant autre arrest du conseil du 27 septembre 1676 et lettres patentes du mois d'avril 1681, et 1,200 livres pour l'union faite au domaine des greniers à sel de Paris et lieux en dépendans estans dans la censive dudit archevesché.

De M. Boucher, payeur des rentes de l'Hôtel de Ville de Paris, la somme de 320 livres pour la rente constituée sur les 1,500,000 livres de rente créés et constituées sur les aydes et gabelles de France par édit du mois d'aoust 1713.

Dudit sieur Boucher, autre rente de 950 livres.

Dudit sieur Boucher, autre rente de 640 livres.

Du payeur des rentes assignées sur le clergé de France, la somme de 391 livres 10 sols pour une année de la rente due à l'archevesché.

De M. d'Hariagues, trésorier général des maisons et finances de S. A. Royalle, la somme de 425 livres pour la rente que Sadite Altesse doit, à prendre sur la maison et moulin vulgairement appellé du Tillet, sciz à Saint Cloud, appartenant à mondit seigneur duc d'Orléans.

Du révérend père Fleuriau, jésuitte et procureur général des R. P. jésuittes, missionnaires d'Orient, la somme de 40 livres pour une année, à cause de pareille somme de rente que lesdits missionnaires doivent, par contrat passé devant Legrand et son confrère, notaires, le 2 may 1704, pour le droit d'indemnité d'une maison scize à Paris, rue Montmartre, appartenant ausdits missionnaires, par le moyen de la donnation entre vifs qui leur en a esté faite par Me Jean Bornet, docteur en médecine.

Des révérends pères Barnabittes de Paris, la somme de 350 livres 19 sols.

De M. Guiller, receveur général de la manse abbatiale de l'abbaye de Saint Germain des Prez, la somme de 90 livres.

Des dames religieuses de la Conception, à Paris, la somme de 21 livres 10 sols.

D'Antoine Guesdon, escuier, la somme de 120 livres 11 sols, à cause de 116 ^{lt} 13 s. de rente qu'il devoit, à prendre sur une maison, jardin et lieux à luy ceddés à Saint Mandé par M. Molé de Champlastreux...

De M. Chevalier, président en la seconde chambre des enquestes du parlement de Paris, la somme de 26 livres 13 sols à cause de la rente qu'il doit sur six arpens de terre en marais, au fauxbourg Saint Honoré.

De Madame Levieux, sœur dudit sieur président, la somme de 26 livres 12 sols 2 deniers.

De Messire Guillaume de la Fautrière, maistre des comptes, la somme de 18 livres 7 sols 5 deniers.

De Messire Claude Jacques Amable Chevalier, seigneur d'Anfreville, grand maistre des eaux et forêts 18 ^{lt} 7 s. 5 den.

Des dames religieuses du couvent de la Visitation de Saint Denis en France, la somme de 33 livres sur deux maisons dépendant dudit couvent, scizes à Saint Denis, rue de la Boulangerie, où pend pour enseigne le Grand Pourcelet.

Du sieur procureur du collège de Saint Jean de Beauvais, à Paris, 18 tt 16 s. 4 den. pour la rente deüe par ledit collège.

De la dame v^ve de Me Rogier, conseiller au parlement, la somme de 40 livres pour la rente que doit ladite dame.

De Messieurs les marguilliers de l'œuvre et fabrique de l'église parroissiale de Saint Leu, Saint Gilles, à Paris, la somme de 41 livres pour la rente que ladite fabrique doit comme propriétaire de trois maisons à Paris, rue Saint Denis, de deux autres, rue aux Ours, et de deux autres, rue Salle au Comte, qui sont dans la censive dudit archevesché.

De M. Levasseur de Saint Vrain, président en la cour des Aydes de Paris, la somme de 40 livres pour la rente qu'il doit audit archevesché.

De Mlle Ferrari, fille majeure, la somme de 47 tt 13 s. pour la rente qu'elle doit comme propriétaire d'une maison à Paris, rue Salle au Comte.

De Mrs Choquel, la somme de 14 tt 9 s. pour la rente qu'ils doivent.

De M. Bourgoin, seigneur du fief de la Grange Bastelière, la somme de 90 livres pour la rente dont est chargé ledit fief envers ledit archevesché.

. . . .

De M. le comte de Toulouze, au lieu de M. Roullier, la somme de 10 liv. 16 s. pour une année de la rente que ledit seigneur doit audit archevesché comme propriétaire de l'hostel de la Vrillière.

Du s^r Marais, ordinaire de la musique du Roy, la somme de 65 liv. 12 s. pour la rente en deux parties qu'il doit; scavoir, 44 liv. 8 den. à prendre sur une maison dont il est propriétaire, scize à Paris, rue de Lourcine, où pend pour enseigne le Gros Chapelet, et 21 liv. 11 s. 10 den. sur une autre maison, susdite rue, où pend pour enseigne le chef de saint Denis...

Rentes à prendre sur les trente-neuf arpens de terre scituez au Pont aux Choux, dépendant du prieuré de Saint Éloy...

Rentes à prendre sur les quatre arpens de terre scituez au coin de la rue de Charonne, faubourg Saint Antoine, dépendans dudit prieuré de Saint Éloy.

Somme totale du présent chapitre de recette des arrérages de rentes pendant ladite année 1715, 36,757 livres.

Cinquième chapitre de recette à cause des remboursemens de frais, 703 liv. 5 s. 6 den...

Somme totale de la recette du présent compte, 167,880 livres 5 sols 7 deniers.

Dépense. Premier chapitre de dépense.

Fait dépense ledit comptable de la somme de 7,500 livres payée à Son Éminence pour ses aumosnes.

Item de la somme de 84,000 livres payée à S. E. suivant douze de ses rescriptions, de chacune 7,000 livres.

Second chapitre de dépense à cause des sommes payées pour pensions et portions congrues, réparations faites aux maisons et fermes dudit archevesché, frais de procédures et autres, 16,440 livres 12 sols.

Troisième chapitre de dépense à cause des sommes payées pour les remises accordées aux donneurs d'avis des acquisitions faites et recellées dans la censive dudit archevesché, 3,431 livres 17 sols.

Quatrième chapitre de dépense à cause des apointemens des employés à la régie des revenus dudit archevesché, 3,200 livres.

Somme totale de la dépense effective du présent compte, 114,572 livres 9 sols.

Reprises du présent compte à cause des sommes portées en recette et non receues, 6,535 tt 4 s.

Partant la recette excède la dépense de la somme de 46,954 liv. 12 s. 7 den., dont le comptable se chargera en recette.

Pièces relatives aux travaux de sculpture exécutés à Notre-Dame de Paris par ordre du cardinal-archevêque.

Devis de deux figures de marbre pour Son Éminence Monseigneur le cardinal de Noailles dans la chapelle de sa famille, en l'église de Nostre-Dame de Paris.

Premièrement, moy Bousseau[1], sculpteur, m'oblige de faire une figure de marbre en pied d'un saint Louis, de 5 pieds 2 pouces de proportion, sur l'un des deux pieds d'estaux, avec ses habits de guerre, comme revenant de la terre sainte, tenant des deux mains la couronne d'épines avec ses cloux qu'il présente à Dieu avec humilité; à ses pieds est un carreau sur quoy est posé sa couronne royalle avec son sceptre; pour la façon et frais de position, pour ce 4,600 livres.

Plus une autre figure aussy de marbre, pour mettre dessus l'autre pied d'estail, de l'autre côté de l'autel, de mesme proportion, et de 5 pieds 4 pouces de hauteur, y compris la plinte, représentant un saint Maurice, vêtu en habit de guerre, selon l'usage des Romains, une main levée qui montre le ciel pour exorter les siens à souffrir le martyre plustost que d'offrir de l'encens aux idoles, l'autre main appuyée sur son bouclier, tenant une palme; à ses pieds est son casque et les instrumens de son suplice; pour la façon et les frais des voitures et position et frais de modèles qui sont posés sur la place en attendant l'exécution de l'ouvrage, et les changemens qui ont esté faits selon les volontés de Son Éminence et

---

[1] Jacques Bousseau, sculpteur, né en 1681, à Chevagnes (Poitou), mort en 1740, élève de Nicolas Coustou, fit partie de l'Académie des beaux-arts. Les statues de saint Maurice et de saint Louis, dont il est question ici, comptent parmi ses meilleurs travaux.

de Monseigneur le duc de Noailles, pour ce 4,600 livres.

Les deux sommes faisant ensemble 9,200 livres.

En la somme cy dessus n'est point compris le prix des deux blocs de marbre qui doivent estre employés à faire lesdites figures. Lesquels deux blocs qui sont chez moi, Bousseau, ont esté payez ensemble 5,200 livres par M. Voulleau, suivant la quittance du sieur Tarbé, qu'il en a par devers luy. Lesquelles deux figures de marbre je promets et m'oblige envers sadite Éminence de travailler et poser en place dans la susdite chapelle de Noailles au plus tard au premier juillet de l'année 1728, moyennant 9,200 livres qui me seront payées au fur et à mesure de l'ouvrage, à raison de 300 livres par mois, jusqu'à concurrence desdites 9,200 livres.

Fait à Paris, double, ce sixième février mil sept cent vingt six. Signé, J. Bousseau.

Nous acceptons et consentons le marché contenu au bas du devis cy dessus, pour le prix, clauses et termes y portés. Fait à Paris, en notre palais archiépiscopal, lesdits jour et an que dessus. Signé, le cardinal de Noailles.

Marché passé avec Nicolas Coustou.

Je soussigné Nicolas Coustou, sculpteur ordinaire du Roy, promets à S. E. Monseigneur le cardinal de Noailles faire la figure de saint Denis, de marbre blanc statuaire, pour être placée à l'autel de la chapelle des Martirs qui fait cimetrie à celle de la Vierge dans l'église de Paris, le tout conformément au model en grand qui a été vu, reglez et aprouvez par S. E., pour lequel je m'oblige de faire tous les frais, tant en cire qu'en terre, et les moules pour avoir deux plâtres de ladite figure, l'un, reparez pour le mettre audit autel, en attendant l'exécution de celuy en marbre, me chargeant aussy de fournir le marbre, le travailler de mon art, le rendre dans sa perfection à la fin de l'année 1722, et de le faire voiturer et poser en place, moyennant le prix et somme de six mil livres, qui me seront payez par S. E., scavoir, présentement 1,500 livres, au 1er septembre 1,000 livres, dans le mois de janvier de l'année 1721, 1,000 livres, dans le mois de juin suivant, 1,000 livres, et les 1,500 livres restants à la fin de l'année 1722, après que l'ouvrage aura été fait, parfait et mis en place à ladite chapelle.

Fait double à Paris, le 18 avril 1721, et promets d'en passer marché par devant notaire, toutes fois et quand S. E. le désirera.

Signé, le cardinal de Noailles. — N. Coustou.

Je soussigné reconnois avoir reçu de S. E., par les mains de Monsieur Perier, la somme de deux mil livres pour reste et parfait payement de celle de six mil livres, pour la figure de saint Denis, énoncée au marché de l'autre part, dont je le quitte. A Paris, ce 26e may 1725. Signé, Nicolas Coustou.

L'architecte Boffrand et l'hôtel de Soissons.

Nous, Louis Antoine, cardinal de Noailles, archevêque de Paris, duc de Saint Cloud, commandeur de l'ordre du Saint Esprit, avons, par des considérations particulières pour le sieur Boffrand, architecte, accordé la remise des droits de lods et ventes de l'acquisition qu'il désire faire de l'emplacement des jardins de l'hôtel de Soissons, à raison de huit deniers pour livre du prix de ladicte acquisition, pourveu qu'il soit au moins de la somme de 600,000 livres, que les droits de lods et ventes en soient acquittés, scavoir, la moitié quinze jours après la passation du contrat de vente, et l'autre moitié dans quatre mois, lesquels payemens seront faits au moins huit jours avant la diminution des monnoyes, sans lesquelles clauses ladite remise n'auroit été accordée, et lesquelles ne peuvent être réputées comminatoires.

Et nous accordons pareillement un deprix, à raison de dix deniers pour livre, du prix de la première vente qui sera faite des maisons nouvellement construites sur ledit emplacement des jardins dudit hôtel de Soissons, pourveu que la vente desdites maisons soit faite dans le terme de quatre années à compter de cejourd'huy; et au cas qu'il en restât après ledit temps expiré, il nous sera loisible de faire percevoir lesdits droits de lods et ventes des maisons qui n'auront pas été vendues suivant la coutume, sans lesquelles clauses et conditions cy dessus le présent n'auroit été accordé à si vil prix, nous réservant par exprès qu'au cas que le présent ne fust exécuté de point en point, selon sa forme et teneur, de nous faire payer desdits droits de lods et ventes en entier, suivant la coutume, derogeant à cet effet à toutes clauses à ce contraires. Fait et arrêté double à Paris, ce 12 novembre 1718. J'ay l'original. Signé, Périer.

Réponse au mémoire de M. Boffrand.

M. de Boffrand fit l'acquisition de la place de l'hôtel de Soissons, par contract du 12 novembre 1718, moyennant les prix et somme de 638,351 livres, dont les lods et ventes montent, suivant la coutume, à raison de vingt deniers pour livre, à la somme de 53,191 livres 10 sols; cependant S. E., en considération des peines que le sieur Boffrand se donnoit pour la chapelle de Noailles et autres soins, luy fit une remise de 31,914^{tt} 2 s. 8 den., le 18 novembre 1718. Par le traité fait entre Son Éminence et le sieur de Boffrand, le 12 novembre 1718, il s'étoit obligé de bâtir sur cet emplacement dans deux années et de revendre, ce qui n'a pu s'exécuter à cause du retrait; mais mondit sieur de Boffrand a profité de la remise entière que S. E. luy avoit faite, ainsy il a reçu 53,191 lt 10 s. et n'avoit payé que celle de 21,278 lt 7 s. 4 den. ledit jour 18 novembre 1718, et par conséquent les clauses du traitté n'ayant pas été exécutées en entier, ledit sieur de Boffrand doit tenir compte des 31,914 lt 2 s. 8 den. qu'il a reçus, plus qu'il n'a payé.

Lettre de Boffrand sur le même sujet.

A Paris, ce 11 may 1730.

J'ay l'honneur, Monsieur[1], de vous envoyer les dattes que vous demandés; vous connoîtrez par là quel est l'avantage que l'on prétend que j'ay tiré du remboursement en entier des lots et ventes de l'hôtel de Soissons en billets de banque, et d'environ trois cent mil livres que j'avois payé en espèce; vous savez, Monsieur, quelle resource il y a eu en ces effets dans ce temps là, d'ailleurs presque tous les ouvrages employez en mon memoire sont postérieurs à cette époque. J'auray l'honneur de voir aujourd'huy M. le duc de Noailles ou de luy écrire, pour le prier de maccorder la justice que je demande, et jay l'honneur d'être, etc. Signé, Boffrand.

Pièces relatives aux travaux de l'architecte Boffrand à Notre-Dame.

Mémoire de ce qui est dû par la succession de S. E. Monseigneur le cardinal de Noailles à M. Boffrand, architecte du Roy, pour les desseins, devis, marchez, toisez et conduites d'ouvrages qu'il a fait dans l'église de Notre-Dame.

Pour les desseins de la chapelle de Noailles, scavoir, de l'hautel de marbre et sculpture, pour la décoration du restant de la chapelle, 4,000 livres.

Pour les desseins du tombeau de M. le maréchal de Noailles dans ladite chapelle, la somme de 1,000 livres.

Pour la reconstruction de la voute de la croisée de l'église, dont il a fait plusieurs fois la visite, donné les plans et profils des étayemens et echafauts, dont il a fait les devis et conduit l'ouvrage, la somme de 3,000 livres.

Pour la rose de l'église, du côté de l'archevêché, dont il a donné les desseins et profils tant de ladite rose que de l'appareil et des étayemens et echafauts et conduit l'ouvrage, la somme de 4,000 livres.

Pour les desseins des autels que S. E. vouloit faire aux piliers, entre les bas cotez, 1,000 livres.

Pour les desseins des autels, au bout de la croisée, 1,000 livres.

[1] On ne sauroit dire à qui cette lettre est adressée.

Pour les desseins des grilles de fer qui sont faites, 500 livres.

Pour les desseins, plans, élévations et profils d'un bâtiment que S. E. vouloit édifier au dessus de la porte d'entrée pour (aller) du palais archiépiscopal à couvert dans l'église, 600 livres. Total, 15,600[1] livres.

Lettres de Boffrand à l'un des administrateurs de l'Hôtel-Dieu.

(1731.)

J'ay l'honneur, Monsieur, de vous envoyer la copie de l'opposition que j'ay fait au sellé de Mgr le cardinal de Noailles, et les cignifications qui m'ont été faites à ce sujet. Vous m'obligerez sensiblement de vouloir bien terminer cette affaire le plus tost qu'il vous sera possible, et d'être persuadé que j'ay l'honneur d'être avec respect, Monsieur, vostre très humble et très obéissant serviteur. Signé, Boffrand. A Paris, 2 avril 1731.

L'an 1729, le 14º jour de may, à la requeste du sieur Germain Boffrand, architecte des bâtimens du Roy, demeurant rue de Brac, où il a élu son domicile, j'ay Charles Prost, huissier à cheval, au Chatelet de Paris, demeurant rue Saint Martin, paroisse Saint Merry, siguiffié et déclaré à M. de Tillière, avocat au parlement et juge de temporalité de Nostre Dame, qui a aposé le sellez apres le decez de feu Monseigneur le cardinal de Noailles, que le sieur Boffrand est opposant et s'oppose par ces présentes à la reconnoissance et levée des cellez par luy aposez sur les biens et effects demeurez après le decez dudit deffunct et seigneur cardinal de Noailles, et ce, pour les causes et moyens et raisons que ledit sieur Boffrand déduira en temps et lieu, dont acte.

Je soussigné certifie la présente copie conforme à l'original qui est entre mes mains. Signé, Boffrand.

J'ay passé à votre porte, Monsieur, pour avoir l'honneur de vous voir et Madame Hénault, et pour vous faire mon compliment.

Je vis hier Monsieur Desvieux à qui je dis que vous deviez dimanche parler de mon affaire à Mrs les administrateurs; il me promit qu'il s'y trouveroit à telle heure que vous luy marquerez pour dimanche, et je vous supplie, Monsieur, de prendre la peine de luy mander votre heure.

Je serois fort aise qu'il y fust et je suis persuadé qu'il ne contribueroit pas peu à la décision de mon affaire, par les bontez que je say qu'il a pour moy. Je vous prie même de ne pas laisser passer le jour de dimanche prochain, parce qu'il va au commencement de la semaine

[1] Ce mémoire n'est pas signé. Des chiffres inscrits d'abord au crayon, dans la marge gauche, puis repassés à l'encre réduisent la somme de 15,600 livres à 7,700 livres.

prochaine à Chatou où il passera quinze jours sans revenir à Paris, et il est très important pour moy que cette affaire se finisse.

J'espère, Monsieur, que vous voudrez bien m'accorder cette grâce et être persuadé que j'ay l'honneur d'être avec respect, Monsieur, votre très humble et très obéissant serviteur. Signé, Boffrand.

Je certifie que les ouvrages de sculpture qui ont esté faits à la chapelle de Noailles, dans l'église de Notre Dame, tant par M. Fremin, qui les a comencez, que par moy, qui les a achevez, ont esté faits sur les dessins de M. de Boffrand, architecte du Roy, qui en fait les devis et marchez et conduit l'ouvrage. Fait par nous, René Fremin et moy Jacques Bousseau, sculpteur du Roy.

Fait à Paris, ce 3 septembre 1731.

Signé, Bousseau.

NOTE
(qui paraît être de la main de Boffrand).

Son Éminence demandera à M. le duc d'Antin la quantité de 450 pieds cubes de marbre pour les deux autels à côté de ceux de la Vierge et de saint Denis, dans l'église de Notre-Dame de Paris, dont plus des deux tiers seront de marbre de Languedoc et le surplus en marbres de différentes couleurs. Les marbres de blanc veiné dont on aura besoin pour les revetissemens des niches et autres endroits se peuvent trouver dans les marbres appartenans à Mgr le comte de Toulouse, à la Porte de la Conférence, montant environ à 50 pieds cubes, que S. E. aura la bonté de luy demander, ne s'en trouvant point dans les magasins du Roy.

On pourra rendre en échange à Mgr le comte de Toulouse 50 pieds cubes en marbres de différentes couleurs, contenus dans les 450 pieds qu'on demandera à M. le duc d'Antin.

Détail d'un autel. Maçonnerie, environ 400 livres; façon des marbres, 4,500 ᵗᵗ; sculpture, 11,000 ᵗᵗ; deux grilles dans les arcades, à côté de chaque autel, 750 ᵗᵗ; la balustrade, 300 ᵗᵗ; dorure, 300 ᵗᵗ.

Total d'un autel, 18,000 livres; total de l'autre autel, 18,000 ᵗᵗ; le modèle en platre, 500 ᵗᵗ; total, 36,500 livres [1].

Lettres de Boffrand au duc de Noailles.

I.

A Paris, ce 25 juin 1731.

J'ay l'honneur de vous envoyer un mémoire touchant la fabrique de notre plomb laminé, sur lequel je vous supplie de jetter la veue.

[1] Quelques plans se trouvent dans ce dossier.

Vous connoîtrez facilement les avantages qu'il y a de s'en servir.

Comme vous devez, Monseigneur, bientost partir pour Forge, je vous aurois bien de l'obligation si vous pouviez la terminer avant votre départ; si je savois celuy de vos gens d'affaires à qui vous la remettrez, je passerois chez luy pour luy expliquer mes raisons, sur lesquelles je m'en reporte entièrement à votre équité.

J'ai l'honneur d'estre avec un profond respect, Monseigneur, vostre très humble et très obéissant serviteur.

Signé, Boffrand.

II.

A Paris, ce 3 avril 1732.

Monseigneur,

N'ayant point eu l'honneur de vous trouver chez vous, permettez-moy d'avoir celuy de vous écrire que le bureau de l'administration de l'Hôtel Dieu a réglé mon mémoire, sur le rapport de M. Henault, à la somme de trois mil livres; on m'a fait entendre que c'étoit sur l'avis des gens d'affaires de feu Son Éminence, mais outre que ces Messieurs ne sont pas fort au fait d'un pareil règlement, je me trouve fort lezé pour un travail de quatorze ou quinze ans, sur l'espérance que S. E. m'avoit donnée que je serois content. Je suis persuadé, Monseigneur, que si M. de la Guépière en qui vous avez confiance estimoit ce que j'ay fait, il trouveroit que cette estimation est fort au-dessous de sa valeur, et j'espère sur vos lumières et votre équité que l'on me rendra plus de justice. Sur ce que vous déciderez, Monseigneur, je vous supplie très humblement d'ordoner que le payement m'en soit fait, et que cette affaire, indécise depuis longtemps, soit terminée.

J'ay l'honneur, etc.

Signé, Boffrand, rue du Temple.

Lettre du duc de Noailles à M. Delpech.

A Versailles, ce 6 avril 1731.

J'ay trouvé icy, Monsieur, à mon retour de Paris, une lettre de M. de Boffrand par laquelle il me demande justice sur la modicité de la somme à laquelle son mémoire a été réglé, aussy bien que son payement, comme vous le verrez par sa lettre que je vous envoye ci-joint; je luy ay répondu très sommairement pour ne point entrer par écrit dans le détail de ces affaires de la succession qu'il croit apparemment beaucoup plus opulente qu'elle ne l'est, et je luy mande seulement de vous aller trouver, que vous le mettrez au fait de l'état des choses, aussi bien que des avances dans lesquelles je me trouve; que, malgré cela cependant, je pouvois encore entrer dans ce qui le regarde, mais que cela dépendroit des arrangements qu'il prendroit; comme il s'imagine peut estre recevoir sa dette sur-le-champ, comme une lettre de change, il est bon de le détromper, et de prendre avec lui des temps convenables pour son payement; enfin vous scavez parfaitement ce que je puis faire; ainsy je ne m'estendray pas d'avantage sur cette matière, persuadé que vous ferez de vostre mieux; comptez toujours aussy, Monsieur, sur les sentiments d'estime avec lesquels je suis très parfaitement à vous. Signé, le duc de Noailles.

PIÈCES DIVERSES.

Lettres du libraire Van Düren, de la Haye, au bibliothécaire du cardinal.

A la Haye, ce 20 juin 1727.

Monsieur,

La lettre dont vous m'avez honoré, du 13 courant, m'a été rendue ce matin; suivant vos ordres, je joins ici un détail des envois que j'ai faits par ordre et pour le service de Son Éminence; j'y ai marqué la datte des envois des brochures, car, pour les gazettes, on n'a jamais manqué une seule fois, depuis le commencement de l'année 1725 jusqu'à ce jour, l'envoi des gazettes et cela régulièrement, tous les mardi et les jeudi, sçavoir, la gazette seule d'Utrecht le jeudi, et la gazette avec le suplément les mardi; dans ce dernier paquet étoit joint le suplément du vendredi précédent. Je vous prie, Monsieur, de compter seurement là-dessus, car c'est une chose certaine et de fait, et que je garantis vrai. Dans mon paquet de livres, il y a donc eu la gazette, et je joint ici le suplément de ce jour.

Il est d'autant plus fâcheux que les ministres ou les commis de la poste retiennent les paquets, que dans toutes les brochures et presque dans toutes les gazettes il est parlé de Son Éminence; je vous prie donc, Monsieur, d'en assurer S. E. aussi bien que de mon très profond respect et de mon parfait attachement à son service.

Je joint ici copie de la lettre que je me suis donné l'honneur d'écrire à S. E. le jour de ma traitte; j'avois pris ce parti, Monsieur, à cause que je ne recevois plus aucun avis de vostre part, ce qui m'avoit aussi un peu surpris. Mais cela ne me surprend plus à présent, car ne recevant ni mes lettres ni mes paquets, vous doutiez avec raison qu'ils fussent envoyés; je vous prie donc de les réclamer hardiment, et si cette déclaration ne suffisoit pas, je prierois Monsieur le marquis de Fénelon, ambassadeur de France en cette cour, de l'affirmer, ayant l'honneur d'être connu de ce seigneur, et même d'avoir quelque part dans ses bontés...

Je continuerais tousjours régulièrement les envois des gazettes et des brochures qui paroîtront en valoir la peine, surtout s'il s'en fait où il est parlé de Son Éminence. Et d'abord qu'un paquet vous manque, je vous prie d'être persuadé que cela est retenu à la poste, car j'en enverrai régulièrement deux chaque semaine.

Il paraît dans ce pays si souvent des livres nouveaux et curieux, parmi lesquels il s'en trouve souvent dignes d'être placés dans la belle bibliothèque de Son Éminence...

Signé, J. Van Duren.

A la Haye, ce 25 juillet 1727.

Monsieur,

C'est avec la dernière surprise que j'ai appris ce matin par M. Vaissière que ma traitte de fr. 175-10, du 20 mai dernier, en sa faveur, n'est pas encore payée à Monsieur Van der Hulst, nonobstant que ce banquier a envoyé vingt fois au palais de Son Éminence pour avoir ce payement; on persiste à lui dire qu'on ne payera pas ma traitte qu'on n'ait reçu les livres.

Vous scavais, Monsieur, que ce sont des gazettes et des nouvelles que j'ai envoyées pour le service de S. E. depuis près de trois années, outre les affranchissemens à la poste.

Vous aurez pu le voir par ma lettre du 20 juin dernier, en réponse à celle que vous me faites l'honneur de m'écrire du 13 du même mois, et par laquelle je vous rendis un compte exact de mes envois, comme aussi une copie de la lettre que j'avois eu l'honneur d'écrire auparavant à S. E. *Si vos ministres ou commis de la poste ont retenu vos paquets, est-ce à moi d'en repondre ?* C'est à vous, Monsieur, de les retirer; j'ai fait mes envois sur vos ordres et sur celles de S. E. sans jamais manquer un seul ordinaire. J'ay déboursé outre cela chaque ordinaire à la poste le nécessaire; *faut-il que je perde mon bien parce que la Cour ne veut peut être pas de bien à ce prélat?* Cela seroit payer par une injustice celle qu'on lui fait d'ailleurs...

Signé, Van Duren. — Monsieur Larroque, bibliothécaire de Mgr le cardinal de Noailles, à Paris.

Samuel Bernard et le cardinal de Noailles.

Par devant les notaires, à Paris, soussignés, fut présent éminentissime et révérendissime seigneur, Monsigneur Louis Antoine de Noailles, cardinal, archevesque de Paris, duc de Saint Cloud, etc., lequel reconnoist devoir légitimement à messire Samuel Bernard, chevalier de l'un des ordres du Roy, comte de Coubert et autres lieux, demeurant place des Victoires, paroisse Saint Eustache, la somme de neuf mil livres, pour cause de prest de pareille somme, fait par ledit sieur Bernard à S. E. Monseigneur le cardinal de Noailles, à laquelle il l'a comptée et délivrée en louis d'or, d'argent et monnoye, pour employer à ses affaires, laquelle somme elle promet et s'oblige de rendre audit sieur Bernard ou au porteur dans un an prochain, d'huy, à peine de tous dépens...

Fait et passé à Paris, au palais de mondit seigneur cardinal, l'an mil sept cent vingt huit, le dix neufième jour de juin après midy...

Et au-dessous est écrit : et le vingt deux juillet, audit an 1728, est comparu par devant les notaires soussignés Son Éminence Monseigneur Louis Antoine de Noailles, cardinal, etc., lequel reconnoit devoir encore audit messire Samuel Bernard la somme de cinq mil livres qu'il luy a presté et délivré...

Et encore plus bas est écrit :

Et le quatre aoust 1729 est comparu par devant les notaires, à Paris, soussignez, ledit sieur chevalier Bernard, lequel a reconnu et confessé avoir receu de Monseigneur le duc de Noailles, exécuteur testamentaire de S. E., Monseigneur le cardinal de Noailles, par les mains de M° Louis Périer, avocat en parlement et trésorier de S. E., la somme de trois mil livres, faisant avec huit mil livres, moyennant lesquelles on a adjugé audit sieur chevalier Bernard l'orangerie de Conflans, à condition de faire voiturer à son château de Coubert tous les orangers, celle de onze mil livres restant deüe audit sieur chevalier Bernard par la succession de feu Monseigneur le cardinal de Noailles...

A l'égard des trois mil livres faisant le surplus des quatorze mil livres portées auxdites deux obligations des autres parts, ledit sieur chevalier Bernard reconnoist que ledit sieur Perier les luy a payées dès le vingt six février mil sept cent vingt neuf.

Fait et passé à Paris, en l'étude de Tessier, notaire, lesdits jour et an, et ont signé la minutte des présentes étant ensuitte de celle desdites deux obligations des autres parts, le tout demeuré en la garde et possession dudit Tessier...

Écoles dépendant de l'archevêché de Paris.

Les fermiers de la dixme du prieuré de Tournan, en Brie, payeront la somme de trente livres à la maîtresse d'école de la ville, dont il leur sera tenu compte sur leur bail, en rapportant le présent, signé et quittancé par le sieur curé. Délivré et donné en notre palais archiépiécopal, à Paris, 3° de septembre 1716. Signé, le cardinal de Noailles.

Je soussigné reconnois avoir receu la somme de trente livres contenue dans l'ordre de Son Éminence.

Signé, Roullier.

Reçu du sieur Dumas, maître d'école à Saint Cloud.

(1718.)

J'ai receu de Monsieur Pottier, fermier de Son Éminence Monseigneur le cardinal de Noailles, la somme de deux cents livres pour une année de mes appointemens de maître d'école des enfans de charité de Saint Cloud, dont il est chargé de me payer, suivant l'ordre qu'il en a receu de Son Éminence, ladite année écheue au dernier décembre 1718, dont je tiens quitte ledit Monsieur Pottier.

Fait ce dernier décembre mil sept cens dix huit.

Signé, Dumas.

Nous soussignez, chantre et chanoine de l'église de Paris, reconnoissons avoir receu de Son Éminence, par les mains de M. Perier, la somme de cinq cent livres pour six mois de la rente de mil livres constituée sur l'archevêché pour la fondation des écoles à Saint Cloud, Creteil, Maisons et Auzoüer la Ferrière, par contrat passé devant Delalcu et son confrère, notaires à Paris, le 9 septembre 1719, ladite moitié échue le 9 septembre 1720. A Paris, ce 30 janvier 1721. Signé, Dorsanne.

École de Maisons.

Je prie Monsieur Crecy, receveur de la seigneurie de Creteil, de payer à la demoiselle Bouchard, maîtresse d'école de Maisons, la somme de cent livres pour six mois de la pension que Son Éminence luy accorde, à commencer du premier aoust de la présente année 1725, de laquelle somme je tiendray compte audit sieur Crécy en me reportant le présent, quittancé de ladite demoiselle Bouchard. A Paris, ce 26 septembre 1725.

Signé, Périer.

J'ai receu de Monsieur de Crecy la somme de 100 ᴸᵗ comme il est marqué ci-dessus. Signé, Bouchard.

Requête au duc de Noailles.

Monseigneur,

Françoise Coignet représente très humblement à Votre Grandeur que feue Son Éminence Monseigneur l'archevêque cardinal de Noailles l'auroit establie, il y a deux ans et demi, maîtresse d'école en la paroisse de Maisons, seigneurie de l'archevêché, et luy auroit accordé deux cent livres de pension pour la faire subsister, ni ayant point en ladite paroisse de fondation establie pour la maîtresse d'école, comme dans les autres seigneuries de l'archevêché, que la pension auroit esté payée régulièrement tous les ans à ladite Coignet, excepté les deux derniers mois qui ont précédé le décez de Son Eminence; ladite Françoise Coignet qui est très infirme et très pauvre supplie Votre Grandeur de lui faire la charité de lui accorder ce qu'il plaira à Votre Grandeur pour les deux dits mois de sa pension, échus lors de la mort de feue Son Éminence; la suppliante continuera ses vœux et ses prières pour la prospérité et la conservation de votre Grandeur. (Sans signature.)

Je soussigné, prêtre, docteur de Sorbonne et curé de la susdite paroisse, certifie véritable le contenu dans le présent placet; en foy de quoy j'ai signé. A Maisons, ce 12° avril 1730. Signé, Cousteron.

REVENU FIXE DU FIEF DE LA GRANGE BASTELLIÈRE.
(ANNÉE 1716.)

NOMS DES PARTICULIERS qui tiennent les dépendances dudit fief.	TERRES ET LOGEMENS.	PRIX DES BAUX.	CINQUIÈME APPARTENANT à M. Malet dans les marais hors l'enclos et non dans les logemens.	RESTANT DEUB à SON ÉMINENCE pour ses cinq sixièmes.	PAYEMENS FAITS à la recette de l'archevesché.	DIXIÈME DEUB.
Monsieur Ralle	Maison seigneuriale	1,800ll 10s	....	....	1,800ll 0s 0d	1,800ll 0s 0d	180ll 0' 0d
Estienne Baudin	2 arpens et demy	225 0	37ll 10' 0d	....	187 10 0	187 10 0	18 15 0
Thomas Villon	7 quartiers	160 0	26 13 4	133ll 6' 8d	173 6 8	173 6 8	17 6 8
	Logement	40 0	....	40 0 0			
Jacques Meusins	7 quartiers	155 0	25 16 8	....	129 3 4	129 3 4	12 18 4
Denis Bizet	5 quartiers et demy	115 0	19 3 4	95 16 8	145 16 8	145 16 8	14 11 8
	Logement	50 0	....	50 0 0			
Charles Villon	3 arpens 3 quarts	320 0	53 6 8	....	266 13 4	266 13 4	26 13 4
Pierre Bourg	2 arpens dans l'enclos	160 0	....	....	200 0 0	200 0 0	20 0 0
	Logement	40 0	....				
Jean Cliquot	1 arpent 10 perches en roture pour 99ll	Néant.					
Toussaint Rochu	2 arpens	130 0	21 13 4	....	108 6 8	108 6 8	10 16 8
Thomas Persil	2 arpens 1 quartier	97 10	16 5 0	....	81 5 0	81 5 0	8 2 6
Jean Vincent	1 arpent et demy	72 10	12 1 8	....	60 8 4	60 8 4	6 0 10
					3,152ll 10' 0d	315ll 5' 0d	
	Quittance de M. Duval à déduire........................						32 0 0
	Reste deub..................................						283 5 0

Requête au duc de Noailles.

Monseigneur,

La communauté des orphelines de la rue des Postes, commencée par Madame la comtesse d'Aubigné, Madame la présidente Sevin et la dame du Noyer, se trouve actuellement pressée par un créancier impitoyable de payer une somme de 4,000 livres. Dans ce pressant besoin, elle représente très humblement à Votre Grandeur que feu Monseigneur le cardinal de Noailles a mis sept ou huict filles orphelines dans la communauté, dont il y en a encore actuellement plusieurs, l'une desquelles n'a point de bras et est hors d'état de rien gagner pour sa nourriture ny pour son entretien. Il est vray que Madame la maréchalle de Noailles a la bonté de donner cent livres par an pour l'entretien de celle-cy. Son Éminence, en mettant les autres filles dans la communauté, a promis de fournir à leur subsistance; ce qui n'ayant point été exécuté, Son Éminence a arresté, quelque temps avant sa mort, qu'il seroit payé pour cela une somme d'environ 900 livres et en a meme déjà fait payer cent livres par les mains de Mr son porte-croix.

Son Éminence avoit, outre cela, fait espérer de soulager la maison par ses aumônes et par des secours particuliers dans le temps de cherté, mais depuis neuf ans elle n'en a rien touché. Votre Grandeur est très humblement suppliée d'ordonner au moins le payement du reste de la somme arrestée, qui est due préférablement aux legs qu'on assure cependant que vous êtes, Monseigneur, en disposition de faire exécuter.

La communauté redoublera ses prières pour la prospérité de Votre Grandeur et de toute son illustre famille. (Sans signature.)

En marge est écrit : Il est de ma connoissance que ces 800" demandées sont dûes, 1ᵉʳ may 1730.

Signé, Voullau.

Lettre de cachet pour l'arrestation d'une religieuse.

(1721.)

De par le Roy,

Il est ordonné, de l'avis de Monsieur le duc d'Orléans, régent, à Monsieur Garnier, capitaine exempt des gardes de la prévosté de l'Hotel du Roy, d'arrester la sœur Marie Thérèze Obrenan, bénédictine angloise, et de la conduire au couvent des Ursulines d'Argenteuil.

Fait à Paris, le VIIIᵉ décembre 1721. Signé, Louis; et plus bas, Phelippeaux.

Receu de Monsieur Garnier, capitaine exempt des gardes de la prevosté de l'hostel, la personne cy dessus nommée. Fait le onze décembre 1721, Sʳ Anne Barbier de Sʳ Bazile, supérieure.

LEGS UNIVERSEL PICOT.
(1650.)

Testament d'Eustache Picot.

Au nom du Père, du Fils et du Saint Esprit.

Je Eustache Picot, prestre indigne, chanoine de la Sainte Chapelle de Paris, abbé de l'abbaie de Nostre Dame de Chalivoy, maistre de la musique de la chapelle du Roy, aagé de soixante treize ans ou environ,

Considérant qu'il n'y a rien de plus assuré que la mort, ny de plus incertain que l'heure d'icelle, et qu'estant malade on n'a pas ordinairement l'esprit si libre, ni si bien disposé comme l'on a estant sain et en bonne santé, où me trouvant à présent par la grace de mon Dieu, j'ay faict et escript de ma main propre ce présent testament de ma dernière volonté, que je veux estre exécuté ponctuellement par mes exécuteurs cy après nommez.

Et avant toutes choses, je suplie mon Dieu de me faire la grâce de mourir en la communion de la saincte églize catholique, apostolicque et romaine, et qu'il plaise à mon sauveur et rédempteur Jésus Christ de vouîloir recevoir mon âme, quand elle partira de ce monde, pour la nettoier et purger des fautes que j'ay commises dedans son pretieux sang respandu pour la rédemption des hommes.

Je suplie la glorieuse Vierge, mon bon ange saint Joseph, tous les saintz d'intercéder pour moy affin d'obtenir pardon et rémission des fautes, péchez et ingratitudes que j'ay commises contre mon Dieu, estant en ce monde.

Je laisse mon corps pour estre enterré en la basse saincte chapelle, où l'on a acoustumé d'hinumer les chanoines d'icelle, y faisant la despence comme l'on a de coustume aux funérailles des chanoines de ladicte églize.

Je donne et lègue aux trois couvens des capucins de ceste ville de Paris, à chacun trois cens livres pour une fois après mon décedz, de donner charge que leur sacristain, ou celuy qui aidera à dire les messes aux religieux desdicts trois couvens durant lesdits six premiers mois, de faire souvenir ausdits religieux qui iront célébrer la saincte messe, d'avoir souvenance, au memento d'icelle, de prier Dieu pour le repos de mon âme, et que à la sacristie il y ait un mémoire escript pour en faire resouvenir lesdits religieux quand ils se vestiront pour célébrer la messe.

Je donne et lègue au couvent des R. P. Jacobins, scitué en la rue Saint Honnoré, qui estoit cy devant les faubourgs de cette ville de Paris, la somme de quinze cens livres pour une fois paier, les priant pareillement que durant les six premiers mois d'après mon décedz, de donner charge que leur sacristain[1]...

Je donne et lègue au couvent des R. P. Bernabites la somme de mil livres, pour une fois paier.

Je donne et lègue aux quatre couvens des rellligieux mandians de cette ville de Paris, qui sont les R. P. Jacobins du grand couvent scitué à la rue Saint Jacques, Cordeliers, Carmes et Augustins, à chacun desdits couvens la somme de cent cinquante livres.

Je donne et lègue à mes deux petites niepces, filles de Jacques Picot, mon nepveu, filz de mon frère aisné, laisnée mariée à Perrier, marchand demeurant à Eu-vreux, l'autre mariée à Monsieur Martene, demeurant à Auxonne, en Bourgogne, la somme de deux mil livres à chacune, pour une fois paier.

[1] La fin de ce paragraphe comme plus haut.

Je donne et lègue à M° Pierre Picot, mon nepveu, prestre et chanoine de l'eglize cathédrale de Nostre Dame de Rouen, la somme de trois mil livres pour une fois paier, ma chapelle et ornemens dont je célèbre la saincte messe.

Je donne et lègue aux enfans qui sont sortis de la sœur dudit M° Pierre Picot, mon neveu, et de....... Viret, son mary, marchand et imprimeur du Roy, à Rouen, pareille somme de trois mil livres pour une fois paier, qui sera delivrée audict Viret pour estre mise en rente ou à interest raisonnable, jusques à ce que lesdits enfans soient en aage de jouir de leur bien, ce que ledict Viret, recevant ladite somme de 3,000 livres, s'obligera d'acomplir et exercer, et en fera l'employ, affin que les autres enfans de son second lit ne puissent rien prétendre à cette donnation ny au profflict qui en poura ariver.

Je lègue et donne à Marie Pougy, ma servante, en consideration des peines qu'elle a receus à mon service, durant mes grandes malladies, et pour ses gaiges pendant qu'elle m'a servy, la somme de 1,500 livres pour une fois paier; outre et par dessus ce que je luy ay cy devant donné, je luy donne encores et lègue tout mon linge, tant en draps, serviettes, napes et autre linge, de quelque nature qu'il puisse estre, à l'exception de mes chemises et linge d'eglize, que je veux qui lui soit delivré, avec les petitz meubles qui lui apartiennent dont j'ay signé le mémoire.

Je donne et lègue à Jean Picq, dict le Picart, mon homme de chambre, la somme de 1,500 livres pour une fois paier, en consideration des services qu'il m'a rendus; outre et par dessus ce que je luy ay cy devant donné, je luy donne aussy ma garde robe, habitz et mes chemises.

Je donne et lègue à André Bourmon, mon serviteur, la somme de 1,500 livres outre et par dessus ce que je luy ay cy devant donné.

Je donne et lègue au sieur de Mauvillain, chirurgien, la somme de 100 livres pour une fois paier, en consideration de l'assistance qu'il m'a rendu depuis un long temps.

Je donne et lègue à M. Pijault, procureur au Parlement, la somme de cinq cens livres pour une fois paier, en consideration des soins quil a prins pour moy en mes affaires, et pour ses salaires et vacations; et en cas qu'il ne fust content, je desire et veult qu'il soit contenté; il se souviendra, sy luy plaist, que j'ay presque tout paié les frais et deboursés que l'on a faict à la poursuitte de mes affaires, et qu'il a receu aussy quelque argent sur ses vaccations, comme il se verra parmy mes papiers et les quittances des clercs dudit sieur Pijault.

Je donne et lègue à Marie Praille, fille de Monsieur Praie, mon apoticquaire, pour aider à la marier, la somme de 300 livres pour une fois paier, en consideration des services que ledit sieur Praie m'a rendus depuis quatorze ou quinze ans.

Toutes les choses cy dessus mentionnées, léguées et données, et mes debtes entierement payées, sy aucunes se trouvent estre deues, et mesdits legz paiez, et les habitz de deuil que je veux que mes serviteurs et domestiques soient vestus et habillez.

Je donne, aumosne et lègue à l'Hostel Dieu de Paris et à l'Hostel Dieu des Incurables, scitué au faubourg Sainct Germain de cette ville de Paris, tous le reste de mes biens, meubles et immeubles, après que les legs cy dessus et autres que je pourray faire cy après auront esté paiez et acquittez, à la charge que lesdits Hostel Dieu et Incurables seront tenus faire dire et celebrer, par chacun jour à perpetuité, une messe de requiem pour l'âme dudit testateur, dont sera faict contract, et outre que l'argent aumosné et legué sera employé à la construction des salles desdits hospitaux encommencées, pour l'augmentation du logement des pauvres, et sera ledit argent, legué et aumosné, partagé, scavoir, les deux tiers audit Hostel Dieu de Paris et l'autre tiers audict Hostel Dieu des Incurables. Et avant que de recevoir lesdits legs, les sieurs gouverneurs et maistres desdits deux hospitaux prometteront d'employer ou faire employer l'argent qui en proviendra, ainsy qu'il est specifié cy dessus, et qu'il ne pourra estre employé ny diverty en autre lieu ny autre occasion, pour quelque autre consideration que ce puisse estre.

Je prie Messieurs les gouverneurs et maistres desdits deux hospitaux de faire mettre un tableau à la sacristie, où les prestres se vestent quant ilz vont celebrer la saincte messe, où il soit contenu que, celebrant la saincte messe, ilz sont obligez de prier Dieu pour l'âme de moy testateur, comme bienfaiteur desdits hospitaux.

Je veux aussy qu'à tous les pauvres qui seront presens à mon inhumation et enterrement, y leur soit donné et aumosné à chacun quinze solz, affin qu'ilz prient Dieu pour l'âme de moy testateur.

J'entends et veux qu'incontinent après mes funerailles, on delivre les legs, aumosnes cy dessus specifiez, et que mes serviteurs soient nourris, alimentés et entretenus à mon logis et au depens de ma succession jusques à ce que on leur aye delivré et mis en leurs mains l'argent et meubles que je leur ay laissez et donnez, laissant suffisament pour executer cette mienne dernière volonté, et ce nonobstant toutes raisons et allegations à ce contraires.

Je revoque tous autres testamens que j'aurois faictz cy devant comme les declarans nulz et de nulle valleur, et veux que ce present testament soit executé ponctuellement, nonobstant toutes choses que l'on pourroit dire et alléguer, et nonobstant toutes coutumes que l'on pourroit dire à ce contraires, m'estant licite de disposer des biens que jay peu acquerir et espargner de mon travail.

Pour executer et acomplir entierement et nettement, comme il est cy dessus spéciffié, ce present testament de ma dernière volonté, j'ay nommé et nomme et prie Messieurs Lorthon, Robineau, maistre de l'Hostel Dieu des Incurables de cette ville de Paris et Monsieur Lecousturier, advocat en Parlement, lesquelz je suplie de toute mon affection de voulloir prendre la peine de le faire ponctuellement executer, selon sa forme et teneur et selon mon intention, et pour cet effect je les laisse et les saisys de tous mes biens, facultez et effetz, voullant et entendant que tous mes susditz legs soient, incontinant après mes funerailles, acquittez et paiez incessamment et sans aucun delay, comme il est speciffié cy dessus.

Je suplie mesdits sieurs executeurs de ce mien present testament d'avoir agreable de recevoir chacun une douzaine d'assiettes d'argent, et chacun deux flambeaux aussi d'argent qui sont en mon logis et avec mes meubles.

Je prie aussy Messieurs lesdits maistres de l'Hostel Dieu, en considération de ce que je donne et legue ausdits hospitaux, de voulloir prendre soin de faire observer la fondation que jay faicte et fondée à la Saincte Chapelle, le jour de la feste de Pasque, et que l'un desdits sieurs maistres, qui sera commis par l'assemblée du bureau dudit Hostel Dieu, pour assister à ladite fondation ou s'en informer, sy elle aura esté faite et executée au desir et selon l'ordre porté par le contract passé entre lesdits sieurs de la Saincte Chapelle et du testateur, pour le raporter à la première assemblée qui se tiendra audict bureau dudict Hostel Dieu après ladite feste de Pasques; ledict contract passé par devant les notaires du Chastelet de Paris, qui sera mis es mains desdits sieurs maistres dudict Hostel Dieu, et s'il arrivoit que par negligence on n'executast ladite fondation, Messieurs dudit bureau seront obligez de poursuivre lesdits sieurs de la Saincte Chapelle pour en parfaire entièrement l'exécution, et les poursuivre de ce faire ou rendre l'argent qui leur a esté donné pour cet effect, lequel argent, s'il se rend, ou qu'il soit ordonné que lesdits sieurs de la Saincte Chapelle le rendent, faulte de l'exécution de ladicte fondation, est donné et apartiendra audict Hostel Dieu.

Je donne et lègue à Jean Chauderon, qui m'a servi assez longtemps, la somme de trois cens livres pour une fois paier.

Jay signé, escript et paraphé le présent testament de ma dernière volonté, que je veux estre ponctuellement observé, nonobstant toutes choses qui y pourroient estre contraires, ausquelles je desroge en tant que besoin seroit.

Faict ce douziesme jour d'avril mil six cens cinquante.

Et s'il arrivoit et advenoit que je fusse surpris à faire un aultre testament, estant mallade, devant notaires, signé ou non signé de moy, comme l'on faict souvent audict cas, j'entends et ordonne que tel testament soit nul, s'il ne finit pas par ces couplez et termes exprez : *In te, Domine, speravi, non confundar in eternum in justiciâ tuâ, libera me, inclina ad me aurem tuam, accelera... me. Esto mihi in Deum protectorem et in domum refugii, ut salvum me facias.....* qui est ma très humble prière envers mon Dieu, le père, le filz et le Sainct Esprict, par laquelle jay commancé et finis mon present testament et desire clore le dernier acte de ma vie, et le vray signal de ma dernière volonté, ainsy soit-il. Ainsy signé, Picot, Picot, Picot.

Je donne et lègue à M. Eustache Benault, maistre de la musique de la Saincte Chapelle, toute ma musique, de quelque maniere que ce soit.

Je donne et lègue à Me Jacques Picot, mon nepveu, prieur de Mauregard, la somme de trois mil livres pour une fois paier.

Item je donne et lègue à Me Jean Dutartre la somme de trois cens livres pour une fois paier.

Je donne à Jeanne, qui me sert il y a cinq ou six mois, la somme de deux cens livres pour une fois payer...

Je donne à maistre Jean Leroy, chantre de la chapelle du Roy, la somme de neuf cens livres qui m'est deub par maistre Jean Dupin, tresorier des menues affaires de la chambre du Roy, et où il ne voudroit recevoir la somme deue par ledit Dupin, en ce cas, je luy donne les apointemens qui me sont deubs pour mes gaiges de soubz maistre de la chapelle du Roy par Monsieur Aligre, tresorier des Menus, qui est à present en exercice, depuis le premier jour de janvier dernier jusqu'au jour de mon deceds, n'entendant qu'il ait ladite somme de neuf cens livres et mesdicts apointemens ensemble, ains seulement l'un ou l'autre à son choix.

Je lègue et donne à Messieurs de la musique de la chapelle du Roy la somme qui ne sera point acceptée par ledit Leroy de legs cy dessus, les priant de se souvenir de moy en leurs prieres.

Je donne et lègue à M. Vieillot les sommes qui me sont deubs par les tresoriers de la maison du Roy pour mes gaiges de compositeur de la musique de la chapelle du Roy, à quoy elles se puissent monter...

Faict ce jourd'hy dix septiesme may mil six cens cinquante un, voullant que tous mesdits legs soient entièrement paiez, comme il est cy dessus spéciffié. Signé, Picot, Picot, Picot.

Et plus bas est escript :

Aujourdhuy est comparu par devant les notaires et garde nottes du Roy, nostre Sire, au Chastelet de Paris, soubzignez, Messire Eustache Picot, maistre de la musique du Roy, chanoine de la Saincte Chapelle du Palais, y demeurant, lequel a recogneu et confessé avoir escript et signé de sa propre main le contenucy des sus escripts, qu'il a dict estre son testament olographe contenant sept feuilletz, tous paraphez de sa main, pour icelluy estre exécuté par ses exécuteurs y desnommez, selon sa forme et teneur. Et de plus a ledict Picot déclaré qu'il veult et entend que ses domestiques demeurent deschargez du maniment qu'ilz ont eu et auront jusques au jour de son deceds en sa maison, et quilz en soient creuz à leur simple parolle et serment, comme les aiant toujours trouvez ses fidelles et affectionnez à son service.

Ce fut faict, dicté et nommé par ledit testateur ausdits notaires, et à luy leu et releu par lun deux, l'autre present, quil a dict bien entendre, en la maison dudict sieur Picot, testateur devant déclaré, l'an mil six cens cinquante un, le dix huictiesme jour de may avant midy, et ont signé.

Ainsy signé : Picot. Dorléans et Fonry, notaires.

Inventaire après décès.

(1651.)

L'an mil six cens cinquante ung, le trentiesme et dernier jour de juing, du matin, à la requeste de nobles hommes Charles Robineau, conseiller et secrétaire du Roy, et l'un de Messieurs les gouverneurs de l'Hostel Dieu de Paris et l'hospital des Incurables, seis à Sainct Germain des Prez les Paris, Pierre Lecousturier, advocat en Parlement, et Pierre Lorthon, conseiller et secrétaire du Roy et de ses finances, executeurs du testament olographe de deffunct venerable et discrette personne Messire Eustache Picot, vivant chanoine de la Saincte Chapelle du Pallais, à Paris, abbé de Chalivois, et en la présence de nobles hommes René de la Haye et Sébastien Cramoisy, anciens eschevins de ceste ville de Paris, aussy gouverneurs desdits deux hospitaux, commis et deputez par Messieurs les autres gouverneurs diceux hospitaux à leffect des presentes, lesdictz Hostel Dieu et hospital des Incurables, legataires universelz dudict deffunct sieur Picot, scavoir, ledict Hostel Dieu pour les deux tiers et ledict hospital des Incurables pour l'autre tiers, comme aussy en la presence de René de Chenevieres, escuier, conseiller et procureur du Roy au bailliage du Pallais, à Paris, à la conservation des droitz de qui il apartiendra, par les notaires gardenottes du Roy, nostre Sire, au Chastellet de Paris, soubzsignez, fut et a esté faict inventaire et description de tous les biens, meubles, or, argent, monnoié et non monnoié, de blés, lettres, tiltres, papiers et enseignemens demeurez après le deceds dudict deffunct sieur Picot, trouvez et estans tant en la maison où est decedé iceluy deffunct

en la court du Pallais, que les deniers comptans en la maison dudit sieur de la Haye, sur le quay des Orfebvres, où est pour enseigne la Belle-Image, dans les coffres qui y ont esté aportez, le tout après que le scellé aposé sur iceux et sur les autres biens dudict deffunct par Jean Chevallier, escuier, conseiller du Roy, lieutenant général civil et criminel audict bailliage, a esté par luy recogneu, levé et osté, suivant et comme il est porté en son procès verbal, lesdicts biens, meubles, argent et autres choses montrez et enseignez par Marie Pougy, servante, Jean Picq et André Bourmon, domesticques dudict deffunct sieur Picot, après serment par eux et chacun deux faict es mains desdictz notaires de tous lesditz biens monstrer et enseigner, pour estre mis au present inventaire, sans aucuns en receler ny cacher sous les peines à ce introduictes, qui leur ont esté declarées et données à entendre par lun desdits notaires, lautre present.

Lesdictz biens meubles prisez et estimez par Pierre Baux, huissier, priseur vendeur de biens audict bailliage, qui a fait serment à justice, et qui a faict ladite prisée aux sommes de deniers selon et ainsy quil en suit, et ont signé la minutte des presentes, demeurée à Lemoyne, notaire. Signé, Choinau-Lemoyne.

Dudict jour de relevée, en continuant la confection du present inventaire, lesdictes parties nommées en linitilation d'icelluy se seroient, avec ledit sieur lieutenant general du bailliage du pallais, transportez en la maison dudit sieur de la Haye, sur le quay des Orfebvres, où l'on auroit compté les deniers comptans trouvez apres le deceds dudict deffunct qui en suivent :

Premierement, un sacq dans lequel sest trouvé 4,000 escus dor.

Item un autre sacq dans lequel sont 2,000 pistolles d'Espagne.

Item un autre sacq dans lequel sont 2,000 louis d'or.

Item un autre sacq de 3,300 escus d'or.

Item un autre sacq dans lequel sont 2,000 pistolles d'Espagne.

Item un autre sacq dans lequel sont 310 pistoles d'Espagne.

Item un autre sacq dans lequel sont 1,290 louis et demy dor.

Item un autre sacq dans lequel sont 127 *justes* et 127 escus d'or.

Plus en louis dargent la somme de 26,000 livres tournois.

Dans la maison où est décedé ledict deffunct.

En la cave... Dix carteaux de vin blanc et clairet du creu de Pouilly et Sancerre, prisé la somme de cent livres

...Un buffet à un guichet de bois de noier noir tel quel, prisé la somme de iii livres.

Item six pieces de tapisserie de cuir doré, à fonds dor et blanc, prisées avec trois soubassemens la somme de xxiiii livres.

Item ung grand tableau painct sur thoille où est representé ladoration des trois roys, garny de son chassis de bois doré, prisé la somme de xl livres tournois.

Item ung autre tableau painct sur thoille où est representé une nostre dame et des pelerins, garny de son chassis de bois de noier, prisé la somme de xx livres tournois.

Dans la chambre où est décedé ledict deffunct.

Item une autre couche à hault pilliers de bois de noyer, garnye de son enfonceure, une paillasse, mathelas de fustaine, traversin de coutil remply de plume, une couverture de laine blanche, troys rideaux, deux bonnes graces, le tout de serge à deux anvers coulleur minime? garny de passement, crespine et mollet de soye, prisé le tout ensemble la somme de lxx livres.

Item un tapis de Turquie de deux aunes et demye de long ou environ, prisé la somme de x livres tournois.

Item cinq pieces de tapisserie de Flandres, où sont representez des paisages et personnages, prisées ensemble la somme de cent cinquante livres.

Item six tableaux dont cinq sont painctz sur thoille et l'autre sur bois, représentant des devotions, prisez la somme de viii livres.

Item troys tableaux garnis de leurs chassis, dont deux painctz sur marbre et l'autre sur bois, où sont representez des dévotions, prisez ensemble douze livres.

Dans la seconde chambre au dessus de la grand salle.

Item une couche à hault pilliers... prisée la somme de iiii^{xx} livres.

Item une tanture de tapisserie de Bergame, contenant sept pieces, faisant environ dix huit aulnes, prisées ensemble la somme de xxxvi livres.

Ensuivent les tiltres et papiers :

Item un contrat en parchemin, passé par devant Detroyes et Parque, notaires à Paris, le xviie septembre 1642, contenant la fondation faicte par ledict deffunct sieur Picot, en ladite Saincte Chapelle, de la procession solennelle qui se faict le jour de Pasques, et prieres ordonnées par icelluy, par lequel Messieurs les tresoriers, chantres et chanoines de ladite Saincte Chapelle auroient confessé avoir receu dudit sieur Picot la somme de trois mil livres tournois, en consideration de ladicte fondation, ensuitte de laquelle est une quittance et décharge signée Tardieu, du quinziesme avril mil six cens quarante trois, d'un dais et soleil baillé par ledict deffunct, ensuitte de laquelle est une autre quittance passée par devant Choiseau et Parque, notaires à Paris, le 29 avril dernier, de la somme de mil livres tournois aussy paiée par ledict deffunct pour augmentation du paiement de ladite fondation, avec lequel contract sont attachés une quittance générallle des ouvrages faitz pour la construction de plusieurs maisons apartenant à ladite chapelle, seizes rue Taranne, à Sainct Germain des Prez, signée par collation Corrozet et Giraud, le quinziesme septembre mil six cens quarante huit, sur l'original dicelle quittance, dattée du huitiesme fevrier audit an, au paiement du contenu, en laquelle quittance seroit entré lesditz trois mil livres tournois cy dessus paiez par ledict deffunct; les lettres patentes de Sa Majesté, du mois d'octobre mil six cens quarante huit, signées par le Roy et la Reine régente, Phelipeaux, portant confirmation et aprobation de ladite fondation, avec deux projectz dudit contract de fondation et deux recepissez, lun en forme de resultat, signé Tardieu, et l'autre signé Larousse, portant réception desdites trois mil livres, inventorié lesdictes pieces lune comme lautre.

Item un autre contract en parchemin, passé par devant Beranger, notaire à Evreux, et Du Bosse, son adjoinct, le vingt septiesme octobre mil six cens cinquante, contenant la fondation faicte par ledict deffunct, ledict jour de Pasques, en leglize cathedralle de Nostre Dame dudict Evreux, et le paiement de la somme de trois mil cinq cens livres tournois, paié par ledict deffunct pour icelle à Messieurs les doyen, chantre et chanoines de ladite eglize.

Item la grosse, en forme extérieure d'un bail faict par ledict deffunct sieur Picot à maistre Morice Marchal, marchand demeurant à Beaulieu, du revenu temporel du prieuré dudict Beaulieu, et dependances dicelluy, pour neuf années, moyennant 3,000 livres tournois par chacune d'icelles.

Item une liace de 13 pieces; les sept premieres sont baux faictz par ledict deffunct de sadite abbaie de Chalivoy, le dernier diceux à maistre Anthoine Flagy et sa femme, pour neuf années, moyennant 2,400 livres tournois par chacune d'icelles.

Item un brevet de Sa Majesté, signé Louis, et plus bas Phelypeaux, du 24e decembre 1647, par lequel Sa Majesté auroit admis et agréé la resignation faicte par ledict deffunct sieur Picot de l'abbaie de Saint Bernard de Chaumont, ordre de Premonstré, au proffict de maistre Cyrus de Villars La Fay, par permutation contre le prieuré de Beaulieu, à la reserve de 3,000 livres de pension.

Item une quittance passée par ledict deffunct, par devant de St Vaast et Parque, notaires à Paris, le 18e octobre 1649, de la somme de 300 livres pour ses gaiges de la derniere demye année de 1648.

Item unze pièces concernant la musique de Sa Majesté et la charge de grand maistre d'icelle, dont estoit titulaire ledict deffunct sieur Picot, que lesdictes partyes n'ont désiré estre plus particulièrement déclarées, pour éviter la prolixité.

Item un mémoire, signé Boudin, des heritages scis à Piquepuce, apartenant à Messieurs de la Saincte Chapelle du Pallais à Paris.

Item un brevet de Sa Majesté, signé Louis, et plus bas de Lomenge, donné à Chasteau Thierry, le 15ᵉ octobre 1633, par lequel Sadicte Majesté auroit accordé aux sieurs Picot, maistre de la musique de sa chapelle, et Marresse, porte manteau ordinaire, la permission destablir un marché et une boucherie dans la place Dauphine, isle du Pallais.

En suict la vaisselle d'argent... le tout ensemble poisant 48 marcs cinq onces un gros, prisé le marc 28 livres, revenans audit prix à la somme de 1,361 livres 19 solz.

Lettres patentes du Roy Henri II, autorisant les chantres et chanoines de sa chapelle royale à percevoir les fruits de leurs prébendes, sans être tenus à résidence.

(1554.)

Henry, par la grace de Dieu, roy de France, à tous presens et à venir, salut. Nos chers et bien amez les chantres, chapellains, clercz, officiers et enffans de nos chapelles de musique et plain chant, chantres de nostre chambre, chappellains et clercz de nostre oratoire, nous ont faict dire et remonstrer que, pour satisfaire au devoir de leur estat et au service qu'ilz nous doivent, ilz sont tenuz demourer et faire leur residence, six mois entiers pour le moings, à la suite de nostre court, et tant part où nous sommes, ce qu'ilz ne peuvent faire sans grans fraiz et despens; considéré la penurie de toutes choses et le temps qui court, durant lequel aucuns desditz exposans qui sont pourveuz es eglises cathedralles ou collegialles de nostre royaume, pays, terres et seigneuries, de dignitez, offices, beneficces, prebendes et chanoinies estant tant en nostre disposition, comme autres collateurs perdent la pluspart du revenu de lannée de leurs dits benefices, pour n'estre aucunement excusez par lesditz chanoines et chapitres esquelz ils sont pourveuz, encores que pour leur absence le service de Dieu ne soit en riens discontinué ou diminué, dautant que de chacune eglise ou chappitre ne se treuve communement quil y ait gueres plus dung ou deux beneficiers qui soient du nombre desditz exposans, chose qui leur tourne à tres grand perte et dommage, tellement quilz nont moyen de frayer et subvenir à la despence qu'il leur convient faire à nostre service

Estant très raisonnable que ceulx qui ordinairement nous suyvent et servent soient tenuz et reputez presens en leurs dits benefices, nous requerant que le service quilz nous font journellement ne leur tourne à dommage, et sur ce leur impartir noz lettres patentes dexcuse et exemption desdictes residences, pour ce necessaires et convenables, ce que liberallement et voluntairement leur avons octroyé;

Pour ce est-il que nous, ce consideré, desirans ayder et favoriser de tout nostre pouvoir ceulx qui ordinairement prennent peyne à devotement dire, celébrer, chanter et psalmodier devant nous le service divin,

Avons, pour ces causes et autres bonnes, justes et raisonnables considerations à ce nous mouvans, de nostre certaine science, plaine puissance et auctorité royale, dict et declairé, disons et declairons par édict perpetuel et irrevocable nostre vouloir et intention estre que lesditz exposans et chascun deulx ayent et puissent joyr, prendre et percevoir les fruictz, proffictz, revenuz et emolumens, ensemble toutes les distributions quotidianes et manuelles des dignitez, offices, beneficces, chanoinies et prebendes, dont ilz sont à présent, seront et pourront estre cy apres par nous ou autre canonicquement pourveuz, chacun pour son regard, durant le temps quilz seront en nostre service, comme silz estoient presens et assistans au service desdites eglises, pourveu touteffois que ces eglises cathedralles et collegialles nestans en nostre disposition; il ny en ait plus de deux, et es eglises collegialles où nous avons plaine et entiere disposition, ilz ne soient plus de quatre; et au regard de celles où le nombre est de quarante ou plus, nous voullons et entendons qu'il y en ait six, en tel ordre que sen suyt : premierement, noz chantres, chanoines de nostre chappelle de musicque et chappellains des haultes messes d'icelles, et chantres de nostre chambre, chappellains, clercz et sommeliers de nostre oratoire, chantres, chapellains et clercz de nostre chapelle de plain chant, et ce sans préjudice ou diminution de leurs jours et moys, et de tout le temps que les chanoynes et autres presens et residens, pourveuz esdictes eglises cathedralles ou collegialles, ont accoustumé par les statutz et coustumes desdictes eglizes avoir et prendre chascun an, pour vacquer et entendre à leurs affaires et negoces particuliers, et soient lesditz exposans reputez et tenuz pour presens en leglise en laquelle ilz seront pourveuz, comme sont les domestiques des archevesques ou evesques, facteurs entremetteurs, negociateurs et procureurs desditz chappitres, envoyez et deputtez pour les affaires de leurs communaultés.

A la charge touteffois de faire par iceulx exposans, apres avoir servy leurs quartiers tout le service quilz pourront es eglises esquelles ilz seront et pourront estre cy après par nous ou par autres pourveus, sans ce quil leur soit besoing faire veriffier nosdictes lectres de declaration en aucunes de noz courtz de parlementz, soubz lesquelles ilz se trouveront estre pourveuz, et en cas dopposition, reffuz ou delay, voulons et nous plaist que sur les prelatz ou chappitres reffusans, delayans ou empeschans leffect de nos dictes lectres patentes de declaration, soit proceddé par le premier de noz huissiers ou sergens sur ce requis par adjournemens, et saisis de leur revenu temporel, et jour à eulx assigné par devant nous en nostre conseil privé, pour dire leurs causes dopposition, reffuz, empeschemens et delay.

Voulons et nous plaist inhibitions et deffenses en estre faictes à toutes noz courtz souveraines et autres juges subalternes dentreprendre court, jurisdiction et congnoissance desdictes appellations ou oppositions, desquelles nous avons reservé et reservons à nous et nostre dict conseil privé lentiere decision et congnoissance.

Pour lesquelles ne voulons leffect de nosdicts lettres patentes estre aucunement différé ou retardé, et pour ce que lon poura avoir affaire dicelles noz lectres en plusieurs et divers lieux, nous voulons que au *vidimus dicelles* deuement collacionné par lun de noz amez et feaulx notaires et secrétaires, foy soit adjouxtée, comme au present original. Car tel est nostre plaisir. Nonobstant quelzconques ordonnances, restrictions, mandemens et lectres à ce contraires.

Donné à Fontainebleau, au moys de avril, lan de grace mil cinq cens cinquante quatre et de nostre règne le huictiesme.

Sur le reply : Par le Roy, Duthier.

Estat du domaine de l'abbaye de Chaumont[1] soubz fermé et commancé en janvier 1639.

Les grosses dixmes de Chaumont et de Pagan sont soubz fermez à Robert Peltier et consors.

Scavoir en grains : froment, iiii^{xx} septiers ; avoine, iiii^{xx} septiers ; argent, cent dix livres ; chappons, iiii ; cire, iiii livres ; Innocens, v s. t.

Plus, pour plusieurs heritages occuppez par Michel Martinet, lequel rend par an, en argent, xviii l. x s. t.; chappons, v ; cire, i livre ; Innocens, x s. t. ; en froment, iii quarteaux ; avoine, iii.

Plus une maison occuppée par M. le curé rend, en argent, xxi livres ; chappons, ii ; Innocens, ii s. ; cire, demie livre.

Item ung prez appellé le prez Rougueau, occuppé par Robert Peltier, rend par an, en argent, lxxv livres.

Item une cense appellée Ste Leberette, occuppée par Jean Rousseau le jeune, rend par an, en froment, iii s.; avoine, iii s. ; chappons, ii ; une journée de ses chevaux, cy i.

Item une autre cense audit Chaumont, occuppée par Jacques Justine et rend par an, en argent, xiiii livres; froment, xviii septiers ; avoine, xvi septiers ; chappons, v livres ; cire, i livre ; Innocens, v s. ; journée de chevaux, i livre.

Item deux autres censes audict Chaumont, par Robert Peltier, rend par an, en froment, viii septiers ; avoine, viii s. ; argent, xii livres ; chappons, iii ; cire, demie livre ; Innocens, ii s. vi deniers.

Item les bois dudit Chaumont, affermez par Jean Justine, et rend par chacun arpent de bois cinquante livres.

La motte aux Cailloux.

Une cense occuppée par Henry Fastié rend par an, en froment, xiii septiers ; avoine, xiii septiers ; argent, vi livres ; chappons, iii livres ; cire, i livre ; Innocens, ii s. vi deniers.

Lacroix. Une cense occuppée par Nicolas Camuseau rend par an, en froment, x septiers ; avoine, x septiers; chappons, v ; cire, ii livres ; Innocens, ii s. vi deniers ; journée de chevaux, i livre ; argent...

Logny. Le moulin occuppé par Pierre Meusnier rend par an, en argent, xvi livres ; chappons, ii ; cire, i livre ; Innocens, i s. iii deniers.

Item ung jardin occuppé par Jehan Bosserel et une autre terre appellée le Houyz : argent, x livres.

Les dixmes tenues par Jean Camuseau rend en argent iiii^{xx} livres ; chappons, ii ; cire, i livre ; Innocens, v solz.

La cense dudit Logny, occuppée par Louys Robinet et Jean Basin : froment, xiii septiers iii quarteaux ; méteil, xiii septiers iii quarteaux ; avoine, xviii septiers ; argent, xviii livres vii s.; chappons, iii ; cire, iii livres ; Innocens, v s.

Addon. Les grosses dixmes occupées par Pierre et Jean Landragin avec un prez sciz à Valason rendent, en argent, cxxvii livres ; chappons, iiii ; cire, iiii livres ; Innocens, xii s. vi den.

Une cense occuppée par Jean Landragin, dit Bertaud, rend, en argent, xlv livres ; froment, xiiii septiers ; avoine, xiii septiers ; chappons, ii ; cire, ii livres ; Innocens, x s. t...

---

[1] Chaumont-Porcien, département des Ardennes ; Eustache Picot en était abbé commandataire.

LEGS FRANÇOIS RAPINE[1].

(Avant 1652.)

Monitoire menaçant d'excommunication ceux qui ont détourné et qui détiennent une partie de la succession de dom Rapine.

Frater Franciscus Blanchart, præsbyter religiosus et præpositus generalis totius ordinis sancti Augustini, Canonicorum regularium congregationis gallicanæ, nec non regalis et incliti monasterii sanctæ Genovefæ in monte Parisiensi, ejusdem ordinis, ad romanam ecclesiam nullo medio pertinentis abbas, judex, rector et conservator, una cum quibusdam aliis nostris collegis, cum illa clausula quatenus vos, vel duo aut unus vestrum, per vos vel alium seu alios, privilegiorum plurimorum diversis monasteriis, variis ordinibus, communicatibus (sic), *capitulis, personis et locis a Sancta Sede Apostolica indultorum ab eadem sede specialiter deputatus, omnibus præsbiteris, notariis et tabellionibus, cæterisque personis publicis hic et ubilibet constitutis, ad quem seu quos hæ nostræ præsentes litteræ pervenerint, salutem in Domino et mandatis nostris imo verius apostolicis firmiter obedire.*

Viso per nos decreto seu arresto Dominorum supremi senatus parisiensis, pro parte Dominorum gubernatorum et administratorum Hospitalis Domus Dei, infra scriptorum, conquerentium, obtento et impetrato permissionem monitionem obtinendi in forma juris, ad fines revelationis in se continente vobis et vestrum cuilibet in virtute sanctæ obedientiæ, et sub pœnis suspensionis et excommunicationis, quos contra vos feremus et decernemus, nisi mandatis nostris parueritis, præcipimus et mandamus :

Que, de nostre part et de l'authorité apostholique à nous commise, vous admonestiez diligemment et canoniquement en vos eglises, à la requeste des sieurs gouverneurs et administrateurs de l'Hostel Dieu de Paris, légataires en partie de frere Francois Rapine, vivant prieur du prieuré conventuel de Sainct Pierre le Moustier, ordre de Sainct Benoist, diocese de Nevers, complaignans à Dieu et à nostre mère saincte Eglise, suivant l'arrest de nos seigneurs de la court de Parlement de Paris, en datte du 27ᵉ octobre dernier passé.

Tous ceux et celles qui scavent que ledit frere Francois Rapine possédoit de son vivant *de grands biens qu'il auroit laissez après sa mort,* pour estre distribuez tant aux pauvres dudict lieu qu'audit Hostel Dieu par esgale portion, qui scavent que lesdits complaignans ayans envoyé expres sur les lieux pour faire faire inventaire et conserver les droits des pauvres, *il se seroit trouvé fort peu de chose en évidence.*

Qui scavent que ledit feu frere Francois Rapine possedoit de son vivant quantité de biens meubles, or et argent monnoyé et non monnoyé, mesme quantité de grains de toutes sortes, ensemble avoit plusieurs lettres, tiltres, contracts de constitutions de rentes, promesses, cédules et obligations, et autres actes et mémoires touchans et concernans plusieurs sommes de deniers qui luy estoient deües par plusieurs particuliers et autres.

Qui scavent en quels lieux et endroits lesdits deniers ont esté mis, quelles sommes il y avoit, en quelles espèces et à qui ils ont esté baillez et confiez.

Qui scavent qui sont ceux ou celles qui se sont emparez de tous lesdits effets, à l'instant de la mort dudit deffunct.

Qui sont ceux qui ont empesché de faire l'inventaire, à la requeste desdits complaignans, et quels empeschemens l'on y a apporté pour exempter que ceux qui scavoient les biens et lesdits divertissemens ne fussent obligez de faire serment, et donner leurs declarations sur lesdits recellez.

Qui scavent quelle quantité de grains il y avoit dans les greniers dudit deffunct prieur, combien de pieces de vin dans ses caves, de quelle nature et de quel prix ils estoient, à qui ils auroient esté vendus, les noms, surnoms et demeures de ceux qui les auroient acheptez, les sommes qui en auroient esté payées, ceux ou celles qui en auroient receu les deniers.

Quelles personnes estoient redevables audit deffunct Rapine de grains, vins, cens, droicts seigneuriaux et autres redevances quelsconques, si les livraisons et acquits en ont esté faits, qui leur en a donné les quittances ou descharges, les profusions, dissipations et dons d'une partie desdits biens, comment certains quidams se les sont appropriez, en ont jouy, usé et disposé comme de leur chose, en quoy consistoit les meubles et effects mobiliaires, les promesses, cedules et obligations et contracts, qui en estoient les débiteurs, s'il n'y avoit point plusieurs sommes deües par des communautez ou des particuliers, quels en sont les noms, et mesmes s'il y en avoit point dont il n'y eust pas d'escrit, qui en a fait et sollicité la recepte, s'il y en a eu des remises, compo-

---

[1] Dom François Rapine, prieur de Saint-Pierre-le-Moûtier, mourut vers 1654, laissant toute sa fortune à l'Hôtel-Dieu de Paris et aux pauvres de l'hôpital de Saint-Pierre-le-Moûtier. Les archives de l'Assistance publique ne possèdent plus la copie de son testament; je me borne à publier ici quelques pièces de ce fonds qui m'ont paru offrir de l'intérêt.

sitions ou gratifications de tout ou de partie, en quelles sommes consistoient les deniers comptans, en quels lieux ils estoient, ceux et celles qui s'en seroient saisis et emparez, soit pour les garder ou pour les divertir, en quel temps et comment ils en auroient usé et disposé.

Quelle a esté la conduite desdits biens. Si l'on n'est pas publiquement demeuré d'accord plusieurs fois qu'ils estoient de valeur de plus de cent cinquante mil livres tournois. Que tous ceux qui les pretendoient ont respectueusement advoüé cette vérité, mesme que cela estoit au dessoubs de ce que possédoit ledit deffunct prieur.

Tous ceux et celles qui scavent combien d'années il avoit esté prieur, quel estoit le revenu dudit prieuré de Sainct Pierre le Moustier, quels estoient d'ailleurs ses œconomes, quels estoient ses emplois et ses espargnes.

Qui scavent le peu de despense que ledict prieur faisoit, sa grande assiduité pour acquerir et conserver ses facultez, et les hautes esperances qu'avoient conceües du profit de ses biens ceux qui estimoient qu'ils leur devoient appartenir.

Si, lorsque lesdits complaignans auroient envoyé sur les lieux pour procéder audit inventaire, il n'y auroit pas eu de nouveaux divertissements ou en especes ou en deniers, si ceux qui pouvoient y estre interessez n'estoient pas alors dans ledit prieuré de Sainct Pierre le Moustier, et que neantmoins certains quidams ont feint en estre absens, tant afin qu'il n'y eut pas lieu de reprocher lesdictes soubstractions et divertissemens faits, qu'afin de nestre point obligez de faire les affirmations requises et necessaires.

Qui scavent que lesdits quidams ou autres se seroient pareillement saisis et emparez et ensuite mal pris, diverty, detourné, dérobé, soubstrait et emporté grande quantité de meubles meublans et pieces precieuses et rares, appartenantes audit deffunct prieur, comme bagues, montres, pieces d'or et d'argent, et autres semblables de grand prix et valeur.

Qui scavent s'il n'y a point eu d'autres artifices pratiquez pour retenir les biens ou en empescher les lumieres, et mesme pour en colorer lesdits divertissemens, de quels moyens et pretextes on s'est servy.

S'il n'y a pas eu aussi des promesses, des participations ou des menaces, pour divertir les preuves et empescher les depositions ou declarations de quelques particuliers.

Qui scavent les noms, surnoms, qualitez et demeures desdits quidams, ou de l'un deux, les lieux et endroicts où lesdites choses soubstraites auroient esté transportées, entre les mains de quelles personnes elles auroient esté confiées et données en garde, et où elles sont à present, si lesdites hardes et pieces précieuses auroient esté vendües, ou partie d'icelles, à quelles personnes, pour quel prix, et qui sont ceux ou celles qui en ont receu les deniers.

Et generallement ceux et celles qui, des faicts cy dessus, circonstances et dependences diceux, en ont veu, sceu, connu, entendu, oüy dire et apperceu aucune chose, soit pour avoir donné conseil, presté faveur, confort et ayde à les faire et commettre, y avoir esté présens, participans et consentans, en peuvent dire et déposer quelque chose, en quelque manière que ce soit.

Ut ipsi et eorum quilibet infra novem dies proximè venturos, postquam hæ nostræ presentes litteræ ad eorum notitiam devenerint et quidquid de præmissis viderint, fecerint, vel dici audiverint, dicant, declarent, revelent et notificent dictis conquerentibus, aut præsentium publicatori, seu coram notario publico et testibus fide dignis, ita ut dicti conquerentes se de hujusmodi revelationibus juvare possint et valeant in judicio et extra: alioquin dictis novem diebus elapsis illos omnes et singulos malefactores præmissa scientes et non revelantes, eorum que adjutores et fautores his inscriptis, auctoritate apostolica qua fungimur in hâ parte excommunicamus.

Quam excommunicationis sententiam si per alios novem dies sustinuerint (quod absit) ipsos reaggravamus; excommunicatos, aggravatos et reaggravatos a nobis et auctoritate apostolica prædicta in Ecclesiis vestris, singulis diebus dominicis et festivis palam et publice nuntietis, ab hujusmodi publicatione non cessantes, donec ipsi malefactores a nobis beneficium absolutionis meruerint obtinere.

Volumus autem et decernimus talem et tantam adhibendam ubique fore et esse fidem transumptis seu copiis collationatis præsentium per magistrum Jacobum Gallot, jurium licentiatum, in senatu parisiensi advocatum, nec non notarium publicum apostolicum et ecclesiasticum Parisiis commorantem, atque etiam actuarium dictæ Curiæ conservationis privilegiorum, infra scriptum, subscriptis et subsignatis, qualis et quanta vero præsentium originali fides adhiberetur, si originaliter produceretur in judicio et extra judicium.

Datum Parisiis, sub sigillo Curiæ nostræ conservationis, una cum signeto nostro, anno Domini millesimo sexcentesimo quinquagesimo quarto, die decima mensis Novembris.

Signatum F. F. Blanchart, abbas sanctæ Genovefæ et inferius. J. Gallot et sigillatum.

Nous, official de Moulins, diocese dAutun, ordonnons à tous curés de nostre diocese publier les presentes monitoires obtenues de lauthoritté de Ste Geneviefve de Paris, pour en faire les proclamations à la maniere accoustumée, prosne et messes paroissiales, et recevoir les revallations, pour en faire la deslivrance à qui il apartiendra, à payne contre les contrevenans d'interdiction *a divinis.*

Faict à Moulins, en nostre salle de lofficialité, le 24 décembre 1654. Signé : Demonnet.

Requête des administrateurs de l'Hôtel-Dieu au Parlement.

Supplient humblement les gouverneurs et administrateurs de l'Hostel Dieu de Paris et de l'hospital de Sainct Pierre le Moustier, disantz que, par arrest de la Cour, du quatriesme jour daoust mil six cens cinquante quatre, il a esté adjugé ausdits supplians les biens de deffunct messire François Rapine, vivant prieur dudict Saint Pierre, mentionnez audict arrest, en execution duquel arrest le lieutenant general de Moulins s'est transporté sur les lieux, faict proces verbal de ce qui s'est trouvé restant; et comme il y a eu divertissement des plus principaux effects et deniers provenantz de ladicte succession, autre arrest de ladicte Cour est intervenu le septiesme octobre en suivant, par lequel il leur a esté permis de faire informer des faictz contenus en leur requeste, circonstances et dependances, et à ceste fin permis obtenir monition en forme de droict, lequel monitoire a esté obtenu, leu et publié, et ensuitte plusieurs revellations sont intervenues par diverses personnes qui ont esté répétées par devant ledict lieutenant général, et le tout apporté au greffe de la Cour, par lesquelles revellations et repetitions lesdits supplians esperent qu'il y a preuve du divertissement des effectz de ladicte succession dudict deffunct Rapine et de sommes notables.

Ce consideré, nos seigneurs, il vous plaise decretter lesdictes revellations et repectitions, requerant à ceste fin la jonction de Monsieur le Procureur general, et vous ferez bien. Signé Joinet.

Décret de prise de corps contre le sieur Coiffier, neveu de François Rapine.

(1655.)

EXTRAIT DES REGISTRES DU PARLEMENT.

Veu, par la Cour, les deffaux obtenus en icelle par les maistres, gouverneurs et administrateurs de l'Hostel Dieu de Paris, les trente un juillet et unze septembre mil six cens cinquante cinq, demandeurs en execution d'arrest d'adjournement personnel du vingt et un dudict mois de juillet mil six cens cinquante cinq, et requerans le profict et adjudication desdits deffaux contre Gabriel Coiffier, prieur du prieuré conventuel de Saint Pierre le Moustier, et domp Mayeul de Combes, prieur de Chantenay et sacristain du prieuré de Saint Pierre le Moustier, deffendeurs et deffaillans, faute de comparoir en personnes et ester à droit, la demande sur le proffit desdits deffaux, arrestz, exploitz, et ce qui a esté mis et produict par les demandeurs.

Tout consideré, dict a esté que lesdicts deffaux ont esté bien et deuement obtenus, et pour le proffit d'iceux ladicte Cour a ordonné et ordonne que lesdictz Coiffier et de Combes seront pris au corps et amenés prisonniers ès prisons de la Conciergerie du Pallais pour ester à droit, et où ils ne pourront estre aprehendés, seront adjournez à trois briefz jours, à son de trompe et cry publicq, à comparoir en icelle, leurs biens saisis et commissaires y establis, jusques à ce qu'ilz ayent obey; pour, ce fait et communiqué au procureur general du Roy, estre ordonné ce que de raison.

Les condamne ès despens desdicts deffaux et de ce qui s'en est en suivy.

Fait en Parlement, le dix huit decembre mil six cens cinquante cinq. Signé Joinet.

Estat de la recepte et despence faictes par moy François Rapine, prieur de Saint Pierre le Moutier, intendant et directeur de l'hospital estably en l'armée du Roy en Bourgongne, commandée par Monsieur le prince de Condé, tant pour l'achapt des drogues, medicamens, ferremens, oustilz et ustancilles necessaires pour le service des apotiquaires et chirurgiens dudit hospital, conduicte desdictes drogues, meubles et ustanciles, que pour les gaiges et appointemens des officiers destinez pour ledict hospital, ensemble pour la nourriture desdits officiers, le tout pour l'année mil six cens trente six, ainsy qu'il en suit.

(Année 1636.)

Premierement. Recepte :

Fait cy recepte ledict present comptable de la somme de *six mil livres* par luy receu de M. Jean de Foudrieu, sieur de Champlay, commis par le Roy à l'exercice des charges des tresoriers generaux des guerres, pour employer, scavoir, iii mil livres en achapt de drogues, medicamens, ferrementz, oustilz et ustancilles necessaires pour le service des appotiquaires et chirurgiens dudict hospital, mil livres pour la conducte desdictes drogues, meubles et ustancilles et pour la nourriture desdits officiers jusques dans l'armée de Sa Majesté, et ii mil livres sur et tant moings des gaiges et appointemens desdicts officiers destinez pour icelluy hospital, mentionnez en l'estat de Sa Majesté, du xvi° avril 1636, cy, vi mil livres.

Dudict de Foudrieu, sieur de Champlay, la somme de trois mil trois cens soixante livres pour employer, scavoir, iii° lx livres pour le reste des appointemens des officiers dudict hospital, et iii mil livres pour la despense de la nourriture des officiers et des malades qui estoient et qui seroient audit hospital, cy, iii mil iii c. lx livres.

Dudict sieur de Champlay, la somme de cinq mil trois cens soixante livres pour employer en despences dudit hospital et aux appointemens des officiers servans en icelluy pendant le second mois commancé le xv° juin audit an 1636. suivant l'estat du Roy, cy, v mil iii cens lx livres

Dudict sieur de Champlay, la somme de iii mil livres pour employer à la nourriture des soldatz blessez et malades et officiers dudit hospital, pendant le mois commencé le xv° juillet et finy le xv° aoust audit an, cy, iii mil livres.

Somme totalle de la recepte du present estat : xvii mil vii cens xx livres.

Despence sur ce :

Et premièrement. A cause des achapts de drogues, oustilz et ustencilles necessaires pour le service des soldatz blessez et malades dudit hospital,

Au sieur Denizon, marchand droguiste à Paris, la somme de quatorze cens quatre vingtz quatre livres, pour lachapt de partye des drogues necessaires pour ledict hospital, suivant sa quictance du xvii° may 1636, estant au bas de lestat desdites drogues cy raporté, cy, xiiii° iiii°° iiii livres.

A Michel du Troulleau, maistre apotiquaire à Paris, la somme de douze cens soixante une livres six sols pour l'achapt de quantité d'emplastres, compositions, siropts, pillules, pouldres et aultres choses necessaires pour ledit hospital, contenues en un estat de luy signé, au bas duquel est sa quittance de ladite somme, cy, xii° lxi livres vi solz.

A Guillaume Matliot, dict Montbeillard, maistre coustellier à Paris, la somme de cent cinquante livres pour vente et dellivrance d'un trespan complet, de deux scies à extroper, de deux grandz cousteaux courbes, de deux paires de tenailles incisives, de plusieurs tireballes, rasoirs, lancettes, ciseaux et autres oustilz et instrumentz mentionnés dans l'estat que ledit Matliot en a baillé, au bas duquel est sa quictance du xv° may 1636, cy, cl livres.

A Louis Braille, maistre chaudronnier à Paris, la somme de cinquante une livres dix huict solz, pour achapt de deux grandz bassins, deux fortz grandz coquemartz, deux grandz poislons, d'une passoire et d'un friquet, le tout de cuivre rouge, et de deux grandes cuillières de fer, le tout pour le service des apotiquaires et chirurgiens dudit hospital, suivant la quictance dudict Braille, du xvi° may 1636, cy, cinquante et une livres xviii s.

A Gervais Le Brun, maistre pottier d'estain à Paris, la somme de cinquante trois livres ii solz pour vente et dellivrance par luy faicte de six grandes seringues garnies de leur estui de cuir, et d'une douzaine de canons de buy, de six gobellets couvertz à faire médecine, de vingt quatre pallettes à seigner et de deux grandz bassins, le tout destain fin, à faire infusions, suivant sa quictance du xvi° may 1636, cy, liii livres ii solz.

Somme : iii mil livres vi solz.

Autre despence faicte pour la voicture desdictes drogues, meubles, ustancilles et equipage des officiers servans audit hospital et pour la nouriture desdicts officiers.

A Michel Petit, maistre bahuttier à Paris, la somme de deux cens livres pour vente et délivrance par luy faicte de six grandz bahutz ferrez de touttes partz et bien barrés, fermant à deux clefz, et d'un cadenat, de deux malles de bois, servans de caves à mettre les sirops et eaues cordialles, dun grand bahut carré, et d'une grande cassette, le tout couvert de cuir de porc, suivant la quictance dudict Petit, du xv° may 1636, cy, ii cens livres.

A Nicolas Passerat et Claude Gravier, voicturiers par terre, la somme de cinq cens livres pour la voicture par eulx faicte desdictz bahutz, malles et caisses cy dessus, depuis Paris jusques ès villes de Troyes et Dijon, le tout portant quatre mil livres, à raison de ii s. vi d. pour livre, suivant la quictance desdicts Passerat et Gravier, du dernier may 1636, estant au doz des lectres de voicture, cy, v cens livres.

A Denis Claudon, autre voicturier par terre, la somme de cens livres pour la voicture par luy faicte de ceste ville de Paris en celle de Dijon, d'une malle de cuir à lict, de deux grandes malles de bois, d'une quaisse de bois de sapin et de deux grandz mannequins, le tout pœsant ix° lxxiiii livres, à raison de ii s. vi den. pour livre, suivant la quictance dudict Claudon, estant au dos de la lettre de voicture du dernier may 1636, cy, cent livres.

A maistre Eustache Chaudière, commis à la despence dudit hospital, la somme de cent livres pour son remboursement des fraiz par luy faictz et fournis pour achaptz de toilles à emballer, toilles cirées, cordes, pailles, fraiz demballeurs, portz de crochetteurs, pour faire charger et descharger et peser touttes lesdictes voictures, tant en cette ville de Paris, Troyes, que Dijon, suivant la quictance dudit Chaudiere, du xx° aoust 1636, cy, cens livres.

Audit Chaudière, commis susdict, la somme de trois cens livres pour fournir à la despence de bouche de plusieurs officiers dudict hospital pour aller de ceste ville de Paris en celles de Dijon et de Troyes, suivant l'ordonnance du Roy et quictance dudict Chaudiere, du xxvii° may, cy, iii cens livres.

Autre despence faicte par cedict comptable à cause des gaiges et appoinctemens des officiers dudict hospital, suivant lestat du Roy, du xvi° avril 1636, et ce pour trois mois, commencez le xv° may et finis le xv° aoust audit an, pour lesquelz trois mois ce comptable nauroit receu les fondz pour paier lesdits officiers que pour les deux premiers mois, et pour le troisiesme il auroit esté contrainct et forcé par lesdits officiers leur paier, encores quil neust receu aucun fondz pour icelluy.

Et premièrement.

[1636.]

Pour le mois commancé le quinziesme may et finy le quinziesme juin,

Au sieur Rapine, intendant et directeur dudict hospital de l'armée du Roy, commandée par ledit seigneur prince de Condé, la somme de quatre cens livres pour ses appointemens dudict mois, suivant sa quictance du xvi° may 1636, cy, iiii°ᵗᵗ.

A M°ˢ Jean Denis et Ch. Pollin, prebtres, confesseurs et chappellains des soldatz blessez et malades dudict hospital, la somme de six vingtz livres pour leurs appointemens, durant ledit mois, suivant leurs quictances desdits jour et an, cy, vi^{xx} livres.

A six freres de la Charité, destinez au service des malades et blessez dudit hospital, la somme de neuf vingtz livres pour leurs appointemens durant ledict mois, à raison de xxx livres pour chacun, de laquelle nen sera cy faict despence, d'aultant que le fondz a esté employé pour donner moien aux soldatz de retourner à l'armée.

A Henry Boisvert, maistre dhostel dudict hospital, la somme de six vingtz livres pour ses appointemens durant ledict mois, suivant la quictance du xvi° may 1636, cy, vi^{xx} livres.

A maistre Isaac Renaudot[1], premier médecin dudict hospital, la somme de six vingtz livres pour ses appointemens dudict mois, suivant la quictance, cy, vi^{xx} livres.

A maistre Jacques Thuet, second medecin dudict hospital, la somme de cent livres pour ses appointemens dudict mois, suivant sa quictance.

A Bernard Thines, chirurgien maior dudict hospital, la somme de cent cinquante livres tant pour ses appointemens de chirurgien que de ceulx de son compagnou durant ledict mois, suivant sa quictance, cy, cl livres.

A Nicolas Moyen, chirurgien audict hospital, la somme de cent livres pour ses appoinctemens durant ledict mois, suivant sa quictance, cy, c livres.

A Jacques Normandeau, autre chirurgien servant audict hospital, la somme de soixante livres pour ses appointemens durant ledit mois, suivant sa quictance, cy, lx livres.

A Nicolas Antheaulme, premier ayde de chirurgien audict hospital, la somme de cinquante livres pour ses appoinctemens durant ledit mois, suivant sa quictance, cy, l livres.

A Cesar Aubert, second ayde de chirurgien, la somme de xl livres.

A André Pion et François Berthins de Suippe, compagnons chirurgiens servant audit hospital, la somme de quarante livres pour leurs appointemens durant ledict mois, à raison de xx livres chacun, suivant leurs quictances desdicts jour et an, cy, xl livres.

[1] L'un des fils du célèbre Théophraste Renaudot.

A Jullien Mollet, chef d'apotiquairerie audict hospital, la somme de cent livres pour ses appointemens durant ledict mois, suivant sa quictance dudict jour, cy, c livres.

A Anthoine Causse, premier ayde d'appoticairerie audict hospital, la somme de cinquante livres pour ses appointemens durant ledist mois, cy, l livres.

A Anthoine Martin, second ayde dappotiquaire audict hospital, la somme de cinquante livres pour ses appointemens durant ledict mois, suivant sa quictance, cy, l livres.

A Pierre Martineau, compagnon serviteur d'appoticairerie audict hospital, la somme de xx livres pour ses appointemens durant ledit mois, cy, xx livres.

A François Chevallier, fourier dudict hospital, la somme de quarente livres pour ses appointemens durant ledict mois, cy, xl livres.

A Eustache Chaudiere, commis pour la despence dudict hospital, la somme de soixante livres pour ses appointemens durant ledict mois, cy, lx livres.

A Pierre Gautherin, pourvoieur dudict hospital, la somme de cinquante livres pour ses appointemens durant ledict mois, suivant sa quictance, cy, l livres.

A Laurens David et Denis Villin, maistres cuisiniers audict hospital, la somme de six vingtz dix livres, tant pour les appointemens de maistres cuisiniers susdicts que pour ceulx de Jacob Legrain et Pierre Le Lievre leurs aydes, de Jean Trouvé et Pierre La Force, leurs garçons de cuisine, durant ledict mois, à raison de xxx livres pour chacun desdits maistres cuisiniers, xx^{tt} pour chacun de leurs aydes et xv livres pour chacun de leurs garçons, suivant leurs quictances desdits jour et an, cy, vi^{xx} x livres.

A Louis Gobert, sommellier audict hospital, la somme de cinquante livres pour ses appointemens durant ledict mois, suivant sa quittance, cy, l livres.

A Claude Pelletier, garde des meubles dudict hospital, la somme de cinquante livres pour ses appointemens durant ledict mois, suivant sa quictance, cy, l livres.

A Charles Tisvez, garde roolle des meubles dudict hospital, la somme de quarante livres pour ses appointemens durant ledict mois, cy, xl livres.

A Pierre Lelarge, ordonné pour porter les malades, les nettoyer et faire les lictz dudict hospital, la somme de six vingtz livres, tant pour ses appointemens que de ceulx de Claude Martin, Pierre Martin, François Lespérance, Denis Boucault et Jacques Lestain, ses compagnons, durant ledict mois, à raison de xx livres pour chacun, suivant sa quictance dudict jour, cy, vi^{x} livres.

A Michel Lepère, dit Rochefort, Pierré Vellin, Marcel Coujol et Laurent Ribault, blanchisseurs audict hospital, la somme de quarante livres, à raison de x livres chacun, cy, xl livres.

44.

A Claude Adine dict Petit et Pierre Le Vert, fossoyeurs et porteurs des corps mortz dudict hospital, la somme de quarente livres pour leurs appointemens durant ledict mois, à raison de xx livres chacun, cy, xl livres.

A Jean Roy et Michel Fort, chartiers, conduisant les chariotz, pour porter les blessez et porter les corps morts en terre, la somme de quarante livres pour leurs appointemens, cy, xl livres.

Plus faict cy despence ce dict comptable de la somme de neuf vingtz livres par luy desbourcées, partye en achaptz de soulliers, l'autre partye à donner moien aux soldatz qui sortoient dudict hospital estant gueris pour retourner à l'armée, ainsy qu'il appert par la quictance de Eustache Chaudiere, commis à la despence dudict hospital, signée de sa main, en datte dudict jour xvie may, cy, ix^{xx} livres.

Somme totale de la despence de ce mois : ii mil iii cens lx livres.

(*Mêmes détails pour les deux mois suivants.*)

Autre despense faicte par cedict comptable pour la nourriture desdits officiers, vallets et soldatz blessez et malades dudict hospital pendant lesdicts trois mois :

Faict cy despence cedict comptable de la somme de neuf mil livres par luy frayée et desbourcée pour la nourriture desdicts officiers, valletz et soldatz mallades et blessez dudict hospital, pendant lesdicts trois mois, commancez le xve may et finys le quinziesme aoust en suivant audict an 1636, à raison de iii mil livres par mois, suivant ledict estat du Roy, du xvie avril 1636, et ce suivant le compte faict par ledict intendant et Eustache Chaudiere, commis à la despence dudict hospital, de laquelle somme le comptable auroit dellivré ledict compte avecq les quictances dudict Chaudiere audict sieur de Champlay, cy, ix mil livres.

Autre despence extraordinaire faicte audict hospital, suivant le commandement de mondict seigneur le Prince, et par lettre de Monsieur de Machault, intendant de la justice, police et finances de ladicte armée, pour les gaiges et nourriture des officiers supernumeraires pris pour le service dudict hospital, suivant lestat qui en a esté dressé par ledict sieur Rapine, intendant, certiffié par les sieurs Regnauldot et Thuet, médecins d'icelluy, et par le sieur de Machault, le xxvie aoust 1636, de laquelle despence na esté faict aucun paiement audict sieur Rapine, à cause *qui ny auroit eu fondz dans la monstre et que la voicture qui avoit esté destinée pour ledict hospital auroit esté vollée par les chemins.*

A François Cocquard, chirurgien audict hospital [1], la somme de quatre vingtz livres, assavoir, cinquante livres pour ses appointemens de chirurgien durant un mois de monstre, commencé le xve juin et finy le xve juillet, et xxx livres pour sa nourriture pendant ledict mois, à raison de xx s. par jour, suivant la quictance du xxiie aoust 1636, cy, iiii^{xx} livres.

Audit Cocquard, pour le mois de juillet, pareille somme de iiii^{xx} livres.

A Guillaume Fillau, chirurgien audit hospital, la somme de viii^{xx} livres, tant pour ses appointemens que nourriture pendant les deux mois commencez le xve aoust, suivant ses deux quictances desdits jour et an, cy, viii^{xx} livres.

A André Menard, autre chirurgien, pareille somme de huict vingtz livres pour ses appointements et nourriture pendant les deux mois cy dessus, cy, viii^{xx} livres.

A Jean Seigneuret, autre chirurgien, la somme de iiii^{xx} livres, tant pour ses appoinctemens que nourriture pendant le mois commencé le xve juillet et finy le xve aoust, cy, iiii^{xx} livres.

A Pierre La Fosse, autre chirurgien, la somme de huict vingtz livres pour ses appointemens et nourriture pendant lesdits deux mois, cy, viii^{xx} livres.

Item à Toussainctz Mollet, autre chirurgien, la somme de viii^{xx} livres.

A François Populus, autre chirurgien, la somme de viii^{xx} livres.

A Antoine Le Nief, autre chirurgien, la somme de viii^{xx} livres.

A Joachin Rocher dict Lafontaine, autre chirurgien, pareille somme de viii^{xx} livres.

---

[1] En marge de cet article est écrit : pour la justification de la despence de ce chapitre, raporte ledict sieur prieur de Saint Pierre ung estat contenant les noms et surnoms des officiers et serviteurs employez audit hospital pour le service des malades et blessez qui y survindrent et ce, outre les officiers et serviteurs employez dans l'estat du Roy cy devant mentionné, au pied duquel estat raporté sur ce chapitre est la certiffication des sieurs Regnauldot et Thuet, medecins dudict hospital, portant que ledit sieur prieur avoit pris les officiers et serviteurs supernuméraires, mentionnez en icelluy par le commandement de Monsieur le Prince de Condé, général de ladite armée, et dans l'extresme besoing et necessité, pour le secours des soldatz et blessez dudict hospital; ensuitte de laquelle certiffication est celle du sieur de Machault, intendant de justice, police et finances en ladicte armée, contenant qu'a cause que la pluspart des chirurgiens dudict hospital estoient demeurez malades, et du grand nombre de soldatz malades et blessez qui survenoient journellement audict hospital, il avoit prié ledict sieur prieur de Saint Pierre qu'oultre les officiers mentionnez en l'estat du Roy, il en accreust le nombre de telle quantité que les pauvres malades et blessez peussent estre pensez et traitez suffisamment, avecq asseurance audict sieur prieur, suivant le commandement de mondit sieur le Prince, qu'il seroit remboursé des frais extraordinaires qu'il feroit tant pour les gaiges que nourriture desdicts officiers supernuméraires, *pour lesquelz neantmoings ne luy a esté faict aucun payement*, à cause que dedans la monstre ny avoit eu fondz suffisant pour cela. Veu aussy les quictances de chacune des parties de ce chapitre et plusieurs lettres et cahiers respondus par ledict sieur de Machault, portant ordre de faire lesdictes despences, et asseurance qu'il seroit pourveu de fondz pour cest effect, mais d'aultant que ledit fond na point esté faict ès mains dudict comptable, soit veu, passé.

A Nicolas Port? autre chirurgien, pareille somme de viii^{xx} livres.

A Noël Midrouet, autre chirurgien, pareille somme de viii^{xx} livres.

A Noël Prudhomme et Denis Leclerc, pareille somme de viii livres, cy, iiie xx livres.

A Estienne Durin, autre chirurgien, la somme de vi^{xx} livres pour ses appointemens et nourriture pendant un mois et demi.

A Louis Regis, autre chirurgien, la somme de iiii^{xx} livres pour un mois, commencé le premier juin et finy le dernier dudict moys.

Audict Riger, la somme de vi^{xx} livres pour ses appointemens et nourriture pendant un mois et demy.

A Pierre Lenfant et Nicolas de la Tour, autres chirurgiens, la somme de viii^{xx} livres à chacun, cy, iiie xx livres.

Au pere Michel des Anges, hermite de Saint Paul, dit Lamon, ordonné, pour *penser les pestiferez*, la somme de soixante livres, tant pour ses appointemens que nourriture pendant le mois commencé le xve juillet et finy le xve aoust, suivant sa quittance du xxiie aoust 1636, cy, lx livres.

Au père Abraham de Royan, hermitte de Sainct Paul, dict Lamon, ordonner, pour penser les pestiferez, pareille somme de lx livres.

A Guillaume Darragon, archer de la connestablie, servant audict hospital, la somme de viii^{xx} livres, tant pour ses appointemens que nourriture pendant lesdits deux mois.

A Jean Robin, tenant le roolle des malades dudict hospital et le controle de ce quilz ont, pour leur rendre en sortant, la somme de viii^{xx} livres pour les deux mois.

A Estienne Rabiais et Pierre Labour, tant pour eux que pour leurs femmes et servantes domestiques destinez au service des soldatz malades et blessez et pestifferez dudict hospital, la somme de iiii^c iiii^{xx} livres, scavoir, lx pour lesdicts Rabiais et Labour durant lesdicts deux mois, à raison de xv livres pour chascun d'eux par mois, iiii^{xx} xvi livres pour la nourriture pendant lesdicts deux mois, à raison de xvi s. par jour, vii^{xx} iiii livres pour les appointemens desdites deux femmes et quatre servantes durant lesdicts deux mois, à raison du xii livres pour chacune par mois, et ix^{xx} livres pour leur nourriture, à raison de x s. par jour.

A Barbe Chollet, servante de cuisine audict hospital, tant pour elle que pour Jacqueline Guenot, sa niepce, la somme de vi^{xx} livres.

A Jeanne Rouché et Marguerite Chollet, servantes de cuisine audict hospital, la somme de iiii^{xx} i livres pour leurs appointemens et nourriture pendant un mois et demy.

A Claude Gallois, appoticaire audict hospital, la somme de iiii^{xx} livres pour ses appointemens et nourriture pendant un mois.

Somme : iii mil viii cens xli livres.

Achaptz de drogues extraordinaires pour ledict hospital :

A esté payé la somme de neuf cens quinze livres cinq solz par Eustache Chaudiere, commis à la despence de lhospital de ladicte armée, pour achapt extraordinaire faict tant ès villes de Sainct Jean de Laosne, d'Auxonne, qu'en celles de Lyon et Chaallons sur Soesne, tant de drogues qu'autres choses necessaires pour les blessez malades, tant de maladies ordinaires que contagieuses, au subiect du grand nombre qui arrivoient audict hospital; la somme employée suivant le compte qu'en a rendu ledict Chaudiere audict comptable, le xve avril 1640, cy, ixe xv^tt v solz.

Achapt de meubles pour le service dudict hospital :

A esté payé la somme de trois mil deux cens trente six livres dix huict solz six deniers pour lachapt des meubles qui ont servi audict hospital, ainsy quil est contenu en un estat et compte rendu par Eustache Chaudiere, commis à la despence dudict hospital, audict sieur Rapine, et par la quictance dudict Chaudiere de ladicte somme de iii mil ii^c xxxvi liv. xv s. vi den. quil auroit receu dudit sieur Rapine pour subvenir à lachapt desdicts meubles, de laquelle somme n'a esté faict aucun fondz ni paiement audict sieur Rapine, intendant. Ainsy appert par la certification dudict sieur de Machault, estant enfin de lestat de lachapt desdits meubles en datte du..... jour d'aoust xvi^c xxxvi cy rapporté, cy, iii^m ii^c xxxvi^tt xv s. vi den.

Somme totalle de la despence du présent estat : vingt huict mil deux cens soixante treize livres neuf solz six deniers.

Et la recepte ne monte que xvii mil vii^c \x livres.

Partant est deub audict sieur prieur de Saint Pierre la somme de dix mil cinq cens cinquante trois livres neuf solz six deniers, de laquelle somme il sera remboursé sur les deniers extraordinaires, dont nest faict estat, qui viendront à sa dilligence et seront jugez recepvables par le conseil.

Faict et arresté au conseil du Roy tenu pour ses finances. A Paris, le xxie jour de mars mil six cens quarente trois. (Sans signature.)

LEGS DE SILLERY (NOEL BRÛLART DE).

(1640[1].)

Testament de M. de Sillery.

Par devant les notaires et garde nottes du Roy, nostre Sire, en son Chastelet de Paris, soubz signez, fut present et comparut personnellement frere Noel Brulart de Sillery, prestre, chevalier de l'ordre de Sainct Jean de Hierusalem et commandeur des commanderies de Troyes et de la Ville Dieu en Drugesin, demeurant à Paris, en sa maison rue du Petit Musc, paroisse Sainct Paul, lequel, estant sain desprit, memoire et entendement, ainsy qu'il est apparu ausdictz notaires soubz signez, considerant quil convient à tous mourir par ordonnance de Dieu, et que l'heure en est incertaine, ne desirant decedder sans tester, mais tandis que sens et raison dominent sa pensée, a voullu pourvoir au salut de son ame, sepulture de son corps et à la disposition de son pecul.

A ceste cause a dicté et nommé ausdictz notaires son testament et ordonnance de dernière volonté en la forme qui en suict, disant au nom du Pere, du Filz et du Sainct Esprit.

Premierement, a recommandé et recommande son âme, quant de son corps elle partira, à Dieu le createur, le priant que, par le merite de la douloureuse mort et passion de Jesus Christ, son filz unique, et par les intercessions de la glorieuse vierge Marie, mere de Dieu, sa souveraine dame et maistresse, de son bon ange gardien, de sainct Jean Baptiste, sainct Pierre, saint Paul, saincte Marie Magdelaine, sa bonne patronne, et tout particulierement du bien heureux François de Salles, en son vivant evesque de Geneve (par les intercessions duquel, après la très saincte Vierge, ledict sieur commandeur croit fermement avoir receu la plus grande partye des graces innombrables quil a pleu à la celeste bonté luy departir, notamment depuis dix ans), aux prieres desquelz il se recommande, à ce qu'il plaise à sa divine Majesté luy pardonner ses pechez et mettre son ame au royaume du Paradis avec les bien heureux, et d'avoir agreable ce sien present testament.

Veult ledict sieur testateur que son corps soit inhumé dans leglise des religieuses du monastère de la Visitation Saincte Marie, à Paris, rue Saint Anthoine.

Se rapportant aux executteurs de son dict present testament d'employer aux frais de ses funerailles telle somme qu'ilz adviseront, qui se feront sans armoiries ny ceremonies.

Veult que le iour du service, qui se fera dans leglise Sainct Paul, il soit aumosné aux pauvres mandians la somme de cent cinquante livres, et pareille somme de cent cinquante livres au service qui se fera dans leglise Saincte Marie.

Veult et ordonne que tous les meubles qui se trouveront en sa dicte maison soient vendus à la diligence de Messieurs les executeurs du present testament et par eulx les deniers mis entre les mains de Mademoiselle Desbordes pour les distribuer aux pauvres honcteux, ainsy quelle a cy devant faict.

Veult que, dans trois jours après son deceds, il soit payé à Monsieur le receveur de son ordre, pour satisfaire aux conventions passées entre Messieurs du commun tresor dudit ordre, les seigneurs du conseil de Malthe et ledict sieur testateur, sur les pouvoirs à luy donnez de tester, la somme de vingt quatre mil livres.

Legue audict commun tresor de son dict ordre la somme de quatre vingtz mil livres, scavoir, soixante mil livres en argent comptant, dont vingt mil livres luy sera payé incontinant après son deceds sur largent comptant qui se trouvera lors, et s'il ny en avoit assez, sur les premieres et plus claires de ses debtes actives, et quarante mil livres tournois restans desdictz soixante mil livres en argent luy sera aussy payé par l'Hostel Dieu un an après son deceds, et les vingt mil livres restans desditz quatre vingtz mil livres se prendront sur plus grande somme qui luy appartient en lengagement des aydes de Melun, pour desquelz se faire payer par ledict commun tresor, seront mises ès mains de ses officiers par deça, par le dict Hostel Dieu, copies deuement collationnées sur les originaulx.

Legue pour meubles d'estat de ladicte commanderie de Troyes, et pour s'en servir en ceste qualité par Messieurs ses successeurs en icelle commanderie, tous les meubles generallement quelzconques qui se trouveront dans la maison et enclos d'icelle commanderie, sans que pour aucun pretexte que ce soit il en puisse estre rien osté.

---

[1] Noel Brulart de Sillery (frère de Nicolas Brûlart de Sillery, chancelier de France sous Henri IV), chevalier de Malte et dit le Commandeur, ambassadeur de la Religion en France et à Rome, ambassadeur extraordinaire de France en Espagne, a laissé en manuscrit la relation de son ambassade à Rome, touchant la comprotection, promotion des cardinaux, restitution et déport de la Valteline en 1622. (Biographie Michaud, t. XXXIV, p. 344.)

Legue au sieur Rioton, prestre, oultre ses gages, la somme de deux mil quatre cent livres, la chapelle vermeille dorée qui sert audict sieur testateur, de la maison où il demeure, consistant en une croix, un calice, deux burettes, deux chandelliers, un bassin à laver, un vaze, un petit bassin, une petite cuvette et une petite clochette, le tout poisant vingt cinq marcs deux onces un gros; l'argenterie blanche qui consiste en une clochette, un petit flacon, un petit bassin, deux burettes, un benoistier, un goupillon, poisans ensemblement six marcs trois onces cinq gros; trois chazubles, scavoir, une de toille d'argent à fleurs, l'autre de satin à fleurs, font blanc, la croix parcemée de paillettes d'or, et l'autre de damas rouge, deux aubes et deux ceintures.

Legue à Jean Rivet, son serviteur, oultre ses gages, la somme de sept mil livres, tous ses habitz generallement quelzconques, tout le linge servant à sa personne, qui sont quatre douzaines de serviettes ouvrées, ses chemises, mouchoirs et autre linge servant comme dict est audict sieur testateur (voulant qu'on s'affie audict Rivet, au cas quil sen trouvast moins, estant tres assuré de son entiere fidelité), avec ses deux carrosses et ses chevaulx.

Legue à Vassal, aussi son serviteur, oultre ses gages, la somme de douze cens livres tournois.

Legue à Geoffroy, son cocher, oultre ses gages, la somme de mil livres tournois.

Legue à Jean Foucquet, son serviteur, oultre ses gages, la somme de quatre cent livres.

Legue à Claude Rivet, qui l'a servy, la somme de huict cent livres.

Legue au petit garçon, nommé Jean Rivet, nepveu dudict Jean Rivet, la somme de deux cent livres tournois.

Legue aux pere et mere desdictz Jean et Claude Rivet la somme de six cent livres, qui appartiendra au survivant d'eulx deux.

Legue à Pierre Michelin jeune, garçon qui est à son service, la somme de quatre cens livres tournois.

Legue à son cuisinier, oultre ses gages, la somme de cent cinquante livres.

Legue à Charles, son boullanger domestique, outre ses gages, la somme de cent cinquante livres tournois à perpetuité.

Legue à M⁰ Joseph Mongin, son concierge en sa maison de Pamphou, la somme de mil livres.

Legue à la fabricque Saint Paul la somme de cinq cent livres tournois.

Legue aux pauvres prisonniers malades du Grand Chastelet quatre cent livres tournois de rente au denier vingt quatre.

Legue aux pauvres prisonniers malades du Fort l'Evesque aultres cent livres de rente au denier vingt quatre.

Legue audict monastere Saincte Marie, rue Sainct Antoine, tous les paremens, aultres chasubles, aulbes et choses generallement quelzconques servans à ladite chapelle de sa maison, avec les meubles qui se trouveront en la chambre quil a occupée le long du jour dans l'enclos des seculiers dudict monastere, lesquelz meubles de ladicte chambre Saincte Marie peuvent valloir au plus quatre vingt dix livres.

Legue tous les tableaux qui se trouveront à lheure de son deceds en sa chambre et tous les livres generallement quelzconques qui luy appartiendront au iour de son trespas, en quelques lieux qu'ilz soient trouvez, avec ses deux cabinetz, dont le plus grand est de divers bois de rapport et le plus petit d'esbeyne, à Messieurs les executeurs de son present testament, pour les partager entr'eulx, à la reserve d'un petit tableau d'ivoire où sont representez les images du glorieux petit Jesus entre les bras de sainct Joseph et de la tres saincte Vierge, lequel tableau il legue à Monsieur le président Trelon, son nepveu, qui le prendra par precipul.

Legue à lHostel Dieu de Paris le surplus de tous ses biens meubles et acquestz immeubles, à la charge d'accomplir cedict present testament et de payer à Monsieur Guischard, prestre, principal du college de Bourgongne, sa vie durant, la somme de six cens livres tournois de pension, chacun an, aux quatre quartiers, qui commencera à courir du jour du deceds dudict sieur testateur.

Ordonne que la maison quil a fait construire à neuf depuis un an, dans la cour de sa commanderie de Troyes, sy elle n'estoit pas faicte lors de son deceds, soit achevée, à la diligence, soing et conduicte de Monsieur son successeur, et pour cet effect que les deniers se prennent sur les plus claires debtes qui seront deues par les fermiers de sadicte commanderie.

Et pour executeurs dudict present testament, ledict sieur testateur a nommé et nomme Messieurs le president de Trelon, son nepveu, Desbordes, auditeur des comptes, et de Cordes, conseiller audict Chastelet, lesquelz il supplie très humblement de luy faire cette charité, voullant qu'à ceste fin ilz soient saisis de tous ses biens, jusques à lentiere execution d'icelluy, revocquant tous autres testamens, codicilles qui peut avoir faictz avant cestuy, auquel seul il s'arreste comme estant sa derniere volonté.

Ce fut faict, dicté et nommé par ledict sieur testateur ausditz notaires, et à luy par l'un d'iceulx, l'aultre present, releu, qu'il a dict bien scavoir et entendre, en la chambre de sa maison, rue du Petit Musc, où il a mandé lesditz notaires, l'an mil six cent quarente, le unziesme jour de septembre, avant midy, et signé la minute des presentes demeurée vers Cousinet, notaire, pour copie. Signé Clergeon et Cousinet.

Brevet de la reine régente Marie de Médicis, accordant une gratification de 20,000 livres au commandeur de Sillery.

(1612.)

Marie, par la grace de Dieu, Royne Régente de France et de Navarre, à nostre amé et féal conseiller, intendant et general de nos finances, le sieur d'Attichy, salut. Nous voulons et vous mandons que, par nostre amé et féal conseiller et tresorier general de nostre maison et finances, M° Florent d'Argouges, et des deniers de sa charge provenant des taxes faites au conseil du Roy, nostre très honoré sieur et filz, pour jouir par les receveurs des tailles de ce royaume de quatre deniers pour livre et de tous deniers qui se levent en vertu des lettres d'assiette du Roy, nostre dict sieur et filz, en toutes les villes, bourgs et paroisses des eslections, tant pour réparations deglises, pontz et chaussées, que paiement de debtes et autres menues necessitez, lesdicts quatre deniers distraictz du sold pour livre affecté aux collecteurs, ainsi que ceux qui se levent pour les tailles et creues, desquelles taxes le Roy nostre dict sieur et filz nous a faict don,

Vous faictes paier et dellivrer comptant à nostre amé et féal conseiller et premier escuier de nostre escuierie, le sieur commandeur de Sillery, la somme de vingt mil livres tournois, de laquelle, en considération des bons et recommandables services quil nous rend avec beaucoup daffection et d'assiduité, et pour luy donner moyen de supporter les grandes despences quil est contrainct faire à ceste occasion, nous luy avons faict et faisons don par ces presentes signées de nostre main.

Rapportant par ledict d'Argouges lesquelles, avec la quittance dudit sieur commandeur de Sillery sur ce suffizante seullement, nous voulons ladicte somme estre passée et allouée en la despence de vos comptes par nos tres chers, féaulx et bien amez les gens des comptes du Roy, nostre dict sieur et filz, ou autres quil appartiendra, que prions et ausquelz neantmoings mandons ainsi le faire sans difficulté. Car tel est nostre plaisir. En tesmoing de quoy nous avons faict mectre nostre scel à ces dictes presentes.

Donné à Paris, le XIII° jour de decembre, l'an de grace mil six cens douze. Signé Marie; et plus bas, pour la Royne : Phelypeaux.

Quittance, par M. de Sillery, de la somme de 20,000 livres.

Nous, chevallier de Sillery, conseiller du Roy en son conseil d'Estat et premier escuier de la Royne Régente, confessons avoir eu et receu comptant, de Monsieur Dargouges, conseiller et tresorier general de la maison de ladite dame Royne, la somme de vingt mil livres tournois, dont Sadicte Majesté nous a faict don par son mandement du..... jour du present mois et an, de laquelle somme de XX mil livres t. nous nous tenons pour comptant, et en quictons ledict sieur Dargouges et tous autres.

En tesmoing de quoy avons signé la presente. A Paris, le vingtiesme jour de decembre mil six cens et douze. Signé, le chevalier de Sillery.

Lettres du Roi Louis XIII aux gens de ses comptes, ordonnant de faire restituer à M. de Sillery ladite somme de 20,000 livres qu'il avait dû rapporter.

(1633.)

Louis, par la grace de Dieu, Roy de France et de Navarre, à nos amez et feaux les gens de nos comptes à Paris, salut. Nostre amé et féal conseiller en nos conseils d'Estat et privé, le sieur commandeur de Sillery, nous a faict remonstrer que la Royne, nostre très honorée dame et mere, luy auroit accordé, le v° mars MVI° XXI, ses lectres pour le restablissement de la somme de vingt mil livres, par vous rayez soubz son nom, au compte de feu M° Florent Dargouges, vivant tresorier general de la maison de ladicte dame Royne, rendu pour lannée MVI° XIII, clos le XXIII° aoust MVI° seize, de laquelle somme luy auroit esté faict don en consideration de ses bons et recommandables services, à prendre sur les deniers provenans des taxes faictes sur les receveurs des tailles de ce royaume, ayant, par ce moyen, faict cognoistre que cette recompense estoit pour un subject bien digne et legitime.

Neantmoings lesdictes lectres vous ayant esté presentées, elles n'auroient eu autre effect qu'un refus, ayant, par vostre arrest du trentiesme juillet audit an, ordonné que vostre preceddant arrest de radiation tiendroit, ce qui peut estre provenu de ce que ny aiant audit compte fondz suffizant pour le restablissement de ladicte somme, vous auriez voulu eviter de rendre redevable ladicte dame Reyne envers le comptable, en quoy vous avez suyvi nos ordonnances et observé ce que vous estiez obligez; mais nous avons esté informez qu'au compte rendu par ledict deffunct, M° Florent d'Argouges fils, du maniement de son feu pere, cloz le XV° septembre MVI° XXVIII, il est demeuré redevable de clair de vingt neuf mil cent dix huit livres deux sols six deniers, qui pourront suppleer au deffault du fondz dudict compte où ladicte radiation a esté faicte, et consequemment lever toutes difficultez en ce faict, nous ayant à ce subject ledict suppliant requis nos lectres sur ce necessaires.

A ces causes, et n'estant pas raisonnable de faire restituer audict sieur de Sillery ladicte somme, pour estre une recompense justement deue à ses merittes et services, de ladvis de nostre Conseil, auquel ont esté veuz les extraitz desdites radiations et de vos ditz arrestz, avec lesdites lectres de restablissement, le tout cy attaché soubz le contresel de nostre chancellerie,

Nous voulons, vous mandons et tres expressement enjoignons par ces presentes, signées de nostre main, que, repris par vous ledict compte de l'année MVI° XIII, vous ayez à y restablir purement et simplement ladite somme de vingt mil livres par vous ainsy rayée soubz le nom dudict suppliant, jusques à la concurrence du fondz qui se trouvera en iceluy, et pour le surplus le porter et compenser audit debet de clair dudict compte clos le xv° septembre MVI° XXVIII, sans aucune difficulté et nobstant vos ditz arrestz et toutes autres considerations que vous cesserez pour satisfaire à nostre volonté, à leffect de laquelle nous avons dhabondant en tant que besoing seroit faict et faisons don audit sieur de Sillery de ladicte somme de vingt mil livres, conformément aux lectres de ladicte dame Reyne; ce que nous vous ordonnons d'executer, nonobstant toutes ordonnances, règlement et autres choses contraires, à quoy nous avons derogé et derogeons. Car tel est nostre plaisir. Donné a .... le .... jour de lan de grace mil six cens trente trois, et de nostre regne, le vingt troisiesme.

Brevet de gratiffication d'une somme de 25,000 livres accordée par le Roi à M. de Sillery.

(1613.)

Louis, par la grace de Dieu, Roy de France et de Navarre, à noz amez et feaux conseillers les gens de noz comptes, à Paris, salut.

Ayant mis en consideration les bons et agreables services que le sieur commandeur de Sillery, conseiller en nostre conseil d'Estat et premier escuier de la Royne regente, nostre tres honorée dame et mere, nous a faict journellement, et voulant, en faveur et pour le merite diceux, le grattiffier et favorablement traicter et luy donner moyen de supporter la despence qu'il faict à nostre suitte, nous luy avons, par le bon advis de nostre dame et mere, faict et faisons don par ces presentes, signées de nostre main, de la somme de vingt cinq mil livres, à les avoir et prendre sur les deniers extraordinaires de nostre espargne, dont n'est faict estat.

Si, vous mandons et ordonnons que ces presentes vous ayez à veriffier, sans aucune restriction ny modification, et ladicte verification par vous faicte, mandons et ordonnons à nostre amé et feal conseiller et tresorier de nostre Espargne, M. Estienne Puget, que des deniers de sa charge de la nature susdicte de la presente année, il paye, baille et dellivre comptant ou assigne par son mandement, portant quictance audict sieur commandeur de Sillery, ladicte somme de xxv mil livres, sans sur ce luy deduire aucune chose pour le dixiesme denier destiné pour lordre et milice de Saint Esprit, dont nous lavons deschargé et deschargeons, et en rapportant par luy ces presentes, et quictance dudict sieur de Sillery sur ce suffisante seullement. Nous voulons ladicte somme de xxv mil livres estre passée et allouée en la despence de ses comptes, deducte et rabatue de la recette diceux par vous gens de nosdits comptes, vous mandant ainsy le faire sans difficulté, car tel est nostre plaisir.

Donné à Paris, le XXIII° jour de juillet, l'an de grace mil six cens treize, et de nostre regne, le quatriesme; signé Louis; et plus bas, par le Roy, la Royne regente, sa mere, presente. — Potier — et scellé du grand sceau de cire jaulne à simple queue, et au doz est escrit : Enregistrées au controlle general des finances par moy soubsigné, à Paris, le XXVIII° jour d'aoust mil six cens treize. Signé, P. Jeannin.

Donnation, par le commandeur de Sillery, à Vincent de Paul et aux prêtres de la Congrégation, de 45,000 livres tournois.

(3 juin 1639[1].)

Par devant Philippes Galloys et Hierosme Cousinet, notaires et gardenottes du Roy, nostre Sire, en son Chastelet de Paris, soubzsignez, furent presens en leurs personnes frere Noël Brulart de Sillery, prestre, chevalier, bailly de lordre de Sainct Jean de Hierusalem, commandeur du Temple de Troyes, demeurant en sa maison à Paris, rue du Petit Musc, paroisse Sainct Paul, d'une part; venerable et discrete personne Vincent de Paul, superieur, Anthoine Portail, Jean de Horgny, François Soufliers, Jacques Mouton, Estienne Blatiron, Jean Pillé et René Alimeras, tous prestres de la congregation de la mission establie à Saint Lazare, au faulxbourg Sainct Denis de ceste ville de Paris, assemblez au son du timbre en la salle dudict lieu, où ilz ont accoustumé de traitter de leurs affaires, d'autre part; disant ledict seigneur commandeur qu'en vertu de la commission, tant de l'illustrissime grand prieur de France que d'autre commission de l'illustrissime et reverendissime prieur de la grande eglise conventuelle dudict ordre de Malte, à luy envoyée par Monseigneur leminentissime grand maistre qui est à present, et proceddant à la visitte dudict Temple, à Paris, pour pourvoir aux choses qu'il y auroit iugé nécessaires, auroit traitté avec les anciens religieux de ladicte eglise, et ensuitte y en auroit mis d'autres pour y vivre selon l'institut des freres dobediance

---

[1] Cette pièce et la donation faite aux Pères de la Compagnie de Jésus sont mentionnées par M. Lemaire, archiviste de Seine-et-Marne. (Voir le tome III de son excellent Inventaire. — Supplément à la série B, bailliage de Melun, page 107, col. 1.)

dudict ordre, visitter et deservir les cures dependantes dudict grand prieuré, lors qu'ilz y seroient envoyez par Messieurs les grands prieurs de France; et pour estre assistez bien efficacement à la meilleure instruction des habitans desdites parroisses, il auroit donné à ladite congrégation de la mission la somme de *quarente mil livres*, à prendre pour les causes et aux charges portées par le contract passé par devant Galloys et Cousinet, notaires à Paris, le vingt troisiesme octobre mil six cens trente huict, et d'aultant que, depuis, Messieurs du Conseil de Malte ont ordonné le restablissement des anciens religieux d'obédiance de ladite eglise du Temple, faict congedier et renvoyer les nouveaux, comme par effect les anciens ont esté restablis, et tous les nouveaux mis hors, ledict sieur commandeur a eu subjet de croire que ledict conseil de Malte n'auroit agreable que lesditz prestres de la mission ny autres que ceulx de l'ordre s'entremissent de l'instruction ny daucun autre exercice qui concerne les ames et personnes estans soubz leur jurisdiction.

C'est pourquoy icelluy seigneur et lesdicts supérieur et prestres de la mission Sainct Lazare se sont volontairement desistez et deppartis, cassé, revocqué et annullé ledict contract de donnation, consentant qu'il soit et demeure nul, comme nom faict, et que de ce mention soit faicte sur la minute et expeditions d'icelluy, sans toutesfois aucune restitution de ce que lesditz peres de la mission ont receu du revenu de ladicte somme iusques à present, qui leur demeurera en recognoissance de ce qu'ilz ont faict concernant ladicte mission jusques à ce jour, et ne desirant pas ledict sieur commandeur se departir du desseing quil a pris devant Dieu de faire instruire par gens capables le pauvre peuple des champs, principallement ès lieux ou ils en ont plus de besoing, estans proche des hereticques, et d'y contribuer de ses biens, a volontairement reconu et confessé avoir donné, ceddé, quitté, transporté et delaissé, et par ces presentes donne, cedde, quitte et delaisse, du tout à tousiours, par donnation entre vifs, irrévocable, en la meilleure forme que faire le peult, et promet garantir de tous troubles et empeschemens quelzconques, excepté du faict du Roy, à ladite congrégation de la mission establie à Sainct Lazare, faubourg Sainct Denis, *ce acceptant par lesditz père Vincent* et prestres susnommez, ladicte somme de quarente mil livres tournois en principal, à prendre sur la finance qui appartient audict seigneur commandeur, dans l'engagement des aydes de Melun, dont il a vers lui les tiltres et papiers, et d'iceulx il baillera *audict pere Vincent* les mémoires et inventaires; et pour le revenu de ladicte somme de quarente mil livres tournois, il promet de leur faire payer sa vie durant, par le fermier desdictes aydes, la somme de trois mil livres tournois par an, aux quatre quartiers egallement, à commancer du premier iour d'april dernier, ayans jouy du pareil revenu iusques au dernier de mars aussi dernier, en vertu dudict contract annullé par ces tuy, et continuer durant sadicte vie; et apres son decedz, lesdictz prestres de la mission iouiront dudict revenu, de mesme que les autres engagistes desdictes aydes de Melun, à prorata de la somme de quarente mil livres tournois, de laquelle icelluy seigneur commandeur sest dessaisi et devestu, et desdictes aydes iusques à la concurrance d'icelle somme, au proffit desdictz prestres de la congregation Saint Lazare, voullant qu'ilz en soient saisis aux conditions qui en suivent, qu'iceulx prestres de ladite congregation Saint Lazare seront tenus, prometent faire et accomplir.

Scavoir est denvoyer et dentretenir à perpetuité deux prestres et un frere servant de ladicte mission dans le diocese de Geneve, qui resideront à Annicy en Savoye, en un logement que ledict seigneur commandeur leur promet fournir, lequel leur demeurera à perpetuité, et leur meublera pour une fois seullement à ses fraiz, sans diminution de la presente fondation; et pour cest effect, seront tenus faire rendre audict Annicy les deux dicts prestres et freres servans dans le quinziesme iour de septembro prochain, pour incontinant après travailler aux missions dudict diocese qui se feront durant huict mois de l'année, ès paroisses d'icelluy où ilz seront envoyez par Monseigneur l'evesque de Geneve, aux propres coustz et despens de ladicte congregation.

Et esdictes missions catechiser, instruire, exciter et aider les peuples à faire une confession generalle de leur vie, les y recevoir, tascher d'y pacifier les differends quilz scauront estre entr'eulx, instituer aux lieux où ilz jugeront le pouvoir, la confrairie de la charité pour l'assistance spirituelle et corporelle des pauvres malades, selon leurs constitutions, et les intervalles qu'ilz ont accoustumé d'observer, employer le revenu de ladicte somme de quarente mil livres à la nourriture et entretenement desdictz prestres et frere servant, et le reste à la despence des missions que le superieur de ladite congregation Sainct Lazare fera faire ès autres dioceses du royaume de France où il jugera le plus necessaire pour la gloire de Dieu et le salut des ames, sans qu'il leur soit loisible de recevoir aucune retribution pour cause que ce soit dans lesdictes missions.

Et lorsque lesdictz deux prestres de la mission dudict diocese de Genève, ou l'un deulx, par une longue maladie ou aultrement, deviendroit inhabille au travail d'icelles missions, le supérieur général de ladite congrégation, ou celluy qui le representera en ladite maison de Sainct Lazare, sera tenu en envoyer autres en la place, en sorte quil y ayt tousiours deux prestres et un frere servant d'icelle congregation Saint Lazare qui travaillent ausdites missions; de plus seront tenus, et leurs successeurs, à perpetuitté, de faire à leurs diz frais et despens, de cinq en cinq ans, la mission en l'eglise parroisse et deppendances de Braye Comte Robert, y servir et assister les peuples, ainsi ques autres missions devant declarées, et prendre garde que la confrairie de la charité qui, par leur bon soing et pietté, y a esté establie depuis sept à huict ans, et va, par la misericorde de Dieu, tous les jours croissant en benedictions, soit tousiours bien entretenüe.

Laquelle mission a esté, à l'instance dudict seigneur commandeur, desja faicte deux fois, dont la derniere fut au caresme de l'année 1636, la cinquiesme année de ceste derniere mission escheante au caresme de l'année 1641, auquel temps ils promettent commancer la mission audict Braye Comte Robert, en vertu de la presente fondation, et, après, la continuer et renoueller de cinq en cinq ans à perpetuitté.

Et desirant icelluy seigneur commandeur, autant qui luy est possible, ayder à repandre la devotion de nostre seigneur Jesus Christ et de la Saincte Vierge, sa mere, parmy les peuples.

Il a encores donné, et par ces presentes donne par donnation entre vifs irrevocable ausditz prestres de la mission Sainct Lazare, ce acceptans, comme dessus, la somme de *cinq mil livres tournois* à prendre sur la finance qui lui appartient de reste dans l'engagement desdictes aydes de Melun.

Et pour le revenu de ladicte somme, il soblige de leur faire payer sa vie durant, par le fermier desdictes aydes, la somme de trois cens livres tournois par an, ausdicts quatre quartiers également, à commancer du premier iour d'octobre prochain et continuer pendant sadicte vie.

Et apres son decedz, lesdictz prestres de la mission iouiront dudict revenu, ainsi que les autres engagistes, à prorata desdits cinq mil livres, à la charge que icelle congregation fournira ausditz prestres qui feront lesdictes missions, pour distribuer parmi les peuples où ilz feront icelles, par chacun an à perpetuité, la quantité de 8,000 chappeletz et trois mil exemplaires des praticques iournallieres du chrestien en feuilles, dont deux mil desditz chappeletz et mil feuilles desdictes praticques seront distribuez ès missions qui se feront dans ledict diocese de Geneve, et le surplus ès missions qu'ilz feront en ladicte parroisse de Braye et des autres dioceses de France; comme aussi s'obligent lesditz prestres de la congregation Sainct Lazare, de faire reciter à haulte voix, dans l'eglise, à l'ouverture, et par ceux qui feront lesdictes missions audict diocese de Geneve, les litanies de nostre seigneur Jésus Christ, et, à la fin d'icelles missions, celles de la Saincte Vierge, sa mère, et exorter le peuple de faire prieres particullieres à Dieu pour ledict seigneur commandeur et pour ses parens et amis, pour avoir ainsi contribué aux fraiz desdictes missions.

Sera faict le semblable à celle qui se fera en ladicte parroisse de Braye Comte Robert.

Toutes lesquelles missions estant ainsi bien et deuement faictes et entretenues à perpetuitté, selon l'intention d'icelluy seigneur commandeur, lesdictz prestres de la congregation Sainct Lazare iouiront en proprietté *desdictes sommes de quarente mil livres tournois d'une part et cinq mil livres tournois d'autre,* comme des autres biens dicelle congregation.

Et pour perpetuelle mémoire de ceste fondation, lesditz prestres de la congregation la feront transcrire au martirologe de leur eglise Sainct Lazare et permettent audict seigneur commandeur la faire graver en cuivre, marbre ou pierre, en lieu eminent dans icelle eglise, ou en tel lieu quil luy plaira, sans pour ce payer aulcun droict.

Faict et passé l'an mil six cens trente neuf, le troisiesme juing, avant midi, et ont lesdictes parties signé en la minute desdictes presentes, avec lesditz notaires soubzsignez, demeuré vers ledict Cousinet, l'un d'iceulx, qui a expedié et delivré ces presentes audict seigneur commandeur.

Signé, Galloys — Cousinet.

Donation, par le commandeur de Sillery, à la Compagnie de Jésus, pour l'œuvre de la conversion des sauvages dans la Nouvelle France, d'une somme de 20,000 tt tournois.

(1639.)

Par devant les notaires, garde nottes du Roy, nostre Sire, en son Chastelet de Paris, soubzsignez, fut présent frere Noel Brulart de Sillery, prestre, chevalier, bailly de l'ordre de Sainct Jean de Hierusalem, commandeur du Temple de Troyes et de la Ville Dieu en Drugesin, demeurant à Paris, lequel voyant le proffit et utilité qui provient iournellement des bonnes et louables fonctions des Peres de *la Compagnie de Jesus, de la Nouvelle France, specialement en la conversion des sauvages,* qui va croissant tous les iours et s'augmentent de plus en plus, et la grande nécessité que lesdictz peres ont d'estre aydez et secourus en ces pays, destituez des choses necessaires à la vie humaine, poussé dun sainct desir de contribuer à cest œuvre de Dieu et nomément d'arrester et assembler en lieu commode les sauvages errans et vagabonds, qui est le plus puissant moyen de leur conversion, et espérant que le tout réussira heureusement par les mérites et puissant secours de la tres Saincte Vierge, mère de Dieu, et voullant aussi, par quelques effectz, tesmoigner les ressentiments qu'il a des insignes faveurs receues de ceste mere de misericorde, a déclaré sa volonté par la presente fondation, ainsi qu'il en suit :

A scavoir, qu'à l'honneur et gloire de la très Saincte Trinité, du Père qui a choisi la Vierge pour donner à son filz une seconde vie, du Filz qui l'a receue pour sa mere et du Sainct Esprit qui a opéré en elle l'œuvre adorable de l'incarnation, et en l'honneur de ceste même vierge qui a tousiours esté sans tache et sans deffault, et en memoire et action de grace des miracles de saincteté operez en elle, et aussi en reconnoissance des graces qu'il a receües de Dieu par son moyen, il establit *en lhabitation appellée de Sainct Joseph, pres Quebec, et y fonde une messe à perpetuité*, que lesditz peres diront ou feront dire tous les jours que cela se peult, selon l'usage de l'eglise, et les autres jours que l'usage de l'eglise ne le permettra; tousiours sa dicte messe se celebrera en l'honneur et la mesme intention de la mère de Dieu, affin de la remercier plus dignement et invoquer plus efficassement, remettant son filz Jésus Christ en ses mains par ceste fondation...

Dans ces veues et consideration, ledict sieur commandeur, tant pour ladicte residance desditz pères de la Compagnie de Jesus que pour ladicte messe, *outre la somme de douze mil livres tournois*, quil a donnée les années preceddantes aux peres de la mesme Compagnie de Jésus, en la Nouvelle France, et qui a esté employée pour commancer leur residance en ladicte habitation appellée de Sainct Joseph, en laquelle ont commancé de s'arrester et convertir en nostre saincte foy les deux premieres familles de sauvages errants, composées environ de vingt personnes, en la chappelle duquel lieu se celebrera la susdite messe, sitost que les reverends pères qui passent par delà ceste année seront arrivez, attendant que la chappelle dont sera faict mention cy après soit construite.

A de plus donné par ces présentes, donne par donnation entre vifs irrévocable et en la meilleure forme que faire le peult, à ladicte residance de la Compagnie de Jésus, ce acceptant par reverend pere Estienne Binet, provincial de ladicte compagnie en la province de France, et le reverend père Charles Lallemant, procureur de la mission desditz pere en la Nouvelle France, *la somme de vingt mil livres tournois* à prendre sur toute la finance qui appartient audict sieur donnateur dans l'engagement des aydes de Melun.

Pour laquelle somme, ladicte residance jouira du revenu desdictes aydes à proportion de ladicte somme de vingt mil livres tournois, à commancer du jour du decedz dudict seigneur donnateur, et iusques à ce icelluy sieur commandeur promet payer à ladicte residance ou à leur procureur la somme de quinze cent livres tournois chacun an, à compter du premier iour de ianvier de la presente année mil six cent trente neuf, dont la premiere année de payement escherra le dernier jour de décembre prochain, et continuer durant la vie dudict sieur donnateur; et après son decedz, cessera le payement de ladicte somme de quinze cents livres, et commanceront lesditz peres de la residance à iouir du revenu desditz vingt mil livres tournois.

Lesquelz vingt mil livres tournois leur appartiendront en propriétté, et d'iceulx icelluy sieur donnateur s'est dessaisi, desmis et devestu au proffit de ladicte residance, voullant qu'elle en demeure saisie et mise en possession, se constituant possesseur precaire de ladicte somme pendant sadicte vie au nom d'icelle résidance, pour estre reunie à la propriétté, après son decedz, en faveur de ladicte residance, et que dudict revenu il en soit bastie, faite et parfaicte une chapelle dans trois ans en ladite residance desditz peres.

Laquelle sera consacrée aux grandeurs de la très Saincte Vierge, et que du surplus ladicte residance desdictz peres en iouisse pour son entretien et larrest des sauvages qui se vouldront faire chrestiens.

N'entendant que ledict revenu soit diverti aillieurs, n'estoit que les sauvages errants fussent desja reduictz ou ne pressassent point leur reduction; car, en ce cas, il entend que ledict revenu soict appliqué au seminaire de ladicte compagnie pour les Algonquins ou Hurons, ou en aultre occasion commode pour la conversion de ces peuples, selon que les peres de ladicte Compagnie en la Nouvelle France, par l'advis de leur supérieur, le jugeront plus à propos.

Et au cas que ladicte residance de Sainct Joseph, près Quebec, vint, par quelque accident, à estre changée de place, soit que les sauvages le voulussent ainsi, ou qu'il fust necessaire pour aultre raison, ledict sieur donnateur entend que le lieu ou residence choisie pour ce changement portera le mesme nom de Sainct Joseph, et y sera bastie une chapelle et cellebrée une messe en la mesme façon et aux mesmes intentions que dessus; et entend et consent aussi ledict sieur donnateur, que, selon l'usage accoustumé en ladite Compagnie de Jésus, la iouissance et administration du revenu de ladicte somme soit attachée au premier et plus voisin colege de ladicte compagnie qui sera establi en la Nouvelle France, pour estre ledict revenu despencé et appliqué aux susdictes fins et intentions.

Ce que ledict pere provincial, soubz le bon plaisir du reverendissime pere général de ladicte compagnie, promet faire et accomplir.

Faict et passé à Paris, en ladicte maison dudit sieur commander, l'an mil six cens trente neuf, le vingt deuxiesme jour de fevrier, après midy, et ont les parties signé la minutte des présentes, demeurée vers Cousinet, l'un desditz notaires soubsignez. Signé : Clergeon et Cousinet.

Saint Vincent de Paul et le commandeur de Sillery[1]; *donation par celui-ci, à la Congrégation de Saint-Lazare, d'une somme de 10,000 livres tournois.*

(26 janvier 1640.)

Par devant les notaires, garde notes du Roy, nostre Sire, en son Chastelet de Paris, soubzignez, fut present frere Noël Brulart de Sillery, prestre, chevallier, bailly de l'ordre de Saint Jean de Hierusalem, commandeur du Temple de Troyes et de la Ville Dieu en Drugesin, demeurant en sa maison à Paris, rue du Petit Musc, paroisse Sainct Paul, lequel, outre la donnation qu'il a faicte à la congregation de la mission establie à Sainct Lazare, faulbourg Sainct Denis, de la ville de Paris, le troisieme juin dernier, passée par devant Galloys et Cousinet, notaires à Paris, a encores donné, transporté et dellaissé par ces presentes, du tout à toujours, par donnation entre vifs, irrévocable, en la meilleure forme que faire le peult, et promect garentir, excepté le faict du Roy, duquel il ne sera poinct garend, à la dicte congregation de la mission Saint Lazare, *ce acceptant par Vincent de Paul*, superieur, Anthoine Portail, Jehan de Horgny, Anthoine Lucas, Jean Pillé, François Soufliers, Pierre Duchesne, Pierre Escart et Jacques Thollart, tous prestres d'icelle congregation, assemblez au son du timbre en la salle dudict lieu, où ilz ont accoustumé de traicter de leurs affaires, à ce presens, *la somme de dix mil livres tournois*, à prendre sur la finance appartenant audict seigneur commandeur dans l'engagement des aydes de Melun, dont il a vers luy les tiltres et papiers, et d'iceulx il baillera ausdictz peres les memoires et inventaires; et pour le revenu de ladicte somme de dix mil livres tournois, il promect de leur faire payer, sa vie durant, la somme de huict cens livres tournois, chacun an, aux quatre quartiers également, à commencer à avoir cours du premier jour du present mois de janvier mil six cens quarante et continuer pendant la vie dudict sieur commandeur; et après son decedz, lesdictz prestres de la mission jouiront dudict revenu par leurs mains, de mesme que les aultres engagistes qui auront portion desdictes aydes, à prorata d'icelle somme de 10,000 livres.

A ceste fin, il les subroge en ses droictz, et se dessaisit à leur proffict d'icelles aydes, jusques à la concurance de la dicte somme de dix mil livres, pour, par eulx et leurs successeurs, en jouir et disposer comme des aultres biens de ladicte congregation.

Ceste donnation faicte à la charge que lesditz prestres de la mission Sainct Lazare et leurs successeurs promettent et seront tenus d'envoyer dans cedict presant mois et d'entretenir à perpetuité deux prestres et un frere servant de ladicte mission au diocese de Geneve, qui resideront à Annecy, en Savoye, avec les deux autres prestres et frere servant qu'ilz sont tenuz y envoyer par le susdict contract, tellement que ce seront quatre prestres et deux freres servans qui doresnavant feront ladicte mission et residence, durant huict mois de l'année, és paroisses dudict diocese de Geneve, où ilz seront envoiez par Monseigneur l'evesque dudict lieu, aux propres coustz et despens de ladicte congregation, et emploieront tant le revenu desditz dix mil livres que celuy de quarente mil livres de la susdicte donnation, premierement et par preférance à la nourriture et entretenement desdictz quatre prestres et deux freres servans, et autres charges desdictes deux fondations pour ledict diocese de Geneve, fors pour le logement et emmeublement desditz quatre prestres et freres servans, et pour les chapelez et exemplaires de practiques journallieres du chrestien; pourquoy il y a sommés particullieres, tant par ledict contract que par ces presentes, et le reste desdictz dix mil livres d'une part et quarente mil livres d'aultre l'emploieront à la despence des missions, que le superieur de ladicte congregation Sainct Lazare fera faire aux aultres dioceses du royaume de France, où il jugera le plus necessaire, sans recevoir aucune retribution, et aussy de satisfaire à touttes les autres charges, clauses et conditions contenues audict contrat de donnation, du troisieme juing mil six cens trente neuf, et de remplacer en aultre fonds les deniers qui proviendront du remboursement desdictes aydes, conformément à iceluy; et par ces mesmes presentes, lesditz peres de la mission ont deschargé et deschargent ledict seigneur commandeur du logement et emmeublement quil avoit promis leur fournir audict Annecy par ledict contract, moyennant la somme de deux mil livres tournois qu'il promect leur payer dans dix huict mois prochains, outre laquelle somme lesditz prestres de la mission fourniront mil livres tournois des arrerages par eulx receus de trois mil livres que ledict sieur commandeur, par ladicte donnation du troisiesme juing, s'est obligé leur faire payer sur le revenu desdictes aydes sa vie durant, en attendant qu'ils jouissent et disposent desdictz quarente mil livres, attendu quilz nont peu encores commancer ladicte mission dans ledict diocese de Geneve, dont ledict sieur commandeur les descharge pour le passé; et seront lesdictz deux mil livres d'une part, et mil livres daultre, employez par lesditz prestres de la mission en l'achapt dune maison et emmeublement d'icelle à Anicy, pour y faire,

---

[1] Au sujet de ces donations importantes et de la coopération puissante apportée par le commandeur de Sillery à Vincent de Paul, voir la collection des «Lettres de saint Vincent de Paul», par un prêtre de la congrégation de la mission. (Paris, Dumoulin, 1882; tome I, p. 58, 71, 72 et 100.)

par lesditz quatre prestres et deux freres servans leur residance, sans que ledict sieur commandeur soit tenu aux refections, reparations et emmeublement d'icelle maison à l'advenir, pour quelque cause que ce soit; sera loisible audict sieur commandeur, sy bon luy semble, de faire acquisitions de fonds de terre, en Savoye, pour seize cens livres de revenu annuel pour ladicte mission d'Anicy, qu'il leur fera en ce cas possedder franchement, incommutablement en plaine proprietté, sans que le revenu puisse estre appliqué à aulcunes missions hors le diocèse de Geneve, encores qu'il fust plus que suffisant pour la nourriture et entretenement desdictz quatre prestres et freres servant de la maison d'Anicy et de ce qui en deppend; mais le surplus sera emploié à recevoir et instruire dans ladicte maison les ordinands dudict diocese de Geneve en tel nombre seullement que le surplus desdictz seize cens livres le pourra porter, dont ceulx de la mission d'Anicy seront seuls dispensateurs, sans estre tenus d'en rendre compte, d'aultant que ledict sieur commandeur est assuré qu'ilz en feront bon usage, excepté au superieur general de la congregation, ou au visiteur qu'il depputera.

Lequel visiteur neantmoins n'en pourra ordonner que pour les fins de la presente fondation, et apres icelles acomplies, ainsy qu'elles sont cy dessus speciffiées. Ce qui restera sera emploié aux œuvres plus pieuses, charitables et relligieuses qui se presenteront dans ledict diocese et non ailleurs, selon et suivant les exercices et fonctions desditz peres de la mission, sans que ledict reste puisse estre en aucune façon diverti ailleurs, pour et soubz quelque cause et pretexte qui se puisse estre; et au cas que ledict sieur commandeur fasse ladicte acquisition de seize cens livres de revenu en fonds de terre, pour en jouir par ladicte mission d'Anicy franchement et quittement et incommutablement, lesditz prestres de la mission seront tenus et obligez luy faire retrocession de vingt mil livres, faisant partie des cinquante cinq mil livres à eulx transportez sur lesdictes aydes de Melun, tant par ladicte donnation du troisiesme juing dernier que par la presente, pour le revenu desquelz vingt mil livres ledict sieur commandeur prendra, durant son vivant, des mains du receveur d'icelles aydes pareille somme de seize cens livres par an sur quatre mil cent livres quil faisoit payer ausdictz peres de la mission, par ledict receveur; et après son decedz, ceulx qui auront droict de luy, jouiront du revenu desdictes aydes, à proportion desdictz vingt mil livres, de laquelle somme de vingt mil livres ledict sieur commandeur se contante, encores que le prix de ladicte acquisition dudict fonds de terre et des droictz qu'il payera pour en faire jouir franchement et incommutablement en plaine proprietté ladicte maison de la mission d'Anicy se monte à beaucoup d'a-

vantage que les vingt mil livres; et en tant que besoing seroit, faict par ces presentes donnation entre vifz et irrevocable, à ladicte maison de la mission d'Anicy, du surplus du prix de ladicte acquisition et du payement des droictz pour icelle. Et, en ce cas, consent que les trente cinq mil livres, faisans partie desdictz cinquante cinq mil livres sur les aydes de Melun, appartiennent à tousjours à ladicte congregation de la mission Sainct Lazare, pour en estre le revenu emploié aux frais tant de la mission fondée par ledict sieur commandeur de cinq ans en cinq ans, à Brie Comte Robert, que des autres missions dans le royaulme de France, à la charge de fournir et distribuer par lesditz prestres de ladicte mission de Sainct Lazare la quantité de chapelez et exemplaires de praticques journallieres du chrestien, selon qu'ilz sont obligez par ladicte fondation du troisiesme juing dernier.

Car ainsy a esté accordé entre les partyes, et ce que dessus accepté par lesdictz peres de la mission; et pour faire insinuer ces presentes par tout où besoin sera, icelles partyes constituent leur procureur irrevocable le porteur d'icelles, luy en donnans pouvoir et den requerir actes; aussy ont esleu leurs domiciles irrevocables pour l'exécution desdites presentes et deppendances, savoir, ledict sieur commandeur en la maison où il est demeurant, rue du Petit Musc, paroisse Sainct Paul, et lesditz prestres de la mission audict Sainct Lazare, ausquelz promettans et obligeans et chacun en droict soy et renonçans.

Faict et passé en ladicte salle de Sainct Lazare, l'an mil six cens quarante, le vingt sixiesme jour de janvier, avant midy. Et ont lesdictes partyes signé la minute desdites presentes avec lesditz notaires soubzsignez, demeurée vers Coussinet, l'un d'iceulx.

Signé : Galloys — Cousinet.

Donation par le commandeur de Sillery aux prestres de la Congregation de Saint Lazare : 1° de la nu-proprieté des aides et huictième du Pont-de-Cé; 2° d'une rente viagère de 1,000 livres tournois sur ces mêmes aides ; 3° d'une somme de 3,000 livres tournois.

(19 janvier 1638.)

A tous ceulx qui ces presentes lettres verront, Louis Seguier, chevalier, baron de Sainct Brisson, conseiller du Roy, nostre Sire, gentilhomme ordinaire de sa chambre, et garde de la prevosté de Paris, salut.

Scavoir faisons que, par devant Philippes Galloys et Hierosme Cousinet, notaires, garde noltes du Roy, nostre dict seigneur, en son Chastellet de Paris, soubzsignez, fut present et comparut personnellement frere Noël Brulart de Sillery, prestre, chevalier, baillif de l'ordre de

Sainct Jean de Hierusalem, commandeur du Temple de Troyes et de la Ville Dieu en Drugesin, demeurant à Paris, rue du Petit Musc, paroisse Sainct Paul.

Lequel, se sentant grandement touché du louable desseing pris, et qui luy a esté communiqué par illustrissime et reverendissime pere en Dieu, messire René de Breslé, evesque de Troyes, au mois d'octobre dernier, lorsqu'ilz estoient ensemblement au monastere des Carmelites establi au faulxbourg de la ville de Troyes, *sur le subject de la fondation que ledict seigneur evesque desire faire dans son diocese d'une maison et congregation des prestres de la mission, conforme à celle de Sainct Lazare de ceste ville de Paris*, dont la profession particulière est d'assister le pauvre peuple des champs, le prescher, cathechiser, faire faire confession generalle, establir la confrairie de la Charité pour l'assistance des malades, paciffier les differends, recevoir et nourrir chez eulx les ecclesiastiques, les instruire pendant dix jours avant quilz prennent les saincts ordres, leur enseigner l'usage de la theologie et les ceremonies de l'Eglise, le tout gratuitement et aux fraiz et despens desditz prestres de la Mission, et voulant ledict seigneur evesque procurer ce bien aux ecclesiasticques et peuple de son diocese, il auroit pris resolution de faire ladicte fondation.

Laquelle ledict seigneur commandeur trouvant fort pieuse, saincte et utile, dans ces mêmes pensées, pour la descharge de sa confiance, desirant autant qui luy est possible suppléer à tous les manquemens de charité desquelz il pourroit estre tenu et responsable envers Dieu, pour le faict des habitans des lieux de sadicte commanderie de Troyes, pour cooperer cy après au salut de leurs ames, ledit seigneur commandeur, de son bon gré et libre volonté, a reconu et confessé avoir donné, ceddé, quitté, transporté et delaissé, et par ces presentes donne, cedde, quitte, transporte et delaisse, du tout à toujours, par donnation entre vifz, irrevocable et en la meilleure forme que faire le peult, et promet garentir, excepté du faict du Roy, à la maison et congregation des prestres de la mission qui sera ainsi establie dans le diocèse de Troyes, pour eulx et leurs ayant cause, *ce acceptant, par reverend pere Vincent de Paul*, superieur des prestres de la congregation de la Mission establye à Sainct Lazare lez Paris, present et comparant, le fonds et proprietté des aydes et huictiesme des paroisses de Sainct Aubin et Sainct Maurille du Pont de Sée, appartenant audit seigneur commandeur, et à luy ou aultre dont il a le droict, vendus et engagés par Messieurs les commissaires depputez par Sa Majesté et pour lequel il a payé les finances declarées ès quittances, contractz et pieces dont il a baillé l'inventaire sommaire desdictes pieces, faict sur les originaulx d'icelles par les notaires soubssignez.

Et à l'instant lesdicts originaulx rendus audict seigneur commandeur qui les a retenus en ses mains, parce quil s'est réservé et reserve par ces dictes presentes l'usufruict desdictes aydes et huictiesme sa vie durant, pour en jouir à constitut, et nom de precaire, desditz prestres de la Mission dudict diocese de Troyes.

Entendant qu'après son deceds, ledict usufruict soit reuny et consolidé à ladicte proprietté au proffict d'iceulx prestres dudict diocese, et que lesdictz originaulx leur soient baillez; et, dès à present, il les a subrogez en ses droits et actions; et en attendant quilz ne jouiront des fruits desdictes aydes et huictiesme, ledict seigneur commandeur promet pendant sa vie et quil jouira dudict usufruict de donner et payer ausditz prestres de la mission dudict diocese de Troyes, ou au porteur desdites presentes, pour eulx, la somme de mil livres tournois chacun an, de quartier en quartier, à commancer du premier jour d'octobre de l'année derniere mil six cens trente sept, dont le premier quartier qui est fini le dernier jour de decembre de ladite année, ledict pere superieur reconoist l'avoir receu dudict seigneur commandeur, dont il se tient content et l'en quitte.

Et encores ledict seigneur commandeur leur donne comme dessus et promet de payer ès mains dudict père Vincent, ce acceptant pour eulx, la somme de trois mil livres tournois pour une fois payer, dans ceste presente année, pour leur ayder à faire acquisition dune maison dans la ville, aux faulxbourg ou banlieue de Troyes, qu'ilz seront tenus achepter dans ledict temps pour faire ledict establissement, et par la quittance du pris declareront que ladicte somme de trois mil livres y sera entrée, dont sera fourni coppie collationnée audict seigneur commandeur, lequel s'est dessaisi et devestu, par cesdites presentes, tant de la proprietté et engagement desdictes aydes et huictiesme du Pont de Sée, à la reserve dudict fruict,

Que de tous ses autres biens, meubles et immeubles presens et à venir, jusques à la valleur de ladicte somme de mil livres tournois par an, durant sa vie, d'une part, et desdictz trois mil livres tournois pour une fois payer, d'aultre, au proffict desdictz prestres de la Mission dudict diocese de Troyes et de leurs successeurs et ayans cause; voulant qu'ilz en soient et demeurent saisis et mis en possession par qui et ainsi quil appartiendra, constituant à ceste fin son procureur le porteur desdites presentes, lui donnant pouvoir pour, desdictes choses ainsi données, jouir par lesdictz donnataires et leurs successeurs et ayans cause, comme de chose à eulx appartenant, par le moyen de la presente donation,

Qui a esté faicte par les causes et considerations devant declarées, et à la charge que lesditz prestres de la Mission dudict diocese de Troyes, au nombre qui sera porté par la fondation dudit seigneur evesque, seront tenus de faire entierement et exactement l'exercisse de la Mission suivant leurs statutz, particulierement dans toutes et chacunes les terres, seigneuries, chapelles et membres deppendans de ladicte commanderie de Troyes, à commencer au premier jour de caresme prochain, sans discontinuation jusques à ce qu'ilz aient faict la Mission en chascun desditz lieux, et de là en après continuer ladicte Mission de cinq en cinq ans à perpetuité.

Mesmes procureront que les eclesiasticques deservant lesdictes chappelles cellebrent les sainctes messes et instruisent les enfans des habitans où sont lesdictes chappelles, ès jours et selon l'ordre qui en sera baillé par ledict seigneur commandeur, inviteront lesdictz eclesiasticques de faire par chacun an leur retraitte et exercisses spirituelz, un à la fois, dans leur dicte maison de la Mission.

Auront un soing particulier de visiter les confrairies de la Charité quilz y auront establies, et que ladicte congregation le fera participant aux prieres, sacrifices et bonnes œuvres quil plaira à la bonté de Dieu faire par icelle.

Touttes lesquelles charges cy dessus ledict pere Vincent de Paul, pour et au nom de ladicte congregation qui sera establye audict diocese, a promis entretenir et effectuer de poinct en poinct, et de reconoistre ledict seigneur commandeur pour leur fondateur et bien facteur, et de faire ratiffier ces presentes par ladicte congregation, si tost ledict establissement faict, et en fournir lettres audict seigneur commandeur.

Lequel seigneur commandeur a subrogé et subroge par cesdites presentes ses successeurs en ladite commanderie de Troyes, pour faire observer à perpetuité, par lesditz prestres de la Mission, les charges de la presente fondation, pour laquelle faire insinuer les parties constituent leur procureur le porteur d'icelle, luy en donnant pouvoir et en demander actes partout où besoing sera. Eslizant par ledict seigneur commandeur son domicille irrevocable en la maison où il est demourant, rue du Petit Musc.

En tesmoing de ce, nous, à la relation desditz notaires, avons faict mettre le seel de ladicte prevosté de Paris à cesdites presentes, qui furent faictes et passés à Paris en lhostel dudict seigneur commandeur, l'an mil six cens trente huict, le dix neufiesme jour de janvier, apres midy, et ont lesdictz seigneur commandeur et pere Vincent de Paul signé la minute des presentes, demeurée audict Cousinet, l'un desdicts notaires soubzsignez.

Signé : Galloys — Cousinet.

Reçu autographe de saint Vincent de Paul.

(1638.)

Je soussigné, supérieur de la congregation des prestres de la Mission, confesse avoir receu de Monsieur le commandeur de Silleri la somme de quatorze cens vingt livres pour le paiement qui a esté faict par son commandement à Troyes, par M. Gouaut, marchand de ladicte ville de Troyes, pour les m[e]ubles que nous avons faict faire pour nostre establissement à Sansey, diocese dudict Troyes, laquelle somme il nous a baillée en deductions des trois mil livres quil nous devoict fournir dans la fin de ceste année, suivant le contracq de fondation pour ledict establissement.

En foy de quoy jay escript et signé la presente, à Paris, ce treiziesme jour dapvril mil six cens trente huict.

Signé : Vincent Depaul.

Pièces relatives aux aides d'Angers; reçu de ces pièces par saint Vincent de Paul.

(28 janvier 1641.)

Extrait de l'inventaire faicte après le deceds de feu Monsieur le commandeur de Sillery, à la requeste de Messieurs Trelon, Desbordes et Descordes, executeurs de son testament, passé par devant Lemoyne et Cousinet, notaires, le premier jour d'octobre mil six cens quarente.

Du troisiesme desdicts mois et an, du matin, après que le scellé apposé sur lesdicts biens par lesdicts sieurs Delacour et..... a esté par eux recogneu, levé et osté, a esté continué le present inventaire ainsy qu'il en suit :

Ledict sieur Descordes a representé un sac de thoille, sur lequel est un etiquette en parchemin, où sont escritz les mots : remboursement faict à Monsieur Servin, advocat general, de la somme de douze mil cent cinquante livres quil avoit payée et finances ès coffres du Roy, pour l'acquisition des aydes du Pont de Sees en Anjou, des deniers appartenantz à Monsieur le commandeur de Sillery; et encores est escrit de la main dudict feu sieur commandeur les motz : sont affectées à la fondation des prebtres de la mission Sainct Lazare faicte à Troyes; fault donner ce sacq, apres ma mort, à *Monsieur Vincent* ou aux prebtres de Sainct Lazare à Paris, lequel sacq iceluy sieur Descordes a dict luy avoir esté mis ès mains par ledict feu sieur commandeur, pendant la malladie dont il est deceddé.

Dans iceluy sacq se sont trouvez les quittances, contractz et autres pieces concernant lengagement des aydes et huictiesme des paroisses de S.t Aubin et de S.t Maurille de Pont de Sees, finances et verification d'icelles en nombre de quatorze pieces, avec l'inventaire d'icelles

Saint Vincent de Paul reconnaît avoir reçu des papiers provenant de la succession du commandeur de Sillery.

Reçu d'une somme de 1420 livres pour la mission de Sansey. — 13 avril 1638.

qui a esté vériffié. Et s'est trouvé en defficit la piece contenue en larticle dix et celle contenue en l'article quinze, ledit inventaire non signé; et par lesdictes pièces appert la finance dudict engagement estre de la somme de douze mil cent cinquante livres tournoiz, par quittance passée le xxie avril mil six cens quatorze par devant Richer et Libault, notaires, dont a esté faict declaration le mesme jour par devant lesdicts notaires, au proffict dudict feu sieur commendeur. Inventorié au dos desdictes pieces, lune comme lautre.

Je soubsigné, superieur general de la congrégation des prebtres de la Mission, recognois avoir receu les papiers cy dessus mentionnez de Messieurs les Administrateurs de l'Hostel Dieu de ceste ville, conformémént à l'intention de feu Monsieur le commandeur de Silleri; en foy de quoy j'ay escript et signé la presente de ma main propre.

À Paris, ce vingt huitiesme janvier mil six cens quarente un.

Signé : Vincent Depaul.

Lettres patentes de Louis XIII confirmant l'autorisation donnée par le grand maître de l'ordre de Jérusalem au commandeur de Sillery de disposer de ses biens.

(Décembre 1614.)

Louis, par la grace de Dieu, Roy de France et de Navarre, à tous presens et à venir, salut.

Nostre amé et féal conseiller en nostre Conseil d'Estat, le commandeur de Sillery, chevallier de l'ordre St Jean de Hierusalem, premier escuyer de nostre tres chere et tres honorée dame et mere, et ambassadeur prez nostre personne pour ledict ordre, nous a faict dire et remonstrer que nostre cher et bien amé cousin, le grand maistre dudict ordre et les sieurs de son conseil, en execution du bref de nostre sainct pere le Pape, Paul cinquiesme, du xxiiie may mil six cens xiii, luy ont, par leur bulle du xve septembre dernier passé, consenti et accordé que, nonobstant sa qualité et statutz dudict ordre, ausquelz ilz ont derogé pour ce regard, qu'il peust librement disposer au proffict de qui bon luy sembleroit de tous et uns chacuns ses biens, meubles et immeubles, presens et à venir, tant par donation entre vifs, disposition à cause de mort testamentaire ou autrement, et quand bon luy sembleroit, aux charges, clauses et conditions inserées en ladicte bulle, auxquelles il a satisfaict,

ainsy qu'il appert par le contrat et declaration par luy passé, le xxviiie novembre aussy dernier passé, par devant notaires au Chastelet de Paris, accepté par le recepveur et procureur dudict ordre au grand prioré de France, et à ce quil puisse plus librement jouyr de leffect et contenu de ladicte bulle; et de crainte que ceux au proffict desquelz il pourroit disposer de sesdits biens à lun ou à lautre tiltre ne feussent à ladvenir inquietez, il nous a tres humblement suplié luy vouloir accorder nos lectres sur ce necessaires.

A ces causes, voulans en ceste occasion, comme aux autres qui se presenteront, gratiffier et favorablement traicter ledict commendeur de Sillery, tant en consideration des bons et notables services quil nous rend continuellement en divers et importans affaires, et mesmes prez la personne de nostre tres chere et tres honorée dame et mere, que de ceux que nous espérons recepvoir à ladvenir, aprez avoir faict voir en nostre conseil tant ladicte bulle que declaration et contract par luy faict en execution dicelle, cy attachez soubz le contre seel de nostre chancellerie.

Avons, de nostre speciale, plaine grace, puissance et authorité royalle, par ces presentes, signées de nostre main, permiz et permettons audict commandeur de Sillery, de pouvoir disposer de tous ses biens, meubles et immeubles, presens et à venir, au proffict de quelques personnes que se soyent, tant par donation entre vifz, à cause de mort, que par testament ou autrement, en telle forme et quand il voudra, aux charges neantmoins portées par lesdictes bulles et contract faict en execution d'icelles. Laquelle bulle, en tant que besoin est ou seroit, nous avons loué, agrée et confirmée, louons, agreons et confirmons, voulons et nous plaist quelle sortisse son plain et entier effect.

Si, donnons en mandement à noz amez et feaulx conseillers, les gens tenans nostre court de Parlement de Paris, que, incontinent et sans delay, ilz ayent à faire lire, publier, enregistrer et esmologuer...

Car tel est nostre plaisir, et affin que ce soit chose ferme et stable à tousjours, nous avons à cesdictes presentes faict mettre nostre seel, sauf en autre chose nostre droict et l'autruy en toutes.

Donné à Paris au moys de decembre, lan de grace mil vie xiii et de nostre regne le cinquiesme.

Signé : Louis.

Liquidation du revenu de chaque propriétaire des aydes de Melun, à raison de leurs contrats, du fonds et du bail fait au sieur Gassion.

(Sans date.)

Fonds des aydes : 428,569ᵗᵗ 15ˢ   Intérest suivant le bail : 42,813ᵗᵗ 6ˢ

Madame de Pizieux a de fonds...	117,328ᵗᵗ	7ˢ	et d'intérest..................	11,720ᵗᵗ 17ˢ	7ᵈ
Madame du Boullay............	55,295		....	5,523	17	3
Mʳˢ de Vaube.................	27,376		....	2,734	16	2
M. Gassion...................	12,000		....	1,198	15	6
Feu Madame Patrocle..........	31,067	4	....	3,103	11	1
Les R. P. Jésuites............	20,000		....	1,097	19	2
Monsieur Vincent[1]...........	55,000		....	5,494	7	10
Les Carmelittes...............	21,000		....	2,097	17	2
L'Hostel Dieu.................	20,000		....	1,997	19	2
L'ordre de Malthe.............	21,375		....	2,135	6	5
L'Hostel Dieu.................	18,000		....	1,798	3	3
La Visitation de Troyes........	12,000		....	1,198	3	3
La Magdelaine................	18,000		....	1,798	3	3
Reste qui demeure vague......	128	4	....	12	16	1
Total faisant le fonds.....	428,569ᵗᵗ 15ˢ		Total de l'intérest.....	42,813ᵗᵗ 5	5

Mémoire sur la finance appartenant à l'Hostel Dieu de Paris ès aydes de la ville et eslection de Melun.

(Non daté.)

Par le procès verbal faict par devant M. Sauguin, conseiller en la Cour des aydes, le xxiiiᵉ septembre 1653, entre tous les engagistes desdictes aydes et Mᵉ Nicolas Gassion, fermier d'icelles, paroist le total de la finance desdictes aydes estre de la somme de iiiiᶜ xxviii mil vᶜ lxix liv. xv s.

Au total desdictes aydes, il en appartient audit Hostel Dieu xx mil livres, qui luy ont esté donnez par feu M. le commandeur de Sillery par contract du xxıx aoust 1640, cy, xx mil livres.

Par quittance du premier octobre 1643 de Mᵉ Simon Alix, procureur de Charles Dubois, qui avoit traicté avec Sa Majesté pour le recouvrement des taxes faictes sur les engagistes desdictes aydes, tant pour le quartier retranché que pour la revocation des privilegiez, suivant les arrests du Conseil des xiiiᵉ mai, xxxᵉ juillet 1642, ledict Hostel Dieu a payé pour sa part de la taxe de xxx mil livres, scavoir, xx mil livres pour les privilegiez et x mil livres pour le quartier retranché, la somme de xviiᶜ xvii ᵗᵗ xi s. Lesdictes xx mil livres tiennent lieu de finance aux propriétaires; c'est, pour la part dudict Hostel Dieu, xiᶜ xlv ᵗᵗ viii den.

[1] Vincent de Paul.

Les propriétaires engagistes desdites aydes ont été taxez à la somme de xxxix mil iiiᶜ iiiiˣˣ viᵗᵗ xviii den. pour jouir de ii mil viiiᶜ xiii ᵗᵗ vi s. de rente par chacun an, faisant partie de iiii mil cxx livres pour les gages des officiers de l'eslection, au moien de laquelle jouissance ne leur est plus payé que xiiiᶜ vi livres xiiii den., laquelle taxe tient lieu de finance ausdicts propriétaires; pour la part dudict Hostel Dieu, monte à xviiiᶜ xxxviii livres.

Le total de ladicte finance monte à xxii mil ixᶜ iiiiˣˣ iii liv. i s. ii den.

Par le bail faict du total desdictes aydes à Mᵉ Nicolas Gassion en l'année 1645, moiennant xl mil livres par an, il en appartient audict Hostel Dieu xviii cens lxvi liv. xiii s. iiii den.

Plus, pour la jouissance de la part dudict Hostel Dieu esditz ii mil viii cens xiii liv. vi den., la somme de cxxxi liv. v s.

Mémoire relatif aux aides du Pont-de-Cé, appartenant en partie aux prêtres de la Mission et à l'Hôtel-Dieu.

(Non daté. — Après 1659.)

Messieurs les maîtres gouverneurs administrateurs de l'Hostel Dieu et les prestres de la congrégation de la Mission, propriétaires des antiens droictz d'aydes de la ville, faulxbourgs d'Angers et Pont de Cé, sont très-humblement suppliés de considérer que le bail quilz avoient

[1622.] faict desdictz droictz à M. Avril, à raison de vingtz quatre mil livres par an, estant expiré le dernier jour de décembre 1659, M. Germain Menant prist ledict bail, soubz le nom de Thomas Du Jour, à commancer du premier janvier 1660 suivant, à raison de vingt huict mil livres aussy par chacun an, et feist ceste augmentation de quatre mil livres plus que ne payoit ledict Avril, par ce qu'il espéroit que la paix generalle augmenteroit considerablement le produict desdites aydes et que les peuples estans plus soulagés ques années preceddentes, le desbit des vins seroit plus grand et tous les droictz à eux appartenans entierement payés ; mais qu'au contraire, la disette universelle arrivée dans toutes les années depuis ledict jour premier janvier 1660 jusques à present, sans diminution des charges qui se levoient pendant la guerre, a esté sy grande, que le quart et plus desdictz lieux est mort de pauvreté.

En sorte que le desbit des vins a esté notablement diminué et la plus grande partie des cabaretiers mortz insolvables ou deserté, ce qui se justiffie par les reprises des comptes des commis à la recepte, par lesquelz il paroist que ledict Menant perd pour plus de six mil livres par an des compositions ou accensemens faictz ausdictz cabarestiers mortz insolvables ou fuis.

Que plusieurs prestres et officiers sont reffusans de payer les droitz du vin quilz ont vendu en destail, et les bouchers celluy du pied fourché, et quenfin ladicte ferme entiere na pas produict audict Menant, par chacune desdites années, vingt mil livres dargent, les fraiz et non valleurs desduictz, et au moyen de ce, ledict Menant supplie tres humblement lesditz sieurs voulloir amiablement le descharger de la continuation dudict bail et luy diminuer du moings, pour le desdommager des pertes qu'il souffre pour leur avoir voullu rendre service, deux quartiers et demy du pris de sadicte ferme, quoy faisant ils luy feront graces et justice.

Et outre tout ce que dessus, j'obmettois à dire que les hostes et cabaretiers des Pontz de Cé ayant esté contrainctz de loger et nourir les gardes de M. le conte d'Harcourt, gouverneur de la province, durant quinze mois, sans en avoir esté payé, en a ruiné la pluspart qui ont esté obligé d'habandonner ledict lieu, et encore lorsque lon va audict lieu pour voulloir contraindre les redevables des droictz, l'on ne l'oseroit faire sans la permission du gouverneur du chasteau dudict lieu, ce qui cause bien de la perte.

Comme aussy le commandant du chasteau d'Angers jouy de trois lieux des environs dudict chasteau où il se debitte beaucoup de vin, et où lon noseroit faire aucun exercice ny rien faire payer des droictz.

Recettes et dépenses pour la maison du commandeur de Sillery.

(1622.)

Estat de recepte et despence faictes par M. Pierre Delalane, conseiller secrétaire du Roy et greffier des productions du Conseil, pour Monsieur le commandeur de Sillery, depuis le trentiesme jour de mars mil six cens vingt deux.

Et premièrement.

Recepte. Le vingt troisiesme aoust mil six cens vingt deux, receu de Madame de Chanforest la somme de sept vingt dix livres pour faire tenir à .... aumosnier dudict sieur........, cy, vii^{xx} x livres.

Le septiesme septembre, de Madame Desmaretz, iiii^c xxx livres pour faire tenir à Monsieur son filz.

Le xxie décembre, de M. Feydeau, la somme de dix huict mil livres pour la pention de M. le cardinal Bentivogly pour l'année m vi^c xxi.

De Monsieur Du Mesnil Morant, tresorier de l'Espargne, la somme de xlii mil ii cens livres, scavoir, xxvii mil livres restant de lapointement d'ambassadeur dudict sieur commandeur, vii mil ii cens livres de chevalier dhonneur de la Royne mere, et de viii mil livres pour sa pention, le tout pour ladicte année m vi^c xxii.

Par le preceddent estat est faict recepte à cause des aydes d'Angers et du Pont de Cée, affermées par an à xviii mil livres à M. Ferroal jusques au dernier decembre m vi^c xxi, et partant receu de luy, pour l'année entière m vi^c xxvii, la somme de xviii mil livres.

De luy, pour trois quartiers escheuz le dernier septembre m vi^c xxiii, à cause desdictes aydes, xiii mil v cens livres.

De luy aussy fermier des aydes de Coutances affermées à huict mil trois cens livres par an, la somme de seize mil six cens livres pour deux années escheues le dernier decembre m vi cens xxiii, cy, xvi mil vi cens liv.

Par le susdict estat est faict recepte des fermiers des aydes de Meleun jusques au dernier mois, an susdict m vi cens xxii, à raison de quinze mil neuf cens quatre vingtz livres par an, duquel jour Monsieur de Puysieux a droict de prendre par transport la somme de neuf mil livres restant, en ce faisant audit sieur commandeur vi mil ix cens iiii^{xx} livres, receu pour les quartiers d'apvril et juillet iii mil iiii^c iiii^{xx} x livres.

Et depuis auroit esté acquis par ledict Delalane, pour ledict sieur commandeur, de Mlle de Cerizieres et de M. Lucquin iiii mil viii cens livres, quilz avoient droict de prendre par chascun an sur lesdictes aydes, à commancer à en jouir par ledict sieur commandeur du 1er octobre, an susdict m vi cens xxii, receu pour ledict quartier, en tout, deux mil neuf cens quarante cinq livres, cy, ii mil ix cens xlv livres.

46.

Ledit sieur commandeur a particulierement à luy la petite ferme des menues denrées, à raison de mil livres par an, pour les trois derniers quartiers de la susdicte année m vi cens xxii, cy, vii cens l livres.

Le premier jour de mars m vi cens xxiii, de M⁰ Mascarani et Linnague, la somme de vi²⁰ viii mil livres pour demeurer par eux quittes envers ledict sieur de pareille somme portée par leur promesse rendüe, cy, vi²⁰ viii mil livres.

Le vingt uniesme, de Madame Desmaretz, iii° xxxvi livres pour faire tenir à Monsieur son filz.

De Monsieur de Beaumarchais, trésorier de l'Espargne, la somme de quarante deux mil livres pour l'apointement d'ambassadeur dudict sieur commandeur pendant ladicte année m vi° xxiii, cy, xlii mil livres.

Des susdicts fermiers de Meleun, la somme de xi mil vii° iii²⁰ livres pour l'année mvi° xxiii.

D'eulx, la somme de mil livres pour la petite ferme.

De Monsieur Phelippeaux, trésorier de l'Espargne, la somme de sept mil livres pour les deux premiers mois de l'année mvi° xxiii, à cause de lapointement dambassadeur dudict sieur commandeur.

....
Somme totale de la recepte : iii° xxxvi mil iiii° lxi livres.

Despence.

Par lestat arresté le xxx° mars mil six cens vingt deux, ledict sieur commandeur est demeuré redevable de viii^m xxi livres.

Le v° janvier mil six cens vingt trois, à Monsieur de Puisieux, trente deux mil livres pour le sort principal de deux mil livres de rente et quinze cens livres pour trois quartiers escheuz le dernier décembre dernier, cy, en tout, xxxiii mil v cens livres.

Le ix°, à Madame de Ceriziers et Monsieur Lucquin, cinquante huict mil vingt livres, scavoir, cinquante six mil sept cens livres pour la part qu'avoit aux aydes de Meleun M. Feydeau laisné, quil auroit transporté à raison de iiii mil viii cens livres par an, xii cens livres pour le quartier escheu le dernier décembre dernier et six vingtz livres pour les neuf jours advancez, le transport passé par M. Contesse, notaire.

Argent envoyé à Rome en 1622, 23 et 24, iiii²⁰ xiii mil livres.

Estat du revenu de la commanderie de Troyes, faict et dressé en l'année 1637, selon les baux qui en sont faicts.

La maison de Troyes.

Ladite maison du Temple, affermée aux sieurs Michelin et du Clarsin pour la somme de cinquante cinq escuz, par baulx finissant au premier jour de may 1669, pour ce, cy, 165 livres.

Les rentes et censives.

Lesdictes rentes et censives de ladicte commanderie affermées à Quantin Musnier, par bail finissant au premier de janvier 1640, moyennant par an 425 livres.

Les terres de Prezé.

Lesdictes terres de Prezé affermées à Nicolas Tassin et consors, par bail finissant à la saint Martin d'hyver 1643, moyennant par an la somme de 500 livres et vi chapons.

La terre et seigneurie de Sansey.

La seigneurie de Sancey est affermée à Estienne Bourrelier, marchand boucher demeurant à Troyes, icelle seigneurie concistant, scavoyr, 43 à 44 arpents de terre labourable au finage dudict Sancey.

La maison seigneuriale, bastiment, *actin* dudict lieu de Sancey et colombier, ainsy que le tout, sestent et comporte avec 8 ou 9 arpens de terre audict finage en trois pièces. Une pièce de vigne contenant un quartier audict finage ; une piece de pré contenant 22 arpens, apellée la Grande pièce, audict finage de Soncey.

La ferme de la mairie de Sansey dependant de ladicte commanderie, ensemble les deffauts et amendes jusques à 3 livres tournois et au dessoubs qui adviendront en ladicte mayrie, avec une accin qui est entre les vannes de ladicte ville de Troyes, qui sont audict lieu de Sancey, et des vignes estant au bout dune chaussée.

La ferme de la riviere dudict Sancey, tant au dessus qu'au dessoubs dudict Sansey. — Une piece tant terre que pré contenant vingt deux arpents au finage dudict Sancey. — Une pièce de pré contenant xi arpents au finage de Villepart. — Une pièce de pré contenant trois arpents audict Sansey, au lieudict les Morts. — Une pièce de pré contenant cinq arpents au finage et prairie dudict Sansey et Villepart, au lieudict les Naches. — Une piece de pré appellée la fontaine aux Troys Prothins, contenant 4 arpents. — Une piece de pré contenant un arpent, audict finage de Sansey, appelé le pré Cornu. — Une autre piece contenant un arpent au village de Villepart au lieudict la Durgeance. — Une piece de pré contenant 9 arpents 3 quartiers 15 cordes, y compris 7 quartiers d'accins en la prairie de Sancey, au lieudict le pré Pasturet. — Et une piece tant terre que pré contenant deux arpents et demy audict Sancey, auprès des vannes.

Pour en jouir par le preneur le temps et espace de 9 ans, commencant au premier jour du mois de may 1634, moyennant le prix et somme de 850 livres en argent, 2 brochets et 8 chappons.

Réserve ledit sieur bailleur les aubeynes et confiscations, despance et main morte; payera ledict preneur les droits des officiers dudict lieu de Sancey et des causes tant civiles que criminelles qui se plaideront en ladicte mairie, en fera tenir bons et fidelz registres par le greffier d'icelle.

Soubstiendra tous les procès criminelz et tous autres procès concernant le droict de ladicte mairie, jusques à sentence definitive du bailliage et siege presidial dudict Troyes, aux frais et despens dudict preneur.

Pourra et sera loisible audit sieur bailleur, pendant les années du présent bail et par chascune d'icelles, faire pescher en ladicte rivière de Sancey et endroicts avec le grand fillez et nasselle et auquel sieur bailleur appartiendra tout le poisson qui sera pesché.

Ne pourra pretendre diminution que si ledict preneur est desfaillant de payer le prix de ladicte ferme par chascune desdictes années; troys mois après chascun terme expiré, pourra debouter le preneur dudict bail sans sommation et pourra estre contrainct au payement de ce qu'il debvra.

Mairie de Menoix.

La ferme de la mairie de Menoix. Le guangnage de Menoix.

Ledict guangnage de Menoix affermé à Jean Damoyseau, consistant en 36 arpents ou environ, tant terres labourables que prez en plusieurs pieces et contrées, pour 9 années, à commencer aux *sombres* dernieres, pour la somme de vii^{xx} livres et deux chappons.

Pré de bon repos.

Ledict pré de bon repos, qui est en la prairie proche le faulxbourg Sainct Jacques, est affermé à Estienne Bourrelier, par bail finissant à la fin de l'an 1638, pour la somme, par chascun an, de 67 livres.

Le guangnage de Verrieres.

Le guangnage de Verrieres est affermé à Berthelemy Patris, demeurant au bourg de Croucelz les Troyes, consistant en un accin auquel il y a maison, grange, estable couverts de thuille, cour, jardin et verger fermez de fossez, et en ix^{xx} arpents, tant terres labourables, prez que vignes en plusieurs pieces, ledict bail faict pour en jouir 9 ans, à commencer aux sombres de l'année prochaine. Pour en payer par chacun an 460^{tt} payables au 15e décembre, premier payement audict jour 1631.

Et a la charge d'acquitter ledit sieur bailleur de 8 septiers de grain envers les religieux de Moustier la Celle et en apporter acquit et descharge, le preneur obligé par corps, cy 460 livres.

Les moulins de Verrieres.

Lesdicts moulins de Verrieres estants remis en estat pourront valloir au moins ix^{xx} livres.

Les prez de Drou St Basle.

Lesdictz prez sont affermez à Aymé et Nicolas les Thevenin, demeurants à Drousainballe.

Une piece de pré, bois et broussailles au finage dudict Drousainballe, au lieu dict les Ozandines, contenant xi danrées. — Une autre piece de pré au chemin Baudet, audict finage. — Une autre piece de pré, bois et broussailles audict finage et prairie, au lieu dict Monte Germon. — Une autre piece de pré en ladicte prairie, au lieu dict Thiellatz, contenant deux arpents 10 carreaux. — Une autre piece de pré appellé le pré aux Bœufs, contenant cinq danrées. — Une autre piece de pré en ladicte prairie au lieu dict Montviel, autrement la saulle du pré au Loup. — Une autre piece de terre labourable audict finage, au lieu dict Malledant, contenant une danrée 60 carreaux, pour neuf ans commenceant à la saint Remy dernier, pour la somme de 15 livres, dont le premier payement commencera au premier octobre prochain.

La terre et seigneurie de Serre.

L'hospital de Serre est affermé à Nicolas Parigot, consistant en maison, granges, terres labourables, actin, enclos et autres appartenances et dependances, sans aucune chose reserver ni retenir, que ledict preneur a dict bien scavoir et cognoistre pour en avoir veu jouir deffunct Me Joseph de Vienne, depuis son deces, sa vefve et heritiers, du jour de saint Jean Baptiste prochain jusques à neufs ans et neufs despouilles, moyennant le prix et somme de vii cens livres à deux termes et payements egaux au jour de Noël et s^t Jean, dont le premier terme au jour et feste de Noël 1635, à la charge par ledict preneur de faire dire et celebrer le service divin accoustumé estre dict audict hospital, qui est une messe par chascune sepmaine, et pour cest effect fournir les ornemens qu'il conviendra et luminaire necessaire. Entretenir les bastimens de toutes reparations tant grosses que menues et, en fin desdites années, rendre et delaisser lesdits bastimens en bon estat, au dire de gens à ce cognoissants, et desquels reparations il est tenu et tient pour bien content pour estre icelles en bon estat, et avoir esté icelles faictes par Laurent Nolle, sergent royal à Troyes, qui estoit tenu de faire icelles à lentiere descharge de ladicte vefve et heritiers de Vienne.

Sera tenu ledict preneur de nourrir et loger deux serviteurs dudict sieur commandeur avec leurs chevaux par deux fois, durant et pendant les années dudit bail, faire faire à ses despens un papier et declaration de tous les heritages et droicts dependants de ladicte seigneurie de Serre par nouveaux tenants et fournir dudict papier qu'il sera tenu attesté veritable...

Et au bas, Charles de Sompsois, escuyer, sieur de Montreaux, y demeurant, et damoyselle Anthoynette de Sangloz, sa femme, se sont rendus caution dudict preneur, qui s'obligent par corps, du 24 dudict mois de may, cy, vi cens livres.

Toutes les appartenances de la seigneurie du Perchoir, hormis les estangs.

La commanderie du Perchoir, elle est à relouer dès les sombres 1636, le bail particulier qu'avoit le sieur Adyne est finy. Il en jouit depuis en vertu du bail general de ladicte commanderie, qui finit en décembre 1638, et l'exerce par ses mains.

Ledict sieur Adyne rendoit de tout 2,000 livres.

Estangs du Perchoir.

Les estangs du Perchoir sont affermez à Estienne Bourrelier pour en jouir pendant neufs années, commenceant au premier jour de may 1632, moyennant la somme de 300 livres par chascun an, payables audict premier jour de may, dont le premier eschot audict jour de l'année 1633, et encores un quarteron de carpes et demy quarteron de brochets du petit eschantillon, aussy pour chascun an, à charge de faire rehausser les chaussées des estangs appellez des Dames et Robin, tout le long d'icelle, de la hauteur de deux piedz, avec les joncheres et accroches necessaires pour une fois seulement pendant lesdites années, dont il fera certiorer ledict seigneur par acte de visite de ceste besougne dans troys ans; et pour le reste des reparations, sera en la libre disposition du preneur d'en faire faire à ses frais et despens, sans qu'il en puisse demander aucune recompense, sinon les bois qui luy seront delivrez audit hospital tant pour les bondes, grilles, facines que autres bois necessaires pour l'entretenement et pesche desdicts estangs, durant le present bail; lesquelles reparations ainsi faictes esdicts estangs, ledict preneur ne pourra deteriorer, oster, ny en lever aucun bois qui auroit esté mis, sera tenu de le laisser esdicts estangs et carpières en tel estat qu'ilz seront lors, sans qu'il soit tenu les rendre autrement, ainsy qu'il est plus au long contenu audict bail de ce faict, passé à Troyes le 21 febvrier 1632, cy, argent, 300 livres — carpes, un quarteron — brochets, demy quarteron.

La terre et seigneurie de Civrey.

Ladicte seigneurie de Civrey est affermée à François Douzieres pour neufs ans, commenceants pour le regard des terres aux sombres 1631 et pour le regard du moulin et droicts au jour s^t Jean Baptiste de la mesme année, et quant aux censives du l'endemain s^t Remy 1631 et les coustumes et terrages du premier janvier 1632 ; et pour ce qui est des prez, à cause que les precedens fermiers de ladicte terre en doivent jouir la derniere année de leur bail, entrera le preneur en la recolte des bleds de la presente année 1632, pendant lesquelles années appartiendra au preneur la couppe pour une fois seulement de la garenne dudit Civrey, sans qu'il y puisse coupper aucuns baliveaux ny pareillement es hayes, prez et autres lieux dépendants de la dicte terre, à la charge de faire dire et celebrer le service deu et accoustumé estre faict et celebré en la chapelle dudit Civrey par personne suffisante, qui est une messe par chacun jour de dimanche ou autre jour de la sepmaine, et à cest effect y fournir et entretenir par le preneur les ornemens et luminaire suffisant, et encores aux quatre festes annuelles de Nostre Dame et le jour de s^t Jean une messe à chascun desdicts jours, le tout à la descharge de la conscience dudict sieur bailleur; fera le preneur exercer la justice soubz le nom dudict sieur et à sa descharge. Payer les gages des officiers comme il est accoustumé, et soustenir tous procès, jugemens et attentats.

En quoy, faisant, appartiendra aupreneur tous despens des procès avec toutes les amendes, à la reserve des confiscations, aubeynes, espices et amendes excedant dix livres.

Entretiendra ledict preneur les bastimens dependants de ladicte terre de Civrey, qui sont la chapelle et maison seigneuriale de pel torché et couverture, et les rendre à la fin en bon estat; et pour le regard des reparations de pel torché, de couverture, Adyne en cede tous les noms, droicts, raisons et actions que ledict seigneur commandeur peut avoir contre iceluy Adyne et la veuve Paul Girard, precedens fermiers de ladicte terre.

Le preneur tenu entretenir le moulin et de tous tours tournants et travaillants, fers et feirailles, ensemble les chess dudict moulin, enfin les rendre en bon estat, moyennant vii cens livres et six chappons, payable chascun en deux termes qui sont s^t Martin d'hyver et Pasques.

Le guaynage de Forest Chenu.

Ledit guaynage de Forest Chenu est affermé à Edme Grasdos, Jean Grasdos, son fils, et Edme de Fert, laboureurs, demeurant à Forest Chenu, paroisse Sainct Phalle, ledict guaynage consistant en bastiments, accin, droicts, aysances et appartenances d'iceux, et en la quantité de 36 arpents tant terres labourables que prez, bois, buissons, masures et pastures en une pièce, y compris 7 arpents de pré en 3 pièces, ladicte pièce de terre communément appellée le guaynage de Forest Chenu et lesdicts prez au finage d'Avrenil et Raulay, dont lesdictz recognoissants ont dit bien sçavoir les situations et assietes, pour avoir ledict Edme Grados tenu ledict guangnage avec autres cy devant, à pareil tistre, et tient encores à present, pour en jouir par lesditz preneurs aux *sombres* de la s¹ George prochain venant, jusques pendant et durant six années et six *despouilles*, moyennant huict vingt livres en argent, quatre chappons, quatre poules et un cent de fagots, payable au jour s¹ Martin dhyver, dont le premier terme de payement pour la premiere année sera au jour s¹ Martin que l'on contera 1635; ne pourront les preneurs prétendre diminution pour quelque cause et occasion que ce soit.

Les terres de Laynel au Bois.

Les terres de Laynel au Bois sont affermées jusques aux sombres de 1641 pour la somme de 80ᵗᵗ par an.

Terres et prez du pavillon de S¹ Mesmin.

Les terres et prez de Pavillon sont affermées, avec celles de S¹ Mesmin, à Nicolas Ponard et consors, cinq cents arpens de terre au finage de Pavillon et voisins appellées les terres de l'hospital et la quantité de sept arpens de pré en deux pieces, l'une au village de Savières au lieu dict le pré Cuin, contenant 4 arpens, et l'autre contenant troys arpens au finage de S¹ Mesmin, appellé la Chappelotte, pour en jouir par les preneurs pour six années à commencer aux sombres de s¹ George 1633, pour la somme de 270ᵗᵗ, deux poulets et deux chappons.

Les prez de S¹ Mesmin sont affermés au susdict Ponard et consors, et premierement une pièce de pré appellée le grand Tournay, contenant 6 arpens; douze arpens en 3 pieces, la premiere appellée les prez de Courcelles, la seconde le petit Tournay et la troisieme le buisson Regnard, le tout au finage de S¹ Mesmin, pour en jouir par les preneurs à la fenaison prochaine jusques à huict années, pour la somme de 260ᵗᵗ et deux chappons.

Le pré Greslé.

Le pré Greslé est affermé au sieur Lenfunex par promesse de continuation de bail finissant à la fin de l'an 1637, moyennant par an 100 livres.

Moulins d'Espincey.

Les moulins d'Espincey sont affermez à l'Enfumey par bail finissant en may 1639, pour la somme de 350 livres.

La terre et seigneurie de Chappelle-Vallon et les dixmes de grain dudit lieu.

Ladicte terre et seigneurie de Chappelle-Vallon est affermée à Mathieu Bourgeois, moyennant 200 livres en argent, xi septiers x boisseaux seigle, xi septiers avoyne et xii chappons, payables lesdictes 200 livres à 2 termes, s¹ Jean Baptiste et s¹ Martin d'hyver, lesdictes six années commenceant aux sombres de l'année 1634.

Le guangnage d'Arcis sur Aulbe.

Ledict guangnage d'Arcis sur Aulbe est affermé pour 9 ans à Claude Dacolle, contenant 27 arpens tant prez, bois que broussailles, au finage dudict Arcis, moyennant 200 livres par an payables au jour de Noel dans Troyes, dont le premier terme et payement escherra pour la premiere année au jour de Noel que l'on dira 1635; lesdictes neufs années ont commencé aux sombres s¹ George de l'année 1634.

La seigneurie, terres et moulins de Trouan.

La seigneurie de Trouan, nouvellement affermée pour 9 ans, moyennant 150 livres par an en argent, dont les fermiers se pleignent, pour la ruine des guerres et de l'accident arrivé au moulin.

Les terres de Bon Lieu, de l'Hospital d'Orient, Rosson, Maurepaire et la Loge Lyonne, avec tous les estangs, prez, bois et brossailles, sont affermez à

Quantin et Anthoine Musnier et Jean Bouvard, sçavoir, ladicte ferme de Bonlieu en ses accints et bastimens, en 18 ou 19 arpens d'estendue et en la quantité de 472 arpens de terres labourables, 49 arpens de pré et quelque 44 arpens de bois et broussaille.

Les accins et bastimens de l'hospital d'Orient en quelques xi arpens, et les terres labourables en la quantité de 385 arpens et en quelques 35 arpens 3 quartiers de pré.

Les accins et bastimens de Maurepaire contenant quelques 17 arpens, les terres labourables 270 arpens et les prez quelques 36 arpens.

La Loge Lyonne contenant en son enclos quelques huict arpens, non compris les bastimens, les terres labourables, environ 76 arpens.

Rosson, en terres labourables, quelques 113 arpens de pré et quelques 172 arpens de petit bois et broussailles, avec environ 13 arpens d'autres terres ou frisches, entremeslez dans lesdictz bois, et quelques 10 arpens de gros pré et pasturage, et encor quelques 57 arpens de petit bois attenant l'estang des Souches, et 23 autres arpens de friches et buissons ès environs dudict lieu.

Moulin à vent d'Orient et de tous les estangs et carpieres dependans desdicts lieux, et dont ont jouy cy devant Françoys et Pierre de Vienne perc et. filz, et jouit à present sa vefve.

Lesquelles choses, en tel estat quelles sont de present, sans que, pour la commodité des preneurs et autrement, ledict sieur commandeur soit tenu faire aucun bastiment ny reparation; ains moyennant la subrogation que leur faict Monsieur le commandeur de ses droits et actions contre ledict deffunct Pierre de Vienne, vefve et héritiers, poursuivant le bail du 15 juillet 1629, la contraindre à toutes réparations, s'obligent lesditz preneurs, en leur nom, de rendre en fin des années du present bail tous lesditz bastimens, estangs et carpieres en bon et suffisant estat de toutes réparations généralement quelconques, sans prétendre aucune diminution, payer par lesditz preneurs celuy qui deservira la chapelle de Bon Lieu, en laquelle ils feront dire messes et vespres les dimanches et festes, et une messe tous les mercredis et vendredys de chascune sepmaine, et en la chappelle d'Orient le service qu'on a accoustumé d'y faire dire par chacun an le jour et feste st Jean Baptiste, fourniront tous les luminaires et ornemens. Ledict bail faict pour neuf ans à commencer aux sombres de la st George que lon contera 1629, qui est le temps auquel finit le bail faict audict deffunct de Vienne.

Et en payer par chacun an la somme de troys mil neufs cent livres, à deux termes esgaux qui seront ès festes de la Purification Nostre Dame et st Jean Baptiste.

Les bois de Vandeuvre.

Lesdicts bois de Vandeuvre, les amendes desdits bois, les friches d'auprès la seigneurie d'Urville et le pré d'Esquilly sont ensemblement affermez à Daniel Champagne et François de Villars par bail finissant en l'an 1638, moyennant la somme de 1,440 ^{lt} par an.

Les terres de l'Amilly et la Picarde.

Lesdictes terres de l'Amilly et de la Picarde sont affermées à Quantin Musnier et Bouvard pour neufs ans, à commencer au jour des sombres st George de l'année 1630. L'Amilly consistant en une maison, grange, estable, jardin, verger, environ 156 arpents tant terres labourables que prez attenants de ladicte maison. — Une piece de terre contenant environ 13 arpents au lieu dict la Bonne herbe. — Une autre piece de terre et pré contenant 89 arpents. — Une autre piece de terre et pré contenant environ 77 arpents, appellée la Piece du royaume, le tout assis au finage de Brenonne.

La terre et seigneurie de la Picarde, consistant en maison, grange, estable, colombier et autres commoditez, droits de justice haute et moyenne et basse, et en la quantité de neufs vingt arpens tant terres labourables que prez et bois, le bail faict moyennant la somme de 555 livres de ferme par an, payables à deux termes et payemens esgaux qui sont Pasques et st Jean de l'année 1638.

Somme totale : 13,979 livres.

Fermes en grains.

Le guangnage de Messon et les terres de Prugny affermées à Edmond Thoulouze pour neuf années finissant en 1641, moyennant, par an, moytié seigle et avoyne, la quantité de 20 septiers. — Les terres des Boschets, affermées à pareil grain, 7 septiers. — Les terres de Bouranton affermées à mesme grain, 3 septiers. — Les dixmes de Trouan affermez pour payer le gros et supplément du sieur curé de Trouan.

Lesdits grains sont vendus durant mon bail à Estienne Bourrelier, moyennant sept livres pour chaque septier, par an 210 livres.

Les dixmes du Pavillon affermez à mesme grain, 10 septiers.

Les dixmes de Savieres, à 24 septiers. — La rente des dixmes de Ste Maure, seigle, 2 septiers. — Le guangnage de Payens, moytié seigle et avoyne, 18 septiers. — Le champ Rancien, 2 septiers. — Les dixmes des chappelles, 22 septiers. Par bail faict à Jean et Savinien les Truelles, laboureurs demeurant à Messon, de xxxvii arpents de terre labourable en deux pieces, l'une contenant xxxii arpents et l'autre v arpents au finage de Messon, appellez les Bochotz. — Un quartier et demy de pré pour en jouir neufs années, à commencer aux sombres de l'année dernière, moyennant sept septiers de grain, deux chappons et deux poulles la première année, commenceant au jour st Martin d'hyver prochain.

Tous les dixmes et revenus sont delaissez pour payer la rente deue au sieur prieur du St Sépulcre, qui est de 18 septiers par an, moytié seigle et avoyne.

Plus est deub à Nostre Dame en l'Isle, chacun an, orge, 2 septiers.

LEGS UNIVERSEL TALON (CH. FRANÇOIS).

(1651.)

Testament de M. Talon, curé de Saint-Gervais, à Paris.

(24 août 1651.)

Par devant les notaires, gardenottes du Roy, nostre Sire, en son Chastellet de Paris, soubzsignez, fut present noble et scientifique personne messire Charles François Talon, prestre, docteur en théologie, curé de l'eglise Sainct Gervais, à Paris, demeurant au cloistre de ladicte eglize, gisant au lict malade de corps, sain d'esprit, bon propos, memoire et entendement, comme par ses gestes, parolles et maintien, il est apparu ausdictz notaires.

Considérant en luy qu'il n'est rien plus certain que la mort, ne chose sy incertaine que l'heure et venüe d'icelle, ne voullant decedder sans tester et disposer du peu de biens qu'il a pleu à Dieu luy impartir en ce monde, pour ces causes et autres à ce le mouvants, a faict, dicté et nommé ausdictz notaires de mot à autres son testament et ordonnance de dernière volonté, au nom du Père, du Filz et du benoist St Esprit, en la forme et maniere qui en suit.

Premierement, comme bon et vray crestien et catholique, a recommandé et recommande son ame à Dieu, nostre sauveur et redempteur Jesus Christ, à la glorieuse Vierge Marie, sa saincte et sacrée mère, et à tous les saints et sainctes de Paradis, les supplians d'intercedder pour luy envers sa divine Majesté, affin que quant son ame partira de son corps, il la veille coloquer avecq les bienheureux en son royaulme de Paradis.

Item faict son testament de cinq solz pour estre distribuez aux pauvres en la maniere accoustumée.

Item veult et entend ledict sieur testateur ses debtes estre payées, et tortz faictz, sy aucuns y a, reparez et amandez par Messieurs ses executeurs cy après nommez.

Item veult et ordonne ledict sieur testateur estre inhumé et enterré dans le cœur de ladicte eglise Saint Gervais sans pompe, ceremonye ny aulcune lanture, qu'il ny ayt que six sierges sur l'autel, six dans les candelabres et six autour de son corps, qu'il deffend tres expressement estre mis dans ung cercueil de plomb; et sy tant est que ledict sieur testateur, lors de son deceds, ne soit plus curé de ladicte eglise Sainct Gervais, il veult et ordonne estre inhumé et enterré au bas des degrez de la chapelle Saint Cosme de cette dicte ville, qui appartient à leur famille, aussy sans aucune pomppe ne ceremonye, ainsy qu'il est cy devant dit.

Item veult et ordonne ledict sieur testateur quil soit dict le plus tost que faire ce pourra trois cens basses messes pour le soulagement de son ame et qu'il soit payé pour chacune d'icelles 12 solz tournois.

Item donne et lègue ledict sieur testateur à ladicte eglise Sainct Gervais ses deux estolles en broderye, l'une noire et l'autre blanche, ses deux chasubles de thoille d'argent et velours viollet, avecq touttes ses aulbes, son calice de vermeil doré, son voille de satin blanc couvert de fleurs de soye en broderye d'or et d'argent, et la somme de mil livres en deniers comptans, une fois payer, pour faire dire à perpetuité une haulte messe de Requiem en ladicte eglise à son intention, par chacun an, à pareil jour quil decedera, par Monsieur le curé, auquel sera donné trois livres huict solz de distribution à chascun des officiers du cœur et cinq solz à chascun des pauvres de l'aumosne de ladicte parroisse qui y assisteront.

Item donne et legue ledict sieur testateur à ladicte chapelle Saint Cosme ce qui reste de sa petite chapelle d'argent, que deffunct Monsieur Daultruy luy a donné par son testament.

Item veult et entend ledict sieur testateur que certain sac de cuir dans lequel il y a quelque somme d'argent, dont il a donné advis et cognoissance à Monsieur Nicolle, soit, à l'instant de son decedz, baillé et mis ès mains de Monsieur Choart, maistre des comptes, pour employer et distribuer par ledict sieur Choart ce qui est dans ledict sac, selon et ainsy que l'on a prié ledict sieur testateur, qui veult et entend aussy estre dict un annuel en l'eglise où sondit corps sera inhumé pour le repos de son âme, et que, pour ce faire, il soit choisy quelque pauvre ecclesiasticque, homme de bien, auquel sera payé la somme de trois cens livres pour la celebration dudit annuel.

Item ledict sieur testateur donne et legue au grand Bureau des pauvres de cette ville de Paris la somme de trois cens livres une fois payer.

Item donne et legue à lhospital des Incurables du fauxbourg Sainct Germain de cette dicte ville le sort principal et tous les arrerages escheuz de trois cens soixante quinze livres de rente à luy deub par les abbé et religieux et couvent de l'abbaye de Royaumont, à la charge que, quant il y aura places vacantes audict hospital, ilz prendront et recevieront à perpetuité deux personnes de ladicte paroisse de la quallité requise, les ungs après les autres.

Item donne et legue aux filles de l'Ave Maria la somme de mil livres tournois une fois payer, et pareille somme aux filles de la Passion, aussy une fois payer.

Item donne et lègue icelluy sieur testateur la somme de six mil livres tournois au couvent des filles de la Magdelaine establiz en cette ville de Paris, rue des Fontaines, proche le Temple, pour entretenir à perpetuité dans ledict couvent deuz filles qui n'auront moyen de payer pention, à la charge qu'elles priront Dieu pour le soulagement de son ame.

Item donne et legue à la bourse des pauvres honteux de ladicte parroisse Sainct Gervais la somme de trois cens livres tournois une fois payer.

Item donne et legue ledict sieur testateur la somme de trois mil livres aux peres de la Mission de Sainct Lazare de cette dicte ville, aussy une fois payer.

Item donne et legue à lhospital de la Pitié la somme de mil livres tournois une fois payer.

Item donne et legue ledict sieur testateur à la maison de Sorbonne tous ses livres, avec la somme de mil livres tournois en deniers, pour employer en achapt de telz livres qu'il sera jugé à propos pour mettre à la bibliotheque, et ce en reconnoissance de l'honneur que Messieurs de Sorbonne luy ont faict de l'avoir receu et associé avecq eux.

Item donne et legue ledict sieur testateur à Monsieur l'advocat general, son frere, la somme de vingt mil livres tournois une fois payer, avecq sa tanture de tapisserie de verdure, son lict en broderye doublé de taffetas changeant, ung tappis persien, le tableau de fleurs et fruictz qui est en sa chambre, et ses deux chevaux de carrosses, estimant qu'il sen pourra bien servir pour l'affection fraternelle qu'il a tousjours portée et porte audict sieur advocat general, son frere.

Item donne et legue icelluy sieur testateur à M. de Bezons, filz de deffuncte Madame de Netz, sa sœur, la somme de quinze mil livres tournois une fois payer.

Item donne et legue pareille somme de quinze mil livres tournois, aussy une fois payer, à Mesdames de Pontchartrain et de Perigny, ses niepces.

Item donne et legue à Monsieur de Lestang, advocat du Roy au Chastellet de Paris, toutte sa vaisselle d'argent qu'il aura lors de son decedz, pour l'amictyé qu'il luy porte.

Pour le reste de ses autres meubles meublans, excepté ses surplis, veult et entend ledict sieur testateur qu'ilz soient pris et partagez entre lesdictz sieur de Bezons et dames de Pontchartrain et de Perrigny, scavoir, moictyé audict sieur de Bezons, et l'autre moictyé ausdictes dames, sans en estre faict aucun estat ny inventaire pour quelque cause que ce soit, et desquelz meubles ledict sieur testateur leur faict pareillement don et legs, réservé touttesfois desditz meubles les trois tableaux qui sont dans sadicte chambre, proche de son lict, où sont representez ung Dieu de pitié, une nativitté et sainct François de Salles, qu'il donne particullierement à ladicte dame de Perigny pour avoir souvenance en ses prieres dudict sieur testateur.

Item donne et legue ledict sieur testateur à son lacquais la somme de deux cens livres tournois une fois payer, pour le mettre en mestier, et à chascun de ses autres domestiques une année de gaiges, oultre ce qui leur pourra estre deub au jour de sondit decedz.

Et quant au surplus de tous ses autres biens, de quelque nature et quallité quilz soient, ledict sieur testateur les a donnez et leguez, donne et legue, par ledict present son testament, à l'Hostel Dieu de Paris, sans aucuns en excepter, retenir ny reserver, sinon quil veult et entend que ce qui luy sera deub par les fermiers de ses benefices soit employé à orner et reparer les eglises et bastimens d'iceux.

Item declare ledict sieur testateur quil veult et entend que tous ses manuscriptz soient bruslez lors de son dict decedz.

Item declare ledict sieur testateur quil a en ses mains la somme de huict cens livres appartenante à la bourse des pauvres de ladicte paroisse, laquelle somme de huict cens livres il desire estre employée en ung fondz de rente pour lesdictz pauvres; à laquelle somme il veult estre joinct lesdictz trois cens livres par luy cy dessus donnez à ladicte bourse des pauvres de Sainct Gervais, oultre lesquelz trois cens livres il donne encores la somme de sept cens livres pour faire en tout la somme de dix huict cens livres tournois, et en estre faict une rente de cent livres pour lesdictz pauvres; et encores donne et legue ledict sieur testateur au nommé Malespert, son homme, trois cens livres oultre ce qui est cy devant dit.

Plus il veult et entend que Messieurs le vicaire, le porte Dieu, Nicolle et Clopier, soient revestuz chacun de livrées, de robbes de deuil, ainsy quil se praticque pour les confesseurs.

Et pour executter et accomplir ledict present testament, ledict sieur testateur a nommé et esleu, nomme et eslict lesditz sieurs advocat général, son frere, et Chouart, maistre des comptes, qu'il prie en prendre la peyne, et luy rendre ce dernier tesmoignage d'amityé; à l'effect de laquelle execution, ledict sieur testateur s'est dessaisy de tous ses biens pour l'accomplissement d'icelluy, voullant qu'ilz en soient saisis, suivant la coustume, revocquant par ledict sieur testateur tous autres testamens et codicilles qu'il pourroit avoir faictz et passez, voullons que cestuy sorte son plain et entier effect, auquel seul il s'est arresté et arreste comme estant sa dernière volonté.

Ce faict, dicté et nommé par ledict sieur testateur ausdictz notaires, et à icelluy leu et relleu de mot à autre par l'un d'iceux, l'autre present, en l'une des chambres de la maison où il demeure, audict cloistre, où il est, comme dict est, gisant au lit malade, le vingt quatriesme jour daoust, environ midy, mil six cens cinquante et ung, et a ledict sieur testateur signé la minute des presentes, demeurée vers Bauldry, l'un desdicts notaires; signé, Groyn — Bauldry.

Et le trentiesme jour dudict mois d'aoust, après midy, audict an mil six cens cinquante ung, au mandement dudict sieur Talon, lesditz notaires se sont transportez en la maison dudict sieur, où estans, icelluy sieur Talon, gisant au lict, malade de corps, sain desprit, memoire et entendement, ainsy quil est apparu ausdictz notaires, auroit et a requis lesditz notaires de luy faire lecture de son testament devant escript, ce qui a esté faict par l'un diceux en la presence de l'autre; après laquelle lecture faicte, a dit et declaré quil corroboroit et approuvoit icelluy, veult quil soit executé selon sa forme et teneur, et en adjoustant à icelluy par forme de codicille, a faict dicté et nommé ausditz notaires ce qui en suit.

C'est à scavoir, quil donne et legue encores à ladicte œuvre et fabricque Sainct Gervais la somme de quatre mil livres pour une fois payer, à la charge, et non autrement, que ladicte œuvre et fabricque sera tenue de faire diminution à perpetuité, par chacun an, de la somme de deux cens livres sur le loyer des maisons que ladicte fabricque loüe à Messieurs les ecclesiastiques de la communaulté, et dont ledict sieur Talon a le bail de ladicte fabrique, en sorte qu'il en sera payé moings de deux cens livres par an que la juste valleur à quoy pourra monter ledict loyer. Ce faict, dicté et nommé par ledict sieur testateur ausdictz notaires, puis à luy releu par l'un d'iceux en la presence de l'autre, en la chambre où il est gisant malade, lesditz jour et an devant dictz, et a ledict sieur Talon signé la minutte estant en suitte de celle dudict testament devant escript.

Inventaire après le décès de Ch. Fr. Talon.

(1651.)

L'an mil six cens cinquante ung, le vingt sixiesme jour de septembre de rellevée, à la requeste de nobles hommes Sebastien Cramoisy, ancien eschevin de cette ville de Paris, et Charles Robineau, conseiller et secrétaire du Roy et de ses finances, gouverneurs de l'Hostel Dieu de Paris, et ayans charge de Messieurs les autres gouverneurs dudict Hostel Dieu, icelluy Hostel Dieu legataire universel de deffunct noble et scientificque personne messire Ch. François Talon, prestre, docteur en theologie, curé de l'eglise de S¹ Gervais, à Paris, ainsy qu'il est mentionné en un article du testament dudict deffunct receu par Groyn et Bauldry, l'un des notaires soubzsignez, le vingt quatriesme aoust dernier, en la presence de messire Omer Talon, conseiller du Roy en ses conseilz dEstat et privé, et son premier advocat general en sa cour de Parlement, demeurant à Paris, rue Hautefeuille, paroisse Sainct Severin; Monsieur François Choart, conseiller du Roy et maistre ordinaire en sa chambre des Comptes, demeurant rue et en l'hostel de Serpente de ladicte paroisse, nommez et esleuz par ledict deffunct executeurs de son dit testament, après que lesdictz sieurs advocat general et Choart ont declaré que pour l'exécution d'icelluy ilz sen sont deschargez entre les mains desdictz sieurs gouverneurs de l'Hostel Dieu, à la charge de satisfaire par iceux sieurs gouverneurs, audict nom, aux legs et charges dudict testament et execution d'icelluy; ce que lesdictz sieurs Cramoisy et Robineau audict nom ont accepté, à la conservation des droictz de qu'il appartiendra, par Philippe Lemoyne et Nicolas Bauldry, notaires gardenottes du Roy, nostre sire, en son Chastellet de Paris, soubzsignez.

Fut et a esté fait inventaire et description des deniers comptant, tiltres et contracz concernants les biens de laissez par ledict deffunct; et quant aux meubles, vaisselle dargent, chevaux et livres, nont esté inventoriez, à cause du legs faict d'iceux par ledict deffunct, par sondict testament, aux desnommez en icelluy, le tout trouvé dans le cabinet dudict deffunct, dependant de la maison où il est decedé le jour d'hier, au cloistre dudict S¹ Gervais; auquel inventaire a esté procedé selon et ainsy quil en suit, et ont lesdictes partyes signé avecq M° Jean Baptiste Forne, receveur general dudict Hostel Dieu, pour ce present, la minutte de la presente intitullation.

Auparavant que de procedé audict inventaire, certain sacq de cuir, dans lequel il y a quelque somme dargent, trouvé dans ledict cabinet, a esté presentement baillé, delivré et mis ès mains dudict sieur Choart, conformément audict testament, par lesdictz sieurs Cramoisy et Robineau, dont il les descharge, et ont signé en cet endroict la minutte.

Plus a esté presentement delivré par lesdictz sieurs Cramoisy et Robineau audit nom, audict sieur Talon, advocat general, la tanture de tapisserye de verdure, ung lict en broderie doublé de taffetas changeant, ung tappis percien, un tableau de fleurs et fruictz, et deux chevaux de carrosse, faisant partye du legs faict audict sieur advocat general par ledict feu sieur Talon, son frere, par ledict testament, dont il les descharge, et ont lesdictz sieurs Talon, Cramoisy et Robineau, signé en cet endroict la minutte des presentes.

Comme aussy est intervenu et fut present messire Talon, sieur de Lestang, conseiller du Roy en ses conseilz et son advocat au Chastellet de Paris, qui recognoit et confesse luy avoir esté aussy presentement faict délivrance, par lesdicts sieurs Cramoisy et Robineau audit nom, de toutte la vaisselle d'argent qui appartenoit audict deffunct sieur Talon et par luy donnée et leguée audict sieur de Lestang, son nepveu, par sondict testament, dont il se contente, et les en descharge, et ont lesdictz sieurs de Lestang, Cramoisy et Robineau, signé en cet endroict la minute des presentes.

Comme pareillement sont intervenuz et furent presens messire Claude Bazin, seigneur de Bezon, conseiller du Roy ordinaire en son conseil d'Estat et direction de ses finances, demeurant rue de Sorbonne, paroisse Sainct Benoist; messire Louis Phelippeaux, seigneur de Pontchartrain, conseiller du Roy en ses conseils et president en sa chambre des Comptes, demeurant rue Pierre Sarazin de ladicte parroisse, à cause de dame Suzanne Marie Talon, son espouze, et dame Catherine Talon, vefve de feu messire Jean Baptiste Lepicart, seigneur de Perrigny, conseiller du Roy ordinaire en sesditz conseils, maistre des requestes ordinaires de son hostel, demeurante rue de la Harpe, paroisse Sainct Cosme; lesquelz ont recogneu et confessé que lesdictz sieurs Cramoisy et Robineau, audit nom, leur ont presentement faict delivrance de tous les meubles meublans dudict deffunct sieur Talon, estant en la chambre où ledict deffunct est deceddé, cabinet joignant et autres lieux de ladite maison, à eux donnez et leguez par ledict deffunct, par ledict testament, non compris ceux qu'il a particullierement donnez aux desnommez en icelluy, ensemble les trois tableaux de devotion, desquelz lesdits sieurs gouverneurs ont presentement faict delivrance à ladicte dame de Perrigny...

Ensuivent les tiltres et pappiers.

...... Item unes autres lettres obligatoires passées soubz le scel et par devant Blin et François, notaires audict Chastellet, le vingt quatriesme octobre mil six cens quarente trois, par lesquelles hault et puissant seigneur messire Pierre de Gruel, chevalier des ordres du Roy, seigneur de la Frette et autres lieux, et dame Barbe de Servient, son espouze, tant en leurs noms que ledict sieur de la Ferté, procureur de messire Nicolas de Servient, seigneur de Montigny, ont vendu et constitué audict deffunct sieur Talon trois cens livres tournois de rente, moyennant la somme de six mil livres receue comptant, en fin desquelles lettres sont deux actes de ratification d'icelles, le premier faict par Philippes Anglart, receveur de la terre et seigneurie de Coye, prosche Lusarche, appartenante audict sieur de la Ferté, par lequel il s'oblige au cours et continuation desdictes trois cens livres de rente...

Item unes autres lettres obligatoires faictes et passées soubz le scel et par devant de Monhenault et ledict Bauldry, notaires, le 14° octobre 1644, par lesquelles les dames religieuses, abbesse et couvent de St Antoine des Champs, à Paris, auroient vendu et constitué audict deffunct sieur Talon 450 livres de rente moyennant la somme de 9,000 livres tournois, payée comptant; laquelle somme icelles dames auroient déclaré estre pour employer au payement des ouvriers qui ont travaillé aux bastimens qu'ilz ont faict faire en ladite abbaye, comme le contiennent plus au long lesdictes lettres...

Item unes autres lettres obligatoires faictes et passées soubz le scel et par devant Cartier et Marion, notaires audict Chastellet, le 19 mars 1631, par lesquelles appert tres haulte, puissante et illustre princesse Madame Henriette Catherine de Joieuse, espouze de très hault, puissant et tres illustre prince Monseigneur Charles de Loraine, duc de Guise, prince de Joinville, pair de France, tant en son nom que comme auctorizée par son contract de mariage pour la disposition de ses biens, que comme procuratrice dudict seigneur duc de Guise, son espoux, avoir vendu et constitué et promis solidairement garentir à damoiselle Suzanne Choart, vefve de feu noble homme M° Omer Talon, vivant advocat en la cour de Parlement, de 625 livres de rente, moyennant la somme de 10,000 livres tournois payée comptant, avec lesquelles est une cession et transport d'icelle rente faict par messire Jacques Talon, conseiller du Roy en ses conseils d'Estat et direction de ses finances, audict deffunct messire Ch. Fr. Talon, son frere, passée par devant Gaillard et ledict Ricordeau, notaires, le vingt may 1643.

Item un contract et transaction faict entre ladicte deffuncte damoiselle Suzanne Choart et lesditz sieurs Jacques, Charles-François et Omer Talon, ses enffans, pour raison de la succession dudit deffunct sieur Omer Talon, père desditz sieurs Talon, portant entre autres choses cession et transport faict par ladicte damoiselle ausdits sieurs ses enffans de plusieurs rentes, particullierement audict deffunct sieur Charles François Talon de trois cens soixante quinze livres tournois de rente au denier seize, rachetables de 6,000 livres, constituez audict feu sieur Talon par Monsieur levesque de Chartres, abbé de Royaumont, pour lors religieux de ladicte abbaye, le 7° octobre 1610.

Item le partage faict entre lesdicts sieurs Talon freres et messire Pierre Denetz, conseiller, maistre dhostel ordinaire du Roy, et dame Suzanne Talon, son espouse, heritiers chacun pour un quart desditz deffuncts sieurs Omer Talon et damoiselle Suzanne Choart, ses pere et mere, pour raison des biens de la succession desditz deffunctz.

Item un sacq de thoille dans lequel sont plusieurs papiers et un etiquette sur icelluy, où sont escrit ces motz : compte de lexecution testamentaire de deffunct Monsieur Dautruy[1], acquitz des legs et quittances generales de ses heritiers.

Ensuivent les deniers qui se sont trouvez dans ledict cabinet. Premierement, dix sacqs de 400 louis d'argent de 60 sols pièce chacun; cinq sacqs de quartz à 20 sols, de mil livres chacun; 604 louis dor de dix livres piece; 793 pistolles dEspaigne; 359 escuz dor et trois marcs, une once, ung gros et demy d'escuz dor evaluez à 1,171 livres 4 sols 6 deniers.

Item ung bail à loyer faict par ledict deffunct sieur Talon à Leonard Gousté, fermier de la terre et seigneurie de Landres, du revenu temporel de Bonins? sur Loire, pour neuf années, moyennant 3,300 livres, et autres charges declarées audict bail passé par devant lesdicts Groyn et Bauldry, notaires, le 11° octobre 1650.

Item un autre bail à loyer faict par ledict feu sieur Talon à François Porcet du revenu temporel de la chap-

[1] Le savant Jean Dautruy, de Troyes, docteur de Sorbonne. Il avait été le maître et resta l'ami des Talon.

pelle de la Tombe pour huict années, moyennant 370 livres par an.

Item ung autre bail faict par ledict deffunct à Denis Javault de tous les fruictz et revenus temporelz du prieuré de Gallardon, moyennant la somme de 300 livres par an, et autres charges mentionnées audit bail receu par Pierre Frascon, notaire à Chartres, le dernier decembre 1648.

Item ung autre bail faict par ledict deffunct sieur Talon à Franc. Mathieu Chau, marchand demeurant à Patay, du revenu temporel du prieuré de Sainct André audict Patay, pour neuf années, moyennant le prix de 750 livres par an.

Item un autre bail faict par ledict deffunct sieur Talon à Estienne de France, receveur de la terre et seigneurie de Ragny, de la maison seigneurialle et de la prevosté dudict Ragny et revenu temporel d'icelle prevosté pour neuf années, moyennant 800 livres de ferme et autres charges déclarées audict bail passé par devant de Monhenault et Bauldry, notaires, le 4 octobre 1642.

Donation par Ch. Fr. Talon d'une somme de 5,000 livres pour la fondation d'une école de 20 garçons, en la paroisse Saint-Gervais.

(1648.)

Par devant les notaires, gardenottes du Roy, nostre Sire, en son Chastellet de Paris, soubzsignez, fut present noble et scientifique personne messire Ch. François Talon, prestre, docteur en theologie, curé de l'esglise Messieurs sainct Gervais et Protais, et grand vicaire de Monseigneur l'archevesque de Paris, demeurant dans le cloistre de ladicte esglise, disant qu'ayant depuis quelques années establi une petite escolle pour instruire les pauvres de sa paroisse, il se seroit proposé et resolu la fonder à perpétuité; en laquelle escolle il y aura tousjours vingt pauvres petits garçons, et non plus, de l'aage de huict ans et au dessus, sans qu'il y en puisse estre admis davantage, ny aucunes filles, de quelque bas aage et soubz quelque pretexte que ce soit.

Lesquelz y seront mis et receuz par ledict sieur Talon et ses successeurs en ladicte cure, à la charge que maistre Jean Benard, prestre habitué en ladicte eglise, pourra, si bon luy semble, continuer à faire laditte escolle, sans qu'il en puisse estre deppossedé sa vye durand; et après son deceds, Monsieur le curé de ladicte parroisse choisira entre les prestres de son eglise celluy qui jugera en sa conscience estre le plus capable de faire ladicte escolle, et le presentera à Messieurs les marguilliers presens et advenir de ladicte esglise, auquel ledict sieur curé et sesditz successeurs feront entendre quil doit instruire lesditz enffants, *leur apprendre à lire en lattin et en françois, aux livres imprimez, parchemins et pappiers escriptz en minutte, leur enseigner à prononcer distinctement et intelligiblement l'oraison dominicalle, la salutation angelicque, le simbolle des apostres en lattin, les commandemens de Dieu et de l'esglise, la benediction de la table, l'action de graces après le repas, la priere que lon doibt faire sy tost qu'on est levé, et auparavant se coucher. Comme aussy à bien respondre au prestre qui dict la messe, et le catechisme tel quil luy sera prescript par mondit sieur curé, de sorte quilz en puisse respondre pertinemment lorsqu'ilz seront interrogez, mesmes escrire d'une lettre commune et lisible.*

Et qu'auparavant de les faire estudier, leur fera dire le *veni creator*, à la fin duquel il dira la collecte, et le soir, auparavant sortir de ladicte escolle, le *de profundis*, à la fin duquel il dira les oraisons *Inclina* et *Fidellium* pour le soulagement de lame dudict sieur fondateur et des ames qui sont en purgatoire.

Qu'il doibt avoir le soing de faire aller ses escolliers au sacrement de penitence, les festes de Pasques, Pentecoste, la Thoussainctz, Noel et l'Asomption de la Vierge Marye, de conduire à la salle de Monseigneur l'archevesque de Paris ceux qui n'auront point esté confirmez, pour recevoir ce sacrement, auparavant que de faire leur premiere communion, de leur faire entendre la messe tous les jours, et assister les dimanches au catechime qui se fera en ladicte parroisse.

Que ladicte escolle doibt tenir tous les jours ouvrables, deux fois, scavoir, le matin depuis huict heures jusques à unze, et laprès dinée depuis deux heures jusques à quatre, depuis la sainct Remy jusques au Caresme, et depuis le Caresme jusques à la sainct Remy, depuis deux heures jusques à cinq, excepté les samedys de relevée, les veilles de festes et les jeudys, lorsquil ny aura point de festes en la semaine.

Que ladicte escolle sessera la veille de la Nativitté de la Vierge jusques au premier jour d'octobre, auquel jour on commencera ladicte escolle, sil neschet poinct à ung dimanche; et sil arrive que celluy qui aura esté choisy pour faire ladicte escolle ne saquitte dignement de sa charge, et d'aprendre touttes les choses susdites à ses escolliers, il en pourra estre destitué par Monsieur le curé et non autrement.

Et ayant ledict sieur Talon communiqué son desseing à messire René Le Roux, conseiller du Roy en ses conseils d'Estat et privé, messire François Petit, seigneur de Passy et autres lieux, secretaire de Sa Majesté, maison et couronne de France et de ses finances, noble homme Jacques Tartarin, cy devant eschevin, bourgeois de Paris, et à honnorable homme Hugues du Cloz, aussy bourgeois de Paris, y demeurans, à present marguilliers de ladicte esglise, et offert bailler et donner à lœuvre et fabrique de ladicte esglise Saint Gervais une somme de cinq mil livres tournois, en deniers comptans, à condiction de s'obliger par lesditz sieurs marguilliers, tant pour eux que pour leurs successeurs à l'advenir, de faire faire et continuer ladicte escolle, ainsy quelle est ici establye par ledict sieur Talon, et de payer par chacun an à perpétuitté, de quartier en quartier, deux cens livres tournois audict sieur Benard qui faict à present ladicte escolle, et à ses successeurs à l'advenir en ladicte charge ; et après en avoir, par lesditz sieurs marguilliers, pour ce presens, conféré ensemble, et considéré le proffict particullier que doibt recevoir ladicte œuvre desdictz cinq mil livres et le peu de charge correspondans à l'intention et piété dudict sieur Talon, sy seroient volontairement condescenduz, promis et promettent par ces présentes, tant pour eux que leurs dictz successeurs, marguilliers de ladicte œuvre, de faire faire et continuer à perpétuitté ladicte petite escolle, ainsy que dict est, par ledict maistre Jean Benard, sa vie durand, et luy payer à perpétuitté, et à ses successeurs, lesdictz deux cens livres, ausditz quatre quartiers, dont le premier de payement escherra au dernier jour de septembre prochain, attendu que ledict sieur Talon doibt payer celluy qui escherra au dernier jour des presens mois et an.

Et dudict jour dernier septembre en avant continuer par chacun à tousjours, ausdictz quatre quartiers, ou à ceux qui seront comme dit est et presentez par ledict sieur Talon ou sesditz successeurs ausdictz sieurs marguilliers, comme dict est.

Et affin de faciliter l'execution de l'intention dudict sieur Talon, et que ladicte somme de deux cens livres tournois par an est très modicque pour cette education crestienne, lesdictz sieurs marguilliers, tant pour eux que leurs dictz successeurs en ladicte œuvre, ont consenty et accordé que ledict sieur Benard et sesdictz successeurs occupent toujours le logement dans ledict cloistre pour faire ladicte escolle, ainsy que faict à present ledict sieur Benard, en payant par eux le loyer de quarante livres par an, ainsy quil faict, et non davantaige, et qu'avecq la permission de Monsieur le curé, ilz diront et celebreront en ladicte eglise la messe basse de six heures, et recepvront pour icelle les recognoissances ordinaires desditz sieurs marguilliers ; le tout moyennant ladicte somme de cinq mil livres tournois, que lesdictz sieurs marguilliers en ont confessé et confessent avoir eue et receue dudict sieur Talon, et laquelle il a presentement faict bailler, compter, nombrer et deslivrer audict sieur Ducloz, marguillier comptable, en la presence des notaires soubzsignez, en reaux, demy reaux et autre monnoye, le tout bon, et dont lesdictz sieurs marguilliers se sont tenuz et tiennent contens, en ont quitté et quittent ledict sieur Talon et tous autres.

A condition que sy lesditz sieurs marguilliers ou leurs dictz successeurs ont besoing du logement dudict sieur Benard, soit pour accroistre ladicte esglise ou aultrement, que ledict sieur Benard et sesditz successeurs seront obligez leur dellaisser en leur baillant ung aultre pareil logement dans ledict cloistre, ou proche icelluy, pour le mesme pris que dessus, à perpetuitté, comme dict est.

Et de plus ledict sieur Talon prye affectueusement Messieurs ses successeurs, curez en ladicte cure, de s'informer de la pauvretté des peres et meres des enffants qui leur seront presentez, au paravant que de les admettre en ladicte escolle, et s'ilz font profession de la religion catholicque, appostolicque et romaine, ou commettre quelqu'un silz nen veullent prendre la payne, pour interroger les enffans que le maistre leur dira estre suffisamment instruictz, pour juger sy veritablement ilz le sont, au paravant que de les congedier de ladicte escolle, et en mettre d'aultres à leurs places. Ensemble de faire publier aux prosnes de ladicte parroisse touteffois et quantes il y aura place en ladicte escolle pour lesditz pauvres enffans.

Et sera ledict present contract transcript au martirologe de ladicte parroisse, affin de perpetuelle mémoire à l'advenir. Car ainsy a esté le tout accordé.

Faict et passé en la maison dudict sieur Talon, le 28e jour de juin mil six cens quarante huit, avant midy.

Partage, entre les héritiers Talon, des biens d'Omer Talon, leur père, et de Suzanne Choart, leur mère.

(15 mai 1643.)

Par devant les notaires, garde notes du Roy, nostre Sire, en son Chastelet de Paris, soubzsignez, furent presens en leurs personnes messire Jacques Talon, conselier du Roy en ses conseilz d'Estat et direction de ses finances, demeurant à Paris, rue de la Harpe, parroisse Sainct-Cosme; messire Charles François Talon, docteur en theologie, curé de Saint Gervais; messire Omer Talon, conseiller du Roy en sesditz conseils et son premier advocat général en sa cour de Parlement à Paris, y demeurant, rue Hautefeuille, parroisse Saint Severin, et messire Pierre de Netz, conseiller et maistre d'hostel ordinaire du Roy, et dame Suzanne Talon, son espouze, de luy auctorisée à l'effect des presentes, aussy demeurans à Paris, rue de Sorbonne, parroisse Sainct Benoist, lesditz sieur Talon et dame de Netz, enfans et heritiers chacun pour une quatriesme partye de deffunctz noble homme messire Omer Talon, vivant advocat en parlement, maistre des requeste ordinaire de l'hostel de la Royne Margueritte, et de damoiselle Suzanne Chouart, leurs pere et mere, disans lesdictes partyes que, pour partager à l'amiable entr'elles les biens, tant meubles que immeubles à elles appartenans par le decedz de leurs ditz deffunctz pere et mere, elles sont demeurées daccord de ce qui en suict.

Cest assavoir, qu'ilz ont respectivement recogneu et confessé avoir receu de ladicte deffuncte damoiselle Chouart, leur mere, après le decedz dudict deffunct sieur Talon, leur père, scavoir, ledict sieur Talon, conseiller d'Estat, la somme de vingt quatre mil livres, ledit sieur de Saint Gervais pareille somme de vingt quatre mil livres, ledit sieur advocat general semblable somme de vingt quatre mil livres, et ladicte dame de Netz la somme de trente ung mil livres, montant touttes lesdictes sommes ensemble à la somme de cent trois mil livres, de laquelle en appartient à chacun d'eux vingt cinq mil sept cens cinquante livres ; partant lesditz sieur et dame de Netz doivent raporter la somme de cinq mil deux cens cinquante livres tournois, qui est pour chacun desditz sieurs Talon la somme de dix sept cens cinquante livres, laquelle leur a esté à chacun baillée, payée, comptée et delivrée par lesditz sieur et dame de Netz, reellement comptant, presens lesditz notaires soubzsignez, en louis, escus dor, reaux et monnoye, le tout bon et ayant cours, dont iceux sieurs Talon se sont tenus et tiennent pour contens et les en ont quitté et quittent.

Comme aussy a esté payé presentement en escus d'or, pistolles d'Espagne, pieces de vingt solz et monnoye, le tout bon, par ledit sieur Talon, conseiller dEstact, ausditz sieurs Talon, sieur et dame de Netz, qui de luy ont receu la somme de vingt ung mil livres, qui est pour chacun d'iceux la somme de sept mil livres pour leurs partz et portions de la somme de vingt huit mil livres, pour laquelle, ladicte maison en laquelle estoict demeurante ladicte deffuncte damoiselle leur mere, seize en ladicte rue de la Harpe, a esté delaissée par elle audit sieur Talon, conseiller d'Estact, du consentement desditz sieur Talon, sieur et dame de Netz, par acte soubz leurs seings privez, du dernier jour de decembre 1631, attaché à la minutte des presentes, dont lesditz sieurs Talon, sieur et dame de Netz se sont aussy tenus contens, en ont quitté et quittent ledit sieur Talon, conseiller d'Estact et tous autres.

Et pour le surplus des biens cy après declarez, qui restent à partager entre lesdictes partyes, elles en ont fait à lamiable quatre lotz, affin de jouir par chacune d'elles de sa part et portion desditz biens.

Le premier desditz lotz contenant ce qui en suict : scavoir, six cens vingt cinq livres de rente, constituez au denier seize au proffict de ladicte deffuncte damoiselle Suzanne Chouart, par très haulte, puissante et très illustre princesse Madame Henriette Catherine de Joieuse, espouze de très haut, puissant et très illustre prince Charles de Lauraine, duc de Guise, prince de Joinville, pair de France, gouverneur et lieutenant general pour le Roy en Provence, admiral des mers du Levant, tant en son nom que comme procuratrice dudit seigneur, par contract passé par devant Chartier et Marion, notaires audit Chastelet, le neufiesme jour de mars mil six cens trente ung, ladicte rente racheptable de la somme de 10,000 livres.

Plus les arrerages de ladicte rente escheues depuis le 19° mars 1639 jusques au 19° jour d'avril dernier, an présent, qui sont quatre années et ung mois, montant à la somme de 2,522 livres.

Plus deux cens quatre vingtz dix livres de rente au denier dix huit, appartenant à la succession de ladicte deffuncte damoiselle, et faisant partye de 850 livres de rente à elle constituez par messire Charles de Lancy, tresorier general de l'ordinaire des guerres, tant en son nom que comme procureur de messire Henry de Lancy, chevalier, de Charles de Mornay, seigneur de Montchevreux, et de François de Lancy, sieur d'Armont, par contract passé par devant Chalon et Lemoyne, notaires audit Chastelet, le quinziesme jour de janvier mil six cens quarante ung, montant le principal desditz deux cens quatre vingt dix livres de rente à cinq mil deux cens vingt livres, pour cecy, 5,220 livres.

Item les arrerages desdites 290 livres de rente depuis le 15° janvier dernier, montant à 75 livres tournois.

Somme totalle de ce premier lot, 17,817 livres tournois ; second lot contenant ce qui en suict :

Premierement, quatre cens livres de rente constituez au denier seize, au proffict de ladicte deffuncte damoiselle Suzanne Chouart, par messire Vincent Bouhier, seigneur de Beaumarchais, et dame Marye Hottmeau, son espouze, tant en leurs noms que comme se faisans fortz de messire Nicolas de l'Hospital, chevalier des ordres du Roy, marquis de Vitry, mareschal de France, et dame Lucresse Bouhier, son espouze, et de messire Charles marquis de la Vieville, aussy chevalier des ordres du Roy, et de dame Marye Bouhier, son espouze, par contract passé par devant Levasseur et Chapellein, notaires audit Chastellet, le 6° jour d'aoust 1626, ratifié par lesditz seigneur et dame de Vitry, par acte passé par devant ledit Chapellain, notaire, le 10° jours de mars 1627, ladicte rente racheptable de 6,400 livres tournois, cy, 6,400 livres tournois.

Item les arrerages de ladite rente escheus depuis le 6° aoust 1639, montant à 1,470 livres.

Item 388 livres 18 solz de rente au denier dix huict, appartenant à ladicte succession de ladite deffuncte damoiselle Suzanne Chouart, et faisant partye de 666 livres treize sols quatre deniers de rente, à elle constituez par illustrissime et reverandissime Dominique Seguier, evesque de Meaux, au nom et comme tuteur honoraire de M° Jean de Ligny, lors advocat en parlement, et pourveu dun office de conseiler eu ladite Cour, par contrat passé par devant Dupuis et Le Boucher, notaires audict Chastellet, le second jour de janvier 1638, ratiffié par ledit sieur de Ligny, par acte estant au bas dudit contract passé par devant lesditz notaires le 11° jour de mars ensuivant, dont le principal desditz 388 livres 18 solz de rente monte à la somme de 7,000 livres.

Item les arrerages desditz 388 l. 18 s. depuis le 2° janvier dernier, montant à 132 livres.

Somme totalle dudit second lot : 13,011 livres.

Troisiesme lot contenant ce qui en suict :

Premierement, 750 livres de rente au denier vingt, appartenant à ladite succession de laditte deffuncte damoiselle Suzanne Chouart et faisant moictyé de 1,500 livres de rente, à elle constitués par dame Marye de Fourcy, vefve de feu messire Anthoine Ruzé, vivant chevalier des ordres du Roy, mareschal de France, surintendant de ses finances, marquis d'Effiat, et messire Marc Antoine de Grave, chevalier, seigneur de Villefargeau, par contrat passé par devant Durand et Bauldry, notaires audit Chastellet, le 24° janvier 1642, montant le principal desditz 750 livres de rente à 1,500 livres.

Item les arrerages desditz 750 livres de rentes, depuis le 24° jour de janvier dernier, montant à 177 livres.

Item 444 livres 8 s. de rente appartenant à la succession de ladite deffuncte damoiselle, et faisant partye de quinze cens livres de rente constituez à Claude Chouart par les sieurs tresoriers de France en la generalité de Tours, le neufiesme novembre 1584, sur la recepte generalle de Tours, avecq les arrerages desditz 444 livres 8 solz de rente deubs et escheus de tout le passé jusques à huy.

Item cinquante livres de rente constituez à Guillaume Chouart sur le clergé de France, le 7° febvrier mil cinq cens soixante huit, appartenant à ladite deffuncte, avecq tous les arrerages qui en sont aussy deubz et escheus du passé jusques à huy.

Item vingt livres de rente appartenans à ladite succession de ladite deffuncte damoiselle, constituée audit Guillaume Choart, le seiziesme febvrier 1557, sur le sel, avecq les arrerages de ladite rente escheue de tout le passé jusques à huy.

Item vingt cinq livres de rente constituée sur les aides à Jean Bigaut, le 29° mars 1551, avecq tous les arrérages qui en sont deubs de tout le passé jusques à huy.

Item dix livres de rente constituez sur les aydes à Allexandre Audrand, le premier juillet 1558, avec tous les arrérages qui en sont deubz du passé jusques à present.

Item cent solz de rente constituez sur les aydes à Jean Talon, le dixiesme avril 1568, avec tous les arrerages qui en sont deubz jusques à present.

Item huict livres de rente constituez sur les receptes generalles avec tous les arrerages.

Et lesdites rentes ont esté estimèz par lesdictes partyes, à lamiable, à la somme de 1,200 livres.

Somme totalle dudit lot : 16,377 livres tournois.

Quatriesme lot contenant ce qui en suict :

Premierement, 444 livres 8 solz dix deniers de rente constituez au denier dix huit, au proffict de ladite defuncte damoiselle Suzanne Chouart par ledict messire Charles de Lancy, tresorier general de l'ordinaire des guerres, tant en son nom que comme procureur de messire Henry de Lancy, chevalier, François de Lancy, escuyer, sieur d'Aramont, et messire Charles de Mornay, chevalier, seigneur de Montchevreux, par contract passé par devant Bergeon et Lemoyne, notaires audit Chastelet de Paris, le 24° septembre 1639, ladicte rente racheptable de la somme de 8,000 livres.

Item les arrerages de ladicte rente depuis le 24° septembre 1642 jusques au 19° aprvril dernier, montant à 259 livres.

Item 300 livres de rente appartenant à ladite deffuncte damoiselle, suivant la declaration qui en a esté faicte à son profit par ledit sieur Talon, conseiller d'Estact, par devant lesditz Durand et Bauldry, notaires, le 19° janvier dernier 1643, et faisant partye de 2,000 livres de rentes constituez audict sieur Talon, conseiller d'Estat, par dame Charlotte Garrault, femme séparée quant aux biens d'avecq messire François de La..... cy devant conseiller du Roy en sa court de Parlement et president aux requestes du Palais, par contract passé par devant lesditz notaires le dix neufiesme janvier dernier, montant le principal desditz 300 livres de rente à 5,400 livres.

Item les arrérages desditz 300 livres de rente depuis ledit jour dix neufiesme janvier dernier, montant à 75 livres.

Item 366 liv. 13 s. 4 den. de rente appartenant à ladite succession de ladite deffuncte damoiselle Suzanne Chouart, et faisant partye de 500 livres de rente constituez par Messieurs les prevost des marchandz et eschevins de la ville de Paris à ladite deffuncte damoiselle, le premier jour doctobre 1621, à prendre sur les gabelles avecq les arrerages desditz 366 liv. 13 s. de rente escheus et deubs de tout le passé jusques à huy, le surplus de ladite rente appartenant audit sieur Talon, advocat general, suivant la déclaration qui en a esté faite en son profict par ladicte deffuncte damoiselle Suzanne Chouart soubz son seing privé.

Ladite rente et arrerages assignées sur lesdites gabelles estimé entre les partyes à la somme de 2,200 liv.

Somme totalle dudit quatriesme lot, 15,934 livres.
Total desditz quatre lotz, 65,139 livres.
Qui est pour chacune desdites partyes seize mil deux cens quatre vingtz quatre livres quinze solz.

Et à ceste fin le premier lot doibt raporter la somme de 1,532 livres cinq solz, scavoir : au second lot, douze cens soixante et treize livres quinze solz, et au quatriesme lot, le surplus qui est de 258 livres 10 solz; et le troisiesme desditz lotz doibt aussy raporter audit quatriesme lot la somme de 92 livres 5 solz, le tout pour esgaller lesditz lotz les ungz les autres.

Desquelz quatre lotz a esté fait quatre billetz et iceux jettez au sort entre lesdites partyes, et par ledict sort le premier desditz lotz est advenu et escheu, demeurera et appartiendra audit sieur Talon, conseiller d'Estact.

Et le second est escheu audict sieur Talon, curé de Saint Gervais.

Le troisiesme est escheu ausditz sieur et dame de Netz.

Et le quatriesme et dernier d'iceux lotz est escheu et appartiendra audit sieur Talon, advocat general, lequel demeure par ce moyen proprietaire de tous lesditz cinq cens livres de rente assignez sur le scel et constituez ledict jour premier doctobre mil six cens vingt ung.

Au moyen de quoy ledit sieur Talon, conseiller d'Estat, a presentement baillé et payé en testons, reaux et monnoye, le tout bon, suivant lordonnance, scavoir, audit sieur de Sainct Gervais ladite somme de 1,273 livres 15 solz et audit sieur Talon, advocat general, ladite somme de 258 livres 10 solz, desquelles sommes ledit premier lot estoit tenu faire raport, comme il est cy devant dit, dont ilz se sont tenus contens et len quittent, comme aussy ledit sieur et dame de Netz ont presentement baillé et payé en pareilles especes audit sieur Talon, advocat general, ladite somme de 92 livres 5 solz, que ledit troisiesme lot estoit tenu luy faire rapport; de laquelle dite somme il est tenu content, en quitte lesditz sieur et dame de Netz.

Et par ainsy lesdites partyes demeurent entrelles esgallement partagées et se tiennent contens respectivement de leurs lotz. Pour desdites choses partagées et cy dessus declairées jouir par lesdites parties chacun en droict soy, leurs hoirs et ayans cause, suivant leurs ditz lotz, comme de chose qui leur appartient, au moyen des presentes, recongnoissans lesdites parties avoir chacune par devers elles les titres, contractz et pieces justificatifves des choses qui leur appartiennent, suivant le present partage.

Et pour le regard de la vaisselle d'argent, tapisserye, linge, litz et autres meubles trouvez après le decedz de ladicte deffuncte damoiselle Talon, lesdites partyes les ont partagées entre elles esgallement, après les avoir estimez à l'amiable à la somme de 7,100 livres tournois, y compris l'argent monnoyé trouvé après le decedz de ladicte deffuncte damoiselle Chouart, qui est pour chacune desdites partyes la somme de 1,775 livres tournois; le tout après que les fraiz funeraux et legs faitz par ladite deffuncte damoiselle ont esté payez et acquitez en commung par lesdictes partyes.

Car ainsy tout ce que dessus a esté dit, convenu et accordé entre lesdites partyes, promettans et obligeans chacun en droict soy...

Fait et passé en la maison dudit sieur Talon, conseiller d'Estact, le quinziesme jour de may après midy 1643, et ont signé la minutte des presentes demeurée vers Ricordeau, l'un desditz notaires soubzignez.

Signé, Guillard — Ricordeau.

Fondation d'un lit aux Incurables, par M. Talon (1648).

Par devant les notaires, garde nottes du Roy, nostre Sire, en son Chastellet de Paris, soubzsignez, furent présens hault et puissant seigneur messire Mathieu Molé, chevalier, conseiller du Roy en ses Conseilz, et premier président en sa Cour de parlement, seigneur de Champlatreux et autres lieux, nobles hommes Philippes Pietre, advocat en ladite Cour, René de La Haye, Charles Robineau, Nicolas de Poix, Guillaume Perrichon, Jean Le Conte, tous gouverneurs et administrateurs de l'Hostel Dieu de Paris et de l'hospital des Incurables, sciz au faux-bourg Saint Germain des Prez lez Paris, d'une part,

Et noble et sciantifique personne messire Charles François Talon, prestre, curé de Sainct Gervais, docteur en theologie et grand vicaire de Monseigneur larchevesque de Paris, demeurant au cloistre dudict Sainct Gervais, d'autre part.

Disans scavoir, ledict sieur Talon, que, pour la gloire de Dieu et l'estime quil fait dudict hospital des Incurables, souhaittant laccroissement d'icelluy, se seroit proposé et resolu d'y fonder ung lict à perpetuitté pour ung pauvre incurable de la quallité requise par lordre dudict hospital, et qui ne peuvent gaigner leur vie ny la demander, soit homme ou femme, de ladite paroisse Sainct Gervais et non d'ailleurs, qui seroit nommé et choisy par ledict sieur Talon, et après son decedz par ses successeurs curez à tousjours.

Et pour ce faire, se seroit adressé ausditz sieurs gouverneurs, et offert de donner audict hospital des Incurables une somme de *quatre mil livres*, en deniers comptans, pour estre employée et mise à rente pour subvenir à l'entretien et nourriture dudict pauvre incurable.

Ce que lesdictz sieurs gouverneurs, après en avoir déliberé, luy ont vollontairement accordé; au moyen de quoy ledict sieur Talon a vollontairement baillé et payé aus-

48

ditz sieurs gouverneurs, es mains de M. Anthoine Bourse, receveur dudict hospital, ladicte somme de quatre mil livres tournois, qui a icelle pour ce présent prise et receüe, en la presence desditz notaires, en reaux d'Espagne, pièces de vingt solz et monnoye, le tout bon, dont lesditz sieurs gouverneurs se tiennent contens et en quitte ledict sieur Talon et tous autres; moyennant laquelle somme lesditz sieurs gouverneurs ont promis et promettent oudit nom, pour eux et leurs successeurs, audict sieur Talon et fournir à perpétuité audit pauvre incurable, soit homme ou femme, qui sera audict hospital nommé et choisy par ledict sieur Talon et sesditz successeurs à tousjours, tout ce qui luy sera necessaire pour sesdictz nourriture et entretien, ainsy qu'aux autres pauvres dudict hospital des Incurables.

Et lors du decedz dudict pauvre, lesdictz sieurs gouverneurs feront advertir ledict sieur Talon, et après luy lesdictz sieurs curez dudict Sainct Gervais consecutivement, huict jours après chacun decedz arrivé, pour estre mis ung autre pauvre en sa place, de la quallité susdicte.

Suppliant, ledict sieur Talon, lesdictz sieurs curez dudict Sainct Gervais de choisir en leurs consciences les plus pauvres et indigens de ladicte paroisse et de la quallité susdicte pour tenir ladicte place, et à condition expresse que ce qui proviendra du revenu de ladicte somme de quatre mil livres tournois ne pourra estre employé qu'à l'effect cy dessus, et que lesditz sieurs gouverneurs en feront lemploy dans trois mois prochains, pour seuretté de la presente fondation.

Car ainsy le tout a esté accordé; promettant et obligeant, etc. Faict et passé au bureau dudict Hostel Dieu, cloistre Nostre Dame, le sixiesme jour de novembre avant midy mil six cens quarente huit. Et ont lesdictes partyes signé la minutte des presentes demeurée vers Bauldry, l'un desdictz notaires soubzsignez. Signé Lebert, Bauldry.

Lettres (non datées) adressées à Ch. F. Talon.

Monsieur mon tres cher amy,

Vous avez sceu quelque chose de lestat auquel lingrat de Deshayes est avec moy; mais parce quil est à propos que vous entendiez aussi quelques mots des raisons qui mont meu à cela, je vous veux dire, sans marrester aux baulx qu'il a faict ceans à mon insceu et à non prix, ses alienations du domaine de ceans, et dix mil aultres brigandages qu'il avoit faict sur moy, qu'il avoit conspiré ma ruine avec ce traistre Vic, lun pour me ravir mon patrimoine et ruiner mes povres mineurs, et des Hayes pour se donner par les joues du revenu de ceste maison et de touts les benefices qui viendront à vaquer, comme il avoit desja fait.

Pour cela, ils avoient conjuré ensemble de menvoier honteusement en Guascoigne, où la necessité de mes affaires mobligeant d'avoir recours à ce perfide de Deshayes; mais Dieu ma fait la grace de me delivrer de lun et de lautre, quoy que ce dernier, playdant contre moy, ayt eu leffronterie de dire à nos juges quil nestoit point ceans ny comme mon serviteur ny avec charge de moy, mais y ayant esté par le Roy en la charge et œconomie. Bref, c'est chose infinie que de vouloir vous raconter leffronterie de ce Macault, qui ma mesme calomnié de luy avoir pris largent du Roy, jusques à la somme de deux mil livres; mais lassurance qu'il avoit aux promesses de Vic, lingrat et labominable, lui releverent ces espérances jusques au delà de ma ruine.

Ne vous mettés en peine de largent quil a pris de vous pour moy, parce que je vous le ferais rendre jusqu'au dernier denier, Dieu aydant. Mais je vous prie de faire mine, tout de mesme que si je ne vous en avois donné assurance; si mes gents ne vous ont sollicité de mes affaires, ce na pas esté qu'ils ne vous ayent creu ce que vous mestes, mais je pense que soit vostre incommodité, soit que la multiplicité des affaires quils ont eu jusques à cest heure les a tellement occupés, quils ne pensoient qua se tirer de cruautés et sceleratesses de mes ennemys. Lorsque je doutteray de vostre amitié, jentreray promptement en deffiance de moy mesme, car, le veilliés ou non, je seray œternellement

Vostre plus que tres affectionné serviteur.

Dominique, achevesque de Corinthe.

Monsieur, mon tres cher amy, mes tres humbles recommendations à Mademoiselle vostre mère, M. l'advocat général, Madame sa femme et toute vostre maison. Du Bec, ce 22 septembre.

A Monsieur, Monsieur de Saint Gervais, à Paris.

Du même au même.

Monsieur mon parfaict amy,

Jay apris de mon frère de Fiennes loffre tres favorable qu'il vous a pleu de nous faire, en lextremité en laquelle je suis aujourdhuy reduict par lingratitude et perfidie enragée de ceulx que jay mis au monde; de quoy je vous remercie avec autant daffection, que vous mobligés en une saison d'extresme consideration; car si les miens vous ont apris que voulant retirer de prison cest infame que ses creanciers alloient accabler par des condamnations par corps, je fis ses debtes miennes et mobligeay pour luy vers eulx de tres grandes sommes. Or, comme il a veu que Dieu ma guarenty de touts ses attentats et sur mon repos, mon honneur et ma vie, sa hayne diabolique la porté à me susciter touts ses créanciers qui ont faict merveilles par son entremise. J'en suis sorty pourtant, Dieu mercy, et fault aujourdhuy quil en dance; mais parce quil se doubte que ces grandes sommes ont espuisé ma bourse, et voulant dune pierre faire deux coups en vendant nos meubles, il en veult butiner à non prix, et me donner ce desplaisir que de me les enterrer à ma barbe, parce quil scayt que jen ayme quelques uns pour la memoire de feu mon pere et leur rareté; vostre courtoisie faicte si fort à propos me releve de ceste sensible affliction, et me donne moyen de respirer soubs une si grande tyrannie.

Je ne vous puis dire que ce bien me rendra dadvantage à vous que je l'estois auparavant, parce que cestoit tout à faict et de toutes les forces de mon cœur, mais bien vous puissié dire que je le reçois en temps si opportun, que vous nen pourrié choisir un plus advantageux pour me tesmoiguer de plus en plus lhonneur que vous me faictes de maymer, car vous me donnés le repos et la vie.

J'envoie ma promesse à Comangnot? laquelle il vous baillera sil vous plaist de ma part avec toute telle autre assurance quil vous plairra, et mettray peine de vous faire rembourser au plus tost, tant de vostre partie que de tout, ce que m'avés faict le bien de me prester, et mesme des cinq cent escus que vous avés baillé à Des Hayes.

J'ose encor vous importuner que si vous et Monsieur ladvocat general (duquel je suis très humble serviteur) pouvés quelque chose par vos amys et credit pour me guarantir des injustices infinies que je reçois du parlement, à la sollicitation de cette malheureuse femme de Vic, qui est entrée par la fenestre dans nostre maison, que vous me favorisiés comme celuy qui est en tout et partout de vostre maison, et particulièrement

Monsieur mon parfaict amy,
Vostre tres humble et tres affectionné serviteur.
Dominique, archevesque de Corinthe.
A Monsieur, Monsieur Talon, curé de Saint Gervais, à Paris.

LEGS UNIVERSEL C. G. G. DE VINTIMILLE, ARCHEVÊQUE DE PARIS.
(1746.)

Testament de M. de Vintimille (1746).

Par devant les conseillers du Roy, notaires à Paris, soussignez, fut present illustrissime et reverendissime seigneur, Monseigneur Charles Gaspard Guillaume de Vintimille, des comtes de Marseille, du Luc, archevesque de Paris, duc de Saint Cloud, pair de France, commandeur de l'ordre de Saint Esprit, demeurant à Paris en son palais archiepiscopal, trouvé au lit, malade de corps, en une chambre de son appartement, au premier etage, ayant vûe sur le jardin et sur une cour, toutesfois sain d'esprit, memoire et entendement, ainsy quil est apparu aux notaires soussignez par ses discours.

Lequel, dans la vûe de la mort, a fait, dicté et nommé auxdits notaires son testament ainsy qu'il suit :

Déclare mondit seigneur qu'il veut que son corps soit enterré dans la cave où sont ordinairement enterrés les archevêques de Paris, qu'il se rapporte à ses executeurs testamentaires du soin de ses funerailles, et les prie d'en menager les frais autant que faire se poura.

Veut que l'on habille vingt quatre pauvres qui assisteront à son enterrement et qu'on leur donne à chacun un ecu de trois livres.

Veut que tous ses domestiques soient nourris pendant quarante jours après son deceds aux dépens de sa succession, et que tous ses principaux officiers et toute sa livrée soient habillés de deuil.

Veut qu'incontinent après son deceds il soit dit un annuel de messes pour le repos de son ame dans sa chapelle, scituée derriere le chœur de l'eglise de Paris, pour la rétribution duquel annuel il sera payé la somme de quatre cens livres.

Donne et legue aux pauvres des paroisses du Luc et de Flassan, dioceze de Frejus, en Provence, la somme de trois cens livres par chacune desdictes paroisses, dont la distribution sera faitte par les curés d'icelles.

Donne et legue aux trois paroisses dans lesquelles sont scituées ses abbayes de Saint Denis de Reims, et de Belle Perche, et sa Domerie d'Aubrac, pareille somme de trois cens livres, par chacune desdictes trois paroisses, pour être pareillement distribuée par les curés aux pauvres d'icelles.

Donne et legue à la paroisse de Conflans, près Charenton, dioceze de Paris, la somme de cinq cens livres pour être employée à la reconstruction de la maison des sœurs de la Charité d'icelle, ou pour acquitter ce qui pouroit être dû aux ouvriers pour ladite reconstruction.

Donne et legue à M. le marquis du Luc, son neveu, son tableau peint par Mignard, representant saint Charles donnant la communion aux pestiférés.

A Madame la marquise du Luc, sa niece, un tableau peint par Coypel, représentant la Magdeleine au pied du crucifix.

A Monsieur le comte de Vintimille, son petit neveu, deux tableaux de Sancerre, representans une rêveuse et une liseuse.

A Madame la présidente de Nicolaï, sa petitte niece, un tableau peint par Mignard, representant le mistère de l'Annonciation.

A Mademoiselle du Luc, sa petite niece, un tableau de saint Antoine de Padoüe, et un diamant de valeur de la somme de dix mille livres.

A Monsieur le president d'Espinouze, son petit neveu, un tableau peint par le Bassan, representant le mistère de la Nativité.

A Monsieur l'abbé Coriolis, son petit neveu, un tableau peint par Pierre de Corzonne, representant saint Laurent, et en outre tous ses procès verbaux des assemblées du clergé.

A Monsieur le chevalier de Coriolis, son petit neveu, sa montre d'or à repétition.

A Monsieur l'abbé Dagoult, deux tableaux peints par Lemoine, représentans des paysages.

Donne et legue à Mrs de Lascaris, Regnauld, Thierry et Robinet, ses grands vicaires, à chacun un livre de sa biblioteque, à leur choix.

Donne et legue à M. l'abbé Aubert un tableau peint par Tesnière, representant saint Augustin au bord de la mer, et l'histoire universelle de Monsieur de Thou.

A M. Artaud, chanoine de l'eglise de Paris, une des pendules de mondit seigneur, à son choix, et la collection des conciles du père Hardouin, de l'imprimerie Royalle.

A M. Martin, chanoine de leglise de Paris, un petit tableau de la Sainte Famille, qui est à la ruelle du lit de mondit seigneur, peint sur marbre.

A M. de la Saone, chanoine de leglise de Saint Honoré, et secretaire de l'archevesque, l'histoire de France du père Daniel, et un tableau du Bourguignon représentant une bataille.

Aux sieurs Clement et Nolin, ses aumoniers, au premier son rochet à grande dentelle et son aube à petite dentelle, et au second son rochet de point et son aube à grande dentelle; et en outre mondit seigneur donne et legue à l'un et à l'autre tout le linge et les ornemens de sa chapelle de Paris, qui sont à l'usage desdits aumoniers, pour être partagés entr'eux.

Donne et legue au sieur Morin, chanoine de Saint Marcel et son porte-croix, le calice et tous les ornemens qui servent à la chapelle de mondit seigneur, à Conflans.

Donne et legue à Monsieur le chevalier du Moulin, son gentilhomme, une tabatiere d'or, et au sieur Eyssautier, son agent d'affaires, une montre d'or à repétition.

Donne et legue au sieur Adanson, son écuyer, la somme de trois mille livres.

Au sieur Paignon, son chirurgien, la somme de deux mille livres.

Au sieur Lebeau, son maître dhotel, la somme de deux mille cinq cent livres.

Aux sieurs Beauchesne et Leblanc, ses valets de chambre, à chacun d'eux la somme de trois mille livres, et en outre mondit seigneur donne et legue audit Beauchesne toute sa garde robbe, à lexception du bassin à barbe, du pot à l'eau, du petit vase à chaufer l'eau de vie et de l'étuy à savonnette, que mondit seigneur donne et legue à Fremont, son laquais, qui le rase.

Donne et legue mondit seigneur au sieur Brigeon, son valet de chambre, la somme de quinze cent livres.

Au sieur Jeannot, son chef d'office, la somme de deux mil livres.

Au sieur Morel, son chef de cuisine, la somme de douze cent livres.

Au sieur Fabre, ayde doffice, pareille somme de douze cent livres.

A Bonnefoy, son sommelier, pareille somme de douze cent livres.

Aux nommés Verdun et Froment, ses deux anciens laquais, à chacun la somme de douze cent livres.

A Deschamps, son troisième laquais, la somme de cinq cent livres.

A Bernard, son suisse de Paris, la somme de mil livres.

A Fribourg, son concierge de Conflans, la somme de mil livres.

A Lachapelle et Chauveau, qui ont été longtemps au service de mondit seigneur, à chacun la somme de cinq cent livres.

Et à tous les autres domestiques de mondit seigneur, attachez à son service en sa maison de Paris seulement, à l'exception du jardinier, mondit seigneur leur donne et legue à chacun une année de leurs gages, outre et pardessus ce qui leur en sera düe lors de son deceds, mondit seigneur ayant pourvû par luy meme aux besoins de ceux d'entre sesdits domestiques qui sont les plus anciens de sa maison, et qui l'ont servy avec le plus de zèle.

Mondit seigneur veut et entend que les legs en argent qu'il a cy dessus faits à ses domestiques leur soient payés par preférence à tous autres legs, et pourvû que chacun de ceux à qui ils sont faits soient encore à son service au jour de son deceds.

Et quant au surplus de tous ses biens, mondit seigneur archevesque testateur donne et legue ledit surplus à l'Hotel Dieu de Paris et à lhopital des Enfans trouvés de cette ville, qu'il fait et institue ses legataires universels.

Et pour executer son present testament, mondit seigneur a nommé Monsieur le marquis du Luc, son neveu, et Monsieur l'abbé Dagoult, chanoine de l'eglise de Paris, qu'il prie den prendre la peine, tant conjointement que séparément, en l'absence l'un de l'autre.

Ce fut ainsy fait, dicté et nommé par mondit seigneur ausdits notaires soussignez, et à luy par l'un d'eux, l'autre present, relù; qu'il a dit avoir bien entendu, et y a persévéré. A Paris, en la chambre susdésignée, l'an mil sept cent quarante six, le quinze janvier, à une heure après midy, et a signé la minute des presentes, demeurée à M° Roger, l'un des notaires soussignez, qui a délivré ces presentes cejourd'huy vingt quatre mars mil sept cent quarante six. Signé, Sauvaige — Roger.

Apposition des scellés à l'appartement qu'occupait l'archevêque de Paris au château de Versailles. — Inventaire après décès.

(1746.)

L'an mil sept cens quarante six, le quinze mars, neuf heures du matin, par vertu d'ordonnance étant au bas de la requeste à nous cejourd'huy présentée par les sieurs Sebastien et Pierre Mareschal père et fils, conseillers du Roy, receveurs generaux des domaines et bois de la généralité de Metz, demeurant à Paris, rue de Ventadour, préposés par arrest du vingt neuf janvier mil sept cens quarante trois aux fonctions des economes sequestres des benefices consistoriaux vacans à la nomination du Roy, Nous François Damien Chastelain Dubouchet, ecuyer, conseiller du Roy, lieutenant general, civil, criminel et de police, en la prévôté de son hôtel et grande prévôté de France, accompagné de notre greffier ordinaire et de Dubuchet nostre premier huissier, nous sommes transportés en lappartement qu'occupoit cy-devant feu Monseigneur de Vintimille du Luc, archevesque de Paris, au chateau royal de cette ville de Versailles, à leffet dapposer nos scellés sur les effets delaissez par mondit seigneur l'archevesque, et proceder à la description sommaire de ceux qui se trouveront en evidence; où étant, à la porte dudit appartement, vis à vis la gallerie de Madame la Dauphine et lescalier qui descend à celles des princes, ledit appartement numéroté soixante dix neuf, et attenant à celuy de Madame la duchesse de Brancas, aurions trouvé maistre Nicolas Bresson, procureur en cette cour desdits sieurs Maréchal père et fils, èsdits noms, et le sieur Mercier, fondé de leur procuration, lesquels nous auroient observé quil n'étoit pas possible d'entrer dans ledit appartement, attendu qu'il n'y avoit personne et qu'il étoit fermé avec un cadenas; pour quoy nous nous serions contenté d'apposer nos scellez sur les deux extremitez d'une bande de papier bouchant et traversant lentrée de la serrure dudit appartement, sur laquelle nous avons fait clouer deux bandes de toile pour la plus grande sureté de nosdits scellez par le serrurier du Roy, mandé pour cet effet.

Ce fait, avons laissé nosdits scellez en la garde et possession de Georges de Cuves, suisse de M™e la duchesse de Brancas, qui s'en est volontairement chargé, et a promis les représenter touttes fois et quantes, comme depositaire de biens de justice, et a ledict de Cuves signé avec nous, notre greffier et lesdits maistre Bresson, sieur Mercier audit nom et Dubuchet, huissier, en cet endroit de la minute du présent procès verbal...

Item deux pièces de tapisserie de calmandre rayée, composée de six aulnes, trois portières de pareille calmandre, doublées de serge bleüe, avec leurs tringles et anneaux, prisez et estimez ensemble la somme de soixante livres.

Item une couchette à bas pilliers de bois d'hetre avec son chassis, garni de ses étoffes de taffetas bleu picqué...., le tour dudit lict complet de calmandre rayée bleu et blanc, doublé de taffetas bleu..... prisé le tout ensemble ii cens livres.

Item la chaise à porteur garnie de ses glaces et de ses coussins de velours cramoisy, aux armes de mondit seigneur, prisée la somme de ii cens livres.

Nomination de M. de Vintimille, archevêque d'Aix, à l'archevêché de Paris.

(1729.)

Aujourdhuy, dixiesme du mois de may mil sept cent vingt neuf, le Roy estant à Compiegne, bien informé des bonnes vie et mœurs, pieté, grande suffisance, et des autres vertueuses et recommandables qualitez qui sont en la personne du sieur Charles Gaspard Guillaume de Vintimille du Luc, conseiller en ses Conseils, archevesque d'Aix, Sa Majesté, se promettant qu'il employera avec zele et application tous ses talens pour le service de l'Église, luy a accordé et fait don de l'archevesché de Paris, qui vacque à present par le decès de M. le cardinal de Noailles, pair de France, dernier titulaire, à la charge de six mil livres de pensions annuelles et viagères que Sa Majesté veut estre doresnavant payées sur les fruits et revenus dudit archevesché, scavoir : quinze cent livres au sieur de Grimaldy, du diocèze de....., dix huit cent livres au sieur Antoine Louis du Casse, prestre du diocèze de Tarbes, mil livres au sieur Quentin Louis Lequeux, du diocèse de....., huit cent livres au sieur J. Charles Bastide, clerc tonsuré du diocèze de Paris, cinq cent livres au sieur........ de Creaux, prestre du diocèze de..... et quatre cent livres au sieur...... Houllier, prestre, chanoine de Bray-sur-Seine, lesdictes pensions franches et quittes de toutes charges et payables tant par ledit sieur de Vintimille du Luc que par ceux qui possèderont après luy ledit archevesché.

M'ayant, Sa Majesté, commandé d'expédier touttes lettres et despesches necessaires en cour de Rome pour lobtention des bulles et provisions apostoliques dudit archevesché, et cependant, pour assurance de sa volonté, le présent brevet qu'elle a signé de sa main, et fait contresigner par moy conseiller, secretaire d'Etat et de ses commandemens et finances. Signé, Louis ; et plus bas, Phelippeaux.

Bail du revenu temporel de l'archevêché de Paris.

(23 décembre 1741[1]).

A tous ceux qui ces presentes lettres verront, Gabriel Jérôme de Bullion, chevalier, prévôt de la ville, prévôté et vicomté de Paris, salut.

Scavoir faisons que par devant Me Claude Aleaume et Fr. Jean Roger, conseillers du Roy, notaires à Paris, soussignés, fut présent illustrissime et reverendissime seigneur Monseigneur Charles Gaspard Guillaume de Vintimille, des comtes de Marseille, du Luc, archevêque de Paris, pair de France, duc de Saint Cloud, commandeur des ordres du Roy, demeurant à Paris en son palais archiepiscopal.

Lequel a par ces presentes baillé et délaissé, à titre de ferme et prix d'argent, pour six années et six dépouilles entières et consécutives finies et accomplies, qui commenceront au premier janvier mil sept cens quarante deux, et promet mondit seigneur archevesque faire jouir durant ledit temps à Pierre Boisourdy, bourgeois de Paris, y demeurant rue du Hazard, butte Saint Roch, paroisse Saint Roch, à ce present et acceptant preneur et retenant pour luy audit titre ledit temps durant.

C'est ascavoir, tous les revenus temporels dudit archevêché de Paris, des abbayes de Saint Magloire, prieuré de Saint Eloy, Saint Mandé et Montfort l'Amaury, doyenné de Saint Maur les Fossés et commanderie de Saint Jacques-du-Haut-Pas, et autres annexes dépendantes dudit archevêché de Paris, desdites abbayes, prieuré, doyenné, commanderie et annexe, ferme, maisons, rentes sur particuliers, rentes sur maisons et marais, sur communautés religieuses, sur lHotel de Ville de Paris et sur le domaine du Roy, ensemble les profits des fiefs, quints et requints, les produits des saisies foodalles, faute des droits payés et devoirs non rendus, les droits de lods et ventes qui escheront pendant le cours du present bail par vente, eschange, licitation, direction des créanciers, adjudication ou autrement, et generalement tous les biens et revenus actuels dudit archevêché de Paris, ses annexes et dépendances, sans en rien réserver, sinon ce qui sera cy après dit, dont ledit preneur a dit avoir parfaitte connoissance, et n'a requis plus ample détail.

[1] Voir ci-dessus, p. 324 et suivantes, le compte de la régie des revenus de l'archevêché de Paris en 1715.

Pour du tout jouir par ledit preneur aux reserves, charges, clauses et conditions suivantes :

Mondit seigneur archevesque se reserve lhotel archiepiscopal, la maison apellée le petit archevêché et le bâtiment en dépendant, tous les bâtimens de l'avant cour, à l'exception des lieux occupez actuellement par Messieurs Guy et Sauveray, avocats, et par la bibliothèque des avocats, et des bâtimens qui sont dans la rue Levesque, dont le preneur aura la jouissance, à la charge par luy d'entretenir les conventions faittes entre Monseigneur le cardinal de Noailles et le bâtonnier des avocats au sujet du loyer de la bibliothèque.

Plus mondit seigneur se reserve le secrétariat et le droit du sceau et le greffe de l'officialité, la propriété des domaines qui pourront echeoir pendant le present bail par desherence, confiscation ou autrement, du revenu desquels domaines ledit preneur aura seulement la jouissance pendant le cours dudit bail ; et à legard des meubles et effets mobiliers, sil sen trouve, la moitié en apartiendra audit preneur, l'autre moitié réservée à mondit seigneur.

Plus se réserve mondit seigneur le chateau de Conflans et ses dépendances, et lapartement dans la ferme d'Ivry occupé par M. Noüet.

Plus la moitié des droits qui seront dus pour la première vente de lhotel de Soissons et dépendances, suposé que ladite vente se fasse dans le présent bail.

Plus mondit seigneur se réserve la nomination de tous les officiers de justice dudit archevesché et annexes vacans, ou qui vaqueront dans le cours du present bail.

Ne pourra ledit preneur pretendre aucune chose pour ce qui pourra avoir été aliéné par les prédecesseurs de mondit seigneur archevesque, ou qui pourroit avoir été usurpé des biens et droits dudit archevesché, abaye et prieuré et annexes, en cas que mondit seigneur archevesque fit revivre quelque chose desdits biens, si ce n'étoit que la réunion des choses usurpés se fit par la découverte et par les soins et aux frais dudit preneur ; auquel cas il en jouira pendant le cours du present bail, et de la moitié d'iceux durant quatre ans après l'expiration dudit bail, pour le dédommager des frais qu'il auroit été obligé de faire pour raison desdites réunions, au cas seulement que mondit seigneur archevêque fut encore jouissant dudit archevêché.

Ne pourra ledit preneur prétendre aucune chose sur ce qui pourra être accordé pour le dédommagement que le Roy doit à l'archevêché pour l'emplacement des ramparts, fortifications et anciens fossés, non plus que les autres indemnités que ledit seigneur archeveque demande au Roy, et pour lesquels il y a instance formée au conseil devant les commissaires nommés à cet effet, non plus que des arrérages et revenus de tous autres dedommagemens et indemnités qui ne font point actuellement partie des revenus dudit archevêché, notamment de celles cy devant deûes par lHotel Dieu, et dont le fond a été remboursé et employé au profit de l'archevêché, à l'egard des autres indemnités, même de celles qui pourroient emaner de leschange fait entre le Roy et Monseigneur de Harlay, lors archevesque de Paris, le 28 aoust mil six cens quatre vingt sept, qui seront adjugés ou liquidés pendant le cours du present bail, à quelque titre que ce soit.

Ledit preneur aura la jouissance d'icelles, ainsy que de tous les domaines qui pouront estre reunis pendant le cours du present bail, à la charge par ledit preneur de payer et d'acquitter tous les frais necessaires pour parvenir à lobtention et liquidation desdites indemnités et auxdites réunions, sans pouvoir repeter les frais contre mondit seigneur, en cas qu'il vienne à être debouté, ny demander aucun dédommagement pour les droits qui sont actuellement en contestation et pour la revendication desquels il y a des instances formées en divers tribunaux.

Se reservant encore mondit seigneur la moitié de ce qui pourroit revenir à larcheveché par le jugement du procès en instance pour le fief de la Grange Bateliere, dont ledit preneur sera tenu de faire faire les poursuites à ses frais, de lavis neanmoins du conseil de mondit seigneur archevesque, qui luy seront remboursés si le procès nest point jugé à la fin de present bail.

Sera tenu ledit preneur de bien et fidelement faire exercer les justices dépendantes dudit archeveché, abaye, prieuré et autres annexes, les rendre nettes de tous procès qui pourroient intervenir pendant le cours du present bail, payer les gages des officiers ez lieux où il est accoutumé, faire par ledit preneur, à ses frais, dépens, toutes les poursuittes des procès qui pouroient arriver pendant le cours du present bail, concernant les revenus des domaines dudit archeveché et annexes, dans le recouvrement, lexploitation et perception des fruits et revenus desdits domaines, le tout jusquà sentence et arrets déffinitifs inclusivement et jusquà la fin du present bail.

Et lorsqu'il sera question des fonds et propriété de ses domaines ou droits, ou des baux emphiteotiques qui ont été faits par les predecesseurs de mondit seigneur archevesque, ledit preneur ne poura intenter aucun procès sous le nom de mondit seigneur archevesque sans son consentement par ecrit, et une deliberation signée de son conseil, avec obligation audit preneur de se servir, dans les procès de cette espèce, des avocats, procureurs et notaire de mondit seigneur archevesque.

Sera tenu ledit preneur de poursuivre à ses frais et depens, jusquà sentences et arrets deffinitifs, les procès criminels qui pouront arriver pendant le cours du present bail, fournir aux frais de l'execution d'iceux, conduitte et execution des condamnés à mort ou autres peines corporelles et afflictives, fournir et administrer le pain aux prisonniers, sauf audit preneur à repeter lesdits frais, depens, domages et interets contre les condamnés et leurs biens et contre les parties civiles.

Plus, d'observer et faire observer les reglements faits et à faire pour les geoliers, en sorte que le seigneur archevesque ne reçoive ny puisse recevoir aucune plainte.

Plus, à la charge par ledit preneur d'entretenir, pendant le cours du present bail, toutes les fermes, lieux, maisons, bâtiments et domaines dudit archeveché et annexes contenûes au present bail, de toutes menues reparations et recherches de couvertures, suivant les us et coutumes, entretenir les bois en coupes ordinaires, les faire couper en saisons convenables, conserver les anciens et nouveaux balliveaux, suivant et conformément aux ordonnances et reglemens des eaux et forêts.

Faire bien et dûment cultiver, labourer, fumer et ensemencer les terres contenües au présent bail, par solles et saisons convenables, sans dessoler ny dessaisonner, faire labourer et cultiver de toutes façons et fumer les vignes, les echalasser, provigner et entretenir en bonne valeur, et le tout rendre et laisser en bon et suffisant état.

Poura ledit preneur, si bon luy semble, continuer le papier terrier des fiefs et domaine dudit archeveché, sans pretendre aucune repetition des frais et depens contre ledit seigneur archevesque.

Sera tenu ledit preneur, en fin du present bail, de remettre tous les papiers terriers, censiers desdits archevêché, abaye, prieurés, commanderies et annexes, tant ceux quil fera faire de nouveau que ceux qui lui auront été mis es mains, dont il donnera des recepissés au bas des inventaires qui on seront faits lors de la remise d'iceux, plus de remettre au greffe de la generalité un double de tous ensaisisemens et inféodations, à mesure qu'il en signera, mesme de communiquer son registre d'ensaisinement au conseil de mondit seigneur archevesque toutes fois et quand il en sera requis.

Plus sera tenu ledit preneur de fournir à mondit seigneur des expéditions en bonne forme de tous les baux particuliers qu'il passera des fermes, domaines, maisons, places, marais et droits dependans desdits archeveché, abaye, prieuré et ses annexes, quinze jours après la passation de chacun desdits baux.

Ne poura ledit preneur recevoir des sous-fermiers aucun pot de vin en faveur des sous-baux que ledit preneur leur passera, ny aucunes avances sur le prix d'iceluy, à peine de restitution du quadruple, au profit de mondit seigneur archevesque; à quoy ledit preneur sest soumis, comme une condition expresse qui ne poura être reputée comminatoire.

Et outre, le présent bail est fait moyennant le prix et somme de 162,000 livres de ferme, pour et par chacune desdites six années, que ledit preneur promet et s'oblige de bailler et payer audit seigneur archevesque ou au porteur de la presente grosse, en son hotel en cette ville par chacun an, en quatre payemens egaux de quarante mille cinq cens livres chacun, dont le premier payement echera et se fera au premier avril mil sept cens quarante deux, et ainsy continuer de trois mois en trois mois durant le cours du present bail; et où ledit preneur [ne] seroit en demeure de payer dans le courant du mois qui suivra l'échéance de chaque terme, il sera loisible audit seigneur archevêque de faire nouveau bail à la folle enchere, et aux frais, risques, périls et fortunes dudit preneur et de ses cautions cy après, à telles personnes que bon luy semblera, après un simple commandement et une simple sommation faitte au dernier domicille du preneur cy après, sans que ledit seigneur archeveque soit tenu de faire aucune autre poursuitte et diligence, ny d'observer aucune formalité de justice, si bonne luy semble, et sans que cela empêche l'exécution du présent bail, pour ce qui en sera dû à mondit seigneur, ny que cette clause puisse être reputée comminatoire, mais de rigueur, sans laquelle ledit bail n'auroit été fait.

Et outre et par dessus lequel prix, ledit preneur sera tenu, ainsy qu'il sy oblige, de payer tous les gros des curez, portions congrües et pensions de vicaires dont mondit seigneur archevesque est tenu, et ce aux termes et en la maniere que lesdits gros, portions congrües et pensions sont dües, et d'en raporter annuellement les quitances à mondit seigneur ou à son conseil; et à l'egard des autres charges de l'archeveché, elles seront payées par ledit preneur à leurs echéances, suivant l'état qui luy sera remis, et il luy en sera tenu compte sur les payemens du present bail, des mois de juillet et décembre de chacune année, en raportant les quittances.

Ne pourra ledit preneur pretendre aucune diminution sur le prix du present bail et des charges d'iceluy pour guerre, peste, famine, gresle, debordement de rivière et autres cas prévus et imprévus.

Comme aussy ne poura ceder ny transporter son droit du present bail à qui que ce soit sans le consentement expres ecrit de mondit seigneur, auquel il fournira à ses frais la presente grosse.

Reconnoissant ledit preneur quà sa requisition mondit seigneur archevesque a presentement passé une procuration generalle par devant les notaires soubzsignez, remply du nom du sieur Perrier cy après nommé, avec pouvoir de substituer pour la régie du temporel dudit archeveché, de levènement de laquelle ledit preneur et ses cautions demeureront solidairement garands et responsables, et demeurera ladite procuration restrainte aux clauses et conditions du présent bail, auquel elle ne poura aporter aucun changement.

Et pour une plus facile exploitation du présent bail, mondit seigneur archevesque accorde audit preneur le logement et les bureaux cy devant occupés par le sieur Perrier ou tels autres qu'il luy plaira dans ledit archeveché.

Aura ledit preneur l'entrée aux archives et la communiquation de tous les actes et papiers, lesquels luy seront remis lorsqu'il sera necessaire, sur ses récépissés.

A ce faire étoient présents et sont intervenus M. Edme Lorme de Foutenay, avocat au parlement, intéressé dans les affaires du Roy, demeurant à Paris, rue du Hazard, paroisse Saint Roch.

Me Antoine Pierre Mirleau de Neuville, advocat au Parlement, aussy intéressé dans les fermes du Roy, demeurant à Paris, rue de Richelieu, paroisse Saint Eustache.

Et Me Louis Perrier, avocat au parlement, demeurant dans l'enclos dudit archeveché, paroisse Sainte Marine.

Lesquels se sont, par ces presentes, rendu et constitué cautions dudit sieur Boisourdy, pour raison du present bail; ce faisant, se sont obligez et s'obligent envers mondit seigneur archevesque pour et avec le sieur Boisourdy, solidairement l'un pour l'autre, un d'eux seul pour le tout, sans division, discussion ny fidejussion, à quoy ils ont renoncé et renoncent, meme par corps, au payement par chacune année dudit bail des cens soixante deux mille livres pour lesquels il est fait, aux termes et en la manière cy devant expliquée, ensemble au payement et acquittement et à l'exécution de toutes les charges, clauses et conditions y contenües, dont, du tout, lesdits sieurs de Fontenay, de Neuville et Perrier font leur propre fait et dette solidaire, en leurs propre et privés noms, comme principaux debiteurs, solidairement comme dit est.

Fait et passé à Paris, audit Palais archiepiscopal, le vingt trois décembre mil sept cens cinquante un.

Signé, Aleaume — Roger.

FIN DES DONS ET LEGS ET DU TOME IV.

TABLE DES MATIÈRES.

A

Abbaye de Belle-Perche, 379.
— de Chalivoy, 340.
— de Conches, 298.
— du Lis (1670), 74.
— de Longchamps (1583), 18.
— de Malnoue, 319.
— de Montmartre (1688), 178.
— d'Ourscamps (1582), 6.
— de Royaumont, 369.
— de Solignac, 263.
— de la Victoire, près Senlis, 103.
— de Saint-Antoine, 372.
— de Saint-Bernard-de-Chaumont, 340.
— de Saint-Denis de Reims, 379.
— de Saint-Loup (1589), 39.
— de Saint-Martin-des-Champs (1582), 5.
— de Saint-Pierre-le-Vif, près de Sens (1651), 109.
— de Saint-Remy de Sens, unie à l'archevêché de Sens (1651), 109.
— de Saint-Victor (1582), 1; (1672), 76, 256.

Abbaye de Saint-Vincent de Senlis (1667), 98; (1668), 102, 103; état de ses revenus.
Abbesse de Longchamps, jugée par le prévôt des marchands (1592), 43.
Académie française; livres qui lui sont donnés par l'académicien Ballesdens (1672), 77.
— révocation du legs qui lui est fait par Ballesdens (1672), 78.
Accusation anonyme d'empoisonnement, 174.
Acquisition par M. de Lionne des seigneuries de Berny et de Fresne, 265, 266.
Aides de Coutances, 363.
— de Melun; noms des propriétaires, 362, 363.
Ancrage (Droit d') sur la Charente, 296.
Anglaises du faubourg Saint-Antoine (Dames), (1754), 229.
Apothicaire du cardinal de Richelieu; son mémoire (1635), 301.

Archevêché de Paris; bail de son *revenu temporel* (1741), 382.
Archives de l'Archevêché de Paris, 384.
Argenterie de la famille de Lionne (1671), 246, 247.
Arrêt du conseil souverain d'Alsace au profit de la marquise de Lionne (1719), 240, 241.
Assassinat d'une religieuse par une Fille blanche (1585), 24.
— et vol par un maître jardinier de Paris (1661), 220.
Assomption (Religieuses de l'), 327.
Atlas de Nicolas Sanson (1717), 135.
Augustins d'Amiens (1672), 76.
Aumônes du Roi (1585), 22; (1599), 60, 61.
Autographes de saint Vincent-de-Paul (1638-1641), 360.
Ave-Maria (Couvent de l')(1598), 58; (1649), 219; (1666), 114; (1667), 106; (1672), 76; (1677), 148, 369.

B

Bail du revenu de l'Archevêché de Paris (1741), 382.
Bannières peintes aux portes de l'Hôtel-Dieu (1586), 28.
Barnabites d'Étampes, 326.
— de Paris, 336.
Bibliothèque de l'abbé Arnauld (1694), 70, 71, 72.
— Ballesdens; inventaire et prisée des livres (1672), 81 à 89.
— de M. de Callières (1717), 135 et suiv.

Bibliothèque des Génovéfains (1672), 80; trois manuscrits lui sont légués (1672), 76.
— de Mademoiselle de Guise (1688), 191 et suiv.
— de l'abbé Fr. Joulet (1627), 168.
— de Lemasle des Roches, 289.
— du ministre Hugues de Lionne (1671), 250 et suiv.
— de Saint-Victor (1672), 76.
Bijoux de Mademoiselle de Guise (1688), 191.

Bijoux de Madame de Lionne (1671), 246.
Bois de Sainte-Lucie (1688), 186.
Bon pasteur d'Angers (Filles du) (1694), 63.
Boucherie de Paris (Maîtres de la Grande) (1582), 4, 5.
— de la place Dauphine, 341.
Bureau de l'Hôtel-Dieu; travaux dans la salle où il se réunit (1587), 32.
— des pauvres (Grand) (1649), 219.
Buste du cardinal de Richelieu, 287.

C

Cabinet d'Allemagne (Meuble dit) (1671), 245.
Capettes de Montaigu (1649), 218.
Capucins de Meudon (1677), 148.
— de la rue Saint-Honoré (1676), 151; (1688), 178.

Carmélites du faubourg Saint-Jacques, 326, 327.
Carmes de Loudun (1635), 301.
— de la place Maubert (1582), 2; (1649), 219; (1754), 229.
Carneaulx (Halle des) (1582), 8.

Carrosse de l'Hôtel-Dieu pour aller aux champs (1596), 53.
Catalogue de la bibliothèque Ballesdens (1672), 81.
Cathédrale de Sens; marché pour la couverture des basses voûtes (1655), 111.

TABLE DES MATIÈRES.

Caveau de la chapelle de Richelieu à Notre-Dame-des-Ardilliers, à Saumur, 301.
Chanoines de Paris; deux d'entre eux seront présents à l'examen des comptes de l'Hôtel-Dieu (1586), 28.
—— de la Sainte-Chapelle; ne seront pas tenus à résider dans leurs prébendes hors de Paris, 341.
Chapelle d'or et de diamants du cardinal de Richelieu, 289.
—— de Noailles à Notre-Dame de Paris; travaux de Boffrand, 331.
—— Notre-Dame-de-Recouvrance (1582), 2.
Charente (Rivière), 296.
Charité à Conflans (Sœurs de la), 379.
—— de Paris (Hôpital de la), 99, 106, 151, 175, 219, 347.
—— de Senlis (1668), 101.
Charités de Madame Chevalier pour le soulagement des provinces (1688), 184.
Chartreux de Paris (1625), 158, 168.
—— de Troyes, 175.
Château d'Angers, 363.
—— de Rambouillet (1661), 127.
—— de Richelieu; travaux en 1625 et 1626, 293.
Chemin du Pont de Sèvres (1684), 155.
Chemins peu sûrs; les huissiers et les sergens

ne peuvent plus instrumenter (1589), 39.
Cherté des blés et des vins (1587), 30.
Chirurgie (Instruments de), 346.
Chirurgien en 1668 (Mémoire d'un), 100.
Chirurgiens-élèves; gratifications qui leur sont accordées (1583), 18.
Cholets (Collège des) (1672), 78.
Cimetière des Innocents; délimitation de la partie qui appartient à l'Hôtel-Dieu (1587), 31.
—— Saint-Jean (Vieux) (1582), 7.
Clarisses de Toulouse (1675), 105.
Cloître Saint-Merry (1582), 7.
—— Sainte-Opportune (1582), 8.
Clos aux Bourgeois (1588), 34.
Cluny (Collège de) (1582), 3.
Collège de Beauvais, 329.
—— de Boncourt (1583), 16.
—— de Justice (1582), 3.
—— des Lombards, 265.
—— de Montaigu (1587), 30.
—— de Navarre (1623), 171.
Cœur de vermeil doré pour renfermer le cœur de M. de Lionne, 275.
Commanderie de Troyes; son revenu en 1637, 364.
Compte de l'exécution du testament du cardinal de Noailles, 318.

Compte de l'exécution testamentaire du ministre H. de Lionne (1673), 275.
—— de la succession de Mademoiselle de Guise (1701), 208 et suiv.
—— d'un hôpital militaire établi en Bourgogne pour l'armée du prince de Condé, 345.
Comptes de l'Hôtel-Dieu; ils devront être rendus au Parlement six mois après la clôture de l'exercice (1586), 28.
Conception (Dames de la) (1676), 151, 328.
Conduite des étrangers, affermée 4,000 livres par an (XVIIe siècle), 257.
Conférence (Porte de la), 332.
Confrérie de Saint-Charles (1672), 76.
Conseil souverain d'Alsace, 236.
Contrat de mariage de Madame de Cœuvres, fille du ministre de Lionne (1670), 263, 264.
—— de mariage de la marquise de Lionne, 230, 231, 260.
Convoi de M. de Callières; frais funéraires (1717), 143.
Corne de licorne (1677), 149.
Cul-de-sac de Beaufort, 328.
Curés de Saint-Gervais; ils ont la nomination d'un lit aux Incurables (1648), 378.

D

Dames de Messine (1694), 67.
—— de Milan (Portraits des) (1672), 91.
Demoiselles nobles de Lorraine et de Bar, élevées à l'abbaye de Montmartre (1688), 178.
Dentelles du Havre (1688), 187.
Dévotion du Roi (Louis XIV) (1670), 74.
Difficultés financières de l'Hôtel-Dieu (1585), 24.
Digue de la Rochelle (1628), 296.
Dîner à l'occasion du sacre de l'archevêque d'Aix, frère du cardinal de Richelieu, 299.

Documents relatifs aux affaires du cardinal de Richelieu, conservés dans les papiers de Lemasle des Roches (1635) et années suivantes, 291 et suiv.
—— concernant les Guises (Inventaire de), 191 et 207.
—— relatifs au ministre Hugues de Lionne, 243.
Domaine de l'abbaye de Chaumont-Porcien, 342.
Domaine de l'archevêché de Paris, 319.
Domerie d'Aubrac, 379.

Don de 20,000 livres à M. de Sillery par Marie de Médicis (1612), 352.
Donations importantes par le commandeur de Sillery à saint Vincent-de-Paul et à la Compagnie de Jésus (1638-1640), 353 et suiv.
Dots constituées à des filles pauvres (1681), 152.
Dragonnades; curieuse lettre de Madame de Noailles (1683), 157.
Draperie à l'Hôtel-Dieu (Chambre de la), 290.
Duché de Joyeuse, 185, 194.

E

École de garçons fondée par le curé de Saint-Gervais, 373.
—— de Saint-Gervais; matières qui y étaient enseignées, 373.
—— fondée par l'abbé Arnauld, à Chaumes (1704), 74.
Écoles fondées dans Seine-et-Marne et en Anjou par l'abbé Arnauld (1694), 63.
—— des filles de l'Enfant-Jésus (1701), 209.
—— de Tournan, de Saint-Cloud, de Maisons, dépendant de l'Archevêché de Paris, 334.
—— de Lorraine, donation par la duchesse de Guise (1688), 178.
Écoliers de l'hôtel d'Albiac (1672), 79.

Église Saint-Eustache, 144, 145.
—— Saint-Firmin d'Amiens (1672), 77.
—— Saint-Gervais, 369.
—— Saint-Leu-Saint-Gilles, 329.
—— Saint-Paul (1640), 351.
—— Saint-Sauveur, 327.
—— des Saints-Innocents (1582), 9.
—— de Passy; frais de construction (1657), 155.
Enfant-Jésus (Filles de l') (1701), 209.
Enfants de la Pitié, 218.
Enfants-Rouges (1676), 150.
Enfants-Trouvés (Hôpital des) (1733), 305; —— donation qui leur est faite par M. de Vintimille, archevêque de Paris (1746), 380.

Enfermés (Hôpital des pauvres) (1667), 98.
Entrée de la Reine à la Rochelle (1632), 300.
Épitaphe de M. de Callières à l'église Saint-Eustache (1718), 145.
Espalmage des vaisseaux (1734), 309.
Étang des Souches, 367.
Étangs du Perchoir, 366.
Excès commis par les gens de guerre en Champagne (1627), 221.
Exécution testamentaire de M. de la Marquisière; compte, 284.
Exécution à Troyes (1597), 56.
Exemption de droits d'entrée au profit de l'Hôtel-Dieu (1595), 50.

TABLE DES MATIÈRES. 387

F

Faculté de médecine; donation de Le Masle des Roches, 290.
Famille de Lionne; mémoire historique, 276 et suiv.
Ferme de Compans incendiée; l'Hôtel-Dieu fait condamner à mort les coupables (1594), 48.
—— d'Ivry, 382.
—— des Noues (1588), 34.
—— du Pressoir; les bourgeois de Paris y viennent pressurer leur vin (1583), 17.
Ferme des menues denrées, 364.
Fermes de l'Hôtel-Dieu ruinées (1594), 47.
Fermiers de l'Hôtel-Dieu emprisonnés (1598), 59.

Feuillants du faubourg Saint-Honoré, 175.
Fief de la Grange-Batelière; son revenu, 335.
—— de Saint-Paul, à Passy (1658), 153.
Filles du Calvaire (1672), 76.
—— de la Charité, près des Minimes (1675), 105.
—— de la Croix (1672), 79.
—— pénitentes de la rue Saint-Denis (1675), 105.
Fondation à la cathédrale d'Évreux, 340.
—— religieuse à la Sainte-Chapelle, 338.
—— d'une messe à perpétuité, pour M. de Callières, en l'église Saint-Eustache (1718), 144, 145.
Fonderie de canons à Graville, 298.

For-l'Évêque (Le), 351.
Fort de Cornillon, 277.
Fortifications du Brouage, 296.
—— de France; édit créant des contrôleurs généraux (1635), 225.
—— du Havre, 297.
—— de Metz (1625), 221.
—— de Verdun (1625), 221.
Franchise pour deux bœufs et dix moutons par semaine au profit de l'Hôtel-Dieu (1595), 50.
Franciscains de Paris; leur hospice à Houdan (1666), 113.
Frères de la Charité ou de Saint-Jean-de-Dieu (1636), 347.
Futailles *à gueulle bée* (1584), 20.

G

Gages; augmentation demandée par le receveur de l'Hôtel-Dieu (1588), 35.
Garde-robe du ministre de Lionne (1671), 247.
Gardes du duc de Montausier (1650), 127.
Garnison du Havre, 293.
Gazettes adressées de Hollande au cardinal de Noailles et retenues à la Poste, 333.

Grand bureau des pauvres (Reçu du) (1658), 119.
—— des pauvres, 369.
Grange-Batelière (Fief de la), 383.
Grange Saint-Éloy, 321, 322.
Gratification de 25,000 livres accordée par le Roi à M. de Sillery, 353.
Guerre civile; impôts payés par l'Hôtel-Dieu

pour les grains qu'il fait venir de ses fermes (1593), 46.
Guerre civile; maisons de l'Hôtel-Dieu ruinées (1594), 47.
Guise; documents qui concernent cette famille, 192 à 207.
Guise (Inventaire des titres de la famille de) (1688), 192.

H

Halle aux Fripiers (1582), 10.
—— aux Poirées (1582), 9.
Hémostatique (Jaspe) (1672), 90.
Hérésie; chaire fondée au collège de Navarre pour la combattre (1623), 171.
Hôpital de Cerres, 365.
—— de la Charité (1667), 99.
—— fondé à Chaumes (1719), 72.
—— fondé à Éclaron par la duchesse de Guise (1688), 179.
Hôpital général (1667), 106; (1675), 105; (1676), 151; (1677), 147; (1688), 179, 230; (1701), 282; (1733), 305.
Hôpital de Joinville, 216.
—— de Louvres (1588), 34.
—— des pauvres enfermés de Tours (1667), 98.
—— de la Pitié, 369.

Hôpital du faubourg Saint-Jacques (1597), 55.
—— des Quinze-Vingts (1667), 106.
—— Saint-Anastase, 319.
—— Sainte-Catherine, 327.
—— Saint-Gervais (1582), 6.
—— Saint-Jacques-aux-Pèlerins (1582), 9.
—— de Saint-Pierre-le-Moutier, 345.
—— de Sainte-Reine (1676), 151.
—— militaire en Bourgogne; compte des recettes et dépenses (1636), 345.
Hôpitaux d'Angers (1694), 63.
Horloge façon de Coste, 245.
Hôtel d'Albiac (1672), 79.
—— de Bourgogne (1582), 10.
—— de Clermont (1582), 3.
—— de Ferrare, 201.

Hôtel de Guise, à Paris, 199; — prix d'estimation en 1701, 210; — à Fontainebleau, prix d'estimation (1701), 210.
—— de Lassay (1731), 242.
—— de Laval, 200.
—— de Lionne, estimé 400,000 livres, 256.
—— de Noailles (1733), 305.
—— de Richelieu, à Paris (1635), 292.
—— de Sens (1649), 108.
—— de Serpente, 371.
—— de Soissons, 330, 382.
—— de la Miséricorde ou de Clisson, 200.
—— de la Roche-Guyon, 200.
Hôtel-Dieu de Nogent-le-Rotrou, 282.
—— de Toulouse (1667), 98.
Huguenots; dragonnades (1685), 157.

I

Île Saint-Christophe, 293.
Incurables; compte des sommes reçues pour la fondation de l'hospice, 176; — fondation d'un lit par Ch.-F. Talon, curé de Saint-Gervais (1648), 377.

Incurables de Paris (1649), 219; (1667), 98, 106, 337.
Instruments de chirurgie, 346.
Inventaire après le décès de l'abbé Arnauld (1694), 65.

Inventaire après le décès de Philippe de Berthier, abbé de Saint-Vincent de Senlis (1668), 100.
—— après le décès de M. de Callières (1717), 133.

49.

TABLE DES MATIÈRES.

Inventaire après le décès de Madame Chahu (1683), 152.
— après le décès de Mademoiselle de Chausserais (1733), 305.
— après le décès de Mademoiselle de Guise (1688). 185 et suiv.

Inventaire après le décès du ministre Hugues de Lionne, 244 et suiv.
— après le décès de François Joulet (1627), 166.
— après le décès du prieur Le Masle des Roches, 287, 288.

Inventaire après le décès de Martin de Baugy, 95.
— après le décès de Ch. F. Talon, curé de Saint-Gervais, 371.
— de documents relatifs à la famille de Guise, 192 à 207.

J

Jacobins du faubourg Saint-Honoré (1667), 106; (1676), 150, 151.
Jacobins de la rue Saint-Jacques (1672), 80; (1754), 229, 327, 336.
Jambe de bois (Prix d'une) (1593), 46.
Jaspe à arrêter le sang (1672), 90.

Jésuites de la Nouvelle-France; donation qui leur est faite par M. de Sillery, 355.
— l'archevêque de Sens défend à ses diocésains de se confesser à eux (1650), 110.
— prêtre emprisonné pour en avoir mal parlé (1713), 104.

Jésuites de la rue Saint-Antoine (1688), 184.
Jeu de trou madame (1734), 307.
Justices de l'Archevêché de Paris, 383.
— épiscopales à Paris (Extinctions des), 328.

L

La Merci (Religieux de), 183.
Lettre de cachet, 336.
— de Louis XIII au maréchal de Marillac, 228.
— de Marillac au Roi Louis XIII (1630), 228.
Libraire (Mémoire d'un) (1660), 121.
Licorne (Corne de) (1677), 149.
Lit brodé en perles (1688), 179.

Lit fondé aux Incurables par Ch.-F. Talon (1648), 377.
Litière du cardinal de Richelieu, 302.
Lits fondés à l'hôpital de la Charité de Paris (1668), 101.
— fondés à la Charité de Senlis (1668), 101.
Livres donnés à l'Hôtel-Dieu (1584, 1585, 1587), 20, 23, 30.

Livres hérétiques; condamnation à mort (1586), 26.
Livres composant la bibliothèque de l'abbé Arnauld (1694), 70, 71, 72.
Livres de M. de Callières (Prisée des) (1717), 135 et suiv.
Loire; pêcheries près de Nantes (1677), 148.
Longchamps; son abbesse jugée par le prévôt de Paris (1592), 43.

M

Madeleine (Filles de la) (1694), 62, 70; (1676), 151, 219, 303, 369.
Maison à l'enseigne des deux Anges (1582), 3.
— à l'enseigne de l'Arbalète (1582), 3.
— à l'enseigne de l'Autruche (1582), 6.
— à l'enseigne de la Bannière de France (1582), 6.
— à l'enseigne du Barillet d'argent (1582), 12.
— à l'enseigne du Berceau (1582), 3.
— à l'enseigne des deux Boules (1582), 11.
— à l'enseigne des trois Bourses (1582), 4.
— à l'enseigne du grand Cerf (1582), 3.
— à l'enseigne du petit Cerf (1582), 4.
— à l'enseigne de la Chaise (1582), 6.
— à l'enseigne du gros Chapelet, 329.
— à l'enseigne du Chapeau rouge (1582), 8, 10.
— à l'enseigne du Château-Croissant, 327.
— à l'enseigne du Chef Saint-Denis, 329.
— à l'enseigne du Cheval blanc (1582), 7.
— à l'enseigne de la Cloche noire (1582), 3.
— à l'enseigne de la Cloche perse (1582), 3.
— à l'enseigne de la Cloche (1582), 5.
— à l'enseigne du Coq (1582), 4.
— à l'enseigne du Coq (1582), 6.
— à l'enseigne des trois Corbillons (1582), 11.

Maison à l'enseigne de la Corne de cerf (1582), 2, 5, 11.
— à l'enseigne de la Corne de daim (1582), 8, 12.
— à l'enseigne de la Cornemuse (1582), 9.
— à l'enseigne des Couillons (1582), 5.
— à l'enseigne de la Coupe (1582), 2.
— à l'enseigne du Couperet (1582), 2.
— à l'enseigne de la Croix blanche (1582), 2.
— à l'enseigne de la Crosse (1582), 3.
— à l'enseigne des deux Cygnes (1582), 8.
— à l'enseigne du Dieu d'amour (1582), 8.
— à l'enseigne de l'Écu de Bourbon (1582), 5.
— à l'enseigne de l'Écu de France (1582), 1, 8, 10.
— à l'enseigne de l'Épée (1582), 9.
— à l'enseigne de l'Étoile (1582), 6, 10.
— à l'enseigne de la Faux (1582), 9.
— à l'enseigne du Fer à moulin (1582), 9.
— à l'enseigne de la Fleur de lys (1582), 11.
— à l'enseigne des deux Frères (1582), 8.
— à l'enseigne du Griffon (1582), 6.
— à l'enseigne de la Grimace (1582), 8, 11.
— à l'enseigne de l'Homme sauvage (1582), 2, 9.
— à l'enseigne de la belle Image, 339.

Maison à l'enseigne de l'Image Notre-Dame (1582), 3, 6, 9.
— à l'enseigne de l'Image Sainte-Catherine (1582), 5, 10.
— à l'enseigne de l'Image Saint-Christophe (1582), 8.
— à l'enseigne de l'Image Saint-Eustache (1582), 4.
— à l'enseigne de l'Image Saint-Jacques, (1582), 9, 10.
— à l'enseigne de l'Image Saint-Jean (1582), 2, 9.
— à l'enseigne de l'Image Sainte-Marthe (1597), 55.
— à l'enseigne de l'Image Saint-Martin (1582), 3.
— à l'enseigne de l'Image Saint-Michel (1582), 6, 38.
— à l'enseigne de l'Image Saint-Nicolas (1582), 3, 6.
— à l'enseigne de l'Image Saint-Philippe (1582), 5.
— à l'enseigne Saint-Victor (1582). 1.
— à l'enseigne du Lion (1582), 11.
— à l'enseigne du Lion d'or (1582), 11.
— à l'enseigne des deux Lions (1582), 11.
— à l'enseigne du Mouton blanc (1582), 2, 4, 8.
— à l'enseigne de la Mule (1587), 30.
— à l'enseigne de la Nasse (1582), 4.

TABLE DES MATIÈRES. 389

Maison à l'enseigne de la Nef d'argent (1582), 5.
— à l'enseigne de l'Ours (1582), 3, 6, 11.
— à l'enseigne du Paradis (1582), 2.
— à l'enseigne du Plat d'étain (1582), 9.
— à l'enseigne de la Pomme d'orange (1582), 4.
— à l'enseigne de la Pomme rouge (1582), 4.
— à l'enseigne du Pot d'étain (1582), 4, 5, 11.
— à l'enseigne du Prêcheur (1682), 5.
— à l'enseigne de la Pucelle d'argent (1582), 3.
— à l'enseigne de la Queue de renard (1582), 4.
— à l'enseigne des trois Rois (1582), 4, 8.
— à l'enseigne de la Rose (1582), 2.

Maison à l'enseigne de la Rose blanche (1582), 9.
Maison à l'enseigne de la Rose rouge (1582), 5.
Maladrerie de Fontenay (1583), 18.
Manuscrit légué au cabinet du Roi (1672), 76.
Manuscrits légués à la bibliothèque de Sainte-Geneviève (1672), 76.
Marbre de Laval, 294.
Marché aux pourceaux (1582), 12.
— de la place Dauphine, 341.
— pour la vitrerie de l'église de Passy (1657), 155.
Mémoire historique sur la famille de Lionne, 276 et suiv.
— sur la communauté de biens entre M. et Mme de Lionne, 258, 259.

Métiers à des filles pauvres (Donation pour apprendre des) (1681), 152.
Minimes de Nigeon (1676), 151.
Misère de l'Hôtel-Dieu (1586), 27.
— de l'Hôtel-Dieu; les reliquaires et la vaisselle d'argent sont vendus (1591), 41.
— de l'Hôtel-Dieu; les rentes sur l'hôpital ne sont pas payées (1591), 41.
Mission de Lazaristes à Annecy, 354.
— de Lazaristes au diocèse de Troyes (1638), 359.
— de Lazaristes à Brie-Comte-Robert (1639), 355.
Modes de femme en 1659, 120.
Montmartre (Abbaye de) (1688), 178.
Montre de Blois (1627), 167.
Moulin banal de Saint-Cloud, 325.
— du Tillet, à Saint-Cloud, 328.

N

Navire d'argent voué à Notre-Dame-de-Lorette par la ville de Paris (1596), 52; (1598), 58.
Nomination d'Hugues de Lionne en qualité de conseiller d'État, 5 août 1646; — secrétaire des commandements de la Reine, 13 août 1646; — commandeur de l'ordre du Saint-Esprit, 28 février 1653; — ministre plénipotentiaire auprès du Roi de Suède, 20 mars 1658; — ambassadeur à Rome (1659), etc., 266 et suiv.
Nourrices du Dauphin (1662), 124.

O

Obit fondé à la cathédrale d'Amiens (1672), 76.
— fondé à la cathédrale de Nantes (1672), 76.
— fondé à la cathédrale de Noyon (1672), 76.
Octroi d'un demi-écu sur chaque minot de sel, au profit de l'Hôtel-Dieu (1591), 41.
Octroi d'un demi-écu par muid de vin, au profit de l'Hôtel-Dieu (1592), 43.
— sur le sel accordé à l'Hôtel-Dieu pour réparer les désastres de la guerre civile (1594), 47.

Office de président en la Cour des Monnaies légué à l'Hôtel-Dieu (1675), 47.
Orangerie des archevêques de Paris à Conflans (1729), 316, 334.
Orangers de l'hôtel de Guise (1688), 192.
Oratoire (Pères de l'), 326.
Ordre de Malte, 362.

P

Pardons de l'Hôtel-Dieu; ils ne produisent rien en 1592, 43.
Partage des biens d'Omer Talon père, 374.
Partage, entre l'Hôtel-Dieu et l'Hôpital général, des biens de la succession de la Marquisière (1703), 285.
Pauvres enfermés (1649), 219.
— honteux (Donation aux) (1667), 99;
— legs qui leur est fait (1676), 151.
Peintres italiens chargés de la décoration de l'hôtel de Lyonne, 276.
Pendule à boisseau, 315.
Pendule de Coup (1733), 306.
Pendule de Gaudron (1733), 307.
Pensions dont était chargé l'archevêque de Paris, 381.
Perles léguées à l'Hôtel-Dieu (1585), 22.
Peste au Brouage (1628), 297.
— à l'Hôtel-Dieu (1583), 18.
— à l'Hôtel-Dieu; taxe ordonnée par la Cour (1596), 52.
— à Metz (1633), 220, 221.
Petits-Augustins de Paris (1754), 229.

Petits-Marais (Démolition de la maison des) (1592), 42.
Petites-Maisons-de-Paris (1667), 106.
Pitié (Église Notre-Dame de) (1677), 147.
Place Dauphine, 341.
Places à bâtir dans la nouvelle enceinte de Paris (xviie siècle), 257.
Plomb laminé (Mention d'un mémoire de Boffrand sur le), 332.
Poisson de mer apporté à Paris; droits de l'archevêque, 328.
Police des grains (1591), 41.
Pont-aux-Choux, 329.
Pont de Sèvres (1684), 155.
Porcherons (Château des) (1596), 53.
Porte Saint-Michel (1588), 34.
Portrait de François Ier (1672), 79.
— du duc de Guise, par Mignard, 187.
— de Jeanne d'Albret (1672), 79.
Portraits du cardinal de Richelieu, 291.
Poste; elle retient des gazettes envoyées de Hollande au cardinal de Noailles, 333.
Présent de 15,000 livres fait par l'archiduc

d'Insprük au ministre de Lionne (1661), 271, 272.
Présentation (Religieuses de la), 319.
Pressoir (Ferme du) (1592), 42.
Prêt au cardinal de Noailles par Samuel Bernard, 333.
Prêtres de Saint-François-de-Sales, 319.
Prieuré de Beaulieu, 340.
— de Beussent, 174.
— de Tournan, 325.
— de Saint-Éloi, 329.
— de Saint-Jean-de-l'Ermitage, 328.
— de Saint-Léger, près de Saint-Germain, 321.
Prison Saint-Magloire, 328.
Prisons de Saint-Éloy, 322.
Privilège du Roi pour l'impression d'un ouvrage de M. de Callières (1715), 145.
Prix d'un lit fondé aux Incurables en 1648, 377.
Procès curieux du marquis et de la marquise de Lionne, 235 et suiv.
Puits de la montagne Sainte-Geneviève (1582), 3.

Q

Quai Malaquais (1658), 153.
—— des Orfèvres, 339.

Quête extraordinaire pour l'Hôtel-Dieu dans les paroisses de Paris (1589), 38.

Quinze-Vingts (Hôpital des) (1667), 106.

R

Ravitaillement de l'Hôtel-Dieu (1591), 41, 42.
Rédemption (Pères de la) (1666), 114.
Régiment d'Aunis (1704), 274.
—— de Beaujeu, 222.
—— de Grandpré, 222.
—— de Serignan (1637), 296.
Règlement des dettes de la maison de Lionne, 259 et suiv.
Religieuses de l'Ave-Maria (1677), 148.
Religieuse de l'Hôtel-Dieu assassinée par une Fille blanche (1585), 24.
Religieux du Mont-Valérien (1720), 311.
Reliure en écaille de tortue (1648), 108.
Revenu de l'Archevêché de Paris en 1715, 324.
—— de l'abbaye de Saint-Vincent de Senlis (1668), 102 et 103.
—— de la seigneurie de Sancey, 364.
Roi Louis XIII; son entrée au Brouage, 297.
Rosbecque (Bataille de), 276.
Rue des Anglais (1582), 3.
—— d'Argenteuil, 326, 327.
—— Barbette, 200.
—— des Barres (1582), 6.
—— Beaubourg (1582), 11.
—— Beaurepaire, 327.
—— de Beauvais (1582), 11.
—— de Bourbon, 324.
—— Bourg-l'Abbé, 321.
—— du Bout-du-Monde, 324.
—— de Braque, 331.
—— de la Bûcherie, 1.
—— de la Calandre, 324.
—— de Charonne, 329.
—— de la Charronnerie (1582), 8.
—— du Chaume, 200.
—— Cloche perse, 290.
—— de la Confrérie-Champrosay (1582), 1.
—— de la Cordonnerie (1582), 8.
—— de la Cossonnerie (1582), 10.
—— du Croissant (1582), 12.
—— des Déchargeurs (1582), 8.
—— devant Saint-Denis-de-la Châtre (1582), 2.
—— de l'Écorcherie (1582), 4.
—— d'Espagne (1582), 6.

Rue de la Ferronnerie (1582), 9.
—— au Feurre (1582), 9.
—— de Frepault (1582), 12.
—— Frogier-l'Asnier (1582), 5.
—— Gaillon (XVIIe siècle), 256.
—— Galande (1582), 3.
—— de Grenelle (1582), 11.
—— Grenéta (1582), 10.
—— Grenier-sur-l'Eau (1582), 6.
—— de la Harpe (1582), 3.
—— de la Haute-Vannerie, 324.
—— du Hazard, 382.
—— de la Heaumerie (1582), 8.
—— de l'Hôtel-de-Bourgogne (1582), 10.
—— de la Huchette (1582), 4.
—— de Jouy (1582), 5.
—— des Juifs (1582), 7.
—— de la Jussienne, 327.
—— des Lavandières (1582), 2.
—— Louis-le-Grand, 324.
—— de Lourcine, 329.
—— du Marché-Palu (1582), 2.
—— des Marmousets (1582), 2.
—— Mauconseil (1582), 10.
—— des Ménétriers (1582), 11.
—— Michel-Doret (1582), 6.
—— Michel-le-Comte (1582), 11.
—— Montmartre (1582), 9, 11, 328.
—— de la Mortellerie (1582), 5.
—— Neuve-Notre-Dame (1582), 1, 290.
—— Neuve-des-Petits-Champs (XVIIe siècle), 256, 324.
—— Notre-Dame-des-Victoires, 324.
—— des Noyers (1582), 2.
—— d'Orléans, 321.
—— aux Ours, 327.
—— de Paradis (1582), 12.
—— de la Parcheminerie (1582), 3.
—— du Petit-Image-Sainte-Catherine (1582), 2.
—— du Petit-Musc, 350.
—— de la Petite-Saunerie (1582), 4.
—— de la Petite-Truanderie (1582), 10.
—— du Pied-de-Bœuf (1582), 4.
—— Pierre-au-Lait (1582), 8.
—— de la Place-Maubert (1582), 2.
—— Platrière (1582), 11, 327.

Rue de Poitou, 298.
—— de la Porte-au-Coquillard (1582), 9.
—— des Deux-Portes, 327.
—— des Poulies (1582), 12.
—— des Prouvaires (1582), 9.
—— de Richelieu (1717), 133.
—— du Roi-de-Sicile, 326.
—— Saint-André-des Arts (1582), 4.
—— Saint-Antoine (1582), 6, 12, 324.
—— Neuve-Saint-Augustin (XVIIe siècle), 256.
—— Saint-Bon (1582), 8.
—— Saint-Denis (1582), 8.
—— de Grenelle-Saint-Eustache, 324.
—— Neuve-Saint-Eustache, 324.
—— Saint-Germain-l'Auxerrois (1582), 4, 324.
—— Saint-Hilaire (1582), 2.
—— Saint-Honoré (1582), 9, 12, 324.
—— Saint-Jacques (1582), 3, 8.
—— Saint-Jean-de-Latran (1582), 4.
—— Saint-Landry (1582), 2.
—— Neuve-Saint-Magloire, 337.
—— Saint-Martin (1582), 7.
—— Saint-Paul (1582), 6, 321.
—— Neuve-Saint-Paul (1582), 6.
—— Neuve-Saint-Roch, 324.
—— Neuve-Saint-Sauveur, 327.
—— Saint-Séverin (1582), 3.
—— Saint-Thomas-du-Louvre (1675), 129.
—— Salle-au-Comte, 327.
—— de la Tabletterie (1582), 8, 327.
—— de la Tannerie (1582), 5.
—— Taranne, 340.
—— du Temple (1582), 7.
—— Thibaut-aux-Dés (1582), 4.
—— Tirechape (1582), 9.
—— de la Tixéranderie, 321.
—— de la Tonnellerie (1582), 9.
—— Troussevache (1582), 11.
—— de Venise, 325.
—— de la Verrerie (1582), 7.
—— du Vertbois (1582), 10.
—— de la Vieille-Tannerie (1582), 5.
—— de la Vieille-Tixéranderie (1582), 6.
—— Zacharie (1582), 4.

S

Saint-Barthélemy, 328.
Saint-Christophe (Île), 293.

Saint-Esprit-en-Grève (1676), 150.
Saint-Étienne-des-Grés (1672), 79.

Saint-Étienne-du-Mont (1672), 79, 219.
Saint-Germain-l'Auxerrois; donation faite à la

TABLE DES MATIÈRES.   391

paroisse par Madame de Lionne (1754), 229.
Saint-Jacques-la-Boucherie, 260; (1672), 76.
Saint-Jacques-du-Haut-Pas (1701), 282.
Saint-Jean-en-Grève (1582), 7; (1688), 179.
Saint-Jean-le-Rond (1584), 19.

Saint-Joseph (Dames de), 229.
Saint-Magloire (Dames de), 229.
Saint-Martin-des-Champs (1657), 289.
Saint-Germain-des-Prés, 265.
Saint-Merry, 328.
Saint-Nicolas-du-Chardonnet, 328.
Saint-Pierre-aux-Bœufs (1597), 54.

Saint-Sulpice (1667), 99; (1677), 147.
Sainte-Agnès (Communauté de), 327.
Sainte-Chapelle du Palais (1589), 38, 341.
Sainte-Marie (Filles de), 351.
Sainte-Reine (Hôpital de) (1676), 151.

T

Table du cardinal de Richelieu (Dépenses de la) (1626), 292.
Tableaux de M. de Callières (Prisée des) (1717), 137.
—— de l'hôtel de Lionne (1671), 248 à 250.
—— prisés par Mignard (1673), 275.
Tapisserie des âges (Legs de Guise) (1688), 179.
—— d'Auvergne (1679), 149.
—— de l'hôtel de Guise (1688), 187 et suiv.
—— représentant la ville de Paris (1688), 188.
—— d'Oudenarde (1671), 245.
—— de la Vierge, donnée à N.-D. de Paris (1657), 289.
Testament de l'abbé Arnauld de Pomponne (1599), 62.

Testament de Jean Ballesdens (1672), 75.
—— d'Exupère Blanconne (1675), 105.
—— de Martin de Baugy (1653), 93.
—— de Nicolas Boivin (1667), 106.
—— de Madame de Bort (1666), 113.
—— de M. de Callières (1716), 131.
—— d'Henri Chabu (1677), 147.
—— de Madame Chabu (1676), 150.
—— de Mademoiselle de Chausserais, 302.
—— de l'abbé Joulet (1625), 158.
—— de F. Joulet (Exécution du), 174.
—— de Pierre Lavisey, écuyer (1649), 218.
—— du marquis de Lionne (1731), 242.
—— de la marquise de Lionne (1754), 229.
—— de Henri de Lorraine, duc de Joyeuse, 194.
—— de René, duc de Lorraine, 194.
—— de M. de la Marquisière, 281.

Testament du cardinal de Noailles (1720), 310.
—— d'Eustache Picot, 336.
—— de M. de Sillery (1640), 350.
—— de M. Talon, curé de Saint-Gervais (1651), 368.
—— de M. de Vintimille (1746), 379.
Théâtre de l'hôtel de Richelieu (1635), 292.
Titres de la famille de Guise (Inventaire des), 192.
Tombe du cardinal de Noailles à Notre-Dame de Paris (1729), 317.
Tombeau du maréchal de Noailles à Notre-Dame, 331.
Transaction entre Madame H. de Lionne et ses enfants (1673), 261 et 262.
—— entre l'Hôtel-Dieu et le duc de Montausier, au sujet de la succession de Bort (1676), 130.
Trinité (Hospice de la) (1676), 150.

U

Urne renfermant le cœur du cardinal de Noailles (1729), 317.

Ursulines d'Argenteuil, 336.
—— du faubourg Saint-Jacques, 175.

Ursulines de Nogent-le-Rotrou (1701), 285.

V

Vaisselle d'argent de l'Hôtel-Dieu vendue (1591), 41.
Vente après décès du cardinal de Noailles, 314.
Viande de boucherie; il n'en est pas consommé à l'Hôtel-Dieu en 1592, 42.
Vierge de Mignard (1694), 64.

Vierge des Augustins d'Amiens (1672), 76.
—— léguée à la cathédrale de Noyon (1672), 76.
Vignoble de Passy (1682), 156.
Vin d'Allemagne, 276.
—— de Pouilly, 339.
—— de Sancerre, 339.

Vins à Passy en 1682 (Récolte des) (1682), 156.
Visitation du faubourg Saint-Jacques (Religieuses de la), 260.
—— de Troyes (Filles de la), 362.
Vol au préjudice de l'archevêque de Sens L.-H. de Gondrin, vers 1650, 110.

TABLE DES NOMS DE PERSONNES.

A

Abely, quartenier de la ville de Paris (1596), 52.
Acéré (Marc-Antoine) ou Asséré, xviie siècle, 257, 261.
Adanson, écuyer de l'archevêque de Paris (1746), 380.
Adhémar (Antoine), notaire à Montréal (1716), 143.
Adyne, 366.
Agil (Chevalier d') (1717), 136.
Agoult (D') ou Dagoult, 380.
Agous (Olivier d'), conseiller à la Chambre des comptes (1596), 51.
Aignan (1694), 70.
Aiguillon (Duchesse d'), 286, 300.
Albret (Jeanne d') (1672), 79.
Aldera Megen, mesureur de grains (1591), 40.
Aleaume (Claude), notaire, 382.
Aleaume (Jean), bailli de Provins (1582), 2.
Alençon (Françoise d'), 202.
Alençon (Marie d'), 202.
Alexandre VII, 280.
Aligre, trésorier des Menus, 338.
Alimeras (René), lazariste (1639), 353.
Alix (Simon), 362.
Alizeau (Maître François) (1582), 4.
Alizeau (Jean) (1582), 4.
Allegrain (Damoiselle Françoise) (1582), 12.
Alleman (Jean), 277.
Alleman (Jeanne), 277.
Allibert (D'), 261.
Andigué (L'abbé) (1733), 304, 305.
Andrerse (André), armurier allemand, 296.
Anduze (Bernard d'), 203.
Ange (Frère) (1648), 108.
Angennes (Julie d') (1650), 117.
Anges (Michel des), ermite de Saint-Paul, 349.
Anglart (Philippe), 372.
Angoulême (Duchesse d') (1672), 77.
Angouliant (Jean) (1582), 11.

Anjou (Charles, duc d'), 202, 203.
Anjou (Louis, duc d'), 202.
Anjou (Nicolas d'), 203.
Anjou (Renée d'), 203.
Anne de Bavière, princesse palatine (1688), 185.
Antheaulme (Nicolas), aide-chirurgien (1636), 346.
Antin (Duc d'), 332.
Apello (Maître Guy), conseiller au Châtelet (1582), 4.
Arces (Guigues d'), 277
Archambault (Jean), bourgeois de Paris (1658), 153.
Aremberg (Famille d'), 206.
Argenton (D'), 174.
Argouges (Florent d'), 352.
Ariste (Jean) (1585), 23.
Armagnac (D') (1670), 74.
Armagnac (D'), grand écuyer de France (1688), 180.
Armagnac (Madame d') (1720), 312.
Armantier (Étienne), épicier, bourgeois de Paris, 295.
Arnauld d'Andilly (1694), 69.
Arnauld (Henri), abbé de Saint-Nicolas-lès-Angers, plus tard évêque d'Angers (1694), 70.
Arnauld de Pompone (L'abbé Antoine) (1599), 62.
Arnauld de Pompone (Le marquis Simon) (1694), 65.
Arnoul (Madame) (1587), 30.
Arragon (Jeanne d'), 278.
Arras (Maître Jean d'), avocat au Parlement (1582), 4.
Arrault (Charles), administrateur de l'Hôpital général, 306.
Arrouet, notaire, 241.
Artaud, chanoine de l'église de Paris, 380.
Arthuse (Gratien), supérieur des capucins de Wissembourg, 233.

Asnel (Simon), marchand à Anvers (1583), 16.
Assolent, secrétaire du cardinal de Noailles (1720), 311.
Attichy (D'), 352.
Auberon (Henri), marchand, bourgeois de Paris (1582), 10.
Aubert, abbé de Saint-Remy de Sens (1651), 109.
Aubert (César), aide-chirurgien, 347.
Aubert (L'abbé), 380.
Aubert (Nicolas), commissaire au Châtelet (1583), 16.
Aubery (Philippe), seigneur de Montbar (1679), 149.
Aubeterre (Marquis d') (1649), 108.
Aubigné (Comtesse d'), 335.
Aubouin (Dame), 316.
Aubouyn, libraire à Paris (1672), 89.
Aubry (Claude), notaire (1582), 13; (1587), 29, 30.
Auby, 103.
Audrand (Alexandre), 376.
Audry (Adam) (1582), 7.
Audry (Jean) (1582), 2.
Audry (Nicolas) (1582), 2.
Augeard (François), prêtre (1667), 107.
Auger (Louis) (1582), 8.
Augirrard, notaire, 200.
Augoin (Claude), marchand pelletier (1582), 8.
Augouin (Robert) (1582), 8, 9.
Augrand, notaire, 288.
Aumale (Madame d') (1672), 77.
Auroux (Gilles), avocat au Parlement (1598), 58.
Auroux (Jean), conseiller au Parlement (1598), 58.
Autry (Mademoiselle d') (1597), 54.
Auvergne (Princesse d') (1733), 304.
Auvray, notaire à Paris (1694), 70, 260.
Avril, 363.

B

Babou (Philibert), 199.
Bachelier (Eustache), avocat au Parlement (1582), 9.
Bachellier (Jean), écuyer (1627), 300.
Badelou (L'abbé), 316.
Baillet (Anne) (1582), 13.

Baillet (Claude de), 195.
Baillet (René), président en la cour de Parlement (1582), 7.
Baillon (Simon de) (1582), 15.
Baillot (Charles), 176.
Bailly (Diane), 279.

Bailly (Jean), prêtre (1701), 209.
Bailly (Jehan), examinateur au Châtelet (1582), 4.
Ballard (Robert), bourgeois de Paris, receveur général du grand bureau des pauvres, 107.

TABLE DES NOMS DE PERSONNES.

Ballesdens (Étienne) (1672), 79.
Ballesdens (Jean), de l'Académie française (1672), 75.
Ballesdens (Robert), chanoine d'Amiens (1672), 77.
Ballot, notaire, 317.
Barbarin, huissier-priseur (1717), 144.
Barbedor (Guillaume) (1582), 4.
Barbelotte (Pierre) (1588), 33.
Barbette (Pierre) (1582), 6.
Barbier (Marie) (1582), 4.
Barbot (Jacques), prisonnier à la Conciergerie (1599), 60.
Bardin (Nicolas), maître maçon (1582), 5.
Bardou (Henri), pelletier (1582), 3.
Barjot (Marguerite) (1582), 8.
Baron (Frères), 325.
Barrault (Barreau) d'Angers (1586), 26.
Barsollart (1663), 126.
Basin (Jean), 342.
Bassompierre (Louis de) (1675), 129.
Basternay (Anne de), 202.
Basternay (Jeanne de), 202.
Basternay (René de), 202.
Bastide (J.-Charles), 381.
Bastonneau (Madeleine) (1582), 2.
Basville (Lamoignon de), conseiller au Parlement (1670), 75, 198.
Bataille (Catherine), 319.
Bataille (Marguerite) (1599), 60.
Baudesson (Jean), procureur au Châtelet (1582), 4.
Baudichon (Ambroise) (1584), 20.
Baudin (Étienne), 335.
Baudouin (Christophe) (1582), 5.
Baudouin, notaire, 199.
Baudouin (René), 488.
Baudry (De), maître des requêtes de l'Hôtel (1718), 232.
Baudry (De), 323.
Baudry, notaire (1715), 306, 370, 376, 378.
Baugy (Gaspard de) (1653), 94.
Baugy (Jérôme de) (1653), 94.
Baugy (Martin de) (1653), 93.
Bauloue (Louise de) (1594), 47.
Baussan (Louis), président en l'élection de Paris (1679), 149.
Baussy (De) (1679), 150.
Baux (Pierre), huissier-priseur, 339.
Bavière (Anne, princesse palatine de) (1701), 209.
Bavière (Bénédicte de), 185, 209.
Bazin (Simon), échevin de Paris (1717), 144.
Beaufort (Jacques de), 194.
Beaufort (Jean, comte de), 202.
Beaufort (Olivier de), avocat au Parlement (1582), 3.
Beaufort (De), notaire (1658), 154.
Beaulieu (Jacques de) (1582), 14.
Beaulieu (Pierre de) (1582), 14.
Beaumanoir (Madame de) (1720), 312.

Beaumarchais (De), trésorier de l'Épargne (1623), 364.
Beausault (Jean), maître maçon (1582), 7.
Beautru (De), 293.
Beauvais (Messire Jean de) (1585), 23.
Beauvais (Maître Robert), contrôleur de la ville de Paris (1582), 7.
Béchameil (Louis de), 276.
Bechet (Denis), notaire à Paris (1683), 152.
Begoin (Jacques), précepteur au collège de Navarre (1589), 38.
Beguin (Antoine), bourgeois de Paris, 323.
Belcau (Jacques) (1583), 16.
Belestre, médecin (1717), 144.
Belet (Jacques) (1694), 70.
Belin (Pascal), notaire à Nogent-le-Rotrou (1702), 283.
Bellabe (Pierre) (1497), 277.
Bellanger, avocat général de la Cour des aides (1733), 305.
Bellanger, marchand, bourgeois de Paris (1594), 47.
Bellanger (Toussaint), notaire (1689), 208; (1698), 213.
Bellangreville (De), aumônier de la Reine (1585), 23.
Bellechasse, notaire, 200.
Belle-Hache (Jean), notaire (1641), 192.
Bellemare (Noël) (1582), 3.
Belleville (Desguez, sieur de) (1586), 26.
Bellièvre (Pomponne de) (1658), 265.
Belon (1717), 139.
Benard (Antoine) (1583), 16.
Benard (Jean), prêtre de Saint-Gervais, 373.
Benard (Jean) (1583), 16.
Benault (Eustache), maître de musique de la Sainte-Chapelle, 326, 338.
Bénédicte de Bavière (1688), 185.
Benjamin (De), 294.
Benserade (1672), 79.
Bentivoglio (Cardinal) (1622), 363.
Beranger, notaire à Évreux, 340.
Berge (Dame Honorée de), 206.
Berge (Philippe-François, prince de), 207.
Bergeon, notaire (1655), 192, 199, 376.
Bergeron (Marie) (1582), 7.
Beringhen (Madame de), 312.
Bernache (1720), 311.
Bernache (Jacques), 320.
Bernard (Nicolas), sieur de Montdebize (1594), 47.
Bernard (Samuel), 316, 324, 333.
Bernier (Cl.-Louis), receveur de la seigneurie de May-en-Mulcien, 325.
Berny (Marquis de) (1667), 273.
Bertault, aumônier du cardinal de Noailles (1720), 311.
Bertault (Pierre) (1582), 4.
Berthélemy (Denis) (1582), 9.
Bertheiot, sculpteur, 294.
Berthier (Philippe de), abbé de Saint-Vincent de Senlis (1667), 97.
Bertrand (Maître), maître maçon de Catherine de Médicis (1593), 45.

Bertrand (Catherine), 260.
Bethisy (Guillaume) (1591), 40.
Betting (Maria-Barbe), 231.
Bèze (Jacques de), receveur de l'Hôtel-Dieu (1582), 1.
Bèze (Pierre de) (1589), 36.
Bezons (De), 257; 260, 370.
Bidault (François), huissier au Châtelet (1667), 106.
Bidault (Michel) (1582), 11.
Bigaut (Jean), 376.
Bignon, conseiller d'État (1719), 240.
Billot (Nicolas) (1597), 54.
Bing (J.-Christophe), 231.
Birague (Cardinal de), chancelier de France (1584), 20.
Birague (Françoise de) (1584), 20.
Birague (Commandeur de) (1584), 20.
Biron (Maréchal de) (1585), 23, 304.
Biterne (Médard), procureur au Châtelet (1625), 158, 159.
Bizet (Denis), 335.
Blache (L'abbé) (1714), 104.
Blanchart (François), abbé de Sainte-Geneviève-au-Mont, 343.
Blanchart (François), juré de foin (1582), 7.
Blanchon (Jean) (1582), 4.
Blanconne (Anne) (1675), 105.
Blanconne (Exupère), secrétaire de la Chambre du Roi (1675), 105.
Blandot (Dame Élisabeth), 324.
Blanquet, secrétaire du Roi (1584), 20.
Blanzy (De), conseiller d'État, 240.
Blaru (De), administrateur de l'Hôpital général (1734), 307.
Blaseul (Jacqueline de) (1577), 169.
Blaseul (Jean de), écuyer (1577), 169.
Blasseau, notaire à Fontainebleau, 204.
Blatiron (Étienne) (1639), 358.
Blavet, 262, 275.
Blesse, notaire, 197.
Blin, notaire, 372.
Blouin (René-Michel), ancien échevin de Paris (1717), 144.
Bochu (Toussaint), 335.
Bocquet (Guillaume), marchand drapier (1582), 9.
Bocquet (Pierre), marchand drapier (1582), 9.
Bocquet (Simon), bourgeois de Paris (1597), 54.
Bodin (Nicolas), bourgeois de Paris (1582), 9.
Boffrand (Germain), architecte, 323, 330.
Boin (Le chevalier) (1717), 138.
Bois de la Roche (Comtesse du) (1733), 304.
Boisfranc (De), 257.
Boisourdy (Pierre), bourgeois de Paris, fermier du revenu temporel de l'Archevêché de Paris, 382.
Boisseau (Claude), bonnetier (1582), 9.
Boisseau (Madeleine) (1702), 283.

TABLE DES NOMS DE PERSONNES.

Boissellet (Guillaume), notaire au Châtelet (1582), 9.
Boissy (Claude) (1597), 55.
Boisvert (Henri), 347.
Boivin (Nicolas), secrétaire de la Chambre du Roi (1667), 106.
Bollin (Nicolas), maître cordonnier (1582), 6.
Bonacoursi (Antoine de) (1588), 33.
Bona-Gratia (Père), supérieur des Capucins de Wissembourg, 234.
Bonard (François), vendeur de marée (1585), 24.
Bonne (François de), seigneur de Lesdiguières, 278.
Bonnefons (Charles), maître d'hôtel de la ville de Paris (1593), 45.
Bonneuil (De), 257.
Bonney (Marie) (1666), 113.
Bonnier (Gilles), maître apothicaire (1582), 5.
Bonnodière (Demoiselle de la), 181.
Bonnouvrier (Capitaine) (1588), 33.
Bonot (Jean), notaire (1588), 180, 243.
Bontemps (Raoul) (1582), 3.
Bontemps, notaire, 206.
Bordel de la Marquisière (Jean), 281.
Bordel, chanoine de Nogent-le-Rotrou, 282.
Bordel (François), brigadier des armées du Roi (1702), 282.
Bordel (Jacques), écuyer (1702), 282.
Bordel (Damoiselle Marguerite), 283.
Borins ou Borius, médecin de l'Hôtel-Dieu (1597), 56.
Bornet (Jean), docteur en médecine, 328.
Borreau, notaire, 201, 283.
Bort (De) (1666), 113, 114.
Bosery, architecte, 321.
Bosserel (Jean), 342.
Bossu (Claude de), chevalier, 196.
Bossu (Pierre), maître fripier (1582), 10.
Bouchard (Demoiselle), maîtresse d'école à Maisons, 334.
Boucher, payeur des rentes de l'Hôtel de Ville de Paris, 328.
Boucher (Le), notaire, 376.
Boucher, trésorier de France (1717), 139.
Boucher (Germain) (1589), 36.
Boucher (Marie) (1598), 57.
Boucherat (Louis), 296.
Bouchereau (Marie) (1595), 50.
Bouchicault (Gilbert) (1584), 21.
Bouchier (Vincent), trésorier de l'Épargne (1603), 171.
Boudet (Louise) (1594), 47.
Boudain (Toussaint) (1582), 3.
Bougarel, procureur au Parlement, 324.
Bouhier (Lucrèce), 375.
Bouhier (Marie), 375.
Bouhier (Pierre), banquier, 296.
Bouhier (Vincent), seigneur de Beaumarchais (1643), 375.
Bouhier (Vincent), trésorier de l'Épargne (1599), 60.

Bouillon (Duc de), 198.
Boujou (Étienne) (1582), 10.
Boulanger, avocat (1716), 239.
Boullanger (Jean), marchand de drap de soie (1582), 9.
Boullencourt (Demoiselle de) (1582), 13.
Boullencourt (Présidente de) (1584), 20.
Boullenger (Étienne), contrôleur général des fortifications (1585), 23.
Boulnoys (Martin), vicaire de Saint-Jacques-la-Boucherie (1583), 16.
Bouloche (Marie) (1653), 94.
Bouquetet (Jacques de), écuyer (1597), 54.
Bourbon (Anne de), 201.
Bourbon (Antoinette de), 203, 206.
Bourbon (Catherine de), 206.
Bourbon (Charles de), comte de Soissons (1611), 171.
Bourbon (François de), prince de Conti, 197, 201, 203.
Bourbon (Henri-Jules de), prince de Condé (1701), 208.
Bourbon (Marguerite de), 203, 206.
Bourbon (Marie de), 204.
Bourbon (Renée de), abbesse de Chelles (1583), 16.
Bourcier (Antoine) (1582), 3.
Bourcier (Jacques) (1582), 8.
Bourcier (Marie) (1582), 3.
Bourcier (Pierre) (1582), 8.
Bourdeilles (Claude de), chevalier, 193, 198, 201, 205.
Bourdeilles (François de), 196.
Bourdel (Guillaume), procureur au Châtelet (1582), 4.
Bourderel (Jean) (1588), 35.
Bourdin (1717), 141.
Bourdon, commissaire au Châtelet, 285.
Bouret, notaire (1664), 193, 196, 205, 206.
Bourg (Pierre), 335.
Bourgeois (Mathieu), 367.
Bourgeois (Nicolas), marchand pelletier (1582), 8.
Bourgeois, notaire, 265.
Bourgeois, peintre, 294.
Bourges (Jacques de) (1584), 20.
Bourget (Jean), orfèvre (1582), 6.
Bourgoin, seigneur du fief de la Grange-Batelière, 329.
Bourgoing (Marie) (1667), 107.
Bourgoudis (Pierre) (1582), 5.
Bourguimont (De) (1583), 16.
Bourion (Maître), quartenier de Paris (1589), 38.
Bournonville (Duc de) (1683), 156.
Bourot (Thomas), 277.
Bourouat, notaire à Reims, 196.
Bourrelier (Étienne), boucher à Troyes, 364.
Boursault (Jacques), boulanger (1582), 9.
Bourse (Antoine), receveur des Incurables (1648), 378.
Boursier (Pierre), administrateur de l'Hôtel-Dieu (1589), 36.

Bouslay, chanoine de Saint-Étienne de Toulouse (1667), 98.
Bousseau (Jacques), sculpteur, 329.
Boutet (Jacqueline), 200.
Bouteville (Louis de Montmorency-) (1596), 52.
Boutillier (1649), 115.
Boutillier (Jacques), inspecteur général des gabelles (1734), 309.
Boutillier (Marin) (187), 31.
Bouvard, 368.
Bouvier (Pierre), seigneur de Mainville (1582), 2.
Bove (Guillaume), bourgeois de Paris (1582), 7.
Bovilear (Madeleine-Nicole), 319.
Boyadan (Thomas), sergent à verge (1582), 11.
Boyer (Jacques), valet de chambre du Roi (1587), 30.
Boyer (Marie-Antoinette), 319.
Brac (Jean du) (1582), 13.
Bragelonne (Barbe de) (1655), 96.
Bragelonne (Thomas de), lieutenant criminel au Châtelet (1582), 1.
Braille (Louis), maître chaudronnier, 346.
Brancas de Brezons (Dame Françoise de), 207.
Brancas (Madame de) (1746), 381.
Braquet (Étienne), 283.
Brassac (De) (1658), 118; (1676), 129.
Brassac (Madame de) (1648), 128.
Brassant (Madame de) (1663), 126.
Bray (Étienne de), sieur de Plaisance (1593), 45.
Breda (De), 174, 175.
Brendlé (Josse), lieutenant général des armées, 324.
Breslé (René de), évêque de Troyes, 359.
Bresme (Jeanne de) (1591), 40.
Bresse (Jean de), dépensier de l'Hôtel-Dieu (1594), 48.
Bresson (Nicolas), 381.
Bretagne (Jeanne de), dame de Lonzac (1584), 20.
Bretagne (Marie de), 202.
Bretagne (Maurice de), homme d'armes du prince de Condé (1597), 55.
Breton (Gilles), apothicaire (1582), 4.
Bretot (Antoine), capitaine du charroi de l'artillerie du Roi (1597), 55.
Brézé (Maréchale de), 300.
Brezé (Marquis de), 297.
Brice (Marthe) (1587), 30.
Briçonnet (Guillaume), chevalier, 198.
Brienne (De), avocat en Parlement (1597), 55.
Brillet (Jean), capitaine des charrois de la reine-mère (1626), 300.
Brillon (pour Brilloy), 195.
Brinon (Jean), 200.
Briroy (Nicolas de), évêque de Coutances (1603), 171.
Brisart (Jacques) (1586), 28.
Briseau (1720), 311.

50.

Brisonnet (ou Briçonnet), conseiller au Parlement (1591), 40.
Brissac (Madame de) (1670), 74.
Brissart (Maître Guillaume) (1582), 7.
Brocart (Nicolas) (1585), 22.
Broesard (1717), 137.
Brouin, notaire à Angers (1694), 69.
Broutesaulge (1582), 7.
Brumadie (Jérôme), marchand tapissier (1668), 100.
Brun (Catherine), 277.
Bruneau (René), greffier de la prévôté de l'hôtel (1583), 16.
Brunel (Maître Philippe) (1582), 6.
Brunet (Michel), libraire à Paris (1715), 146.
Brunival (Toussaint) (1582), 3.
Brunswic (Jean-Frédéric, duc de) (1688), 185, 209.
Bruslart, secrétaire du Roi (1587), 30.
Brut, notaire, 241.
Bruyère (Jean de la), bourgeois de Paris (1599), 60.
Brye (Pierre de), clerc d'office de la maison du Roi (1596), 51.
Budé (Maître Dreux), conseiller au Parlement (1582), 6.
Buffequin, 292.
Bugeault (Jean), marchand à Saint-Jean-d'Angely (1585), 23.
Buhot (Pierre) (1583), 16.
Buhot (Robert) (1583), 16.
Buisson (frère Benoît du) (1586), 27.
Bullion (Madame de), 176.
Buon, notaire à Paris (1694), 69.
Bureau (Antoine), seigneur de la Houssaye (1582), 11.
Bureau (Jérôme) (1582), 11.
Bureau (Messire Pierre), chevalier, trésorier de France (1582), 6.
Burelle (De la) (1717), 138, 139.
Busca (Mademoiselle), 303.
Buscalle (Jacques) (1588), 33.
Bussy (Benoît de) (1733), 306.
Buvault (Alexandre), marchand mercier (1582), 8.

C

Cabot (Jean) (1585), 23.
Cadet (Marie-Charlotte), 319.
Cadier (Guillaume), notaire au Châtelet (1582), 4.
Cagny (De), 176.
Cajard, notaire, 203.
Callières (Anne de) (1716), 131.
Callières (Charlotte de) (1716), 131.
Callières (François de) (1716), 131.
Callières (Hector de) (1716), 143.
Calligault (Maître Charles) (1582), 9.
Calmet (Jean), procureur au Conseil souverain d'Alsace (1719), 240, 241.
Camboust (Pierre de) (1657), 289.
Cambray (Anne-Marguerite de), 285.
Camus (Jacques), banquier, 296.
Camus, capitaine du navire Le Brouage (1628), 296.
Camuseau (Nicolas), 342.
Canclet, 293.
Cappel (Lisnart), entremetteur des affaires du roi d'Espagne (1591), 41.
Capperon (Maître René) (1582), 3.
Carnanville (Madame de) (1716), 131.
Carral (Guillaume), procureur au Châtelet (1582), 7.
Carré (Jeanne), religieuse de l'Hôtel-Dieu (1584), 19.
Cartier, notaire, 372.
Carvoisin (De), 174.
Casse (Louis du), prêtre, 381.
Cassin (Claude), chanoine de Sens (1648), 111.
Castille (De), receveur général du clergé (1598), 58.
Castres (Marquis de) (1683), 157.
Gauchois (Daniel), sergent à cheval (1592), 44, 55.
Caumartin (De), 240.
Caumartin (Lefebvre de), 259.
Caus (Salomon de) (1626), 298.
Causse (Antoine), apothicaire, 347.
Cavage (Jacques), avocat au Parlement (1582), 5.
Cayard, notaire, 201.
Cerize (Ant.), hôtelier à Tournan, 325.
Cerizières (Mademoiselle de), 363.
Cerizy (De) (1598), 58.
Chabenat (Michel de), introducteur des ambassadeurs, 326.
Chabert (Simon), capitaine du château de Mello ou Marlou (1582), 15; (1583), 18; (1584), 19, 21.
Chahu (Dame Claude), dame de Passy (1676), 150.
Chabu (Henri), trésorier de France (1677), 147.
Chabu (Judith) (1677), 148.
Chaillau (Geoffroy) (1589), 38.
Chaillou (Étienne), procureur du Roi au bailliage de Dreux (1627), 160.
Chalon, notaire, 375.
Chambord (François de), valet de chambre de la Reine (1588), 33.
Champagne (Daniel), 368.
Champaigne (Philippe de), 291.
Champier (Mozet de), 277.
Champier (Symphorien), 277.
Champion (Augustin) (1582), 13.
Champion (Pierre) (1582), 13.
Champion (Quentin), chanoine de Saint-Pierre de Calais (1586), 26.
Champy, notaire, 206.
Chandenoier (De) (1627), 163.
Chanforest (Madame de), 363.
Chantemerle (Denis), notaire au Châtelet (1582), 9.
Chantereau (Claude), avocat au Parlement (1586), 26.
Chantereau (Isaac de), contrôleur des finances (1586), 26.
Chanvallon (Marquise de) (1679), 149.
Chanvirey (Louise-Antoinette de), 319.
Chapelain, notaire, 375.
Chapelain (Jean?) (1658), 118.
Chapelain (Nicolas), procureur au Châtelet (1582), 4.
Charbonnières (Maître Gabriel) (1582), 6.
Charente (L'abbé de) (xviie siècle), 257.
Charles (Jean), notaire (1623), 171, 196.
Charles VI, 276.
Charlet (Guillaume), drapier (1582), 8.
Charlet, notaire à Angers (1694), 70.
Charlieu (De), greffier du bureau de l'Hôpital général (1784), 308.
Charmeaux (Président de) (1597), 54, 60.
Charmolue (Catherine) (1585), 23.
Charolais (Mademoiselle de) (1784), 308.
Charpentier (Antoine) (1582), 5.
Charpentier (François), de l'Académie française (1676), 92.
Charpentier (Toussaint) (1582), 5.
Chartier, notaire, 375.
Chartin (Marie) (1583), 17.
Chastelain–Dubouchet (François–Damien), lieutenant civil (1746), 381.
Chastillon (Hugues), 223.
Châteauneuf (Antoinette de) (1587), 30.
Châteauneuf (Marquis de) (1670), 74.
Châteautiers (Madame de), 304.
Châtillon (François Joulet de), 158.
Châtillon (De) (1625), 221.
Chau (Fr.-Mathieu), 373.
Chauderon (Jean), 338.
Chauderon (Jeanne) (1577), 169.
Chaudière (Eustache), 346.
Chaufourneau, commissaire au Châtelet (1627), 159.
Chaumède (Jean de), avocat au Parlement (1582), 2.
Chaumède (Marguerite de) (1582), 2.
Chaunes (Madame de), 312.
Chausserais (Lepetit de Verno de), 302.
Chauvelin (Jacques), trésorier de la Marine (1587), 30.
Chauvelin (Madeleine) (1583), 16.
Chauvet (André) (1582), 6.
Chauvillain (Comte de) (1587), 29.
Chavaroche (De) (1658), 118.
Chayla (Vicomtesse du) (1754), 230.
Chemideau (J.-Jacques) (1672), 79.

TABLE DES NOMS DE PERSONNES. 397

Chemineau, 158.
Chemineau (Ambroise) (1681), 152.
Cheminée (Marguerite) (1593), 45.
Cheneau (Jean), greffier de la prévôté de l'Hôtel (1585), 23.
Chenet (De), valet de chambre du Roi (1587), 29.
Chenuet, 260.
Cheriot (Guillaume), maître bourrelier (1582), 11.
Cheron (Jean) (1582), 2.
Cherval (De) (1648), 128.
Chesneau (Bertrand), 222.
Chevaleraye (De la), concierge du château de Madrid (1733), 304.
Chevalier, chirurgien à Senlis (1668), 100.
Chevalier (Madame) (1688), 184.
Chevalier, président aux enquêtes du Parlement, 328.
Chevalier (Guillaume) (1653), 94.
Chevalier (François), 347.
Chevallier (Jean), lieutenant civil, 339.
Chevallier (Madeleine) (1594), 47.
Chevreuse (Duc de), 197.
Chimay (Famille de), 206.
Chiron (Du), 293.
Choart, maître des comptes, 369.
Choart (Claude), 376.
Choart (Guillaume), 376.
Choart (Suzanne), 2.
Choily (Claude), marchand drapier (1582), 9.
Choilly, quartenier de la ville de Paris (1596), 52.
Choinau, 33g.
Choiseau, notaire, 340.
Choiseuil (François de) (1589), 39.
Choisy (Jean de) (1631), 288.
Chollet (Barbe), 349.
Chollet (Marguerite), 349.
Chomel (Jean-Baptiste) (1702), 284.
Choppin d'Arnouville (François) (1583), 16.
Choppin d'Arnouville (René) (1583), 16.
Choquet, 260.
Choquet (Robert), avocat à Péronne (1598), 57.
Chouart (Jacques), avocat au Parlement (1582), 3.
Chourses (Jean de), chevalier (1585), 23.
Chuby (Antoine) (1591), 40.
Chuppé, notaire, 207.
Chuppin, notaire à Paris (1675), 129, 152, 155.
Cingot (Claude) (1582), 7.
Clarsin (Du), 364.
Claudon (Denis), 346.
Clause (Henri), seigneur de Fleury (1582), 7.
Clautier, libraire (1659), 120.
Claveson (Charles de), gouverneur de Romans, 279.
Claveson (Laurence de), 279.
Clément, aumônier de l'archevêque de Paris (1746), 380.
Clément (Madeleine) (1582), 5.

Clerc (Jacques Le), chanoine de Saint-Jacques de Beauvais (1584), 20.
Clèves (Catherine de), 200, 201, 203, 204, 206.
Clèves (François de), comte d'Eu, 201.
Clèves (Ch.-François de), 203, 204.
Clèves (Henriette de), 204, 206.
Clèves (Marie de), 204, 206.
Clignet (François), notaire (1701), 208.
Cliquet (Jean), 335.
Closmarin (De) (1670), 75.
Clus (Philippe) (1688), 186.
Cocquart (Denise) (1597), 56.
Cocquart (François), chirurgien (1636), 348.
Cocquelet (Marie) (1582), 12.
Cœur (Jacques) (1672), 81, 89.
Cœuvres (De), 260, 275.
Coiffier, 299.
Coiffier (Gabriel), prieur de Saint-Pierre-le-Moutier, 345.
Coifié (Jean) (1582), 8.
Coignet (Françoise), maîtresse d'école à Maisons, 334.
Coignet (Jacques), administrateur de l'Hôtel-Dieu (1589), 36.
Cointreau (1717), 138.
Coippel (Antoine) (1587), 30.
Coippel (Nicolas) (1587), 30.
Coippel (René) (1587), 30.
Coislin (De), 92.
Colbert (J.-B.) (1672), 81; (1676), 91, 156, 193, 257.
Colbert (Madame), ambassadrice d'Angleterre (1670), 75.
Colignon (Mademoiselle de) (1717), 134.
Collas (Pierre), huissier au Châtelet (1662), 286, 290.
Collin (Charles), 283.
Collin (Michel), jardinier à Orléans (1632), 293.
Collo (Richard), chanoine de Saint-Aignan en l'église de Paris (1582), 13, 16.
Combaillon (De), principal du collége d'Autun (1663), 128.
Combalet (Madame de), 293, 300.
Combes (Mayeul de), prieur de Chautenay, 345.
Commercy (Prince de) (1688), 180.
Comminges (De) (1648), 108.
Compans (Jean de), marchand, bourgeois de Paris (1582), 12.
Comtesse (Germain), 199.
Condé (Prince de) (1649), 108, 171, 183.
Conrart (Valentin) (1658), 118, 120.
Contesse (Michelle) (1582), 8.
Contesse, notaire (1623), 364.
Conti (Princesse de) (1670), 74.
Conti (Prince de) (1649), 108.
Copillon, notaire à Reims, 202.
Coppel (Antoine) (1598), 58.
Coqueret, 176.
Coquillon (Jean), 325.
Corbin, 293.
Corbie (Jean) (1582), 5.

Cordelle (Nicolas), huissier au Parlement (1593), 46.
Cordes (De), conseiller au Châtelet, 351.
Coriolis (L'abbé), 380.
Coriolis (Chevalier de), 380.
Cormery (Biberon de), receveur des domaines de la Généralité de Paris, 328.
Cornet (Maître Étienne) (1582), 8.
Cornillon, 277.
Corroxet, 340.
Corville (Henri) (1583), 16.
Cessé (Jeanne de) (1599), 60.
Coste (Antoine De), secrétaire de la chambre du Roi (1595), 49.
Coste (Hilarion de), 277.
Coste (Jacques du) (1582), 15.
Coste, horloger (1671), 245.
Coste de la Tiranne (De), abbé de Bonrepos, 200.
Cotin (L'abbé) (1672), 79, 92.
Cottanscourt (De) (1670), 75.
Cottereau, notaire, 197, 202, 204.
Couart (Martin) (1592), 43.
Couet, grand vicaire de l'archevêque de Paris (1720), 311.
Couldray (Gauthier) (1582), 8.
Coulon (Raoul), écuyer (1627), 160.
Coulon (Demoiselle), 319.
Coup, horloger (1733), 306.
Coupeau (Simon), seigneur du Gué (1683), 152.
Goupeauville (Chevalier de), 297.
Cour des Bois (De la), 257.
Courcelles (Madame de) (1670), 74.
Courcelles (Bon de) (1582), 2.
Courcol (Guillaume), maître tonnelier (1582), 11.
Courcy-Potier (Chevalier de) (1716), 131.
Courlevay (Pigeon de) (1648), 112.
Courmoulins (De), 297.
Courlavrel (Louis), avocat au Parlement (1582), 11.
Courtet, 260.
Courthois (Catherine) (1586), 26.
Courtin (André) (1588), 33.
Courtin (Louis) (1589), 37.
Courtois, notaire, 283.
Cousin (François) (1583), 17.
Cousinet, notaire, 351, 354.
Cousteron, curé de Maisons, 335.
Coustou (Nicolas), 330.
Cousturier (Claude Le), chirurgien de l'Hôtel-Dieu (1583), 18.
Cousturier (Philippe), avocat au Parlement (1627), 160.
Coutillier, notaire, 200.
Couvresel (Pierre), pelletier (1582), 3.
Coynart (Claude) (1583), 17.
Coypel, 379.
Crafouel (François) (1688), 186.
Cramoisy (Philippe), bourgeois de Paris (1582), 8.
Cramoisy (Pierre), 8.
Cramoisy (Sébastien), 371.

TABLE DES NOMS DE PERSONNES.

Crécy (De), 334.
Creil (Pierre de), 325.
Créqui (De), 257.
Cresnay (Madame) (1672), 77.
Crespin, notaire, 290.
Cresse (Thibaut), maître orfèvre (1582), 3.
Cret (Marie de) (1584), 20.
Creuilly (Baron de) (1598), 58.
* Crevant (Louis de), 197.
Crevecœur (Anne de) (1584), 19.
Crevon, notaire (1734), 309.
Crézieux, 326.

Criblay, chirurgien militaire, 297.
Croiset (François), notaire au Châtelet (1583), 16; (1586), 27; (1589), 36, 202 à 206.
Croiset (Président) (1717), 134.
Croix (Françoise de la) (1702), 284.
Croix (Nicolle de), 195.
Croquet, secrétaire du Roi (1589), 38.
Croy (Antoine de), 203.
Croy (Charles de), 206.
Croy (Guillaume de), 206.
Croy (Philippe de), 206.

Croy (Famille de), 206.
Croy (Marquise de) (1733), 304.
Crozon, notaire, 202.
Crusel, notaire, 200.
Cruzy (Jean de) (1583). 17.
Cuigny (M. de) (1587), 30.
Cuves (Georges de), 381.
Cuvillier, lieutenant au For-Lévesque (1591), 40.
Cuvillier, maître des requêtes de la Reine (1588), 33.
Cuzac (De), 298.

D

Dacolle (Claude), 367.
Dagoult (ou d'Agoult, l'abbé), 380.
Dain (François), seigneur d'Armentières (1587), 29.
Dain (Hilaire), général des monnaies (1582), 11.
Daire (Léonard), 325.
Daix (Jacques), 326.
Damiette, 325.
Damoyseau (Jean), 365.
Danetz (Gillette) (1589), 38.
Dangoisse (Nicolas) (1582), 5.
Daniel (Jean) (1582), 8.
Darcques (Claire) (1577), 169.
Darragon (Guillaume), archer de la Connétablie (1636), 359.
Darragonay (1659), 119.
Daretel (alias de Rentel) (1627), 165.
Dartin (Jean) (1587), 32.
Dassy (Madame) (1586), 27.
Daubray (Claude), administrateur de l'Hôtel-Dieu (1589), 36.
Daubray (Claude) (1584), 20.
Daucher (Simon), batteur d'or (1582), 9.
Dauenheim, notaire à Wissembourg, 231.
Daulphin (François), procureur au Parlement (1584), 20.
Daumalle (François), libraire à Paris (1587), 32.
Dautray (Jean), docteur de Sorbonne, 369, 372.
Dauval, 315.
Davallière, 314.
David (Jacques) (1582), 5.
David (Laurens), 347.
Davoust (Jehan) (1582), 7.
Dayon (Nicolas) (1582), 10.
Deagent (Felise), 277.
Defert (Edme), 366.
* Dehodicq (Gilles), greffier de la prévôté de Meaux (1589), 38.
Delaballe, notaire à Paris (1694), 69.
Delacourt (Louis), 325.
Delacroix, notaire, 194.
Delagrie (Louis), sieur de la Ferrière, 324.
Dalalande (Maître Guillaume), conseiller au Parlement (1582), 6.

Delalane (Pierre), 363.
Delestre (Jean), maître cordonnier (1582), 3.
Delpech (J.-A.-J. Antoine), avocat au Parlement, 323, 332.
Demeure (Claude), 325.
Demonnet, official de Moulins, 344.
Denetz [Voir aussi Netz (De)], 372.
Denis (Jean), prêtre, 347.
Denisot (François), 175.
Denizon, marchand droguiste à Paris, 346.
Dereins (Pierre), apothicaire (1582), 6.
Desbordes (Le Père) (1642), 127.
Desbordes (Mademoiselle), 350.
Desbordes, auditeur des Comptes, 351.
Des Bournais, 299.
Des Cartiers (Demoiselle) (1645), 115.
Deschamps (Madame) (1583), 17.
Descharteaux, 260.
Descourades (1663), 126.
Desessarts, 260.
Desgots, jardinier du Roi aux Tuileries (1685), 292.
Despoullons (Jules), sculpteur des bâtiments du Roi, 324.
Desguez (Pierre), seigneur de Belleville (1586), 26.
Deshayes, marchand bijoutier, 315.
Deshayes, 378.
Des Hayes, gouverneur de Montargis, 292.
Deshayes, marchand à Évreux, 174.
Deshommes (Aimé) (1582), 3.
Desmarets de Saint-Sorlin, de l'Académie française (1672), 80.
Desmarelz (Madame), 364.
Desnots, notaire à Paris, 180.
Despoigny (Maître Guillaume), notaire au Châtelet (1582), 11.
Desportes (Anne) (XVIIe siècle), 257.
Desportes (Pierre), écuyer, 261.
Despréaux (Jean), 202.
Desprez, gouverneur de l'Hôtel-Dieu (1589), 36; (1598), 57.
Desprez (Barnabé) (1585), 23.
Desprez (Robert), avocat au Parlement (1627), 160.
Dessous-le-Four (Antoine), conseiller au Parlement (1582), 12.

Dessous-le-Four (Pierre), vicomte de Vaulx (1582), 12.
Dessous-le-Moutier (Claude de), 206.
Delroyes, notaire, 340.
Deuredot (Jean), maître tailleur d'habits (1627), 159.
Devienne (Joseph), 365.
Devin, commissaire du grand bureau des pauvres (1658), 119.
Devin, notaire, 196.
Dideron (Maître Nicolas) (1582), 5.
Dieu, chanoine de Paris, 174.
Dieu (Nicolas), grand-vicaire de l'église de Paris (1587), 30.
Dieudonné (Charles), procureur au bailliage de Mantes (1587), 159.
Diguet (Jean), procureur au Châtelet (1582), 8.
Dinan (Thomine de), 202.
Dionis (François), chirurgien de la Dauphine (1715), 324.
Divray (Martin), greffier de la Conciergerie du Palais (1585), 23.
Dodun, 309.
Doin (Guillaume), maître orfèvre (1582), 12.
Dolla (Nicolas), conseiller du Roi (1588), 33.
Donguier (Maître Étienne), docteur en médecine (1582), 4.
Doré (1717), 137.
Doremieux (1720), 312.
Dorléans (Maître Raymond), notaire (1582), 4, 199, 203, 339.
Dormoy (Jean), chirurgien du Roi (1627), 160.
Dorsanne, grand vicaire de l'Archevêché de Paris (1720), 311.
Doublet (Antoine) (1718), 282.
Doucet (Germain), procureur au Châtelet (1672), 77.
Douet, notaire, 206.
Doulcet (Jean), notaire du chapitre de Paris (1585), 23.
Doulcet (Louis), avocat au Parlement, 199.
Douzières (François), 366.
Doyen, notaire (1754), 229, 305.
Doyen (Jean), 306.

TABLE DES NOMS DE PERSONNES.

Dreulx (Denis), procureur au Châtelet (1583), 18.
Dreulx (Jean), conseiller du Roi (1583), 17.
Dreulx (Pierre), abbé de Ham (1583), 17.
Driaux (Pierre), jardinier à Orléans (1632), 293.
Drouart, huissier (1584), 20.
Drouart, greffier du Châtelet (1594), 48.
Drouart (Nicolas) (1588), 33.
Drouault (1720), 311.
Drouet, notaire, 203.
Drouet (Maître Jean), auditeur en la Chambre des Comptes (1582), 6.
Drouet (Jean), 222.
Drouet (Julien), marchand pelletier (1582), 8.
Drouineau, notaire à Colmar, 241.
Druk, banquier à Angoulême (1658), 118.
Du Bellay (Jean) (1672), 89.
Dubois (Claude), imagier à Paris (1586), 28.
Dubois (Jacques), marchand à Châlons (1598), 58.
Dubois (Noël), maître de l'Hôtel-Dieu (1582), 15.
Dubois (Pierre), maître maçon, 260.
Dubort, avocat au Conseil (1667), 99.
Du Boschet (Chevalier) (1677), 148.
Du Boschet (Madame) (1677), 148.
Du Boullay (Madame), 362.
Dubourg, grand vicaire de Notre-Dame de Paris (1720), 311.
Du Boys (Étienne) (1583), 16.
Duboys (Sébastien) (1582), 5.
Du Breuil (Dame), religieuse à Reims, 183.
Du Brillon (Germain), gouverneur du château de Rochefort en Auvergne (Rochefort-Montagne) (1595), 49.
Du Carroy (François), 294.
Duchallard, capitaine de navire, 297.
Duchesnoy, 293.
Duchesne (Jacques), marchand de poisson de mer (1582), 9.
Duchesne (Pierre) (1582), 9.
Duchesne (Pierre), lazariste (1640), 357.
Duclos (Hugues), bourgeois de Paris (1648), 373.
Dufais (Maître Thomas), principal du collège de maître Gervais (1591), 40.

Du Four (1717), 139.
Dufresnoy, colonel au quartier Saint-Honoré (1592), 43.
Du Gast (Arthur) (1584), 19.
Dugué (Jean), seigneur de Champs-sur-Marne (1582), 4, 14.
Duherteley, 297.
Du Houssay (Pierre) (1586), 26.
Dujardin (Jean), receveur de la maison de Lorraine, 193.
Du Jour (1625), 158.
Du Joar (Thomas), 363.
Du Laurens (Demoiselle), 318.
Du Marc (Étienne) (1586), 26.
Dumas, maître d'école à Saint-Cloud, 334.
Du Masses (Bernard), gouverneur de Carmagnolles (1586), 26.
Dumazy (Simon), avocat au Conseil, 260.
Dumee (1665), 125.
Dumesnil-Camproger (1716), 131.
Du Molinet (Révérend Père) (1672), 79.
Du Monceau (L'abbé) (1713), 104.
Dumont, 315.
Dumont (Pierre), maître drapier (1582), 9.
Dumontel (Nicolas), potier d'étain (1582), 9, 10, 13.
Dumoulin (Chevalier) (1720), 311.
Dumoulin (Jacques), procureur au Châtelet (1582), 11.
Du Moulinet (Révérend Père) (1672), 76.
Du Mousseau (Louis), conseiller du Roi (1584), 19.
Dumoutier (Jacques) (1582), 9.
Dun (1717), 139.
Du Noyer (Dame), 335.
Du Peloux (Renée), 279.
Dupin, 207.
Dupin (1663), 125.
Dupin (François) (1701), 209.
Dupin (Jean), trésorier des affaires de la Chambre du Roi, 338.
Dupire (Marguerite) (1598), 57.
Du Plessis (Chevalier) (1670), 74.
Duplessis (1717), 138, 140, 148.
Duplessis (Christophe) (1679), 149.
Du Plessis (Louis) (1583), 16.
Duplessis (Marguerite) (1677), 149.

Dupont (Maître François) (1582), 4.
Dupont (Françoise) (1582), 3.
Dupont (Jacquette), 299.
Dupont (Nicolas), sergent à verge (1582), 15.
Dupont (Nicolle) (1584), 21.
Dupré (Jean), conseiller au Châtelet (1582), 11.
Dupré, chirurgien du cardinal de Noailles, 311.
Dupré, notaire, 206.
Dupuis, notaire, 376.
Dupuis (Jean), marchand hôtelier à Paris (1582), 2.
Durand, notaire (1642), 376.
Durant (Marcel) (1588), 33.
Durbach, secrétaire de l'évêché de Spire, 235.
Du Repaire (1648), 128.
Durin (Étienne) (1636), 349.
Du Ruel (Maître Eustache) (1582), 6.
Dusaulsay (Antoine) (1582), 9.
Du Sos (Julien), avocat au Parlement (1586), 26.
Dutartre (Guillaume), vendeur de vins (1582), 7.
Dutartre (Jean), 338.
Dutartre, notaire (1731), 243, 309.
Du Temple (Michel) (1582), 5.
Duterte, quartenier de la ville de Paris (1596), 79.
Duthez (1717), 141.
Du Tillet (Jean), greffier de la cour de Parlement (1589), 38.
Dutot (Maître Guillaume) (1582), 9.
Du Tronchet (Vincent), 318.
Du Troulleau (Michel), apothicaire, 346.
Duvache (Jacques), bourgeois de Paris (1592), 43.
Duvair, conseiller au Parlement (1593), 45.
Duval (Guillaume), apothicaire (1582), 4.
Duval, docteur en médecine (1593), 45.
Duval (Robert), teinturier en drap (1582), 5.
Du Verger, correcteur des Comptes, 314.
Duza (1642), 128.

E

Enfumey (L'), 367.
Épernon (Duc d') (1598), 57.
Épernon (D') (1637), 295, 301.
Érasme (1672), 79.
Escart (Pierre), lazariste (1640), 357.
Escau ou Escot (Baron d') (1596), 63 ; (1599), 61.

Esmery (Jean d') (1596), 51.
Espeia, chanoine de Saint-Martin de Tours, 177.
Espinouze (Président d'), 380.
Este (Anne d'), 199, 206.
Estienne (Loys) (1582), 4.
Estinville (Charles d') (1688), 180.

Estrechy (D') (1681), 152.
Estrées (François-Annibal d') (1671), 243.
Estrées (Madame d') (1720), 312.
Euzenat, argentier du cardinal de Richelieu, 300.
Évry (Paumier d'), 328.
Expilly, 277.

F

Fagot, chirurgien (1731), 242.
Fagot (Jean) (1588), 34.
Fallaise (Antoine), maître poudrier (1632), 300.
Falle (De), 260.
Fardeau, notaire (1591), 40.
Faron (Mathurin), 294.
Fastié (Henri), 342.
Favée, receveur général de l'Hôtel-Dieu, 327.
Favier (Maître Bertrand) (1582), 11.
Favier (Louis), drapier (1582), 11.
Favier, maître d'hôtel du duc de Joyeuse (1582), 14.
Favière (Ph.-François), 207.
Favières, avocat au Parlement (1688), 180.
Favyn (Pierre) (1582), 11.
Febvrier (Michel) (1582), 2.
Febvrier (Pierre), procureur au Parlement (1591), 42.
Fornult (Claude), procureur général de la Reine (1582), 3.
Ferdinand IV, empereur d'Allemagne, 280.
Feron (Raoul), conseiller du Roi (1587), 30.
Ferrand, lieutenant du Châtelet (1625), 159.
Ferrand (Philippe) (1582), 3.
Ferrare (Cardinal de), 201.
Ferrari (Demoiselle), 329.
Ferrool, 363.
Ferté (De la), 372.
Fessart (Charles), meunier à Charenton (1584), 20.
Feydeau, 363.
Fieubet (Gaspard de), 259.
Fieubet de Launoe (De) (1689), 208.
Fieubet de Réveillon (1689), 208.
Filandre ou Philandre (Mademoiselle), 292.
Fillau (Guillaume), chirurgien (1636), 348.

Firon (Georges), huissier au Châtelet (1671), 244.
Flagy (Antoine), 340.
Fleselles (Jean de) (1591), 40.
Fleury (Joly de) (1733), 305.
Fleury (Nicolas), maître haultberjonnier (1582), 11, 14.
Fleury (Nicolas) (1582), 11.
Flexelles (De), marchand, bourgeois de Paris (1596), 51.
Foix (Duc de) (1670), 74.
Fonfay (Huon de), 206.
Fonry, notaire, 339.
Fontaine (De), 176.
Fontaine (Marie) (1582), 3.
Fontaine-Chalendray (Comte de) (1627), 167.
Fontaines (Ollivier des), 244, 260.
Fontenieu (De), 320.
Fontenay (Edme-Lorme de), avocat au Parlement, 384.
Forest (Pierre), seigneur d'Orgemont (1661), 123.
Forival (Esme), conseiller au grand Conseil (1582), 2.
Forno (J.-B.), receveur général de l'Hôtel-Dieu, 371.
Fortier (Denis), archer des gardes du corps du Roi (1588), 34.
Foucart (Robert), notaire (1582), 7.
Foucault (Acquelin) (1582), 11.
Foucault (M.), avocat au Parlement (1582), 9.
Foucault (Nicolas) (1582), 11.
Foucault (Philippe), marchand, bourgeois de Paris (1582), 10.
Fouchard, 260.
Foudrieu (Jean de), 345.
Fougeraye (1675), 129.
Fougeré (Madame de) (1652), 117.

Fougère (De) (1642), 128.
Fougères (De) (1663), 126.
Foullon (Pierre), lieuten' du Guet (1696), 51.
Fourcy (Marie de), 376.
Fourcy (Mademoiselle de) (1670), 74.
Fourmagel (Hugues), greffier des requêtes du Palais (1582), 5.
Fourmentin (Nicolas) (1582), 11.
Fournier (David) (1582), 12.
Fournier (Jean), procureur du duché de Fronsac, 295.
Fournier (Maître Louis) (1583), 16.
Fournier (Pierre), bailli de l'église de Paris (1662), 286.
Fradde (De), 290.
France (J.-Baptiste de), 278.
France (Étienne de), 373.
Francheur (Le), 261.
François (Louis), 326.
François, notaire (1649), 220, 372.
Francquelin, 200.
Francquelin, notaire au Châtelet (1582), 12, 203.
Franquelin (Geneviève) (1599), 60.
Frascou (Pierre), notaire à Chartres, 373.
Fremin, architecte, 332.
Frémin, chirurgien (1649), 108.
Fremy, prêtre (1694), 62.
Frenicle (Léon), receveur du domaine de la ville de Paris (1597), 54.
Freschin (Nicolas) (1582), 3.
Fresmil (Claude) (1582), 3.
Fresneau (Radegonde) (1593), 45.
Frobeu (1672), 79.
Fromentin (Étienne), maître jardinier, 325.
Frotté, 256, 260.
Fouquet (Madame) (XVIIᵉ siècle), 257.
Fuzée (Robert), avocat au Parlement (1582), 3.
Fuzet (Demoiselle Marguerite) (1582), 3.

G

Gabet (Nicolas), notaire à Châlons (1598), 58.
Gabillon, notaire, 201.
Gaboury (François) (1582), 7.
Gaboury (Jean), maître tapissier (1582), 6.
Gaignières (De), 157.
Gaillard, capitaine du château de Choisy (1591), 43, 44.
Gaillard (Madeleine) (1672), 77.
Gaillard, notaire, 372.
Gaillart (Nicolas), drapier (1582), 6.
Galbert (Marguerite), 277.
Gallard de Béarn (Jean de), comte de Brassac (1676), 129.
Gallois (Claude), apothicaire, 349.
Gallois, notaire, 197, 205, 354.
Galloway de Dunkel (Marie-Antoinette), 319.

Galloys (François) (1585), 23.
Galluis, 321.
Gamart, 177.
Gamart, apothicaire, 276.
Gand (Suzanne-Marguerite de), 319.
Ganeron (Germain), prêtre (1582), 2.
Ganneron (Laurent), 325.
Garagnol (Sébastienne de), 279.
Gargault (Vincent) (1588), 32.
Garibal (De) (1667), 99.
Garnier, trésorier des parties casuelles, 177.
Garnier (Antoine) (1582), 8.
Garnier, capitaine des gardes de la prévôté, 336.
Garnier, notaire, 203.
Garnier (Jean) (1582), 8.
Garraby (Jean), maître charcutier (1582), 4.

Garrault (Charlotte), 376.
Garrigues, receveur général des Incurables, 327.
Garsonnet (Jean), procureur au Parlement (1587), 31.
Gasse (Guillaume) (1582), 2.
Gasse (Jean), maître boucher à Paris (1582), 2.
Gassion (Nicolas), 362.
Gasteau (Jacques), auditeur en la Chambre des Comptes (1582), 11.
Gasteau (Jehan) (1582), 11.
Gaubertz (Charles) (1596), 51.
Gaubertz (Guillaume) (1596), 51.
Gaubertz (Jean) (1596), 51.
Gaudart (Claude), ingénieur, 321.
Gaudefroy (Antoine) (1582), 2.

TABLE DES NOMS DE PERSONNES.

Gaudefroy (Denis), avocat au Parlement (1593), 45.
Gaudefroy (Ragonde) (1582), 8.
Gaudin, notaire, 204.
Gaudon (Éléonore) (1677), 148.
Gaudron, horloger (1733), 307.
Gaudron, maître jardinier à Paris (1661), 220.
Gaultier (Jacques) (1582), 10.
Gaumont (1717), 137.
Gautier (Madeleine), 277.
Gautier (Veuve Michel) (1582), 2.
Gautier (Olivier), procureur en Parlement (1587), 29.
Gayant, chirurgien à Paris (1668), 101.
Gaze, marchand tapissier (1717), 134.
Gedouyn (maître Hector), receveur des fortifications (1582), 13.
Gelée (Louise) (1589), 38.
Gense (Adrian), carrossier de la Reine, 302.
Georgeis (Demoiselle), 92.
Georges (Claude), 325.
Georges (F.-Joseph-Gabriel) (1734), 309.
Gérard (Jean), payeur du Parlement de Rouen (1584), 19.
Gérard (1720), 311.
Germain (Jacques), receveur général des finances (1597), 55.
Gervais (Jean), march^{and} ferronnier (1582), 8.
Gervays (Françoise) (1591), 42.
Gesvres (Madame de) (1677), 148.
Gilbert (Antoine) (1582), 2.
Gilbert (Étienne) (1582), 2.
Gilbert (Jacques), seigneur de Villare (1583), 17.
Gilbert (Pierre de), écuyer (1583), 17.
Gillot (Jean), 196.
Girard (Alexandre) 1668, 102.
Girard (Jacques), ingénieur (1734), 309.
Girard (Pierre), notaire à Saint-Jean-des-Deux-Jumeaux, 202.
Giraud, 3401
Gironde (Henriette), 277.
Girondes (Charles de), 277.
Glatte (Abbé de) (1717), 137.
Gobelin (Maître Balthasard), trésorier de l'Épargne (1597), 55.
Gobelin (Nicolas), marchand, bourgeois de Paris (1598), 57.
Gobelin le jeune (Jean) (1585), 22.
Gobert, aumônier du cardinal de Richelieu, 295.
Gobert, menuisier, 275.
Gobert (Louis), sommelier, 347.
Gobil (Michel), précepteur au collège de Navarre (1589), 38.
Godard (Jean), marchand papetier (1582), 11.
Godard, notaire, 199.

Godeffroy (François), seigneur de la Tour (1597), 55.
Goguier (1717), 140.
Gondi (Cardinal de) (1588), 33.
Gondi (Esmerande de) (1582) 14.
Gondi (Pierre de), évêque de Paris (1582), 14.
Gondrecourt (Jean de), 195.
Gondrin (L.-H. de), archevêque de Sens (1648), 108.
Gondrin (De), archevêque de Sens (1694), 63.
Gontaut-Biron (Armand de) (1733), 306.
Gontaut-Biron (Louise de) (1733), 306.
Gonzague (Ludovic de), 204, 206.
Goriot (Claude), maître corroyeur, 324.
Gouaut, marchand à Troyes, 360.
Gouffe (Pierre), vendeur de vins (1582), 5.
Goufreville (Jean de), maître menuisier à Paris, 299.
Gouin (Madame) (1588), 33.
Goulard, grand-vicaire de l'évêché de Paris (1720), 311.
Goullet (Henri), marchand chapelier (1582), 2.
Gourdant (Simon), chanoine de Saint-Victor (1672), 76.
Gourdon, 181.
Gousté (Léonard), 372.
Gourville (Rollin de), 207.
Gradot (François), bourgeois de Paris, 319.
Grammont (Duc de) (1658), 269, 280.
Grammont (Maréchale de), 312.
Grancé (De) (1717), 135.
Granger (Maître Jean) (1582), 6.
Grasdos (Edme), 366.
Grasdos (Jean), 366.
Grassin (Maître Henri), seigneur d'Ablon (1584), 20.
Grateloup (De), 220.
Gratia (Germain) (1582), 4.
Grave (Marc-Antoine de), 376.
Gravier (Claude), 346.
Grejon (Jean), régent au collège de Lisieux (1596), 52.
Gribelin, horloger (1688), 190.
Grieux (De), 174.
Griffon (Maître Joachim), abbé de Fontenay (1585), 23.
Grignan (Madame de) (1658), 118.
Grignon (Marie), 325.
Grimaldi (De), 381.
Grivel, trésorier de la compagnie de M. de Tavannes (1582), 12.
Grogin, notaire, 225.
Grosbois (De) (1633), 117.
Grouya (Barbe), 219.
Groyn, notaire, 370.
Gruault (Maître Étienne), commissaire au Châtelet (1582), 10.
Gruel (Pierre de), chevalier, 372.

Gruges (Henri de), seigneur de Gribouval (1582), 5.
Gruyn, garde du Trésor (1716), 133.
Gruyn, notaire, 203.
Gueffier (Étienne) (1582), 7.
Gueldre (Philippe de), 194.
Guenot (Jacqueline), 349.
Guerard (Pierre), avocat au Parlement (1582), 5.
Guerard (Sylvain) (1582), 2.
Guerche (Madame de la) (1677), 148.
Guéret (Grand vicaire de Notre-Dame de Paris (1720), 311.
Guérin (Laurent), chirurgien de l'Hôtel-Dieu (1599), 61.
Guereau, notaire, 288.
Guerry, quartenier de la ville de Paris (1596), 52.
Guesdon (Ant.), écuyer, 328.
Guesdon (Jean) (1582), 5.
Guesdon, notaire, 231.
Guespin l'aîné (Jean) (1582), 3.
Guiche (Henriette de la), 203.
Guignetie, 293.
Guilbert (Jean) (1582), 13.
Guillard (Louis), évêque de Senlis (1582), 12; (1589), 38.
Guillard, notaire, 377.
Guillart (André), seigneur de l'Isle (1582), 12.
Guillart (Jean), écuyer (1594), 47.
Guillaumeau (Jean) (1583), 18.
Guiller, receveur de l'abbaye de Saint-Germain-des-Prés, 328.
Guillois (Michel), conseiller au Châtelet, 327.
Guillon (Pierre) (1582), 9.
Guillot (Louis), agent des affaires de l'Hôtel-Dieu (1694), 65.
Guimier (Jacques) (1582), 5.
Guimier (Jean) (1582), 5, 11.
Guise (Hôtel de), à Saint-Germain-en-Laye, 200.
Guise (Marie, duchesse de) (1688), 177.
Guivernay (Maître Pierre) (1582), 10.
Gury (Philibert) (1582), 4.
Guy (1717), 139.
Guy, avocat, 382.
Guy (Jean), procureur au Parlement (1688), 185.
Guy (Nicolas), marchand mercier (1582), 8.
Guy (Frère Nicolas) (1595), 49; (1597), 55, 58.
Guy (Madame) (1717), 134.
Guymier (Nicolas), marchand drapier (1582), 11.
Guynet (Maître Nicolas), procureur au Châtelet (1582), 11.
Guyot, 319.
Gyron, capitaine de navire, 297.

IV.

H

Haberson, notaire à Nogent-le-Rotrou (1702), 263.
Hacques (Jacques), maître cordonnier (1582), 6.
Hacqueville (François de), conseiller en la Ch. des Comptes (1582), 10; (1587), 31.
Haffray, notaire, 194, 195.
Hallée (1708), 143.
Hamelin (Vincent), chirurgien de l'Hôtel-Dieu (1595), 50.
Hangest (Louis de), vicomte d'Argenlieu (1658), 153.
Hanovre (Prince de), 207.
Harcourt (Jean, comte de), 202, 363.
Harcourt (Princesse d') (1688), 184, 209.
Hardouin de Saint-Jacques, médecin de l'Hôtel-Dieu (1585), 25.
Hardouin (Pierre), ingénieur, 297.
Haren (Martin), sergent à verge (1582), 6.
Harenne (Antoine d'), 231.
Haringues (D'), 328.
Harlay (Charlotte de), abbesse de Sainte-Périne (1660), 123.
Harlay (Jacques de) (1586), 28.
Harlay (Robert de), baron de Monglas (1589), 39.
Harvet (Nicolas), huissier au grand Conseil (1582), 7.
Haste (Pierre), marchand de drap de soie (1582), 10.
Hauldesme, notaire. 199.
Havart (Jean), maître rôtisseur (1582), 12.
Haxo, notaire à Colmar, 241.

Hebert, 315.
Hélias (Jacques), lecteur du Roi en lettres grecques (1591), 40.
Helin, notaire (1649), 220.
Hemant (Pierre), maître orfèvre à Paris (1593), 45.
Hénault (Président), 323.
Henault (Jean-Remy), greffier aux conseils du Roi (1733), 306.
Hennequin (Claude), seigneur de Compans (1589), 38.
Hennequin (Jean), conseiller au Parlement (1582), 5.
Hennezon (Dom Henri), abbé de Saint-Mihiel (1688), 180.
Henri II, roi de France, 224, 341.
Henri IV, roi de Navarre (1591), 41.
Herlau (Henri), receveur général de l'Hôtel-Dieu (1684), 155.
Herny (Jean), curé de Saint-Jean-en-Grève (1586), 27.
Heron (Marc) (1582), 5.
Hertelay (De), 293.
Hervé (Maître Jacques), curé de Saint-Alban (1583), 16.
Heudry (Nicolas), 325.
Heuqueville (Jean de), libraire (1582), 4.
Heurles (Christine de) (1676), 150.
Heurles (Dame Marie de) (1683), 152.
Hillaireau (Jean), sieur de la Traversière, 300.
Hillerain, 176.
Hinselin (Jean), drapier (1582), 6.
Hollard (Jean), bourgeois de Paris, 290.

Horgny (Jean de), lazariste (1639), 353.
Horry, notaire apostolique (1672), 80.
Hospital (Nicolas de l'), marquis de Vitry (1643), 375.
Hotman (François), trésorier de l'Épargne (1596), 52.
Hotman (1583), 16.
Hottmeau ou Hottmean (Dame Marie), 375.
Houdan (Charles) (1588), 33.
Houdiard (1717), 135, 140.
Houe (Jean), meunier à Paris (1592), 42.
Houguet (Ézéchias) (1582), 6.
Houllier, chanoine de Bray-sur-Seine, 381.
Huart (Catherine) (1582), 8.
Huart (Jean) (1582), 8.
Huart, notaire, 204.
Huart, notaire, 201.
Huault (Jean), marchand drapier (1582), 3.
Hubault (Nicolas), sergent au Châtelet de Paris (1597), 56.
Hubert (Jean) (1596), 51.
Hue (Robert) (1591), 40.
Huet (Charles), 326.
Humières (Jacqueline d'), 197.
Huon (Mathurin), procureur du collège des Bernardins (1598), 58.
Hurault (Jacques), chevalier (1583), 16.
Hurault (Jeanne) (1587), 26.
Hurel, notaire, 323, 324.
Husson (L'abbé), 275.
Huyan (Jacques) (1586), 27.
Hyeraulme (François), receveur général de l'Hôtel-Dieu (1591), 40.

I

Iscallier, notaire à Gap, 263.

J

Jacquart (Maître Nicolas), procureur de la marée (1582), 10.
Jacquelin, dizainier de Paris (1589), 38.
Jacquemin (Anne) (1587), 29, 30.
Jacquet (Marceau), maître maçon (1582), 6.
Jacquet (Mathieu), dit de Grenoble, peintre et sculpteur (1597), 56.
Jaeger (Jeanne-Thérèse), 229.
Jaeger ou Jager (Marie-Sophie), marquise de Lionne, 229.
Jain (Catherine) (1582), 10.
Jamet (Charles) (1582), 5.
Jamet (1587), 30.
Jancey (Geneviève de) (1627), 159.
Jancey (Maguelonne de) (1627), 160.
Jannelle (De) (1659), 119.

Jannot, notaire, 207.
Janot (Simon), maître peaussier (1582), 4.
Javault (Denis), 373.
Jeanne d'Arc, 291.
Jeannin de Castille (Nicolas), trésorier de l'Épargne (1658), 153.
Jeannin (Pierre), contrôleur général des finances (1613), 353.
Jenin (Nicolas), 222.
Jerosme (Valentin), docteur en médecine (1585), 23.
Joinville (Prince de) (1622), 227.
Jolicœur (De), 299.
Jollivet (1717), 138.
Jolly (Nicolas) (1589), 39.
Jolly, 309.

Josseville (De), gouverneur de Rocroy (1613), 222.
Jouannet (Charles), 290.
Joubert (Louis), 321.
Joubert (Philippe), procureur au Châtelet (1582), 10.
Joulet (Charlotte) (1627), 160.
Joulet de Châtillon (François), fondateur de l'hospice des Incur^{bles} de Paris (1627), 158.
Joulet (Jean), lieutenant général au bailliage de Mantes (1577), 169.
Joulet (Laurent) (1577), 169.
Joulet (Maguelonne) (1627), 160.
Joulet (Nicolas) (1577), 169.
Joulet (Pierre), seigneur de Châtillon (1577), 169.

Joulet (Pierre), lieutenant général au bailliage de Dreux (1577), 169.
Joulet (Thomas) (1577), 169.
Joyeuse (Cardinal de), 203.
Joyeuse (Henriette-Catherine de), 192, 193, 204, 372.

Joyeuse (Vicomte de), 203.
Joyeuse (Duch*** de) (1582), 14; (1583), 16.
Juble, notaire à Sens (1655), 111.
Juda (Étienne), bourg*** de Paris (1586), 26.
Jullien (Madeleine) (1582), 2.
Jullien (Nicolas) (1582), 2.

Jumeau (1677), 148.
Junot, notaire, 206.
Justine (Jacques), 342.
Justine (Jean), 342.
Juvénal des Ursins (Louis) (1582), 2.
Juvigny (Ydelot), 222.

K

Kerquifmen (Léonard de) (1586), 28.

L

La Ballue (Marquis de), 298.
La Barre (Antoine de) (1734), 309.
La Bidière (Madame de) (1677), 148.
La Bistrate (Claude de) (1587), 30.
La Borde (De), 293.
Leborde (Père), prêtre de l'Oratoire (1720), 311.
Labour (Pierre), 349.
La Bourdonnaye de Coëtion (De) (1689), 208.
La Bretesche (Sébastien de), marchand de poisson de mer (1582), 9.
La Briffe (Arnaud de) (1684), 155; (1689), 208.
La Brosse (Christophe Bordas de) (1734), 309.
La Caille (Maître Claude de) (1582), 11.
La Carpenterye (François de), orfèvre (1582), 8.
Lachaise (De), 183.
La Chaise (Jean de) (1663), 125; (1676), 130.
La Chastaigneraye (De) (1658), 118.
La Chaussée (De), 293.
La Cheze (De) (1659), 119.
Lacoste (Germaine-Geneviève de) (1625), 158.
La Coste (De) (1659), 119.
La Cour, notaire, 313.
La Court (Pamphile de), marchand (1582), 9.
La Croix (De), notaire, 203.
La Croix (De) (1625), 221.
La Croix de Chevrières (Marguerite de), 281.
Ladvocat (Catherine), veuve de Simon de Pomponne (1719), 74.
Ladvocat (Madeleine) (1582), 3.
La Fautrière (Guillaume de), maître des Comptes, 328.
La Faye (De), 260.
La Ferrière (Berrier de) (1689), 208.
Laffrie (Louis), marchand à Paris, 324.
La Folie, capitaine (1594), 48.
Lafond (Jean de), maître maréchal (1688), 186.
La Fontaine (De), greffier de la Chambre des Comptes (1598), 58; (1599), 60.
La Force (Pierre), 347.

La Fosse (François-Chaban de), premier chirurgien du duc de Berry, 324.
La Fosse (Pierre), chirurgien (1636), 348.
La Garde (De) (1658), 118; (1673), 275.
La Goupillière (Gaspard de), 283.
La Grange (De) (1648), 128.
La Gravière (De), 231.
La Grue (Jean de), écuyer (1577), 169.
La Guépière (De), 332.
La Haye (Jean de), 202.
La Haye (De), maître orfèvre à Paris (1596), 52; (1598), 58.
La Haye (Louise de), 202.
La Haye (René de), bourgeois de Paris, 290.
La Haye (De) (1672), 76.
La Humière (Demoiselle de), 181.
Laideguive, notaire (1701), 282.
Laigle (Jean de), 202.
Laîné, notaire (1754), 230.
Laisné, 242.
La Jeunesse, capitaine (1594), 48.
Lalemant (Dame Marie) (1658), 153.
Lalesse (Jean de), avocat au Parlement (1582), 3.
Lallemant (Charles), procureur des Jésuites de la Nouvelle-France, 356.
La Malmaison (D*** Lefebvre de) (1715), 326.
La Mare (Pierre de) (1597), 54.
La Marinière (De), 303.
Lamarre (De), avocat au Parlement (1672), 77.
La Marre (De), 158.
La Martinais (De), 298.
Lambert, maître des comptes (1663), 125.
Lambert (Maître Nicolas), docteur en médecine (1582), 14.
Lambert (Urbain) (1675), 128.
Lambin (Jacques), avocat au Parlement (1649), 219.
Lambon, notaire à Paris (1716), 133; (1698), 213.
Lamelot (Denis) (1653), 94.
Lamoignon (De), 203.
La Morlaye (Mathieu de) (1584), 21.
La Mothe (Mathieu de) (1582), 11.
La Mothe (D'Argencourt de), fille d'honneur de la Reine (1663), 126.

La Mothevayer (Félix de) (1589), 37.
La Motte (Hémon de) (1582), 9.
Lancy (De), 176.
Lancy (Charles de), trésorier de l'ordinaire des guerres, 375.
Lancy (François de), 375.
Landelle (Denis), procureur au Parlement (1582), 7.
Landragin (Pierre), 342.
Landry (Jacques), notaire au Châtelet (1582), 13.
L'Ange, notaire (1698), 214.
Langellé (1717), 138.
Langlois (Guillaume), marchand drapier (1582), 10.
Langlois (Philippe), boursier (1582), 10.
Langlois (Thierry) (1582), 2.
Langlois, orfèvre (1673), 275.
Langoisseux (1582), 5.
Languyeux (Dame) (1717), 134.
La Noue (Jean de) (1586), 28.
La Perche (De) (1659), 119.
La Pierre (Pierre) (1583), 16.
La Porte (Amador de), gouverneur de la Rochelle (1631), 294.
La Porte (Commandeur de), 297.
La Porte (Mathieu de), 192.
La Porte (Pierre de), cendrier (1582), 5.
La Poterne (Pierre de) (1582), 4.
La Prade, auteur d'une histoire de France (1658), 118.
La Ravoye (Madame de), 328.
L'Arbaleste (Guy), sieur de Corbeil (1594), 47.
Larcher, maître des requêtes (1689), 208.
Larcher (Michel), conseiller au Parlement (1582), 13.
La Rivière (De), commissaire de l'artillerie, 297.
La Robertière (Jean de) (1594), 47.
La Roche (L'abbé de), 326.
La Roche (Robert de), bourgeois de Paris (1583), 17.
La Roche-Allard (De), 297.
La Rochefoucauld (Cardinal de) (1623), 171, 176.
La Rochefoucauld (Alexandre de) (1598), 58.

Laroque, bibliothécaire du cardinal de Noailles (1720), 311.
La Roquette (François de), 324.
La Ruelle (Gervais de), lieutenant de la connétablie de France (1582), 2.
La Ruelle (Guillaume de) (1582), 2.
La Salle (Jean de), écuyer (1585), 23.
Lascaris (De), grand vicaire de Notre-Dame de Paris, 380.
Lascary (Joseph de), marquis d'Urfé (1733), 306.
Lasnier (Jacques), sergent de l'Hôtel de Ville (1582), 9.
Lasnier (Philippe), tondeur de draps (1582), 9.
Lassay (Famille de) (1731), 242.
Lasson (Jean) (1582), 10.
La Taste (Madame de), 303.
La Tour (De) (1663), 126.
La Tour (De), 321.
La Tour (Nicolas de), chirurgien (1636), 349.
La Traversière (De), 294.
La Trémouille (Georges de) (1584), 20.
Launay (Jean de) (1582), 6.
Launay (Maurice de), drapier (1582), 4.
Laureau (Barbe), 176.
Laurens (Jean), messager (1586), 26.
Laurent, notaire à Sens (1655), 111.
Lauriac (Catherine), femme de Simon de Pomponne (1694), 69.
Laurière (De) (1654), 117; (1662), 124.
Laurières (Madame de) (1663), 128.
Laussier (Jean de) (1596), 52.
Lauzeman, notaire, 199.
Laval (Madame Anne de) (1582), 7.
Laval (Guy, comte de), 200, 202.
Laval (Jeanne de), 202.
La Valette (De) (1625), 221.
Lavalette (De), 301.
La Valière (Duchesse de), 312.
La Varenne (De), 293.
La Vaure (De) (1648), 128.
La Vernade (Anne de) (1586), 28.
La Vigne (De), administrateur de l'Hôtel-Dieu, 307.
Lavisey (Guillaume), notaire, 218.
Lavisey (Pierre), contrôleur des fortifications en Champagne et Lorraine (1649), 218.
Law, 320.
Le Batal (Jean), maréchal (1582), 3.
Lebeauclerc (Nicolas) (1585), 22.
Lebègue (Henri) (1582), 8.
Lebègue (Jacques) (1582), 8.
Le Bel, 231.
Lebel (Henri), procureur, 288.
Lebel (Pierre) (1584), 19.
Lebert, notaire, 378.
Lebeuf, notaire, 198, 205, 260.
Lebossu, secrétaire du Roi (1582), 8.
Le Bossu, 218.
Le Bouc (François), maître serrurier (1634), 300.
Le Bouc (Angilbert) (1585), 23.

Le Bouc (Oronce), conseiller au Parlement de Grenoble, 281.
Lebret (Jean) (1582), 8.
Lebret (Pierre) (1582), 8.
Le Breton (Denis) (1582), 9.
Lebrun (1701), 212.
Lebrun (Claude), receveur général de l'Hôtel-Dieu (1670), 74.
Le Brun (Gervais), maître potier d'étain, 346.
Le Brun (Le Père) (1681), 152.
Le Camus, lieutenant civil (1689), 208.
Le Camus, notaire (1694), 64.
Le Camus, premier président de la Cour des aides (1689), 208.
Le Camus, avocat au conseil du Roi (1627), 139.
Le Camus (L'abbé) (1670), 75.
Lecaron, notaire, 197.
Lecat, notaire, 196.
Lechanteur, notaire à Paris (1672), 76.
Lecharon, notaire, 196.
Le Chauve (Brice), 321.
Leclerc, hôtelier des Trois Mores à Orléans, 293.
Leclerc (Denis) (1636), 349.
Leclerc (Jean), marchand tapissier, 299.
Lecocq (François), écuyer, 197.
Lecocq (Maître Guillaume), docteur en médecine (1582), 9.
Lecocq, marchand de soie à Verneuil-au-Perche (1666), 118.
Le Cocq (Jean), avocat au Parlement (1582), 11.
Le Coigneulx (Maître Gilles) (1582), 3.
Le Coigneux (Antoine), maître en la Chambre des Comptes (1598), 58.
Lecointe (Mademoiselle) (1681), 152.
Le Comte (Liénard), maître boucher (1582), 5.
Leconte (Élisabeth) (1598), 57.
Le Conte (Jean) (1582), 8.
Le Courroier (Robert) (1596), 51.
Le Court (Robert) (1582), 10.
Lecousturier, avocat au Parlement, 338.
Le Cousturier (Claude), chirurgien de l'Hôtel-Dieu (1582), 15.
Le Cousturier (Jean), lieutenant général au bailliage de Mantes (1627), 160.
Le Cousturier (Pierre-Fiacre), avocat au siège de Mantes (1627), 161.
Lecouteulx, marchand drapier à Paris (1663), 125.
Le Couturier, 309.
Lefebvre (Bertrand), marchand de Paris (1583), 16.
Lefebvre (Nicolas), 325.
Lefebvre, notaire, 203.
Lefebvre (Philippe), receveur de la capitation (1708), 143.
Lefebvre (Capitaine) (1591), 40.
Le Ferron, conseiller au Parlement (1689), 208.
Lefèvre (Adrian), sergent à verge (1598), 57.

Lefèvre (L'abbé) (1717), 139, 140.
Lefèvre, notaire (1702), 283.
Leffe (Jacques de) (1582), 9.
Le Foin, notaire, 328.
Lefort (Marie) (1597), 54.
Lefournière de Bernaville (Charles), gouverneur de la Bastille (1714), 104.
Le Franc (François), porteur de charbon juré (1582), 7.
Lefranc (Jean), seigneur de Barbizy (1582), 12.
Lefranc, notaire, 204.
Legay (Marie) (1582), 3.
Legay, notaire, 199.
Legendre (Jean), conseiller au Parlement (1582), 12.
Legendre (Thomas), notaire à Saint-Germain, 200.
Léger, brodeur (1673), 275.
Legoupil (André), sculpteur des bâtiments du Roi, 324.
Legoux (Jean), procureur au Châtelet (1582), 13.
Legrain (Jacob), 347.
Legrain (Jean) (1582), 11.
Legrand, 260.
Legrand (Gabriel) (1582), 5.
Legrand, chirurgien du Roi, 299.
Legrand, notaire, 288.
Legrant (Nicolas), docteur en médecine (1582), 4.
Legras (Nicolas) (1646), 266.
Legue (Nicolas), maître miroitier (1597), 54.
Leguillier (Étienne), 326.
Le Hardy (Jacques), 200.
Lejars (Madeleine) (1582), 13.
Le Jay (Claude), receveur des tailles à Châteaudun (1589), 38.
Le Jay (Jacques) (1582), 12.
Lejay (Jean), administrateur de l'Hôtel-Dieu (1582), 5; (1589), 36.
Lejeune (Nicolas) (1582), 5.
Lejeune, notaire (1702), 283.
Le Juge (Michel) (1586), 26.
Lelarge (Pierre), 347.
Leleu (Claude), huissier au Parlement (1588), 34.
Leleu, 327.
Le Lièvre (Pierre), 347.
Lelong (Guillaume) (1582), 7.
Lemaindre, horloger, 299.
Le Maistre, président (1597), 54 ; (1598), 58.
Lemarié (François), 288.
Lemarier (Antoine), procureur au Châtelet (1627), 160.
Le Masle des Roches (Michel), chanoine de Paris, intendant de Richelieu, 286 et suiv.
Lemasle, notaire, 242.
Le Masson (François), conseiller des eaux et forêts (1596), 51.
Lemasson (Renée) (1694), 70.
Le Mercier (Jean) (1582), 9.
Le Mercier (Michel) (1585), 23.
Lemercier (Pierre) (1582), 5.

Le Mercier, marchand passementier (1659), 120.
Le Mere (Hubert), marchand (1582), 5.
Le Mere (Jean), marchand (1582), 5.
Le Mère (Nicolas) (1582), 11.
Le Moine (Claude) (1586), 28.
Lemoine (Nicolas), maître bonnetier (1582), 10.
Lemoine (Olivier), notaire à Paris (1589), 36.
Lemoine (Ph.), notaire, 371.
Lemoyne, notaire, 177, 286, 375.
Lemoyne (L'abbé), conseiller en la Grand'-Chambre, 310.
Lenfant, notaire à Angers (1694), 70.
Lenfant (Pierre), chirurgien (1636), 349.
Lenglée (Madame de), 257.
Le Nief (Antoine), chirurgien (1636), 348.
Lenoir (1653), 94.
Le Noir (Jeanne) (1585), 24.
Lenon (Jean), 261.
Le Normant (François), seigneur de Maine (1586), 26.
Léonard, libraire, (1662), 124.
Léonard de Vinci, 189.
Léopold (Christian), interprète juré à Paris (1718), 232.
Le Paultre (Denis) (1582), 11.
Le Peletier (Claude), surintendant des finances (1683), 156.
Le Pelletier, président, 203.
Le Petit, libraire de l'Académie (1672), 77.
Le Petit, 260.
Lepeuple, intendant de la police de Paris (1591), 41.
Lepicart (J.-B.), [voyez De Perigny], 371.
Le Pifre (Jean), dit le Loup (1584), 21 ; (1586), 28.
Lepoivre (Charles), 325.
Leprestre (Madeleine) (1585), 22.
Leprestre (Jean), gouverneur de l'Hôtel-Dieu (1591), 41.
Le Prevost (Françoise), marquise d'Oisonville (1677), 148.
Le Prevost (Nicolas), maître en la Chambre des Comptes (1591), 40.
Leprince (L'abbé) (1717), 137, 139.
Le Prince (Robert), maître vitrier (1657), 155.
Lequeux (Quentin-Louis), 381.
Le Rasle (Maître Pierre) (1588), 33.
Le Rat, médecin (1701), 282.
Leroux, notaire, 201.
Leroux (René), conseiller du Roi, 273.
Leroy (Jean), chantre de la chapelle du Roi, 338.
Leroy (Jérôme), secrétaire du Roi (1595), 49.
Le Roy (Nicolas) (1582), 5.
Lescarbot (Madeleine), 195.
Lescole (De), 260.
Lescoüet (De) (1677), 148.
Lescrivain (Jacques), médecin de l'Hôtel-Dieu (1594), 49.

Lescuyer, conseiller en la Chambre des Comptes (1658), 154.
Lescuyer (Jean), teinturier de draps (1582), 2.
Lescuyer (Jean), maître en la Chambre des Comptes (1596), 51.
Le Sirier (Jean), conseiller au Parlement (1582), 2.
Lespine, 314.
Lespine (De), architecte du Roi (1663), 127, 260.
Lessart (De) (1701), 212.
Lesseing (De), 257.
Lestang (De), avocat au Châtelet, 370.
Lestang, maître tailleur (1663), 126.
Lestard (Nicolas), orfèvre (1583), 16.
Lestelle (René) (1582), 6.
Lesueur (Nicolas) (1586), 28.
Le Sueur (1694), 67.
Le Tellier (Denis), procureur au Châtelet (1582), 3.
Letexier (Étienne) (1582), 5.
Letourneur (Jean-Baptiste) (1717), 144.
Letourneur, notaire, 236.
Leudeville (Madame de) (1653), 94.
Leuville (Jean de) (1582), 5.
Le Vacher (Jean) (1597), 56.
Levasseur, notaire (1693), 208, 288, 328, 375.
Levasseur, marchand passementier (1650), 117.
Le Vau, architecte (1661), 127.
Le Vayer, curé de Saint-Hilaire du Mans (1589), 38.
Levé, 321.
Levesque (Alexis) (1585), 22.
Levesque, receveur général de l'Hôtel-Dieu (1676), 91.
Le Voulte, chef d'office du cardinal de Richelieu, 294.
Leyrault (1663), 125.
L'Hospital (Michel de) (1583), 17.
Lhostellier (Jean), procureur au Parlement (1583), 18.
Lhostellier (Nicolas), procureur au Parlement (1599), 61.
Lhuillier (Nicolas), sieur de Saint-Mesmin (1594), 47.
Libault, notaire, 361.
Lichtemberg (Georges), avocat au Conseil souverain d'Alsace (1754), 229, 230.
Liegard (Jean), maître balancier (1582), 11.
Lignerat (Comtesse de), 230.
Lignières (Bertrand-Claude de) (1701), 209.
Ligny (Jean), avocat au Parlement, 376.
Lillebonne (Mesdemoiselles de) (1688), 180.
Limosin (Philippe), 197.
Linacier, notaire, 232.
Linnague, 364.
Lionne (Agathe de), 277.
Lionne (Albert de), 277.
Lionne (Arthus de), prieur de Combourg, puis évêque de Gap, 243, 261, 278, 279.

Lionne (Aymarde de), 277.
Lionne (Berton de), 278.
Lionne (Bonne de), 279.
Lionne (Charles de), agent général du clergé de France, 279, 281.
Lionne (Charlotte de), 279.
Lionne (Claude de), 277.
Lionne (Élisabeth de), religieuse, 265.
Lionne (Florence de), 278.
Lionne (Hugues de), branche du Dauphiné, 278.
Lionne (Hugues de), ministre de Louis XIV, 229, 243 et suiv., 279.
Lionne (Humbert de), gentilhomme de la manche du Roi, 278, 279, 281.
Lionne (Isabeau de), 278.
Lionne (Jean de), 277.
Lionne (Jeanne-Renée de), 279, 281.
Lionne (Joachim de), 281.
Lionne (Jules-Paul de) (1671), 243, 281.
Lionne (Laurence de), 279.
Lionne (Louis de), marquis de Berny, 231, 243, 273, 281.
Lionne (Louise de), 278.
Lionne (Madeleine de) (1671), 243, 281.
Lionne (Marguerite de), 279.
Lionne (Marquise de) (1754), 229.
Lionne (Mélianne de), 281.
Lionne (Paul-Luc de), 281.
Lionne (Pierre de), 276.
Lionne (Renée de), 281.
Lionne (Sébastien de), 278, 279.
Lionne (Virginie de), 281.
Lisle (Arnould de), libraire (1582), 3.
Lisle (François de) (1582), 3.
Lisle (Gilles de), maître maçon (1586), 27.
L'Isle de Montréal (Seigneur de) (1716), 143.
Lisle (Nicolas de) (1586), 27.
Livre (Charlotte de) (1594), 47.
Livron (Marie de), 319.
Lœuvre (Jacques de), proviseur du collège des Lombards (1678), 265.
Loin (Jean), meunier, 325.
Loithière (Françoise de) (1597), 55.
Lombard (Étienne), maître chirurgien, 324.
Lombert (Jean), maître chapelier (1582), 2.
Loménie (Auguste de), comte de Brienne (1663), 272.
Loménie (Louis-Henri de) (1663), 272.
Longueil (Élisabeth de) (1598), 58.
Longueil (Marie de) (1599), 60.
Longuejoue (Françoise de) (1589), 39.
Longuet (Jean), procureur au Châtelet, 291.
Longueville (Guillaume de), trésorier de France en Dauphiné (1585), 23.
Longueville (Pierre de) (1585), 23.
Lorette (Notre-Dame de) (1596), 52.
Lormier (Jean), conseiller de la Cour des aides (1598), 57.
Lorraine (Béatrix de), 207.
Lorraine (Cardinal de), 196, 227.
Lorraine (Charles de), duc de Guise, 45, 192, 207.

TABLE DES NOMS DE PERSONNES.

Lorraine (Claude de), duc de Chevreuse (1657), 202, 203, 206.
Lorraine (Duc de) (1676), 132.
Lorraine (Élisabeth de), 207.
Lorraine (François-Joseph de), 205, 206.
Lorraine (Henri de), duc de Guise, 192, 204, 205, 206.
Lorraine (Jeanne de), 202.
Lorraine (Joseph-Louis de), 193, 203, 205.
Lorraine (Louis de), cardinal de Guise, 192, 204.
Lorraine (Louis de), duc de Joyeuse, 194.
Lorraine (Louis de), archev. de Rheims, 200.
Lorraine (Louis de), 207.
Lorraine (Louise de), 203, 206.
Lorraine (Louise-Marguerite), 197, 201, 204.
Lorraine (Marguerite de), 203.
Lorraine (Marie de), 192, 204, 205.
Lorraine (Maximilien de), 202.
Lorraine (Roger de), 192, 193.
Lorthon, 338.
Lossendière (François de), 193, 205.
Lossendière (Maurice de), 185.
Louis XIII (1622), 227.
Louvencourt (De), 177.
Louvencourt (Charles de) (1583), 16.
Louvet, receveur des deniers du commerce à Paris (1596), 52.
Louville (Marquis de) (1716), 132.
Louvin (Nicolas de), huissier au Parlement (1584), 19.
Louvois (1670), 74.
Louynes (Jacques de), substitut du procureur général (1627), 166.

Loynes (Jules de), 288.
Loyseau (Nicolas) (1583), 18.
Lozon (Michel de) (1583), 16.
Luc (Marquis du), 379.
Lucas (Charles), 326.
Luccandot (1717), 134.
Lucquin, 363, 364.
Ludet (Louis), maître des enfants de la Sainte-Chapelle (1585), 22.
Lumyère (Innocent) (1582), 4.
Lussan (De) (1586), 26.
Luxembourg (François de) (1588), 34.
Luxembourg (Ysabeau de), 202.
Luynes (Jean de), avocat au Parlement (1582), 2.
Lyesse (Louis) (1584), 20.
Lyevin (Philippe), maître chirurgien (1582), 9.

M

Machault (De), 348.
Machault (De), maître en la Chambre des Comptes (1597), 55, 100.
Madron (1675), 105.
Madurel (1717), 139.
Magdelaine, conseiller au Parlement (1653), 95.
Maheu, notaire, 196, 200.
Maillard (L'abbé) (1717), 138.
Maillart (Hugues), lieutenant criminel (1582), 6.
Maillart (Demoiselle Jeanne) (1582), 6.
Maillart (Nicolas), marchand de Paris (1587), 30.
Maillet (François) (1592), 43.
Maintenon (Madame de) (1661), 123; (1733), 306.
Mairan (Jacques), médecin de l'Hôtel-Dieu (1583), 18.
Maison-Dieu (Jean) (1688), 186.
Maisons (De), président de la Chambre des Comptes (1689), 208.
Majet (1717), 138.
Malfilastre (Adrien de), docteur en théologie (1591), 40.
Malice (Nicolas), 325.
Malingre (Jean) (1582), 7.
Malingre (Nicolas), marchand de draps de soie (1582), 5.
Malleville (Claude de), procureur des eaux et forêts (1582), 9.
Malmait (Claude), 277.
Manchon (Jean), notaire, 192, 193, 195, 203, 205.
Mancini (Madame de) (1720), 312.
Manissy (Humbert de), 277.
Manuel, notaire à Saint-Germain-en-Laye, 203.
Marais (Nicolas) (1589), 39.
Marais, ordinaire de la musique du Roi, 329.
Marant (Jacques), médecin de l'Hôtel-Dieu (1582), 15.

Marcay (De), commissaire de la marine (1628), 297.
Marceau, notaire au comté de Montrésor (1591), 202.
Marcel (Maître Claude), intendant des finances du Roi (1582), 7.
Marcel (Germaine) (1587), 30.
Marcel (Jacques), seigneur de Vert-le-Grand (1582), 6.
Marcel (Mathieu), intendant des finances de Monsieur, frère du Roi (1587), 30.
Marchal (Maurice), marchand à Beaulieu, 340.
Marchant (Loys) (1582), 7.
Marchaulmont (Madame de) (1582), 7.
Marcial (Jacques), secrétaire du Roi (1582), 10.
Marcillac (De), 293.
Maréchal, 321.
Maréchal-Descordes, lieutenant pour le Roi en Picardie (1577), 169.
Mareschal (Pierre), 381.
Mareschal (Robert), 290.
Mareschal (Sébastien), 381.
Marescot le jeune (Jean) (1582), 6.
Marescot (1622), 227.
Maresiz (Guillaume) (1582), 4.
Mariaval (Madeleine) (1582), 9.
Marie (Christophe), sieur de Monceaux (1679), 149.
Marie de Médicis, 352.
Marillac (Maréchal de) (1630), 221, 228.
Marillac (Michel de), conseiller au Parlement (1589), 38.
Marin, 200.
Marion (Gilles), notaire (1641), 192, 194, 372, 375.
Marmilly (Gabrielle de), 203.
Marresse, porte-manteau ordinaire, 341.
Marsollier (René), bourgeois de Paris (1718), 145.
Marteau (Jeanne) (1582), 2.

Martène, 336.
Martin, 310.
Martin (Antoine), 347.
Martin (Jean), prêtre, 220.
Martin, chanoine de Notre-Dame, 380.
Martineau (Aignen), maître pâtissier (1582), 10.
Martineau (Pierre), 347.
Martinet (Claude de), payeur des gages du Parlement (1658), 154.
Martinet (Jean), maître rôtisseur, 324.
Martinet (Michel), 342.
Mascarany, conseiller au Parlement (1663), 126, 364.
Maslon (Henri de), chevalier, 206.
Masparrault (Gabriel de) (1584), 20, 175.
Masparrault (Martin de) (1584), 20.
Masparrault (Pierre de) (1584), 20.
Masuel (Guillaume), joueur d'instrument (1582), 12.
Matellet (Jean), 294.
Mathieu, avocat à Colmar, 240.
Matignon (De), 206.
Matliot (Guillaume), dit Montbéliard, maître coutelier (1636), 346.
Maubray (Sieur de) (1716), 133.
Maugarny (Alphonse de), 202.
Maugiron (Laurence de), 278.
Maugrain (Antoine) (1586), 28.
Maugrain (Jean), procureur à la Chambre des Comptes (1586), 28.
Maupeou, notaire, 200, 203.
Maupeou (René de), 230.
Mauperin (Claude), boulanger (1641), 300.
Maurevers (Marguerite de), 202.
Mauvillain (De), chirurgien, 337.
Mauvoisin (Jacques), tailleur d'habits (1582), 11.
May (Monsieur de) (1586), 26.
Mayenne (Charles, duc de), 200.
Mazarin (Cardinal), 268, 280.
Mazarin (Madame de) (1670), 74.

TABLE DES NOMS DE PERSONNES. 407

Médard, mercier (1641), 300.
Médicis (Catherine de), 278.
Médicis (Cosme de) (1672), 89.
Meillan (Madame de) (1598), 58.
Melfort (Dame de), 318.
Melin (Nicolas) (1582), 11.
Menant (Germain), 363.
Menant (Jacques) (1587), 29; (1588), 33.
Menant (Jean), gouverneur de l'Hôtel-Dieu (1588), 33.
Menard (André), chirurgien, 348.
Menard, notaire, 203.
Ménisse (Philibert), docteur régent en la Faculté de médecine (1662), 288.
Méridat (1658), 118.
Merlin (Madame) (1584), 22.
Merly (Madame de), 176.
Merville (Pierre), avocat au Parlement (1716), 133.
Méry (De) (1587), 33.
Meschatin (Guillaume de), 263.
Mesignac ou Messignac (De), 296.
Mesmes (De), 298.
Mesmes (Jacques de), chevalier (1654), 97.
Mesmes (Thomas de), aumônier du Roi (1654), 97.
Mesnard (Jacques) (1582), 7.
Mesnard (Mathurin), maître du Saint-Esprit (1599), 60.
Mesnart (Martin), greffier de l'officialité de Paris (1582), 3.
Mesnon (Sébastien), maître tonnelier (1584), 20.
Mestail (Esme), marchand drapier (1582), 8.
Mestrail (Jean), secrétaire du Roi (1582), 14.
Mesureur (Médard) (1582), 12.
Métivier (Pierre), médecin du Roi (1662), 116.
Metz (De), notaire, 199, 203.
Meullan (De), prêtre (1663), 128.
Meureg, bailli de Wissembourg (1720), 242.
Meusins (Jacques), 335.
Meusnier (François), 325.
Meusnier (Pierre), 342.
Mezeray (De) (1672), 79; (1676), 92.
Michelin (1637), 364.
Midrouet (Noël) (1636), 349.
Mignard (1694), 64, 67, 180, 188, 189, 275, 379.
Milcen (Eustache), 325.
Millet (Guillaume), 199.

Millon (Michel), orfèvre à Paris (1588), 33.
Milon (Benoist), chevalier, sieur de Vindeville, administrateur de l'Hôtel-Dieu (1593), 45.
Mimeures (Marquis de) (1717), 137.
Miramion (De), dizainier de la ville de Paris (1596), 52.
Miron (Gabriel), conseiller au Parlement (1582), 2.
Missebrin (Barbe) (1596), 51.
Miton (1717), 141.
Moisant (Loyse) (1582), 4.
Molé (Madame) (1649), 108.
Molé de Champlastreux, 328.
Molé, général des monnaies (1586), 27.
Mollet (Julien), apothicaire, 347.
Mollet (Toussaint), 348.
Mommerqué, 310.
Moncasin (Jean de), maître de camp (1586), 26.
Monier (Chevalier) (1720), 311.
Montagner (Antoine de), écuyer (1598), 58.
Montaigne (Michel de) (1672), 90.
Montarsy (Tissier de) (1688), 191.
Montausier (Duc de) (1666), 113.
Montavent (De), trésorier des États de Bretagne, 328.
Montfaur (De), capitaine de navire, 297.
Montglat (Demoiselle de) (1586), 27.
Monthenault (De), notaire à Paris (1694), 70, 372.
Montholon (De), avocat au Parlement (1597), 55.
Montholon (Jérôme de) (1583), 17.
Montigny-Servien (De), 268.
Montiot (François de), procureur au Châtelet (1599), 60.
Montmagnye (De), maître des requêtes de l'Hôtel (1598), 57.
Montmarquen (De) (1717), 134.
Montmeliart (Jacques), taillandier (1582), 11.
Montmorency (Henri de), connétable de France (1595), 49.
Montmorency (Louis de), gouverneur de Senlis (1596), 52.
Montmorency (De) (1589), 39.
Montmorency (Madame de) (1583), 18.
Montmorency (Maréchal de) (1584), 21.
Montreuil (Germain de), marchand bourgeois de Paris (1589), 38.
Montrotier (Baron de), 174.

Montrouge (De), 174.
Monvoisin (1720), 311.
Morant-Dumesnil, trésorier de l'Épargne, 363.
Morblanc (Nicolas), 325.
Moreau, notaire à Chaulnes, 202.
Moreau (Gabriel), 222.
Morice (François), trésorier général des domaines (1683), 152.
Morin (Capitaine) (1585), 22.
Morin, chanoine de Saint-Marcel, 380.
Morin, médecin de la duchesse de Guise, 182.
Morin (Guillaume), maître d'école (1586), 26.
Morin (Maître Jean), seigneur de Martilly (1582), 6.
Morin (Marie), veuve du chancelier de l'Hospital (1583), 17.
Mornay (Ch. de), seigneur de Montchevreux, 375.
Moron (Benard de), docteur en médecine (1585), 23.
Morot (Martin), maître tapissier (1589), 38.
Morsant (Présidente de) (1585), 23.
Morville (De) (1717), 140.
Mossy (Madeleine) (1596), 51.
Mouchy (De) (1683), 157.
Moucy (Étienne de) (1589), 39.
Mouilleron (François), procureur en Parlement (1667), 107.
Moulin (Chevalier du), 380.
Mouqueron (Charlemagne), marchand, bourgeois de Paris (1718), 145.
Mousnier, notaire (1671), 243, 260, 263.
Moussel (Maître Jean) (1582), 3.
Mouton (Jacques), lazariste, 353.
Moyen (Nicolas), chirurgien (1636), 347.
Mucet (Guillaume) (1582), 4.
Mucet (Jean), procureur en Parlement (1582), 10.
Mucet (Philippe) (1582), 10.
Muguet, notaire au comté de Montrésor (1591), 202.
Mullot (Hyon), maître pâtissier (1582), 3.
Muret (Pierre), notaire, 193.
Musnier (Quantin), 364, 368.
Musset (Mademoiselle) (1672), 80.
Mutel (Jean), 193.
Muzard (Balthasard), banquier en cour de Rome (1694), 70.

N

Nantes (Antoine) (1582), 6.
Nantes (Mademoiselle de) (1683), 156.
Nautier (Maître Pierre) (1582), 8.
Navaille (Duc de) (1663), 125.
Navarre (Pierre) (1592), 44.
Naymet (Jean) (1587), 29.
Neramdolph (Jean), dit Herman (1627), 298.
Nesle (Pierre de) (1582), 5.
Netz (Madame de), 370.

Neufchaise (Chevalier de), 258.
Neufville (Nicolas de), seigneur de Villeroy (1585), 22.
Neuilly (Étienne de) (1582), 10.
Neuilly-Fresnois (De), 256.
Neuville (Antoine-Pierre Mirleau de), avocat au Parlement, 384.
Nevers (M. de) (1670), 74.
Nevers (Duc de) (1622), 227.

Nevers (Duchesse de) (1584), 20.
Niceron (Claude) (1585), 23.
Niceron (Jean), apothicaire (1582), 11.
Niceron (Marguerite) (1589), 38.
Nicolaï (Messire Aimard) (1582), 13.
Nicolaï (Président) (1583), 16.
Nicolaï (Présidente de), 380.
Nicolaï, p^r pr^{dent} de la Ch. des C^{tes} (1689), 208.
Nicolas, notaire, 200.

TABLE DES NOMS DE PERSONNES.

Niert (De), 260.
Noailles (Duc Anne-Jules de), gouverneur du Languedoc (1682), 156.
Noailles (Duc de), 312.
Noailles (Duchesse de) (1682), 156.
Noailles (Louis-Ant. de), archevêque de Paris, 209, 310.
Noailles (Louis-Gaston de), 322.
Noailles (Mademoiselle de) (1681), 151.

Noailles (Maréchal de), 313.
Noailles (Maréchale de), 312.
Noailles (Marie de) (1682), 156.
Nocé (Comte de), 315.
Nodot (Marguerite), 184.
Noël (Jérôme) (1582), 14.
Nointelle (De) (1717), 137.
Nolin, aumônier de l'archevêque de Paris (1746), 380.

Nolle (Laurent), sergent royal à Troyes, 365.
Normandeau (Jacques), chirurgien (1636), 347.
Norry (Jeanne) (1582), 14, 17.
Nouveau (De), trésorier des parties casuelles, 177.
Novion (De), 208.
Noyon (Dom Jean de) (1585), 23.
Nozereau (Mathurin), 299.
Nyceron (Robert) (1582), 4.

O

Obrenan (Sœur Marie-Thérèse), 336.
Ode (Humbert), sieur de Triors, 278.
Oger (Christophe) (1583), 16.
Oger (Maître René), avocat au présidial d'Angers (1583), 16.
Ogier, notaire à Paris (1675), 129, 201, 202, 204.
Ogier, notaire à Reims, 196.
Oisonville (Marquise d') (1677), 148.

Olivier (Messire Jean), chevalier (1582), 5.
Orléans (Anne-Marie-Louise), 205.
Orléan (Anne-Marie-Louise d'), duchesse de Montpensier, 193.
Orléans (Anne-Marie-Louise d'), 207.
Orléans (Élisabeth d'), 193, 203, 205.
Orléans (Isabelle d'), 193.
Orléans (Léonor d'), duc de Longueville, 203.
Orléans (D'), notaire, 206.

Ormesson (Président d') (1596), 51.
Ornano (Alphonse d'), 278.
Oudard (Jeanne), prieure de l'Hôtel-Dieu (1597), 55.
Oudet (Étienne), commissaire au Châtelet (1586), 28, 52.
Oudin (Jean) (1582), 3.
Oudineau (Jacques), greffier de la prévôté de Paris (1591), 40.

P

Pageau, procureur à la Cour (1653), 94, 95.
Paignon, chirurgien de l'archevêque de Paris (1746), 380.
Paillart (François de), chevalier (1582), 5.
Pain, notaire, 202.
Pan (Reoulin), marchand pelletier (1582), 6.
Parabère (L'abbé de), 115.
Parabère (De) (1644), 114.
Pardaillan (Catherine de) (1644), 114.
Perdaillan (De) (1644), 114.
Pardessus (Maître Pierre), chanoine de Paris (1585), 23; (1586), 28.
Parent (Claude) (1594), 47.
Parent (Guillaume) (1582), 9.
Parfaict (Guillaume) (1587), 30.
Parfaict (Jacques), président en la Cour des monnaies (1594), 47.
Parfaict (Jacques), écuyer, 290.
Perigot (Nicolas), 365.
Paris (Daniel), 207.
Paris (Louis de), bourgeois de Paris, 283.
Parisot (1717), 140.
Parisot (Nicolas), marchand tailleur d'habits, 299.
Parme (Duc de), 280.
Parnajon (Jacques), lieutenant particulier des eaux et forêts de France, 111.
Parques, notaire (1662), 197, 286, 289, 290, 340.
Parvy (Nicolas), 325.
Pasquier (François) (1627), 168.
Pasquier (Thibault) (1582), 3.
Passart (Madame) (1587), 30.
Passavant (Jeanne de) (1583), 16.
Passerat (Nicolas), 346.
Patin (Guy), doyen de la Faculté de médecine, 290.

Patin, dizainier de la ville de Paris (1596), 52.
Patoillart (Claude) (1582), 9.
Patris (Barthélemy), 365.
Patrocle (Madame), 362.
Patu, notaire, 199.
Paulmier (Louis), chanoine de l'église de Paris (1582), 3.
Paulmier (Marie) (1627), 160.
Paulmier (Nicolas), marchand bourgeois de Paris (1582), 2.
Paulmier (Maître Pierre), médecin de l'Hôtel-Dieu (1596), 53.
Paumart (Nicolas), bourgeois de Beauvais (1584), 20; (1585), 22.
Pauny (Jean), 326.
Payen, notaire, 196.
Payen (Catherine) (1582), 10.
Payen (Paule), comtesse de Lionne (1671), 243, 260.
Péan, notaire (1734), 309.
Péan (Antoine), maître tapissier (1582), 4.
Péan (Catherine) (1582), 14.
Péan (Charles) (1589), 38.
Pelisson, procureur, 286.
Pellerin (Maître Pierre) (1582), 9.
Pelletier (Claude), 347.
Pelletier (Jean), doyen de la Faculté de théologie (1582), 14.
Pelletier (Nicolas) (1582), 10.
Pelletier (Pierre) (1582), 10.
Pellevé (Cardinal de) (1587), 31.
Pellocquin (Maître Bertrand) (1585), 23.
Peltier (Robert), 342.
Percien (Madame de) (1677), 148.
Perdreau (Marie), 219.
Pereault (Madame), religieuse (1681), 152.

Perichon (Demoiselle), 260.
Perier, notaire, 206, 326.
Perier (1720), 311.
Perier, 176.
Périer (Louis), avocat au Parlement, 334.
Perigny (Madame de), 370.
Perrot (Jean), marchand tapissier (1668), 100.
Perrault (Charles) (1672), 79.
Perreau de Charnoye (Fabien) (1662), 286; (1672), 80.
Perreuze (De), maître des requêtes ordinaires de l'Hôtel (1596), 52.
Perrier (Julien), chanoine de Saint-Germain-l'Auxerrois (1582), 12.
Perrier (Louis), avocat au Parlement, 384.
Perrier, marchand à Évreux, 336.
Perrochel (Valleran), marchand pelletier (1589), 38.
Persil (Thomas), 335.
Pestreniot (Antoine), conseiller en la Chambre des Comptes (1582), 2.
Petit, 260.
Petit (Denis), marchand bourgeois de Paris, 325.
Petit (François), seigneur de Passy, 373.
Petit (Jean), trésorier de la marine (1716), 143.
Petit (Michel), maître bahutier, 346.
Petit (Pierre), curé de la Marche (1584), 21; (1591), 41.
Petiteau (Guillaume), 175.
Petitpain (Jean) (1582), 4.
Pezé (Marquis de) (1733), 304.
Phélypeaux (De), trésorier de l'Épargne, 364.
Philandre ou Filandre (Mademoiselle), 292.
Philippes (Claude), trésorier général de Madame de Bourbon (1582), 12.

TABLE DES NOMS DE PERSONNES.

Picard (Mathurin), 260.
Picart (Denis), procureur au Châtelet (1582), 8.
Picart (Esther), veuve Salomon de Caus (1626), 298.
Pichart (Jean), proviseur du collège de Navarre (1589), 38.
Pichon, notaire, 206.
Pichonnat (Claude) (1582), 5.
Picot (Anne), 290.
Picot (Eustache), maître de la chapelle du Roi, 336.
Picot (Jacques), maître d'hôtel du Roi (1662), 290.
Picot (Jacques), argentier du cardinal de Richelieu, 294.
Picot (Jacques), 336.
Picot (Marie), 289, 290.
Picot (Pierre), 337.
Picquolin (Claude) (1596), 52.
Pieron (Nicolas), procureur général de la Mission (1701), 209.
Pigeon (Jean), 222.
Pijault, procureur au Parlement, 337.
Pillault (Jehan) (1582), 6.
Pillé (Jean), lazariste (1639), 353.
Pilles (De), président à Clamecy (1597), 55.
Pilliers (Denis de), écuyer (1627), 160.
Pinart (Guillaume), chandelier (1582), 6.
Pineau, commis à la Chambre des Comptes (1597), 54.
Pinet (Jacques), seigneur de Charmoy, 193.
Pintard (Antoine), 261.
Pinte (Demoiselle), 315.
Pion (André), aide-chirurgien (1636), 347.
Pipemont (Sieur de) (1584), 21.
Piqueau (Michel), marchand drapier (1582), 8.
Piquerel (Jean), maître menuisier (1582), 11.
Piricat (Jean), seigneur de Méridon, 196.
Pirot (Philippe), 283.
Pizieux (Madame de), 362.

Plaisance (Cardinal de), légat en France (1593), 45.
Pleneuf (Berthelot de), 326.
Pleurs (Pierre de), marchand drapier (1582), 2.
Poignant (Jean) (1582), 8.
Poirier (Jeanne) (1717), 135.
Poirier (Médard) (1586), 26.
Poirier (Nicolas) (1586), 26.
Poirier (Philippe) (1582), 10.
Poisson (Nicolas) (1582), 6.
Poix (De), 177.
Polignac (Marquis de), 274.
Pollaer (Jean de) (1589), 38.
Pollin (Ch.), 347.
Pomponne (Abbé de), conseiller d'État (1694), 64; (1719), 240.
Pomponne (Marquis de) (1694), 64.
Ponard (Nicolas), 367.
Poncet (Maître), curé de Saint-Pierre-des-Arcis (1586), 27.
Poncet (Pierre), 259.
Pons (Judith de), 205.
Pont (Marguerite de) (1654), 97.
Pontchartrain, chancelier (1716), 132.
Pontchartrain (Madame de), 370.
Ponthieu (Philippe), 177.
Populus (François), chirurgien (1636), 348.
Poquelin (Guy), marchand bourgeois de Paris (1655), 288, 290.
Porcet (François), 372.
Porcher (Claude) (maître imprimeur à Paris) (1594), 48.
Portail (Antoine), lazariste (1639), 353.
Portes (Bonne de), 278.
Portes (Guillaume de), 278.
Pot (Étienne) (1582), 2.
Pot (Jean), maître boucher (1582), 5.
Pot (Nicolas) (1582), 2.
Pot (Nicolas), chirurgien (1636), 349.
Potier (Jacques), procureur au Châtelet (1733), 306.
Pottier (Bertrand), procureur fiscal à Saint-Cloud, 325.

Pouche (Marguerite de) (1583), 16.
Poucher (Pierre), marchand mercier (1582), 9.
Pougy (Marie), 337.
Poulain (Nicolas), 326.
Poullain (Marguerite) (1677), 148.
Poully (Mademoiselle de) (1591), 40.
Poultier (Claude), chantre de l'église collégiale de Dorat (1582), 13.
Poupin (Robert) (1582), 4.
Pourroy (Guillaume), 278.
Poussechat, procureur au Parlement, 93.
Praël (Richard-François de) (1716), 132; (1717), 144.
Praille, apothicaire, 337.
Prailly (Claude) (1694), 65.
Premedy (De), 316.
Présidy, chirurgien, 181.
Pressy (De), 304.
Prestre (Jean Le), administrateur de l'Hôtel-Dieu (1589), 36.
Prestre (Claude Le), administrateur de l'Hôtel-Dieu (1589), 36.
Prevost, aumônier du cardinal de Noailles (1720), 311.
Prevost (Maître Jean), receveur du bailliage de Senlis (1582), 8.
Prevost (Nicolas) (1582), 9.
Prevost (Maître Pierre), chapelain de Sorbonne (1583), 16.
Prirque (Anne-Louise), 319.
Prieur, notaire (1664), 193.
Prioux, 289.
Procart (Robert), maître orfèvre (1582), 3.
Prost (Charles), huissier au Châtelet, 331.
Prevost (Nicolas), peintre du Roi (1635), 294.
Prudhomme (Noël), 349.
Prunet (Maître Louis), curé de Saint-Pierre-aux-Bœufs (1597), 54.
Puget (Étienne), trésorier de l'Épargne (1598), 58, 353.
Puget (1716), 132.
Puisieux (De), 363.

Q

Quarré, notaire à Paris (1672), 78.
Quinault (1672), 79.

Quinquaire (Jean) (1582), 10.

Quirot (Pierre), 321.

R

Rabiais (Étienne), 349.
Rabois (Madame) (1694), 64.
Rabot (Virginie de), 281.
Racines (Nicole), 825.
Raclot (Marie), 299.
Radigue (1652), 117.
Ragois (Séraphin), 193.
Ragoleau (1663), 125.
Railantin (Catherine), 229.
Ralle, 335.

Rallu, notaire, 203, 286.
Rambouillet (Marquise de) (1658), 118.
Ramyer (Françoise) (1596), 51.
Randan (Madame de) (1583), 17; (1584), 20.
Rapine (Dom François), prieur de Saint-Pierre-le-Moûtier, 343.
Rappin, lieutenant de robe courte au Châtelet (1594), 48.
Rebours (Antoinette) (1584), 20.

Rebours (Jacqueline) (1584), 20.
Refuge (Marguerite de), 176.
Regis (Guillaume) (1582), 8.
Regis (Louis), chirurgien (1636), 349.
Regnard (Alexandre), avocat au Parlement (1582), 2.
Regnard (Louis-Pierre), commissaire au Châtelet, 306.
Regnard (Demoiselle Madeleine) (1582), 2, 58.

410   TABLE DES NOMS DE PERSONNES.

Regnauld, grand vicaire de l'archevêque de Paris, 380.
Regnauldin (Jean), marchand (1582), 4, 11.
Regnault (Gilles), maître boulanger (1582), 4.
Regnault (Maître Pierre), seigneur d'Arcueil (1582), 12.
Regnault, notaire (1736), 318.
Reisse (François de) (1592), 42.
Renard, notaire (1733), 305.
Renardeau (Denis), 325.
Renaudot (L'abbé) (1716), 132.
Renaudot, médecin (1658), 118.
Renaudot (Eusèbe) (1716), 133; (1717), 144.
Renaudot (Isaac), médecin (1636), 347.
René, duc de Lorraine, 194.
Renoux (Madeleine), 325.
Rentel (De), *alias* Daretel et Duretel (1627), 163.
Repichon (Toussaint), secrétaire du Roi (1582), 9.
Ressé (Comte de) (1683), 157.
Retz (Cardinal de), 328.
Retz (Duchesse de) (1583), 16.
Revesche (Jean) (1592), 42.
Reynie (De la), 184.
Rheims (Pierre de) (1582), 6.
Rheims (Richard de) (1582), 6.
Riant (Présidente) (1585), 23.
Ribault, trésorier du duc de Mayenne (1594), 47.
Ribeire (De), 208.
Ribier (Guillaume), seigneur de Villebrosse (1582), 12.
Richard (Anne), 219.
Richard (Gilles) (1586), 26.
Richelieu (Alphonse-Louis Duplessis de), archevêque d'Aix, frère du cardinal (1626), 299.
Richelieu (Cardinal de), 199, 291.
Richelieu (Duchesse de), 312.
Richer, notaire (1655), 192, 197, 198, 361.
Richeville (Guérin de) (1720), 312.
Ricordeau (Jacques), notaire à Paris (1662), 116, 154, 192, 372, 377.
Rindercq? (1717), 137.
Rioton, prêtre (1640), 351.
Riou (Simon), maître boissellier (1582), 11.
Rioult (Séraphin), chevalier, 321.
Riousse (Dominique), prêtre (1582), 10.

Ripoche, chanoine d'Angers (1694), 63.
Riveron (Jean de), auditeur en la Chambre des Comptes (1582), 12.
Rives (Luc de), conseiller maître en la Chambre des Comptes (1671), 243.
Rives (Marguerite de) (1648), 261, 275.
Rivet (Claude) (1640), 351.
Rivet (Jean) (1640), 351.
Rivière (François de), écuyer (1688), 186.
Robert, procureur du Roi (1671), 193.
Robert (1717), 140.
Robert (Claude) (1688), 185.
Robert (Guillaume), 277.
Robert (Jacquemete), 276.
Robert (Jacques) (1582), 12.
Robert (René), maître plombier (1582), 11.
Robert de Boqueiron (Catherine Béatrice), 279.
Robert de Saint-Germain (Pierre), 279.
Robertet (Messire Florimond), chevalier (1582), 12.
Robertet (Marie) (1582), 12; (1589), 38.
Robillard, notaire, 205.
Robin (Guillaume) (1582), 14.
Robin (Jean) (1636), 349.
Robineau, administrateur des Incurables et de l'Hôtel-Dieu (1588), 371.
Robineau (Maître Nicolas) (1582), 5.
Robinet, grand vicaire de l'archevêque de Paris, 380.
Robinet, crieur de corps (1701), 285.
Robinet (Louis), 349.
Rochechouart (Gabrielle de) (1596), 52.
Rochefort (René de) (1587), 30.
Rochefort (De) (1588), 33.
Rochepot (Vicomte de) (1599), 60.
Rochepot (Madame de) (1599), 61.
Rocher, dit Lafontaine (Joachim), chirurgien (1636), 349.
Rocheret (Antoine), bourgeois de Paris (1589), 38.
Rochon, médecin (1591), 40.
Rocquette (Louis-Christophe de), 193.
Rodet, conseiller à la Cour des aides, 184.
Rogays (François), avocat au Parlement (1582), 11.
Roger, notaire au Châtelet (1582), 12.
Roger, notaire, 381.
Rogier (Jean), sieur de la Marbelière, 293.
Rogier, conseiller au Parlement, 329.

Rohan (Eléonore de), 200.
Rohan (Louis de), 200.
Rohan (Marie de), 203.
Rohan (Marie de), duchesse de Chevreuse, 197.
Roilart (Jacques), 9.
Roilart (Nicolas) (1582), 9.
Roissey (Maître Urbain), greffier des recettes de l'Hôtel (1595), 49.
Roland (Nicolas), procureur à la Ferté-Alais (1598), 58.
Rollindes (Marc-Antoine de) (1688), 185.
Romaneigne, 258.
Romieu (Louis) (1672), 77.
Roquette (De), évêque d'Autun (1688), 180.
Rosières (Charles de), valet de chambre du Roi (1583), 16.
Rossellet (Albert de) (1582), 14.
Rottier, 314, 315.
Rouché (Jeanne), 349.
Rougeau, conseiller au Parlement (1672), 79.
Rouget (Pierre), huissier en la Cour de Parlement (1585), 24.
Roujolles (Gilles), maître boucher (1582), 5.
Roulland, docteur en Sorbonne (1673), 275.
Roullier, maîtresse d'école de Tournan, 334.
Rousseau (Henri), 200.
Rousseau (Jean), 342.
Rousseau (Nicolas) (1676), 130.
Roussel (Pierre), joueur d'instruments (1582), 8.
Roussel, notaire, 204.
Rouvel (Jean) (1582), 9.
Rouvilly (Prieur de), 257.
Royadan (Pierre) (1582), 11.
Royan (Marquis de) (1594), 47.
Royan (Père Abraham de) (1636), 349.
Royer (Marquis de) (1595), 20.
Royer (Jean), maître tireur d'or (1582), 11.
Rubentel (Maître Denis) (1582), 3.
Rubentel (Jacques), tireur d'or (1582), 11.
Rubentel (Nicolas), avocat au Parlement (1582), 3.
Ruby, 314.
Rueil (De), évêque d'Angers (1694), 63.
Ruel, notaire à Alençon (1716), 133.
Ruelle (Hélène de la) (1583), 16.
Ruelle (Nicolas) (1582), 9.
Ruzé (Antoine), marquis d'Effiat, 199, 376.
Ryant (Armand de), chevalier (1683), 152.

S

Sablé (Marquis de), 260.
Sacy (De), avocat, 233.
Sadot, notaire, 201.
Sainfray, notaire (1684), 155.
Saint-Amand (De), maître d'hôtel de la maison du Roi (1627), 168.
Saint-Anne, brodeur, 299.
Saint-Belin (Jean de) (1586), 27.
Saint-Bonnet (Madame de) (1596), 51.

Saint-Contest (Barberie de), conseiller d'État (1719), 240.
Saint-Germain Beaupré (De) (1627), 167.
Saint-George (Madame de), 306.
Saint-Jacques (Hardouin de), médecin de l'Hôtel-Dieu (1585), 25.
Saint-Jullien (Étienne de) (1582), 7.
Saint-Laurans (De) (1659), 119.

Saint-Leu (Nicolas de), notaire à Senlis (1668), 102, 265.
Saint-Martin (De), procureur général des eaux et forêts, 322.
Saint-Masan (De), 297.
Saint-Mesmin (De), écuyer (1585), 23.
Saint-Prix (Monsieur de) (1584), 19.
Saint-Quentin (Denis de) (1582), 4.
Saint-Quentin (Louise-Madeleine de), 319.

TABLE DES NOMS DE PERSONNES.

Saint-Sauveur (De), 299.
Saint-Simon (Duchesse de) (1670), 74.
Saint-Teny (Madame de) (1677), 148.
Saint-Victor (Madame de) (1583), 16; (1584), 20.
Saint-Vrain (Levasseur de), 329.
Saint-Vuast (Charles-François de), notaire à Paris (1662), 116, 340.
Saint-Yon (Marie de), 218.
Sainte-Maure (Guy de) (1676), 130.
Sales (Jean), prieur de Millegrand (1668), 101.
Sandrin (Maître Pierre) (1582), 2.
Sanglez (Antoinette de), 366.
Sanguin (Jacques) (1587), 30.
Sanguin (Jacques), seigneur de Livry (1587), 29.
Santeul (Philibert), marchand, bourgeois de Paris (1594), 47.
Saone (De la), chanoine de Saint-Honoré, 380.
Sardini (Scipion), 197.
Sarrazin, 258.
Sarrazin (Charlotte) (1582), 13.
Sauguin, conseiller en la Cour des aides, 362.
Saulnier (Nicolas), notaire (1623), 171.
Sauvajon (Dominique), maître tisserand (1582), 11.
Sautereau (Jean de), 277.
Sauvage, précepteur de l'abbé de Lionne, 276.
Sauvaige, notaire, 381.
Sauvat (Madame de) (1597), 54; (1599), 60, 299.
Sauveray, avocat, 382.
Sauxy (Monsieur de) (1597), 55.
Savaizes (Louis de), écuyer (1596), 51.
Savalette (Pierre), notaire (1702), 284.
Savart, 326.

Savoye (Élisabeth de), 202.
Savoye (Henriette de) (1593), 45.
Savoye (Jacques de), 200.
Scalquin (Jacques) (1587), 30, 32.
Scarron (Mademoiselle) (1596), 51.
Scavard, 260.
Schomberg (Maréchal de) (1630), 228.
Schwartz, interprète juré, 239.
Secousse (François), 193.
Séguier (De), lieutenant de la prévôté de Paris (1598), 57.
Séguier, chancelier de France, 267.
Seguier (Dominique), évêque de Meaux, 375.
Séguier (Louis) (1586), 26, 358.
Séguier (Madeleine) (1589), 38.
Seguier (Président) (1584), 20; (1594), 47.
Séguier (Présidente) (1583), 16.
Séguin, médecin de la Reine (1659), 120.
Seignelay (Comtesse de) (1733), 304.
Seigneuret (Jean), chirurgien (1636), 348.
Seillé (De), 301.
Séjourné (Madeleine) (1694), 70.
Semelle (Pierre) (1582), 8.
Semonsac (Madame de) (1648), 128.
Senarpont (Madame de) (1593), 45.
Sendras (Maître Jean), interprète du Roi en langue germanique (1582), 12.
Sendras (Nicolas), avocat au Parlement (1582), 12.
Sénéchal (Guy), maître esperonnier (1582), 6.
Senneterre (Demoiselle de), 174.
Sequeneau (Anselme), maître maçon à Fontevrault, 293.
Seraulx (Maître Pasquier) (1583), 16.
Sericourt, marchand tapissier, 315.
Serigny, 316.
Servant (Christophe) (1627), 166.

Servien (Abel), 279.
Servien (Antoine de), 279.
Servien (François), aumônier du Roi, 261.
Servien (Isabeau de), 279.
Servient (Dame Barbe de), 372.
Servient (Nicolas de), 372.
Servin, avocat général, 360.
Sevin (Maître François), conseiller au Parlement (1584), 20.
Sevin (Présidente), 335.
Sibour, syndic du magistrat de Colmar (1713), 242.
Sicile (René de), duc d'Anjou, 202, 203.
Siferlai, agent de change, 285.
Sillery (Chancelier de), 265.
Sillery (Noël Brulart de) (1640), 350.
Silly (Louis de), chevalier (1582), 7.
Simon (Nicolas), marchand drapier (1582), 8.
Simonet, notaire, 198, 263.
Sirou, huissier, 275.
Sixhommes (Philippe), 326.
Solignac, 263.
Sompsois (Charles de), écuyer, 366.
Soreau (Jean) (1582), 2.
Soubeyran (Pierre), écuyer, 283.
Soufflot (1627), 165.
Soufflot (Alexandre-Michel) (1702), 283.
Soufliers (François), lazariste (1639), 353.
Souillet (Madame) (1663), 125.
Soulas (Jacques), 297.
Sourdis (Madame de) (1594), 47; (1596), 51; (1598), 58.
Soycourt (Charles de) (1583), 16.
Subleau (Olivier), trésorier de la marine (1694), 63, 70.
Succat (Pierre), bourgeois de Paris (1589), 36.
Suippe (François Berthins de), aide-chirurgien (1636), 347.

T

Tabard (Maître Denis), chantre de la musique du Roi (1595), 49.
Tailladais, intendant du duc de Guise, 258.
Taize (De), écuyer (1598), 58.
Talemant (1650), 116.
Tallemant (L'abbé?) (1663), 128.
Tallon (Maître Claude) (1582), 3.
Talon (Ch.-François), curé de Saint-Gervais (1651).
Talon (Jacques), 372.
Talon (Jean), 376.
Talon (Omer), 370.
Talon (Suzanne-Marie), 371, 372.
Talon (Famille) (1648), 374.
Tanneguy, gouverneur de l'Hôtel-Dieu (1598), 57.
Tanneguy (Demoiselle Anne) (1586), 27.
Tapata (Jacques) (1582), 14.
Taqueleau (Claude de), notaire à Guise, 195.
Tarbé, 313.

Tardif (1717), 138.
Tardif (Gabriel), procureur au Châtelet (1733), 306.
Tartarin (Jacques), échevin, bourgeois de Paris, 373.
Tartarin (Michel) (1586), 27.
Tassin (Nicolas), 364.
Taupin (Pierre), sculpteur des bâtiments du Roi, 324.
Tavannes (De) (1582), 12; (1589), 39.
Tavenet (Zacharie) (1582), 9.
Terrier, greffier du Bureau de l'Hôtel-Dieu, 323.
Terrière (René), avocat, 290.
Tessier, notaire, 334.
Testard (1663), 125.
Testart (Martin), 200.
Teste (Ferrand), sieur de la Guimetière, 278.
Thevalle (Messire Jean de) (1593), 45.

Thiange (Mademoiselle de) (1670), 74.
Thibault (David), commissaire des guerres (1597), 55.
Thibert (Jean), notaire au Châtelet (1597) 55, 70, 196.
Thiboust (Honoré), 293.
Thièremont (Vincent), libraire (1582), 4.
Thierry, grand vicaire de l'archevêque de Paris, 380.
Thines (Bernard), médecin (1636), 347.
Thinot (André) (1588), 33.
Thirement, juré crieur, 276.
Thiriot (Jean), architecte-ingénieur des fortifications de France (1628), 296.
Thollert (Jacques), lazariste (1640), 357.
Thomas, notaire, 284.
Thomas (Maître Pierre) (1582), 7.
Thorin (Catherine) (1597), 55.
Thorin (Dom Toussaint), chartreux à Lyon (1597), 55.

52.

TABLE DES NOMS DE PERSONNES.

Thou (Augustin de), président au Parlement (1589), 36.
Thou (Jeanne de), dame du Chesnoy (1591), 40.
Thou (Présidente de) (1588), 33.
Thoulouse (Edmond), 368.
Thouroulde (Charles) (1582), 2.
Thuault (Maître Jacques) (1587), 30.
Thuet (Jacques), médecin (1636), 347.
Til (Du), notaire à Strasbourg (1709), 239.
Tillière (De), avocat, 331.
Titon, conseiller à la Grand'Chambre (1733), 305.
Tixier (François), avocat au Parlement (1582), 4.
Tonnellier (Jean), drapier (1582), 3.
Tonnellier (René) (1582), 3.
Tonty (Alphonse de) (1716), 143.
Tottée (Catherine) (1582), 7.

Tottée (Denis) (1582), 8.
Tottée (Guillaume) (1582), 8.
Toulouse (Comte de), 329, 332.
Toulouse (Comtesse de) (1720), 312.
Touquoy (1662), 294.
Tournebuz (Maître Adrien), lecteur du Roi à l'Université de Paris (1582), 5.
Tousselin (Jean), laquais violon, 275.
Tousson (Jean), conseiller au Parlement (1582), 11.
Toutint (De), 298.
Tracy (Madame de), 257.
Trelon (Président de) (1640), 351.
Tremblay (Claude de) (1716), 131.
Tremblay (Jean du) (1582), 11.
Tremblin, 315.
Tresmes (Comte de), 300.
Tresme (Madame de) (1587), 30.
Trinquie, 176.

Triperel (Jean), libraire (1582), 4.
Trohel (Pierre) (1589), 37.
Tronchou (Du), 321.
Tronson, notaire au Châtelet (1625), 159.
Tronson (Catherine) (1597), 55.
Trouvé (Jean), 347.
Trouvé, notaire, 196.
Trudaine (François) (1582), 8.
Tubeuf, maître des requêtes, 260.
Tubeuf (Madeleine), 326.
Tudert (Marie de) (1598), 57.
Tullone, notaire, 203.
Tumbes (Michel de), 174.
Turenne (XVIIe siècle), 257.
Turet, horloger (1688), 190.
Turmenière (De), notaire à Paris (1694), 70.
Turpin (Veuve Jacques) (1582), 4.

U

Urbain VIII, 280.

Urfé (Marquise d') (1733), 304

V, W

Vaast (Marie), 219.
Vache (Guillaume du), 277.
Vacher (Pierre), drapier (1582), 11.
Vachette (Jeanne), dame des accouchées à l'Hôtel-Dieu (1589), 38.
Vadurelle (1717), 146.
Vaillant (Louis), maître menuisier (1582), 15.
Vaissière, 333.
Valernod (Alexandre de), 278.
Valernod (Jean de), 278.
Valernod (Pierre de), évêque de Nîmes, 279.
Vallé Florence (1717), 134.
Vallée, notaire, 202.
Vallenson (Maître Bernard) (1582), 6.
Vallenson (Maître Nicolas) (1582), 8.
Valteran, 260.
Vallet, notaire, 318.
Vallin (Louise) (1582), 2.
Vallin (René) (1582), 2.
Vallon, notaire à Gap, 263
Valfossières (De), secrétaire du Conseil du commerce (1716), 131.
Valois-Angoulême (Françoise-Marie de), 193.
Van-der-Hulst, banquier (1727), 333.
Van-der-Meulen (1717), 136.
Van Düren, libraire à la Haye, 333.
Vanetelle (1717), 138.
Varade (Jérôme de), médecin du Roi (1584), 20.
Vasse (Antoine de) (1587), 30.
Vasse, marchand (1672), 107.
Vassetes, notaire, 201.
Vasseur (Hugues), notaire à Chalons (1598), 58.

Vatry (Philippe), notaire, 282.
Vaube (De), 362.
Vaubécourt (De), 222.
Vaubert (De), 303.
Vauguyon (Nicolas) (1582), 5.
Vaultier, notaire, 289.
Vauthier, premier médecin du Roi (1627), 221.
Vendôme (Charles de), 202.
Ventadour (Duchesse de) (1733), 304, 306.
Vérany, notaire (1698), 214.
Verdun (De) (1586), 27.
Verdun (Madeleine de) (1586), 27.
Vermaein (Mariot), concierge du petit Luxembourg (1626), 294.
Verne (Dame de), 319.
Veron (Charles), maître maréchal (1582), 7.
Vibraye (1583), 16.
Vieillot, 338.
Vieville (Charles marquis de), 375.
Vignon (Michel), maître charron (1582), 11.
Vigny (François de), receveur de la ville de Paris (1582), 12; (1583), 17.
Viguy (De) (1582), 13.
Villain (Jean) (1582), 8.
Villars-la-Fay (Cyrus de), 340.
Villars (De), 299.
Villars (Madame de) (1720), 312.
Villart (François), seigneur de Villeneuve, 326.
Villemart (Jean de), procureur au Châtelet (1582), 7.
Villeneuve (Mademoiselle de), 304.
Villeron (Nicolas) (1582), 7.

Villeroy (De), trésorier de l'ordre du Saint-Esprit (1583), 16.
Villery (Jacques) (1672), 89.
Villiers-Lespotz (Sieur de) (1597), 56.
Villin (Denis), 347.
Villon (Charles), 335.
Villon (Thomas), 335.
Villon (1717), 135.
Vincent (Jean), 335.
Vincent-de-Paul (Saint), 353.
Vindeville (Sieur de) (1592), 43.
Vinot (Mathieu), huissier de la Chambre des Comptes (1584), 21.
Vinot (Pierre) (1582), 9.
Vintimille (De), archevêque de Paris (1746), 379.
Vintimille (Comte de), 379.
Violle (Jacques, sieur d'Esgremont) (Aigremont) (1588), 33.
Violle (Nicolas), conseiller au Parlement (1584), 20; (1585), 23.
Violle (Pierre), écuyer (1599), 60.
Viret, imprimeur à Rouen, 337.
Vitry (Demoiselle Bonne de) (1582), 6.
Vivant, grand vicaire de l'archevêché de Paris (1720), 311.
Vivien (Catherine) (1587), 30.
Vivien (Joseph), peintre (1694), 67.
Vivien (Marie) (1587), 31.
Vivien, 260.
Vivien, conseiller en la Chambre des Comptes (1597), 54.
Voisins de Montault (Henriette) (1662), 116.
Volvir (Comte de), 303.
Vouet (De), secrétaire du Roi, 316.

Voulleau, intendant du cardinal de Noailles (1720), 311, 323.
Voulze (De) (1588), 33.

Vyart (Maître Pierre), notaire au Châtelet (1582), 13.
Vye (Étienne de) (1582), 15; (1584), 19.

Warnet (Antoine), avocat au bailliage de Guise, 195.
Willart (Claude), maître tabletier, 325.

Y

Ymbert (François) (1582), 14.
Ymbert (Pierre) (1582), 14.

Yon (Robert) (1582), 9.
Ysambert (Nicolas) (1582), 4.

Yvon (Ant.), bourgeois de Paris (1635), 294.
Ysabel (Guillaume) (1591), 40.

TABLE DES NOMS DE LIEUX.

A

Ablon (1584), 20.
Acquigny (1584), 7.
Adon, 342.
Albenc (L'), 277.
Alluyes (1672), 77.
Alsace (1663), 126.
Ambleville (1652), 117.
Amiens (1583), 16; (1672), 76.
Ancerville, 194.
Andelot (1599), 61.

Augers (Maine-et-Loire) (1583), 16; (1586), 26, 63.
Angoulême (1642, 1648), 127, 128.
Annecy, 354.
Antony, 256, 265.
Anvers (1583), 16.
Arcis-sur-Aube, 367.
Arcueil (1584), 12.
Argenteuil, 336.
Armentières, 321.

Arvert (Charente-Inférieure), 296.
Aubrac, 322, 379.
Ault-sur-Mer, 204.
Aumale (1663), 125, 195.
Aunis, 274.
Autun, 183.
Auvers, 104.
Auxonne, 336.
Avreuil, 367.
Azay-sur-Indre? 174.

B

Bagneux (1592), 42.
Barbade (La), 293.
Barbezieux (1642), 128.
Barbizy (1582), 12.
Bar-le-Duc, 271.
Barmainville (1589), 38.
Barre (La) (1652), 117.
Bazoches, 321.
Beaufort, 207.
Beaulieu, 340.
Beauvais (1584), 20; (1585), 22; (1592), 43.

Bellay (Oise), 103.
Belleville, 328.
Bellival (1577), 169.
Bercy (1701), 210.
Berny, 256; (1653), 265, 275.
Beussent, 174.
Beynes, 321.
Blanc (Le), 175.
Blois (1627), 167.
Boissy, 321.
Bonlieu (Aube), 367.

Bonrepos (1667), 98.
Borde (La) (1594), 47.
Bourges (1584), 21.
Bourgfontaine (1585), 23.
Bragayrac, 295.
Bray (Oise), 104.
Brie-Comte-Robert (1672), 79, 80, 355.
Briis, 321, 326.
Brioude (1734), 307.
Brouage, 296.

C

Cadillac, 295.
Calmont (1667), 98.
Carmagnolles-en-Piémont (1586), 26.
Carrières-sous-Bois (1585), 23.
Casal (1630), 228.
Cernay (Seine-et-Oise), 231.
Cerres (Aube), 365.
Chalançon (1683), 157.
Chalifer, 321.
Chalivoy, 336.
Châlons-sur-Marne (1598), 58.
Chambéry, 279.
Champrosay (1583), 18; (1592), 44; (1597), 56.
Champs-sur-Marne (1582), 14.
Chantenay-Saint-Imbert, 345.
Chapelle-Vallon, 367.
Charenton (1584), 20, 105.
Charmes (Les) (Seine-et-Oise), 231.
Charmont (1586), 27.
Chartres (1592), 44, 373.
Châteaudun (1589), 38.

Château-Gontier, 197.
Châteauneuf-sur-Loire, 197.
Châteauregnault, 197.
Château-Thierry (1582), 10, 341.
Châtelet (Le) (Ille-et-Vilaine), 303.
Chaton, 332.
Chaulnes, 202.
Chaumes-en-Brie (1694), 63; (1704), 74; (1719), 72.
Chaumont (1613), 222.
Chaumont-en-Bassigny (1589), 39.
Chaumont-Porcien, 340, 342.
Chelles (1583), 16.
Cheminon (1583), 16.
Chenonceaux (1577), 170.
Chevillon, 196.
Chevrières, 277.
Chinon, 199.
Choisy-sur-Seine (1591), 42.
Chouzé (1694), 63.
Clairbois, 103.
Clamart (1583), 17; (1587), 30.

Coiffy (1613), 222.
Colmar (Alsace), 236.
Compans (1589), 38; (1594), 46.
Compiègne (1584), 20.
Conches, 298.
Condé-en-Anjou (1694), 63.
Conflans, 311, 315, 379.
Corbeil (1585), 9; (1582), 13; (1591), 41; (1594), 47.
Coubert, 334.
Coupvray, 321.
Courceaux (Seine-et-Marne), 325.
Courson, 321.
Cousancelles, 195.
Coutances, 368.
Coutras, 295; (1637), 301.
Coye, 372.
Crasville (Manche), 131.
Creil, 104.
Crépy-en-Valois (1584), 19.
Créteil, 321.
Cuverville, 205.

D

Dijou, 346.

Dourdan, 202.

Droupt-Saint-Basle, 365.

E

Eclaron (1688), 179, 195.
Elbeuf, 195.

Épernay (1582), 14.
Eu, 194, 205, 206.

Évreux, 174, 340.

F

Fay-le-Bac, 321.
Ferté-Alais (La) (1598), 58.
Ferté-Bernard (La), 195.
Flassans, 379.
Flers, 103.
Fleury (1582), 7.

Fontainebleau, 197, 201.
Fontaine-les-Corps-Nuds, 103.
Fontanilles (1667), 98.
Fontenay-en-Normandie (1585), 23.
Fontenay-sous-Bois (1583), 18.

Forêt-Chenue (La) (Aube), 366.
Franconville, 326.
Fresnes (1582), 12, 38, 256, 266.
Fresnoy-en-Thelle, 103.
Frette (La), 372.

G

Gaillon (1720), 311.
Gallardon, 373.
Gannat, 199.
Gap, 263.
Garches (Seigneurie de) (1658), 153.

Genève, 354.
Gentilly (1662), 286.
Gien, 197.
Goupillière (La), 283.
Gouvieux, 104.

Gramont (1667), 99.
Graville, 298.
Grenoble, 278.
Grisolles (1582), 10; (1587), 31.
Grisy, 321.

H

Ham (1583), 17.
Hamel-lès-Préval (Le) (1694), 62.
Hangard, 196.
Harfleur (1628), 298.
Harville, 195.

Havre (Le), 293, 297.
Herpont (Marne), 222.
Hervilliers, 321.
Hiers-Brouage, 297.

Houdan (1666), 113.
Houes-en-Brie (1582), 10.
Houville (1654), 97.
Hutière (La), 196.

I

Igny (1582), 13; (1583), 17.
Ivillers, 104.

Ivry, 321, 382.

Ivry-sur-Seine, 382.

J

Joinville, 194, 196, 216.
Jouy-en-Josas (1694), 70.

Juvardeil (1694), 63.

Juvisy, 289.

L

Lacroix, 342.
Laines-aux-Bois (Aube), 367.
Lambesc (1688), 180, 206.
Lamothe (Fief de) (1582), 13.
Landres, 372.
Langeais, 199.
Langres (1596), 51; (1613), 222.
Larzicourt, 207.

Lassy, 220.
Launay (1583), 17.
Laval (1588), 33.
Laverdin (1585), 23.
Le Mans (1589), 38.
Leudeville (1653), 94.
Liège (Le), 196.
Liesse, 158, 196.

Liguiel, 92.
Limours, 298.
Linchamp, 197.
Lisses, 321.
Loches, 174.
Logny, 342.
Lonchamp (1586), 28.
Loudun, 301.

TABLE DES NOMS DE LIEUX.

Louvres-en-Parisis (1588), 34.
Luc (Le), 379.

Lugon, 295.
Lusse (1587), 30.

Luzarches (1627), 163.
Lyon, 157, 277.

M

Madère (1594), 48.
Magny (1586), 28.
Maine (1586), 26.
Mainville (1582), 2.
Maisons, 321, 334.
Malassise, 103.
Malnoue, 319.
Mantes (1577), 169.
Marchais, 196.
Marche (La) (1584), 21.
Marcilly, 225; (1584), 28.
Marcilly-la-Campagne (1627), 167.
Mareil, 321.
Mariebourg, 224.
Marines, 184.
Marly-la-Ville, 325.
Marouatte (1598), 58.
Massy, 321, 325.
Maubert-Fontaine (1613), 222.
Mauregard, 338.

Maurepaire (Aube), 367.
Meaux (1589), 38.
Mello (Oise) (1583), 18, 21.
Melun (1591), 41, 362.
Ménois, 365.
Mercy, 321.
Mesnil-Aubry (1598), 59.
Messon, 368.
Metz, 221.
Meudon (1677), 148.
Meulan (1595), 49.
Mézières (1613), 222.
Milan (1672), 91.
Mons-sur-Orge, 326.
Montargis, 292.
Montcornet (Ardennes) (1613), 222.
Montdidier, 302.
Montebourg (Manche) (1716), 131.
Monteclair (1613), 222.

Montereau-sur-Jard, 325.
Montferrat (1630), 228.
Montfort-l'Amaury, 325.
Montglas (1589), 39.
Montierender (1688), 179.
Montigny (1613), 222.
Montigny, près Dammartin (1668), 102.
Montigny, près Senlis (1667), 98.
Montmort (1582), 12.
Montpellier (1682), 156.
Montrésor, 196, 210.
Mont-Valérien, 310.
Monveugle (1586), 27.
Moret (1586), 27.
Morsan, 321, 326.
Mothe-Saint-Héraye (La) (1649), 115.
Moulins, 344.
Monzon (1613), 222.
Münster-en-Westphalie, 269.

N

Nantes (1672), 76.
Naves (1667), 98.
Neuilly-sur-Marne, 326.

Neuilly-en-Thelle (1667), 98.
Nogent-le-Roi (1613), 222.
Nogent-le-Rotrou (1701), 282.

Normandie (1663), 126.
Nouet, 382.
Noyon (1672), 75.

O

Oleron, 297.
Orgon (1688), 180.
Osnabrück, 269.

Ozouer, 326.
Ozouer-la-Ferrière, 325, 334.

Oudenarde (1671), 245.
Ourscamps (1582), 6.

P

Provins (1582), 2, 39, 202.
Pagan, 342.
Panfou, 351.
Patay, 277, 373.
Passy, 150, 151, 154.
Pavillon (Aube), 367.
Payens, 368.
Perchoir (Le), 366.
Périgueux (1596), 51.

Péronne (1596), 51; (1598), 57.
Picarde (La), 368.
Picpus, 341.
Pisany (1659), 119.
Poitou (1717), 141.
Pomponne (1694), 63.
Pontault, 321.
Pontcarré-en-Brie, 325.

Pont-de-l'Arche, 293.
Ponts-de-Cé (Les), 358.
Portière (La) en Normandie (1666), 113.
Port-Royal, 276.
Pouilly, 339.
Prézé, 364.
Prugny, 368.
Pugny (1658), 118.

Q

Québec (1716), 143, 356.

R

Ragny, 373.
Rambouillet (1661), 127.

Ré (Île de), 297.
Rheims, 202.

Rhodez (1649), 220.
Ribemont, 197; (1701), 210.

Riedselz (Alsace), 231.
Rieux-en-Beauvoisis (1584), 21.
Rochebeaucourt (La) (1642), 127.
Roche-Chinard, 277.
Roche-Guyon (La) (1582), 7.
Rochelle (La) (1628), 296, 297, 309.
Roches-sur-Marne, 194, 195.

Rocroy (1613), 222.
Rodez, 322.
Romaine, 326.
Romorantin (1663), 125.
Rosny-sur-Seine (1625), 158.
Roquemaure, 196.

Rosson, 367.
Rouen (1587), 30, 337.
Rouvroy, 194.
Royaumont, 369.
Rueil, 288, 300.
Rumigny, 196; (1701), 210.

S

Saint-Acheul (1583), 16.
Saint-Adresse, 298.
Saint-Cloud, 325, 328, 334.
Saint-Denis-en-France (1582), 5; (1613), 222.
Saint-Germain-en-Laye (1675), 129, 200, 214, 257, 300.
Saint-Jean-d'Angély (1585), 23.
Saint-Jean-d'Angle, 297.
Saint-Jean-des-Deux-Jumeaux, 202.
Saint-Julien-du-Sault (1649), 108.
Saint-Lézer (1667), 98.
Saint-Maixent (1633), 117.
Saint-Mandé, 325.
Saint-Marcellin, 277.
Saint-Maur, 321.

Saint-Mesmin (Aube), 367.
Saint-Mihiel (1688), 178.
Saint-Ouen (1588), 35.
Saint-Paul-de-Fenouillet (1672), 76.
Saint-Pierre-le-Moutier, 343.
Saint-Pourçain (1598), 58.
Saint-Priest, 277.
Saint-Quentin en Dauphiné, 276.
Saint-Rémy (1585), 23.
Saint-Soupplet, 290.
Saint-Urbain (1688), 179.
Sainte-Menehould, 222.
Saintes (1675), 129.
Salles (1659), 49.
Sammeron, 321, 325.

Sancerre, 339.
Sancey, 360, 363.
Sarcelles (1667), 106.
Saumur, 301.
Savières, 367, 368.
Sceaux (1582), 7.
Senlis (1582), 8, 37, 38, 52, 98.
Sens (1651), 109.
Seure, 326.
Sèvres (1684), 155.
Sivrey (Aube), 366.
Sorreau (1672), 79.
Soubize, 296.
Soulaines, 207.
Suresnes (1583), 18; (1586), 28.

T

Talmont-sur-Gironde (1659), 119.
Thiais (1667), 106.
Toulouse (1667), 98; (1675), 105.
Tour-à-Claire (La), 197.

Tourcy (1582), 10.
Tournan, 321, 325, 334.
Tours (1583), 16.
Tremblade (La), 296.

Tresme (Seine-et-Marne), 1582, 7.
Trèves, 271.
Trouan, 367.
Troyes (1597), 56, 175, 346, 350, 359, 364.

V, W

Val d'Osne (1688), 178.
Varâtre (Seine-et-Marne) (1658), 154.
Varces, 277.
Varoy, 223.
Vaugrigneuse, 321.
Vaure-sur-Clignon, 325.
Vendeuvre, 368.
Verdun, 221.

Verneuil-au-Perche (Eure) (1666), 113.
Verrières (1653), 266.
Verrières (Aube), 365.
Vert-le-Grand (1582), 6.
Viantais, 282.
Vichy, 199.
Villebrosse (1582), 12.

Ville-Dieu (La), 350.
Villefranche (1613), 222.
Villegouge, 295.
Villeneuve-le-Roi, 176.
Vinay, 277.
Vitry, 321, 325.
Wassy, 196.

www.ingramcontent.com/pod-product-compliance
Lightning Source LLC
Chambersburg PA
CBHW070622230426
43670CB00010B/1623